J. G. Gruber

Allgemeine Encyclopadie der Wissenschaften und Künste

J. G. Gruber

Allgemeine Encyclopadie der Wissenschaften und Künste

ISBN/EAN: 9783741173691

Manufactured in Europe, USA, Canada, Australia, Japa

Cover: Foto ©Andreas Hilbeck / pixelio.de

Manufactured and distributed by brebook publishing software (www.brebook.com)

J. G. Gruber

Allgemeine Encyclopadie der Wissenschaften und Künste

Allgemeine
Encyklopädie
der
Wissenschaften und Künste
in alphabetischer Folge
von genannten Schriftstellern bearbeitet
und herausgegeben von
J. S. Ersch und J. G. Gruber.
Mit Kupfern und Charten.

Erste Section.
A — G.
Herausgegeben von
Hermann Brockhaus.
Einundsiebzigster Theil.

GNAPHALIEEN — GOD SAVE THE KING!

Leipzig:
F. A. Brockhaus.
1860.

Allgemeine

Encyklopädie der Wissenschaften und Künste.

Erste Section.

A — G.

Einundsiebzigster Theil.

GNAPHALIEEN — GOD SAVE THE KING!

GNAPHALIEEN.

GNAPHALIEEN. Mit diesem Namen bezeichnete Lessing die siebente größere Abtheilung der umfangreichen Familie der Compositen und charakterisirte sie durch folgende Merkmale: Die Blüthenköpfchen sind gleich- oder verschiedenehig, viel- oder wenigblüthig, selten einblüthig. Die Blumenkronen sind röhrenförmig, an der Spitze fünfzähnig, die der weiblichen Blüthen fadenförmig oder äußerst selten bandförmig. Die Staubbeutel sind geschwänzt. Der Griffel der zweigeschlechtlichen Blüthen hat an den Aesten keine Anhängsel, jener der männlichen Blüthe ist oft ungetheilt. Der Federkelch ist haar- oder borstenförmig und fehlt nur in seltenen Fällen. — Es gehören hierher Kräuter und Halbsträucher mit meist wechselständigen Blättern.

Diese Abtheilung der Gnaphalieen zerfällt wiederum in folgende sieben Unterabtheilungen:

Erste Unterabtheilung. Angiantheen De Candolle.

Die ein- oder wenigblüthigen Köpfchen stehen in einem von einer gemeinschaftlichen Hülle umgebenen Knäuel dicht gedrängt.

1) Styloncerus *Labillardière.* Die Köpfchen sind wenigblüthig und wahrscheinlich gleichehig. Die Schuppen des die Blüthen überragenden Hauptkelchs sind elliptisch-länglich, stumpf. Der Blüthenboden ist wahrscheinlich nackt. Die röhrenförmige, am Grunde erweiterte Blumenkrone hat einen fünfzähnigen Saum und kurze, aufrechte Zähne. Der Griffel ist am Grunde stark verdickt. Die Achänen sind verkehrt-kegelförmig, papillös. Der kronenförmige Federkelch besteht aus fünf, am Grunde verwachsenen, von der Mitte an sägezähnig-gewimperten, zugespitzten, außenseits, wie es scheint, von einer sehr kleinen ringförmigen Haut umgebenen Spreublättchen.

Zu dieser Gattung gehört nur eine im südwestlichen Theile Neu-Hollands einheimische, kleine, niederliegende Art mit zerstreuten, linealischen, ganzrandigen, kahlen Blättern und mit in ein eiförmig-kugeliges, endständiges Knäuelchen dicht zusammengedrängten Blüthenköpfen.

2) Hyalolepis *De Candolle.* Die Köpfchen sind einblüthig und in ein Knäuelchen dicht gedrängt; die Schuppen des vielreihigen Hauptkelchs sind eiförmig-lanzettlich, ganzrandig oder an der Spitze zweitheilig, haben einen dunklen Nerv, sind sonst aber wasserhell. Der gemeinschaftliche Blüthenboden ist ohne Spreuschuppen. Die besonderen Hüllen sind einblätterig oder vielleicht aus drei Schuppen verwachsen, stielrund, am Grunde verhärtet. Die Blumenkrone ist fadenförmig, an der Spitze fast keulenförmig und drei bis fünfzähnig. Die Narben sind an der Spitze schwach bärtig. Die Frucht ist stielrund, verlängert, seidig-weichhaarig. Der Federkelch besteht aus einer fadenförmigen Borste, welche etwas kürzer als die Blumenkrone ist.

Zu dieser Gattung gehört nur eine, in Neu-Holland einheimische, einjährige Art mit aus dem Wurzelhalse entspringenden, zahlreichen, sehr kurzen Stengeln, fast grundständigen, linealisch-pfriemlichen, ganzrandigen, am Grunde verbreitert-stengelumfassenden Blättern, mit weißem, zwischen den Blättern an der Spitze eines jeden Stengels sitzendem Blüthenknäuel und mit einem locker- und schwach-wolligen Blatt- und Hüllgrunde.

3) Phyllocalymna *Bentham.* Die zweiblüthigen, gleichehigen Köpfchen stehen in einem fast kugelförmigen Knäuelchen; die Schuppen des Hauptkelchs sind krautartig, linealisch und länger als das Blüthenknäuelchen. Der allgemeine Blüthenboden besitzt keine Spreublätter. Die besonderen Blüthenhüllen sind mehrblätterig, länglich-keilförmig, trockenhäutig und ohne Anhängsel. Die Form der Staubbeutel ist noch unbekannt. Der Griffel ist eingeschlossen. Die Achänen sind keilförmig-linealisch, rauhhaarig. An Spreuschuppen des Federkelchs sind etwa fünf vorhanden, welche aus eiförmigem Grunde in eine mit der Blumenkrone fast gleich lange, glatte oder rauhe Borste ausgehen.

Die zu dieser Gattung gehörige, im südwestlichen Theile Neu-Hollands einheimische, niedrige, sehr ästige, oberseits weiß-filzige Art hat linealische, am Grunde stengelumfassende, ganzrandige Blätter und seitliche und endständige, fast kugelförmige Blüthenknäuel.

4) Angianthus *Wendland.* Die zweiblüthigen, gleichehigen Köpfchen stehen in einem eiförmig-cylindrischen ährenförmigen Knäuelchen dicht gedrängt; die vier Schuppen der allgemeinen Hülle sind eiförmig, weiß-filzig und viel kürzer als das Knäuelchen. Der Blüthenboden ist sehr schmal und filzig. Die besonderen Hüllen bestehen aus vier eiförmigen, trockenhäutigen Schuppen, von denen zwei flach und die andern beiden, die mit jenen abwechseln, zusammengerollt sind und die einzelnen Blüthen einhüllen. Die Blumenkronen sind röhrig, an der Spitze

fünfzähnig, die Staubbeutel sind geschwänzt. Die abgestutzten, divergirenden, an der Spitze behaarten Narben treten aus der Blumenkrone hervor. Die Achänen sind länglich, kahl. Der Federkelch besteht aus zwei am Grunde bändig-verbreiterten, gesägten, an der Spitze federig-pinselförmigen Grannen.

Zu dieser Gattung gehört nur eine in Neu-Holland einheimische Art, eine einjährige, ganz graufilzige Pflanze mit abwechselnden, länglich-spatelförmigen, ganzrandigen, nervenlosen Blättern, an der Spitze der Aeste in einer eiförmigen Aehre stehenden Blüthenköpfchen, mit weißen, filzigen, in vier Reihen stehenden, gedrängten Blättchen der allgemeinen Hülle, mit goldgelben besonderen Hüllblättchen und ebenso gefärbten Blumenkronen.

5) Skirrhophorus *De Candolle.* Die zweiblüthigen, gleichehigen Blüthenköpfchen stehen in einem eiförmigen Knäuelchen dicht gedrängt, die äußeren Schuppen der zweireihigen allgemeinen Hülle sind wollig, die inneren länger, trockenhäutig und kürzer als das Knäuelchen. Der allgemeine Blüthenboden ist mit Papillen besetzt. Die besondere Hülle besteht aus länglichen, fast durchscheinenden, bald abfälligen Schuppen. Die sehr kleinen Blumenkronen sind röhrig, ihre Röhre ist am Grunde in einen wulstförmigen, etwas runzeligen Höcker erweitert, die fünf Zähne des Saumes der Blumenkrone sind zurückgekrümmt. Die Staubbeutel sind noch unbekannt. Die kurzen Narben sind an der Spitze kopfförmig. Die Achänen sind kahl, länglich, am Grunde verschmälert. Der Federkelch fehlt.

Die zu dieser Gattung gehörige Art wächst im südlichen Neu-Holland, es ist ein kleiner, sehr ästiger, dicht filziger Halbstrauch mit wechselständigen, linealischen, ganzrandigen, ziemlich dicken Blättern, eiförmigen, an der Spitze der Aestchen stehenden Blüthenknäueln, wolligen äußeren Hüllschuppen und mit gelben trockenhäutigen inneren Hüllschuppen und ebenso gefärbten Blüthenköpfchen.

6) Myriocephalus *Bentham.* Die vier- oder fünfblüthigen Köpfchen stehen in einem fast kugelförmigen Knäuelchen sehr dicht gedrängt; die Schuppen der vielblätterigen allgemeinen Hülle sind linealisch, auf dem Rücken wollig und durch ein trockenhäutiges, eiförmiges Anhängsel strahlend. Der Blüthenboden ist nicht mit Spreublättchen besetzt. Die wenigen Schuppen der besonderen Hülle sind trockenhäutig und mit einem kleinen Anhängsel versehen. Die Blumenkrone hat eine kurze Röhre und einen fünfzähnigen Saum. Die Staubbeutel sind unbekannt. Die kurzen, an der Spitze ein wenig verdickten Narben ragen aus der Blumenkrone heraus. Die Achänen sind linealisch, kahl. Der Federkelch fehlt.

Aus dieser Gattung ist nur eine Art bekannt, ein kleiner im südwestlichen Neu-Holland einheimischer Halbstrauch mit aufrechtem, kahlem oder an der Spitze weichhaarigem Stengel, wechselständigen, linealischen, ganzrandigen, am Grunde stengelumfassenden, beiderseits grünen, fast kahlen Blättern und endständigen Blüthenknäuelchen.

7) Gnephosis *Cassini.* Die ein- bis vielblüthigen, gleichehigen Köpfchen stehen zwischen trockenhäutigen, am Grunde keilförmig-verschmälerten, an der Spitze stumpfen, schwach gezähnten Deckblättern in einer eiförmigen Aehre einzeln. Von den in zwei Reihen stehenden Schuppen des achtblätterigen Hauptkelchs bleiben die äußeren stehen und sind häutig, nach Oben zu gefärbt, die inneren lang, mit einem strahlenförmigen Anhängsel versehen und fallen zuletzt ab. Der spreublattlose Blüthenboden ist sehr klein. Die Blumenkrone ist röhrig, schlank, ihr Saum fünfspaltig. Die Staubbeutel und Narben sind unbekannt. Die Früchtchen sind verkehrt-eiförmig, sehr kurz, glatt. Der Federkelch ist kronförmig, sehr kurz, schnell hinfällig.

Aus dieser Gattung ist nur eine im südlichen Neu-Holland einheimische, von Cassini Gnephosis tenuissima benannte Art bekannt, eine einjährige, ganz kahle Pflanze mit schlanken, hin und her gebogenen, oft blattlosen Aesten, sehr wenigen, wechselständigen, linealischen, etwas rauhen, ganzrandigen Blättern, mit an der Spitze der Aeste in einer verkehrt-eiförmigen geknäuelten Aehre stehenden Köpfchen und mit trockenhäutigen, gelblichen Deckblättern.

8) Calocephalus *R. Brown.* Die dreiblüthigen, gleichehigen Köpfchen stehen in einem kugeligen, hüllblattlosen Knäuelchen dicht gedrängt. Die an der Spitze stumpfen, trockenhäutigen Schuppen des Hauptkelchs sind etwas länger als die Blüthen. Der Blüthenboden ist nicht von Spreublättern besetzt. Die Blumenkrone ist röhrig, fünfzähnig. Die Staubbeutel und Narben sind unbekannt. Die Früchtchen sind verkehrt-eiförmig, sitzend oder sehr kurz gestielt. Die wenigen Borsten des einreihigen Federkelchs sind federig-pinselförmig.

Krautartige, aufrechte, wenig ästige, schlanke, filziggraue, im östlichen Neu-Holland einheimische Gewächse mit gegenständigen, am Grunde in eine sehr kurze Scheide verwachsenen, linealischen, ganzrandigen Blättern und endständigen Blüthenknäueln machen die Arten dieser Gattung aus.

9) Cylindrosorus *Bentham.* Die zweiblüthigen, gleichehigen Köpfchen stehen in einem länglich-cylindrischen Blüthenknäuel dicht gedrängt. Von den wenigen linealischen trockenhäutigen Schuppen des zweireihigen Hauptkelchs sind die äußeren sehr kurz, die inneren fast so lang als das Blüthenknäuelchen. Der Blüthenboden ist nackt. Die wenigen Schuppen der besonderen Hülle sind länglich-keilförmig, trockenhäutig und haben keine Anhängsel. Die röhrenförmige Blumenkrone hat einen fünfspaltigen Saum. Die Staubbeutel sind ungeschwänzt. Die Narben sind eingeschlossen, sehr kurz. Die Früchtchen sind linealisch, kahl. Die wenigen Schuppen des Federkelchs sind aus eiförmigem Grunde in eine mit der Blumenkrone fast gleich lange, oberhalb der Mitte kurz federförmige Borste verlängert.

Zu dieser Gattung gehört nur eine in Neu-Holland einheimische, aufrechte, ästige, locker filzige Art mit wechselständigen, linealischen, halbumfassenden Blättern, endständigen, länglich-cylindrischen Blüthenknäueln und an der Spitze gelbgefärbten Schuppen der besonderen Hülle.

10) Leucophyta *R. Brown.* Die dreiblüthigen, gleichehigen Köpfchen stehen in einem kugeligen, von Deckblättern begleiteten Knäuelchen. Die Blättchen des

Hauptkelchs stehen in einer Reihe. Der Blüthenboden ist nackt. Die besondere Hülle besteht aus meist zehn eiförmig-länglichen, fast häutigen, mit den Blüthen gleich langen Schuppen. Die Blumenkrone ist röhrenförmig, fünfzähnig. Die Staubbeutel sind am Grunde mit zwei Borsten besetzt. Die Narben sind unbekannt. Die Früchtchen sind kurzgestielt, verkehrt-eiförmig, drüsig. Die langen Borsten des einreihigen Federkelchs sind vom Grunde bis zur Spitze federig.

Die zu dieser Gattung gehörige, im südöstlichen Neu-Holland einheimische, halbstrauchige, ästige, ganz filzige Art hat abwechselnde, lineälische, aufrechte, sitzende Blätter, endständige Blüthenknäuel, eine kegelförmige Spindel und gelbe Blumenkronen.

11) Craspedia *Forster*. Die fünfblüthigen, gleichehigen Köpfchen stehen in einem fast runden, von den unter den einzelnen Köpfchen befindlichen Deckblättern umgebenen Blüthenknäuel auf einem gemeinsamen cylindrischen, wolligen Blüthenboden, die Schuppen des Hauptkelchs sind häutig, durchscheinend, elliptisch und so lang als die Blüthen. Der schmale Blüthenboden ist am Rande mit durchscheinenden, ganzrandigen Spreublättchen besetzt. Die Blumenkronen sind röhrenförmig, breit, fünfzähnig. Die Staubbeutel sind am Grunde mit zwei Borsten versehen; die Narben sind eingeschlossen. Die Früchtchen sind länglich, wollig. Die Borsten des einreihigen Federkelchs sind fadenförmig, federig.

Zu dieser Gattung gehören ausdauernde, in Neu-Holland und Neu-Seeland einheimische Gewächse mit am unteren Theile des Stengels gehäuften, wechselständigen, lanzettlich-lineälischen, ganzrandigen Blättern, aufrechtem, fast nacktem, an der Spitze einköpfigem Stengel und schwefelgelben Blüthen.

12) Pycnosorus *Bentham*. Die Köpfchen stehen in einem kugeligen, deckblattlosen Knäuelchen dicht gedrängt und sind wenigblüthig und verschiedenehig, indem die eine Blüthe geschlechtslos, die übrigen zweigeschlechtlich sind. Die besondere Blüthenhülle besteht aus wenigen Schuppen. Der Blüthenboden ist mit Spreublättchen besetzt, welche zwischen den Blüthen die Hüllschuppen darstellen. Die Blumenkrone ist röhrenförmig, ihr fünfzähniger Saum hat aufrechte Zähne. Die Staubbeutel und Narben sind unbekannt. Die Früchtchen sind behaart. Der Federkelch der geschlechtslosen Blüthe besteht aus wenigen, an der Spitze federigen Borsten, jener der zweigeschlechtlichen Blüthen aus mehren, nach unten ein wenig breiteren und vom Grunde federigen Borsten.

Zu dieser Gattung gehört nur eine in Neu-Holland einheimische Art, ein aufrechter, weisswolliger kleiner Halbstrauch mit wechselständigen, länglich-lineälischen Blättern und langen, steifen, blattlosen Blüthenstielen.

Zweite Unterabtheilung. Cassinieen Lessing.

Die Blüthenköpfchen stehen nicht in Knäueln. Der Blüthenboden ist ganz oder nur am Rande mit Spreublättern besetzt.

13) Ammobium *R. Brown*. Das Blüthenköpfchen ist vielblüthig, gleichehig. Die Schuppen des halbkreisförmigen Hauptkelchs decken sich dachziegelig und sind lederartig, am Rande häutig und an der Spitze mit einem trockenhäutigen, breiten, concaven Anhängsel versehen. Der breite, kegelförmige Blüthenboden ist mit länglichen, ein wenig concaven, an der Spitze gezähnelten, zugespitzten Spreublättern besetzt. Die Blumenkrone ist röhrenförmig, ihre Röhre ist fleischig, gräulich, ihr Saum ist fünflappig. Die Staubbeutel besitzen am Grunde zwei Borsten. Die Narben ragen hervor, sind gebogen und an der Spitze behaart. Die Früchtchen sind zusammengedrückt-vierkantig, an der Spitze vierzähnig, zwei Zähne sind grösser und in eine Borste oder Granne verlängert.

Zu dieser Gattung gehört nur eine, im östlichen Neu-Holland einheimische, aufrechte, ästige, grauwollige Art.

14) Ixodia *R. Brown*. Das Köpfchen ist vielblüthig, gleichehig. Der Hauptkelch ist cylindrisch-glockenförmig, länger als die Blüthen, seine Schuppen sind am Grunde angedrückt, lederartig und in ein kronblattförmiges, trockenhäutig-weisses, verkehrt-eiförmiges, abstehendes Anhängsel verlängert. Die Spreublätter auf dem kegelförmigen Blüthenboden sind ein wenig länger als die Blüthen und stellen die Hüllschuppen dar, sie sind am Grunde breit, gezähnelt, an der Spitze länglich, weiss-gefärbt und hüllen die Frucht ein. Die röhrenförmige, fünfzähnige Blumenkrone ist auf der Aussenseite mit gestielten Drüsen besetzt. Die Staubbeutel sind am Grunde von zwei Borsten begleitet; die Narben sind an der Spitze abgestutzt und mit Wärzchen besetzt. Die Früchtchen sind länglich-cylindrisch, warzig-behaart. Der Federkelch fehlt.

Zu dieser Gattung gehört nur eine im östlichen Neu-Holland einheimische, unbehaarte, aber klebrige, halbstrauchige Art mit abwechselnden, lineälischen, dicken, ziemlich spitzen, ganzrandigen, oder ein wenig gezähnten, einnervigen, drüsig-punktirten Blättern, ebensträussigen Blüthenköpfen, weissen, strahlenden Hüllschuppen und gelben Blüthen.

15) Rhynea *De Candolle*. Das Köpfchen ist vielblüthig, verschiedenehig, die fünf Strahlblüthen sind fadenförmig, weiblich, die Scheibenblüthen, ungefähr 15 an Zahl, sind röhrenförmig, zweigeschlechtlich. Die äusseren Schuppen des Hauptkelchs sind weichhaarig, stumpf, die inneren in ein längliches, abstehendes, stumpfes, weisses Anhängsel erweitert. Die Spreublätter des Blüthenbodens sind lineälisch, abfällig. Die Staubbeutel haben am Grunde zwei kleine Borsten. Die Narben sind abgestutzt. Die Früchtchen sind verkehrt-eiförmig-länglich, ungestreift, schwach weichhaarig. Die Borsten des einreihigen Federkelchs sind kaum rauh.

Zu dieser Gattung gehört nur eine, am Cap der guten Hoffnung einheimische, aufrechte, ästige, halbstrauchige Art mit angedrückt-weissfilzigen Aesten und wechselständigen, sitzenden, herablaufenden, lanzettlichen, bespitzten, einnervigen, oberseits kahlen, blassen, unterseits angedrückt-graufilzigen Blättchen, zusammengesetztem, fast ebepigem Ebensträuße, kleinen Blättern und an der Spitze weißen inneren Hüllschuppen und Spreublättern.

16) Cassinia *R. Brown.* Das wenigblüthige Köpfchen ist entweder gleichehig, indem sämmtliche Blüthen zweigeschlechtlich und röhrenförmig sind, oder seltener verschiedenehig, indem auch einige wenige weibliche, schmale Blüthen vorhanden sind. Der Hauptkelch ist dachziegelig, trockenhäutig. Die Spreublätter auf dem Blüthenboden stellen die innersten Hüllschuppen dar. Die röhrenförmigen Blumenkronen haben einen fünfzähnigen Saum. Die eingeschlossenen Staubbeutel sind am Grunde von zwei Borsten begleitet. Die Narben sind an der Spitze stumpf, fast abgestutzt und mit einigen Haaren besetzt. Die Früchtchen sind verkehrt-eiförmig, ungestreift. Die zahlreichen Borsten des ein- oder zweireihigen Federkelchs sind fadenförmig oder an der Spitze pinselförmig.

Im östlichen Theile Neu-Hollands und in Neu-Seeland einheimische Halbsträucher mit zerstreuten, meist linealischen, selten länglichen oder lanzettlichen, ganzrandigen, am Rande oft umgerollten Blättern, ebensträußigen oder rispigen endständigen Blüthenköpfchen und halbkugeligen, länglichen oder kreiselförmigen Hauptkelchen bilden die Arten dieser Gattung.

Dritte Unterabtheilung. Helichryseen Lessing.

Die Blüthenköpfchen stehen nicht in Knäueln. Der Blüthenboden ist ohne Spreublätter, nackt oder mit Fasern besetzt.

17) Humea *Smith.* Das drei- bis vierblüthige Köpfchen ist gleichehig. Die Schuppen des cylindrischen, dachziegelig stehenden Hauptkelchs sind länglich, am Rande breit trockenhäutig, die untersten am Blüthenstielchen stehenden sind kleiner, deckblattartig. Der Blüthenboden ist sehr schmal, nackt. Die Blumenkrone ist röhrenförmig, an der Spitze fünfzähnig. Die Staubbeutel haben am Grunde zwei Borsten. Die Narben sind unbekannt. Die Früchtchen sind ungestreift, unbehaart, aber drüsig. Der Federkelch fehlt.

Zu dieser Gattung gehört nur eine im östlichen Theile Neu-Hollands einheimische, krautige, zweijährige, aufrechte, sparsam ästige, nach Harz riechende Art mit wechselständigen, ohrförmig-umfassenden, eiförmig-lanzettlichen, zugespitzten, sparsam behaarten Blättern, weiter Rispe mit herabhängenden Aesten, purpurrothen oder rosenrothen Hauptkelchen und purpurrothen Blumenkronen.

18) Pithocarpa *Lindley.* Das Köpfchen ist vielblüthig, gleichehig. Von den in mehren Reihen stehenden, dachziegelig sich deckenden Schuppen des kreiselförmigen Hauptkelchs sind die äußeren pfriemlich, die inneren kronblattartig, strahlend. Der Blüthenboden ist kegelförmig, nackt. Die Blumenkrone ist röhrenförmig, fünfzähnig. Die Staubbeutel hängen mittels einer dünnen Wolle am Grunde zusammen. Die Narben sind unbekannt. Die Früchtchen sind ungestreift, länglich, weichhaarig. Der Federkelch fehlt.

Die zu dieser Gattung gehörigen, im südwestlichen Theile Neu-Hollands einheimischen Gewächse sind mit einer dünnen, später abfallenden Wolle bekleidet und haben nur wenige von einander entfernt stehende, linealisch-lanzettliche, sitzende Blätter, einköpfige oder ebensträußige Aeste und einen am Grunde schwach wolligen Hauptkelch mit spitzen oder purpurroth-bespitzten inneren und weißen, stumpfen äußeren Schuppen.

19) Lawrencella *Lindley.* Das Köpfchen ist vielblüthig, gleichehig. Von den dachziegelig stehenden Schuppen des halbkugeligen Hauptkelchs sind die äußeren krautig, brandfleckig, die inneren kronblattartig, strahlend. Der Blüthenboden ist flach, nackt. Die Blumenkronen sind röhrenförmig, an der Spitze fünfzähnig. Die Staubbeutel sind ungeschwänzt, am Grunde abgerundet, durch spinnwebenartige Fäden vereinigt. Die Narben sind kegelförmig, auf dem Rücken drüsig. Die Borsten des in mehren Reihen stehenden Federkelchs sind gleichlang, gesägt.

Lawrenc. rosea *Lindley,* eine im südwestlichen Theile Neu-Hollands einheimische, drüsig-weichhaarige, einjährige Pflanze mit gegen- oder wechselständigen, linealischen, stumpfen, ungetheilten Blättern, achsel- und endständigen, einköpfigen, wolligen Blüthenstielen, eiförmigen, spitzen, berandeten äußeren und langen, an der Spitze schwach gezähnten, schön rosenrothen inneren Hüllschuppen macht die einzige Art dieser Gattung aus.

20) Xyridanthe *Lindley.* Das Köpfchen ist vielblüthig, gleichehig. Von den dachziegelig stehenden Schuppen des glockenförmigen Hauptkelchs sind die äußeren concav, abgerundet, ein wenig trockenhäutig, die inneren strahlend und an der Spitze mit einem kronblattartigen Anhängsel. Der Blüthenboden ist flach, nackt. Die Blumenkronen sind röhrenförmig, an der Spitze fünfzähnig. Die Staubbeutel sind durch spinnwebenartige Fäden geschwänzt. Die Narben sind abgestutzt. Die Früchtchen sind ungestreift, wollig. Der Federkelch ist spreublattartig, zweireihig, länger als die Blumenkrone, seine Spreublättchen sind federig.

Die zu dieser Gattung gehörige, im südwestlichen Theile Neu-Hollands einheimische Art ist ganz kahl und hat wechselständige, sitzende, länglich-lanzettliche, häutige Blätter, steife, einblüthige Aeste, einen durchaus kahlen Blüthenstiel, sehr kleine, braune, glänzende Blüthenköpfchen und längliche, stumpfe Schuppen, von denen die inneren durch ein kurzes, weißes Anhängsel strahlenförmig erscheinen.

21) Quinetia *Cassini.* Das Köpfchen ist zwei- bis dreiblüthig, gleichehig. Der Hauptkelch ist cylindrisch, vierblätterig, kaum länger als die Früchtchen, seine Schuppen sind linealisch, abwechselnd flach oder concav. Der Blüthenboden ist schmal, nackt. Die Blumenkrone ist röhrig, am Schlunde nicht erweitert und hat einen drei- bis vierzähnigen Saum. Die eingeschlossenen, mit einem endständigen Anhängsel versehenen Staubbeutel sind fast ungeschwänzt. Die langen Narben ragen aus der Blumenkrone hervor und stehen gespreizt, sind fast haarförmig, kahl und endigen mit einem kurzen, durchscheinenden Anhängsel. Die Früchtchen sind stielrund, in einen fast seidenhaarigen Stiel verschmälert, an der Spitze gleichfalls fast seidenhaarig, sonst kahl. Die fünf bis acht stehenbleibenden, in einer Reihe stehenden Spreu-

blätter sind am Grunde häutig, eiförmig und in eine lange, etwas rauhe Granne verlängert.

Zu dieser Gattung gehört nur eine, im südwestlichen Theile Neu-Hollands wachsende Art, eine aufrechte, kleine, zarte, ganz einfache, kahle, einjährige Pflanze mit verkehrt-eiförmigen, stachelspitzigen, ganzrandigen, langgestielten Blättern, am Grunde erweitertem, stengelumfassendem Blattstiele und mit kurzgestielten, in den Blattachseln einzeln stehenden, an den Stämmchen traubig-ährigen Blüthenköpfen.

22) Rutidosis *De Candolle.* Das Köpfchen ist vielblüthig, gleichehig. Die in zwei oder drei Reihen stehenden Schuppen des Hauptkelchs sind trockenhäutig-durchscheinend, quer runzelig, gesägt-gewimpert und kurz benagelt. Der Blüthenboden ist mit zahlreichen Vertiefungen versehen. Die Blumenkronen sind röhrenförmig, an der Spitze fünfzähnig. Die Staubbeutel sind unbekannt. Die Narben sind kurz. Die fünf eiförmigen kleinen Schuppen des Federkelchs sind spreublattartig.

Die zu dieser Gattung gehörige im östlichen Neu-Holland einheimische, spinnwebig-grau behaarte Art stimmt in der Tracht mit Helichrysum überein und hat wechselständige, sitzende, linealische, schwielig-zugespitzte Blätter, wenige blattlose, an der Spitze einköpfige Aeste und gelbe Hüllblätter.

23) Rhodanthe *Lindley.* Das Köpfchen ist vielblüthig, gleichehig. Von den dachziegelig stehenden, häutigen, eiförmigen, spitzen Schuppen des kreiselförmigen Hauptkelchs sind die äußeren, am Blüthenstielchen deckblattartigen silberweiß, die mittleren angedrückt, die inneren sternförmig-angedrückt, rosenroth. Der Blüthenboden trägt keine Spreublättchen. Die Blumenkrone ist röhrig, an der Spitze fünfspaltig. Die Staubbeutel und Narben sind unbekannt. Die Früchtchen sind ungestreift, wollig. Die in einer Reihe stehenden federigen Borsten des Federkelchs sind deutlich gesondert.

Zu dieser Gattung gehört nur eine, im südwestlichen Neu-Holland einheimische, krautige, einjährige, aufrechte kahle Art mit abwechselnden stengelumfassenden, stumpfen, ganzrandigen Blättern und endständigen, einzelnen sehr zierlichen Blüthenköpfen.

24) Podotheca *Cassini.* Das Blüthenköpfchen ist vielblüthig, gleichehig. Die fast dachziegelig stehenden Schuppen des cylindrischen, mit den Blüthen gleichlangen Hauptkelchs sind linealisch-zugespitzt und fast blattartig. Der Blüthenboden ist ohne Spreublätter. Die Blumenkronen sind röhrig, schlank, an der Spitze fünfzähnig. Die Staubbeutel haben am Grunde zwei Borsten. Die Narben sind lang, an der Spitze stumpf. Die Früchtchen sind fast cylindrisch, rauhhaarig, ihr seitlicher Hof sitzt auf einem schlanken, aus dem Mittelpunkte des Grübchens entspringenden Stielchen. Die fünf Spreublättchen des Federkelchs stehen in einer Reihe und sind sehr lang, am Grunde verwachsen und lang federhaarig.

Die zu dieser Gattung gehörigen einjährigen, kahlen Arten wachsen im südwestlichen Theile Neu-Hollands und haben abwechselnde, stengelumfassende, linealisch-halblanzettliche, ganzrandige, zugespitzte Blätter, einzelne an der Spitze der blattlosen Aeste stehende Blüthenköpfe, fast spinnenwebige Hüllen und gelbliche Blüthen.

25) Waitzia *Wendland.* Das Köpfchen ist vielblüthig, gleichehig. Der spreublattlose Blüthenboden ist flach oder zuletzt ein wenig gewölbt und mit Grübchen versehen. Die dachziegeligen, in mehreren Reihen stehenden, trockenen Schuppen des Hauptkelchs sind sämmtlich oder wenigstens die mittleren und inneren gestielt und mit einem kronblattartigen, strahlenden, gefärbten Anhängsel versehen und länger als die Scheibe. Die Blumenkronen sind zweigeschlechtlich, röhrig, fadenförmig, schlank, mit dem Federkelche gleichlang, an der Spitze fünfzähnig. Die Staubbeutel sind am Grunde verschmälert, ungeschwänzt. Die Griffeläste sind an der Spitze kopfförmig. Die zusammengedrückten, eiförmigen Früchtchen sind an der Spitze in ein Schnäbelchen vorgezogen. Die zehn bis zwölf in einer Reihe stehenden Borsten des Federkelchs sind ganz am Grunde verwachsen und ein wenig federig, oberhalb der Mitte sägezähnig-rauh.

Die zu dieser Gattung gehörigen in Neu-Holland einheimischen krautartigen Gewächse haben ebensträußige, sehr selten einköpfige, vom Grunde bis zur Spitze beblätterte Stengel, halbkugelige Blüthenköpfe und trockene, gefärbte, die Scheibenblüthen überragende Hüllschuppen.

26) Leptorrhynchus *Lessing.* Das Blüthenköpfchen ist vielblüthig, gleichehig. Der Blüthenboden ist spreublattlos, flach und mit Grübchen versehen. Die dachziegelig gestellten, in mehreren Reihen stehenden Schuppen des Hauptkelchs sind sämmtlich sitzend und ohne Anhängsel, oder die inneren sind, aber nur äußerst selten, in ein sehr kurzes, durchscheinendes Anhängsel verlängert und kürzer als die Scheibenblüthen. Die Blumenkronen sind zweigeschlechtlich, röhrig, bis zur Mitte fadenförmig, über derselben sehr erweitert und haben einen breiten, glockenförmigen, fünfzähnigen Saum, sie überragen den Federkelch. Die Staubbeutel sind am Grunde verschmälert, ungeschwänzt. Die Griffeläste haben eine kopfförmige Spitze. Die Früchtchen sind zusammengedrückt, länglich, an der Spitze verschmälert oder sehr selten in einen Schnabel verlängert. Die zehn bis zwölf in einer Reihe stehenden Borsten des Federkelchs sind am Grunde verwachsen und ihrer ganzen Länge nach sägezähnig-rauh.

Die zu dieser Gattung gehörigen, in Neu-Holland einheimischen krautartigen Gewächse haben unterwärts beblätterte, nach Oben ziemlich weit kahle oder mit sehr kleinen, durchscheinenden Schuppen bekleidete, einköpfige Stengel und Aeste, kreiselförmige Köpfchen und durchscheinende oder fast blattartige Hüllschuppen, welche kürzer als die Scheibenblüthen sind.

27) Millotia *Cassini.* Das Köpfchen ist vielblüthig, gleichehig. Die acht oder zehn in einer Reihe stehenden Schuppen des länglich-cylindrischen Hauptkelchs sind an der Spitze zugespitzt-pfriemlich. Der flache Blüthenboden hat keine Spreublätter. Die Blumenkrone ist röhrenförmig, an der Spitze vierzähnig. Die Staubbeutel haben am Grunde zwei Borsten. Die kahlen Narben haben ein sehr kleines, kegelförmiges Anhängsel. Die Früchtchen sind länglich, zusammengedrückt, rauh und ha-

den einen dünnen langen Schnabel. Der in einer Reihe stehende Federkelch ist behaart, dünn, rauh und länger als die Blumenkrone.

Die zu dieser Gattung gehörige einjährige, schwache, aufrechte, von spinnewebigem Filze überzogene Art wächst in Neu-Holland und hat abwechselnde, sehr zarte, spitze ganzrandige Blätter, einzelne endständige Köpfchen, gelbe Blumenkronen und einen röthlichen Federkelch.

28) Ixiolaena *Bentham*. Das Köpfchen ist vielblüthig, gleichehig. Die zahlreichen Schuppen des cylindrischen Hauptkelchs sind grün, am Rande trockenhäutig, aufrecht und an der Spitze mit einem kleinen, kronblattartigen Anhängsel. Der Blüthenboden ist mit Grübchen versehen und mit kurzen Fasern besetzt. Die Blumenkrone ist röhrig, an der Spitze vier- bis fünfzähnig. Die Staubbeutel haben am Grunde zwei Borsten. Die Narben sind an der Spitze pinselförmig. Die rundlichen, schwach-steifhaarigen, schnabellosen Früchtchen sitzen auf einer Drüse. Die zahlreichen Borsten des Federkelchs sind rauh.

Aus dieser Gattung ist nur eine im südwestlichen Neu-Holland einheimische Art bekannt, eine krautartige, aufrechte, harte, ästige, locker wollige, sehr klebrige Pflanze mit länglich-spatelförmigen, in den Blattstiel verschmälerten unteren und linealisch-spatelförmigen, etwas herablaufenden oberen Blättern, klebrig-weichhaarigen, zu drei oder vier stehenden Blüthenköpfen und mit schnee-weißen Rändern an den Hüllschuppen.

29) Panaetia *Cassini*. Das Köpfchen ist vielblüthig, verschiedenehig, indem die wenigen Strahlblüthen weiblich, die Scheibenblüthen zweigeschlechtlich sind. Von den dachziegelig stehenden Schuppen des halbkugeligen, mit den Blüthen gleich langen Hauptkelchs sind die mittleren gestielt und haben ein breites, trockenhäutiges, wimperig-gezähntes Anhängsel, die äußeren zu einer Schuppe verkümmert. Die röhrenförmigen Strahlblüthen haben einen dreitheiligen Saum mit linealischen Zipfeln, die Scheibenblüthen mit weit längerer Röhre haben einen fünfspaltigen Saum. Die Staubbeutel und Narben sind unbekannt. Die Früchtchen sind sämmtlich von gleicher Gestalt, länglich, ungestreift. Die Borsten des Federkelchs sind sehr dünn, nach Oben federig, die Strahlblüthen besitzen deren zwei, die Scheibenblüthen drei oder vier.

Die zu dieser Gattung gehörige, im südwestlichen Neu-Holland einheimische, einjährige Art hat einen zerstreut behaarten, an der Spitze in einköpfige Aeste getheilten Stengel, wechselständige, sitzende, längliche, spitze, ganzrandige, unterseits weiß-filzige Blätter und einzeln stehende, gelbe Blüthenköpfe.

30) Podolepis *Labillardière*. Das Köpfchen ist vielblüthig, verschiedenehig, indem die Strahlblüthen zungenförmig oder unregelmäßig röhrig und weiblich, die Scheibenblüthen regelmäßig und zweigeschlechtlich sind. Von den in mehren Reihen stehenden Schuppen des glockenförmigen Hauptkelchs sind die äußeren sitzend und trockenhäutig-durchscheinend, die inneren in einen schmalen, linealischen Nagel verengert. Der Blüthenboden wird zwar von De Candolle, Endlicher und Meisner als mit Spreublättchen versehen angegeben, ist aber in der That spreublattlos. Die Strahlblüthen sind entweder zungenförmig, ganzrandig oder kaum gezähnelt oder auch unregelmäßig röhrig und an der Spitze tief drei- bis fünfspaltig; die Scheibenblüthen sind regelmäßig, fünfzähnig. Die Staubbeutel haben am Grunde zwei Borsten. Die Narben sind kahl, an der Spitze kopfförmig. Die Früchtchen sind länglich, schwach mit Wärzchen besetzt, an der Spitze kaum verschmälert, ihr Hof ist seitlich oder fast endständig. Die Borsten des Federkelchs stehen in einer Reihe und sind behaart, rauh-gesägt, am Grunde in einen Ring verwachsen.

Aus dieser Gattung, zu welcher auch Scaliopsis von Walpers gehört, kennt man mehre in Neu-Holland einheimische, aufrechte, sparsam ästige, krautige Arten mit wechselständigen, sitzenden, ein wenig herablaufenden, länglich-linealischen, zugespitzten, ganzrandigen Blättern und endständigen, einzelnen Blüthenköpfchen. Sie zerfällt in folgende drei Untergattungen:

a) Scalia *Sims*. Die Strahlblüthen sind zungenförmig oder verschiedengestaltig mit drei bis fünf unregelmäßigen, tiefen Einschnitten. Die Borsten des Federkelchs sind am Grunde in eine kurze Röhre verwachsen. Die Hüllschuppen haben einen drüsenlosen Stiel. Die Blüthen sind gelb.

b) Stylolepis *Lehmann*. Die Strahlblüthen sind zungenförmig, ungetheilt oder kaum gezähnelt. Die Borsten des Federkelchs sind am Grunde kaum verwachsen. Die Hüllschuppen haben einen drüsentragenden Stiel. Die Blüthen sind violett.

c) Doratolepis *Bentham*. Die Strahlblüthen sind fast röhrenförmig. Die Borsten des Federkelchs sind am Grunde kaum verwachsen. Die Hüllschuppen haben einen drüsentragenden Stiel. Der Hof an den Früchtchen ist fast endständig.

31) Swammerdamia *De Candolle*. Das Köpfchen ist vielblüthig, scheibenförmig, verschiedenehig, indem die äußerst wenigen Randblüthen weiblich, die Scheibenblüthen zweigeschlechtlich sind. Die dachziegelförmig stehenden Schuppen des Hauptkelchs sind linealisch-länglich, stumpf, ochergelb-trockenhäutig. Der schmale Blüthenboden ist spreublattlos. Die Blumenkronen der weiblichen Blüthen sind an der Spitze fast dreizähnig, die der zweigeschlechtlichen fünfspaltig. Die ein wenig hervorragenden Staubbeutel sind am Grunde kurz geschwänzt. Die Narben sind an der Spitze kopfförmig, die der weiblichen Blüthen ragen hervor, die der zweigeschlechtlichen sind zuletzt zurückgekrümmt. Die rundlichen Früchtchen haben am Grunde eine dicke Schwiele. Die Borsten des gleichförmigen, in einer Reihe stehenden Federkelchs sind an der Spitze ein wenig verdickt.

Die zu dieser Gattung gehörige halbstrauchige in Van Diemens-Land einheimische Art hat kantige Aestchen, abwechselnde, verkehrt-ei-keilförmige, sehr kurz gestielte, stumpfe, ganzrandige, runzelige, lederartige, unterseits weißliche Blätter, an der Spitze der Aeste in kurzen, wenigköpfigen, mit kleinen Deckblättern besetzten Rispen stehende Blüthenköpfe und blaßgelbe Blüthen.

32) **Chrysocephalum** *Walpers.* Die 20- bis 30-blüthigen, scheibenförmigen Köpfchen sind verschiedenehig, indem die Randblüthen ohne Staubbeutel, die Scheibenblüthen aber vollkommen sind. Die dachziegelig stehenden Schuppen des Hauptkelchs sind lineallisch, stumpf, trockenhäutig, gewimpert. Der Blüthenboden ist flach, spreublattlos. Die Blumenkronen sind gleichförmig, sehr dünn fadenförmig, an der Spitze fünfzähnig. Die kurz hervorragenden Staubbeutel haben am Grunde zwei Borsten. Die Narben sind sehr dünn. Die wenigen (6—8) Borsten des gleichförmigen, einreihigen Federkelchs sind fadenförmig, an der Spitze scherig-bärtig.

Zu dieser Gattung gehört ein in Neu-Holland einheimischer Strauch mit holzigem Wurzelstocke, ruthenförmigen, einfachen Aesten, lineallischen, gehäuften, filzigen Blättern, ebensträußigen Blüthenköpfen und goldgelben Hüllschuppen und Blüthen.

33) **Siemssenia** *Steetz.* Das Köpfchen ist vielblüthig, verschiedenehig, indem die in einer Reihe stehenden Strahlblüthen weiblich und zungenförmig, die Scheibenblüthen zweigeschlechtlich, röhrig, an der Spitze fünfspaltig sind und vier gleiche Einschnitte haben, während der fünfte doppelt tiefer als die übrigen ist. Der Blüthenboden ist flach, spreublattlos, mit Grübchen versehen. Die dachziegelig stehenden, mehrreihigen Schuppen des glockenförmigen Hauptkelchs sind trockenhäutig, sitzend, die äußeren eiförmig und ohne Anhängsel, die inneren mit einem kleinen abstehenden strahlenden Anhängsel versehen. Die aus dem tieferen Einschnitte seitlich hervorragenden Staubbeutel haben am Grunde zwei Borsten. Die Griffeläste sind an der Spitze kopfförmig. Die Früchtchen sind stielrund, länglich, zu beiden Enden kaum verschmälert, mit einem seitlichen Hofe versehen, die der weiblichen Blüthen sind ohne Krone, die der zweigeschlechtlichen Blüthen haben einen Federkelch. Dieser ist einreihig, borstig, die Borsten sind am Grunde glatt, sonst sägezähnig-rauh und länger als die halbe Blumenkrone.

Diese dem hamburger Kaufmanne G. Th. Siemssen, welcher einst in Neu-Holland viele Pflanzen sammelte, zu Ehren benannte Gattung enthält nur eine gleichfalls in Neu-Holland von Siemssen aufgefundene sehr schlanke und sehr ästige Art mit gabelspaltigen Aesten, lineallischen, stielrunden, stumpfen Blättern und haarförmigen, einköpfigen Blüthenstielen. Von der verwandten Gattung Podolepis unterscheidet sie sich durch die verschiedengestalteten Früchtchen in den Strahl- und Scheibenblüthen und durch die ungleichen Blumenkroneinschnitte der Scheibenblüthen.

34) **Anisolepis** *Steetz.* Das Köpfchen ist vielblüthig, gleichehig. Der Blüthenboden ist spreublattlos und wahrscheinlich flach. Die Schuppen des Hauptkelchs stehen in wenigen Reihen, die äußeren sind sehr kurz, sitzend und fast blattartig, die inneren fast gleich lang, sehr kurz gestielt, aber mit einem ziemlich langen trockenhäutigen Anhängsel versehen. Die Blüthen scheinen sämmtlich zweigeschlechtlich zu sein. Die röhrenförmigen Blumenkronen sind an der Spitze erweitert und fünfzähnig. Die Staubbeutel sind am Grunde geschwänzt, an der Spitze kaum verdünnt, stumpf. Die Griffeläste sind an der Spitze kopfförmig und mit Wärzchen besetzt. Die Früchtchen sind stielrund, ungeschnäbelt, rauhhaarig. Die Blättchen des Federkelchs sind schmal, am Grunde breiter, an der Spitze verschmälert, sägezähnig-gewimpert und so lang als die Blumenkrone.

Zu dieser Gattung gehört nur eine in Neu-Holland einheimische, einjährige, kahle, sparsam ästige, krautige Art mit einköpfigen Aesten, lineallischen Blättern und kurzen, blattartigen, rostfarbig berandeten, äußeren und gestielten, in ein langes, strahlenförmiges, milchweißes Anhängsel verlängerten inneren Hüllschuppen.

35) **Pterochaeta** *Steetz.* Das Köpfchen ist vielblüthig, gleichehig. Der Blüthenboden ist spreublattlos, flach, aber mit Grübchen versehen. Von den in mehren Reihen stehenden dachziegeligen Schuppen des Hauptkelchs sind die äußeren sitzend, die mittleren und inneren gestielt, mit einem kleinen kronblattartigen Anhängsel versehen und länger als die Scheibenblüthen. Die Blumenkronen sind röhrig, fadenförmig, fünfzähnig. Die Staubbeutel sind an der Spitze verdünnt, am Grunde sehr kurz rundlich-geschwänzt. Die Griffeläste sind an der Spitze kopfförmig. Die Früchtchen sind fast stielrund, eiförmig, am Grunde verschmälert, an der Spitze in einen kurzen Schnabel verdünnt. Die in einer Reihe stehenden Borsten des Federkelchs sind am Grunde verwachsen, dicht federig.

Die Gattung **Pterochaeta** steht zwischen Waitzia und Helipterum in der Mitte und unterscheidet sich von ersterer durch den dicht federigen Federkelch und die kurzgeschwänzten Staubbeutel, von letzterer durch die deutlich geschnäbelten Früchtchen. Zu ihr gehört nur eine niedrige, graue, wollige, ästige, pyramidenförmige Art Neu-Hollands mit mehren, sitzenden oder kurz gestielten, schwefelgelben, an der Spitze der Aeste rispig stehenden Köpfchen.

36) **Chrysodiscus** *Steetz.* Das Köpfchen ist vielblüthig, verschiedenehig, indem sämmtliche Blüthen zwar röhrig und an der Spitze fünfzähnig, die wenigen Randblüthen aber weiblich, die übrigen zweigeschlechtlich sind. Der Blüthenboden ist gewölbt, spreublattlos, höckerig. Die in wenigen Reihen stehenden Schuppen des Hauptkelchs sind sämmtlich sitzend, fast gleich lang, lineallisch, außerhalb blattartig, nach Innen trockenhäutig. Die Staubbeutel sind am Grunde geschwänzt. Die Aeste des zweispaltigen Griffels sind an der Spitze kopfförmig. Die länglichen ungeschnäbelten Früchtchen haben einen seitlichen Hof. Die wenigen Borsten des Federkelchs stehen in einer Reihe, in den zweigeschlechtlichen Blüthen sind stets fünf, in den weiblichen zwei bis vier am Grunde feste, nackte, nach Oben ziemlich lang federige Borsten vorhanden.

Zwischen Ixiolaena und Panaetia in der Mitte stehend, unterscheidet sich diese Gattung von der ersteren durch die verschiedenehigen Köpfchen und die wenigen federigen Borsten des Federkelchs, von der letzteren durch den fünfzähnigen (nicht dreispaltigen) Saum der weiblichen Blüthen und die lineallischen, sämmtlich sitzenden, fast gleich langen (nicht dachziegeligen und gestielten) Hüllschuppen. Nur eine in Neu-Holland einheimische, ausdauernde, aufrechte, von schneeweißer Wolle dicht bedeckte, krautige Art mit einfachen oder wenigästigen Stengeln, einköpfigen Aesten und abwechselnden, linealischen, oberseits spinnewebigen, unterseits weißwolligen Blättern gehört zu dieser Gattung.

37) Hyalosperma *Steetz.* Das Köpfchen ist vielblüthig, gleichehig, da die röhrenförmigen, an der Spitze fünfzähnigen Blüthen sämmtlich zweigeschlechtlich sind. Der Blüthenboden ist nackt, flach, sehr fein höckerig, am Rande von einer einzigen Reihe Grübchen umgeben. Von den dachziegelig stehenden, trockenhäutigen Schuppen des kreiselförmigen Hauptkelchs sind die äußeren sitzend, die inneren gestielt und mit einem strahlenförmigen Anhängsel versehen. Die Blumenkronen sind am Grunde zu einem harten durchlöcherten Höckerchen verdickt. Die hervorragenden Staubbeutel sind am Grunde kurz geschwänzt. Die Griffeläste sind an der Spitze kopfförmig. Die Früchtchen sind länglich, flach-zusammengedrückt, ungeschnäbelt. Der Federkelch ist abfällig, spreublätterig, einreihig, seine 8—10 Spreublättchen sind am Grunde in einen breiten Ring verwachsen, nach der Mitte verschmälert und dicht federig.

Von Helipteris, womit diese Gattung am nächsten verwandt ist, unterscheidet sie sich durch die flach zusammengedrückten Früchtchen und den spreublätterigen Federkelch, von Xyridanthe durch den einreihigen (nicht zweireihigen) Federkelch. Zu ihr gehören schlanke, einjährige, krautige, in Neu-Holland einheimische Arten mit kantigem, an der Spitze ungetheiltem, einköpfigem Stengel, fadenförmigen Blättern und großen Blüthenköpfen.

38) Schoenia *Steetz.* Das Blüthenköpfchen ist vielblüthig, verschiedenehig, indem die wenigen röhrenförmigen Randblüthen zweigeschlechtlich und fruchtbar, die Scheibenblüthen durch Fehlschlagen des Griffels männlich und unfruchtbar sind. Von den in mehren Reihen stehenden, trockenhäutigen, sitzenden Schuppen des cylindrischen Hauptkelchs sind die äußeren kürzer und ohne Anhängsel, die inneren an der Spitze mit einem kronblattartigen, strahlenförmigen Anhängsel versehen. Der Blüthenboden ist spreublattlos, ziemlich erhaben, mit Grübchen versehen. Die Blumenkronen sind schlank, fünfzähnig, am Grunde verdickt. Die Staubbeutel sind am Grunde sehr kurz geschwänzt. Der Griffel ist in den zweigeschlechtlichen Blüthen zweispaltig, am Grunde zwiebelig verdickt, seine Aeste sind ziemlich flach, an der Spitze kopfförmig, in den männlichen Blüthen ganz einfach, an der Spitze verdickt. Die fruchtbaren Achänen sind verkehrt-eiförmig, ungeschnäbelt, am Grunde verdünnt, dicht seidenhaarig, die unfruchtbaren sind fadenförmig, ziemlich kahl, nur am Grunde behaart. Der Federkelch aller Achänen ist gleichgestaltet, einreihig, borstig, die Borsten sind gesägt oder fast federig.

Die zu dieser Gattung gehörigen, in Neu-Holland einheimischen Arten bestehen aus einjährigen, krautartigen, an der Spitze ebenstraußigen Pflanzen mit ganzrandigen Blättern.

39) Ozothamnus *R. Brown.* Das Köpfchen ist wenig- bis mehrblüthig, gleichehig. Die dachziegelig stehenden Schuppen des Hauptkelchs sind trockenhäutig, oft stumpf, die innersten bisweilen gefärbt. Der Blüthenboden ist spreublattlos, mit Grübchen versehen oder öfter ganz nackt. Die Blumenkronen sind röhrig, fünfzähnig. Die Staubbeutel haben am Grunde zwei Borsten. Die Narben sind an der Spitze ein wenig verdickt. Die Früchtchen sind verkehrt-eiförmig. Die Borsten des einreihigen Federkelchs sind fadenförmig, rauh und erscheinen durch den an der Spitze befindlichen ziemlich langen Bart auf den ersten Blick als keulenförmig.

Die zu dieser Gattung gehörigen, in Neu-Holland und auf Van Diemens-Land einheimischen, strauchartigen Gewächse haben wechselständige, gehäufte, sitzende, lederartige, bisweilen ziemlich lange, am Rande umgerollte, unterseits filzige Blätter, endständige, zusammengesetzte Ebensträuße, weiße oder fast rostfarbige Hüllschuppen, gelbe Blumenkronen und einen weißen Federkelch.

Die Gattung zerfällt in folgende drei Untergattungen:

a) Faustula *De Candolle.* Das Köpfchen ist mehrblüthig. Der Blüthenboden ist spreublattlos, aber grubig und mit Fasern besetzt. Der Hauptkelch hat mit den Blüthen gleiche Länge, seine dachziegelig stehenden Schuppen sind angedrückt, wollig und mit einem trockenhäutigen, kahlen Anhängsel versehen. Die Früchtchen sind verkehrt-eiförmig, mit langen, glänzenden, an der Spitze zweispaltigen Haaren besetzt.

b) Petalolepis *De Candolle.* Das Köpfchen ist wenigblüthig. Der Blüthenboden ist schmal, nackt. Der Hauptkelch ist ein wenig länger als die Blüthen, seine dachziegelig stehenden Schuppen sind trockenhäutig, die innersten an der Spitze gefärbt, stumpf, strahlend.

c) Eunzothamnus *De Candolle.* Das Köpfchen ist wenigblüthig. Der Blüthenboden ist schmal, nackt. Die Schuppen des fast kugeligen Kelchs neigen an der Spitze zusammen.

40) Eriosphaera *Lessing.* Das Köpfchen ist 10- bis 20blüthig, gleichehig. Die in wenigen Reihen stehenden Schuppen des dicht filzigen Hauptkelchs sind linealisch, ganzrandig. Die Blumenkronen sind röhrig, kahl und haben einen fünfzähnigen Saum. Die Staubbeutel haben am Grunde zwei Borsten. Die Narben sind an der Spitze ein wenig verdickt. Die Früchtchen sind verkehrt-eiförmig-kantig. Die fadenförmigen Borsten des Federkelchs sind an der Spitze ziemlich lang bärtig, fast bohrerförmig und fallen sehr leicht ab.

Die zu dieser Gattung gehörigen halbstrauchigen, dicht wolligen Arten wachsen am Cap der guten Hoffnung und haben verkehrt-eiförmige, oder spatelförmig-längliche, flache, stumpfe, kurzstachelspitzige Blätter, gehäufte, wollige Blüthenköpfe und gelbe Blumenkronen.

41) Leontonyx *Cassini.* Das 20- bis 30blüthige, scheibenförmige Köpfchen ist gleich- oder verschiedenehig, indem die wenigen Randblüthen weiblich, die übrigen zweigeschlechtlich sind. Von den dachziegelig stehenden Schuppen des eiförmig-cylindrischen Hauptkelchs sind die äußeren filzig-wollig, die inneren verlängert, trockenhäutig, starr, spiralig gewunden, gefärbt. Der Blüthenboden ist flach und nackt. Die Blumenkronen sind röhrig, an der Spitze fünfzähnig. Die Staubbeutel haben am

Grunde zwei Borsten. Die Narben sind unbekannt. Die Früchtchen sind sitzend, ungeschnäbelt, rauh und haben einen endständigen Hof. Der in zwei Reihen stehende, haarförmige Federkelch hat mit der Blumenkrone gleiche Länge.

Am Cap der guten Hoffnung einheimische, wollig-filzige, niedrige Sträucher oder krautige Gewächse mit wechselständigen, sitzenden, am Grunde verschmälerten, häutigen Blättern und an der Spitze der Aeste in Knäueln stehenden Blüthenköpfen machen die Arten dieser Gattung aus.

42) Helichrysum *De Candolle*. Das Blüthenköpfchen ist vielblüthig, gleich- oder verschiedenehig, indem die äußeren in einer Reihe stehenden, oft sehr wenigen, schlanken Blüthen weiblich, die übrigen zweigeschlechtlich sind. Von den dachziegelig stehenden, trockenhäutigen Schuppen des Hauptkelchs neigen die inneren zusammen oder sind strahlenförmig. Der Blüthenboden ist flach, spreublattlos, bald nackt oder mit Grübchen versehen, bald mit Fasern besetzt. Die Blumenkronen sind röhrig, die weiblichen sind fast fadenförmig, an der Spitze fünfzähnig. Die Staubbeutel sind am Grunde mit zwei Borsten versehen. Die hervorragenden Narben sind an der Spitze kaum verdickt. Die Früchtchen sind sitzend, schnabellos und haben einen endständigen Hof. Die in einer Reihe stehenden Borsten des Federkelchs sind ein wenig rauh oder an der Spitze bärtig, bald frei, bald am Grunde gleichmäßig verwachsen, bald ungleichmäßig verwachsen oder ästig.

Zu dieser Gattung gehören krautige oder halbstrauchige, über die ganze Erde verbreitete, vorzüglich aber am Cap der guten Hoffnung wachsende Arten mit wechselständigen Blättern, weißen, purpurrothen oder gelben Hauptkelchen und gelben oder purpurrothen Blumenkronen.

43) Helipterum *De Candolle*. Das Köpfchen ist vielblüthig, scheibenförmig, gleichehig, indem sämmtliche Blüthen zweigeschlechtlich sind, nur äußerst selten sind die mittelständigen Blüthen durch Verkümmerung verschiedenehig. Von den dachziegelig stehenden, trockenhäutigen Schuppen des Hauptkelchs neigen die innern zusammen oder sind strahlend. Der Blüthenboden ist nackt, oder mit Grübchen oder Fasern versehen. Die röhrenförmigen Blumenkronen haben einen fünfzähnigen Saum. Die Staubbeutel haben am Grunde zwei Borsten. Die hervorragenden Narben sind ziemlich stumpf. Die sitzenden, ungeschnäbelten Früchtchen haben einen endständigen Hof. Die in einer Reihe stehenden Borsten des Federkelchs sind federig oder am Grunde verwachsen.

Die hierher gehörigen krautigen oder halbstrauchigen Arten wachsen am Cap der guten Hoffnung und in Neu-Holland, haben weiße oder gelbe Hauptkelche und stimmen in der Tracht mit Helichrysum überein.

Folgende sechs Abtheilungen lassen sich in dieser Gattung unterscheiden:

a) Astelma *De Candolle*. Die Köpfchen sind gleichehig. Der Hauptkelch ist dachziegelig, zusammenneigend oder strahlend. Der gewölbte Blüthenboden ist mit Grübchen versehen. Die Borsten der Staubbeutel sind federig, die Narben linealisch-zungenförmig, stumpf. Die Strahlen des Federkelchs sind federig, am Grunde verwachsen. Die Arten dieser Abtheilung wachsen am Cap der guten Hoffnung.

b) Syncarpha *De Candolle*. Die Köpfchen sind gleichehig. Die dachziegelig stehenden Schuppen des eiförmigen Hauptkelchs sind an der Spitze in ein häutiges, zungenförmiges, dreieckiges, zugespitztes und zurückgekrümmtes Anhängsel erweitert. Der Blüthenboden ist flach und mit Grübchen versehen, welche aus lederartigen, untereinander verwachsenen Fasern gebildet sind. Die Schwänze der Staubbeutel sind bärtig. Die Narben sind lang, nach Außen gekrümmt. Die Früchtchen sind mit Wärzchen besetzt. — Die Arten dieser Abtheilung wachsen gleichfalls am Cap der guten Hoffnung.

c) Edmondia *De Candolle*. Die Köpfchen sind gleichehig. Die dachziegelig stehenden Schuppen des glockenförmigen Hauptkelchs sind trockenhäutig, strahlend. Der ziemlich flache Blüthenboden ist mit spreublattartigen oder borstenförmigen, abfälligen oder stehenbleibenden, freien, nicht verwachsenen Fasern besetzt. Die Borsten der Staubbeutel sind federig. Der Federkelch ist kurz-, aber dicht-bärtig. Die Mitglieder dieser Abtheilung wachsen am Cap der guten Hoffnung.

d) Leucochrysum *De Candolle*. Die Köpfchen sind gleichehig. Die Schuppen des Hauptkelchs sind gestielt und an der Spitze dieses Stielchens wollig-gewimpert. Der Blüthenboden ist nackt. Die Früchtchen sind kahl. Der Federkelch ist federig. Die halbstrauchigen Arten dieser Abtheilung wachsen in Australien.

e) Leiochrysum *De Candolle*. Die Köpfchen sind gleichehig. Die Schuppen des Hauptkelchs sind am Grunde durchscheinend, aber weder gewimpert, noch verschmälert. Der Blüthenboden ist nackt. Die Früchtchen sind weichhaarig. Zu dieser Abtheilung gehören einjährige, kahle, in Australien einheimische Gewächse.

f) Sericophorum *De Candolle*. Die Randblüthen der Köpfchen sind fruchtbar, die mittelständigen schlagen bisweilen fehl. Von den dachziegelig stehenden, trockenhäutigen Schuppen des Hauptkelchs sind die inneren verlängert, kronblattartig, gefärbt und gewimpert. Die Borsten der Staubbeutel sind bartlos. Die Früchtchen sind angedrückt seidenhaarig, die oberen Zottenhaare stellen einen äußeren kelchartigen Pappus dar. Die Borsten des Federkelchs sind dicht federig. — In Australien einheimische krautige oder halbstrauchige Gewächse bilden die Arten dieser Abtheilung.

44) Aphelexis *Bojer*. Das Köpfchen ist gleichehig, wenig- bis vielblüthig. Die in wenigen Reihen stehenden Schuppen des Hauptkelchs sind länger als die Scheibenblüthen, am Grunde grünlichbraun und an der Spitze in ein linealisch-lanzettliches Anhängsel verlängert. Der Blüthenboden ist kaum mit Grübchen versehen. Die röhrenförmige Blumenkrone hat einen fünfzähnigen Saum. Die Staubbeutel haben am Grunde zwei kleine Borsten. Die Narben sind unbekannt. Die sitzenden, schnabellosen Früchtchen haben einen endständigen Hof. Die Borsten des Federkelchs sind fadenförmig, an der äußersten Spitze

ein wenig bärtig, am Grunde getrennt oder ein wenig verwachsen.

Die zu dieser Gattung gehörigen in Madagascar einheimischen kleinen Sträucher haben endständige, einzelne oder mehre Köpfchen.

45) Stenocline *De Candolle*. Das Köpfchen ist 1—5blüthig, gleichehig, länglich. Die wenigen Schuppen des Hauptkelchs sind aufrecht, länglich und stehen nicht dachziegelig. Der Blüthenboden ist sehr schmal, nackt. Die Blumenkronen sind röhrig, an der Spitze fünfzähnig. Die Staubbeutel haben am Grunde zwei Borsten. Die Narben sind stumpf, die Früchtchen länglich. Der einreihige Federkelch hat fadenförmige oder ein wenig verbreiterte Borsten.

Die zu dieser Gattung gehörigen, in Madagascar und Brasilien einheimischen krautigen oder halbstrauchigen Gewächse haben wechselständige, langettliche oder linealische Blätter, meist zu drei in einem Büschel stehende Köpfchen und weiße oder gelbliche Hauptkelche.

46) Achyrocline *De Candolle*. Das Blüthenköpfchen ist meist fünfblüthig, dünn, cylindrisch, verschiedenehig, indem die äußeren drei oder vier Blüthen weiblich, die inneren zwei oder auch nur eine zweigeschlechtlich sind. Die Schuppen des Hauptkelchs stehen dachziegelig und sind trockenhäutig. Die Blumenkronen sind röhrig, an der Spitze fünfzähnig. Die Staubbeutel haben am Grunde zwei Borsten. Die Narben sind stumpf, die Früchtchen länglich. Der in einer Reihe stehende Federkelch ist etwas rauh.

Zu dieser Gattung gehören halbstrauchige, im tropischen Amerika einheimische Gewächse mit wechselständigen, sitzenden oder herablaufenden, linealischen oder länglich-lanzettlichen, bisweilen filzigen Blättern, in einem zusammengesetzten Ebenstrauße stehenden Köpfchen und gelblichen oder rothen Hauptkelchen.

47) Gnaphalium *Linné* (zum Theil). Das Köpfchen ist vielblüthig, scheibenförmig, verschiedenehig, indem die sehr engen, ein- bis mehrreihigen Randblüthen weiblich, die mittelständigen zweigeschlechtlich sind. Die dachziegelig stehenden Schuppen des eiförmigen, mit den Scheibenblüthen gleichlangen Hauptkelchs sind angedrückt und fast durchscheinend. Der Blüthenboden ist flach, nackt. Die Blumenkronen der weiblichen Blüthen sind sehr dünn, die der zweigeschlechtlichen röhrig und haben einen fünfzähnigen Saum. Die Staubbeutel haben am Grunde zwei Borsten. Die Narben sind stumpf, die Früchtchen stielrund, selten zusammengedrückt und mit Wärzchen besetzt. Die Borsten des gleichförmigen, einreihigen Federkelchs sind fadenförmig, kaum rauh.

Zu dieser artenreichen Gattung gehören krautige, sehr selten halbstrauchige, mehr oder weniger wollige oder filzige, über die ganze Erde verbreitete, aber besonders in Amerika und am Cap der guten Hoffnung häufiger vorkommende Gewächse mit sitzenden oder herablaufenden, sehr häufig wolligen Blättern, in end- oder achselständigen, büscheligen, ebensträußigen oder ährenförmigen Knäueln stehenden Köpfchen und weißlichen, braunen, purpurrothen oder gelben Hauptkelchen.

48) Cladochaeta *De Candolle*. Das Köpfchen ist vielblüthig, gleichehig. Die Schuppen des cylindrischen Hauptkelchs sind stumpf, auf dem Rücken sammethaarig, am Rande trockenhäutig, die innersten haben mit den Scheibenblüthen gleiche Länge. Der flache Blüthenboden ist mit sehr kurzen Fasern besetzt. Die Blumenkronen sind röhrig, an der Spitze fünfzähnig. Die Staubbeutel haben am Grunde zwei Borsten. Die Narben sind an der Spitze mit kleinen, steifen Haaren besetzt. Die Früchtchen sind fast stielrund. Die einreihigen Borsten des Federkelchs sind am Grunde in kleine Bündel, welche besonders abfallen, verwachsen.

Zu dieser Gattung gehört nur eine schlanke, schneeweiß-filzige, am Kaukasus wachsende Art mit wechselständigen, sitzenden, länglichen, stumpfen, nervenlosen, ganzrandigen Blättern, einem endständigen vielköpfigen Ebenstrauße und kurz gestielten Köpfchen.

49) Pteropogon *De Candolle*. Das Köpfchen ist wenigblüthig, verschiedenehig, indem von den röhrenförmigen Blüthen die beiden äußeren weiblich, die zwei oder drei mittelständigen männlich sind. Die 7—8 länglichen, kahlen, trockenhäutigen Schuppen des länglichen Hauptkelchs neigen zusammen, die inneren sind ein wenig länger als die übrigen. Der schmale Blüthenboden ist spreublattlos. Die Blumenkronen sind röhrig, an der Spitze fünfzähnig. Die Staubbeutel und Narben sind unbekannt. Die äußeren Früchtchen sind verkehrt-eiförmig und von sehr dicht stehenden seidigen Zottenhaaren bedeckt, von denen die oberen länger als das Früchtchen selbst sind und gleichsam einen äußeren Federkelch darstellen, die inneren Früchtchen schlagen fehl. Die wenigen, in einer Reihe stehenden Borsten des Federkelchs sind nicht federig.

Aus dieser Gattung ist nur eine im östlichen Neu-Holland einheimische krautige Art bekannt mit mehren aus dem Wurzelhalse entspringenden, aufrechten, dünnen, an der Spitze weichhaarigen Stengeln, gegenüberstehenden unteren und abwechselnden, linealisch-pfriemlichen, spitzen, sitzenden mittleren und oberen Blättern, in einem endständigen, von gehäuften Blättern umgebenen Ebenstrauße stehenden Köpfchen und braunen äußeren und an der Spitze milchweißen inneren Hüllschuppen.

50) Lasiopogon *Cassini*. Das Köpfchen ist vielblüthig, verschiedenehig, indem von den röhrenförmigen Blüthen die in einer oder doch nur in wenigen Reihen stehenden Randblüthen weiblich, die mittelständigen zweigeschlechtlich sind. Die in einer oder zwei Reihen stehenden Schuppen des von blattartigen Deckblättern umgebenen Hauptkelchs sind an der Spitze fast durchscheinend und etwas länger als die Scheibenblüthen. Der Blüthenboden ist flach und nackt. Die Blumenkronen der weiblichen Blüthen sind sehr eng, die der zweigeschlechtlichen weiter, an der Spitze 4—5zähnig. Die Staubbeutel haben am Grunde zwei Borsten. Die Narben sind ziemlich stumpf. Die Früchtchen sind verkehrt-eiförmig, etwas zusammengedrückt, kahl. Die Borsten des einreihigen Federkelchs sind sehr lang federig.

Kleine, einjährige, ausgebreitet-ästige, in Nord- und

Süd-Afrika einheimische Gewächse mit zerstreuten, schmal-spatelförmigen oder linealischen Blättern und gehäuften Blüthenköpfen machen die Arten dieser Gattung aus.

51) Amphidoxa *De Candolle.* Das Köpfchen ist vielblüthig, verschiedenehig, indem von den röhrenförmigen Blüthen die in mehren Reihen stehenden randständigen weiblich, die mittelständigen zweigeschlechtlich sind. Von den dachziegelig stehenden Schuppen des glockenförmigen Hauptkelchs sind die äußeren angedrückt, durchscheinend-röthlich, die inneren in ein weißes, eiförmiges, stumpfes Anhängsel verlängert und deshalb ein wenig strahlend. Der Blüthenboden ist flach und nackt. Die Blumenkronen der weiblichen Blüthen sind sehr eng, die der zweigeschlechtlichen deutlicher röhrenförmig, an der Spitze fünfzähnig. Die Staubbeutel haben am Grunde zwei Borsten. Die Narben sind unbekannt; die Früchtchen länglich. Der Federkelch an den Früchtchen der Strahlblüthen fehlt, an den Früchtchen der Scheibenblüthen besteht er aus fünf bis sechs, sehr schnell abfallenden, an der Spitze schwach bärtigen, etwas keulenförmigen Borsten.

Aus dieser Gattung ist nur eine am Cap der guten Hoffnung wachsende, ästige, am Grunde holzige, an der Spitze wollige Art mit wechselständigen, sitzenden, länglichen, an der Spitze verkehrt-eiförmigen, stachelspitzigen, gefalteten, schwach wellenförmigen, auf beiden Flächen wollig-seidenhaarigen Blättern und an der Spitze der Aeste etwas gehäuften, kurz gestielten Köpfchen bekannt.

52) Denaidium *De Candolle.* Das Köpfchen ist vielblüthig, verschiedenehig, indem die in mehren Reihen stehenden fadenförmigen Randblüthen weiblich, die Scheibenblüthen röhrig und männlich sind. Die Schuppen des glockenförmigen Hauptkelchs stehen in einer oder zwei Reihen. Der Blüthenboden ist flach und nackt. Die Blumenkronen der weiblichen Blüthen sind fadenförmig, die der männlichen röhrig, an der Spitze fünfzähnig. Die Staubbeutel und Narben sind unbekannt. Die Früchtchen der Strahlblüthen sind länglich, vierkantig-stielrund, von kleinen Haaren fast weichstachelig, die der Scheibenblüthen schlagen meist fehl. Der Federkelch fehlt.

Eine sehr niedrige, vielstengelige, weichhaarige, graue, der Filago gallica in der Tracht ähnliche Pflanze mit wechselständigen, linealischen, etwas spitzen Blättern und kleinen, braunen, in den obern Blattachseln oder an der Spitze der Aeste fast sitzenden, wenig gehäuften Köpfchen bildet die einzige Art dieser Gattung.

53) Metalasia *R. Brown.* Das Köpfchen ist wenigblüthig, gleichehig. Von den in wenigen Reihen stehenden, dachziegelig sich deckenden Schuppen des Hauptkelchs sind die innersten länger, an der Spitze oft breiter, gefärbt. Der Blüthenboden ist nackt. Die Blumenkronen sind röhrenförmig, an der Spitze fünfzähnig. Die Staubbeutel haben am Grunde zwei Borsten. Die Narben sind stumpflich. Die jüngeren Früchtchen sind am Grunde in einen Stiel, an der Spitze in einen Schnabel verschmälert, die reifen aber fast sitzend und schnabellos und stets kahl. Die an der Spitze verdickten, schwach gezähnelten Borsten des einreihigen Federkelchs fallen einzeln ab.

In dieser Gattung gehören aufrechte, am Cap der guten Hoffnung wachsende Sträucher mit stielrunden, oft filzigen, bis zu den Köpfchen gleichmäßig beblätterten Aesten, zerstreuten, sitzenden, lederartigen, linealischen oder länglichen, oberseits in Folge der eingerollten Ränder concaven, unterseits convexen, glänzenden, kahlen, meist spiralig gedrehten Blättern, cylindrischen, in ebensträußigen Knäueln gehäuften Köpfchen, weißen, purpurrothen oder seltener gelben inneren Hüllschuppen und purpurrothen oder weißlichen Blumenkronen.

54) Erythropogon *De Candolle.* Das Köpfchen ist vielblüthig, gleichehig. Die in mehren Reihen dachziegelig stehenden Schuppen des ei-kreiselförmigen Hauptkelchs sind linealisch-lanzettlich und mit einem trockenhäutigen, gefärbten Anhängsel ein wenig strahlend. Der Blüthenboden ist flach und nackt. Die röhrenförmigen Blumenkronen haben einen fünfzähnigen Saum. Die Staubbeutel haben am Grunde zwei Borsten. Die Narben sind stumpflich. Die Früchtchen, auch die jüngeren, sind sitzend, schnabellos, kahl. Die Borsten des einreihigen Federkelchs sind rauh, an der Spitze nicht verdickt.

Am Cap der guten Hoffnung wachsende Halbsträucher mit wechselständigen, lederartigen, kleinen, stachelspitzigen, oberseits graufilzigen, unterseits kahlen, nervenlosen Blättern, 3 — 4 gestielten, in Dolden stehenden Köpfchen, purpurrothen oder weißen Hüllanhängseln und Blumenkronen und einem dunkel purpurrothen Federkelche machen die Arten dieser Gattung aus.

55) Lachnospermum *Willdenow.* Das Köpfchen ist vielblüthig, gleichehig. Die dachziegelig stehenden, angedrückten, eiförmigen Schuppen des kreiselförmigen Hauptkelchs haben eine ziemlich aufrechte, etwas stechende Spitze. Der Blüthenboden hat am Rande einige wenige linealische Spreublätter. Die Blumenkronen sind röhrenförmig, an der Spitze fünfzähnig. Die Staubbeutel sind geschwänzt, die Narben an der Spitze pinselförmig. Die Früchtchen sind länglich, kantig, die jüngeren nur an den Kanten wollig, zuletzt aber fast ganz rauhhaarig. Die Borsten des zweireihigen Federkelchs sind behaart, ein wenig länger als die Blumenkrone.

Aus dieser Gattung kennt man nur eine am Cap der guten Hoffnung einheimische strauchige Art mit abstehenden, starren, filzigen Zweigen mit kleinen, büscheligen, stielrunden, stumpfen, oberseits filzigen, gedrehten Blättern und endständigen, einzelnen, seltener zu zwei oder drei stehenden, kurz gestielten Blüthenköpfen.

56) Pachyrhynchus *De Candolle.* Das Köpfchen ist zehnblüthig, gleichehig. Die Schuppen des rundlich-länglichen, von kurzen, blattartigen, grauwolligen Deckblättern umgebenen Hauptkelchs sind lang, trockenhäutig, glänzend, kahl, linealisch, spitz, zuletzt abstehend. Der Blüthenboden ist flach, nackt. Die Blumenkrone ist röhrenförmig, an der Spitze fünfzähnig. Die Staubbeutel und Narben sind unbekannt. Die sitzenden, eiförmigen, ganz wolligen Früchtchen haben einen kahlen, dicken Schnabel. Der Federkelch ist behaart-borstig, die Borsten sind kaum rauh, stehen in mehren Reihen und sind länger als die Blumenkrone.

Ein am Cap der guten Hoffnung einheimischer, ästiger, aufrechter, mit Ausnahme der Köpfchen ganz wolligfilziger, grauer Halbstrauch mit sitzenden, lanzettlichen oder länglichen, schwielig-bespitzten, ganzrandigen, ziemlich gehäuften, fast dachziegelig stehenden Blättern und strohgelben Hüllschuppen macht die einzige Art dieser Gattung aus.

57) **Elytropappus** *Cassini*. Das Köpfchen ist zwei- bis achtblüthig, gleichehig. Die in mehreren Reihen stehenden Schuppen des Hauptkelchs sind länglich, stachelspitzig oder zugespitzt. Der Blüthenboden ist flach, nackt. Die röhrenförmigen Blumenkronen haben einen fünfzähnigen Saum. Die Staubbeutel sind geschwänzt, die Narben an der Spitze pinselförmig. Die sitzenden Früchtchen haben keinen Schnabel. Die Borsten des Federkelchs sind am Grunde in einen abfälligen Ring verwachsen, durch einen kurzen, fast ganzrandigen, kronenförmigen Rand gleichsam mit einem kleinen Kelche versehen, unten nackt, an der Spitze federig.

Sehr ästige, aufrechte, am Cap der guten Hoffnung wachsende Halbsträucher mit zerstreuten, oft spiralig gedrehten, von drüsigen Haaren mehr oder weniger rauhen, auf der Oberfläche mit einem stehenbleibenden Filze bedeckten, am Rande mehr oder weniger eingebogenen Blättern und einzelnen, oder doch nur sehr wenigen, übrig-traubigen, in den Achseln der oberen Blätter sitzenden oder fast sitzenden Blüthenköpfen bilden die Arten dieser Gattung.

58) **Disparago** *Gärtner*. Das Köpfchen ist zweiblüthig, verschiedenehig, indem die eine Blüthe zungenförmig und weiblich oder geschlechtslos, die andere röhrig und zweigeschlechtlich ist. Die in wenigen Reihen stehenden Schuppen des länglichen Hauptkelchs sind fast linealisch, stachelspitzig, trockenhäutig, kahl. Der Blüthenboden ist schmal, nackt oder zwischen den Blüthen mit einigen Spreublättchen besetzt. Die zungenförmigen Blumenkronen haben eine lange Röhre, eine kurze, eiförmige, ganzrandige oder zweizähnige Zunge und einen fünfzähnigen Saum. Die Staubbeutel sind sehr kurz zweischwänzig, die Narben stumpf, die Früchtchen länglich, schnabellos. Der Federkelch ist fünf- bis vielborstig, seine Borsten sind am Grunde lederartig, nackt, an der Spitze federig, seltener am Grunde von einem kronenförmigen Rande umgeben; der Federkelch an den Früchtchen der Zungenblüthen besteht oft nur aus wenigen Borsten oder fehlt ganz.

Zu dieser Gattung gehören kleine Sträucher am Cap der guten Hoffnung mit spiralig stehenden, oft gewundenen, gehäuften, sitzenden, linealisch-pfriemlichen, stachelspitzigen, oberseits und oft auf beiden Seiten filzigen Blättern, in einem endständigen, fast runden, von Deckblättern umgebenen Knäuelchen stehenden Blüthenköpfchen und purpurrothen oder weißen Blumenkronen.

Vier verschiedene Unterabtheilungen gehören zu dieser Gattung:

a) **Disparella** *De Candolle*. Auf dem Blüthenboden befinden sich zwischen den Blüthen mehre Schuppen oder Spreublätter. Die Zungenblüthe ist weiblich. Die Früchtchen sind kahl. Der Federkelch ist gleichförmig, fünfborstig und mit einem kleinen Rande versehen.

b) **Leiachena** *De Candolle*. Der Blüthenboden ist nackt. Die Zungenblüthe ist geschlechtslos. Die Früchtchen sind ganz kahl. Der Federkelch der zweigeschlechtlichen Blüthe ist fünfborstig, der geschlechtslosen fehlt er ganz.

c) **Steirocoma** *De Candolle*. Der Blüthenboden ist nackt. Die Zungenblüthe ist geschlechtslos. Die Früchtchen sind filzig. Der Federkelch der zweigeschlechtlichen Blüthe ist 15—20borstig, am Grunde nackt, jener der geschlechtslosen nur 4—5borstig.

d) **Steirostilpna** *De Candolle*. Der Blüthenboden ist nackt. Die Zungenblüthe ist geschlechtslos. Die Früchtchen sind filzig; Wollhaare umgeben den Grund des Federkelchs. Der Federkelch der zweigeschlechtlichen Blüthe ist 15—20borstig, der geschlechtslosen fehlt er gänzlich.

59) **Amphiglossa** *De Candolle*. Das Blüthenköpfchen ist drei- bis vierblüthig, gleich- oder verschiedenehig, indem die wenigen zungenförmigen Strahlblüthen weiblich, die röhrenförmigen Scheibenblüthen zweigeschlechtlich sind. Die Schuppen des walzlichen Hauptkelchs stehen dachziegelig. Der Blüthenboden ist nackt. Die zungenförmigen Blumenkronen der Strahlblüthen haben eine sehr schmale, die Scheibenblüthen öfters nicht überragende Zunge, die Blumenkronen der Scheibenblüthen sind röhrenförmig und haben einen fünfzähnigen Saum. Die Staubbeutel und Narben sind unbekannt. Die Früchtchen sind sitzend, schnabellos, kahl. Der Federkelch ist gleichförmig, einreihig, abfällig, am Grunde von einem sehr kurzen Rande umgeben, seine Borsten sind vom Grunde bis zur Spitze lang und dicht federig.

Die zu dieser Gattung gehörigen Arten wachsen am Cap der guten Hoffnung; es sind sehr ästige, aufrechte oder niederliegende Halbsträucher mit ziemlich kahlen, bisweilen dornigen Aesten, zerstreuten, gehäuften, lederartigen, außenseits gewölbten, ganz kahlen und glatten, innenseits etwas concaven, weiß-filzigen Blättern und kleinen, an der Spitze der Aeste stehenden Blüthenköpfchen.

Diese Gattung zerfällt in folgende drei Unterabtheilungen:

a) **Aglossa** *De Candolle*. Die Köpfchen sind drei- bis fünfblüthig, gleichehig.

b) **Leptoglossa** *De Candolle*. Die Köpfchen sind sechs- bis zwölfblüthig, verschiedenehig mit 2—8, sehr wenig zungenförmigen, die Scheibe nicht überragenden Blüthen.

c) **Phaenoglossa** *De Candolle*. Die Köpfchen sind neunblüthig mit drei zungenförmigen, zurückgerollten, die Scheibe überragenden Strahlblüthen.

Vierte Unterabtheilung. Seriphieen De Candolle.

Die Blüthenköpfchen sind einblüthig, frei oder stehen in einem Knäuelchen, welches aber niemals von einer gemeinschaftlichen Hülle umgeben ist.

60) **Stoebe** *Lessing*. Das Köpfchen ist einblüthig. Die dachziegelig stehenden Schuppen des Hauptkelchs sind

länglich, trockenhäutig und haben mit der Blüthe gleiche Länge. Der Blüthenboden ist punktförmig. Die röhrenförmige Blumenkrone hat einen fünfzähnigen Saum. Die Staubbeutel haben am Grunde zwei Borsten. Die Narben sind an der Spitze pinselförmig. Das Früchtchen ist länglich oder cylindrisch. Die Schuppen des von einem sehr kleinen, kronförmigen, stehenbleibenden Rande umgebenen Federkelchs sind einreihig, ziemlich lang, am Grunde in einen Ring verwachsen, unterwärts nackt, an der Spitze federig.

Die halbstrauchigen Arten dieser Gattung wachsen am Cap der guten Hoffnung und haben stielrunde Aeste, gehäufte, spiralig stehende und häufig spiralig gewundene, concave, etwas pfriemliche Blätter, von denen die jüngeren vorzüglich oberseits filzig, die älteren kahl sind und in dichten, fast kugeligen oder ährenförmigen Knäueln stehenden Blüthenköpfchen.

Zwei Untergattungen werden von dieser Gattung unterschieden:

a) Eustoebe *Cassini*. Die Früchtchen sind länglich, fast stielrund oder auch beinahe vierkantig, kahl oder sehr kurz-filzig, aber niemals an den Kanten gezähnt-gesägt. Die Blüthenköpfchen stehen in einem kugeligen oder länglichen Knäuelchen dicht gedrängt.

b) Alopecuroides *De Candolle*. Die Früchtchen sind cylindrisch, gefurcht, kahl, an der Spitze der Kanten scharf gesägt. Die Borsten des Federkelchs sind am Grunde deutlich getrennt. Die Blüthenknäuel stehen in ziemlich langen Aehren.

61) Seriphium *Lessing*. Das Köpfchen ist einblüthig. Von den dachziegelig stehenden Schuppen des Hauptkelchs sind die inneren länger, trockenhäutig. Der Blüthenboden ist punktförmig. Die röhrenförmige Blumenkrone hat einen fünfzähnigen Saum. Die Staubbeutel haben am Grunde zwei Borsten. Die Narben sind an der Spitze pinselförmig. Das Früchtchen ist länglich oder cylindrisch. Die Schuppen des einreihigen Federkelchs sind am Grunde ein wenig verwachsen oder frei, nach Unten nackt, an der Spitze behaart und haben keinen hervortretenden äußeren Rand.

Die zu dieser Gattung gehörigen kleinen Sträucher wachsen, mit Ausnahme einer einzigen auf der Insel Bourbon vorkommenden, sämmtlich am Cap der guten Hoffnung und haben zerstreute, sitzende Blätter, von denen die jüngeren oberseits, seltener beiderseits filzig sind.

De Candolle theilt diese Gattung in folgende zwei Sectionen:

a) Eremanthis *De Candolle*. Die Köpfchen an der Spitze der Aestchen stehen einzeln, nicht gehäuft. Die Schuppen des Federkelchs sind am Grunde ein wenig verwachsen und ringförmig. Hierher gehört die auf Bourbon vorkommende Art.

b) Euseriphium *De Candolle*. Die Köpfchen stehen in einem fast ährenförmigen oder kugeligen Knäuel. Die Schuppen des Federkelchs sind am Grunde kaum verwachsen. Hierher gehören die am Cap der guten Hoffnung wachsenden Arten.

62) Perotriche *Cassini*. Das Köpfchen ist einblüthig. Die in wenigen Reihen stehenden Schuppen des Hauptkelchs sind länglich, stachelspitzig, angedrückt. Der Blüthenboden ist nackt. Die röhrenförmige Blumenkrone hat einen fünfzähnigen Saum. Die Staubbeutel haben am Grunde zwei Borsten. Die Narben sind nur an der Spitze pinselförmig. Das Früchtchen ist cylindrisch, kahl; der Federkelch fehlt.

Ein am Cap der guten Hoffnung einheimischer kleiner Strauch mit zerstreuten, starren, gehäuften, linealischen, zugespitzten, spiralig gewundenen, oberseits filzigen Blättern und in einem von kleinen Deckblättern umgebenen Knäuelchen stehenden Blüthenköpfen.

Fünfte Unterabtheilung. Antennarieen Lessing.

Die Blüthenköpfchen stehen in kleinen Knäuelchen, sind vielblüthig, zweihäusig oder fast zweihäusig oder auch einhäusig-verschiedenehig, indem die männlichen Blüthen einen scheinbar ganz einfachen, an der Spitze keulenförmig-stumpfen Griffel haben. Der Blüthenboden ist spreublattlos oder nur am Rande mit Spreublättern besetzt.

63) Trichogyne *Lessing*. Das Köpfchen ist vielblüthig, verschiedenehig mit weniger weiblichen als männlichen Blüthen. Die in wenigen Reihen stehenden Schuppen des cylindrischen oder fast glockenförmigen Hauptkelchs sind krautig oder trockenhäutig, abgerundet, unbespitzt oder stachelspitzig. Der Blüthenboden ist kugelig, sehr klein, nur am Rande mit Spreublättern besetzt. Die Blüthen zwischen den Spreublättern sind weiblich und haben keinen Federkelch, die mittelständigen männlich und mit einem Federkelche. Die Blumenkronen der weiblichen Blüthen sind fadenförmig, die der männlichen röhrig-keulenförmig, mit fünfzähnigem Saume. Die Staubbeutel haben am Grunde zwei Borsten. Der Griffel in den männlichen Blüthen ist ganz einfach, an der Spitze ein wenig verdickt, abgestutzt, weichhaarig, jener der weiblichen Blüthen an der Spitze zweispaltig. Die Früchtchen sind sitzend, geschnäbelt, die mittelständigen verkümmert. Der Federkelch der weiblichen Blüthen fehlt, jener der männlichen Blüthen ist einreihig, seine Borsten sind haarförmig, an der Spitze federig.

Zu dieser Gattung gehören niedrige, halbstrauchige, am Cap der guten Hoffnung wachsende Arten mit wechselständigen, dicht beblätterten Aesten, sitzenden, häutigen, unbespitzten, oft knospentragenden, einwärts gebogenen oder eingerollten, oberseits dicht filzigen, unterseits ziemlich kahlen Blättern und mit ährenförmig-gehäuften oder knäuelförmig-gedrängten Blüthenköpfen.

64) Filago *Tournefort*. Das vielblüthige, verschiedenehige Köpfchen hat mehr oder doch ebenso viel weibliche Blüthen als zweigeschlechtliche. Die Hülle fehlt oder besteht aus zwei bis vier kleinen, pfriemlichen, auf dem Rücken wolligen Schuppen, welche kürzer als die Spreublätter sind. Der Blüthenboden ist stielförmig, sehr kurz, an der Spitze kugelig-erweitert oder fadenförmig-verlängert und mit dachziegelig stehenden, trockenhäutigen oder krautigen Spreublättern besetzt, von

denen die äußeren auf dem Rücken wollig sind. Die Blüthen zwischen den Spreublättern sind einzeln, weiblich, die endständigen sind zahlreich, die äußeren weiblich, die mittelständigen weniger, zweigeschlechtlich oder durch Fehlschlagen männlich. Die Blumenkronen der weiblichen Blüthen sind fadenförmig, an der Spitze kaum gezähnt. Die Staubbeutel sind geschwänzt. Die Griffeläste der zweigeschlechtlichen Blüthen sind unter der Spitze mit einer herablaufenden Behaarung besetzt. Die Narben sind stumpflich. Die Früchtchen sind stielrund und mit einigen Wärzchen besetzt. Der Federkelch der mittelständigen Blüthen ist mehrreihig, seine Borsten sind haarförmig, rauh.

Die zu dieser Gattung gehörigen einjährigen, mehr oder weniger graufilzigen, öfter ästigen Kräuter wachsen in Europa und haben wechselständige, ganzrandige Blätter und in den Blattachseln oder an der Spitze der Aeste knäuelförmig-büschelige Köpfchen.

65) Ifloga *Cassini*. Das vielblüthige, zweigeschlechtliche Köpfchen hat meist mehr, selten ebenso viel weibliche Blüthen als zweigeschlechtliche oder männliche. Die Hülle fehlt. Der Blüthenboden ist fadenförmig, an der nackten Spitze kaum verdickt und mit trockenhäutigen, zugespitzten Spreublättchen besetzt. Die zwischen den Spreublättern des Blüthenbodens sitzenden Blüthen sind weiblich und ohne Federkelch, die endständigen sind sämmtlich zweigeschlechtlich-männlich und mit einem Federkelche versehen. Die Blumenkronen der weiblichen Blüthen sind fadenförmig, an der Spitze kaum gezähnt, die zweigeschlechtlichen oder männlichen sind röhrig-keulenförmig, fünfzähnig. Die Staubbeutel sind geschwänzt. Die Griffel der zweigeschlechtlichen oder männlichen Blüthen sind an der Spitze ausgerandet oder undeutlich zweispaltig und haben unterhalb der Spitze keine herablaufende Behaarung. Die Früchtchen sind sitzend, ungeschnäbelt, die mittelpunktständigen schlagen meist fehl. An den weiblichen Blüthen fehlt der Federkelch, an den männlichen oder zweigeschlechtlichen ist er ein- bis zweireihig, seine Borsten sind haarförmig, an der Spitze federig.

Die zu dieser Gattung gehörigen, ausgebreitet-ästigen, niedrigen, einjährigen Arten kommen nur in der alten Welt vor und haben zerstreute, häutige, lineallsche, oft eingerollte, oberseits stärker filzige Blätter und achselständige, büschelig-gehäufte, entfernt oder dicht ährige Köpfchen.

66) Phaenocoma *Don*. Das Köpfchen ist vielblüthig, verschiedenehig, indem von den röhrenförmigen Blüthen die randständigen weiblich und einreihig, die mittelständigen männlich sind. Von den dachziegelig stehenden, am Grunde wolligen Schuppen des Hauptkelchs sind die äußeren kurz, angedrückt, zugespitzt, die inneren in ein trockenhäutiges, gefärbtes, strahlenförmiges Anhängsel verlängert. Der Blüthenboden ist spreublattlos. Die Blumenkronen sind röhrig, an der Spitze fünfzähnig. Die Staubbeutel sind unbekannt. Der Griffel der männlichen Blüthen ist keulenförmig, ungetheilt, jener der weiblichen Blüthen kurz zweispaltig. Die Früchtchen sind kahl, die endständigen schlagen fehl. Der Federkelch ist einreihig, borstig, rauh und so lang als die Blumenkrone, an den weiblichen Blüthen ist er wegen der verschieden verwachsenen Borsten ästig, an den männlichen Blüthen keulenförmig.

Ein am Cap der guten Hoffnung einheimischer, sehr ästiger kleiner Strauch mit kurzen, filzigen Aesten, langen, achselständigen Aestchen, zugespitzten, starren, abfälligen Stengel- und Astblättern, knötchenförmigen, stumpfen, gehäuften, oberseits filzigen Aestchenblättern und endständigen einzelnen Köpfchen bildet die einzige Art dieser Gattung.

67) Petalacte *Don*. Das Köpfchen ist 10—20-blüthig, verschiedenehig, indem von den röhrigen Blüthen die wenigen zwischen den Schuppen des Blüthenbodens stehenden weiblich, die übrigen männlich sind. Von den dachziegelig stehenden Schuppen des Hauptkelchs sind die äußeren trockenhäutig, braun, spitz, die inneren trockenhäutig-kronblattartig, gefärbt, stumpf. Der Blüthenboden ist nur am Rande mit Spreublättern besetzt. Die röhrenförmigen Blumenkronen haben einen fünfzähnigen Saum. Die Staubbeutel haben am Grunde zwei Borsten. Der Griffel der männlichen Blüthen ist ganz einfach keulenförmig, der der weiblichen kurz zweispaltig. Die Früchtchen sind kahl, die mittelständigen schlagen fehl. Die Borsten des einreihigen Federkelchs sind haarförmig, dünn, die der männlichen Blüthen an der Spitze ein wenig federig oder keulenförmig.

Zu dieser Gattung gehören aufrechte, wollige, am Cap der guten Hoffnung einheimische Sträucher mit zerstreuten, sitzenden, lederartigen Blättern, in kurzgestielten, ebensträußigen Knäueln stehenden Köpfchen, außenseits rothwolligen Hauptkelchen mit kronblattartiger, weißer Platte und purpurrothen Blumenkronen.

De Candolle unterscheidet in dieser Gattung zwei Sectionen:

a) Eupetalacte *De Candolle*. Die äußeren Schuppen des Hauptkelchs sind am Grunde in einen Stiel verschmälert. Die Borsten des Federkelchs sind an der Spitze ein wenig federig.

b) Amphilasia *De Candolle*. Die Schuppen des Hauptkelchs sind am Grunde fast breiter. Die Borsten des Federkelchs sind an der Spitze verdickt-keulenförmig.

68) Anaxeton *Cassini*. Das Köpfchen ist wenigblüthig, verschiedenehig, indem von den sämmtlich röhrenförmigen Blüthen die eine oder die andere weiblich, die übrigen männlich sind. Von den in vielen Reihen stehenden, trockenen, locker dachziegeligen Schuppen des Hauptkelchs sind die innersten am Grunde nagelartig verschmälert, spatelig und haben eine fast runde, schneeweiße, strahlenförmige Platte. Der flache, wollig-filzige Blüthenboden ist durchaus spreublattlos. Die röhrenförmigen Blumenkronen haben einen fünfzähnigen Saum. Die Staubbeutel haben am Grunde zwei Borsten. Der Griffel der männlichen Blüthen ist ganz einfach, der der weiblichen an der Spitze ein wenig zweispaltig. Die Früchtchen sind von der Wolle des Blüthenbodens eingehüllt. Der Federkelch ist wenig borstig, die Borsten sind haarförmig, kürzer als die Blumenkrone, rauh oder kurz federig.

Kleine, hin und her gebogen-aufrechte, am Cap der guten Hoffnung einheimische Sträucher mit stielrunden, unter den Blüthen wenig beblätterten Aesten, wechselständigen, lederartigen, ganzrandigen, sitzenden, stachelspitzigen, am Rande umgerollten Blättern und cylindrischen, in einen Ebenstrauß dicht gedrängten Köpfchen machen die Arten dieser Gattung aus.

69) **Antennaria** *R. Brown*. Die Köpfchen sind vielblüthig, zweihäusig oder fast zweihäusig. Die dachziegelig stehenden Schuppen des Hauptkelchs sind an der Spitze gefärbt oder beinahe trockenhäutig. Der Blüthenboden ist gewölbt und mit Grübchen versehen. Die Blumenkronen sind röhrenförmig, die der weiblichen Blüthen fadenförmig, am Rande fünfzähnig. Die halbhervorragenden Staubbeutel haben am Grunde zwei Borsten. Der Griffel der weiblichen Blüthen ist an der Spitze zweispaltig, jener der männlichen einfach oder kaum zweispaltig, oft verkümmert. Die Früchtchen sind stielrund. Der Federkelch ist einreihig, die Borsten desselben sind theils fadenförmig, theils an der Spitze keulenförmig.

Zu dieser Gattung gehören ausdauernde oder bisweilen halbstrauchige in der gemäßigten und kalten Zone der nördlichen Hemisphäre und, wiewol selten, zwischen den Tropen in Asien wachsende Arten mit wechselständigen, ganzrandigen, unterseits filzigen Blättern, ebensträußigen Blüthenköpfen, weißen, rosenrothen oder braunen, aber niemals gelben Hauptkelchen und gelblichen Blumenkronen.

70) **Anaphalis** *De Candolle*. Das Köpfchen ist vielblüthig, verschiedenehig, indem die wenig- oder mehrreihigen, fadenförmigen Strahlblüthen weiblich, die röhrenförmigen Scheibenblüthen zweigeschlechtlich oder unfruchtbar sind. Von den dachziegelig stehenden schneeweiß-trockenhäutigen, lanzettlichen, strahlenden Schuppen des Hauptkelchs sind die äußeren sitzend, die mittleren länger, braungestielt, die innersten schmal, sehr kurz, spreublattartig. Der Blüthenboden ist ein wenig gewölbt und mit Grübchen versehen. Die Blumenkronen der Strahlblüthen sind fadenförmig, die der Scheibenblüthen röhrig, an der Spitze fünfzähnig. Die halbhervorragenden Staubbeutel haben am Grunde zwei Borsten. Der weit hervorragende Griffel der Strahlblüthen ist zweispaltig, der der Scheibenblüthen ungetheilt, stumpf. Die Früchtchen sind kahl, ein wenig zusammengedrückt. Der Federkelch ist gleichförmig, einreihig, seine Borsten sind vom Grunde bis zur Spitze rauh, fadenförmig.

Die zu dieser Gattung gehörigen, grau-wolligen oder filzigen, krautigen Arten wachsen auf den höheren Gebirgen Asiens und haben einfache, meist einköpfige Stengel und längliche oder linealische Blätter, von denen die oberen an der Spitze trockenhäutig oder stachelspitzig sind.

71) **Leontopodium** *R. Brown*. Das Köpfchen ist vielblüthig, verschiedenehig, indem die ein- oder mehrreihigen fadenförmigen Strahlblüthen weiblich, die röhrenförmigen Scheibenblüthen zweigeschlechtlich oder unfruchtbar sind. Die dachziegelig stehenden Schuppen des Hauptkelchs sind angedrückt, außenseits wollig. Der gewölbte Blüthenboden ist mit Grübchen versehen. Die Blumenkronen der Strahlblüthen sind fadenförmig, an der Spitze drei- bis vierzähnig, die der Scheibenblüthen trichterförmig-röhrig, an der Spitze fünfzähnig. Die Staubbeutel sind am Grunde geschwänzt. Der Griffel der Strahlblüthen ist zweispaltig, jener der Scheibenblüthen ungetheilt, an der Spitze keulenförmig. Die Früchtchen sind cylindrisch, zusammengedrückt. Der Federkelch ist einreihig, seine Borsten sind am Grunde ein wenig verwachsen, an den Strahlblüthen fadenförmig, bärtig, an den Scheibenblüthen öfters an der Spitze verdickt.

Zu dieser Gattung gehören wollig-filzige, auf den Alpen in Europa und Asien wachsende Kräuter mit einfachem Blüthenstengel, wechselständigen, länglichen oder verkehrtlanzettförmigen, ganzrandigen Blättern, und an der Spitze des Stengels doldig-ebensträußigen Köpfchen, von denen das mittelständige sitzend, deckblattlos ist, früher als die übrigen erscheint und einen einreihigen Strahl hat, die seitlichen sehr kurz gestielt sind und einen mehrreihigen Strahl haben; die einzelnen Köpfchen sind von einem wolligen, blattartigen Deckblatte gestützt, sodaß das Knäuelchen von blüthenständigen, strahlenförmigen Blättern umgeben ist.

Sechste Unterabtheilung. Leysseréen Lessing.

Die Köpfchen sind vielblüthig, strahlend und haben weibliche Zungenblüthen. Der Blüthenboden ist spreublattlos. Der Federkelch ist niemals kronenförmig, die Schüppchen sind theils spreublattartig, theils borstenförmig. — Die Mitglieder dieser Abtheilung wachsen sämmtlich am Cap der guten Hoffnung.

72) **Athrixia** *Ker*. Das Köpfchen ist vielblüthig, verschiedenehig, indem die einreihigen, zungenförmigen Strahlblüthen weiblich, die röhrenförmigen Scheibenblüthen zweigeschlechtlich sind. Die zahlreichen, dachziegelig sich deckenden Schuppen des kreiselförmig-glockigen Hauptkelchs sind an der Spitze grannenartig-zugespitzt und zurückgekrümmt. Der Blüthenboden ist nackt. Die Blumenkronen der Strahlblüthen sind ein- bis zweizüngig, die der Scheibenblüthen röhrig, an der Spitze fünfzähnig. Die Staubbeutel sind geschwänzt. Die Narben haben keine Anhängsel. Die Früchtchen sind länglich, sitzend, schnabellos, ganz unten am Grunde nackt oder mit büschelförmigen Haaren umgeben, übrigens kahl. Der Federkelch ist einreihig, seine Borsten sind fadenförmig, ein wenig rauh oder die Borsten wechseln mit den an der Spitze gesägten Spreublättern ab.

Außer dem Cap der guten Hoffnung kommen die zu dieser Gattung gehörigen halbstrauchigen Arten auch in Madagascar vor und haben wechselständige, lang herablaufende, meist linealische, stachelspitzige, starre, am Rande umgerollte, unterseits filzige, oberseits rauhe Blätter und endständige, einzelne Köpfchen mit abstehenden, purpurrothen, lilafarbigen oder weißlichen Strahlblüthen und gelben Scheibenblüthen.

Nach De Candolle zerfällt diese Gattung in zwei Untergattungen:

a) **Euathrixia.** Der Federkelch besteht nur aus rauhen Borsten.

b) **Pseudathrixia.** Die Spreublättchen des Federkelchs sind kurz, an der Spitze ein wenig gesägt und wechseln mit langen, etwas rauhen Borsten ab.

73) **Antithrixia** *De Candolle.* Das Köpfchen ist vielblüthig, verschiedenehig, indem die einreihigen, zungenförmigen Strahlblüthen weiblich, die röhrenförmigen Scheibenblüthen zweigeschlechtlich sind. Die dachziegelig stehenden Schuppen des Hauptkelchs sind linealisch-länglich, an der Spitze trockenhäutig, stumpf. Der Blüthenboden ist nackt. Die Blumenkronen der Strahlblüthen sind zungenförmig, flach, die der Scheibenblüthen röhrig, cylindrisch, an der Spitze fünfzähnig. Die Staubbeutel sind geschwänzt. Die Narben haben keine Anhängsel. Die stielrunden, kahlen, an der Spitze kurz geschnäbelten Früchtchen haben einen weichhaarigen, kurzen, schwieligen Stiel. Der Federkelch ist einreihig, seine Borsten sind starr, ein wenig rauh, am Grunde unter einander verwachsen.

Ein am Cap der guten Hoffnung wachsender kleiner Strauch mit spinnwebigen jüngeren, aber bald kahlen Aesten, gegenüberstehenden, linealischen, kurzen, oberseits filzigen, unterseits ziemlich kahlen, gewölbten, oft knospentragenden Blättern und endständigen, einzelnen, gelben Köpfchen bildet die einzige Art dieser Gattung.

74) **Leysera** *Linné.* Das Köpfchen ist vielblüthig, verschiedenehig, indem die einreihigen, zungenförmigen Strahlblüthen geschlechtslos, die röhrenförmigen Scheibenblüthen zweigeschlechtlich sind. Von den dachziegelig stehenden Schuppen des Hauptkelchs sind die äusseren kürzer. Der Blüthenboden ist spreublattlos, aber mit einigen Fasern besetzt. Die Blumenkronen der Strahlblüthen sind zungenförmig, ihre Zunge ist entweder sehr kurz oder überragt die Scheibenblüthen, die Blumenkronen der Scheibenblüthen sind röhrig, an der Spitze fünfzähnig. Die Staubbeutel sind geschwänzt. Die Narben haben keine Anhängsel. Die Früchtchen sind sitzend, kurz geschnäbelt und haben einen endständigen Hof. Die Borsten des einreihigen Federkelchs sind an den Früchtchen der Strahlblüthen kurz und gleichförmig, an den Früchtchen der Scheibenblüthen lang, federig und wechseln mit Spreublättchen ab.

In Nord- und Südafrika einheimische, halbstrauchige oder krautige Gewächse mit schlanken, an der Spitze nackten, einköpfigen Aesten, zerstreuten, sitzenden, linealischen, oft büschelig stehenden Köpfchen und gelben Blüthen bilden die Arten dieser Gattung, welche nach De Candolle in folgende drei Untergattungen zerfällt:

a) **Asteropterus.** Die innersten Schuppen des Hauptkelchs sind innen am Grunde nicht zurückgeschlagen und hüllen die Früchtchen nicht ein. Die Zungenblüthen sind länger als die Scheibenblüthen und der Hauptkelch. Der Federkelch der Scheibenblüthen hat vom Grunde an federige Borsten. Hierher gehören am Cap der guten Hoffnung wachsende Halbsträucher.

b) **Longchampia.** Die innersten Schuppen des Hauptkelchs sind am Grunde nicht umgeschlagen. Die sehr kleinen Zungenblüthen sind nur so lang als die Scheibenblüthen. Der Federkelch der Scheibenblüthen hat nur an der Spitze federige Borsten. Hierzu gehört nur eine einjährige, auf Mauritius einheimische Pflanze.

c) **Leptophytus.** Die innersten Schuppen des Hauptkelchs sind innen am Grunde zurückgeschlagen und umgeben die Früchtchen. Der Federkelch der Strahlblüthen besteht aus fünf länglichen, ein wenig gezähnten Spreublättchen, jener der Scheibenblüthen aus fünf stumpfen Spreublättchen und ebenso vielen, an der Spitze federigen Borsten.

75) **Pterothrix** *De Candolle.* Das Köpfchen ist bald fünfblüthig, gleichehig, bald zehnblüthig, verschiedenehig, indem die drei oder vier zungenförmigen Strahlblüthen weiblich sind. Von den dachziegelig stehenden Schuppen des cylindrischen Hauptkelchs sind die äusseren zugespitzt, die inneren in ein fast trockenhäutiges, längliches, spitzes, aufrechtes Anhängsel verlängert. Der Blüthenboden ist schmal, nackt. Die Blumenkronen der Strahlblüthen sind kurz zungenförmig, die der Scheibenblüthen röhrig, cylindrisch, fünfzähnig. Die Staubbeutel sind geschwänzt. Die Narben haben keine Anhängsel. Die Früchtchen sind länglich, sitzend, schnabellos, kahl. Die einreihigen, meist zu zehn vorhandenen Borsten des Federkelchs sind bis zum Grunde deutlich getrennt, sehr federig, abfällig.

Die zu dieser Gattung gehörigen halbstrauchigen Arten wachsen am Cap der guten Hoffnung und haben bis zur Spitze beblätterte, bisweilen in einen nackten Dorn ausgehende Aeste, wechselständige, gehäufte, halbabstehende, lederartige, eingerollt-gefaltete, oberseits furchig-concave, schwach-filzige, unterseits convexe, kahle Blätter und kleine, an der Spitze der Aestchen einzeln oder traubenförmig stehende Köpfchen.

76) **Rosenia** *Thunberg.* Das Köpfchen ist vielblüthig, verschiedenehig, indem die zungenförmigen Strahlblüthen weiblich, die röhrenförmigen Scheibenblüthen zweigeschlechtlich sind. Von den dachziegelig stehenden, am Rande trockenhäutigen Schuppen des cylindrisch-glockenförmigen Hauptkelchs sind die äusseren eiförmig, spitz, die inneren länglich, ausgerandet. Der Blüthenboden ist mit zusammengefalteten, trockenhäutigen Spreublättern dicht besetzt. Die Blumenkronen der Strahlblüthen sind zungenförmig, die der Scheibenblüthen röhrig, an der Spitze fünfzähnig. Die Staubbeutel sind geschwänzt. Die Narben haben keine Anhängsel. Die Früchtchen sind sitzend, schnabellos, kahl, die der Strahlblüthen dreikantig und dreirippig, die der Scheibenblüthen cylindrisch, gefurcht. Der Federkelch der Scheibenblüthen ist zweireihig, seine äusseren Schüppchen sind kurz, linealisch, die beiden inneren borstenförmig, lang, jener der Strahlblüthen ist einfach.

Sehr ästige, am Cap der guten Hoffnung wachsende Sträucher mit kreuzständigen, länglich-verkehrt-eiförmigen, stumpfen, gehäuften, einnervigen, unterseits filzigen, zuletzt kahlen, punktförmig-rauhen, oberseits weissfilzigen Blättern und gelben Blüthen machen die Arten dieser Gattung aus.

Siebente Unterabtheilung. Relhanieen Lessing.

Die Köpfchen sind viel- (seltener 3—5-) blüthig, gleichehig oder strahlend und haben weibliche oder geschlechtslose Zungenblüthen. Der Blüthenboden ist nackt oder mit Fasern oder Spreublättern besetzt. Die Früchtchen sind theils geschnäbelt, theils schnabellos. Der Federkelch fehlt entweder ganz oder besteht aus kleinen getrennten oder am Grunde mehr oder weniger verwachsenen Schüppchen und ist kronförmig oder spreublattartig. Die Mitglieder dieser Unterabtheilung wachsen meist am Cap der guten Hoffnung und haben abwechselnde oder gegenüberstehende, bisweilen gezähnte Blätter.

77) Carpesium *Linné*. Das Köpfchen ist vielblüthig, verschiedenehig, indem die mehrreihigen Strahlblüthen weiblich, die röhrenförmigen Scheibenblüthen zweigeschlechtlich sind. Die Schuppen des Hauptkelchs stehen in mehren Reihen und decken sich dachziegelig. Der Blüthenboden ist flach und nackt. Die Blumenkronen der Strahlblüthen sind zungenförmig, die der Scheibenblüthen röhrenförmig, an der Spitze fünfzähnig. Die Staubbeutel sind geschwänzt. Die bisweilen hervorragenden Narben sind rundlich, stumpf und ziemlich kahl. Die Früchtchen sind lang, gestreift, kahl, geschnäbelt, der Schnabel und der Grund derselben ist mit bläschenartigen Drüsen besetzt, ihr endständiger Hof ist näpfchenförmig. Der Federkelch fehlt.

Zu dieser Gattung gehören aufrechte, ästige, in Europa nur äußerst selten, häufiger im südlichen Asien vorkommende krautige Arten mit wechselständigen, gestielten, eiförmigen oder länglichen öfters gezähnten Blättern, an der Spitze der Aeste einzeln stehenden oder seitlichen, fast traubigen Köpfchen und gelben Blüthen.

Die Gattung zerfällt in zwei Untergattungen:

a) Conyzoides. Die äußeren Schuppen des Hauptkelchs sind blattartig, mehr oder weniger zurückgeschlagen. Die Blüthenköpfchen sind von großen, abstehend zurückgeschlagenen, blattartigen Deckblättern umgeben.

b) Abrotanoides. Sämmtliche Schuppen des Hauptkelchs sind aufrecht, angedrückt. Die Blüthenköpfchen sind deckblattlos und stehen auf kurzen Stielen in den Achseln der blüthenständigen Blätter.

78) Amblyocarpum *Fischer* und *Meyer*. Das Köpfchen ist vielblüthig, verschiedenehig, indem die einreihigen, zungenförmigen Strahlblüthen weiblich, die röhrenförmigen Scheibenblüthen zweigeschlechtlich sind. Von den dachziegelig stehenden, zwei- bis dreireihigen Schuppen des Hauptkelchs sind die äußeren blattartig. Der Blüthenboden ist halbkreisförmig, nackt, punktirt. Die Blumenkronen der Strahlblüthen sind zungenförmig und haben eine linealische Zunge, die der Scheibenblüthen röhrenförmig, an der Spitze fünfzähnig. Die Staubbeutel sind geschwänzt, die Narben unbekannt. Die Früchtchen sind fast spindelförmig, fünfkantig, schnabellos, stumpf. Der Federkelch fehlt.

Eine ein- oder zweijährige, kahle, am kaspischen Meere wachsende krautige Pflanze mit zerstreuten Blättern, an der Spitze des Stengels und der Aeste einzeln stehenden Blüthenköpfen und gelben Blüthen bildet die einzige Art dieser Gattung.

79) Syncephalum *De Candolle*. Das gleichehige, dreiblüthige Köpfchen hat nur röhrenförmige Blüthen. Die sieben bis acht Schuppen des länglichen Hauptkelchs sind trockenhäutig-durchscheinend, länglich, zugespitzt. Der Blüthenboden ist sehr schmal, nackt. Die Blumenkronen sind röhrenförmig, fünfzähnig, ihre Zipfel sind auf der Außenseite bis zur Spitze drüsig. Die Staubbeutel sind wahrscheinlich geschwänzt. Der dünne, eingeschlossene Griffel hat kurze, einander genäherte Aeste. Die Früchtchen sind länglich-pyramidenförmig, schnabellos, kahl. Der Federkelch fehlt.

Aus dieser Gattung kennt man nur eine in Madagascar einheimische, fußhohe, halbstrauchige Art mit stielrunden, fast dreitheiligen Aesten, gehäuften, wechselständigen, eiförmigen, sitzenden, schwach gekerbten, lederartigen, aufrecht-abstehenden Blättern, in den Winkeln der obersten von den untern nur wenig verschiedenen Blättern sitzenden Köpfchen und gelben Blüthen.

80) Oligodora *De Candolle*. Das fünfblüthige, gleichehige Köpfchen hat nur röhrenförmige Blüthen. Von den dachziegelig stehenden, angedrückten Schuppen des fast dreikantigen Hauptkelchs sind die innersten am Rande umgeschlagen und hüllen die äußeren Früchtchen ein. Der schmale Blüthenboden ist mit gefalteten, die Früchtchen einhüllenden Spreublättern versehen. Die Blumenkronen sind röhrig, fünfzähnig. Die Staubbeutel sind geschwänzt. Die Narben sind eingeschlossen, stumpf, an der Spitze behaart. Die Früchtchen sind cylindrisch, glatt. Der Federkelch besteht aus fünf eiförmigen, kurzen, wimperig-gezähnten Schüppchen.

Zu dieser Gattung gehört nur eine aufrechte, ästige, kahle, halbstrauchige, am Cap der guten Hoffnung einheimische Art mit wechselständigen, ziemlich dicken, sitzenden, gezähnten Blättern, kurzgestielten, an der Spitze der Aestchen in kleinen Ebensträußen stehenden Köpfchen, kurzen, spitzen, etwas abstehenden Schuppen an den Blüthenstielchen und weißlichen Blumenkronen.

81) Nestlera *Sprengel*. Das Köpfchen ist vielblüthig, verschiedenehig, indem die in einer Reihe stehenden, zungenförmigen Strahlblüthen weiblich, die röhrenförmigen Scheibenblüthen zweigeschlechtlich sind. Von den dachziegelig stehenden, angedrückten Schuppen des Hauptkelchs sind die innersten länger, trockenhäutig. Der Blüthenboden ist spreublattlos, grubig. Die Blumenkronen der Strahlblüthen sind zungenförmig, jene der Scheibenblüthen röhrig, an der Spitze fünfzähnig. Die Staubbeutel sind ungeschwänzt. Die Narben sind eingeschlossen, stumpf. Die Früchtchen sind gleichförmig, schnabellos. Der Federkelch ist kronförmig, gezähnt.

Niedrige, am Cap der guten Hoffnung wachsende Kräuter oder Halbsträucher mit abwechselnden oder gegenständigen, fast linealischen, ganzrandigen Blättern und theils endständigen, theils in den Gabelspalten der Aeste sitzenden Köpfchen machen die Arten dieser Gattung aus, welche nach De Candolle in zwei Untergattungen zerfällt.

a) Stephanopappus. Die Schuppen des Hauptkelchs sind zugespitzt. Die langen Früchtchen sind der Länge nach gefurcht und fast vierkantig. Zu dieser Untergattung gehören krautartige Gewächse.

b) Strongylolepis. Die Schuppen des Hauptkelchs sind an der Spitze trockenhäutig, strohgelb, ganz stumpf. Die Früchtchen sind hin und wieder weichhaarig, der Länge nach gestreift. Hierher gehören niedrige Halbsträucher.

82) Polychaetia *Lessing*. Das Köpfchen ist vielblüthig, verschiedenehig, indem die wenigen, zungenförmigen Strahlblüthen weiblich, die röhrenförmigen Scheibenblüthen zweigeschlechtlich sind. Von den dicht dachziegelig stehenden Schuppen des eiförmigen Hauptkelchs sind die innersten an der Spitze mit einem kurzen Anhängsel versehen. Der Blüthenboden ist mit Fasern besetzt, welche Grübchen umgeben und bisweilen nur an der Spitze gespalten, bisweilen aber auch bis zum Grunde in viele Borsten getheilt sind. Die Blumenkronen der Strahlblüthen sind schmal zungenförmig, am Grunde der Zunge an den Rändern drüsig-punktirt, die der Scheibenblüthen röhrig, an der Spitze fünfspaltig, die Zipfel sind außenseits drüsig-behaart. Die Staubbeutel sind wahrscheinlich geschwänzt, am Grunde bärtig, an der Spitze mit langen Anhängseln versehen. Die Narben der Strahlblüthen sind lang, die der Scheibenblüthen kleben an einander oder sind nur an der Spitze ein wenig frei. Von den mit angedrückten, seidenhaarigen kleinen Borsten mehr oder weniger-besetzten Früchtchen sind die äußeren launig. Die Spreublättchen des einreihigen Federkelchs sind bald beinahe bis zum Grunde frei, bald in eine an der Spitze gezähnte Röhre verwachsen.

Zu dieser Art gehören ganz kahle, aufrechte oder aufsteigende, am Grunde halbstrauchige, am Cap der guten Hoffnung wachsende krautige Arten mit kantigen Aesten, sitzenden, länglich-linealischen, ganzrandigen, stachelspitzigen, einnervigen, bald beiderseits eingedrückt-punktirten, bald beiderseits filzigen Blättern, eiförmigen, an der Spitze der Aeste einzeln oder in Trugdolden stehenden Köpfchen und gelben Blüthen.

Nach der Beschaffenheit der Blätter unterscheidet De Candolle zwei Sectionen:

a) Stictophylla *De Candolle*. Die Blätter sind kahl, beiderseits drüsig punktirt.

b) Eupolychaetia *De Candolle*. Die Blätter sind oberseits, selten beiderseits grau-filzig.

83) Relhania *L'Héritier*. Das Köpfchen ist vielblüthig, verschiedenehig, indem die in einer Reihe stehenden zungenförmigen Strahlblüthen weiblich, die röhrenförmigen Scheibenblüthen zweigeschlechtlich sind. Die Schuppen des eiförmigen oder cylindrischen Hauptkelchs stehen dachziegelig. Der Blüthenboden ist flach und mit Spreublättchen besetzt. Die Blumenkronen der Strahlblüthen sind zungenförmig, die der Scheibenblüthen röhrig, an der Spitze fünfzähnig. Die Staubbeutel sind geschwänzt. Die Narben der Strahlblüthen ragen hervor, die der Scheibenblüthen sind kurz und eingeschlossen. Die Früchtchen sind gleichförmig, linealisch, schnabellos. Der Federkelch ist kranzförmig, sehr kurz gezähnt.

Aufrechte, ästige, am Cap der guten Hoffnung wachsende kleine Sträucher mit zerstreuten, sitzenden, ganzrandigen Blättern, endständigen, einzelnen oder ebensträußigen Köpfchen und gelben Blüthen machen die Arten dieser Gattung aus, welche nach der Beschaffenheit der Blätter und Köpfchen von De Candolle in zwei Sectionen getheilt wird.

a) Metalasioides. Die Köpfchen sind eiförmig oder glockig, einzeln. Die Blätter sind auf der Oberseite mit einem dichten, stehenbleibenden Filze überzogen, auf der Unterseite locker sammetbaarig.

b) Psilophyllum. Die cylindrischen Köpfchen stehen in trugdoldigen Ebensträußen. Die Blätter sind ganz kahl oder ein wenig weichhaarig, nervenlos oder einnervig, vertieft-punktirt.

84) Eclopes *Gärtner*. Das Köpfchen ist vielblüthig, meist verschiedenehig, indem die zungenförmigen Strahlblüthen weiblich sind, seltener scheibenförmig, gleichehig. Die vielreihigen, dachziegelig sich deckenden Schuppen des Hauptkelchs sind stumpf und trockenhäutig. Der Blüthenboden ist flach, mit Spreublättern besetzt. Die Blumenkronen der Strahlblüthen sind zungenförmig, die der Scheibenblüthen röhrig, an der Spitze fünfzähnig. Die Staubbeutel sind geschwänzt, die Narben stumpf. Die Früchtchen sind gleichförmig, schnabellos, niemals zusammengedrückt. Der kurze Federkelch besteht aus vielen Spreublättchen.

Aufrechte, ästige, am Cap der guten Hoffnung wachsende kleine Sträucher mit abwechselnden oder gegenständigen, sitzenden, ganzrandigen Blättern, endständigen, einzelnen oder ebensträußigen, sitzenden oder gestielten Köpfchen und gelben Blüthen machen die Arten dieser Gattung aus, welche De Candolle in folgende drei Sectionen theilt:

a) Eueclopes. Der Hauptkelch ist kürzer als die Scheibenblüthen oder doch kaum so lang. Die kleinen Köpfchen haben Strahl- oder Scheibenblüthen, stehen einzeln oder in Ebensträußen und sind kurz gestielt oder sitzend.

b) Odontophyllum. Die Früchtchen sind dreikantig, zweiflügelig, die Flügel an den Strahlfrüchten sind gewimpert.

c) Rigiophyllum. Der Hauptkelch ist länger als die Scheibenblüthen. Die ziemlich großen Köpfchen sind strahlend, endständig, einzeln, sitzend.

85) Rhynchopsidium *De Candolle*. Das vielblüthige Köpfchen ist verschiedenehig, indem die in einer Reihe stehenden zungenförmigen Strahlblüthen weiblich, die röhrenförmigen Scheibenblüthen zweigeschlechtlich sind; die innersten Blüthen schlagen fehl. Die Schuppen des Hauptkelchs decken sich dicht dachziegelig. Die trockenhäutigen, zugespitzten Spreublättchen des flachen Blüthenbodens umfassen die Blüthen. Die Blumenkronen der Strahlblüthen sind zungenförmig, die der Scheibenblüthen röhrig, die Röhre ist an der Spitze weichhaarig, der Saum fünfzähnig. Die Staubbeutel sind ungeschwänzt. Die Narben sind stumpf. Die langen, stielrunden, langgeschnäbelten Früchtchen sind von angedrückten Haaren

wollig, die innersten sind dagegen kahl, wenn sie nicht fehlschlagen. Der Federkelch besteht aus vielen sehr kurzen Spreublättchen.

Zu dieser Gattung gehören einjährige, schlanke, am Cap der guten Hoffnung wachsende krautige Arten mit wechselständigen, sitzenden, linealischen, ganzrandigen, von kopfförmigen Haaren bekleideten Blättern, endständigen oder durch Entwickelung der Aestchen zuletzt bisweilen seitenständigen, öfters sitzenden Blüthenköpfchen und gelben Blüthen.

86) **Osmites** *Cassini.* Das Köpfchen ist vielblüthig, verschiedenehig, indem die zungenförmigen Strahlblüthen weiblich oder seltener geschlechtslos, die röhrenförmigen Scheibenblüthen zweigeschlechtlich sind. Die ziemlich gleich großen Schuppen des glockenförmigen Hauptkelchs stehen in mehren Reihen. Der Blüthenboden ist flach und ohne Spreublätter. Die Blumenkronen der Strahlblüthen sind zungenförmig, die der Scheibenblüthen an der Spitze fünfzähnig. Die Staubbeutel sind geschwänzt, die Narben stumpf. Die Früchtchen sind fitzend, schnabellos, kahl oder weichhaarig, fast vierkantig-zusammengedrückt. Der Federkelch besteht aus vielen Spreublättchen.

Am Cap der guten Hoffnung wachsende kleine Sträucher mit wechselständigen, gehäuften, sitzenden, eiförmigen oder verkehrt-eiförmigen, lanzettlichen oder linealischen, gesägten, punktirt-drüsigen Blättern, an der Spitze der Aeste einzeln stehenden Köpfchen, gelben Scheiben- und weißen, ziemlich dicken Zungenblüthen machen die Arten dieser Gattung aus, welche nach dem verschiedenen Geschlecht der Blüthen und der Form des Federkelchs von De Candolle in drei Untergattungen gebracht wird.

a) **Euosmites.** Die zungenförmigen Blumenkronen der Strahlblüthen sind geschlechtslos. Der Federkelch ist kurz.

b) **Bellidiopsis.** Die zungenförmigen Blumenkronen der Strahlblüthen sind weiblich. Der Federkelch ist kurz.

c) **Spanotrichum.** Die zungenförmigen Blumenkronen der Strahlblüthen sind weiblich. Die Spreublättchen des Federkelchs sind ungleich, einige in eine Borste verlängert.

87) **Osmitopsis** *Cassini.* Das Köpfchen ist vielblüthig, verschiedenehig, indem die zungenförmigen Strahlblüthen geschlechtslos, die röhrenförmigen Scheibenblüthen zweigeschlechtlich sind. Die Schuppen des glockenförmigen Hauptkelchs stehen in mehren Reihen und decken sich dachziegelig. Der Blüthenboden ist flach, spreublattlos. Die Staubbeutel sind geschwänzt, die Narben stumpf. Die gleichförmigen Früchtchen sind von einem endständigen, am Rande schwieligen Hofe umgeben. Der Federkelch fehlt.

Ein am Cap der guten Hoffnung einheimischer Halbstrauch mit gehäuften, punktirten Blättern und sitzenden Köpfchen bildet die einzige Art dieser Gattung.

Nach dem Erscheinen von De Candolle's Prodromus system. natur. und Endlicher's Genera plantarum, denen wir uns angeschlossen haben, sind zwei schätzenswerthe Arbeiten über die Gruppe der Gnaphalieen bekannt geworden, welche auch eine Anzahl neuer Gattungen bringen: die eine von Asa Gray, der zugleich eine Eintheilung der Angiantheen liefert, die andere von Fenzl, der eine etwas veränderte Eintheilung der ganzen Gruppe vorschlägt. Wir lassen hier zunächst die von Asa Gray gegebene Uebersicht der Angiantheen folgen, schließen daran die von ihm und Andern gegebene Charakteristik der neuen Gattungen und besprechen schließlich Fenzl's vortreffliche Arbeit über die ganze hier in Rede stehende Gruppe.

Uebersicht der Angiantheen.

§. I. Die allgemeine Hülle ist becherförmig, zweiklappig, die besondere fehlt, nur das Spreublättchen einer jeden Blüthe ist vorhanden.

1) **Dithyrostegia** *Asa Gray.* Der Blüthenboden ist von langen Haaren wollig.

§. II. Die allgemeine Hülle besteht aus Schuppen oder getrennten, meist dachziegelig stehenden Blättern oder fehlt ganz, die besondere ist dachziegelig.

* Die Köpfchen sind ein- bis zweiblüthig.

a) Der Federkelch fehlt oder besteht (bei Hyalolepis) aus einer einzigen Borste.

† Der allgemeine Blüthenboden ist nackt, flach.

2) **Hyalolepis** *De Candolle.* Der Federkelch besteht aus einer einzigen sehr zarten Borste.

†† Der allgemeine Blüthenboden ist spreublätterig, flach oder kegelförmig und ist kürzer als die mehrreihige Hülle.

3) **Hyalochlamys** *Asa Gray.* Die besondere Hülle ist einblüthig, vierblätterig, ihre Schuppen sind von doppelter Form: die beiden äußeren kahnförmig, an der Axe verdickt, hornartig und bleiben nebst den kreisrunden Spreublättern des Blüthenbodens stehen, die inneren sind sehr klein, durchscheinend. Die allgemeine Hülle besteht aus durchscheinenden, kreisförmigen Schuppen. Der Blüthenknäuel sitzt zwischen den grundständigen Blättern.

4) **Skirrhophorus** *De Candolle* (wozu Asa Gray auch Pogonolepis *Steetz* zieht). Die besondere Hülle ist zwei- oder nur einblüthig, drei- bis vierblätterig; die Schuppen sind trockenhäutig, die Spreublätter und inneren Schuppen sind denen der allgemeinen Hülle ähnlich und fallen mit diesen ab. Die Röhre der Blumenkrone ist nach der Blüthe am Grunde wulstförmig-verdickt.

5) **Nematopus** *Asa Gray.* Die besondere Hülle ist zweiblüthig, zweireihig, zehnblätterig; die Schuppen derselben, die Spreublätter und die Schuppen der allgemeinen Hülle sind einander ähnlich, schmal, an der Spitze mit einem kleinen kronblattartigen Anhängsel versehen.

††† Der allgemeine Blüthenboden ist fadenförmig und überragt die wenigblätterige, schuppenförmige Hülle um ein Bedeutendes.

6) Chrysocoryne *Endlicher*. Das Blüthenknäuelchen ist flaschenförmig. Die Köpfchen sind zweiblüthig oder die unteren oft einblüthig.

b) Der Federkelch besteht aus 2—5 kleinen, getrennten, eine lange Borste tragenden Spreublättchen.

7) Angianthus *Wendland* (wozu Asa Gray auch Cylindrosorus *Bentham* rechnet). Das Blüthenknäuelchen ist cylindrisch, von einer kleinen spreublätterigen Hülle gestützt. Die Borsten des Federkelchs sind nackt.

8) Phyllocalymna *Bentham*. Das fast kugelförmige Knäuelchen ist von Blättern eingehüllt. Die Borsten des Federkelchs sind nach Oben ein wenig federig.

c) Der Federkelch besteht aus fünf fast getrennten grannenlosen wimperig-gefransten Spreublättern.

9) Styloncerus *Sprengel*. Das eiförmige oder cylindrische Blüthenknäuelchen ist von Blättern umhüllt. Das Früchtchen hat einen Federkelch.

d) Der Federkelch ist kelchartig-kronförmig, nackt.

10) Cephalosorus *Asa Gray*. Das kugelförmige Knäuelchen ist entweder von einer ziemlich großen blattartigen oder kleinern spreublätterigen Hülle umgeben. Die Köpfchen sind einblüthig.

e) Der Federkelch besteht aus wenigen dünnen, am Grunde verwachsenen, locker-federigen Borsten.

11) Blennospora *Asa Gray*. Das Blüthenknäuelchen ist eiförmig, wenigköpfig; die Köpfchen sind zweiblüthig, kurz gestielt.

12) Antheidosorus *Asa Gray*. Das Blüthenknäuelchen ist halbkugelig, die Köpfchen sind einblüthig, dicht aufsitzend, die mittelständigen unfruchtbar. Die allgemeine Hülle ist strahlförmig.

** Die Köpfchen sind 3—5blüthig, in ein kugelförmiges Knäuelchen gehäuft, dicht aufsitzend. Die allgemeine Hülle ist ganz einfach, die besondere klein, nackt.

a) Der Federkelch fehlt oder besteht aus 2—3 sehr zarten nackten Borsten. Das Blüthenköpfchen ist 4—5blüthig.

13) Myriocephalus *Bentham*. Das niedergedrückte Blüthenknäuelchen ist umgeben von einer mehrreihigen Hülle, deren Schuppen kronblattartige Anhängsel haben. Die Früchtchen sind schmal.

b) Der Federkelch besteht aus 4—12 federigen oder federig-pinselförmigen Borsten. Die Köpfchen sind dreiblüthig.

14) Leucophyta *R. Brown*. Das kugelförmige Blüthenköpfchen ist von kleinen, einreihigen Schuppen umhüllt, welche mit den zwischen den Köpfchen stehenden Spreublättern gleiche Form haben.

15) Calocephalus *R. Brown*. Das Blüthenknäuelchen ist eiförmig-kugelig, ohne Hülle und spreublattlos.

*** Die fünfblüthigen Köpfchen stehen in einem kugeligen, hüllenlosen oder von einer kleinen blattartigen Hülle umgebenen Blüthenknäuelchen. Der besondere Blüthenboden ist mit durchscheinenden, zwischen den Blüthen stehenden Spreublättern besetzt. Der Federkelch besteht aus fadenförmigen, federigen Borsten.

16) Pycnosorus *Bentham*. Die sitzenden Köpfchen stehen in einem sehr dichten, hüllenlosen Knäuelchen. Die mittelständige Blüthe ist bisweilen unfruchtbar oder geschlechtslos.

17) Craspedia *Forster*. Die gestielten Köpfchen stehen auf einem gemeinschaftlichen cylindrischen Blüthenboden, die einzelnen sind von einem blattartig-trockenhäutigen Deckblatte gestützt. Die Hüllschuppen sind durchscheinend.

**** Die Köpfchen sind 3—9blüthig, mehr oder weniger gestielt, auf dem cylindrischen Blüthenboden ährig, von breiten trockenhäutigen Spreublättern umgeben und stehen in einem verkehrt-eiförmigen, am Grunde verschmälerten, von leeren dachziegeligen Hüllschuppen umgebenen Knäuelchen dicht gedrängt. Die besondere Hülle ist doppelt, ihre inneren Schuppen sind kronblattartig-verlängert. Der besondere Blüthenboden ist nackt.

18) Gnephosis *Cassini*. Die Köpfchen sind 3—4blüthig. Der Federkelch ist sehr klein, kronförmig, zerschlitzt und sehr schnell abfällig.

19) Pachysurus *Steetz* (wozu nach Asa Gray vielleicht auch Actinobole *Fenzl* gehört). Die Köpfchen sind 6—9blüthig. Der hinfällige Federkelch besteht aus 4—5 dünnen, sehr kurzen, am Grunde in eine schüsselförmige, durchscheinende, kronartige Scheibe verwachsenen, an der Spitze in ebenso viel schlaffe, an dem äußersten Ende ziemlich lang verzweigte und daselbst eine verworrene Wolle darstellende Fäden ausgehenden Spreublättern.

***** Die Köpfchen sind 5—15blüthig, mehr oder weniger gestielt, kopfförmig-geknäuelt, von blattartigen Deckblättern umgeben; die äußeren Deckblätter hüllen (wie bei Craspedia) das Knäuelchen ein. Die Are oder der allgemeine Blüthenboden ist mehr oder weniger getheilt, wollig. Der besondere Blüthenboden ist nackt.

20) Crossolepis *Lessing*? Der Federkelch fehlt. Die Schuppen der allgemeinen Hülle haben keine Anhängsel, sind aber zerschlitzt-gefranst. (Bildet vielleicht den Uebergang zu den Helichryseen.)

****** Die 6—20blüthigen Köpfchen sitzen in einem schaftlosen, dem Boden angedrückten, von den grundständigen, rosettenförmigen Blättern eingehüllten Blüthenknäuelchen dicht gedrängt. Der besondere Blüthenboden ist mit trockenhäutigen, stehenbleibenden, die Blüthen stützenden Spreublättchen besetzt. Der Federkelch fehlt oder ist kronförmig. (Bilden den Uebergang zu den Cassinieen.)

21) Chamaecephaerion *Asa Gray.* Der Federkelch ist kronförmig, zerschlitzt, hinfällig. Die Köpfchen sind 5—7blüthig; der Blüthenboden ist flach.

22) Chthonocephalus *Steetz.* Der Federkelch fehlt. Die Blüthenköpfchen sind mehrblüthig; der Blüthenboden ist kegelförmig.

Charakteristik der neuerlich aufgestellten Gattungen aus der Gruppe der Gnaphalieen.

88) Dithyrostegia *Asa Gray.* Die wenigen wenigblüthigen Köpfchen stehen in einem von einer becherförmigen, fast scheidenartigen, zweiklappigen, krautartigen Hülle umgebenen Knäuelchen dicht gedrängt, die einzelnen Köpfchen haben dagegen keine Hülle. Die allgemeinen und besonderen Blüthenböden sind klein, schmal, kantig, mit langen Haaren besetzt. Die Blüthen sind zweigeschlechtlich, die einzelnen, von einem breiten durchscheinenden, sehr dünnen, nervenlosen, nach Oben in sehr zarte Haare gelösten Spreublättchen umgeben, die wenigen mittelständigen sind wegen des leeren Fruchtknotens öfters unfruchtbar. Die Blumenkronen sind röhrenförmig, kahl, ihre Röhre ist schlank, ihr Saum becherförmig, an der Spitze fünfspaltig. Die am Grunde geschwänzten Staubbeutel haben ein schmales Anhängsel. Die Griffeläste sind an der Spitze kopfförmig und pinselartig. Die entwickelten Früchtchen sind ei-spindelförmig, ganz steifhaarig, fast geschnäbelt; die unfruchtbaren linealisch, kahl. Der Federkelch besteht aus einem Krönchen von Borsten, welche mit den Haaren des Früchtchens von gleicher Beschaffenheit, aber kürzer sind.

Zu dieser Gattung gehört nur eine in Neu-Holland einheimische, fingerhohe, einjährige, ganz kahle, krautige Pflanze mit niedrigem, wenig beblättertem, nebst den sparsamen Aesten von einem einzigen Blüthenknäuel begrenzten Stengel, wechselständigen, schuppenförmigen, länglichen oder eiförmigen stengelumfassenden Blättern, von denen das oberste größere dem Knäuelchen oft genähert ist, mit einer aus zwei am Grunde oder bis zur Mitte verwachsenen Blättern bestehenden Hülle und gelben Blüthen.

89) Hyalochlamys *Asa Gray.* Die einblüthigen, gleichehigen Köpfchen stehen in einem kugelförmigen, von einer allgemeinen Hülle umgebenen Knäuelchen. Diese allgemeine Hülle ist mehrreihig und besteht aus sehr breiten, schwach durchscheinenden, kreisrunden, ein wenig ausgerandeten, concaven Schuppen. Die Axe oder der gemeinschaftliche Blüthenboden ist gewölbt und mit stehenbleibenden Hüllschuppen darstellenden, aber allmälig schmaler werdenden, am Grunde mit einem verdickten Nerven versehenen Spreublättern besetzt, von denen die einzelnen ein einziges Köpfchen stützen. Die besondere Hülle ist vierblätterig, wollig, kürzer als die Blumenkrone, der beiden äußeren stehenbleibenden Schuppen sind kahnförmig und haben eine dicke, hornartige Axe und durchscheinende Ränder, die beiden inneren wechseln mit den äußeren ab, sind sehr klein, ganz durchscheinend, abfällig. Die Blüthe ist zweigeschlechtlich. Die Blumenkrone ist fadenförmig-röhrig, am Grunde breiter und verhärtet, an der Spitze ein wenig erweitert, fünfzähnig. Die Staubbeutel haben am Grunde keine Anhängsel. Die Griffeläste sind an der Spitze kopfförmig-abgestutzt. Die Früchtchen sind birnförmig, am Grunde verschmälert, glatt und unbehaart.

Zu dieser Gattung gehört nur eine kleine, einjährige, filzig-weichhaarige, in Neu-Holland einheimische Art mit zwischen den spatelförmigen grundständigen Blättern sitzendem Blüthenknäuel oder auch peitschenförmig-sprossend.

90) Nematopus *Asa Gray.* Die zweiblüthigen gleichehigen Köpfchen stehen in einem verkehrt-kegelförmig-halbkugeligen Knäuelchen dicht gedrängt. Die allgemeine Hülle ist wenigreihig, ein wenig kürzer als das Knäuelchen, ihre Schuppen sind angedrückt, länglich-linealisch, ein wenig kürzer als die Scheibenblüthen und haben mit den Spreublättern des Blüthenbodens gleiche Gestalt, sie besitzen eine grünliche Spitze und ein kleines durchscheinend-kronblattartiges, goldgelbes, abgerundetes und abgestutztes Anhängsel. Der gemeinsame Blüthenboden ist gewölbt, die besondern sehr kurz, genau sitzend. Die besondere Hülle steht in zwei Reihen, die fünf Schuppen einer jeden Reihe sind gleichförmig, spatelig-linealisch oder schmal länglich, ein wenig gewölbt, am Rande durchscheinend, an der Spitze spärlich wollig und mit einem einwärtsgebogenen goldgelben Anhängsel, die äußeren Schuppen scheinen stehen zu bleiben und umfassen nicht selten die beiden Köpfchen. Die Blüthen sind zweigeschlechtlich. Die an der Spitze fünfzähnige Blumenkrone hat einen cylindrischen Schlund und eine sehr kurze drüsentragende Röhre. Die Staubbeutel sind kurz geschwänzt; die Griffeläste kurz, an der Spitze kopfförmig. Die Früchtchen sind kurz, stielrund, ganz kahl. Der Federkelch fehlt gänzlich.

Eine einjährige, schlanke, in Neu-Holland einheimische Pflanze mit aufrechtem, an der Spitze ebensträußig-ästigem Stengel, fadenförmigen, bald ganz kahlen Aesten, gelben, an der Spitze der haarförmigen, abstehenden, nackten Aestchen einzeln stehenden Blüthenknäuelchen und wechselständigen, linealisch-fadenförmigen, locker wolligen oder kahlen Blättern macht die einzige Art dieser Gattung aus.

91) Chrysocoryne *Endlicher.* Die Köpfchen sind zweiblüthig oder die unteren bisweilen einblüthig, gleichehig, die einzelnen von einer trockenhäutigen, breiten, kreisrunden, vertieften Spreuschuppe bedeckt und stehen an dem fadenförmigen Blüthenboden in einer kätzchenartigen Aehre dicht gedrängt. Die allgemeine Hülle besteht aus den untersten leeren kleinen Spreuschuppen. Die besondere Hülle besteht aus 2—6 durchscheinenden Schuppen, von denen die äußeren breit, zusammengefaltet-kahnförmig sind. Die Blüthen sind zweigeschlechtlich. Die

schlanke Blumenkrone ist an der Spitze trichterförmig-erweitert und daselbst fünf- oder dreizähnig. Die Staubbeutel haben am Grunde zwei Stachelspitzen. Die Griffeläste sind kopfförmig-abgestutzt. Das Früchtchen ist kahl, bisweilen mit harzigen Punkten bestreut.

Einjährige, niedrige, mehlartig-weichhaarige, krautige, in Neu-Holland einheimische Gewächse mit wechselständigen, sitzenden, fast linealischen Blättern und endständigen, einzelnen oder zu drei stehenden, cylindrischen oder keulenförmigen, kahlen, gelblich-braunen Aehren gehören als Arten zu dieser Gattung.

92) Cephalosorus *Asa Gray.* Die einblüthigen Köpfchen stehen in einem kugelförmigen Knäuelchen dicht gedrängt. Die allgemeine Hülle ist 2—3reihig, ihre Schuppen sind blatt- oder fast krautartig und haben keine Anhängsel. Der allgemeine Blüthenboden ist entweder breit und gewölbt oder cylindrisch und mit linealischen trockenhäutigen Spreuschuppen besetzt. Die besondere Hülle besteht aus 4—6 trockenhäutigen, concaven, anhängsellosen Schuppen, von denen die äußeren länglich, die inneren breiter sind und die Blüthe wechselweise einhüllen. Die Blüthe ist zweigeschlechtlich. Die Blumenkrone ist röhrig, trichterförmig, am Rande fünfspaltig. Die Staubbeutel sind am Grunde ein wenig geschwänzt. Die Griffeläste sind an der Spitze kopfförmig, kurz pinselförmig. Das Früchtchen ist verkehrt-eiförmig, entweder kahl und von einer durchscheinenden, im feuchten Zustande gallertartigen Haut überzogen oder rauhhaarig und von einem deutlichen, kelchartigen, dünn trockenhäutigen, später abfallenden Federkelche gekrönt.

Einjährige, in Neu-Holland einheimische, krautige Gewächse mit ruthenförmigem, einfachem oder wenig ästigem, an der Spitze fast nacktem, ein einzelnes Blüthenknäuelchen tragendem Stengel, wechselständigen Blättern und gelblichen Blüthen machen die Arten dieser Gattung aus.

93) Blennospora *Asa Gray.* Die zweiblüthigen, gleichehigen, wenigen, kurz gestielten Köpfchen stehen in einem eiförmigen, fast zusammengesetzten Knäuelchen dicht gedrängt. Die in wenigen Reihen stehende allgemeine Hülle ist kürzer als das Knäuelchen; ihre Schuppen sind eiförmig, trockenhäutig, außenseits locker wollig und haben einen grünen Kiel. Der allgemeine Blüthenboden ist linealisch, wenig ästig, die Aeste oder die unteren Blüthenstiele sind 2—3köpfig und umgeben von Spreuschuppen, welche den allgemeinen und besonderen Hüllschuppen ähnlich sind. Die besondere Hülle ist abfällig, mit den Blüthen gleichlang und besteht aus sechs eiförmigen, concaven, trockenhäutigen, anhängsellosen Schuppen. Die Blüthen sind zweigeschlechtlich, gleichförmig. Die Blumenkrone hat eine schlanke Röhre und einen trichterförmigen, fünfspaltigen Saum, dessen lanzettliche Zipfel zurückgekrümmt sind. Die Staubbeutel haben am Grunde kleine Schwänze. Die Griffeläste sind an der Spitze abgestutzt-kopfförmig. Das verkehrt-eiförmige, ganz kahle Früchtchen ist von einer durchscheinenden, im feuchten Zustande stark aufschwellenden, gallertartigen Haut umgeben. Der abfällige, mit der Blumenkrone fast gleich lange Federkelch besteht aus 8—10 weichen, locker federigen, an der Spitze sehr dünnen, am Grunde ein wenig verdickten und in einen häutigen Ring verwachsenen Borsten.

Aus dieser Gattung kennt man nur eine Art, eine einjährige, vielstengelige, 2—3 Zoll hohe, locker wollige, in Neu-Holland einheimische, krautige Pflanze mit einfachen, beblätterten, von einem blattlosen Blüthenknäuel begrenzten Stengeln und Aesten, wechselständigen, schmal linealischen, an der Spitze ein wenig verdickten, stachelspitzigen Blättern und braunen Schuppen.

94) Antheidosorus *Asa Gray.* Die einblüthigen, auf dem flachen allgemeinen Blüthenboden dicht aufsitzenden Köpfchen stehen in einem halbkreisförmigen, von einer mehrreihigen strahlenförmigen allgemeinen Hülle umgebenen, ein einfaches, vielblüthiges Köpfchen darstellenden Knäuelchen. Die Schuppen der allgemeinen Hülle sind trockenhäutig, länglich oder verkehrt-eiförmig, unterwärts angedrückt und haben fast alle ein kronblattartiges goldgelbes, verbreitertes, abstehendes Anhängsel. Die besondere Hülle besteht aus 3—5 länglichen oder linealischen, durchscheinenden, ziemlich flachen, stehenbleibenden Schuppen. Die Blüthen sind sämmtlich zweigeschlechtlich, die der Randköpfchen fruchtbar, die übrigen durch Fehlschlagen unfruchtbar. Die Zipfel der röhrigen, an der Spitze fünftheiligen Blumenkrone sind länglich-lanzettlich, zurückgerollt. Die Staubbeutel sind am Grunde zweischwänzig. Die Griffeläste sind an der Spitze kopfförmig. Die Früchtchen sind schnabellos, kahl, die fruchtbaren verkehrt-eiförmig, von einer durchscheinenden, im feuchten Zustande gallertartigen Haut umgeben, die unfruchtbaren sind linealisch, leer. Der Federkelch der fruchtbaren Blüthen ist spärlich federig, abfällig, ein wenig kürzer als die Blumenkrone und besteht aus 5—8 sehr dünnen, am Grunde ringförmig verwachsenen Borsten, von denen 1—2 ein wenig länger, unterwärts ziemlich kahl, an der Spitze keulenförmig und federig sind, jener der unfruchtbaren Blüthen bleibt stehen und besteht aus starren, am Grunde ein wenig verdickten, übrigens ziemlich ähnlichen Borsten.

Eine einjährige, spannenhohe, ästige, wollig-weichhaarige krautige Pflanze mit wechselständigen, schmal linealischen Blättern, schlankem, aufrechtem Stengel und Aesten und kopfförmigen, kleinen, goldgelben, an der Spitze der schlanken Aestchen stehenden, nickenden Blüthenknäueln macht die einzige Art dieser Gattung aus.

95) Chamaesphaerion *Asa Gray.* Die 5—7-blüthigen, gleichehigen Köpfchen stehen in einem sitzenden, dem Boden angedrückten, von den grundständigen eine allgemeine Hülle darstellenden Blättern umgebenen Knäuelchen dicht gedrängt. Der besondere Blüthenboden ist schmal, flach, mit Spreublättern besetzt, diese sind trockenhäutig, länglich, zugespitzt, am Grunde gekielt, innen ausgehöhlt, länger als die Blüthen, sie bleiben stehen und stellen Hüllschuppen dar. Außer den äußeren, am Grunde schwach wolligen Spreublättern ist keine Hülle vorhanden. Die Blüthen sind zweigeschlechtlich, gleichförmig. Die Blumenkronen sind lang röhrenförmig, schlank, an der Spitze breiter und dreizähnig. Die drei Staubbeutel sind ungeschwänzt. Die Griffeläste sind an

der Spitze kopfförmig-abgestutzt. Die Früchtchen sind verkehrt-eiförmig, ungeschnäbelt, sehr dünn 5—6 streifig, kahl, mit einem kronförmigen, zerschlitzten, hinfälligen Federkelche versehen.

Eine kleine einjährige Pflanze mit dünner Wurzel, rosettenförmigen, linealisch-pfriemlichen, am Grunde breiteren, kahlen, das kugelförmige Blüthenknäuelchen dicht einschließenden Blättern bildet die einzige bekannte Art dieser Gattung.

96) Pachysurus *Steetz*. Die 6—9 blüthigen gleichehigen Köpfchen sind kurzgestielt und stehen in einem verkehrt-eiförmigen am Grunde verschmälerten Knäuelchen dicht gedrängt. Die Axe oder der allgemeine Blüthenboden ist cylindrisch. Die besondere Hülle ist doppelt: die Schuppen der äußeren sind verkehrt-eiförmig, am Rande trockenhäutig, wollig, stehenbleibend, die der inneren ganz trockenhäutig, kahl, an der Spitze mit einem kronblattartigen, gefärbten, zurückgeschlagenen Anhängsel versehen, abfällig. Der besondere Blüthenboden ist schmal, nackt, gewölbt. Die Blüthen sind zweigeschlechtlich. Die Blumenkronen sind röhrenförmig, ihre Röhre ist aber sehr kurz, nach der Spitze stark erweitert fünfzähnig. Die Staubbeutel sind am Grunde kurz geschwänzt, an der Spitze verschmälert, hervorragend. Der Griffel ist am Grunde zwiebelartig-verdickt, an der Spitze zweispaltig, seine Aeste sind kurz, kopfförmig-abgestutzt, mit Wärzchen besetzt, eingeschlossen. Die Früchtchen sind verkehrt-eiförmig, sehr klein, von einem mit der Blumenkrone gleich langen, kronförmigen, bald abfälligen Federkelche gekrönt, welcher aus 4—5 sehr kurzen, am Grunde verwachsenen, an der Spitze zerschlitzten und in ebenso viele locker am äußersten Ende ziemlich lang verzweigte und daselbst eine verworrene Wolle darstellende Fäden auslaufenden Sternblättchen besteht.

Zu dieser Gattung gehört nur eine in Neu-Holland einheimische, einjährige, ganz schülferige, vielstengelige, einen halben Fuß hohe krautige Art mit ästigen Stengeln, dicken, verkehrt-eiförmigen, am Grunde verschmälerten, gelblichen, an der Spitze der Aeste stehenden Blüthenknäuelchen und wechselständigen, verkehrt-eiförmig-linealischen, kleinen Blättern.

Die Gattung Pogonolepis *Steetz*, welche Asa Gray mit Skirrhophorus für identisch erklärt, soll sich nach dem Autor von dieser durch einblüthige Köpfchen, durch die drei ein wenig gefalteten Schuppen der besonderen Hülle und durch die flache Axe unterscheiden.

97) Chthonocephalus *Steetz*. Das Köpfchen ist vielblüthig, gleichehig. Der schmale kegelförmige Blüthenboden ist mit zahlreichen, länglichen, durchscheinenden Spreublättern dicht besetzt. Die Hülle ist zweireihig; die äußeren Schuppen sind blattartig, die inneren trockenhäutig. Die zweigeschlechtlichen, lang röhrenförmigen, fadenförmigen, an der Spitze erweiterten, vierzähnigen Blumenkronen stehen zwischen den Spreublättchen. Die Staubbeutel sind am Grunde kurz geschwänzt, an der Spitze allmälig verschmälert. Der Griffel ist eingeschlossen oder zuletzt nur ein wenig hervorragend, zweispaltig, seine Aeste sind an der Spitze kopfförmig-abgestutzt und mit Wärzchen besetzt. Die zusammengedrückten, ei- oder linsenförmigen Früchtchen haben keinen Federkelch und sitzen dem äußeren grundständigen verhärteten Theile der Spreuschuppen auf.

Kleine, stengellose, dicht graufilzige, in Neu-Holland einheimische krautige Gewächse mit sitzenden, zwischen den grundständigen, eine allgemeine Hülle darstellenden Blättern stehenden Blüthenköpfchen bilden die Arten dieser Gattung, welche Steetz als zweifelhaft zu den Cassinieen stellt, während sie Asa Gray ohne Bedenken den Angiantheen zugesellt.

98) Raoulia *Hooker* (der Sohn). Das Köpfchen ist 12—14 blüthig, verschiedenehig. Die wenigen Jungenblüthen sind weiblich, schlank, röhrig, 3—4 zähnig, die Scheibenblüthen röhrig, nach unten trichterförmig, fünfzähnig. Die in zwei Reihen stehenden Schuppen des verkehrt-kegelförmigen Hauptkelchs sind doppelt länger als die unteren Blätter, linealisch, stumpf, trockenhäutig, ganz kahl, niemals strahlend, nach der Blüthezeit abstehend-zurückgekrümmt. Der Blüthenboden ist schmal, gewölbt, mit Fasern besetzt. Die Staubbeutel sind eingeschlossen, ihre beiden Anhängsel borstenförmig und schwach gewimpert. Der Griffel ist zweispaltig, die Griffeläste der Strahlblüthen ragen hervor, sind fast aufrecht, einfach, die der Scheibenblüthen kürzer, eingeschlossen kopfförmig, an der Spitze drüsig. Die Früchtchen sind undeutlich-3—4 kantig. Die sehr zahlreichen Borsten des Federkelchs stehen in mehren Reihen, sind gleich lang, aber länger als die Blüthen, fast keulenförmig, etwas rauh, unten verwachsen.

Die zu dieser Gattung gehörige ausdauernde Art wächst auf Bergen in Neu-Seeland und auf den Südseeinseln in dichtem Rasen.

99) Manopappus *C. H. Schultz*. Das Köpfchen ist vielblüthig, scheibenförmig; die Blüthen sind kaum länger als eine Linie, röhrig, fünfzähnig, zweigeschlechtlich oder die äußeren weiblich, sämmtlich oberseits mit Drüsen besetzt. Die dachziegelig stehenden Schuppen des glockenförmigen Hauptkelchs sind eiförmig, trockenhäutig, goldgelb, die innersten länglich-linealisch, ein wenig strahlend. Der Blüthenboden ist mit lanzettlichen, spitzen, goldgelben, über der Mitte mit einem spitzen Zahne versehenen Fäserchen besetzt. Die Früchtchen sind klein, kahl, länglich, etwa so lang als der ½ Linie lange, aus vier einfachen, sehr schnell abfälligen Borsten bestehende Federkelch.

Ein am Cap der guten Hoffnung wachsender, starrer, filziger, ästiger, kleiner Halbstrauch mit bis zur Spitze beblätterten Aesten und sitzenden, länglich-linealischen, am Rande zurückgerollten, stumpfen, filzigen, angedrückten Blättern bildet die einzige Art dieser Gattung.

100) Scyphocoronis *Asa Gray*. Das Köpfchen ist 8—12 blüthig, gleichehig, die Blüthen sind sämmtlich zweigeschlechtlich, röhrig, die mittelständigen oder öfters unfruchtbar. Die Hülle ist einreihig, fünfblätterig, ihre Schuppen sind linealisch, krautartig, gekielt-concav und so lang als die Blüthen. Der Blüthenboden ist klein, spreublattlos. Die Blumenkrone hat eine schlanke Röhre und einen becherförmigen, fünflappigen Saum. Die Staubbeutel sind kurz, am Grunde ein wenig geschwänzt. Die Griffeläste sind an der Spitze nur schwach verdickt,

außenseits kurz behaart. Die linealischen, cylindrischen, fast kahlen Früchtchen sind von einem becherförmigen, stehenbleibenden, lederartigen, fast ganzrandigen Federkelche gekrönt.

Zu dieser Gattung gehört nur eine niedrige, einjährige, klebrig-weichhaarige Art mit anderthalb Zoll langen, ausgebreiteten, an der Spitze einköpfigen Stengeln, fast spatelförmig-linealischen, gegenständigen oder abwechselnden Blättern und gelber Blumenkrone, deren Röhre nebst dem ausgeschweiften Rande der Federkelchkrone mit kurzgestielten Drüsen besetzt ist.

101) Anthocerastes *Asa Gray*. Das Köpfchen ist fünfblüthig, gleichehig. Die längliche, außenseits wollige Hülle besteht aus fünf häutigen, bis über die Mitte verwachsenen Schuppen. Der Blüthenboden ist klein, spreublattlos. Die Blüthen sind zweigeschlechtlich, die mittelständigen bisweilen unfruchtbar. Der schlanke Fruchtknoten ist in die fadenförmige, ungegliederte Röhre der an der Spitze becherförmigen fünfzähnigen Blumenkrone schnabelförmig verlängert. Die Staubbeutel sind am Grunde pfeilförmig, ungeschwänzt. Die Griffeläste sind fadenförmig, verbreitert, an der Spitze kurz weichhaarig, spitzlich. Das Früchtchen ist pfriemlich-kronförmig, kahl, geschnäbelt, der Schnabel ist wollig, mit der ungegliederten stehenbleibenden Kronröhre aus der Hülle hervorragend, lang zurückgekrümmt. Der Federkelch fehlt.

Eine kleine einjährige, schaftlose Pflanze mit einem zwischen den pfriemlichen, am Grunde verbreiterten grundständigen Blättern fast sitzenden Blüthenköpfchen und bisweilen mit fadenförmigen, 1-2köpfigen, beblätterten Ausläufern macht die einzig bekannte Art dieser Gattung aus.

102) Actinopappus *Asa Gray*. Das Köpfchen ist wenig- bis vielblüthig, gleichehig, indem sämmtliche Blüthen röhrig und zweigeschlechtlich oder 1—2 mittelständige durch Fehlschlagen unfruchtbar sind. Die Hülle ist locker, 1—2reihig, ihre 5—6 Schuppen sind breit eiförmig, durchscheinend, anhängsellos und so lang als die Blüthen. Der Blüthenboden ist klein, spreublattlos, mit Wärzchen besetzt. Die Blumenkrone ist klein, cylindrisch, an der Spitze vierzähnig. Die Staubbeutel sind mit zwei Anhängseln versehen. Die Griffeläste sind an der Spitze abgestutzt. Die Früchtchen sind verkehrt-kegelförmig, einwärts geneigt oder gekrümmt, schief, driftig, im feuchten Zustande schleimig und haben einen sehr breiten, seitlichen Hof, die unfruchtbaren sind leer. Der Federkelch besteht aus 7—12 papierartigen, breit verkehrt-eiförmigen, ganzrandigen, ganz stumpfen, die stehenbleibende Blumenkrone einschließenden Spreublättern.

Zu dieser Gattung gehören kleine, einjährige, kahle, in Neu-Holland einheimische krautige Arten mit dünnen Stengeln, linealischen, gegenüberstehenden, fleischigen Blättern und kleinen, endständigen, einzelnen oder gehäuften Köpfchen, von denen jedes zwischen vier deckblattartigen Blättern sitzt.

103) Dimorpholepis *Asa Gray*. Das Köpfchen ist vielblüthig, verschiedenehig, indem von den sämmtlich röhrenförmigen Blüthen die wenigen randständigen weiblich sind und eine dünne, gleichmäßig-dreizähnige Blumenkrone haben, die übrigen mit vierzähniger Blumenkrone aber zweigeschlechtlich sind. Der Blüthenboden ist flach, nackt. Die Hülle ist halbkugelig, dachziegelig, so lang als die Scheibenblüthen, zweiförmig: die in wenigen Reihen stehende äußere besteht aus trockenhäutigen, eiförmig-lanzettlichen, am Rande dicht-borstig-gefransten Schuppen, von denen die innersten kurz gestielt sind, die einreihige innere dagegen besteht aus verdickt-knorpeligen, lanzettlichen, sitzenden, am Rande nur wenig gewimperten, an der dünnen Spitze fransig-zerschlitzten Schuppen. Die Staubbeutel sind am Grunde zweischwänzig. Die Griffeläste sind an der Spitze abgestutzt. Die Früchtchen sind schmal-länglich, schnabellos, ein wenig zusammengedrückt, kahl. Der Federkelch der weiblichen Blüthen ist klein, borstig-kronförmig, jener der zweigeschlechtlichen Blüthen besteht aus drei (selten einem oder zwei) borstenförmigen, bartartig-gefransten, an dem äußersten Ende sehr spitzen, nackten, mit der Blumenkrone gleich langen Spreublättern.

Aus dieser Gattung kennt man nur eine niedrige, einjährige, vielstengelige, schwach wollige, bald kahl werdende, in Neu-Holland einheimische Art mit 1—3 Zoll hohen, ein- bis wenigköpfigen, bisweilen ausläuferartig-ästigen Stengeln, linealischen, wechselständigen Blättern, von denen die obersten das sitzende Köpfchen deckblattartig umgeben, mit weißlichen äußeren Hüllschuppen und gelblichen Blüthen.

104) Gnaphalodes *Asa Gray*. Das Köpfchen ist vielblüthig, gleichehig, indem die Blüthen sämmtlich zweigeschlechtlich und röhrenförmig sind. Der Blüthenboden ist kegelförmig, nackt. Die cylindrische Hülle besteht aus trockenhäutigen, länglichen oder verkehrt-eiförmigen, auf dem Rücken wolligen, mit einem kurzen, concaven Anhängsel versehenen, in mehren Reihen stehenden Schuppen. Die Blumenkronen sind schlank, an der Spitze sehr kurz fünfzähnig. Die Staubbeutel sind zweischwänzig. Die Griffeläste sind an der Spitze abgestutzt. Die Früchtchen sind verkehrt-eiförmig, schnabellos, kahl. Der Federkelch ist ein wenig länger als die Blumenkrone und besteht aus fünf starren, schmal-linealischen, am Grunde etwas verwachsenen, kammförmig-gewimperten, an der Spitze verschmälerten und daselbst bärtigen oder pinselförmigen Schuppen.

Niederliegende, einjährige, wollige, in Neu-Holland einheimische krautige Gewächse mit wechselständigen, spatelförmigen Blättern, von denen die obersten gehäuft stehenden die sitzenden am Grunde ganz wolligen Blüthenköpfchen gleichsam einhüllen und mit einer weißlichen, an der Spitze gelblichen Hülle.

105) Achrysum *Asa Gray*. Die 10—12blüthigen, dicht knäuelartig-gehäuften Köpfchen sind gleichehig, indem sämmtliche Blüthen zweigeschlechtlich, röhrig und fruchtbar sind. Die Hülle ist strahlenlos, doppelt: die äußere stehenbleibende besteht aus fünf verkehrt-eiförmigen, anhängsellosen, am Rande breit trockenhäutigen Schuppen, die innere aus ungefähr zehn in wenigen Reihen stehenden, eiförmigen, durchscheinend-häutigen, mit einem

kleinen, gelblichen Anhängsel versehenen, zugleich mit den Blüthen abfallenden Schuppen. Der Blüthenboden ist klein, fast kugelig, nackt. Die Blumenkronen sind trichterförmig, fünfzähnig. Die Staubbeutel haben am Grunde zwei Schwänze. Die Griffeläste sind an der Spitze kopfförmig-abgestutzt. Das Früchtchen ist verkehrt-eiförmig, kahl. Der abfällige Federkelch besteht aus 5—8 dünnen, mit der Blumenkrone gleich langen, locker federigen oder vielmehr gefiedert-ästigen, am Grunde in ein durchscheinendes Krönchen verwachsenen Borsten.

Zu dieser Gattung gehört nur eine niedrige, vielstengelige, flockig-wollige, krautige, in Neu-Holland einheimische Art mit wechselständigen, linealischen, stachelspitzigen Blättern, kleinen, kurzgestielten, dicht wolligen, an der Spitze des Stengels in einem dichten, fast kugeligen oder gedrückten, von linealischen Deckblättern gestützten Knäuelchen stehenden Köpfchen und gelblichen Blüthen.

106) Monencyanthes *Asa Gray*. Die Köpfchen sind dreiblüthig, knäuelartig-gehäuft, die Blüthen sind zweigeschlechtlich, gleichförmig, aber zwei sind wegen des leeren Fruchtknotens unfruchtbar. Die Hülle ist cylindrisch, dachziegelig, ein wenig kürzer als die Blüthen, ihre Schuppen sind durchscheinend-trockenhäutig, verkehrt-eiförmig, die äußeren kürzer, sitzend, die inneren am Grunde mit einer grünlichen, ziemlich dicken Rippe versehen und nagelförmig; an den Nägeln befindet sich wiederum eine lange, die Blüthen einschließende Wolle. Der Blüthenboden ist klein, nackt. Die trichterförmigen Blumenkronen haben einen fünfspaltigen Saum mit umgerollten Zipfeln. Die Staubbeutel haben am Grunde zwei Borsten. Die Griffeläste sind flach, an der Spitze abgestutzt-kopfförmig. Das Früchtchen ist verkehrt-eispindelförmig, schnabellos, kurz gestielt, glatt. Der abfällige Federkelch besteht aus 6—10 sehr zarten, bärtigen, in der verworrenen Wolle der Schuppen verborgenen Borsten.

Eine einzige Art dieser Gattung, eine in Neu-Holland einheimische, einjährige, aufrechte, fußhohe, spinnwebig-wollige krautige Pflanze mit wechselständigen, spatelförmig-linealischen Blättern, kleinen, bräunlich-weißen, von kleinen, trockenhäutigen Deckblättern umgebenen, an der Spitze der Aestchen in ebensträußig-gehäuften Knäuelchen stehenden Köpfchen und gelben Blumenkronen ist bis jetzt nur bekannt.

107) Acroclinium *Asa Gray*. Das Köpfchen ist vielblüthig, die Blüthen sind sämmtlich röhrenförmig, zweigeschlechtlich, die randständigen fruchtbar, die übrigen meist durch Fehlschlagen des Fruchtknotens unfruchtbar. Die Hülle ist breit glockenförmig, mehrreihig, ihre äußeren Schuppen papierartig mit kurzen trockenhäutigen Anhängseln versehen, die inneren besitzen ein längeres, kronblattartiges, strahlenförmiges Anhängsel. Der Blüthenboden ist aus breitem Grunde spitz kegelförmig oder pfriemlich verlängert, spreublattlos, schorfartig, am Rande mit Grübchen versehen. Die Blumenkronen sind trichterförmig-röhrig, fünfzähnig. Die Staubbeutel sind am Grunde mit zwei kurzen Borsten versehen. Die Griffeläste der fruchtbaren Blüthen sind an der Spitze abgestutzt, sehr kurz pinselförmig, die der unfruchtbaren ihnen ähnlich, aber weit kürzer. Die fruchtbaren Achänen sind kreiselförmig, von langen sehr gehäuften schneeweißen Haaren seidig-wollig, die äußeren unfruchtbaren sind seidenhaarig, die inneren leeren kahl. Der stehenbleibende Federkelch besteht aus 10—20 starren, borstenförmigen, am Grunde ein wenig verwachsenen Spreublättern, welche an den fruchtbaren Blüthen dicht federig, an den unfruchtbaren Blüthen dünner, oft auch in geringerer Anzahl vorhanden, weniger federig, an der Spitze nackt oder pinselförmig sind.

Zu dieser Gattung gehören niedrige, nicht wollige, in Neu-Holland einheimische krautige Arten mit zahlreichen aus der einjährigen Wurzel entspringenden, meist einfachen, aufsteigenden, beblätterten, an der Spitze einköpfigen Stengeln, wechselständigen, linealischen Blättern und ziemlich großen Blüthenköpfen.

108) Cephalipterum *Asa Gray*. Das Köpfchen ist vielblüthig, verschiedenehig, indem von den sämmtlich röhrenförmigen Blüthen die randständigen zweigeschlechtlich und fruchtbar, die mittelständigen durch Fehlschlagen männlich sind. Die Hülle ist kreiselförmig, mehrreihig, ihre Schuppen sind sämmtlich dünn trockenhäutig, die äußeren durch ein kurzes breit eiförmiges oder kreisrundes gleichfarbiges, abstehendes Anhängsel sparrig, die inneren in Folge des elliptischen, kronblattartigen Anhängsels strahlend. Der Blüthenboden ist flach und nackt. Die Blumenkronen sind trichterförmig-röhrig, fünfzähnig. Die Staubbeutel haben am Grunde zwei kleine Borsten. Der Griffel der fruchtbaren Blüthen ist zweispaltig, seine Aeste sind an der Spitze abgestutzt und sehr kurz pinselförmig, jener der unfruchtbaren Blüthen ungetheilt oder zweilappig, an der Spitze pinselförmig. Die Fruchtknoten sind von einer sehr langen gekräuselten verworrenen Wolle bedeckt, die mittelständigen schlagen gänzlich fehl und sind stielförmig. Die randständigen Früchtchen sind verkehrt-eiförmig, sehr lang wollig. Der Federkelch der fruchtbaren Blüthen ist doppelt: der äußere besteht aus einer einzigen kleinen ohrförmigen, nach Innen mit zahlreichen, fadenförmigen Borsten besetzten Spreuschuppen, der innere aus etwa vier borstenförmigen, bald abfallenden, am fadenförmigen Grunde nackten, nach Oben allmälig verdickten, an der Spitze dicht bärtig-federigen Spreuschuppen; der Federkelch der unfruchtbaren Blüthen besteht aus vier fadenförmigen, nackten oder fein gezähnelten, an der Spitze bärtig-federigen Spreuschuppen, von denen die äußeren sehr klein und an den mittelpunktständigen auf ein kahles, napfförmiges Krönchen reducirt ist.

Aus dieser Gattung kennt man nur eine Art, eine schlanke, fast fußhohe, kahle, in Neu-Holland einheimische Pflanze mit aufrechten, zahlreichen Stengeln, wechselständigen, linealisch-lanzettlichen Stengel- und fast spatelförmigen grundständigen Blättern und an der Spitze des Stengels dicht gedrängt stehenden, ein fast kugeliges, deckblattloses Knäuelchen bildenden Köpfchen.

109) Conanthodium *Asa Gray*. Das Köpfchen ist vielblüthig, gleichehig. Die cylindrisch-kreiselförmige Hülle besteht aus dachziegeligen, in mehren Reihen stehen-

den und dachziegelig sich deckenden Schuppen, von denen die äußeren länglich, kaum trockenhäutig-berandet angedrückt, die inneren linealisch und von einem kleinen, schmalen, kronblattartigen, die Scheibenblüthen ein wenig überragenden Anhängsel strahlenförmig sind. Der Blüthenboden ist gewölbt, maschig, spreublattlos. Die Blüthen sind sämmtlich zweigeschlechtlich, ihre Kronen röhrig, fünfzähnig. Die Staubbeutel haben am Grunde zwei Schwänze. Die Griffeläste sind an der Spitze ein wenig kopfförmig. Die Früchtchen sind länglich, schnabellos, stielrund, kahl. Der Federkelch besteht aus haarförmigen, starren, gezähnelt-rauhen, am Grunde unter einander ungleich verwachsenen, in einer Reihe stehenden Borsten.

Hieher gehört ein sehr ästiger, von einer spinnwebigen, später abfallenden Wolle bekleideter Strauch mit wechselständigen, linealisch-länglichen, ein wenig gestielten, rauhen Blättern, einköpfigen Aesten und gelber Blumenkrone.

Eine vortreffliche Abhandlung über die Gruppe der Gnaphalieen lieferte Fenzl unmittelbar nach dem Erscheinen von Endlicher's Genera plantarum, worin im Wesentlichen die von De Candolle eingeführte Eintheilung beibehalten ist und weist in derselben nach, daß verschiedene Gattungen an der ihnen früher angewiesenen Stelle naturgemäß nicht bleiben können, auch die ganze Unterabtheilung der Antennarieen einzuziehen und die dahin gehörigen Gattungen größtentheils mit den Helichryseen zu vereinigen seien. Dagegen ist die erste der sieben von De Candolle aufgestellten Unterabtheilungen, die der Angiantheen, auch nach Fenzl als eine sehr natürliche zu bezeichnen. Ihr Charakter besteht, wie bereits angegeben, in dem Vorhandensein der ein- oder wenigblüthigen Köpfchen, welche in einem von einer gemeinschaftlichen Hülle umgebenen Knäuel dicht gedrängt stehen. Nun besitzen aber unter den hieher gehörigen Gattungen Calocephalus und Pycnosorus keine Hüllen und andererseits gibt es unter den Helichryseen viele, deren Arten sehr dicht geknäuelte und mit Axillarblättchen umhüllte Köpfchen haben; man muß daher zum sicheren Auffinden der Gattungen beider Unterabtheilungen nach anderen Merkmalen suchen und ist ein solches von Fenzl auch bereits angegeben. Der wesentliche Unterschied zwischen den Angiantheen ohne Hülle und den Helichryseen mit geknäuelten Köpfchen liegt nach ihm in der Anheftung der Köpfchen, die bei den ersteren immer an einer, wenn auch ganz kurzen, bald kugeligen, bald kegelförmigen, bald cylindrischen nackten oder mit Deckblättern besetzten Spindel aufsitzen, während sich keine Spur eines in dieser Weise gestalteten allgemeinen Receptaculums für die einzelnen Köpfchen bei den Helichryseen findet, deren Knäuele vielmehr möglichst zusammengezogene, vereinzelte oder gehäufte sitzende Büschel bilden, somit nie eine gemeinsame Anheftungsstelle an einer Axe besitzen können. Ein zweiter wesentlicher Charakter, durch welchen sich die Angiantheen außer dem eben Angeführten von den Seriphieen gleichzeitig unterscheiden, liegt in der Beschaffenheit der Blätter, die bei den ersteren immer krautartig, flach, nie wie bei den letzteren papier- oder lederartig, gedreht, oder mit den Rändern nach Einwärts gerollt getroffen werden.

Für die zweite Unterabtheilung der Gnaphalieen, für die Cassinieen nämlich, mußten nach De Candolle und Endlicher zwei Unterscheidungsmerkmale angegeben werden: die nicht in Knäueln stehenden Köpfchen und der ganz oder nur am Rande mit Spreublättern besetzte Blüthenboden. Diesen Charakteren vollkommen entsprechende Gattungen finden sich nach Fenzl nicht blos unter den Helichryseen, sondern auch unter den Antennarieen, Leysserieen und Relhanieen, als Podolepis, Filago, Lachnospermum und Disparago unter den ersteren, Trichogyne und Petalacte unter den zweiten, Rosenia unter den dritten, Oligodora, Relhania, Eclopes und Rhynchopsidium unter den vierten. Das Nichtausschließen anderer eben so wichtiger, ja selbst noch wichtigerer Charaktere, als die in Rede stehenden aus dem Charakter der Cassinieen läßt diese Unterabtheilung zu unbestimmt unter den übrigen stehen. Aber auch abgesehen von der zu großen Allgemeinheit des ersteren hält Fenzl diese Unterabtheilung ihrer gegenwärtigen Zusammensetzung nach für nicht stichhaltig. Man trifft nämlich außer Rhynea und Cassinia, welche mit den Helichryseen- und Antennarieen-Gattungen Filago, Lachnospermum, Trichogyne und Petalacte darin übereinstimmen, daß sie sämmtlich strahlenlose Köpfchen, mit Spreublättern besetzte Blüthenboden und borstenförmige Federkelche besitzen, noch die Gattungen Ammobium und Ixodia in dieser Abtheilung, die durch ihre pappuslosen oder mit einem bald kronen-, bald borstenartig gestalteten Pappus besetzten Achänien, sowie durch die Beschaffenheit der Spreublättchen des Blüthenbodens an die Gattung Oligodora unter den Relhanieen erinnern. Zieht man ferner in Betracht, daß dem Habitus nach Ixodia sich zu Cassinia ungefähr so verhält, wie Rhynea zu Ammobium, so muß man zugeben, daß in jeder Hinsicht diese Gruppe mehr künstlich als natürlich zusammengesetzt erscheint. Dagegen schlägt Fenzl vor, Ammobium und Ixodia (wie schon Lessing mit ersterer Gattung gethan) den wahren Relhanieen als eine zweite Unterabtheilung anzuweisen, Cassinia und Rhynea aber mit den oben genannten Helichryseen- und Antennarieen-Gattungen in eine Gruppe zu vereinigen, wodurch man nicht blos eine leicht und bestimmt abgrenzbare, wiewol etwas künstliche Gruppe mit vier kleinen, sehr natürlichen Unterabtheilungen erhalte, sondern auch durch die Ausscheidung besagter Mittelglieder aus den Helichryseen für diese Gruppe an zunehmender Schärfe ihres Charakters gewinne; nur müsse man die der Art zusammengesetzten Cassinieen dann unmittelbar auf die Seriphieen an die Stelle der ganz aufzulösenden Abtheilung der Antennarieen folgen lassen.

Von den nun folgenden Helichryseen sagt Fenzl, daß beinahe sämmtliche hieher gehörigen Gattungen so natürlich unter sich verwandt seien, daß es schwer halte, zu bestimmen, welchen Abtheilungen die wenigen von den übrigen durch einen oder den anderen fremdartigen

Charakter abweichenden zuzuweisen seien. Wollte man daher die ursprüngliche Zusammensetzung dieser Gruppe beibehalten, so müsse man auch zum Voraus auf jeden Charakter, der nicht nach allen Seiten hin in jenen der übrigen verfließen soll, für dieselbe verzichten. So meint Fenzl, daß die Gattung Podolepis grade im Widerspruche mit dem angegebenen Charakter der gesammten Abtheilung einen spreublätterigen Blüthenboden habe und wegen ihrer zungenförmigen oder unregelmäßig 3—5-theiligen Randblüthen und der borstenförmigen Beschaffenheit des Federkelchs ein Uebergangsglied zu den echten Leysserieen bilde, welchen sie auch schon früher Lessing zugesellte. Daß jedoch Podolepis in Wirklichkeit einen spreublattlosen Blüthenboden besitzt und die von Walpers aufgestellte Gattung Scaliopsis mit ihr identisch ist, haben wir schon oben bemerkt. Dagegen haben Filago und Lachnospermum mit Spreublättern besetzte Blüthenboden und müssen, wiewol die letztere Gattung sehr nahe mit Erythropogon verwandt bleibt, zu den Cassinieen wandern, da sie weder weibliche, noch geschlechtslose zungenförmige Randblüthen, noch durchgängig pappuslose oder mit einem spreublätterigen Federkelche versehene Achänien besitzen. Disparago und Amphiglossa, deren erste Section Aglossa ihrer gleichförmigen, scheibenförmigen Köpfchen wegen ausgeschieden und als Untergattung mit Elytropappus vereinigt werden muß, da sie sich nur durch die vom Grunde bis zur Spitze und nicht an letzterer blos allein federigen Borsten des Federkelchs unterscheiden läßt — besitzen zungenförmige Strahlenblüthen und einen federigen Federkelch, reihen sich daher an die Leysserieen an, während sie im Habitus den Metalasieen und noch mehr den Seriphieen nahe kommen. Die Abtheilung der Helichryseen würde somit durch die Ausscheidung genannter fünf Gattungen blos auf solche beschränkt sein, die weder nach Art der Angiantheen auf einem gemeinschaftlichen Blüthenboden gehäufte Köpfchen, noch einen mit Spreublättern besetzten Blüthenboden, noch weibliche oder geschlechtslose zungenförmige oder unregelmäßig getheilte Randblüthen, noch einen kronenförmigen, spreublätterigen oder unregelmäßigen Federkelch besitzen. Dagegen bringt Fenzl zu dieser Abtheilung die bei De Candolle unter den Leysserieen stehende Gattung Pterothrix (deren zweite Section mit Amphiglossa zu vereinigen ist und somit allein bei den Leysserieen verbleibt), die gegenwärtig zu den Relhanieen gezählte Gattung Syncephalum, sowie die Gattungen Phaenocoma, Anaxeton, Antennaria, Anaphalis und Leontopodium, die nebst den schon früher unter den Cassinieen aufgeführten Gattungen Trichogyne und Petalacte die Abtheilung der Antennarieen Lessing's und De Candolle's bilden sollten. Der wesentliche Charakter dieser Abtheilung kann daher nur in der eigenthümlichen Griffelbildung der männlichen oder vielmehr der typisch unfruchtbaren zweigeschlechtlichen Blüthen, keineswegs aber in der geschlechtlichen Verschiedenheit der Köpfchen gesucht werden, weil mit Ausnahme von Antennaria nicht eine von allen hierher gerechneten Gattungen geschlechtlich anders zusammengesetzte Köpfchen zeigt, als wie man sie bei so vielen Helichryseen und Cassinieen mit verschiedenen geschlechtlichen Köpfchen zur Genüge kennt. Da aber die Griffel der sogenannten männlichen Blüthen bei Petalacte und Antennaria beinahe constant an der Spitze etwas gespalten sind und auch bei Trichogyne, Anaxeton und Leontopodium unter der Mehrzahl mit ungetheilten Griffeln einige mit kurz zweispaltigen sich vorfinden, diese Bildung außerdem noch mehr als Deformität, geschweige als normale Gestaltung des Griffels anzusehen ist, da mit zunehmender Ausbildung des Fruchtknotens auch die Theilung des ersteren gleichzeitig auftritt und endlich sämmtliche Gattungen ihrem Habitus nach die entsprechendsten Repräsentanten unter den Helichryseen wie unter den Cassinieen finden, so steht Fenzl nicht an, diese Abtheilung als eine künstlich wie natürlich unhaltbare aufzulösen und die hierher gezogenen Gattungen gehörigen Orts unterzubringen.

Die Abtheilung der Seriphieen ist durch ihre constant einblüthigen Köpfchen, welche, obgleich oft sehr zusammengedrängt, doch nie nach Art der Angiantheen geknäuelt oder gar mit einer eigenen Hülle umschlossen, sehr ausgezeichnet.

Die Abtheilung der Leysserieen erhält einige Veränderungen und Zusätze durch die Einverleibung der Gattungen Disparago, Wigandia (welche nach Fenzl von Disparago generisch zu trennen ist), Amphiglossa (mit Ausschluß der ersten Section), Podolepis(?) und der zu den Relhanieen sich hinneigenden Rosenia. Diese bestehen in der genauen Angabe der Blüthenzahl in den Köpfchen, des Geschlechts und der Gestalt der Strahlblüthen und des bestimmten Auftretens von Spreublättern auf dem Blüthenboden. Von den Relhanieen bleiben die Leysserieen nur durch ihre Pappusbildung geschieden, die nie zur Zahn- oder Kronenform herabsinkt, sondern immer als aus lauter borstenförmigen oder mit Spreublättchen gemischten Haaren zusammengesetzte Federkrone erscheint, welche die Achänien an Länge bedeutend übertrifft. Theilweise auszuscheiden ist nur die Gattung Pterothrix, deren erste Section mit Beibehaltung des Gattungsnamens neben Erythropogon zu stehen kommt, während deren zweite Section mit Amphiglossa zu vereinigen ist. Der Charakter der Relhanieen erhält daher die nöthige Schärfe und wird dadurch möglichen Verwechselungen mit den Cassinieen und Leysserieen vorgebeugt, wenn der Gegensatz in der Bildung des Federkelchs sämmtlicher Gattungen mit gleichfarbigen strahlenlosen Köpfchen gegen erstere (Cassinieen) und jener mit verschiedenfarbigen strahlenförmigen Köpfchen gegen letztere (Leysserieen) hier hervorgehoben wird. Sämmtliche Cassinieen zeichnen sich nämlich durch einen borstenhaarigen glatten oder federigen Pappus aus, der, wenn er auch den weiblichen Randblüthen öfters fehlt, doch nie den zweigeschlechtlichen mangelt, sie mögen nun fruchtbar oder unfruchtbar sein, während derselbe sämmtlichen Blüthen der Relhanieen mit scheibenförmigen Köpfchen entweder fehlt, oder nur zahn-, kron- oder spreublattartig gestaltet erscheint. Dieselbe Beschaffenheit des Federkelchs und insbesondere dessen Kürze im Verhältnisse zur Länge der Achänien trennt die strahlenblüthigen Relhanieen von den Leysserieen. Auszuscheiden ist bloß die Gattung Syncephalum, welche, sofern sie wirklich zu den Gnaphalieen gehört, den Helichryseen beigesellt werden müßte. Daß dagegen Ammobium und Ixodia, sowie Oligodora zu den Relhanieen und nicht zu den Cassinieen gehören, ist bereits oben nachgewiesen.

Uebersicht der Gnaphalieen nach Fenzl.

Die Köpfchen sind gleich- oder verschiedenehig, selten verschiedenköpfig, sehr selten zweihäusig oder fast zweihäusig, viel- oder wenigblüthig, selten einblüthig. Die Blumenkronen sind röhrenförmig, fünfzähnig; die der weiblichen oder geschlechtslosen Blüthen sind fadenförmig, sehr selten zungenförmig oder röhrig-verschiedengestaltet, erweitert oder unregelmäßig 3—5spaltig. Die Staubbeutel sind geschwänzt. Der Griffel der zweigeschlechtlichen Blüthen hat anhängsellose Aeste, jener der männlichen Blüthen ist oft ungetheilt. Der Federkelch ist haarförmig, behaart oder borstenförmig, rauh oder federig, bisweilen fehlend, äußerst selten spreublätterig (aus freien oder am Grunde verwachsenen Spreublättchen bestehend) oder kronförmig.

Erste Abtheilung. Angiantheen De Candolle.

Die gleich-, äußerst selten verschiedenehigen, ein- oder wenigblüthigen Köpfchen stehen an einer fast kugeligen, kegelförmigen oder cylindrischen Spindel (dem allgemeinen Blüthenboden) in einem von einer gemeinschaftlichen Hülle umgebenen, sehr selten hüllenlosen Knäuelchen dicht gedrängt. — Die Knäuelchen sind entweder einzeln achsel- oder endständig oder mehrere in einer Aehre stehend. Die Blätter sind flach, meist stengelumfassend, krautig, aber weder papier-, noch lederartig, noch spiralig gewunden oder am Rande eingerollt.

Hierher gehören die Gattungen: Styloncerus *Labill.*, Hyalolepis *DC.*, Phyllocalymna *Benth.*, Angianthus *Wendl.*, Skirrhophorus *DC.*, Myriocephalus *Benth.*, Gnephosis *Cass.*, Calocephalus *R. Br.*, Cylindrosorus *Benth.*, Leucophyta *R. Br.*, Craspedia *Forst.*, Pycnosorus *Benth.*

Zweite Abtheilung. Helichryseen Lessing und Endlicher (mit Ausschluß der Gattungen mit zungenförmigen Strahlblüthen und mit Hinzufügung der meisten Antennarieen).

Die Köpfchen sind gleich- oder verschiedenehig, sehr selten zweihäusig oder fast zweihäusig, scheibenförmig, viel- oder wenigblüthig, äußerst selten das eine oder das andere oder alle einblüthig, einzeln oder verschiedenartig gehäuft, aber nicht zu deckblattlose, auf einem gemeinschaftlichen Blüthenboden aufsitzende Knäuelchen zusammengedrängt. Die Blüthen sind röhrig, regelmäßig, die Strahlblüthen niemals zungenförmig; die Griffel der männlichen Blüthen sind an der Spitze keulenförmig-abgestutzt oder undeutlich zweispaltig. Der Blüthenboden ist ganz spreublattlos, nackt oder mit Fasern besetzt.

Erste Unterabtheilung. Humeen Fenzl.

Die Köpfchen sind gleichehig. Der Blüthenboden ist sehr schmal. Der Federkelch fehlt.

Humea *Smith* und Syncephalum *DC.*

Zweite Unterabtheilung. Demidieen Fenzl.

Die Köpfchen sind verschiedenehig. Der Blüthenboden ist flach. Die Achänen sind sämmtlich oder wenigstens die der Strahlblüthen pappuslos.

Demidium *DC.* Amphidoxa *DC.*

Dritte Unterabtheilung. Eugnaphalieen Fenzl.

Die Achänen sind sämmtlich mit Federkelch versehen.

Hierher gehören: Rytidosis *DC.*, Quinetia *Cass.*, Podotheca *Less.*, Leptorrhynchus *Less.*, Rhodanthe *Lindl.*, Millotia *Cass.*, Ixiolaena *Benth.*, Panetia *Cass.*, Swammerdamia *DC.*, Ozothamnus *R. Br.*, Eriosphaera *Less.*, Leontonyx *Cass.*, Helichrysum *DC.*, Helipterum *DC.*, Phaenocoma *Don*, Aphelexis *Bojer*, Stenocline *DC.*, Achyrocline *DC.*, Anaxeton *Cass.*, Anaphalis *DC.*, Gnaphalium *Don*, Antennaria *R. Br.*, Leontopodium *R. Br.*, Cladochaeta *DC.*, Pteropogon *DC.*, Lasiopogon *Cass.* — Metalasia *R. Br.*, Erythropogon *DC.*, Pterothrix *DC.*, Pachyrhynchus *DC.* und Elytropappus *Cass.*

Dritte Abtheilung. Seriphieen De Candolle und Endlicher.

Die Köpfchen sind sämmtlich einblüthig, frei oder in ein kugeliges oder eiförmiges, aber von keiner gemeinschaftlichen Hülle umgebenes Knäuelchen gestellt oder stehen in einer sehr dichten Aehre. — Hierher gehören kleine Sträucher mit stielrunden, bis zur Spitze gleichmäßig dicht beblätterten Stengeln und Aesten und sitzenden, aber niemals stengelumfassenden, leder- oder papierartigen, concaven oder eingerollten, sehr häufig spiralig gedrehten, oberseits stärker filzigen, unterseits schwächer filzigen Blättern.

Stoebe *Less.*, Seriphium *Less.* und Perotriche *Cassini.*

Vierte Abtheilung. Cassinieen Lessing und De Candolle (zum Theil).

Die Köpfchen sind gleich- oder verschiedenehig, frei oder stehen in end- und achselständigen, knäuelförmigen, von keiner gemeinschaftlichen Hülle umgebenen Büscheln. Die Strahlblüthen sind niemals zungenförmig, die der zweigeschlechtlichen Blüthen röhrig, die weiblichen fadenförmig. Der Blüthenboden ist flach, meist nur am Rande spreublätterig oder sehr schmal, fast kugelig und ganz klein oder auch fadenförmig-verlängert, ganz mit Spreublättern besetzt oder nur an der Spitze nackt. Der Federkelch ist behaart, borstenförmig oder federig, an den weiblichen Blüthen fehlt er oft ganz.

Erste Unterabtheilung. Lachnospermeen Fenzl.

Die Köpfchen sind gleichehig. Der Blüthenboden ist nur am Rande mit Spreublättern besetzt. Die Achänen sind sämmtlich mit Federkelchen versehen. — Die Blätter sind fast spiralig gedreht.

Lachnospermum *Willd.*

Zweite Unterabtheilung. Petalacteen Fenzl.

Die Köpfchen sind verschiedenehig. Der Blüthenboden ist am Rande mit Spreublättern besetzt. Die Scheibenblüthen sind männlich; der Griffel ist keulenförmig. Die Achänen sind sämmtlich mit Federkelchen versehen.

Petalacte *Don.*

Dritte Unterabtheilung. Cassinieen Fenzl.

Die Köpfchen sind gleich- oder verschiedenehig. Der Blüthenboden ist ganz mit Spreublättern besetzt. Die Achänen haben sämmtlich Federkelche.

Cassinia *R. Br.* Rhynea *DC.*

Vierte Unterabtheilung. Filagineen Fenzl.

Die Köpfchen sind verschiedenehig. Die Blüthen sind von den Schuppen des Blüthenbodens verdeckt, weiblich, federkelchlos; die übrigen verschiedenen Geschlechts, spreublattlos, aber mit einem Federkelche versehen.

Filago *Tournef.*, Ifloga *Cass.* und Trichogyne *Lessing.*

Fünfte Abtheilung. Leysserieen Lessing.

Die Köpfchen sind verschiedenehig, zwei- bis vielblüthig, strahlend, einzeln oder büschelig-geknäuelt. Die Strahlblüthen sind weiblich oder geschlechtslos, einreihig, zungenförmig oder röhrig und verschiedengestaltet, schief abgestutzt oder 3—5spaltig. Der Blüthenboden ist spreublätterig oder spreublattlos. Der Federkelch der zweigeschlechtlichen Blüthen ist stets länger als die Achäne, borstenförmig oder spreublätterig oder beides zugleich.

Disparago *Gärtn.*, Wigandia *Less.*, Amphiglossa *DC.*, Athrixia *Ker*, Antithrixia *DC.*, Podolepis *Labill.* (?), Leysseera *Linné* und Roseenia *Thunb.*

Sechste Abtheilung. Relhanieen Lessing.

Die Köpfchen sind entweder gleichehig, vielblüthig, scheibenförmig und haben lauter Blüthen, welche von den etwas concaven oder zusammengefalteten Spreublättern des Blüthenbodens eingehüllt sind oder sie sind verschiedenehig, strahlend und haben weibliche oder geschlechtslose, auf einem nackten oder mit Fasern oder Spreublättchen besetzten Blüthenboden stehende Zungenblüthen. Die Achänen sind schnabellos oder geschnäbelt. Der Federkelch fehlt entweder an sämmtlichen Blüthen oder ist kronförmig, gleich oder ungleich zweizähnig oder zweiborstig, oder besteht aus gesonderten oder am Grunde mehr oder weniger verwachsenen, mit der Achäne gleichlangen oder kürzeren Spreublättchen.

Erste Unterabtheilung. Ammobieen Fenzl.

Die Köpfchen sind gleichehig, scheibenförmig. Der Blüthenboden ist mit Spreublättchen besetzt.

Ixodia *R. Br.*, Oligodora *DC.* und Ammobium *R. Br.*

Zweite Unterabtheilung. Osmiteen Fenzl.

Die Köpfchen sind verschiedenehig, strahlend und haben weibliche oder geschlechtslose Zungenblüthen. Der Blüthenboden ist mit Spreublättchen oder Fasern besetzt oder auch nackt.

Hierher gehören: Carpesium *L.*, Amblyocarpum *Fisch.* und *Mey.*, Nestlera *Spreng.*, Polychaetia *Less.*, Relhania *L'Hérit.*, Eclopes *Gärtn.*, Rhynchopsidium *DC.*, Osmites *Cass.* und Osmitopsis *Cass.* (*Garcke.*)

GNAPHALIUM, eine von Vaillant gegründete, von Linné angenommene Pflanzengattung aus der natürlichen Familie der Compositen und zwar aus der Abtheilung der Senecionideen. Linné kannte aus derselben 50 Arten, von denen er aber in späterer Zeit und zwar in der zweiten Auflage seiner Species plantarum und der zweiten Mantisse drei unter anderen Namen aufführt, nämlich Gnaphalium niveum als Stoebe gnaphaloides, Gn. sordidum und virgatum als Conyza sordida und virgata. Willdenow erwähnt im dritten Theile seiner Species plantarum 146 Arten aus dieser Gattung und Sprengel macht deren 192 namhaft. Von den Linné'schen Arten sind jedoch nur neun, nämlich die europäischen Gn. silvaticum, uliginosum und luteoalbum, die nordamerikanischen Gn. purpureum und obtusifolium, die afrikanischen Gn. repens, undulatum und indicum und die sehr zweifelhafte Art mit unbekanntem Vaterlande Gn. ignescens bei dieser Gattung geblieben, indem man außer den schon erwähnten drei noch 38 zu 10 verschiedenen Gattungen, namentlich zu Helichrysum gebracht hat. Andererseits wurden mehre Gattungen mit Gnaphalium vereinigt, welche zum Theil schon Vaillant und Linné davon geschieden hatten; so sind z. B. von Sprengel die zu Filago gehörigen Arten unter Gnaphalium untergebracht, weshalb auch diese Gattung wie einige andere hier nachgeholt werden müssen. Im Ganzen hat De Candolle nach genauer Revision die als Gnaphalium beschriebenen, aber nicht zu dieser Gattung gehörigen Arten 31 verschiedenen Gattungen zuertheilt.

Der Gattungscharakter ist folgender: Das Köpfchen ist vielblüthig, scheibenförmig, verschiedenehig, indem die sehr engen, ein- bis mehrreihigen Randblüthen weiblich, die mittelständigen zweigeschlechtlich sind. Die dachziegelig stehenden Schuppen des eiförmigen, mit den Scheibenblüthen gleich langen Hauptkelchs sind angedrückt und fast durchscheinend. Der Blüthenboden ist flach, nackt. Die Blumenkronen der weiblichen Blüthen sind sehr dünn, die der zweigeschlechtlichen röhrig, an der Spitze fünfzähnig. Die Staubbeutel sind am Grunde mit zwei Schwänzen versehen. Die Narben sind stumpf, die Früchtchen stielrund, selten zusammengedrückt und mit Wärzchen besetzt. Die Borsten des gleichförmigen, einreihigen Federkelchs sind fadenförmig, kaum rauh.

Die Arten dieser umfangreichen Gattung sind über die ganze Erde verbreitet, kommen aber besonders in Amerika und am Cap der guten Hoffnung häufig vor. Wir halten uns hier bei Aufzählung derselben an die von De Candolle gegebene Eintheilung und lassen die später bekannt gemachten Arten nachfolgen, da bei denselben nur selten die Verwandtschaft namhaft gemacht ist.

Erste Section. Eugnaphalium *De Candolle.*

Die Achänen sind stielrund.

§. 1. Xanthina *De Candolle.*

Die Schuppen des Hauptkelchs sind gelb.

* Die Blätter laufen nicht herab. Die hierher gehörigen Arten wachsen in Indien.

1) Gn. javanicum *De Candolle.* Die ganze Pflanze ist weißfilzig; der Stengel ist einfach, schlank; die Blätter sind sitzend, die untern linealisch-spatelig, einander genähert, die obern wechselständig, linealisch; der endständige Ebenstrauß ist wenigköpfig; die Schuppen des Hauptkelchs sind gelblich, trockenhäutig, länglich, etwas spitz. Zu ihr gehört Gn. gracile *Blume*, aber nicht *Kunth.*

Diese Art wächst auf Bergen im östlichen Java. Die Blätter sind drei Linien lang, ½ Linie breit. Der Ebenstrauß ist aus drei kurzen, an der Spitze 4—5 gehäufte, sitzende Köpfchen tragenden Aestchen gebildet. Der Blüthenboden ist nackt. Die weiblichen Blüthen stehen in mehren Reihen und sind fadenförmig, der zweigeschlechtlichen Blüthen sind nur sehr wenige. Der Federkelch ist haarförmig.

2) Gn. ramigerum *De Candolle.* Der Stengel ist am Grunde fast halbstrauchig, ästig, fast kahl, die Aeste sind weißfilzig; die Blätter sind linealisch, sitzend, ganzrandig, zu beiden Seiten weißfilzig; die 8—10 Köpfchen stehen in einem fast kugeligen Knäuelchen gedrängt; die Schuppen des Hauptkelchs sind gelb, trockenhäutig, länglich, spitzlich.

Royle sammelte diese Art in den nordwestlichen Provinzen Ostindiens. Der vorhergehenden sehr ähnlich unterscheidet sie sich durch den ästigen (nicht einfachen) Stengel, die gehäufteren Köpfchen und das Vaterland.

3) Gn. confusum *De Candolle.* Die Pflanze ist ganz weißfilzig; der Stengel ist krautartig, einzeln, aufrecht, einfach; die unteren Blätter sind elliptisch-verkehrteiförmig, am Grunde verschmälert, die obern länglich, die obersten linealisch, spitz, sitzend; der Ebenstrauß ist zusammengesetzt, endständig, ziemlich locker; die Schuppen des Hauptkelchs sind goldgelb, glänzend, fast trockenhäutig, ziemlich spitz und kaum länger als die Scheibenblüthen. Hierher gehört Gn. martabanicum *Wallich*, Gn. pallidum *Hamilton* und Gn. arenarium *Thunberg.*

Sie wächst an den Ufern der Flüsse Saluen, Attran und Irawaddy in Ostindien, und ebenso in Japan und stimmt in der Tracht mit Gn. arenarium überein. Die Wurzel ist schlank, einjährig. Die Köpfchen sind klein. Die weiblichen Blüthen stehen in mehren Reihen, der zweigeschlechtlichen sind nur wenige.

** Die Blätter laufen herab. Hierher gehören theils indische, theils amerikanische Arten.

4) Gn. multiceps *Wallich.* Diese Art ist wollig; die zahlreichen Stengel sind aufsteigend-aufrecht, einfach; die unteren Blätter sind lanzettlich, spitz, flach, die stengelständigen sitzend, nur wenig herablaufend, die obersten linealisch; die Köpfchen sind endständig, dicht geknäuelt; die Schuppen des Hauptkelchs sind länglich, elliptisch, stumpf. Hierher gehört vielleicht Gn. affine *Don.*

Sie wächst in Ostindien und zwar in den Provinzen Nepal und Silhet und ist zweijährig. Von dem verwandten Gn. luteo-album unterscheidet sie sich durch die stumpfen (nicht spitzen), dunkelgelben (nicht blaßgelben) Schuppen des Hauptkelchs.

5) Gn. hypoleucum *De Candolle.* Der Stengel ist aufrecht, stielrund, unterwärts rauh, oberwärts ästig und filzig; die Blätter sind linealisch, zugespitzt, am Rande ein wenig umgerollt, oberseits rauh, unterseits schneeweiß-filzig, am Mittelnerven rauh, halbstengelumfassend und ein wenig herablaufend; die Köpfchen sind an der Spitze der Aeste gehäuft, fast sitzend, die Knäuelchen ebensträußig-rispig; die Schuppen des Hauptkelchs sind gelb, trockenhäutig, eiförmig-länglich, stumpflich und ein wenig länger als die Scheibenblüthen.

Diese zierliche Art mit verschiedenfarbigen Blättern und gelben Hauptkelchen sammelte zuerst Wight auf dem Neilgherry-Gebirge in Ostindien. Die weiblichen Blüthen stehen in wenigen Reihen, der zweigeschlechtlichen Blüthen sind nur wenige. Die Blätter sind an der Spitze wellenförmig-ausgerandet.

6) Gn. cheiranthifolium *Lamarck.* Der Stengel ist krautig, aufrecht, einfach und nebst den Blättern grauwollig; letztere laufen herab und sind linealisch-lanzettlich, spitz, wellenförmig-kraus; die blüthentragenden Aeste stehen in einer Rispe; die halbkugelig-glockigen Köpfchen stehen an der Spitze der Aeste gehäuft; die Schuppen des Hauptkelchs sind trockenhäutig, glänzend, citronengelb, länglich-linealisch, kaum spitz. Als Synonym gehört hierher Gn. cheiranthemifolium *Persoon.*

Diese vielleicht einjährige Art wächst in Monte Video und ist etwa einen Fuß hoch und ganz wollig. Die senkrechte Wurzel hat die Stärke einer Rabenfeder. Die Blätter sind 1½ Zoll lang, 2—3 Linien breit. Von den zahlreichen Blüthen sind die 10—12 mittelständigen zweigeschlechtlich.

7) Gn. Berlandieri *De Candolle.* Der Stengel ist krautartig, aufrecht oder fast aufsteigend, seidenhaarig-filzig; die Blätter sind lang-lanzettlich, kurz herablaufend, zugespitzt, oberseits spinnwebig, unterseits grau-filzig, einnervig, die untern in den Blattstiel ein wenig verschmälert; die aufrechten, rispig-gabelspaltigen Blüthenäste tragen an der Spitze 8—10 büschelige, fast sitzende Köpfchen, die Schuppen des halbkreisförmigen Hauptkelchs sind länglich, stumpf, kahl, gelblich, trockenhäutig.

Sie ist ausdauernd und wächst um die Stadt Mexico. An zweigeschlechtlichen Blüthen sind ungefähr 10, an weiblichen etwa 25 vorhanden. Die Achänen sind kahl, braun, sehr klein. Die Blätter sind 2—2½ Zoll lang, 2—3 Linien breit.

8) Gn. paniculatum *Colla*. Der Stengel ist krautig, aufrecht, weich filzig; die Blätter laufen ein wenig herab und sind länglich-lanzettlich, stachelspitzig, unterseits sammethaarig-filzig, oberseits Anfangs mit einer spinnwebigen abfallenden Behaarung bekleidet, späterhin drüsig- und dicht weichhaarig-rauh; die Blüthenäste stehen in einer fast ebensträußigen Rispe, die eiförmig-glockigen Köpfchen sind an der Spitze der dicht wolligen Aeste und Aestchen gehäuft; die Schuppen des Hauptkelchs sind eiförmig-lanzettlich, etwas spitz, citronengelb, glänzend.

Diese Art wächst an sonnigen abschüssigen mit Sträuchern bewachsenen Hügeln bei Valparaiso in Chili und ist ausdauernd.

9) Gn. citrinum *Hooker* und *Arnott*. Der Stengel ist krautig, aufrecht, filzig; die Blätter laufen am Stengel weit herab und sind linealisch-lanzettlich, spitz, oberseits sammethaarig, unterseits weißfilzig; die Ebensträuße stehen an der Spitze des Stengels; die eiförmig-glockigen Blüthenköpfchen sind gedrängt; die Schuppen des Hauptkelchs sind länglich, stumpf, citronengelb, glänzend. Hierher gehört Gn. viscosum *Poeppig*.

Diese ausdauernde Art fand Poeppig bei Concepcion in Chili. Mit Gn. paberulum wegen der weit herablaufenden Blätter und der an der Spitze des Stengels gehäuften Köpfchen verwandt, unterscheidet sie sich von diesem durch die weich sammethaarig-filzigen Stengel und Blätter.

10) Gn. gracile *Humboldt*, *Bonpland* und *Kunth*. Der Stengel ist krautartig, aufrecht, einfach, oberwärts weißwollig; die Blätter sind linealisch, herablaufend, spitz, einnervig, oberseits etwas behaart, unterseits weißfilzig, die jüngeren am Rande umgerollt; die fast kugeligen, vielblüthigen, gehäuften Köpfchen stehen an der Spitze der Aeste und Aestchen; die Schuppen des Hauptkelchs sind stumpf, gelblich.

Sie kommt auf Bergen bei Guanaxuato in Mexico vor und ist ausdauernd. Ihre grundständigen Blätter sind linealisch-spatelig, an zweigeschlechtlichen Blüthen sind 16—20 vorhanden. Der Blüthenboden ist ein wenig gewölbt. Der Hauptkelch besteht aus 60—70 Schuppen.

11) Gn. tenue *Humboldt*, *Bonpland* und *Kunth*. Der Stengel ist krautig, aufrecht, einfach, oberwärts behaart; die grundständigen Blätter sind linealisch-spatelig, die stengelständigen schmal linealisch, spitz, ein wenig stengelumfassend, am Rande umgerollt, oberseits schwach behaart, unterseits weißwollig und ein wenig umgerollt; der Ebenstrauß ist endständig, die Köpfchen sitzen; die Schuppen des Hauptkelchs sind stumpf, gelblich.

Diese ausdauernde Art wächst wahrscheinlich in Mexico; ihre Blätter sind zollang, ihr Stengel ist fußhoch.

12) Gn. hirtum *Humboldt*, *Bonpland* und *Kunth*. Der Stengel ist krautartig, aufrecht, einfach und nebst den Blättern klebrig-rauhhaarig, letztere sind sitzend, linealisch, schmal-spitzig, einnervig, am Rande umgerollt, unterseits meergrün; die halbkugelig-glockigen Köpfchen stehen an der Spitze der Stengel gehäuft; die Schuppen des Hauptkelchs sind spitz, gelblich.

Sie wächst in Mexico und ist ausdauernd. Mit der folgenden Art verwandt, unterscheidet sie sich von ihr durch den weniger beblätterten Stengel, die unterseits nicht wolligen Blätter, die etwas größeren Köpfchen und durch die schmalen zugespitzten Schuppen des Hauptkelchs.

13) Gn. viscosum *Humboldt*, *Bonpland* und *Kunth*. Der Stengel ist krautartig, aufrecht, fast einfach, dicht beblättert; die Blätter sind sitzend, linealisch, am Rande umgerollt, oberseits klebrig-kurzhaarig, unterseits weißwollig; die halbkugelig-glockigen Köpfchen stehen in ebensträußigen Knäulchen; die Schuppen des Hauptkelchs sind spitz, blaßgelb. Hierher gehört Gn. splendens *Willdenow* herb.

Sie ist ausdauernd und wächst in der Nähe der Stadt Mexico. Die Blätter sind zwei Zoll lang und eine Linie breit. Der Hauptkelch besteht aus ungefähr 50 Schuppen. An zweigeschlechtlichen Blüthen sind 16—20 vorhanden, die übrigen sind weiblich.

14) Gn. antennarioides *De Candolle*. Diese Art treibt Ausläufer; der Stengel ist krautartig, aufrecht, einfach und nebst den Blättern seidig-wollig und silberweiß; die grundständigen Blätter sind linealisch-spatelig, die stengelständigen sitzend, lanzettlich-linealisch, spitz; die Köpfchen stehen in fast kugeligen einzelnen Knäulchen; die Schuppen des halbkugeligen Hauptkelchs sind trockenhäutig, stumpflich, gelblich-grün, die innersten an der Spitze strahlend. Hierher gehört Gn. elichrysoides *Willdenow* herb. und Helichrysum gnaphalioides *Humboldt*, *Bonpland* und *Kunth*.

Diese ausdauernde Art wächst in den Anden von Peru bei Avavaca und stimmt in der Tracht mit Antennaria dioica überein. Von den zahlreichen Blüthen sind ungefähr 15 mittelständige zweigeschlechtlich.

§. 2. Anaxithina *De Candolle*.

Die Schuppen des Hauptkelchs sind weißlich, fuchsroth, braun oder purpurroth.

* Die Blätter laufen am Stengel herab. — Hierher gehören amerikanische, capische und indische Arten.

15) Gn. californicum *De Candolle*. Der Stengel ist krautartig, aufrecht, etwas spinnwebig, drüsig-weichhaarig; die Blätter laufen nur ein wenig herab und sind lanzettlich-linealisch, zugespitzt, am Grunde breiter und mit einer kurzen, fast drüsigen, dichten Behaarung bekleidet; die fast rispigen Blüthenäste tragen an ihrer Spitze die fast sitzenden, beinahe kugeligen Köpfchen; die Schuppen des Hauptkelchs sind kahl, silberweiß, eiförmig, länglich, stumpflich.

Diese Art sammelte Douglas in Neu-Californien; sie ist ausdauernd und stimmt in der Tracht mit den capischen Helichrysum-Arten überein. Die weiblichen Blüthen stehen in mehrern Reihen und sind ein wenig kürzer als der Hauptkelch. Der Blüthenboden ist nackt.

16) Gn. puberulum *De Candolle*. Der Stengel ist krautig, am Grunde fast halbstrauchig, aufsteigend-aufrecht und nebst den nicht filzigen Blättern von einer kurzen, fast drüsigen Behaarung weich-kurzhaarig; die Blätter laufen am Stengel weit herab und sind länglich-lanzettlich, stachelspitzig, sehr dünn fiedernervig; die sehr kurz gestielten Köpfchen stehen an der Spitze des Stengels gehäuft; die Schuppen des Hauptkelchs sind länglich-lanzettlich, kaum spitz, strohgelb, kahl.

Sie wächst in Chili und vielleicht auch in Brasilien (wenn nämlich Gn. decurrens *Schrank* hierher gehört) und steht in der Mitte von Gn. decurrens und citrinum, unterscheidet sich aber von beiden durch die beiderseits gleichfarbigen breiteren, nebst dem Stengel nicht filzigen Blätter und die gehäufteren Blüthenköpfchen; von Gn. viscosum ist sie durch die am Rande nicht umgerollten Blätter verschieden.

17) Gn. Vira-Vira *Molina*. Die ganze Pflanze ist locker-weißwollig; aus dem Wurzelhalse entspringen mehre aufrechte oder aufsteigende, einfache Stengel; die Blätter sind länglich-lanzettlich, die unteren am Grunde verschmälert, die stengelständigen schmal- und kurz-herablaufend, die oberen durch eine schwärzliche Stachelspitze bespitzt; die Köpfchen stehen an der Spitze der Aeste gehäuft; die Schuppen des fast trockenhäutigen Hauptkelchs sind weißlich, trockenhäutig, kahl, zugespitzt.

Diese Art ist einjährig und wächst auf sonnigen steinigen Weideplätzen in Chili bei Quillota Rancagua und bei Valparaiso. An zweigeschlechtlichen Blüthen sind 4—5, an weiblichen 30—35 vorhanden.

18) Gn. dysodes *Sprengel*. Der Stengel ist krautartig, aufrecht, einfach, dicht beblättert; die Blätter laufen herab und sind eiförmig-lanzettlich, schmal-zugespitzt, am Rande wellenförmig, oberseits ziemlich kahl, unterseits weißwollig; der Ebenstrauß ist endständig, sehr ästig, gegipfelt; die glockenförmigen Köpfchen stehen geknäuelt; die Schuppen des Hauptkelchs sind stumpflich, gelblich. Hierher gehört Gn. graveolens *Humboldt, Bonpland* und *Kunth*, aber nicht Bieberstein's gleichnamige Pflanze.

Die Heimath dieser Art ist Quito. Sie ist ausdauernd und hat einen Fuß hohen Stengel und zwei Zoll lange und ½ Zoll breite untere Blätter und sehr zahlreiche Blüthen, von denen die 15—20 mittelständigen zweigeschlechtlich sind.

19) Gn. cymatoides *Kunze* und *Poeppig*. Die Pflanze ist spinnwebig-wollig; der Stengel ist aufsteigend-aufrecht, ästig; die Blätter sind linealisch, spitz, herablaufend, wellenförmig-kraus, die Aeste rispig-ebensträußig; die kleinen, kurzgestielten Köpfchen stehen an der Spitze der Aestchen dicht gedrängt; die Schuppen des Hauptkelchs sind länglich-linealisch, am Grunde grünlich, an der Spitze röthlich, stumpf. Hierher gehören als Synonyme Gn. alophyllum *Hooker* und *Arnott* und Gn. cheiranthifolium *Bertero*.

Diese Art ist einjährig und wächst in Chili am Concon und an steinigen, am Meere gelegenen Orten bei Valparaiso und S. Jago. Der Hauptkelch besteht aus 15—20 Schuppen. Die Zahl der zweigeschlechtlichen Blüthen beträgt 4—6, jene der weiblichen ungefähr 20.

20) Gn. inornatum *De Candolle*. Der Stengel ist krautartig, aufrecht, fast einfach, spinnwebig-rauhhaarig; die Blätter laufen nur wenig am Stengel herab und sind aufrecht, lanzettlich-linealisch, zugespitzt, zu beiden Seiten spinnwebig-rauhhaarig; die Aeste des Ebenstraußes sind kurz, dicht rauhhaarig; die vielblüthigen Köpfchen stehen in büschelförmigen Knäuelchen; die Schuppen des fast glockenförmigen Hauptkelchs sind kahl, blaß braun, die äußeren breit eiförmig, die inneren eiförmig-lanzettlich, ein wenig spitz.

Diese Art wurde in Mexico an verschiedenen Orten aufgefunden; sie ist einjährig und hat zolllange und 1½—2 Linien breite Blätter. Die Anzahl der zweigeschlechtlichen Blüthen beträgt ungefähr 10, die der weiblichen 30—40.

21) Gn. oxyphyllum *De Candolle*. Der Stengel ist krautartig, aufrecht, rauhhaarig, an der Spitze ebensträußig-ästig; die Blätter laufen nur wenig am Stengel herab, sind halbstengelumfassend, lanzettlich, zugespitzt, oberseits mit kurzen, dicken Haaren besetzt, unterseits weniger behaart; die Aeste des Ebenstraußes sind spinnwebig-wollig; die büschelig-gehäuften Köpfchen stehen in einem zusammengesetzten Ebenstrauße; die Schuppen des eiförmigen Hauptkelchs sind lanzettlich, spitz, blaß gelblich-braun.

Diese Art ist in Mexico einheimisch, wo sie zuerst in der Nähe von Villalpando beobachtet wurde. Ihre Blätter sind 1½ Zoll lang und 4—5 Linien breit; an zweigeschlechtlichen Blüthen sind fünf, an weiblichen ungefähr 20—25 vorhanden. Die Zahl der Schuppen des Hauptkelchs beträgt 15—20. Sie ändert übrigens auch mit unterseits weißwolligen Blättern ab.

22) Gn. Dombeyanum *De Candolle*. Der Stengel ist krautartig, aufrecht und weich-spinnwebig-kurzhaarig; die Blätter laufen herab und sind linealisch-lanzettlich, bespitzt, einnervig, oberseits in der Jugend fast spinnwebig, unterseits wollig-rauhhaarig, die obersten sind schmäler, am Rande ein wenig zurückgerollt; der Ebenstrauß ist zusammengesetzt; die glockenförmigen Köpfchen stehen an der Spitze der Aeste gehäuft; die Schuppen des Hauptkelchs sind weiß-röthlich, durchscheinend, lanzettlich, etwas spitz.

Sie ist ausdauernd und wächst in Südamerika, wahrscheinlich in Peru. Von den zahlreichen Blüthen sind etwa 12 mittelständige zweigeschlechtlich. Die Blätter sind 3 Zoll lang, 3—4 Linien breit.

23) Gn. purpurascens *De Candolle*. Der Stengel ist krautartig, aufrecht, einfach, spinnwebig-rauhhaarig; die Aeste sind an der Spitze dichter wollig und fast ebensträußig; die Blätter sind kurz und schmal herablaufend, linealisch, spitz, aufrecht, einnervig, am Rande umgerollt, oberseits spinnwebig, unterseits filzig; die Köpfchen stehen an der Spitze der Ebenstraußäste gehäuft; die Schuppen des Hauptkelchs (meist fünf) sind lanzettlich, spitz, rosen-purpurroth.

Diese Art wächst in Mexico und ist wahrscheinlich ausdauernd. Von dem verwandten Gn. roseum unterscheidet sie sich durch die herablaufenden (nicht sitzenden), linealischen (nicht lanzettlichen), kaum einen Zoll langen Blätter und durch die spitzen (nicht stumpfen), meist zu 20 (nicht zu 30) vorhandenen Schuppen des Hauptkelchs. An zweigeschlechtlichen Blüthen sind ungefähr 15, an weiblichen 15—20 vorhanden.

24) Gn. Schraderi *De Candolle.* Der Stengel ist krautartig, aufrecht, oberwärts rispig-ästig, wollig; die Blätter laufen am Stengel nur wenig herab und sind linealisch-lanzettlich, zugespitzt, einnervig, oberseits spinnwebig, unterseits grauwollig; die fast ungestielten, eiförmig-glockigen Köpfchen stehen an der Spitze der Aeste gehäuft; die Schuppen des Hauptkelchs sind lanzettlich zugespitzt, kahl, purpurroth. Hierher gehört Gn. pellitum des göttinger Gartens nach Schrader.

Das Vaterland dieser Art ist unbekannt, aber wahrscheinlich Amerika. Sie ist ausdauernd und hat vier Zoll lange und fünf Linien breite Blätter und unterscheidet sich von dem echten Gn. pellitum durch einen sehr ästigen (nicht einfachen) Stengel, durch herablaufende (nicht sitzende) Blätter, durch purpurrothe (nicht gelbliche) Hauptkelche, durch die geringere Anzahl der Schuppen (20—25, nicht 30—35) und die verschiedene Zahl der weiblichen (30, nicht 30—40) und zweigeschlechtlichen (10, nicht 5) Blüthen.

25) Gn. leptophyllum *De Candolle.* Der Stengel ist krautartig, aufrecht, einfach, oberwärts weißwollig; die Blätter laufen am Stengel schmal herab und sind linealisch, aufrecht, spitz, einnervig, oberseits ein wenig behaart, unterseits weiß-filzig, im jungen Zustande am Rande umgerollt; die fast kugeligen, vielblüthigen Köpfchen stehen an der Spitze der Aeste und Aestchen des Ebenstraußes gehäuft; die Schuppen des Hauptkelchs sind lanzettlich, ein wenig spitz, strohgelb.

Diese in Mexico einheimische Art ist ausdauernd; ihre grundständigen Blätter sind unbekannt, ihre stengelständigen 1½ Zoll lang, eine Linie breit. Während nur 8—10 zweigeschlechtliche Blüthen vorhanden sind, finden sich die weiblichen in großer Anzahl vor, der Blüthenboden ist ziemlich gewölbt. Der Hauptkelch besteht aus etwa 40 Schuppen. Mit Gnaph. gracile scheint sie nahe verwandt zu sein.

26) Gn. brachypterum *De Candolle.* Der Stengel ist krautartig, aufrecht, spinnwebig, an der Spitze kurz ästig-ebensträußig; die unteren Blätter sitzen, die oberen laufen nur ein wenig und stumpf herab und sind linealisch-lanzettlich, spitz, wellenförmig, oberseits grün, im jungen Zustande ein wenig spinnwebig, später fast rauh und unterseits weißfilzig; die Köpfchen sind geknäuelt; die Schuppen des verkehrt-kegelig-glockenförmigen Hauptkelchs sind trockenhäutig, weißlich, kahl, eiförmig-lanzettlich, zugespitzt. Hierher gehört Gn. undulatum *Persoon.*

Diese Art wächst in Mexico, wurde daselbst von Berlandier gesammelt und ist wahrscheinlich ausdauernd. Von dem hiermit oft verwechselten Gn. undulatum unterscheidet sie sich durch die kürzer- und stumpfer-herablaufenden Blätter, durch die doppelt größeren Köpfchen und durch die zugespitzten Schuppen. Von den 50 Blüthen sind 10 zweigeschlechtlich.

27) Gn. Gaudichaudianum *De Candolle.* Der Stengel ist krautartig, aufrecht, einfach, besonders an der Spitze wollig; die grundständigen Blätter sind breitlänglich, die stengelständigen laufen herab und sind linealisch-lanzettlich, zugespitzt, einnervig, oberseits im jungen Zustande spinnwebig, aber bald von einer kurzen, fast drüsigen, dichten Behaarung rauh, unterseits grau-wollig; der Ebenstrauß ist endständig, fast kugelig; die halbkugelig-glockigen Köpfchen stehen an der Spitze der Aestchen gehäuft; die Schuppen des Hauptkelchs sind glänzend, trockenhäutig, weißlich strohgelb, länglich, stumpf.

Gaudichaud sammelte diese einjährige Art bei Rio Janeiro. Von den zahlreichen Blüthen sind die fünf mittelständigen zweigeschlechtlich. Die Stengelblätter sind 1½ Zoll lang, 2—3 Linien breit, die grundständigen fast sitzend, länglich, am Grunde verschmälert, 4—5 Linien breit. In der brasilianischen Provinz Rio Grande kommt eine Abart mit blaßrothen Hauptkelchen und fast holzigem Wurzelstocke vor.

28) Gn. decurrens *Ives.* Der Stengel ist aufrecht, einfach, dicht-behaart-rauh, an der äußersten Spitze ästig, die Aeste sind wollig; die Blätter sind linealisch-lanzettlich, am Grunde breiter, halbstengelumfassend, stachelspitzig, ganzrandig, oberseits rauh, unterseits wollig; die fast stiellosen Köpfchen stehen an der Spitze der Aeste gehäuft; die Schuppen des Hauptkelchs sind trockenhäutig, zugespitzt, so lang als die Scheibenblüthen.

Diese ausdauernde Art ist in Nordamerika an verschiedenen Orten aufgefunden.

29) Gn. undulatum *Linné.* Der Stengel ist krautartig, an der Spitze ästig, spinnwebig; die Blätter laufen am Stengel weit herab und sind lanzettlich-linealisch, verschiedenfarbig, oberseits grün, etwas rauh, unterseits weißfilzig; die Köpfchen sind geknäuelt, die Knäuelchen stehen in einem rispigen Ebensträuße; die Schuppen des kahlen, glockenförmigen, gelblichen Hauptkelchs sind trockenhäutig, kaum spitz. Hierher gehört Helichrysum decurrens *Mönch*, keineswegs aber Gnaphalium decurrens von *Ives*, *Wallich* oder *Schrank.*

Das Vaterland dieser Art ist das Cap der guten Hoffnung. Sie ist einjährig und hat kaum 2 Linien lange Köpfchen und ungefähr 40 Blüthen, von denen 8—10 zweigeschlechtlich sind.

** Die Blätter laufen am Stengel nicht herab.

† Die Köpfchen stehen in gedrängten Ebensträußen.

30) Gn. proteiforme *Lamarck.* Diese Art ist strauchig, aufrecht, ästig, von einer seidenhaarigen, bräunlichen Wolle ganz filzig; die Aeste sind mit ringförmigen Narben versehen; die stiellosen Köpfchen stehen an der Spitze der beblätterten Aeste in einem runden Knäuelchen dicht gedrängt; die Schuppen der Hülle sind länglich, röthlich-trockenhäutig, an der Spitze umgebogen, stumpf.

Diese Art kommt auf den Inseln Mauritius und Bourbon vor. Von den 14—16 Blüthen sind 11—12 weiblich und 3—4 zweigeschlechtlich.

31) Gn. Leontopodioides *Lamarck*. Der Wurzelstock ist holzig; die zahlreichen grundständigen Blätter sind länglich-lanzettlich, an beiden Enden verschmälert, ganzrandig, am Grunde dreinervig, beiderseits dicht seidig-filzig; die Stengel sind einfach, filzig, sparsam beblättert; die sitzenden gehäuften Köpfchen sind von großen Deckblättern umhüllt; die äußeren Schuppen des Hauptkelchs sind kürzer, wollig, die mittleren länglich, trockenhäutig, glänzend, die inneren linealisch. Hierher gehört Gn. leontopodinum *Bory*.

Das Vaterland dieser Art ist die Insel Bourbon. Sie ist ausdauernd und wahrscheinlich staudenartig und 6—10 Zoll hoch. Das Köpfchen ist röthlich. Der Blüthenboden ist flach. Der Federkelch besteht aus 10—12 rothen Borsten.

32) Gn. nanum *Humboldt, Bonpland* und *Kunth*. Der Stengel ist krautartig, aufrecht, aber niedrig, einfach, wollig; die sitzenden, angedrückten Blätter sind lanzettlich, verschmälert-spitz, einnervig, dünn-rauhhaarig-wollig; die Köpfchen sind geknäuelt, die endständigen Knäuelchen stehen zu drei beisammen; die Schuppen des halbkugelig-glockigen Hauptkelchs sind stumpf, gelblich-ocherfarbig. Hierher gehört Gn. humillimum *Sprengel*.

Diese Art ist ausdauernd und wächst auf den Anden in Peru. Ihr Hauptkelch besteht aus ungefähr 40 Schuppen. Von den zahlreichen Blüthen sind die zehn mittelständigen zweigeschlechtlich. Die Blätter sind 7—8 Linien lang, am Grunde eine Linie breit. Die Höhe der ganzen Pflanze beträgt nur 3 Zoll.

33) Gn. lavandulaceum *De Candolle*. Diese Art ist strauchig, ästig, niederliegend, die Aeste sind graufilzig; die sitzenden Blätter sind lanzettlich-linealisch, am Rande umgerollt, zu beiden Seiten graufilzig; die gestielten, glockenförmigen Köpfchen stehen an der Spitze meist zu zwei; die Schuppen des Hauptkelchs sind trockenhäutig, spitz, bräunlich, die inneren an der Spitze strahlend. Hierher gehört Helichrysum lavandulaefolium *Humboldt, Bonpland* und *Kunth*, aber nicht De Candolle's gleichnamige Art.

Sie wächst an kalten Orten in den Anden von Mexico in der Nähe von Perote und hat 4—5 Linien lange, aber kaum eine Linie breite Blätter. Der Hauptkelch besteht aus 40—50 Schuppen. Von den 30 Blüthen sind die 9—10 mittelständigen zweigeschlechtlich.

34) Gn. Poeppigianum *De Candolle*. Der Stengel ist krautartig, aufrecht, weich wollig, einfach, an der Spitze ebensträußig-ästig; die sitzenden Blätter sind lanzettlich, zugespitzt, schwach wellenförmig, am Grunde stumpf, oberseits kurz weichhaarig, ein wenig rauh, unterseits dicht weißwollig; die halbkugelig-glockigen Kelche stehen an der Spitze der Aestchen fast gehäuft; die Schuppen des Hauptkelchs sind lanzettlich, spitz, blaßröthlich, trockenhäutig, kahl.

Von Poeppig wurde diese Art in Peru aufgefunden; sie ist wahrscheinlich ausdauernd. Der Hauptkelch besteht aus 30—35 Schuppen; an weiblichen Blüthen sind ungefähr 40, an zweigeschlechtlichen 12—13 vorhanden. Von dem verwandten Gn. brachypterum unterscheidet sie sich durch die nicht herablaufenden, am Grunde breiteren, oberseits weichhaarigen Blätter, durch die etwas größeren Köpfchen und die röthlichen Hauptkelche.

35) Gn. obtusifolium *Linné*. Der Stengel ist krautartig, aufrecht, filzig, rispig, an der Spitze ebensträußig-ästig; die sitzenden Blätter sind am Grunde verschmälert, linealisch-lanzettlich, spitz, oberseits kahl, unterseits weichhaarig-filzig; die vor der Blüthe kegelförmigen, später verkehrt-eiförmigen Köpfchen stehen an der Spitze der Aeste gehäuft-ebensträußig; die Schuppen des Hauptkelchs sind länglich-lanzettlich, spitzlich, trockenhäutig-weiß. Hierher gehört: Gn. conoideum *Lamarck* und Gn. polycephalum *Michaux*.

Sie wächst auf Aeckern und in Wäldern in Nordamerika und ist ausdauernd. Wegen der wenigen zweigeschlechtlichen Blüthen zog Rafinesque diese Art zur Gattung Antennaria.

36) Gn. domingense *Lamarck*. Der Stengel ist am Grunde halbstrauchig, die Aeste sind spinnwebig-weichhaarig; die Blätter sind linealisch-lanzettlich, am Grunde halbstengelumfassend, ein wenig geöhrt, zugespitzt, am Rande sehr fein ausgefressen, oberseits spinnwebig, unterseits graufilzig; der Ebenstrauß ist ästig, gegipfelt, die Köpfchen stehen an der Spitze der Aeste gehäuft; die Schuppen des Hauptkelchs sind länglich, kaum spitz, trockenhäutig, weiß.

Sie wächst auf St. Domingo und unterscheidet sich von Gn. polycephalum, wofür Sprengel diese Art deutete, sogleich durch die am Grunde breiten, halbstengelumfassenden Blätter.

37) Gn. pellitum *Humboldt, Bonpland* und *Kunth*. Der Stengel ist krautartig, aufrecht, einfach und nebst den sitzenden, linealisch-lanzettlichen, spitzen Blättern sehr dicht weißwollig; der Ebenstrauß ist endständig, fast gegipfelt; die Köpfchen stehen gehäuft; die Schuppen des Hauptkelchs sind trockenhäutig-durchscheinend, lanzettlich, spitz, gelblich.

Diese Art ist ausdauernd und wächst an kalten Orten in Peru in Gemeinschaft von Gn. incanum, von dem sie sich nur wenig unterscheidet. Von den 40—50 Blüthen sind nur die 4—5 mittelständigen zweigeschlechtlich. Sprengel vereinigt diese Art, nach De Candolle jedoch mit Unrecht, mit Gn. lanatum *Forster*.

38) Gn. albescens *Swartz*. Der Stengel ist krautartig, aufrecht, am Grunde halbstrauchig, einfach, schneeweiß-filzig; die Blätter sind linealisch-lanzettlich, an beiden Enden verschmälert, fast halbstengelumfassend, auf beiden Seiten schneeweiß-filzig; die kegelförmigen Köpfchen stehen fast ebensträußig-gehäuft; die Schuppen des Hauptkelchs sind trockenhäutig, weißlich, glänzend, länglich, etwas spitz.

Sie findet sich auf den höchsten Bergen von Jamaica und auf St. Domingo am Flusse Yaque. Von dem ähnlichen Gn. polycephalum unterscheidet sie sich durch die gedrängteren und wenigköpfigen Ebensträuße, auch sind die weiblichen Blüthen nicht in so großer Anzahl vorhanden als bei jenem.

39) Gn. incanum *Humboldt, Bonpland* und *Kunth*. Der Stengel ist krautartig, aufrecht, einfach

und nebst den sitzenden, linealisch-lanzettlichen, spitzen, am Grunde verschmälerten Blättern dünn-grauwollig; der Ebenstrauß ist endständig, fast gegipfelt; die halbkugelig-glockigen Köpfchen stehen geknäuelt; die Schuppen des Hauptkelchs sind lanzettlich-länglich, spitz, gelblich.

Diese Art kommt in Peru in der Nähe von Micuipampa am Fuße des Berges Gualgayoc vor und ist ausdauernd. Ihre Blätter sind 2⅓ Zoll lang und 4—4½ Linien breit. Von den 15 Blüthen sind nur die 2—3 mittelständigen zweigeschlechtlich.

40) Gn. canescens *De Candolle*. Die ganze Pflanze ist von seidig-wolligen Zottenhaaren grau; der Stengel ist krautartig, aufrecht, ästig; die Blätter sind linealisch-lanzettlich, zugespitzt, die unteren am Grunde verschmälert, die oberen mit breitem Grunde angewachsen; die ungestielten Köpfchen stehen an der Spitze der Ästchen gehäuft; die Schuppen des eiförmig-glockigen Hauptkelchs sind trockenhäutig, weiß, lanzettlich zugespitzt und so lang als die Scheibenblüthen.

Mendez sammelte diese ausdauernde Art in Mexico. Ihre Blätter sind 1½ Zoll lang und 2—3 Linien breit, abstehend. Der Hauptkelch besteht ungefähr aus 30 Schuppen. An zweigeschlechtlichen Blüthen sind 6—7, an weiblichen etwa 25 vorhanden.

41) Gn. semiamplexicaule *De Candolle*. Der Stengel ist krautartig, aufsteigend-aufrecht, vom Grunde an ästig, filzig-wollig; die Blätter sind lanzettlich, zugespitzt, am Grunde verbreitert-ohrförmig, halbstengelumfassend, oberseits spinnwebig, unterseits filzig; die ungestielten, weißlichen, kahlen, länglichen, stumpfen Köpfchen stehen an der Spitze der Ästchen gehäuft; der Hauptkelch ist eiförmig-länglich.

Diese wahrscheinlich ausdauernde Art fand Berlandier in Mexico zwischen Vittoria und Tula. Ihre Blätter sind 1½—2 Zoll lang und 3—4 Linien breit. Der Hauptkelch besteht aus etwa 25 Schuppen. An zweigeschlechtlichen Blüthen sind 5—6, an weiblichen 12—15 vorhanden.

42) Gn. lanuginosum *Humboldt*, *Bonpland* und *Kunth*. Die ganze Pflanze ist lang-grauwollig; der Stengel ist krautartig, aufrecht, einfach; die sitzenden Blätter sind linealisch-länglich, spitz und stachelspitzig; die Köpfchen sind geknäuelt, die Knäuelchen endständig, meist zu vier beisammenstehend; die Schuppen des halbkugelig-glockigen Hauptkelchs sind spitz und braungrün.

Sie wächst auf den Anden in Peru an schattigen Orten in der Nähe von Huavara und ist ausdauernd. Die Blätter sind zolllang und 3 Linien breit. Der Hauptkelch besteht aus 30—40 Schuppen. Von den 70—75 Blüthen sind die zehn mittelständigen zweigeschlechtlich.

43) Gn. attenuatum *De Candolle*. Der Stengel ist krautartig, aufrecht, weiß-wollig, an der Spitze kurz rispig; die Blätter sind lanzettlich-linealisch, zugespitzt, am Grunde verschmälert, oberseits von einer kurzen, dicken, zerstreuten Behaarung rauh, unterseits filzig-wollig; die fast stiellosen Köpfchen stehen an der Spitze der Ästchen gehäuft; die Schuppen des Hauptkelchs sind trockenhäutig, strohgelb, zugespitzt, die äußeren lanzettlich, die inneren linealisch.

Diese von Berlandier in Mexico in der Nähe von Tampico de Tamaulipas aufgefundene Art ist wahrscheinlich ausdauernd. Am nächsten ist sie mit der angeführten Abart von Gn. oxyphyllum verwandt, ihre Blätter sind aber am Grunde verschmälert und sitzend, aber nicht verbreitert-angewachsen. Der Hauptkelch besteht aus ungefähr 30 Schuppen; an zweigeschlechtlichen Blüthen sind 6—8, an weiblichen ungefähr 30—35 vorhanden.

44) Gn. dichotomum *Willdenow*. Der Stengel ist krautartig, hoch, gabelspaltig, ästig; die Blätter sind lanzettlich, an beiden Enden verschmälert, sitzend, unterseits nebst den Ästen weißwollig; die Köpfchen sind endständig, geknäuelt; die Schuppen des cylindrischen Hauptkelchs sind zusammenneigend, purpurroth.

Sie wächst in Cumana.

45) Gn. roseum *Humboldt*, *Bonpland* und *Kunth*. Die ganze Pflanze ist weißwollig; der Stengel ist krautartig, aufrecht, ästig; die Blätter sind halbstengelumfassend, lanzettlich, spitz, am Rande wellenförmig; die rispig-ebensträußigen Äste tragen an der Spitze die büschelligen Köpfchen; die Schuppen des länglichen Hauptkelchs sind trockenhäutig, blaß rosenroth, lanzettlich, spitz. Hierher gehört Gn. mitens *Willdenow* herb.

Sie findet sich in Mexico in der Nähe von Guanaxuato und ist ausdauernd. An dem 20blüthigen Köpfchen sind die 4—6 mittelständigen zweigeschlechtlich, die übrigen weiblich.

46) Gn. candidissimum *Lamarck*. Der Stengel ist krautartig, aufrecht oder ausgebreitet, ganz beblättert; die Blätter sind länglich oder verkehrt-eiförmig, am Grunde stark verschmälert, zu beiden Seiten nebst dem Stengel dicht-weißwollig; die 20blüthigen Köpfchen stehen an der Spitze des Stengels dicht geknäuelt; die innersten Schuppen des cylindrischen, sehr kurz strahlenförmigen Hauptkelchs sind an der Spitze stumpf, schneeweiß. Hierher gehört Gn. campestre *Schrank* und wahrscheinlich auch dessen Gn. carroense, sowie Gn. maculatum *E. Meyer*.

Das Vaterland dieser Art ist das Cap der guten Hoffnung; sie ist vielleicht einjährig. In dem Köpfchen sind nur 3—4 zweigeschlechtliche Blüthen vorhanden. Die Blumenkronen sind purpurroth. Der Federkelch ist haarförmig. Die Schuppen des Hauptkelchs sind bisweilen unter der purpurrothen Spitze gefleckt. — Die Pflanze ändert übrigens ab:

a) mit niedrigen, aber vielen Stengeln. Hierher gehört Gn. dealbatum *Thunberg*;
b) mit großem, aber nur einem Stengel, wohin Gn. maculatum *Thunberg* zu bringen ist.

47) Gn. elegans *Humboldt*, *Bonpland* und *Kunth*. Der Stengel ist krautartig, aufrecht, einfach, weiß-wollig; die Blätter sind in einen kurzen Stiel verschmälert, lanzettlich, spitz, am Rande wellenförmig, oberseits grün, kurzhaarig, unterseits weiß-wollig; der Ebenstrauß ist endständig, fast kugelig, beblättert; die halbkugelig-glockenförmigen Köpfchen stehen in Knäuelchen; die Schuppen

des Hauptkelchs sind spitz, gelblich, trockenhäutig-durchscheinend.

Sie wächst in Quito an sonnigen Stellen bei Chillo und Cachabamba. Die Blätter sind 3 Zoll lang und 5—6 Linien breit. An Blüthen und Kelchschuppen sind etwa je 50 vorhanden.

48) Gn. acilepis *De Candolle.* Der Stengel ist aufrecht oder aufsteigend, ganz beblättert, graufilzig, ästig; die Blätter sind linealisch, fast länglich, stumpflich, zu beiden Seiten graufilzig; die ungestielten 5—7 Köpfchen stehen an der Spitze der Aeste gehäuft und sind von den obersten Blättern umgeben; die Schuppen des Hauptkelchs sind blaßroth, kahl, fast durchscheinend, linealisch, zugespitzt.

Diese Art ist ausdauernd und wächst am Cap der guten Hoffnung.

49) Gn. micranthum *Thunberg.* Die Stengel sind krautartig, ziemlich aufrecht, ganz beblättert; die sitzenden, gehäuften Blätter sind linealisch-zungenförmig, etwas spitz, zu beiden Seiten nebst dem Stengel weißseidig-filzig; die vielblüthigen Köpfchen stehen an der Spitze der Aestchen gedrängt und fast in Ebensträußen; die innersten Schuppen des kurz strahlenförmigen, locker dachziegeligen, am Grunde auswärts filzigen Hauptkelchs sind länglich-linealisch, stumpf, schneeweiß.

Diese in ihrer Tracht mit Helichrysum declinatum verwandte Art wächst am Cap der guten Hoffnung und ist wahrscheinlich einjährig. Die Wurzel ist fast holzig. Aus dem Wurzelhalse entspringen 4—6 fingerhohe Stengel. Die 3—5 zweigeschlechtlichen Blüthen haben an der Spitze keulenförmige Federkelche, an den zahlreichen weiblichen Blüthen ist der Federkelch nicht verdickt. — Die Pflanze ändert ab:

b) spretum *De Candolle* mit auch an der Spitze röthlichen Schuppen des Hauptkelchs. Diese Abart steht fast in der Mitte zwischen Gn. micranthum und acilepis.

50) Gn. pauciflorum *De Candolle.* Die Wurzel ist klein, faserig; der Stengel ist aufrecht, ästig und nebst den linealischen, stumpfen Blättern grau-wollig-filzig; die ungestielten Köpfchen stehen in den oberen Blattwinkeln und an der Spitze der Stengel fast gehäuft; die Schuppen des Hauptkelchs sind linealisch, kaum spitz, blaß und fast durchscheinend.

Diese nur 1—2 Zoll hohe einjährige Art wächst am Cap der guten Hoffnung, wo sie Ecklon in der Nähe der Capstadt sammelte. Die Blumenkronen sind purpurroth; an zweigeschlechtlichen Blüthen sind nur wenige vorhanden. Der Federkelch ist fadenförmig, weiß.

51) Gn. repens *Linné.* Der Stengel ist halbstrauchig, niederliegend; die Blätter sind gehäuft, sitzend, verkehrt-eiförmig-linealisch, spitz und nebst den Aesten weiß-filzig; die endständigen Köpfchen stehen einzeln oder gehäuft; die Schuppen des cylindrischen, strahlenlosen Hauptkelchs sind sämmtlich bräunlich, die äußeren spitz, die innersten stumpf; der Federkelch der zweigeschlechtlichen Blüthen ist pinselförmig.

Diese Art sammelte zuerst Thunberg am Cap der guten Hoffnung in der Nähe der Capstadt an der Meeresküste. Eine Abart mit längeren, ästigen Zweigen macht das Gnaphalium vestitum *Thunberg* aus.

52) Gn. prostratum *Lessing.* Der Stengel ist vom Grunde an ästig, niederliegend, ganz beblättert, etwas filzig; die Blätter sind länglich-verkehrt-eiförmig, sitzend, stumpf, zu beiden Seiten filzig; die an der Spitze der Aeste zu 3—4 gedrängt stehenden Köpfchen haben mit dem blüthenständigen Blatte gleiche Länge; die Schuppen des kahlen, braunen, strahlenlosen Hauptkelchs sind länglich-linealisch, stumpf, am Rande trockenhäutig, die innersten nicht länger als die Blüthen.

Diese einjährige, am Cap der guten Hoffnung einheimische Art umfaßt die beiden Thunberg'schen Arten Gn. prostratum und Gn. debile, ist kaum fingerhoch, hat 3 Linien lange und 1 Linie breite Blätter, etwa 25 Blüthen, von denen 6—8 zweigeschlechtlich sind und einen haarförmigen, an der Spitze kaum etwas dickeren Federkelch.

53) Gn. luteo-album *Linné.* Diese Pflanze ist krautartig, weißwollig; ihr Stengel ist aufrecht, fast einfach oder ausgebreitet, ästig; die untersten Blätter sind verkehrt-eiförmig oder länglich-spatelig, stumpf, die stengelständigen halbstengelumfassend länglich-linealisch oder lanzettlich, spitz; die Köpfchen stehen in trugdoldigen Knäuelchen; die Schuppen des Hauptkelchs sind trockenhäutig-durchscheinend, strohgelb, zugespitzt. Hierher gehört Gn. conglobatum *Mönch.*

Diese einjährige Art ist fast über die ganze Erde verbreitet, wo sie auf trockenen und feuchten sandigen Stellen wächst. Sie ändert mit steifem, einfachem oder ausgebreitetem Stengel, mit deutlich spatelförmigen unteren Blättern (Gn. Pompeianum *Tenore*), mit mehr zusammengeballten Köpfchen (Gn. sphaericum *Perrottet*) oder mehr zertheilten Blättern (Gn. trifidum *Thunberg*) ab.

54) Gn. pallidum *Lamarck.* Diese Art ist wollig; aus dem Wurzelhalse entspringen mehre krautartige, aufsteigend-aufrechte, einfache Stengel; die unteren Blätter sind lanzettlich, etwas spitz, flach, die stengelständigen mit breitem Grunde sitzend, die obersten linealisch; die Blüthenäste sind an der Spitze fast doldig; die Köpfchen stehen in Knäuelchen in den Blattwinkeln und an der Spitze der Aestchen gedrängt; die Schuppen des Hauptkelchs sind länglich, elliptisch, stumpf, am Grunde wollig, sonst ganz kahl und strohgelb-röthlich. Hierher gehört Gn. orixense *Roxburgh.*

Auf den Inseln Mauritius, Bourbon und Madagascar sowol, als auch in Ostindien ist diese ausdauernde Art einheimisch. Von Gn. luteo-album unterscheidet sie sich durch die stumpfen und röthlichen Schuppen des Hauptkelchs, sowie durch die fast doldigen Knäuelchen.

55) Gn. stramineum *Humboldt, Bonpland* und *Kunth.* Der Stengel ist krautartig, aufsteigend, weißwollig, an der Spitze gabelspaltig-ästig; die Blätter sind linealisch, spitz, sitzend, oberseits dünn, unterseits stark weiß- oder grau-wollig; die Köpfchen stehen in zahl-

reichen, endständigen, einzelnen Knäuelchen; die Schuppen des halbkugelig-glockigen Hauptkelchs sind stumpf, gelblich.

Das Vaterland dieser ausdauernden Art ist Mexico. Ihre Blätter sind 1½ Zoll lang, 1 Linie breit. Von den sehr zahlreichen Blüthen sind die 15 mittelständigen zweigeschlechtlich.

56) Gn. uliginosum *Linné*. Der Stengel ist krautartig, ausgebreitet-ästig, wollig; die Blätter sind linealisch-lanzettlich oder linealisch, vorzüglich die blüthenständigen filzig; die Köpfchen stehen in fast kugelförmigen, endständigen, von Blättern umgebenen Knäuelchen gedrängt; die Schuppen des Hauptkelchs sind länglich, fast trockenhäutig, rothbraun, stumpflich; die Achänen sind ganz kahl. Hierher gehören als Synonyme Gn. aquaticum *Miller*, Gn. ramosum *Lamarck*, Gn. tomentosum *Hoffmann* und Helichrysum uliginosum *Mönch*.

Diese Art wächst an sumpfigen Stellen in ganz Europa, aber auch in Asien und Nordamerika; sie ist einjährig und ändert mit weichstacheligen Achänen (Gn. pilulare *Wahlenberg*) und mit ganz kahlen Stengeln und Blättern (Gn. nudum *Hoffmann*) ab.

57) Gn. Hurdwaricum *Wallich*. Die kleine Pflanze ist ganz wollig; der Stengel ist aufrecht, zweispaltig; die Blätter sind länglich, am Grunde verschmälert, stumpf mit aufgesetzter Stachelspitze, am Stengel zerstreut, an den Knäuelchen dicht stehend; die Köpfchen stehen an der Gabeltheilung des Stengels und an der Spitze der Aeste dicht gedrängt; die Schuppen des Hauptkelchs sind am Grunde auf der Außenseite wollig, übrigens trockenhäutig, ganz kahl, zugespitzt, braun.

Diese einjährige, kaum fingerhohe Pflanze fand Wallich in Ostindien bei Hurdwar und Rickekesh.

58) Gn. crispatulum *Delile*. Die ganze Pflanze ist locker langwollig; die Stengel sind krautartig, ausgebreitet-niederliegend, sehr ästig; die Blätter sind schmal spatelförmig, spitz, wellenförmig; die fast ungestielten Köpfchen stehen in einer dichten, eiförmig-kugeligen, von dazwischenstehenden Blättern begleiteten Traube gedrängt; die Schuppen des am Grunde auf der Außenseite langwolligen Hauptkelchs sind lanzettlich, spitz, weiß-trockenhäutig, länger als die Scheibenblüthen.

Diese einjährige Art wächst in Aegypten an den Ufern des Nils und in Ostindien. Die dünnen weiblichen Blüthen stehen in mehren Reihen, die 4—5 zweigeschlechtlichen sind stärker und schmutzig purpurroth.

59) Gn. pulvinatum *Delile*. Die ganze Pflanze ist wollig-filzig; die Stengel sind krautartig, niederliegend, rosettig-abstehend; die Blätter sind spatelig oder verkehrt-eiförmig, am Grunde in einen Stiel verschmälert; die kugeligen Köpfchen stehen in einem endständigen, kugeligen Knäuelchen gedrängt; die Schuppen des Hauptkelchs sind röthlich-trockenhäutig, spitz, ein wenig länger als die Scheibenblüthen. Hierher gehört Gn. pulverulentum *Ilovd*.

Diese Art, wie die vorige einjährig und in Aegypten einheimisch, brachte Sprengel zu Lasiopogon muscoides, sie unterscheidet sich aber von diesem durch ihre Größe und durch den behaarten, nicht lang federigen Pappus.

†† Die Köpfchen stehen in einer traubigen Aehre.

60) Gn. niliacum *Raddi*. Die ganze Pflanze ist mehr oder weniger locker langwollig; die Stengel sind krautartig, fast aufrecht, bisweilen sehr ästig; die Blätter sind spatelig oder verkehrt-eiförmig, stachelspitzig, die unteren in den Blattstiel verschmälert, die oberen fast lanzettlich; die Köpfchen stehen in einer einfachen oder ästigen Aehre gedrängt; die Schuppen des Hauptkelchs sind lanzettlich-linealisch, strohfarbig-trockenhäutig, mit den Scheibenblüthen fast gleich lang. Hierher gehört Gn. spathulatum *Delile*, aber nicht die gleichnamigen Pflanzen von Lamarck, Thunberg oder Burmann.

Diese Art ist einjährig und wächst an den Ufern des Nils in Unterägypten und am Senegal. Sie ändert vielfach ab, namentlich mit aufrechten, aufsteigenden oder ausgebreiteten, einfachen oder ästigen Stengeln, mehr oder weniger lang wolligen, spatelig-verkehrt-eiförmigen oder fast lanzettlichen, flachen oder wellenförmigen Blättern, mit einer zusammenhängenden oder unterbrochenen, kopfförmigen oder verlängerten, einfachen oder ästigen Aehre.

61) Gn. indicum *Linné*. Aus dem Wurzelhalse entspringen mehre krautartige, ausgebreitete, filzige Stengel; die Blätter sind verkehrt-eiförmig-länglich, oder länglich-linealisch, stachelspitzig, mehr oder weniger filzig, die untersten am Grunde verschmälert, die oberen sitzend; die Köpfchen stehen in einer unterbrochenen, einfachen oder ästigen Aehre gedrängt; die Schuppen des Hauptkelchs sind linealisch, stumpf, trockenhäutig, strohgelb oder röthlich. — Gn. pluricaule *Poiret*, Gn. multicaule *Willdenow*, Gn. polycaulon *Persoon* und Gn. strictum *Roxburgh* scheinen von dieser Art nicht verschieden zu sein.

Sie ist einjährig und wächst in Ostindien an vielen Orten.

62) Gn. gracillimum *Perrottet*. Die ganze Pflanze ist langwollig; der Stengel ist krautartig, aufrecht, ganz einfach; die grundständigen Blätter sind verkehrt-eiförmig, stumpf, am Grunde verschmälert, abstehend, die stengelständigen länglich-lanzettlich, sitzend, zugespitzt, die obersten kleiner, entfernt stehend; die fast stiellosen Köpfchen stehen in rundlichen, eine unterbrochene Aehre bildenden Knäuelchen dicht gedrängt; die Schuppen des Hauptkelchs sind linealisch, spitz, schmutzig, trockenhäutig, ein wenig länger als die Scheibenblüthen.

Die Heimath dieser Art ist Senegambien, wo sie an feuchten sandigen Stellen wächst. Sie ist einjährig, 7—8 Zoll hoch und hat schlanke in vielen Reihen stehende weibliche und nur wenige zweigeschlechtliche Blüthen.

63) Gn. silvaticum *Linné*. Der Stengel ist einfach, ruthenförmig, ährig; die grundständigen Blätter sind lanzettlich, die stengelständigen allmälig kleiner, die oberen linealisch, sämmtlich spitz, nach dem Grunde verschmälert, unterseits weißfilzig, oberseits zuletzt kahl

werdend; die äußersten Schuppen des Hauptkelchs sind dreimal kürzer als das Köpfchen. Hierher gehört Gn. rectum *Smith*.

Diese in ganz Europa und Sibirien einheimische Art ist ausdauernd.

64) Gn. norvegicum *Gunner*. Der Stengel ist einfach, aufrecht, an der Spitze ährig; die Blätter sind lanzettlich, zu beiden Seiten mehr oder weniger dicht filzig, in einen kurzen Blattstiel verschmälert, die mittlern stengelständigen zugespitzt-stachelspitzig, von der Länge der unteren oder länger; die äußersten Schuppen des Hauptkelchs sind dreimal kürzer als das Köpfchen. Hierher gehören Gn. fuscatum *Persoon*, und Gn. fuscum *Lamarck*; auch Gn. Hoppeanum *Koch* scheint hiervon nicht verschieden zu sein.

Sie ist ausdauernd und findet sich auf den höheren Gebirgen in Europa.

65) Gn. supinum *Linné*. Der Stengel ist einfach, fast fadenförmig; die Stämmchen sind kriechend, dicht rasenartig; die Blätter sind sämmtlich schmal-lanzettlich oder linealisch, wollfilzig; die Köpfchen stehen an der Spitze des Stengels in kurzen Aehren oder fast traubig oder einzeln; die äußersten Schuppen des Hauptkelchs sind länger als die Hälfte des Köpfchens. Hierher gehört Gn. filiforme *Liljeblad*.

Sie wächst an sumpfigen Stellen der Alpen in Europa und ist ausdauernd. Nach Cassini's Vorgange hat auch De Candolle diese Art wegen der einreihigen, weiblichen Blüthen und der zusammengedrückten, verkehrteiförmigen Achänen als eigene Gattung angesehen und sie Omalotheca supina benannt, da sie aber im Uebrigen mit Gnaphalium übereinstimmt, so ist es passender, sie bei dieser Gattung zu lassen.

66) Gn. purpureum *Linné*. Der Stengel ist krautartig, ganz einfach, aufrecht, filzig; die Blätter sind linealisch-spatelig, die oberen länglich, unterseits filzig, oberseits spinnwebig, später kahl; die ungestielten Köpfchen stehen in den oberen Blattwinkeln und an der Spitze des Stengels fast ährenförmig; die Schuppen des Hauptkelchs sind linealisch, trockenhäutig, weißlich oder seltener hell- oder purpurroth. Hierher gehört Gn. hiemale *Walter*.

Diese Art wächst auf unfruchtbarem Boden in Nordamerika und ist ausdauernd.

67) Gn. spicatum *Lamarck*. Der Stengel ist krautartig, aufrecht, einfach, schwach kantig, von kurzen, dicht anliegenden Haaren grau; die Köpfchen stehen in den oberen Blattwinkeln gehäuft und bilden eine zusammenhängende oder am Grunde nur ein wenig unterbrochene Aehre; die Schuppen des länglichen Hauptkelchs sind bräunlich, etwas spitz, kahl. Hierher gehört Gn. coarctatum *Willdenow*.

Sie wächst an verschiedenen Orten in Nord- und Süd-Amerika und ist ausdauernd. Von Gn. silvaticum unterscheidet sie sich durch die spatelförmigen unteren Blätter, von Gn. americanum durch die fest angedrückte, nicht locker-wollige Behaarung. Von den 15—20 Blüthen sind nur 1—3 zweigeschlechtlich. Die Pflanze ändert aber ab:

b) interruptum *De Candolle*. Der Stengel ist höher, oft ästig; die sitzenden Blätter laufen am Stengel nicht herab; die achselständigen, vielköpfigen, kleinen Aehrchen bilden eine lange, unterbrochene Aehre. Diese Form findet sich in Chili und Brasilien.

c) sabulosum *De Candolle*. Der Wurzelstock treibt lange Wurzeln; der Stengel ist klein, vielköpfig; die Aehre ist ein wenig unterbrochen. So am Meere in der brasilianischen Provinz Bahia.

68) Gn. falcatum *Lamarck*. Die ganze Pflanze ist weißwollig; aus dem Wurzelhalse entspringen mehre aufrechte oder aufsteigende einfache Stengel; die grundständigen Blätter sind fast spatelig, stumpf, aufrecht, die stengelständigen gehäuft, sichelförmig-gebogen, oft gefaltet, ziemlich stumpf; die in den oberen Blattwinkeln gedrängt stehenden, ungestielten Köpfchen bilden eine am Grunde unterbrochene Aehre; die Schuppen des eiförmigen Hauptkelchs sind linealisch, glänzend, kahl, an der Spitze röthlich. Hierher soll nach De Candolle Gn. chilense *Hooker* und *Arnott* gehören.

Sie wächst in Südamerika und ist ausdauernd. Von den Blüthen sind 20—25 weiblich und die fünf mittelständigen zweigeschlechtlich. Es lassen sich von dieser Art vier Formen unterscheiden:

a) Der Stengel ist ästig; die Blätter sind bogenförmig; die Aehren kurz; die Schuppen des Hauptkelchs weiß-röthlich. Diese Abart findet sich in Monte Video.

b) Der Stengel ist vielköpfig, aufsteigend; die Blätter sind bogenförmig; die Schuppen des Hauptkelchs sind rosenroth, an der Spitze hellroth. So bei Quillota in Chili.

c) Die Stengel sind vielköpfig, aufrecht; die unteren Blätter sind länglich-spatelig, die wenigen oberen bogenförmig; die Schuppen des Hauptkelchs sind rosenroth, an der Spitze hellroth. Diese Form wächst gleichfalls bei Quillota an Flüssen zwischen Steinen.

d) Der Stengel ist einzeln, einfach; die Aehre ist länglich, ununterbrochen; die Blätter sind nicht sichelförmig; die Schuppen des Hauptkelchs sind blaßroth. So auf Wiesen und in Sträuchern bei Quillota.

69) Gn. stachydifolium *Lamarck*. Die ganze Pflanze ist weißwollig; der Stengel ist krautartig, aufrecht, einfach; die Blätter sind lanzettlich, am Grunde verschmälert, an der Spitze mit einer schwarzen Stachelspitze, beiderseits gleichfarbig; die Köpfchen stehen in den obersten Blattwinkeln fast knäuelförmig und bilden eine eiförmig-längliche, am Grunde kaum unterbrochene Aehre; die Schuppen des eiförmigen Hauptkelchs sind braun, kahl, zugespitzt.

Die Heimath dieser Art ist Monte Video. Sie ist ausdauernd, kaum einen Fuß hoch und hat 2—3 Zoll lange und 5—6 Linien breite Blätter. Die Köpfchen sind größer und brauner als an Gn. Chamissonis. Von den zahlreichen Blüthen sind fünf zweigeschlechtlich.

70) Gn. Chamissonis *De Candolle.* Der Stengel ist krautartig, fast aufrecht, einfach, locker grauwollig; die Blätter sind linealisch-länglich, stachelspitzig, am Grunde verschmälert, die obersten linealisch, oberseits weichhaarig, unterseits locker grauwollig; die Köpfchen sitzen in den obern Blattwinkeln knäuelförmig und bilden eine am Grunde unterbrochene Aehre; die Schuppen des länglichen Hauptkelchs sind kahl, zugespitzt, röthlich. Hierher gehört Gn. stachydifolium *Lessing.*

Das Vaterland dieser Art ist Chili. Sie ist ausdauernd und hat 7—9 Linien lange, 1—1½ Linien breite Blätter, eine 2—3 Zoll lange Aehre und 2—3 zweigeschlechtliche Blüthen in jedem Köpfchen.

71) Gn. Berterianum *De Candolle.* Die ganze Pflanze ist weißwollig; die Stengel sind aufrecht, am Grunde ästig, nach Oben ziemlich einfach; die untern Blätter sind spatelig, stumpf, kaum kurz stachelspitzig, die oberen sind länglich, beiderseits gleichförmig; die Köpfchen stehen in den obern Blattwinkeln gedrängt und bilden eine ästige, unterbrochene Aehre; die Schuppen des eiförmigen Hauptkelchs sind glänzend, kahl, röthlich, lanzettlich, spitz.

Die Heimath dieser Art ist Chili. Sie ist ausdauernd und hat einen Zoll lange, 3—3½ Linien breite untere Blätter und drei zweigeschlechtliche Blüthen in jedem Köpfchen.

72) Gn. conoideum *Humboldt, Bonpland* und *Kunth.* Der Stengel ist krautartig, aufrecht, einfach, weißwollig; die Blätter sind sitzend, linealisch, spitz, am Rande umgerollt, dünn grauwollig; die Aehre ist endständig, gedrängt, beblättert, eiförmig-kegelig; die Köpfchen sind ungestielt, glockenförmig; die Schuppen des Hauptkelchs sind spitzlich, röthlich.

Diese ausdauernde Art wächst in Mexico. Ihre Blätter sind ungefähr 1½ Zoll lang, eine Linie breit; an zweigeschlechtlichen Blüthen sind 15 vorhanden, die übrigen sind weiblich.

73) Gn. consanguineum *Gaudichaud.* Die Stengel sind krautartig, einfach, aufrecht, weißwollig; die unteren Blätter sind spatelförmig, sitzend, stachelspitzig, oberseits ziemlich kahl, unterseits angedrückt-graubaarig; die länglichen, ungestielten Köpfchen stehen einzeln in den oberen Blattwinkeln und bilden eine eiförmige oder längliche, am Grunde kaum unterbrochene Aehre; die Schuppen des Hauptkelchs sind linealisch, bräunlich, spitz, kahl.

Diese ausdauernde Art wächst auf den Inseln der Südsee; sie ist 2—3 Zoll hoch und mit Gn. spicatum nahe verwandt, hat aber eine einfache Aehre.

74) Gn. alpinum *D'Urville.* Der Stengel ist krautartig, am Grunde ästig, niederliegend, bald aufsteigend und nebst den Blättern locker grauwollig; die ungestielten Blätter sind länglich, am Grunde verschmälert, an der Spitze stumpf und bisweilen mit einer schwärzlichen Schwiele versehen; die walzenförmigen, in Wolle eingehüllten Köpfchen stehen zwischen den Blättern an der Spitze des Stengels; die Schuppen des Hauptkelchs sind linealisch, spitz, an der Spitze kahl, braun.

Diese auf Hügeln der Südseeinseln häufig vorkommende Art ist einjährig.

75) Gn. pyramidale *Petit Thouars.* Die Pflanze ist krautartig; die Stengel sind einfach; die Blätter sind länglich-spatelig, stachelspitzig, filzig; die Köpfchen stehen in einer beblätterten Aehre. Hierher gehört Gn. Thouarsii *Sprengel.*

Sie wächst an sonnigen Stellen der Insel Tristan d'Acugna häufig.

76) Gn. falcineum *De Candolle.* Der Stengel ist krautartig, aufrecht oder aufsteigend, angedrückt-wollig-grau; die sitzenden Blätter sind linealisch oder linealisch-lanzettlich, spitz, zu beiden Seiten angedrückt-wollig-grau; die Aehre ist endständig, unterbrochen, beblättert; die Knäuelchen stehen in den Blattwinkeln ziemlich gehäuft und sind weit kürzer als das Blatt; die Schuppen des Hauptkelchs sind lanzettlich, sehr spitz, purpurroth.

Diese Art ist einjährig und wächst in Brasilien in der Provinz Rio-Grande. An weiblichen Blüthen sind ungefähr 20, an zweigeschlechtlichen vier vorhanden. Die Blätter sind 1½ Zoll lang und 2 Linien breit.

77) Gn. simpliciscaule *Willdenow.* Der Stengel ist krautartig, einfach, hoch; die Blätter sind fast spatelig-lanzettlich-linealisch, oberseits stachelspitzig, unterseits weiß-schülferig-filzig; die achselständigen Knäuelchen sind unterwärts unterbrochen, an der Spitze ährenförmig; die Schuppen des Hauptkelchs sind spitz, glänzend.

Diese Art wächst in Cumana.

78) Gn. floccosum *De Candolle.* Die Stengel sind aufrecht, einfach, wollig-flockig; die Blätter sind verkehrt-eiförmig-länglich, oberseits in der Jugend spinnwebig-wollig, zuletzt fast kahl, unterseits wollig-flockig, die unteren am Grunde stielartig verschmälert, die oberen schwielig-stachelspitzig; die an der Spitze der Aestchen gedrängt stehenden Köpfchen bilden eine zusammengesetzte, unterbrochene Aehre; die Schuppen des Hauptkelchs sind hellroth, ganz kahl, lanzettlich, sehr spitz.

Diese Art kommt in Brasilien und zwar in der Provinz St. Paulo vor. Der Stengel ist 1—1½ Fuß hoch; die unteren Blätter sind 1½ Zoll lang, 5 Linien breit.

79) Gn. americanum *Miller.* Der Stengel ist krautartig, einfach, aufrecht, filzig; die grundständigen Blätter sind lanzettlich-zungenförmig, schwach wellenförmig, oberseits kahl oder spinnwebig, unterseits weißlich-grau oder weiß-filzig; die achselständigen, geknäuelten Köpfchen stehen in Aehren; die Schuppen des Hauptkelchs sind linealisch, trockenhäutig, an der Spitze röthlich, stumpflich. Hierher gehört Gn. obtusifolium *Sprengel.*

Diese ausdauernde Art kommt in Jamaica, St. Domingo und Mexico vor.

80) Gn. sphacelatum *Humboldt, Bonpland* und *Kunth.* Der Stengel ist aufrecht oder fast aufsteigend, einfach oder an der Spitze rispig-ästig, silberweiß-wollig; die Blätter sind länglich oder linealisch, stachelspitzig, sitzend, oberseits weichhaarig, unterseits silberweiß-wollig; die in den Blattwinkeln gehäuft stehenden Köpfchen bil-

den eine etwas unterbrochene, fast ästige, von Blättern begleitete Aehre; die Schuppen des länglichen Hauptkelchs sind linealisch, am Grunde grünlich, an der Spitze röthlich, spitz.

Von dieser ausdauernden, in Amerika einheimischen Art unterscheidet De Candolle drei Formen:

a) legitimum mit aufsteigendem, einfachem Stengel, linealischen Blättern, 20—25 Schuppen des Hauptkelchs, 4—5 zweigeschlechtlichen und ungefähr 60 weiblichen Blüthen. So in Mexico.
b) rectum mit aufrechtem Stengel, fast spateligen unteren und länglich-linealischen oberen Blättern, 15—20 Schuppen des Hauptkelchs, 3—5 zweigeschlechtlichen und 30—40 weiblichen Blüthen. Diese Abart findet sich gleichfalls in Mexico.
c) chilense mit aufsteigendem, sehr ästigem Stengel, länglich-spateligen Blättern, 15—20 Schuppen des Hauptkelchs, drei zweigeschlechtlichen und 15—20 weiblichen Blüthen. Hierher gehört Gn. retusum? *Poeppig*. So in Chili.

81) Gn. pensilvanicum *Willdenow*. Der Stengel ist krautartig, spinnwebig-wollig, aufrecht; die Blätter sind verkehrt-eiförmig-lanzettlich, oberseits ziemlich kahl, unterseits spinnwebig-wollig, die unteren spatelig und in den Blattstiel verschmälert, die oberen etwas spitz; die unteren Köpfchen stehen in den Blattwinkeln büschelig, die oberen sitzen und bilden zusammen eine bald zusammenhängende, bald unterbrochene Aehre; die Schuppen des Hauptkelchs sind linealisch, spitz, am Grunde grünlich, an der Spitze röthlich. Hierher gehören Gn. spathulatum *Lamarck* und Gn. americanum *Willdenow*.

Diese einjährige Art wächst in Pensylvanien und Virginien.

Zweite Section. Euchiton *De Candolle*.

Die Achänen sind vom Rücken her ein wenig zusammengedrückt. Die röthlichen Schuppen des Hauptkelchs sind am Grunde von blattartigen Deckblättern bisweilen umgeben. Die Köpfchen sind geknäuelt, end- oder seitenständig. Die zu dieser Section gehörigen Arten wachsen in Australien.

82) Gn. gymnocephalum *De Candolle*. Die Stengel sind krautartig, aufrecht, einfach, filzig; die Blätter sind lanzettlich-linealisch, oberseits kahl, unterseits schneeweiß-filzig, die grundständigen am Grunde verschmälert, die stengelständigen sitzend, am Rande umgerollt; die Köpfchen stehen in einem endständigen, nackten oder von einem Deckblatte umgebenen Knäuelchen gedrängt; die Schuppen des Hauptkelchs sind trockenhäutig-durchscheinend, kaum spitz.

Diese Art wächst in Neu-Holland in der Nähe von Port-Jackson. Von dem ähnlichen Gn. collinum unterscheidet sie sich durch die nicht herablaufenden, am Rande deutlich umgerollten Blätter und das meist deckblattlose Knäuelchen.

83) Gn. collinum *Labillardière*. Die Stengel sind krautartig, aufrecht, einfach, filzig; die Blätter sind lanzettlich-linealisch, oberseits kahl, unterseits schneeweiß-filzig, die grundständigen am Grunde verschmälert, die stengelständigen laufen ein wenig am Stengel herab; die Köpfchen stehen in end- oder selten achselständigen, von 1—2 Blättern umgebenen Knäuelchen gedrängt; die Schuppen des Hauptkelchs sind trockenhäutig-durchscheinend, kaum spitz. Hierher gehört Euchiton collinus *Cassini*.

Die Pflanze findet sich auf Van-Diemensland und in Neu-Holland am Port-Jackson.

84) Gn. simplex *Richard* und *Lesson*. Der Stengel ist krautartig, aufrecht, einfach, filzig; die Blätter sind lang-lanzettlich, ziemlich stumpf, haben aber eine aufgesetzte Stachelspitze, oberseits spinnwebig-wollig, unterseits graufilzig, die grundständigen am Grunde verschmälert, dreifältig-geadert, die stengelständigen sitzend, einnervig; die Köpfchen stehen in drei Knäuelchen, von denen das eine endständig und von zwei Deckblättern umgeben ist, die beiden anderen achselständig und von einem Deckblatte umgeben sind; die Schuppen des Hauptkelchs sind trockenhäutig-durchscheinend, kaum spitz. Hierher gehört vielleicht Gn. lanatum *Forster*.

Die Pflanze ist einjährig, fußhoch und wächst in Neu-Seeland und auf der Insel Norfolk.

85) Gn. Cunninghami *De Candolle*. Der Stengel ist krautartig, ganz einfach, aufrecht, weißwollig; die Blätter sind oberseits kahl, unterseits graufilzig, die unteren sind lanzettlich, am Grunde verschmälert, die oberen sitzend, linealisch, sämmtlich schwielig-stachelspitzig; die in den oberen Blattwinkeln sitzenden Köpfchen bilden unterbrochene Aehren; die Schuppen des Hauptkelchs sind gelblich-roth, durchscheinend, linealisch, stumpf. Zu dieser Art wird Gn. lanatum *Forster* gleichfalls, aber wahrscheinlich mit Unrecht, gezogen.

Sie ist einjährig und wächst in Neu-Seeland.

86) Gn. involucratum *Forster*. Der Stengel ist krautartig, aufrecht, seidig-filzig; die Blätter sind lang linealisch flach oder am Rande umgerollt, zugespitzt, oberseits ganz kahl, unterseits seidig-filzig, die grundständigen am Grunde verschmälert, die stengelständigen halbumfassend, die blüthenständigen überragen die dicht gedrängten, fast kugelförmigen Knäuelchen der Blüthenköpfchen; die Schuppen des Hauptkelchs sind länglich, durchscheinend, röthlich, ziemlich spitz.

Diese in Neu-Seeland, Neu-Holland und auf der Insel Norfolk einheimische Art ist ausdauernd und kommt in folgenden beiden Abarten vor:

a) simplex mit einfachem Stengel und schmal linealischen Blättern. Hierher gehören als Synonyme Gn. involucratum *Richard*, Gn. sphaericum *Willdenow* und Euchiton Forsteri *Cassini*.
b) ramosum mit ästigem Stengel und einnervigen Blättern. Hierher gehören als Synonyme Gn. sphaericum *Sieber*, Gn. hemisphaericum *Hornemann*, Gn. globosum *Desfontaines* und Euchiton pulchellus *Cassini*.

87) Gn. cephaloideum *Willdenow*. Der Stengel ist krautartig, aufrecht, kaum ästig; die Blätter sind lan-

zettlich-linealisch, zugespitzt, dreinervig, oberseits kahl, unterseits grau-seidenhaarig, die Köpfchen stehen in einem endständigen, fast kugeligen, von den blüthenständigen Blättern umgebenen Knäuelchen gehäuft; die Schuppen des Hauptkelchs sind länglich, durchscheinend, röthlich, ziemlich spitz. Hierher gehören Gn. globosum *Hornemann*, Gn. Willdenowii *Dietrich* und vielleicht auch Gn. asteroides *Balbis*.

Sie ist ausdauernd und wächst in Neu-Holland.

88) Gn. decipiens *De Candolle*. Die Stengel sind krautartig, niedrig, langwollig; die Blätter sind linealisch, spitz, am Grunde ein wenig verschmälert, zu beiden Seiten filzig; die fast sitzenden, büschеligen Köpfchen sind von Deckblättern umgeben. Hierher gehört Euchiton decipiens *Cassini*.

Das Vaterland dieser Art ist unbekannt.

89) Gn. moschatum *A. Cunningham*. Die ganze Pflanze ist wollig, schmutzig-weiß; der Stengel ist vom Grunde an ästig, die Aeste sind aufsteigend, fast einfach und bis zur Spitze beblättert; die sitzenden Blätter sind länglich oder länglich-linealisch, ziemlich stumpf, einnervig; die sitzenden, eiförmigen, kleinen, wenigblüthigen Köpfchen stehen an der Spitze der Aeste zwischen den Blättern in einem kugeligen Knäuelchen; die Schuppen des Hauptkelchs sind röthlich, durchscheinend, ziemlich spitz.

Die lebende Pflanze verbreitet einen starken Moschusgeruch; sie ist einjährig und wächst in Australien.

90) Gn. Calipes *De Candolle*. Diese Art ist zwar halbstrauchig, aber ganz niedrig, von einem grauen angedrückten Filze glänzend; die sitzenden, gehäuften Blätter sind verkehrt-eiförmig, stumpf oder schwach ausgerandet; die endständigen, ungestielten Köpfchen stehen meist zu drei beisammen; die Schuppen des verkehrt-eiförmigen Hauptkelchs sind länglich, stumpf, an der Spitze weiß-trockenhäutig und mit den Scheibenblüthchen gleichlang.

Sie wächst auf Van Diemens-Land, ist ausdauernd und stimmt in der Tracht mit Antennaria dioica überein. Von den 20 Blüthen sind 15 weiblich und 5 zweigeschlechtlich. Der Federkelch ist einreihig, borstenförmig. Die Früchtchen sind weißlich.

Unvollständig bekannte Arten.

a) Australische Arten.

91) Gn.? acuminatum *Link*. Diese Art ist strauchig, ihre Aeste sind weichhaarig, ihre Blätter sind lanzettlich-linealisch, sehr lang spitz, oberseits kahl, unterseits dünn filzig; die cylindrischen Köpfchen stehen in Ebensträußen; die Schuppen des Hauptkelchs sind ganz stumpf.

Sie wächst in Neu-Holland und am Cap der guten Hoffnung.

92) Gn.? trinerve *De Candolle*. Die Pflanze ist strauchartig; die sitzenden Blätter sind lanzettlich, dreinervig, unterseits silberweiß; die Rispe ist ebensträußig, endständig, locker.

Diese in Neu-Seeland einheimische Art mit länglicher Frucht, federigem Pappus und nacktem Blüthenboden gehört vielleicht einer andern Art an.

b) Auf den Sandwichsinseln vorkommende Art.

93) Gn. sandwicensium *Gaudichaud*. Der Stengel ist ästig und nebst den linealisch-lanzettlichen, fast spateligen Blättern filzig-wollig; die Ebensträuße sind endständig.

c) Amerikanische Arten.

94) Gn. peruvianum *Sprengel*. Der Stengel ist krautartig; die Blätter sind linealisch, oberseits körnig-rauh, unterseits weißfilzig; die Köpfchen sind gehäuft-ebensträußig, gelblich. Hierher gehört Gn. asperum *Persoon*.

Diese Art wächst in Peru.

95) Gn.? Lycopodium *Persoon*. Der Stengel ist holzig, sehr ästig; die filzigen Enden der Aeste stehen sternförmig.

Diese in ihrer Stellung sehr zweifelhafte Art wächst an der Magelhaensstraße.

96) Gn. bracteatum *Willdenow*. Der Stengel ist einfach, sehr niedrig; die Blätter und Deckblätter sind spatelig, stachelspitzig, oberseits kahl, unterseits dünnwollig; die Köpfchen stehen in einem endständigen, von einem breiten Deckblatte umgebenen Knäuelchen. Hierher gehören als Synonyme Gn. involucratum *Lamarck*, aber nicht Forster's gleichnamige Pflanze und Evax spathulata *Persoon*.

Diese wahrscheinlich ausdauernde Art wächst in Monte Video.

97) Gn. uniflorum *Lamarck*. Der Stengel ist krautartig, ganz einfach, vom Grunde bis zur Spitze beblättert; die Blätter stehen gedrängt, fast dachziegelig und sind eiförmig-lanzettlich, kurz, oberseits grün, durchfurcht, unterseits filzig, die untern sind umgebogen; das Köpfchen ist endständig, sitzend; die Schuppen des Hauptkelchs sind außenseits wollig, an der Spitze trockenhäutig.

In der Tracht stimmt diese ausdauernde, in Peru einheimische Art mit Conyza überein.

98) Gn. montevidense *Sprengel*. Der Stengel ist krautartig, aufsteigend, einfach, wollig; die zerstreuten, stengelumfassenden Blätter sind spatelig-lanzettlich-linealisch, ziemlich spitz, flach, wollig; die Köpfchen sind geknäuelt, endständig, sitzend; die Schuppen des Hauptkelchs sind gelb.

Sie findet sich in Monte Video.

d) In der alten Welt vorkommende Arten.

99) Gn.? sinuatum *Loureiro*. Der Stengel ist krautartig, aufrecht, die Aeste sind aufsteigend; die Blätter sind eiförmig-lanzettlich, buchtig, gezähnt, zu beiden Seiten behaart; die Köpfchen stehen in einer endständigen Rispe; die Schuppen des Hauptkelchs sind häutig, roth.

Diese vielleicht zur Gattung Blumea gehörige Art wächst in Cochinchina.

100) Gn. japonicum *Thunberg*. Der Stengel ist krautartig, aufrecht; die Blätter sind linealisch-schwertförmig, locker, unterseits schneeweiß; die ungestielten, purpurrothen Köpfchen stehen in endständigen Knäuelchen.

Sie ist einjährig und wächst in Japan in der Nähe von Nagasaki.

101) Gn.? tenuifolium *Vahl.* Der Stengel ist strauchartig; die Blätter sind gehäuft, linealisch, ganz schmal, spitz, abstehend, nach Unten umgerollt und nebst den Aesten weißwollig; die endständigen Köpfchen stehen in Trugdolden; die Schuppen des Hauptkelchs sind angedrückt, gelblich.

Die Heimath dieser Art ist Madagascar.

102) Gn.? cicatrisatum *Vahl.* Die Blätter sind linealisch-lanzettlich, gekielt; der Ebenstrauß ist zusammengesetzt und zusammengedrängt.

Sie wächst am Cap der guten Hoffnung.

103) Gn. laniocaulon *Link.* Die ganze Pflanze ist filzig; die Blätter sind linealisch, spitz, gekrümmt; die gestielten Köpfchen stehen in büschelförmigen Ebensträußern; die Schuppen des Hauptkelchs sind weiß, spitz.

Diese strauchige Art wächst am Cap der guten Hoffnung. Der Stengel ist schneeweiß-filzig, oberwärts wollig. Die Blätter sind 6 Linien lang, 2 Linien breit, zu beiden Seiten filzig und grün.

104) Gn. rufescens *Poiret.* Der Stengel ist halbstrauchig, niedrig, wollig; die Blätter sind linealisch, schmal, filzig, zusammengerollt; die endständigen Köpfchen stehen geknäuelt; die Schuppen des Hauptkelchs sind glänzend, röthlich, stumpf.

Sie wächst in Kleinasien.

105) Gn.? kurmense *Martius.* Die ganze Pflanze ist wollig-filzig; die Blätter sind gehäuft, linealisch, grau, halbstengelumfassend, aufrecht; der Ebenstrauß ist endständig, vielköpfig. Hierher gehört Gn. fruticosum *Forskal.*

Diese Art wächst auf dem Berge Kurma in Arabien.

e) Arten mit unbekanntem Vaterlande.

106) Gn. nitidum *Hornemann.* Der Stengel ist einfach; die Blätter sind spatelig-linealisch, oberseits glänzend, unterseits schneeweiß-seidenhaarig; die Aehrchen sind endständig, geknäuelt. — Sie ist einjährig.

107) Gn. pumilum *Willdenow.* Die Blätter sind länglich-lanzettlich, filzig; der Hauptkelch ist cylindrisch-halbkreisförmig; die Schuppen sind stumpf. — Sie ist halbstrauchig.

108) Gn. conicum *Willdenow.* Die Blätter sind linealisch-lanzettlich, filzig; die Blüthenstiele sind mit einigen Schuppen besetzt; die Hauptkelche sind kegelförmig, die Schuppen derselben abgerundet. — Sie ist halbstrauchig.

Nach dem Erscheinen von De Candolle's Prodromus sind folgende Arten dieser Gattung bekannt gemacht:

109) Gn. radians *Bentham.* Die Pflanze ist graufilzig, niedrig, rasenförmig; die Blätter sind verkehrt-eiförmig oder länglich, stumpf; das Köpfchen ist einzeln, ungestielt, weit glockenförmig; die Schuppen des Hauptkelchs sind schmutzig weiß, linealisch-länglich, stumpflich, strahlend, länger als die Scheibenblüthen; die Achänen sind kahl.

Diese ausdauernde Art wächst in Mexico in einer Höhe von 12,000 Fuß. In der Tracht stimmt sie mit Evax pygmaea überein, sonst scheint sie mit Gnaph. depressum verwandt zu sein, aber ihre Blätter sind nicht linealisch. Die ganze Pflanze ist ½ oder kaum 1 Zoll hoch, ihre Blätter sind 3 Linien lang, 1½ Linien breit, zu beiden Seiten von einem kurzen Filze grau, am Grunde ziemlich lang verschmälert und decken sich dachziegelig; die Köpfchen haben einen Durchmesser von 6 Linien; die inneren Schuppen des Hauptkelchs sind 3 Linien lang, meist stumpf oder die innersten etwas spitz; die zahlreichen weiblichen Blüthen sind fadenförmig, der zweigeschlechtlichen sind nur wenige; der Federkelch aller Blüthen ist borstig, kaum etwas rauh.

110) Gn. psilophyllum *Meyen* und *Walpers.* Der Stengel ist krautartig, einfach, kahl oder sehr fein weichhaarig; die Blätter laufen am Stengel herab und sind verkehrt-eiförmig-lanzettlich, lang verschmälert, an der Spitze abgerundet, stachelspitzig, zu beiden Seiten kahl, die oberen sind verlängert-linealisch, die obersten spinnwebig; der Ebenstrauß ist endständig, zusammengesetzt, geknäuelt; die Köpfchen sind glockenförmig; die Schuppen des Hauptkelchs sind stumpf, schwefelgelb.

Diese ausdauernde Art wächst in Chili. Der Stengel ist 2 Fuß hoch. Die untersten Blätter sind 2 Zoll lang und 3—4 Linien breit, die mittleren 2, die obersten 1 Linie breit, kahl oder sparsam spinnwebig, die obersten etwas filzig.

111) Gn. lacteum *Meyen* und *Walpers.* Der Stengel ist ausgebreitet, rasenartig-niederliegend; die Blätter sind eiförmig, am Grunde verschmälert, stumpf, sitzend, gehäuft; die ungestielten, endständigen Köpfchen stehen meist zu drei beisammen; die Schuppen des glockenförmigen Hauptkelchs sind verkehrt-eiförmig, stumpf, schneeweiß.

Diese Art ist ausdauernd und wächst in Peru in einer Höhe von 14—17,000 Fuß. Die ganze Pflanze ist von einer sehr dichten, schneeweißen Wolle bedeckt; die Blätter sind 4 Linien, die grundständigen fast einen halben Zoll lang, 1—2 Linien breit; die Schuppen des Hauptkelchs sind durchscheinend, schneeweiß; die Stengel sind nur 3 Zoll lang, niederliegend, an der Spitze dicht beblättert, weshalb die Köpfchen gleichsam von den Blättern eingehüllt sind. Sie scheint mit Gn. candidissimum *Lamarck* nahe verwandt zu sein.

112) Gn. antarcticum *Hooker* (der Sohn). Die Pflanze ist niedrig und ganz kahl; der Stengel ist am Grunde niederliegend, beblättert, nach Oben aufrecht, schlank, gekrümmt und spärlich beblättert; die Köpfchen sind ziemlich groß; die Schuppen des Hauptkelchs sind lanzettlich, zugespitzt, trockenhäutig, ganz kahl, glänzend, blaßbraun; der Federkelch ist am Grunde ein wenig behaart; die Achänen sind ganz kahl.

Diese nur 1—2 Zoll hohe Art wächst auf den Falklandsinseln und ist ausdauernd. Ihre Blätter sind etwa ½ Zoll lang, abstehend, schmal-verkehrt-eiförmig-spatelig, ganzrandig, ziemlich spitz, beiderseits grün, im trockenen Zustande fuchsbraun.

113) Gn. marcescens *Wight.* Diese Art ist strauchig und fast vom Grunde an ausgebreitet, die Aeste sind aufsteigend, rundlich, unterwärts mit zahlreichen, verwelkten Blättern bekleidet; die trockenen Blätter sind am Rande umgerollt linealisch-pfriemlich, die grünen schmal-lanzettlich, oberseits kahl, grün, unterseits filzig, an den blüthentragenden Aestchen zerstreut und nicht herablaufend; die Köpfchen stehen an der Spitze der fast doldigen Aestchen gehäuft; die Schuppen des Hauptkelchs sind eiförmig-lanzettlich, am Grunde wollig, nach der Spitze zu schneeweiß-trockenhäutig; die Randblüthen stehen in zwei Reihen; die Griffel ragen nicht hervor; die Achänen sind verkehrt-eiförmig, weichhaarig; der Federkelch ist einförmig, rauh.

Diese Art wächst in Ostindien auf dem Nilgherri-Gebirge.

114) Gn. Petitianum *A. Richard.* Der Stengel ist zwei Fuß hoch, ästig; die Aeste sind aufrecht, ruthenförmig, kantig, fein filzig; die wechselständigen, entfernt stehenden, ungestielten Blätter sind länglich-lanzettlich, spitz, oberseits dünn weichhaarig (im jungen Zustande beiderseits grau-filzig), unterseits grau-filzig, am Grunde herablaufend und am Stengel ziemlich hervorragende Flügel bildend; die kleinen Köpfchen stehen in einem ästigen, ziemlich dichten, vielköpfigen Ebenstrauße; die Schuppen des verkehrt-eiförmig-länglichen Hauptkelchs sind trockenhäutig, goldgelb, stumpf, kahl oder kaum am Rande gewimpert und decken sich dachziegelig; die Blüthen sind mit Ausnahme der einzigen zweigeschlechtlichen mittelständigen sämmtlich weiblich, schlank, an der Spitze öfters fünfspaltig und haben dicke, drüsige Zipfel.

Die Heimath dieser Art ist Habessinien.

115) Gn. auriculatum *A. Richard.* Der Stengel ist am Grunde halbstrauchig; die Aeste sind ruthenförmig, stielrund, fein filzig; die wechselständigen sitzenden Blätter sind stengelumfassend, verlängert-lanzettlich, spitz, oberseits kahl, unterseits grau-filzig, am Grunde in zwei stumpfe Oehrchen verlängert; die kleinen Köpfchen stehen in einem endständigen, ästigen, gedrängtblüthigen Ebenstrauße; die dachziegelig stehenden Schuppen des fast stielrunden Hauptkelchs sind aufrecht, trockenhäutig, ziemlich stumpf, die inneren länger und kahl; die röhrig-fadenförmigen, zahlreichen Strahlblüthen stehen in mehren Reihen, die 3—5 zweigeschlechtlichen Scheibenblüthen sind dicker; die Borsten des Federkelchs sind weißlich, glänzend, ein wenig rauh.

Das Vaterland dieser Art ist gleichfalls Habessinien.

116) Gn. melanosphaerum *C. H. Schultz.* Der Stengel ist vom Grunde an ästig; die Aeste sind aufsteigend, spannenlang, stielrund, grau-filzig; die wechselständigen Blätter sind spatelig-länglich, stumpf, am Grunde verschmälert, beiderseits grau-filzig; die kleinen Köpfchen stehen in einem dichten, kopfförmigen Ebenstrauße; die röthlichen Schuppen des fast stielrunden Hauptkelchs stehen fast zweireihig, die äußeren sind kürzer, eiförmig-spitz, die inneren lanzettlich, etwas stumpf; die zahlreichen äußeren Blüthen sind weiblich, die 3—4 mittelständigen zweigeschlechtlich; die stielrunden Achänen sind unbehaart, oder mit einigen Drüsen besetzt.

Diese Art wächst in Habessinien und ist vielleicht einjährig.

117) Gn. luteo-fuscum *B. Webb.* Die ganze Pflanze ist weißlich-wollig; die Wurzel ist holzig, schwarz; der Stengel ist krautartig; die unteren Blätter sind spatelig, gestielt, die oberen länglich, an der Spitze spatelig, stumpflich, sitzend und ein wenig stengelumfassend; die verschiedenehigen Köpfchen stehen in ebensträußigen Trugdolden; die weiblichen Blüthen stehen in vielen Reihen, von den zweigeschlechtlichen sind nur wenige vorhanden; die Schuppen des Hauptkelchs sind trockenhäutig, kahl, sehr spitz, braungelb, zuletzt schmutzig braun; die Achänen sind schwarz, eiförmig, getüpfelt, kahl.

Sie kommt auf den Inseln des grünen Vorgebirges vor.

118) Gn. Gayanum *Remy.* Die Stengel sind einfach, aufsteigend, schwach kantig, weichhaarig-drüsig, aber weder filzig, noch spinnwebig; die Blätter sind lanzettlich-linealisch, stumpf, stachelspitzig, wellenförmig-kraus, zu beiden Seiten weichhaarig-drüsig und laufen am Stengel ein wenig herab; die Köpfchen stehen an der Spitze des Stengels gehäuft; die Schuppen des eiförmigen Hauptkelchs sind kahl, glänzend, strohgelb-bräunlich, eiförmig und etwas spitz.

Diese Art wächst auf Bergen in Chili.

119) Gn. axillare *Remy.* Der Stengel ist krautartig, aufrecht, einfach oder kaum am Grunde ästig und nebst den Blättern weich-graufilzig; die grundständigen Blätter sind spatelig, stumpf, stachelspitzig, die oberen sind linealisch, nicht herablaufend, stachelspitzig; die kurzgestielten, einzelnen Aehrchen stehen in einer langen zusammengesetzten und unterbrochenen Aehre; die äußeren Schuppen des eiförmig-länglichen Hauptkelchs sind eiförmig, spitz, die inneren länglich-linealisch, am Grunde grünlich, an der Spitze häutig, stumpf, braun.

Sie wächst in Chili.

120) Gn. adluanteoides *Remy.* Die ganze Pflanze ist weich-flockig-wollig; der Stengel ist krautartig, am Grunde sehr ästig; die Blätter sind länglich-linealisch, nicht herablaufend, stachelspitzig, beiderseits wollig; die Köpfchen stehen in achselständigen, gestielten oder sitzenden Knäuelchen; die Schuppen des von einer lockeren Wolle umgebenen Hauptkelchs sind länglich-linealisch, stumpflich, an der Spitze häutig, weißlich.

Diese Art wächst in Chili auf Bergen.

121) Gn. serpyllifolium *Remy.* Die zahlreichen Stengel sind sehr schlank, unterwärts halbstrauchig, kahl, oberwärts wollig; die kleinen Blätter sind verkehrt-eiförmig-rundlich, die oberen fast spatelig, stumpf, stachelspitzig, beiderseits wollig und laufen nicht herab; die 3—6 endständigen Köpfchen stehen gehäuft; die Schuppen des Hauptkelchs sind linealisch, spitz, am Grunde strohgelb, an der Spitze schwärzlich-braun.

Die Heimath dieser Art ist Chili.

122) Gn. spicaeforme *C. H. Schultz.* Aus der Wurzel entspringen mehre krautartige, spannenhohe, auf-

steigende, schlanke, beblätterte, von einer unterbrochenen Aehre begrenzte Stengel; die Blätter sind spatelig-lineallisch-länglich, grau-wollig; die 3—5 cylindrischen Blüthenköpfchen sitzen in den Achseln der oberen Blätter; die Schuppen des Hauptkelchs sind länglich-lanzettlich, stumpf, schwarzbraun; von den 15 Blüthen sind 12 weiblich, fadenförmig, dreiröhrig, an der Spitze fünfzähnig und zweigeschlechtlich.

Diese Art wächst im südlichsten Amerika in der Nähe der Magelhaens-Straße und ist mit Gn. spicatum *Lamarck* am nächsten verwandt, aber schon durch den nicht angedrückten Filz verschieden.

123) Gn. prostratum *Hooker* (der Sohn). Der Stengel ist niederliegend, sehr ästig, die Aestchen sind beblättert, wollig-aufsteigend, an der Spitze einköpfig; die Blätter sind klein, verkehrt-eiförmig-länglich oder spatelig, stumpf, mit aufgesetzter Stachelspitze, auf der Oberfläche graubaarig oder fast kahl, auf der Unterfläche von einer lockeren oder dicht angedrückten, weichen Behaarung seidenartig; die Köpfchen sind fast sitzend oder kurzgestielt; die äußeren Schuppen des Hauptkelchs sind kurz, wollig, zugespitzt, die inneren stehen in 2—3 Reihen; der Blüthenboden ist breit gewölbt, Anfangs kegelförmig.

Sie wächst auf den Inseln der Südsee.

124) Gn. bellidioides *Hooker* (Sohn). Die Stengel sind ein wenig niederliegend, aufsteigend, getheilt oder spärlich-ästig; die beblätterten Aeste gehen an der Spitze in wollige, mit Deckblättern besetzte einköpfige Blüthenstiele aus; die Blätter sind lineallisch-eiförmig oder verkehrt-eiförmig-spatelig, stachelspitzig, oberseits wollig oder fast kahl, unterseits dicht silberweiß-wollig; die Blüthenköpfchen sind wie bei der vorigen Art, welcher sie überhaupt sehr ähnlich ist.

Sie ist gleichfalls auf den Inseln der Südsee einheimisch.

125) Gn. Lyallii *Hooker* (Sohn). Der Stengel ist stark, am Grunde niederliegend, ästig, die aufsteigenden Aeste sind seidenhaarig, gefurcht, beblättert; die abstehenden Blätter sind schmal-lineallisch-länglich oder lanzettlich-zugespitzt, 1—3nervig, oberseits kahl, unterseits dicht schneeweiß-filzig; die Ebensträuße sind vielköpfig, die Köpfchen ziemlich gehäuft; die inneren Schuppen des Hauptkelchs stehen in mehren Reihen und sind ziemlich lang strahlenförmig; die weiblichen Blüthen stehen in vielen Reihen; der Blüthenboden ist breit gewölbt.

Diese Art kommt auf den Inseln der Südsee vor und ist mit Gn. trinerve verwandt, aber weit größer.

126) Gn. Keriense *A. Cunningham*. Der Stengel ist niederliegend, ästig, kurz oder verlängert, die Aeste sind aufsteigend oder aufrecht, wollig und tragen an der Spitze die Ebensträuße; die Blätter sind schmal lineallisch, lanzettlich oder länglich-verkehrt-eiförmig, zugespitzt oder stumpf mit aufgesetzter Stachelspitze, 1—3nervig, oberseits kahl, unterseits dicht schneeweiß-filzig; die Ebensträuße bestehen aus vielen, kleinen Köpfchen; die Schuppen des Hauptkelchs sind sämmtlich weißlich, lang strahlenförmig; der Blüthenboden ist gewölbt, ziemlich breit.

Hierher gehören Helichrysum micranthum *A. Cunningham* und vielleicht auch Gn. dealbatum *Forster*.

Diese an den kleinen Köpfchen leicht zu erkennende, auf den Inseln der Südsee einheimische Art ändert in folgender Weise ab:

b) linifolia mit sehr schmal lineallisch-lanzettlichen Blättern.

c) macroleima mit breiteren, zerschlitzt-gezähnten Schuppen des Hauptkelchs.

d) spathulata mit spatelförmigen Blättern und gestielten Ebensträußen.

127) Gn. leucocephalum *Asa Gray*. Die zahlreichen Stengel sind krautartig, aufrecht, einfach, grauwollig; die Blätter sind schmal-lineallisch, ganz spitz, oberseits grün und von einer sehr kurzen, fast drüsigen Behaarung rauh, unterseits grau-wollig und laufen am Stengel ein wenig herab; die Köpfchen stehen in einem dichten vielköpfigen Ebenstrauße, die Schuppen des glockenförmigen Hauptkelchs sind eiförmig oder länglich, stumpf, kahl, glänzend.

Diese mit Gn. leptophyllum verwandte Art wächst bei Santa Cruz in Mexico.

128) Gn. confertum *Bentham*. Die ganze Pflanze ist von langer dichter Wolle weiß; die Stengel sind krautartig, aufsteigend, ästig; die Blätter sind lineallisch, am Grunde herzförmig-umfassend und ein wenig herablaufend, oberseits zuletzt kahl; die Köpfchen stehen endständig in dichten Knäuelchen; die Schuppen des Hauptkelchs sind goldgelb-glänzend, stumpflich, die inneren länger als die Scheibenblüthen; die weiblichen Blüthen stehen in mehren Reihen, der zweigeschlechtlichen sind nur wenige.

Die Heimath dieser Art ist China.

129) Gn. Sprengelii *Hooker* und *Arnott*. Der Stengel ist krautartig; die Blätter sind auf beiden Seiten mit einer weißen Wolle bekleidet, die unteren spatelig, die oberen lineallisch, die astständigen laufen ein wenig herab; die Ebensträuße sind achsel- und endständig, geknäuelt, gestielt, wenigköpfig; die Schuppen des Hauptkelchs sind länglich, kaum spitz, glänzend, silberweiß oder bräunlich. Hierher gehört Gn. chilense *Sprengel*.

Diese einjährige Art wächst in Californien.

130) Gn. palustre *Nuttall*. Diese Pflanze ist niedrig, sehr wollig; ihr Stengel ist aufrecht, ästig; die Blätter sind spatelig-länglich oder fast lineallisch, spitz, auf beiden Seiten filzig; die Köpfchen stehen in endständigen, wolligen, am Grunde beblätterten Knäuelchen; die Schuppen des Hauptkelchs sind weißlich oder bräunlich, trockenhäutig, lineallisch, stumpf; die Achänen sind ganz glatt oder mit sehr kleinen rauhen Punkten besetzt.

Die Heimath dieser Art ist Nordamerika.

131) Gn. gossypinum *Nuttall*. Diese Art ist einjährig, weiß-flockig-wollig; der Stengel ist fast einfach, aufrecht; die grundständigen Blätter sind spatelig-lanzettlich, spitz, die stengelständigen lineallisch, zugespitzt, sitzend, nach dem Grunde zu verschmälert; die ungestielten, endständigen Köpfchen stehen gehäuft; die Schuppen

des eiförmigen Hauptkelchs sind gelblich, eiförmig oder eiförmig-länglich, stumpf.

Sie wächst im Oregon-Gebiete in Nordamerika.

132) Gn. microcephalum *Nuttall*. Die ganze Pflanze ist dicht wollig; der Stengel ist am Grunde wahrscheinlich halbstrauchig, aufrecht, einfach; die Blätter sind lanzettlich, bespitzt, sitzend, nach dem Grunde zu schmäler, sämmtlich einander fast gleich; die eiförmigen Köpfchen stehen in einer kurzen Aehre gebüschelt; die Schuppen des Hauptkelchs sind trockenhäutig, spitz, weiß.

Die Heimath dieser Art ist Californien.

133) Gn. ustulatum *Nuttall*. Diese Art ist ausdauernd, graufilzig; der Stengel ist krautartig, aufrecht, einfach, stielrund, flockig-weichhaarig; die Blätter sind länglich-spatelig, stumpf, stachelspitzig, die oberen schmäler, sitzend, aber nicht herablaufend; die länglichen Köpfchen stehen in den oberen Blattwinkeln und bilden eine kurze, zusammenhängende, dichte, längliche Aehre; die Schuppen des Hauptkelchs sind lanzettlich oder linealisch, spitz und an der Spitze braun.

Sie wächst in Californien und unterhalb der Rocky mountains in Nordamerika.

134) Gn. depressum *Nuttall*. Diese Art ist grauwollig, stengellos, rasenförmig; die Blätter sind linealisch, stumpf, meist kahl; das ungestielte, glockenförmige Köpfchen steht einzeln; die Schuppen des Hauptkelchs sind bräunlich, länglich, spitz; die Achänen sind wollig.

Sie kommt am Gipfel des Berges Pichincha in Südamerika vor.

135) Gn. alienum *Nuttall*. Die unfruchtbaren Aeste sind kurz, dicht-rasenartig, die fruchtbaren verlängert, schlank, einfach und nebst den Blättern weißwollig; letztere sind linealisch-spatelig, die oberen linealisch; die am Grunde sehr dicht wolligen Köpfchen stehen in einer endständigen, unterbrochenen Aehre; die Schuppen des cylindrischen, am Grunde verschmälerten, schön rosenrothen Hauptkelchs sind spitz, aufrecht und decken sich dachziegelig.

Die Heimath dieser Art ist Chili.

Außer den hier angeführten Arten sind noch viele andere als zur Gattung Gnaphalium gehörig beschrieben worden, welche aber nach sorgfältiger Sichtung anderen Gattungen einverleibt werden müssen. Ueberhaupt kommen hier, wenn man Ifloga und Omalotheca als eigene Gattungen ansieht, folgende 32 Genera in Betracht: Achyrocline, Anaphalis, Anaxeton, Antennaria, Blumea, Chevreulia, Cladochaeta, Diotis, Elytropappus, Eriosphaera, Erythropogon, Evax, Facelis, Filago, Helichrysum, Ifloga, Lasiopogon, Leontonyx, Leontopodium, Leyssera, Lucilia, Metalasia, Monenteles, Omalotheca, Ozothamnus, Pentzia, Petalacte, Phagnalon, Pterocaulon, Schizogyne, Stenocline und Trichogyne. Von diesen sind einige in diesem Werke bereits bearbeitet, andere gehören zu Gattungen, welche gar nicht als Mitglieder der Gnaphalieen angesehen werden können, sodaß nur die den echten Gnaphalieen angehörenden Gattungen hier Berücksichtigung finden. Einige derselben, z. B. Anaxeton, Antennaria, Filago, Leontopodium, wurden von frühern botanischen Schriftstellern als mit Gnaphalium identisch betrachtet und deshalb nicht besonders bearbeitet; sie sind daher hier nachzuholen. Dagegen führen wir die Arten solcher Gattungen, welche nicht zu den Gnaphalieen gehören, nur dem Namen nach an; dies sind Gnaphalium solidaginoides *Poiret* = Blumea solidaginoides, Gnaph. calycinum *Poiret* = Chevreulia stolonifera, Gnaph. lycopodioides *d'Urville* = Chevreulia lycopodioides, Gnaph. legitimum *Strudel* = Diotis maritima, Gnaph. astericiflorum *Lamarck* = Evax astericiflora, Gnaph. retusum *Lamarck* = Facelis spiculata, Gnaph. Commersonii *Sprengel* = Lucilia acutifolia, Gnaph. frigidum *Poeppig* = Lucilia chilensis, Gnaph. dentatum *Linné* = Pentzia flabelliformis; Gnaph. conyzoideum *Lamarck* und Gnaph. sordidum *Linné* = Phagnalon sordidum, Gnaph. undulatum *Wallich* = Pterocaulon pycnostachyum, Gnaph. virgatum *Linné* = Pterocaulon virgatum, Gnaph. compressum *Poiret* und Gnaph. multiflorum *Poiret* = Schizogyne sericea, sowie Gnaph. leysseroides *Desfontaines* = Leyssera capillifolia, Gnaph. redolens *Forster* = Monenteles redolens *De Candolle* und Gnaph. cylindrostachyum *Wallich* = Monenteles spicatus *Labillardière*. Von diesen gehören wiederum die Gattungen Blumea, Evax, Monenteles, Phagnalon, Pterocaulon, Schizogyne zu den Asteroideen, Chevreulia, Facelis, Lucilia zu den Mutisiaceen und endlich Diotis und Pentzia zu einer Unterabtheilung der Senecioideen, den Artemisieen.

Nun mögen die den Gnaphalieen angehörigen Gattungen, deren Charakteristik bei den Gnaphalieen bereits angegeben ist und von denen viele Arten früher zur Gattung Gnaphalium gerechnet wurden, hier in alphabetischer Reihenfolge Platz finden.

I. Achyrocline *De Candolle*.

(Cfr. Gnaphalieen nr. 46.)

* Der Blüthenboden ist mit nur wenigen Fasern besetzt; die Blätter sitzen. Hierher gehört eine in Madagascar vorkommende Art.

1) A. leptocephala *De Candolle*. Der Stengel ist strauchartig, sehr ästig, die Aeste sind stielrund, in der Jugend filzig; die zerstreuten abstehenden Blätter sind linealisch, am Rande umgerollt, oberseits kahl, unterseits schwach filzig; der Ebenstrauß ist zusammengesetzt, locker, rispig; die cylindrischen Köpfchen enthalten nur wenige Blüthen; die äußeren Schuppen des Hauptkelchs sind kurz, stumpf, die inneren lang, spitz, alle röthlichgelb, kahl.

Diese Art, ein 3—4 Fuß hoher Strauch, wächst auf hohen Bergen in Madagascar. Die Blätter sind 6 Linien lang, ½ Linie breit. Die Köpfchen sind 2 Linien lang. Der Blüthenboden ist sehr schmal.

** Der Blüthenboden ist deutlich mit Fasern besetzt; die Blätter sitzen. Hierher gehören amerikanische Arten.

2) A. satureioides *De Candolle*. Ein kleiner, sehr ästiger Strauch mit weichwolligen Aesten; die sitzenden Blätter sind linealisch, abstehend, kaum spitz, die stengelständigen stehen gehäuft, die astständigen von einander entfernt und sind oberseits spinnwebig, unterseits wollig; die Schuppen des Hauptkelchs sind länglich, stumpf. Hierher gehört Gnaphalium satureioides *Lamarck*.

Diese Art wächst in Brasilien und bei Monte Video. Die Blätter sind 12—15 Linien lang, eine Linie breit. Die röthlichen Köpfchen sind 2½ Linien lang, fünfblüthig, unter denen sich nur eine zweigeschlechtliche befindet. Sie ändert ab:

b) remotifolia *De Candolle* mit ruthenförmigen, angedrückt-graufilzigen Aesten, sitzenden, entfernten, abstehenden, spitzen, oberseits spinnwebigen, unterseits graufilzigen Blättern, cylindrischen, an den Spitzen der Aeste büschelig-gehäuft stehenden Köpfchen und röthlichen, etwas spitzen Schuppen des Hauptkelchs. Hierher gehört Gn. satureioides *Humboldt*, *Bonpland* und *Kunth*.

Diese halbstrauchige Abart kommt in Neu-Granada, in der Nähe von Caracas, in Peru und in Brasilien vor. Die Blätter sind 2 Zoll lang und 1 Linie breit. Die fünfblüthigen Köpfchen sind 2 Linien lang.

3) A. Vargasiana *De Candolle* mit ruthenförmigen, graufilzigen Aesten, linealisch-lanzettlichen, sitzenden, spitzen, oberseits von einer kurzen, dicken Behaarung rauhen, unterseits graufilzigen Blättern, rispig-ebensträußigen Blüthenzweigen, cylindrischen, an der Spitze der Aeste büschelförmig-gehäuften Köpfchen und ziemlich spitzen, dunkelgelb gefärbten Schuppen des Hauptkelchs.

Diese halbstrauchige Art sammelte Vargas in der Nähe von Caracas. Die Blätter derselben sind 1½ Zoll lang, 2—3 Linien breit, oft herabgebogen.

4) A. Vauthieriana *De Candolle* mit krautartigem, aufrechtem, einfachem, von einer fast seidigen Behaarung grauem Stengel, linealischen, schwielig-stachelspitzigen, lang herablaufenden, zu beiden Seiten wollig-grauen Blättern, fünfblüthigen, cylindrischen, an den Spitzen der Aeste büschelförmig-gehäuft stehenden Köpfchen; die Schuppen des Hauptkelchs sind länglich, gelb, etwas spitz.

Diese ausdauernde Art entdeckte Vauthier in Brasilien. Die Blätter sind ziemlich aufrecht, 2 Zoll lang, 1 Linie breit und laufen flügelförmig am Stengel herab. Von den Blüthen sind vier weiblich, eine zweigeschlechtlich.

5) A. flaccida *De Candolle* mit halbstrauchigem, schlaffem, graufilzigem, an der Spitze rispig-ebensträußigem Stengel, sitzenden, länglich-lanzettlichen, zu beiden Enden verschmälerten, dreifältig-genervten, am Rande ein wenig umgerollten, oberseits spinnwebigen, unterseits graufilzigen Blättern, fünfblüthigen, an der Spitze der Aeste und Aestchen büschelig-ebensträußigen Köpfchen und mit gelblich-röthlichen, zugespitzten Schuppen des Hauptkelchs. Hierher gehört Gnaphalium flaccidum *Weinmann*.

Die Heimath dieser Art ist Brasilien. Die Blüthenäste sind oft sehr lang; die Blätter sind 2—3 Zoll lang, 3—5 Linien breit, die schmäleren kaum dreifältig-genervt. Die Hauptkelche ändern mit gelblichen und weißlichen Schuppen ab.

6) A. rufescens *De Candolle*. Diese Art ist wahrscheinlich halbstrauchig; die Stengel sind aufrecht, rispig-ästig, weißwollig; die Blätter laufen am Stengel herab und sind lanzettlich-linealisch, spitz, am Rande ein wenig umgerollt, beiderseits weißwollig; die fünfblüthigen Köpfchen stehen büschelig-gehäuft, rispig; die Schuppen des Hauptkelchs sind stumpf, röthlich. Hierher gehört Gnaph. rufescens *Humboldt*, *Bonpland* und *Kunth*.

Das Vaterland dieser Art ist wahrscheinlich Neu-Granada. Die Blätter sind ½ Zoll lang, 1½ Linien breit. Die Köpfchen sind 1½ Linien lang und enthalten zwei zweigeschlechtliche und drei weibliche Blüthen.

7) A. mathiolaefolia *De Candolle* mit krautartigem, vom Grunde an spärlich ästigem, weich-spinnwebig-wolligem Stengel, sitzenden, länglich-lanzettlichen, spitzen, dreifältig-genervten, oberseits spinnwebig-, unterseits filzig-wolligen Blättern, cylindrischen, fünfblüthigen, an der Spitze der fast ebensträußigen Aestchen dicht büscheligen Köpfchen und blaßröthlichen zugespitzten Schuppen des Hauptkelchs.

Diese ausdauernde Art wächst in Monte Video. Sie steht in der Mitte von A. flaccida und celosioides und hat 1½ Zoll lange und 5 Linien breite Blätter. Die Aestchen und Deckblättchen des Ebenstraußes sind dicht wollig.

8) A. celosioides *De Candolle*. Diese Art ist strauchig, niederliegend; der Stengel und die kurzen Aeste sind grau-wollig; die Blätter sind elliptisch-verkehrt-eiförmig, stumpflich, dreinervig, oberseits weiß-, unterseits grau-wollig; die Köpfchen stehen an der Spitze der Aeste in Knäueln; die Schuppen des Hauptkelchs sind glänzend, spitzlich, weißlich; an zweigeschlechtlichen Blüthen sind drei, an weiblichen zwei vorhanden. Hierher gehören Gnaph. celosioides *Humboldt*, *Bonpland* und *Kunth* und Gn. loxense *Willdenow* herb.

Sie wächst bei Loxa in Peru; ihre Blätter sind 9—10 Linien lang, 5—6 Linien breit.

9) A. candicans *De Candolle* mit krautartigem, ästigem, weißwolligem Stengel, sitzenden, lanzettlich-spateligen, spitzen, beiderseits weiß-wolligen Blättern, fünfblüthigen, an der Spitze der Aeste büschelig-geknäuelt stehenden Köpfchen und spitzen, trockenhäutigen, gelblichen Schuppen des röhrenförmigen Hauptkelchs. Hierher gehört Gnaph. candicans *Humboldt*, *Bonpland* und *Kunth*.

Diese ausdauernde Art wächst in Quito bei Tiesan und Alausi und hat 14—15 Linien lange und 3—3½ Linien breite Blätter. Von den fünf Blüthen jedes Köpfchens sind vier weiblich, eine zweigeschlechtlich.

*** Die Blätter laufen am Stengel herab. Hierher gehören amerikanische Arten.

10) A. bogotensis *De Candolle*. Der Stengel ist krautartig, aufrecht, spinnwebig-wollig; die Blätter laufen am Stengel sehr schmal herab und sind linealisch,

spitz, oberseits ziemlich kahl, unterseits seidig-wollig, einnervig; die rispigen Blüthenäste tragen an der Spitze die büschelig-geknäuelten Köpfchen; die äußeren und mittleren Schuppen des cylindrischen Hauptkelchs sind stumpf, die inneren etwas spitz. Hierher gehört Gnaph. bogotense *Humboldt*, *Bonpland* und *Kunth*.

Diese Art wächst in Neu-Granada bei Bogota und ist ausdauernd. Ihre Blätter sind 2 Zoll lang, 1 Linie breit. Die Köpfchen sind 1½ Linien lang und enthalten zwei zweigeschlechtliche und drei weibliche Blüthen.

11) A. alata *De Candolle*. Der Stengel ist krautartig, aufrecht, oberwärts ästig, geflügelt und ziemlich kahl; die am Stengel herablaufenden Blätter sind schmal lanzettlich, spitz, aderig-dreifältig-genervt, behaart; die Rispe ist endständig, ebensträußig; die Köpfchen stehen büschelig-geknäuelt; die Schuppen des Hauptkelchs sind stumpflich, bräunlich. Hierher gehören Gnaph. alatum *Humboldt*, *Bonpland* und *Kunth* und Gnaph. alatosense *Willdenow* herb.

Diese ausdauernde Art wächst in Quito in der Nähe von Tiauzi. Sie hat 3 Zoll lange und 3 Linien breite Blätter. Der röhrig-glockenförmige Hauptkelch beherbergt fünf weibliche und zwei zweigeschlechtliche Blüthen.

12) A. pterocaula *De Candolle*. Der Stengel ist krautartig, aufrecht, unten einfach und ziemlich kahl, nach Oben ästig und filzig; die Blätter laufen am Stengel in ziemlich breiten Flügeln lang herab und sind linealisch-lanzettlich, spitz, aderig-dreifältig-genervt, oberseits spinnwebig, unterseits weichhaarig; die Blüthenäste sind locker, fast rispig; die Köpfchen stehen an der Spitze der Aeste in Knäuelchen, welche von blattartigen Deckblättern unregelmäßig umgeben sind; die Schuppen des Hauptkelchs sind länglich, röthlich, stumpflich.

Sie wächst in Brasilien in der Provinz Rio Grande und ist ausdauernd. An weiblichen Blüthen sind 3—4, an zweigeschlechtlichen 2—3 vorhanden. Von Achyr. alata unterscheidet sie sich durch einen 10- (nicht 15—20-) schuppigen, röthlichen, nicht bräunlichen Hauptkelch.

Nach dem Erscheinen von De Candolle's Prodromus sind folgende Arten dieser Gattung bekannt gemacht:

13) A. madioides *Meyen* und *Walpers*. Der Stengel ist aufrecht, krautartig, einfach, weich-wollig; die Blätter laufen am Stengel weit herab und sind sämmtlich linealisch, zugespitzt, beiderseits dicht-wollig, zuletzt oberseits ziemlich kahl; die Köpfchen stehen an der Spitze der Aestchen büschelig-geknäuelt; die Schuppen des Hauptkelchs sind eiförmig, spitz, gelblich.

Diese wahrscheinlich einjährige Art wächst in Peru bei Arequipa, ist mit A. alata nahe verwandt und stimmt in der Tracht mit Madia sativa überein. Der Stengel ist einfach, über 2 Fuß hoch, nur an der Spitze in einige köpfchentragende, doldige Aeste getheilt; die Blätter sind 2 Zoll und darüber lang, 4—5 Linien breit; an weiblichen Blüthen sind fünf, an zweigeschlechtlichen zwei vorhanden.

14) A. mollis *Bentham*. Die Stengel sind aufsteigend, weißwollig; die Blätter sind länglich- oder eiförmig-lanzettlich, spitz, am Grunde in einen nicht herablaufenden Stiel verschmälert, beiderseits weich-weißwollig; die fünfblüthigen Köpfchen stehen in büscheligen Knäuelchen; die äußeren Schuppen des Hauptkelchs sind stumpf, die inneren spitz, röthlich.

Diese in Quito einheimische Art ist halbstrauchig und mit A. rufescens nahe verwandt.

15) A. Schimperi *C. H. Schultz*. Der Stengel ist am Grunde halbstrauchig, aufrecht, ästig, 2 Fuß hoch, stielrund, filzig; die wechselständigen Blätter sind eiförmig-länglich, spitz, am Grunde in den kurzen Blattstiel verschmälert, oberseits weichhaarig, blaß, unterseits graufilzig; die sehr kleinen Köpfchen stehen in einem dichten Ebensträuße gedrängt; die dachziegelig stehenden Schuppen des länglich-rundlichen, schmalen, oft 4—5blüthigen Hauptkelchs sind trockenhäutig, weißlich, glänzend; die mittelständige Blüthe ist zweigeschlechtlich; die Achänen sind kahl.

Diese Art wächst auf dem Berge Sellrada in Habessinien.

16) A. adoënsis *C. H. Schultz*. Der Stengel ist am Grunde halbstrauchig, 2 Fuß hoch, ästig; die Aeste sind ruthenförmig, stielrund, filzig; die wechselständigen Blätter sind elliptisch-länglich, spitz, am Grunde allmälig verschmälert und bilden einen kurzen, kaum getrennten Stiel und sind oberseits dicht weichhaarig, unterseits grau-filzig; die länglich-lanzettlichen, sehr schmalen und sehr kleinen Köpfchen stehen in Knäuelchen und in einem dichten, endständigen Ebensträuße; von den dachziegelig stehenden Schuppen des Hauptkelchs sind die äußeren am Grunde oft purpurroth und in lockerer Wolle eingehüllt, die inneren weißlich, glänzend, lanzettlich, spitz, länger, kahl; von den fünf schlanken Blüthen ist nur die mittelständige zweigeschlechtlich; die Achänen sind verkehrt-eiförmig-länglich, kahl; die Borsten des Federkelchs weißlich, rauh.

Die Heimath dieser Art ist Habessinien.

17) A. Hochstetteri *C. H. Schultz*. Der Stengel ist vom Grunde an ästig; die Aeste sind aufrecht, ruthenförmig, 1½ Fuß lang, schwach-geflügelt, weißlich-filzig; die wechselständigen, entfernt von einander stehenden Blätter sind lanzettlich, sehr spitz, beiderseits graufilzig, sitzend und ein wenig am Stengel herablaufend; die sehr kleinen, goldgelben, sehr zahlreichen Köpfchen bilden einen endständigen, ästigen, dichten, vielblüthigen Ebenstrauß; die Schuppen des rundlichen, am Grunde verdickten Hauptkelchs stehen dachziegelig und sind stumpf, kahl; der Blüthenboden ist sehr klein, mit Fasern besetzt; an Blüthen sind fünf vorhanden; die Achänen sind länglich, kahl, drüsig.

Diese Art kommt auf dem Berge Koabi in Habessinien vor.

18) A. rugosa *Gardner*. Der Stengel ist halbstrauchig, grau-wollig, an der Spitze rispig-ebensträußig; die sitzenden Blätter sind länglich-lanzettlich, zugespitzt, am Grunde abgerundet, dreifältig-genervt, oberseits run-

zelig, kahl, unterseits dicht grau-spinnwebig; die fünfblüthigen Köpfchen stehen an der Spitze der Aeste und Aestchen büschelig-ebensträußig; die Schuppen des Hauptkelchs sind weißlich, glänzend, eiförmig-länglich, stumpf.

Diese Art, ein 2 Fuß hoher Halbstrauch, wächst in Brasilien und zwar in der Provinz Minas Geraës unter dem Gebirge Serra da Piedade. Sie hat 1¼—2 Zoll lange, 6—8 Linien breite Blätter. Die länglichen Köpfchen sind 1½ Linien lang. Mit A. flaccida ist sie am nächsten verwandt.

II. Anaphalis *De Candolle*.

(Cfr. Gnaphaliorum no. 70.)

* Der Stengel ist einköpfig; die oberen Blätter sind an der Spitze trockenhäutig.

1) A. nubigena *De Candolle*. Die ganze Pflanze ist weißwollig; der Stengel ist aufrecht, einköpfig; die oberen Blätter sind an der Spitze trockenhäutig; die äußeren Schuppen des Hauptkelchs sind am Grunde wollig, an der Spitze röthlich; an weiblichen Blüthen sind fast 100, an mittelständigen zweigeschlechtlichen etwa zehn vorhanden. Hierher gehört Gnaphalium nubigenum *Wallich*.

Diese ausdauernde Art wächst auf dem Himalaya. Der Stengel ist 4—6 Zoll hoch.

2) A. monocephala *De Candolle*. Die Pflanze ist weißfilzig, aufrecht; die oberen Blätter sind an der Spitze trockenhäutig; die äußeren Schuppen sind kahl, weißlich; an weiblichen Blüthen sind 40—50, an mittelständigen zweigeschlechtlichen ebenso viel vorhanden.

Sie ist ausdauernd und wächst auf Bergen in Ostindien. Von der vorigen unterscheidet sie sich durch den mehr angedrückten Filz, durch etwas größere Köpfchen und durch zahlreichere, weniger spitze, ja fast stumpfe Schuppen des Hauptkelchs.

** Der Stengel ist fast immer vielköpfig; die Blätter sind an der Spitze nicht trockenhäutig und laufen am Stengel nicht herab.

3) A. mucronata *De Candolle*. Die Pflanze ist weißwollig, rasenartig; die oberen Blätter sind von einer schwarzen Stachelspitze bespitzt; die Schuppen des Hauptkelchs sind zugespitzt; der weiblichen Blüthen sind nur sehr wenige.

Die Heimath dieser ausdauernden Art ist Ostindien. Sie ändert mit kurzem, einköpfigem, bis zur Spitze beblättertem Stengel und mit 5—6 gehäuft-ebensträußigen, bald fast sitzenden, bald gestielten Köpfchen ab.

4) A. neelgerryana *De Candolle*. Der Stengel ist strauchartig, vielköpfig, niedrig, die Blüthenäste sind aufrecht, filzig; die unteren Blätter sind sehr dicht gehäuft, rückwärts dachziegelig, linealisch, fast stumpf, kahl, die oberen an den Blüthenästen aufrecht, filzig, spitz, ein wenig abstehend; die Köpfchen stehen in einem dichten, endständigen Ebenstrauße; die Schuppen des Hauptkelchs sind länglich-linealisch, etwas spitz, weiß gefärbt, länger als die Scheibenblüthen.

Sie wächst auf dem Nilgherri-Gebirge bis zu einer Höhe von 7000 Fuß. Der Rasen ist dicht, sehr ästig, grau. Die Blätter sind 3 Linien lang und 1 Linie breit; der Blüthenboden ist nackt; die weiblichen Blüthen stehen in 2—3 Reihen. Die Borsten des Federkelchs sind an der Spitze bärtig-pinselförmig. In der Tracht stimmt sie mit Helichrysum frigidum überein.

5) A. Royleana *De Candolle*. Die Pflanze ist krautartig, am Grunde vielstengelig; die Aeste sind einfach, aufrecht, graufilzig; die sitzenden, kaum ein wenig herablaufenden Blätter sind länglich-linealisch, stachelspitzig, ganzrandig, oberseits pulverartig-rauh, unterseits spinnwebig, weißlich; der Ebenstrauß ist fast einfach, 7—9köpfig, die grauwolligen Stiele haben mit den Köpfchen gleiche Länge; die Schuppen des Hauptkelchs sind kahl, schneeweiß, die äußeren eiförmig, kürzer, die mittleren eiförmig-länglich und länger als die Blüthchen, die innersten linealisch-länglich und mit den Scheibenblüthen gleich lang.

Diese Art entdeckte Royle in den nordwestlichen Provinzen Ostindiens. In ihrer Tracht und in der Form der Blätter hat sie Aehnlichkeit mit Anaph. Wightiana. Die wenigen Blüthen stehen in 1—2 Reihen. Das schneeweiße Köpfchen ist am Grunde auf der Außenseite bräunlich-gefleckt. Die Blumenkronen sind gelb; die Achänen kahl.

6) A. polylepis *De Candolle*. Der Stengel ist am Grunde halbstrauchig, aufrecht, ästig, die Blüthenäste und Blüthenstiele sind filzig-wollig, grau; die unteren Blätter sind fast spatelig, die übrigen linealisch, ganzrandig, mit einer kurzen, dicken Stachelspitze versehen, oberseits kahl, unterseits grau wollig; der Ebenstrauß ist fast kahl, 7—9köpfig; von den 70—80 trockenhäutigen, kahlen Schuppen sind die äußern ein wenig kürzer, purpurroth, die übrigen schneeweiß, eiförmig-länglich und länger als die Scheibenblüthen.

Diese Art entdeckte Royle gleichfalls in den nordwestlichen Provinzen Ostindiens; sie ist mit der vorhergehenden nahe verwandt, unterscheidet sich aber durch die um die Hälfte kleineren Köpfchen und durch den halbstrauchigen Stengel. Von den 20—25 Blüthen sind nur sehr wenige weiblich.

7) A. chionantha *De Candolle*. Der Stengel ist halbstrauchig, vom Grunde an sehr ästig, schlank; die Blätter sind linealisch, stachelspitzig, am Grunde halbstengelumfassend, am Rande ein wenig umgerollt; die 4—7 gestielten Köpfchen stehen an der Spitze der Aeste ebensträußig-doldig; die äußeren Schuppen des Hauptkelchs sind bräunlich, auf dem Rücken filzig, die übrigen lanzettlich, weiß gefärbt, der Länge nach gestreift und länger als die Scheibenblüthen. Hierher gehören als Synonyme Gnaph. chionanthum *Sprengel* und Gnaph. canum *Wallich*.

Sie wächst in Ostindien auf Bergen bei *Kamaon* und Sirmore. Die in mehren Reihen stehenden weiblichen Blüthen haben einen hervorragenden zweispaltigen Griffel, der zweigeschlechtlichen Blüthen sind nur wenige. Diese Art ist mit A. nubigena verwandt und kommt in zwei Varietäten vor:

a) cana *De Candolle* mit graufilzig-wolligen Stengeln und Blättern.

b) pubescens *De Candolle* mit oberseits spinnwebigen, unterseits fast filzigen Blättern und am Grunde kahlen, an der äußersten Spitze filzigen Stengeln.

8) A. notoniana *De Candolle*. Die ganze Pflanze ist wollig; der Stengel ist halbstrauchig, die Aeste sind bis zur Spitze beblättert; die Blätter sind breit-linealisch oder länglich, stumpf, am Rande umgerollt, von langer Wolle sehr dick, sitzend und ein wenig herablaufend; der Ebenstrauß ist endständig, zusammengesetzt, dicht; die Schuppen des eiförmigen Hauptkelchs stehen in mehren Reihen, decken sich dachziegelig und sind weiß trockenhäutig, spitz, an der Spitze ein wenig kraus, zuletzt strahlförmig-abstehend. Hierher gehören Gnaph. notonianum *Wallich*, Gnaph. innominatum *Wight* und *Wallich* und Helichrysum notonianum *De Candolle*.

Diese Art wächst auf dem Nilgherri-Gebirge in Ostindien. Der Blüthenboden ist nackt, kaum zehnfächerig. Die äußeren Blüthen stehen in einer Reihe und sind weiblich, die übrigen zweigeschlechtlich. Der Federkelch ist rauh, weiß. Die Schuppen des Hauptkelchs haben eine weißliche Farbe.

9) A. leptophylla *De Candolle*. Die ganze Pflanze ist seidenhaarig-grau; der Stengel ist rundlich, ästig, aufrecht; die entfernt stehenden sitzenden Blätter sind linealisch, stachelspitzig, ganzrandig, abstehend; der Ebenstrauß ist endständig, zusammengesetzt, fast doldig; die Köpfchen sind gestielt; die Schuppen des Hauptkelchs sind länglich-linealisch, spitz, weißgefärbt, sparrig-zurückgebogen.

Sie wächst gleichfalls auf dem Nilgherri-Gebirge in Ostindien. Ihre Blätter sind 12—15 Linien lang, 1—1½ Linien breit, bisweilen am Rande ein wenig umgerollt. Der Blüthenboden ist nackt, punktirt. Die 1—2reihigen Randblüthen sind weiblich, die übrigen zweigeschlechtlich. Das Früchtchen ist kahl.

10) A. brevifolia *De Candolle*. Die ganze Pflanze ist seidenhaarig-grau; der Stengel ist stielrund, aufsteigend, einfach; die unteren Blätter sind einander genähert, sitzend, linealisch, etwas spitz, ganzrandig, aufrecht, am Rande umgerollt; der Ebenstrauß ist endständig, zusammengesetzt, fast doldig; die Schuppen des Hauptkelchs sind länglich-linealisch, weißgefärbt, abstehend. Hierher gehört Helichrysum leptophyllum var. b. brevifolium *Wight* und *Arnott*.

Die Heimath dieser Art ist Ceylon.

11) A.? tenella *De Candolle*. Der Stengel ist ausgebreitet, ästig, am Grunde halbstrauchig; die Aeste sind stielrund, wollig; die Blätter sind linealisch, stachelspitzig, oberseits ziemlich kahl, unterseits wollig, am Grunde ein wenig breiter, halbstengelumfassend und laufen am Stengel sehr wenig herab; die Blüthenköpfchen stehen in einem endständigen, dichten, kopfförmigen Ebenstrauße gehäuft; von den eiförmigen Schuppen des Hauptkelchs sind die äußeren bräunlich, zugespitzt, ziemlich locker, die inneren weißgefärbt, stumpf, länger als die Scheibenblüthen. Hierher gehören Gnaph. tenellum *Wallich*, Gnaph. supinum var. indicum *Sprengel* und wahrscheinlich auch Helichrysum stoloniferum *Don*.

Diese Art findet sich auf dem Himalaya bei Gossain-Than. Die 12—15 Blüthen sind sämmtlich zweigeschlechtlich; der Federkelch ist kurz, röthlich.

12) A. Wightiana *Wallich* (unter Gnaphalium). Der Stengel ist am Grunde halbstrauchig, aufrecht, bis zur Spitze beblättert, am Grunde behaart-rauh, an der Spitze lang wollig; die sitzenden oder ganz angewachsenen Blätter sind länglich-linealisch, stumpf, oberseits behaart-rauh, unterseits grau wollig, die obersten an der Spitze schwielig-hakenförmig; der Ebenstrauß ist endständig, zusammengesetzt, sehr dicht, vielköpfig; die Schuppen des Hauptkelchs sind länglich, etwas spitz, weißgefärbt, ein wenig länger als die Scheibenblüthen.

Sie kommt auf dem Nilgherri-Gebirge in Ostindien vor. Der Blüthenboden ist nackt. Die äußeren, weiblichen Blüthen stehen in mehren Reihen, der mittelständigen gibt es 10—12. Der Federkelch ist einreihig, rauh. Das Früchtchen ist stielrund, etwas weichhaarig. Der Hauptkelch ist weiß. Die Blüthen sind gelb.

13) A. viscida *De Candolle*. Der Stengel ist am Grunde halbstrauchig, in Folge der abgefallenen Blätter narbig; die Aeste sind schlank, filzig; die sitzenden, einander genäherten Blätter sind linealisch, zugespitzt, am Rande umgerollt, oberseits drüsig-klebrig, unterseits filzig; der Ebenstrauß ist endständig, zusammengesetzt; die Köpfchen sind gestielt, gehäuft; die Schuppen des Hauptkelchs sind weißlich gefärbt, länglich, stumpf, die inneren doppelt schmäler als die äußeren. Hierher gehört Gnaph. viscidum *Blume*.

Diese Art wächst auf der Insel Java und zwar auf der Spitze des Berges Tjerimai. Die weiblichen Blüthen stehen in wenigen Reihen; der Federkelch ist röthlich.

14) A. linearis *De Candolle*. Der Stengel ist aufrecht, stielrund, grau-spinnwebig-wollig und wahrscheinlich einfach; die sitzenden Blätter sind linealisch, zugespitzt, ganzrandig, oberseits ein wenig spinnwebig, unterseits dicht-grau-wollig, am Rande ein wenig umgerollt; der Ebenstrauß ist zusammengesetzt, die 8—10 Aeste tragen an der Spitze 5—6 dicht gedrängte Köpfchen; die Schuppen des Hauptkelchs sind schneeweiß, kahl, eiförmig-länglich, stumpf und von der Länge der Scheibenblüthen.

Diese Art findet sich in den nordwestlichen Provinzen Ostindiens. Ihre Blätter sind 15—18 Linien lang, 1—2 Linien breit. Die Blüthen sind gelb, die äußeren weiblichen stehen in 3—4 Reihen.

15) A. longifolia *Blume* (unter Gnaphalium). Der Stengel ist halbstrauchig, die Aeste sind lang, stielrund, wollig-filzig; die sitzenden Blätter sind lang-linealisch, sehr spitz, oberseits spinnwebig, unterseits weiß-filzig; der Ebenstrauß ist endständig, ästig; die Köpfchen sind sehr kurz gestielt; die Schuppen des Hauptkelchs sind länglich, etwas stumpf, weißgefärbt, ein wenig länger als die Scheibenblüthen, die inneren doppelt schmäler als die äußeren.

Diese Art kommt auf der Insel Java am Rande des Flusses Tjapus vor. Ihre Blätter sind 4 Zoll lang, 3 Linien breit. Der Blüthenboden ist nackt. Die weiblichen Blüthen sind zahlreich, der zweigeschlechtlichen sind nur wenige.

*** Der Stengel ist vielköpfig; die Blätter laufen am Stengel mehr oder weniger herab.

16) A. aristata *De Candolle* (unter Gnaphalium). Der Stengel ist am Grunde halbstrauchig, ästig, aufrecht, bis zur Spitze beblättert, am Grunde rauh, an der Spitze filzig; die Blätter sind linealisch, verlängert, begrannt-stachelspitzig, am Rande ein wenig umgerollt, am Grunde verbreitert-herzförmig und ein wenig am Stengel herablaufend, oberseits rauh mit einem fast filzigen Mittelnerven, unterseits grau-filzig mit rauhen Mittelnerven; die Köpfchen stehen in einem endständigen, zusammengesetzten, sehr dichten Ebenstrauße gehäuft; die Schuppen des Hauptkelchs sind eiförmig, stumpf, weiß und rosenroth gefärbt, kahl.

Diese Art wächst auf dem Nilgherri-Gebirge in Ostindien. Von den 15—18 Blüthen sind die 5—6 mittelständigen zweigeschlechtlich, die übrigen stehen in 2—3 Reihen. Die Blätter sind 2 Zoll lang, 2—3 Linien breit.

17) A.? elliptica *De Candolle*. Die ganze Pflanze ist schneeweiß-filzig; der Stengel ist am Grunde halbstrauchig, ästig, niedrig; die Blätter sind elliptisch, stachelspitzig, ganzrandig, mit abwischbarem Filze besetzt, 5—7-nervig, angewachsen oder kurz herablaufend; die Köpfchen stehen in einem endständigen, eiförmigen, von Blättern umgebenen, sehr dichten Ebenstrauße gehäuft; die Schuppen des Hauptkelchs sind eiförmig, spitz, an der Spitze trockenhäutig, röthlich-weiß.

Sie wächst auf dem Nilgherri-Gebirge in Ostindien. Ihre Blätter sind 9 Linien lang, 3 Linien breit. Der Blüthenboden ist nackt. Die weiblichen Blüthen stehen in 2—4 Reihen.

18) A. oblonga *De Candolle*. Die ganze Pflanze ist schneeweiß-filzig; die Stengel sind am Grunde halbstrauchig, aufrecht; die Blätter sind länglich, am Grunde angewachsen oder ein wenig herablaufend, einnervig, die unteren sind am Grunde schmäler, verkehrt-eiförmig, stumpf, die oberen an der Spitze etwas spitz; die Blüthenköpfchen stehen in einem endständigen, dichten, kopfförmigen, von Blättern nicht umgebenen Ebenstrauße gehäuft; die Schuppen des Hauptkelchs sind trockenhäutig, weißgefärbt, länglich, spitz, ein wenig länger als die Scheibenblüthen.

Auf dem Nilgherri-Gebirge in Ostindien einheimisch. Von der verwandten A. elliptica unterscheidet sie sich durch ein-, nicht mehrnervige, längliche, nicht elliptische, das Blüthenknäulchen nicht einhüllende Blätter. Von den purpurrothen Blüthen stehen die weiblichen in 2—3 Reihen. Die Achäne ist kahl, der Federkelch an der Spitze rauh.

19) A. adnata *Wallich* (unter Gnaphalium). Die ganze Pflanze ist wollig-filzig, weißlich; der Stengel ist am Grunde halbstrauchig, aufsteigend-aufrecht, stielrund, fast einfach; die unteren Blätter sind eiförmig-länglich, am Grunde verschmälert, die oberen linealisch oder lanzettlich, angewachsen, spitz; die unteren Blüthenäste stehen achselständig, sind kürzer als das Blatt und tragen an der Spitze einen kleinen Ebenstrauß, die oberen sind länger und tragen einen zusammengesetzten, weiten Ebenstrauß; die Schuppen des Hauptkelchs sind länglich oder eiförmig, stumpf, weißgefärbt, die inneren länger.

Diese Art ist ausdauernd und wächst in Ostindien bei Nundua. An dem unteren Theile des Stengels und auf der Oberfläche der unteren Blätter verschwindet endlich die weißliche, lange Wolle, wodurch diese Theile dann rauh erscheinen.

20) A. araneosa *De Candolle*. Der Stengel ist aufrecht, ästig, fast kantig, hin und wieder spinnwebig und wahrscheinlich krautartig; die Aeste sind an der Spitze wollig-grau; die Blätter laufen am Stengel herab und sind ziemlich kahl, lanzettlich-linealisch, zugespitzt, ganzrandig; die Köpfchen stehen an der Spitze der Aeste dicht gedrängt; der Ebenstrauß ist fast zusammengesetzt; die Schuppen des Hauptkelchs sind schneeweiß, kahl, länglich, stumpf und kaum länger als die Blüthen.

Sie wächst in den nordwestlichen Provinzen Ostindiens. Die Blumenkronen sind gelblich, die äußeren Blüthen sind weiblich und stehen in 2—3 Reihen. Die Blätter sind 1½ Zoll lang, 6 Linien breit.

21) A. Busua *Hamilton* (unter Gnaphalium). Die Pflanze ist schneeweiß-wollig; der Stengel ist krautartig, aufrecht, lang; die Blätter sind linealisch-lanzettlich, zugespitzt, lang und laufen am Stengel ziemlich weit herab; die unteren Köpfchen sind achselständig, kurz gestielt und meist einzeln, die oberen stehen in einer endständigen, eiförmigen Aehre; die äußeren Schuppen des Hauptkelchs sind eiförmig, spitz, die inneren länglich, stumpf, weiß-trockenhäutig. Hieher gehört Gn. decurrens *Hamilton*, aber nicht die gleichnamigen von Ives und Schrank.

Diese einjährige Art wächst in Nepal bei Suembu. Die weiblichen Blüthen stehen in vielen Reihen.

22) A. oligandra *De Candolle*. Der Stengel ist krautartig, aufrecht, spinnwebig-weißglänzend, an der Spitze rispig-ästig; die halbstengelumfassenden, ein wenig herablaufenden Blätter sind lanzettlich-linealisch, am Grunde verbreitert, oberseits spärlich spinnwebig und drüsig-weichstachelig, unterseits graufilzig; die weibblüthigen Köpfchen stehen an der Spitze der Aeste in einem Ebenstrauße gedrängt; der zweigeschlechtlichen Blüthen sind nur sehr wenige; die äußeren Schuppen des Hauptkelchs sind kürzer, ein wenig wollig, die inneren länger, trockenhäutig-weiß, zugespitzt, fast strahlenförmig.

Das Vaterland dieser Art ist Madagascar. Die Blätter sind 1½ Zoll lang, 4 Linien breit. Der Federkelch ist blaß röthlich.

III. Anaxeton *Cassini*.

(Cfr. Gnaphalieen no. 63.)

1) A. arborescens *Gärtner*. Die Aeste sind an der Spitze blattlos; die Blätter sind linealisch, stachelspitzig, unterseits dicht filzig, oberseits kahl; die äußeren Schuppen des Hauptkelchs sind spitz, kahl, röthlich, die inneren weit kleiner. Hierher gehören Gnaph. arborescens und Gnaph. arboreum *Linné*, sowie Gnaph. floridum *Poiret*.

Sie ist strauchartig und wächst am Cap der guten Hoffnung in der Nähe der Capstadt. Die äußeren Schuppen des Hauptkelchs sind blaßroth oder sehr selten rosen-purpurroth. Die Köpfchen stehen in Ebensträußen.

2) A. asperum *De Candolle*. Die Aeste sind an der Spitze blattlos; die Blätter sind linealisch, stachelspitzig, oberseits rauh, unterseits filzig; die äußeren Schuppen sind spitz, röthlich, sehr wollig, die inneren kleiner. Hierher gehören Gnaph. asperum *Thunberg* und Gnaph. stenocladum *Schrank*.

Diese Art ist gleich den folgenden strauchartig und wächst wie jene am Cap der guten Hoffnung; sie ändert mit locker spinnwebigen und oberseits kahlen Blättern ab.

3) A. virgatum *De Candolle*. Der Stengel ist ganz einfach, ruthenförmig, an der Spitze blattlos; die Blätter sind linealisch, stachelspitzig, aufrecht, oberseits ganz kahl, unterseits in der Jugend filzig, im Alter fast kahl; der Hauptkelch ist am Grunde nebst den Aesten des Ebenstraußes rauhhaarig; die mittleren Schuppen sind braun, spitz, kahl, die innersten ein wenig länger; die Köpfchen sind 2—3blüthig, sehr klein und dicht stehend.

4) A. recurvum *De Candolle*. Die Aeste sind bis an das Blüthenköpfchen beblättert oder kaum an der äußersten Spitze nackt; die Blätter sind linealisch, stachelspitzig, abstehend-zurückgekrümmt, unterseits dicht filzig, oberseits kahl; die fast stiellosen Köpfchen stehen dicht gedrängt; die Schuppen des Hauptkelchs sind ganz kahl, die äußeren zugespitzt. Hierher gehören Gnaph. recurvum *Lamarck* und Gnaph. cylindricum *L'Héritier*. Die Aeste sind lockerer-spinnwebig-wollig als an den vorigen Arten.

5) A. nycthemerum *Lessing*. Die Blätter sind länglich-verkehrt-eiförmig, stumpf, abstehend-zurückgekrümmt, unterseits weißfilzig; die Köpfchen stehen in einem fast kugeligen Knäuelchen gehäuft; von den gleichgroßen, braunschwarzen Schuppen des Hauptkelchs sind die äußeren zugespitzt; der Pappus ist kurz federig.

6) A. hirsutum *Lessing*. Die Aeste sind fast bis zur Spitze beblättert; die Blätter sind länglich-elliptisch, in der Jugend stachelspitzig, unterseits kahl, oberseits striegelig-rauhhaarig; die Köpfchen stehen in einem fast kugeligen Knäulchen gehäuft; die äußeren Schuppen des Hauptkelchs sind linealisch, sehr spitz, dicht- und braunwollig. Hierher gehört Gnaphalium hirsutum *Thunberg*.

IV. Antennaria *R. Brown*.

(Cfr. Gnaphalieen no. 68.)

Erste Section. Catipes *De Candolle*.

Die Köpfchen sind sämmtlich zweihäusig. Der Federkelch der unfruchtbaren Blüthen ist deutlich keulenförmig. — Die Stengel entspringen aus dem Wurzelhalse zu mehreren und sind rasenartig, theils ausgebreitet, beblättert, blüthenlos, theils aufrecht, einfach, blühend. — Die weiblichen Pflanzen sind häufiger.

1) A. monocephala *De Candolle*. Die Ausläufer fehlen oder sind nur in sehr geringer Anzahl vorhanden und ziemlich aufrecht; die Blätter sind unterseits wollig, die grundständigen länglich-spatelig, die stengelständigen linealisch; die Köpfchen stehen an der Spitze des Stengels einzeln; die inneren Schuppen des Hauptkelchs sind fast trockenhäutig, braun-genetzt, zugespitzt, flach. Hierher gehört Antennaria alpina *Lessing* (nicht *Gärtner*) und vielleicht Gnaph. monanthum *Willdenow*, Gnaph. uniflorum *Pallas* oder Gnaph. Pallasii *Sprengel*.

Diese Art ist ausdauernd und wächst auf der Insel Unalaschka. Sie hat übrigens mit Ant. alpina große Aehnlichkeit und bildet vielleicht nur eine Abart von ihr, jedoch sind die Stengel stets einköpfig, was bei jener Art niemals vorkommt.

2) A. alpina *Gärtner*. Die Ausläufer fehlen oder sind nur in geringer Anzahl vorhanden und ziemlich aufrecht; die Blätter sind unterseits wollig-filzig, die grundständigen sind länglich-spatelig, die stengelständigen linealisch; die fast ungestielten Köpfchen stehen zu 3—5 in Trugdolden; die Schuppen des Hauptkelchs sind fast trockenhäutig, braun geadert, ausgefressen, zugespitzt, flach. Hierher gehört Gnaph. alpinum *Linné*.

Sie wächst auf den höchsten Alpen in Lappland, Grönland, Norwegen, der Schweiz und der Dauphiné und ist ausdauernd.

3) A. carpathica *Bluff* und *Fingerhuth*. Die Ausläufer fehlen oder sind sehr kurz; die Blätter sind sämmtlich lanzettlich-linealisch, dreinervig, beiderseits wollig-filzig; die gestielten Köpfchen stehen zu 3—5 in Trugdolden; die Schuppen des Hauptkelchs sind fast trockenhäutig, braun-netzaderig, ausgefressen, flach, zugespitzt. Hierher gehört Gnaph. carpathicum *Wahlenberg* und Gnaph. alpinum *Willdenow*.

Diese auf den Karpathen, den kärnthner Alpen, in der Schweiz und Lappland vorkommende Art ist ausdauernd.

4) A. leontopodina *De Candolle*. Der Wurzelhals ist halbstrauchig, vielköpfig; die Stengel sind aufrecht, einfach; die Blätter sind länglich-linealisch, stumpf, ganzrandig, zu beiden Seiten nebst dem Stengel grau und filzig-wollig; die fünf Köpfchen sind dicht gehäuft; die blattartigen, eiförmig-länglichen Deckblätter überragen die Köpfchen ein wenig; die Schuppen des Hauptkelchs sind an der Spitze trockenhäutig-braun, etwas spitz.

Sie findet sich in den nordwestlichen Provinzen Ostindiens. Die 3—4 Zoll hohe Pflanze ist ganz grau, nur an der äußersten Spitze ein wenig gelb. Die unter den Köpfchen stehenden Deckblätter kündigen die Verwandtschaft mit Leontopodium an, aber die Köpfchen sind durchaus zweihäusig.

5) A. dioica *Gärtner*. Die Ausläufer sind niedergestreckt; die Blüthenstengel ganz einfach; die unteren Blätter sind spatelig, die oberen linealisch, alle wenigstens unterseits filzig; der Ebenstrauß ist endständig, einfach; die Schuppen des Hauptkelchs sind gefärbt, kahl. Hierher gehört Gnaphalium dioicum *Linné* und Gnaph. boreale *Turczaninow*.

Diese Art wächst auf trockenen Wiesen und auf Bergen in Europa, Taurien, Persien, Sibirien und Daurien. Die Hauptkelche der männlichen Blüthen sind weiß, die der weiblichen rosenroth. Sie kommt in folgenden zwei Formen vor:

b) hyperborea *De Candolle*. Diese Abart ist größer, ihre Köpfchen sind kurz gestielt, die jüngeren Blätter sind auf beiden Seiten weißfilzig, die älteren beiderseits fast kahl. Hierher gehören Gnaph. hyperboreum *Winch* und Antennaria hyperborea *Don*. So in Schottland auf der Insel Skye.

c) congesta *De Candolle*. Der Stengel ist kaum länger als die grundständigen Blätter; die Köpfchen sitzen zwischen den Blättern gehäuft; die jüngeren Blätter sind beiderseits weißfilzig. Hierher gehört Gnaph. alpinum *Asso*. So in Aragonien.

6) A. plantaginea *R. Brown*. Die Ausläufer sind niedergestreckt; die jungen Blätter sind seidenhaarig-wollig, die alten kahl, die grundständigen gestielt, eiförmig, dreinervig, die stengelständigen linealisch; der Ebenstrauß ist zusammengezogen; die männlichen Blüthenköpfchen sind sitzend, die weiblichen gestielt; die äußeren Schuppen des Hauptkelchs sind röthlich, die inneren länger, weißgefärbt. Hierher gehören Gnaph. plantagineum *Linné* und Dysinanthus plantagineus *Rafinesque*.

Zweite Section. Margaripes *De Candolle*.

Die Köpfchen sind zweihäusig, die männlichen oder zufällig zweigeschlechtlichen sind unfruchtbar und tragen am Rande oft einige geschlechtslose Blüthen. Der Federkelch der unfruchtbaren Blüthen ist undeutlich keulenförmig. — Die Stengel sind aufrecht, am Grunde einfach, an der äußersten Spitze ebensträußig-ästig. — Die männlichen Pflanzen sind häufiger.

7) A. margaritacea *R. Brown*. Der Stengel ist krautartig, aufrecht, filzig, an der Spitze ebensträußig-ästig; die Blätter sind linealisch-lanzettlich, zugespitzt, einnervig, unterseits filzig; die Schuppen des Hauptkelchs sind weißgefärbt, stumpf. Hierher gehören Gnaph. margaritaceum *Linné*, Helichrysum margaritaceum *Mönch* und Antennaria (Pilachis) margaritacea *Rafinesque*.

Diese ausdauernde Art findet sich in Nordamerika und ist auch in Europa eingeführt und hie und wieder verwildert.

8) A. triplinervis *Sims*. Der Stengel ist krautartig, aufrecht, filzig, an der Spitze ebensträußig-ästig; die Blätter sind eiförmig-länglich, zugespitzt, halbstengelumfassend, drei- oder fünffältig-generot, unterseits filzig-grau; die Schuppen des Hauptkelchs sind elliptisch, spitz. Hierher gehören Gnaph. quintuplinerve *Hamilton*, Gnaph. perfoliatum *Wallich*, Gnaph. nepalense *Hortor.* und Gnaph. cynoglossoides *Treviranus*.

Diese Art ist ausdauernd, wächst in Nepal und kommt in zwei Varietäten vor:

b) cuneifolia *De Candolle*. Die Blätter sind am Grunde keilförmig, lanzettlich-länglich, kaum halbstengelumfassend, dreifältig-generot; der Köpfchen sind nur wenige. Hierher gehört Helichrysum nepalense *Sprengel*.

c) intermedia *De Candolle*. Die grundständigen Blätter sind gestielt, elliptisch-länglich, dreinervig, die stengelständigen länglich-linealisch; der Ebenstrauß ist locker, wenigköpfig. Hierher gehören Gnaph. intermedium und cuneatum *Wallich*.

9) A. cinnamomea *De Candolle*. Der Stengel ist krautartig, aufrecht, mit einer spinnwebigen, später abfallenden langen Wolle bedeckt; die Blätter sind linealisch-lanzettlich oder linealisch, zugespitzt, am Grunde halbstengelumfassend, dreinervig, oberseits kahl, unterseits braunfilzig; der Ebenstrauß ist zusammengesetzt; die Schuppen des Hauptkelchs sind schneeweiß, stumpf. Hierher gehört Gnaph. cinnamomeum *Wallich* und Gnaph. hypophaeum *Sprengel*.

Diese Art ist ausdauernd und wächst in Nepal. Ihre Blätter sind 2—4 Zoll lang, 2—6 Linien breit. An den männlichen Pflanzen ist der Federkelch kaum an der Spitze verdickt.

10) A. semidecurrens *De Candolle*. Der Stengel ist krautartig, aufrecht, weiß-filzig; die Blätter sind linealisch, zugespitzt, stachelspitzig, einnervig, oberseits spinnwebig, unterseits filzig und laufen am Grunde zu beiden Seiten ein wenig herab; der Ebenstrauß ist zusammengesetzt; die Schuppen des Hauptkelchs sind schneeweiß, fast stumpf. Als Synonyme gehören hierher Gnaph. semidecurrens *Wallich*, Gnaph. subdecurrens *De Candolle* und Antennaria villosissima *Don*.

Diese ausdauernde Art kommt in Nepal und Sirmore vor. Ihre Blätter sind 2—3 Zoll lang, 2—3 Linien breit. Der Stengel ist oft ästig.

11) A. saxatilis *De Candolle*. Der Stengel ist am Grunde halbstrauchig, stielrund, filzig; die Blätter sind sitzend, die untersten laufen am Stengel nur sehr wenig herab und sind linealisch-lanzettlich, zugespitzt, oberseits weißlich-spinnwebig, unterseits dicht wollig-filzig; der Ebenstrauß ist endständig, zusammengesetzt; die Köpfchen sind fast sitzend, gehäuft; die Schuppen des Hauptkelchs sind weißgefärbt, fast gleich groß, stumpf. Hierher gehört Gnaph. saxatile *Blume*.

Sie findet sich auf Felsen in den westlichen Provinzen Java's. Von dem verwandten A. semidecurrens unterscheidet sich diese Art durch die kaum herablaufenden Blätter und die stumpferen Schuppen des Hauptkelchs.

12) A.? javanica *De Candolle.* Die ganze Pflanze ist dicht wollig-filzig; der Stengel ist am Grunde halbstrauchig, ästig, bis zur Spitze dicht beblättert; die stehenden Blätter sind linealisch, stachelspitzig, am Rande umgerollt, von langer Wolle dick; die Ebensträuße sind endständig, zusammengedrängt; die Köpfchen sind kurz gestielt; die Schuppen des Hauptkelchs sind weißlich, länglich, stumpf, die innersten um die Hälfte schmäler und kürzer. Hierher gehört Gnaph. javanicum *Reinwardt.*

Auf dem feuerspeienden Berge Gede der Insel Java kommt diese Art vor. Der Hauptkelch ist im trockenen Zustande weißlich-strohgelb; die äußeren Schuppen sind länger als die Scheibenblüthen, die innersten etwa so lang als diese. Der Federkelch ist röthlich, rauh, an der Spitze ein wenig verdickt.

13) A. contorta *Don.* Der Stengel ist halbstrauchig, ästig, aufrecht; die Blätter sind linealisch, stachelspitzig, sitzend, in der Jugend filzig, einwärts gekrümmt, am Rande zurückgerollt, im Alter gedreht, oberseits ziemlich kahl; die Köpfchen stehen in fast kopfförmigen, einfachen oder zusammengesetzten Ebensträußen gedrängt; die Schuppen des Hauptkelchs sind länglich, stumpflich. Hierher gehören Gnaph. simplicicaule *Wallich* und Gnaph. contortum *Hamilton.*

Das Vaterland dieser Art ist Nepal.

Nach dem Erscheinen von De Candolle's Prodromus sind folgende Arten dieser Gattung bekannt gemacht:

14) A. rubicunda *C. Koch.* Diese Art hat keine Ausläufer und ist dicht graufilzig, gleichbeblättert, rasenartig; die Stengel sind einfach; die Blätter sind lang spatelig, wellenförmig-gesägt, die Stengelblätter sitzend; die Köpfchen stehen in einem Ebenstrauße; die Schuppen des Hauptkelchs sind in der Jugend karmoisinroth oder orangefarbig.

Die Heimath dieser Art ist Armenien. Die ähnliche Ant. dioica treibt Ausläufer und hat ungleiche Blätter, von denen die grundständigen an der Spitze sehr breit und etwas ausgerandet sind.

15) A. luzuloides *Torrey* und *Gray.* Die ganze Pflanze ist seidenhaarig-wollig; unfruchtbare Stengel und Ausläufer fehlen; die Blätter sind linealisch, undeutlich-dreinervig, am Grunde verschmälert; die Ebensträuße sind zusammengesetzt, locker; die Köpfchen sind klein; die äußeren Schuppen des kahlen Hauptkelchs sind kurz, abgerundet, die inneren spatelig und haben breite, stumpfe Spitzen.

Diese Art wächst auf den Rocky Mountains in Nordamerika.

16) A. racemosa *Hooker.* Die unfruchtbaren Stengel treiben Ausläufer; die Blätter sind unterseits filzig, oberseits nebst dem schaftförmigen Stengel ziemlich kahl; die grundständigen Blätter sind eiförmig oder verkehrt-eiförmig-spatelig, gestielt, undeutlich-dreinervig, die stengelständigen sind länglich oder lanzettlich; die Köpfchen stehen in lockeren traubigen Rispen; die Schuppen des Hauptkelchs sind ziemlich kahl, grünlich, die der unfruchtbaren Pflanze stumpf; die inneren Schuppen der fruchttragenden Köpfchen sind schmal und spitz; die Achänen sind ganz kahl.

Diese Art wächst gleichfalls auf den Rocky Mountains in Nordamerika.

17) A. dimorpha *Torrey* und *Gray.* Diese Art ist rasenartig, niedergedrückt und treibt kurze Ausläufer; die Blätter sind an den Ästen des halbstrauchigen Stämmchens kurz, gehäuft, länglich-spatelig oder fast linealisch, seidenhaarig-wollig; die kurzgestielten, aus den Blättern kaum hervorragenden Köpfchen stehen einzeln; die Schuppen des Hauptkelchs sind braun, die äußeren wollig, die inneren trockenhäutig, lanzettlich, spitz; der Federkelch ist haarförmig, nach der Spitze zu sparsam und klein bärtig.

Die Heimath dieser Art ist Nordamerika.

18) A. argentea *Bentham.* Diese Art treibt vielleicht Ausläufer; der Blüthenstengel ist hoch, einfach; die Blätter sind zu beiden Seiten silberweiß-seidenhaarig, die grundständigen länglich-spatelig, undeutlich dreinervig, die stengelständigen lanzettlich, linealisch; der Ebenstrauß ist locker, vielköpfig; die Schuppen des Hauptkelchs sind schneeweiß, an den Kelchen der männlichen Blüthen ganz stumpf, an denen der weiblichen ziemlich spitz; die Achänen sind drüsig-warzig.

Die Heimath dieser Art ist Californien. Die Blätter stimmen fast mit denen von A. dioica überein, aber die hohe Tracht und die Früchtchen gleichen denen von A. plantaginifolia.

19) A. Geyeri *Asa Gray.* Die ganze Pflanze ist silberweiß-wollig, spannenhoch; die zahlreichen Blüthenstengel entspringen aus einem halbstrauchigen Grunde und sind fast einfach, bis zur Spitze beblättert, wenigköpfig; die Blätter sind spatelig-linealisch, sehr dicht wollig; die Hauptkelche der unfruchtbaren Pflanze sind cylindrisch, ganz wollig, ihre Schuppen sind länglich-linealisch, strohgelb und sind nur an der stumpfen, trockenhäutigen Spitze kahl, die innersten sind rosenroth gefärbt; die Borsten des Federkelchs sind bärtig-gezähnelt, nach Oben allmälig und ziemlich lang keulenförmig. Hierher gehört Gnaph. alienum *Hooker.*

Diese Art wächst im Oregon-Gebiete.

20) A. chilensis *Remy.* Die Stengel sind am Grunde strauchig, niederliegend, an der Spitze aufsteigend, krautartig, graufilzig; die grundständigen Blätter sind fast spatelig, die stengelständigen linealisch, nicht herablaufend, spitz, bisweilen sehr spitz, zu beiden Seiten filzig; der Ebenstrauß ist endständig, gehäuft, 5—7-köpfig; die Schuppen des Hauptkelchs sind länglich, stumpf.

Das Vaterland dieser Art ist Chili.

V. Cladochaeta *De Candolle.*

(Cfr. Gnaphalium no. 48.)

1) C. candidissima *De Candolle.* Die ganze Pflanze ist schneeweiß-filzig; der schlanke Stengel ist fast

krautartig; die sitzenden Blätter sind länglich, stumpf, nervenlos, ganzrandig, die obersten linealisch; der Ebenstrauß ist endständig, 15—20köpfig, blattlos; die Köpfchen sind kurzgestielt, cylindrisch; die Schuppen des Hauptkelchs sind länglich, stumpf, auf dem Rücken weichhaarig-grau, am Rande trockenhäutig, die innersten haben mit den Scheibenblüthen gleiche Länge. Hierher gehört Gnaph. candidissimum *Marschall-Bieberstein.*

Diese ausdauernde Art wächst am kaspischen Meere und an Flußufern des untern Kaukasus. Der Blüthenboden ist mit kurzen Fasern besetzt. Die Blüthen sind sämmtlich zweigeschlechtlich. Die Achänen sind kahl.

VI. Elytropappus *Cassini.*

(Cfr. Gnaphalium no. 57.)

* Die Blätter sind linealisch, abstehend, auf der Außenseite mit kleinen Stacheln oder Drüsen besetzt.

1) El. hispidus *Gaertn.* Die Blätter sind spiralig-gedreht, stark eingerollt, außenseits glänzend und mit kleinen Stacheln besetzt; die 6—8blüthigen Köpfchen haben mit den Blättern fast gleiche Länge; der Fruchtknoten ist rauh. Hierher gehören als Synonyme Elytrop. spinellosus *Cassini*, El. spinosus *Lessing*, Gnaphalium hispidum *Linné* (Sohn) und Metalasia hispida *Don.*

Die Heimath dieser Art ist das Cap der guten Hoffnung und ist halbstrauchig.

2) El. scaber *Gaertn.* Die Blätter sind spiralig-gedreht, wenig eingerollt, außenseits grün und mit gestielten Drüsen besetzt; die wenigen, gehäuften, 2—4-blüthigen Köpfchen sind kürzer als die zwischen ihnen stehenden Blätter. Hierher gehören als Synonyme Elytr. glandulosus *Lessing* und Stoebe scabra *Linné* (Sohn).

Das Vaterland dieser halbstrauchigen Art ist das Cap der guten Hoffnung. Sie ist wegen der gestielten Drüsen an den Blättern sehr bemerkenswerth, ändert aber nach Lessing mit unterseits oder nur am Rande der Blätter stehenden Drüsen, übrigens kahler oder filziger Unterfläche ab; von der folgenden ist sie durch die blüthenständigen Blätter, welche länger als die Köpfchen sind, verschieden. Sie kommt in drei Abarten vor:

a) longifolius *De Candolle* mit dunkelgrünen, 6—8 Linien langen, gehäuften, abstehenden Blättern und langen, beblätterten, gedrängten Aehren.
b) microphyllus *De Candolle* mit dunkelgrünen, 2—3 Linien langen, weniger gehäuften, aufrechten oder abstehenden Blättern, abstehenden Aesten und entferntblüthigen Aehren.
c) pallens *De Candolle* mit blaßgrünen, 6—8 Linien langen, abstehenden, gehäuften Blättern.

3) El. ambiguus *De Candolle.* Die Blätter sind aufrecht, stark eingerollt, außenseits filzig-grau und mit wenigen drüsigen, kleinen Stacheln besetzt; die wenigen, gehäuften, 2—4blüthigen Köpfchen sind länger als die blüthenständigen Blätter. Hierher gehören als Synonyme Achyrocome ambigua *Schrank*, Stoebe ameren *Sieber*, aber nicht *Thunberg*, St. mucida *E. Meyer* und vielleicht auch Stoebe subulata *Smith.*

Sie ist halbstrauchig, wächst am Cap der guten Hoffnung und steht in der Mitte von der vorhergehenden und der nachfolgenden. Die grauen Blätter sind 2—4 Linien lang; die Aestchen sind filzig. Die Köpfchen stehen auf einem kurzen, beblätterten Aestchen. Sie ändert mit aufrechten und spiralig gedrehten, mehr oder weniger graufilzigen und mehr oder weniger kleinstacheligen Blättern ab.

4) El. canescens *De Candolle.* Die Blätter sind aufrecht, eingerollt, mit dichtem weißlichem Filze bedeckt, drüsenlos und haben eine kahle Stachelspitze; die 2—3-blüthigen, gehäuften Köpfchen stehen in einer langen Aehre; die äußeren Schuppen des Hauptkelchs sind wollig, die inneren außenseits ein wenig seidenhaarig.

Die Heimath dieser Art ist gleichfalls das Cap der guten Hoffnung.

** Die Blätter sind klein, angedrückt, drüsenlos.

5) El. Rhinocerotis *Lessing.* Die Blätter sind angedrückt, aufrecht, außenseits glatt; die dreiblüthigen Köpfchen sind weit länger als die Blätter.

Diese strauchige Art ist am Cap der guten Hoffnung sehr gemein und bildet die hauptsächlichste Nahrung der Rhinocerosse, weshalb sie von den Holländern Rhinosterbosch, von den Engländern Rhinoceros-bush genannt wird. Hierher gehören als Synonyme Stoebe Rhinocerotis *Linné* (Sohn), St. cernua *Thunberg*, St. cupressina *Reichenbach.* An einem und demselben Strauche finden sich kürzere, stumpfe und längere, zugespitzte Blätter.

6) El. cyathiformis *De Candolle.* Die Blätter sind vorzüglich in der Jugend wollig-grau, linealisch, gedreht, stachelspitzig und mit zerstreuten, gestielten Drüsen besetzt; die dreiblüthigen Köpfchen stehen gehäuft; die Schuppen des Hauptkelchs sind ziemlich kahl, an der Spitze bräunlich, kaum spitz; der äußere Federkelch ist lang, becherförmig, ungetheilt; die Achänen sind quer runzelig.

Diese Art wächst in Süd-Afrika bei Zederbergen. In der Jugend sind die Blätter grau und seidenhaarig-filzig, im Alter weniger grau und ziemlich kahl.

VII. Eriosphaera *Lessing.*

(Cfr. Gnaphalium no. 40.)

1) E. Oculus-Cati *Lessing.* Der Stengel ist niedergestreckt, die Aeste sind filzig, bis zu den jungen Köpfchen beblättert, zuletzt verlängert und blattlos; die Blätter sind verkehrt-eiförmig-länglich, am Grunde keilförmig, in der Jugend zu beiden Seiten filzig, an der Spitze stumpf, oberseits zuletzt spinnwebig; die 5—6 ungestielten, zehnblüthigen Köpfchen stehen in Dolden. Hierher gehört Gnaph. Oculus-Cati *Linné* (Sohn).

Diese ausdauernde Art wächst am Cap der guten Hoffnung. Die Schuppen des Hauptkelchs sind stark wollig, nur an der schwieligen Stachelspitze kahl, nach der Blüthezeit aber fast kahl. Der Federkelch ist an der

Spitze mit einem kleinen Bärtchen versehen und deshalb etwas verdickt.

2) E. apiculata *De Candolle.* Der Stengel ist wahrscheinlich ausgebreitet, an der Spitze filzig; die verkehrt-eiförmigen Blätter haben eine schwarze Stachelspitze, in der Jugend sind sie zu beiden Seiten filzig, im Alter oberseits spinnwebig; die ziemlich langen Blüthenäste sind spärlich beblättert; die blüthenständigen Blätter sind länglich, unterseits und am Rande wollig, oberseits kahl; die 3—4 ungestielten, etwa 20blüthigen Köpfchen sind dicht wollig.

Die Blätter dieser ausdauernden, am Cap der guten Hoffnung einheimischen Art sind 4 Linien lang, 3 Linien breit.

3) E. rotundifolia *De Candolle.* Der filzige Stengel ist wahrscheinlich aufrecht; die Blätter sind verkehrt-eiförmig-rundlich, ganz stumpf und nur mit einem äußerst kleinen, punktförmigen Spitzchen versehen, oberseits filzig, unterseits sammethaarig-spinnwebig, zuletzt ziemlich kahl; die Blüthenstiele sind lang, die blüthenständigen Blätter länglich, spitz, außenseits und am Rande dicht wollig, auf der Innenseite ziemlich kahl; die 4—5 eiförmigen Köpfchen sind spärlich wollig.

Am Cap der guten Hoffnung einheimisch.

4) E. coriacea *De Candolle.* Der Stengel ist aufrecht, die filzigen Aeste sind bis zur Spitze beblättert; die Blätter sind verkehrt-eiförmig-länglich, an der Spitze mit einem schwarzen, punktförmigen Spitzchen versehen, oberseits sammethaarig-spinnwebig, unterseits filzig-wollig, die obersten sind länglich-lineallisch, wollig; die 20—26-blüthigen Köpfchen, 25—30 an der Zahl, stehen in einem zusammengesetzten, fast kugeligen, ganz wolligen Ebenstrauße dicht gedrängt. Hierher gehört Gnaph. coriaceum *E. Meyer.*

Eine strauchige Art mit 9—10 Linien langen, 4—5 Linien breiten Blättern wächst sie in Süd-Afrika bei Zwellendam.

5) E. calipes *De Candolle.* Der halbstrauchige Stengel ist aus sehr ästigem Grunde niederliegend, rasenförmig; die Aeste sind aufsteigend, filzig-wollig, die blüthentragenden aufrecht, wenig beblättert; die Blätter sind verkehrt-eiförmig-länglich, die oberen länglich, oberseits sammethaarig, unterseits sammethaarig und lang fleischhaarig; die 7—9 ungestielten, 12—15blüthigen Köpfchen stehen in einem kugeligen Ebenstrauße dicht gedrängt.

Diese in der Tracht mit Antennaria dioica übereinstimmende Art wächst im südlichen Afrika. Ihre Blätter sind 4 Linien lang und 2 Linien breit, die älteren nach Unten am Rande ein wenig umgerollt, die jüngeren flach. Der Hauptkelch ist wolliger als an den verwandten Arten, seine innersten Schuppen sind an der Spitze trockenhäutig, röthlich, stumpf, sehr kurz strahlenförmig, durch welches Merkmal diese Art den echten Helichrysum-Arten ähnlich wird.

6) E. dubia *De Candolle.* Die Stengel sind am Grunde kaum halbstrauchig, zahlreich, aufrecht, spinnwebig-wollig; die Blätter sind verkehrt-eiförmig-spatelig, beiderseits filzig-wollig, fast nervenlos, stumpf, ohne Stachelspitze; die 20blüthigen Köpfchen stehen gedrängt in büscheligen Ebensträußern und sind von wenigen Blättern umgeben; die Schuppen des Hauptkelchs sind zugespitzt, fast häutig.

In der Tracht stimmt diese in Süd-Afrika einheimische Art mit den beiden vorhergehenden überein, die zugespitzten, strahlenlosen Hauptkelche sind aber kaum am Grunde ein wenig weichhaarig und die Borsten des Federkelchs an der Spitze sehr kurz und stumpf bärtig.

VIII. Erythropogon *De Candolle.*

(Cfr. Gnaphalieae no. 54.)

1) E. imbricatum *De Candolle.* Die Blätter sind lanzettlich, angedrückt, ein wenig ausgehöhlt, aufrecht; in den Blattwinkeln stehen keine Knospen; die Köpfchen stehen meist zu drei beisammen. Hierher gehören die zahlreichen Synonyme: Stachelina imbricata *Bergius*, Xeranthemum imbricatum *Burmann*, Xeranth. vermiculatum *Lamarck*, Helichrysum erythropogon und vermiculatum *Sprengel* und Metalasia uniflora *Don.*

Diese Art wächst am Cap der guten Hoffnung. Die Blätter sind 2 Linien lang, oberseits filzig, unterseits bisweilen spärlich rauhhaarig, bisweilen kahl, am Rande ein wenig zusammengerollt, aber niemals gedreht. Die Achänen sind gestreift-gefurcht.

2) E. umbellatum *De Candolle.* Die Blätter sind lineallisch, spiralig-gedreht, abstehend; in den Blattwinkeln stehen Knospen; die 3—7 Köpfchen stehen doldig. Hierher gehören Gnaph. umbellatum *Linné* (Sohn), Xeranthemum squarrosum *Lamarck* und Metalasia umbellata *Don.*

Am Cap der guten Hoffnung einheimisch.

IX. Filago *Tournefort.*

(Cfr. Gnaphalieae no. 64.)

Erste Section. Gifola.

Die Schuppen des vielschuppigen Hauptkelchs sind fast gleich groß und stehen in fünffacher Reihe oder zu fünf einander gegenüber, sind sämmtlich mit Blüthen versehen und stehen zuletzt gleichsam als fünfstrahliger Kelch ab; die weiblichen Blüthen stehen in fünf Reihen; der Blüthenboden ist länglich-fadenförmig, nach Oben kaum verdickt. Die ungestielten Köpfchen stehen in fast kugeligen 10—25köpfigen Knäuelchen.

1) F. Jussiaei *Cosson* und *Germain.* Der Stengel ist fast vom Grunde an ästig oder seltener unterwärts einfach, nach Oben zwei- oder dreigabelig oder unregelmäßig ästig, filzig, vom Grunde an beblättert, die Aeste sind oft abstehend, locker ebensträußig; die Blätter sind abstehend, seidig-filzig, länglich-verkehrt-eiförmig oder fast spatelig, ganzrandig, ziemlich flach oder am Grunde ein wenig zusammengerollt; die Köpfchen sind eiförmig-kegelig; die 8—15, selten 20köpfigen Knäuelchen sind am

Grunde von einer 3—4blättrigen, abstehenden Hülle umgeben, welche die Knäuelchen selbst überragt; die Schuppen des seidig-filzigen Hauptkelchs, meist 25, stehen in fünf Reihen und sind einander fast gleich, an der Spitze etwas abstehend, auch nach der Blüthe ziemlich aufrecht, zusammengefaltet-concav, länglich-lanzettlich, zugespitzt oder die inneren etwas stumpf; die Früchtchen sind cylindrisch, aufrecht, die äußeren fast kahl und haben keinen Federkelch, die inneren dünn warzig-drüsig und von einem behaarten, abfälligen Federkelche gekrönt.

Sie findet sich im größten Theile von Europa, in Morea, Syrien, auf dem Libanon und in Mauritanien.

2) F. germanica *Linné*. Der Stengel ist unterwärts einfach oder seltener vom Grunde an ästig, nach Oben 2—3gabelig oder unregelmäßig-ästig, filzig, vom Grunde an beblättert; die Aeste sind aufrecht oder seltener abstehend, locker ebensträußig; die Blätter sind zerstreut, zahlreich, einander genähert, aufrecht und decken sich fast dachziegelig, seltener stehen sie locker und sind grau- oder gelbfilzig, lanzettlich oder lanzettlich-länglich, spitz oder seltener stumpf, ganzrandig, meist wellenförmig, selten ziemlich flach, am Rande ein wenig umgerollt; die kegelig-cylindrischen Köpfchen sind fast bis zur Mitte in Filz gehüllt und stehen in end- und seitenständigen Knäuelchen; die fast kugeligen, 20—25köpfigen Knäuelchen haben am Grunde keine blattartige Hülle oder doch nur eine sehr kurze und sind dann oft einköpfig; der Hauptkelch ist am Grunde wollig-filzig, von der Mitte trockenhäutig-gelblich, undeutlich fünfkantig, seine Schuppen (meist 25) stehen in fünf Reihen, sind fast gleich groß, dachziegelig, auch nach der Blüthe ziemlich aufrecht zusammengefaltet, die innersten sind lineallich, die übrigen länglich-lanzettlich zugespitzt oder stumpflich; die äußeren Blüthchen sind weiblich und stehen in fünf Reihen, der mittelständigen sind nur wenige; die Früchtchen sind cylindrisch, aufrecht, die äußeren sind fast kahl und haben keinen Federkelch, die inneren drüsig-warzig und haben einen behaarten, abfälligen Federkelch. Hierher gehören die vielen Synonyme: Filago vulgaris *Lamarck*, F. caespitosa *Rafinesque*, Gnaphalium germanicum *Willdenow*, Gifola vulgaris *Cassini*, Impia germanica *Bluff* und *Fingerhuth* und höchst wahrscheinlich können auch Filago pyramidata *Linné*, Fil. eriocephala *Gussone*, Fil. spathulata *Presl*, Fil. lutescens *Jordan* und Fil. canescens *Jordan* davon nicht getrennt werden.

Diese Art findet sich fast in ganz Europa, in Taurien und Persien.

3) F. congesta *Gussone*. Die Blätter sind lineallich-länglich, am Grunde verschmälert, die obersten fast spatelig; die Köpfchen stehen im kugeligen, einander genäherten, dicht gehäuften Köpfchen; die äußeren Schuppen des Hauptkelchs sind spitz, die inneren stumpf und stehen zuletzt sternförmig ab.

Sie wächst in Sicilien.

4) F. californica *Nuttall*. Der Stengel ist spinnwebig-filzig, vom Grunde an rispig-ästig; die Blätter sind lineallisch, abstehend, stachelspitzig, die unteren spatelig-lineallisch; die eiförmigen Köpfchen stehen in kleinen kopfförmigen Knäuelchen gehäuft; die Schuppen des Hauptkelchs und die Spreublättchen sind stumpf, die äußeren kahnförmig und sehr wollig, die inneren ziemlich kahl.

Die Heimath dieser Art ist Californien.

5) F. parvula *Torrey* und *Gray*. Die ganze Pflanze ist grauwollig; der Stengel ist aufrecht, einfach oder an der Spitze ein wenig ästig; die Blätter sind lineallisch-lanzettlich, zugespitzt; die eiförmig-kegeligen, spitzen Köpfchen stehen fast in Knäuelchen; die Schuppen des Hauptkelchs und die Spreublätter sind eiförmig, spitz, die äußeren kahnförmig und sehr wollig, die inneren trockenhäutig, länglich, stumpf, ziemlich kahl; die äußeren weiblichen Blüthen haben keinen Federkelch, an den mittelständigen ist er vorhanden. Vielleicht gehört hierher Gnaphalium? filaginoides *Hooker* und *Arnott*.

Das Vaterland dieser Art ist Californien.

Zweite Section. Pseudo-Evax *Cosson* und *Germain*.

Die Schuppen des vielschuppigen Hauptkelchs sind einander fast gleich, stehen in mehren Reihen fast wechselständig, sind sämmtlich mit Blüthen versehen, wahrscheinlich auch nach der Blüthezeit aufrecht; die weiblichen Blüthen stehen in mehren Reihen; der Blüthenboden ist verlängert-fadenförmig, nach Oben kaum verdickt. Die kurzgestielten Köpfchen sind von Blättern umgeben und stehen in 1—4köpfigen Knäuelchen einander genähert; diese Knäuelchen sind gestielt, von einer Blatthülle umgeben und bilden wiederum einen auf dieselbe Weise umhüllten Knäuel.

6) F. prostrata *De Candolle*. Diese Art ist vielstengelig, ausgebreitet-niedergestreckt, ganz wollig und sehr ästig; die Blätter sind elliptisch, stachelspitzig, in den Blattstiel verschmälert; die Schuppen des Hauptkelchs sind stachelspitzig. Hierher gehören Gnaphalium prostratum *Roxburgh* und Evax indica *Hamilton*.

Dritte Section. Oglifa *Cassini*.

Die Schuppen des 15—20schuppigen Hauptkelchs sind ungleich und stehen in dreifacher oder seltener vierfacher Reihe; von den sehr kleinen äußeren haben 2—5 keine Blüthen oder sind nur äußerst selten mit Blüthen versehen, die innerste Reihe wechselt mit den äußeren ab oder sie wechseln sämmtlich ab und zuletzt stehen die Schuppen in Form eines meist 10-, selten vielstrahligen Sternes ab. Die weiblichen Blüthen stehen in 2—3 Reihen. Der Blüthenboden ist kurz, an der Spitze verdickt, flach. Die fast sitzenden oder kurz gestielten Köpfchen stehen zu 3—7 gehäuft oder büschelig, selten einzeln.

7) F. arvensis *Fries*. Der Stengel ist rispenartig-verzweigt nebst den länglich-lanzettlichen Blättern wollig-filzig; die länglichen Köpfchen stehen in kleinen achsel- und endständigen Knäueln gehäuft; die Schuppen des Hauptkelchs sind lanzettlich, häutig-berandet, zottig. Hierher gehören als Synonyme: Filago arvensis und montana *Linné*, F. montana *Wahlenberg*, Gnaph. arvense *Willdenow*.

Sie wächst in ganz Europa, auf Madeira, Teneriffa und in Kleinasien. Es hat sich in neuerer Zeit als unzweifelhaft herausgestellt, daß Linné die Filago minima *Fries* gar nicht gekannt und daß seine F. arvensis und montana nur zwei Formen derselben Art sind.

8) F. neglecta *De Candolle*. Die ganze Pflanze ist seidenhaarig-grau; der Stengel ist ästig, fast gabelspaltig; die Blätter sind linealisch-lanzettlich spitz, die obersten stehen büschelförmig und überragen die Köpfchen, diese sind fast stiellos, achsel- und endständig, eiförmig und stehen zu 2—3 in Knäueln; die Schuppen des Hauptkelchs sind an der Spitze kahl, braun, etwas spitz. Hierher gehören Gnaphal. neglectum *Soyer-Willemet* und Oglifa Soyerii *Godron*.

Diese Art findet sich in verschiedenen Theilen Frankreichs.

9) F. minima *Fries*. Die Pflanze ist filzig-wollig; der Stengel ist ästig, die Blätter sind gabelspaltig, die Knäuelchen sind seiten- und endständig, länger als die Blätter, diese sind linealisch-lanzettlich, aufrecht und angedrückt; die Schuppen des Hauptkelchs sind stumpflich, an der Spitze kahl. Hierher gehören Fil. arvensis *Wahlenberg*, F. montana *De Candolle*, Gnaph. minimum *Smith* und Gnaph. montanum *Hudson*.

Diese Art kommt im größten Theile Europa's vor, geht aber nördlich nicht so hoch hinauf als die vorhergehende.

10) F. Clementei *Willkomm*. Diese Art ist aufrecht, wollig; der Stengel ist ästig, fast gabelspaltig; die Blätter sind lanzettlich, spitz, dem Stengel angedrückt, die blüthenständigen breiter; die wenigen Köpfchen stehen fast übrig-gehäuft und werden von den blüthenständigen Blättern fast bedeckt; die Schuppen des Hauptkelchs sind am Grunde wollig, übrigens kahl, linealisch, an der Spitze abgestutzt, zerschlitzt, trockenhäutig, strohgelb.

Diese Art wächst in Spanien, ist 3—4 Zoll hoch und vom Grunde an ästig. Von der ähnlichen Fil. montana unterscheidet sie sich durch die weit breiteren Blätter und die breiteren, ganz stumpfen, fast abgestutzten, zerschlitzten, nicht spitzen Schuppen des Hauptkelchs.

11) F. gallica *Linné*. Die ganze Pflanze ist filzig-seidenhaarig; der Stengel ist ästig, die Aeste sind gabelspaltig; die Knäuelchen sind seiten- und endständig; die Blätter sind linealisch-pfriemlich, länger als die Knäuelchen; die Schuppen des Hauptkelchs sind ganz stumpf, an der Spitze kahl. Hierher gehören Gnaphalium gallicum *Hudson* und Logfia subulata *Cassini*.

Im größten Theile von Süd- und Mitteleuropa einheimisch. — Von Cassini sowol als von Cosson und Germain wurde diese Art als besondere Gattung, Logfia genannt, angesehen.

Bei den nachfolgenden drei Arten ist die Section nicht angegeben.

12) F. repens *Scheele*. Die ganze Pflanze ist spinnwebig-filzig; der Stengel ist kriechend, ästig, an der Spitze aufsteigend; die Blätter stehen wechselständig, sind ungestielt, abstehend, spatelig-länglich, die obersten linealisch-lanzettlich, die unteren stumpflich, die oberen spitz; die Köpfchen sind gehäuft, verschiedenehig, vielblüthig, meist endständig und von Blättern umhüllt, welche länger als die Knäuelchen selbst sind; die äußeren Schuppen des Hauptkelchs sind wollig, die inneren trockenhäutig, länglich, einnervig, an der Spitze ausgerandet-zweizähnig; die randständigen, weiblichen Blüthen sind fadenförmig und haben keinen Federkelch, die mittelständigen, röhrigen, zweigeschlechtlichen haben einen haarförmigen Federkelch.

Die Heimath dieser Art ist Texas.

13) F. texana *Scheele*. Die ganze Pflanze ist wollig; der niedrige Stengel ist aufrecht, kantig, einfach oder an der Spitze ästig; die stiellosen Blätter sind spatelig, kurz bespitzt, die unteren zurückgeschlagen, die oberen aufrecht, linealisch-länglich; die Köpfchen stehen in Knäuelchen und sind verschiedenehig, vielblüthig, end- und achselständig und von länglichen, mit dem Knäuelchen gleich langen oder längeren Hüllblättchen eingeschlossen; die Schuppen des Hauptkelchs sind trockenhäutig, einnervig, abgestutzt, am Grunde wollig; die Randblüthen sind fadenförmig, weiblich, ohne Federkelch, die mittelständigen röhrig, zweigeschlechtlich und mit einem haarförmigen Federkelche versehen.

Das Vaterland dieser Art ist Texas.

14) F. abyssinica *C. H. Schultz*. Der Stengel ist aufrecht, kaum spannenhoch, am Grunde einfach, oberwärts spärlich-ästig, weißwollig; die Blätter sind spatelig-lanzettlich, schmal, spitz, beiderseits graufilzig, die obersten bilden unter den Blüthenknäueln Hüllblätter; die Schuppen des Hauptkelchs sind eiförmig-lanzettlich, kahl, am Rande durchscheinend, die äußeren sind sehr spitz, die inneren stumpf oder etwas zugespitzt; die Früchtchen sind verkehrt-eiförmig-länglich, körnig-rauh.

Diese Art ist in Habessinien einheimisch.

X. Helichrysum *De Candolle*.

(Cfr. Gnaphalium no. 42.)

Erste Section. Euhelichrysum *De Candolle*.

Der Blüthenboden ist nackt, der Federkelch rauh.

A. Argyraea *De Candolle*.

Die Schuppen des Hauptkelchs sind weiß oder bisweilen purpurroth oder hellroth, aber niemals gelb.

a) Leptorhiza *De Candolle*.

Die Wurzel ist klein, einjährig. Die krautartigen Stengel liegen nieder oder sind aufrecht. Die Blüthenköpfe sind klein. Die Schuppen des Hauptkelchs sind weiß. — Die hierher gehörigen Arten wachsen am Cap der guten Hoffnung und eine auf Madagascar.

1) H. leptorhizum *De Candolle*. Die kleine Wurzel ist ungetheilt; aus dem Wurzelhalse entspringen mehre, ausgebreitete, einfache, schlanke, nebst den Blättern spinnwebig-wollige Stengel; die Blätter sind verkehrt-eiförmig-länglich, stumpf, mit aufgesetzter kleiner

Stachelspitze, am Grunde verschmälert; die 3—5 eiförmigen, etwa 16blüthigen Köpfchen stehen in den obersten Blattwinkeln und an der Spitze der Stengel gehäuft; die äußeren Schuppen des Hauptkelchs sind schwach wollig, die übrigen kahl, trockenhäutig, hellroth und strohgelb gestreift, länglich, stumpf, aufrecht.

Diese Art wächst am Cap der guten Hoffnung und ist mit Helichr. Leontonyx nahe verwandt, unterscheidet sich aber von diesem außer den angegebenen Merkmalen durch die länglichen, obersten Blätter, durch die Zahl der weiblichen Blüthen (etwa acht) und durch die vom Grunde bis zur Spitze rauhen Borsten des Federkelchs.

2) H. Leontonyx *De Candolle.* Die Wurzel ist ungetheilt; aus dem Wurzelhalse entspringen mehre, ausgebreitete, schlanke, fast einfache, an der Spitze nebst den Blättern spinnwebig-wollige Stengel; die Blätter sind verkehrt-eiförmig, ganz stumpf, am Grunde verschmälert, fast nervenlos, die Stengelblätter stehen entfernt von einander, die grund- und blüthenständigen gehäuft; die 3—6 verschiedenartigen, 14—16blüthigen Köpfchen stehen an der Spitze des Stengels gehäuft und werden von den blüthenständigen Blättern ein wenig überragt; die äußeren Schuppen des Hauptkelchs sind wollig, kurz, die innersten länger, starr-zugespitzt, purpurroth und strohgelb, an der Spitze ein wenig zurückgebogen.

Am Cap der guten Hoffnung einheimisch. Die Blüthenköpfchen stimmen fast mit denen von Leontonyx überein, aber der Federkelch ist einreihig, seine Borsten sind an der Spitze bärtig-keulenförmig, an weiblichen Blüthen sind 5—6 vorhanden; die Früchtchen sind rauh.

3) H. alsinoides *De Candolle.* Die Wurzel ist einfach; aus dem Wurzelhalse entspringen mehre, ausgebreitete, gabelspaltige, an der Spitze spinnwebige Stengel; die wenigen Blätter sind länglich, stumpf, am Grunde verschmälert und laufen am Stengel ein wenig schmal herab; die ungestielten, etwa 30blüthigen Köpfchen stehen an der Spitze der Aestchen traubig-gehäuft; von den in zwei Reihen stehenden Schuppen des Hauptkelchs sind die 7—8 äußeren kürzer, länglich, auf dem Rücken spinnwebig, die 12—15 innern linealisch-länglich, kahl, strohgelb, an der Spitze durchscheinend, stumpf.

Im südlichen Afrika einheimisch. Die Stengel sind 3—4 Zoll hoch, die Zahl der weiblichen Blüthen ist sehr gering; die Schuppen des Hauptkelchs stehen nach der Blüthezeit sternförmig ab. Der Blüthenboden ist nackt.

4) H. micropoides *De Candolle.* Die Wurzel ist einfach; aus dem Wurzelhalse entspringen mehre ausgebreitete, spärlich ästige, am Grunde kahle, an der Spitze weichhaarige Stengel; die Blätter sind verkehrt-eiförmig-länglich, am Grunde verschmälert, stumpf, die jüngeren grau-sammethaarig, die obersten stehen unter den ungestielten, etwa 10blüthigen, fast gehäuften Köpfchen; von den blaß-strohgelben, linealischen, in zwei Reihen stehenden Schuppen des Hauptkelchs sind die äußeren an der Spitze ein wenig wollig, die innern kahl, etwas spitz.

Die Stengel dieser im südlichen Afrika einheimischen Art sind 4—5 Zoll hoch, ihre Blätter 5 Linien lang.

5) H. herniarioides *De Candolle.* Der Stengel ist vom Grunde an ästig, die Aeste sind spinnwebig, ausgebreitet; die Blätter sind länglich, stumpf, am Grunde stark verschmälert, ziemlich kahl; die Köpfchen stehen an der Spitze der Aeste in einem von wenigen dazwischenstehenden Blättern begleiteten Knäuelchen dicht gedrängt; von den locker dachziegelig stehenden Schuppen des Hauptkelchs sind die äußern linealisch, die innern breiter, länglich, strahlend, sämmtliche schneeweiß und kaum spitz.

Das Vaterland dieser Art ist das Cap der guten Hoffnung. Die Blätter sind 3—4 Linien lang, 1—1½ Linien breit, flach. In jedem Köpfchen befinden sich etwa 15—20 gelbe Blüthen. Sie ist der Tracht nach theils mit H. paronychioides, theils mit H. argyrosphaerum verwandt.

6) H. capillaceum *Lessing.* Der Stengel ist sehr dünn, lang wollig; die Blätter sind verkehrt-eiförmig, kurz gestielt, stachelspitzig, häutig, spinnwebig-wollig, oberseits zuletzt mehr oder weniger kahl; die ganz kleinen, etwa 25blüthigen, verschiedenartigen Köpfchen stehen in lockeren Ebensträußen; die 8—10 Schuppen des cylindrischen, zweireihigen Hauptkelchs sind linealisch, an der Spitze weißlich, stumpf und stehen nach der Blüthezeit sehr ab. Hierher gehört Gnaphal. capillaceum *Thunberg.*

De Candolle unterscheidet von dieser am Cap der guten Hoffnung einheimischen Art drei Varietäten:

a) erectum mit aufrechtem, fast einfachem Stengel.

b) diffusum mit ausgebreitetem Stengel und kleinen, weißwolligen Blättern.

c) majus mit ausgebreitetem Stengel, langen Aesten, ziemlich großen, fast eiförmigen, oberseits beinahe kahlen Blättern und etwas größeren Blüthenköpfchen.

7) H. expansum *Lessing.* Der Stengel ist ästig; die Blätter sind länglich, ziemlich stumpf, schwarz stachelspitzig, ungestielt, am Grunde verschmälert, beiderseits nebst den Aesten weißwollig; die gleichehigen, 12—16blüthigen Köpfchen stehen in einer Rispe; die Schuppen des cylindrischen, strahlenlosen Hauptkelchs sind länglich, ganz stumpf, die äußeren filzig, die innern an der Spitze schneeweiß. Hierher gehört Gnaph. paniculatum *Bergius*, aber nicht Thunberg's gleichnamige Pflanze.

Zwei Abarten werden von dieser am Cap der guten Hoffnung wachsenden Art unterschieden:

a) erectum mit aufrechten Stengeln und einer zusammengezogenen, wenigblüthigen Rispe. Hierher gehören Hel. expansum *Lessing*, Gnaph. drabaeforme *Schrank* und Gnaph. notatum *Thunberg.*

b) patulum mit sehr ästigen, abstehend-ausgebreiteten Stengeln und lockerer Rispe. Zu dieser Varietät gehören Gnaph. expansum *Thunberg* und Gnaph. achilleoides *Sieber.*

8) H. filagineum *De Candolle.* Die Wurzel ist einfach; der Stengel ist vom Grunde an ästig, die Aeste

sind aufrecht, einfach, spinnwebig; die Blätter sind linealisch, stumpf, am Grunde ein wenig verschmälert, spinnwebig-wollig, weißlich; die stiellosen, kleinen 5—8-blüthigen Köpfchen stehen an der Spitze der Aestchen gedrängt; die Schuppen des Hauptkelchs stehen in 1—2 Reihen, sind strohgelb, linealisch und kaum spitz.

Am Cap der guten Hoffnung einheimisch. Die Blüthen sind entweder gleichehig oder 1—3 weiblich.

9) H. Candolleanum *Buek*. Der Stengel ist am Grunde ästig, aufrecht und nebst den Blättern locker und weich-rauhhaarig-wollig; die sitzenden Blätter sind länglich, kurz stachelspitzig; die fast stiellosen, etwa 20blüthigen Köpfchen stehen an der Spitze des Stengels gehäuft und sind von rauhhaarigen Blättern umgeben; die Schuppen des Hauptkelchs stehen in mehren Reihen, sind linealisch, spitz, trockenhäutig-silberweiß, ganz kahl und länger als die Scheibenblüthen; die Blüthen sind sämmtlich zweigeschlechtlich. Hierher gehört Helichr. leptolepis *De Candolle*.

Die Heimath dieser Art ist Madagascar. Die Blätter sind 8—10 Linien lang und 2—3 Linien breit. Die Blumenkrone scheint eine purpurrothe Farbe zu haben. Der Federkelch ist borstenförmig, weiß.

b) Oxybelia *De Candolle*.

Die kleinen oder mäßig großen Köpfchen sind eiförmig oder fast kugelig; die Schuppen des Hauptkelchs schneeweiß, zugespitzt, kaum strahlenförmig. Die hierher gehörigen halbstrauchigen Arten wachsen in Süd-Afrika.

10) H. spiciforme *De Candolle*. Der Stengel ist halbstrauchig, aufrecht, an der Spitze ästig; die Aeste tragen an ihrer Spitze die fast stiellosen, ährenförmig stehenden Köpfchen; die ungestielten Blätter sind linealisch, ziemlich stumpf, am Rande umgerollt, dicht wollig-filzig; die äußeren Schuppen des Hauptkelchs sind blattartig, die inneren in eine trockenhäutige, lanzettliche, zugespitzte Platte erweitert.

Am Cap der guten Hoffnung einheimisch. Es scheint ein 1½ Fuß hoher Strauch mit 4 Linien langen, 1 Linie breiten Blättern zu sein.

11) H. cerastoides *De Candolle*. Die filzigen Aeste des strauchartigen Stengels tragen an ihrer Spitze ein einzelnes zwischen den Blättern sitzendes Köpfchen; die sitzenden Blätter sind lanzettlich-linealisch, am Rande ein wenig umgerollt, dicht wollig-filzig; die äußeren Schuppen des Hauptkelchs sind blattartig, die inneren in eine trockenhäutige, lanzettliche, zugespitzte Platte erweitert.

Am Cap der guten Hoffnung einheimisch.

12) H. paronychioides *De Candolle*. Die Aestchen des halbstrauchigen, niederliegenden, sehr ästigen Stengels sind bis zum Köpfchen beblättert; die stiellosen Blätter sind linealisch, am Rande ein wenig umgerollt, etwas spitz und nebst den Aesten kahl; die 12blüthigen Köpfchen stehen an der Spitze der Aeste und Aestchen einzeln; die Schuppen des Hauptkelchs sind fast sämmtlich trockenhäutig und in eine lanzettliche, etwas spitze Platte erweitert.

Diese, gleich den vorhergehenden und den nachfolgenden, am Cap der guten Hoffnung einheimische Art zeichnet sich besonders durch ihre Kahlheit aus. Ihre Blätter sind 2 Linien lang.

13) H. metalasioides *De Candolle*. Der Stengel ist strauchartig, aufrecht, sehr ästig; die Blätter sind stiellos, gehäuft, abstehend, linealisch, am Rande umgerollt, ziemlich stumpf und nebst den Aesten kahl; die länglichen, 4—5blüthigen Köpfchen sitzen an der Spitze der Aeste in kleinen Haufen; die äußeren Schuppen des Hauptkelchs sind kurz, etwas wollig, die inneren linealisch, zugespitzt, aufrecht, schneeweiß.

Ein kleiner, 1½ Fuß hoher Strauch mit 2—3 Linien langen Blättern und an der Spitze nicht verdickten, kaum rauhem Federkelche. In der Tracht stimmt sie mit der vorigen überein, die Blüthen gleichen denen von Metalasia.

14) H. oxybelium *De Candolle*. Der Stengel ist strauchartig, kahl, sehr ästig, die Aeste sind abstehend, starr, fast dornig; die Blätter sind linealisch, sitzend, weichhaarig, am Rande ein wenig umgerollt, im jungen Zustande grau, die obersten stehen unter den 15—18-blüthigen, einzelnen Köpfchen; die äußeren Schuppen des Hauptkelchs sind kurz, blattartig, weichhaarig, die inneren länglich, stumpf, zugespitzt, weißlich-purpurroth.

15) H. laxum *E. Meyer*. Der Stengel ist halbstrauchig, niedrig, ästig; die stiellosen Blätter stehen ziemlich weit von einander ab und sind linealisch, stumpf, am Rande umgerollt, im jungen Zustande nebst den Aesten weiß-filzig, im Alter oberseits weichhaarig oder fast kahl; die länglichen, 8blüthigen, ungestielten Köpfchen stehen einzeln an der Spitze der Aeste zwischen 2—4 Blättern; die Schuppen des Hauptkelchs (meist 10) sind linealisch, ziemlich spitz, an der Spitze trockenhäutig.

Im Habitus stimmt diese Art mit Filago gallica überein. Die Aeste stehen weit ab; die Blätter sind 2—3 Linien lang.

16) H. ericaefolium *Lessing*. Der Stengel ist strauchartig, aufrecht, sehr ästig; die ungestielten Blätter sind linealisch, stumpf, abstehend, am Rande zurückgerollt, im Alter kahl; die cylindrischen, 8—12blüthigen Köpfchen stehen an der Spitze der Aestchen gehäuft; die in wenigen Reihen stehenden Schuppen des Hauptkelchs sind länglich, die innersten spitz oder bisweilen gezähnelt. Hierher gehört Stoebe aspera *Thunberg* und wahrscheinlich Gnaph. ericoides *Linné*.

Die Pflanze ändert ab mit aufrechtem oder mehr oder weniger ausgebreitetem Stengel, kahlen oder filzigen Aesten, kahlen oder rauhen oder in der Jugend fast filzigen Blättern, mehr oder weniger gehäuften Köpfchen, blassen oder unter der Spitze purpurrothen Schuppen des Hauptkelchs und außerdem

b) albidulum *De Candolle*. Die Blätter sind in der Jugend nebst den Aesten weißfilzig, im Alter nebst dem Stengel ziemlich kahl. Diese Varietät steht in der Mitte von H. ericaefolium und H. lineare.

17) H. ericoides *Persoon.* Die Blätter sind sehr klein, angedrückt, lederartig, eiförmig, außenseits kahl, innen concav und nebst den Aesten filzig; die 10—12-blüthigen Köpfchen stehen an der Spitze der Aeste einzeln; die Schuppen des Hauptkelchs sind außenseits am Grunde schwach filzig, übrigens kahl, lanzettlich, zugespitzt, etwas abstehend, schneeweiß. Hierher gehören Xeranthemum ericoides und Argyrocoma ericoides *Lamarck*, Stoebe nivea *Thunberg* und Xeranthemum moniliforme *Houttyn.*

In der Tracht stimmt sie mit Erythropogon vermiculatum überein, unterscheidet sich aber durch die weit kleineren Blätter und Köpfchen und durch die oberseits filzigen, nicht kahlen Blätter.

c) Declinata *De Candolle.*

Die Köpfchen sind eiförmig oder halbkugelig, klein oder mäßig groß, vielblüthig. Die Schuppen des Hauptkelchs sind weiß, mit einem kleinen, linealisch-länglichen, stumpflichen Anhängsel versehen und daher ein wenig strahlenförmig. — Die hierher gehörigen Arten sind krautig oder halbstrauchig, oft niederliegend und rasenförmig und stimmen in der Tracht mit Gnaphalium überein.

18) H. declinatum *Lessing.* Die Stengel sind fast krautartig, ausgebreitet oder aufsteigend; die Blätter sind sitzend, linealisch, spitz, dachziegelig-aufrecht, von einem deutlichen Mittelnerven durchzogen, beiderseits nebst den Aesten weißfilzig; die wenigen Köpfchen stehen an der Spitze der Aeste in Ebensträußen und ragen kaum über die Blätter hervor; die äußeren Schuppen des kahlen, fast cylindrischen Hauptkelchs sind strahlenförmig, röthlich, die innersten länger, schneeweiß, ziemlich stumpf. Hierher gehören Gnaph. declinatum *Linné* (Sohn), Gnaph. pygmaeum *Thunberg* und vielleicht auch Gnaph. achilleoides *Lamarck.*

In der Tracht stimmt diese am Cap der guten Hoffnung einheimische, nur am Grunde halbstrauchige Art vollkommen mit Gnaph. micranthum überein, aber die weiblichen Blüthen sind ein- nicht vielreihig.

19) H. lineare *De Candolle.* Der Stengel ist halbstrauchig, ästig; die stiellosen Blätter sind linealisch, stumpf, am Rande ein wenig umgerollt, in der Jugend nebst den Aestchen weißfilzig, im Alter nebst den Stengeln kahl, die obersten stehen um das endständige, vielköpfige Knäuelchen gleichsam quirlförmig und deckblattartig; die ungestielten, cylindrischen, 8—10blüthigen Köpfchen stehen gehäuft; die Schuppen des Hauptkelchs sind meist weiß, linealisch, stumpf.

Ein finger- oder kaum handhoher Halbstrauch am Cap der guten Hoffnung.

20) H. serpyllifolium *Lessing.* Der Stengel ist halbstrauchig, sehr ästig, abstehend; die Blätter sind verkehrt-eiförmig, stiellos, am Grunde verschmälert, unterseits nebst den Aesten graufilzig, oberseits kahl oder spinnwebig; die cylindrischen, gleichebigen, etwa 12-blüthigen Köpfchen stehen in gedrängten Ebensträußen; die innersten Schuppen des am Grunde filzigen Hauptkelchs sind an der Spitze schneeweiß, stumpf.

Zwei Formen werden von dieser am Cap der guten Hoffnung einheimischen Art unterschieden:

a) orbiculare *De Candolle.* Die Blätter sind fast kreisrund, oberseits spinnwebig oder fast filzig, gehäuft; die Knäuelchen sind vielköpfig. Hierher gehören Gnaph. serpyllifolium *Bergius*, Gnaph. orbiculare *Thunberg* und Gnaph. helianthemifolium *Burmann.*

b) polifolium *De Candolle* mit verkehrt-eiförmig-länglichen, am Grunde mehr verschmälerten, oberseits kahlen und glatten Blättern, mit weniger ästigem Stengel und kleineren und wenigeren Köpfchen. Hierher gehören Gnaph. polifolium *Thunberg* und Gnaph. globuliferum *E. Meyer.*

21) H. Ernestianum *De Candolle.* Die Pflanze ist niedrig, rasenartig; die 2—3 Stengel sind aufrecht, spärlich beblättert, einfach, kaum doppelt länger als die grundständigen Blätter; die Blätter sind linealisch, stumpf, von angedrücktem Filze weißlich-röthlich, nervenlos, aufrecht, die grundständigen länger, die stengelständigen in geringer Zahl; die gestielten Köpfchen stehen in einem einfachen, endständigen, gedrängten Ebenstrauße; die äußeren Schuppen sind am Grunde nebst den Stielchen wollig, die übrigen linealisch-länglich, weiß, stumpflich.

Im südlichen Afrika einheimisch. Von dem ähnlichen H. caespitosum unterscheidet sich diese Art durch den fast angedrückten, nicht fast wolligen Filz, durch aufrechte, linealische Blätter, durch einen weniger beblätterten Stengel und durch gestielte Köpfchen.

22) H. sessile *De Candolle.* Der Stengel ist strauchartig, sehr ästig, dicht rasenförmig, die Aeste sind sehr gedrängt; die alten Blätter bleiben stehen, die jüngeren stehen an der Spitze der Aeste sternförmig und sind linealisch-länglich, beiderseits filzig; die Köpfchen sitzen einzeln im Mittelpunkte dieser Blattrosetten; die Schuppen des Hauptkelchs sind trockenhäutig-weiß, eiförmig-lanzettlich.

In der Tracht stimmt diese im südlichen Afrika einheimische Art fast mit Evax überein.

d) Caespititia *De Candolle.*

Die Köpfchen sind eiförmig-kugelig, die Schuppen sind weißlich, spitz, kaum strahlend. — Die hierher gehörigen Arten sind halbstrauchig, rasenförmig und von sehr dicht stehender, angedrückter Behaarung grau; in der Tracht stimmen sie mit Gnaphalium und Antennaria überein und kommen sämmtlich auf der Insel Mauritius vor.

23) H. barbellatum *Buek.* Diese Art ist halbstrauchig, vom Grunde an ästig, rasenartig, graufilzig; die Blätter sind länglich-linealisch, zu beiden Enden spitz, ganzrandig, gehäuft; die fast ungestielten, halbkugeligen Köpfchen stehen an der Spitze der Aeste gehäuft; die äußeren Schuppen des Hauptkelchs sind filzig, die übrigen kahl, glänzend, länglich-linealisch, spitz, ein

wenig zurückgekrümmt, die innersten sehr klein. Hierher gehören Hel. caespitosum *De Candolle*, Gnaphal. caespitosum *Lamarck* (nicht *Presl*), Gnaph. foliosum *Poiret* und Gnaph. rupestre *Bory*. — Die Pflanze ändert übrigens mit 3—5 Zoll langen, aufsteigenden und sehr kurzen, gehäuften Stengeln und dicht rosettenartigen oder zerstreuten Blättern ab. Die röthlichen Blüthen sind fast alle zweigeschlechtlich. Der Federkelch ist an der Spitze ziemlich lang bärtig. Der Blüthenboden ist nackt, maschig.

24) H. yuccaefolium *Lamarck*. Diese Art ist strauchartig, aufrecht, ästig, ganz graufilzig, die Aeste sind ringförmig mit Blattnarben versehen; die Blätter sind lanzettlich, beiderseits verschmälert, ganzrandig; der Ebenstrauß ist endständig, zusammengesetzt, vielköpfig; die Köpfchen sind gestielt; die Schuppen des glockenförmigen Hauptkelchs stehen in vielen Reihen, der filzigen äußeren sind nur wenige, die übrigen sind eiförmig, trockenhäutig, glänzend, kaum spitz. Hierher gehören Gnaphalium yuccaefolium *Lamarck*, Gnaph. incarnatum *Bory* und Gnaph. proteoides *Sieber*. — Der Blüthenboden ist nackt, maschig. Von den zahlreichen, purpurrothen Blüthen sind nur wenige weiblich. Die Borsten des Federkelchs sind an der Spitze rauh. Ein 6—8 Zoll hoher Halbstrauch.

25) H. multicaule *De Candolle*. Diese Art ist halbstrauchig, vom Grunde an ästig, aufsteigend-aufrecht, ganz weiß-filzig-wollig; die stiellosen Blätter sind lanzettlich, schwielig-stachelspitzig, ganzrandig; die eiförmig-kugeligen, ungestielten Köpfchen stehen zwischen den lineallisch-lanzettlichen Blättern an der Spitze der Stengel gehäuft; die Schuppen des Hauptkelchs sind trockenhäutig, glänzend, eiförmig, spitz und länger als die Blüthen. Hierher gehören Gnaph. multicaule *Lamarck* und Gnaph. argenteum *Poiret*, aber nicht *Miller*. — Die aufsteigenden Stengel sind fußhoch und darüber. Der Blüthenboden ist spreublattlos. Der Federkelch ist dicht bärtig.

e) Sphaerocephala *De Candolle*.

Die vielblüthigen Köpfchen sind fast kugelig; die Schuppen des Hauptkelchs sind stumpf, schneeweiß, selten purpurroth oder strohgelb, sie neigen zusammen oder sind nur selten an der Spitze ein wenig strahlenförmig. — Die Mitglieder dieser Abtheilung wachsen mit Ausnahme von H. sanguineum sämmtlich am Cap der guten Hoffnung und sind mit Ausnahme des einjährigen Helichrysum gariepinum alle halbstrauchig.

26) H. stellatum *Lessing*. Der Stengel ist am Grunde halbstrauchig und ästig; die Blätter sind halbstengelumfassend, länglich, spitz, beiderseits schwach-flockig-filzig; die eiförmigen, gleichhohigen Köpfchen stehen in einem ziemlich gedrängten Ebenstrauße gehäuft; die Schuppen des Hauptkelchs sind eiförmig, spitz, angedrückt, kahl, trockenhäutig, gefärbt, die innersten sind benagelt, fast spatelig, die elliptische Platte derselben ist doppelt länger als der Nagel. Hierher gehören die zahlreichen Synonyme Gnaph. stellatum *Linné*, Gnaph. discolorum und helianthemifolium *Thunberg* (nicht *Linné*), Gnaph. pyramidale *Bergius*, Gnaph. fragrans *Sieber*, Gnaph. fulvum *Lamarck*, Gnaph. carneum und auriculatum *Schrank*. Die äußeren Schuppen des Hauptkelchs sind röthlich, die innersten weiß, bisweilen außenseits purpurroth. Die Fruchtknoten sind rauh. Die Köpfchen sind fast länger als ihre Stielchen. Die Pflanze ändert aber ab:

b) laxum *De Candolle* mit lockerem Ebenstrauße und sehr kleinen Köpfchen, welche weit kürzer als ihre Stielchen sind.

27) H. gariepinum *De Candolle*. Der Stengel ist krautartig, vom Grunde an ästig, ausgebreitet, spinnwebig-wollig; die Blätter sind eiförmig oder länglich, stumpf, am Grunde stark verschmälert und einnervig, in der Jugend spinnwebig-wollig, im Alter fast kahl oder nur sehr wenig spinnwebig; die wenigen, kurzgestielten, eiförmig-kugeligen, vielblüthigen Köpfchen stehen an der Spitze der Aeste und werden von den Blättern bedeckt; die fast einreihigen äußeren Schuppen des Hauptkelchs sind linealisch, spinnwebig-wollig, die übrigen linealisch-lanzettlich, spitz, trockenhäutig, weiß oder purpurroth, kahl. — Die Pflanze ist 5—8 Zoll hoch und hat 8—10 Linien lange, 3—5 Linien breite Blätter.

28) H. obvallatum *De Candolle*. Der Stengel ist halbstrauchig, vom Grunde an sehr ästig, rasenartig-ausgebreitet, die Aeste und Blätter sind weich-grauwollig; die Blätter sind linealisch-länglich, ziemlich spitz, kaum einnervig, am Grunde verschmälert, die obersten sind gehäuft und umgeben die fast kugeligen, vielblüthigen, endständigen Köpfchen deckblattartig; die Schuppen des Hauptkelchs sind trockenhäutig, ganz weiß oder an der Spitze röthlich, lanzettlich, etwas spitz und neigen zusammen. — Die Pflanze ist 3—5 Zoll hoch und hat 5—6 Linien lange, 1—1½ Linien breite, oberseits spinnwebig-, unterseits filzig-wollige Blätter. In jedem Köpfchen befinden sich 30—40 Blüthen.

29) H. argyrosphaerum *De Candolle*. Der Stengel ist am Grunde halbstrauchig, seine Aeste sind spinnwebig; die stiellosen Blätter sind länglich, etwas spitz, am Grunde verschmälert, einnervig, spinnwebig-wollig; die ungestielten, kugeligen Köpfchen stehen an der Spitze der Aeste zwischen den äußersten Blättern einzeln und sind fast kürzer als diese; die länglichen, an der Spitze ziemlich stumpfen, etwas abstehenden, die Blüthen kaum überragenden Schuppen des silberweißen, ziemlich kahlen Hauptkelchs decken sich locker dachziegelig. — Die Pflanze ist finger- oder fast handhoch und hat 6 Linien lange, 1—2 Linien breite Blätter. Die glänzend-silberweißen Köpfchen sind ein wenig größer als eine Erbse.

30) H. chionosphaerum *De Candolle*. Der Stengel ist halbstrauchig, sehr ästig, rasenartig-niederliegend; die aufsteigenden Aeste sind spinnwebig-wollig; die sitzenden Blätter sind länglich stumpf, beiderseits filzig-grau, 3—5nervig; die gestielten Köpfchen stehen an der Spitze der Aeste zu drei, sie sind kugelig, vielblüthig, deckblattlos; die länglich-eiförmigen Schuppen des Hauptkelchs

sind trockenhäutig-schneeweiß. — Von dem verwandten Helichr. argyrosphaerum unterscheidet sich diese Art leicht durch die 3—5nervigen Blätter, welche unterseits am Grunde zwischen den Nerven ziemlich kahl, aber etwas drüsig sind. Die Blumenkronen sind gelb; die Blüthen gleichehig; die Fruchtknoten fein-drüsig.

31) H. diffusum *De Candolle*. Die Stengel sind ganz am Grunde strauchig, ästig, ausgebreitet und nebst den eiförmigen, sitzenden Blättern mit einem dichten, weichen, grauen, wolligen Filze bekleidet; die vielblüthigen, kurzgestielten Köpfchen stehen in einem gedrängten Ebensträuße; die Schuppen des Hauptkelchs sind länglich-lanzettlich, kaum spitz, schneeweiß; der Blüthenboden ist durchaus nackt. Hierher gehört Gnaph. diffusum *E. Meyer*. In vieler Hinsicht stimmt diese Art mit H. auriculatum überein, unterscheidet sich aber durch öhrchenlose Blätter und einen nackten Blüthenboden. Die Aeste sind an der Spitze fast blattlos. Die obersten Blätter haben eine lange, schwarze Stachelspitze.

32) H. leucophyllum *De Candolle*. Der Stengel ist halbstrauchig, ästig; die Aeste sind nebst den beiden Seiten der Blätter von einem dichten, ganz weißen Filze bedeckt; die sitzenden Blätter sind verkehrt-eiförmig-länglich, stumpf, die obersten ein wenig spitz; die wenigen, kurz gestielten, ungefähr 25blüthigen Köpfchen stehen an der Spitze der Aeste in Ebensträußen; die Schuppen des Hauptkelchs sind eiförmig, stumpf, weißlich, so lang als die Scheibenblüthen, die innersten strahlenlos; die Blüthen sind gleichehig.

33) H. grandiflorum *Lessing*. Der Stengel ist strauchartig, filzig; die Blätter sitzen mit breitem Grunde und sind auf beiden Flächen wollig-filzig, die unteren verkehrt-eiförmig, die oberen länglich oder lanzettlich, aufrecht; die halbkugeligen, vielblüthigen, gleichehigen Köpfchen stehen in ebensträußigen Trugdolden; die äußeren Schuppen des glockenförmigen, strahlenlosen, kahlen, blaßgelben Hauptkelchs sind spitz, die innersten überragen die Blüthen um ein weniges. Hierher gehören Gnaphal. grandiflorum *Linné*, Gn. fruticans *Willdenow* (nicht *Linné*), Gn. appendiculatum und verbascifolium *Schrank*. Die obersten Blätter sind an der Spitze schwärzlich-gefärbt.

34) H. fruticans *Lessing*. Der Stengel ist strauchartig, filzig; die Blätter sind halbstengelumfassend, elliptisch, dreinervig, oberseits zuletzt kahl, unterseits weißwollig-filzig; die gleichehigen, vielblüthigen Köpfchen stehen in Ebensträußen; der schneeweiße, kahle, glockenförmige, strahlende Hauptkelch hat spitze äußere Schuppen. Hierher gehören Gnaph. fruticans *Linné*, Gn. grandiflorum *Willdenow* (nicht *Linné*), Gn. fruticans und petiolatum *Thunberg* und Astelma fruticans *Ker*. — Die stumpfen Blätter haben eine schwielige Stachelspitze. Die Blumenkrone ist gelb; der Federkelch fast keulenförmig.

35) H. crassifolium *Lessing*. Der Stengel ist am Grunde strauchartig; die Blätter sind häufig, beiderseits nebst den Aesten mit weißem Filze bedeckt, länglich-verkehrt-eiförmig, am Grunde stark verschmälert und sitzen mit breitem Grunde; die glockig-cylindrischen, vielblüthigen Köpfchen stehen in einer Aehre; die Schuppen des strahlenlosen Hauptkelchs decken sich dachziegelig und sind trockenhäutig, kahl, stumpf. Hierher gehört Gnaph. crassifolium *Linné*, aber weder Lamarck's, noch Willdenow's gleichnamige Pflanze. Von dem ähnlichen H. revolutum unterscheidet sich diese Art durch flache Blätter und einen nackten Blüthenboden. Ihre Blätter sind 1½—2 Zoll lang, 6 Linien breit und haben einen nur wenig hervortretenden Mittelnerv. Die Schuppen des Hauptkelchs sind citronengelb. Der Federkelch ist an der Spitze schlank, nicht verdickt. Der Blüthenboden ist flach.

36) H. stoloniferum *Thunberg*. Der Stengel ist strauchartig, niederliegend-rasenartig, ganz beblättert; die sehr gedrängt stehenden, sitzenden Blätter sind länglich, spitz, an der Spitze zurückgekrümmt, beiderseits nebst den Aesten silberweiß-filzig; die vielblüthigen Köpfchen stehen an der Spitze des Stengels und der Aeste einzeln; die Schuppen des am Grunde stumpfen, glockenförmigen, kaum ein wenig strahlenden Hauptkelchs sind trockenhäutig, eiförmig, zugespitzt, die äußeren blaß röthlich, die übrigen schneeweiß, die innersten fast linealisch, an der Spitze rosenroth; der Federkelch ist borstig, kaum ästig. Hierher gehören Xeranthemum stoloniferum *Linné* (Sohn) und Argyrocome retorta *Cassini*.

37) H. rotundifolium *Lessing*. Der Stengel ist halbstrauchig, vom Grunde an ästig, die Aeste sind wollig-filzig, ausgebreitet-niederliegend, einfach; die Blätter sind halbstengelumfassend, verkehrt-eiförmig-rundlich, beiderseits wollig, an der Spitze mit einer punktartigen, schwarzen Schwiele versehen, ihre Nerven treten nur undeutlich hervor; die gleichehigen, ungefähr 24blüthigen Köpfchen stehen an der Spitze der Aeste gehäuft, fast ebensträußig und werden von Blättern umhüllt; die inneren Schuppen des Hauptkelchs sind in ein weißes, ganz stumpfes, eiförmiges Anhängsel erweitert. Hierher gehört Gnaph. rotundifolium *Thunberg*, aber nach Lessing nicht Spiralepis rotundifolia *Don*. Die 2—4 Zoll hohen Stengel haben 6—7 Linien lange, 5—6 Linien breite Blätter.

38) H. ramulosum *De Candolle*. Der Stengel ist strauchartig, die gehäuften, einköpfigen, bis zur Spitze beblätterten Aeste stehen fast doldig; die Blätter sind halbstengelumfassend, lanzettlich-linealisch, spitz, abstehend, beiderseits weißfilzig; die Schuppen des glockenförmigen, kahlen Hauptkelchs sind spitz, die äußeren kürzer, röthlich-braun, locker dachziegelig, die inneren fast linealisch, blaß, strahlend. — Ein kleiner, sehr ästiger, aufrechter Halbstrauch mit 3 Linien langen, 1 Linie breiten Blättern und kleinen Köpfchen.

39) H. felinum *Lessing*. Der Stengel ist strauchartig, die Aeste sind ruthenförmig, locker filzig; die Blätter sitzen mit breitem Grunde und sind eiförmig- oder lanzettlich-linealisch, zugespitzt, oberseits runzelig, unterseits weißfilzig; die vielblüthigen, gleichehigen, kugeligen Köpfchen stehen in Ebensträußen; die Schuppen des fast strahlenförmigen Hauptkelchs sind trockenhäutig, kahl, stumpf. Hierher gehören Gnaph. elongatum und congestum *Lamarck*, Gnaph. felinum und serrula-

num *Thunberg*, Gnaph. congestum und discolorum *Willdenow*. Die Pflanze ändert mit lockerem und zusammengezogenem Ebensträuße, mit nackten und bis zum Ebenstrauße beblätterten Aesten und mit oberseits kahlen oder borstig-rauhen Blättern ab.

40) H.? sanguineum *Linné* (unter Gnaphalium). Die ganze Pflanze ist grauwollig; der Stengel ist kraut-[illegible], aufrecht, einfach; die Blätter laufen am Stengel herab, sind lanzettlich, flach, die obersten oft bis zur Spitze [illegible]häutig; die fast kugeligen, beinahe sitzenden Köpfchen stehen in einem endständigen, fast kreisrunden Knäuelchen gehäuft; die Schuppen des Hauptkelchs sind [illegible], stumpf, kahl, blutroth-gefärbt, die innersten am Grunde verschmälert.

Diese Art ist auf dem Berge Karmel in Palästina und auf dem Libanon in Syrien einheimisch. Der Blüthenboden ist nackt. Der Federkelch weiß, rauh.

f) Virginea De Candolle.

Die Schuppen des Hauptkelchs sind schneeweiß, stumpf, mehr oder weniger strahlend. — Hierher gehören krautige oder halbstrauchige Arten in Südeuropa und in Kleinasien.

41) H. virgineum *De Candolle*. Der Wurzelhals ist holzig; die Stengel sind aber fast krautartig, aufsteigend, einfach; die grundständigen Blätter sind verkehrt-eiförmig, stumpf, am Grunde verschmälert, die stengelständigen länglich, sitzend, ziemlich spitz, sämmtliche nebst dem Kelche und den Blüthenstielen grau-wollig-filzig; die 2—3 Köpfchen sind gestielt, deckblattlos; die Schuppen des Hauptkelchs stehen dachziegelig und sind länglich, stumpf, schneeweiß-gefärbt, die äußeren und innern sind kürzer, die mittleren länger als die Scheibenblüthen.

In Kleinasien und vielleicht auch in Griechenland auf dem Athos einheimisch, stimmt diese etwa fingerhohe Pflanze in der Tracht mit Gnaphal. chionanthum überein. Das Köpfchen hat ungefähr die Größe wie jenes von Bellis perennis. Die Blüthen sind gelb, sämmtlich zweigeschlechtlich oder nur wenige weiblich. Der Federkelch ist an der Spitze rauh, weiß, abfällig.

42) H. frigidum *Willdenow*. Die Pflanze ist fast krautartig, ästig, rasenartig-niederliegend ganz graufilzig; die Blätter sind länglich, stumpf, sitzend, dachziegelig gestellt, an den Stämmchen fast vierreihig; die am Grunde filzigen Köpfchen stehen an der Spitze der Aeste einzeln; die Schuppen des Hauptkelchs sind länglich, stumpf, weißgefärbt, sternförmig-abstehend und doppelt länger als die Scheibenblüthen; die Achänen sind seidenhaarig-wollig. Hierher gehören Xeranthemum frigidum *Labillardière* und Gnaph. bellidiflorum *Viviani*.

Diese Art wächst auf dem Libanon und auf den höchsten Bergen Corsica's. Die Stengel sind am Grunde halbstrauchig, schlank, die Blüthen sämmtlich zweigeschlechtlich.

43) H. melanophthalmum *Lowe* (unter Gnaphalium). Der Stengel ist strauchartig, ästig; die sitzenden Blätter sind lanzettlich, zugespitzt, am Grunde verschmälert, beiderseits nebst den Aesten schneeweiß-filzig; die gestielten, fast kugeligen Köpfchen stehen in endständigen, rispigen Ebensträußen; die schneeweißen Schuppen des Hauptkelchs sind eiförmig, stumpf, locker dachziegelig, länger als die Scheibenblüthen, die innersten schmäler und etwas spitz. Hierher gehören Helichrysum melaleucum *Reichenbach*.

Die Heimath dieser Art ist Madeira. Die duftenden Blüthen werden nach der Blüthezeit schwarz, die äußeren weiblichen stehen in einer oder vielleicht auch in zwei Reihen, die zahlreichen übrigen sind zweigeschlechtlich. Die Schuppen des Hauptkelchs sind schwach gestreift, mehre an der Spitze 2—3zähnig.

44) H.? nodiflorum *De Candolle*. Die Stengel sind krautartig, stielrund, ruthenförmig, wollig; die linealischen, etwas spitzen, wolligen Blätter stehen in einiger Entfernung von einander; die gestielten unteren Köpfchen stehen in den Blattachseln meist zu zweien ziemlich entfernt von einander, die oberen in einer am Grunde unterbrochenen Traube; die dachziegelig sich deckenden Schuppen des Hauptkelchs sind weiß, länglich, stumpf. Hierher gehört Gnaph. nodiflorum *Lamarck*.

Nach Plukenet wächst diese Art in Portugal, womit jedoch Brotero nicht übereinstimmt. Der Blüthenboden ist nackt, punktirt, schmal.

g) Xeranthemoidea De Candolle.

Die Schuppen des Hauptkelchs sind mehr oder weniger zugespitzt und strahlend, glänzend, weiß, seltener purpurroth oder gelblich. — Hierher gehören am Cap der guten Hoffnung einheimische Halbsträucher mit schmalen, spitzen, oft zurückgekrümmten Blättern.

45) H. retortum *Willdenow*. Der Stengel ist am Grunde strauchartig; die Blätter sind länglich, oft zurückgekrümmt, mit breitem Grunde sitzend, beiderseits nebst den Aestchen angedrückt silberweiß-filzig; die Aeste sind bis zur Spitze beblättert; die eiförmigen, am Grunde stumpfen Köpfchen stehen einzeln; der strahlende Hauptkelch ist länger als die Scheibenblüthen und hat zugespitzte Schuppen; die Borsten des Federkelchs sind am Grunde ein wenig verwachsen, an der Spitze bärtig. Hierher gehören Xeranthemum retortum *Linné*, Xeranth. retortum und radicans *Thunberg*, Helichrysum radicans *Lessing*, Helichr. argenteum *Schrank* und Argyrocome retorta *Gärtner*.

Die Blätter sind 5—9 Linien lang, 2—3 Linien breit. Die unteren Schuppen des Hauptkelchs sind außenseits röthlich-braun, die übrigen ganz weiß. Der Federkelch ist in Wirklichkeit nicht federig, wie Linné angibt, sondern an der Spitze fast keulenförmig und bärtig.

46) H. lancifolium *Thunberg*. Der Stengel ist strauchartig, die Aeste silberweiß-filzig, die blüthentragenden bis zur äußersten Spitze dicht beblättert, einköpfig; die stiellosen Blätter sind silberweiß-filzig, länglich-elliptisch, zugespitzt, angedrückt; die Schuppen des kreiselförmigen, strahlenden Hauptkelchs sind trockenhäutig, glänzend, lanzettlich, bräunlich, die innersten linealisch; der Federkelch ist ästig.

47) H. xeranthemoides *De Candolle.* Der Stengel ist halbstrauchig, ästig, die Aeste sind nebst den Blättern von seidenhaarigem, fast angedrücktem Filze grau, die sterilen sind ganz beblättert, die blüthentragenden nur am Grunde beblättert und in einen langen fast nackten, einköpfigen Blüthenstiel verlängert; die Blätter sind linealisch, zugespitzt, zusammengefaltet, ein wenig zurückgekrümmt, am Grunde filzig, fast stiellos; die äußeren Schuppen des Hauptkelchs sind eiförmig, spitz, trockenhäutig, röthlich, die mittleren länger, spitzer, purpurroth, die innersten sehr lang und weiß.

Diese Art steht in der Mitte zwischen Hel. retortum und recurvatum.

48) H. recurvatum *Thunberg.* Der Stengel ist strauchartig; die Aeste stehen gehäuft und sind schwach filzig, zuletzt an der Spitze fast blattlos; die Blätter sind linealisch-lanzettlich, halbstengelumfassend, zugespitzt, gefaltet, zurückgekrümmt, beiderseits silberweiß-wollig, gewimpert; die vielblüthigen Köpfchen stehen einzeln; die Schuppen des glockenförmigen, strahlenden Hauptkelchs sind silberweiß, zugespitzt, die innersten kürzer und stumpf. Hierher gehört Xeranthemum recurvatum *Linné* (Sohn). Der Federkelch ist seiner ganzen Länge nach etwas rauh; die Achänen sind gleichfalls rauh.

49) H. sordescens *De Candolle.* Der Stengel ist strauchartig, ästig und nebst den Blättern zu beiden Seiten wollig-seidenhaarig; die Blätter sind linealisch-länglich, stachelspitzig, am Grunde unterseits mehrnervig, im jungen Zustande flach, seidenhaarig, im Alter zurückgekrümmt und fast kahl; die zahlreichen, fast nackten, einköpfigen Blüthenstiele stehen in Ebensträußen, die 15—20blüthigen Köpfchen sind eiförmig; die Schuppen des Hauptkelchs sind eiförmig-länglich, etwas spitz, angedrückt, weißlich; die Achänen sind eiförmig, sehr fein drüsig. Im Alter sieht die Pflanze etwas schmutzig aus, worauf auch der Speciesname hindeutet. Der Federkelch ist borstig, rauh. Die Blüthenstielchen sind fast doppelt länger als das Köpfchen.

50) H. affine *Lessing.* Der Stengel ist strauchartig; die Blüthenzweige sind fast blattlos, filzig; die Blätter sind länglich-verkehrt-eiförmig, flach, aufrecht-abstehend, am Grunde verschmälert, an der Spitze schwielig-stachelspitzig, beiderseits angedrückt-silberweiß-filzig, undeutlich 1—3nervig; die Schuppen des glockenförmigen, strahlenden Hauptkelchs sind sämmtlich zugespitzt, die äußeren und innersten kürzer als die mittleren. Der Hauptkelch ist nach Lessing bald schneeweiß, bald fleischfarbig.

51) H. mucronatum *Lessing.* Der Stengel ist strauchartig; die Blätter sind linealisch-pfriemlich, starr, sitzend, stachelspitzig nebst den Aesten seidenhaarig-wollig; die halbkugeligen Köpfchen stehen rispig-ebensträußig; die Schuppen des strahlenlosen Hauptkelchs sind eiförmig, sämmtlich stumpf oder kaum ein wenig stachelspitzig, blaß citronengelb. Hierher gehören Xeranthemum tenuifolium *Burmann* und Gnaphalium mucronatum *Bergius.* Die Pflanze ändert ab:

b) niveum mit schneeweißen Schuppen des Hauptkelchs. Hierher gehören Gnaph. racemosum und Anaxeton racemosum *Schrank.*

52) H. intermedium *Lessing.* Der Stengel ist strauchartig, die Aeste sind ruthenförmig, kaum an der Spitze blattlos; die eiförmigen Köpfchen stehen in rispigen Ebensträußen; die äußeren Schuppen des kurzstrahlenförmigen Hauptkelchs sind spitz, die innersten stumpf. Hierher gehören Xeranthemum paniculatum *Lamarck* (nicht *Thunberg*) und Gnaph. proteaecolorum *Schrank.* Von dem sehr ähnlichen Helichr. paniculatum unterscheidet sich diese Art durch die etwas breiteren, locker-wolligen (nicht angedrückt-seidenhaarigen) Blätter, durch etwas kleinere Köpfchen und durch stumpfe innere Schuppen des Hauptkelchs.

53) H. paniculatum *Thunberg.* Der Stengel ist strauchartig, die Aeste sind ruthenförmig, kaum an der Spitze blattlos; die Blätter sind lanzettlich, lang-zugespitzt, sitzend, dreinervig, angedrückt-seidenhaarig-wollig; die Köpfchen stehen in rispigen Ebensträußen; die Schuppen des eiförmigen, strahlenden Hauptkelchs sind sämmtlich zugespitzt. Hierher gehören Xeranthemum paniculatum *Linné* und Xeranth. angustifolium *Lamarck.* Die Blätter sind 12—15 Linien lang, 2 Linien breit. Die Hauptkelche sind bald schneeweiß, bald fleischfarbig.

54) H. argenteum *Thunberg.* Der Stengel ist strauchartig, die Blüthenäste sind an der Spitze blattlos, mehr oder weniger filzig; die Blätter sind länglich-verkehrt-eiförmig, am Grunde verschmälert, fiedernervig, schwielig-stachelspitzig, beiderseits dicht angedrückt-silberweiß-filzig; die äußeren Schuppen des glockenförmigen, strahlenden Hauptkelchs sind eiförmig, kurz, spitz, die mittleren länger, zugespitzt, die innersten kürzer, ausgerandet-stumpf. Hieher gehört Helichr. Staehelina *Willdenow.* Die Schuppen des Hauptkelchs sind weiß, außenseits purpurroth. Der Federkelch ist rauh, nicht keulenförmig. Die Blätter sind 2—4 Linien breit, dreifältig-genervt, der Mittelnerv ist oberseits fiederaderig.

55) H. striatum *Thunberg.* Der Stengel ist strauchartig, kahl, bis zur Spitze beblättert; die Blätter sind lederartig, in der Jugend weichhaarig-wollig, im Alter kahl, am Grunde ein wenig breiter, linealisch-verlängert, zugespitzt, auf dem Rücken gewölbt; die Köpfchen stehen rispig-ebensträußig; die Blüthenstiele sind schwach-wollig; die Schuppen des eiförmigen, strahlenden Hauptkelchs sind eiförmig, zugespitzt, die innersten kürzer und stumpf. Hierher gehören Xeranthemum rigidum *Andrews* und Helichrys. rigidum *Aiton.* Die Schuppen des Hauptkelchs sind schneeweiß. Die Blätter sind etwas zusammengefaltet, 0—12 Linien lang und kaum 1 Linie breit. Der Federkelch ist fein gesägt, an der Spitze nicht keulenförmig. Die Pflanze ändert ab:

b) villosum *De Candolle.* Die Aestchen und die Blätter, auch die älteren, sind wollig, fast rauhhaarig, die Schuppen des Hauptkelchs sind weißlich.

c) subflavescens *De Candolle.* Die Blätter sind wollig, in der Jugend fast seidenhaarig, lineälisch, spitz, 1—3nervig, stachelspitzig, aufrecht; die Schuppen des Hauptkelchs sind schmuzig gelb, im trockenen Zustande fast grünlich.

56) H. chlorochrysum *De Candolle.* Der Stengel ist strauchartig, die Aeste sind bis zur Spitze beblättert; die Blätter sind eiförmig oder lanzettlich kurz zugespitzt, dreinervig, sitzend, angedrückt-seidenhaarig-wollig; die eiförmigen oder halbkugeligen Köpfchen stehen in einzelnen Ebensträußen; die Schuppen des strahlenden Hauptkelchs sind eiförmig, zugespitzt, die innersten kürzer und stumpf. Von dem verwandten Hel. paniculatum unterscheidet sich diese Art durch 4—9 Linien lange, 2—4 Linien breite Blätter und durch glänzend-goldgelbe, im trockenen Zustande fast grünliche Schuppen des Hauptkelchs.

h) Elegantissimae *De Candolle.*

Die Schuppen des Hauptkelchs sind glänzend, strahlend, mehr oder weniger spitz, weiß oder fast purpurroth. Die Köpfchen sind vielblüthig. — Hierher gehören ausdauernde, im südlichen Afrika einheimische Pflanzen.

57) H. elegantissimum *De Candolle.* Der Stengel ist krautartig, aufrecht, einfach, am Grunde weichwollig, übrigens weichhaarig, drüsig; die grundständigen Blätter sind eiförmig-länglich, am Grunde verschmälert, weich-spinnwebig-wollig, die stengelständigen sind sitzend, öhrförmig-stengelumfassend, lanzettlich, zugespitzt, weichhaarig-drüsig; der Ebenstrauß ist zusammengesetzt, locker, gegipfelt; die Köpfchen sind glockig-kreiselförmig, vielblüthig; die Schuppen des Hauptkelchs sind trockenhäutig-glänzend, silberweiß oder außenseits röthlich, länglich, ziemlich spitz, ein wenig länger als die Scheibenblüthen; die Achänen sind eiförmig, kahl. — Die Pflanze ist 1½—2 Fuß hoch. Der Blüthenboden ist nackt, flach, im Durchmesser 5 Linien. In jedem Köpfchen befinden sich 200—300 Blüthen.

58) H. adenocarpum *De Candolle.* Der Stengel ist krautartig, aufrecht, einfach, drüsig-weichhaarig; die Aeste sind einköpfig, spinnwebig-wollig, ebensträußig; die grundständigen Blätter sind eiförmig, stumpflich, sitzend, wollig-filzig, die stengelständigen sitzend, eiförmig-länglich, weichhaarig-drüsig, die obersten schmäler, trockenhäutig-zugespitzt; die Köpfchen sind vielblüthig; die Schuppen des Hauptkelchs sind zugespitzt, trockenhäutig, glänzend oder röthlich, doppelt länger als die Scheibenblüthen; die Achänen sind drüsig. — Diese Art ist mit der vorhergehenden nahe verwandt. Die Scheibe des Blüthenköpfchens ist 2—3 Linien im Durchmesser. Die Blumenkrone hat eine purpurrothe Farbe.

59) H. marginatum *De Candolle.* Der Wurzelstock ist fast holzig; die zahlreichen Stengel sind aufrecht, einköpfig, einfach, wollig-filzig; die grundständigen Blätter sind länglich-zungenförmig, 3—5nervig, stumpf, die stengelständigen lineälisch-länglich, stumpf, die obersten grannenartig-zugespitzt, sämmtlich auf beiden Seiten kahl oder die oberen spinnwebig, am Rande wollig-filzig; das Köpfchen ist ungestielt, vielblüthig; die Schuppen des Hauptkelchs sind lanzettlich, spitz, trockenhäutig-schneeweiß, doppelt länger als die Scheibenblüthen. — Die ganze Pflanze ist 3—5 Zoll hoch. Die grundständigen Blätter sind 12—15 Linien lang, 3 Linien breit. Der Durchmesser des Köpfchens beträgt einen Zoll. Die Blumenkrone ist gelb-purpurroth; der Federkelch borstig, rauh; der Blüthenboden nackt und flach.

i) Nebulosae *De Candolle.*

Das Köpfchen ist gleichehig, 10—20blüthig. Die Schuppen des Hauptkelchs sind länglich, 1—2reihig, nicht trockenhäutig, auf dem Rücken filzig, weißlich, kurz strahlend oder strahlenlos. Der Blüthenboden ist maschig. Die Achänen sind kaum weichhaarig. Die Borsten des Federkelchs sind fadenförmig, rauh. Die Köpfchen stehen in lockeren Rispen oder fast ebensträußig. Die Blätter sind deutlich gestielt. — Die erste der drei hierher gehörigen Arten wächst in Südafrika, die beiden anderen in Australien.

60) H. populifolium *De Candolle.* Der Stengel ist strauchartig, die Aeste sind graufilzig; die Blätter sind lang gestielt, am Grunde herzförmig, eiförmig-rundlich, stumpf, am Grunde undeutlich 5—7nervig, oberseits spinnwebig-grau, unterseits graufilzig; die Rispe ist mehrfach zusammengesetzt, ausgebreitet-ästig; die eiförmigen, fast stiellosen, 12—15blüthigen Köpfchen stehen an der Spitze der Aestchen gehäuft; die äußeren Schuppen des Hauptkelchs sind auf dem Rücken filzig, die innersten an der Spitze weißlich, kahl, stumpf, kurz strahlenförmig. — Die Blätter stimmen in der Form fast mit denen von Populus alba überein, sind aber ungetheilt, ihre Fläche ist 4—6 Zoll lang, 3—5 Zoll breit. Die Blattstiele haben eine Länge von 1½ Zoll. Das Köpfchen ist kaum 2 Linien lang. Der Blüthenboden ist maschig.

61) H. cordatum *De Candolle.* Der Stengel ist halbstrauchig, aufrecht, stielrund, ästig, an der Spitze fast blattlos; die gestielten Blätter sind oberseits in der Jugend spinnwebig, im Alter kahl, unterseits nebst dem Stengel und dem Blattstiele graufilzig, die unteren herzförmig, die oberen eiförmig, sämmtlich zugespitzt und stachelspitzig; der Ebenstrauß ist zusammengesetzt, wöpig; die Schuppen des glockenförmigen Hauptkelchs sind länglich-lineälisch, auf dem Rücken filzig, an der Spitze trockenhäutig-weiß, kahl, zurückgebogen. — Der Blüthenboden ist faserig-maschig. An Blüthen sind in jedem Köpfchen etwa 20 vorhanden, von denen nur wenige weiblich. Der Federkelch ist rauh.

62) H. obovatum *De Candolle.* Der Stengel ist krautartig, aufrecht, ästig, an der äußersten Spitze spinnwebig-flockig, übrigens kahl; die gestielten Blätter sind verkehrt-eiförmig, am Grunde keilförmig, an der Spitze stumpf mit aufgesetzter Stachelspitze, fiedernervig, kahl; die Rispe ist ebensträußig, locker, grauwollig; die Schuppen des Hauptkelchs sind 1—2reihig, länglich-lineälisch, stumpf, wollig; die Blüthen, etwa 10, sind zweigeschlechtlich.

Die ganze Pflanze ist 1—2 Fuß hoch. Ihre Blätter sind 10 Linien lang, 5 Linien breit. Die Schuppen des Hauptkelchs sind weißlich, nicht trockenhäutig. Der Blüthenboden ist schmal, maschig. Die Borsten des Federkelchs sind fadenförmig.

b) Antennariiformia *De Candolle.*

Das Köpfchen ist gleichehig. Die Schuppen des Hauptkelchs decken sich dachziegelig und sind länglich, an der Spitze trockenhäutig-weiß. Der Blüthenboden ist undeutlich-maschig. Das Früchtchen ist kahl. Die Borsten des Federkelchs sind einreihig, an der Spitze keulenförmig, wie bei den männlichen Blüthen von Antennaria — Die hierher gehörigen Arten wachsen in Neu-Holland.

63) G. ramosum *De Candolle.* Der Stengel ist aufrecht, rispig-ästig-ausgebreitet, in der Jugend spinnwebig, zuletzt kahl; die Stengelblätter sind sitzend, lineallisch-lanzettlich und stehen entfernt; die Rispe ist locker; die Köpfchen sind verkehrt-eiförmig; die äußeren Schuppen des Hauptkelchs sind am Grunde spinnwebig, an der Spitze länglich, stumpf, abstehend-zurückgekrümmt. — Der Stengel ist etwa fußhoch; die zur Zeit der Blüthe verwelkten grundständigen Blätter sind unbekannt.

64) G. gracile *De Candolle.* Der Stengel ist aufrecht, ästig, kahl; die Aeste sind ruthenförmig, an der äußersten Spitze spinnwebig; von den entfernt stehenden, namentlich im jungen Zustande unterseits spinnwebigen Blättern sind die untersten lineallisch-lanzettlich, zu beiden Enden verschmälert, die obersten lineallisch; die eiförmigen, einem kurzen, filzigen Stiele aufsitzenden Köpfchen stehen in einem kleinen Ebenstrauße gedrängt; die Schuppen des Hauptkelchs sind länglich, stumpf, angedrückt, milchweiß. — Die Pflanze ist 2 Fuß hoch.

l) Clavellata *De Candolle.*

Die Köpfchen sind verschiedenehig, halbkugelig oder fast kegelförmig. Die Schuppen des Hauptkelchs sind röthlich, stumpf. Der Blüthenboden ist gewölbt, kleingrubig. Die Borsten des Federkelchs sind an der Spitze bärtig-verdickt, keulenförmig. — Die hierher gehörigen strauchartigen Gewächse haben verkehrt-eiförmig-längliche, flache, am Grunde verschmälerte, kurzgestielte, beiderseits dicht graufilzige Blätter und ebensträußige Köpfchen.

65) G. obconicum *De Candolle.* Der Stengel ist strauchartig, stielrund, weiß-filzig; die Blätter sind elliptisch, stumpf, ganzrandig, am Grunde in einen Stiel verschmälert, oberseits spinnwebig-, unterseits dicht graufilzig, dreinervig; der blattlose, etwa 20köpfige Ebenstrauß ist endständig; die Köpfchen sind kurzgestielt, verkehrt-kegelförmig; die Schuppen des Hauptkelchs sind röthlich-braun, trockenhäutig, dachziegelig, die äußeren ganz kurz und sehr stumpf, die inneren länger, blasser, etwas spitz. Hierher gehören Gnaph. crassifolium *Lowe,* aber weder Linné's, noch Lamarck's, noch Willdenow's gleichnamige Pflanze und Antennaria leucophylla *Reichenbach.*

Diese Art findet sich auf Madeira auf Felsen am Meere gelegen. Der Blüthenboden ist gewölbt, nackt, maschig. Die weiblichen Blüthen stehen in zwei Reihen. Der Federkelch ist einreihig, seine Borsten sind an der Spitze flach-keulenförmig-verdickt. Die Früchtchen sind rundlich, kahl.

66) G. hemisphaericum *De Candolle.* Der Stengel ist strauchartig, stielrund, weißfilzig; die Blätter sind elliptisch-länglich, stumpf, ganzrandig, am Grunde in einen Blattstiel verschmälert, einnervig, beiderseits weißfilzig; der Ebenstrauß ist endständig, 15—20köpfig blattlos; die halbkugeligen Köpfchen sind gestielt; die Schuppen des Hauptkelchs sind röthlich-braun, trockenhäutig, eiförmig, sehr stumpf und decken sich dachziegelig. Hierher gehört Gnaph. ovatum *Desfontaines.*

Das Vaterland dieser Art ist wahrscheinlich das Cap der guten Hoffnung. Von der vorigen unterscheidet sie sich durch die ein- nicht dreinervigen Blätter und die am Grunde abgerundeten, nicht verkehrt-kegelförmigen Hauptkelche. Mit Helichr. crassifolium wird sie bisweilen gleichfalls verwechselt, unterscheidet sich von diesem aber durch den gewölbten, nicht flachen Blüthenboden und durch den keulenförmigen, nicht borstigen Federkelch, sowie durch röthliche, nicht gelbe Hauptkelche.

D. Chrysolepidea *De Candolle.*

Die Schuppen des Hauptkelchs sind gelb (sehr selten weiß).

a) Stoechadina *De Candolle.*

Die mäßig großen Köpfchen stehen in gedrängten Ebensträußen.

* Europäische, mauritanische oder asiatische Arten.

67) G. Lamarckii *Cambessèdes.* Die ganze Pflanze ist dicht graufilzig; der Stengel ist am Grunde beinahe krautartig, zerbrechlich, verdickt, die Aeste sind verlängert; die Blätter sind länglich-spatelig, stumpf, die wenigen oberen länglich-lineallisch; der Ebenstrauß ist endständig, zusammengesetzt; die sehr kurz gestielten, fast kugeligen Köpfchen stehen an der Spitze der Aestchen gehäuft; die Schuppen des Hauptkelchs sind angedrückt, stumpf, trockenhäutig, gelb, kahl und so lang als die Scheibenblüthen. Hierher gehören Gnaph. balearicum *Pourret,* Gnaph. crassifolium *Lamarck* (nicht *Linné*) und Gnaph. ambiguum *Persoon.*

Diese Art wächst an Felsen der Insel Majorca. In jedem Köpfchen sind ungefähr 60 zweigeschlechtliche und 12—15 weibliche Blüthen vorhanden. Der Federkelch ist weißlich, rauh. Die unteren Blätter sind 1½ Zoll lang, 5 Linien breit.

68) G. rupestre *De Candolle.* Der Stengel ist halbstrauchig, filzig, die ruthenförmigen Aeste stehen fast büschelig; die Blätter sind lineallisch, am Rande umgerollt, beiderseits graufilzig; der Ebenstrauß ist zusammengesetzt, gegipfelt; die eiförmig-kugeligen Köpfchen sind gestielt; die Schuppen des Hauptkelchs sind gelb gefärbt, glänzend, eiförmig, spitz, fast angedrückt, so lang als die Scheibenblüthen. Hierher gehören als Synonyme Gnaph.

rupestre *Rafinesque*, Gnaph. glutinosum *Tenore* und Gnaph. pendulum *Presl*.

Diese Art wird an Felsen in Sicilien, Apulien, Neapel und Sardinien gefunden. Die zweigeschlechtlichen Blüthen sind zahlreich, die wenigen äußeren stehen in einer Reihe und sind weiblich. Sie unterscheidet sich von den verwandten durch den fast fehlenden Geruch und durch die spitzen Schuppen des Hauptkelchs und ändert ab:

b) Cambessedesii *De Candolle*. Die Blätter sind theils flach, theils am Rande umgerollt, oberseits filzig, unterseits dicht graufilzig. Hierher gehört Hel. Fontanesii *Cambessèdes* und Gnaph. scandens *Sieber*. Diese Varietät kommt in Felsenritzen auf der Insel Majorca, auf Creta und bei Athen vor.

c) Fontanesii *De Candolle*. Die Blätter sind am Rande mehr oder weniger umgerollt, oberseits ziemlich kahl, unterseits weißfilzig. Hierher gehört Gnaph. Stoechas var. inodorum *Desfontaines*. Diese Abart wächst in Mauritanien.

69) H. decumbens *Cambessèdes*. Der Stengel ist halbstrauchig, niederliegend, filzig; die Aeste stehen meist zu drei; die Blätter sind linealisch, wollig, am Rande umgerollt, fast stielrund; der endständige, zusammengezogene Ebenstrauß ist von den obern Blättern umgeben; die eiförmigen Köpfchen sind fast ungestielt; die Schuppen des Hauptkelchs sind angedrückt, eiförmig-lanzettlich, spitz, kahl, gelb und fast länger als die Scheibenblüthen. Hierher gehört Gnaph. decumbens *Lagasca*.

Diese Art wächst in Spanien in der Nähe von Murcia und auf den balearischen Inseln.

70) H. cespitosum *De Candolle*. Der Stengel ist strauchartig, vielköpfig, rasenförmig, die Aeste sind aufrecht, wenigbeblättert, filzig; die Blätter sind linealisch, stumpf, am Rande umgerollt, beiderseits wollig-filzig, die unteren sind gehäuft und stehen ab, die oberen stehen zerstreut und sind aufrecht; der endständige, fast kugelige Ebenstrauß ist nicht von Blättern umgeben, die eiförmigen Köpfchen sind fast stiellos; die Schuppen des Hauptkelchs sind eiförmig-lanzettlich, spitz, glänzend, gelb, fast länger als die Scheibenblüthen. Hierher gehören Gnaph. crispum *Pourret* (nicht *Linné*), Gnaph. cespitosum *Presl* (nicht *Lamarck*), Gnaph. conglobatum *Viviani* und Gnaph. siculum *Sprengel*.

In Frankreich, Spanien, Sicilien einheimisch.

71) H. Stoechas *De Candolle*. Der Stengel ist strauchartig, sehr ästig, ausgebreitet, die filzigen Aeste stehen büschelförmig; die Blätter sind linealisch, am Rande umgerollt, unterseits und bisweilen oberseits filzig; der Ebenstrauß ist zusammengesetzt, gedrängt; die eiförmigen Köpfchen sind kurzgestielt; die Schuppen des Hauptkelchs sind eiförmig, ziemlich spitz, flach, glänzend, so lang als die Scheibenblüthen. Hierher gehören Gnaph. Stoechas *Linné*, Gnaph. citrinum *Lamarck* und Gnaph. arenarium *Aubry* (nicht *Linné*).

Diese Art findet sich in der ganzen Gegend des mittelländischen Meeres. Die geriebenen Blätter sind wohlriechend und nicht wie bei H. rupestre fast geruchlos.

72) H. angustifolium *De Candolle*. Der Stengel ist strauchartig, ästig, aufrecht; die ruthenförmigen Aeste sind angedrückt-filzig; die Blätter sind lang, linealisch, am Rande umgerollt, unterseits filzig, oberseits fast kahl, abstehend; der Ebenstrauß ist zusammengesetzt, vielköpfig, blattlos; die eiförmig-länglichen oder cylindrischen Köpfchen sind kurzgestielt; die Schuppen des Hauptkelchs sind länglich, stumpflich, angedrückt, kahl, gelb, die äußeren kürzer, außerhalb am Grunde filzig, die innersten mit den Scheibenblüthen gleich lang. Hierher gehören Gnaph. angustifolium *Lamarck*, Gnaph. italicum *Roth* und Gnaph. siculum *Tineo*.

Diese Art findet sich gleichfalls in den am Mittelmeere gelegenen Ländern.

73) H. microphyllum *Cambessèdes*. Der Stengel ist strauchartig, aufrecht, sehr ästig, die Blüthenzweige sind spärlich beblättert; die Blätter sind linealisch-lanzettlich, am Rande umgerollt, in der Jugend grau- und angedrückt-filzig, im Alter vorzüglich unterseits kahl; der Ebenstrauß ist endständig, einfach, wenigköpfig, blattlos; die eiförmigen Köpfchen sind kurzgestielt; die Schuppen des Hauptkelchs sind angedrückt, die äußeren auf dem Rücken filzig, die innersten länglich, stumpflich, an der Spitze trockenhäutig-geschlitzt. Hierher gehört Gnaph. microphyllum *Willdenow* (nicht *Tenore*).

Auf Creta, in Sardinien und auf Majorca einheimisch.

74) H. armenium *De Candolle*. Der Stengel ist am Grunde strauchartig, ästig, die Aeste sind krautartig, aufrecht, einfach und nebst den Blättern mit einer weichen, flockig-wolligen Behaarung besetzt, die Blätter sind flach, linealisch, die unteren am Grunde verschmälert, länglich-spatelig, die oberen spitz; der Ebenstrauß ist zusammengesetzt, endständig; die 10—12 fast kugeligen Köpfchen sind kurzgestielt; die Schuppen des Hauptkelchs sind eiförmig-länglich, stumpf, goldgelb gefärbt, glänzend, so lang als die Scheibenblüthen. Hierher gehört Gnaph. armenium *Fischer* und *Meyer*.

Das Vaterland dieser Art ist Armenien. Von den verwandten Hel. arenarium und orientale unterscheidet sie sich durch eine spärliche, flockige, wollige, nicht einförmig-weißfilzige Behaarung. Die Blätter sind ungefähr 2 Zoll lang, 3 Linien breit. Der Blüthenboden ist maschig. Die Blüthen sind entweder sämmtlich zweigeschlechtlich oder nur sehr wenige äußere weiblich. Der Federkelch ist gelblich. Die Schuppen des Hauptkelchs sind nicht gefaltet.

75) H. plicatum *De Candolle*. Der Wurzelhals ist holzig; der Stengel ist krautartig, aufrecht, einfach, ziemlich kahl; die Blätter sind locker- und spinnwebig-wollig, linealisch, die grundständigen am Grunde verschmälert, an der Spitze stumpf, die stengelständigen linealisch, spitz, am Rande ein wenig umgerollt; der Ebenstrauß ist zusammengesetzt, endständig; die 30—40 fast kugeligen Köpfchen stehen auf filzigen Stielchen; die Schuppen des Hauptkelchs sind locker, eiförmig, ziemlich

spitz, strohgelb oder dunkelgelb, der Länge nach streifig-gefaltet, so lang als die Scheibenblüthen. Hierher gehört Gnaph. plicatum *Fischer* und *Meyer*.

Die Heimath dieser Art ist Persien. Die Blüthen sind sämmtlich zweigeschlechtlich oder nur sehr wenige weiblich. Der Federkelch ist weiß.

76) H. callichrysum *De Candolle*. Der Wurzelhals ist holzig, vielköpfig; die Stengel sind krautartig, aufrecht, einfach, filzig; die Blätter sind linealisch, ziemlich spitz, am Rande umgerollt, wollig-filzig; die 1—4 kugeligen, kurzgestielten Köpfchen stehen fast doldig; die Schuppen des Hauptkelchs sind eiförmig, ziemlich stumpf, goldgelb gefärbt, so lang als die Scheibenblüthen. Hierher gehört Gnaph. callichrysum *Fischer* und *Meyer* und vielleicht auch Gnaph. Pallasii *Sprengel*.

Das Vaterland dieser Art ist Persien. Die Stengel sind 8—6 Zoll hoch. Die Blüthen sind sämmtlich zweigeschlechtlich oder nur sehr wenige äußere weiblich. Der Federkelch ist gelb, rauh. Die schön glänzenden Köpfchen sind doppelt größer als an H. orientale, ihre Schuppen im trockenen Zustande faltig-gestreift.

77) H. orientale *Gärtner*. Die ganze Pflanze ist weißfilzig; die Stengel sind am Grunde halbstrauchig, gedreht oder aufsteigend; die Blätter sind linealisch-lanzettlich, die grundständigen stumpf, die stengelständigen spitz, die äußersten oft an der Spitze trockenhäutig; der Ebenstrauß ist zusammengesetzt, die Stielchen sind verlängert; die Schuppen des Hauptkelchs sind länglich, stumpf, so lang oder ein wenig länger als die Scheibenblüthen. Hierher gehören Gnaph. orientale *Linné*, Gnaph. elongatum *Hornemann* und Hel. elongatum *Mönch*.

Auf der Insel Creta einheimisch. Die Schuppen des Hauptkelchs sind gold- oder strohgelb. Die Blüthen sind goldgelb, sämmtlich zweigeschlechtlich oder die äußeren einreihig und meist weiblich. Die Borsten des Federkelchs sind weißlich, entfernt gezähnelt. Die Pflanze ändert übrigens mit gedrängteren, kürzer gestielten, citronengelben Köpfchen ab.

78) H. lavandulaefolium *De Candolle*. Diese Art ist krautartig, ganz schneeweiß-wollig-filzig; der Stengel ist aufrecht, einfach; die grundständigen Blätter sind verkehrt-eiförmig-spatelig, die stengelständigen linealisch-lanzettlich, gedrängt; der Ebenstrauß ist endständig. Hierzu gehört Gnaph. lavandulaefolium *Willdenow*.

Das Vaterland dieser Art ist Armenien.

79) H. graveolens *De Candolle*. Die ganze Pflanze ist weißwollig; die Stengel sind krautartig, aufrecht; die grundständigen Blätter sind länglich-spatelig, dreinervig, stumpf, die stengelständigen linealisch-lanzettlich, die oberen spitz, bisweilen trockenhäutig-bespitzt; der Ebenstrauß ist zusammengesetzt, gedrängt; die Schuppen des Hauptkelchs sind länglich, stumpflich. Hierher gehört Gnaph. graveolens *Marschall-Bieberstein* (nicht *Kunth*).

In Taurien und am Kaukasus einheimisch. Die Pflanze hat einen starken Melilotengeruch; sie ist mit Hel. arenarium nahe verwandt und vielleicht nur eine Abart von ihr. Die Köpfchen haben eine gold- oder safrangelbe Farbe. Der Federkelch ist gelb.

80) H. arenarium *De Candolle*. Die ganze Pflanze ist weißwollig; die Stengel sind krautartig, aufrecht, einfach; die Blätter sind sitzend, stumpf, ganzrandig, die unteren verkehrt-eiförmig-länglich, die oberen lanzettlich-linealisch; der Ebenstrauß ist zusammengesetzt; die Schuppen des Hauptkelchs sind glänzend, goldgelb, länglich, stumpf, so lang oder etwas länger als die Scheibenblüthen. Hierher gehört Gnaph. arenarium *Linné*.

Diese Art kommt am häufigsten in Teutschland, weit seltener in Frankreich und Dänemark, hin und wieder auch in Taurien, Lithauen und Persien vor. Die Blüthen sind sämmtlich zweigeschlechtlich. Der Federkelch ist gelblich, an der Spitze rauh.

81) H. buchtormense *De Candolle*. Die Stengel sind niedergestreckt oder aufsteigend, locker wollig; die linealischen Stengelblätter sind von lockerer Wolle beiderseits mehr oder weniger bedeckt, die unteren sind fast spatelig; der Ebenstrauß ist zusammengesetzt, endständig; die Köpfchen sind eiförmig, kurzgestielt; die Schuppen des Hauptkelchs sind länglich, glänzend, gelb, spitz, an der Spitze ein wenig kraus und fast länger als die Scheibenblüthen.

Diese Art wächst auf Hügeln am Flusse Buchtorma in Sibirien. Von dem verwandten Hel. arenarium unterscheidet sie sich sogleich durch die niedergestreckten Stengel.

82) H. oligocephalum *De Candolle*. Der Stengel ist am Grunde strauchartig und sehr ästig; die aufrechten, dünnen, etwas rauhhaarigen Aeste tragen an der Spitze 1—4 sehr kurzgestielte Köpfchen; die Blätter sind linealisch, spitz, schwach wellenförmig, ganzrandig, ziemlich kahl; die Schuppen des verkehrt-eiförmigen, zuletzt halbkugeligen Hauptkelchs sind länglich oder eiförmig, stumpf, trockenhäutig, strohgelb.

Die Heimath dieser Art ist Persien. Der Blüthenboden ist flach, nackt. Die 20—25 Blüthen scheinen sämmtlich zweigeschlechtlich zu sein. Das Früchtchen ist kahl. Der Federkelch hat mit der Blumenkrone fast gleiche Länge.

83) H.? Belangerianum *De Candolle*. Der Wurzelhals ist holzig; die Stengel sind krautartig, aufrecht, ganz einfach, stielrund, an der Spitze zusammengedrückt; die Stengelblätter sind linealisch, ganzrandig, ziemlich stumpf, die unteren kaum an der Spitze breiter, zu beiden Seiten nebst dem Stengel von dichtem, angedrücktem Filze grau; die fast stiellosen Köpfchen stehen in einem kugeligen, blattlosen, endständigen Knäuelchen dicht gedrängt; die Schuppen des Hauptkelchs sind eiförmig, stumpf, weißlich, etwas glänzend, länger als die Scheibenblüthen, die innersten sind kürzer und schmäler.

Das Vaterland dieser Pflanze ist Persien. Der Stengel ist fußhoch. Die grundständigen Blätter sind unbekannt, die stengelständigen sind 1½ Zoll lang, 1½ Linien breit. Die Blüthen scheinen sämmtlich zweigeschlechtlich zu sein.

** Südafrikanische Arten.

84) H. rutilans *Lessing*. Der Stengel ist krautartig, aufrecht, einfach; die Blätter sind fast halbstengelumfassend, länglich, am Grunde verschmälert, bespitzt, beiderseits nebst dem Stengel weißfilzig; die gleichehigen Köpfchen stehen dicht ebensträußig-rispig; die Schuppen des cylindrischen, am Grunde weißfilzigen Hauptkelches decken sich locker dachziegelig, die innersten sind benagelt, an der Spitze verkehrt-eiförmig-stumpf, fast strahlenlos, goldgelb. Hieher gehören Gnaph. rutilans *Linné*, Gnaph. odoratum *Thunberg* und Gnaph. bracteatum *Lamarck*.

Am Cap der guten Hoffnung einheimisch. Von dem ähnlichen Hel. odoratissimum durch die kleine, einjährige, einfache Wurzel, die nicht herablaufenden Blätter und den maschigen, fast nackten, nicht faserigen Blüthenboden unterschieden.

85) H. adscendens *Lessing*. Der Stengel ist krautartig, aufsteigend, am Grunde kahl, übrigens nebst den Blättern weißwollig-filzig; die untersten Blätter sind am Grunde verschmälert, die stengelständigen halbstengelumfassend, lanzettlich-linealisch, zugespitzt; die halbkugeligen, vielblüthigen, fast sitzenden Köpfchen stehen in einer beinahe kugeligen Trugdolde; die innersten Schuppen des glockenförmigen, am Grunde filzigen, strahlenlosen Hauptkelches sind linealisch, an der Spitze stumpf, gelb, kaum länger als die Blumenkronen. Hieher gehört Gnaph. adscendens *Thunberg*.

Das Vaterland dieser etwa fußhohen Art ist das Cap der guten Hoffnung. Die Blätter sind 6—8 Linien lang. Die Trugdolde besteht aus 5—15 Köpfchen. In jedem Köpfchen befinden sich 30—40 gelbe Blüthen. Die Borsten des Federkelchs sind an der äußersten Spitze fast pinselförmig.

86) H. splendidum *Lessing*. Der Stengel ist strauchartig, aufrecht; die Blätter sind ungestielt, linealisch, am Rande umgerollt, beiderseits nebst den Aesten und Köpfchenstielen weißfilzig, stumpflich oder fast stachelspitzig; die vielblüthigen, fast kugeligen, gleichehigen Köpfchen stehen in einem rispigen, fast kugeligen Ebenstrauße; die Schuppen des glockenförmigen, am Grunde spärlich filzigen Hauptkelches stehen locker dachziegelig und sind an der Spitze goldgelb, stumpf, die innersten sehr kurz strahlend. Hieher gehören Gnaph. splendidum *Thunberg* und Gnaph. strictum *Lamarck*.

Am Cap der guten Hoffnung einheimisch.

87) H. squamosum *Thunberg*. Der Stengel ist am Grunde halbstrauchig; die Blätter sind linealisch, ungestielt, aufrecht, bis zu den an der Spitze der Aeste einzeln stehenden Blättern gehäuft, weißfilzig, am Rande umgerollt, spitz; die äußeren Schuppen des kreiselförmigen, strahlenden Hauptkelches sind eiförmig-rundlich, stumpf, röthlich, die innersten linealisch, spitz, fast gelblich. Hieher gehören Xeranthemum squamosum *Thunberg*, Xeranth. barbaceum *Andrews* und Helichrysum splendens *Sims*.

Diese am Cap der guten Hoffnung einheimische Art stimmt in der Tracht mit Hel. *fasciculatum* überein, aber der Federkelch ist rauh, nicht federig.

88) H. cochleariforme *De Candolle*. Der Stengel ist halbstrauchig, ein wenig aufsteigend; die Blätter sind länglich- oder spatelig-linealisch, ungestielt, am Grunde ein wenig verschmälert, beiderseits nebst den Aesten weißfilzig; die kugeligen, ganz kahlen, bräunlich-goldgelben, vielblüthigen, fast ungestielten Köpfchen stehen an der Spitze der Aeste einzeln; die Schuppen des Hauptkelchs decken sich locker dachziegelig, haben einen linealischen Nagel und sind wegen der stumpfen, concaven Platte löffelförmig.

Am Cap der guten Hoffnung einheimisch. Sie ist mit Hel. rubellum und flavicomum verwandt. Ihre Blätter sind 4 Linien lang, 1—2 Linien breit. Die Köpfchen gleichen in Farbe und Größe denen von Trifolium spadiceum.

89) H. xanthinum *De Candolle*. Der Stengel ist halbstrauchig, aufrecht, vom Grunde an spärlich ästig, die Aeste sind mit einem grauen, abwischbaren Filze bedeckt; die ungestielten Blätter sind länglich-linealisch, am Grunde verschmälert, am Rande umgerollt, an der Spitze flach, fast dreinervig, oberseits spinnwebig, unterseits filzig, stachelspitzig, die untern stumpf, die obern spitz; der zusammengesetzte, gegipfelte Ebenstrauß ist von einigen linealischen Deckblättern umgeben; die Köpfchen sind gestielt, vielblüthig, verschiedenehig; die äußeren Schuppen des glockenförmigen Hauptkelches sind schwach filzig, die übrigen glänzend, goldgelb, länglich, ziemlich stumpf.

In Südafrika einheimisch. Die Blätter sind 12—16 Linien lang, ½—2 Linien breit.

90) H. montanum *De Candolle*. Der Stengel ist strauchartig, niederliegend; die Aeste sind aufsteigend, grauwollig; die ungestielten Blätter sind länglich, stumpf, schwarz-punktartig-stachelspitzig, die obern ein wenig spitzer, sämmtliche von einem wolligen Filze zu beiden Seiten weiß, undeutlich stachelspitzig, die 7—12 kurzgestielten, ganz am Grunde wolligen, vielblüthigen, verschiedenehigen Köpfchen stehen in einem fast zusammengesetzten Ebenstrauße gedrängt; die Schuppen des glockenförmigen, strahlenlosen Hauptkelches sind eiförmig-länglich, glänzend, gelb.

Die Stengel dieser in Südafrika einheimischen Art sind fast fußlang; die aufsteigenden Aeste haben eine Länge von 3—5 Zoll.

91) H. marifolium *De Candolle*. Der Stengel ist halbstrauchig, sehr ästig, ausgebreitet, die Aeste sind nebst den beiden Seiten der Blätter graufilzig; die stiellosen Blätter sind eiförmig, kaum stachelspitzig, einnervig, abstehend; die 10—15 eiförmigen, sitzenden, 12—13-blüthigen Köpfchen stehen in einem dichten, kopfförmigen, deckblattlosen Ebenstrauße; die Schuppen des glockenförmigen, wenig reihigen Hauptkelches sind auf dem Rücken und am Rande von langen, dichtstehenden Zotten rauhhaarig.

Am Cap der guten Hoffnung einheimisch. Die

Borsten des Federkelchs sind weiß, an der Spitze ziemlich lang bärtig.

92) H. argyrophyllum *De Candolle.* Der Stengel ist strauchartig, aufrecht; die Aeste und Blätter sind von fast angedrücktem Filze grau; die Blätter sind verkehrt-eiförmig, am Grunde lang verschmälert, deutlich dreinervig, die nur in geringer Anzahl vorhandenen oberen sind fast linealisch; der Ebenstrauß ist locker, wenigköpfig; die Köpfchen sind eiförmig-glockig, langgestielt, vielblüthig; die eiförmig-lanzettlichen, spitzen, trockenhäutigen, gelben Schuppen des Hauptkelchs sind länger als die Scheibenblüthen.

Diese Art wächst in Südafrika. Ihre Blätter sind 9—12 Linien lang, 4—6 Linien breit. Die Köpfchen messen 6—7 Linien im Durchmesser. Der Federkelch ist gelblich.

93) H. acutatum *De Candolle.* Der Stengel ist aufrecht, einfach, fast spinnwebig-filzig; die Blätter sind in der Jugend spinnwebig, später auf beiden Seiten von einer dicken, drüsigen Behaarung zerstreut borstig, die unteren sind eiförmig-länglich, fiedernervig, am Grunde verschmälert, am äußersten Ende spitz, die oberen lang linealisch, sehr spitz; der Ebenstrauß ist zusammengesetzt, gegipfelt; die Köpfchen sind 8—12blüthig; die Schuppen des länglichen Hauptkelchs sind lanzettlich, zugespitzt, die äußeren auf dem Rücken wollig, die übrigen glänzend, gelb.

Die unteren Blätter dieser in Südafrika vorkommenden Art sind 6—7 Zoll lang, 1—1½ Zoll breit. Der Blüthenboden ist schmal, kaum maschig.

94) H. subglomeratum *Lessing.* Der Stengel ist am Grunde strauchartig; die Blätter sind häutig, mit breitem Grunde sitzend, elliptisch oder länglich, ziemlich spitz, zu beiden Seiten nebst den Aestchen mit einem fast silberweißen Filze bedeckt; die Köpfchen stehen in dichten, büscheligen Ebensträußen, deren Büschel von Wolle gleichsam eingehüllt sind; die Schuppen des cylindrischen, wenigblüthigen Hauptkelchs sind stumpf, trockenhäutig, angedrückt.

Diese Art wächst am Cap der guten Hoffnung. Ihre Blätter scheinen im trockenen Zustande herabzulaufen wegen der achselständigen Wolle, welche die Blattfläche mit dem Stengel gleichsam verklebt. Die Blüthenbüschel sind vielköpfig, gewölbt; die äußeren Schuppen des Hauptkelchs sind rothbraun, die innersten nebst der Blumenkrone fast goldgelb. Die Pflanze ändert aber ab:

b) imbricatum *De Candolle.* Die Blätter sind elliptisch, stumpf oder etwas zugespitzt, aufrecht und decken sich dachziegelig; die Aeste des Ebenstraußes sind weniger wollig als an der Hauptform.

95) H. umbraculigerum *Lessing.* Der Stengel ist wahrscheinlich krautartig; die Blätter sind häutig, stiellos, länglich verkehrt-eiförmig, zurückgekrümmt-stachelspitzig, am Grunde verschmälert, oberseits etwas rauhhaarig, unterseits filzig; die fünfblüthigen, sehr zahlreichen Köpfchen stehen in dichten Ebensträußen; die Aeste des Ebenstraußes sind durch eine falsche, vom Filze gebildete Haut zu einer unterseits aderigen, oberseits ganz mit Blüthen besetzten Scheibe vereinigt. Hierher gehört Gnaph. dorsteniaeflorum *Burchell.*

Diese am Cap der guten Hoffnung einheimische Art ist wegen der in eine Scheibe verwachsenen Aeste des Blüthenstandes sehr ausgezeichnet.

96) H. hebelepis *De Candolle.* Der Stengel ist am Grunde halbstrauchig, aufsteigend-aufrecht, die Aeste sind graufilzig; von den stiellosen, lanzettlichen, beiderseits weißlich-wolligen, am Grunde 3—5nervigen Blättern sind die unteren spitz, die oberen zugespitzt; der Ebenstrauß ist zusammengesetzt, blattlos, vielköpfig; die verkehrt-eiförmigen, ungefähr 25blüthigen Köpfchen sind kurzgestielt; die Schuppen des Hauptkelchs sind auf dem Rücken weichhaarig-wollig, an der Spitze in ein kahles, trockenhäutiges Anhängsel verlängert, welches an den äußeren Schuppen blaßröthlich und spitz, an den inneren gelblich und fast stumpf ist.

Am Cap der guten Hoffnung einheimisch. Die Pflanze ändert ab:

b) angustius *De Candolle.* Die Blätter sind schmäler lanzettlich, zugespitzt und haben drei kaum deutlich hervortretende Nerven, von denen die seitlichen dem mittleren sehr genähert sind; der Ebenstrauß ist gedrungener, die Köpfchen sind ein wenig kleiner als an der Hauptform. Ist vielleicht eigene Art.

97) H. leiolepis *De Candolle.* Der Stengel ist am Grunde halbstrauchig, aufsteigend-aufrecht, die Aeste sind spinnwebig, fast filzig; die Blätter sind angewachsen-sitzend, linealisch-lanzettlich, einnervig, an beiden Enden verschmälert, oberseits ziemlich kahl, unterseits spinnwebig; der Ebenstrauß ist blattlos, zusammengesetzt-ästig; die eiförmigen, etwa 25blüthigen Köpfchen sind kurzgestielt; die Schuppen des Hauptkelchs sind länglich, strohgelb, kahl, durchscheinend-glänzend, die äußeren stumpf, die inneren fast spitz.

Das Vaterland dieser Art ist das Cap der guten Hoffnung.

b) Xerochlaena *De Candolle.*

Die Köpfchen sind gleich- oder verschiedenehig, groß, vielblüthig, strahlend. Die Schuppen des Hauptkelchs sind am Grunde kaum in ein Stielchen verschmälert, nicht gewimpert, dunkelgelb oder weiß. Die Achäne ist kahl. Der Federkelch ist haarförmig, die Borsten sind etwas rauh oder an der Spitze bärtig. — Hierher gehören am Cap der guten Hoffnung und in Australien wachsende Halbsträucher mit einzeln stehenden oder locker ebensträußigen, ziemlich lang gestielten Köpfchen.

* Die Schuppen des Hauptkelchs sind gelb.

98) H. foetidum *Cassini.* Der Stengel ist krautartig, aufrecht, filzig; die Blätter sind herzförmig-stengelumfassend, abstehend, oberseits rauh und flach, unterseits (wenigstens die unteren Blätter) weißfilzig; die Köpfchen sind geknäuelt; die Schuppen des Hauptkelchs sind trockenhäutig, glänzend, strahlend, ziemlich spitz. Hierher gehören Gnaph. foetidum *Linné* und Anaxeton foetidum *Gärtner.*

Diese zweijährige, übelriechende Art wächst am Cap der guten Hoffnung. Der Blüthenboden trägt bisweilen in der Mitte kleine Deckblättchen. Die weiblichen Blüthen stehen in wenigen Reihen. Die Pflanze ändert ab:

a) pallidum *Lessing.* Die Köpfchen sind fast kugelig; die Schuppen des Hauptkelchs sind blaßgelb oder weißlich; der Federkelch ist weißlich. Hierher gehören Gnaph. argenteum *Miller* (nicht *Poiret*) und Gnaph. fruticans *Schrank* (nicht *Linné*).

b) citreum *Lessing.* Die Köpfchen sind fast rispig; die Schuppen des Hauptkelchs und der Federkelch sind citronengelb.

99) H. fulgidum *Willdenow.* Der Stengel ist krautartig, locker filzig; die Blätter sind halbstengelumfassend, länglich, aufrecht, gleichfarbig, beiderseits ziemlich rauhhaarig, am Rande filzig; die vielblüthigen Köpfchen stehen an der Spitze des Stengels und der Aeste einzeln; die Schuppen des strahlenden Hauptkelchs sind glänzend, goldgelb, zugespitzt. Hierher gehören Xeranthemum fulgidum *Linné* und Gnaph. aureum *Houttyn.*

Am Cap der guten Hoffnung einheimisch. Diese Art ändert in der Form und Behaarung der Blätter vielfach ab.

100) H. decorum *De Candolle.* Die ganze Pflanze ist angedrückt-graufilzig; der Stengel ist aufrecht, an der Spitze ästig; die Aeste sind lang, beblättert, an der Spitze einköpfig; von den sitzenden Blättern sind die untersten eiförmig, am Grunde verschmälert, 3—5fältig-generot, die oberen länglich-lanzettlich, die obersten kürzer als das Köpfchen, deckblattlos; die Schuppen des glockenförmigen Hauptkelchs sind glänzend, trockenhäutig-gelb, lanzettlich, zugespitzt.

Diese Pflanze sammelte Drège am Port-Natal in Südafrika. Sie ist zwei Fuß hoch. Die vielblüthigen Köpfchen sind einen Zoll breit. Der Blüthenboden ist nackt. Die Achänen sind elliptisch, schwärzlich.

101) H. macrocephalum *A. Cunningham.* Der Stengel ist krautartig, aufrecht, ästig, die Aeste sind grau, sammethaarig-filzig; die ungestielten Blätter sind linealisch-lanzettlich, etwas spitz, ein wenig weichhaarig; die langgestielten, deckblattlosen Köpfchen stehen meist zu dreien fast ebensträußig; die Schuppen des Hauptkelchs sind lederartig-trockenhäutig, die äußeren röthlich, sehr kurz, breit eiförmig, die inneren länger, lanzettlich, goldgelb; die Scheibe ist halbkreisrund.

Das Vaterland dieser Art ist Neu-Holland.

102) H. acuminatum *De Candolle.* Der Stengel ist krautartig, aufrecht, beblättert, einfach, an der Spitze locker wollig; die Blätter sind ungestielt, in der Jugend schwach spinnwebig, am Rande ein wenig wellenförmig, die unteren verkehrt-eiförmig-länglich, die oberen lanzettlich-linealisch, zugespitzt; das Köpfchen steht an der Spitze des Stengels einzeln und ist von Deckblättern umgeben; die Schuppen des Hauptkelchs sind lederartig-trockenhäutig, sämmtlich zugespitzt, die äußeren röthlich, eiförmig-lanzettlich, die inneren länger, lanzettlich.

Auf Van Diemens-Land einheimisch. Von dem verwandten Hel. bracteatum ist diese Art durch den einköpfigen Stengel und vorzüglich durch die zugespitzten äußeren Schuppen des Hauptkelchs verschieden. Sie ändert aber ab:

b) angustifolium *De Candolle.* Die Blätter stehen entfernter und sind linealisch-lanzettlich, nicht wellenförmig, kahl; die äußeren Schuppen des Hauptkelchs sind lanzettlich, zugespitzt, gleichfarbig; der Stengel ist an der Spitze weichfilzig.

103) H. Banksii *Cunningham.* Die Stengel sind ganz am Grunde halbstrauchig, aufrecht, einfach, am Grunde beblättert, von der Mitte an kahl, einköpfig; die Blätter sind länglich-lanzettlich, am Grunde verschmälert-gestielt, schwach-dreifältig-generot, spitz, kahl; das Köpfchen ist deckblattlos, endständig und steht einzeln; die Schuppen des Hauptkelchs sind trockenhäutig-lederartig, die äußeren eiförmig-länglich, etwas stumpf, röthlich, die inneren länger, spitz, goldgelb.

Diese Art wurde zuerst von Banks und später von Cunningham an der Nordwestküste von Neu-Holland aufgefunden.

104) H. bicolor *Lindley.* Der Stengel ist krautartig, gefurcht, ästig; die Blätter sind linealisch-lanzettlich, zugespitzt, am Grunde stumpf, rauh-gewimpert, die oberen pfriemlich; die Aeste sind schuppenlos, einköpfig, nicht filzig; die spitzen Schuppen des Hauptkelchs haben eine braune und goldgelbe Farbe.

Das Vaterland dieser Art ist Van Diemens-Land.

105) H. bracteatum *Willdenow.* Die Pflanze ist krautartig, aufrecht, ästig, von sehr kleiner Behaarung etwas rauh; die Blätter sind lanzettlich oder linealisch, ausgeschweift, zugespitzt; die Köpfchen stehen an der Spitze der Aeste und sind bisweilen von 1—3 blattartigen Deckblättern umgeben, bisweilen auch nackt; von den ganz kahlen, strahlenden Schuppen des Hauptkelchs sind die äußersten fast röthlich, eiförmig, sehr stumpf, kurz, die mittleren lanzettlich, sehr lang, die innersten kurz, zugespitzt. Hierher gehören als Synonyme Xeranthemum bracteatum *Ventenat,* Helichr. chrysanthum *Persoon* und Hel. lucidum *Haenke.*

Im östlichen und südlichen Theile Neu-Hollands einheimisch. Die Pflanze ändert in Gestalt der Blätter, in Form und Farbe des Haupt- und Federkelchs vielfach ab.

** Die Schuppen des Hauptkelchs sind weiß.

106) H. glabratum *De Candolle.* Die Pflanze ist krautartig, aufrecht, kahl; die Blätter stehen wechselständig und meist am Grunde gehäuft und sind lanzettlich, am Grunde verschmälert, kaum ein wenig spitz; der Stengel ist einfach oder dreitheilig; die Köpfchen stehen an der Spitze des Stengels einzeln, die Deckblätter fehlen entweder ganz oder sind trockenhäutig; die Schuppen des Hauptkelchs sind ganz kahl, eiförmig-lanzettlich, stumpf, stachelspitzig.

Diese ½—1 Fuß hohe Pflanze wächst im südlichen und östlichen Theile Neu-Hollands. Ihre Aeste sind fast nackt; die Schuppen des Hauptkelchs sind weiß, breiter oder stumpfer als an Hel. papillosum, mit dem sie sonst nahe verwandt ist.

107) H. macranthum *Bentham*. Der Stengel ist krautartig, aufsteigend oder aufrecht, fast einfach, rauh, an der Spitze einköpfig; die Blätter sind länglich-lanzettlich oder die untersten spatelig, stumpf, ganzrandig, am Grunde in einen Stiel verschmälert, ganz unten an der Basis aber wieder stengelumfassend-verbreitert, beiderseits grün, rauh; das ziemlich große Köpfchen ist schneeweiß und außenseits fast rosenroth; die inneren Schuppen des Hauptkelchs sind strahlend, breit eiförmig, stumpf, stachelspitzig; der Blüthenboden ist nackt; der Federkelch rauh.

In Neu-Holland am Swan-River einheimisch. Die Pflanze stimmt in der Tracht mit der vorhergehenden und folgenden überein, sie ist aber nicht filzig-wollig, ihre Köpfchen sind größer als an den beiden anderen Arten und durch die Schuppen des Hauptkelchs verschieden.

108) H. dealbatum *Labillardière*. Die Stengel sind krautartig, am Grunde ästig, aufsteigend, die Aeste sind aufrecht, einfach, filzig, einköpfig; die Blätter sind linealisch-lanzettlich, spitz, unterseits seidenhaarig-filzig, oberseits kahl; die Köpfchen stehen an der Spitze der Aeste einzeln; die Schuppen des am Grunde etwas wolligen Hauptkelchs sind kahl, die äußeren röthlich, die inneren lang strahlenförmig, weiß. Hierher gehört Gnaph. niveum *Poiret*, aber weder Linné's noch Thunberg's gleichnamige Pflanze.

Diese Art wächst auf Van Diemens-Land und im südlichen Theile von Neu-Holland. Der Stengel derselben ist einen halben Fuß hoch. Der Blüthenboden ist nackt; der Federkelch etwas rauh. Die wenigen randständigen Blüthen sind weiblich, an der Spitze 3—4-zähnig.

109) H. papillosum *Labillardière*. Die Pflanze ist krautartig, aufrecht, fast einfach und ganz drüsig-behaart; die Blätter sind lanzettlich, zugespitzt, halbstengelumfassend; die endständigen, einzelnen Köpfchen sind von 1—2 blattartigen Deckblättern umgeben; die Schuppen des Hauptkelchs sind ganz kahl, lanzettlich, zugespitzt und decken sich allmälig; die innersten überragen die Blüthen kaum um das Doppelte. Hierher gehört Gnaph. papillosum *Poiret*.

Auf Van Diemens-Land einheimisch. Die Schuppen des Hauptkelchs sind schmutzig-weiß. Die wenigen Randblüthen sind weiblich, vierzähnig. Der Federkelch ist rauh.

c) Oxylepidea *De Candolle*.

Das Köpfchen ist gleich- oder vielleicht auch verschiedenehig. Der Blüthenboden ist netzförmig-maschig, nackt. Die mittleren Schuppen des Hauptkelchs sind am Grunde stielartig verschmälert, wollig-gewimpert und haben ein lanzettlich-linealisches, sehr spitzes, röthliches, lederartig-trockenhäutiges Anhängsel. Das Früchtchen ist kahl. Der Federkelch ist einreihig, die Borsten desselben sind kaum rauh, schneeweiß, oberhalb des Grundes leicht gebrochen und stellen einen kurzen gezähnten kleinen Kelch dar. — Hierher gehören Halbsträucher Neu-Hollands.

110) H. collinum *De Candolle*. Der Stengel ist strauchartig, schwach ästig, wollig-grau, schwach filzig; die Blätter sind stiellos, lanzettlich, am Grunde kurz-, an der Spitze länger zugespitzt, oberseits kahl, unterseits graufilzig; die einköpfigen Blüthenstiele sind doppelt länger als das Blatt; die Schuppen des Hauptkelchs sind nach der Blüthezeit unregelmäßig abstehend-herabgebogen. — Die Blätter sind kaum 1½ Zoll lang, 5 Linien breit. Der Blüthenstiel ist zwei Zoll lang.

111) H. rupicola *De Candolle*. Der Stengel ist strauchartig; die Aeste sind ruthenförmig, graufilzig, an der Spitze blattlos; die Blätter sind länglich-lanzettlich, an der Spitze kaum spitz, am Grunde stark verschmälert, oberseits flockig, unterseits graufilzig; das Köpfchen ist endständig, einzeln; die Schuppen des Hauptkelchs sind am Grunde außenseits dicht wollig, an der Spitze bogenförmig-umgerollt. — Die 4 Zoll langen, 6 Linien breiten Blätter sind am Grunde in einen fast zolllangen Stiel verschmälert.

d) Lambertiana *De Candolle*.

Die Köpfchen sind kreiselförmig; die Schuppen des Hauptkelchs sind linealisch, fast stumpf, anhängsellos, sämmtlich auf dem Rücken sammethaarig. — Hierher gehört nur ein am Cap der guten Hoffnung einheimischer Halbstrauch mit linealischen, beiderseits weißlich-filzigen Blättern.

112) H. Lambertianum *De Candolle*. Die Stengel sind halbstrauchig, aufrecht, spärlich ästig und nebst den linealischen, sitzenden, einnervigen Blättern graufilzig; der Ebenstrauß ist endständig, fast zusammengesetzt, gedrängt und von einigen dazwischenstehenden Blättern begleitet; die Köpfchen sind kreiselförmig, gleichehig, ungefähr 25blüthig; die Schuppen des strahlenlosen Hauptkelchs sind weißlich, linealisch-länglich, stumpf, filzig-rauhhaarig und decken sich locker dachziegelig. — Die Blätter sind 6—7 Linien lang, 1½ Linien breit, am Rande ein wenig umgerollt. Die Blumenkronen sind gelb; der Blüthenboden ist nackt.

e) Cylindrica *De Candolle*.

Der Hauptkelch ist cylindrisch, wenigblüthig, seine Schuppen sind angedrückt oder öfters sparrig-abstehend und sind röthlich, weiß oder purpurroth, in seltenen Fällen sogar strohgelb gefärbt. — Die hierher gehörigen halbstrauchigen Arten wachsen sämmtlich am Cap der guten Hoffnung und haben stumpfe, längliche Blätter.

113) H. pulchellum *De Candolle*. Der Stengel ist am Grunde halbstrauchig und sehr ästig, die Aeste sind aufrecht, fast einfach, spinnwebig-wollig; die Blätter sind halbstengelumfassend, länglich, stumpf, von spinnwebiger, kurzer Behaarung etwas rauh; die eiförmigen Köpfchen stehen an der Spitze der Aestchen zu 2—3 einander genähert und sind von einigen blattartigen Deckblättern umgeben; die Schuppen des Hauptkelchs sind trockenhäutig, kahl, bräunlich-röthlich, eiförmig, ganz

stumpf, aufrecht, nicht sparrig. Hierher gehört Gnaph. pulchellum *E. Meyer.*

114) H. cylindricum *Lessing.* Der Stengel ist strauchartig, sehr ästig; die Blätter sind halbstengelumfassend, länglich, etwas spitz, zu beiden Seiten nebst den Aesten weißfilzig; die fast stiellosen, cylindrischen, wenigblüthigen Köpfchen stehen zu 2—3 gehäuft; die Schuppen des strahlenlosen, eiförmig-cylindrischen Hauptkelchs sind kahl, aufrecht, länglich, röthlich, die äußeren stumpf, die inneren spitz. Hierher gehören Gnaph. cylindricum *Linné*, Gnaph. paniculatum *Thunberg*, Gnaph. milleflorum *Willdenow* (nicht *Linné*) und Gnaph. notatum *Willdenow* (nicht *Thunberg*).

115) H. lucilioides *Lessing.* Der Stengel ist strauchartig, abstehend ästig; die Blätter sind stiellos, verkehrt-eiförmig, am Grunde verschmälert nebst den Aesten weißlich filzig; die zehnblüthigen, gleichhohen Köpfchen stehen an der Spitze der Aeste fast gehäuft; die innersten Schuppen des cylindrischen, strahlenlosen, kahlen Hauptkelchs sind linealisch, stumpf, fast trockenhäutig; die Borsten des Federkelchs sind am Grunde fast gleichmäßig zusammengewachsen. Hierher gehört Gnaph. Staehelinoides *Thunberg.*

Der Strauch ist 1½ Fuß hoch. Die Blätter sind 3 Linien lang. Die Schuppen des Hauptkelchs sind röthlich.

116) H. imbricatum *Lessing.* Der Stengel ist halbstrauchig; die Blätter sind halbstengelumfassend, beiderseits nebst den Aestchen weißfilzig, länglich-verkehrt-eiförmig, schwarz stachelspitzig; die 15—20blüthigen Köpfchen stehen in Ebensträußen und sind kürzer als ihre Stielchen; die Schuppen des halbkugeligen, kurz strahlenden Hauptkelchs sind trockenhäutig, glänzend, sehr stumpf, die äußeren braun, die inneren an der Spitze schneeweiß, das Anhängsel ist bei allen doppelt oder dreifach kürzer als der Stiel. Hierher gehört Gnaph. imbricatum *Linné* und nach Lessing auch Gnaph. discolorum *Linné.* Nach der Beschaffenheit der Schuppen des Hauptkelchs und der Form der Blätter ändert diese Art sehr ab.

117) H. incarnatum *De Candolle.* Der Stengel ist ganz unten am Grunde halbstrauchig, ästig, aufrecht und nebst den linealisch-länglichen, halbstengelumfassenden Blättern graufilzig; die eiförmigen, sehr kurzgestielten, ungefähr 20blüthigen, verschiedenehigen Köpfchen stehen an der Spitze der Aeste zu drei ebensträußig; die äußeren Schuppen des Hauptkelchs sind kurz, röthlich, angedrückt, die mittleren fleischfarbig, ziemlich aufrecht, zugespitzt, die inneren weißlich, zugespitzt, sternförmig-abstehend. — Von dem verwandten Hel. cylindricum unterscheidet sich diese Art durch größere, verschiedenehige Köpfchen und durch das Schuppenanhängsel, welches länger als das Stielchen ist.

118) H. rubellum *Lessing.* Der Stengel ist strauchartig, aufrecht, weißfilzig; die Blätter sind halbstengelumfassend, beiderseits weißfilzig, länglich-verkehrt-eiförmig; die Köpfchen stehen in Ebensträußen; die Schuppen des kurzstrahlenden, fast glockenförmigen, am Grunde filzigen Hauptkelchs stehen sparrig ab und sind spitz, die inneren in eine rundliche, concave, milchweiße oder fleischfarbige abstehende Platte erweitert. Hierher gehören Gnaph. rubellum *Thunberg* und Gnaph. spadiceum *Lamarck.* — Die Schuppen des Hauptkelchs sind außenseits bräunlich, an der Spitze weiß.

f) Hamulosa *De Candolle.*

Die Köpfchen sind cylindrisch, 5—10blüthig; die Schuppen des Hauptkelchs sind dunkel- oder blaßgelb, zugespitzt, an der Spitze zurückgekrümmt oder aufrecht. Die Blätter sind von einer kleinen zurückgekrümmten Stachelspitze hakenförmig. — Hierher gehören aufrechte Halbsträucher Südafrika's.

119) H. pentzioides *Lessing.* Der Stengel ist aufrecht, strauchartig, ästig, die Aeste sind ein wenig grau; die Blätter sind derb, beiderseits punktirt, an der Spitze abgestutzt, zurückgekrümmt-stachelspitzig, am Grunde sehr schmal; die Köpfchen sind cylindrisch, blaßroth, ungefähr 10blüthig; die Schuppen des Hauptkelchs sind punktirt, an der Spitze trockenhäutig, angedrückt, stumpf. — Von dem folgenden durch die angedrückten und stumpfen, nicht sparrigen und spitzen Schuppen des Hauptkelchs verschieden.

120) H. excisum *Lessing.* Der Stengel ist strauchartig, sehr ästig; die Blätter sind derb, lang spatelig-keilförmig, an der Spitze abgestutzt, rückwärtsgekrümmt-stachelspitzig, fast verkehrt-herzförmig, beiderseits nebst den Aestchen weißfilzig; die cylindrischen, wenigblüthigen, kurzgestielten Köpfchen stehen in kleinen Ebensträußen; die Schuppen des strahlenlosen Hauptkelchs sind trockenhäutig, kahl, länglich, spitz, sparrig-abstehend, goldgelb. Hierher gehört Gnaph. excisum *Thunberg.* Die Blätter sind 3 Linien lang. Die Köpfchen messen 2 Linien im Durchmesser.

121) H. hamulosum *De Candolle.* Der Stengel ist strauchartig, ästig, kahl; die Aeste sind filzig; die ungestielten Blätter stehen gehäuft und sind linealisch, an der Spitze durch die umgebogene Stachelspitze hakig, am Rande umgerollt, oberseits ziemlich kahl, unterseits filzig, einnervig, die der blühenden Aeste kleiner; die fast stiellosen, meist fünfblüthigen Köpfchen stehen an der Spitze der Aeste gehäuft; die Schuppen des Hauptkelchs sind blaß, länglich, zugespitzt. Hierher gehört Gnaph. hamulosum *E. Meyer.* — In der Tracht stimmt diese Art fast mit Hel. trilineatum überein, sie unterscheidet sich aber durch die einnervigen Blätter, die länglichen, gleichhohen, wenigblüthigen Köpfchen und durch den nackten Blüthenboden.

g) Trilineata *De Candolle.*

Die länglichen Köpfchen sind ungefähr 20blüthig; die Schuppen des Hauptkelchs sind länglich, kaum spitz, glänzend, gelb. Die Blätter sind linealisch, stumpf, an der Spitze abgestutzt oder mit drei kleinen Zähnen versehen, oberseits mit drei Linien besetzt. — Zu dieser Unterabtheilung gehören aufrechte, in Südafrika einheimische Sträucher, welche in der Tracht mit Helichrysum hamulosum übereinstimmen.

122) H. alveolatum *De Candolle.* Der Stengel ist strauchartig, ästig, kahl, die Aeste sind wollig; die ungestielten Blätter stehen gehäuft und sind linealisch, abgestutzt, kurz stachelspitzig, beiderseits graufilzig, im Alter bisweilen kahl und dann oberseits mit 3—5 Linien belegt; die eiförmigen, ungefähr 30blüthigen Köpfchen stehen an der Spitze der Aeste gedrängt; die Schuppen des Hauptkelchs sind linealisch-länglich, trockenhäutig-gelb, stumpflich. — Die Fasern des Blüthenbodens sind sehr kurz, abgestutzt und stehen an den Maschen gehäuft.

123) H. trilineatum *De Candolle.* Der Stengel ist strauchartig, ästig, ziemlich kahl; die filzigen Aeste stehen ebensträußig; die Blätter sind ungestielt, gehäuft, linealisch, abgestutzt, an der Spitze kurz dreizähnig, oberseits kahl und mit drei Linien besetzt, unterseits filzig, einnervig; die Ebensträuße sind zusammengesetzt, gehäuft; die eiförmigen, ungefähr 30blüthigen Köpfchen sind länger als ihre Stielchen; von den länglichen, trockenhäutig-gelben Schuppen des Hauptkelchs sind die äußeren zugespitzt, die inneren stumpf und stehen an der Spitze ein wenig ab. — Die Fasern des Blüthenbodens sind spitz, kurz, blaß, an den Maschen gehäuft. Die Blätter sind 5 Linien lang, 1 Linie breit.

b) Plocamophylla *De Candolle.*

Der Blüthenboden ist nackt oder undeutlich maschig. Das Köpfchen ist gleichehig. Der Federkelch ist rauh. — Hierher gehört nur eine Art, eine krautartige, kletternde, auf der Insel Madagascar einheimische Pflanze.

124) H. cirrhosum *Lessing.* Der kletternde Stengel ist stielrund, aber von den herablaufenden Blättern ein wenig kantig; die Blätter sind lanzettlich-linealisch, an der Spitze in eine aufgerollte Ranke verlängert, oberseits kahl, unterseits graufilzig; die stiellosen, von einem lanzettlichen, blattartigen, unterseits filzigen Deckblatte umgebenen Köpfchen stehen an der Spitze des Stengels oder an den achselständigen Aestchen in Aehren; die Schuppen des eiförmigen Hauptkelchs sind blaß-röthlich-gelb, trockenhäutig, an der Spitze abstehend-zurückgekrümmt; die 7—8 Blüthen in jedem Köpfchen scheinen sämmtlich zweigeschlechtlich zu sein. Hierher gehört Gnaph. cirrhosum *Bojer.*

Zweite Section. Blepharolepis *De Candolle.*

Die Köpfchen sind ziemlich groß, verschieden- oder gleichehig. Die Schuppen des Hauptkelchs, wenigstens die mittleren, sind in einen schlanken, wollig-gewimperten Stiel verschmälert. Der Blüthenboden ist nackt. Das Früchtchen ist kahl. Der Federkelch ist haarförmig, seiner ganzen Länge nach rauh oder an der Spitze bärtig.

* Argyrolepis *De Candolle.*

Die Schuppen des Hauptkelchs sind weiß.

125) H. elatum *A. Cunningham.* Die Stengel sind krautartig, stielrund, filzig, aufrecht; die Blätter sind gestielt, eiförmig, beiderseits zugespitzt, fiedernervig, oberseits in der Jugend spinnwebig, zuletzt kahl, unterseits filzig; die Köpfchen stehen in traubigen Ebensträußen; die Schuppen des am Grunde wolligen Hauptkelchs sind ganz kahl, linealisch-lanzettlich, zugespitzt, glänzend, strahlend und fast doppelt so lang als die Blüthen. Hierher gehört Helichr. albicans *Sieber.*

Im östlichen und südlichen Theile Neu-Hollands einheimisch. Die Pflanze ist 7 Fuß hoch. Die Blätter sind 4 Zoll lang, einen Zoll breit. Der Durchmesser der silberweißen Köpfchen beträgt fast 1½ Zoll. Der Blüthenboden ist nackt; der Federkelch rauh.

126) H. lanuginosum *A. Cunningham.* Der Stengel ist krautartig, ästig, aufrecht, langwollig; die ungestielten Blätter sind länglich-lanzettlich, beiderseits verschmälert, oberseits kahl, fast weichhaarig-rauh, unterseits und am Rande wollig; die Köpfchen sind gestielt, einzeln; die Schuppen des Hauptkelchs sind linealisch-lanzettlich, zugespitzt, gestielt, an der Spitze des Stiels fast wollig-gewimpert, übrigens kahl.

Diese Art wurde im tropischen Theile Neu-Hollands aufgefunden. Von der vorhergehenden Art ist sie durch die ungestielten Blätter und die einzeln stehenden Köpfchen verschieden.

127) H. leucopsideum *De Candolle.* Der Stengel ist wahrscheinlich krautartig, dünn, spinnwebig-filzig; die ungestielten Blätter sind linealisch oder fast lanzettlich, spitz, nervenlos, oberseits in der Jugend spinnwebig, zuletzt kahl, unterseits filzig-wollig; die endständigen, einzeln stehenden Köpfchen sind von 1—3 blattartigen Deckblättern umgeben; die Schuppen des Hauptkelchs sind ganz kahl, strahlend, lanzettlich-linealisch, zugespitzt und fast doppelt länger als die Blüthen.

In Neu-Holland und auf Van Diemens-Land einheimisch.

128) H. Baxteri *A. Cunningham.* Der Stengel ist halbstrauchig, aufsteigend, graufilzig; die Aeste sind an der Spitze fast blattlos; die Blätter sind ungestielt, linealisch, spitz, am Rande umgerollt, oberseits kahl, unterseits graufilzig; die deckblattlosen Köpfchen stehen an der Spitze der Aeste einzeln; die Schuppen des Hauptkelchs sind gestielt, am Stiele kahl, in eine linealische, trockenhäutig-weiße, vom Grunde bis zur Spitze gewimperte Platte erweitert; das Früchtchen ist kahl; die Borsten des Federkelchs sind am Grunde kaum rauh, an der äußersten Spitze federig.

An unfruchtbaren, sandigen, am Meere gelegenen Orten Neu-Hollands sammelte Baxter diese Art, deren Blätter einen Zoll lang und kaum über ½ Linie breit sind. Der Durchmesser der Köpfchen beträgt 15—18 Linien.

129) H. rigidulum *De Candolle.* Der Stengel ist krautartig, an der Spitze ästig, schlank, hin und wieder mit Wärzchen besetzt; die oberen Blätter sind halbstengelumfassend, ein wenig herablaufend, lanzettlich-linealisch, zugespitzt, fast warzig; die von 1—3 blattartigen Deckblättern umgebenen Köpfchen stehen an der Spitze der Aeste in lockern Ebensträußen; die Schuppen des Hauptkelchs sind gestielt, wimperig-gesägt, lanzettlich, zugespitzt, sternförmig, ein wenig länger als die Blüthen.

In Neu-Holland einheimisch. Der Hauptkelch ist weiß, der Blüthenboden nackt, der Federkelch rauh. In jedem Köpfchen sind ungefähr 20 Blüthen.

130) H. asteroides *De Candolle.* Der Stengel ist halbstrauchig, aufsteigend, rispig-ästig, drüsig-weichhaarig; die Blätter sind gestielt, länglich, an beiden Enden zugespitzt, fiedernervig, oberseits weichhaarig, unterseits grau behaart; die Köpfchen stehen an der Spitze der Aeste einzeln; die Schuppen des Hauptkelchs sind lang gestielt, am Stiele gewimpert, in eine kleine abstehend-zurückgebogene, weiße, eiförmig-lanzettliche Platte erweitert.

In Neu-Holland einheimisch. Die Anhängsel an den Schuppen des Hauptkelchs sind strahlenförmig, aber 3—4 mal kürzer als das Stielchen. Die Früchtchen sind etwas behaart. Der Federkelch ist rauh. Die fadenförmigen Blumenkronen sind an der Spitze fünfzähnig.

131) H. panaetioides *De Candolle.* Die Stengel sind krautartig, steif aufrecht nebst den Blättern locker grauwollig; die linealischen, an beiden Enden zugespitzten Blätter sind an der Spitze der Aeste kleiner und stehen daselbst entfernter von einander; die Köpfchen stehen an der Spitze der Aeste und des Stengels einzeln; die äußeren Schuppen des Hauptkelchs sind linealisch-pfriemlich, die übrigen von einer kleinen, trockenhäutigen, länglichen, spitzen, fast röthlichen Platte begrenzt.

Die Pflanze wächst in Neu-Holland; sie ist 8—10 Zoll hoch. Der Wurzelstock ist holzig, vielstengelig. Die äußeren Blüthen sind weiblich, dreitheilig. Das Früchtchen ist lang. Der Federkelch ist borstig.

** Chrysolepis *De Candolle.*

Die Schuppen des Hauptkelchs sind gelb.

† Die Köpfchen stehen einzeln.

132) H. scorpioides *Labillardière.* Die Pflanze ist krautartig, am Grunde vielköpfig, die Aeste sind aufrecht, schwach wollig, einköpfig; die Blätter sind lanzettlich, die untersten fast spatelig, die obersten linealisch, sämmtliche stachelspitzig, oberseits etwas rauh, unterseits schwach wollig; die Köpfchen sind deckblattlos, endständig; die äußeren Schuppen des Hauptkelchs sind länglich, stumpf, röthlich, die inneren kurzgestielt, lanzettlich-linealisch, zugespitzt, am Grunde schwach wollig, an der Spitze kahl, citronengelb. Hierher gehören Gnaph. scorpioides *Poiret* und Helichrysum buphthalmoides *Sieber.*

Auf Van Diemens-Land und in Neu-Holland einheimisch.

133) H. molle *A. Cunningham.* Der Stengel ist krautartig, aufrecht, einfach und nebst den Blättern weich-spinnwebig-wollig; die Blätter sind länglich-linealisch, stachelspitzig, die unteren am Grunde verschmälert, etwa so lang als der halbe Stengel, die oberen sitzend, zerstreuter und kleiner; das deckblattlose Köpfchen steht an der Spitze des Stengels einzeln; die Schuppen des Hauptkelchs sind trockenhäutig, die äußeren sitzend, breit eiförmig, weißlich, die inneren gestielt, am Stiele wollig-gewimpert, in eine eiförmige, kaum spitze, hellcitronengelbe Platte erweitert.

Die Wurzel dieser in Neu-Holland einheimischen Art ist klein, aber hart. Die Pflanze ist 6—8 Zoll hoch. Die unteren Blätter sind 3—4 Zoll lang, 3 Linien breit.

134) H. rutidolepis *De Candolle.* Der Stengel ist krautartig, aufrecht, spärlich ästig, weichhaarig; die Blätter sind ungestielt, beinahe halbstengelumfassend, lanzettlich-länglich, spitz, einnervig, weichhaarig; die Blüthenäste sind an der Spitze graufilzig und fast blattlos; das Köpfchen ist endständig, einzeln, deckblattlos, fast kugelig; die Schuppen des Hauptkelchs sind ein wenig kürzer als die Scheibenblüthen, trockenhäutig, zart, gelb, querrunzelig, zuletzt zurückgebogen, kurz gestielt und am Stiele wollig-gewimpert.

Diese Art sammelte Cunningham in Neu-Holland am Port Jackson. Sie ist mit Podolepis verwandt, aber die weiblichen Blüthen sind einreihig, sehr dünn, röhrig, 3—5zähnig, nicht bandförmig. Die ganze Pflanze ist ungefähr 8—12 Zoll hoch. Die Blätter sind 10 Linien lang, 2 Linien breit. Der Durchmesser des Köpfchens beträgt 5—6 Linien.

135) H. leptolepis *De Candolle.* Der Stengel ist krautartig, spinnwebig-wollig, ruthenförmig, an der Spitze ästig; die stiellosen Blätter laufen ein wenig am Stengel herab und sind länglich-linealisch, zugespitzt, ziemlich kahl, undeutlich dreinervig, an den Aesten sind sie kleiner und gehen allmälig in die äußeren Schuppen des Hauptkelchs über; die Köpfchen stehen an der Spitze der Aeste einzeln; die äußeren Schuppen des Hauptkelchs sind linealisch-pfriemlich, die inneren lang benagelt, an der Spitze des Stiels spärlich bärtig, in eine kleine, eiförmige, röthlich-gelbe Platte vorgezogen.

In Neu-Holland einheimisch.

136) H. microlepis *De Candolle.* Der Stengel ist halbstrauchig, aufrecht, sehr ästig, kahl; die kleinen, ungestielten Blätter sind linealisch-pfriemlich, einnervig, ziemlich kahl; die endständigen, einzeln stehenden Blätter ragen über die letzten Blätter kaum hervor; die Schuppen des Hauptkelchs sind gestielt, am Stiele gewimpert, an der Spitze in eine sehr kleine, röthlich-gelbe Platte erweitert; die 8—10 Borsten des Federkelchs sind gelb, am Grunde nackt, an der Spitze bärtig.

Die Heimath dieser Art ist Neu-Holland.

†† Die Köpfchen stehen in Ebensträußen.

137) H. semipapposum *De Candolle.* Der Stengel ist halbstrauchig, steif aufrecht, schwach wollig; die Blätter sind linealisch, lang, spitz, abstehend, oberseits grün und ziemlich rauhhaarig, unterseits filzig; der Ebenstrauß ist endständig, zusammengesetzt, doldig; die Schuppen des halbkreisrunden, am Grunde schwach wolligen Hauptkelchs sind goldgelb-trockenhäutig, länglich, die äußeren sind stumpf, stiellos, die inneren spitz und gestielt, sämmtliche sind goldgelb-gewimpert. Hierher gehört Gnaph. semipapposum *Labillardière.*

Auf der Insel Van Diemens-Land und in Neu-Holland einheimisch. Die wenigen Randblüthen sind weiblich und haben keinen Federkelch. Der Federkelch der zweigeschlechtlichen Blüthen ist gelb, ziemlich starr, später abfällig, seine 8—10 Borsten sind am Grunde rauh, an der Spitze federig-pinselförmig. Der Blüthenboden ist nackt. Die Pflanze ändert ab:

b) Gunnianum *De Candolle*. Die Stengelblätter sind schmäler, fast linealisch, am Rande umgerollt und etwas wellenförmig und nebst den Aestchen spinnwebig-wollig. — Die randständigen weiblichen Blüthen stehen in 1—2 Reihen, die darauf folgenden zweigeschlechtlichen mit fehlschlagenden Staubbeuteln gleichfalls in 1—2 Reihen, die übrigen zweigeschlechtlichen haben ausgebildete Staubbeutel.

138) H. squarrulosum *De Candolle*. Der Stengel ist krautartig, aufrecht, kahl; die linealischen, spitzen Blätter laufen am Stengel herab; der Ebenstrauß ist endständig, gehäuft; die Schuppen des eiförmigen Hauptkelchs sind gelblich, am Grunde nackt, an der Spitze bärtig.

Diese Art wächst auf sonnigen Anhöhen in Neu-Holland an der Westseite der blauen Berge.

139) H. flavissimum *De Candolle*. Der Stengel ist krautartig, aufrecht, einfach, graufilzig; die Blätter sind länglich, die untersten fast spatelig, die obersten linealisch, alle stumpf mit aufgesetzter Stachelspitze, graufilzig, sehr schwach dreifältig-generot; die stiellosen Köpfchen stehen an der Spitze des Stengels zu 4—5 gedrängt; die Schuppen des ganz kahlen Hauptkelchs sind lanzettlich-linealisch, zugespitzt, die mittleren und innersten gestielt, an der Spitze des Stiels wollig, übrigens goldgelb gewimpert. Hierher gehört Gnaph. flavissimum *Sieber*.

Diese Art wächst im östlichen Theile Neu-Hollands. Der Blüthenboden ist nackt; der Federkelch gelb, seine Borsten sind am Grunde rauh, an der Spitze federig-pinselförmig.

140) H. apiculatum *De Candolle*. Der Stengel ist krautartig, aufrecht oder aufsteigend, wollig; die Blätter sind lanzettlich, stiellos, stachelspitzig, beiderseits oder blos unterseits wollig-filzig; der Ebenstrauß ist rispig; die Stielchen sind länger als das halbkugelige Köpfchen; die Schuppen des Hauptkelchs sind länglich, zugespitzt, gestielt, gewimpert, am Stielchen zottig-wollig. Hierher gehört Gnaph. apiculatum *Labillardière*.

In Neu-Holland und auf Van Diemens-Land einheimisch. Die Pflanze ändert mit steif aufrechten oder gebogen-aufsteigenden Stengeln, oberseits zuletzt kahlen oder zu beiden Seiten mehr oder weniger filzigen Blättern, größeren oder kleineren, dunkelgelben oder fast röthlichen Köpfchen ab. Der Blüthenboden ist nackt. Die wenigen randständigen Blüthen sind weiblich. Der Federkelch ist gelb, die Borsten desselben sind am Grunde rauh, an der Spitze federig-pinselförmig, an den Randblüthen in geringerer Anzahl vorhanden.

141) H. ciliatum *De Candolle*. Der Stengel ist krautartig, spärlich ästig, wollig oder kahl; die sitzenden Blätter laufen ein wenig am Stengel herab und sind lanzettlich oder linealisch, zugespitzt; die gestielten Köpfchen stehen in einem endständigen, zusammengesetzten, fast doldigen, schwach beblätterten Ebenstrauße; die Schuppen des fast kugeligen Hauptkelchs sind lanzettlich, spitz, gesägt-gewimpert, gestielt.

Die Heimath dieser in drei Varietäten vorkommenden Art ist Neu-Holland.

a) Urvillei *De Candolle*. Der wollige Stengel ist steif-aufrecht; die Blätter sind oberseits spinnwebig, unterseits wollig, am Rande umgerollt; der Ebenstrauß ist vielköpfig, beblättert.

b) Sieberi *De Candolle*. Der Stengel ist kaum spinnwebig, zuletzt kahl; die Blätter sind schmal linealisch, am Rande ein wenig umgerollt; der Ebenstrauß ist mit sehr wenigen Blättern besetzt.

c) Cunninghami *De Candolle*. Der Stengel ist an der Spitze kaum spinnwebig, die Blätter sind am Grunde ein wenig breiter, lanzettlich, ziemlich kahl, am Rande kaum umgerollt; der Ebenstrauß ist wenig beblättert.

142) H. brevicilium *De Candolle*. Der Stengel ist krautartig, aufrecht, einfach, fast spinnwebig-wollig; die Blätter sind lanzettlich-linealisch, am Grunde verschmälert, ungestielt, spitz, ziemlich kahl; der Ebenstrauß ist endständig, zusammengesetzt, doldig, blattlos; die Köpfchen sind langgestielt; die Schuppen des halbkugeligen Hauptkelchs sind lanzettlich, kaum spitz, sehr kurz gewimpert, die innersten gestielt und am Stielchen wollig-zottig.

Diese in Neu-Holland einheimische Art scheint einjährig zu sein. Sie ist 0—8 Zoll hoch. Die Schuppen des Hauptkelchs sind gelb. Der Federkelch ist gelb, abfällig, rauh, kaum an der Spitze pinselförmig. Die Früchtchen sind länglich, an beiden Enden verschmälert, kahl.

143) H. odorum *De Candolle*. Der Stengel ist krautartig, ästig, aufrecht, wollig; die stiellosen Blätter sind länglich-linealisch, stachelspitzig, oberseits weichhaarig, unterseits grauwollig; der endständige, gedrängte Ebenstrauß ist meist von den oberen Blättern umgeben; die Köpfchen sind nicht gestielt; die Schuppen des Hauptkelchs sind kurzgestielt, an der Spitze in eine lanzettliche, sehr spitze, sägezähnig gewimperte Platte erweitert.

Diese Art kommt in Neu-Holland vor. Ihre Blätter sind 2½ Zoll lang, 3 Linien breit.

Dritte Section. Taxoetiche *De Candolle*.

Die Schuppen des cylindrischen, durchaus strahlenlosen Hauptkelchs stehen nicht spiralig, sondern (besonders vor der Blüthezeit) in 2—5 übereinanderliegenden Reihen, sind weiß und kahl, die äußeren sind kürzer, die inneren länger, stumpfer, aufrecht, so lang oder länger als die Blüthen. Die 5—6 zweigeschlechtlichen oder weiblichen Blüthen stehen in einem Köpfchen. Der Blüthenboden ist schmal, gewölbt, mit Fasern besetzt oder maschig.

144) H. Burchellii *De Candolle*. Der Stengel ist am Grunde strauchartig; die Stengelblätter sind länglich, ungestielt, am Grunde verschmälert, die unteren sind kurzgestielt, fast verkehrt-eiförmig, sämmtlich einnervig, oft zusammengefaltet, schwielig-bespitzt nebst den Aesten von dichtem, angedrücktem Filze grau; die cylindrischen, fünfblüthigen, büscheligen Köpfchen stehen in einer Rispe; die dachziegelig sich deckenden Schuppen des kahlen Hauptkelchs sind aufrecht, fast dreireihig, durchaus strahlenlos.

Am Cap der guten Hoffnung einheimisch. Nach der Form der Blätter lassen sich zwei Arten unterscheiden:

a) complicatum *De Candolle* mit fast keilförmigen unteren, linealischen oberen, meist zusammengefalteten, nicht wellenförmigen Blättern;
b) intermedium *De Candolle* mit verkehrt-eiförmig-länglichen, schwach wellenförmigen, ein wenig zusammengefalteten Blättern.

145) H. Zeyheri *Lessing*. Der Stengel ist am Grunde strauchartig; die grundständigen Blätter sind verkehrt-eiförmig, am Grunde verschmälert, die stengelständigen sind ungestielt, länglich, zugespitzt, wellenförmig, einnervig und nebst den Aesten rauhhaarig-wollig, alle mit einer schwieligen Stachelspitze versehen; die büscheligen, fünfblüthigen, cylindrischen Köpfchen stehen in einer ebensträußigen, zusammengesetzten Rispe; die länglichen, stumpfen, weißen Schuppen des kahlen Hauptkelchs stehen in fünf Reihen, die inneren sind länger und überragen fast die Blüthen und sind ganz strahlenlos. Hierher gehören Pentataxis micrantha *Don* und Gnaph. alophyllum *E. Meyer*.

Das Vaterland dieser Art ist das Cap der guten Hoffnung. Die unteren Blätter sind kurzgestielt. Die Köpfchen sind 2½ Linien lang. Die Schuppen des Hauptkelchs sind regelmäßig angedrückt, nicht spiralig, sondern fünfreihig und in jeder Reihe befinden sich fünf Schuppen.

146) H. glumaceum *De Candolle*. Die ganze Pflanze ist graufilzig; der Stengel ist am Grunde halbstrauchig, ästig; die Blätter sind länglich-linealisch, sitzend, zugespitzt, filzig, dick, oft zusammengerollt; die Köpfchen stehen in endständigen, nackten Knäuelchen gehäuft; die Schuppen des Hauptkelchs sind länglich, stumpf, weißlich, ganz kahl, vor der Blüthe fast zweizeilig, concav; von den sechs Blüthen sind vier weiblich und zwei zweigeschlechtlich. Hierher gehört Gnaph. crispum *Perrottet*, aber nicht *Linné*.

Die Heimath dieser Art ist Senegambien.

Vierte Section. Lepicline *De Candolle*.

Der Blüthenboden ist spreublätterig-faserig; der Federkelch rauh.

a) Plantaginea *De Candolle*.

Die Stengel sind krautartig oder kaum halbstrauchig. Die Blätter sind 3-, 5- oder 7nervig, entweder sämmtlich fast grundständig oder die grundständigen wenigstens größer.

* Südafrikanische Arten.

147) H. cephaloideum *De Candolle*. Der Stengel ist aufrecht, einfach, weißwollig, bis zur Spitze beblättert, die Blätter sind beiderseits weißwollig, die grundständigen lang und länglich, am Grunde kaum verschmälert, die stengelständigen sitzend, lanzettlich-linealisch, zugespitzt, aufrecht; der Ebenstrauß ist gedrängt, kopfförmig; die Köpfchen sind halbkugelig-glockig, vielblüthig; die Schuppen des Hauptkelchs sind glänzend, trockenhäutig-gelb, lanzettlich, spitz.

In Südafrika einheimisch. Die Pflanze ist 1—2 Fuß hoch und ganz grau. Die grundständigen Blätter sind 2—4 Zoll lang, 6—10 Linien breit. Die Fasern des Blüthenbodens sind weißlich, spitz. Sie ändert mit gedrängt stehenden Aesten und etwas kleineren Köpfchen ab.

148) H. folliculatum *De Candolle*. Der Stengel ist am Grunde kaum strauchartig, aufrecht, dick, einfach, locker wollig, bis zur Rispe beblättert; die Blätter sind lanzettlich-länglich, spitz, dicht wollig, die obersten aufrecht, schmal, an der Spitze schwarz-bespitzt; die eiförmigen Köpfchen stehen in ebensträußigen Rispen gedrängt; die Schuppen des kahlen, blaßgelben, strahlenlosen Hauptkelchs sind eiförmig, zugespitzt und stehen locker dachziegelig.

Die Heimath dieser Art ist das Cap der guten Hoffnung. Der Stengel ist fußhoch. Die Blätter sind fast 2 Zoll lang, 5—6 Linien breit. Die Köpfchen haben mit denen von Helichr. fruticans fast gleiche Größe, sind aber strahlenlos. Der Blüthenboden ist mit kurzen Fasern besetzt. Rücksichtlich der an der Spitze brandigen Blätter stimmt diese Art fast mit Leucostemma überein, ist aber durch die einreihigen, gleichlangen und am Grunde ein wenig verwachsenen Borsten davon unterschieden. Uebrigens sind die Schuppen des Hauptkelchs bisweilen mehr zugespitzt, schmutzig purpurroth.

149) H. discolor *De Candolle*. Der Stengel ist aufrecht, einfach oder spärlich ästig, angedrückt graufilzig, bis zur Spitze beblättert; die stiellosen Blätter sind länglich-lanzettlich, oberseits glatt schwach-fünfnervig, unterseits graufilzig, die obersten an der Spitze trockenhäutig; der Ebenstrauß ist zusammengesetzt; die Köpfchen sind eiförmig; die Schuppen des Hauptkelchs sind eiförmig-lanzettlich, sehr spitz, etwas sparrig abstehend, trockenhäutig und nicht glänzend.

Am Cap der guten Hoffnung einheimisch. Aendert mit einfachem und ästigem Stengel, beiderseits blaßgelben und unterseits purpurrothen Schuppen des Hauptkelchs und mit oberseits glatten oder in der Jugend spinnwebigen Stengelblättern ab.

150) H. longifolium *De Candolle*. Der Stengel ist aufrecht, fast einfach, weißlich-filzig, bis zur Spitze beblättert; die Blätter stehen aufrecht, die unteren sind lang-länglich-linealisch, oberseits glatt, fünfnervig, unterseits weißfilzig; der Ebenstrauß ist zusammengesetzt; die Köpfchen sind halbkugelig-glockig, vielblüthig; die Schuppen des Hauptkelchs sind trockenhäutig-gelb, glänzend, lanzettlich, zugespitzt.

Diese Art kommt in Südafrika vor. Die untern Blätter sind 6—9 Zoll lang, 4—7 Linien breit. Der Durchmesser der Köpfchen beträgt 6—8 Linien. Die Fäserchen des Blüthenbodens sind weißlich, spitz. Von dem verwandten Hel. cephaloideum durch längere Blätter, von denen die unteren oberseits glatt sind, durch einen lockeren Ebenstrauß, durch die zugespitzten Schuppen des Hauptkelchs und durch die größeren Köpfchen verschieden.

151) H. pilosellum *Lessing*. Die Blätter sind fast grundständig, beinahe lederartig, lanzettlich, unterseits silberweiß-filzig, undeutlich genervt, oberseits ganz kahl mit fünf einfachen, eingedrückten Nerven; der Stengel ist einfach, fast blattlos, angedrückt-filzig; die Köpfchen (meist 5) stehen gebüschelt. Hierher gehört Gnaph. pilosellum *Linné* (Sohn).

Am Cap der guten Hoffnung einheimisch. Der Stengel ist 2—4 Zoll hoch; die Blätter sind 1½ Zoll lang.

152) H. pedunculare *De Candolle*. Die Blätter sind fast grundständig, beinahe lederartig, eiförmig-lanzettlich, an beiden Enden verschmälert, unterseits dicht silberweiß-filzig und haben undeutliche Nerven, sind oberseits ganz glatt, zu beiden Seiten mit zwei ganz einfachen, eingedrückten Nerven versehen; der Stengel ist einfach, fast blattlos, an der Spitze rauhhaarig-filzig; die 25—30 Köpfchen stehen in einem zusammengesetzten Ebenstrauße. Hierher gehört Gnaph. pedunculare *Linné*.

Das Vaterland dieser Art ist das Cap der guten Hoffnung. Der Stengel ist 1½ Fuß hoch. Die Blätter sind 8 Zoll lang; die äußeren Schuppen des Hauptkelchs sind filzig, die inneren an der Spitze röthlich, länglich, spitz.

153) H. allioides *Lessing*. Die Blätter sind fast grundständig und vorzüglich am Grunde des Stengels gehäuft, lineallisch-lanzettlich, an beiden Enden zugespitzt, die unteren dreifältig-genervt, gestielt, die obern einnervig, sitzend, sämmtliche am Rande umgerollt, unterseits weißlich-filzig, oberseits kahl und glatt, nur an den Nerven bisweilen weißwollig; der Stengel ist einfach, an der Spitze fast blattlos, weißlich; die 25—30 Köpfchen stehen in einem Ebenstrauße dicht gedrängt; die innersten Schuppen des Hauptkelchs sind stumpf.

Am Cap der guten Hoffnung einheimisch. Der Stengel ist 9—18 Zoll hoch. Die Blätter sind 3—6 Zoll lang, 1—3 Linien breit. Die äußeren Schuppen des eiförmigen, etwa 30blüthigen Hauptkelchs sind fast wollig, an der Spitze trockenhäutig, bräunlich, spitz, die inneren gelb, stumpf. Die Blumenkronen sind gelblich. Die Fasern auf dem Blüthenboden orangefarbig. Der Federkelch ist gelblich. Die Pflanze ändert ab:

b) latiusculum *De Candolle* mit lanzettlichen, deutlicher dreifältig-genervten, an beiden Enden verschmälerten grundständigen Blättern und wolligen äußeren, hell- oder purpurrothen mittleren und weißlichen inneren Schuppen des Hauptkelchs.

c) flavo-rubens *De Candolle* mit elliptisch-lanzettlichen, stark-dreifältig-genervten grundständigen und linealischen, am Rande umgerollten stengelständigen Blättern, einem zusammengezogenen Ebenstrauße und röthlichen äußeren und gelben inneren Schuppen des Hauptkelchs.

154) H. latifolium *Lessing*. Die fast grundständigen Blätter sind elliptisch oder die obern länglich, 5—7nervig, häutig, oberseits behaart-rauh, unterseits weißfilzig; der Stengel ist einfach, fast blattlos und nebst den Aesten des Ebenstraußes dicht rauhhaarig-filzig; die Köpfchen (ungefähr 25) stehen dicht ebensträußig; die Schuppen des Hauptkelchs sind stumpf, röthlich. Hierher gehört Gnaph. plantagineum *Burmann*.

Diese Art wächst am Cap der guten Hoffnung. Der Stengel ist 9—10 Zoll hoch. Die Blätter sind 2 Zoll lang, 1 Zoll breit, die auf der Blattunterseite kahlen Nerven treten deutlich hervor. Der Ebenstrauß ist zusammengesetzt, doldig.

155) H. undatum *Lessing*. Die fast grundständigen Blätter sind eiförmig-länglich, am Grunde verschmälert, an der Spitze zugespitzt, dreifältig-genervt, ziemlich starr, oberseits rauh, unterseits weißfilzig, die oberen länglich-linealisch; der Stengel ist einfach, fast blattlos, rauh-haarig-filzig; die Köpfchen (ungefähr 40) stehen in einem Ebenstrauße dicht gedrängt; die inneren Schuppen des Hauptkelchs sind eiförmig-länglich, stumpf und weiß, die äußeren purpurroth. Hierher gehören Gnaph. undatum *Thunberg*, Gnaph. crispum *Linné* (Sohn, aber nicht die gleichnamige Pflanze des Vaters) und Gnaph. elatum *Lamarck*.

Am Cap der guten Hoffnung einheimisch. Der Stengel ist 1½ Zoll hoch. Die Blätter sind 3 Zoll lang, 6—12 Linien breit; die inneren Schuppen des am Grunde wolligen Hauptkelchs sind an der Spitze bräunlich, die äußeren weißlich, stumpf. Die Pflanze ändert übrigens mit flachen, länglich-lanzettlichen, oberseits ganz rauhen Blättern ab.

156) H. pallidum *De Candolle*. Die Blätter sind oberseits borstig-rauh, unterseits weißfilzig, drei- oder fünffältig-genervt, die grundständigen am Grunde in einen breiten, vielnervigen Stiel verlängert, die stengelständigen stiellos, sehr schmal, zugespitzt, entfernt; der Stengel ist filzig; der Ebenstrauß ist zusammengesetzt; die inneren Schuppen des Hauptkelchs sind kahl, verkehrt-eiförmig, stumpf und nebst den Fasern blaßgelb.

Das Vaterland dieser Art ist Südafrika. Nach der Form der grundständigen Blätter werden mehre Abarten unterschieden.

157) H. oxyphyllum *De Candolle*. Die Blätter sitzen am unteren Theile des Stengels mit breitem Grunde und sind halbstengelumfassend, lanzettlich-linealisch, die untersten stumpf, die übrigen sehr spitz, am Rande ein wenig umgerollt, dreinervig, oberseits etwas rauh, unterseits nebst dem einfachen Stengel wollig-filzig, weißlich; die 60—100 Köpfchen stehen in einem zusammengesetzten Ebenstrauße; die innersten Schuppen des am Grunde wolligen Hauptkelchs sind länglich, etwas spitz.

Von Burchell am Cap der guten Hoffnung entdeckt. Der Stengel ist 1½ Fuß hoch. Die Blätter sind 4 Zoll lang, 6—7 Linien breit. Die äußeren Schuppen des Hauptkelchs sind an der Spitze purpurröthlich, die inneren an der Spitze weiß, etwas spitz. Die Blumenkronen sind gelb. Der Federkelch ist weiß. Die Fasern des Blüthenbodens sind orangefarbig.

158) H. multinerve *De Candolle*. Der Stengel ist aufrecht, einfach, schwach filzig, bis über die Mitte beblättert; die Stengelblätter laufen am Stengel herab, sind am Grunde verschmälert, breit eiförmig, oberseits und am Rande rauh, unterseits weichhaarig, die Nerven treten deutlich hervor und sind am Grunde fünffältig; der Ebenstrauß ist zusammengesetzt; die zahlreichen Köpfchen sind eiförmig; die Schuppen des Hauptkelchs sind stumpf, die Fasern des Blüthenbodens länger als die Früchtchen.

In Südafrika einheimisch. Die Hüllschuppen sind entweder blaßgelb oder dunkel citronengelb, weshalb verschiedene Abarten unterschieden werden.

159) H. crassinerve *De Candolle*. Der Stengel ist krautartig, aufrecht, einfach, bis zur Spitze beblättert, unterwärts borstig, an der Spitze spinnwebig-filzig; die unteren Blätter sind länglich-lanzettlich, beiderseits borstig-rauh, deutlich dreifältig-generot, am Grunde in einen steifig-generoten Stiel verschmälert, die oberen sind stiellos, lanzettlich-lineallisch, am Rande umgerollt, oberseits rauh, unterseits spinnwebig; der Ebenstrauß ist zusammengesetzt; die fast kugeligen Köpfchen sind kurzgestielt; die Schuppen des Hauptkelchs sind strohgelb, sehr kurz gestielt, eiförmig, concav, strahlenlos und decken sich dachziegelig.

In Südafrika einheimisch. Die Fasern des Blüthenbodens sind länger als die Früchtchen.

160) H. miconiaefolium *De Candolle*. Die grundständigen Blätter sind elliptisch, an beiden Enden verschmälert, dreinervig, oberseits in der Jugend spinnwebig, später etwas rauh, unterseits graufilzig, am Grunde in einen rauhhaarigen Stiel vorgezogen, die stengelständigen sind ungestielt, lanzettlich-lineallisch, zugespitzt, am Rande umgerollt, aufrecht; der Stengel ist filzig; der Ebenstrauß ist zusammengesetzt, doldig; die Schuppen des Hauptkelchs sind glänzend, goldgelb, spitz.

Diese Art fand Drège in Südafrika. Von dem verwandten Hel. nudifolium unterscheidet sie sich durch unterseits filzige Blätter und spitze Schuppen des Hauptkelchs. Die Fasern des Blüthenbodens sind ein wenig länger als die Früchtchen. Sie ändert übrigens mit fast um die Hälfte kleineren Blättern und Köpfchen und nicht doldigen Aesten des Ebenstraußes ab.

161) H. leiopodium *De Candolle*. Die grundständigen Blätter sind elliptisch-länglich, an beiden Enden verschmälert, in einen kahlen Blattstiel vorgezogen, fünffältig-generot, oberseits glatt, unterseits spinnwebig-filzig, weißlich, die wenigen stengelständigen sind ungestielt, entfernt, fast lineallisch; der Stengel ist filzig; der Ebenstrauß ist zusammengesetzt; die Schuppen des Hauptkelchs sind glänzend, gelb, kahl, eiförmig, stumpf.

Am Cap der guten Hoffnung einheimisch.

162) H. nudifolium *De Candolle*. Von den am Grunde des Stengels gehäuft stehenden Blättern laufen einige mehr oder weniger herab, alle sind beiderseits ziemlich kahl, gleichfarbig, 3—5nervig, aderig, am Rande rauh; der Stengel ist einfach, der Ebenstrauß zusammengesetzt; die Schuppen des Hauptkelchs sind stumpf. Hierher gehören Gnaph. nudifolium *Sprengel* und Lepiscline? nudifolia *Cassini*.

Häufig am Cap der guten Hoffnung. Die Schuppen des Hauptkelchs und die Blumenkrone sind gelb. Die Blüthen sind gleichfarbig. Der Federkelch ist nicht keulenförmig. Die Pflanze ändert ab:

a) scorzoneraefolium *De Candolle*. Die untersten Blätter sind lineallisch-lanzettlich, sehr lang, die stengelständigen laufen ein wenig herab, die obersten sind ungestielt. Hierher gehört wahrscheinlich Gnaph. nudifolium *Linné*, sowie Anaxeton nudifolium *Gärtner* und Euchloris nudifolia *Don*. Der Stengel kommt übrigens bei dieser Abart an der Spitze filzig oder kahl vor, die Blätter sind kahl oder unterseits filzig; der Ebenstrauß ist gedrängt oder rispig; die Schuppen des Hauptkelchs sind gold- oder hellgelb.

b) medium *De Candolle*. Die untersten Blätter sind eiförmig-lanzettlich, gestielt, die mittleren laufen kurz herab, die obersten sitzen. Hierher gehört Gnaph. glabrum *Ecklon*.

c) plantagineum *De Candolle*. Die untersten Blätter sind eiförmig- oder länglich-lanzettlich, gestielt, die mittleren lang herablaufend, die obersten kurz herablaufend; der Ebenstrauß ist doldig. Hierher gehören Helichr. quinquenerve *Lessing*, Gnaph. quinquenerve *Thunberg* und Gnaph. plantagineum *Burmann*.

** Auf Madagascar einheimische Arten.

163) H. Plantago *De Candolle*. Der Stengel ist aufrecht, einfach, am Grunde spinnwebig, beblättert, an der Spitze filzig und fast blattlos, die unteren Blätter sind in einen Stiel verschmälert, länglich, stumpf, keilförmig, dreinervig, die mittleren sind ungestielt, lanzettlich-lineallisch, die obersten lineallisch, sämmtliche sind im jungen Zustande spinnwebig, zuletzt kahl, unterseits netzaderig, oberseits fast weichstachelig; der Ebenstrauß ist zusammengesetzt, gedrängt; die eiförmig-kugeligen Köpfchen stehen gehäuft; die Schuppen sind trockenhäutig, stumpf; die Spreublättchen des Blüthenbodens sind lanzettlich, um die Hälfte kürzer als die Blüthen. Hierher gehört Gnaph. Plantago *Bojer*.

Auf Bergen und auf Feldern in Madagascar. Vor der Blüthe bildet diese Art einen weiten Rasen, der mit Plantago (Wegebreit) große Aehnlichkeit hat. Von Hel. nudifolium unterscheidet sich diese Art durch die ganz stumpfen unteren und die nicht herablaufenden stengelständigen Blätter, auch ist der Ebenstrauß mehr zusammengezogen.

164) H. lanulaefolium *De Candolle*. Der Stengel ist krautartig, aufrecht; die stiellosen Blätter sind lineallisch, lang, kaum spitz, oberseits kahl, unterseits

nebst den Stengeln angedrückt-grau-seidenhaarig und stehen unten gedrängt, nach Oben entfernt; die 3—5 fast stiellosen, glockenförmigen, vielblüthigen, von einigen Deckblättern umgebenen Köpfchen stehen fast traugdoldig; die Schuppen des Hauptkelchs sind gelb, spitz, kahl, goldgelb; die Fasern des Blüthenbodens sind lanzettlich, abfällig; der Blüthenboden ist zuletzt breit, nackt.

Auf der Insel Madagascar einheimisch. Die Blätter sind 2—3 Zoll lang, 1 Linie breit.

*** Ostindische Arten.

165) H. buddleioides *De Candolle*. Der Stengel ist halbstrauchig, aufrecht, ästig, besonders an der Spitze langwollig; die ungestielten Blätter sind eiförmig-lanzettlich, zugespitzt, 7—9nervig, oberseits kahl, unterseits graufilzig, ganzrandig; der zusammengesetzte, vielköpfige Ebenstrauß steht an der Spitze des Stengels und der Aeste; die Köpfchen sind eiförmig, dicht gedrängt; die Schuppen des Hauptkelchs sind eiförmig, stumpf, fast gleich, ein wenig länger als die Scheibenblüthen.

Diese Art findet sich auf dem Nilgherri-Gebirge in Ostindien. Die Blätter sind 3—4 Zoll lang, 8—10 Linien breit. Die Schuppen des Hauptkelchs und die Blüthen sind gelb. Der maschige Blüthenboden ist mit kurzen Fasern besetzt. Die äußeren Blüthen sind einreihig, weiblich oder geschlechtslos, die übrigen zweigeschlechtlich. Der Federkelch ist einreihig, haarförmig, etwas rauh. Das Früchtchen ist kahl.

166) H. Hookerianum *Wight* und *Arnott*. Der aufrechte, stielrunde, angedrückt-grauwollige Stengel scheint halbstrauchig zu sein; die ungestielten Blätter sind ganzrandig, lanzettlich, zugespitzt, 3—5nervig, oberseits kahl, unterseits grauwollig; der Ebenstrauß ist zusammengesetzt, endständig, vielköpfig; die Köpfchen sind fast kugelig; die Schuppen des Hauptkelchs sind verkehrt-eiförmig, stumpf, unter sich und mit den Scheibenblüthen gleichlang, trockenhäutig, schmutzig-weiß.

In Ceylon einheimisch. Der Blüthenboden ist wie bei der vorhergehenden Art kurz zahnfächerig, kaum mit Fasern besetzt. Die Schuppen des Hauptkelchs stehen zuletzt ein wenig ab. Die Blüthen und Früchte stimmen mit der vorigen Art überein.

b) Decurrentia *De Candolle*.

Die Blätter stehen am Stengel gleichmäßig vertheilt und laufen mehr oder weniger herab. Die Schuppen des Hauptkelchs sind hellgelb, blaß oder röthlich. Der Blüthenboden ist zahnfächerig oder deutlich mit Fasern besetzt. Die Stengel sind krautartig oder halbstrauchig. — Die hierher gehörigen Arten wachsen sämmtlich in Südafrika.

167) H. xerochrysum *De Candolle*. Der Stengel ist aufrecht, einfach, nur am Grunde beblättert und nebst den beiden Seiten der Blätter von einem schmutzigen Filze fast wollig; die unteren Blätter sind breit länglich-lanzettlich, etwas spitz, am Grunde verschmälert, die oberen lanzettlich, zugespitzt, am Stengel weit herablaufend; der Ebenstrauß ist einfach, wenigästig; die glockenförmigen Köpfchen sind kurzgestielt, am Grunde wollig; die Schuppen des Hauptkelchs sind starr, trockenhäutig, goldgelb, glänzend, länglich-lanzettlich, zugespitzt. — Die unteren Blätter sind 4 Zoll lang, 10—12 Linien breit. Der Durchmesser des Köpfchens beträgt 8—10 Linien. Die äußeren Schuppen sind auf der Außenseite röthlich; die Fasern weißlich.

168) H. platypterum *De Candolle*. Der Stengel ist aufrecht, einfach, unten von dicken, drüsigen Borsten fast rauh, nach Oben flockig-filzig; die Blätter sind gleichfalls mit dicken, drüsigen Borsten besetzt, oberseits spärlich, unterseits besonders an den Nerven und Rändern rauh, eiförmig-lanzettlich und laufen zu beiden Seiten des Stengels in einem langen, breiten Flügel herab; der Ebenstrauß ist zusammengesetzt; die Schuppen des eiförmigen Hauptkelchs sind trockenhäutig, eiförmig, stumpf, blaßröthlich. — Das Köpfchen ist 12—15blüthig. Der Blüthenboden ist kaum zahnfächerig. Die Schuppen des Hauptkelchs sind geschlitzt-gewimpert. Der von den Blättern herablaufende Flügel ist 5—6 Linien breit, borstig-gewimpert.

169) H. natalitium *De Candolle*. Die ganze Pflanze ist von spinnwebigem Filze grau; der Stengel ist aufrecht, einfach, fast bis zur Spitze beblättert; die linealisch-lanzettlichen, dreifältig-genervten, an beiden Enden verschmälerten Blätter laufen weit am Stengel herab; der Ebenstrauß ist zusammengesetzt; die meist 10blüthigen Köpfchen stehen an der Spitze der Aeste sehr gedrängt; die Schuppen des Hauptkelchs sind locker, länglich, spitz, strohgelb; der Federkelch hat nur sehr wenige Borsten.

170) H. stenopterum *De Candolle*. Der Stengel ist aufrecht, ästig, spinnwebig, an der Spitze filzig; die Blätter sind länglich-linealisch, oberseits kahl oder ein wenig rauh, unterseits graufilzig, die untersten dreifältig-genervt, die obersten einnervig, sämmtliche, auch die blüthenständigen, in einen langen, schmalen Flügel vorgezogen; der Ebenstrauß ist zusammengesetzt, gegipfelt, tausendköpfig; die Köpfchen sind klein, länglich, ungefähr fünfblüthig; die Schuppen des Hauptkelchs sind aufrecht, trockenhäutig-gelb, spitz. — Der schmale Blüthenboden ist mit kurzen Fasern besetzt. In der Tracht stimmt diese Art fast mit Gnaph. undulatum überein, aber die Köpfchen sind gelb.

171) H. gymnocomum *De Candolle*. Der Stengel ist am Grunde halbstrauchig, aufrecht, ästig, die filzigen Aeste sind an der Spitze ziemlich weit blattlos; die Blätter laufen am Stengel weit herab, die unteren sind verkehrt-eiförmig, dreinervig, stumpf, sehr kurz stachelspitzig, die oberen sind länglich, im jungen Zustande zu beiden Seiten locker filzig, im Alter oberseits borstig-rauh; der Ebenstrauß ist ästig, tausendköpfig, sehr dicht gedrängt, blattlos; die Köpfchen sind länglich, 5—6-blüthig; die Schuppen des Hauptkelchs sind aufrecht, trockenhäutig-gelb, lanzettlich, spitz. Hierher gehört vielleicht Hel. velutinum *Willdenow*. Die Pflanze ändert mit längeren, zugespitzten, oberseits dichter borstig-

rauhen Blättern und etwas weniger spitzen, fast stumpfen Schuppen des Hauptkelchs ab.

172) H. odoratissimum *Lessing*. Die weit herablaufenden Blätter stehen am ganzen Stengel zerstreut und sind länglich, häutig, 1—3nervig, weißlich-filzig; die Ebensträuße stehen an der Spitze des Stengels oder der Aeste fast rispig oder gedrängt; die Köpfchen sind 10blüthig; die innersten Schuppen des Hauptkelchs sind trockenhäutig-gelb, fast stumpf. Hierher gehören als Synonyme Gnaph. odoratissimum *Linné*, Gnaph. strigosum *Thunberg* und Gnaph. aureofulvum *Bergius*. Die Pflanze ändert ab:

a) acuminatum *De Candolle*. Die Blätter sind fast sämmtlich lanzettlich-linealisch, zugespitzt-stachelspitzig und haben sehr dünne seitliche Nerven.

b) undulaefolium *De Candolle*. Die Blätter sind länglich, fast spitz, wellenförmig, kurz herablaufend; die Ebensträuße sind kleiner, zusammengezogen; der Stengel ist ästiger. Hierher gehören Gnaph. undulaefolium *Reichenbach*, Gnaph. adnatum *Willdenow* und Gnaph. maritimum *Schrank*.

173) H. cymosum *Lessing*. Der Stengel ist am Grunde strauchartig; die Blätter sind halbstengelumfassend, ein wenig herablaufend, länglich-linealisch, stachelspitzig, dreinervig, unterseits und oft auch oberseits filzig; die 10—12blüthigen Köpfchen stehen in einem zusammengesetzten Ebenstrauße dicht gedrängt; die Schuppen des cylindrischen, kahlen Hauptkelchs sind trockenhäutig-goldgelb, stumpf und decken sich dicht dachziegelig. Hierher gehören Gnaph. cymosum *Linné*, Gnaph. tricostatum *Sieber* und Lepiscline cymosa *Cassini*. Die Pflanze ändert übrigens mit oberseits kahlen und spinnwebigen Blättern ab.

174) H. subdecurrens *De Candolle*. Der Stengel ist am Grunde strauchartig; die Blätter sind halbstengelumfassend, ein wenig herablaufend, linealisch, einnervig, unterseits nebst den Aesten wollig-filzig, die untersten sind ein wenig spitz, die obersten stachelspitzig; die Aeste sind an der Spitze fast blattlos; die eiförmigen, 8—9blüthigen Köpfchen stehen in einem zusammengesetzten, fast kugeligen Ebenstrauße gehäuft; die Schuppen des kahlen, strahlenlosen Hauptkelchs decken sich locker dachziegelig und sind stumpf, goldgelb-bräunlich. — Von voriger Art durch schmälere, zugespitztere, ein-, nicht dreinervige Blätter, eiförmige Köpfchen und sehr kurze Fasern des Blüthenbodens unterschieden.

c) Aptera *De Candolle*.

Die Blätter sind gleichmäßig beblättert, strauchartig. Die Blätter laufen am Stengel nicht herab.

* Die Schuppen des Hauptkelchs sind gelb.

175) H. repandum *De Candolle*. Der Stengel ist am Grunde halbstrauchig, aufsteigend, sehr ästig, die Aeste sind an der Spitze spinnwebig, fast röthlich; die Blätter sind länglich-lanzettlich, stumpf geschweift-gezähnt, schwach wellenförmig, am Rande ein wenig umgerollt, oberseits drüsig-rauh, bisweilen sehr rauh, unterseits spinnwebig, die unteren sind am Grunde verschmälert, die oberen ohrförmig-stengelumfassend; der Ebenstrauß ist zusammengesetzt, fast rispig; die Köpfchen sind kurzgestielt, eiförmig-glockig, 20—25blüthig; die Schuppen des Hauptkelchs sind länglich, an der Spitze röthlich-trockenhäutig, stumpf.

In Südafrika einheimisch. Die Fasern des Blüthenbodens sind safrangelb, stumpflich.

176) H. tenuiculum *De Candolle*. Die Stengel sind fast krautartig, ziemlich aufrecht, dünn, fast wollig-filzig; die stiellosen Blätter sind halbstengelumfassend, lanzettlich, zugespitzt, flach, häutig, am Grunde undeutlich dreinervig, oberseits kahl, unterseits fast wollig-filzig; der Ebenstrauß ist zusammengesetzt, ziemlich gedrängt, 12—16köpfig, fast ganz blattlos; die eiförmigen, ungefähr 12blüthigen Köpfchen sind länger als das Blüthenstielchen; die Schuppen des Hauptkelchs sind stumpf, trockenhäutig-gelb, glänzend.

Das Vaterland dieser Art ist Südafrika. Von dem verwandten Hel. cymosum unterscheidet sie sich durch die zarte Tracht und die häutigen, oberseits kahlen Blätter. Die Fasern sind länger als das Früchtchen, stumpf.

177) H. melanacme *De Candolle*. Der Stengel ist strauchartig, aufrecht, ästig, im Alter kahl, die Aeste sind nebst den beiden Seiten der Blätter mit einer weißlichen, weichen, filzartigen Wolle bedeckt; die stiellosen Blätter sind halbstengelumfassend, lanzettlich, einnervig, am Rande ein wenig umgerollt, schwarz-schwielig-bespitzt, in der Jugend aufrecht, zuletzt abstehend-zurückgebogen; die 8—12 fast stiellosen, verkehrt-eiförmigen, ungefähr 25blüthigen Köpfchen stehen in einem ungestielten Ebenstrauße gehäuft; die Schuppen des Hauptkelchs sind glänzend, trockenhäutig-goldgelb, stumpf, aufrecht.

Am Cap der guten Hoffnung einheimisch. Die Blätter sind 3—4 Linien lang. Das Köpfchen ist kaum 1½ Linien groß. Die Fasern des Blüthenbodens sind safranfarbig, kurz.

178) H. simillimum *De Candolle*. Der Stengel ist strauchartig, die Aeste und Blätter sind mit einem weichen, fast wolligen, grauen Filze bedeckt; die ungestielten Blätter sind halbstengelumfassend, eiförmig-lanzettlich, aufrecht, spitz (aber nicht stachelspitzig), einnervig, am Rande ein wenig umgerollt und decken sich dachziegelig; die 35—40 fast stiellosen, eiförmig-länglichen, 8—12blüthigen Köpfchen stehen in einem fast kugeligen Ebenstrauße gehäuft; die Schuppen des Hauptkelchs sind gelb, kahl, an der Spitze sparrig-abstehend.

In Südafrika einheimisch. Von dem vorigen durch gedrängter stehende, nicht stachelspitzige Blätter, wenigblüthige, eiförmig-cylindrische Köpfchen und Anfangs goldgelbe, später blasse Schuppen des Hauptkelchs verschieden.

179) H. parviflorum *De Candolle*. Der Stengel ist am Grunde strauchartig; die ungestielten Blätter laufen am Stengel nicht herab und sind linealisch oder länglich, einnervig, beiderseits filzig, oft an der Spitze

zurückgekrümmt-stachelspitzig; die fünfblüthigen Köpfchen stehen in einem Ebenstrauße dicht gedrängt; die Schuppen des cylindrischen, Anfangs zugespitzten Hauptkelchs decken sich dachziegelig und sind trockenhäutig, blaß citronengelb, die innersten stumpf. Hierher gehören Helichr. niveum *Lessing*, Gnaph. niveum *Linné* (nicht *Thunberg*), Gnaph. cernuum *Thunberg* und Gnaph citrinum *Schrank*.

Am Cap der guten Hoffnung einheimisch. — Die Schuppen des Hauptkelchs sind niemals schneeweiß, sondern mehr oder weniger citronengelb, weshalb auch der Name Hel. niveum unpassend ist. Nach der Form der Blätter und der Farbe der Schuppen ändert diese Art mehrfach ab.

180) H. Krebsianum *Lessing*. Der Stengel ist (wenigstens an der Spitze) krautartig; die ungestielten Blätter sind linealisch, zugespitzt, oberseits rauh, unterseits nebst den Aesten filzig; die Köpfchen sind länger als das Stielchen und stehen rispig; die Schuppen des glockenförmigen, strahlenden, am Grunde kaum filzigen Hauptkelchs decken sich locker dachziegelig und sind stumpf, rundlich, an der Spitze gezähnelt, citronengelb; die Fasern des Blüthenbodens sind länger als das rauhe Früchtchen.

Diese Art wächst am Cap der guten Hoffnung.

181) H. maritimum *Lessing*. Der Stengel ist strauchartig; die Blätter sind halbstengelumfassend, länglich, am Grunde stumpf, am obern Ende spitz, 1—3-nervig, beiderseits rauhhaarig-filzig, grau; die glockenförmigen, 18—24 blüthigen Köpfchen stehen in einem Ebenstrauße und sind von linealischen, mit den Köpfchenstielen gleichlangen Blättern gestützt; die äußeren Schuppen des am Grunde dicht wolligen Hauptkelchs sind an der Spitze goldgelb-trockenhäutig, stumpf, strahlenlos. Hierher gehören Gnaph. maritimum *Linné*, Gnaph. maritimum und molle *Thunberg*, Gnaph. maritimum und dasyanthum *Willdenow* und Gnaph. flexuosum *E. Meyer*.

Am Cap der guten Hoffnung einheimisch. Die Pflanze ändert mit um die Hälfte kleinerer, wellenförmiger, beiderseits wolliger, rauhhaarig-filziger Behaarung und wenigeren Blüthenköpfchen ab.

182) H. intricatum *De Candolle*. Die Stengel sind halbstrauchig, niederliegend, an der Spitze filzig, am Grunde kahl; die gestielten Blätter sind halbstengelumfassend, eiförmig, fast wellenförmig, oberseits borstig-rauh, unterseits locker wollig; der Ebenstrauß ist gestielt, blattlos, gedrängt, zusammengesetzt; die Schuppen des eiförmigen, 7—9 blüthigen Hauptkelchs sind glänzend, trockenhäutig-gelb, stumpf.

Diese Art wächst gleichfalls am Cap der guten Hoffnung. Der Blüthenboden ist schmal und nur spärlich mit Fasern besetzt. Die Köpfchen stimmen fast mit denen von Hel. cymosum und gymnocomum überein, aber die Blätter laufen nicht herab wie bei den erwähnten Arten.

183) H. anomalum *Lessing*. Der Stengel ist strauchartig; die stiellosen Blätter laufen nicht herab und sind linealisch, am Rande umgerollt, beiderseits filzig; die vielblüthigen Köpfchen stehen in einem Ebenstrauße dicht gedrängt; die äußeren Schuppen des glockenförmig-cylindrischen Hauptkelchs sind kahl, röthlich, stumpf, rundlich, die inneren linealisch, an der Spitze etwas abstehend, goldgelb; der 1—2 borstige Federkelch ist um die Hälfte kürzer als die Blumenkrone. Hierher gehört Gnaph. niveum *Thunberg* (nicht *Linné*) und Gnaph. strictum *Zeyher*.

Am Cap der guten Hoffnung einheimisch. Die Fasern des Blüthenbodens sind zuletzt fast so lang als der Hauptkelch und doppelt länger als die Fruchtknoten. Der Federkelch fehlt fast ganz.

184) H. pannosum *De Candolle*. Die ganze Pflanze ist mit einem weichen, fetzenlappigen, grauen Filze bedeckt; der einfache Stengel ist mit entfernt stehenden Blättern besetzt; die unteren Blätter sind stumpf-oberförmig-stengelumfassend, eiförmig-länglich, spitz, die oberen halbstengelumfassend, länglich-linealisch, zugespitzt; der Ebenstrauß ist zusammengesetzt; die cylindrischen, ungefähr 10 blüthigen, am Grunde wolligen, sonst kahlen, gelben Köpfchen stehen an der Spitze der Aeste gedrängt; die Schuppen sind ziemlich aufrecht, spitz; der Blüthenboden ist mit Fasern besetzt.

In Südafrika einheimisch. Die Pflanze ist 2 Fuß hoch und von allen Arten dieser Section durch die cylindrischen Köpfchen leicht zu unterscheiden.

** Die Schuppen des Hauptkelchs sind röthlich.

† Am Cap der guten Hoffnung einheimische Arten.

185) H. teretifolium *Lessing*. Die Blätter sind linealisch, oberseits kahl, unterseits filzig, an den Rändern umgerollt, an der Spitze kurz stachelspitzig, am Grunde ein wenig herablaufend; die fast kugeligen Köpfchen stehen geknäuelt-ebensträußig; die Fasern des Blüthenbodens überragen die Fruchtknoten um das Doppelte. Hierher gehören Gnaphal. teretifolium *Linné*, Gnaph. ericoides *Lamarck*, Gnaph. tephrodes *Link*, Gnaph. scoparium *Schrank* und Evax ericoides *Schrank*. Die Pflanze variirt mit mehr oder weniger filzigen Aesten, unterseits gelb- oder weißlich-filzigen Blättern, von denen die unteren abstehen, die oberen aufrechtstehen, mit dicht-gedrängten oder gestielten, ebensträußig-doldigen Köpfchen und weißlichen, röthlichen, bräunlichen oder fast purpurrothen inneren Schuppen des Hauptkelchs.

186) H. scabrum *Lessing*. Der Stengel ist strauchartig, sehr ästig; die stiellosen Blätter sind linealisch-lanzettlich, einnervig, dicht punktirt-rauh, rauhhaarig, zugespitzt; die vielblüthigen, gleichgipfligen Köpfchen stehen zu 3—4 gehäuft; die Schuppen des glockenförmigen, strahlenlosen Hauptkelchs sind angedrückt, stumpf, punktirt, trockenhäutig; die Fasern des Blüthenbodens überragen kaum die rauhen Fruchtknoten; die Borsten des Federkelchs sind vom Grunde gesägt. Hierher gehört Gnaph. scabrum *Thunberg*.

Die Schuppen des Hauptkelchs sind bräunlich. Die Blumenkronen haben eine gelbe Farbe.

187) H. rugulosum *Lessing*. Der Stengel ist am Grunde halbstrauchig; die stiellosen Blätter sind oberseits runzelig, unterseits weißfilzig, fast dreifältig-generot, die unteren sind länglich, spitz, die oberen lanzettlich, zugespitzt, an den Rändern schwach umgerollt; die vielblüthigen Köpfchen stehen in einem lockeren, einfachen Ebenstrauße; die Schuppen des glockenförmigen, kurzstrahlenden Hauptkelchs sind stumpf, die inneren weißlich oder röthlich, trockenhäutig; die Fasern des Blüthenbodens haben mit den Fruchtknoten fast gleiche Länge. Von dem ähnlichen Hel. teretifolium unterscheidet sich diese Art durch die weder starren, noch cylindrisch eingerollten Blätter und die um das Doppelte kürzeren Fasern des Blüthenbodens. — Nach Form und Behaarung der Blätter werden zwei Abarten unterschieden.

188) H. roseum *Lessing*. Der Stengel ist strauchartig; die sitzenden (aber weder halbstengelumfassenden, noch herablaufenden) Blätter sind linealisch, einnervig, ziemlich spitz, oberseits fast kahl, unterseits nebst den Aesten weißfilzig; die verschiedenehigen, 15—20blüthigen Köpfchen stehen in Ebensträußen; die Schuppen des cylindrisch-glockenförmigen Hauptkelchs sind trockenhäutig, angedrückt, stumpf, blaß strohgelb. Hierher gehört Gnaph. roseum *Bergius* und Gnaph. Stoechas *Thunberg* (nicht *Linné*). Der Blüthenboden ist mit kurzen Fasern besetzt.

189) H. capitellatum *Lessing*. Der Stengel ist am Grunde halbstrauchig; die Blätter sitzen mit breitem Grunde und sind halbstengelumfassend, lanzettlich-länglich, zugespitzt, dreinervig, häutig, locker wollig; die eiförmigen, etwa 18blüthigen Köpfchen stehen in einem dichten, gewölbten, zusammengesetzten Ebenstrauße; die innersten Schuppen des Hauptkelchs sind strahlenlos, stumpf, blaß röthlich trockenhäutig. Hierher gehören Gnaph. capitellatum *Thunberg* und Gnaph. helianthemifolium *E. Meyer*. — Die Köpfchen sind kaum 1½ Linien lang. Die wenigen weiblichen Blüthen stehen am Rande. Der Federkelch ist vollkommen; die Fruchtknoten sind kantig.

190) H. revolutum *Lessing*. Der Stengel ist strauchartig; die Blätter sind halbstengelumfassend, länglich, kaum verkehrt-eiförmig, oberseits spinnwebig und etwas rauh, unterseits dicht filzig, am Rande umgerollt; die verschiedenehigen, 25blüthigen Köpfchen stehen in Rispen; die Schuppen des glockenförmigen, sehr kurz strahlenden Hauptkelchs sind angedrückt, glänzend, sehr stumpf, die äußeren rundlich, die innersten linealisch; die Borsten des vollkommenen Federkelchs hängen am Grunde zusammen. Hierher gehören als Synonyme Gnaph. revolutum *Thunberg*, Gnaph. crassifolium *Willdenow* und Gnaph. crispum *Lamarck*. — Die Schuppen des Federkelchs sind fleischfarbig-strohgelb. Die Blumenkronen sind hellgelb. Der Blüthenboden ist mit kurzen Fasern besetzt.

191) H. concolorum *De Candolle*. Der Stengel ist strauchartig, ästig, die Aeste und die beiden Seiten der Blätter sind dicht-weißlich-filzig; die Blätter sind linealisch oder länglich, stiellos, am Rande ein wenig umgerollt, einnervig; der Ebenstrauß ist zusammengesetzt, gegipfelt; die Köpfchen sind eiförmig-länglich, etwa 15-blüthig, verschiedenehig; die Schuppen des Hauptkelchs sind kahl, strohgelb, angedrückt, stumpf, strahlenlos. — Von dem verwandten Hel. roseum sogleich durch die gleichfarbigen, auf beiden Seiten weißfilzigen Blätter unterschieden.

192) H. plebejum *De Candolle*. Der Stengel ist am Grunde strauchartig; die stiellosen Blätter sind linealisch, am Rande umgerollt, kurzstachelspitzig, in der Jugend zu beiden Seiten graufilzig, im Alter oberseits spinnwebig, die wenigen oberen stehen aufrecht; die 14blüthigen Köpfchen sind länger als ihr Stielchen und stehen in einem fast kugeligen Ebenstrauße gedrängt; die äußeren Schuppen des glockenförmig-länglichen, außenseits etwas wolligen Hauptkelchs sind stumpf, die inneren länger, fast röthlich, nicht strahlend; die Fasern des Blüthenbodens überragen die Fruchtknoten um das Doppelte.

†† Auf Madagascar einheimische Arten.

193) H. madagascariense *De Candolle*. Der Stengel ist strauchartig, aufrecht, stielrund, ziemlich kahl; die Blätter sind länglich-linealisch, gedrängt, ziemlich spitz, sichelartig-weichhaarig; der Ebenstrauß ist endständig, zusammengesetzt; die vierblüthigen Köpfchen sind sehr kurzgestielt; die Schuppen des langen Hauptkelchs stehen angedrückt-dachziegelig und sind länglich, ziemlich stumpf, gelb-trockenhäutig. Hierher gehört Gnaph. madagascariense *Poiret*. — Die Blüthen sind sämmtlich zweigeschlechtlich. Der Blüthenboden ist sehr schmal. Der Federkelch ist borstig, kaum rauh. Die Blätter sind 4 Linien lang.

194) H. aphelexioides *De Candolle*. Der Stengel ist strauchartig, ruthenförmig-ästig, ziemlich kahl; die stiellosen Blätter sind am Grunde fast herzförmig, sehr kurz angewachsen, lanzettlich, zugespitzt, am Rande umgerollt, auf beiden Seiten ziemlich kahl, aufrecht; die kleinen, länglichen Köpfchen stehen an der Spitze der Aeste in einem fast kugeligen Ebenstrauße dicht gedrängt; die Schuppen des goldgelben, mit Ausnahme des Grundes kahlen, trockenhäutigen Hauptkelchs sind länglich, ziemlich spitz. Hierher gehört Gnaph. aphelexioides *Bojer*.

195) H. retrorsum *De Candolle*. Die Pflanze ist strauchartig, rasenartig, ästig; die Aeste sind schwach spinnwebig, grau, im Alter kahl; die Blätter stehen am Stengel und an den unfruchtbaren Aesten gehäuft, zurückgebogen, an den Blüthenästen entfernt, aufrecht, sämmtlich sind lanzettlich-linealisch, spitz, lederartig, oberseits kahl, unterseits graufilzig, nervenlos; der Ebenstrauß ist einfach, 7—8köpfig; die fast kugeligen Köpfchen sind kurzgestielt; die inneren Schuppen des kahlen Hauptkelchs sind länglich, stumpf, röthlich; die Fasern des Blüthenbodens sind ein wenig länger als die Früchtchen. Hierher gehört Gnaph. retrorsum *Bojer*. Die Blätter sind 2—3 Linien lang.

196) H. phylicaefolium *De Candolle*. Die Pflanze ist strauchartig, rasenförmig, ästig; die Aeste sind grau-

die Blätter stehen an dem unteren Theile der Aeste gedrängt und sind zurückgebogen, an dem oberen Theile sind sie aufrecht, etwas entfernt von einander und länger, alle sind lanzettlich-lineallisch, spitz, lederartig, oberseits kahl, unterseits grau, dreinervig und haben einen hervortretenden Mittelnerv und undeutliche Seitennerven; der Ebenstrauß ist zusammengesetzt; die Köpfchen sind kugelig, kurzgestielt; der Hauptkelch ist kahl, bräunlich-gelblich; die Fasern des Blüthenbodens sind ein wenig länger als das Früchtchen. — Von dem vorigen durch die doppelt-breiteren, nicht nervenlosen Blätter und die um die Hälfte kleineren, dunklen braungefärbten Köpfchen leicht zu unterscheiden.

197) H. smirnense *De Candolle.* Die Pflanze ist filzig-rauhhaarig, grau; der Stengel ist krautartig, ästig, bis zur Spitze beblättert; die Blätter stehen gedrängt und sind fast halbstengelumfassend, lanzettlich, stachelspitzig; der Ebenstrauß ist zusammengesetzt, gedrängt, vielköpfig; die Köpfchen sind verkehrt-eiförmig, sitzend; der gelbe Hauptkelch ist am Grunde filzig, übrigens kahl, die Schuppen desselben sind an der Spitze rundlich, stumpf, am Grunde verschmälert; die Fasern des Blüthenbodens haben mit dem Früchtchen gleiche Länge und sind halb so lang als die Blüthchen.

198) H. triplinerve *De Candolle.* Der Stengel ist krautartig, rasenartig-ausgebreitet, ästig, spinnwebig-filzig; die Blätter sind am Grunde abgerundet-ohrförmig, übrigens länglich-lanzettlich, an beiden Enden verschmälert, dreifältig-genervt, oberseits weichhaarig, unterseits filzig; der Ebenstrauß ist zusammengesetzt, locker; die kugeligen Köpfchen sind kurzgestielt; die Schuppen des Hauptkelchs sind am Grunde spinnwebig, an der Spitze trockenhäutig-braun, ziemlich spitz; der Blüthenboden ist mit kurzen Fasern besetzt. — Die Köpfchen sind röthlich gelb. An weiblichen Blüthen sind nur wenige vorhanden.

199) H. lavanduloides *De Candolle.* Die Pflanze ist halbstrauchig, aufrecht, ganz graufilzig; die stiellosen Blätter sind lineallisch, stumpf, am Grunde ein wenig verschmälert, einnervig; der Ebenstrauß ist zusammengesetzt, dreitheilig; die fast stiellosen Köpfchen sind verkehrt-eiförmig; der Hauptkelch ist am Grunde grau, an der Spitze kahl, gelblich, seine Schuppen sind länglich, stumpf. Hierher gehört Gnaph. lavanduloides *Bojer.*

Diese Art hat vor der Blüthe große Aehnlichkeit mit einer Lavendelähre. Die Blätter sind 3—4 Linien lang, ½ Linie breit, an den Rändern ein wenig umgerollt.

200) H. salvescens *De Candolle.* Die Pflanze ist filzig-rauhhaarig, grau; die Stengel sind krautartig, ästig, lang, unter dem Ebenstrauße fast blattlos; die Blätter sind fast halbstengelumfassend, lanzettlich, schwielig-stachelspitzig; der Ebenstrauß ist zusammengesetzt, ästig; die Köpfchen sind eiförmig, kurzgestielt; der bräunlich-gelbe Hauptkelch ist am Grunde filzig, an der Spitze kahl; die Schuppen sind eiförmig, kaum stumpf; die Fasern des Blüthenbodens sind sehr kurz. — Von dem ähnlichen Hel. smirnense unterscheidet sich diese Art durch entfernt stehendere Blätter, durch den weit weniger gedrängten Ebenstrauß und die um die Hälfte kürzeren Fasern des Blüthenbodens.

201) H. microcephalum *De Candolle.* Die wollig-rauhhaarige Pflanze scheint krautartig zu sein; die stiellosen Astblätter sind herzförmig, stachelspitzig, herabgebogen; der Ebenstrauß ist zusammengesetzt, gedrängt, von einigen Blättern begleitet; die kleinen Köpfchen sind eiförmig, kahl, wenigblüthig, braun-goldgelb. — Die Blätter sind 1—5 Linien lang, 2—3 Linien breit.

202) H. diotoides *De Candolle.* Die filzig-wollige, graue Pflanze ist wahrscheinlich halbstrauchig; die Blätter sind halbstengelumfassend, eiförmig-lanzettlich, schwielig-stachelspitzig und stehen fast dachziegelig, an den Blüthenästen entfernter; der Ebenstrauß ist zusammengesetzt, gedrängt; die Aestchen sind stark wollig; die Köpfchen sind kugelig, kahl, braun-goldgelb; die abstehenden, an der Spitze stumpfen Schuppen des Hauptkelchs stehen in mehren Reihen; die Fasern des Blüthenbodens überragen die Früchtchen.

203) H. Bojerianum *De Candolle.* Der Stengel ist halbstrauchig, ästig, die Aeste und Blätter sind graufilzig, im Alter ziemlich kahl; die stiellosen Blätter sind eiförmig-länglich, schwielig-stachelspitzig, abstehend-zurückgebogen und stehen an den Blüthenästen entfernter; die fast kugeligen Köpfchen sind sehr kurzgestielt; die Schuppen des gelblichen, am Grunde schwach filzigen, übrigens kahlen Hauptkelchs sind stumpf; die Fasern des Blüthenbodens sind halb so lang als die Blüthchen.

204) H. cordifolium *De Candolle.* Der Stengel ist halbstrauchig, aufrecht; die Aeste sind spinnwebig-wollig; die Blätter sind gestielt, herzförmig, spitz, oberseits und am Blattstiele spinnwebig, unterseits graufilzig, dreinervig; die achselständigen Blüthenzweige tragen an der Spitze einen zusammengesetzten Ebenstrauß; die Köpfchen sind eiförmig, klein, wenigblüthig; die Schuppen des Hauptkelchs sind stumpf, länglich, bräunlich-goldgelb; der Blüthenboden ist schmal. Hierher gehört Gnaph. cordifolium *Bojer.* Die Pflanze ist 8 Fuß hoch.

*** Die Schuppen des Hauptkelchs sind weißlich.

205) H. petiolatum *De Candolle.* Der Stengel ist am Grunde strauchartig; die Aeste sind an der Spitze blattlos; die Blätter sind gestielt, eiförmig, etwas spitz, wollig-filzig; die eiförmig-kugeligen, kahlen Köpfchen stehen in einem zusammengesetzten Ebenstrauße; die Schuppen des Hauptkelchs sind länglich, stumpf, fast trockenhäutig. Hierher gehört Gnaph. petiolatum *Linné.*

Am Cap der guten Hoffnung einheimisch. Von Hel. crispum unterscheidet sich diese Art sogleich durch gestielte, geigenförmige Blätter, von H. tricostatum durch kaum dreinervige, eiförmige (nicht länglich-verkehrt-eiförmige) Blätter, bräunliche, nicht blasse Fasern des Blüthenbodens und durch die Hauptkelche, welche weder cylindrisch, noch sparrig sind. Die Blüthenstiele sind 3 Linien lang.

206) H. crispum *Lessing.* Der Stengel ist am Grunde strauchartig; die abstehenden Aeste sind an der

Spitze blattlos; die Blätter sind halbstengelumfassend, geigenförmig, sehr stumpf und nebst den Aesten wollig-filzig; die vielblüthigen, fast kugeligen Köpfchen stehen in einem Ebensträuße; die Schuppen des strahlenlosen, kahlen Hauptkelchs sind concav, sehr stumpf. Hierher gehören Gnaph. crispum *Linné*, Gnaph. divaricatum *Bergius*, Gnaph. divaricatum und polyanthos *Thunberg*, Gnaph. auriculatum *Lamarck* und Gnaph. multiflorum *Willdenow*.

Diese am Cap der guten Hoffnung einheimische Pflanze ändert mit lockerem und dicht gedrängtem Ebensträuße ab und außerdem

b) subrufescens *De Candolle* mit weniger wolligen, hie und wieder deutlich-dreinervigen Blättern und fast röthlichen Schuppen des Hauptkelchs. Hierher gehört Gnaph. spathulatum *Burmann* und vielleicht Gnaph. patulum *Linné*.

207) H. appendiculatum *Lessing*. Der Stengel ist halbstrauchig, die Aeste sind locker filzig, die blüthentragenden oberwärts blattlos; die Blätter sind halbstengelumfassend, linealisch, am Rande flach, beiderseits wollfilzig, wellenförmig; die vielblüthigen, gleichehigen Köpfchen sind länger als das Stielchen und stehen in Rispen; die Schuppen des glockenförmigen, kurzstrahlenden Hauptkelchs sind angedrückt, eiförmig, spitz, die innersten fast spatelig, stumpf; die Fasern des Blüthenbodens sind kaum länger als das glatte Früchtchen. Hierher gehören Gnaph. appendiculatum *Linné* (Sohn) und Gnaph. lupulaceum *Lamarck*.

Diese Art wächst am Cap der guten Hoffnung und ändert mit niedrigem Stengel und gelblich-fleischfarbigen Schuppen des Hauptkelchs ab. Hierher gehört Gnaph. humile *Thunberg*.

208) H. tricostatum *Lessing*. Der Stengel ist strauchartig, abstehend-ästig; die Blätter sind am Grunde verschmälert, sehr kurz gestielt, länglich-verkehrt-eiförmig, dreinervig, nebst den Aesten flockig-filzig, die obersten einnervigen stehen entfernt; die cylindrisch-glockenförmigen, meist 20blüthigen Köpfchen stehen büschelig, fast rispig; die Schuppen des Hauptkelchs decken sich dachziegelig und sind blaßröthlich, an der Spitze stumpf, trockenhäutig, sparrig. Hierher gehört Gnaph. tricostatum *Thunberg*.

Sie wächst am Cap der guten Hoffnung.

209) H. auriculatum *Lessing*. Der Stengel ist am Grunde halbstrauchig, die an der Spitze blattlosen Aeste sind abstehend; die Blätter sind halbstengelumfassend, geigenförmig, sehr stumpf und nebst den Aesten wollig-filzig; die vielblüthigen, fast kugeligen Köpfchen stehen in Ebensträußen; die äußeren Schuppen des kahlen, wenig strahlenförmigen Hauptkelchs sind elliptisch, spitz. Hierher gehören Gnaph. auriculatum *Thunberg*, Gnaph. petiolatum *Bergius* und Hel. panduraefolium *Schrank*.

Am Cap der guten Hoffnung einheimisch. Die Fasern des Blüthenbodens sind sehr spitz, fast safranfarbig.

210) H. heliotropifolium *De Candolle*. Die Pflanze ist strauchartig, ästig, aufrecht, mit dichter seidig-bräunlicher Wolle besetzt, die Aeste sind narbig; die sitzenden Blätter sind lanzettlich, ganzrandig, undeutlich dreinervig; die sitzenden, fast kugeligen Köpfchen stehen meist zu fünf an der Spitze der Aeste zwischen den eiförmigen Blättern gehäuft; die Schuppen des Hauptkelchs sind eiförmig, trockenhäutig, glänzend, länger als die Blüthen, die innersten sind linealisch. Hierher gehören Gnaph. heliotropifolium *Lamarck* und Gnaph. fuscatum *Bory*.

Auf der Insel Mauritius einheimisch.

Fünfte Section. Chionostemma *De Candolle*.

Der Blüthenboden ist mit freien, zugespitzten, die Fruchtknoten überragenden spreublättrigen Fasern besetzt. Die rauhen, an der Spitze kaum etwas dickeren Borsten des Federkelchs sind am Grunde in einen Ring vereinigt, weiter oben unter einander verschieden verwachsen. Die röthlichen Blumenkronen haben zurückgebogene Zähne. Die Achänen sind kahl, aber mit Papillen schwach besetzt. Der Hauptkelch ist dachziegelig, trockenhäutig, strahlend. Die Zipfel der Narben sind linealisch, in der Mitte getheilt, an der Spitze verdickt und abgestutzt.

211) H. vestitum *Lessing*. Die Pflanze ist unten strauchartig, aufrecht, dicht weißwollig; die Blätter sind linealisch-zungenförmig, schwarz-stachelspitzig, die obersten Astblätter sind in eine trockenhäutige, weiße Platte erweitert; die Köpfchen sind kugelig-glockig; die Schuppen des Hauptkelchs sind sämmtlich zugespitzt. Hierher gehören Xeranthemum vestitum *Linné*, Helichrysum speciosum *Thunberg*, Helichr. lanatum *Schrank* und wahrscheinlich auch Xeranthemum variegatum *Andrews*.

Diese Art kommt am Cap der guten Hoffnung vor und ändert ab:

b) lingulatum *Don* (unter Leucostemma). Diese Abart ist dicht wollig, ihre Blätter sind zungenförmig, stumpflich, die Köpfchen sind glockenförmig; die Schuppen des Hauptkelchs sind zugespitzt, die innersten fast spatelig, stumpflich.

Unvollständig bekannte Arten sind:

212) H.? cochinchinense *Sprengel*. Die Stengel sind halbstrauchig, die Aeste sind gedreht, ausgebreitet; die Blätter sind länglich, buchtig-eingeschnitten, filzig, zurückgebogen; die Schuppen des Hauptkelchs stehen ab; die Köpfchen sind verschiedenehig. Hierher gehört Xeranthemum retortum *Loureiro*.

In Cochinchina einheimisch.

213) H. elegans *Don*. Der Stengel ist einfach, verlängert; die Blätter sind elliptisch, stachelspitzig; der Ebenstrauß ist 8—12köpfig; die Schuppen des Hauptkelchs sind eiförmig-lanzettlich, spitz.

Diese Art wächst in Ostindien. In der Tracht stimmt sie mit Helichrysum tenellum überein. Die fadenförmigen Stengel sind fußhoch und darüber.

Nach dem Erscheinen von De Candolle's Prodromus erschienene Arten.

214)* H. chilense *Hooker* und *Arnott*. Die Pflanze ist spinnwebig-wollig; der Stengel ist einfach oder an der Spitze ebensträußig, vielblüthig; die unteren Blätter sind spatelig, stumpf, die oberen allmälig kleiner und spitz; die Köpfchen stehen in einzelnen oder ebensträußigen Knäuelchen; die Schuppen des kreiselförmigen, nach dem Grunde zu verschmälerten Hauptkelchs sind fast gleich groß, aufrecht, dachziegelig, stumpf, wellenförmig, glanzlos, schmutzig-weiß, die äußern eiförmig, wollig, die inneren länglich, kahl.

Die Heimath dieser Art ist Chili.

215) H. salicifolium *Bertoloni*. Die Blätter sind lineallisch, zugespitzt, unterseits nebst dem Stengel weißfilzig; der Ebenstrauß ist vielköpfig; von den dachziegelig stehenden Schuppen des cylindrischen Hauptkelchs sind die innersten mit einem weißen trockenhäutigen Anhängsel versehen und daher strahlend und länger als die Scheibenblüthen.

216) H. Gunnianum *Hooker*. Der Stengel ist aufrecht oder etwas niederliegend, ästig, schlank, spinnwebig-filzig; die Blätter sind sehr spitz, weichhaarig, unterseits graufilzig, die unteren fast spatelig, die oberen allmälig kleiner und lineallisch; die Aeste sind einköpfig; die Schuppen des gelben, halbkreisrunden Hauptkelchs sind verkehrt-eiförmig, einnervig, gezähnelt, gestielt, die Stielchen sind wollig, bis zur Spitze lang-bärtig.

217) H. (Argyraea?) Steudelii *C. H. Schultz*. Die Pflanze scheint einjährig zu sein; der Stengel ist aufrecht, am Grunde einfach, an der Spitze ästig; die Aeste sind steif-aufrecht, flockig-weißlich-wollig; die Blätter stehen gedrängt, die stengelständigen sind lanzettlich, schmal, spitz, ganzrandig, oberseits ziemlich kahl, unterseits weißfilzig, die astständigen sind lineallisch, spitz, oberseits ganz kahl, unterseits weißfilzig; die kleinen Köpfchen stehen an der Spitze der Aeste in zusammengedrängten, fast kopfförmigen Ebensträußen; die Schuppen des am Grunde fast kugeligen, an der Spitze erweiterten Hauptkelchs sind schneeweiß, glänzend, elliptisch-länglich, etwas stumpf oder spitz; die sehr kleinen Früchtchen sind eiförmig, kahl; die fast rostfarbigen Borsten des Federkelchs sind etwas rauh.

Diese Art wächst in Habessinien.

218) H. (Argyraea?) formosissimum *C. H. Schultz*. Die Pflanze ist ausdauernd; der Stengel ist aufrecht, ziemlich aufrecht, stielrund, purpurroth, weißfilzig, einige Fuß hoch; die stiellosen Blätter sind einander genähert, am Grunde ein wenig herablaufend, eiförmig-länglich oder lanzettlich, spitz, ganzrandig; oberseits etwas rauh, unterseits schwach filzig; die sehr großen, glänzenden Köpfchen stehen in einem endständigen, fast einfachen Ebenstrauße; die Schuppen des fast kugeligen Hauptkelchs sind weißlich oder öfters am Grunde purpurroth, sehr glänzend, kahl, lanzettlich, spitz, etwas abstehend; die Früchtchen sind stielrund, kahl; die Borsten des Federkelchs sind weißlich, etwas rauh, an der Spitze pinselförmig.

In Habessinien einheimisch.

219) H. (Argyraea?) horridum *C. H. Schultz*. Der Stengel ist strauchartig, stielrund, die Aestchen sind schlank, an der Spitze oft dornartig-verhärtet, mit geraden, sehr spitzen, bald end-, bald achselständigen Dornen; die kleinen Blätter sind einander genähert, deutlich getrennt oder wegen der dicht stehenden Zweige fast büschelig, lineallisch, spitz, am Rande umgerollt und bisweilen an der Spitze pfriemlich; die Schuppen des halbkreisförmigen Hauptkelchs decken sich dachziegelig und sind stumpf, weißlich, die äußeren filzig, die inneren kahl; die Achänen sind rundlich, drüsig-rauhhaarig; der Blüthenboden ist ziemlich flach, nackt.

In Habessinien einheimisch.

220) H. (Argyraea) callunoides *C. H. Schultz*. Der Stengel ist spannenhoch, halbstrauchig, fast aufrecht, oberwärts ästig; die Blätter sind gestielt, gehäuft, abstehend, lineallisch-stielrund, punktirt, dick, stumpf, kahl, die Aeste sind grau-weichhaarig; die fünfblüthigen, cylindrischen Köpfchen stehen an der Spitze der Aeste in Knäuelchen; die äußeren Schuppen des Hauptkelchs sind wollig, die inneren lineallisch, spitz, fleischfarbig-weiß; die Blüthen sind gelb; der Federkelch ist lang, schneeweiß, borstig.

Diese Art wächst am Cap der guten Hoffnung.

221) H. (Argyraea) comosum *C. H. Schultz*. Der Wurzelstock ist vielstengelig; die Stengel sind fadenförmig, strauchartig, spannenhoch, ästig; die Blätter sind schmal-lineallisch, 3—5 Linien lang, stumpf, am Rande umgerollt, in der Jugend nebst den Aesten weißlich-filzig, die obersten stehen um das endständige, vielköpfige Knäuelchen gleichsam quirlförmig und sind deckblattartig; die cylindrischen, zehnblüthigen Köpfchen sind in den Blattwinkeln und an der Spitze der Aeste gehäuft; die Schuppen des Hauptkelchs sind schmutzig weißlich, stumpflich; der Federkelch ist borstenförmig, oberwärts rauh.

Am Cap der guten Hoffnung einheimisch.

222) H. (Argyraea) gossypinum *B. Webb*. Der Stengel ist hand- oder spannenhoch, am Grunde halbstrauchig nebst den Blättern wollig-filzig, diese sind stiellos, lineallisch-lanzettlich, die unteren spatelig, aufrecht; die kurzgestielten, halbkugeligen, verschiedenehigen, ungefähr 60blüthigen Köpfchen stehen in ebensträußigen Trugdolden; die Blüthen sind gelb; die Schuppen des kurzstrahlenden Hauptkelchs sind ziemlich stumpf, strohgelb. Hierher gehört Gnaph. Webbii *C. H. Schultz*.

Auf den canarischen Inseln einheimisch.

223) H. (Stoechadina) psychrophilum *Boissier*. Die ganze Pflanze ist angedrückt-spinnwebig, grau, am Grunde halbstrauchig; die Stengel sind ausgebreitet-rasenartig, am Grunde blattlos, an der Spitze beblättert; die Blätter der unfruchtbaren Stengel und der Zweige sind schmal länglich-spatelig, stumpf oder etwas spitz, am Grunde in den Blattstiel verschmälert; die kurzen, niederliegenden Aeste tragen an der Spitze 2—4 ziemlich große, fast sitzende, kugelige Köpfchen; die Schuppen des blaß citronengelben oder röthlichen, kahlen Hauptkelchs sind ziemlich kahl, eiförmig, länglich, stumpf, angedrückt, schwach wellenförmig, so lang als die Scheibenblüthen; die Blüthen sind sämmtlich zweigeschlechtlich.

Die Heimath dieser Art ist Persien.

224) H. (Stoechadina) Aucheri *Boissier*. Die ganze Pflanze ist dicht- und angedrückt spinnwebig-

wollig, grau; die grundständigen Blätter stehen dicht gedrängt und sind nebst den unteren Stengelblättern länglich-spatelig, stumpf, in einen langen Blattstiel verschmälert, die oberen Stengelblätter sind linealisch, ziemlich spitz, steif; der Stengel ist aufrecht, einfach; der Ebenstrauß ist endständig, dicht gedrängt, zusammengesetzt, vielköpfig; die kurzgestielten Köpfchen sind ziemlich groß, citronengelb, kugelig; die Schuppen des Hauptkelchs sind kahl, länglich, an der Spitze concav, stumpflich, abgerundet und stehen sparrig ab, die innersten haben mit den Scheibenblüthen gleiche Länge; die Blüthen sind sämmtlich zweigeschlechtlich.

Diese Art wächst in Persien, Cappadocien und Mesopotamien.

225) II. (Stoechadina) Tardentii *Boissier*. Die Pflanze ist am Grunde halbstrauchig, niedergestreckt; die Stengel sind ruthenförmig, einfach, dicht beblättert, doch und nebst den Blättern von zahlreichen, fast sitzenden Drüsen rauh, sonst unbehaart; die Blätter sind länglich- oder linealisch-spatelig, am Grunde in den Blattstiel verschmälert, die wenigen der unfruchtbaren Sprosse sind fast wollig, die übrigen grün; der Ebenstrauß ist klein, vielköpfig, einfach; die kurzgestielten Köpfchen sind sehr klein, länglich, citronengelb; die Schuppen des Hauptkelchs sind kahl, länglich, an der Spitze stumpf, mützenförmig, abstehend und decken sich deutlich dachziegelig, die innersten haben mit den Scheibenblüthen gleiche Länge; die Blüthen sind sämmtlich zweigeschlechtlich.

Diese Art wächst am Kaukasus.

226) II. (Stoechadina) globiferum *Boissier*. Die ganze Pflanze ist angedrückt-spinnwebig-grau; die grundständigen Blätter stehen dicht gedrängt und sind sehr klein, länglich-spatelig, die unteren stengelständigen linealisch-spatelig, die übrigen linealisch, spitz; die Stengel sind ganz einfach; die fast rundlichen, kurzgestielten Köpfchen stehen in einem dichten, kugeligen, endständigen Knäulchen gedrängt; die Schuppen des blaß citronengelben, kahlen Hauptkelchs sind eiförmig-länglich, ziemlich aufrecht, mützenförmig, stumpflich und länger als die Blüthen.

Die Heimath dieser Art ist Persien.

227) II. (Stoechadina) leucocephalum *Boissier*. Die ganze Pflanze ist angedrückt-spinnwebig-grau; die Stengel sind aufrecht, einfach, beblättert; die Blätter sind steif, die unteren linealisch-spatelig, stumpf, die übrigen linealisch, spitz; der Ebenstrauß ist endständig, zusammengesetzt, vielköpfig, ziemlich dicht gedrängt; die kleinen, eiförmigen Köpfchen haben mit dem Stielchen fast gleiche Länge; die Schuppen des weißlich-grauen Hauptkelchs sind klein, länglich-elliptisch, am Grunde filzig, an der Spitze kahl, wasserhell, am Grunde wellenförmig, abstehend-zurückgebogen, die innersten sind aufrecht, mit den Scheibenblüthen gleich lang; die Blüthen sind sämmtlich zweigeschlechtlich; die Schuppen des Federkelchs sind rauh, an der Spitze ein wenig verdickt.

Im südlichen Persien einheimisch.

228) II. (Stoechadina?) niveum *Boissier* und *Heldreich*. Am Grunde halbstrauchig, rasenförmig-vielstengelig, von angedrückter, spinnwebiger Behaarung ganz grau; die Stengel sind hoch, dünn, aufrecht, einfach; die grundständigen Blätter sind linealisch-spatelig, ziemlich spitz, am Grunde verschmälert, die stengelständigen sind schmal linealisch, ziemlich steif; der Ebenstrauß ist endständig, vielköpfig, zusammengesetzt, fast kugelig; die Köpfchen sind kurzgestielt, eiförmig, schneeweiß; die Schuppen des Hauptkelchs sind schneeweiß, glanzlos, mit Ausnahme des Grundes ganz kahl, eiförmig oder länglich, stumpf, an der Spitze oft gespalten, angedrückt, aufrecht, ziemlich concav; die Blüthen sind sämmtlich zweigeschlechtlich; die Borsten des Federkelchs sind kaum rauh.

Diese Art wurde in Griechenland aufgefunden.

229) II. (Stoechadina) nebrodense *Heldreich*. Die Pflanze ist halbstrauchig, spärlich ästig, die Aeste sind ruthenförmig, verlängert, weißfilzig; die Blätter sind linealisch, am Rande umgerollt, unterseits dicht graufilzig, oberseits glänzend, ziemlich kahl; der Ebenstrauß ist endständig, zusammengesetzt, die kurzgestielten Köpfchen sind eiförmig; die Schuppen des Hauptkelchs sind glänzend, citronengelb, eiförmig-spatelig, stumpflich, ein wenig länger als die Scheibenblüthen.

Die Heimath dieser Art ist Sicilien.

230) II. (Chrysolepidea) anatolicum *Boissier*. Die ganze Pflanze ist mit einer lockeren, grauen Wolle besetzt, oft ziemlich kahl; aus dem halbstrauchigen Wurzelstocke entspringen kriechende Ausläufer; die aufrechten, niedrigen, beblätterten Stengel tragen an der Spitze Köpfchen; die Blätter der Ausläufer und die unteren Stengelblätter sind länglich-spatelig, stumpf, in den Blattstiel verschmälert, die oberen stengelständigen sind linealisch, ziemlich spitz; der Ebenstrauß ist endständig, vielköpfig, ziemlich locker; die Stielchen sind so lang oder länger als die kugeligen Köpfchen; die Schuppen des Hauptkelchs sind eiförmig, glänzend, goldgelb, stumpf, so lang als die Scheibenblüthen, die innersten kaum um die Hälfte kürzer; die Blüthen sind sämmtlich zweigeschlechtlich.

Das Vaterland dieser Art ist Anatolien.

231) II. (Chrysolepidea) compactum *Boissier*. Die ganze Pflanze ist von einer dicht angedrückten, spinnwebigen Behaarung schneeweiß; der Wurzelstock ist holzig, dicht rasenartig; die grundständigen Blätter bilden breite, dicht gedrängte Rasen und sind länglich-spatelig, ganz stumpf, in den Blattstiel verschmälert; die Stengel sind dünn, aufrecht, starr, ganz einfach, hoch, beblättert und tragen an der Spitze einen 8—12köpfigen, gedrängten Ebenstrauß; die Stengelblätter sind weit kleiner als die grundständigen, linealisch-spatelig, dem Stengel angedrückt, stiellos und laufen am Stengel herab; die steifen Stielchen sind so lang oder ein wenig länger als die kegelförmig-cylindrischen, blaßgelben Köpfchen; die Schuppen des schwach wolligen Hauptkelchs sind eiförmig, ziemlich spitz und stachelspitzig, die innersten sehr kurz, die übrigen allmälig länger. — Diese Art ist mit Hel. Belangerianum *De Candolle* verwandt.

Die Heimath dieser Art ist Kleinasien.

232) H. (Chrysolepidea) Kotschyi *Boissier*. Die Pflanze ist strauchartig, vielstengelig, Anfangs spärlich spinnwebig-wollig, zuletzt unbehaart, aber etwas klebrig; die aufrechten, einfachen, beblätterten Stengel tragen an der Spitze einen fast einfachen, gedrängten Ebenstrauß; die Blätter sind eiförmig, länglich oder länglich-linealisch, die unteren stumpf, die oberen stets linealisch, spitz, sämmtliche sitzend, am Grunde verschmälert und laufen ein wenig am Stengel herab; die Köpfchen sind kugelig; die Schuppen des Hauptkelchs sind ganz kahl, anfänglich goldgelb, nach der Blüthezeit weißlich, so lang als die Scheibenblüthen, an der Spitze sehr stumpf, mützenförmig, zuletzt abstehend-zurückgebogen, die äußeren kürzer und spitzer; die Früchtchen sind rauhhaarig; der Federkelch ist gelblich.

Diese Art wächst in Persien.

233) H. (Chrysolepidea) Lorentei *Hochstetter*. Der Stengel ist am Grunde holzig, die Aeste sind aufrecht, einfach; die Blätter sind linealisch, flach, ganzrandig nebst den Aesten mit kleinen Drüsen belegt und spinnwebig-wollig; die Köpfchen sind glänzend, citronengelb und stehen in Ebensträußen; die Köpfchenstiele sind weißwollig; die Schuppen des Hauptkelchs sind abgerundet, concav.

234) H. (Chrysolepidea) polyphyllum *Ledebour*. Der Stengel ist am Grunde staudenartig, niedergestreckt, ästig; die Aeste stehen aufrecht und sind fast einfach, nach Oben drüsig und nebst den Blättern spärlich spinnwebig oder ein wenig wollig; die zahlreichen Blätter sind flach, die unteren länglich-linealisch, am Grunde ein wenig verschmälert, die oberen verlängert, linealisch oder lanzettlich-linealisch, mit etwas breiterem Grunde halbstengelumfassend; der Ebenstrauß ist zusammengesetzt, gedrängt, vielköpfig; die fast kugeligen Köpfchen sind kurzgestielt; die Schuppen des am Grunde dicht wollig-filzigen Hauptkelchs sind schwefel-citronengelb, aufrecht, länglich, ziemlich stumpf, ganzrandig oder unregelmäßig geschlitzt, flach und ein wenig länger als die schmutzig gelben Scheibenblüthen.

Diese Art wächst in den kaukasischen Provinzen Rußlands.

235) H. (Chrysolepidea) glandulosum *Ledebour*. Der Stengel ist am Grunde strauchartig, ästig; die Aeste sind krautig, einfach, aufrecht und nebst den Blättern schwach spinnwebig-wollig und mit sehr kleinen, kurzgestielten Drüsen dicht bedeckt; die Blätter sind am Rande umgebogen, an der Spitze knorpelig-stachelspitzig, die unteren länglich-spatelig, die oberen fast linealisch; der Ebenstrauß ist zusammengesetzt, vielköpfig; die elliptisch-cylindrischen, kurzgestielten Köpfchen stehen zu 10—20 oder noch mehren beisammen; die Schuppen des ganz kahlen Hauptkelchs stehen in mehren Reihen und sind stroh- oder schwefelgelb, aufrecht-angedrückt, elliptisch, an der Spitze abgerundet, flach, ganzrandig oder unregelmäßig geschlitzt, fast so lang als die goldgelben Scheibenblüthen.

In den kaukasischen Provinzen Rußlands einheimisch.

236) H. (Chrysolepidea) undulatum *Ledebour*. Die Stengel sind aufrecht oder schief aufsteigend, einfach, weißfilzig; die Blätter sind wollig, am Rande wellenförmig, nicht zurückgekrümmt, an der Spitze mit einer kleinen, braunen, von der Wolle bedeckten Stachelspitze versehen, die unteren nach dem Grunde zu verschmälert, die obersten linealisch; der Ebenstrauß ist zusammengesetzt; die verkehrt-ei-kugelförmigen, kurzgestielten Köpfchen stehen zu 6—15 beisammen; die Schuppen des am Grunde fast wolligen Hauptkelchs stehen in mehren Reihen und sind blaß strohgelb, aufrecht, elliptisch-rundlich, ungetheilt oder zerschlitzt, flach, etwas kürzer als die Scheibenblüthen, die inneren am oberen Rande ein wenig wellenförmig.

Diese Art wächst in den kaukasischen Provinzen Rußlands.

237) H. (Chrysolepidea?) abyssinicum *C. H. Schultz*. Der Stengel ist am Grunde fast einfach, halbstrauchig, oberwärts ästig, dicht weißlich-filzig, die Aeste sind aufrecht; die stiellosen Blätter sind einander sehr genähert, lanzettlich-linealisch, stumpflich, aber mit einer kurzen, knorpeligen Stachelspitze versehen, beiderseits dicht weißfilzig; die kleinen Köpfchen stehen an der Spitze der Aeste dicht gedrängt und bilden einen dichten, wenigköpfigen Ebenstrauß; die Schuppen des fast glockenförmigen Hauptkelchs decken sich dachziegelig, stehen an der Spitze ein wenig ab und sind länglich-lanzettlich, schwefelgelb, glänzend, kahl, die äußeren kürzer und wollig; die Früchtchen sind stielrund, fast drüsig.

In Habessinien einheimisch.

238) H. (Chrysolepidea?) chrysocoma *C. H. Schultz*. Der Stengel ist am Grunde halbstrauchig, ästig, aufrecht, fußhoch, weißlich-filzig, stielrund; die stiellosen Blätter sind einander genähert, halbstengelumfassend, eiförmig-lanzettlich, spitz, beiderseits graufilzig; die kleinen, stielrunden, wenigblüthigen Köpfchen stehen in einem dichten, endständigen, kopfförmigen Ebenstrauße; die Schuppen des fast stielrunden Hauptkelchs decken sich dachziegelig und sind ungleich, trockenhäutig, goldgelb, kahl, spitz oder stumpf, geschlitzt; die weiblichen Blüthen stehen in einer Reihe, die zweigeschlechtlichen sind mittelständig; die Früchtchen sind eiförmig-rundlich, kahl; die Borsten des Federkelchs sind rostfarbig, rauh.

Diese Art ist in Habessinien einheimisch.

239) H. (Chrysolepidea) gerberaefolium *C. H. Schultz*. Die Pflanze ist ausdauernd; die grundständigen Blätter sind lang gestielt, elliptisch-länglich, spitz, am Grunde allmälig mit dem Blattstiele verschmolzen, ganzrandig, beiderseits graufilzig, der Blattstiel ist am Grunde breiter und stengelumfassend; der Stengel ist aufrecht, einfach, fußhoch, dicht-weißlich-filzig, oberwärts blattlos; die wenigen Stengelblätter wechseln ab und sind ungestielt, linealisch, spitz; die fast rundlichen Köpfchen stehen in dichten Ebensträußen; die Schuppen des Hauptkelchs sind trockenhäutig, goldgelb, länglich, spitz, kahl, ungleich; die Früchtchen sind eiförmig-stielrund, kahl.

Diese Art wächst in Habessinien.

240) G. (Chrysolepidea?) Errerae *Tineo.* Die ganze Pflanze ist graufilzig; die Stengel sind rasenförmig, sehr ästig, aufsteigend und aufrecht, lang; die Blätter sind am Rande umgerollt, die unteren stehen gehäuft und sind länglich-spatelig, am Grunde verschmälert, die oberen sind sehr schmal-linealisch, stumpflich; der Ebenstrauß ist zusammengesetzt, locker; die Schuppen des kugelig-eiförmigen Hauptkelchs sind sehr stumpf, die äußeren nebst den Köpfchenstielen dicht filzig, die inneren ganz kahl, ungefähr so lang als die Scheibenblüthen. — Die Pflanze duftet angenehm.

Diese Art kommt in Sicilien vor.

241) G. (Blepharolepis) erosum *Schlechtendal.* Die Pflanze ist krautartig; die Stengel sind aufrecht, einfach oder wenig ästig, spinnwebig-wollig; die unteren Blätter stehen ab, die oberen sind aufrecht, lanzettlich-linealisch, am Grunde verschmälert, ungestielt, an der Spitze stachelspitzig, am Rande umgerollt, dreinervig, unterseits spinnwebig-wollig, weißlich, oberseits ziemlich kahl; das deckblattlose Köpfchen steht an der Spitze des Stengels einzeln; die inneren Schuppen des Hauptkelchs sind länger als die Scheibenblüthen, am Stielchen dicht wollig, an der Spitze mit einem trockenhäutigen, citronengelben, länglichen, spitzen, geschlitzten Anhängsel versehen.

Im südlichen Theile von Neu-Holland einheimisch.

242) G. (Blepharolepis) Quartinianum *A. Richard.* Die Pflanze ist ausdauernd; aus dem dicken, höckerigen Stämmchen entspringen aufrechte, ganz einfache, fuß- oder anderthalb fußhohe, weißfilzige Stengel; die stiellosen Blätter sind halbstengelumfassend, die unteren am Grunde herzförmig-geöhrt, lanzettlich, spitz, beiderseits weißfilzig, die oberen sind am Grunde nicht ohrförmig, schmäler und stehen entfernter von einander; die mäßig großen Köpfchen stehen in einem dichten, fast kugeligen Ebenstrauße; die Schuppen des fast kugeligen Hauptkelchs stehen aufrecht, die äußeren sind eiförmig-spitz, stiellos, die inneren an der Spitze zerschlitzt, am Grunde verschmälert; die zahlreichen Köpfchen sind sämmtlich zweigeschlechtlich, die Früchtchen sind glänzend, kahl; die Fasern des Blüthenbodens sind borstig und bleiben stehen.

In Habessinien einheimisch.

243) G. (Blepharolepis) ambiguum *Turczaninow.* Der Stengel ist strauchartig nebst den Ästen locker spinnwebig; die stiellosen Blätter sind halbstengelumfassend, linealisch, zugespitzt, am Rande umgerollt, an der Spitze oft zurückgekrümmt, etwas rauh; die Äste sind einköpfig, beblättert; die Schuppen des Hauptkelchs sind zugespitzt, die äußeren länglich oder elliptisch, kurz, die inneren linealisch-keilförmig, gesägt, am Grunde von langen Zottenhaaren umgeben, an der Spitze röthlich, die mittleren sind sehr kurzgestielt; die Borsten des Federkelchs sind am Grunde fadenförmig, nach der Spitze zu verdickt, federig, an der Spitze selbst aber borstig.

Das Vaterland dieser Art ist Neu-Holland.

244) G. (Argyrocoma) arctioides *Turczaninow.* Die Stengel sind krautartig dicht rasenartig-ästig, die Stämmchen und Äste sind steif, genähert, einköpfig; die Blätter stehen sehr gedrängt und sind ungestielt, federförmig, spitz, kahl oder kaum weichhaarig, grau; die endständigen, ungestielten Köpfchen stehen zwischen den oberen Blättern; die Schuppen des Hauptkelchs sind stumpf, weißlich, die Anhängsel purpurroth; die wenigen Strahlblüthen sind weiblich, die Scheibenblüthen zweigeschlechtlich; die Früchtchen sind kahl; die Borsten des Federkelchs sind auf dem Rücken keulenförmig.

Am Cap der guten Hoffnung einheimisch.

245) G. (Tanacetiche?) globosum *C. H. Schultz.* Die Pflanze ist ausdauernd; die grundständigen Blätter sind spatelig-länglich, am Grunde allmälig in einen breiten Stiel verschmälert, stumpf oder etwas spitz, dreinervig, oberseits punktirt-rauhhaarig, unterseits weißlich-filzig, die stengelständigen sind stiellos, stengelumfassend, elliptisch-lanzettlich, etwas spitz und stehen entfernt von einander; der Stengel ist aufrecht, einfach, spannenhoch, stielrund, graufilzig; die kleinen, wenigblüthigen, stielrunden Köpfchen stehen in einem dichten Ebenstrauße; die Schuppen des stielrunden Hauptkelchs sind ungleich, elliptisch, spitz; die Früchtchen sind klein, stielrund, kahl.

In Habessinien einheimisch.

246) G. (Tanacetiche) Krausii *C. H. Schultz.* Der Stengel ist strauchartig und nebst den Ästen weichhaarig; die Blätter sind linealisch, beiderseits verschmälert, spitz, ganzrandig, oberseits kahl, unterseits filzig; die fast stiellosen, fünfblüthigen Köpfchen stehen in zusammengesetzten, rundlichen Ebensträußen; die Schuppen des cylindrischen Hauptkelchs decken sich dachziegelig, stehen in 4—5 Reihen und sind länglich-linealisch, stumpf, kahl; der Blüthenboden ist klein, fast nackt.

Diese Art kommt am Cap der guten Hoffnung vor. Die Zweige sind spannen- oder fußlang, die Blätter sind 4 Linien lang, in der Mitte eine halbe Linie breit; die Schuppen des Hauptkelchs haben eine glänzend-strohgelbe Farbe.

247) G. (Lepicline) griseum *Sonder.* Der Stengel ist aufrecht, einfach, filzig; die grundständigen Blätter sind gestielt, eiförmig, spitz, von den beiden stengelständigen ist das untere halbstengelumfassend, breit-eiförmig, das obere weit kleiner, alle fünfnervig, oberseits etwas rauh, unterseits schmutzig-filzig; der Ebenstrauß ist zusammengesetzt, doldig; die inneren Schuppen des glockenförmigen, graufilzigen Hauptkelchs sind lanzettlich, lang zugespitzt.

Am Cap der guten Hoffnung einheimisch.

248) G. (Aptera) auronitens *C. H. Schultz.* Der Stengel ist handhoch, halbstrauchig, ästig, dicht beblättert, nebst den stiellosen, länglichen, fast keilförmigen, ganzrandigen, stumpfen und stachelspitzigen Blättern von einem grauen, dichten, fast seidenhaarigen Filze bedeckt; die Ebensträuße sind endständig, zusammengesetzt, 20—25köpfig, die Köpfchen sind kurzgestielt, halbkugelig, 40—50blüthig, die äußeren, einreihigen Blüthen sind weiblich; die Schuppen des dachziegeligen Hauptkelchs sind eiförmig, goldgelb-glänzend; der Blü-

thenboden ist mit Fasern besetzt; die Früchtchen sind klein, kahl; die Strahlen des einreihigen, haarförmigen Federkelchs sind rauh, nach Oben ein wenig verdickt, zweispaltig.

Diese Art wächst am Cap der guten Hoffnung.

Bei nachfolgenden Arten ist die Abtheilung nicht angegeben.

249) H. ramosissimum *Hooker*. Die Pflanze ist halbstrauchig, sehr ästig, spinnwebig-filzig; die Blätter sind linealisch-spatelig, etwas schlaff, spitz; die kleinen, kugeligen, gelben Köpfchen stehen in endständigen Trauben; die Schuppen des Hauptkelchs sind linealisch-pfriemlich, wellenförmig, gewimpert.

Diese Art wächst in Australien.

250) H. citrispinum *Delile*. Der Stengel ist halbstrauchig, oberwärts gabelspaltig, filzig; die ungestielten Blätter sind linealisch-eiförmig, am Rande umgeschlagen, unterseits in der Mitte graufilzig und umgeben einen achselständigen, citronengelben Dorn; die Köpfchen sind endständig, einzeln, am Grunde kreiselförmig; die Schuppen des Hauptkelchs sind lanzettlich, die mittleren länger, 2—4zähnig; der Blüthenboden ist undeutlich zahnlöcherig; die Borsten des Federkelchs sind stumpf, an der Spitze keulenförmig. Hierher gehört Helichr. spinosum *C. H. Schultz*.

In Habessinien einheimisch.

251) H. filicaule *Hooker* (Sohn). Der Stengel ist fadenförmig, beblättert, fast aufrecht, einfach oder gespalten; die Aeste sind an der Spitze einköpfig, wollig; die Blätter sind gleichgestaltet, abstehend, verkehrt-eiförmig-länglich, zugespitzt oder stachelspitzig, unterseits silberweiß-wollig; die Blüthenköpfchen sind gestielt; die äußeren Schuppen des weit glockenförmigen Hauptkelchs sind wollig, die inneren trockenhäutig oder durchscheinend, alle strahlenlos; die Früchtchen sind weichhaarig.

Diese Art kommt auf den Inseln der Südsee vor.

252) H. Leontopodium *Hooker* (Sohn). Die Wurzel ist ausdauernd, 1—3köpfig; der Stengel ist kurz-, aber dicht-wollig; die grundständigen Blätter stehen in einer Rosette und sind dicht gehäuft, linealisch-länglich, ein wenig spitz, stiellos, beiderseits seidenhaarig, die wenigen stengelständigen sind länglich; die dicht stehenden Blüthenköpfchen sind von abstehenden, sehr dicht wolligen Deckblättern umhüllt; die Schuppen des Hauptkelchs stehen sämmtlich aufrecht.

Auf den Inseln der Südsee einheimisch.

253) H. lacteum *Cosson*. Die Pflanze ist ausdauernd, der Stamm ist ästig, strauchig, vielköpfig, aus demselben entspringen mehre blühende Stengel und einige niederliegende, unfruchtbare Stämmchen; die Stengel sind dünn, aufrecht, einfach, spinnwebig-filzig oder zuletzt ziemlich kahl, dicht beblättert; die Blätter der blüthenlosen Stämmchen sind dicht spinnwebig-filzig, länglich oder linealisch-spatelig, stumpf oder spitz, die obern stehen rosettenartig, die stengelständigen sind weniger spinnwebig-filzig, linealisch, die obern spitz, zuletzt gestielt und gewunden; der Ebenstrauß ist endständig, vielköpfig, zusammengesetzt, ziemlich dicht; die Köpfchen sind ziemlich groß, fast eiförmig-kugelig, oft länger als das Stielchen; die Schuppen des glänzendweißen Hauptkelchs sind ziemlich gleich groß, länglich, stumpf, an der Spitze oft ein wenig zerschlitzt, angedrückt, nicht strahlend, mit Ausnahme des Grundes ganz kahl, fast so lang als die Blüthen; der Blüthenboden ist nackt; die Schuppen des Federkelchs sind rauh, so lang als die Blüthchen.

Diese Art wächst in Numidien.

Als eine besondere (sechste) Section unter dem Namen Conodiscus führt der jüngere Hooker folgende Pflanze mit nachstehender Charakteristik ein:

Conodiscus *Hooker* (Sohn).

Das Köpfchen ist gleichehig, die Blüthchen sind sämmtlich zweigeschlechtlich, an der Spitze fünfzähnig; die inneren Schuppen des Hauptkelchs stehen in 2—3 Reihen und sind strahlend. Der Blüthenboden ist spitzkegelförmig, lang, nackt, mit Wärzchen besetzt; die Borsten des einreihigen Federkelchs sind rauh, am Grunde ein wenig verwachsen.

254) H. prostratum *Hooker* (Sohn). Der Stengel ist niederliegend, ästig; die Blätter (sämmtlich stengelständig) sind verkehrt-eiförmig oder verkehrt-eiförmig-spatelig, stumpf, mit aufgesetzter Stachelspitze, oberseits spinnwebig, unterseits nebst den Aesten dicht- und angedrückt silberhaarig-wollig; die inneren Schuppen des Hauptkelchs sind strahlend, weißlich, trockenhäutig, linealisch-bandförmig, an der Spitze 2—4zähnig.

Diese Art wächst in Neu-Seeland und auf den Aucklands-Inseln. Ihre Köpfchen sind weißlich oder röthlich. Die äußeren Schuppen des Hauptkelchs sind kürzer, pfriemlich oder lanzettlich, locker wollig.

XI. Ifloga *Cassini*.

(Cfr. Gnaphalium no. 65.)

1) I. verticillata *Fenzl*. Die Blätter und Deckblätter sind unterseits spinnwebig-wollig und überragen die cylindrisch-kreiselförmigen, strohgelben Köpfchen; die Spreublättchen sind sämmtlich ganz kahl, elliptisch, zugespitzt, an der Spitze dachziegelig-angedrückt; die 3—10 Blüthen sind zweigeschlechtlich-männlich; die Borsten des Federkelchs sind am Grunde bärtig; die Achänen sind ziemlich glatt. Hierher gehören Trichogyne verticillata *Lessing*, Gnaphalium verticillatum *Linné* (Sohn) und Stoebe cinerea *Zeyher*.

Am Cap der guten Hoffnung einheimisch.

2) I. Fontanesii *Cassini*. Die Blätter und Deckblätter sind beiderseits graufilzig und überragen die kreiselförmigen, strohgelb-röthlichen oder safranfarbigen Köpfchen; die Spreublätter sind ganz kahl, länglich-elliptisch und in eine gerade, locker angedrückte Spitze verschmälert, welche um die Hälfte kürzer ist als die Platte; die 6—16 Blüthen sind zweigeschlechtlich-männ-

lich; die zahlreichen Borsten des Federkelchs sind fein gewimpert, an der Spitze federig; die Achänen sind ziemlich glatt. Hierher gehören nach Fenzl die zahlreichen Synonyme Trichogyne cauliflora *De Candolle*, Gnaphalium cauliflorum *Desfontaines*, Gnaph. spicatum *Vahl*, Gnaph. Chrysocoma *Poiret*, Gnaph. aegyptiacum *Persoon*, Gnaph. Rüppellii *Fresenius*, Gnaph. Amophila *Wallich* und Chrysocoma spicata *Forskal*.

Diese Art kommt in den um das Mittelmeer gelegenen Ländern vor, sowie in Arabien und Ostindien.

3) I. paronychioides *Fenzl*. Diese kleine Pflanze ist krautartig, vielstengelig, rasenförmig; die linealischen Blätter sind zusammengerollt, außenseits ziemlich kahl; die stiellosen Köpfchen stehen an der Spitze der Stengel zwischen den Blättern gehäuft; die Spreublättchen sind sämmtlich trockenhäutig-silberweiß, zugespitzt; die Früchtchen sind länglich, zusammengedrückt, sammethaarig. Hierher gehört Trichogyne paronychioides *De Candolle*.

Diese Art wächst am Cap der guten Hoffnung.

4) I. polycnemoides *Fenzl*. Die Blätter sind marfelis spinnwebig-grau, 2—5 mal länger als die eiförmigen, an den Aesten übrig stehenden Köpfchen; die Spreublätter sind silberweiß, braun gekielt, breit elliptisch, ganz kahl, in eine sparrig-abstehende Spitze verschmälert, welche um die Hälfte kürzer als die Platte ist, die innersten sind nur am Grunde der Spitze wollig; die Blüthen (1—4) sind zweigeschlechtlich-männlich; die 3—4 Borsten des Federkelchs sind am Grunde ganz glatt; die Früchtchen sind dicht mit Wärzchen besetzt.

Diese Pflanze wächst am Cap der guten Hoffnung.

XII. Lasiopogon *Cassini*.

(Cfr. Gnaphalieae no. 50.)

1) L. muscoides *De Candolle*. Die ganze Pflanze ist spinnwebig-wollig; die Blätter stehen gedrängt und sind linealisch, stumpf; die Schuppen des Hauptkelchs sind stumpf; die weiblichen Blüthen stehen in 2—3 Reihen. Hierher gehören Gnaphalium muscoides *Desfontaines* und Lasiopogon lanatum *Cassini*.

Diese Pflanze ist in Nordafrika einheimisch.

2) L. micropoides *De Candolle*. Die ganze Pflanze ist spinnwebig-wollig; die Blätter sind länglich, die oberen verkehrt-eiförmig, stumpf; die Köpfchen sind in Wolle eingehüllt; die Schuppen des Hauptkelchs sind ziemlich spitz; die weiblichen Blüthen stehen in einer Reihe.

Diese Pflanze wächst in Südafrika. Die Borsten des Federkelchs sind fast vom Grunde an federig.

3) L. molluginoides *De Candolle*. Die Stengel sind kahl; die Blätter stehen entfernt von einander und sind linealisch, etwas spitz, die obersten spinnwebig; die Köpfchen sind dicht gedrängt; die Schuppen des Hauptkelchs sind spitz; die wenigen weiblichen Blüthen stehen in einer Reihe.

Diese Art kommt gleichfalls im südlichen Afrika vor. Die Borsten des Federkelchs sind am Grunde nackt, etwa von der Mitte an lang federig.

XIII. Leontonyx *Cassini*.

(Cfr. Gnaphalieae no. 41.)

* Die inneren Schuppen des Hauptkelchs sind zugespitzt; die Früchtchen sind rauh.

1) L. squarrosus *De Candolle*. Die Pflanze ist wollig-filzig; der Stengel ist krautartig, aufsteigend, am Grunde beblättert, an der Spitze nebst den Aesten fast blattlos; die Blätter sind verkehrt-eiförmig; die verschiedenartigen, bisweilen deutlich gestielten Köpfchen stehen in Knäuelchen; die Schuppen des Hauptkelchs sind zugespitzt, zurückgekrümmt oder spiralig-gedreht. Hierher gehören Gnaphalium squarrosum *Linné*, Gnaph. connatum *Sprengel*, Spiralepis squarrosa *Don* und Leontonyx tomentosus *Lessing*.

Diese Art kommt am Cap der guten Hoffnung vor. Die inneren Schuppen des Hauptkelchs sind an der Spitze purpurroth. Die Pflanze ändert aber ab:

b) pallidus *De Candolle* mit längeren, an der Spitze zurückgekrümmten, weißlichen inneren Schuppen des Hauptkelchs. Hierher gehört Leontonyx tomentosa *Cassini*.

c) longifolius *De Candolle* mit länglichen, weniger stumpfen, fast anderthalb Zoll langen Blättern, dichteren Knäuelchen, sitzenden Köpfchen und an der Spitze purpurrothen, zurückgekrümmten Schuppen des Hauptkelchs.

2) L. tinctus *De Candolle*. Der Stengel ist krautartig, niedergestreckt, gleichmäßig-beblättert; die Blätter sind verkehrt-eiförmig, stumpf; die Köpfchen sind gleichfarbig, nicht geknäuelt, sämmtlich ungestielt; die inneren Schuppen des Hauptkelchs sind zugespitzt, purpurroth. Hierher gehören Gnaphalium tinctum *Thunberg*, Leontonyx coloratus var. contractus *Lessing* und Spiralepis tincta *Don*.

Am Cap der guten Hoffnung einheimisch.

3) L. glomeratus *De Candolle*. Der Stengel ist krautartig, aufsteigend oder ausgebreitet, gleichmäßig beblättert; die Blätter sind verkehrt-eiförmig, stumpf; die Köpfchen sind gleichfarbig und stehen theils einzeln, theils zu 2—4 gehäuft; die inneren Schuppen des Hauptkelchs sind zugespitzt, fast purpurroth. Hierher gehören Leont. coloratus gracilis *Lessing*, Leont. colorata *Cassini*, Gnaphalium glomeratum *Linné* und Spiralepis glomerata *Don*.

Diese Art wächst am Cap der guten Hoffnung. Ihre obersten Blätter sind länglich, stumpf, sehr wollig und fast so lang als die Köpfchen. Die inneren Schuppen des Hauptkelchs sind dunkelpurpurroth, ein wenig breiter als an den vorigen und weniger zurückgekrümmt als bei diesen.

4) L. angustifolius *De Candolle*. Die ganze Pflanze ist mit einem angedrückten, schneeweißen Filze bedeckt; die Stengel sind am Grunde halbstrauchig, sehr ästig, ziemlich aufrecht, gleichmäßig beblättert; die Blätter sind linealisch-länglich, stumpf, zusammengefaltet, aufrecht oder an der Spitze zurückgekrümmt; die Köpfchen

stehen einzeln oder doch nur wenige beisammen; die Schuppen des Hauptkelchs sind linealisch, aufrecht, spitz, gefärbt.

Das Vaterland dieser Art ist das Cap der guten Hoffnung.

5) L. bicolor *De Candolle.* Die ganze Pflanze ist rauhhaarig-wollig; der Stengel ist strauchartig, sehr ästig, niederliegend, rasenförmig, gleichmäßig beblättert; die kleinen Blätter sind verkehrt-eiförmig, stumpf, schwach-zusammengefaltet; die Köpfchen stehen einzeln; die inneren Schuppen des Hauptkelchs sind sehr lang, zugespitzt, an der Spitze zurückgekrümmt, scharlachroth und gelb gefärbt.

In Südafrika einheimisch.

6) L. stramineus *De Candolle.* Die ganze Pflanze ist rauhhaarig-wollig; der Stengel ist strauchartig, sehr ästig, ziemlich aufrecht, fast rasenartig, gleichmäßig beblättert; die Blätter sind verkehrt-eiförmig-länglich, flach; die Köpfchen sind fast gehäuft; die inneren Schuppen des Hauptkelchs sind strohgelb, zugespitzt, zurückgekrümmt.

Diese Art kommt am Cap der guten Hoffnung vor. In Form und Farbe der Hauptkelche stimmt sie mit Leont. ambiguus überein, durch den ästigen, holzigen, gleichmäßig beblätterten Stengel ist sie mit Leont. angustifolius verwandt und wegen der wolligen, nicht angedrückt-filzigen Behaarung nähert sie sich Leont. glomeratus.

7) L. pusillus *Lessing.* Der Stengel ist halbstrauchig, niedergestreckt, kurz ästig; die Aeste sind bandförmig, zugespitzt; die verschiedenehigen Köpfchen stehen einzeln; die inneren Schuppen des Hauptkelchs sind zugespitzt. Hierher gehören Gnaph. nareum *Willdenow* (nicht *Kunth*) und Gnaph. pusillum *Thunberg.*

Die Heimath dieser Art ist das Cap der guten Hoffnung. Die Schuppen des Hauptkelchs sind unter der Spitze karmoisinroth gefleckt.

** Die inneren Schuppen des Hauptkelchs sind abgestutzt.

8) L. spathulatus *Lessing.* Die Pflanze ist rauhhaarig-filzig; der Stengel ist strauchartig, sehr ästig, gleichmäßig beblättert; die Blätter sind länglich-verkehrt-eiförmig; die gleichehigen Köpfchen stehen gehäuft; die inneren Schuppen des Hauptkelchs sind abgestutzt, stumpf, kaum länger als die Scheibenblüthen. Hierher gehören Gnaph. spathulatum *Thunberg* und Gnaph. spadiceum *Lamarck.*

Am Cap der guten Hoffnung einheimisch. Die inneren Schuppen des Hauptkelchs sind braunroth.

9) L. candidissimus *De Candolle.* Die ganze Pflanze ist filzig; der Stengel ist krautartig, schneeweiß, dicht- und angedrückt-ästig; die Blätter sind verkehrt-eiförmig-spatelig, ganz stumpf, fast rundlich; die 10-blüthigen Köpfchen stehen gehäuft; die inneren Schuppen des Hauptkelchs sind stumpf, so lang als die Scheibenblüthen.

Diese Art wächst gleichfalls am Cap der guten Hoffnung.

XIV. Leontopodium *R. Brown.*

(Cfr. Gnaphalium no. 71.)

1) L. alpinum *Cassini.* Das Blüthenknäuelchen ist einfach, doldig, 7—9 köpfig; die langen, länglichen, sehr wolligen blüthenständigen Blätter stehen um das Köpfchen strahlenförmig; die Schuppen des Hauptkelchs sind am Grunde wollig, an der Spitze schwärzlich, ausgefressen, kaum spitz und kürzer als die Scheibenblüthen. Hierher gehören Gnaphalium Leontopodium *Jacquin*, Filago Leontopodium *Linné*, Antennaria Leontopodium *Gärtner* und Leontopodium umbellatum *Bluff* und *Fingerhuth.*

Diese Art wächst auf den höchsten Bergen Europa's und in Sibirien und Daurien und ändert ab:

b) nivale *Tenore.* Sehr klein und wollig, die blüthenständigen Blätter sind kaum länger als die Köpfchen. So auf den höchsten Bergen der Abruzzen, aber auch an sonnigen Stellen der Alpen.

2) L. sibiricum *Cassini.* Die Blüthenknäuelchen sind dreiköpfig; die länglichen blüthenständigen Blätter überragen die Köpfchen nicht, der Stengel ist ganz einfach. Hierher gehören Gnaph. leontopodioides und Filago leontopodioides *Willdenow.*

Diese von der vorigen vielleicht nicht specifisch verschiedene Art wächst auf Bergen in Daurien und in der Mongolei.

3) L. himalayanum *De Candolle.* Das Blüthenknäuelchen ist doldig, fast einfach, 7—9köpfig; die lanzettlich-linealischen, strahlenförmigen, gelblich-wolligen blüthenständigen Blätter sind weit länger als das Knäuelchen; die Schuppen des Hauptkelchs sind am Grunde ein wenig wollig, an der Spitze schwärzlich, ausgebissen-geschlitzt, so lang als die Scheibenblüthen. Hierher gehört Gnaph. pulchellum *Wallich.*

Diese Art wächst auf dem Himalaya. Der Stengel ist weißwollig. Die Blätter sind schmäler und weniger wollig als an den vorigen Arten.

4) L. javanicum *Zollinger.* Das Blüthenknäuelchen ist einfach, doldig, vielköpfig; die blüthenständigen Blätter sind lanzettlich-linealisch, oberseits ganz kahl, glänzend, unterseits dicht schneeweiß-spinnwebig und weit länger als die Knäuelchen; die Schuppen des Hauptkelchs sind wollig, an der Spitze kahl, gleichfarbig.

Diese Art wächst auf Bergen in Java in einer Höhe von 6000—8000 Fuß.

5) L. monocephalum *Edgeworth.* Diese grauwollige Pflanze kriecht; die Blätter sind eiförmig, rosettig; das Köpfchen ist endständig, einzeln, von den ziemlich großen, dicht wolligen, blüthenständigen Blättern umgeben; die Schuppen des Hauptkelchs sind brandig, spitz und stachelspitzig.

Diese Art wächst auch auf dem Himalaya in einer Höhe von 12—15,000 Fuß.

XV. Metalasia *R. Brown.*

(Cfr. Gnaphalium no. 53.)

* Sertulatae. Die eiförmigen, achtblüthigen Köpfchen stehen in einem einfachen Ebenstrauße.

1) M. octoflora *De Candolle*. Die Aeste sind angedrückt-weichhaarig; die Blätter sind linealisch, stachelspitzig, auf dem Rücken kahl; in den Blattwinkeln stehen oft Knospen; die eiförmig-cylindrischen, gestielten, achtblüthigen Köpfchen stehen in einem einfachen Ebenstrauße; die äußeren Schuppen sind angedrückt, spitz, röthlich, die wenigen stumpfen inneren ragen kaum hervor. Hierher gehört Gnaphalium polyanthos *Thunberg* nach *Drège*, während Lessing die Thunberg'sche Pflanze zu Met. muricata zieht, welche jedoch nur 3—4blüthige Köpfchen hat.

Diese Art wächst am Cap der guten Hoffnung.

** Fastigiatae. Die cylindrischen, 3—5blüthigen, mehr oder weniger gestielten Köpfchen stehen in einem zusammengesetzten Ebenstrauße; die äußeren Schuppen des Hauptkelchs sind röthlich, die inneren weiß, selten gelb.

2) M. aurea *Don*. Die Blätter sind linealisch, starr, stachelspitzig-stechend, spiralig gewunden, knospentragend; die cylindrischen, 4—5blüthigen Köpfchen stehen in einem zusammengesetzten Ebenstrauße dicht gedrängt; die Schuppen des kahlen Hauptkelchs sind angedrückt, die äußeren spitz, die inneren keilförmig, stumpf; die Borsten des Federkelchs sind spitz.

Am Cap der guten Hoffnung einheimisch. Die Blätter sind 5 Linien lang. Die 8 Linien langen, gelben, strahlenlosen Köpfchen stehen zu 50—60 in einem Ebenstrauße unregelmäßig geordnet.

3) M. phylicoides *Don*. Die Blätter sind elliptisch, stachelspitzig, am Grunde gedreht-umgewendet, am Rande kaum umgerollt, übrigens flach, nervenlos, verschiedenfarbig; die cylindrischen, dreiblüthigen Köpfchen stehen in einem zusammengesetzten Ebenstrauße; die Schuppen des Hauptkelchs sind angedrückt, die äußeren sind eiförmig, ziemlich spitz, die inneren ziemlich stumpf, aufrecht; die Borsten des Federkelchs sind spitz.

Diese Pflanze findet sich am Cap der guten Hoffnung.

4) M. muricata *Lessing*. Die Blätter sind linealisch, stachelspitzig, spiralig-gedreht, meist knospentragend; die cylindrischen, 3-, selten 4blüthigen Köpfchen stehen in einem zusammengesetzten Ebenstrauße; die äußeren Schuppen des Hauptkelchs sind angedrückt, spitz, wimperig-filzig, röthlich, trockenhäutig, die innersten sind länger, aufrecht, stumpf. Hierher gehören Gnaph. muricatum *Linné*, Gnaph. polyanthos und fastigiatum *Thunberg*, Gnaph. umbellatum *Schrank*, Metalasia cymosa *Cassini* und Metalasia muricata, fastigiata und polyanthos *Don*.

Diese Pflanze wächst am Cap der guten Hoffnung und ändert vielfach ab.

5) M. aristata *De Candolle*. Die Blätter sind linealisch, stachelspitzig, mehr oder weniger spiralig gedreht, oft knospentragend; die cylindrischen, 3—4blüthigen Köpfchen stehen in einem zusammengesetzten Ebenstrauße dicht gedrängt; die Schuppen des Hauptkelchs sind angedrückt, die äußeren röthlich, grannenartig-zugespitzt, die inneren weiß, stumpflich.

Diese Art wächst gleichfalls am Cap der guten Hoffnung und ändert ebenfalls sehr ab.

6) M. lanceolata *De Candolle*. Die Aeste sind weichhaarig oder kahl; die Blätter sind lanzettlich, stachelspitzig, aufrecht, auf dem Rücken kahl, gewölbt, einnervig, oberseits concav, filzig; in den Blattwinkeln finden sich keine Knospen; die cylindrischen, dreiblüthigen, büscheligen Köpfchen stehen in einem zusammengesetzten Ebenstrauße; die äußeren Schuppen des Hauptkelchs sind spinnwebig, röthlich, angedrückt, begrannt-zugespitzt, die inneren weiß, zugespitzt.

Diese Art kommt wie die vorigen und die folgenden am Cap der guten Hoffnung vor, weshalb es nicht nöthig ist, das Vaterland bei den einzelnen Arten nochmals besonders anzugeben.

7) M. pungens *Don*. Die Pflanze ist ästig, starr, die Anfangs filzigen Aeste werden bald kahl; die Blätter sind linealisch, starr stachelspitzig, am Rande einwärts gerollt, kaum spiralig gedreht, außenseits ganz kahl; in den Blattwinkeln befinden sich kleine Knospen; die cylindrischen, 3—4blüthigen, büscheligen, am Grunde nebst den Stielen filzigen, von kleinen Deckblättern umgebenen Köpfchen stehen ebensträußig-doldig; die äußeren Schuppen des Hauptkelchs sind in eine starre, gerade, gelbliche Spitze vorgezogen, die inneren sind länglich, spitz, weißlich-gelb.

8) M. stricta *Lessing*. Die wenigen Aeste sind ruthenförmig, filzig; die Blätter sind linealisch, stachelspitzig, am Rande einwärts gerollt, kaum spiralig gedreht, unterseits kahl, oberseits und am Grunde filzig; der Ebenstrauß ist zusammengesetzt, gegipfelt; die Köpfchen sind cylindrisch, 4—5blüthig; die Schuppen des Hauptkelchs sind auf der Außenseite wollig, an der Spitze röthlich und in eine fast grannenartige, sparrig-zurückgekrümmte Spitze vorgezogen. — Von Metal. muricata unterscheidet sich diese Art durch die an der Spitze sparrigen, nicht steif angedrückten Schuppen des Hauptkelchs. Die Blätter sind 5 Linien lang. Die stiellosen Köpfchen stehen an der Spitze der Aeste büschelig.

9) M. Dregeana *De Candolle*. Der Stengel ist ästig, die Aeste sind ziemlich kahl; die Blätter sind linealisch, stachelspitzig, am Rande einwärts gerollt, schwach spiralig-gedreht, außenseits kahl; in den Achseln der Blattwinkel stehen Knospen; die cylindrischen, dreiblüthigen, büscheligen, fast deckblattlosen Köpfchen stehen in einem doldigen Ebenstrauße gedrängt; die äußeren Schuppen des Hauptkelchs sind ziemlich kahl, röthlich, in eine abstehend-zurückgekrümmte Granne verlängert, die inneren weißlich, spitz. — Von M. stricta ist diese Art durch den sehr ästigen Stengel, die Knospen in den Blattwinkeln, die ziemlich kahlen Aeste und Hauptkelche und die dreiblüthigen Köpfchen verschieden.

*** Capitatae. Die Köpfchen sind länglich, 8—10blüthig, gebüschelt, die Büschel sind gestielt oder sitzend, mit Deckblättern versehen und stehen in einem Knäulchen dicht gedrängt; die äußeren Schuppen des Hauptkelchs sind weiß, selten blaßgelb oder purpurroth.

10) M. divergens *Don.* Die Blätter sind linealisch oder lanzettlich, stachelspitzig, spiralig-gedreht; in den Achseln stehen theils Knospen, theils fehlen sie; die fünfblüthigen, cylindrischen, sitzenden Köpfchen stehen in einem dicht gedrängten Knäulchen; die äußeren Schuppen des am Grunde wolligen Hauptkelchs sind zugespitzt, sparrig, die innersten ziemlich spitz; die Spreublättchen des Federkelchs sind stumpf. Hierher gehören Gnaph. divergens *Thunberg* und Gnaph. muricatum *Bergmann.* — Die Pflanze ändert ab mit rauhhaarigen oder kahlen, lanzettlichen oder linealischen Blättern, nackten oder knospentragenden Blattwinkeln und 5—8blüthigen Köpfchen.

11) M. glomerata *De Candolle.* Die Aeste sind rauhhaarig-filzig; die Blätter sind linealisch, stachelspitzig, einwärts gerollt, schwach spiralig-gedreht, außenseits rauhhaarig, aber bald kahl, innenseits filzig; in den Achseln stehen Knospen; der Ebenstrauß ist zusammengesetzt, gedrängt; die cylindrischen, fünfblüthigen Köpfchen stehen in kaum gestielten, am Grunde sehr rauhhaarigen Büscheln; die inneren Schuppen des Hauptkelchs sind weiß, zugespitzt. Hierher gehören Gnaphalium capitatum *Thunberg*, Metalasia cephalotes var. b. glomerata *Lessing*, Endoleuca sphaerocephala *Cassini* und Gnaphalium densum *Lamarck.*

12) M. rosea *De Candolle.* Die Aeste sind filzig; die Blätter sind linealisch, stachelspitzig, zusammengerollt, schwach spiralig-gedreht, außenseits kahl, innenseits filzig; in den Achseln stehen Knospen; die länglichen, fünfblüthigen Köpfchen stehen in einem ungestielten, zusammengesetzten Ebenstrauße dicht gedrängt; die Büschel sind fast ganz stiellos; die Deckblätter und Hauptkelche sind am Grunde wollig; die Schuppen sind linealisch, ziemlich spitz, die inneren a rosenroth.

13) M. cephalotes *Lessing.* Die Aeste sind angedrückt-filzig; die Blätter sind linealisch, starr stachelspitzig, einwärts gerollt, spiralig-gedreht, außenseits im jungen Zustande angedrückt-wollig, zuletzt kahl, innenseits filzig; in den Blattachseln stehen Knospen; der Ebenstrauß ist zusammengesetzt, doldig; an der Spitze der Aestchen stehen 7—8 ungestielte, cylindrische, fast deckblattlose Köpfchen in Dolden dicht gedrängt; die äußeren Schuppen des Hauptkelchs sind nicht filzig, die mittleren stumpflich, röthlich, die inneren länger, weiß, stumpf. Hierher gehören Gnaph. cephalotes *Thunberg* und Endoleuca pulchella *Cassini.* — Die inneren Schuppen des Hauptkelchs sind schneeweiß oder selten außenseits röthlich. Die Blätter sind 4—6 Linien lang.

14) M. Ecklonians *De Candolle.* Die Aeste sind kaum ein wenig grau; die Blätter sind linealisch, stachelspitzig, kurz, spiralig-gedreht, außenseits kahl; in den Blattwinkeln befinden sich Knospen; der kopfförmige Ebenstrauß ist in 10—12 kurze, schneeweiße Aeste getheilt; die 5—6 zwei- oder dreiblüthigen, ungestielten Köpfchen stehen an der Spitze eines jeden Astes büschelförmig; die lanzettlichen, spitzen, kahlen Deckblätter bilden eine äußere Hülle um jeden Büschel; die Schuppen des Hauptkelchs sind weiß, stumpflich. — Die sehr gedrängt stehenden Blätter sind kaum 2 Linien lang.

15) M. fasciculata *Don.* Die Blätter sind linealisch, stachelspitzig, spiralig-gedreht; in den Blattwinkeln finden sich oft Knospen; die cylindrischen, dreiblüthigen, fast ungestielten Köpfchen stehen büschelförmig, die gestielten Büschel bilden einen kopfförmigen, zusammengesetzten Ebenstrauß; die Schuppen des Hauptkelchs sind sämmtlich spatelig, stumpf, die äußeren am Nagel gewimpert-wollig. Hierher gehören Gnaphalium fasciculatum *Thunberg* und Gnaph. brevifolium *Lamarck.* — Die Hauptkelche sind weiß. Die Blätter sind 2 Linien lang; die Spreublättchen des Federkelchs sind stumpf. Die Pflanze ändert übrigens mit wenig- oder vielköpfigen Ebensträußen ab.

16) M. muraltiaefolia *De Candolle.* Die Aeste sind dick, filzig; die Blätter sind linealisch, stachelspitzig, spiralig-gedreht, einwärts gerollt, auf dem Rücken kahl, einnervig, innen filzig; in den Blattwinkeln sind entweder Knospen oder sie fehlen; die länglichen, fünfblüthigen Köpfchen stehen in einem kopfförmigen, zusammengesetzten Ebenstrauße sehr dicht gedrängt; die kaum gestielten Büschel sind am Grunde durch eine Wolle verbunden; die äußeren Schuppen des Hauptkelchs sind wollig, an der Spitze röthlich, spitz, die inneren weißlich-röthlich, sehr stumpf, gleichsam abgestutzt.

17) M. Lichtensteinii *Lessing.* Die Blätter sind linealisch, starr, stachelspitzig-stechend, spiralig-gedreht, knospentragend, gehäuft; die cylindrischen, 8—10blüthigen Köpfchen, ungefähr 15 an Zahl, sind doppelt länger als ihre Stielchen und stehen in einfachen Ebensträußen; die äußeren Schuppen des Hauptkelchs sind zugespitzt, fast blattartig, die inneren an der Spitze stumpflich, fast stachelspitzig. Hierher gehört vielleicht Metalasia umbellata *Cassini.* Die Aeste sind kaum filzig. Die Köpfchen sind 4 Linien lang. Die Hauptkelche sind weiß. Der Federkelch ist schneeweiß, sehr schnell abfällig.

18) M. pulcherrima *Lessing.* Die Blätter sind halblanzettförmig, lang stachelspitzig, concav, steif und decken sich fast dachziegelig; die cylindrischen, fünfblüthigen Köpfchen stehen büschelig; die äußersten Schuppen des Hauptkelchs sind lang zugespitzt, sparrig-abstehend, filzig, die innersten an der Spitze concav, spitz. Hierher gehört Stoebe gnaphaloides *Thunberg* mit Ausschluß der Synonyme. — Die inneren Schuppen des Hauptkelchs sind gelb. Die Spreublätter des Federkelchs sind spitz. Die Blätter haben eine Länge von 4 Linien.

19) M. adunca *Lessing.* Die Blätter sind linealisch, von einer umgebogenen Stachelspitze begrenzt, stark einwärts gerollt, nicht spiralig-gedreht; in den Blattwinkeln stehen keine Knospen; die cylindrischen, fünfblüthigen, von dazwischenstehenden Blättern begleiteten Köpfchen stehen in einem ungestielten, von blattartigen Deckblättern umgebenen Ebenstrauße knaulartig; die Schuppen des locker dachziegeligen Hauptkelchs sind concav, die äußeren angedrückt, länglich, stachelspitzig, fast filzig,

die inneren linealisch, stumpf. Hierher gehören Gnaphalium muricatum *Thunberg* (nicht *Linné*) und Seriphium gomphrenoides *Lamarck*. Die Schuppen des Hauptkelchs sind weiß oder gelblich.

20) M. capitata *Lessing*. Die Blätter sind linealisch, stachelspitzig, spiralig-gedreht, außenseits kahl, innen filzig; in den Blattachseln stehen Knospen; die 15—20 walzenförmlichen, dreiblüthigen, sitzenden Köpfchen stehen in einem doldig-kopfförmigen, deckblattlosen Knäuelchen gedrängt; die äußeren Schuppen des ziemlich kahlen Hauptkelchs sind angedrückt, eiförmig, spitz, die inneren linealisch-länglich, fast stumpf. Hierher gehören Gnaphalium capitatum *Lamarck* (nicht *Thunberg*) und Metalasia ericoides *Sieber*. Die Köpfchen sind kaum 2 Linien lang. Die inneren Schuppen des Hauptkelchs sind weiß.

21) M. intermedia *De Candolle*. Die jungen Aeste sind graubehaart, werden aber bald kahl; die Blätter sind linealisch, stachelspitzig, kaum spiralig-gedreht, außenseits kahl, innen filzig; in den Achseln stehen Knospen; die 7—8 fast ungestielten, walzenförmlichen, dreiblüthigen Köpfchen stehen doldig-büschelig, die wenigen Deckblätter sind pfriemlich; die Schuppen des Hauptkelchs sind linealisch, die äußeren röthlich, die inneren weiß. — Die Blätter sind 2 Linien lang. Die Schuppen des Hauptkelchs sind weiß, zahlreicher und ragen mehr hervor als an M. tenuifolia.

22) M. tenuifolia *De Candolle*. Die Aeste sind ziemlich kahl; die Blätter sind linealisch, stachelspitzig, stark zusammengerollt, kaum spiralig-gedreht, außenseits ganz kahl, innen spärlich filzig, nervenlos; in den Blattachseln sind keine Knospen; die 10—12 fast sitzenden, walzenförmlichen, dreiblüthigen Köpfchen stehen in Dolden; die wenigen Deckblätter sind pfriemlich; die Schuppen des Hauptkelchs sind linealisch, spitz, die äußeren fast grau, die inneren weißlich. — Der dünne Stengel ist sehr ästig. Die Blätter sind 6 Linien lang.

23) M. quinqueflora *De Candolle*. Die Aeste sind Anfangs filzig, werden aber bald kahl; die Blätter sind linealisch, stachelspitzig, stark zusammengerollt, kaum spiralig-gedreht, außenseits kahl, innen spärlich filzig, nervenlos; in den Blattachseln sind keine Knospen; die 10—12 fast sitzenden, walzenförmlichen, fünfblüthigen Köpfchen stehen in Dolden; die wenigen Deckblätter sind pfriemlich; die Schuppen des Hauptkelchs sind linealisch, spitz, die äußeren graswollig, die inneren länger, weiß. — Von der sehr ähnlichen Met. tenuifolia unterscheidet sich diese Art durch die 5-, nicht 3blüthigen, breiteren Köpfchen, die schneeweißen, nicht weißlichen, doppelt längeren inneren Schuppen.

24) M. seriphiifolia *De Candolle*. Die Aeste sind weichhaarig; die Blätter sind linealisch, stachelspitzig, einwärts gerollt, spiralig-gedreht, nervenlos, auf dem Rücken ziemlich kahl, innen filzig; in den Blattachseln stehen Knospen; die länglichen, dreiblüthigen Köpfchen stehen in einem zusammengesetzten, kopfförmigen Ebenstrauße dicht gedrängt, die Büschel sind fast stiellos; die Aestchen sind schwach filzig; die Schuppen des am Grunde filzigen Hauptkelchs sind linealisch, spitz, die inneren rosen-purpurroth. — Die sehr dünnen Blätter sind 3—4 Linien lang.

25) M. erubescens *De Candolle*. Die Aestchen sind an der Spitze schwach filzig, aber bald kahl; die Blätter sind linealisch, stachelspitzig, zusammengerollt, spiralig-gedreht, außenseits kahl, innen filzig, nervenlos; in den Blattwinkeln stehen Knospen oder sie fehlen; die länglichen, dreiblüthigen Köpfchen stehen in einem zusammengesetzten Ebenstrauße gedrängt; die Büschel sind kaum gestielt; die Deckblätter sind pfriemlich; die äußeren Schuppen des Hauptkelchs sind spitz, grünlich-weichhaarig, die inneren purpurroth, ziemlich spitz. — Die Aeste sind dünn, die Blätter sind 2—4 Linien lang, die Köpfchen 2 Linien lang. Die Pflanze ändert übrigens ab:

b) rigidula *De Candolle* mit ziemlich kahlen, starren, aufrechten Aesten, breiteren, 4—5 Linien langen Blättern und längeren, zahlreicheren Hauptkelchen in jedem Ebenstrauße.

Eine unvollständig bekannte Art ist:

26) M. ? distans *De Candolle*. Die Blätter sind linealisch, spitz, gedreht, außenseits kahl, entferntstehend; in den Achseln stehen keine Knospen; die wenigen Köpfchen stehen an der Spitze der Aeste fast in Dolden; die Hauptkelche sind stielrund, ihre Schuppen decken sich dachziegelig, die äußeren sind fast filzig, stachelspitzig, die inneren weiß, zugespitzt. Hierher gehört Gnaph. distans *Schrank*. — Die Aeste sind gabelspaltig, schlank, zuletzt kahl. Die Blätter sind 5 Linien lang, kaum länger als die Internodien. Die schlanken Köpfchen sind 3 Linien lang. Vielleicht gehört diese Art zur Gattung Disparago.

Nach dem Erscheinen von De-Candolle's Prodromus ist folgende Art dieser Gattung bekannt gemacht.

27) M. compacta *Zeyher*. Die länglichen, fast sitzenden, 5—6blüthigen, büscheligen Köpfchen stehen in gedrängten 40—50köpfigen Knäuelchen; die äußeren Schuppen des filzigen, weißen Hauptkelchs sind schmal linealisch, dicht verwachsen, stachelspitzig, die mittleren linealisch, mit einem eiförmigen, spitzen, weißlichen Anhängsel versehen, die inneren linealisch-länglich, gleichfalls mit einem länglichen, weißen Anhängsel besetzt, an der Spitze abgestutzt und 3—4zähnig; die Früchtchen sind kahl; die Borsten des Federkelchs sind keulenförmig, an der Spitze gezähnt, abfällig; der Stengel ist nach Oben sehr ästig und nebst den dicken Aesten dicht rauhhaarig-filzig; die Blätter sind linealisch-stielrund, ziemlich stumpf, stark spiralig-gedreht, weichhaarig, die am Grunde des Blüthenstandes stehenden spinnwebig.

Diese Art wächst gleich den vorhergehenden am Cap der guten Hoffnung.

XVI. Ozothamnus *R. Brown*.

(Cfr. Gnaphalium no. 29.)

* Faustula *Cassini*.

Das Köpfchen ist vielblüthig; der Blüthenboden ist spreublattlos, aber mit Fasern besetzt; die Schuppen des mit den Blüthen gleich langen Hauptkelchs decken sich dachziegelig, sind angedrückt, wollig und mit einem trockenhäutigen, kahlen Anhängsel versehen. Das verkehrt-eiförmige Früchtchen ist mit langen, glänzenden, an der Spitze zweispaltigen Haaren besetzt.

1) G. reticulatus *De Candolle.* Die Pflanze ist strauchartig; die Blätter sind breit-linealisch, ungestielt, stumpf, lederartig, oberseits kahl, glänzend, netzaderig-generwt, unterseits nebst den Aesten graufilzig und stehen ab; der dichte Ebenstrauß ist rispenartig. Hierher gehören Chrysocoma reticulata *Labillardière*, Faustula reticulata *Cassini* und Helichrysum reticulatum *Sprengel.* Diese Art wächst im südlichen Theile Neu-Hollands und auf Van Diemens-Land.

** Petalolepis *Cassini.*

Das Köpfchen ist wenigblüthig; der Blüthenboden ist schmal, nackt, der trockenhäutige Hauptkelch ist ein wenig länger als die Blüthen, seine Schuppen decken sich dachziegelig, die innersten sind an der Spitze gefärbt, stumpf, strahlend.

2) G. turbinatus *De Candolle.* Diese Art ist strauchartig, die Aeste sind filzig-wollig, die Blätter sind linealisch, stumpf, am Rande umgerollt, oberseits ziemlich kahl, in Folge des eingedrückten Nerven gefurcht, unterseits angedrückt-filzig; der Ebenstrauß ist gedrängt; die Schuppen des kreiselförmigen Hauptkelchs sind außenseits spinnwebig, die innersten an der Spitze weiß, stumpf, kaum strahlenförmig.

In Neu-Holland einheimisch.

3) G. rosmarinifolius *De Candolle.* Die Pflanze ist strauchartig; die Blätter sind linealisch, stachelspitzig, am Rande umgerollt, oberseits weichstachelig und spinnwebig, unterseits nebst den Aesten filzig; der Ebenstrauß ist endständig, gedrängt; die Schuppen des Hauptkelchs sind am Grunde rostfarbig, spinnwebig und stehen in Folge des verkehrt-eiförmigen, wellenförmigen Anhängsels ab. Hierher gehören Eupatorium rosmarinifolium *Labillardière* und Petalolepis rosmarinifolia *Cassini.*

Diese Art wächst auf Van Diemens-Land. Ihre Blätter sind einen Zoll lang, eine Linie breit. Jedes Köpfchen enthält 7—10 Blüthen. Die Schuppen des Hauptkelchs sind am Grunde röthlich, an der Spitze weiß. Der Federkelch ist weiß, die Borsten desselben sind an der Spitze kaum verdickt.

4) G. ferrugineus *De Candolle.* Der Stengel ist strauchartig; die Blätter sind linealisch-lanzettlich, ziemlich flach, spitz, oberseits fast kahl, unterseits nebst den Aesten rostfarbig-filzig; die Ebensträuße sind endständig, gehäuft; die Schuppen des Hauptkelchs sind spinnwebig, die innersten stehen in Folge des flachen, fast kreisrunden Anhängsels ab. Hierher gehören Eupatorium ferrugineum *Labillardière*, Petalolepis ferruginea *Cassini* und Chrysocoma ferruginea *Sprengel.*

Die Heimath dieser Art ist Van Diemens-Land und Neu-Holland.

5) G. purpurascens *De Candolle.* Der Stengel ist strauchartig, ästig, die Aeste sind kantig, schwach wollig, im Alter ziemlich kahl und stielrund; die ungestielten Blätter sind linealisch, stumpf, gedrängt, am Rande umgerollt, oberseits kahl, unterseits angedrückt-filzig; die 8—10 kurzgestielten Köpfchen stehen in einem gedrängten, fast zusammengesetzten Ebenstrauße gehäuft; die Schuppen des Hauptkelchs sind linealisch-länglich, stumpf, die äußeren auf dem Rücken weichhaarig, sämmtliche an der Spitze mit einem purpurrothen Anhängsel.

Auf Van Diemens-Land einheimisch. Die Blätter sind 5 Linien lang, kaum 1 Linie breit. In jedem Köpfchen sind 5—7 Blüthen.

6) G. cinereus *De Candolle.* Der Stengel ist strauchartig; die Blätter sind linealisch, stumpf, am Rande umgerollt, spinnwebig-filzig, grau; die Aestchen sind weißlich; der Ebenstrauß ist rispig; die Schuppen des halbkreisförmigen Hauptkelchs sind länglich, wollig, an der Spitze durchscheinend, stumpf, kaum strahlenförmig. Hierher gehört Chrysocoma cinerea *Labillardière.*

Diese Art kommt gleichfalls auf Van Diemens-Land vor.

7) G. thyrsoideus *De Candolle.* Der Stengel ist strauchartig, sehr ästig, kahl, die Aeste sind schwach kantig, in der Jugend weichhaarig; die Blätter sind linealisch, einnervig, ziemlich flach, oberseits glatt, unterseits blasser; die Köpfchen stehen an der Spitze der Aeste in einer vielköpfigen, straußartigen Rispe; die äußeren Schuppen des Hauptkelchs sind röthlich, die inneren in eine eiförmige, weiße Platte verlängert.

Diese auf Van Diemens-Land einheimische Art unterscheidet sich durch ihre Kahlheit leicht von den verwandten.

*** Ewaxothamnus *De Candolle.*

Die Schuppen des fast kugeligen Hauptkelchs neigen zusammen und sind an der Spitze nicht strahlenförmig, im Uebrigen stimmt diese Abtheilung mit der vorigen überein.

8) G. obcordatus *De Candolle.* Der Stengel ist strauchartig, die Aeste sind kaum spinnwebig; die Blätter sind verkehrt-herzförmig, am Grunde keilförmig, kurz gestielt, an der Spitze ausgerandet, oberseits kahl, unterseits weißlich; der Ebenstrauß ist zusammengesetzt, gedrängt; die Schuppen des kreiselförmig-cylindrischen Hauptkelchs decken sich dachziegelig und sind stumpf, die innersten länger, aufrecht.

Diese Art kommt gleichfalls auf Van Diemens-Land vor. Die Blätter sind 2 Linien lang, 1½ Linien breit, lederartig und fallen im trockenen Zustande sehr schnell ab. Die 8—10 Schuppen des Hauptkelchs stehen in 3—4 Reihen. Der Blüthenboden ist schmal, nackt. In jedem Köpfchen sind 5—6 Blüthen. Das Früchtchen ist kahl. Die Borsten des Federkelchs sind an der Spitze kaum verdickt.

9) G. rufescens *De Candolle.* Der dünne Stengel ist strauchartig, die Aeste sind schwach filzig; die Blätter sind länglich-linealisch, beiderseits ein wenig verschmä-

tert, spitz, oberseits kahl, unterseits filzig, abstehend, flach; die endständigen Ebensträuße sind ein wenig zusammengesetzt; die Schuppen des Hauptkelchs sind trockenhäutig-durchscheinend, röthlich, eiförmig, stumpf, fast zweireihig, so lang als die Blüthen.

In Neu-Holland einheimisch. Der kleine Strauch ist sehr ästig. Die Blätter sind 3 Linien lang, kaum über eine halbe Linie breit. Der Blüthenboden ist nackt. Der Federkelch ist rauh, weißlich.

10) G. diosmaefolius *De Candolle*. Der Stengel ist strauchartig, die Aeste sind weichhaarig; die Blätter sind linealisch, stachelspitzig, am Rande umgerollt, oberseits weichstachelig, unterseits filzig; der Ebenstrauß ist zusammengesetzt, endständig; die Schuppen des fast kugeligen, kahlen Hauptkelchs sind stumpf. Hierher gehören als Synonyme Gnaphalium diosmaefolium *Ventenat*, Metalasia rosmarinifolia *Sieber* und Ozothamnus ericifolius *A. Cunningham*.

In Neu-Holland und am Cap der guten Hoffnung einheimisch. Die Blätter sind 8—10 Linien lang, 1—2 Linien breit. Die weißen Köpfchen sind fast kugelig-pillenförmig. In jedem Köpfchen sind 12—15 Blüthen.

11) G. adnatus *De Candolle*. Der Stengel ist strauchartig, die Aeste sind spinnwebig-rauhhaarig; die Blätter sind linealisch, am Rande umgerollt, oberseits kahl, unterseits filzig und laufen an beiden Seiten herab; der wenigköpfige Ebenstrauß ist zusammengesetzt; die Schuppen des eiförmigen Hauptkelchs sind stumpf, zusammenneigend.

Diese Art wächst in Neu-Holland. Ihre Blätter sind dem Haidekraute ähnlich, glänzend, starr, aufrecht, kaum 2 Linien lang. Die eiförmigen Köpfchen sind weiß; die Ebensträuße sind gestielt, 2—3köpfig.

12) G. pinifolius *De Candolle*. Der Stengel ist strauchartig, die Aeste sind weichhaarig; die Blätter sind linealisch, am Rande umgerollt, ziemlich kahl; die gedrängten Ebensträuße stehen fast doldig; die Blüthenstiele sind einköpfig. Hierher gehört Calix pinifolia *Forster*.

Diese Art kommt in Neu-Seeland vor.

Nach dem Erscheinen von De Candolle's Prodromus sind folgende Arten dieser Gattung bekannt gemacht:

13) G. (Petalolepis) Vauvilliersii *Jacquinot*. Die Pflanze ist strauchartig; die Blätter sind abstehend-zurückgekrümmt, länglich-keilförmig, oberseits gekielt, kahl, unterseits nebst den jungen Aesten angedrückt-braunfilzig, am Rande umgerollt; die Ebensträuße sind endständig, kopfförmig, ästig, vielköpfig; die Hauptkelche sind kreiselförmig, cylindrisch, die äußeren Schuppen sind spinnwebig-filzig, die inneren strahlenförmig, trockenhäutig, weißlich.

Diese Art wächst in Neu-Seeland und auf den Aucklands- und Campbells-Inseln.

14) G. (Enozothamnus) lepidophyllus *Steetz*. Der Stengel ist strauchartig nebst den Aesten kahl, die Zweige sind spinnwebig; die Blätter sind sehr klein, dick, unge-

stielt, ei-herzförmig, zurückgekrümmt, oberseits kahl, unterseits weiß-wollig und decken sich fast dachziegelig; die Ebensträuße stehen an der Spitze der Aeste gehäuft; die Köpfchen sind klein, verkehrt-eiförmig; die Schuppen des Hauptkelchs decken sich dachziegelig und sind stumpf, gewölbt, zusammenneigend, die äußeren kürzer und fast röthlich, die inneren länger, milchweiß.

Diese Art findet sich in Neu-Holland.

15) G. glomeratus *Hooker* (Sohn). Ein Strauch mit gerundeten, locker beblätterten Aesten, graufilzigen Zweigen, zerstreuten, gestielten, eiförmig-rundlichen, bespitzten, flachen, unterseits dicht schneeweiß-wolligen Blättern, gehäuften, geknäuelten, achsel- und endständigen filzigen Ebensträußen und trockenhäutigen Hüllschuppen. Hierher gehört Swammerdamia glomerata *Raoul*.

Diese Art ist auf den Inseln der Südsee einheimisch.

16) G. microphyllus *Hooker* (Sohn). Ein niederliegender, ästiger, grauer, kleiner Strauch mit abstehenden, niedergestreckten Aesten und aufsteigenden Zweigen, sehr kleinen, dicht dachziegelig gestellten, den Aesten anliegenden, eiförmigen, stumpfen, dicken, lederartigen, auf dem Rücken ganz kahlen, gewölbten, unter der Spitze mit Narben versehenen, oberwärts auf der Innenseite wolligen Blättern, ziemlich großen, einzelnen, endständigen, sitzenden Blüthenköpfen, lederartigen, am Rande trockenhäutigen Hüllschuppen, flachem Blüthenboden und behaarten Früchtchen.

Diese Art wächst gleichfalls auf den Inseln der Südsee.

17) G. depressus *Hooker* (Sohn). Ein niederliegender, ästiger, seidenhaariger, kleiner Strauch mit niedergestreckten Aesten und kurzen aufsteigenden, fast ruthenförmigen Zweigen, von denen die äußersten dicht beblättert sind; die Blätter stehen dicht dachziegelig am Stengel und sind linealisch-bandförmig, stumpf, dick, lederartig, oberseits wollig, auf dem Rücken seidenhaarig und gewölbt; die Blüthenköpfchen stehen einzeln an der Spitze kurzer Zweige; die Schuppen des schmal-länglichen Hauptkelchs sind linealisch, trockenhäutig, stumpf; die Früchtchen sind gerippt und ganz kahl.

Wie die beiden vorigen auf den Inseln der Südsee einheimisch.

XVII. Petalacte *Don*.

(Cfr. Gnaphalieae no. 67.)

* Eupetalacte *De Candolle*.

Die äußeren Schuppen des Hauptkelchs sind am Grunde in einen Stiel verschmälert. Die Borsten des Federkelchs sind an der Spitze schwach-federig.

1) P. coronata *Don*. Die Blätter sind länglich, beiderseits weißfilzig, schwielig-stachelspitzig; die äußeren Schuppen des Hauptkelchs sind sehr wollig, die innersten gleichfarbig. Hierher gehören Gnaphalium coronatum *Linné*, Gnaph. Achilleae *Sieber*, Evax involucratus *Schrank* und Petalolepis coronata *Lessing*.

Am Cap der guten Hoffnung einheimisch.

2) P. bicolor *Don.* Die Blätter sind spärlig; die Schuppen des Hauptkelchs sind verschiedenfarbig. Hierher gehört Petalolepis discolor *Lessing.*

Gleichfalls am Cap der guten Hoffnung einheimisch.

** Amphilasia *De Candolle.*

Die äußeren Schuppen des Hauptkelchs sind am Grunde fast breiter. Die Borsten des Federkelchs sind an der Spitze verdickt-keulenförmig.

3) P. canescens *De Candolle.* Die Blätter sind verkehrt-eiförmig-länglich, stumpf, nervenlos, beiderseits angedrückt grau-filzig; der Ebenstrauß ist einfach, gehäuft, wenigköpfig; die äußeren Schuppen des Hauptkelchs sind am Grunde rauhhaarig, die mittleren kahl; braun, zugespitzt, die innersten länger, schneeweiß.

Diese Art findet sich auch am Cap der guten Hoffnung. Die Köpfchen stehen fast einzeln oder zu 2—7 gehäuft. Die Köpfchen sind 14—20blüthig.

XVIII. Stenocline.

(Cfr. Gnaphalium no. 45.)

* Tricephalum *De Candolle.*

Die drei stiellosen, eiförmigen oder verkehrt-eiförmigen, 1—3blüthigen, von Deckblättern umgebenen oder nackten Köpfchen stehen an der Spitze der Aeste des Ebenstraußes. Die inneren Schuppen des Hauptkelchs sind fast trockenhäutig. Die Blüthen sind zweigeschlechtlich. Der Federkelch ist haarförmig. — Die zu dieser Section gehörigen Arten wachsen in Madagascar.

1) S. bracteifera *De Candolle.* Die Pflanze ist filzig-rauhhaarig, röthlich; die Blätter sind länglich-lanzettlich, am Grunde keilförmig-verschmälert, am Grunde ziemlich spitz, fein dreifältig-geneervt; der Ebenstrauß ist zusammengesetzt, vielköpfig, die letzten Aeste sind oft dreifach-gabelspaltig; die drei Köpfchen sind von zwei eiförmigen, weich rauhhaarigen Deckblättern umgeben; die äußeren Schuppen des Hauptkelchs sind kurz, blattartig, rauhhaarig, die inneren kahl, lang, stumpflich. — Die Blätter sind fast 1 Zoll lang, 3 Linien breit. Die Köpfchen sind weißlich. In jedem Hauptkelche sind 1—3 Blüthen vorhanden. Der Blüthenboden ist sehr schmal.

2) S. gymnocephala *De Candolle.* Die Pflanze ist angedrückt und kurz sammethaarig, grau-röthlich; die Blätter sind länglich, am Grunde keilförmig, kurz gestielt, an der Spitze schwielig-stachelspitzig, oberseits kaum sammethaarig, unterseits graufilzig, fast dreifach-geneervt; der Ebenstrauß ist zusammengesetzt, ästig, vielköpfig; die Köpfchen stehen an der Spitze der Aeste zu drei deckblattlos, in der Jugend eiförmig, weichhaarig; die Schuppen des Hauptkelchs sind stumpf. — Die Blätter sind 1½ Zoll lang, 4 Linien breit. Die Köpfchen sind klein, gelblich.

3) S. leuceoides *De Candolle.* Die ganze Pflanze ist von einem dichten, kurzen Filze ganz grau-sammethaarig; die ebensträußigen Aeste sind zuletzt ziemlich kahl; die stiellosen Blätter sind eiförmig-lanzettlich, dreinervig, kaum spitz; der Ebenstrauß ist zusammengesetzt, beblättert; die an der Spitze der Aeste zu drei stehenden Köpfchen sind von fast gegenständigen Deckblättern umgeben, die jüngeren eiförmig, sammethaarig. — Die Blätter sind 5—6 Linien lang, kaum 2 Linien breit. Die Köpfchen sind gelb.

** Eustenocline *De Candolle.*

Die Köpfchen sind länglich, 3—4blüthig, gleichehig. Die Schuppen des Hauptkelchs sind länglich, aufrecht, fast gleich groß, stumpflich. Die Früchtchen sind länglich oder verkehrt-eiförmig. Der Federkelch ist einreihig, die Borsten desselben sind an der Spitze flach, fast gewimpert. — Hierher gehören aufrechte, krautartige, in Madagascar einheimische Arten.

4) S. ericoides *De Candolle.* Die Pflanze ist ganz kahl; die Aeste sind ruthenförmig; die Blätter sind linealisch, stachelspitzig, flach, einnervig, lederartig; die an der Spitze ebenstraußartig stehenden, beblätterten Aeste tragen die büschligen, fast sitzenden, dreiblüthigen Köpfchen; die äußeren Schuppen des Hauptkelchs sind kürzer, fast blattartig, die innersten länglich-lanzettlich, am Grunde braun, an der Spitze trockenhäutig-schneeweiß, ziemlich spitz. Hierher gehört Helichrysum ericoides *Bojer.* — Die Blätter sind 3—4 Linien lang, ½ Linie breit. Die Blüthenbüschel stehen ebensträußig. Der Blüthenboden ist schmal, nackt.

5) S. inuloides *De Candolle.* Der Stengel ist krautartig, aufrecht, drüsig-behaart; die Blätter sind stengelumfassend, ein wenig herablaufend, herzförmig-lanzettlich, zugespitzt, drüsig-weichhaarig; die achselständigen, unregelmäßig-ebensträußigen Aeste tragen die gehäuft-büschligen, vierblüthigen Köpfchen; die äußeren Schuppen des länglichen Hauptkelchs sind kurz, rauhhaarig, die übrigen länger, länglich-lanzettlich, kahl, schneeweiß. Hierher gehört Helichrysum inuloides *Bojer.* — Die Blätter sind 12—15 Linien lang, 6 Linien breit. Die Köpfchen stimmen fast mit Helichrysum elegans überein, sind aber dichter gedrängt.

6) S. filaginoides *De Candolle.* Der Stengel ist krautartig, aufrecht, steif nebst den Blättern locker-spinnwebig-rauhhaarig; die Blätter laufen am Stengel weit herab und sind linealisch, aufrecht, schwielig-bespitzt; die länglichen, gehäuften, zahlreichen, dreiblüthigen Köpfchen stehen in einem ästigen, fast kugeligen Ebenstrauße; die Schuppen des Hauptkelchs sind trockenhäutig-weiß, kahl, stumpf, länglich. Hierher gehört Gnaphalium filaginoides *Bojer.* — Die drei Blüthen eines jeden Köpfchens sind zweigeschlechtlich; der Federkelch ist milchweiß. Der Blüthenboden ist schmal. Die Aeste des Ebenstraußes sind weich-rauhhaarig.

*** Chionolepis *De Candolle.*

Die Köpfchen sind 4—5blüthig, gleichehig, länglich. Die Schuppen des Hauptkelchs sind schneeweiß, länglich, unter einander gleich, aber nicht dachziegelig. Der Federkelch ist haarförmig. — Hierher gehört eine in Brasilien einheimische Art:

7) S. chionaea *De Candolle*. Der Stengel ist strauchartig, aufrecht, ästig, wollig; die Blätter sind ungestielt, die oberen fast angewachsen-stengelumfassend, lanzettlich, zugespitzt, oberseits kahl, unterseits schneeweiß-wollig; die Blüthenäste stehen in einem zusammengesetzten Ebenstrauße; die Köpfchen sind büschelig-gehäuft; die Schuppen des länglichen Hauptkelchs sind schneeweiß, ziemlich spitz, gleichlang; die 4—5 Blüthen sind zweigeschlechtlich. — Die Blätter sind 2 Zoll lang, 5 Linien breit. Die blüthenständigen Blätter sind eiförmig, am Grunde wollig, an der Spitze kahl, schneeweiß, stumpf. Der Blüthenboden ist schmal.

XIX. Trichogyne *Lessing*.

(Cfr. Gnaphalium no. 63.)

1) T. decumbens *Lessing*. Der strauchartige Stengel ist niedergestreckt; die Blätter sind linealisch-stielrund, aufrecht-abstehend, unterseits silberweiß-filzig; in den Achseln sind keine Knospen; die Köpfchen stehen an der Spitze der Aeste in einem Knäuelchen gedrängt; die Schuppen des cylindrischen Hauptkelchs sind sämmtlich trocken; der Pappus ist größtentheils federig. Hierher gehört Gnaphalium decumbens *Thunberg*.

Am Cap der guten Hoffnung einheimisch wie die übrigen Arten.

2) T. reflexa *Lessing*. Der strauchartige Stengel ist niederliegend, die Aeste nicken oft an der Spitze und sind zurückgebogen; die Blätter sind sehr schmal, im Alter unterseits kahl; in den Blattachseln stehen Knospen; die Köpfchen stehen in endständigen, länglichen oder rundlichen Aehren; die Schuppen des cylindrischen Hauptkelchs sind sämmtlich trockenhäutig; der Pappus ist nur an der Spitze federig. Hierher gehören Stoebe reflexa *Linné* (Sohn), Seriphium reflexum *Persoon* und Gnaphalium repens *Houttuyn* (nicht *Linné*).

3) T. seriphioides *Lessing*. Der Stengel ist strauchartig, aufrecht; die kleinen Blätter sind abstehend-zurückgekrümmt, zusammengefaltet, unterseits dünn filzig; in den Blattwinkeln stehen Knospen; die Köpfchen stehen in Aehren; die äußeren Schuppen des cylindrischen Hauptkelchs sind blattartig, rundlich, klein, angedrückt, die inneren trockenhäutig; der Federkelch ist nur an der Spitze federig. Hierher gehört Gnaphalium seriphioides *Bergius*, Metalasia seriphioides *Don* und Seriphium distichum *Lamarck*. Die Pflanze ändert ab:

a) disticha *De Candolle*. Die Aehren sind locker, fast zweizeilig. Hierher gehört Stoebe disticha *Linné* (Sohn).

b) fasciculata *Lessing*. Die Aehren sind sehr gedrängt, rundlich. Hierher gehört Stoebe fasciculata *Thunberg*.

4) T. laricifolia *Lessing*. Der Stengel ist halbstrauchig, aufrecht; die Aeste sind kahl, an der Spitze oft dornig; die Blätter sind linealisch-dreikantig, außenseits kahl, sehr dünn; in den Achseln stehen Knospen; die Köpfchen stehen in Aehren; die äußeren Schuppen des Hauptkelchs sind blattartig, linealisch, locker, die innersten sparrig-abstehend; der Federkelch ist pinselförmig. Hierher gehört Seriphium laricifolium *Lamarck*, Artemisia ambigua *Linné* und Stoebe laricifolia *E. Meyer*.

5) T. radicans *De Candolle*. Der Stengel ist strauchartig, aufrecht, am Grunde wurzelnd, ästig; die linealischen Blätter sind sehr dünn, innen filzig, auf dem Rücken kahl; in den Achseln stehen einige Blätter; die Köpfchen stehen in eiförmigen oder länglichen, zusammenhängenden oder ein wenig unterbrochenen Aehren gedrängt; die Schuppen des Hauptkelchs sind röthlich-trockenhäutig, stumpf; der Federkelch der männlichen Blüthen ist bis zur äußersten Spitze spärlich federig. (*Garcke*.)

GNAPHALOPSIS ist der Name einer von De Candolle aufgestellten Pflanzengattung der Compositen mit folgendem Charakter: Die viel-, oft 40blüthigen Köpfchen sind wahrscheinlich zweihäusig. Bei den männlichen Blüthen ist der Hauptkelch glockenförmig, seine äußeren Schuppen sind fast blattartig, sehr wollig, seine inneren dagegen trockenhäutig, kahl, zugespitzt und stehen meist in einer Reihe. Der schwach gewölbte Blüthenboden ist ohne Spreublättchen. Die röhrenförmige Blumenkrone hat an der Spitze fünf kleine Zähne. Die fast sitzenden Staubbeutel sind ungeschwänzt. Der in der Blumenkrone eingeschlossene zweispaltige Griffel hat kahle, etwas ungleiche Aeste. Die Achänen sind gestielt, schwach kantig, sehr dünn und ziemlich lang. Der Federkelch besteht aus fünf aufrechten trockenhäutigen am Grunde etwas breiteren am oberen Ende zugespitzten, oft etwas dreitheiligen Blättchen, welche länger als die Blumenkrone sind. Die weibliche Blüthe ist noch unbekannt.

Zu dieser Gattung gehört nur eine in Mexico einheimische, von De Candolle Gnaphalopsis micropoides genannte Art, welche aufrecht, ästig, einjährig und ganz schneeweiß-filzig ist und abwechselnde, längliche, stumpfe Blätter, endständige, sitzende, einzelne Köpfchen und gelbe Blüthen hat. (*Garcke*.)

GNAPHEUS (Wilhelm), mit seinem eigentlichen Namen Fullo, den er jedoch ins Griechische übersetzte, geboren 1493 im Haag, widmete sich dem Studium der Theologie und Philosophie und erwarb sich zugleich gründliche Kenntnisse in den alten Sprachen. In seinem 29. Jahre (1522) ward er Rector an der Schule im Haag. Durch seine Hinneigung zur Lehre der Protestanten machte er sich verdächtig und ward deshalb zweimal verhaftet. Seiner persönlichen Sicherheit wegen verließ er sein Vaterland und wandte sich 1530 nach Preußen. Er erhielt das Rectorat an der neugestifteten Schule zu Elbing und 1542 eine gleiche Stelle an der Kathedralkirche zu Königsberg, wo er zugleich das Amt eines Katecheten verwaltete und zum Archipädagogen ernannt ward. Als der Professor der Theologie Rapagelanus 1545 gestorben war, erhielt Gnapheus seine Stelle. Er las seitdem anderthalb Jahre theologische Collegien, besonders über Exegese des neuen Testaments. In manche Irrungen verwickelte ihn die öffentlich ausgesprochene Behauptung das gepredigte Wort Gottes werde erst kräftig durch die erleuchtende Gnade des heiligen Geistes. Zu einem Widerrufe dieser Behauptung war er nicht zu bewegen. Er ward als ein Anabaptist und Schwärmer nicht nur seines Amtes entsetzt, sondern auch öffentlich in der Kirche excommunicirt. Der vom 9. Juni 1547 datirte Bannbrief des Consistoriums ward an den Kirchenthüren angeschlagen. Man findet ihn in Hartknoch's Königsberger Kirchenhistorie. Johann a Lasko, mit dem er seit längerer Zeit in Briefwechsel stand, empfahl ihn der Gräfin von Friesland, die ihn zum Erzieher ihrer Söhne nach Emden rief. Einige Jahre nachher ließ er sich zu Norden in Friesland nieder, wo er Bürgermeister ward. Er starb dort am 29. Sept. 1568. In holländischer Sprache schrieb Gnapheus einen „Trostspiegel für Kranke und Bekümmerte." Verdient machte er sich durch die Herausgabe von *Jo. Pistorii* ob evangelicae veritatis assertionem apud Hollandos primo omnium exusti martyrium descriptum. Neben der Theologie huldigte er in Mußestunden auch der Dichtkunst. Er machte einige poetische Versuche, die den Beifall seiner Zeitgenossen erhielten. Dahin gehört sein Triumphus eloquentiae carmine redditus. Auch in der dramatischen Poesie versuchte er sich. Er schrieb einige Lustspiele und Tragicomödien: Hippocrisis, Misobarbar und Acolastus, einen Lobgesang auf die Stadt Emden in lateinischer Sprache und in elegischem Versmaße u. a. m. Eine seiner letzten Schriften war ein Colloquium inter Tobiam et Lazarum *). (*Heinrich Döring.*)

GNAPTOR ist eine von Megerle aufgestellte Käfergattung aus der nähern Verwandtschaft von Blaps, über deren Bedeutung der Artikel Tenebrio weitere Auskunft gibt. (*Giebel.*)

GNATHÄNA, *Γνάθαινα*; diesen Namen haben mehre griechische Hetairen in der Zeit ungefähr von Ol. 100—150 = 380—180 a. Chr. geführt, welche, da sie in unsern Quellen nicht genau von einander getrennt werden, jetzt schwer aus einander zu halten sind; in manchen Fällen kann auch bei den für diese Untersuchung so spärlich fließenden Quellen völlige Sicherheit kaum noch erreicht werden. Freilich ist im Alterthume in ungemein vielen 1) Büchern von Hetairen die Rede gewesen; aber das Meiste ist bis auf ungemein Weniges für uns verloren; so wären hier Dichter der mittlern und neuen Komödie, wie Timokles, Diphilos, Anaxilaos, Philippides, besonders wichtig; von ihnen haben wir so gut wie Nichts. Andere Quellen sind oben 2) genannt; von diesen geht für unsern gegenwärtigen Stoff Aristophanes von Byzanz ganz verloren, da bestimmt überliefert 3) ist, daß er die Gnathäna mit ihrer Sippschaft gar nicht behandelt habe und daß ihn Gorgias und Apollodor hier haben ersetzen müssen. Merkwürdig ist dies Uebergehen, da Hetairen dieses Namens, wie gesagt, in der Komödie vorkamen und für diese von Wichtigkeit waren, da ferner Machon sie 4) behandelt hatte; doch läßt sich über die Gründe, die den Aristophanes bei dieser Auslassung geleitet, Nichts sagen, da wir das Princip, nach welchem er die Auswahl in dem hierher Gehörigen gemacht hat, nicht kennen. Von oben nicht genannten Quellen ist hier noch 5) Lynkeus hervorzuheben, der Bruder des Historikers Duris, aus Samos und Schüler des Theophrast; er hatte unter Anderm sich als Aufgabe für seine literarische Thätigkeit gestellt, in Briefen berühmte Gastmähler aus seiner Zeit zu beschreiben, also sowol die dabei verwandten Speisen und Getränke, als auch die dabei hervortretenden Sitten zu beschreiben; diese 6) Briefe, *Ἐπιστολαὶ δειπνητικαί* genannt, waren an Männer, die, wie Hippolochos der 7) Makedonier, für dergleichen als Gastronomen sich interessirten, gerichtet, auch an Dichter, wie den Komiker 8) Poseidippos, den als Komiker solche Sachen ja interessiren mußten, da auf Schilderung von Gastereien die neue Komödie, in der, wie in der mittlern, Köche oft genug auftreten, sehr viel Rücksicht nahm. Bei diesen Gelagen spielten aber nach altgriechischer Sitte Hetairen immer eine Hauptrolle, und so mußte denn Lynkeus über sie zu sprechen oft genug in diesen Briefen Gelegenheit finden; was er aber von dem reichlich fließenden Stoffe in ihnen nicht unterbringen und verwerthen konnte, das brauchte er für seine *Ἀπομνημονεύματα*, Memoiren zur Geschichte 9) seiner Zeit, ferner für *Ἀποφθέγματα*, auch ein Stoff, der den Griechen immer wichtig erschienen und für den die Schriftsteller seit 10) Aristoteles sich sehr interessirten; Lynkeus scheint nun dadurch von Andern sich unterschieden zu haben, daß er eine besondere Neigung für die Classen der Menschheit hatte, in denen sich die Niedrigkeit und Gemeinheit der menschlichen Natur unverhohlen äußert, und so hatte er denn außer auf Hetairen auf Parasiten und sonstige Tagediebe, auf Flötenbläser und gemeine Witzbolde seine Studien gerichtet. Dazu mag ihn denn seine dichterische Ader noch besonders getrieben haben; er war Komiker und wird als 11) Sieger des Menander genannt; doch hüte man sich, darauf viel Gewicht zu legen; Menander wurde in der Regel besiegt, da er dem großen Haufen wol weniger als Lynkeus und Aehnliche zu dienen verstand. Sonst geht diese Schriftstellerei einmal aus der der Peripatetiker hervor, die ja Alles sammeln; dann

---

*) Vergl. *Niceron*, Mémoires; Andreä in der Bibliotheca belgica; Arnold's Historie der Königsberger Universität; Jöcher's Gelehrtenlexikon. 2. Bd. S. 1023 fg.

1) Wie groß der Stoff und die Quellen über die Hetairen im Alterthume war, zeigt *Athen.* XIII. p. 583 F seq. deutlich und auf einen Blick. 2) Unter Griechen, Bd. LXX. S. 352. 3) *Athen.* XIII, 583 D. F.

4) Ueber Machon s. oben Bd. LXX. S. 359; add. *Meineke*, Comic. Graec. Frr. I. p. 478. 5) Ueber ihn im Allgemeinen vergl. *Voss.* Histor. Gr. p. 134 *West.*; *Hullemann*, De Duride Sam. diss. p. 5 seq.; *C. Mueller*, Histor. Graec. fr. T. II. p. 466. 6) *Athen.* IV, 128 A; vergl. *Westermann*, Comm. de epistol. scriptt. gr. P. V. p. 17. 7) *Athen.* III. p. 100 E: ὁ Λυγκεὺς δ' ὁ Σάμιος, ὁ Θεοφράστου γνώριμος, καὶ τὴν τῶν ἀσώτων ... ἀναγράφων γοῦν τὸ Πτολεμαίου συμπόσιον φησὶν οὕτως· „Μήτρας τινὸς περιφερομένης ἐν ὄξει καὶ ὀπῷ;" dergleichen schrieb auch Hippolochos: s. *Athen.* IV, 128 A seq.; *Westerm.* l. c. p. 11. 8) *Athen.* XIV, 652 C; *Meinek.* Com. Gr. Frr. I. p. 482. 9) *Athen.* X, 434 D. XIII, 583 D; Theophrast's *Ἐρωτικός* sind wol für ihn zu beachten. 10) *Athen.* VI, 245 A. D; vergl. meine Bemerkungen im Philol. XI. p. 25. 11) *Athen.* VIII, 338 D; *Meinek.* ad *Men.* Fabull. Frr. p. XXXI; *Erlerts*, De Duride Sam. dissert. p. 19.

aus dem damaligen Geschmacke; es ist an Archestratos und was mit ihm[12]) zusammenhängt zu erinnern, dann an Dithyrambiker, auch an die Kunst, wie die Malerei, welche, wie[13]) Nikophanes, Pausanias, Aristides von Theben zeigen, ihre Stoffe auch gern von den Hetairen nahm. Doch nicht blos diese leichtere, vorzugsweise auf Unterhaltung berechnete Literatur hat die Hetairen, ihr Leben und ihre Stellung, beachtet, sondern auch die Geschichtschreiber, die Antiquare von Fach; als Zeitgenossen der zweiten und dritten Gnathäna mag hier[14]) Hegesander von Delphi genannt werden, der in seinen *Ὑπομνήματα* diese und ihre bekannteren Zeitgenossinnen und daneben Tänzer und Trinker und Schlemmer behandelte, ferner[15]) Aristodemos, der ein Werk, Titels *γέλοια*, geschrieben und um Ol. 130 geblüht hat; an sie reiht sich[16]) Kallimachos, der in seinen *πίναξιν* auf Gnathäna Rücksicht genommen und also in seiner präcisen Weise einen Nachweis über sie gegeben hatte. Dies zugleich zur Ergänzung des bei Glykera Gesagten über die Quellen für diesen Stoff; alles dort Genannte gehört so ziemlich auch hierher.

So viel von den Quellen; wir wenden uns zum Namen Gnathäna. Es haben ihn, wie uns Suidas[17]) zeigt, schon die alten Lexikographen besprochen; er ist auf eine im Griechischen sowol bei den[18]) nominibus propriis als bei Appellativen häufig erscheinende Weise gebildet, von *γνάθος*; wie *Ἰφίφαινα*, *Λάκαινα*, *φύγαινα*; er weist also seine Inhaberin wol als eine Freßerin nach. Mehrere Hetairen haben ihn gehabt: ob vielleicht, weil sie — man denke nur an Pythionike — guten Appetit zu haben pflegten? Daß aber einen und denselben Namen verschiedene Hetairen führen, darf nicht auffallen; es wiederholt sich grade bei Hetairen der Zeit, aus der unsere Gnathänen stammen, öfter; so gibt es zwei[19]) mit Namen Glykera zu derselben Zeit, zwei[20]) Leontion, zwei[21]) Phrynen; grade hier bei Gnathäna ist nun darauf noch nicht geachtet, wie denn auch[22]) Jacobs mit einer Gnathäna und einer Gnathänion, der ersteren Enkelin, sich begnügt. Die Untersuchung hierüber ist deshalb so schwierig und das Verkehrte in den bisherigen Annahmen deshalb so sehr natürlich, weil die Zeitbestimmung der hierher gehörigen Komiker und Komödien noch so wenig nach den Regeln der Kritik bestimmt worden und Alles noch schwankt; genauere Beachtung des Lebens der Parasiten, Hetairen und ähnlichen Gesindels dieser Zeit wird noch zu manchem überraschenden und sehr erwünschten Resultate grade über die Zeit der Komödien führen. Und nun zur Sache selbst.

I. Die älteste der unter dem Namen Gnathäna uns bekannten Hetairen fällt in die Zeit des Demosthenes, Ol. 99, 3 — 114, 3 = 382 — 322 a. Chr. Für die genauere Bestimmung dieser Persönlichkeit ist von Sinope, einer aus Thrakien gebürtigen renommirten Hetaire auszugehen, die nach der Angabe[23]) Theopomp's, nachdem sie auf Aegina ihr Gewerbe getrieben, nach Athen übersiedelte; da hat sie, wie man aus den häufigen Anführungen der Komiker sieht, sich bis in ihr höheres Alter als Hetaire gehalten; es ward ihr jedoch in diesem ihrem Alter nach[24]) Herodikos' Mittheilung ein Spitzname — etwas bei Hetairen sehr Gewöhnliches — gegeben, *Ἄβυδος*, also ein Städtename, der auch sonst sprüchwörtlich[25]) war; bei ihr sollte er daß sie eigentlich lästig sei und man sie ohne alle Annehmlichkeit finde wol bezeichnen. Als solche Alte finden wir Sinope in[26]) der *Ἀλειπτρίᾳ* des Antiphanes erwähnt, und so ist zu fragen, wann dies Stück geschrieben sei. Und da finden

12) Verfasser des Archestratos waren Terambos, Terpsion, Mithaikos: *Schneider ad Aristot.* Hist. Animal. T. I. praef. p. LI; auch Philoxenos der Leukadier: *Bergkin*, De Philox. Cyther. dissert. p. 72 seqq.; *Jacobi* ap. *Meinek.* Com. Gr. Frr. T. V. P. I. p. CV; aber das Hauptbuch für solche Sachen war immer die *Ἡδυπάθεια* des Archestratos: daß dies der Titel des Werkes gewesen, habe ich schon in Zimmerm. Zeitschr. für Alterth. 1834. Nr. 21 nachgewiesen; jetzt vergl. auch Ribbeck in Welcker und Ritschl Rhein. Mus. XI. S. 200, unten Note 136. — Ich bemerke hier für dergleichen Verweisungen auf spätere Noten, daß damit in der Regel auch zugleich der Text gemeint ist. 13) Für die Dithyrambiker braucht hier nur an das *Δεῖπνον* des Philoxenos erinnert zu werden; s. *Bergk.* Poet. Lyr. Gr. p. 867, vergl. auch unten Note 129. — Was die Kunst anlangt, so vergl. *Athen.* XIII, 567 B. coll. *Preller.* ad Polem. frr. p. 169. *Sillig.* Catal. Artif. p. 87. O. Müller, Archäol. der Kunst §. 163, 3. Fr. Jacobs, Vermischte Schriften. 4. Bd. S. 462. Vergl. unten Note 148. 14) *C. Mueller*, Hist. Gr. frr. T. IV. p. 412 seqq.; hierher gehören besonders fr. 21—28. 15) *C. Mueller* l. c. III. p. 307 seqq.; die Zeit wird besonders durch fr. 7 bestimmt, p. 310; sonst s. unten Note 69. 16) *Athen.* XIII, 585 B; vergleiche über diese *πίνακες* meine Vorrede zu Schneidewin's Ausgabe von *Aesch.* Agam. p. XII und unten Note 100. 17) *Suid.* s. *Γναθαινίς* ὄνομα πόρνης. *Καὶ Γναθαίνιον* ὄνομα πόρνης; sehr verschieden sind diese Worte beurtheilt: da V das letzte ὄνομα wegläßt, will Bernhardy: *Γνάθαινα*, ὄνομα πόρνης. *Καὶ Γναθαίνιον*. Und so hat Bekker im Texte. 18) *Lobeck.* Pathol. Graec. Serm. Prolegg. p. 34. — Wegen Polbientse's Urtheil *Antiph.* ap. *Athen.* VIII, 336 F, vs. 20. coll. *Meinek.* Com. Gr. Frr. T. III. p. 15, s. unten Note 140.

19) Siehe oben Bd. LXX. S. 354. 20) Siehe oben a. a. O. S. 357. 21) *Athen.* XIII. p. 591 C; Fr. Jacobs, Verm. Schriften IV. S. 486 fg. beachtet dies gar nicht. 22) Fr. Jacobs a. a. O. S. 540 fg.; *Supp.* ad Orati. Graec. Frr. p. 194, vergl. unten Note 105. 23) *Athen.* XIII, 595 A; vergl. *Meinek.* Com. Gr. Frr. III. p. 427. 24) *Athen.* XIII. p. 586 A, vergl. oben LXX. S. 362. Not. 17. 25) *Apost.* Prov. I, 2: *Ἄβυδος ἐστιν· ἐπὶ συκοφαντῶν τάττεται, διὰ τὸ δοκεῖν συκοφάντας εἶναι τοὺς Ἀβυδηνούς*; ibiq. cf. nott.; man könnte das hier bei Sinope auch benutzen; auch *Macar.* III, 50. *Apost.* XI, 52; allein besser hält man sich wol an das Sprüchwort *Ἀβυδηνὸν ἐπιφόρημα*, über welches cf. Annott. ad *Zenob.* I, 1, ad *Diog.* Vindob. I, 1, zumal da grade bei Gastmählern die Hetairen besonders ihr Wesen trieben. Freilich sagt *Athen.* l. c. aus Herodikos: ..*Ἄβυδος ἐλέγετο διὰ τὸ γραῦς εἶναι*, und das mit stimmt wörtlich *Harpocr.* s. *Σινώπη* p. 166, 15. *Bekk.*; aber trotzdem glaube ich, daß Herodikos so nicht erklärt hat, wie vielmehr ein schlechtes Excerpt aus ihm haben und er sich an das Sprüchwort gehalten hat. Ganz auf Abwege ist aber *Casaub.* ad *Athen.* l. c. bei der Erklärung dieses Spitznamens gekommen. Sonst vergl. noch meine Noten zu Apost. XV, 50 und *Jacobi* ap. *Meinek.* Com. Gr. Frr. V, 1. p. CCVI. 26) *Athen.* VIII. p. 339 F. vs. 12: *καὶ τὴν Σινώπης γείτονα ἤδη παχεῖαν* | *Ἔχουσ' ἀναθεῖσας τοσαῦτα εἰς ἀνάθημα* | *Πορνείας προσιδεῖν*; — die Stelle ist noch nicht genügend erklärt: *Meinek.* Com. Gr. Frr. III. p. 14; da in folgendem Misgolas erwähnt wird, glaube ich, daß Sinope als ganz abgängig bezeichnet werden soll.

wir Schilderung in ihm von dem Wesen, was Pythionike, die durch Harpalos so bekannt 77) gewordene, mit Pheidon und Pamphilos, den Söhnen des Chaerephilos, treibt; sie war also damals noch in Athen, und so muß das Stück vor Ol. 113, 1 = 328 a. Chr. geschrieben sein. Damals war aber Pythionike nicht mehr ganz jung und ist sie also erst in etwas vorgerückterem Alter zu Harpalos gekommen: denn den Söhnen des Chaerephilos waren 78) Kobios, Naukos und Andere schon bei ihr vorangegangen. Damals also war Sinope sehr alt; dasselbe beweist auch Gnathäna. Denn diese wird der Pythionike gleich gesetzt in der Zeit und trieb grade jetzt um Ol. 112 das Geschäft einer Hetaire ganz selbständig und auf eigene Hand, wie ein Fragment des 79) Orestautokleides des Timokles zeigt:

es schnarchen um den ganz Unglücklichen
Urgreise Weiber, Nannion, Plangon, Lyka,
Gnathäna, Phryne, Pythionike, Myrrhine,
Chrysis;

es ist dabei zu beachten, daß sie alle zu denen gehören, welche die mittlere Komödie für ihre Dichtungen benutzt hat, wie von den Meisten, auch von 80) Nannion, sich speciell noch nachweisen läßt; daher denn keine von ihnen in der neuen Komödie hervortritt, wo die Kataloge der 81) Hetairen ganz anders lauten; es ist aber auch das nicht zu übersehen, daß sie alle Ol. 112 noch nicht zu den alten gerechnet wurden, da in dem Kataloge der alten Hetairen, welchen 82) Philetairos in seiner *Κυνηγίς* vorführte, keine von ihnen vorkommt. Damals also war Gnathäna selbständig; daß sie dies aber um die angegebene Zeit schon länger gewesen, scheint mir ihre Erwähnung bei 83) Eubulos zu beweisen, der doch 84) schwerlich bis über Ol. 110 gelebt hat:

Ich glaub', daß Brod zu essen mir jetzt unmöglich wär';
Denn bei Gnathänchen, die grad bei dem Herde ich fand,
Hab eben erst ich ein Gemüß herabgeschlürft.

Nun hat aber Gnathäna, ehe sie sich etablirte, Kost und Erziehung bei der alternden Sinope gehabt; es geschah das oft von alternden und alten Hetairen, daß sie junge Mädchen zu sich nahmen und diese dann vermietheten; es brachte das was ein, und war einmal Zudrang, nun so fiel für die Alte auch einmal ein Liebhaber ab; so war 85) Dexithea bei ihrer Mutter und Mehreres der Art werden wir bei der zweiten Gnathäna noch kennen lernen. Diese Lehrjahre der Gnathäna bei Sinope erwähnt aber Anaxilaos, ein Komiker, der sicher 86) schon Ol. 109, 3 = 343 a. Chr. gedichtet hat; also muß man spätestens Ol. 109 den Aufenthalt der Gnathäna bei Sinope ansetzen. Es beschreibt aber der genannte Dichter diese Mädchen in 87) Folgendem:

Welcher Mensch in seinem Leben eine Buhlerin je geliebt,
Welch Geschöpf könnt' er denn nennen, das gewissenloser wär'?
Denn welch' unnahbare Drachin, oder Feuerspei-Chimär',
Oder Skylla mit drei Köpfen und Charybdis, oder auch
Seehund, Hyder, Löwin, Otter, Sphinx, Harpyienvogelbrut,
Hat wol jemals überboten dies anspeienswerthe Volk?
Sicher keins: vielmehr vor allen Plagen haben sie den Rang voraus.
Laßt uns sehn! Da kommt zum Beispiel gleich mit Plangon in den Wurf.
Die 'ne Chimäre sengt und brennt sie Alles, was vom Ausland kommt;
Doch hat ihr ein einziger Ritter jüngst an Werth gar viel entführt:
Denn er nahm ihr alle Habe mit sich aus dem Hause fort.
Denn Sinope's Kunden, wohnen sie nicht einer Hydra bei?
Alt zwar ist sie; aber Gnathäna wächst ihr jetzt zunächst empor,
Meistentheils an ihrer Seite und ein doppelt Ungethüm.

Fassen wir also dies Alles zusammen, so ist um Ol. 109 diese Gnathäna in ihrer ersten Jugend gewesen und somit um Ol. 106 geboren; um Ol. 114 scheint sie vom Schauplatze abgetreten zu sein, da wir dann Nichts mehr von ihr hören; es wäre aber auch möglich, daß ihre Geburtszeit noch höher hinaufgerückt werden müßte. Sie

---

77) *Athen.* XIII, 594 E; Jacobs, Verm. Schriften IV. S. 469 fg., s. oben S. 556 fg.; die Söhne des Chaerephilos werden grade wegen ihres Verhältnisses zu dieser Hetaire, von der diese Reichen recht tüchtig gerupft und geprellt zu sein scheinen, von den Komikern dieser Zeit oft erwähnt; *Bergk.* Epist. ad *Schillerum* in dessen Andoc. Orat. p. 155 seqq.; es spielt dies Verhältniß in Athen und somit vor der Uebersiedelung der Pythionike nach Babylon; daher ganz irrig, wenn A. Schäfer (Demosth. 3. Bd. S. 270) die Verleihung des Bürgerrechts in Athen an diese mit der Theuerung Ol. 115, 1 erklärt; da war Pythionike fort, s. oben LXX. S. 356. *Meinek.* ad Com. Gr. Frr. III. p. 603. coll. p. 418 seq. 78) *Athen.* VIII, 340 D; s. *Meinek.* Com. Gr. Frr. III. p. 600 seq.; *Athen.* l. c. p. 339 E. 79) *Athen.* XIII, 567 E:

. . . περὶ δὲ τὸν κακοδαίμονα
εὕδουσι γρᾶες, Νάννιον, Πλαγγών, Λύκα,
Γνάθαινα, Φρύνη, Πυθιονίκη, Μυρρίνη,
Χρυσίς, Κοναλλίς, Ἱερόκλεια, Λοπάδιον·

s. *Mein.* Com. Gr. Frr. III. p. 589 coll. T. I. p. 439. T. V, 1. p. CCXXV; add. *Clinton*, F. Hell. II. p. 171 *Kr.* 80) *Mein.* Com. Gr. Frr. I. p. 388. 81) *Menand.* ap. *Athen.* XIII. p. 587 D; *Mein.* Com. Gr. Frr. IV. p. 164. 82) *Athen.* XIII. p. 587 C; *Mein.* Com. Gr. Frr. III. p. 294. 83) *Athen.* IX. p. 371 E; *Mein.* Com. Gr. Frr. III. p. 247:

οὐκ ἂν δυναίμην ἐμφαγεῖν ἄρτον ταχύ·
παρὰ Γναθαινίῳ γὰρ ἄρτι κατέφαγον
ἕψουσαν αὐτὴν καταλαβὼν γογγυλίδας.

84) *Meinek.* Com. Gr. Frr. I. p. 356; vergl. Böckh in Schrift. d. Berl. Akad. v. J. 1832. S. 25.

85) *Athen.* XIII. p. 590 D, s. unten Note 77. 86) *Clinton.* F. Hell. T. II. p. 153 *Kr.*; *Meinek.* Com. Gr. Frr. I. p. 406 seq. 87) *Athen.* XIII, 558 A; *Meinek.* Com. Gr. Frr. III. p. 347 seq. coll. T. V. p. CXCVII:

ὅστις ἀνθρώπων ἑταίραν ἠγάπησε πώποτε,
οὗ γένος τίς ἂν δύναιτο παρανομώτερον φράσαι;
τίς γὰρ ἢ δράκαιν' ἄμικτος ἢ Χίμαιρα πυρπνόος
ἢ Χάρυβδις ἢ τρίκρανος Σκύλλα, ποντία κύων,
Σφίγξ, ὕδρα, λέαιν', ἔχιδνα, πτηνά θ' Ἁρπυιῶν γένη,
εἰς ὑπερβολὴν ἀφῖκται τοῦ καταπτύστου γένους;
οὐκ ἔνεστ', αὗται δ' ἁπάντων ὑπερέχουσι τῶν κακῶν.
ἔστι δ' ἐπισκοπεῖν ἀπ' ἀρχῆς πρῶτα μὲν τὴν Πλαγγόνα,
ἥτις ὥσπερ ἡ Χίμαιρα πυρπολεῖ τοὺς βαρβάρους·
εἷς μόνος δ' ἱππεύς τις αὐτῆς τὸν βίον παρείλετο·
πάντα τὰ σκεύη γὰρ ἕλκων ᾤχετ' ἐκ τῆς οἰκίας.
οἱ Σινώπῃ δ' αὖ συνόντες οὐχ ὕδρᾳ σύνεισι νῦν;
γραῦς μὲν αὐτή, παραπέφυκε δ' ἡ Γνάθαινα πλησίον,
ὥστ' ἀπαλλαγεῖσι ταύτης ἐστὶ διπλάσιον κακόν. κ. τ. λ.;

die Uebersetzung ist nach Jacobs Verm. Schrift. IV. S. 323 und nach Bergk in Welck. und Ritschl Rhein. Mus. XII. S. 315 gemacht.

fällt also recht in die Zeit der mittlern Komödie und hat da zu den Hetairen ersten Ranges gehört; Specielleres als das hier von ihr Angegebene ist uns aber nicht bekannt. Bekannter dagegen ist uns eine ihr gleichnamige Hetaire, die, so viel ich weiß, bis jetzt immer von den Neuern mit dieser ersten verwechselt ist:

II. Gnathäna, die Geliebte des Diphilos; daß sie mit diesem Dichter in einem engen Verhältnisse gelebt hat, macht, daß für sie wir ein lebendigeres Interesse haben müssen. Auch sie brachte, wie ihre ältere Namensschwester, ihr ganzes Leben in Athen zu und gehörte daselbst zu den in guten Verhältnissen lebenden und daher einen gewissen Rang behauptenden Lustdirnen, wenn sie auch nicht zu den höchsten Kreisen Zutritt erhalten und ihre Liebhaber nicht unter Königen gewählt hat, was an und für sich damals, wo die Kronen gar mancherlei Wechselfällen unterworfen waren, einer gewandten Hetaire so [38]) gar schwer nicht fiel; sie hat sich vielmehr damit begnügt, in den bescheideneren, aber auch tüchtig lüderlichen bürgerlichen Kreisen ein vergnügliches Leben zu führen. Ihre Abstammung ist unbekannt, und namentlich auf einen Zusammenhang mit [39]) Argos führt Nichts; ebenso sind sonst speciellere Angaben über ihr Leben wenig vorhanden; das Meiste von dem, was überliefert wird, betrifft Hetairenerlebnisse gewöhnlicher Art, weshalb sie aber grade geeignet ist, uns das Leben und Wesen einer athenischen Hetaire dieser Zeit zu vergegenwärtigen. Um zuerst ihre Lebenszeit zu bestimmen, entscheidend für diese uns so wichtige Frage ist das Verhältniß Gnathäna's zu ihrer Collegin Melitta oder, wie sie gewöhnlich, angeblich von der Begeisterung, mit der ihre Liebhaber für sie schwärmten, genannt ward, Mania; die Blüthe dieses Mädchens muß um Ol. 118, 2 = 307 a. Chr. liegen, wo sie [40]) mit Demetrios Poliorketes lebte; dann hat auch Demetrios die ältere [41]) Lamia geliebt; daß er überhaupt eine Vorliebe für bejahrtere Mädchen gehabt, läßt sich durchaus nicht behaupten. Mit dieser Mania erscheint Gnathäna in vielfachem Verkehr und wird sie ihr ganz gleichalterig gedacht; grade in die Zeit dieses Verkehrs fällt aber das Verhältniß mit Diphilos, der, wenn man einer freilich hinsichtlich ihrer Fassung nicht ganz sichern Stelle des [42]) Athenaios trauen darf, öfters die Aufgabe hatte, zwischen diesen beiden Schönen, die wol häufig Rivalinnen sein mochten, zu vermitteln und Frieden zu stiften. Die Zeit des Diphilos wird durch [43]) Menander bestimmt, dessen Zeitgenosse er war, Ol. 109—122 = 344—292 a. Chr.; er ist aber wol eher etwas jünger; da nun die Erzählungen von dem Verhältnisse zwischen Diphilos und Gnathäna ersteren als bekannten Dichter und sonach als nicht mehr in den ersten Jahren seiner Dichterlaufbahn stehend schildern, da er ferner gewiß nicht so früh als Menander aufzuführen angefangen, so hat er wol schwerlich viel vor Ol. 116 ein Verhältniß mit der Hetaire, mit der zu leben ohne Zweifel viel kostete, eingehen können; da er damals nahe den Dreißigen war, so versteht sich von selbst, daß er nur auf jüngere Mädchen sein Augenmerk gerichtet und Gnathäna also auch damals in ihren besten Jahren gestanden hat. Es ergibt sich nun klar und deutlich, daß die Geliebte des Diphilos nothwendig von der in der mittlern Komödie besprochenen Gnathäna ganz getrennt werden muß, da sie frühestens Ol. 112 geboren sein kann, eine Ansicht, die man auch noch mit Alkiphron stützen könnte, wenn dessen Kenntnisse nicht grade in der Biographie dieser Hetairen gar zu schwach [44]) wären. Doch mag bemerkt werden, daß bei genanntem Schönschreiber Lamia an [45]) Demetrios Poliorketes schreiben läßt, wie glücklich sie sich preisen müßte, daß er sie der Gnathäna vorziehe; er denkt sich also Ol. 118, 2 die Gnathäna ohne Zweifel jünger als die Lamia.

Wenden wir uns hierauf zu den Erlebnissen des Mädchens selbst, so werden sie diese chronologische Bestimmung nur bestätigen. Wir finden, daß es Gnathäna in ihren jüngern Jahren nie an Liebhabern gefehlt hat, und so ist wol anzunehmen, daß sie mit körperlichen Reizen wohl versehen gewesen; war sie auch mit einem durchaus unappetitlichen [46]) Leiden schon in ihrer Blüthezeit behaftet — unwillkürlich konnte sie ein Durchfall überfallen, injussa solutio — so scheint sie doch schlau und gewandt genug gewesen, um dies so viel als möglich zu verbergen und geheim zu halten; und brachten es ihre Feindinnen ans Licht, so hat sie es für Cabale und Uebertreibung ausgegeben; Mania suchte sie damit einmal in Verlegenheit zu bringen, auch von Phryne wird [47]) dies behauptet; doch beruht die Anführung der

38) Ein Verzeichniß solcher Hetairen, die mit so vornehmem Umgange begnadigt worden, läßt sich aus *Athen.* XIII, 576 C. 578 A. 593 A gewinnen. 39) Dies wegen der fünften Gnathäna: s. unten Note 161. 40) *Athen.* XIII, 578 B. C; Fr. Jacobs, Verm. Schriften IV. S. 552 fg.; *Clint.* F. Hell. II. p. 184. ed. *Krueg.*; Gravert, Hist. u. Philol. Anal. S. 339. Droysen, Hellenism. I. S. 440. 41) *Plut.* Demetr. V. 16. 31. *Athen.* XIII. p. 579 A; Jacobs a. a. O. S. 523; Droysen, Hellenism. I. S. 455. 465. 42) Siehe unten Not. 46. 43) *Meineck.* Com. Gr. Frr. I. p. 446.

44) Siehe oben Bd. LXX. S. 360, vergl. unten Note 161. 45) *Alciphr.* Epist. II, 1, 2: καὶ ἀκούσασα ἐρωτᾷ καὶ λέγει „Λαμία, σὺ μετὰ πάντων καθεύδεις; σὺ διὰ νυκτὸς ὅλης αὐτὸν κατασπαλαίεις; καὶ νῦν οὕτως ἐκπέπτωκας; καὶ Γνάθαιναν τὴν ἑταίραν συγκρίνεις“ καὶ ἀξιογελοίαν ἀκουσ. u. s. f.; die Herausgeber bemerken dabei Nichts von besonderem Werthe. 46) *Machon.* ap. *Athen.* XIII. p. 578 E, eine Stelle, die *Meinek.* Exerc. philol. in *Athen.* Sp. II. p. 30 und ich im Philol. Bd. X. S. 708 behandelt haben:

δοκεῖ δὲ λαθεῖν, ὡς ἔοιχ', ἡ Μανία·
Γνάθαινά τ' εἰς τὰ στρώμαθ' ὅτι κοιμῶνται,
[illegible] τοῦτό πως ὑπὸ Διφίλου.
μετὰ ταῦτα δ' ἡ Γνάθαινα πρὸς τὴν Μανίαν
ἐλοιδορεῖτο καὶ λέγει, τί τοῦτο, καί;
εἰ δὲ λίθον εἶχες; ὑπολαβοῦσ' ἡ Μανία,
ἔδειν' ἂν ἦν ἴσως, φησ', ἀποπάρδεσθαι, τάλαν:

auch Mania war also nicht ganz gesund. Was die Worte betrifft, so ist ἀπομαδαρυνθῇ corrupt; auch wenn man an die [illegible] der Gnathaina hier denken wollte, sieht man nicht recht, was das Wort soll; über diese s. unten Note 97: dann enthält vs. 6 eine Anspielung auf ein Sprichwort: s. Append. Provv. IV, 61. II, 11, wie auch vs. 7, s. App. Provv. IV, 61. 47) *Athen.* XIII, 584 C: Φρύνης δὲ κωμάζοντες αὐτῇ· „Εἰ δὲ λίθον

letztern wol auf einem Irrthume, wie denn überhaupt schon früh bei solchen Aussprüchen Verwirrung in den Personen eingetreten ist. Aber Gnathäna fesselte auch nicht allein durch körperliche Reize, sie zeichnete sich auch durch geistige Anlagen aus; denn entweder durch eigene und angeborene Neigung oder durch die vorsorgliche Mahnung einer ältern erfahrenen Freundin oder [48]) Lehrerin hat sie sich in der Literatur umgesehen und dadurch sich so ausgebildet, daß sie als gewandt in treffenden Antworten und Witzreden mannichfacher Art laut gepriesen [49]) ward; freilich ist, um sie deshalb nicht zu hoch zu stellen, dabei zu beachten, daß dieser Ruhm darum leicht von ihr zu erwerben war, weil sie bei ihren Witzen alle Scham und züchtige Sitte völlig außer Acht lassen konnte und gelassen hat, und sie sich dabei auf ein Feld begeben, auf dem ihr ein anständiges Frauenzimmer nicht folgen konnte. Uebrigens ist diese Richtung bei ihr schon in der Jugend hervorgetreten, wie ein Rencontre mit [50]) dem Parasiten Chairephon beweist. Dieser erschien nämlich einst bei einem Gastmahle, an dem auch Gnathäna Theil nahm, ungeladen, was, wie bekannt, als [51]) eine Zudringlichkeit und Unhöflichkeit galt; sowie er sich niedergelassen, warf [52]) Gnathäna, die nach Art der Hetairen eine Gelegenheit zum Trinken wol nicht leicht ungenutzt [53]) vorübergehen ließ, ihm zu und rief: „Da nimm, du Uebermüthiger!" Und als er verwundert fragte: „Ich übermüthig?" versetzte sie: „Wer ist das mehr als du, der du nicht einmal geladen kommst!" Der Doppelsinn liegt darin, daß dies ebenso gut heißen kann „du kommst, ohne eingeladen zu sein," als auch „du kommst nicht, selbst wenn man dich bittet." Der Vorwurf traf da einen, der ihn verdiente; sonst ist der Witz wol schwerlich ihr Eigenthum, sondern der neuern Komödie entnommen, in der die Zudringlichkeit der [54]) Parasiten überhaupt, wie ganz besonders die des Chairephon auf ähnliche [55]) Weise oft gezüchtigt wird; viel helfen konnte er, als Gnathäna ihn anwandte, aber nicht, da Chairephon zu der Zeit in hohem Alter [56]) gewesen sein muß. Ebenso zeigt sich Kenntniß der Literatur in einer Antwort, die in spätern Jahren Gnathäna dem [57]) Sklaven des Andronikos, eines Schauspielers, von dem weiter unten [58]) noch genauer die Rede sein wird, gegeben, als er ein Gastmahl einzurichten ihr auftragen und zugleich verlangen ließ, sie möge die Kosten nur auslegen; als nämlich der Sklave seines Auftrags sich entledigt, recitirte sie einen Vers aus den Epigonen wir wissen nicht welches Tragikers:

> Unseliger Sklave, welch' ein Wort hast du gesagt?

Durch diese Parodie — eine Form des Witzes, die auch bei andern Hetairen [59]) erscheint — wollte sie komisch ihr Erstaunen darüber ausdrücken, daß sie so freigebig sein solle; solche Witze konnten dem Besuche des Theaters, nicht grade der Lectüre, ihre Entstehung verdanken. Diese Anspielungen auf Sprüchwörter, diese Wortspiele und Witze sind von den Zeitgenossen mit vielem Interesse verfolgt, und so hat denn der oben [60]) erwähnte Lynkeus ihnen eine besondere Aufmerksamkeit geschenkt und sie in seinen Werken sorgfältig verzeichnet; die anständigeren mögen hier mitgetheilt werden, weil sie das Wesen und das Treiben der Hetairen anschaulicher machen als ausführliche Beschreibung. Eine besonders passende Gelegenheit für ihre Späße fand Gnathäna bei den damals so häufigen Gastmahlen, welche mehr Liebhaber einer Hetaire oder auch nur einer von diesen bei dieser gab, indem er sie wissen ließ, daß bei ihr geschmaust werden solle; es wurden dann die nöthigen Lebensmittel und das nöthige Geld zu ihr geschickt und die Hetaire ordnete dann Alles an, lud auch noch passende Gesellschaft ein, befreundete Hetairen mit ihren Liebhabern oder sonstigem passendem männlichem Personale; da ging es denn sehr ungenirt her, die Mädchen lagen [61]) mit bei

---

εἰπεῖν· ἔφη, 'Ἀπεψήσασθαι ἐν ταῖς ἰδίαις'· [illegible] [illegible], ἡ δὲ [illegible] [illegible] ἔχουσα, s. oben Note 46; es ist hier wol Phryne statt Mania genannt, wie Athen. XIII, 580 A der Gnathäna einen Witz zuschreibt, den er ibid. p. 585 C von der Kallisto oder Kallistion — beide Namen können bei derselben Person in Gebrauch gewesen sein, woran Meinek. Exerc. Philoll. Spec. II. p. 31 nicht gedacht zu haben scheint — erzählt.

48) Es lassen sich eine Reihe Hetairen nachweisen, welche sich durch Bildung auszeichneten und durch Bekanntschaft mit der Literatur; so Nikarete von Megara, Leontion und andere, s. oben Bd. LXX. S. 357. 49) Athen. XIII, 577 D: ἦν δὲ ἡ Λαμία [illegible] [illegible] καὶ [illegible] [illegible] [illegible], [illegible] καὶ Γνάθαινα; ibid. p. 583 F: [illegible] δ' ἦν [illegible] [illegible] [illegible] Γνάθαινα; ibid. p. 585 B: [illegible] [illegible] [illegible] ἡ Γνάθαινα καὶ [illegible] [illegible] [illegible]; vergl. Schweigh. Anim. ad Athen. T. VII. p. 155. 50) Athen. XIII, 584 E: Χαιρεφῶντος δὲ [illegible] [illegible] [illegible] [illegible] [illegible] [illegible] ἡ Γνάθαινα, „λαβέ, [illegible], [illegible]"· καὶ ὅς, „ἐγὼ [illegible];" — τίς δὲ [illegible], εἶπεν ἡ Γνάθαινα, [illegible] [illegible] ἔρχῃ; cf. Comm. ad h. l.; Jacobs, Verm. Schriften IV. S. 551. 51) K. Fr. Herm. Griech. Antiq. T. III. § 52, 8; s. unten Note 53. 52) K. Fr. Herm. a. a. O. § 28, 27. 53) Die Hetairen tranken gern; so Lamia: Athen. XIII, 570 B; Parthenis: Athen. VIII. p. 339 A; Mania: ibid. XIII, 587 B; vergl. Ovid. A. Am. III, 759 seqq. 54) Athen. VI, 235 E seqq., s. Note 51.

55) Apollod. Charyst. ap. Athen. VI, 243 E; Mein. Com. Gr. Frr. T. IV. 449; Alexis ap. Athen. IV, 165 A; Mein. l. c. T. III. p. 480; add. Mein. l. c. T. IV. p. 444. 56) Chairephon muß, da er in den Komödien des Antiphanes, Nikostratos, Timokles erscheint, in der Jugendzeit der Gnathäna schon sehr bei Jahren gewesen sein: Wieland, De parod. Graecor. scriptt. diss. p. 34; auch in Diphilos' Komödien erscheint er, und so könnte ja Gnathäna näher mit ihm bekannt gewesen sein: Athen. VI. p. 243 E. Uebrigens wäre möglich, daß zwei Männer dieses Namens in dieser Zeit zu unterscheiden wären; die Gleichnamigen grade in dieser Zeit zu scheiden, ist oft recht schwer, wie auch Meineke einmal sagt: Com. Gr. Frr. II, 1. p. 275. 57) Athen. XIII, 584 D: Ἀνδρονίκου δὲ τοῦ τραγῳδοῦ ἀπ' ἀγῶνός τινος, ἐν ᾧ τοὺς Ἐπιγόνους [illegible], [illegible] [illegible] [illegible] [illegible] καὶ τοῦ παιδὸς [illegible] τὴν Γνάθαιναν [illegible], 'Οἴμοι [illegible], ἔφη, [illegible] [illegible] λόγον; daß der Vers von Sophokles herrühre, ist nicht überliefert, wird aber von Jacobs, Verm. Schriften IV. S. 543, Nauck. Fragm. Graec. Trag., Soph. fr. 189, ohne weitere Gründe anzuführen, diesem zugeschrieben; auch Welcker, Die griech. Trag. nach dem episch. Cykl. geordn. I. S. 276 vertheilt so, s. unten Note 151. 58) Siehe unten Note 151. 59) G. Hermann, ad Soph. Electr. 1, vergl. unten Note 154. 60) Siehe oben Note 5 fg.; Athen. XIII, 584 B, vergl. unten Note 164. 61) Darüber vergl. K. Fr. Hermann, Griech. Alterth. Th. III.

Tische, es wurden allerlei Scherze getrieben, und je weiter das Trinken fortschritt, das Mahl mehr und mehr in ein Bachanal verwandelt; Schriftsteller, wie Matron und die Parodien, die Komödie, später dann Scribenten, wie Alkiphron, schilderten dergleichen; ebenso aber auch die Künstler, da Scenen aus diesem Leben oft [62]) den Stoff zu Darstellungen auf Vasen gaben. Es waren dies aber nicht die alleinigen Gelage; auch konnte ein Einzelner dergleichen in seiner Behausung veranstalten. Bei einem solchen Gelage traf es sich [63]) nun, daß zwei der Theilnehmer darüber in Streit geriethen, wer von ihnen an dem betreffenden Tage der Gunstbezeugungen Gnathäna's theilhaftig werden sollte; als der eine überwunden sich zurückzog, tröstete sie ihn mit den Worten: „Sei getrost, mein Bester; denn der Kampf ist keiner um Kränze, sondern um Gelder;" es waren nämlich in Hellas als Preis bei den Kampfspielen [64]) entweder Kränze oder Geld ausgesetzt; aber hier will sie sagen, der Kampf, in welchem du besiegt worden, wird dem Sieger nicht nur nicht keinen Kranz einbringen, sondern noch Geld kosten, indem sie darauf hindeutet, daß für ihre Umarmung noch besonders zu zahlen sei. — Bei einem [65]) andern Gastmahle ward ein Gast durch seine Geschwätzigkeit lästig; als er erzählte, wie er so eben aus den Ländern am Hellespont herkomme und nun langweilig die Reise schilderte, „Wie?" begann Gnathäna, „und du bist gar nicht in die vornehmste der dortigen Städte gekommen?" Als er erstaunt fragte: „Nun, welche ist denn die?" ward von ihr entgegnet: „Schweigstadt;" *Σιγεῖον* hieß eine Stadt in Troas. — Als einst [66]) der Gastgeber wenig Wein und in einem sehr kleinen Kühlgefäße umhergab und um ihn, der gar schlecht war, zu empfehlen, dieser sagte, er sei 16 Jahre alt, äußerte das Mädchen: „Schwach ist er für ein solches Alter." — Als sie einmal [67]), wahrscheinlich zur Vorbereitung für ein Gastmahl, grade damit beschäftigt war, Eier auf einen Teller zu legen — man aß sie, namentlich [68]) in dem Glauben, sie mehrten die Mannesfraft, sehr gern, — trat ein Befreundeter ein und fragte eifrigst mit einem Blicke auf die Eier: „Sind sie roh oder gekocht, Gnathäna?" „Von Eisen sind sie," ward ihm als Antwort, und zwar nicht in dem Sinne, wie Casaubon wollte, nur um Geld sind sie zu haben; denn da hätte sie sich wol eines andern Metalls bedient, sondern „die sind für dich gar nicht da," nämlich weil er zu dem bevorstehenden Gastmahle keinen Beitrag gegeben. Diese Apophthegmen wurden, waren sie namentlich bei einem besuchten Gelage gemacht, bei dem in Athen so regen Verkehre schnell bekannt; man traf ja mit Bekannten in Leschen und Barbierstuben, in Gerichten und der Volksversammlung, im Theater zusammen, auch bei Festen in den Demen; daher kam denn dergleichen auch schnell zu den Komikern, die es dann zu Anspielungen und Witzen in ihren Dichtungen benutzten; man sieht hieraus, welch' ein lebendiges Wechselverhältniß zwischen Dichtern und Publicum bestand, ein Umstand, der nicht wenig zu der Höhe, auf der wir das athenische Theater finden, beigetragen hat, der aber, da er bei uns so gut wie ganz fehlt, es auch ungemein erschwert, wo nicht unmöglich macht, zu gleicher Höhe zu gelangen. Aber nicht allein bei Gastmählern, auch sonst fehlte es nicht an Gelegenheiten, die witzige Ader Gnathäna's in Bewegung zu setzen; namentlich war das der Fall, wollte sie einen zur Zielscheibe seines Witzes machen und hänseln: da schonte sie auch ihre eigenen Liebhaber nicht. Eine Zeit lang [69]) hatte sie zwei Liebhaber zu gleicher Zeit und beide zahlten gut; es war das nichts [70]) Ungewöhnliches; ein solches Mädchen allein zu haben, hielt man für verkehrt. Der eine nun von diesen Liebhabern war ein Söldner, der andere ein Freigelassener. Der erstere, ein roher Mensch, nannte Gnathäna eine Cisterne, *λάκκος*, offenbar mit einer sehr nahe liegenden obscönen Anspielung, worauf sie sofort erwiderte: „Warum denn? etwa weil ihr zwei Flüsse euch in mich ergießt, Raube und Freilasse?" Die Flüsse, welche Gnathäna nannte, Lykos und Eleutheros, sind zwei Flüsse in Phönikien und findet in ihrer Nennung und Anwendung Schweighäuser einen Beweis für Gnathäna's Gelehrsamkeit; ich kann das nicht zugeben; es beweist nur, daß Gnathäna vielen Umgang mit fremden Kaufleuten und überhaupt mit Fremden gepflogen hatte, worin sie ganz der Sitte und Gewohnheit der Hetairen gefolgt war; da Athen nach Asien solch ausgedehnten Handel trieb, so haben daselbst stets viel Fremde verkehrt, und an diese hingen sich die gewandten athenischen Mädchen und rupften sie, wie sie dann grade deshalb auch gern im [71]) Peiraieus verkehrten. Uebrigens ist auch von Gnathäna noch speciell ein Liebhaber aus [72]) Syrien und einer aus [73]) dem Pontus überliefert. Dagegen zeigt sich auf andere Weise hier Gelehrsamkeit, indem, wie

l. 27, 4: sonst z. B. *Athen.* XIII. p. 579 E; *Meineck. Com. Gr. Frr.* I. p. 276.

62) Panofka in Schriften der Berl. Akad. vom J. 1850. p. 60. tab. III. 63) *Athen.* XIII, 584 C: [illegible] vergl. unten Not 68. 64) Krause, Olympia S. 6 fg. 65) *Athen.* XIII, 584 D: [illegible] *Σίγειον* [illegible] vergl. *Steph. Byz. s. Σίγειον.* 66) *Athen.* XIII, 584 B: [illegible] vergl. Schweighaeuser. ad h. l. 67) *Athen.* XIII, 584 E: [illegible] 68) *Athen.* II. p. 64 B. — Alle diese Apophthegmen sind aus Lynkeus' Schriften.

69) *Athen.* XIII. p. 585 A: [illegible] — s. oben Note 15 — [illegible] — erinnert im Tone an eine Aesopische Fabel —. [illegible] *Λύκος* und *Ἐλεύθερος*. 70) *Immermann*, Os. u. Nomen. Unsere Beispiele: auch *Athen.* XIII, 583 F. 71) *Aristoph.* Pac. 165; Jacobs, Verm. Schriften IV. S. 548. 72) *Athen.* XIII, 579 F, s. unten Note 87, vs. 14. 73) *Athen.* l. c. p. 580 F.

schon [74]) Eustathios bemerkt hat, dem Dictum ein Homerischer Vers zu Grunde liegen [75]) dürfte; der Witz selbst aber ist scharf, weil er bei dem Einen auf seinen frühern ehrlosen Stand, bei dem Andern auf seine wilde Raubsucht anspielt, von der er ihr gewiß oft genug geprahlt hatte. Man sieht aber aus allem diesem, wie Gnathäna in der Wahl ihrer Schätze durchaus nicht schwierig war; wer gut zahlte, dem ergab sie sich; bei allen aber zeigt sie sich als dieselbe heitere, zum Witze aufgelegte; eine Anekdote aus Machon mag dies noch bestätigen. Er erzählt in seinen [76]) Chrien:

> Ein Freigelass'ner, der aus der Sklavenzeit gar viel
> Der bösen Schwielen auf dem Rücken hatte, schlief
> Einst bei Gnathäna. Sie, wie rauh sein Rücken sei
> In der Umarmung fühlend, Unglückseliger,
> Woher, rief sie, sind alle diese Schwielen nur?
> Und da nun jener kurz ihr zur Erwiderung gab,
> Daß, als er ein Knab mit seinen Kameraden sich
> Herumgetummelt, er in glühend Feuer sei gestürzt,
> Bei unsrer lieben Frau, mein Freund, mit Recht bist du,
> Sprach sie, so geschunden, da du ein solcher Wildfang warst!

Aber auch im Umgange mit andern Menschen verließ sie ihr Witz nicht, wie Deriphea, eine ihr befreundete Hetaire, zu erfahren hatte; diese hatte [77]) nämlich Gnathäna zu einer freundschaftlichen Suppe eingeladen und legte beim Essen die besten Bissen ihrer Mutter vor; als das die Geladene eine Zeit lang mit angesehen, sagte sie endlich: „Hätte ich, mein Schatz, das gewußt, so wäre ich bei deiner Mutter, nicht aber bei dir, zu Tisch gegangen." So traf sie auch einmal [78]) mit einem ihr bekannten und grade auffallend gut aussehenden jungen Manne zusammen, von dem bekannt war, daß ihn eine schon bejahrte Frau nicht eben aus purer Nächstenliebe unterhielt: „Wie allerliebst pflegst du doch, mein Bester," sagte Gnathäna zu ihm, „deinen Leib." Und als er, um sich für die wohlverstandene Blame zu rächen, mit Anspielung auf ihre Lebensweise versetzte: „Was glaubst du, was geschähe, wäre ich im Bette ein Einsiedler?" entgegnete sie ihm rasch: „Vor Hunger würdest du sterben." Zum Schlusse noch ein [79]) Wortspiel:

> Stratokles, der Gastwirth, setzte seinen Kunden oft
> Ein Böckchen [illegible] vor und salzte scharf
> Die Schnitzeln, damit sie dürstend bis zum andern Tag
> Das Gastgebot ausdehnten und die Zeche hoch
> Anliefe. Da Gnathäna nun einst einen Freund
> Des Getränks wegen dort gedrängt sah, sagte sie:
> Des Stratokles Böckchen regen arge Stürme [80]) auf!

Es ergibt sich nun aus allem diesem von selbst, daß Gnathäna's Umgang gesucht war; sie war schön, wußte zu unterhalten und eine Gesellschaft durch ihre Laune zu beleben, sodaß, weilte man bei ihr, man sich zu amüsiren sicher war; ihre Kenntniß von dem Treiben in Athen, den Sitten oder vielmehr Unsitten seiner Jugend und Männer mochte ihr dabei allerdings zu Statten kommen. Dies mag denn auch erklären, daß der schon oben erwähnte Dichter Diphilos sich von ihr so angezogen fühlte und eine Zeit lang mit ihr lebte; es ist Schade, daß grade über dies Verhältniß unsere Quellen so gar dürftig fließen. Daß Diphilos mit einer Hetaire längern nähern Umgang hatte, daran nahm in Athen damals Niemand Anstand; Redner wie Aristophon, Philosophen wie Epikur und welche Masse anderer hervorragender Männer ging da nicht mit gutem Beispiele voran! Es ist nun möglich, daß der Gnathäna geistreiche Weise ihn vorzugsweise angezogen hat, sodaß also auch sie einen Einfluß auf seine Komödien gehabt haben könnte; daß in den Anekdoten aus dem Umgange mit ihm sie jedesmal der Komödien gedenkt, ist doch am Ende nicht rein zufällig. Daß aber das Verhältniß nur eine Zeit lang,

---

74) *Eustath. ad Hom. Il.* Λ, 263. p. 1349, 14: [illegible] ... ὡς Γνάθαινα ἡ ἑταίρα ... στρατιώτης καὶ μαστιγίας ... — ist nicht nöthig —, καὶ ὁ στρατιώτης ... [illegible] ... ὁ Λύκος καὶ ὁ Μαστιγίας ... [illegible] ... Ὁμηρικῶν δύο μεγάλων ποταμῶν, οἳ συμβάλλουσιν εἰς μίαν [illegible]. 75) *Hom. Il.* Δ, 453. 76) *Mach. ap. Athen.* XIII, 580 B:

> μαστιγίας [illegible]
> μετὰ τῆς Γναθαίνης [illegible]
> [illegible]
> τὸ νῶτον εἶχε [illegible], Τάλαν, τάλαν
> [illegible], πόθεν ἔχεις ταῦτ', ἔφη, τὰ τραύματα;
> [illegible]
> ὅτι παῖς ποτ' ὢν + [illegible] εἰς τὸ πῦρ ποτε
> [illegible]
> Νὴ τὴν φίλην Ἀφροδίτην, [illegible]
> ἄνθρωπε, φησίν, [illegible]:

vs. 7 ist ποτ' ὢν corrupt; *Meineke. Exercc. Philol. in Ath. Spec.* II. p. 31 vermuthet in diesen Worten ein Particip und will [illegible] für [illegible] gesetzt wissen. Auch vermuthet derselbe ebendaselbst, daß nach den Angaben der Handschriften vs. 9 zu schreiben sei: νὴ τὴν φίλην Ἀφροδίτην, [illegible], Ἄνθρωπε κ. τ. λ. — Uebrigens wird ein ähnlicher Witz *Athen.* XIII, 585 C von Kallisto erzählt. 77) *Machon. ap. Athen.* XIII, 580 B. C:

> [illegible]
> Γνάθαινα [illegible]
> τῆς Διξαθέας τῇ μητρί, Νὴ τὴν Ἄρτεμιν,
> εἰ, φησίν, ᾔδειν, ὦ Γνάθαινα, τοῦτ' ἐγώ,
> τῇ μητρὶ [illegible] ἄν, οὐχὶ σοί, γύναι.

78) *Athen.* XIII. p. 584 D, aus Lynkeus: [illegible] „[illegible]" ἔφη, „[illegible]." „[illegible]" „[illegible]," ἔφη, „[illegible]." 79) *Athen.* XIII. p. 580 D, aus Machon:

> Στρατοκλῆς δ' [illegible]
> [illegible]
> καὶ [illegible] εἰς τὴν [illegible]
> [illegible]
> [illegible] εἰς τὸ [illegible].
> Γνάθαινα δ' αὐτῆς [illegible]
> [illegible] περὶ τὰς [illegible],
> Στρατοκλῆς ἐπ' [illegible], φησί, [illegible].

80) „Das Gestirn der Böckchen geht im Anfange Octobers auf und wird deshalb zur Bezeichnung der stürmischen Jahreszeit gebraucht: s. *Arat. Phaenom.* 158. *Theocr. Id.* VII, 53." Jacobs. Verm. Schriften IV. S. 549. Sonst bedarf der Text dieser Erzählung aber noch gar mancher Nachhilfe: s. die Herausgeber.

wie ich sagte, gedauert hat, schließe ich daraus, daß nur wenig, wie bemerkt, von ihm erzählt wird, daß ferner Lynkeus des Diphilos nur wenig erwähnt, daß endlich der Dichter das Mädchen nie allein besessen zu haben scheint und selbiges eben darum nie in seinem, des Dichters, Hause gewohnt hat; Diphilos ging zu ihr in ihre Wohnung, wollte er mit ihr verkehren; er hat vielleicht, nicht so mit Glücksgütern wie Menander versehen, die Kosten nicht aufwenden können, die ihre Aufnahme in sein Haus verlangt haben würde. Aber hatte Gnathäna auch [81]) neben ihm andere Liebhaber, Diphilos war doch immer vorzugsweise gern gesehen, was allerdings in seinen Geschenken, wie in seinem geistreichen Wesen seinen Grund gehabt haben kann, jedoch auch in der Furcht, in der er sie zu halten verstand; war sie ihm nicht zu Willen, verspottete [82]) er sie in seinen Komödien, was ihr aus mancherlei Gründen unangenehm sein mochte; ihm war das aber eine leichte Sache, da das Leben einer Hetaire ja überall Stoff zu Angriffen bot. Wie aber das Verhältniß zwischen beiden war, vergegenwärtigt eine [83]) von Lynkeus überlieferte Erzählung; es hatte Diphilos, der auch als Schauspieler auftrat, in einem Drama — es ist ungewiß, ob in einem seiner eigenen oder in dem [84]) eines Andern — schlecht gespielt und war so ausgepfiffen worden, daß man ihn auf der Bühne in die Höhe gehoben [85]) und herausgetragen hatte; um sich von diesem Unfalle zu erholen, machte er einen Besuch bei seiner Geliebten und verlangte, bei ihr angelangt, sie solle ihm die Füße waschen, vielleicht in einer Anwandlung von Uebermuth oder von schlechter Laune; denn es war dies [86]) Dienst der Sklaven. Aber Gnathäna erwiederte auf dies Verlangen: „Ich meine, du wärst hierher getragen worden?" Sie hatte also den Unfall des Diphilos schon vernommen. Außer dieser Notiz finden wir nun noch eine, welche uns über dies Verhältniß unterrichtet; sie stammt [87]) aus Machon's Chrien:

Einst lud Gnathäna, wie ich höre, den Diphilos
Zur Mahlzeit ein am Fest der Aphrodisien,
Von ihr vor Allen, die sie liebten, hoch geschätzt.
Er kam und brachte Chierweins zwei Flaschen mit,
Vier Fläschchen Thasier, Salbe, Kränze, Bänder, Fisch,
Ein Böckchen, Nachtisch, Koch und Flötenspielerin.
Ein andrer Freund, ein Fremdling Syriens, auch sehr
Von ihr geliebt, schickt Schnee und dazu einige
Sapriden. Da sie über dies Geschenk sich schämt,
Beschwört sie, um's zu verbergen, und auch damit Diphilos
Sie deshalb auf der Bühne nicht mög' frech züchtigen,
Den Sklaven schleunigst die gesalzenen Fische gleich
Zu geben, welchen Mangel sei an Salz; den Schnee
Dagegen heimlich in den ungemischten Wein
Zu schütten. So ließ sie dann vom Sklaven den Pokal,
Mit zehn Gemäßen angefüllt, an Diphilos schön
Kredenzen, der ihn durstig bis auf die Neig'
Schnell leerte. Dann ob des Trunks sich wundernd, sagt er,
Nein,
Das muß, bei Gott, man sagen, einen kalten Born
Hast du, Gnathäne, ohne Streit. — Kein Wunder ist's,
Mein Diphilos, versetzt sie; denn wir werfen ja
Der Prologe aller deiner Stücke stets hinein.

Darnach hat denn Diphilos ganz das Leben der jungen leichtsinnigen Athener gelebt; dies geschah von [88]) den Komikern dieser Zeit wol meist, wie außer den Notizen über ihr Leben ein Ausspruch des Antiphanes noch zeigt; in diesem Leben hat er den Stoff für seine Komödien gefunden, welche denn auch wieder für dasselbe

---

81) *Athen.* XIII. p. 579 F; s. unten Note 87, vs. 12. 82) Siehe unten Note 87; oben LXX. S. 361. Note 102. 83) *Athen.* XIII. p. 583 F: [illegible] — bezieht sich auf die Note 87 mitgetheilten Stellen —, [illegible] [illegible] hierzu bemerkt unser Ruhnken [illegible] hic eodem modo dicitur, quo [illegible] VI. p. 236 B, [illegible] Nigrin. c. 8; anderes hierhergehöriges habe ich im Philol. Suppl. Bd. I. S. 115 zusammengestellt. 84) Meineke (Com. Gr. Frr. I. p. 447) denkt an die eigenen Stücke des Diphilos. 85) Siehe oben Note 83. 86) Becker, Charikles I. S. 129. 87) *Athen.* XIII, 579 E; es wird da dieselbe Geschichte zweimal erzählt; ich theile hier die längere Fassung mit; daß zweimal Gnathäna denselben Weg gemacht habe, ist kaum denkbar, wenn nicht bei dem zweiten Male ein Bezug auf das erste Mal oder sonst etwas Charakteristisches erwähnt; dabei ist noch dem vs. 4 *ὡς αὐτὸ γ' ἀεὶ* u. s. w. wol eine Lücke anzunehmen; denn die Auskunft, welche Jacobs (Verm. Schriften IV. S. 546) ersonnen, kann nicht befriedigen. Der Text übrigens heißt:

ἐκάλεσε τὴν Γνάθαιναν Δίφιλος ἐλθεῖν ποτε
ἐπὶ δεῖπνον, ὥς λέγουσι, τοῖς Ἀφροδισίοις,
τιμώμενος μάλιστα τῶν ἐρωμένων,
λίαν δ' ὑπ' αὐτῆς ἐκτενῶς στεργόμενος.
[illegible]
[illegible]
[illegible]
[illegible]
[illegible]
[illegible]
[illegible]
[illegible]
[illegible]
[illegible]
[partly illegible] ἐκ[…]
[illegible]
[illegible]
[illegible]
[partly illegible] ὁ Δίφιλος
Νὴ τὴν Ἀθηνᾶν καὶ θεούς, ψυχρόν γ', ἔφη,
Γνάθαιν', ἔχεις τὸν λάκκον ὁμολογουμένως.
ἡ δ' εἶπε, τῶν σῶν δραμάτων γὰρ ἐπιμελῶς
εἰς αὐτὸν ἀεὶ τοὺς προλόγους ἐμβάλλομεν.

Es ist vs. 4 in der Uebersetzung weggelassen, weil über seinen Sinn nichts Sicheres auszumachen; Schweighäuser's Versuche zur Wiederherstellung sind verunglückt. Ein Fehler steckt auch in vs. 9, da dies nicht paßt zu vs. 14; daher hat *Meinek.* Exerc. Philoll. in *Athen.* spec. II. p. 31 wol richtig geschrieben [illegible], wo dann [illegible] in collectivem Sinne genommen werden muß. Was sonst den Inhalt anlangt, so sieht man ja leicht, wie er ganz aus dem Leben gegriffen.

88) *Lynceus* ap. *Athen.* XIII. p. 555 A: [illegible] — sagte Antiphanes zu Alexander dem Großen, als diesem eine eben vorgelesene Komödie nicht recht zu gefallen schien —, [illegible]; vergl. für das Letztere oben Note 63 mit dem Texte.

Stoff zu Witzen und Unterhaltungen geboten haben, indem Gnathäna, die geistreiche, die Schwächen derselben wie in der obigen Erzählung so auch sonst herauszufinden wußte; ihr Urtheil war wol immer beachtenswerth, wie denn auch an dem obigen Tadel der Prologe etwas Wahres sein kann; denn diese waren denen bei Menander, Philemon und andern Dichtern der neuen Komödie vielleicht nicht ganz gleich, sondern schlossen sich, wie das in andern Punkten bei Diphilos auch der Fall[89]) gewesen sein soll, an die mittlere Komödie an: in dieser nämlich waren, wie[90]) Anaxandrides zeigt, auch Prologe, die sich, wie die des Menander, zwar an Euripides angeschlossen, aber ihr Eigenthümliches dabei doch gehabt haben werden. Prologe waren aber der neuen[91]) Komödie wol immer vorangeschickt, wie ich nicht allein aus den vorhandenen Fragmenten der Griechen schließe, sondern namentlich auch daraus, daß bei Nävius sie sich[92]) finden. Doch wie dem auch sein mag, jedenfalls sehen wir aus Machon, wie die Liebe des Diphilos einen Glanzpunkt in dem Leben der Gnathäna bildete, wenn sie gleichwol durch sie nicht bewogen wurde, ihre Hetärenfitten zu ändern; der Spott beweist das.

Dies die Schilderung des Lebens der Gnathäna in ihrer besten Zeit; in ihr hat sie frei von Nahrungssorgen, nicht grade in Saus und Braus, vielmehr mit einer gewissen Mäßigung inmitten der athenischen Sittenlosigkeit gelebt. Ein Andenken an diese Zeit ist ihr aber geworden; sie gebar eine Tochter; von wem, ist nicht überliefert; vielleicht ist der Vater auch ihr zu ermitteln gewesen. Sowie dieses Mädchen aber die Jahre der Mannbarkeit erreicht hatte, hat die Mutter auch Nutzen von ihm zu ziehen gesucht und sie in das Hetärenleben eingeführt; ihrer Meinung nach war dies der sicherste Weg für ein Mädchen zu einem sorgenfreien und genußreichen Leben. Auch hat dabei ohne Zweifel sie auf sich selbst Rücksicht genommen; sie konnte sich ja nicht verhehlen, daß auch sie mit der Zeit älter, ihre Reize schwächer und damit ihr Haus allmälig leerer, ihr Erwerb bedenklich werde; trat nun allmälig die Tochter an ihre Stelle, so hatte sie wenigstens das letztere nicht zu befürchten; die Erfahrung der Mutter in Verbindung mit der verlockenden Jugend der Tochter sicherten einen trefflichen Erfolg und verscheuchten jede derartige bange Ahnung. Und so führte denn Gnathäna die Tochter, deren Namen wir nicht kennen, in Athen an Fest- und sonstigen dazu passenden Tagen spazieren, damit die männliche Jugend sie schaue und aufmerksam auf sie werde; traf sie Einen, der darin ihr zu lässig erschien, so suchte sie seine Aufmerksamkeit durch neckische, witzige Anrede auf sich und ihre Begleiterin zu lenken, und kam sie da, wie wol geschah, zuweilen an den Unrechten und dadurch zu derber[93]) Zurechtweisung, so besaß sie doch die mit ihrem Stande verbundene Unverschämtheit in gehörigem Maße, um sich über dergleichen Wechselfälle des Lebens mit Leichtigkeit hinwegzusetzen. Wo möglich noch sorgfältiger aber überwachte sie die Einnahmen der Tochter; hatte diese einen im Zahlen etwas säumigen Liebhaber, so war sie mit dem Mahnen sofort bei der Hand; die Tochter war für solche Geschäfte so zu sagen zu gut. So hatte ein recht oft kommender Jüngling der Tochter beim ersten Besuche zwar eine Mine gegeben, bei den folgenden[94]) aber vom Zahlen sich Nichts merken lassen. „Mein Sohn," sagte die Alte, „du scheinst zu meinen, du könntest unser Haus für eine Mine ebenso lange besuchen, als du das deines Schreiblehrers für dasselbe Geld besucht hast;" bei dem war eine solche Summe wol[95]) ausständig gewesen. Ein andermal drohten[96]) weder ärmere Liebhaber der Tochter, als sie, weil sie von frühern Besuchen noch schuldeten, von Gnathäna abgewiesen wurden, das Haus mit Hacken und Karsten, die sie deshalb bei sich hätten, zu demoliren; die Alte ließ sich dadurch aber nicht einschüchtern, sondern rief ihnen keck zu: „Hättet ihr Hacken und Karste, ihr hättet schon längst die Pfänder, die hier bei uns sind, eingelöst und den Lohn für uns gezahlt." Dies Verhältniß mit der Tochter scheint nun die wirklich witzige Person zur Entwerfung eines Gesetzbuches für die sie und ihre Tochter Besuchenden veranlaßt zu haben; dieses, ein νόμος συσσιτικός, ist wahrscheinlich ähnlichen der Philosophen nachgebildet gewesen, nämlich den Gesetzen über Gastmahle, den νόμοι συμποτικοί genannten, deren von[97]) Aristoteles, Speusippos, Xenokrates ange-

89) *Meinek.* Com. Gr. Fr. I. p. 447. 90) Es wird ἐν τῷ προλόγῳ τῶν [illegible] des Anaxandrides, eines überaus eigenthümlichen Dichters, bei *Aristot.* Rhet. III, 12, *Meineck.* Com. Gr. T. III. p. 167 citirt; dazu ist nach *Stolle*, De Comoed. Gr. generib. Comm. p. 78 auch der Nereus zu rechnen, dessen von *Athen.* VII. p. 295 E erhaltenes Fragment aus einem Prologe stammt; *Mein.* l. c. III. p. 174. 91) *[illegible]*, De dram. Graecorum comico-satyr. p. 116 stellt dies [illegible]; doch das Gegentheil zeigen *Meineck.* Menand. et Philem. Rell. p. 244, *Stolle* l. c., *Pahl*, De fabb. Roman. pall. et togat. p. 33 seq.; diese Prologe lehnen sich an die des Euripides an. 92) Siehe Nävius im [illegible]: v. G. I. Ribb.; vergl. *Ritschl*, Parerg. Plaut. I. p. 234.

93) *Machon.* ap. *Athen.* XIII, 580 E. F

[illegible]' ἠράσθη ἡ Γνάθαιν' [illegible] ...
[illegible] εἰς Ἀθήνας. ἀναγαγὼν δέ τις
τῶν [illegible] καὶ [illegible]
αὐτῇ [illegible] τῇ
θυγατρὶ μετ' αὐτῆς συμπορευομένῃ λέγει,
[illegible] ἦν, ὦ τέκνον, νὴ τὼ θεώ — —

es ist, wie man sieht, ihre letzte Rede nicht vollständig; im Athenaios folgt nämlich jetzt eine ganz neue Erzählung. 94) Lynkeus bei *Athen.* XIII, 584 C: ὡς δ' ὁ τὴν μνᾶν τῇ θυγατρὶ δοὺς αὐτῆς οὐδὲν ἔτι ἔφερεν, ἀλλ' ἐφοίτα μόνον, Παιδίον, ἔφη, ὥσπερ πρὸς Ἱππόμαχον τὸν παιδοτρίβην μνᾶν δοὺς, οἴει ἀεὶ φοιτήσειν; 95) C. O. *Mueller* quam [illegible] ap. Graec. et Rom. [illegible] p. 26. coll. p. 32; Böckh, Staatsh. d. Athen I. S. 171. Eine Mine attische hat 100 Drachmen, gleich 22 Thlr. 27½ Sgr. 96) *Athen.* XIII. p. 585 A: ἐπεὶ δὲ τὴν θυγατέρα τῆς Γναθαίνης πτωχῶν ἐραστῶν κωμαζόντων καὶ ἀπειλούντων κατασκάψειν τὴν οἰκίαν, ἐνηνοχέναι γὰρ δικέλλας καὶ ἄμας, „Ἀλλ' εἰ ταῦτ' εἴχετε ὑμεῖς, εἶπεν ἡ Γνάθαινα, ἐνέχυρα θέντες τὸ μίσθωμα ἂν ἀπεστείλατε." Vielleicht aus Aristodemos, sonst vergl. Schweighäuser's Anmerkung. 97) *Athen.* XIII. p. 585 B: ἔγραψε — nämlich Gnathäna — καὶ νόμον συσσιτικὸν συγγράψασα, καθ' ὃν δεῖ τοὺς ἐραστὰς ὡς αὐτὴν καὶ τὴν θυγατέρα εἰσιέναι, κατὰ ζῆλον τῶν τὰ τοιαῦτα συνταξαμένων φιλοσόφων. ἀνέγραψε δ' αὐτὸν Καλλίμαχος ἐν τῷ τρίτῳ πίνακι

führt werden; sie bezogen sich auf die bei philosophischen Gastmahlen inne zu haltende Ordnung, und sind sie der Ausfluß zu der Form einer Reihe verschiedener Werke, wie [98]) [illegible] geworden; indessen wäre möglich, daß ebenso viel Einfluß auf dies ihr Unternehmen die Gestaltung von Einrichtungen und Gesetzen ihrer Zeit gehabt hätte; die γυναικονόμοι wurden zu ihrer Zeit eingeführt, ein [99]) Institut, was damals, wie man aus den Komikern sieht, sehr viel besprochen wurde und vielleicht für die Hetairen gar manches Lästige und Beengende bringen mochte. Leider ist uns nur der Anfang bekannt, den Kallimachos in seinem großen [100]) Literaturwerke: [illegible] verzeichnet hatte: „dieses Gesetz verpflichtet Jedermann auf gleiche Weise." Da in diesem Anfange die officielle [101]) Sprache der Athener nachgeahmt erscheint, so darf man annehmen, daß es scherzhaft abgefaßt war, und Kallimachos hat es aufgenommen, weil dergleichen die griechische Literatur wenig bieten mochte, zumal da, wie man aus seinem nicht so ganz unbeträchtlichem [102]) Umfange schließen darf, gar manches für die Sittengeschichte nicht unwichtige Datum in ihm enthalten sein konnte. Blieb Gnathäna also in allen Verhältnissen sich gleich, so wird sie dies auch gezeigt haben, als die Gemeinschaft mit der Tochter ihrer Endschaft erreichte; denn diese Tochter ist entweder früh gestorben oder, was ebenso gut denkbar ist, hat früh das Leben einer Hetaire aufgegeben, da nach einer Angabe [103]) des Lynkeus, der mit den hierher gehörigen Verhältnissen aus eigener [104]) Erfahrung genau bekannt war, die Hetairen oft, veranlaßt durch Heirathen oder sonstige Glücksumstände, noch in jungen Jahren ihr Gewerbe aufgaben und in einen bessern Lebenswandel einlenkten. Da hat nun wahrscheinlich Gnathäna eine Zeit lang wieder allein ihre Kunst treiben müssen oder doch wenigstens nicht unterstützt durch ihr eigenes Geschlecht; auch alte Hetairen fanden [105]) ja damals in Athen noch ihre Liebhaber; nach einiger Zeit ist aber eine Enkelin, Gnathainion benannt, wirklich ein schönes Mädchen, die Tochter der eben Erwähnten, in das Geschäft hineingezogen. Da hat denn Gnathäna ihre Gesetze wieder in Anwendung gebracht, und erscheint sie uns überhaupt ganz wie früher bei der Tochter; sie besorgt die Wirthschaft, geht daher selbst auf den Markt, um einzukaufen, wo sie sehr bekannt gewesen zu sein scheint, und daher dort oft zu Witzen Veranlassung [106]) erhalten hat; sie begleitet ferner die Enkelin bei Besuchen der Tempel und Feste, führt sie bei passender Gelegenheit spazieren; in den Liebhabern ist sie nicht wählerisch, zahlen sie nur; dafür aber, daß die Liebhaber der Enkelin gehörig bezahlen, sorgt sie sehr und führt in höchsteigener Person die Verhandlungen darüber, damit die Enkelin von diesem gemeinen Treiben der irdischen Welt nicht berührt, vielmehr auf einer gewissen idealen Höhe erhalten werde, kurzum zeigt sich recht als eine sorgsame Hausmutter. Es stellt dies Alles Machon uns klar in folgender Erzählung vor [107]) Augen:

Ein alter Herr und Satrap, der einst im Athenerland
War angelangt, wol neunzig Jahre zählte er.

[illegible] „Ὅδε ὁ νόμος ἴσος ἐγράφη καὶ ὅμοιος," [illegible]; den Anfang bildeten die in „ eingeschlossenen Worte, die folgende Angabe der Zeilen stammt aber auch aus Kallimachos, s. unten Note 103. Dazu *Athen.* I. p. 3 F: [illegible] *Athen.* V. p. 186 D: [illegible]; vergl. *Lehrs* De Aristarchi stud. homer. p. 214.

98) *C. F. Hermann*, Ind. lectt. univ. Marburg. 18[illegible] p. [illegible]. *M. Schmidt* ad Didymi Rell. p. 368. 99) Böckh in den Schriften der Berl. Akad. v. J. 1832 S. 23 (s. *Schneidewin* ad *Herod.* Polit. p. 40); K. F. Hermann, Gr. Staatsalt. III. §. [illegible]. 12. 100) Siehe meine Ausführung in der Vorrede zu Schneidewin's Ausgabe von *Arch.* Agam. p. VIII. 101) Dahin weist ἴσος καὶ ὅμοιος; vergl. *Thucyd.* I, 27, 1. *Lobeck.* Paralipp. Gram. Gr. p. 61 seq. 102) Die Angabe von der Zahl der Zeilen im νόμος der Gnathaina ist auch aus Kallimachos genommen, die Worte der Gnathaina selbst geben aber nur die [illegible]. Es war diese Stichometrie die bei Kallimachos übliche Art der Bezeichnung des Umfangs eines Werks; s. Ritschl, Alex. Biblioth. S. 91 fg., dieses und Usener in Welck. u. Ritschl's Rhein. Mus. Bd. XIII. S. 3[illegible]. 103) *Athen.* XIII. p. 582 E: [illegible] [Lagiska, mit der Isokrates gelebt hat], [illegible]

104) *Hoelscher*, De vita et scripl. Lysiae p. 23. 105) So Nilo; *Athen.* XIII. p. 5[illegible] E, eine ganze Masse bei *Athen.* l. c. p. 587 D. E; vergl. die Antwort der Mania bei *Plut.* V. Demetr. c. 27; auch das macht die Chronologie hier schwierig, s. oben 92; dies zu zeigen, dient auch *Hoelscher* l. c. und Sauppe Note 92 citirt. 106) *Machon*, ap. *Athen.* XIII. p. 580 C:

[illegible]

es ist also klar, wie sie sehr alt geworden; γραῦς steht für vetula; *Aristoph.* Vesp. 1365. *Lucian.* Dial. Meretr. c. 11. Unten Note 108 vs. 7 heißt Gnathaina γραῦς. 107) *Machon.* ap. *Athen.* XIII. p. 581 A:

[illegible]

vs. 2 habe ich nach *Mein.* Exercit. philol. in *Athen.* Spec. 1.

Daß grad' am Tag der Kronosfeste Gnathainion
Mit Gnathäna aus der Aphrodite Tempel geht.
Ihr Aussehn und den schönen Gang bewundernd,
Fragt er sofort, wie viel für eine Nacht als Preis
Gefordert werde. Gnathäna sieht das Purpurkleid,
Der Umgebung Glanz und verlangt nun ohne Weiteres
Eintausend Drachmen. Erschrocken als ob er tödtlich sei
Verwundet, versetzt der Satrap: Beß Gottes, liebes Weib,
Du thust, da ich Soldat, als wär' ein Gefangner ich;
Fünf Minen nimm, schließ Waffenstillstand ab mit mir
Und mach uns zu Hause das Bett zurecht. Da sie begriff,
Wie der alte Herr sich bemühte, galant und fein zu sein,
Sprach sie: Gut, Väterchen, nur was du gewillet bist;
Ich weiß genau und rechne sicher drauf, daß du
In der Nacht dem Mädchen einen doppelten geben wirst.

Aber auch noch auf andere Art ward ihre Thätigkeit in Anspruch genommen; es kam vor, daß Gnathainion die Liebhaber nicht zu deren Zufriedenheit behandelte; sie mochte ja ebenfalls ihre Launen haben; dann wandten sich diese an die Großmutter, damit sie der Enkelin den Kopf zurechtsetze. Eine von Machon aufgezeichnete Geschichte stellt dies dar und läßt zugleich auch erkennen, wie das Mädchen trotz dem, daß die Handelsgeschäfte von der Großmutter besorgt wurden, für diese auch einen guten Blick hatte und die Lehren der Alten stärlich bei ihr auf guten Boden gefallen waren. Also Machon [108]) erzählt:

Einst sagte sich's, erzählt man, daß Gnathainion
Dem Andronikos bei 'nem Schmaus den Mund nicht ließ
Zum Kuß, wie's doch die Tage zuvor gehalten war;
Ihr Grund war Zorn, daß Geschenke sie gar nicht erhielt von ihm.
Er beschwerte sich: Siehst, o Gnathäna, du denn nicht,
Wie übermüthig deine Tochter mich verletzt?
Die Alte zürnt und „Argen Mädchen" schilt sie los,
„Sofort umarm ihn, küss' ihn, wenn's gefällig ist!"
Doch sie versetzt, „liebe Mutter, soll ich denn
Den küssen, der Nichts nützt und unter unserm Dach
Wie Argos, unser beider Gut, will als Geschenk!"

Andronikos war also ein schlechter Zahler. Wir sehen, Gnathäna hat ihr Leben auf dieselbe Weise von Anfang bis zu Ende geführt, erst so lange es ging als Hetaire, dann als Hurenmutter, und ging darauf aus, die arge Kunst in ihrer Familie zu erhalten; es erhellt, wie tief die griechische Nation damals gesunken war. Wann nun Gnathäna gestorben, ist nicht überliefert; überblicken wir aber dies Alles, so ist sie nothwendig eine ältere Zeitgenossin [109]) des Machon gewesen und kann von ungefähr Ol. 112 bis Ol. 130 — 332 bis 260 a. Chr. gelebt haben.

III. Die Tochter der Vorigen. Welchen Namen sie geführt, ist nicht überliefert; auch sonst wissen wir Nichts von ihr als das, was in dem vorhergehenden Abschnitte über sie gesagt worden. Erwähnt muß aber werden, daß [110]) Schweighäuser die Existenz dieser Person als Hetaire überall bezweifelt, jedoch, wie mir scheint, mit Unrecht; denn Machon scheint doch ganz bestimmt zwischen ihr und ihrer Tochter zu scheiden; außerdem entspricht die ihr hier zugeschriebene Rolle ganz den Verhältnissen ihrer Zeit. Genauer dagegen sind wir über die auch schon erwähnte

IV. Gnathainion unterrichtet; sie hatte ihren Namen von der Großmutter und ist als Hetaire ebenso bekannt wie diese geworden; erst Eustathios verwechselt [111]) beide mit einander. Sie setzt das Geschäft der Mutter und Großmutter fort, eine Erscheinung, welche damals gar nicht so selten war. So war Korona eine bekannte Hetaire und vielleicht etwas ältere Zeitgenossin der Gnathainion, deren Mutter Nannion, die in der mittlern Komödie viel erwähnte, und Großmutter, die mit Namen uns nicht bekannt ist, beide [112]) Hetairen gewesen; so hatte Leontion, Epikur's Geliebte, ihre [113]) Tochter Danae zur Hetaire erzogen, und noch andere solcher Fälle sind bekannt; vergleichbar [114]) damit ist, wenn Sinope ihre Sklavin Bakchis zur Hetaire bildete und diese wieder ihre Sklavin Pythionike; da war also das Gewerbe in der Familie erblich, wie die Kunst in den Geschlechtern der Tragiker, wie das Wahrsagen bei den

---

p. 40) [illegible] gegen die codd. eingeschoben; andere Vermuthungen gibt Dind. ad Athen. l. c. und Mein. l. c. an. Ebenso ist vs. 14 [illegible] nach Mein. l. c. Spec. II. p. 31 eingesetzt. — Was den Inhalt betrifft, so besuchten die Hetairen Tempel und Feste regelmäßig: Jacobs, Verm. Schriften IV. S. 547; dann sieht man aus vs. 8, wie viel solche Hetairen verlangten; es war dies hier, wie es scheint, allerdings eine hohe Forderung: vergl. Böckh, Staatsh. d. Ath. I. S. 171, es läßt sich dies aber für diese Zeit noch näher bestimmen. Der Schluß, vs. 16 fg., ist doppelsinnig, er geht einmal auf den Preis, zweitens bezweifelt und verspottet sie seine männliche Kraft; richtig Palmer. Exercitt. p. 524: [illegible]; das Gegentheil bezeichnet Peisthetairos in Arist. Av. 1254: ... [illegible] | [illegible], wo die Scholien zu vergleichen und Bergler's Note.

108) Machon. ap. Athen. XIII. p. 581 F. 582 A:

[illegible]

Es ist zwar möglich, daß vs. 12 [illegible] richtig ist; es bezieht sich darauf, daß von ihren Reizen sie selbst und die Mutter leben müssen. Doch wäre vielleicht besser [illegible] zu schreiben; Schol. ad Soph. Oed. Col 378: [illegible], Schneidew. ad Soph. Oed. Col. l. c. und Nauck. ad Sophocl. fr. 222; hier in Gnathainion's Munde würde [illegible] eine obscöne Nebenbeziehung bekommen. Jedenfalls liegt aber, wie Casaubon gesehen, dem Verse eine tragische Stelle zu Grunde; vielleicht die eines Stückes, in dem der Argeier Andronikos aufgetreten war. Damit stimmt auch Jacobs, Verm. Schriften IV. S. 550 fg.

[illegible] Soph. Ant. 1032. Aber [illegible] bei Casaubon falsch genommen.

109) Siehe oben LXX. S. 88. 110) Schweighäuser. ad Athen. XIII. p. 581 A. 585 A. Daraus, daß Gnathainion [illegible] der Gnathaina genannt wird und von der ersten Gnathaina [illegible] genannt wird, kann man hier Nichts folgern. 111) Eustath. ad Hom. Il. Ω, Vol. p. 1349, 19. 112) Athen. XIII, 587 D. 113) Athen. l. c. p. 588 B. 114) Athen. l. c. p. 595 A.

Jambiden und andern, die Bildnerei bei den Dädaliden, das Rhapsodiren bei den Homeriden. Eine solche Hetaire nun, welche in der dritten Generation dies Gewerbe trieb, ward von [115] den Griechen eine τρίπορνος genannt, an und für sich schon ein witziger Ausdruck, hervorgerufen, wie ich denke, durch den Adelsstolz der Athener; wie eine Bürgerin bei ihrer [116] Heirath ihren Stammbaum vorlegte und auf ihn sich etwas zu Gute that, so in ähnlicher Weise die Hetairen; daß also Gnathainion ihren Müttern in der Wahl des Berufs folgte, entsprach den in Athen jetzt herrschenden Sitten. Es hat demnach dies Mädchen die Anleitung zum vortheilhaften Betriebe der Buhlerei von der Großmutter erhalten und dieser dann auch alle Ehre gemacht; sie war von Körper schön, wußte sich zierlich und einnehmend [117] zu bewegen, hatte Witz und verstand ihre Kenntnisse der Poesie [118] zur rechten Zeit zu gebrauchen, sodaß ihre Antworten und Reden stets den gewünschten Eindruck machten und sie mit Nikarete aus [119] Megara und andern gelehrten Hetairen den Vergleich nicht zu scheuen brauchte. Im Anfange ihrer Laufbahn folgte sie der Großmutter und gab sich Jedem, der gut bezahlte, preis, er mochte alt sein, wie der Satrap, oder jung und voller Kraft; vor Allem war sie aber darauf aus, mit reichen, aus der Fremde nach Athen gekommenen Kaufleuten zu verkehren, was die Großmutter, aus eigener Erfahrung das Vernünftige dieses Verfahrens kennend, nur unterstützt haben wird. Wie viel dies Leben ihr eingebracht hat, wie üppig und mit welchem Aufwande sie lebte, zeigt eine Erzählung bei Machon über einen Besuch, den sie einem im Peiraieus abgestiegenen Liebhaber [120] machte:

Als eine Panegyris einst war, zog Gnathainion
Hin nach dem Peiraieus zu einem Fremden, der,
Ein Kaufmann, sie gemiethet; sie ritt selbst gar hübsch
Auf einem Maulthier, hatte auch drei Esel mit,
Der Dienerinnen drei und ein Scherzhündchen noch.
Als sie zusammt in einem Hohlweg angelangt,
Begab's sich, daß entgegen ihnen kam gerannt
Ein schlechter Ringer, der sich stets besiegen ließ.
Da er nun schwer ausweichen konnte diesem Zug,
Schrie er im Hohlweg, Eselstreiber, arger Schuft,
Packst du nicht schleunigst dich da aus dem Weg heraus,
So schmeiß ich deine Weiber sammt dem Sattelzeug
In Boden; so schrie er im Grimm. Gnathainion
Versetzte: O, du armer Wicht, das thust du nicht;
Dergleichen hast du ja noch nie zu Stand gebracht.

Hat sie also gute Geschäfte gemacht, so hat doch auch sie nicht mit großen Herren und Königen verkehrt; dagegen hat sie, auch hierbei ihrer Großmutter vergleichbar, ein engeres Verhältniß mit dem Schauspieler Andronikos geschlossen, das aber einen andern Ausgang genommen, als das der Großmutter mit Diphilos. Zuerst war, wie es scheint, Andronikos nur ein [121] Liebhaber gewöhnlicher Art, hatte sich ihr auf die gewöhnliche Weise genähert, ihre Gunst erhalten, aber sie mit andern getheilt; allmälig nun hat sich, vielleicht nachdem er mit Gnathainion einen Sohn erzeugt [122] hatte, ein engeres Verhältniß gebildet und sie sich deshalb mehr zurückgezogen und ein ehrbares Leben zu führen versucht. Es ward ihr das aber nicht leicht; denn da sie sich als Hetaire einen großen Namen erworben, suchte man sie noch immer auf, und ward sie durch Anerbietungen gar verlockender Art öfters in ihren guten Vorsätzen auch wirklich wankend gemacht; reiche Renommisten und Wüstlinge strebten durch vieles Geld ihre Gunst sich zu verschaffen, um hernach damit prahlen zu können. Wie sie nicht immer diesen Verlockungen widerstand, läßt uns eine Erzählung des [123] Machon erkennen, welche, wenn

115) *Athen.* XIII, 587 B: [illegible] ib. 596 B: [illegible] — [illegible] — [illegible] vergl. *Schweigh.* ad XIII. p. 587 B, Animadv. T. VII. p. 170. Es wird mit diesem Ausdrucke zugleich wol die Betreffende als eine ganz gewaltige Hure bezeichnet, eine sehr routinirte, da die Zahl drei in diesem Sinne von den Griechen gebraucht ward. 116) *Plut.* Thes. p. 174 D; *Menand.* fr. p. 189 ed. min. *Meinek.* 117) Siehe oben Note 107, vs. 5: [illegible] .. [illegible]. 118) Siehe oben Note 108, vs. 10 fg.; auch unten Note 120. 119) *Athen.* XIII. p. 596 E. coll. *Meinek.* Exercitt. philol. in *Athen.* Dorpp. Spec. II. p. [illegible]. 120) *Machon.* ap. *Athen.* XIII, 580 B:

[Greek verses illegible]

Dazu *Eustath.* ad *Hom.* Il. Θ, 262. p. 1349, 19: [illegible] — nach Eustathios Gnathäna — [illegible] — scr. [illegible] — [illegible]; Eustathios hat, wie bekannt, nur die Epitome des Athenäus benutzt; es ist daher auf ihn kein besonderes Gewicht zu legen. In vs. 3 haben die Handschriften [illegible]: es hat *Meinek.* Exercitt. philol. in *Athen.* Spec. I. p. 40 dies verbessert. Dann ist vs. 5 [illegible] entschieden verdorben; was man bis jetzt dafür versucht hat, ist nicht zu empfehlen: v. *G. Dind.* ad *Steph.* Thes. L. G. s. [illegible], p. 2128 B; was ich gesetzt habe in der Uebersetzung, zeigt nur, was ungefähr der Sinn hier verlangt; über diese Hunde vergl. Ann. ad Apostol. Provv. XI, 24. Zu beachten ist schließlich, daß nicht unumgänglich nöthig ist, Gnathäna sich grade von Athen kommend zu denken; sie konnte auch von einem Demos kommen.

121) Siehe oben Note 57. 108. 122) *Machon.* ap. *Athen.* XIII, 581 D. 123) *Machon.* ap. *Athen.* XIII, 581 C:

[Greek verses illegible] (sc. Andronikos)
[illegible]

gleich unvollständig überliefert, sehr deutlich doch das Wesen der Hetaire schildert, zugleich aber auch so in das Detail der von Gnathainion einem Kupferschmiede erwiesenen Gunst eingeht, daß wir sie hier nicht wiedergeben können. Genügen mag hier, daß Gnathainion einem reichen Kupferschmiede, als Andronikos einst abwesend, zu Willen war; als Andronikos zurückgekehrt, erfuhr er, da der Schmied seines Erfolgs sich öffentlich rühmte, den ganzen Hergang mit allen seinen Specialitäten; statt aber, wie man erwarten sollte, über die Untreue seiner Geliebten in Zorn zu gerathen, bedauerte er nur, daß sie den Schmied auf eine Art umarmt habe, die sie — bei ihm nie angewandt! Man sieht hier wieder die tiefe Versunkenheit der Zeit; die Art aber, wie sich Gnathainion auf jenes Bedauern des Andronikos äußert, eröffnet uns von Neuem einen Blick in ihre Studien und in ihre Lectüre, klärt ferner darüber vollkommen auf, daß sie in alle Geheimnisse der Wollust eingedrungen war. Man ist ja gewohnt, die alte hellenische Literatur sich nur auf den Höhen der Ideale verkehrend zu denken: allein schon zur Zeit des Sophokles trat eine lediglich an das Gemeine sich haltende Poesie und Musik sehr merklich hervor, welche sich in der Darstellung der sinnlichsten Liebe gefiel und herumtrieb. Dahin gehörten Gnesippos und Kleomenes, welche [124]) schon von Kratinos und Eupolis, letzterer auch von Chionides, gebrandmarkt werden, dann Dichter von [125]) Polymnesteia, d. h. von Liedern in der Art des Polymnestos; dieser nämlich ein Musiker zur Zeit des Thaletes und Sakadas, hatte weichere Melodien als sonst üblich angewandt, und diese waren von Arignotos und Andern so übertrieben worden, daß sie jetzt zu Liedern des liederlichsten Inhalts paßten. An diese schlossen sich noch mancherlei poetische Sachen an, wie die der [126]) Chariteas; alles dies kann schon in früher Zeit Anknüpfungspunkte haben, wie zum Beispiel im [127]) Botrys und überhaupt der [128]) lokrisch-ionischen Poesie. Aber bedeutender scheint die Richtung, gefördert durch den immer größer werdenden Sittenverfall, durch einzelne Dichter, wie den Dithyrambiker Timotheos, der in seinem Dithyramb *Σεμέλης ὠδίν*, einzelne Komiker, die in Komödien [129]) des Titels *Ἀθηνᾶς γοναί*, *Πανὸς γοναί* u. s. w. die Grenze des Erlaubten überschritten, erst seit

ἐν τῷδε δ' ἑτέρους ἐντυχεῖν μαστιγίας.
[illegible] εἶναι [illegible] τὴν [illegible],
Περιλαμβάνειν γὰρ τὸν [illegible] τάλαν
ἄνθρωπον ἄχρι τοῦ στόματος [illegible]·
διὰ ταῦθ' [illegible] καὶ [illegible]
[illegible] θ', ἵν' ἄνωθεν ὡς μάλιστα καὶ
ἐλάχιστον [illegible] τοῦ σώματος.

Nach vs. 5 ist jedenfalls eine Lücke, auch folgen die Verse sich nicht in der ursprünglichen Ordnung.

124) *Athen.* XIV. p. 638 D, s. unter Gnesippos. 125) *Arist.* Equitt. 1280 ibiq. Scholl.; vergl. Bernhardy, Griech. Litt.-Geschichte. I. S. 325. *Πολυμνήστεια* ist wie *Ἀνακρεόντεια* zu fassen. 126) *Leutsch.* ad Append. Provv. II, 89 *Meinek.* ad Com. Gr. Frr. II, 1. p. 98. 127) *Athen.* VII, 322 A; *Meinek.* Com. Gr. Frr. I. p. 408. 128) *Clearch.* ap. *Athen.* XII. p. 516 A; Schneidewin im Philol. I. p. 156. 129) *Meinek.* Com. Gr. Fragm. I. p. 279, s. oben Note 13.

der Zeit der mittlern Komödie hervorgetreten zu sein, wo weniger Dichter, wie [130]) Melетos, Lamynthios [131]) wichtig, als das Buch des als Rhetor bekannten Polykrates, das den schlüpfrigsten und schamlosesten Stoff in Mode brachte. Polykrates, aus Athen [132]) gebürtig, aber in Kypros, wo alle Art Liederlichkeit zu lernen war, eine Zeit lang lebend, hatte unter dem Namen der [133]) Philainis ein Buch geschrieben, in welchem er die verschiedenen Arten, nach denen der Beischlaf zu vollziehen, auseinandergesetzt hatte, und zwar, nach der sonstigen Art seiner Schriftstellerei zu schließen, auf eine durchaus frivole Weise, sodaß er als ein Vorbild [134]) des Ovid betrachtet werden darf. Ihm sind nur in Behandlung dieses Stoffes, für den sich nach [135]) Aristophanes' Andeutungen bei den Hetairen und überhaupt in der Frauenwelt eine große Tradition fand, eine Reihe uns unbekannter Schriftsteller gefolgt, sodaß — man muß dies aus Aeußerungen [136]) des Stoikers Chrysippos entnehmen — zur Zeit der Gnathainion schon eine umfangreiche Literatur dieser Art existirte, welche das Eigenthümliche hatte, daß die Verfasser fingirter Namen sich bedienten, wie [137]) Niko von Samos, Kallistrato von Lesbos, Philainis, und daß die in diesen Büchern gegebenen Anweisungen Sklavinnen oder Dienerinnen in den Mund gelegt wurden; namentlich dies Letztere muß als charakteristisch beachtet werden, indem in ihm eine echt- und altgriechische Anschauung hervortritt, nämlich die, daß der Vertreter einer niedern Gattung der Literatur auch selbst einer niedern Gattung Menschen, dem niedern, dienenden Stande eigentlich angehöre, wie denn Archilochos sich selbst als Jambographen als [138]) Sohn der

130) *Aristoph.* Ran. 1302 c. Scholl., Scholl. ad Plat. p. 330; Welcker, Die griech. Tragöd. nach dem episch. *Kykl.* geordn. III. S. 970. 131) *Meinek.* ad Com. Gr. Fr. III. p. 807. 132) *Suid.* s. *Πολυκράτης*, *Meier*. Ind. lectt. univ. Halens. aest. 1837. p. XIII, *Saupp.* Orat. Graecor. Frr. p. 221 seq. 133) *Aeschrion* ap. *Athen.* VIII. p. 335 D, *Aeschr.* fr. 1. *Mein.*, Brinck im Philol. VI. p. 362, *Saupp.* l. c. p. 225. die Sache ist noch nicht ganz klar. 134) *Ovid.* Art. Amat. III, 770 seq. 135) *Aristoph.* Ran. 1328 ibiq. Scholl., Eccles. 8 ibiq. Interpp. 136) *Athen.* VIII, 335 D: *Χρύσιππος ἐν τῷ πέμπτῳ περὶ τοῦ καλοῦ καὶ τῆς ἡδονῆς φησι· Καὶ βιβλία τά τε Φιλαινίδος καὶ τὴν τοῦ Ἀρχεστράτου* (s. oben Note 12) *γαστρονομίαν καὶ δυνάμεις ἐρωτικὰς καὶ συνουσιαστικάς, ὁμοίως δὲ καὶ τὰς θεραπαίνας ἐμπείρους τοιῶνδε κινήσεών τε καὶ σχημάτων καὶ περὶ τὴν τούτων μελέτην γινομένας. Καὶ πάλιν· Ἐκμανθάνειν τ' αὐτοὺς τὰ τοιαῦτα καὶ κτᾶσθαι τὰ περὶ τούτων γεγραμμένα Φιλαινίδι καὶ Ἀρχεστράτῳ καὶ τοῖς τὰ ὅμοια γράψασι. Κἀν τῷ ἑβδόμῳ δέ φησι· Καθάπερ γὰρ οὐκ ἐκμανθάνειν τὰ Φιλαινίδος καὶ τὴν Ἀρχεστράτου γαστρονομίαν ἔστιν ὡς φέροντά τι πρὸς τὸ ζῆν ἄμεινον* (s. unten Note 140). 137) *Athen.* V. p. 220 E: *τοιαῦτα γὰρ κατὰ αὐτῶν* (Xenophon und Sokrates) *[illegible] τῇ Θεοδότῃ λέγοντα, ἃ οὔτε Νικὼ ἡ Σαμία ἢ Καλλιστράτη ἡ Λεσβία ἢ Φιλαινὶς ἡ Λευκαδία, ἀλλ' οὐδὲ ὁ Ἀθηναῖος Πυθόνικος, [illegible]· αὗται γὰρ περὶ ταῦτα [illegible]*: es hat keine Wahrscheinlichkeit, daß die bei *Asclepiad.* in Anth. Palat. V, 150 genannte Nilo hier zu verstehen sei; da ist von einer wirklichen Hetaire die Rede, hier von einer Schriftstellerin; daß diese aber keine wirkliche war, sondern nur einer Schrift vorgesetzt, deren Verfasser nicht genannt sein wollte, zeigt Philainis. 138) Welcker in Schwenk's Etym.-Mythol. Andeut. S. 323.

Magd Knipo darstellte und Aesopos stets als Sklave in der alten Zeit gefaßt [139]) ward. Um dies recht lebendig zu machen, darauf hatte wol die mittlere Komödie, welche darin in gewisser Hinsicht dem Epicharm verwandt das Parodiren der mythischen Zeit mit Vorliebe betrieb, einen besondern Einfluß; da in ihr Helena als Hetaire aufgefaßt [140]) ward, so mag durch sie deren Sklavin [141]) Astyanassa hervorgebracht sein, welcher jene dem Polykrates sich anschließenden Scribenten ihre Lehren in den Mund legten, vielleicht auch [142]) Elephantis, da dieser Name der [143]) Mythologie nicht fremd und sie mit Astyanassa in Verbindung gebracht wird. Dieser Literatur, welche um Ol. 110 — 340 v. Chr. schon sehr entwickelt sein mochte, ward förderlich Archestratos, da ihn [144]) Chrysippos mit Philainis geflissentlich verbindet, ganz eng aber hingen mit ihr die einige Zeit später durch [145]) Sotades von Maroneia in die Höhe gebrachten *Ἰωνικοὶ λόγοι* oder *κιναιδολόγοι* zusammen, an welche sich wol die priapeischen Gedichte dem Wesen ihres Gottes gemäß eng anschlossen; durch [146]) Euphorion vom Chersones, der um Ol. 140 — 220 v. Chr. lebt, wurden sie, wie es scheint, besonders vervollkommnet. Diese Poesien suchten nun auch, was sich irgend von Schmuz in der alten Mythologie fand, eifrig zusammen, und mögen jetzt also schmuzige Sagen wie von Milanion und Atalante, von Hektor und Andromache erfunden, solche wie von Ciegeis, der Tochter des Keleus, hervorgesucht [147]) und zeitgemäß behandelt sein. Und wie eifrig dies nach allen Seiten hin sich verbreitete, tritt auch in der Kunst uns entgegen, wo die Richtung des Praxiteles falsch aufgefaßt zu ähnlichen Erscheinungen führte, wie in der Musik und Poesie die des Polymnestos; Kephisodotos warf sich [148]) auf üppige Stoffe und hatte darin Nachfolger genug. So sieht man denn aus dieser Darstellung, wie es den Hetairen zu Gnathainion's Zeit an einer ihrem Gewerbe entsprechenden Literatur durchaus nicht fehlte und diese Dirnen sowol für sich selbst als auch für ihre Liebhaber daraus ihren Nutzen und ihre Freuden zogen; Leute, wie [149]) Nicolaus Chorerius, Petrus Aretinus, hat es also auch im Alterthume gegeben. Diese Literatur hat also unsere Gnathainion gleichfalls benuzt und ihre Liebhaber, selbst den Andronikos, dadurch [150]) an sich gefesselt; sie erscheint auch hiernach als den gewöhnlichen Hetairen ganz gleich. Sonach wäre nur noch zu fragen, was wir denn von diesem Andronikos beibringen können, der auf das Leben der Gnathainion unverkennbar einen bedeutenden Einfluß ausgeübt hat. So viel steht fest, daß er ein tragischer [151]) Schauspieler und Sänger gewesen, der sich einen [152]) Namen gemacht hatte, und daher nicht blos in Athen, sondern auch in [153]) Korinthos und an andern Orten auftrat; es ist das aber Alles, was wir von ihm wissen. Man hat ihn nun in neuerer [154]) Zeit für eine Person mit dem Schauspieler dieses Namens gehalten, der den [155]) Demosthenes unterrichtet; aber ein Blick auf die Zeit, in welcher Gnathainion lebt, zeigt, daß dies unmöglich, zumal da nach Allem, was uns von dem Verhältnisse dieses Andronikos zu Gnathainion berichtet wird, wir ihn zur Zeit des Entstehens dieses Verhältnisses als einen jüngern Mann uns denken müssen; es ist daher dieser Tragöde von dem Lehrer des Demosthenes völlig zu tren-

139) Welcker, Kl. Gesamm. Schriften II. S. 242. 140) Hierher gehört *Hegesand.* ap. *Athen.* X. p. 414 D: [illegible] die Stelle hat freilich ihre Schwierigkeiten; s. *Meinek.* Com. Gr. Frr. III. p. 568, aber bei Kallybanes erschien sie, die Helena, als viel essend; daß dies in der Art der Hetairen war, ist schon oben Note 18 bemerkt; auch spricht dafür die Verbindung von Philainis und Archestratos bei Chrysipp, worüber vergl. oben Note 136 und *Meinek.* Exerc. philol. in *Athen.* Spec. II. p. 43 seq. 141) *Hesych.* s. *Ἀστυάνασσα*: [illegible] *Suid.* s. *Ἀστυάνασσα*: [illegible] Diese nehmen als wahr an, was in den unter diesen Namen geschriebenen Büchern stand. Aus ihnen mag auch geflossen sein, was *Ptolem.* Hephaest. ap. *Phot.* Bibliotk. cod. 190. p. 149, a, 26 beibringt: [illegible] wo auch wegen Chrysippos — s. oben Note 136 — der Ausdruck [illegible] zu beachten. 142) *Suid.* s. *Ἀστυάνασσα*: vergl. *Olearius,* Dissert. de poetriis Gr. p. 169. 143) Die Gattin des Danaos hieß so; *Apollod.* II, 1, 5. 144) Siehe oben Note 136 und 140. 145) *Justin. Martyr.* Apol. II. c. 15. p. 53 B: [illegible] vergl. *Capelmann* ad Alexand. Aetol. frr. p. 25 seq.: diese Art Sachen haben immer viel Leser und Liebhaber gefunden, daher werden diese Schriften auch noch bei Tatianus und Clemens Alexandrinus erwähnt. 146) *Meinek.* Anal. Alexand. p. 341 seq.

147) Etym. Magn. s. *Ἀσελγαίνειν*, p. 153, 48, add. ib. p. 327, 11, *Tzetz.* ad *Lycophr.* Cass. 1678 seq.; vergl. Schneidewin im Philol. I. p. 382 seq. — Ueber Milanion und Hektor s. *Ovid.* Art. Amat. III, 775. *Martial.* Epigr. XI, 104. 148) *Plin.* Nat. Hist. XXXVI, 4, 6; Welcker, Alte Denkmäler I. S. 317, s. oben Note 13. 149) *Forberg.* ad Anton. Pan. Hermaphr. p. 205 seq. 150) *Athen.* XIII. p. 581 E; s. oben Note 123, vs. 17 fg. 151) Siehe oben Note 58; *Athen.* XIII, 584 D: [illegible] — der Gnathäna; sie lebte also noch, als Andronikos Gnathainion liebte; zu der nämlich wollte er eigentlich — [illegible] dieser Vers wird nach Bentley jetzt dem Sophokles zugeschrieben; so Welcker, Die griech. Trag. nach dem epischen Cyklus geordn. I. S. 276 und andere oben Note 57 Angeführte; aber der Hiatus im Anfange, die Homerische Nachahmung (*Hom.* Od. β, 243: [illegible]) und der Sinn des Verses überhaupt machen mir wahrscheinlich, daß er weder dem Aischylos, noch dem Sophokles, sondern dem jüngern Astydamas gehört, der nach *Suid.* s. v. auch *Ἑρμῆν* gedichtet hatte; dieser wenigstens zu Lykurgs' Zeit — aus dem nämlich ist die Erzählung — viel aufgeführt werden. 152) Daher nennt ihn *Machon.* ap. *Athen.* XIII, 581 C — s. oben Note 123, vs. 5 — auch [illegible]. 153) *Machon.* l. c. 154) Schäfer, Leben des Demosthen. I. Bd. S. 302. 155) Leutsch, Grundr. z. Metrik S. 407.

nen. Wie aber weiter das Leben dieses Paares verlaufen sei, ist uns unbekannt, ebenso, was aus dem Sohne desselben geworden; daher schließt die Geschichte dieses ehrenwerthen Geschlechts hier ab, wenn gleich eine fünfte Gnathainion hier noch zu erwähnen, nämlich:

V. Gnathainion aus Argos, die angebliche Mutter des Perseus, des letzten Königs von Makedonien, welche auch das Gewerbe einer Hetaire getrieben hat. Was das Nähere über sie anlangt, so ist zuvörderst über die Form ihres Namens Streit; die Handschriften[158]) Plutarch's schreiben ihn im Genetiv zum Theil Γναθαινίας, was Reiske, W. Dindorf und Andere[157]) in Γναθαινίου ändern wollten, wogegen Schäfer und Andere bei den Handschriften geblieben sind; könnte aber auch neben Gnathainion eine Form Gnathainia bestehen, wie Σωφρονία neben Σωφρόνιον, wie Ποσειδώνιον neben Ποσειδωνία, wobei noch überhaupt die große Veränderlichkeit der nomina propria grade in den Endsylben zu beachten wäre, so ist doch Γναθαινίου nach Spuren[158]) der Handschriften vorzuziehen. Ebenso ist aber über den Stand des Mädchens gestritten; denn da Plutarch sie ἀκέστρια nennt, so ist zweifelhaft, ob sie eine Heilkünstlerin oder eine[159]) Näherin gewesen. Sicheres läßt sich bei der Dürftigkeit unserer Quellen darüber nicht ausmachen. Den Sohn nun, den diese Argiverin geboren, soll die Gemahlin des Philipp für den ihrigen ausgegeben haben und dieser nun Perseus gewesen sein. Da Perseus um 570 a. u. — 184 a. Chr. — Ol. 148, 4 30 Jahre alt[160]) war, so ist er Ol. 141, 2 — 214 a. Chr. geboren, Bestimmungen, welche vielleicht nicht ganz genau sind; aber selbst wenn Perseus ein Bedeutendes älter sein sollte, was eben nicht wahrscheinlich ist, bleibt immer noch ein zu großer Zeitraum zwischen der athenischen Gnathainion und der Schneidermamsell aus Argos, als daß diese beiden von uns als demselben Geschlecht angehörend angenommen werden könnten. Denn fassen wir alles bisher Auseinandergesetzte zusammen, so muß Gnathäna, des Diphilos Geliebte, um Ol. 112 — 332 a. Chr. und zwar eher etwas früher als später geboren sein, sodaß man sich an die oben näher[161]) geprüfte Angabe des Aliphron über sie nicht eben zu binden hat; sie kann um Ol. 118 — 308 a. Chr. geboren haben, vielleicht erst nach ihren Streitereien mit[162]) Mania; ihre Tochter hat dann Ol. 123 — 288 a. Chr. Gnathainion zur Welt gebracht, welche seit Ol. 127 — 272 a. Chr., auch schon[163]) früher, als Hetaire ihre Laufbahn machte, sodaß sie also Lynkeus und Machon als ältere Männer gekannt und ihre hierher gehörigen Werke dem Greisenalter nahe geschrieben haben; schrieben sie um Ol. 129 — 264 a. Chr., so war Gnathäna, als Gnathainion ihre Laufbahn begann, eine den Sechzigen nahe Frau, und das stimmt zu der Art, wie sie von[164]) Machon in der Zeit bezeichnet wird. Wie viel Schwankendes übrigens in dieser Darstellung ist, entgeht mir nicht; es liegt das in der Beschaffenheit der Quellen; jedenfalls wird aber dieser Versuch darauf aufmerksam machen können, daß man bei der Entwickelung der Geschichte dieser Zeiten hinsichtlich der Hetairen vorsichtiger verfahren müsse, als bis jetzt geschehen.

(*Ernst von Leutsch.*)

GNATHIUM, eine von Kirby aufgestellte Gattung der Käfer aus der nächsten Verwandtschaft von Meloe (s. d. Art.) und ausgezeichnet durch einen im männlichen Geschlechte weit über den Kopf verlängerten Endlappen der Maxillen. (*Giebel.*)

GNATHO. Gnathon von der Insel Thasos wird von mehren Neuern, auch noch von Brunn (Geschichte der griechischen Künstler. 2. Bd. S. 201) als ein Maler, der etwa gegen das Ende des peloponnesischen Krieges gelebt habe, aufgeführt, nach Hippokrates Epidem. I, 2, 9 (Vol. II. p. 608 ed. *Littré*), wo man gewöhnlich liest: Θυνοκλέων δε κατέκειτο παρὰ Γνάθωνι τῷ γραφεῖ. Allein mehre Handschriften, darunter die älteste unter allen bisher für diese Schrift benutzten, geben für γραφεῖ vielmehr γναφεῖ, was jedenfalls das Richtige ist; darnach gehört also dieser Gnathon durchaus nicht in die Kunstgeschichte, da er nur das ehrsame Handwerk eines Walkers betrieb. (Dr. *C. Bursian.*)

GNATHO. Das griechische Wort γνάθος, die Kiefer, Kinnlade, Wange, ist in die Zusammensetzung einiger Termini der Zoologie (s. d. folg. Art.) und der Pathologie aufgenommen worden: Gnathancylosis, Verwachsung des Kiefergelenks; Gnathorrhagia, Blutung aus der inneren Fläche der Backe; Gnathospasmus, Kinnbackenkrampf. (*Fr. Wilh. Theile.*)

GNATHOBOLUS nennt Schneider eine in einer Art der Cayenne lebende Fischgattung, welche von Lacepede unter dem Namen Odontognathus in die Familie der Gymnopomen versetzt worden ist. (*Giebel.*)

---

156) *Plut.* Aemil. Paul. 8 λέγεται δὲ μηδὲ γνήσιος (Perseus) γενέσθαι, λαβεῖν δ' αὐτὸν ἡ συνοικοῦσα τῷ Φιλίππῳ νεογνὸν ἀκεστρίας τινὸς Ἀργολικῆς Γναθαινίας τοὔνομα τεκούσης καὶ λαθοῦσα ὑποβαλέσθαι; id. Arat. 54: ... Περσεὺς δὲ Φιλίππῳ τὴν ἀρχὴν παρέδωκεν (Φίλιππος), ὃν οὐ γνήσιον, ἀλλ' ὑπόβλητον εἶναί φασιν, ἐκ Γναθαινίου τινὸς ἀκεστρίας γεγονότα; *Liv.* XXXIX, 53, 3: natu eum minorem aetate (Demetrios, Sohn des Philipp von Makedonien) quam Persea esse, hunc tamen justa matrefamilias, illum paelice ortum esse; illum ut ex vulgato corpore genitum, nullam certi patris notam habere, hunc insignem Philippi similitudinem prae se ferre. 157) *Reiske* ad *Plut.* V. Aem. l. c., *G. Dind.* in *Steph.* Thes. Ling. Gr. s. Γναθαίνιον p. 687 C. 158) Nämlich cod. Paris. C hat in V. Arat. l. c. Γναθαινίου und darnach hat Sintenis daselbst Γναθαινίου geschrieben, während er in V. Aem. Paul. l. c. die Vulgata Γναθαινίας hatte stehen lassen. 159) *Onom.* ad Pollux. p. 253; vgl. *Eustath.* ad *Hom.* Od. ε, 69. p. 1547, 57; *Held* ad *Plutarch.* V. Aemil. l. c. p. 172. 160) *Liv.* XL, 6, 4: lusere ... duo juvenes ... Perseus jam tricesimum annum agens, Demetrius quinquennio minor; media juventas robore ille, hic flore; formosa patris matris soboles, si ... ; vergl. Schorn, Gesch. Griechenlands v. d. Entstehung des ätol. u. achäi. Bund. S. 329

161) Siehe oben Note 44. 162) Siehe oben Note 46. 163) Die Mädchen wurden oft schon sehr früh in die Wollust eingeweiht; *Menand.* ap. *Athen.* XIII, 587 D: καὶ Ναννάριον [illegible]; so auch Lais: *Apollod.* ap. *Athen.* l. c. p. 586 D; solcher Beispiele lassen sich noch viele auffinden. 164) Siehe oben Note 106

GNATHODON, eine Gattung lebender Muscheln, welche Gray im J. 1830 in dem American Journal of science und Rang im J. 1834 in Nouveaux Annales du Muséum d'hist. nat. III, 217 diagnosirte und Desmoulins unter dem neuen Namen Rangia in den Actes de la Soc. Linnéenne de Bordeaux 1831, Conrad als Clathrodon in Silliman's Journ. of science 1833 abermals beschrieben. Sie ist eine sicher begründete, von Deshayes, Reeve, Sowerby, Swainson, Philippi und anderen Conchyliologen anerkannte Gattung aus der engeren Familie der Mactraceen. Ihr Gehäuse ist dreieckig eiförmig, gleichschalig, ungleichseitig, geschlossen, mit brauner Epidermis und an den Wirbeln meist abgefressen. Das Schloß hat in der rechten Klappe zwei kleine Schloßzähne vor der Grube des Ligamentes und zwei starke Seitenzähne; in der linken Klappe ist ein kleines Zähnchen vor der Grube des Ligamentes und zwei Seitenzähne, von welchen der vordere besonders groß und sparrenförmig ist; das Band liegt ganz innerlich in einer tiefen dreieckigen Grube jeder Klappe; zwei Muskeleindrücke; der Manteleindruck mit einer ganz kleinen spitzen Einbucht. Das Thier hat einen bis auf zwei Drittel der Länge gespaltenen Mantel, hinten zwei genäherte, kurze, etwas verwachsene Siphonen. Sein Fuß ist zusammengedrückt, schief, beinahe viereckig oder beilförmig. Die äußere Kieme ist in ihrer Mitte am oberen Rande der inneren befestigt, sodaß es scheint als ob jederseits drei Kiemen vorhanden wären; die Lippentaster sind groß, dreieckig, verlängert, sehr spitz, der Mund klein. Man kennt zwei lebende Arten, von welchen die bekanntere Gn. cuneatus *Sowerby*, Conch. Manuel fig. 83 im See Pontchartrain bei New-Orleans lebt und dort gegessen wird. Es werden auch einige Fossile von Dunker im Wealden, von Conrad in amerikanischen Tertiärgebilden aufgeführt, doch ist deren systematische Bestimmung nicht ganz sicher. (*Giebel.*)

GNATHOLABIS nannte Erichson, Naturgeschichte der Insekten Deutschl. III, 615, eine Käfergattung aus der Familie der Anomalarii mit der einzigen Art Gn. suturalis, welche Dejean und Andere als Anisoplia suturalis beschrieben haben, die aber durch die nach Innen gekrümmte, meißelförmige Schneide der Maxillenlade von den übrigen Anisoplien unterschieden ist. (*Giebel.*)

GNATHOPSIS nennt Leidy in seinem Memoir on the extinct Sloth Tribe of North America S. 58, eine Gattung vorweltlicher Riesenfaulthiere und führt als Art nur jene in Südamerika gefundenen Ueberreste an, welche Owen in der Zoology of the Beagle, foss. Mamm. 63. Taf. 17. Fig. 1. Taf. 29 als Megalonyx Jeffersoni bestimmt hatte. Als Charaktere führt er in der dürftigen Diagnose an: die Backzähne oben 5, unten 4, stehen getrennt, im Unterkiefer haben die vorderen einen elliptischen, der zweite und dritte einen ovalen Querschnitt. Das ist so wenig, daß wir Gnathopsis die Berechtigung versagen müssen und sie nach Owen's erster Bestimmung unter Megatherium (s. d. Art.) belassen. (*Giebel.*)

GNATHOSAURUS. Im lithographischen Schiefer bei Solnhofen wurde ein Unterkieferfragment entdeckt mit 30—40 Zähnen in jedem Aste, wovon 11—12 auf dem freien Theile, die übrigen auf dem Symphysentheile stehen. H. v. Meyer erhielt dieses Fossil zur näheren Untersuchung und erkannte darin eine eigenthümliche Sauriergattung, der er in den Abhandlungen des Senkenbergischen Museums 1833. I. S. 1—7. Taf. 1. Fig. 1. 2 den Namen Gnathosaurus beilegte. Das Thier muß eine sehr schmale verlängerte Schnauze gehabt haben und reiht sich danach den lebenden Gavialen zunächst an. Der lange Unterkiefer ist vorn nicht verdickt und hinten anders gebogen als bei unsern Gavialen. Die Zähne stecken in fast gleichweit von einander entfernten Alveolen, nach der Kieferspitze hin aber dichter gedrängt. Sie sind im Innern hohl, im Allgemeinen nach Vorn gerichtet, aber ihre schlanke, sich allmälig zuspitzende Krone krümmt sich leicht nach Hinten. Dieselbe ist glatt, im Durchmesser eher oval als rund, sodaß der längere Durchmesser in der Axe des Kiefers liegt. In der Größe nehmen die Zähne von Vorn nach Hinten ab und zwar sind die acht ersten auffallend lang und stark, die folgenden nehmen allmälig an Länge ab. Die Ersatzzähne scheinen nicht in den Höhlen der alten, sondern seitlich von diesen hervorzutreten. Man vergleiche noch meine Fauna der Vorwelt II. Amphibien S. 108. (*Giebel.*)

GNATHOSTOMA wird in London and Edinburgh philos. magazine, 3 serie. Juni 1837. Suppl. 129 ein im Magen des Tigers lebender Eingeweidewurm genannt, welchen Diesing in seinem Systema Helminthum II, 249 mit dem auch in Felis catus ferus und in F. concolor schmarotzenden Cheiracanthus robustus identificirt. Die Gattung Cheiracanthus gehört in die weitere Familie der Ascariden (s. Ascaris) und ist nur noch in einer zweiten Art Ch. gracilis von Diesing bekannt geworden. (*Giebel.*)

GNATIA (auch Gnatiae und Gnatie), eine Stadt im alten Apulien, zwischen Barium und Brundusium. *Horat.* Serm. I, 5, 97 (dein Gnatia lymphis iratis exstructa dedit risusque jocosque). Das Itinerarium Antonini (315. p. 149. ed. *Parthey et Pinder*) nennt diese Stadt Gnatiae und setzt dieselbe an die Via Flaminia. Die Tabula Peutingeriana (Segm. VI, A. ed. *Mannert*) hat dafür den Namen Gnatie. Gnatia und Gnatiae war der jedenfalls durch abgekürzte Aussprache im Munde des Volkes entstandene Name statt Egnatiae, wie wir viele andere abgekürzte Namen dieser Art kennen. Die vollständige Form hat das bezeichnete Itinerarium 117 (p. 54. ed. *Parthey et Pinder*). Gegenwärtig heißt der Ort Torre Egnazia prope Fasano. (*Krause.*)

GNEDITSCH (Nicolai Iwanowitsch), russischer Dichter, geb. zu Poltawa den 2. Febr. 1784, gest. zu Petersburg zu Anfange des Jahres 1833. Den ersten Grund zu seiner wissenschaftlichen Ausbildung legte er auf dem Seminarium seiner Vaterstadt; nach dessen Aufhebung setzte er seine Studien im kaiserlichen Collegium zu Charkow fort; seine dreijährige Universitätscarrière führte er in Moskau durch, wo besonders Mersljakof durch seine Vorlesungen über Literarhistorie Einfluß auf ihn gewann. Bereits vom Jahre 1803 an trat er als Hilfsarbeiter in das Ministerium der Volksaufklärung ein, vom Jahre 1811 zugleich als Beamter an der kaiserlichen öffentlichen Bibliothek zu Petersburg. Aber sein schwächlicher Gesundheitszustand, dem weder die Mineralbäder bei Moskau und im Kaukasus, noch die Seebäder von Odessa auf die Dauer aufhelfen konnten, nöthigte ihn bereits im Jahre 1817 seine Staatsbedienstungen aufzugeben. Seine Verdienste fanden durch den ihm verliehenen Titel eines Staatsrathes, später zugleich den eines Mitgliedes der kaiserl. Akademie zu Petersburg ihre Anerkennung. Er widmete von da ab seine, von körperlichen Leiden freie Muße der Poesie, theils in beifällig aufgenommenen Originaldichtungen, theils in gelungenen Uebersetzungen, zu welchen ihn bei reicher Geistes- und Gemüthsbegabung sein vielseitiges Sprachwissen vorzugsweise befähigte. Nach der letzten Seite hin erwarb er sich durch seine ausgezeichnete Uebersetzung der Iliade in russische Hexameter, an welcher er 18 Jahre arbeitete und feilte, einen wohlverdienten, ausgebreiteten Ruf. Zunächst hatte er sich nur die Aufgabe gestellt, die von Kostrow begonnene und bis zum 18. Buche fortgeführte Uebersetzung der Iliade in gereimten Alexandrinern zu vollenden. Durch den Minister von Uwaroff bestimmt, wählte er zur Uebersetzung der ganzen Iliade, um dem Originale näher zu treten, den Hexameter; er wußte dem von ihm für die russische Sprache gewissermaßen neugeschaffenen Metrum durch Lebendigkeit, Geschmeidigkeit und Ausdruck eine solche Mustergültigkeit zu geben, daß sein russischer Homer ein durchaus classisches Gepräge hat, wobei er sich zugleich um die Bereicherung seiner Muttersprache hochverdient machte, durch die dem Griechischen nachgebildeten neuen Wörter, besonders in den prachtvollen Homerischen Compositis, für welche die biegsam-geschmeidige russische Sprache dem talentvollen Uebersetzer so viele Mittel bot*). Gneditsch's russische Iliade erschien 1831 vollständig in zwei Bänden, seitdem mehrmals wieder aufgelegt. Aus dem classischen Gebiete hatte er sich durch die elegante Uebersetzung mehrer Anakreontischer Lieder empfohlen; auch „Volkslieder der modernen Griechen" (Prostonaródnüja piésni nüinäschnüch Grékov) sind ihm trefflich gelungen. Aus dem Bereiche der neueren Literatur verpflanzte er Byron, Chenier, Ducis und Andere auf russischen Boden. Shakespeare's „Lear", bereits 1809 zu Petersburg erschienen und Voltaire's „Tancred" (ebendas. 1816) haben sich in seinen Uebersetzungen auf der russischen Bühne einheimisch gemacht und gehören noch jetzt in ihr ständiges Repertoir. Als Original-Dichter führte ihn „die Geburt Homer's" (Rosbdénie Homéra), ein schwungvolles phantasiereiches Gedicht in zwei Gesängen, eine Apotheose des Dichters, mit dem er so innig vertraut worden war, einen reichen Leserkreis zu und seine Idylle „der Fischer" (Rübáki) ist im Umkreise des russischen Parnasses eine Perle vom reinsten Wasser. Vieles von seinen Originalarbeiten hat sich in Uebersetzungen auch anderwärts eingebürgert; so findet sich Mehres von ihm in *Dupré de St. Maur* „Anthologie russe." Eine Gesammtausgabe seiner Werke ist bis jetzt noch nicht erschienen.

(*J. E. Volbeding.*)

GNEISENAU. August Wilhelm Anton Graf Neidhart von Gneisenau, königlich preußischer General-Feldmarschall, Ritter sämmtlicher preußischer und russischer Orden, des österreichischen Maria-Theresien-Ordens, Großkreuz des bairischen Militair- und des hannoverschen Guelfen-Ordens, darf unter den berühmten Männern, welche in den preußischen Kriegsannalen als besonders hervorstrahlende Lichtpunkte glänzen, mit vollem Rechte zu den Sternen erster Größe gerechnet werden. Groß durch seinen Ruhm als Feldherr und durch seine als solcher dem Vaterlande geleisteten Dienste, war er nicht minder ausgezeichnet als Mensch in allen Beziehungen des socialen Lebens durch den Adel und die Liebenswürdigkeit seines Charakters. Was seine Verdienste um das Vaterland betrifft, so ist es allgemein anerkannt, von wie wesentlicher Einwirkung sein Scharfblick, seine Intelligenz und seine Thatkraft auf die Wiedererhebung Preußens von dem harten Schlage war, der es in dem verhängnißvollen Jahre 1806 niedergeworfen hatte [1]). In Bezug auf seinen Werth als Mensch ist das Urtheil von besonderer Wichtigkeit, welches der Feldmarschall von Müffling in seinem nachgelassenen Werke: „Aus meinem Leben" über ihn ausgesprochen hat, und welches, wie folgt, lautet: „In allen Beziehungen ein ritterlicher Mann, ein edler Mensch, höchst gerecht, war er unfähig, einen selbst begangenen Fehler auf Andere zu wälzen und immer bereit, fremdes Verdienst anzuerkennen." Dieses unsern Helden so treffend charakterisirende Urtheil eines Mannes von einer solchen Schärfe des Verstandes, wie der Feldmarschall von Müffling sie allgemein anerkannter Weise besaß, gewinnt eine um so höhere Bedeutung, da es aus einer

*) In dem Artikel der Biographie univers. (nouv. éd. Tom. XVI. p. 649) heißt es darüber: Ce rhythme (ou vers hexamètres) lui offrait d'immenses avantages: la langue russe se prête avec facilité à toutes sortes d'inversions et, comme la grec, elle admet une foule de mots composés. Toutes ces circonstances permirent au poëte traducteur de rendre souvent le texte homérique vers pour vers et même mot pour mot et de lui conserver en même temps sa force, sa grâce, son harmonie. — — Selon Schlœzer „l'Iliade traduite en langue slavono-russe doit remporter la palme sur toutes les traductions, principalement celle de Gneditsch, non-seulement par ses compatriotes, mais par les savants étrangers versés dans la littérature de son pays."

1) Der berühmte alte Feldmarschall Blücher bekannte offen und freimüthig, wie viel er bei den glänzenden Erfolgen in den gewaltigen Kämpfen zur Befreiung des Vaterlandes der Unterstützung Gneisenau's verdankt habe. Als er einst in einem heitern Kreise scherzend die Behauptung aufstellte, er sei im Stande etwas auszuführen, was ihm Niemand so leicht werde nachthun können, nämlich seinen eigenen Kopf zu küssen, umarmte er seinen treuen Kampfgefährten und küßte ihn.

Feder geflossen ist, die wie bekannt eine nicht günstige für Gneisenau zu nennen ist [8].

Unser gefeierter Held, Gneisenau, wurde am 27. Oct. 1760 mitten unter den Kriegswirren, welche der nur wenige Tage darauf bei Torgau gelieferten Schlacht vorangingen, in dem kaum anderthalb Meilen davon entfernten Städtchen Schilda geboren. Das noch heute vorhandene Kirchenbuch von Schilda enthält unter dem genannten Datum Folgendes:

August Wilhelm Antonius, ein Söhnlein Herrn August Wilhelm von Neidhart, bei der zur Reichsartillerie gehörigen Abtheilung bestallten Lieutenants und seiner Gemahlin, Fr .... (Lücke des Vor- und Zunamens), ward den 27. Oct. Vormittag geboren und (ist) gegen Abend sogleich getauft worden.

Testes:

1) Herr Antonius von Krumbach, Major, dessen Stelle der Pastor M. Daniel Christian Tittmann vertreten,
2) Frau Johanne Rosine Regine, Herrn Johann Christoph Wolfs, Uhrmachers zu Torgau Eheliebste,
3) Herr Johann von Aistich, Lieutenant unter dem kaiserlichen Regiment Alt-Colloredo,
4) Jungfrau Hedwig Erdmuthe, Herrn Carl Heinrich Hemmens, hiesigen Stadtschreibers und Rechtsconsulenten jüngste Tochter,
5) Herr Elias Thomas, General-Amts-Einnehmer zu Schilda.

Aus diesem interessanten Documente, von welchem unser berühmter Held niemals eine Kenntniß erlangt hat, indem er selbst bis an sein Lebensende seinen Geburtstag auf den 28. Oct. feierte, geht hervor, daß sein Vater um jene Zeit nur den Namen: von Neidhart führte und daß derselbe Lieutenant in der Reichsartillerie war, während er nach anderen biographischen Angaben als österreichischer Artillerie-Hauptmann aufgeführt wird.

Es ist anzunehmen, daß Gneisenau's Vater schon im August nach Schilda gekommen war, dort bis gegen Ende Septembers im Quartier lag und dann an den weiteren Operationen der Reichsarmee Theil nahm. Letztere folgte dem Corps des preußischen Generals von Hülsen nach Wittenberg, blokirte, nach Hülsen's weiterem Rückzuge auf Berlin, diese Festung und nahm dieselbe Mitte Octobers ein. Als aber Friedrich II. sich mit seinem Heere näherte, zog die Reichsarmee am 26. Oct. nach Düben und am 27. von dort nach Leipzig ab. Die Mutter Gneisenau's, die nach damals nicht seltener Sitte ihren Gatten ins Feld begleitet hatte, war während dieser Zeit in Schilda verblieben, um daselbst den weiteren Verlauf der Dinge abzuwarten. Bei ihrer am 27. Oct. 1760 sie überraschenden Niederkunft hatte sie nun nicht den Trost, ihren Gatten bei sich zu sehen. Aber die Verhältnisse gestalteten sich für sie noch viel unglücklicher. Am 30. Oct. rückte der preußische König gegen Eilenburg vor, verscheuchte durch eine Entsendung gegen Leipzig die dort lagernde Reichsarmee in der Richtung nach Chemnitz und wandte sich selbst gegen den endlich bei Torgau aufgefundenen Daun. Am 2. Nov. marschirte er auf Schilda und bezog dort ein Lager. Es war der Vorabend der Schlacht bei Torgau. Der Schrecken, den die Nachricht von des Königs Herannahen verbreitete, trieb den in Schilda zurückgebliebenen Theil des Trosses der Reichsarmee zur schleunigen Flucht in der Richtung auf Oschatz und Chemnitz. Die Mutter Gneisenau's, so schwach sie auch war, ließ sich aller Abmahnungen ungeachtet nicht dazu bewegen, in Schilda zurückzubleiben. Das Wetter war rauh, der Weg schlecht, die Hast, den Preußen zu entgehen, groß. Auf einem Nachtmarsche brach der Wagen der Wöchnerin, die mit ihrem Säuglinge im Arme auf einen Bauerwagen zu anderen Kranken gelegt werden mußte. Hier verlor sie in Folge der großen Anstrengungen und Aufregungen bei ihrem noch schwachen Körperzustande die Besinnung. Das Kind entglitt unbemerkt ihrem Arme und fiel auf den Weg. Ein Grenadier von der Escorte entdeckte es glücklicher Weise, hob es auf und trug es, bis der Tag anbrach, die Mutter ermittelt und das Kind ihr zurückgegeben werden konnte. Gneisenau selbst hebt diese merkwürdige Begebenheit in einer Mittheilung an einen seiner Schwiegersöhne, die Glücksfälle erwähnend, die ihm in seinem ereignißreichen Leben begegnet sind, als den ersten hervor, indem er sagt: „Hätte mich jener Grenadier nicht aufgehoben, ich würde unfehlbar in der Finsterniß von dem nächsten Wagen todt gefahren sein. Aber es sollte nicht sein! Meine Mutter hat sich nie von den Beschwerden der Reise und von dem Schrecke, mich verloren zu haben, erholen können und ist nicht lange darauf gestorben."

Die Mutter Gneisenau's war nach dessen eigener Angabe eine geborene Müller, Tochter des fürstbischöflich-würzburgischen Oberstlieutenants der Artillerie gleichen Namens, welcher 1772 als Vorstand der Ingenieur-Akademie zu Würzburg starb, nachdem er kurz vor seinem Tode zum Obersten ernannt worden war. Aus erster Ehe hatte er eine Tochter an einen Artillerielieutenant Schwab verheirathet. Aus der zweiten Ehe stammte: 1) eine Tochter, die Mutter Gneisenau's, die dessen Vater, einen Artillerielieutenant zum großen Verdruß der Ihrigen heirathete, weil er ohne Vermögen und Protestant war; 2) einen Sohn, der früher würzburgischer Hauptmann, später bairischer Oberst war; 3) eine Tochter, die einen schwäbischen Hauptmann von Storr heirathete.

8) In einem Anfangs 1816 an Gneisenau geschriebenen Briefe sagt Müffling unter Anderem: „Wenn Sie mir Ihr Vertrauen entzogen, habe ich gern einem Würdigeren Platz gemacht." Worauf Gneisenau antwortete: „Nie, nie, habe ich Ihnen mein Vertrauen entzogen, zu keiner Zeit unserer gemeinschaftlichen Feldzüge. Ich ehrte stets Ihren edlen Charakter, Ihren scharfen und feinen Verstand und Ihr so viel umfassendes Wissen und Kenntniß des Kriegswesens ....; aber wol hat es mir geschienen, als ob Sie mir Ihre Rathschläge entziehen wollten. — Nie habe ich aufgehört, Sie wegen Ihrer verehrungswürdigen Eigenschaften innig hochzuachten, wenn ich auch selbst den Argwohn hatte, daß Sie mir nicht wohl wollten, was indessen bei meinem vertrauenden Charakter nie lange gedauert hat, indem es mir Bedürfniß war, mich Ihnen vertraulich wieder hinzugeben."

Der Vater Gneisenau's, wahrscheinlich aus Wertheim gebürtig, war nach den Angaben einiger Quellen als Hauslehrer in die Müller'sche Familie gekommen und hatte nach vielem Widerstreben der Eltern die zweite Tochter geheirathet. In Folge seiner mathematischen Kenntnisse wurde er würzburgischer Artillerielieutenant und zog mit diesem Contingent, von seiner jungen Gattin begleitet, ins Feld, wo ihm das einzige Kind aus dieser Ehe, unser Gneisenau geboren wurde. Was den Doppelnamen, Neithardt und Gneisenau betrifft, so bediente sich der Vater dessen erst in seinen letzten Lebensjahren. Bis dahin nannte er sich nur von Neidhart (oder von Neithardt) häufig mit Weglassung des Adelsprädicats. Auch der Sohn führte als Knabe und Jüngling nur diesen einen Namen; dagegen erscheint derselbe in einer ansbach-bayreuthischen Rangliste aus dem Jahre 1783 mit dem Doppelnamen Neithardt von Gneisenau, welchen er auch in den preußischen Dienst mit hinüber brachte. Die in dem fränkischen Dialekte eigenthümliche harte Aussprache des s verführte ihn in seinen jüngeren Jahren zuweilen, den zweiten Namen Gneisenau zu schreiben. Von der preußischen geheimen Kriegskanzlei wurde er in der Rangliste von 1786 gar Kneisenau geschrieben, wobei der Name Neithardt ganz fehlt. Hieraus dürfte zu folgern sein, daß Gneisenau solchen um diese Zeit gar nicht mehr als Zunamen führte, wie er ihn auch späterhin niemals mehr ganz ausschrieb, sondern immer nur ein N. dem Namen von Gneisenau vorsetzte. Nach Gneisenau's eigenen Notizen ist indessen der Name Neithardt wirklich der eigentliche Stammname, von Gneisenau nur ein Zuname gewesen. Schon im 13. Jahrhunderte hat es Neithardts gegeben, die im Nordgau an der Donau seßhaft waren. Von dort soll sich die Familie vor etwa 500 Jahren nach Schwaben und der Schweiz, sowie nach Oesterreich und Schlesien verbreitet haben. Im 15. Jahrhunderte wäre in Ulm, in Constanz und in Zürich unter den Dom- und Rathsherren der Name Neithardt oft vorgekommen. Im Jahre 1527 sei ein kaiserlicher Hauptmann dieses Namens der erste gewesen, der seine Fahne auf die Mauern des eroberten Roms pflanzte. Im 17. Jahrhunderte wäre ein Neithardt im Jesuiten-Orden zu großer Bedeutung und endlich sogar zur Cardinalswürde gelangt. Endlich hätte es im 18. Jahrhunderte mehre Glieder des schlesischen Zweiges gegeben, welche im kaiserlichen Kriegs- und Hofdienste angesehene Ämter bekleidet haben. Der Beiname von Gneisenau sei von einem Edelsitze gleichen Namens entnommen worden, welchen die Familie einst in Oesterreich ob der Ens, im oberen Mühlviertel, besessen habe.

Die Mutter Gneisenau's ist bald nach ihrem Eintreffen in die Winterquartiere, zwischen Hof und Saalfeld, bei ihrem Gatten gestorben und der Knabe begleitete den Vater auf seinen Zügen während der beiden letzten Kriegsjahre unter der Pflege einer Soldatenfrau oder irgend einer anderen weiblichen Person.

Nach hergestelltem Frieden oder vielleicht noch früher heirathete der Vater zum zweiten Male und zwar eine Person von geringem Stande. Er verließ mit dem Charakter als Hauptmann den Militairdienst und suchte sich durch seine Kenntnisse in der Feldmeß- und Baukunst eine andere ihm mehr zusagende und zugleich auskömmlichere Existenz zu verschaffen. Er soll als Geometer lange Zeit in Thüringen unstät umhergezogen sein und in dürftigen Verhältnissen gelebt haben, zumal da ihm aus der zweiten Ehe noch mehre Kinder zuwuchsen. Auch soll dadurch der häusliche Frieden oft gestört worden sein, daß die Stiefmutter das Kind der ersten Ehe sehr hart behandelte. Gneisenau selbst hat sich über diese seine erste Jugendzeit als eine recht elende und armselige ausgesprochen: „Der Vater sei auf Abenteuer in der Welt umhergeirrt, er selbst habe als mutterloser vom Vater verlassener Knabe barfuß in die Schule gehen müssen rc." Bald jedoch wandte sich seine Lage zum Besseren, indem seine Großältern in Würzburg, nachdem sie von seinen kümmerlichen Verhältnissen Kunde erhalten hatten, ihn zu sich nahmen und nicht nur für sein physisches Wohl sorgten, sondern auch auf seine moralische Entwickelung liebreich fördernd einwirkten. Der alte Großvater war ein rechtschaffener, braver Mann, durch seine vielen und weiten Kriegszüge, sowie durch seine lange Dienstlaufbahn reich an Erfahrungen, auch nicht ohne wissenschaftliche Bildung, da er einer höheren Militair-Unterrichtsanstalt vorstand. Die Großmutter wird im Allgemeinen als eine vortreffliche Frau bezeichnet. Der jüngeren Schwester seiner Mutter, der Tante Margaretha, thut Gneisenau selber eine nähere Erwähnung und schildert sie als lebhaft und sehr unterrichtet. Sie sprach Französisch, Italienisch und Englisch, las Gellert's und Wieland's Schriften und kannte überhaupt die damaligen Anfänge der teutschen Litteratur. Unzweifelhaft erhielt der Geist und das Gemüth des lebhaften Knaben von dieser Tante die ersten und lebendigsten Eindrücke. Da die großälterliche Familie als eine strengkatholische entschieden unter dem Einflusse der Geistlichkeit stand, so konnte letztere auch nicht ohne Einwirkung auf die Erziehung Gneisenau's bleiben. Es waren Jesuiten und Franziskaner, von denen er nur einen geistig dürftigen und abergläubischen Unterricht erhielt. Dieselben Geistlichen führten ihn, den protestantisch getauften Sohn eines Protestanten, auch der katholischen Kirche zu. Gneisenau war indessen weder dem Kopfe noch dem Gemüthe nach für den Katholicismus geschaffen, was er auch dadurch entschieden bewiesen hat, daß er seine sämmtlichen Kinder im evangelischen Glauben erziehen ließ, wenn auch andere Gründe ihn abgehalten haben, selbst ein solches Bekenntniß öffentlich abzulegen. Die Mängel jenes Unterrichts wurden indessen durch einen in dem Müller'schen Hause wohnenden Professor, Namens Herwig, gehoben, der an dem frischen und geweckten Knaben Gefallen fand und seine Wißbegierde in gute Wege leitete. Der natürliche Sinn und Eifer des Knaben für die Wissenschaften fand darin reichere Nahrung und Befriedigung. Durch Herwig lernte derselbe unter anderen auch die Ilias und Odyssee kennen und wie Gneisenau selbst später erklärte, ist dadurch hauptsächlich seine Liebe zu literarischen Beschäftigungen geweckt werden. Wenn die frühe Lectüre der Classiker unzweifelhaft der freieren Geistesrichtung Vorschub leistete, welche Gneisenau's spätere Wirksamkeit so glänzend bekundete, so erweckte sie in ihm auch sehr bald den Sinn für Romantik, der ihn in den Jünglingsjahren zwar auf manchen Irrweg trieb; im Mannesalter aber, beruhigt, geklärt und mit dem Verstande in Einklang gebracht, seinem Charakter einen so liebenswürdigen Reiz verlieh und einen nicht geringen Antheil an den Thaten hatte, welche seinem Namen einen historischen Glanz gaben.

In diesem früh erregten Sinne fing der kaum zwölf Jahre alte Knabe schon an, Pläne für das Leben zu bauen und zwar vorzugsweise solche, die einen kühnen Muth, Unternehmungsgeist, Schaffungstrieb und überhaupt einen Geist erkennen ließen, der an die enge Scholle seiner Heimath sich nicht bannen lassen will, der hinaus in die Welt, vorwärts und in die Höhe drängt, der gründen und produciren, leiten und befehlen will.

Die glücklichen Verhältnisse im großälterlichen Hause waren jedoch nicht von langer Dauer. Nach dem Tode des Großvaters mußte Gneisenau Würzburg verlassen und wir finden ihn um das Jahr 1773 wieder bei seinem Vater in Erfurt. Die in Würzburg verlebte Zeit blieb ihm bis ans Ende seines Lebens ein Lichtpunkt, bei dem er gern verweilte. Sein gemüthvoller und jovialer Charakter hatte in dem Kreise der würzburger Verwandten und Bekannten die erste reiche Nahrung gefunden. Vor allen aber war es das Bild des ehrwürdigen Großvaters, welches er mit wärmster Liebe und Verehrung in seinem Herzen trug, und es ist sicher, daß die immer lebendige Erinnerung an ihn, sowie die tiefen Eindrücke, welche des wackeren Herwig's Belehrungen auf den dafür so empfänglichen Knaben machten, den Talisman bildeten, der ihn in den Jünglingsjahren wiederholt vor dem Verderben schützte.

Die Nachrichten über Gneisenau's Verhältnisse während seines Aufenthalts in Erfurt lauten sehr verschieden, sogar widersprechend. Gewiß ist, daß Gneisenau während dieser Zeit viele Entbehrungen, selbst drückenden Mangel zu ertragen gehabt, dieser aber weder seinen frischen Lebensmuth noch sein Streben nach geistiger Ausbildung niederzubeugen vermocht hat. Der alte Arndt will aus verläßlichem Munde gehört haben, daß Gneisenau in der Currende vor den Häusern jener Stadt gesungen habe, um sich den freien Schulunterricht zu verdienen. Gneisenau selbst hat sich über diese erfurter Zeit einst dahin ausgesprochen, daß sie zwar eine recht harte, aber eben darum ihm eine recht heilsame Lebensschule gewesen sei. Genauere Nachforschungen über Gneisenau's damaligen Aufenthalt in Erfurt haben Folgendes ergeben.

Als der junge Gneisenau zu seinem Vater nach Erfurt zurückkehrte, fungirte dieser als Bautechniker und nannte sich nur Neithardt, weil er nicht im Stande sei, wie ein Edelmann zu leben. Der Knabe wurde zuerst in die sogenannte Kaufmannsschule geschickt und erhielt vom Vater selbst noch Unterricht im Zeichnen. Später besuchte er das Rathsgymnasium, wo er sich an einen seiner Mitschüler, den ältesten Sohn des Professors Siegling, mit besonders inniger Freundschaft anschloß. Siegling's Vater ertheilte beiden Knaben Unterricht in der Mathematik, worin auch beide den anderen Schülern weit vorankamen; auch in anderen Beziehungen wurde die Bekanntschaft mit der Siegling'schen Familie in der Folge für Gneisenau von Wichtigkeit. Vorläufig trat eine Unterbrechung dieser Verhältnisse dadurch ein, daß Gneisenau's Vater in Folge eines Streites mit einem Rathsherrn Erfurt verließ, sich ins Braunschweigische begab und seinen Sohn dorthin mit sich nahm. Der Vater verblieb daselbst noch längere Zeit, schickte jedoch den Sohn bald wieder nach Erfurt zur Fortsetzung seines Schulunterrichts zurück. Der junge Gneisenau wurde jedoch hier von seinem Vater nur sehr kärglich versorgt und war auf die Wohlthätigkeit fremder Leute angewiesen; auch mag es um diese Zeit gewesen sein, daß er zu der ärmlichen Rolle eines Currendesängers seine Zuflucht nehmen mußte. Endlich aber wurde er in das Siegling'sche Haus aufgenommen und hiermit hatte die Zeit der Kümmerlichkeit ihr Ende. Diese glückliche Wendung der Lage Gneisenau's wirkte sehr günstig auf seine wissenschaftlichen Fortschritte. Noch nicht volle 17 Jahre alt hatte er schon die Reife zur Universität erreicht und da eine solche sich damals noch in Erfurt befand, wählte er diese zur Fortsetzung seiner Studien.

Am 1. Oct. 1777 wurde Gneisenau unter dem Rectorate des Professors Günther Basting immatriculirt. Er steht in dem noch heute vorhandenen Register aufgeführt als: Antonius Neithardt Torgaviensis, Stud. phil. Er nannte sich also auch damals nur noch Neithardt und hatte als seinen Geburtsort Torgau statt Schilda wahrscheinlich aus dem Grunde angegeben, um nicht der muthwilligen Laune seiner Commilitonen als Zielscheibe zu dienen, indem Schilda damals wie noch gegenwärtig mehre Städte Deutschlands in Bezug auf die Klugheit und Gewandtheit seiner Einwohner nicht eben in einem günstigen Rufe stand.

Auffallend muß es erscheinen, den Studenten Gneisenau, der sich als Schüler in so ärmlicher Lage befand, nicht blos in Auskömmlichkeit, sondern in einer gewissen Wohlhabenheit zu sehen, sodaß er sich sogar ein Reitpferd halten konnte, welches er zum Reiten und Umherfahren in Erfurts schönen Umgebungen auch fleißig benutzte und ihm dabei oft in heiterster Studentenlaune das: „Zieh, Schimmel, zieh!" zugesungen hat. Einen Schlüssel zu dieser überraschenden Erscheinung finden wir in einer späteren Aeußerung Gneisenau's gegen einen seiner Freunde, worin er von der Verschwendung seines großälterlichen Vermögens spricht. Es war also aller Wahrscheinlichkeit nach das ihm jetzt zugefallene großväterliche Erbe, welches ihm gestattete, ein behaglicheres Leben zu führen. Daß er dabei nicht mit sorgfältiger Sparsamkeit verfuhr, ist sehr erklärlich, wenn man sich ihn denkt mit seinem von Jugendfrische und Kraft strotzenden Körper, einer leicht erregbaren Phantasie, einem überaus lebensfrohen Gemüthe, einem offenen, hingebenden und sehr freigebigen Charakter. Bei solchen Eigenschaften, unterstützt von einer schönen, ebenmäßigen Körpergestalt und von einer höchst einnehmenden Gesichtsbildung, sah er sich gesucht und suchte selbst die Genüsse des Lebens, durchbrach dabei wol auch zuweilen die Schranken der strengen Convenienz. Aber auch bei allerlei Studentenunfug und Händeln bewahrte er immer einen gewissen Anstand und verfiel nie dem Gemeinen; auch hat er nie gespielt. Der vielfachen Zerstreuungen und Verlockungen zu Lebensgenüssen ungeachtet versäumte der junge Mann die Fortbildung seiner geistigen Entwickelung keineswegs; das moralische Element war zu stark in ihm, als daß das sinnliche jemals eine überwiegende oder dauernde Herrschaft hätte erlangen können. Den hier betriebenen Studien verdankte Gneisenau die eigentliche Basis seiner reichen und vielseitigen Kenntnisse. Schon in früher Jugend hatte er sich eine schöne und feste Handschrift angeeignet; aber auch durch Correctheit und einen einfach edlen Styl zeichneten sich seine Schriften aus. In hunderten von eigenhändigen meist ohne Concept und oft unter sehr kritischen und drangvollen Verhältnissen geschriebenen Briefen, Berichten und Memoiren findet man selten ein ausgestrichenes oder eingeschaltetes Wort.

Eine wichtige Wendung nehmen um diese Zeit die Beziehungen Gneisenau's zu dem Siegling'schen Hause. In demselben befand sich außer dem schon mehr erwähnten Sohne, seinem intimen Freunde und jetzigen Universitätsgenossen, auch eine hübsche, geistvolle und liebenswürdige Tochter. Als sie zur Jungfrau entwickelt war und Gneisenau das Alter erreicht hatte, in welchem Naturen seiner Art so sehr zum Romantischen hinneigen, wurde das frühere geschwisterliche Verhältniß zu einem heißen Liebesverständniß. Die Aeltern fanden hierin eine Veranlassung, den jungen Mann von ihrem Hause fern zu halten. Das Mädchen grämte sich tief und starb.

Auch für Gneisenau's Leben wurde dies Ereigniß ein Wendepunkt. Er stürzte sich in einen Strudel wilder Zerstreuungen und gerieth in allerlei schlimme Händel. Ein Konflikt zwischen Studenten und Bürgersleuten, wobei Gneisenau einem Schuhmachergesellen zwei Finger abhieb und ein Duell mit einem seiner Commilitonen hatte für ihn die Relegation von der Universität zur Folge. Gneisenau entschloß sich nun, eine andere Berufsrichtung zu suchen und verließ Erfurt; unter allen Verhältnissen aber, denen er auf dem neu betretenen Wege begegnete, gedachte er stets des Siegling'schen Hauses und seiner so früh zu Grabe gegangenen Liebe mit innigster Wärme und Theilnahme.

Es war gegen das Ende des Jahres 1778, als Gneisenau von Erfurt schied. Was er zunächst unternommen und wohin er sich gewandt, ist nicht mit Bestimmtheit zu ermitteln, nur so viel ist gewiß, daß er bald darauf in österreichischen Militairdienst und sehr wahrscheinlich in das Husarenregiment von Wurmser eintrat. Sein dortiges Verbleiben war nur von kurzer Dauer; in den Listen der geheimen Kriegskanzlei zu Berlin steht er mit einer einjährigen österreichischen Dienstzeit aufgeführt. Der Contrast zwischen dem ungebundenen Studentenleben und den so strengen, damals oft harten militairischen Verhältnissen mag dem jungen Manne schwer genug gefallen sein, auch die Ungewohnheit des unbedingten Gehorsams ihm manche Verdrießlichkeit zugezogen haben. Hierin mag auch die Veranlassung zu seinem so baldigen Austritte aus dem österreichischen Dienste gelegen haben. Nach dem Verfasser des Pantheon des preußischen Heeres und anderen, hierauf fußenden biographischen Angaben soll Gneisenau fahnenflüchtig geworden sein. Da jedoch jener Autor in vielen anderen Mittheilungen über Gneisenau sich sehr unzuverlässig erweist, so kann er auch in diesem Punkte keine größere Glaubwürdigkeit in Anspruch nehmen.

Nach der einjährigen österreichischen Dienstzeit trat Gneisenau in das markgräflich-ansbach-baireuthische Militair, wo er zuerst bei einem Fußjägerregimente, später bei einem Infanterieregimente stand. Die Wahl dieses Dienstes war in dem Wunsche Gneisenau's begründet, an dem Kriege Theil zu nehmen, welchen England schon seit 1775 gegen seine aufständischen Colonien in Nordamerika führte. Unter mehren deutschen Fürsten hatte auch der Markgraf von Ansbach-Baireuth sich verpflichtet, Hülfstruppen für die englische Armee zu stellen; das ansbachische Gebiet lag nun seinen würzburger Anverwandten am nächsten. Aber erst 1782 gelangte Gneisenau dazu, mit einem Transport Ersatztruppen nach Amerika abzugehen, nachdem er kurz vor dem Ausmarsche die Bestallung als Secondelieutenant im Jägerregimente erhalten hatte. In dem Verzeichnisse der Offiziere dieses Regiments steht er mit seinem vollen Namen Neithardt von Gneisenau verzeichnet. Als dieser Transport in Halifax anlangte, ruhten bereits auf dem Kriegsschauplatze die Waffen und die Gerüchte von dem nahen Abschlusse des Friedens bestätigten sich, indem im September 1782 die Anerkennung der Unabhängigkeit der aufgestandenen Provinzen von Seiten Englands und zwei Monate später auch der Friedensabschluß erfolgte. Die ansbachischen Truppen verblieben jedoch noch bis in den Spätsommer 1783 in Amerika.

Obgleich Gneisenau erst nach Beendigung der Kriegsoperationen in Amerika eintraf, und sein Aufenthalt daselbst nur kürzere Zeit dauerte, so war doch die Theilnahme an dieser Expedition für die Entwickelung seiner militairischen Ausbildung von großem Nutzen. Zwei neue Elemente waren es nämlich, die in diesem Kriege zur Erscheinung und zur entscheidenden Geltung kamen: die Fechtart in der zerstreuten Form oder das Tiraillement und die Volksbewaffnung. Beide Elemente verpflanzten sich durch die heimkehrenden Truppen als Keime von dem amerikanischen auf den europäischen Boden, wo sie demnächst bald zur Entwickelung und Ausbreitung gelangten. Dem forschenden Blicke des großen Königs von Preußen waren die Vorgänge in Amerika nicht entgangen. Sie hatten seine besondere Aufmerksamkeit erregt und er erkannte in weiser Voraussicht die wichtigen Folgen, welche jene Elemente auf die Kriegsführung ausüben würden. Er nahm dem zufolge in den letzten

Jahren seiner Regierung durch die Errichtung von drei leichten Infanterieregimentern (die sogenannten Freiregimenter) auf die Bildung einer leichten Infanterie Bedacht, bei welchen er gern hessische, braunschweigische und ansbachische Officiere, die den Krieg in Nordamerika mitgemacht hatten, anstellte. Sein Nachfolger dehnte schon 1787 diese neuformirte Infanterie auf 20 Bataillone, unter dem Namen Füsilierbataillone, aus.

Die Volksbewaffnung kam in Europa zunächst in Frankreich während der Revolution durch Errichtung zahlreicher Nationalgarden- und Freiwilligenbataillone zu einer ausgedehnten Anwendung. Auch in Teutschland zeigten sich schon gegen das Ende des vorigen Jahrhunderts die ersten Anfänge durch Errichtung von Landmilizen im Ansbachischen und Würtembergischen, wogegen die beiden Großstaaten längere Zeit damit zögerten; dann aber auch, als die Verhältnisse die Volksbewaffnung erforderten, in um so vollkommnerer Organisation damit auf dem Entscheidungsfelde erschienen.

Gneisenau hatte zwar weder das zerstreute Gefecht noch die Anwendung der Volksbewaffnung in Amerika selbst gesehen; aber er hörte doch an Ort und Stelle viel davon und von ihren Erfolgen und dies war bei seinem schnell auffassenden und speculativen Geiste hinreichend, um ihn die Tragweite erkennen zu lassen, die beide Elemente auf die europäische Kriegsführung würden erlangen müssen. Schon als er in den preußischen Dienst übertrat und zu einer Truppe kam, deren Hauptaufgabe der kleine Krieg und das Schützengefecht werden sollte, wurde er in dieser Richtung sehr nützlich; als er aber später nach dem für Preußen so unglücklichen Jahre 1806 in eine Stellung kam, wo er berufen war, das zusammengestürzte Gebäude der alten Armee neu aufzurichten, da übten sein reger Geist und die gemachten Erfahrungen die segensreichste Einwirkung aus.

Nach der Rückkehr des baireuthischen Contingents nach Europa bezog Gneisenau wieder seine Friedensgarnison Ansbach. Der Rücktritt aus dem Kriegsverhältnisse in das Friedensgarnisonleben fällt dem Soldaten schon im Allgemeinen sehr schwer. Besonders drückend aber stellte sich dieser Uebergang bei den Truppen der kleinen Reichsländer heraus, wo dem Soldaten im Frieden gewöhnlich nur eine vom Scharwächter sich wenig unterscheidende Rolle zufällt. Gneisenau suchte und fand unter solchen Umständen seine Zuflucht in der Wiederaufnahme wissenschaftlicher Studien; vorzugsweise beschäftigte er sich mit Mathematik. Seine Gemüthsbeschaffenheit war ganz dazu geeignet, das Leben von der heitersten Seite aufzufassen. Vermöge seines lebensfrohen Sinnes und seiner geselligen Talente war er in allen Kreisen, selbst in den vornehmsten Häusern geliebt und geachtet und ebenso stand er im freundlichsten Verkehre mit seinen Kameraden. In gleich angenehmen Verhältnissen befand sich Gneisenau in Baireuth, wohin er zu einem Infanterieregimente versetzt wurde. Hier gerieth er jedoch mit einem seiner Kameraden, als dessen Nebenbuhler, in Händel, die ein Pistolenduell zur Folge hatten, in welchem Gneisenau eine leichte Verwundung davontrug.

Von seinem edlen und gutmüthigen Charakter zeugt es, daß er auch gegen diesen Kameraden keinen Groll in seinem Herzen trug, sondern sich herzlich freute, als es ihm später gelang, demselben eine erwünschte Stellung im holländischen Dienste zu verschaffen. Ein besonders enges Freundschaftsbündniß schloß Gneisenau in Baireuth mit dem daselbst garnisonirenden Sohne aus einem der Ministerhäuser, in denen er während seines Aufenthalts in Ansbach verkehrt hatte. Obgleich dieser sein Kamerad in seiner Militaircarrière vom Glück Nichts weniger als begünstigt wurde, so hielt Gneisenau sein Freundschaftsbündniß, auch als er bereits den Feldmarschallsrang erreicht hatte, mit aller Herzlichkeit aufrecht. Die liebenswürdige Offenheit und Bescheidenheit Gneisenau's, die aus vielen an seine intimeren Freunde gerichteten Schreiben hervortritt, gibt sich auch aus einem an diesen Freund in späterer Zeit geschriebenen, noch vorhandenen Briefe recht sprechend zu erkennen. In diesem Briefe erinnert der Feldmarschall seinen Freund an die in Baireuth zusammenverlebte Lieutenantszeit, spricht von den pecuniairen Bedrängnissen, in denen er oft gelebt, setzt den Freund als den stets vernünftigeren und maßhaltenderen, und beklagt denselben, daß das Soldatenglück, die alte Vettel (Gneisenau's eigner Ausdruck), jenem nicht so freundlich gelächelt habe, als ihm, da der Freund doch ein so tüchtiger Officier gewesen sei.

So angenehm nun auch die Verhältnisse in den Friedensgarnisonen Ansbach und Baireuth für den jugendlichen und liebenswürdigen Officier sich gestaltet hatten, begann doch nach zwei so verlebten Jahren der Gedanke, eine so beschränkte Carrière, wie der markgräfliche Dienst sie doch nur gewähren konnte, vor sich zu haben, ihm sehr peinlich zu werden. Die Sehnsucht nach ausgedehnteren Dienstverhältnissen einer größeren Militairmacht fing an sich mächtig in ihm zu regen. Es war naheliegend, daß sein Blick sich auf Preußen richtete. Die Formen des preußischen Dienstes waren dem markgräflichen sehr ähnlich; die beiderseitigen Höfe standen in nahen verwandtschaftlichen Beziehungen, indem Friedrich II. der Onkel des regierenden Markgrafen war. Außerdem wußte Gneisenau, daß der große König um diese Zeit mehre Officiere aus fremden Diensten und vorzugsweise solche, die an der Expedition nach Amerika Theil genommen, in seine Armee aufgenommen hatte. In Folge eines kurz gefaßten Entschlusses schrieb er unmittelbar an den König Friedrich zu Potsdam folgenden Brief:

Allerdurchlauchtigster, Großmächtigster König!

Allergnädigster König und Herr!

Ich unterfange mich, mich Eurer Königlichen Majestät Allerunterthänigst zu Füßen zu werfen. Einige Kenntnisse in der militairischen Mathematik, der ich meine Universitätsjahre gewidmet habe, ein brennendes Verlangen, in Ew. Königlichen Majestät Armee dienen zu können, woran mich der enge Umfang meiner Glücksumstände sowohl meine Reise nach Amerika gehindert haben, und das Zeugniß einer guten Aufführung in hiesigen Diensten erregen in mir die Zuversicht, Ew. Königlichen Majestät unterthänigst gehorsamst um eine Stelle in Allerhöchst dero Suite zu bitten, da mich meine Neigung für diese Art des Dienstes am fähigsten macht.

Ein nicht zu ermüdender Eifer, mich in meinem Dienste zu vervollkommnen, soll der Gewährung meiner allerunterthänigsten Bitte folgen, der ich ersterbe

Eurer Königlichen Majestät

Bayreuth den 4. Nov. 1785.

Allerunterthänigst treugehorsamster Knecht

Neithardt von Gneißenau *),

Lieutenant unter dem Anspach-Bayreuthischen Infanterie-Regiment von Erbtreffen.

Bald nach der Absendung dieses Schreibens begab sich Gneisenau nach Potsdam, um seine Angelegenheit persönlich zu betreiben. Er wurde dem Könige selbst vorgestellt; die bündigen und verständigen Antworten Gneisenau's auf mehre ihm vorgelegte Fragen nahmen den König für ihn ein und bald darauf erfolgte seine Anstellungsordre. Diese ist leider nicht mehr aufzufinden; dagegen ist Gneisenau's Dankschreiben vorhanden, unter welchem er sich als Premierlieutenant Neithardt von Gneisenau unterzeichnet hat.

Nach einigen Monaten seines Aufenthalts in Potsdam, während welcher Gneisenau mit mehren Officieren der königlichen Suite (den damaligen Generalstabsofficieren) näher bekannt, auch mit einigen in deren Fach schlagenden Arbeiten beschäftigt wurde, erfolgte im August 1786 seine Versetzung zu dem eben neuformirten Freiregimente unter dem Generalmajor von Chaumontet, welches seine Garnisonen in Bunzlau und Löwenberg hatte.

Die drei Freiregimenter erlitten im Juni 1787 eine Umformirung in 20 Füsilier-Bataillone; in den Jahren 1795 und 1797 wurden dieselben bis auf 24 Bataillone vermehrt, die dann in acht Brigaden eingetheilt wurden. Gneisenau war dem Bataillone Nr. 15 zugewiesen worden und in der Garnison Löwenberg verblieben, wohin er schon im Jahre 1786 gekommen war. Er galt schon damals seinen neuen Kameraden viel, weil er sich ihnen stets offen und anspruchslos hingab, mit einsichtsvollem Rathe ihnen oft nützlich wurde, im Dienste seinen Strang mit Eifer zog und sich überall als echter Cavalier zeigte. Löwenberg bot, wie auch mehre andere Garnisonen Schlesiens, im besonderen Maße den Vortheil dar, daß die in naher Nachbarschaft wohnenden Gutsherrschaften den Officieren gern ihre Kreise öffneten. Vor allen war es der Freiherr von Hochberg, ein Mann von feiner Bildung, heitern Lebensansichten und guten Vermögensverhältnissen, dessen Haus auf dem schönen, kaum eine halbe Meile von Löwenberg entfernten Gute Plagwitz stets mit gastlicher Bereitwilligkeit offen stand. Hier fand nun vorzugsweise der Lieutenant Gneisenau eine Allen sehr willkommene Aufnahme. Aber auch ihm gewährte der Umgang mit dieser Familie außer dem Vorzuge einer angenehmen Unterhaltung noch einen für seine wissenschaftliche Fortbildung sehr wichtigen Vortheil dadurch, daß der Herr von Hochberg ihm mit großer Liberalität die Benutzung seiner reichen Bibliothek gestattete.

Gneisenau, der mit einem merkwürdig sichern musikalischen Gehöre und einer sehr schönen Stimme begabt war, fing um diese Zeit auch an, die Flöte zu lernen, doch klagte er selbst in einem noch heute vorhandenen Briefe, daß es damit zu spät sei, um noch etwas Ordentliches zu leisten. Außerdem besaß er auch eine hübsche Fertigkeit im Zeichnen landschaftlicher und architektonischer Gegenstände. Als eine Probe seines schöpferischen Talents in dieser Richtung steht noch heute auf dem Friedhofe zu Löwenberg die Hochberg'sche Familiengruft, welche 1790 nach einem Entwurfe Gneisenau's im byzantinischen Style ausgeführt wurde. Aber nicht auf das Hochberg'sche Haus allein beschränkte sich der Umgang Gneisenau's; auch von den übrigen Gutsbesitzern der Umgegend wurde er mit offenen Armen empfangen. Ebenso öffneten sich ihm gern die geselligen Kreise der Stadt und selbst bei der geringern Classe der Einwohnerschaft gewann Gneisenau durch die Humanität und Jovialität, die seinem Charakter eigenthümlich waren, eine große Popularität. Der am Markte wohnende Conditor Berner erzählte noch lange Zeit den ihn besuchenden Gästen mit besonderem, allerdings auch gerechtfertigtem Stolze, daß ein in seinem Hause belegenes Zimmer einst von dem Premierlieutenant von Gneisenau bewohnt gewesen sei. Von Interesse ist auch ein von jenem alten Conditor häufig mitgetheilter Zug aus dem bescheidenen Leben des Premierlieutenants von Gneisenau, daß derselbe nämlich, wenn der Zustand seiner Casse ihn zwang, sich die Flasche Bier, die er Nachmittags gern trank, zu versagen, die Gewohnheit hatte, sich zu Bett zu legen und dann für Niemand zu sprechen war. Ganz besonders aber that der Greis sich darauf etwas zu Gute, daß der berühmte Mann ihn im Jahre 1813 nach der Schlacht an der Katzbach besucht und über seine ehemalige und derzeitige Lage mit ihm gescherzt habe.

Am 25. Juni 1790 wurde Gneisenau zum Stabscapitain in seinem Bataillone befördert. Er gelangte hierdurch wenigstens zu einer selbständigeren Diensthätigkeit, nämlich zur Führung einer der beiden Stabsofficierscompagnien, wogegen die ihm dadurch zu Theil werdende pecuniäre Verbesserung nicht von Belang war. Der Stabscapitain bezog nur den Gehalt eines Premierlieutenants mit 15 Thlr. 16 Sgr.; die Zulage, die er vom Chef der von ihm geführten Compagnie erhielt, betrug nur 3 bis 5 Thlr. monatlich.

In diesem Verhältnisse nahm Gneisenau mit dem Bataillone Nr. 15 Theil an dem während der Jahre 1793 und 1794 in Polen geführten Feldzuge; doch fand das Bataillon in dieser Campagne nirgends eine Gelegenheit, sich besonders auszeichnen zu können. Dessenungeachtet und so untergeordnet auch die Stellung noch war,

*) Der Name Gneisenau ist mit einem ß geschrieben, sowie die Worte „Kräfte" und „hiesigen".

in welcher Gneisenau diesen seinen ersten Feldzug mitmachte, wurde derselbe für ihn doch lehrreicher als für viele Andere, die auf einem höheren Posten standen; denn vermöge seiner geistigen Regsamkeit und der Schärfe seiner Beurtheilungskraft war er geeigneter, alle vorkommenden Begebnisse in ihren Ursachen und Folgen tiefer zu durchschauen als viele seiner Gefährten. Schon früh hatte er sich daran gewöhnt, von allen ihm wichtig erscheinenden Ereignissen festzuhalten, was sich Lehrreiches daraus gewinnen ließ. So hatte er auch während dieser Campagne ein Tagebuch geführt, welches sehr werthvolle Materialien enthielt, leider aber in den Kriegswirren des Jahres 1806 verloren ging.

Das Bataillon Nr. 15 stand noch in den für die Mannschaften höchst ungesunden Cantonirungsquartieren in und um Radomsko, als Gneisenau am 17. Nov. 1795 mit Versetzung zum Bataillon Nr. 13 zum wirklichen Capitain und Compagniechef ernannt wurde. Dieses Bataillon war inzwischen aus dem Kriege am Rhein zurückgekehrt und hatte seine frühere Garnison Jauer wieder bezogen. Dorthin begab sich nun unser neuer und junger Compagniechef. So war Gneisenau mit vollem Rechte zu nennen; denn in einem Alter von 35 Jahren, welches er vor Kurzem erst erreicht hatte, war das Avancement zum Compagniechef damals fast noch seltener als in jetziger Zeit. Der Besitz einer Compagnie war aber auch in jener Zeit eine Sache von viel größerer Wichtigkeit als gegenwärtig. Der Compagniechef damaliger Zeit übte in seinem Wirkungskreise das Recht eines unumschränkten Herrn und Besitzers aus, schaltete und waltete in demselben mit dem Ansehen eines Patriarchen und basirte auf diesem Besitze, wie auf einer Pfründe, bis zum General hinauf hauptsächlich seine materielle Existenz. Um so geringer war dagegen die von dem Compagniechef persönlich geleistete Thätigkeit. Außer der Exercirzeit, die etwa zwei Monate dauerte, schmolzen die Compagnien durch Beurlaubung sämmtlicher Cantonisten und Befreiung einer großen Anzahl Ausländer vom Dienste (Freiwächter) so zusammen, daß die übrig bleibende Mannschaft nur eben noch hinreichte, um den Wachdienst zu leisten, andere Truppenübungen aber fast ganz unausführbar wurden. Die Zahl der für die Compagnie jährlich auszubildenden Rekruten betrug in der Regel nur vier bis fünf; der Appel- und der innere Dienst überhaupt wurde fast immer den Lieutenants überlassen und so beschränkte sich die Dienstthätigkeit des Compagniechefs fast nur auf das Exerciren der Wachtparade, wenn dazu die Reihe an ihn kam. Die Hauptbeschäftigung des Compagniechefs bestand in der Sorge für die Oekonomie der Compagnie und dafür war auch sein Interesse sehr rege; denn die meisten der durch Beurlaubungen und Freistellungen vom Dienste bewirkten Ersparnisse kamen ihm selbst zu Gute. Allerdings gab es unter den Compagniechefs jener Zeit auch rühmliche Ausnahmen, die mit Hintansetzung ihres persönlichen Vortheils eifrigst bestrebt waren, ihre Pflichten im ganzen Umfange zu erfüllen, um ihre Compagnien stets in einem möglichst guten Ausbildungszustande zu erhalten und unter diesen Ausnahmen glänzt unser Gneisenau in der vordersten Reihe.

Mit dem Dienste der leichten Infanterie durch die amerikanische Schule genau bekannt, für denselben durch seine geistige und körperliche Beschaffenheit vorzugsweise geeignet und einen regen Thätigkeitstrieb in sich fühlend, fand Gneisenau immer Zeit und Gelegenheit, seine Füsiliere auch außer der eigentlichen Exercirperiode in den ihnen obliegenden besonderen Dienstleistungen auszubilden. Er verstand es auch, die Kräfte seiner Officiere und Unterofficiere zu ihrem eigenen und zum Nutzen des Dienstes anzuspannen und sie bei Lust und Eifer zu erhalten. Dafür befand sich aber auch die Gneisenau'sche Compagnie auf einer vorzüglichen Stufe taktischer Ausbildung und wurde als eine rechte Füsiliercompagnie den anderen oft als Muster vorgestellt. Auch in der Behandlung der Gemeinen wich er von der damals üblichen Praxis ab, nach welcher man nur durch Anwendung des Stocks und der Fuchtel Zucht und Ordnung aufrecht erhalten zu können glaubte. Er versuchte schon damals nach den Ansichten, die er im Jahre 1808 in dem bekannten Aufsatze: „Die Freiheit des Rückens" öffentlich aussprach und die er um dieselbe Zeit als Mitglied der Commission zur Abfassung neuer Kriegsartikel mit edlem Freimuthe verfocht. Schlechte und unverbesserliche Subjecte ließ auch er den Stock mit gehörigem Nachdrucke fühlen; es widerstrebte ihm aber, diese Züchtigungsart auch bei Soldaten von guter Gemüthsart und für kleinere Vergehen oder Exercirfehler anzuwenden. Dagegen gelang es ihm vollkommen, in der Erweckung des Ehrgefühls bei seinen Soldaten einen genügend wirksamen Hebel zur Aufrechterhaltung der Disciplin zu finden. Endlich machte Gneisenau auch in seiner Betreibung der ökonomischen Angelegenheiten eine rühmliche Ausnahme von der Mehrzahl der Compagniechefs, die nur darauf bedacht waren, aus den ihnen zu Theil gewordenen Compagnien den möglichst größten Nutzen zur Vermehrung ihres Einkommens zu ziehen. Er verfuhr im Gegentheile hierbei mit der größten Uneigennützigkeit und der splendidesten Opferbereitwilligkeit, die er auch während seines ganzen Lebens bewährte. In einem seltenen Grade war es ihm gelungen, sich die Liebe aller seiner Untergebenen zu erwerben, und wohl verdiente er diese Anerkennung, denn er war in der vollsten Bedeutung des Worts ein Vater seiner Soldaten, ein Wohlthäter ihrer Witwen und Waisen.

Nachdem Gneisenau durch seine Ernennung zum wirklichen Capitain zu einer einträglicheren Stellung gelangt war, regte sich in ihm der Wunsch, sich einen eigenen Herd und eine Familie zu gründen. Es fand sich zur Ausführung dieses Wunsches bald eine Gelegenheit. Die Neigung Gneisenau's zur Geselligkeit hatte ihn von Jauer, wie früher von Löwenberg aus, zu mehreren adeligen Gütern der Umgegend und unter andern auch nach dem etwa zwei Meilen entfernten Wolmsdorf bei Bolkenhain geführt. Dort wohnte die verwittwete Majorin von Kottwitz-Kaffron, welche außer einem Sohne und zwei Töchtern auch noch aus ihrer ersten, nur einjährigen

Ehe mit dem Barone von Kottwitz eine Tochter, Karoline Juliane, besaß. Letztere zählte, als Gneisenau die Bekanntschaft der Familie machte, 24 Jahre. Sie zog ihn durch ihren edlen, milden Charakter, durch ihr einfaches, häusliches und verständiges Wesen ebenso sehr an, wie durch ihre heitere Liebenswürdigkeit, zu der sich auch körperliche Schönheit in dem Maße gesellte, daß sie vorzugsweise das schöne Fräulein von Kottwitz genannt wurde. Der stattliche Füsilierhauptmann in der Frische des kräftigen Mannesalters und durch so glänzende Eigenschaften des Charakters und Geistes ausgezeichnet, machte einen nicht minder günstigen Eindruck auf die junge Dame und schon am 19. Oct. 1796 schlossen sie den Bund fürs Leben. In dem Gneisenau'schen Hause gestaltete sich ein einfaches, gemüthliches Leben; beide Gatten hatten nur Sinn und Neigung für ein solches. Freunde und Bekannte, die ohne große Ansprüche zu ihnen kamen, waren immer willkommene Gäste und gern erwiderten sie in gleicher Weise solche Besuche.

Aber weder über seinem bald durch mehre Kinder gesegneten Hausstand und dem geselligen Verkehr mit seinen Freunden und Kameraden, noch über die Beschäftigung mit seiner Compagnie vernachlässigte Gneisenau seine wissenschaftliche Fortbildung. Vorzüglich beschäftigten ihn die Kriege der französischen Revolutionsheere. Er war bemüht, die im Gebiete der Kriegsführung sich zeigenden Abnormitäten gegen die bis dahin geltenden Grundsätze zu erforschen und daraus sich über die Erfolge der französischen Heere aufzuklären. Ein banges Ahnen ergriff ihn, wenn er einen Vergleich anstellte zwischen dem jungen kühnen Führer, der sich an die Spitze der französischen Heere geschwungen hatte und den alten Herren, denen jetzt die Führung der vaterländischen Armee anvertraut war, deren Glanzpunkte schon so weit hinter ihnen lagen, die, weit entfernt, die Bonaparte'sche Kriegsführung zu begreifen, zufrieden waren, wenn sie auf den von ihrer Jugend her wohlbekannten Revueplätzen in den Künsten einer auf die Spitze getriebenen Exercirschule Triumphe feierten. Es ist erwiesen, daß Gneisenau das Unheil, welches Preußen im Jahre 1806 betraf, lange vorhergesagt hat, weil er in den Geist der neuern Kriegsführung eingedrungen und nicht so verblendet war wie die Mehrzahl seiner Kameraden, die preußische Armee darum für unbesiegbar zu halten, weil sie einst von Friedrich dem Großen commandirt worden sei. Mit den kriegsgeschichtlichen Forschungen verband er das Studium der militairischen Hilfswissenschaften. Außer den in damaliger Zeit am meisten in Ansehen und Geltung stehenden Hand- und Lehrbüchern der Taktik, der Artillerie und der Befestigungskunst wandte er seine Aufmerksamkeit auch den Reglements und Dienstinstructionen sowol der eigenen Armee als auch der wichtigeren fremden Heere zu, namentlich erschien ihm die französische Kriegsmacht als diejenige, welche der preußische Officier vorzugsweise scharf ins Auge zu fassen habe. Auch auf Sprachstudien richtete Gneisenau seinen Fleiß. In Folge seiner früheren Ausbildung auf Schulen und der Universität hatte er sich die Kenntniß der alten Sprachen angeeignet und sich so weit in dem Besitze derselben, namentlich der lateinischen Sprache erhalten, daß er selbst die schwereren Classiker mit genügendem Verständnisse lesen und auch seine Rede und Schrift mit passenden Kernsprüchen schmücken konnte. In den neueren Sprachen, die auf Gymnasien und Universitäten gewöhnlich nur als Nebensache betrieben werden, hatte er geringere Fortschritte gemacht. In späterer Zeit, und zwar vorzugsweise in Jauer, war Gneisenau eifrigst bemüht, sich im Französischen zu vervollkommnen, jedoch hat er es nicht dahin gebracht, sich dieser Sprache mündlich mit Geläufigkeit zu bedienen, dagegen hatte er im schriftlichen Ausdrucke sich eine solche Fertigkeit angeeignet, daß er die französische Sprache zu diplomatischen Mittheilungen und Verhandlungen anwenden konnte. Im Englischen kam er nicht weiter als bis zum Verständniß eines leichten Buches.

Ein besonders lebhaftes Interesse hatte Gneisenau für die Terrainkunde. Das Studium derselben betrieb er auch praktisch, indem er von seinen schlesischen Garnisonen aus zu Fuß und zu Pferde die Umgegend in allen Richtungen durchstreifte. Es ist noch ein von ihm eigenhändig geschriebenes Heft: „Recognoscirungen, betreffend das schlesische Gebirge von der Schneekoppe bis zum Schneeberge auf der glatzisch-mährischen Grenze" vorhanden, welches auf jeder Seite den höheren militairischen Blick und die sehr verständige Auffassung eines geborenen Generalstabsofficiers erweist.

Als ein die Einförmigkeit der Garnisonverhältnisse unterbrechendes Ereigniß ist die Theilnahme des Füsilierbataillons von Rabenau, bei welchem Gneisenau jetzt stand, an den großen Manövern bei Berlin und Potsdam im Jahre 1801 zu betrachten, zu welchen noch mehre Truppentheile aus Schlesien, Brandenburg und Pommern beordert waren. Dem scharfen und tiefen Blicke Gneisenau's konnte es bei dieser Gelegenheit nicht entgehen, Wahrnehmungen zu machen, die seine schon früher erwähnten Befürchtungen für das Geschick des Vaterlandes, wenn es in einen ernstlichen kriegerischen Conflict mit seinem westlichen Nachbarstaate gerathen sollte, nur allzusehr bestätigten. Ihn bestachen nicht die kunstvollen Auf- und Abmärsche aus einer Stellung in die andere, nicht die langen Avanciermärsche in fast unabsehbaren Linien mit scharf geschultertem Gewehr, nicht die exacten Salven der Heckens-, Pelotons- und anderer Feuerarten; denn er sah, daß viel Hohles und Leeres, viel Morsches und Unhaltbares sich hinter diesen Formen, aus denen längst der schaffende Geist entwichen war, versteckte. Leider konnte er in seiner dermaligen beschränkten Stellung diese Wahrnehmungen nur dem engen Kreise vertrauter Freunde mittheilen, denn er war ja, wie er sich selber später einmal hierüber äußerte, noch immer nur der Füsilierhauptmann von Gneisenau, vergessen in den niederen Graden, in einer kleinen Garnison und nur berufen, für das Vaterland zu fechten, nicht zu rathen.

Im Jahre 1802 erschien die Ordre zur Besitznahme

der neuen Länderrerwerbungen Preußens in Thüringen. Zu den Truppen, welche zur Besetzung von Erfurt, Mühlhausen und Nordhausen nebst den zugehörigen Gebietstheilen bestimmt waren, gehörten auch die drei Bataillone der niederschlesischen Füsilierbrigade. Für Gneisenau war es dabei von nicht geringem Interesse, daß grade das Bataillon von Rabenau dauernd zur Besetzung von Erfurt bestimmt wurde. Im Mai 1803 gelangte dasselbe wiederum dazu, an einer vom Könige persönlich abzunehmenden Revue Theil zu nehmen und sich des besonderen Beifalls des königlichen Kriegsherrn wegen der in der That bemerkenswerthen hohen Stufe seiner taktischen Ausbildung zu erfreuen. Der General von Pelet benutzte diese Gelegenheit, um die beiden ältesten Hauptleute der Brigade, von Bethale und von Gneisenau zur Beförderung zu überzähligen Stabsofficieren vorzuschlagen. Bei aller Anerkennung ihrer Verdienste wurde jedoch dieser Vorschlag abgelehnt. Gneisenau wurde nun bald 43 Jahre alt und war seit 13 Jahren Hauptmann. Trotz aller seiner während dieser Zeit bewährten Tüchtigkeit und erworbener Verdienste wurde die für ihn nachgesuchte, nicht allzu große Begünstigung in seinem Avancement verweigert. So groß war in jener Zeit der Respect vor dem Anciennetätsprincipe, in Folge dessen viele tüchtige Männer in den unteren Graden veralteten und in den höheren dann ebenso matt und stumpf waren wie ihre Vorgänger.

Bei dieser zweiten Anwesenheit in Erfurt unterließ Gneisenau nicht, das Freundschaftsband mit seinem Jugendfreunde Siegling zu erneuern. Letzterer war inzwischen Professor und Vater einer zahlreichen Kinderschar geworden; sein Werth erweist sich am genügendsten dadurch, daß er zum zweiten Male Gneisenau's innigster Freund wurde und es bis zu dessen Tode blieb. Eine Reihe von Briefen Gneisenau's an Siegling, welche vom Juni 1803 bis zum Mai 1831 reichen und noch jetzt von einer Tochter Siegling's als kostbares Familieneigenthum aufbewahrt werden, gibt einen klaren und vollständigen Beweis von der Wärme und Innigkeit des zwischen beiden Freunden ununterbrochen bestandenen Verhältnisses. Die ganze Fülle der Liebenswürdigkeit Gneisenau's an Gemüth und Charakter, der Adel seiner Gesinnungen und Lebensanschauungen, überhaupt seine Vorzüglichkeit als Mensch sprechen sich in diesen Briefen unverkennbar aus. Auch mit mehren anderen früheren Schul- und Universitätsgenossen erneute Gneisenau die ehemalige Bekanntschaft und da sich unter diesen sehr gescheite Männer befanden, so wurde ihm sein diesmaliger Aufenthalt in Erfurt ein sehr genußreicher.

Diese Zeit war indessen nur von kurzer Dauer; schon am 3. Juni 1803 trat das Bataillon von Rabenau den Rückmarsch nach Jauer an und am 30. desselben Monats befand sich dasselbe bereits in seiner alten Garnison wieder auf dem gewöhnlichen Friedensfuße mit kleinem Dienststande.

Der speculative Geist und Thätigkeitstrieb Gneisenau's, dem die Beschäftigung mit der Compagnie nicht genügte und der Wunsch, durch seine Betriebsamkeit in noch einer anderen Richtung für seine Kinder, deren Zahl sich bereits bis auf vier vermehrt hatte, erfolgreicher zu sorgen, erregten in ihm den Gedanken, ein Landgut zu erwerben. Diesen Gedanken brachte Gneisenau auch rasch zur Ausführung, indem er schon im Herbste 1803 mit Zuhülfenahme des kleinen Vermögens seiner Frau das Gut Mittel-Kauffungen, welches sein verstorbener Schwiegervater besessen hatte, an sich brachte. Aus einem Briefe an seinen Freund Siegling geht hervor, wie groß sein Vertrauen war, ein tüchtiger Landwirth und dadurch ein reicher Mann zu werden.

Gneisenau begann nun seine Thätigkeit als Gutsherr mit dem ihm eigenen Eifer und widmete, ohne jedoch seine Pflichten als Compagniechef dabei nur im mindesten zu verabsäumen, alle ihm übrig bleibende Zeit mit der größten Energie und regster Unternehmungslust dem Landbaue, den er die interessanteste Beschäftigung nannte. Dennoch war er kein glücklicher Landwirth und der Besitz des Landgutes brachte ihm eher Verluste als Gewinn. Wenn nun auch seine Hoffnung, ein reicher Mann zu werden, sich nicht erfüllte, so gewährte das in der Nähe von Jauer anmuthig gelegene Gut doch seiner Familie einen für Geist und Körper erquicklichen Aufenthalt und ihm selbst einen sehr angenehmen Zufluchtsort, wo er im Kreise der Seinigen die Verdrießlichkeiten der dienstlichen Verhältnisse am leichtesten vergaß. Zu den letzteren gehörte besonders ein im Jahre 1804 von dem Generale von Pelet wiederholter, aber vom Könige mit einer scharfen Erwiderung zurückgewiesener Versuch, durch den Vorschlag des Hauptmanns von Bethale, des unmittelbaren Vordermanns Gneisenau's zum überzähligen Major seiner Brigade, ihm ein Avancement zu verschaffen. Die Hoffnung Gneisenau's auf eine Beförderung zum Stabsofficier wurde hierdurch wieder in weitere Ferne hinausgeschoben.

So rückte das Jahr 1805 heran. Die schon seit längerer Zeit für Preußen sich darbietenden Veranlassungen zum Kriege steigerten sich in diesem Jahre zu einer dringenden Forderung. Die Chancen dafür waren niemals günstiger; aber der rechte Moment wurde aus unseligem Mangel an Entschluß versäumt, Preußen dadurch isolirt und reif für das unglückliche Geschick, welches es im darauf folgenden Jahre so furchtbar niederwarf.

Die Mobilmachung der Armee wurde im September ausgesprochen; gegen alle Erwartungen aber richtete sich die erste Operationsmaßregel nicht gegen Westen, sondern gegen Rußland. Der russische Kaiser hatte nämlich ungeachtet der von Preußen bestimmt erklärten Neutralität den Durchmarsch seiner Truppen durch Südpreußen und Schlesien behufs einer Vereinigung derselben mit den Oesterreichern sehr nachdrücklich verlangt, eventuell mit Erzwingung desselben gedroht. In Folge der hierauf von Preußen ergriffenen Maßregel kam Gneisenau zum zweiten Male nach Polen. Kurz vor dem Ausmarsche hatte der General von Pelet einen nochmaligen Versuch gemacht, seiner Füsilierbrigade Avancements zum Stabsofficiersgrade zu verschaffen. Auch hierauf erfolgte eine ablehnende Cabinetsordre; Gneisenau blieb der zweitälteste Hauptmann in der Brigade und mußte es sich gefallen lassen, daß seine Kameraden im Scherze ihm den Namen des Hauptmanns von Kapernaum beilegten.

Womit indessen der Kaiser von Rußland nur gedroht hatte, das führte Napoleon I. ohne Weiteres wirklich aus, indem er ohne Anfrage und trotz aller Reclamationen der Behörden am 3. Oct. ein französisches Armeecorps unter dem Marschalle Bernadotte mit der Bestimmung, der an der oberen Donau unter dem Generale Mack aufgestellten österreichischen Armee in den Rücken zu gehen, durch das ansbachische Gebiet marschiren ließ. Die in diesem Verfahren liegende, verhöhnende Nichtachtung der Neutralitätserklärung Preußens hätte letzteres bestimmen müssen, die Waffen sofort gegen Frankreich zu kehren, aber die Liebe zum Frieden überwog die so dringende Veranlassung zum Kriege. Preußen begnügte sich mit einer geharnischten Note und mit einer Versammlung mehrer Armeecorps in Franken, Niedersachsen und Westfalen. Diese unterm 13. Oct. 1805 angeordneten Truppenaufstellungen führten unsern Gneisenau von Polen nochmals nach Thüringen, während seine Gattin, die erst im August 1804 ihn mit einem fünften Kinde (dem zweiten Knaben) beschenkt hatte, um diese Zeit wiederum ihrer Entbindung entgegensah.

Auf dem Marsche nach Thüringen war es für Gneisenau interessant, zum ersten Male wieder nach seiner Geburtsstadt zu gelangen, indem das Bataillon von Rabenau am 16. Nov. sein Nachtquartier in Schilda bezog. In Folge des weiteren Verlaufs der Kriegsoperationen Frankreichs gegen das verbündete Oesterreich und Rußland wurde das Bataillon von Rabenau dem Corps des Generallieutenants von Blücher, welches sich im Baireuthischen versammeln sollte, zugetheilt. Gneisenau freute sich der Aussicht, die Stadt, in welcher er als ansbach-baireuthischer Lieutenant garnisonirt hatte, sowie manchen seiner ehemaligen Kameraden wiederzusehen. Einen neuen Bekannten und bald einen werthen Freund gewann er hier in dem Hauptmanne von Valentini, dem Quartiermeisterlieutenant im Stabe des Fürsten von Hohenlohe, einem kriegserfahrenen und kenntnißreichen Generalstabsofficiere, der sich durch seine gediegene Abhandlung über den kleinen Krieg und den Gebrauch der leichten Truppen in der literarischen Welt bereits rühmlich bekannt gemacht und durch sein taktvolles, würdiges Benehmen, sowie durch sein anspruchsloses Wesen in den militairischen Kreisen schnell Anerkennung und Achtung erworben hatte.

Es ist wahrscheinlich, daß sich in diesen Cantonnirungsquartieren das an und für sich sehr unbedeutende und doch einen so bezeichnenden Zug in dem gemüthlichen Charakter Gneisenau's bildende Ereigniß zugetragen hat, welches Pertz in Stein's Leben von unserem Helden erzählt. Er wohnte (so heißt es dort im 2. Bde. S. 181) in einem Bauernhause und hatte sein Gefallen an den Kindern. Eines Tages in der Frühe gingen alle Erwachsenen zu einem Feste über Feld, nur der Hausherr wollte der Kinder wegen das Haus nicht verlassen. Da ließ ihn Gneisenau an der Festfreude Theil nehmen: „Er wolle den Tag über schon zu Hause bleiben und nach den Kindern sehen." Es lag ganz in Gneisenau's menschenfreundlicher Natur, sich leicht und ohne seiner Würde etwas zu vergeben, zu dem geringen Manne herablassen zu können. Dadurch gewann er sich aller Herzen auch in diesen Kreisen der Menschen und die hieraus folgende Ergebenheit, mit der sie sich ihm zuwendeten und stets bereit waren, seinen Wünschen nachzukommen, war oft von wesentlichem Einflusse auf die großen Erfolge, welche er in seiner späteren Thätigkeitsperiode, namentlich bei der glorreichen Vertheidigung Kolbergs, erreichte.

Die schwankenden und unentschlossenen Maßregeln, welche Preußen während der kriegerischen Conflicte Rußlands und Oesterreichs gegen Frankreich im Jahre 1805 ergriff, wirkten sehr niederdrückend auf die Armee, und als unter dem 24. Jan. 1806, noch ehe die Verhandlungen in Paris zum Abschluß gediehen waren, die Ordre zum Heimmarsch und zur Demobilmachung erfolgte, war es ihr, als ob sie bereits eine Niederlage erlitten hätte. Viele in der Armee waren der Ansicht, daß, nachdem Oesterreich gefallen und die Coalition gelöst war, auch Preußen seinem baldigen Sturze nicht würde entgehen können; auch Gneisenau fürchtete dies. Je trüber ihn diese allgemeinen Verhältnisse, in welche das Vaterland gerathen war, stimmten, um so größer war die Freude des Wiedersehens der Seinigen, als er am 10. März in Jauer wieder einrückte.

Bald nach seiner Rückkehr wandte er mit erneutem Eifer alle Zeit, die ihm eine gewissenhafte Besorgung seiner Dienstgeschäfte übrig ließ, der Betreibung seiner landwirthschaftlichen Angelegenheiten zu, doch entsprachen auch jetzt die erreichten Erfolge nicht den gehegten Erwartungen. Dessenungeachtet blieb er immer seinen Untergebenen gegenüber der freigebige Compagniechef, der stets bereit war, in Noth gerathene Witwen und Waisen seiner Soldaten zu unterstützen, sodaß in Folge seiner großen Splendidität ihm die Mittel zur Bestreitung der Kosten für seine eigene Familie zuweilen anfingen knapp zu werden. Gneisenau hatte dafür aber auch die Freude, zu erfahren, von wie segensreichem Einflusse es auch für den Dienst ist, wenn die Mannschaften in ihrem Chef nicht nur den Vorgesetzten fürchten, sondern ihm auch mit treuer Anhänglichkeit und Liebe ergeben sind. Nicht nur der Sorge vor Desertionen, welche die andern Compagniechefs so schwer drückte, war er überhoben, sondern auch allen dienstlichen Anforderungen genügte die Gneisenau'sche Compagnie in erhöhtem Grade. Die Vorgesetzten Gneisenau's erkannten wol seine Vorzüge, aber alle ihre Bemühungen, ihm in seinem Avancement förderlich zu sein, blieben erfolglos. Zwar wurde er um diese Zeit durch die Beförderung seines Vordermanns von Bethake der älteste Hauptmann in der Brigade; doch konnte er, wenn es Frieden blieb, nicht darauf rechnen, vor der Mitte seiner funfziger Jahre Bataillonschef zu werden. Kam es zum Kriege, so konnte er wol auf eine frühere Beförderung hoffen; unter den Verhältnissen jedoch, in welche er den Staat seit der Demobilmachung gerathen sah, wünschte er keinen Krieg, denn seinem hellen Blicke blieb es nicht verborgen, daß ein solcher seinem Vaterlande zum Verderben gereichen müsse.

Der von Gneisenau so gefürchtete Krieg mit Frankreich brach nun im Herbste 1806 wirklich los. Die Besorgnisse Gneisenau's fanden nur zu sehr ihre Bestätigung. Das für so respectabel gehaltene preußische Heer wurde in der unglücklichen Schlacht bei Jena am 14. Oct. fast gänzlich vernichtet. So tief aber auch die Wunden waren, welche diese verhängnißvolle Katastrophe dem Vaterlande schlug, sie wurde zugleich zum Probiestein des Werthes einzelner kräftiger und besonders befähigter Männer, deren Ruhm sich in dieser Zeit begründete. In dieser trüben Zeit, in welcher so viel Schwäche, so viel Mangel an Muth und Einsicht sich zeigte, in welcher recht Noth an Mann war, wurde endlich auch Gneisenau als der rechte Mann erkannt, als dazu geeignet und berufen, um zu helfen und wieder aufzurichten, was noch zu retten sei.

Im Herbstmonate des Jahres 1806 war das Bataillon von Rabenau zu dem nunmehr beginnenden Feldzuge aus Jauer ausgerückt. Es wurde der Avantgarde unter dem Befehle des Prinzen Louis Ferdinand zugetheilt und nahm mit diesem Corps in dem unglücklichen Gefechte bei Saalfeld am 10. Oct. Theil, in welchem der Prinz selbst blieb und der Oberst von Rabenau in Gefangenschaft gerieth. Das Bataillon von Rabenau, welches sich demnächst der Hohenlohe'schen Armee wieder angeschlossen hatte, that auch in der verhängnißvollen Schlacht bei Jena am 14. Oct. vollständig seine Schuldigkeit. Es hielt bis zu dem letzten Momente der Schlacht standhaft aus, wurde jedoch, nachdem es noch die unter dem Generale Zeschwitz über Umpferstädt zurückgedrängte Cavalerie gedeckt hatte und das Dorf verließ, am seinen Rückzug fortzusetzen, von allen Seiten durch feindliche Reiterei angefallen und theils niedergemacht, theils gefangen nach Jena abgeführt. Gneisenau für seine Person entging jedoch diesem traurigen Geschicke. Er hatte schon wiederholt Gelegenheit gefunden, sich vortheilhaft bemerkbar zu machen und die Aufmerksamkeit mehrerer, im Gefolge des Königs befindlicher Personen, unter andern Scharnhorst's, auf sich zu ziehen; auch wurde er von dem Fürsten von Hohenlohe ausersehen, um den Kammerherrn Napoleon's und capitaine des ordonnances permanentes, Montesquieu, der am Tage vor der Schlacht von einem Pila'schen Husaren gefangen genommen war, zum Könige nach Auerstädt zu bringen. Selbst nach der gänzlichen Zertrümmerung des preußischen Heeres bei Jena und Auerstädt verlor Gneisenau den Muth noch nicht und glücklich gelangte er durch das Getreibe des trostlosen Rückzugs nach Königsberg in Preußen.

Hier erhielt er den Auftrag, in Lithauen ein neues Reservebataillon zu errichten und wurde gleichzeitig zum Major befördert. Als die Nachricht von dem schnellen und schmählichen Falle vieler preußischen Festungen eintraf, mußte die Erhaltung derjenigen, die noch nicht in die Hände des Feindes gefallen waren, als eine Maßregel von der äußersten Wichtigkeit erscheinen, namentlich hatte Kolberg in den Augen der Verbündeten eine große Wichtigkeit gewonnen, seitdem man die Hoffnung hegte, England einen thätigen Antheil an dem Kriege nehmen zu sehen. Dem zufolge und da man bereits ein großes Vertrauen auf den Major Gneisenau setzte, erhielt derselbe Ende April 1807 den Auftrag, sich schleunigst nach Kolberg zu begeben und dort als Commandant an Stelle des Obersten von Loucadou die Vertheidigung dieses wichtigen und vom Feinde bereits hart bedrohten Platzes zu übernehmen. Gneisenau rechtfertigte das in ihn gesetzte Vertrauen auf das Glänzendste. Allerdings war er auch vollkommen dazu geeignet, alle entgegenstehenden Schwierigkeiten und Hindernisse zu überwinden und das Höchste zu leisten, was von einem Commandanten gefordert werden kann. In der Mitte der vierziger Jahre, von imposantem und doch gewinnendem Aeußeren, energischem Charakter, großer militairischer Bildung und Einsicht, immer von sich selbst absehend, nur das Ganze im Auge habend und das Wesentliche festhaltend, unermüdlich in seiner Thätigkeit und unerschütterlich im Unglücke, war er so ganz der Mann, der schnell den Muth der Besatzung steigern und das vollste Vertrauen der Bürger erwecken konnte. Sogleich nach seiner Ankunft versammelte er die ganze Garnison auf dem Bastion Preußen und hielt eine kräftige Anrede, welche sie zur tapfersten Gegenwehr anfeuerte. Die Bürger, die er durch ihre Repräsentanten auffordern ließ, des hochherzigen Benehmens ihrer Vorfahren im siebenjährigen Kriege eingedenk zu sein und sich ihrer würdig zu zeigen, versprachen, allen seinen Anordnungen, so viel Opfer diese auch kosten würden, mit Freuden sich zu unterwerfen. Die Garnison sowol als die Bürgerschaft beschlossen, mit ihrem Commandanten für die Erhaltung der Festung zu leben und zu sterben. Indem die vorhandenen Kräfte gesteigert, neue in Bewegung gesetzt, alle aber mit energischer Verwendung und Umsicht nach einem Ziele hingeleitet wurden, gelang es dem neuen Commandanten, eine Vertheidigung herbeizuführen, die an und für sich und für alle Zeiten zu den heldenmüthigsten und ruhmvollsten gehört, die jemals geführt worden sind, in jener drückenden und schmachvollen Zeit aber wahrhaft erquickend und belebend wirkte und von den Vaterlandsfreunden als die Morgenröthe einer Zukunft begrüßt wurde, in welcher sich das so sehr niedergebeugte Preußen zu seinem früheren Glanze erheben sollte.

Die Vertheidigung Kolbergs bildet unstreitig den Hauptglanzpunkt in der so thatenreichen Wirksamkeit unseres Helden. Es war ihm gelungen, den Feind von der Eröffnung der Tranchéen bis zur Beendigung der Belagerung, die durch den dem tilsiter Frieden vorhergehenden Waffenstillstand herbeigeführt wurde, während eines Zeitraumes von 45 Tagen in einer Entfernung von der Festung aufzuhalten, wo unter gewöhnlichen Verhältnissen die Belagerung erst zu beginnen pflegt. Dieses für die Erhaltung der Festung so wichtige Resultat wurde aber lediglich durch die Umsicht und Energie erreicht, mit welcher der Commandant es verstand, die Terraingestaltung um Kolberg, sowie die tapfere und verhältnißmäßig starke Besatzung zu einer überaus activen Vertheidigung zu benutzen. Dem Major von Gneisenau gebührt um so mehr Anerkennung, als ihm hierbei Niemand mit Rath zur Seite stand und Alles, was geschah, von ihm ausgehen mußte. Das von dem Commandanten unternommene und mit großer Energie durchgeführte Vertheidigungsverfahren muß für ein um so weiseres anerkannt werden, als es das einzige war, wodurch die Festung dem Könige erhalten werden konnte, da bei dem Mangel an bombenfesten Räumen und bei dem zur Zeit von dem Feinde überall in Anwendung gebrachten Verfahren, durch ein Bombardement Krieg mit den Häusern statt mit den Wällen zu führen, auch Kolberg nach dem Verluste seiner Magazine sehr bald zur Uebergabe genöthigt worden wäre, wenn es nicht gelang, den Feind auf lange Zeit von der Festung fern zu halten. Um diesen Zweck zu erreichen, brachte Gneisenau ein zweifaches actives Vertheidigungsverfahren in Anwendung, indem er einmal alle dem Vertheidiger nur mögliche Mittel der Feld- und provisorischen Befestigung mit beispielloser Unermüdlichkeit aufbot, um dem Feinde selbst mit Werken entgegen zu gehen; demnächst, indem er durch unablässige, kräftige Ausfälle den Feind nöthigte, bei seinem Vorgehen gegen die improvisirten Werke mit großer Behutsamkeit zu verfahren, ihn dadurch in seinem Vorschreiten aufhielt, häufig sogar wieder zurückwarf. Die Vertheidigung von Kolberg gewährt daher wie keine andere ein lehrreiches Beispiel, was der Commandant durch ein actives Verfahren des Ingenieurs und der Besatzung zu leisten vermag.

Aber zur Durchführung eines solchen Verfahrens in dem vorliegenden Falle bedurfte es auch einer solchen außergewöhnlichen Umsicht und Energie, wie Gneisenau sie besaß. In fortificatorischer Beziehung war Vieles zu thun; dabei fehlte es an Ingenieuren, Aufsehern und geübten Arbeitern, sowie an erforderlichem Material, besonders an Holz. Die Geschütze waren äußerst mangelhaft, zum großen Theil alte, ausrangirte eiserne Kanonen, von denen viele durch den eignen Gebrauch zersprangen und mehre Bedienungsmannschaften theils tödteten, theils schwer verwundeten¹). Die Kräfte der Besatzung schmolzen allmälig durch die rasche Folge von blutigen Gefechten, durch die anstrengenden Tag- und Nachtwachen, sowie durch die unter dem feindlichen Geschütz- und Gewehrfeuer auszuführenden, ermüdenden Arbeiten und es mußte zuletzt an hinreichenden Vertheidigern für die durch das Genie des Commandanten immer neu geschaffenen Werke fehlen. Später litt die Garnison auch Mangel an Geld und da die Versuche Gneisenau's, bei der sonst so patriotisch gesinnten Bürgerschaft weitere Anleihen zu machen, scheiterten, so nahm er zu dem Auskunftsmittel seine Zuflucht, Papiergeld auszugeben, auf dessen Verfälschung er Todesstrafe setzte. Er ließ zur Bestreitung der Löhnung an die Mannschaften Scheine zu 2, 4 und 8 Groschen anfertigen, welche auch willige Annahme fanden und in der Folge eingelöst wurden.

Vor Allem aber fehlte es nicht an Muth. Das Beispiel des hochherzigen Commandanten riß Alles mit sich fort. Mit der größten Hingebung fochten Offiziere und Soldaten in den hier vorkommenden hartnäckigen Kämpfen und Erstürmungen von Schanzen. Mancher Tapfere fand hier einen ruhmvollen Tod, aber nicht ohne dem Feinde blutige Verluste beigebracht zu haben. Das vierte italienische Linienregiment wurde fast ganz aufgerieben und nicht minder litten die Polen, auf die sich besonders der Haß geworfen hatte. Seit der Ankunft des Majors von Gneisenau bis zum 27. Juni wurden gegen 600 Gefangene gemacht und über See nach Preußen geschickt.

Die gelungene Vertheidigung Kolbergs erscheint um so ruhmvoller, als die Franzosen bedeutende Anstrengungen zur Eroberung derselben machten. An der Spitze des 14,000 Mann starken Belagerungscorps stand der General Loison. Mit Ingenieurofficieren, unter denen sich auch der sehr erfahrene General Chasseloup befand, mit Sappeurs und Mineurs war dasselbe reichlich versehen; Arbeiter und Material zu den Belagerungsarbeiten wurden vom Lande requirirt. Allen diesen Angriffskräften und Mitteln hatten die Klugheit und der unerschütterliche Muth des Commandanten, sowie die Tapferkeit der Besatzung bis Ende Juni einen erfolgreichen Widerstand geleistet. Um diese Zeit hätten nun eigentlich die Feindseligkeiten eingestellt werden müssen; denn bereits unterm 28. Juni war der Lieutenant von Holleben vom 3.

---

1) Gneisenau schrieb unterm 12. Juni 1807 an seinen Freund, den Hauptmann [illegible]:

Mein innig geliebter Freund.

Lieut. v. [illegible] vom Genie-Corps wird Ihnen über die hiesigen Angelegenheiten berichten. Nach dem Fall von Danzig schnürt man uns nun die Kehle zu. Ich arbeite wie ein Pferd, aber ich bin schlecht unterstützt. Mein Geschütz ist schlecht und oft passiren Unglücksfälle durch Springen der ausrangirten eisernen Kanonen. Im fortific. Hinsicht muß ich Alles selbst erfinden und anordnen. Wir haben einige gute Dinge gemacht, aber viel hätte noch geschehen müssen. Durch den [illegible] Fall von Danzig ist hier nun keine Zeit mehr dazu. Es bleibt mir also nichts übrig, als zu fechten und zu sterben. Es wird Ihnen dort nicht besser gehen, aber wenn wir auch die Hoffnung sinken lassen, doch nicht den Muth. Vor der Hand haben wir uns hier die Achtung des Feindes erworben, was ferner geschehen wird, weiß ich nicht; nur von mir persönlich kann ich versprechen. Danzig hat einen üblen Eindruck gemacht.

Leben Sie wohl, und, wo möglich, glücklich. Ob wir dies noch können, zweifle ich.

C. d. 12ten Juni 1807.

Ihr
treu ergebener Freund
N. v. Gneisenau.

In einem früheren Schreiben sagt Gneisenau, nachdem er über den Mangel an Personal und Material zu den fortific. Arbeiten geklagt hat: „Und ich habe gegen mich den Divisions-General, Inspecteur des corps de genie [illegible] und den Divisions-General Chasseloup mit einem Heer von Ingenieur-Offizieren, 1 Compagnie Sappeurs, 1 Compagnie Mineurs — und ich 2 Mineurs!"

neumärkischen Reservebataillon mit den erforderlichen Depeschen und mit einem französischen Passe in Königsberg abgefertigt worden, um die Nachricht von dem zu Pickupöhnen am 20. Juni geschlossenen Waffenstillstande zu überbringen, dem am 9. Juli der Friede zwischen Preußen und Frankreich folgte. General Loison hielt indessen in seinem Hauptquartiere zu Tramm den Lieutenant von Holleben auf eine widerrechtliche Weise längere Zeit zurück, angeblich um die Richtigkeit seiner Mission zu prüfen, in Wirklichkeit aber um dadurch Zeit zu nochmaligen gewaltigen Anstrengungen zu gewinnen, sich Kolbergs zu bemächtigen. Er ließ dem zufolge am 1. Juli von allen Seiten einen heftigen Angriff gegen die Festung unternehmen. Die Verschanzungen auf der Maykuhle gingen zwar verloren; auf allen andern Punkten aber wurde der gewaltsame Angriff muthig zurückgewiesen. Gleichzeitig hatte ein furchtbares Bombardement gegen die Stadt begonnen. Dasselbe dauerte den ganzen Tag über nur mit kurzen Pausen zur Abkühlung der Geschütze fort. Die von dem Generale Loison während einer solchen Pause an den Commandanten gerichtete Aufforderung zur Capitulation wurde mit Verachtung zurückgewiesen. Das Bombardement wurde nun mit um so größerer Heftigkeit fortgesetzt; man zählte in der Stunde durchschnittlich 183 Schuß und Wurf. Die Häuser in der Stadt litten bedeutend und die Bestürzung der Einwohner war allgemein. In der Nacht dauerte das Bombardement in gleicher Stärke fort. Um 11 Uhr brannte der Festungsbauhof gänzlich nieder und um Mitternacht gerieth ein Kornmagazin in Flammen, wurde jedoch glücklich gerettet. Nachmitternacht setzte eine Bombe das Rathhaus in Brand und am Morgen stand auch der Stadthof in Flammen. Der Feind schien jetzt seine Anstrengungen zu verdoppeln und man konnte des in der Stadt wüthenden Feuers nicht mehr Herr werden, als ein gegen Morgen sich erhebender Wind dasselbe begünstigte; die Kräfte waren erschöpft, es war an kein Löschen mehr zu denken. Der Commandant verlor trotz der von allen Seiten andringenden Gefahr keinen Augenblick seine Ruhe und Besonnenheit. Ueberall, wo es Noth that, war er gegenwärtig und traf die zweckmäßigsten Anordnungen; sein heiterer Muth feuerte auch die Kleinmüthigsten an. Er hatte seine Wohnung in der Commandantur längst aufgegeben; ein ehemaliges Gefangenenstübchen gewährte ihm ein Obdach für die wenigen Stunden der Ruhe, die er sich nur gönnte; eine Pritsche war sein Lager und der Cavalier auf der Bastion Preußen sein Standpunkt zur Uebersicht des Ganzen, wenn nicht die Gefahr auf einem andern Punkte seine Gegenwart dort erforderte.

Schrecklich wütheten die Wurfgeschosse auch in der Marienkirche, die als Lazareth benutzt wurde und welche der Feind in Folge eines früheren Antrags des Commandanten zu schonen versprochen hatte. Gegen 20 Geschosse schlugen durch die nicht bombenfesten Gewölbe, zertrümmerten mehre Chöre und tödteten einige der in steter Aufregung erhaltenen Verwundeten, deren über 800 anwesend waren. Der Commandant ließ daher die Kasematte unter dem Cavalier Preußen zum Lazareth einrichten und mitten im Gewirre der einschlagenden Geschosse, der Rettenden und des um sich greifenden Feuers die Verwundeten dorthin transportiren.

Die Artillerie der Festung war ebenfalls bis zum Morgen des 2. Juli unausgesetzt in Thätigkeit gewesen, konnte jedoch, obgleich sie ungeachtet der mangelhaften Beschaffenheit der Kanonen und der geringen Anzahl Wurfgeschütze Unglaubliches leistete, die Heftigkeit des Bombardements nicht mindern. Eine nicht unbeträchtliche Anzahl Geschützröhre zersprang auch bei dieser Gelegenheit, wodurch mehre Artilleristen getödtet und verwundet wurden. Während des Vormittags am 2. Juli ließ der Commandant das Geschützfeuer auf dem Hauptwalle einstellen, um die Munition und die Kräfte der Mannschaften zur Abwehr eines vom Feinde etwa zu unternehmenden Sturmes aufzusparen. Die Artillerie der Außenwerke und der lauenburger Vorstadt blieb jedoch, und zwar mit günstigem Erfolge, in Thätigkeit. Der Feind setzte dagegen am 2. Juli das Bombardement fort, beschränkte im Uebrigen sich aber bis gegen Mittag auf eine Kanonade und ein anhaltendes Gewehrfeuer im ganzen Umkreise der Festung. Um diese Zeit begannen jedoch erneute sehr heftige Angriffe. Der Feind schien jetzt alle Rücksicht auf Schonung seiner Truppen aus den Augen zu setzen und um jeden Preis sich der Festung bemächtigen zu wollen. Mit einer starken Colonne drang er vom Wolfsberg vor, warf die Vorposten am Strande und im Münderfelde bis hinter die Ziegelschanze zurück und versuchte in die Kehle des Werks einzudringen. Die Grenadiere hielten wiederum Stand und die Artillerie der nächstgelegenen Werke hemmte ein weiteres Vordringen des Feindes. Den Füsilieren, den Jägern und den in der Festung vorhandenen Cavaleriedetachements gelang es sogar, den Feind zurückzuwerfen. Gleichzeitig war auch ein ernster Angriff auf die lauenburger Vorstadt unternommen worden, ohne daß der Feind jedoch hier einen Schritt Terrain gewinnen konnte.

Der 2. Juli war bereits bis zur dritten Nachmittagsstunde vorgerückt, man schickte sich auf beiden Seiten an, frische Truppen ins Gefecht zu führen, die Flammen in der Stadt griffen immer weiter um sich, als plötzlich das feindliche Feuer verstummte. Man erblickte die Waffenstillstandsflagge und die Annäherung eines preußischen Officiers. Es war der Lieutenant von Holleben, der endlich zur Ueberbringung der Nachricht von dem zu Pickupöhnen geschlossenen Waffenstillstande angelangt war. Die Feindseligkeiten hatten ein Ende. Der Major von Gneisenau empfing die Depeschen des Lieutenants von Holleben auf der Bastion Neumark mit größtem Gleichmuthe.

Die Garnison von Kolberg, welche gegen 6000 Mann stark war, hatte während der Belagerung an Todten, Verwundeten und Vermißten etwas über 1000 Mann verloren. Von den Einwohnern Kolbergs waren 27 Personen getödtet und 42 verwundet worden, die meisten am 1. und 2. Juli. Der Verlust des Feindes seit der Einschließung Kolbergs wird auf 7000 bis 8000 Mann angegeben; allein bei den gewaltsamen Anstrengangen während der beiden letzten Tage der Belagerung erreichte derselbe die bedeutende Höhe von etwa 1100 Mann. Nach der Angabe des Generals Loison sind während der Belagerung 25,940 Geschosse der Artillerie gegen die Festung verfeuert worden.

Der König von Preußen ehrte und belohnte den heldenmüthigen Commandanten, die tapfere Besatzung und die bewährte Vaterlandsliebe der Bürger Kolbergs. Der Major von Gneisenau erhielt mit der Benachrichtigung von dem Waffenstillstande das Oberstlieutenantspatent. Einer Cabinetsordre vom 31. Juli fügte der König eigenhändig noch folgende Zeilen hinzu: „Ihr kraftvolles und kluges Wirken, sowie das ehrenvolle Benehmen der kolberger Garnison und seiner treuen Bürgerschaft wird ihnen gemeinschaftlich in den Annalen der vaterländischen Geschichte in diesen verhängnißvollen Zeiten ein ewiges, unvergängliches Denkmal stiften." Durch eine Cabinetsordre vom 17. Aug. überwies der König dem Oberstlieutenant von Gneisenau, als Beweis seiner besondern Zufriedenheit, die Einkünfte der Amtshauptmannschaft Zehden und fügte eigenhändig hinzu: „Da ich eben erst erfahre, daß Sie den so vorzüglich wohlverdienten Orden pour le mérite noch nicht erhalten haben, so mache ich mir das Vergnügen, ihn hierbei zu übersenden." Der Grenadierschanze auf dem Wolfsberge legte der König zum immerwährenden Andenken den Namen Gneisenauschanze bei.

Auch den Officieren und Mannschaften der Besatzung wurde eine reichliche Belohnung vom Könige sowol durch außerordentliche Beförderungen als auch durch Verleihungen von Orden und Ehrenzeichen zu Theil; zugleich erhielten von den beiden, aus der Besatzung gebildeten Infanterieregimentern zur ehrenden Anerkennung ihres tapferen Benehmens das eine den Namen: Leibregiment, das andere die Benennung: kolberger Regiment.

In gleicher Weise gedachte der König der kolberger Bürgerschaft. Der Bürgerrepräsentant Nettelbeck, der bereits für seine während der Belagerung geleisteten vorzüglichen Dienste und Aufopferungen mit der silbernen Verdienstmedaille belohnt worden war, erhielt nun mit einem gnädigen Cabinetsschreiben auch die goldene Medaille und unterm 20. Oct. erließ der König der Stadt in Betracht ihrer Treue und Anhänglichkeit, sowie in Rücksicht auf die von ihr gebrachten Opfer den ganzen Antheil an der französischen Kriegscontribution mit 180,216 Rthlrn.

Der Friede zu Tilsit hatte den unglücklichen Feldzug beendigt. Durch die harten Bedingungen, welche Preußen hatte eingehen müssen, war es seiner frühern Macht und Selbständigkeit beraubt. Die Hoffnung auf seine dereinstige Wiedererhebung beruhte nur auf der Treue und Liebe der dem Könige verbliebenen Unterthanen und auf der Thatkraft der einzelnen Männer, die sich während der eben verflossenen Unglücksperiode durch Einsicht und Energie so glänzend ausgezeichnet hatten. Zu letztern gehörte besonders auch unser Gneisenau und auf ihn richtete sich daher auch jetzt das Augenmerk seines Königs. Er wurde daher der um diese Zeit niedergesetzten Commission zur Reorganisation des Heeres zugetheilt. Eine gänzliche Umgestaltung der Heereseinrichtung mußte als die zunächst wichtigste Maßregel erscheinen, da in der durchaus mangelhaften Beschaffenheit der bisherigen eben der Grund des Unglücks, welches Preußen betroffen hatte, zu finden war. Daß Gneisenau's Einwirkung hierbei von dem segensreichsten Erfolge sein mußte, geht aus den bereits früher über ihn gegebenen Mittheilungen genügend hervor. Niemand hatte die bisher vorhandenen Mängel in der preußischen Heereseinrichtung klarer erkannt als er, auch hatte er schon in seinem frühern, beschränkteren Wirkungskreise die Erfahrung gemacht, wie wesentliche Vortheile es bringt, wenn man dahin bestrebt ist, das Ehrgefühl des gemeinen Mannes zu heben. Glücklicherweise gehörte er nunmehr mit zu den Männern, die dazu berufen waren, in dieser so wichtigen Angelegenheit zu berathen. Er genügte auch jetzt seiner Pflicht mit der ihm eigenen Energie und Freimüthigkeit und die so vortheilhafte Veränderung, welche in der Stellung und in dem Werthe des preußischen Soldaten von vor und nach dem Jahre 1806 eingetreten ist, muß hauptsächlich als sein Werk betrachtet werden. Nächstdem waren es die Festungen gewesen, die zum großen Theil zur Zeit der über Preußen verhängten, schweren Prüfung mangelhafte Leistungen bewiesen hatten. Daher wurde Gneisenau, der durch seine glänzende Vertheidigung Kolbergs nicht nur Einsicht und Energie, sondern auch vorzügliche Kenntnisse in der Festungskriegführung an den Tag gelegt hatte, nach der Beendigung des eben erwähnten Commissoriums zum Chef des Ingenieurcorps und zum Inspecteur sämmtlicher preußischer Festungen ernannt. Indessen erregte die für die Wiedererstarkung Preußens so ersprießliche Thätigkeit Gneisenau's die besorgliche Aufmerksamkeit des französischen Machthabers, der um jene Zeit mit despotischer Willkür einen drückenden Einfluß auf den größten Theil Europa's ausübte. Das seiner Selbständigkeit beraubte Preußen mußte diesem fremden Einflusse nachgeben und Gneisenau, der inzwischen den Oberstgrad erhalten hatte, dem zufolge im Jahre 1809 aus seiner militairischen Laufbahn treten. Gneisenau's Wirksamkeit war indessen hiermit keineswegs abgeschnitten; denn vermöge seiner vielseitigen Anlagen und Ausbildung war er auch für den Civildienst ausgezeichnet brauchbar. In diesem übte er nun auch mit dem Range eines Staatsraths bis zum Jahre 1813 eine sehr wirkungsvolle Thätigkeit aus. Bei der glühenden Liebe zu seinem jetzigen Vaterlande und dem rastlos kühnen Streben, dasselbe von dem harten Joche seines Unterdrückers zu befreien, blieb er während dieser Zeit nicht allein mit dem ihm gleichgesinnten Generale von Scharnhorst in enger Verbindung und unterstützte denselben kräftigst in seinen Anstrengungen, Preußen zu einem künftigen Kriege gegen Frankreich vorzubereiten, sondern er wurde auch von der Regierung in diplomatischen Angelegenheiten nach London, Wien, Petersburg und Stockholm gesandt, um in diesen Hauptstädten für das Zustandekommen einer Coalition gegen Frankreich thätig zu sein. Der Staatsrath von Gneisenau entledigte sich dieser Aufträge mit so vielem Geschicke und günstigem Erfolge, daß es zweifelhaft erscheint, ob seine Wirksamkeit in dieser Richtung für den französischen Machthaber nicht noch verderblicher geworden ist, als wenn er in seiner militairischen Laufbahn verblieben wäre. Schon 1809 knüpfte sich auf britischem Boden das folgenreiche, bis in den Tod vorhaltende Freundschaftsband zwischen Gneisenau und dem englischen Staats- und Cabinetsminister Grafen von Münster. Gneisenau's zweite Anwesenheit in England im Winter 1812—1813 war von dem wichtigsten Einflusse auf den damaligen großen Umschwung der europäischen Angelegenheiten. In wie hohem Grade den hochherzigen und edlen Charakter Gneisenau's auch die Bescheidenheit zierte, wie er fern von aller persönlichen Eitelkeit sein ganzes Streben mit Selbstverleugnung seiner eigenen so hohen Verdienste nur dahin richtete, daß das Wohl des Vaterlandes gefördert werde, geht aus dem hier folgenden Schlusse des Schreibens Gneisenau's an einen ihm befreundeten jüngeren Officier hervor:

„. . . . . . Seyn Sie unbesorgt darum, daß die unserm Schill in Berlin und anderwärts bewiesenen Huldigungen meine Eifersucht rege machen könnten. — Schill ist noch jung und kann der großen deutschen Sache noch wichtige Dienste leisten; mit mir geht es bergab. Durch Schills Popularität und all-verbreiteten Namen können noch schöne Dinge gethan werden, wir müssen daher solchen verherrlichen, so viel wir können. Mich plagt kein Ehrgeiz. — Mein Blick in die Zukunft erheitert sich nur dann, wenn ich mir die Möglichkeit denke, dem fremden Joche zu entgehen; in einem solchen Kampfe will ich gern meinen Untergang finden. Sollen wir ihn aber nicht kämpfen, oder ist er glücklich vollendet, so folge ich meiner Neigung, in der Einsamkeit zu leben, sofern mich nicht eine harte Nothwendigkeit zwingt, unter einem fremden Himmel eine Zuflucht zu suchen. Sie sehen, mit solchen Gesinnungen und Planen kann man nicht füglich Eifersucht gegen einen andern hochverdienstlichen Mann haben, wenn ihm auch das große Publicum Etwas zuschreiben sollte, was mir gebührt. Leben Sie wohl!

Königsberg d. 2. Febr. 1809.

Ihr treu ergebener
N. v. Gneisenau."

Nachdem in dem Winter 1812—1813 die in Rußland eingedrungene große Armee Napoleon's durch den hartnäckigen und aufopfernden Widerstand der Russen und die außergewöhnliche Strenge und Dauer der Kälte fast ganz vernichtet worden war und Preußen im Anschlusse an Rußland sich mit beispiellosem Enthusiasmus zum Kampfe gegen Frankreich erhoben hatte, war der Moment herbeigeführt worden, der Gneisenau's Wiedereintritt in den Kriegsdienst dringendst gebot; das fühlte er, sein König und das ganze Land. Gneisenau, der sich um diese Zeit in London befand, eilte von dort über Gothenburg und Kolberg nach Breslau, wo er am 11. März 1813 eintraf. Dort wurde er mit dem Range eines Generalmajors dem an die Spitze des preußischen Heeres gestellten Generale von Blücher als Generalquartiermeister beigegeben und als in der ersten Schlacht des mit höchster Begeisterung und Hingebung begonnenen Kampfes bei Groß-Görschen am 2. Mai 1813 der Chef des Generalstabes der Armee, General von Scharnhorst, tödtlich verwundet worden war, erhielt der General von Gneisenau diesen wichtigen Posten.

Durch die letztere Stellung trat Gneisenau in ein näheres Verhältniß zum General Blücher, welches sich bald zu der innigsten Verbindung der beiden so berühmt gewordenen Persönlichkeiten, deren Zusammenwirken auf die Entscheidung des entbrannten gewaltigen Kampfes und somit auf die Gestaltung der europäischen Verhältnisse von so wesentlichem Einflusse gewesen ist. Groß und schwer war das Unternehmen, welches Preußen begonnen hatte, als es sich im Jahre 1813 zu diesem Kampfe erhob, um in Vereinigung mit Rußland seine Unabhängigkeit wieder zu erringen. Allerdings hatte der Kaiser Napoleon I. durch den Untergang seines Heeres in Rußland einen sehr großen Verlust erlitten; aber er befand sich noch immer im Besitz einer bedeutenden Macht, deren Benutzung bei seinem höchst energischen und rücksichtslosen Charakter und seinem unbestreitbaren großen Feldherrntalente mit Recht als furchtbar betrachtet werden mußte. Der Geist der preußischen Truppen war zwar ein unübertrefflicher, der sie beseelende Muth und ihre Hingebung waren beispiellos; doch zur erfolgreichen Verwendung eines so vorzüglichen Elements bedurfte es einer Führung, die mit den vorbemerkten Eigenschaften des furchtbaren Gegners in die Schranken zu treten vermochte. In dieser Beziehung war es als ein wahres Glück und Heil für die Erreichung der in dem gewaltigen Kampfe erstrebten großen Zwecke zu betrachten, daß ein Armeecommando sich bildete, wie es eben durch die innige Verbindung Blücher's und Gneisenau's zu Stande kam. Blücher's rastlose Thätigkeit, sein Unternehmungsgeist, seine unverwüstliche Ausdauer, sein unerschütterlicher Muth, der keine Furcht vor einer ihm drohenden Gefahr kannte, vor keiner Verantwortlichkeit zurückschreckte, in Verbindung mit den glänzenden Eigenschaften des Geistes und Charakters, die wir an unserm Gneisenau kennen zu lernen und zu bewundern bereits Gelegenheit gehabt haben, waren allein im Stande, dem gewaltigen moralischen Einflusse, den Napoleon auf seine eigenen Truppen, sowie auf seine Gegner ausübte, die Wage zu halten und endlich ein Uebergewicht zu erringen. Zwischen beiden mit so hoher Genialität begabten Männern herrschte das schönste Einverständniß. Gern und willig unterwarf sich Blücher der höheren Einsicht Gneisenau's, den er nicht wie seinen Untergebenen, sondern wie seinen Freund und Vertrauten behandelte *). Im Gefühle seiner eigenen Kraft und seines Werthes würdigte er neidlos die hohen Verdienste seines General-

*) Als Blücher bei seiner Anwesenheit in London hörte, daß die oxforder Universität ihm die Doctorwürde verleihen wolle, fand er die Sache höchst spaßhaft und äußerte in munterer Laune: „Nun, wenn ich Doctor werden soll, so muß Gneisenau wenigstens zum Apotheker gemacht werden; denn wir zwei gehören einmal unzertrennlich zusammen."

stabschefs und bekannte freimüthig und offen den wesentlichen Antheil, den dieser an den errungenen großen Erfolgen hatte, wogegen der hochherzige Gneisenau, im Bewußtsein des edelsten, lautersten Wollens, seine so wesentlichen Dienste dem hochgeachteten und geliebten Chef mit völligster Hingebung und Selbstverleugnung widmete.

Die Schwierigkeit der zu lösenden Aufgabe war aber allerdings eine nicht geringe. In dem ersten Abschnitte des großen Kampfes, den wir von dem mit der Mitte des Aprils 1813 beginnenden Feldseligkeiten bis zu dem am 4. Juni desselben Jahres abgeschlossenen Waffenstillstande annehmen können, spielte das preußische Armeecommando eine nur untergeordnete Rolle, indem das Obercommando über die sämmtlichen alliirten Truppen sich in russischen Händen befand. Dennoch wurde die Einwirkung des preußischen Armeecommando's auch am Schlusse dieses Abschnitts noch von großer Wichtigkeit, indem es den Bemühungen desselben, namentlich den dringenden Vorstellungen Gneisenau's, gelang, den Kaiser von Rußland dafür zu gewinnen, daß der Rückzug der alliirten Armee nicht bis nach Polen fortgesetzt wurde, wie dies in der Absicht des russischen Oberbefehlshabers Barclay de Tolly lag, eine Absicht, die, wenn sie zur Ausführung gekommen wäre, für den Fortgang des Krieges und für das Schicksal Preußens von den verderblichsten Folgen hätte sein müssen.

Der Rückzug, den die vereinigte russische und preußische Armee von Groß-Görschen bis Bautzen antrat und nach der dort gelieferten, zweitägigen, gleichfalls sehr blutigen Schlacht bis nach Schlesien hinein fortsetzte, war eine Folge der numerischen Ueberlegenheit des Feindes besonders an Infanterie und wurde mit größter Ordnung ausgeführt. Er bietet die in der Kriegsgeschichte merkwürdige Erscheinung dar, daß die Verfolger größere Verluste erlitten als die Verfolgten. Während auf dem ganzen Rückzuge kein Geschütz, kein Fahrzeug der Alliirten den oft heftig nachdringenden feindlichen Truppen in die Hände fiel, hatten die letzteren eine Anzahl Geschütze verloren und waren auch ihre Verluste an Mannschaften bei allen Zusammenstößen größer gewesen. Gneisenau selbst spricht sich hierüber in einem Briefe an den Grafen von Münster unterm 29. Mai 1813 aus Puichkau bei Striegau in Schlesien folgendermaßen aus: „Der neu eröffnete Feldzug stellt die sonderbarsten Resultate dar. Wir haben nun einige funfzig Stück Geschütz erobert und dagegen kein einziges verloren. Die Armee ist ohngeachtet ihrer steten Rückzüge geschlossen und ungebrochen in ihrem Muthe, obgleich unzufrieden mit den rückgängigen Bewegungen, und jeden Augenblick ist sie in Bereitschaft, eine neue Schlacht anzunehmen." Nachdem Gneisenau der ausgezeichneten Tapferkeit der preußischen Truppen in den Schlachten von Groß-Görschen und Bautzen Erwähnung gethan, fährt er in demselben Schreiben fort: „Seitdem sind wir bis hierher fortgezogen. Die Oberleitung der Armee kommt aus dem russischen Hauptquartiere. Wir haben keinen Antheil daran. Man hört uns sogar nicht. Wir sind bloß ausführende Werkzeuge. Endlich ward der uns befehligende General Barclay de Tolly ins kaiserliche Hauptquartier abberufen. Sogleich benutzten wir diese Emancipation. Der Marsch ging über eine weite Ebene. Der Feind hatte tagtäglich unsere Arrièregarde verfolgt. Wir verbargen einen Theil unserer Cavalerie in bewachsenen Gründen. Unsere Arrièregarde lockte den Feind über die Ebene. Auf einmal ward das Zeichen zum Angriff durch Anzündung einer Windmühle gegeben. Unaufhaltsam stürzte sich unsere Reiterei in die feindliche Infanterie, die schnell quarrés zu bilden suchte [6]). Mehre derselben kamen zu Stande, wurden aber niedergeritten. Unsere Reiterei gab wenig Pardon, deswegen wurden wenig Gefangene gemacht, zwischen 3—400; 18 Kanonen wurden erobert, aber wegen der Schnelligkeit, womit solches Unternehmen ausgeführt und beendet werden muß, konnte etwa nur die Hälfte derselben aus Mangel an Pferden in Sicherheit gebracht werden. Das ganze weite Feld war mit Todten und Verwundeten bedeckt. Seit den letzten Tagen ist uns der Feind nur sehr behutsam gefolgt, da wir ihm einmal die Zähne gewiesen haben."

Napoleon hatte aus dem kräftigen Widerstande, den die zu bekämpfenden Truppen in den beiden großen Schlachten geleistet und aus dem unerschütterlichen Muthe, den sie während des Rückzuges gezeigt hatten, wol die wesentliche Veränderung wahrgenommen, die mit dem preußischen Heere seit dem Jahre 1806 vor sich gegangen war. Diese Erkenntniß und die bedeutenden Verluste, die er durch den bisherigen heftigen Widerstand bereits erlitten hatte, machten ihn geneigt, auf den Waffenstillstand einzugehen, der am 4. Juni anfänglich auf sieben Wochen geschlossen, später bis zum 17. August verlängert wurde.

Es ist dem Kaiser Napoleon I. häufig als ein großer Fehler angerechnet worden, daß er auf diesen Waffenstillstand eingegangen ist; jedenfalls gereichte ihm derselbe zum größten Verderben. Allerdings bedurfte seine Armee der Erholung und Verstärkung dringendst, auch war es ihm gelungen, seine den Verbündeten nach dem Waffenstillstande entgegenzustellende Macht wieder auf die Zahl von 340,000 Streiter und 1300 Geschütze zu bringen; er hatte aber den gewaltigen Einfluß, den die hohe und allgemeine Begeisterung der preußischen Bevölkerung auf die Fortsetzung der Kriegsrüstungen während dieses Zeitraums äußern mußte und auch wirklich ausübte, unterschätzt, vielleicht auch nicht erwartet, daß Oesterreich entschieden gegen ihn auftreten werde.

Unter den in Preußen während des Waffenstillstandes mit dem größten Eifer betriebenen Zurüstungen zur Fortsetzung des Kampfes war vor allen die Bildung der Landwehr die wichtigste. Die Idee zu einem solchen den Krieger- mit dem Civilstande verschmelzenden Institute hatte Gneisenau schon längst gehegt und reiflich durchdacht; ihm wurde jetzt die Organisation der Landwehr

---

6) Diese Infanterie gehörte zur Division des Generals Maison, welche am 26. Mai bei Haynau von 21 preußischen Escadrons und den reitenden Batterien überfallen wurde und über 1500 Mann an Todten und Verwundeten, 400 Gefangene und 11 Geschütze verlor.

übertragen, indem er zum Generalgouverneur von Schlesien ernannt worden war. Es eröffnete sich hierdurch dem Generale von Gneisenau während des Waffenstillstandes ein neues und ausgedehntes Feld seiner Wirksamkeit. Die Ausführung dieses hochwichtigen Planes konnte in keine geeignetere Hände gelegt werden als in die seinigen. Die Thätigkeit und Umsicht, welche Gneisenau bei diesem ihm übertragenen Geschäfte an den Tag legte, waren von so günstigem Erfolge, daß Preußen nach Ablauf des Waffenstillstandes seine dem Feinde entgegen zu stellende Kriegsmacht beinahe verdoppelt hatte. Auch das russische Heer hatte sich ansehnlich verstärkt. Durch diese Verstärkungen, sowie durch den Beitritt Oesterreichs und Schwedens zu der Coalition gegen Napoleon waren die Alliirten nunmehr im Stande, mit einer überlegenen Truppenzahl beim Wiederbeginn des Kampfes ins Feld zu rücken.

Die ganze Masse der Streitkräfte, über welche die Alliirten zu verfügen hatten und die gegen 500,000 Mann betrug, wurde nun in drei Heere eingetheilt, nämlich in das Hauptheer unter dem österreichischen Feldmarschalle, Fürsten von Schwarzenberg, in das schlesische Heer unter dem Generale von Blücher und in das Nordheer unter dem Kronprinzen von Schweden. Es war für den Gang des ganzen folgenden Kampfes von dem entscheidendsten Einflusse, daß nunmehr Blücher ein eigenes und selbständiges Commando erhalten hatte. Nicht minder wichtig war es, daß der General von Gneisenau, dem der Oberbefehl über die preußischen Truppen bei der Nordarmee zugedacht war, diese Stellung ausschlug und in dem Verhältnisse als Chef des Generalstabs bei der schlesischen Armee verblieb. In dem Hauptquartiere des schlesischen Heeres wurde nun der Sitz der entschlossensten Thatkraft, der unternehmendsten Kühnheit offenbar. Hier war der Kern der eigentlichen Kriegsführung, der thätige Anstoß, das fortreißende Beispiel; denn dieser Chef des Generalstabs vereinigte mit der tüchtigsten Gesinnung die auserlesenste Kriegskunst und die heldenmüthigste Entschlußkraft.

Die Stellung des schlesischen Armeecommando's hatte indessen, besonders im Anfange, ihre Schwierigkeiten. Das schlesische Heer bestand aus zwei russischen Corps, von denen das eine unter dem Generale Graf Langeron 40,000 Mann, das andere unter dem Generale von Sacken 16,000 Mann stark war und aus dem preußischen, 40,000 Mann starken Corps des Generals York. Ungern sahen die Russen ein Heer, in welchem sie die Mehrzahl bildeten, unter preußischem Oberbefehle. Der General von Sacken, ein sehr entschlossener und bewährter Krieger, war in Dienstverhältnissen äußerst empfindlich und reizbar. Der General Graf Langeron hatte schon selbst im Kriege gegen die Türken den Oberbefehl geführt und fühlte sich in seiner jetzigen Stellung unbehaglich. Selbst der preußische General von York war mit seiner Stellung unter Blücher Nichts weniger als zufrieden. Er versah sich von Gneisenau, in dessen Händen er Blücher glaubte, Nichts als unpraktische Dinge und Ueberspanntheiten, für seine Person dagegen Aergernisse und geflissentliche Kränkungen. In diesen Beziehungen war der glänzende Sieg, den die schlesische Armee am 26. Aug. an der Katzbach erkämpfte, außer seiner an sich schon so großen Wichtigkeit [7]), von den wohlthätigsten Folgen. Nach diesem Siege war das hohe moralische und intellectuelle Uebergewicht entschieden, welches von nun an das schlesische Armeecommando charakterisirt. Von nun an begann der Zauber, der für die Truppen an Blücher's Persönlichkeit haftete. Gneisenau's Gedankenkühnheit und völlige Hingebung trugen ihn gewissen Fluges hoch und höher.

Eine Folge dieses von dem schlesischen Armeecommando ausgehenden Impulses war zunächst das Ueberschreiten der Elbe Seitens der Truppen dieser und der Nordarmee, nachdem das York'sche Corps in dem äußerst blutigen Gefechte bei Wartenburg am 3. Oct. den Uebergang über diesen Fluß mit heldenmüthigster Tapferkeit, allerdings auch mit großem Verluste, gegen das denselben vertheidigende Corps des Generals Bertrand erzwungen hatte. Von nicht minder folgenreicher Wichtigkeit war das energische Auftreten des Blücher'schen Hauptquartiers gegen die unablässigen Aufforderungen des Kronprinzen von Schweden, wieder auf das rechte Elbufer zurück zu gehen und das entschlossene, oft mit der höchsten Gefahr verbundene Vordringen des schlesischen Heeres, wodurch Napoleon zur Zusammenziehung seiner gesammten Streitkräfte bei Leipzig bewogen wurde. An der hier vom 16. bis 18. Oct. von den sämmtlichen Heeren der Verbündeten gegen die Gesammtmacht Napoleon's mit der tapfersten Ausdauer auf beiden Seiten durchgekämpften, blutigen Schlacht nahm das schlesische Heer den ruhmvollsten und wirkungsreichsten Antheil. Die Niederlage, welche das Heer Napoleon's hier erlitt, war eine so entschiedene [8]), daß an ein ferneres Verbleiben desselben in Deutschland nicht mehr zu denken war. In gerechter Anerkennung dieses so wichtigen Sieges und des wesentlichen Antheils, den die außerordentlichen Leistungen des schlesischen Heeres sich an der Erringung desselben erworben hatten, wurde der General von Blücher zum Feldmarschall und der Generalmajor von Gneisenau zum Generallieutenant befördert.

Die rastlose Thätigkeit Gneisenau's zeigte sich jetzt wiederum auf eine sehr wirkungsvolle Weise in der Benutzung des bei Leipzig errungenen Sieges, indem der eiligst zurückgehende Feind von der schlesischen Armee am eifrigsten verfolgt wurde. Obgleich derselbe dadurch noch manche empfindliche Verluste erlitt, so genügten die erreichten Erfolge immer noch nicht dem regsamen Streben

---

7) Das unter dem Marschalle Macdonald von Napoleon gegen die schlesische Armee zurückgelassene Heer von gleicher Stärke wurde durch diese Schlacht fast ganz vernichtet. Der Verlust an Todten und Verwundeten betrug 30,000 Mann; 20,000 Gefangene, 105 Kanonen, 300 Munitionswagen und zwei Adler geriethen in die Hände der Sieger. Blücher schätzte seinen Verlust auf höchstens 1000 Mann. 8) Von 170,000 Mann, die bei Leipzig gefochten hatten, brachte Napoleon kaum 90,000 über die Saale; 300 Kanonen, 900 Munitionswagen und unermeßliches Gepäck fielen in die Hände der Sieger.

Gneisenau's [9]). Napoleon setzte nun seinen Rückzug unablässig fort und ging, nachdem er noch am 30. und 31. Oct. bei Hanau und Frankfurt am Main heftige Gefechte gegen ein starkes Corps von Oesterreichern und Baiern unter dem Generale von Wrede zu bestehen gehabt hatte, mit dem Ueberreste seines Heeres, noch etwa 60,000 Mann stark, bei Mainz über den Rhein. Die Alliirten waren ihm bis dahin gefolgt.

Große Resultate waren bis jetzt erreicht worden; nun aber machten sich verschiedene Ansichten und Meinungen geltend. Viele glaubten, daß man nunmehr genug gethan und erreicht habe, daß es sogar sehr gewagt sei, in Frankreich selbst einzudringen, indem dadurch eine Erhebung des französischen Volks hervorgerufen werden und eine solche Bewegung von Napoleon mit Erfolg zu einer energischen Fortsetzung des Krieges benutzt werden könnte, in dessen Wechselfällen man sich der Gefahr aussetzen würde, die errungenen Vortheile wieder zu verlieren. Andere Stimmen dagegen drangen auf eine nachdrückliche Fortsetzung des Krieges bis zur gänzlichen Vernichtung des Feindes, den man besonders in der Person Napoleon's erkannte. Ein Ueberschreiten des Rheins und Vordringen in Frankreich bis nach Paris war nach der Ansicht dieser Partei unerläßlich, um die Ruhe und Selbständigkeit Deutschlands und der Mehrzahl der übrigen europäischen Mächte vor den Uebergriffen des französischen Herrschers genügend zu sichern. Diese letztere Ansicht fand die lebhafteste Vertretung in dem Blücher'schen Hauptquartiere, und dem energischen Festhalten derselben von dieser Seite ist es hauptsächlich beizumessen, daß zum Wohle Europa's die Fortsetzung des Krieges und das Eindringen in Frankreich beschlossen wurde; denn es ist nachgewiesen, daß selbst der König von Preußen die Beendigung des Kampfes am Rhein wünschte. Die Einwirkung Gneisenau's auf diese so höchst wichtige Beschlußnahme der alliirten Monarchen war von dem wesentlichsten Einflusse; er hatte am 20. Nov. dem Könige von Preußen einen Feldzugsplan überreicht, der eine energische Fortsetzung des Krieges dringend empfahl und die dafür sprechenden Gründe mit großer Klarheit darlegte.

Mit dem Beginne des Jahres 1814 wurde demnach das Einrücken der verbündeten Heere in Frankreich zur Ausführung gebracht. Die Hauptarmee unter dem Fürsten Schwarzenberg nahm über Basel ihren Marsch, während Blücher mit der schlesischen Armee den Mittelrhein überschritt. Das Hauptziel der nunmehrigen Kriegsoperationen war die Einnahme von Paris, indem dadurch der Sturz Napoleon's am sichersten zu erreichen war. Zur Erreichung dieses Ziels bedurfte es noch eines bis zum Ende des März mit wechselnden Erfolgen sich fortsetzenden Kampfes, in welchem sich wiederum der wesentliche Einfluß zu erkennen gab, den die überwiegende, dem schlesischen Armeecommando beiwohnende moralische Kraft auf die endlich erreichte glückliche Entscheidung äußerte. Während die bedeutend stärkere Hauptarmee in Folge der zu großen Bedenklichkeiten ihres Anführers nur langsam vorschritt, sogar eine rückgängige Bewegung machte, als die schlesische Armee wegen Mangels der erwarteten Unterstützung durch die Hauptarmee nicht unbedeutende Verluste erlitten hatte, war es nur der das schlesische Armeecommando beseelende hohe Genius der Kraft und des Muthes, der, vor keiner Gefahr zurückschreckend, nach erlittenen Unfällen sich immer wieder emporraffend und rastlos vorwärts strebend, auch die Hauptarmee zur thätigen Mitwirkung mit sich fortriß und auf diese Weise dahin führte, daß das große Ziel des Kampfes, die Einnahme von Paris am 30. März 1814, erreicht wurde. Die bald darauf folgende Entsetzung Napoleon's von dem Throne Frankreichs und seine Deportation nach der Insel Elba machten dem Kriege ein Ende.

Der wesentliche Antheil, welcher dem Generale von Gneisenau an den glorreichen Resultaten dieses gewaltigen Kampfes beizumessen war, wurde nach dem geschlossenen pariser Frieden von seinem Monarchen durch reichliche Belohnungen anerkannt. Außer der Verleihung der höchsten Orden, der Beförderung zum General der Infanterie und der Erhebung in den Grafenstand wurde ihm auch eine ansehnliche Dotation an Gütern zu Theil. Es war die Herrschaft Sommerschenburg bei Magdeburg, die zur Zeit des von Napoleon gebildeten Königreichs Westfalen dem Generale Savary, Herzog von Rovigo, zugefallen war, welche dem Grafen von Gneisenau als Besitzthum überwiesen wurde.

Die kurze Zeit der Ruhe zwischen dem Feldzuge von 1813—1814 und 1815 benutzte Gneisenau zu einem Aufenthalte auf seinen Gütern und in den Bädern; demnächst begab er sich nach Berlin. Hier befand er sich, als die Nachricht eintraf, daß Napoleon die Insel Elba verlassen und sich der Regierung Frankreichs wieder bemächtigt habe. Die Kunde von dieser Begebenheit erregte bei ihm nicht nur keine Besorgniß, sondern er betrachtete sie als ein recht willkommenes Ereigniß, ganz dazu geeignet, um so manche Nachtheile, welche aus den bisherigen Verhandlungen des Congresses zu Wien nach seiner Ansicht für Preußen erwachsen waren, auszugleichen. Preußen ermangelte nicht, den noch auf dem linken Rheinufer verbliebenen mobilen Theil seines Heeres ansehnlich zu verstärken, um in Vereinigung mit einer unter Wellington zusammengestellten englisch-niederländischen Armee den wiedererschienenen Napoleon, der in kürzester Zeit eine beträchtliche Truppenmasse zusammengebracht hatte,

9) In dem nachstehenden Schreiben vom 5. Nov. 1813 aus Wetzlar an den Grafen von Münster spricht Gneisenau seine Nichtbefriedigung über die Benutzung des Sieges bei Leipzig aus:

„In Weimar verloren die Monarchen und die Soldaten eine kostbare Zeit. Wir, die schlesische Armee, hatten bei Eisenach endlich Bertrand abgeschnitten und in den Thüringer Wald geworfen. York erhielt Befehl, ihn von der Werra abzuschneiden; aber unwillig der unaufhörlichen Märsche, verlor York seine Zeit in lauten Klagen gegen das Blücher'sche Hauptquartier. — Unterdessen marschirte Bertrand quer über die Straße, die York nehmen sollte, und entwischte. — Hätte [illegible] sich in [illegible] besser benommen, hätte man statt der Feste zu Weimar schleunigst vorrücken lassen, hätte York nicht gezögert, so entkam von der ganzen Armee so gut wie Nichts.

Ihr Gneisenau."

von Neuem zu bekämpfen. Wie man allgemein vermuthet hatte, wurde der Oberbefehl über das preußische Heer wiederum dem Fürsten Blücher übertragen; wiederum aber auch der Graf Gneisenau ihm als Chef des Generalstabs zur Seite gestellt. Napoleon bewährte in dem von Neuem beginnenden Kampfe sein schon so oft bewiesenes Feldherrntalent, indem es ihm gelang, mit seiner Haupttruppenmacht die preußische Armee, bevor sie sich mit der englischen vereinigen, ja sogar bevor noch das entfernter stehende preußische Corps des Generals Bülow herangezogen werden konnte, am 16. Juni 1815 bei Ligny anzufallen. Die Schlacht fiel daher zum Nachtheil der Preußen aus, die, nachdem sie den Tag über tapfer gekämpft hatten, zuletzt einen eiligen Rückzug antreten mußten, dabei theilweise in große Unordnung und Verwirrung geriethen und auch eine Anzahl Geschütze dem verfolgenden Feinde überlassen mußten. Blücher sowol als Gneisenau geriethen an diesem Tage persönlich in große Gefahr, indem ersterer mit seinem tödtlich verwundeten Pferde bei der heftigen Verfolgung der Preußen durch die französische Cavalerie auf dem Schlachtfelde stürzte, sodaß die feindlichen Reiter zweimal über ihn wegsprengten, glücklicher Weise ohne ihn zu erkennen, dem letzteren ebenfalls das Pferd unter seinem Leibe durch eine Kanonenkugel niedergestreckt wurde. Durch das Zusammentreten der erwähnten ungünstigen Umstände war nun zwar die Schlacht bei Ligny entschieden verloren, der frische Muth des Oberfeldherrn und seines treuen Generalstabschefs aber Nichts weniger als gebeugt. Der Unermüdlichkeit ihres genialen Geistes gelang es, die am 16. Juni geschlagene Armee bis zum 18. Juni, also in dem kurzen Zeitraume von einem Tage wieder schlagfertig herzustellen, ein Erfolg, der in der Kriegsgeschichte ohne Beispiel dasteht und den daher auch Napoleon für unmöglich halten durfte, als er am 18. Juni Wellington's Heer bei Waterloo angriff. So tapferen Widerstand auch die englischen und niederländischen Truppen geleistet hatten, sie würden demselben Schicksale unterlegen haben, welches die Preußen am 16. Juni getroffen hatte, wenn Blücher nicht noch zur rechten Zeit mit seinem kampfbereiten Heere ihnen zur Hilfe herbeigeeilt wäre und dadurch den vollständigsten Sieg der Alliirten über das Heer Napoleon's herbeigeführt hätte. Auch in dieser Schlacht hatte sich Gneisenau dem feindlichen Feuer sehr ausgesetzt und zum zweiten Male das Pferd, auf welchem er ritt, verloren, ohne selbst verletzt zu werden. Wichtig war der errungene Sieg; noch wichtiger aber wurde er durch eine so nachdrückliche Verfolgung der feindlichen Armee, daß sie gänzlich aufgelöst und vernichtet wurde und eine fernere Widerstandleistung nicht mehr möglich war. Dieses große Verdienst muß ausschließlich dem Generale von Gneisenau zuerkannt werden. Er selbst führte diese Verfolgung mit einem Bataillon Infanterie und zwei Dragonerregimentern aus. Mit freundlichen Worten die ermüdeten Mannschaften zu fortgesetzten Anstrengungen anfeuernd, trieb er den fliehenden Feind die ganze Nacht hindurch bis über Gemappe und Quatrebras hinaus, wobei die verfolgenden Truppen reiche Beute machten. Bei Gemappe fiel ihnen das Feldgeräth Napoleon's, darunter auch sein Wagen, in die Hände, in welchem letzteren sich außer vielen sehr werthvollen Gegenständen auch die Insignien des preußischen schwarzen Adlerordens befanden. Schon auf den bloßen Trommelschlag setzte der Feind seine Flucht aus den Bivouacs, in denen er sich nieder zu lassen versuchte, fort und man erzählt, daß zuletzt über Gosselies hinaus, als der General Gneisenau nur noch eine schwache Spitze seiner Truppen bei sich sah, ein Tambour zu Pferde gesetzt und durch dessen Marschschlag der letzte Nachzug des Feindes über die Sambre verjagt wurde. Zum zweiten Male kam Gneisenau mit den am 7. Juli 1815 ihren siegreichen Einzug haltenden Truppen nach Paris, wo der bald darauf erfolgende Friede diesem zwar nur kurzen, aber nichtsdestoweniger glorreichen Feldzuge ein Ende machte. Gneisenau, dem nebst Blücher der größte Antheil an den großen Waffenerfolgen beigelegt wurde, erhielt zur Belohnung den schwarzen Adlerorden und zwar dieselbe Decoration, die in dem Wagen Napoleon's erbeutet worden war und seine Beförderung zum General der Infanterie, dem Feldmarschalle Blücher zur äußersten Befriedigung.

Noch in demselben Jahre wurde Gneisenau zum commandirenden General in den Rheinprovinzen ernannt, im folgenden Jahre ihm jedoch auf sein Ansuchen von dem Könige in den huldvollsten Ausdrücken die Erlaubniß zu Theil, sich während des Friedens, und zwar mit Beibehaltung seines Gehalts und seiner militairischen Würden, auf seine Güter in Schlesien zurückzuziehen. Er besaß daselbst das schöne, am Fuße der Sudeten gelegene Erdmannsdorf, welches er gegen das ihm früher zugehörige Gut Mittel-Kauffungen von einem Grafen von Kalkreuth eingetauscht hatte[10]. Die Erbauung des dortigen Schlosses mit schönen Nebengebäuden, sowie die Anlage des Gartens und eines Parks rühren von ihm her. In den Jahren 1816 und 1817 machte Gneisenau mit seiner Familie Reisen an die Quellen von Karlsbad und Teplitz und lebte die übrige Zeit zwar in ländlicher Ruhe, doch stets umgeben von vielen Freunden, die durch seine Gastfreundschaft und die reizende Lage seines Schlosses sich angezogen fühlten. Nach dem im Jahre 1818 erfolgten Tode des Feldmarschalls Grafen von Kalkreuth wurde Gneisenau an dessen Stelle zum Gouverneur von Berlin und gleichzeitig zum Mitgliede des damals gebildeten Staatsraths ernannt, in welchem er den Sectionen des Krieges und der auswärtigen Angelegenheiten präsidirte. Am 18. Juni 1825, am zehnten Jahrestage der Schlacht von Belle Alliance, wurde dem Generale der Infanterie Grafen von Gneisenau die höchste militairische Würde in Preußen, der Rang des Feldmarschalls ertheilt. Schon mehre Jahre vor seinem Tode legte Gneisenau die Verwaltung der Geschäfte als Gouverneur von Berlin nieder, jedoch mit Beibehaltung der mit dieser hohen Stellung verbundenen Ehren und Titel und lebte nur während des Winters in Berlin, wogegen er die Sommer-

10) Erdmannsdorf ist später von dem Könige erkauft worden und wird noch gegenwärtig als Erholungsaufenthalt der königl. Familie benutzt.

monate theils in Erdmannsdorf, theils in Sommerschenburg zubrachte. Auch das von seiner Jugendzeit her bei ihm stets in frischester und werthvollster Erinnerung gebliebene Erfurt wurde in dieser Zeit einmal mit einem Besuche bedacht. Als er hier noch so manchen Genossen seiner Jugend antraf, war es ihm, als sei er in eine Heimath zurückgekehrt. Gern stieg er von seiner Höhe herab, um mit ihnen die Erinnerung an die einst zusammenverlebten Tage in der heitersten Weise des Studententhums zu feiern, wobei auch das Gaudeamus igitur nicht ausblieb. Sehr bezeichnend ist es für den Charakter Gneisenau's, daß er bei dieser Gelegenheit alle seine früheren Commilitonen, sie mochten in höheren Kreisen oder in bescheidenen Lebensverhältnissen sich bewegen, mit dem brüderlichen Du begrüßte.

Als die im Jahre 1831 in Polen ausgebrochenen Unruhen die Ergreifung kräftiger Sicherheitsmaßregeln erforderten und der König von Preußen sich veranlaßt fand, die vier östlichen Armeecorps zusammen zu ziehen, wurde dem Feldmarschalle Gneisenau der Oberbefehl über dieses Observationsheer übertragen und die Stadt Posen zum Sitze des Hauptquartiers bestimmt. Gneisenau traf daselbst am 9. März ein und erwarb sich wie überall so auch in diesem neuen Wirkungskreise bald allgemeine Achtung und Liebe. Mitten in seiner Thätigkeit aber wurde er am 23. Aug. 1831 von einer mit Cholerasymptomen verbundenen Krankheit ergriffen, die bereits am andern Tage seinem Leben ein Ende machte. Er hatte sehr wohl die Gefährlichkeit seiner Krankheit, von der er keine Genesung erwartete, erkannt. Mit welcher Ruhe er aber dem Tode entgegen sah, geht schon daraus unzweifelhaft hervor, daß er kurz vor seinem Ende, mit Anspielung auf den nicht lange vorher an der Cholera verstorbenen russischen Feldmarschall von Diebitsch, sich gegen seine Umgebung scherzend dahin äußerte, daß man nun wol dieser Krankheit den Namen der Feldmarschallskrankheit geben werde. Nicht nur die Familie und die ihm näher stehenden Freunde, sondern auch der König Friedrich Wilhelm III. und das ganze preußische Vaterland empfanden tief den Verlust des allgemein geachteten und geliebten großen Mannes, um welchen auch die Armee auf Befehl des Königs eine achttägige Trauer anlegte. Um das Andenken an ihn zu ehren und auf die Nachwelt zu überliefern, wurde ihm später auch eine bronzene Bildsäule in Berlin errichtet, die keinen angemesseneren Platz zu ihrer Aufstellung finden konnte, als neben seinem treuen Waffen- und Ruhmesgefährten im Leben, dem Feldmarschalle Blücher.

In Bezug auf die Familienverhältnisse des hochgefeierten Verewigten dürfte die nachträgliche Mittheilung folgender Angaben von Interesse sein.

Gneisenau's Vater, der sich von Erfurt ins Braunschweigische begeben hatte und dort eine Zeit lang als Feldmesser thätig war, ging von dort nach Halberstadt, woselbst er bis zu Anfang der 1790ger Jahre eine Anstellung im Baufache bekleidete. Auf Vermittelung seines Sohnes, des damals in Löwenberg stehenden Füsilierhauptmannes, der möglichst bemüht war, seinem Vater eine bessere Existenz zu verschaffen, zog der letztere demnächst nach Brieg. Nach einer aus amtlicher Quelle entnommenen Mittheilung finden wir denselben hier vom Jahre 1793 bis 1798 und zwar nunmehr auch unter dem vollständigen Namen Neithardt von Gneisenau als städtischen Bauinspector und senator supernumerarius zu Brieg. Um die letztbemerkte Zeit wurde er zum königlichen Bauinspector in Oppeln ernannt. Unser Gneisenau hat mit seinem Vater sowol nach Halberstadt als nach Brieg hin in einem fleißigen Briefwechsel gestanden. Ueberhaupt hat er, so wenig das Vaterhaus ihm auch jemals gewährt hat, stets seinem Vater mit Liebe angehangen und die Kindespflicht mit größter Pietät erfüllt. Was die aus der zweiten Ehe des Vaters herstammenden Kinder betrifft, so schlugen die beiden Söhne, Jacob und Wilhelm, wahrscheinlich durch Vermittelung ihres Stiefbruders, ebenfalls die Militaircarrière ein. Beide gelangten auch bald zur Secondelieutenantscharge, schlossen aber damit ihre militairische Laufbahn ab. Wilhelm, dessen Conduite eine üble war, schied 1802 aus dem Dienste, ging nach Amerika und verscholl daselbst. Jacob, der bei dem Infanterieregimente von Wendessen in Breslau eingetreten, bald darauf zu einer der in Südpreußen neu errichteten Füsilierbrigaden und von dieser zur oberschlesischen Brigade versetzt worden war, starb schon 1806. Die Schwester Katharina heirathete einen geachteten Bürgersmann zu Brieg, Namens Dernkhan. Nach dem Tode ihres Mannes verband sie sich in zweiter Ehe mit dem königlichen Bauinspector Malerius und verblieb, zum zweiten Male den Wittwenstand erlebend, bis zum Ende ihrer Tage in Brieg. Sie überlebte ihren berühmten Stiefbruder nur um zwei Monate und starb wie dieser an der Cholera.

Die Gemahlin des Feldmarschalls folgte ihrem Gatten schon nach Jahresfrist in die Gruft. Von den sieben Kindern, mit welchen die Ehe Gneisenau's gesegnet war, überlebten ihn drei Söhne und drei Töchter. Die älteste Tochter, an den Sohn des berühmten Generals von Scharnhorst verheirathet, der gleichfalls als ein wissenschaftlich gebildeter und sehr kriegserfahrener Officier den Rang eines Generals der Infanterie erreichte, starb schon vor dem Tode ihres Vaters. Der älteste Sohn gelangte als Major a. D. zum Besitze der Majoratsherrschaft Sommerschenburg, wo die irdischen Ueberreste des berühmten Vaters ruhen und demselben von der preußischen Armee ein Denkmal errichtet worden ist; die beiden jüngeren Söhne dienten als Officiere in der preußischen Armee [11]. Von den hinterbliebenen Töchtern haben sich noch zwei verheirathet und zwar eine an den Grafen von Hohenthal, die andere an den Grafen von Brühl, den früheren Flügeladjutanten des Königs Friedrich Wilhelm IV.

(*C. Baer.*)

GNEISS oder **GNEUSS** ist der aus der alten sächsischen Bergmannssprache in die wissenschaftliche Sprache

11) Der älteste Sohn ist vor Kurzem gestorben und der Besitz der Majoratsherrschaft Sommerschenburg auf den zweiten Sohn übergegangen.

aller Völker aufgenommene Name einer sehr weit über die Erde verbreiteten und wesentlich aus Feldspath, Quarz und Glimmer bestehenden Gebirgsart, welche durch ihr ausgebreitetes Vorkommen, ihren großartigen Antheil am Bau der festen Erdkruste, ihren Mineral- und Erzreichthum, sowie durch ihre Entstehung das allgemeinste Interesse der Mineralogen, Geologen, Chemiker, Bergleute und Forstmänner beansprucht. Und trotz dieser hohen Wichtigkeit in praktischer wie in wissenschaftlicher Hinsicht fehlt in unserer Literatur noch eine umfassende monographische Bearbeitung des Gneißes; die nach den verschiedensten Richtungen über ihn angestellten Untersuchungen sind noch in allen möglichen Zeitschriften und in geognostischen Specialwerken zerstreut, welche nur in den reichsten Bibliotheken ersten Ranges beisammen zu finden sein möchten. Wir charakterisiren den Gneiß hier nicht blos als Gesteinsart nach seiner petrographischen Seite, sondern auch als Gebirgsformation oder geognostisch und geologisch.

Die wesentlichen Bestandtheile, Feldspath, Quarz und Glimmer, hat der Gneiß mit dem Granit gemein, dessen Familie er daher auch allgemein untergeordnet wird. Das Unterscheidende vom Granit liegt vielmehr nur in der Anordnung jener Gemengtheile, indem hier bei dem Gneiß Quarz und Feldspath ein körniges Gemenge bilden, welches durch Lagen oder Flasern von Glimmer eine mehr oder minder deutliche Parallelstructur oder schieferiges Gefüge erhält. Man überzeugt sich von dieser Anordnung der constituirenden Mineralien am besten durch Prüfung des Haupt- und Querbruches. In der Richtung der Glimmerlagen gespalten zeigt nämlich die Bruchfläche blos die Glimmerschuppen oder Blättchen, senkrecht auf diese Lagen zerschlagen erkennt man erst deutlich die abwechselnden Lagen von Glimmer und dem Feldspathquarzgemenge. Die Gemengtheile ändern in ihrem Verhalten vielfach ab und bilden dadurch sehr viele und verschiedene Gneißvarietäten.

Der Feldspath ist Orthoklas von lichter, weißer, grauer, gelber oder rother Farbe in sehr verschiedenen Tönen, ausgebildet in krystallinischen Körnern mit glatten, perlmutterglänzenden Spaltungsflächen, welche ihn von dem meist gleichfarbigen Quarze unterscheiden. Ausgebildete Orthoklaskrystalle, einfache und Zwillingsgestalten, sind grade keine Seltenheit im Gneiße und liegen entweder dem schieferigen Gefüge des Gesteins parallel oder unregelmäßig im Gemenge und dann auch wol von Glimmerschüppchen überzogen. Wo sie häufig auftreten und schichten- oder streckenweise das Gefüge des Normalgneißes ändern, bilden sie den porphyrartigen Gneiß. Die andere Feldspathart, der Oligoklas, kommt neben dem Orthoklas bisweilen vor, in Böhmen und im Erzgebirge stellenweise reichlich, doch wie es scheint niemals allein als Vertreter des Orthoklas. Viel seltener noch wird das Vorkommen von Albit neben dem Orthoklas beobachtet.

Auch der Quarz bildet nur krystallinische Körner, glas- bis fettglänzend, weiß, schneeweiß oder lichtgrau. Er mengt sich mit dem Feldspathe zu einem körnigen Aggregate, welches gewöhnlich keinen Glimmer in sich aufnimmt oder nur Schüppchen desselben eingesprengt enthält.

Der Glimmer ist der am meisten und auffälligsten veränderliche Bestandtheil im Gneiße. Allermeist zwar Kaliglimmer kommt neben diesem oder auch allein der Magnesiaglimmer vor. Leider fehlen noch ausreichende specielle Untersuchungen über das Verhältniß beider Glimmerarten im Gneiße. Die Form des Glimmers geht von der der feinsten, punktförmigen Schüppchen durch Blättchen in große Tafeln über, die Farbe spielt in grau, grün, braun, schwarz und silberweiß, selbst in messinggelb, bald rein, bald unrein und gemischt. Sehr gewöhnlich häufen sich die Glimmerblättchen in größere oder kleinere, runzelige Flasern oder zusammenhängende parallelziehende Lagen, seltener in kugelige Concretionen, und bedingen auf diese Weise eben die eigenthümliche, den Gneiß vom Granit unterscheidende Structur des Gesteins.

Wo diese drei Mineralien in der angegebenen Anordnung und in ziemlich gleichem Mengenverhältnisse auftreten, nennt man den Gneiß normalen Gneiß und unterscheidet die leicht erkennbaren Varietäten desselben als glimmerreiche, quarzreiche, feldspathreiche je nach dem Ueberwiegen des einen oder andern Bestandtheiles. Die Farbe des Gesteins ist braun, grau, roth oder grünlich, seltener weiß, häufig gemischt, streifig und bandartig oder fleckig. Sehr schöne, schon in der Ferne erkennbare Streifung zeigen die Gneißfelsen auf der Insel Hjelmsöe bei Hammerfest durch grelle Farben des Quarzes und der Glimmerlagen, und auf der Bukinsel an der Südküste Norwegens greift der überwiegende schneeweiße Quarz so sehr, daß die Felswände als Seezeichen dienen und weißer Berg heißen.

Feldspath, Quarz und Glimmer sind nun aber nicht die constanten wesentlichen Gemengtheile, der letztere besonders läßt sich gar häufig durch ein verwandtes oder ähnliches Mineral verdrängen und vertreten. Talk, Chlorit, Graphit und Hornblende übernehmen bald hier, bald dort auf kürzere oder weitere Erstreckung die Rolle des Glimmers, indem sie sich Anfangs in einzelnen Schüppchen und Blättchen neben dem Glimmer einstreuen, dann mehr und mehr häufen und endlich den Glimmer gänzlich verdrängen. Auf diese Weise entwickeln sich aus dem normalen Gneiße verschiedene Abarten mit selbständigem Auftreten, wie der Talkgneiß, Chloritgneiß, Graphitgneiß und Hornblendegneiß. Sie führen durch eine allmälige Aenderung auch der andern wesentlichen Bestandtheile den Gneiß in die ferner stehenden Gesteinsarten in Talk-, Chlorit-, Graphit- und Hornblendeschiefer über. Ungleich seltener ist eine Vertretung des Feldspathes durch Kalkspath, wie sie Saussure in seinen Alpenreisen erwähnt [1]) und welche also den Kalkgneiß bildet. Außer diesen vertretenden Mineralien erscheinen aber

1) Voyage dans les Alpes II, 390. — Nach Engelhardt (Das Monte Rosa- und Matterhorngebirge S. 65) fand er an der [illegible] Alp einen schönen weißen, kalkhaltigen Gneiß.

Granat, Schörl und Turmalin, zumal ersterer so häufig und so ungemein reich beigemengt, daß sie in manchen Gegenden geradezu die Wichtigkeit eines wesentlichen Bestandtheiles beanspruchen; allgemeine Verbreitung haben sie freilich nicht; wie sie einzelne Gegenden beherrschen, fehlen sie in andern wieder gänzlich. Die durch Vertretung und Beimischung entstehenden Gneißarten bedürfen kaum einer besondern Charakteristik, indem der Name sie schon kennzeichnet. Der Talkgneiß, auch Protogingneiß wegen seines angeblich hohen Alters in den Alpen genannt, pflegt aus einem feinkörnigen Gemenge von weißem oder grünlichem Feldspath und weißem Quarz mit Lagen hellgrüner Talkschüppchen zu bestehen. Der Talk, leicht an seiner fettigen Beschaffenheit und eigenthümlich hellgrünen Farbe zu erkennen, verhält sich hier durchaus wie der Glimmer. Man kennt den Talkgneiß sehr schön in der unmittelbaren Umgebung des Montblanc-Granites, wo der Talkgehalt auch in den Granit übertritt, im mährischen Gesenke bei Petersdorf, wo er in Talk- und Thonschiefer sich verläuft, an der Feegletscheralp am Monte Rosa schön weiß und ganz mit hellrothen Granaten durchsäet und mit etwas Kalkgehalt, in der Vendée, wo ihn Rivière[2]) als besonderes Gebirgsglied unter dem Namen Talorthosit beschrieben hat. Am häufigsten erscheint er als unbedeutendes Uebergangsgestein zwischen Talkschiefer und Gneiß. Ganz das gleiche Verhalten bietet der Chloritgneiß, der unter Anderem sehr schön am Kriechberge im mährischen Gesenke, bei Schwarzenfels im bairischen Waldgebirge, am Ferpecle-Gletscher mit schönen Mandeln von Quarz und mit Feldspathzwillingen[3]) und überhaupt auf der Grenze von Chloritschiefer und Gneiß auftritt. Der graphitische Gneiß kommt selten und meist auch nur als Grenzgestein gegen Graphitlager im Gneiße vor, so bei Mölk in Niederösterreich, im Böhmerwalde, in Schweden und Norwegen, in Nordamerika u. a. O. Sehr häufig dagegen ist der Amphibol- oder Hornblendegneiß oder syenitische Gneiß, der fast überall, wo die Gneißformation mächtig entwickelt ist, mit dem gemeinen Gneiße um die Herrschaft streitet. Hornblende mischt sich in schwarzgrünen und schwarzen Körnern oder Nadeln bei, welche nach und nach den Glimmer vollständig verdrängen und meist auch das Gestein bunter färben, bisweilen sehr schön marmoriren, wie bei Flekkefjord in Norwegen. Bei der Häufigkeit des Hornblendegneißes sollte man eigentlich den gemeinen oder normalen Gneiß als Glimmergneiß schärfer unterscheiden, doch versteht man gewöhnlich unter Gneiß nur diesen letztern und bezeichnet erstern blos schärfer. Die Hornblende verdrängt bisweilen aber auch den Quarz, sodaß der stets dunkle Glimmer bleibt, so im Odenwalde, und diese Abänderung heißt Syenitgneiß. Im Var-Departement ist nach Coquand[4]) dieser syenitische Gneiß stets frei von Turmalin. Außerdem werden hin und wieder noch andere Gneißarten auf die wesentlichen Bestandtheile unterschieden, so der Granat- und Turmalingneiß, beide durch die Häufigkeit des Granat und Turmalin in normalem Gneiße ausgezeichnet, der Dichroitgneiß in der großen Granulitellipse Sachsens bei Mittweida charakteristisch auftretend[5]). Die kärntner Geologen[6]) schildern einen im innigsten Verbande mit dem Glimmerschiefer, doch minder mächtig als der Centralgneiß auftretenden Albitgneiß, welcher aus weißem, grauem, schwärzlichbraunem glänzendem Kaliglimmer in großen Blättern und Tafeln, aus mattweißem, körnigem Albit und wenig Quarz besteht; allein nach Peters ausgedehnten Untersuchungen in Kärnthen[7]) ist dieser Albit Nichts weiter als gemeiner Feldspath, und also auch ein Albitgneiß gar nicht vorhanden.

So mannichfach der Gneiß nach seinen wesentlichen Bestandtheilen abändert, so vielfach variirt auch seine Structur und bietet Abänderungen eigenthümlicher Art. Die wichtigsten und in ihrem Vorkommen gemeinsten charakterisirt das Verhalten des Glimmers. Es sind folgende: 1) Körnigschuppiger Gneiß, wenn die bisweilen ziemlich großen Glimmerindividuen als einzelne völlig isolirte Lamellen ausgebildet sind, welche innerhalb der körnigen, aus Feldspath und Quarz bestehenden Gesteinsmasse in paralleler Lage ausgestreut sind. Diese Abänderung nennt Jokely[8]) Phyllitgneiß und beschreibt denselben nach seinem Auftreten in der böhmischen Urformation als ein fein- bis kleinkörniges Gemenge von Feldspath, Glimmer und Quarz, worin der vorherrschende Feldspath theils weißer und rother Orthoklas theils graulichweißer Oligoklas, der Glimmer grünlichgrau, weiß, gelb, bräunlich und in schuppigen Partien vertheilt, der Quarz graulichweiß ist, an accessorischen Bestandtheilen nur Granat und Magneteisen auftritt. — 2) Körnigflaseriger Gneiß, wenn die Glimmerindividuen zu kleinen, gewöhnlich etwas langgestreckten Membranen, den sogenannten Flasern verwebt sind, welche innerhalb der sehr vorwaltend körnigen Gesteinsmasse in paralleler Lage so sparsam ausgestreut sind, daß sie auf dem Hauptbruche des Gesteins nur einzeln hervortreten. Solche Gneißvarietäten verlieren häufig ihre deutliche Parallelstructur und Schieferung und werden auffallend granitisch, zumal wenn die Glimmerflasern sehr klein sind. In den Alpen spielen diese granitischen Gneiße die Hauptrolle und sind von den verschiedenen Beobachtern sehr verschieden gedeutet worden. Schon Saussure unterscheidet vom normalen Gneiße einen Granite veiné dadurch, daß in letzterem die einzelnen Bestandtheile zwischen einander verwebt und verschlungen sind. Dann beschreibt L. v. Buch[9]) denselben mit bekannter Genauigkeit als Gotthardtsgranit, der stets kleinkörnig, aber häufig streifig ist und eine Annäherung zum schieferigen Gefüge zeigt. Die schwarzen Glimmerblättchen sind nicht isolirt, sondern in kleinen Gruppen versammelt und über ihnen weg

2) Mémoires soc. géol. France IV, 49. 3) Studer, Bullet. soc. géol. France 1846. IV, 208. — Saussure, Voyage dans les Alpes IV §. 2042. 4) Mémoires soc. géol. France III, 159.

5) Cotta in Bronn's Jahrb. für Mineral. 1855. S. 442. 6) v. Rosthorn und Canaval, Jahrb. des Kärntner Landesmuseums 1853. II, 120. 7) Jahrb. der k. k. geol. Reichsanstalt 1855. VI, 515. 8) Ebendas. S. 709. 9) v. Leonhard's Taschenb. für Mineral. 1824. II, 293.

liegen gewöhnlich einige höchst dünne Blättchen von hellgrünlichgrauem Talke, von lebhaftem Silberglanze, weshalb denn auch Stücke von weitem leuchten und glänzen. Der gelblichweiße Feldspath liegt in einzelnen Krystallen zwischen den Blättchen, nicht aber der Quarz. So sehr man [illegible] gewohnt ist, einen Quarzkrystall oder einen [illegible]granite nur durch andere Gemengtheile begrenzt zu sehen, daher ihn selbst fast stets mit muschligem Bruche, um so mehr überrascht, wie er am Gotthardt jederzeit feinkörnig ist, eine Sammlung von vielen, ungemein kleinen, kaum sichtbaren Dodekaedern. Er zeigt sich wie in manchen feinen Sandsteinen, wo man auch mit der Loupe oft den sechsseitigen Durchschnitt der Pyramiden entdeckt. Das ist dem eigentlichen Granite ganz fremdartig, diese Feinkörnigkeit des Quarzes. L. v. Buch fand ebendiesen Gneißgranit in Tyrol am Brenner wieder, in Salzburg auf der Höhe des obern und untern Sulzthales, im Pinzgau ganz oben in den Eisfeldern versteckt. Später nahm ihn Studer [10]) als Alpengranit auf, in der schweizerischen Volkssprache Geißberger genannt, und hebt als charakteristisch hervor, daß die drei Gemengtheile in jeder Richtung durch einander liegen, doch deutliche und oft dünne Schichtung vorhanden ist und die Trennungsflächen mit Glimmer bedeckt sind. Einzelne Blöcke sind ganz granitisch, aber die Arbeiter in den Steinbrüchen verstehen es doch, die parallelen Structurspalten aufzufinden. Weißer Feldspath und grauer Quarz sind meist sehr innig verwachsen, zuweilen der Feldspath auch in großen Zwillingen, der Quarz in deutlichen Körnern oder in feinsandigen Nesterchen; der dunkelgrüne Glimmer gewöhnlich weich und matt, beinahe zerstörter Hornblende ähnlich, selten in unklar begrenzten, verborgenen, braunen Blättchen mit Fettglanz, meist mit dünnem Ueberzuge von hellgrünem silberglänzendem Talke, der auch wol dem sandigen Quarze sich beimengt; der Feldspath stets vorherrschend, zuweilen bis zur Unterdrückung des Quarzes; der talkartige Glimmer stellenweise zu größeren gerundeten oder streifartigen Nestern vereinigt, ohne an Deutlichkeit der Krystallisation oder an Glanz zu gewinnen. Studer weist auf die große Wichtigkeit dieses Alpengranites im Stocke des [illegible], des Gotthardts, der Grimsel und des [illegible] hin und hat dieselbe später [11]) noch specieller [illegible] bei Schilderung der Centralmasse der [illegible] und der des Montblanc. Hier treten nach [illegible] Untersuchungen in der Regel fünf constituirende [illegible] im Gneißgranite auf, nämlich: 1) Quarz, [illegible] oder violett, auch dunkel wie Rauchtopas, in [illegible] Abänderungen zuweilen krystallinisch, [illegible] derb und dicht, in Abänderungen mit schieferiger Anlage sandig, aus kleinen Körnchen zusammengebacken, halbgeschmolzenem Schnee ähnlich; 2) Orthose, weiß, zuweilen roth, durchscheinend, stets deutlich in Zwillingen krystallisirt; 3) Oligoklas, undurchsichtig, matt, weiß, milchweiß oder grünlichweiß, die krystallinische Structur nur durch sehr feine Linien angedeutet, zuweilen wie eine Schale die Orthoskrystalle umschließend; 4) Glimmer mit Eisenbasis und Fluorgehalt, zweiartig, dunkelgrün, mit schwachem oder ohne Glanz, durch anfangende Verwitterung bronzeartig, stets krystallisirt in hexagonalen Blättchen oder Prismen; 5) Talk, perlmutterglänzend, lebhaft bis blaßgrün, in dünnen gekrümmten Blättchen zwischen die andern Mineralien sich eindrängend. Die relative Menge dieser fünf Elemente wechselt sehr. Der Quarz herrscht vor in den granitischen Abänderungen und nimmt ab oder fehlt gänzlich in den schieferigen. Umgekehrt der Talk, welcher zuweilen in den granitischen Protoginen ganz fehlt, die sich dann auch vom wahren Granite nicht mehr unterscheiden lassen. Das Auftreten und geologische Verhalten des Granitgneißes in der Centralmasse der salzburger Alpen schildert Credner [12]). Im obern Theile des gasteiner Thales ist derselbe für die Beobachtung am günstigsten aufgeschlossen. Es ist hier ein Feldspathgestein, meist mit vorwaltendem weißem Orthoklas, weniger grauweißem Quarz und einer noch geringern Menge von Glimmer. Die Structur ändert vielfach ab. Ist das Gestein körnig, so ist es ein wahrer Granit, der sich durch sparsame Beimengung eines theils hellgrünen und talkartigen, theils schwarzbraunen Glimmers auszeichnet. Gewöhnlich aber zeigt solcher Granit durch die Anordnung seiner, wenn auch sparsamen Glimmerblättchen eine Hinweisung zur flaserigen Structur, welche in der größten Masse des Feldspathgesteins vorherrscht. Gleichzeitig mit dieser flaserigen Structur scheinen reinere Ausscheidungen von Quarz und blätterigem Chlorit häufiger zu werden. Dem flaserigen Gefüge entspricht eine plattenförmige Absonderung, welche von Nordost gegen Südwest vorherrschend zu streichen und am nördlichen Abfalle des Tauern gegen Nordwest, am Südabfalle im Fleiß- und Zirknitzthale gegen Südost vorherrschend einzufallen scheint. Die österreichischen Geologen nennen den Alpengranit oder Gneißgranit Centralgneiß, und Peters [13]) läßt ihn in den salzburger Alpen in einzelnen elliptischen Kernmassen auftreten und aus dem ihn umgebenden schieferigen und flaserigen Gneiße entstehen. Stur [14]) beschreibt sein Vorkommen zwischen dem Hochgolling und Venediger. Nur in den Alpen hat jedoch diese vielbesprochene Abänderung des Gneißes eine selbständige geologische Bedeutung, in andern Gebirgen erscheint sie nur als Uebergangsgestein zwischen Granit und Gneiß oder als locale Abänderung des letzteren, und wird als granitischer Gneiß, als Gneißgranit oder Granitgneiß unterschieden. So fand sie Jokely [15]) im mittlern Böhmen an der Grenze des Granites, Zepharovich [16]) im pilsener Kreise an den Ufern der Watava als besondere Zone zwischen Gneiß und Granit, Wineberger [17]) im böhmisch-bairischen Waldgebirge, Keilhau in Norwegen und Andere in andern Gebieten. —

10) Lehrbuch der physikal. Geographie I. 351. 11) Geologie der Schweiz I. 160 fg.

12) Bronn's Neues Jahrbuch für Mineral. 1850. S. 515. 13) Jahrb. der k. k. geol. Reichsanstalt 1854. V, 766. 14) Ebendas. S. 818. 15) Ebendas. 1855. VI, 355. 16) Ebendas. S. 457. 17) Versuch einer geogn. Beschreibung des bayerischen Waldgebirges S. 22.

3) Flaseriger Gneiß: die Glimmerindividuen sind zu Flasern verwebt, welche in bedeutender Größe und in großer Anzahl auftreten, auch gewöhnlich wellenförmig gebogen und mehr oder minder in die Länge gestreckt sind. Indem sich diese Glimmerflasern zwischen der körnigen Gesteinsmasse in paralleler Lage hinschmiegen, gelangen sie meist gegenseitig in Berührung, wodurch die körnige Masse selbst in linsenförmige, scharf auskeilende Partien gesondert wird, wie dies zumal im Querbruche des Gesteines sehr deutlich zu beobachten ist. Durch die Streckung der Glimmerflasern, deren längste Durchmesser einander alle parallel liegen, erhält das Gestein eine mehr oder weniger ausgezeichnete lineare Parallelstructur; weil jedoch jene Streckung nicht immer vorhanden ist: so pflegt man wol auch langflaserigen und breitflaserigen Gneiß zu unterscheiden. Nach der Größe der körnigen Gemengtheile oder der zwischen den Flasern enthaltenen körnigen Partien unterscheidet man groß-, grob-, klein- und feinflaserigen Gneiß und außerdem noch nach dem Durchmesser dieser Partien dick- und dünnflaserigen Gneiß. Bisweilen sind einzelne größere Feldspathkörner in der Masse des Gesteines ausgestreut, wodurch dasselbe eine porphyrartige oder knotigflaserige Structur erhält. Sehr schöne Porphyrstructur beobachtete Keilhau [18]) bei Mandal und Fleckefjord, wo sie durch weiße Orthoklaskrystalle bis zu 4 Zoll Größe bedingt ist. Da die Glimmerflasern seitwärts an einander grenzen und da sie die Spaltbarkeit und den Hauptbruch des Gesteines wesentlich bestimmen: so bemerkt man auf dem Hauptbruche hauptsächlich nur den Glimmer, welcher daher auch die Farbe des Gesteines auf dessen Spaltungsflächen bestimmt. Im Querbruche dagegen, wo die Glimmerflasern nur als feine undulirte Linien erscheinen, da treten der Feldspath und der Quarz um so deutlicher hervor. Die flaserigen Gneiße sind weit verbreitet und die gemeinsten Abänderungen überhaupt, sie herrschen bald auf weite Strecken ausschließlich, bald wechseln sie scharf abgesondert oder durch Uebergänge verbunden mit den andern Varietäten. Jokely's [19]) flaseriger und streifiger Phyllitgneiß in Böhmen, der stets amphibolhaltig ist, scheint kaum als besondere Abänderung betrachtet werden zu dürfen. — 4) Stengeliger Gneiß: die Glimmerflasern bilden sehr lang gestreckte, schmale Streifen oder Bänder, welche nach schnurgeraden oder doch nur schwach welligen parallelen Linien durch die körnige Gesteinsmasse fortlaufen und solche in lange stengelige oder wulstähnliche Partien absondern. Die bandartig ausgestreckten Glimmerflasern schmiegen sich nämlich auch seitwärts um die Gesteinsstengel, sodaß sie der Structurfläche des Gesteines nur theilweise parallel sind, außerdem aber solche unter bedeutenden Winkeln durchschneiden; dies kann endlich so weit gehen, daß die plane Parallelstructur fast ganz unterdrückt wird und ein Gestein von ächtflaseriger stengeliger Structur zum Vorschein kommt. Naumann, dem diese scharfe Charakteristik entlehnt ist, beobachtete den stengeligen Gneiß zwischen Weißenborn und Weigmannsdorf unweit Freiberg. Ueber der Braunkohle bei Nachterstedt in der Nähe von Quedlinburg kommen fast armsdicke und einige Fuß lange Gneißstengel im Geröllager vor, die mit Braunkohlenschmutz überzogen dort für Stammstücke tropischer Urwaldsbäume gehalten wurden. — 5) Schieferiger Gneiß: die Glimmerindividuen sind in größere, stetig fortsetzende Membranen verwebt, zwischen welchen die körnige Gesteinsmasse in sehr breiten linsenförmigen oder in schmalen lagenförmigen Partien eingeschaltet ist. Das Gestein hat auf den durch die Glimmermembranen bestimmten Spaltungsflächen einen ganz glimmerschieferähnlichen Habitus und läßt erst im Querbruche seine wahre Natur erkennen. Dergleichen Varietäten pflegen nicht gestreckt zu sein, erhalten aber bisweilen durch einzelne größere und besonders gefärbte Glimmertafeln auf den Spaltungsflächen ein gesprenkeltes Ansehen. Am häufigsten findet man diese Abänderungen als Grenzgestein zwischen Gneiß und Glimmerschiefer, doch auch in besondern Schichten zwischen andern Varietäten. — 6) Körnigstreifiger Gneiß: die Glimmerindividuen sind in der gewöhnlich grobkörnigen Gesteinsmasse innerhalb paralleler Lagen oder Zonen eingestreut, ohne grade einen sehr auffallenden Parallelismus ihrer Lage zu behaupten, sodaß die Parallelstructur des Gesteines weniger durch die parallele Ablagerung des Glimmers als vielmehr durch den beständigen Wechsel glimmerfreier oder glimmerarmer und glimmerreicher Zonen bedingt wird, daher das Gestein im Querbruche wie gestreift oder gebändert erscheint. Die Zonen haben eine sehr verschiedene und oft wechselnde Breite und sind nicht selten wellenförmig oder ganz unregelmäßig gewunden. Dergleichen in ihren einzelnen Lagen zuweilen ganz granitähnlich erscheinenden Gneiße sind in Norwegen, Schweden, Finnland, Schottland sehr häufig zu beobachten. Paulus [20]) nannte sie Gneißit und Jokely [21]) nach ihrem Vorkommen in Böhmen Frischgneiß, in welchem jedoch die Grundmasse als feinkörnig bis dicht bezeichnet wird. — 7) Als besondere Abänderung des Gneißes ist endlich der in der Umgebung des Granites auftretende Cornubianit zu betrachten. Derselbe besteht aus Glimmer, Feldspath und etwas Quarz, welche Bestandtheile jedoch in so kleinen Theilen ausgebildet und so innig durch einander gewebt sind, daß die Parallelstructur in der Regel nur noch an einer lagenweisen Abwechselung der Farbe und des Kornes zu erkennen ist. Das Gestein hat meist schmutzige und düstere, grünlich-, gelblich- und röthlichgraue bis gelblichbraune und grünlichbraune Farben, zeigt sehr gewöhnlich farbige Streifung und häufig dunkelbraune bis schwärzlichgrüne, nicht scharf umgrenzte Flecke von feinkörniger Zusammensetzung. Uebrigens ist der Cornubianit fest, ja zum Theil äußerst schwer zersprengbar und mehr oder minder deutlich geschichtet, seiner Entstehung nach ein metamorphisches Gebilde, das in Corn-

18) Gäa norvegica. 19) Jahrbuch der k. k. geol. Reichsanstalt 1855. VI. 709. 20) Orographie des Joachimsthaler Bergamtsdistrictes 1820. S. 66. 21) Jahrbuch der k. k. geologischen Reichsanstalt 1855. VI, 709.

wall, in Sachsen, in den Alpen und andern Gebirgen in der Umgebung des Granites auftritt [illegible]).

Von diesen verschiedenen Abänderungen des Gneißes gewinnt außer dem Alpengranit oder Granitgneiß keine einzige eine selbständige geologische Bedeutung, sie erscheinen entweder als Grenz- und Uebergangsstufen oder constituiren bald in buntem Wechsel, bald in einförmiger Verbreitung die ausgedehnten Gneißmassen. Wo diese viele meilenweit das Terrain beherrschen, hat man daher auch Gelegenheit, das Verhalten der einzelnen Abänderungen unter und gegen einander zu beobachten.

An zufälligen Gemengtheilen und besonderen Mineralvorkommnissen ist der Gneiß ganz überaus reich und eine wahre Schatzkammer für die Mineralogen. Theils erscheinen die Mineralien in ihm selbst eingesprengt und nesterweise oder lagerweise, auch in Adern, Trümmern und Gängen vertheilt, theils häufen sie sich in den von ihm eingeschlossenen Gesteinslagern an. Letztere lassen wir hier unberücksichtigt. Zunächst kommen die wesentlichen Bestandtheile: Glimmer, Quarz und Feldspath sehr häufig in Krystallen eingesprengt und in Drusen vor, so häufig, daß eine Aufzählung einzelner Fundorte überflüssig ist. Nur die weißen, Glimmerblättchen einschließenden Feldspathzwillinge im grünlichgrauen Gneiße bei Mainhofen und Gerlos im Zillerthale mögen besonders erwähnt werden. Auch des sehr häufigen Vorkommens von Granat ist bereits oben gedacht worden, wie er stellenweise einen eigentlichen Granatengneiß bildet, der stets sehr glimmerreich ist. Er ist in rothen, blutrothen, schwarzen und braunen Körnern und Krystallen in der Gesteinsmasse zerstreut. Durch besondern Reichthum oder Schönheit der Granaten ausgezeichnet ist der norwegische Gneiß auf Korsnäß im Altenfiord, bei Aggerfiord, Elfjervon, Japanvig, der arendaler, der böhmische bei Einsiedeln und Planitz, der ober- und niederösterreichische bei Kadel, Großhaselbach, Ebersdorf, Bierbaum, Grünberg u. a. O., der rothe Gneiß bei Leubsdorf in Sachsen, viele Alpengneiße, spanische, nordamerikanische u. a. Nächst Granat macht sich der Turmalin geltend in Säulen und Nadeln eingesprengt, die oft bündelweise verbunden sind, so bei Bilin, Oberhals und Komothau, im Zillerthale, bei Bodenmais, am Monte Moro (Mont Rosa), bei Chesterfield in den Vereinigten Staaten. Hornblende, Talk und Chlorit erscheinen noch häufiger als Turmalin und ändern den Charakter des Gesteines um. Am berühmtesten durch seinen Mineralreichthum ist der arendaler Gneiß, in welchem vorkommen: rother und schwarzer Granat, Kolophonit, Kokkolith, grüne und schwarze Hornblende, Augit, Pistazit, Thallit, Apatit, Kalkspath, Oligoklas, Orthoklas, Zirkon, Sphen, Stilbit, Skapolith, Kupferkies, Bergkrystall, Sahlit, Chlorit, Prehnit, Anophyllit, Mesotyp, Leuzit, Analzim, Strahlstein, Blende, Malachit, Kupferlasur, Molybdänglanz, Schwefelkies, Speerkies und Gold. Auch bei Ostraae wird eine große Mannichfaltigkeit der Vorkommnisse beobachtet, nämlich Hypersthen, Apatit, Arsenikkies, Buntkupfererz, Dichroit, Feldspath, Kokkolith, Kupferkies, Magneteisen, Malachit, Orthit, Pistazit, Quarz, Sillimanit, Schwefelkies, Titaneisen, Zirkon. In Deutschland ist der reichste Fundort Bodenmais mit Anthophyllit, Aragonit, Blende, Eisenkies, Magnetkies, Dichroit, Brauneisenstein, Disthen, Gold, Granat, Kupferkies, Pinit, Stilbit, Turmalin. Das weitberühmte Zillerthal in Tyrol steht Bodenmais nicht nach. In dem Gneißgranit des Gotthardts, Finsteraarhorn und am Montblanc kommen sehr schön vor: Eisenglanz, Rutil, Anatas, Brookit, Sphen, Flußspath, Apatit, Axinit, Turmalin, Mesotyp, Stilbit, Laumontit, Heulandit, Chabasit, Rauchtopas. Auch Nordamerika hat bei Haddam in Connecticut einen seltenen Mineralreichthum in seinem Gneiße, nämlich Aragonit in dünnen Lagen, Beryll, Chrysoberyll, Turmalin, Granat, Cordierit, Adular, Anthophyllit, Schwefelkies, Epidot, Feldspath, Gahnit, Molybdänglanz und Strahlkies.

An mehr einzelnen Vorkommnissen sind gar viele zu erwähnen, so schöner wasserheller, octaedrischer Flußspath im Alpengneiße am Monte Crena in den tessiner Alpen — Apatit auf Drusenräumen im Tavetsch und am Lukmanier, bei Brunswick im Staate Maine — Anatas in kleinen Krystallen zugleich mit Brookit bei Niederwald und bei Viesch — Beryll im Habachthale des hohen Tauern — Staurolith bei Landaff in Neuengland — Anthophyllit in wallnußgroßen Kugeln zahlreich eingestreut in Norwegen — Titanit in wachsgelben Krystallen am malnitzer Tauern, und mit Sphen und Rutil häufig in Kärnthen — Almandin nebst kleinen Krystallen von Titaneisen, Dichroit und Gadolinit im glimmerreichen Gneiße bei Tvedestrand — Analzim bei Yonkers in New-York — Allanit bei Alhof — Disthen bei Westfield und Lankaster, auch am Reuthberg bei Tölau im Fichtelgebirge — Chlorophan, begleitet von Topas und Magnetkies, bei Trumbull in Connecticut — Colophonit mit Kokkolith und Wollastonit einen mächtigen Gang bildend bei Willsborough in New-York — Heulandit mit Stilbit und Chabasit bei Haddame in Connecticut und auf New-York-Eiland, mit Apatit in New-Jersey — Natrolith bei Washington in Connecticut, Prehnit in Vermont — Rutil in ausgezeichneten Krystallen bei Barre in Massachusetts — Sillimanit bei Chester in Connecticut, Stilbit bei Westpoint — Zirkon in Nordcarolina, New-York, in Schottland und am Adamspik auf Ceylon — Graphit überall häufig — Molybdänglanz in Quarzzuckern und einzelnen Blättern im Valschiederthale und am See von Lucendro (St. Gotthardt), auf Island, Bornholm und häufig in Schweden — Pyrocerit bei Worcester — Bleiglanz spärlich eingesprengt bei Pennusalemi in Ostfinland — Arsenikkies in Newhampshire, Arsenikalnickel bei Chatam in Connecticut und bei Monroe zugleich mit Speiskobalt — gediegenes Wismuth bei Monroe — Schwefelkies häufig — Eisenglanz in Krystallrosen im Tavetsch — Gold und güldische Kiese in Oberkärnthen, auch im Gasteiner- und Rauriserthale zugleich mit Kupfer-

[illegible]) Naumann, Geogn. Beschreibung des Königreichs Sachsen II, 265 und V, 51; v. Gutbier, Geogn. Beschreibung des Zwickauer Steinkohlengeb. S. 12; Fournet, Mém. s. l. Géologie de la partie des Alpes compr. entre le Valais et l'Oisans p. 23; Boase, Transact. of the geol. soc. Cornwall IV, 390.

kies, Arsenikkies, Bleiglanz, Spatheisenstein und Kalkspath.

Der Gneiß ist ein geschichtetes Gestein. Das schieferige Gefüge geht bisweilen so ganz unmerklich in die wirkliche Schichtung über, daß man nicht mit Bestimmtheit sagen kann, ob man eine bloße Schieferplatte oder eine dünne Schicht vor sich habe. Die flaserige Structur theilt die ganze Gesteinsmasse in kleinere und größere Lager, welche die Schichten zusammensetzen. An vielen Orten bricht der Gneiß in Folge dieses zwischen Schichtung und Schieferung schwankenden Gefüges in den ausgezeichnetsten Platten von wenigen Zoll bis einen Fuß Dicke. An der Toccia unweit Domo d'Ossola (Simplon) waren zu Saussure's [23]) Zeit Steinbrüche im Gneiße im Betriebe, welche zolldicke Platten von sehr beträchtlicher Ausdehnung lieferten, die daher auch bis in die Gegend des Comersees zum Dachdecken verfahren wurden und selbst noch in Mailand Verwerthung fanden. Auch Säulen und Stöcke von 15 Fuß Länge, 5—6 Zoll Breite und 3 Zoll Dicke wurden hier gebrochen. Bei St. Roche unweit Formazza und an vielen andern Orten in den Alpen spaltet man den dünnschichtigen und regelmäßig geschieferten Gneiß durch Keile in zolldicke Platten und gewinnt dadurch ein vortreffliches Material zum Dachdecken, das zumal in den höhern Gebirgsgegenden gar nicht zu ersetzen ist. Auch in Nordamerika bricht man nach Hitchcock's [24]) Erzählung in Massachusetts Gneißplatten von wenigen Zollen Dicke und bis zu 30 Fuß Länge und Breite. Die Schieferung pflegt mit der Schichtung vollkommen übereinzustimmen, und nur sehr wenige Localitäten werden erwähnt, an welchen transversale Schieferung beobachtet wird. Keilhau nimmt in seiner Abhandlung über die skandinavische Gneißformation [25]) Bezug auf dieses Verhältniß, auf Gneißlager, deren Structurflächen große Winkel mit der hangenden und liegenden Grenzfläche bilden, und will damit beweisen, daß die eigenthümliche Anordnung der Bestandtheile, welche den Unterschied zwischen Gneiß und Granit ausmacht, wenigstens nicht in allen Fällen ein Ueberbleibsel der ursprünglichen Schieferigkeit des Gesteines sein kann.

Die Mächtigkeit der Schichten wechselt ungemein, von wenigen Zollen bis mehre und viele Fuß. Als mittle Mächtigkeit kann man Bänke von 1—4 Fuß annehmen. Wie die Schichten durch Dünnerwerden in der schieferigen Structur aufgehen: so verlieren sie sich auch ins andere Extrem, d. h. die Schichtung verschwindet gänzlich und das Gestein erscheint massig. Das ist öfters der Fall bei dem Uebergange in den Granit, wird aber auch z. B. bei Fleckefjord durch eintretenden Glimmermangel bedingt. Gewöhnlich ebenflächig ausgedehnt, kommen jedoch in allen größern Gneißterritorien auch mannichfach gekrümmte und gebogene Schichten vor, gewunden gefaltete und geknickte, so wirr durch einander verschlungene und gekräuselte, daß die Profile an den entblößten Felswänden wie Zeichnungen marmorirter Papiere oder Breter recht verworren gemaserten Holzes aussehen. Sehr schöne Beispiele solcher wirr gewundenen Gneißschichten beobachtete Naumann [26]) an der Westküste Norwegens zwischen Bergen und Trondhjem, wo sie den Anschein haben, als wäre das Gestein aus einem jähflüssigen Zustande im Momente eines heftigen Aufwallens und Durcheinanderwogens seiner Massen plötzlich zur Erstarrung gelangt. Auch Scheerer [27]) gedenkt der launenhaftesten und sonderbarsten Windungen in der Gegend von Kongsberg, Brevig und Fleckefjord. Sie fallen durch die verschiedene Färbung ganz besonders in die Augen und gewähren dadurch den Anblick, wie wenn verschieden gefärbte Flüssigkeiten, welche durchaus keine Tendenz zur Mischung hatten, durch einander gerührt worden wären. Die Bildung solcher marmorirter Gneißmassen, fügt Scheerer hinzu, kann schlechterdings nicht auf eine nur einigermaßen zufriedenstellende Art durch nach und nach schichtenweise abgesetzten Niederschlag erklärt werden. Und doch stehen sie in der innigsten Verbindung mit andern Gneißmassen, deren senkrechte und so gut wie plane Schichten wirklichen Ablagerungen gleichen, welche unter dem Einflusse der Schwere horizontal abgesetzt und später aufgerichtet zu sein scheinen. Keilhau macht in gleicher Weise auf das häufige Vorkommen gewundenen Gneißes in Norwegen aufmerksam, Macculloch [28]) beschreibt sie von den Inseln Tirey, Coll, Lewis und Long Island, Charpentier [29]) in dem Gneiße der Pyrenäen und Andere von andern Orten. Diese fast überall vorkommende Erscheinung, sowie das Auftreten wirklich massigen Gneißes sind von einigen Geologen aus Vorliebe zu gewissen theoretischen Ansichten über die Entstehungsweise der krystallinischen Gesteine zum Beweise genommen worden, daß der Gneiß überhaupt nicht geschichtet sei; wo er Schichtung zeige, sei dieselbe nur eine bankartige Absonderung, eine Pseudostratification, eine Spaltung. Allein die Schichten des Gneißes haben so sehr alle Charaktere unzweifelhaft geschichteter Gebirgsmassen, daß sie sich durch keine theoretischen Ansichten wegdisputiren lassen.

Von besonderem Interesse ist die Lage und Stellung der Schichten innerhalb eines und desselben Gneißterrains, ob dieselben horizontal, geneigt oder steil aufgerichtet sind und ob die Lage wechselt oder im ganzen Gebiete sich gleich bleibt. Die Bestimmung der Lage wird wie die aller andern Gebirgsschichten angestellt mit dem bergmännischen Compaß. In Norwegen herrscht steile bis senkrechte Schichtenstellung, und Scheerer hält diese für die ursprüngliche, nicht durch eruptive Massen bedingte. Sie ist auch in den Alpen die gewöhnliche, und zwar als eigenthümliche Fächerstellung. Studer hat dieselben mit großer Aufmerksamkeit studirt und in seiner Geologie der Schweiz beleuchtet. Sie werden von dem

23) Voyages dans les Alpes §. 1757. 1768. 24) Report on the geology of Massachusetts p. 19. 381. 25) Bronn's Neues Jahrbuch für Mineral. 1846. S. 845.

26) Beiträge zur Kenntniß Norwegens II, 130. 166. 27) Bronn's Neues Jahrb. f. Mineral. 1843. S. 652. 28) System of Geology II, 143 und Descr. of the Western Islands p. 1. 29) Essai s. l. constit. géogn. des Pyrenées p. 141.

eben charakterisirten Alpengranit oder Gneissgranit gebildet, dessen Massen in senkrechter fächerförmiger Schichtenstellung zwischen jüngern Formationen meist Lias und Jura hervortreten. Die äußern, oft schon glimmerschieferähnlichen Flügel solcher Gneissfächer liegen oft gleichförmig dem Kalke auf, während weiter auswärts die Kalkschichten von der Centralkette abfallen. Es scheint ganz unmöglich, für die centralen Gneissfächer ebenso eine ursprünglich horizontale Lage vorauszusetzen, wie solche für die angrenzenden Kalkschichten doch unzweifelhaft angenommen werden müssen. Es gewinnt vielmehr den Anschein, als ob die ganze Kette der alpinischen Sedimentgesteine durch das Dazwischentreten dieses Centralgneisses wie durch einen Keil aus einander getrieben würde, und daß dadurch auch jene Ueberschiebungen der von diesem Gneisse wahrscheinlich ganz verschiedenen ferneren Gneissbildung entstanden sind. Aus dem Verhalten des Kalkes zum Gneissfächer am Mettenberge (im berner Oberlande) folgert Studer 36), daß die Fächerbildung überhaupt eine Krystallisation sei. Die Kalkkette der Blümelisalp und des Gespaltenen Hornes steigt östlich im Eisberhorne zur vordern Stufe der Jungfrau auf. Der Gipfel dieser bleibt etwas zurück und besteht aus Gneissgranit, aber unter demselben sieht man einen kleinen oberen und einen mächtigen und längern unteren Ausläufer des Kalkgebirges horizontal in den Granit eindringen. Die Kalklagen am Ende der Ausläufer scheinen umgebogen wie der Rücken eines Buches Papier, das Gestein ist zum Theil unverändert, zum Theil aber in weißen oder dunkel durchscheinenden Kalkstein oder in dolomitischen Kalk oder in Rauchwacke umgewandelt. Doch erstrecken sich diese Umänderungen nie weit von der Contactfläche, und man findet auch leicht nahe an der Grenze wenige Linien dicke Kalkschiefer mitten im Granit, welche keine Spur plutonischer Einwirkung tragen. Ueberall spricht dieses 3000 Metres hohe Profil ganz unabweisbar für die Annahme, daß durch den Alpengranit der Kalk theils gehoben, theils umgefaltet und auf sich selbst zurückgeworfen ist, daß also das Feldspathgestein teigartig sich an den Rand des aufgebrochenen Kalkgebirges angepreßt, dasselbe gefaltet, durchdrungen und übergossen hat. Eine sehr hohe Temperatur scheint jedoch nicht eingewirkt zu haben und eine Theorie der Gneissgranitbildung, welche einen lange anhaltenden, dem Schmelzpunkte der Bestandtheile des Gesteines gleichkommenden Hitzegrad voraussetzt, läßt sich mit den hier vorliegenden Thatsachen kaum vereinigen. Der Kalkstein hätte in eine glühende Gneissgranitmasse eingewickelt nicht nur an einzelnen Stellen der Grenze, sondern bis in seinen innersten Kern geschmolzen und in salinischen Marmor umgewandelt werden müssen. Die verticale oder steil südlich fallende Schieferung des Gneissgranites, welche ohnehin oft kaum bemerkbar ist und besonders in der Nähe der Kalkgrenze meist fehlt, kann aber offenbar hier nicht als eine Sedimentbildung begriffen werden. Sie muß sich gebildet haben, als die beiden Gesteinsarten bereits ihre jetzige gegenseitige Lage erhalten hatten. Der nächste Einschnitt des Gebirges, durch welchen der untere Gletscher von Grindelwald heraustritt, zeigt analoge Verhältnisse. Der Eiger gehört noch der Kalkkette an und bietet in Bezug auf Schichtung und Zerklüftung Eigenthümlichkeiten dar, die ein genaues, an den vertical zum Gletscher abstürzenden Felsen jedoch fast unmögliches Studium sehr wünschbar machen. Seine horizontalen Lager werden an der Gneissgranitgrenze von verticalen, in der Tiefe nach Nord gebogenen Klüften durchsetzt, die so regelmäßig sind, daß man ungewiß bleiben könnte, ob nicht wirklich wie an der Jungfrau eine Cförmige Umbiegung der Lager stattfinde, wenn man nicht die horizontale Schichtung noch quer durch diese Schieferung hindurch verfolgen könnte. Die Grenze zwischen Kalk und Gneissgranit steigt fast vertical, in der Höhe etwas nach Nord gebogen nach dem Grate, welcher den Eiger mit dem Mönch verbindet und der letztere liegt noch im Gneissgranitgebiete, in der Fortsetzung des Jungfraugipfels. Auf der rechten Seite des Gletscherthales, an den Abstürzen des Mettenberges kann man an vielen Stellen, sowol im Thalhintergrunde bei der Alphütte der Stieregg, als auf der Höhe des Jägigrates und auf Gewächten die Grenze der beiden Gesteinsarten erreichen, und man überzeugt sich vollkommen von der Cförmigen Umbiegung der Kalklager, welche den vordern 1000 Metres hohen Absturz des Mettenberges bilden und der mächtigen Auflagerung von Gneiss auf dem obern Schenkel der zurückgebogenen Lagermasse. Es ist dieser Gneiss der nördliche Ausläufer der Kette, deren höchste Gipfel den zackigen Felskamm des Schreckhornes bilden, worüber schon Saussure seine treffende Ansicht geäußert hat. Die Ansicht der Ostseite des Mettenberges entspricht im Allgemeinen derjenigen seiner Westseite: der Gneiss überdeckt die über 1000 Metres hohe Kalkmasse bis nahe an den vordern Absturz. Die Cförmige Umbiegung am hintern Theile der Kalkmasse ist nicht deutlich zu erkennen; dagegen sieht man ein mächtiges Kalkstück mitten im Gneiss, als ob ein abgebrochenes Lager von Gneissteig umschlossen worden wäre. Auch der untere Theil des Wetterhornes besteht bis zum Oberberg aus Kalk, die obere Masse aus Gneiss und eine Cförmige Umbiegung an der hintern Gneissgrenze tritt ziemlich klar hervor. Es scheint jedoch die Kalkmasse unter der Last der höchsten Gipfel zerquetscht und niedergedrückt, das Knie der Biegung und das Ausgehende der obern Lage hierdurch in die Höhe gepreßt worden zu sein, sodaß an der vordern Seite der Kalk den Gneiss ganz umschließen und bis auf den höchsten Grat steigen dürfte. Weiter, fügt Studer hinzu, gewinnt man die Ueberzeugung, daß die Schieferung des Gneisses nicht Folge von Sedimentbildung, sondern abhängig sei von dem die Gesammterstreckung und die allgemeine Structur der Centralmasse beherrschenden Principe, das sich im Bau dieser wie in dem der andern Centralmassen geltend macht. Obgleich auch hier in der Nähe des Kalkes Gneissstratification zuweilen nicht zu erkennen ist und die Gebirgsart sich mehr einem aus Quarz und Glimmer gemengten Quarzite nähert: so ist doch häufiger noch die Masse

36) Bullet. soc. géol. France 1846. IV, 208.

als deutlicher Gneiß entwickelt, nicht wesentlich verschieden von den Gneißen der Grimsel und des Gotthardts, und die Schieferung ist constant steil südlich, der Axe der Centralmasse zufallend, es mag der Gneiß in der Basis des Kalkes erscheinen oder längs der Kniebildung in die Höhe steigen oder als Decke der Kalkmassen sich nach dem nördern Absturze ausdehnen. — Ich habe diese specielle Darstellung einer wol von allen Geologen besuchten Gneißlocalität, wie sie der ausgezeichnete Alpenforscher [31]) gibt, aufgenommen, weil dieselbe zugleich die höchst interessanten Beziehungen unserer Gebirgsart zum Kalke und auch wichtige Anhaltspunkte für die Bildungsgeschichte derselben gibt. Man vergleiche damit noch Studer's Darstellung der Grimsel- und Gotthardtmasse, dieser ausgezeichneten Fächer, auch die der Montblanc- und Finsteraarhornmasse.

Außer den Schichtungsfugen besitzt der Gneiß wie andere Gesteinsmassen auch mehr oder minder häufige Klüfte, welche in den verschiedensten Richtungen die Schichten durchziehen. Bald erscheint diese Zerklüftung nur in kleinem Maßstabe und ohne Regelmäßigkeit, bald aber zeigen die Klüfte eine sehr bedeutende Ausdehnung und einen ziemlich regelmäßigen Verlauf, indem sie ebenflächig gebildet sind und einen gegenseitigen Parallelismus behaupten. Bisweilen sind auch zwei solcher Kluftsysteme vorhanden, welche sich unter ziemlich constanten Winkeln durchschneiden und daher wenigstens innerhalb beschränkter Regionen eine gewisse Regelmäßigkeit erkennen lassen. Bei den mit einer deutlichen Streckung versehenen Gneißabänderungen steht die Zerklüftung gar häufig in einer bestimmten Beziehung zur Structur, indem das eine Kluftsystem die Streckungslinien fast rechtwinkelig durchschneidet, während das andere System ihnen ungefähr parallel und zugleich beinahe rechtwinkelig auf den Schichten ist. Man verwechsele aber die Zerklüftung nicht mit der besonders bei granitischen Gneißen vorkommenden Absonderung, welche unserem Gesteine eine parallelopipedische Structur verleiht, die die Schieferung überwiegt und leicht die eigentliche Schichtung verdunkelt.

An besonderen Lagerstätten ist der Gneiß überaus reich und die hohe nationalökonomische und technische Bedeutung derselben sowol wie ihre interessanten geologischen Beziehungen nöthigen ihnen eine besondere Aufmerksamkeit zuzuwenden. Sie sind erzführende Lagerstätten oder erzleere Gesteinslager sehr verschiedener Natur. Wir begreifen hierunter selbstverständlich nur die dem Gneiße als Gebirgsmasse angehörigen Vorkommnisse und nicht die ihm als bloßer Gesteinsart eigenthümlichen, bereits oben angeführten zufälligen Beimengungen, ebenso wenig auch die der Gneißformation ohne Rücksicht auf ihre Gesteinsarten zukommenden Lagerstätten.

Unter den Erzlagerstätten im Gneiße sind zunächst die sogenannten Fallbänder im südlichen Norwegen zu erwähnen. Damit bezeichnet man in der Gegend von Kongsberg jene meilenweiten Schichten und Schichtenzonen, welche auf mehre Meilen Länge und anderthalb Meilen Breite und mit nur wenigen Unterbrechungen bald in geringerer bald in größerer und zum Theil sogar in mehren hundert Fuß Mächtigkeit mehr oder minder reichlich mit Eisenkies, etwas Kupferkies und Zinkblende durchdrungen sind in äußerst feinen und kaum sichtbaren Theilchen. Die berühmten Silbergänge setzen quer durch die Schichten hindurch und sind innerhalb der Fallbänder vorzüglich reich, außerhalb derselben aber meist sehr arm [32]). Sehr reich ist in diesem Gneiße das gleiche Vorkommen von Magneteisenerz, auf welches viele Tagebaue umgehen. Interessanten Aufschluß gewähren die zum Eisenwerke Fossum gehörigen Gruben, welche Scheerer [33]) beschreibt. Die nunmehr abgebaute magneteisensteinhaltige Masse der Bredgangsgrube bildete eine große rundliche Niere, bestehend aus einer unregelmäßigen Mischung von Magneteisenstein mit grüner Hornblende, Quarz, Pistazit, braunem und gelbem Granat nebst Kalkspath und einigen untergeordneten Mineralien. Auf der Langgangsgrube hatte die Erzmasse die Form eines mit den Gneißschichten ausgerichteten Lagers, auf der Glaseegrube eine Länge von 400 Schritt und eine Tiefe von 150 Fuß. Ganz anderer Art dagegen ist das Vorkommen bei Tvedestrand, wo die 90 Lachter tiefe Solberggrube den besten Aufschluß gibt. Das Magneteisenerz bildet hier ein Netzwerk oder Adernsystem im ungeschichteten Gneiße. Bald erscheinen Erz und Gneiß scharf geschieden, bald völlig mit einander verwachsen. Bei Arendal, welche Gegend nebst der von Utoe, Bastnaes und Dannemora hinsichtlich der Mannichfaltigkeit der Erscheinungen an ihren Eisenerzlagerstätten Daubrée als die Repräsentanten für ganz Skandinavien bezeichnet, bildet der Magneteisenstein wieder ganz ähnliche Fallbänder wie bei Kongsberg, nur daß hier das Erz an den meisten Stellen sich mehr concentrirt hat wie die Kiesarten bei Kongsberg, es sind weder Lager noch Gänge. In einigen Gruben ist der Erzgehalt in stockförmigen Massen angehäuft, bei andern bildet er ein Adernsystem von mehr oder minder bedeutender Breite, welches den Gneiß in der Streich- und Fallrichtung durchschwärmt. Ueberall begleitet den Magneteisenstein ein großer Mineralreichthum, so auf der Langsev- und Barbogrube Granat, Kolophonit, Kokkolith, Hornblende, Augit, Pistazit, Thallit, Apatit, Kalkspath, Oligoklas, Orthoklas, Zirkon, Sphen, Stilbit, Skapolith, Kupferkies, Bergkrystall, Sahlit, Chlorit, Prehnit, Apophyllit, Mesotyp, Leuzit, Analzim, Strahlstein, Blende, Malachit, Kupferlasur, Molybdänglanz, Schwefelkies, Speerkies und Gold. Diese Vorkommnisse lassen sich durchaus nicht als ausgefüllte Gangspalten betrachten, so große Aehnlichkeit auch einzelne Stellen mit Gängen haben. Die mächtigste Magneteisensteinmasse im arendaler Erzfelde ist die der Thorbjörnsbodengrube, welche 100 Fuß Länge und 50 Fuß Breite

31) Studer, Geologie der Schweiz I, 184.

32) Hausmann, Reise durch Skandinavien II, 12. 33) Bronn's Neues Jahrb. für Mineral. 1845. S. 634 Daubrée, Memoire s. l. dépots métallifères de la Suède et de la Norvège. Weibye (in Bronn's Neuem Jahrb. 1847. S. 697) gibt die Zahl der Magneteisensteingruben des arendaler Gebietes auf über 100 an.

hat. Ueberhaupt, sagt Scheerer, durchschwärmt das Eisenerz die Gebirgsart wie ein Geäder oder es liegt darin wie eine ringsbegrenzte, stockförmige Masse, welche ihren Eisengehalt mehr oder weniger weit ins Nebengestein verwäscht; beide Arten des Vorkommens weisen entschieden auf ein gleichzeitiges Entstehen des Erzes und des Gneißes; die colossalste aller bekannten Magneteisenerzstöcke ist der Gallivaraberg in Luleålappmark, welcher bei 16,000 Fuß Länge, 8000 Fuß Breite und einige tausend Fuß Höhe fast ganz aus Magneteisenerz und Glanzeisenerz zu bestehen scheint. Eine besondere Eigenthümlichkeit dieser nordischen Eisenerzvorkommnisse liegt darin, daß sie selbst häufig von Nestern, Trümmern oder Adern von Kalkspath, Feldspath oder Granit durchschwärmt werden. Auch werden sie bisweilen von mächtigen Schalen durchzogen, die besonders aus Chlorit, Talk, Serpentin und andern Magnesiasilicaten bestehen und gewöhnlich gebogene, glatte oder striemige, stark glänzende Ablösungsflächen besitzen. Indessen zeichnet sich nicht blos der skandinavische Gneiß durch Reichthum an Eisenerzen aus, auch andere Gebiete haben denselben aufzuweisen. So enthält nach Dufrenoy der Gneiß bei Villafranche im Departement des Aveiron eine Schichtenzone von großer Längenausdehnung, in welcher der Glimmer fast gänzlich durch Magneteisenerz ersetzt wird und dieses zugleich auch in Lenticularstöcken anhäuft. Der mächtige Zug von Hornblendegneiß, welcher den Staat New-Jersey von Nordost nach Nordwest bis an den Delaware durchsetzt, zeigt eine ähnliche Erscheinung, indem er nicht nur sehr viele und zum Theil weit fortsetzende Lager, sondern auch häufig eingesprengte Körner und Krystalle von Magneteisenerz umschließt. Henry Rogers [35]) erklärt diese regelmäßigen meilenlangen Erzschichten für später injicirte pyrogene Gänge, weil sie zuweilen fast wie Basaltgänge eine Anlage zu transversaler säulenförmiger Absonderung zeigen, und sagt doch selbst, daß die in Morris Co. wenigstens zehn englische Meilen fortsetzenden Lager nirgends die Schichten durchschneiden, sondern ihnen überall vollkommen parallel sind, daß sie nur äußerst geringe Unregelmäßigkeiten zeigen und daß das Magneteisenerz selbst als ein charakteristischer Bestandtheil der ganzen Formation zu betrachten sei. — Der berühmte damascener Stahl wird nach Malcolmson [34]) in Ostindien östlich von Nirmul aus Erzen im Gneiße gewonnen.

Außer Magneteisenerze kommen im Gneiße noch andere Eisenerze weit verbreitet wenn im Allgemeinen auch minder bedeutend vor. Glanzeisenerz mengt sich bisweilen dem Magneteisenerze reichlich bei Norberg (in Westmanland), bildet aber auch selbständige Lager. So z. B. im Grangjärde-Kirchspiele in Dalarne, wo der Grengesberg einen unerschöpflichen Vorrath von Eisenerz umschließt; nahe bei einander streichen dort eine Menge von Lagern, welche hauptsächlich aus körnigem nur sehr wenig magnetischem Eisenerze, zum Theil aber auch aus wirklichem Magneteisenerze bestehen. Das erstere wesentlich von Eisenoxyd gebildete Erz ist innig mit Quarz gemengt und hält sehr viel eingesprengten Apatit, auch kommen damit Flußspath, Amethyst, Strahlstein, Feldspath, schwarzer Glimmer und Granat vor. Auf dem Halsberge bei Persbo besteht ein Lager vorzüglich aus kleinschuppigem Eisenglanze [36]). Das Lager der Fahnsgrube bei Porsgrund in Norwegen unterscheidet sich dadurch von andern norwegischen Eisenerzlagern, daß es faseriges, dichtes und ockeriges Rotheisenerz führt; eigentlich ist dasselbe nur eine Zone von feldspathreichem Gneiße, welcher durch und durch von Eisenoxyd imprägnirt ist, das sich auch stellenweise in größern und kleinern Nestern concentrirt hat [37]). — Ungleich seltener sind im Gneiße Lager von Brauneisenerz. Delanoue [38]) erwähnt einen sehr bedeutenden Stock der Art bei St. Jory de Chalais unweit Nontron im Departement der Dordogne. — Ein sehr mächtiger Gang von Eisenoxyd mit Baryt und Flußspath setzt im Gneiße bei Rossignol unfern Burg Chaillac auf. Nach Weibye [39]) werden auch bei Kragerøe Rotheisensteinlager im Gneiße abgebaut. Am Silberberg bei Bodenmais kommen Eisenerze mit Blende und Bleiglanz vor. Außer auf den kongsberger Fallbändern kommt Eisenkies noch in Schottland, bei Freiberg u. a. O. so reichlich in die Gneißschichten eingesprengt vor, daß dieselben förmliche Kieslager bilden.

Kupferkies tritt im Gneiße ebenfalls an mehren Orten so reichlich auf, daß es Gegenstand bergmännischer Gewinnung ist. In Skandinavien hat die Art seines Vorkommens eine überaus große Aehnlichkeit mit dem der Eisenerze [36]); gleich diesen zeigen sich die Kupfererzstöcke zusammengedrückt parallel den Lagen des Gneißes, der in ihrer Nähe gewöhnlich in Glimmerschiefer und sodann in die Erzmasse selbst übergeht. Die berühmte Lagerstätte bei Fahlun wird umschlossen von einer quarzigen Felsart, die einen sehr großen Stock im Gneiße zusammensetzt und davon durch eine Glimmerschieferzone geschieden wird. Die drei Gesteine verlaufen sich allmälig in einander. Die dunkelgrüne Quarzmasse erscheint gemengt mit Glimmer, Hornblende, Eisen- und Kupferkies und letzteres findet sich besonders reich längs gewissen talkigen Felsarten, die in sehr gewundenen Lagern auftretend jene große Quarzmasse in mehre partielle Stöcke scheiden. Diese Lager sind die Skölar oder Schalen der Bergleute und bestehen aus Talkschiefer, aus Chlorit- oder Glimmerschiefer, hin und wieder untermengt mit körnigem Kalke und mit Serpentin; zufällig führen sie Kupferkies und andere Mineralien. Der Haupterzstock enthält außer Kupferkies viel Eisenkies, Leberkies, Bleiglanz, Blende und Magneteisen, sämmtliche in der quarzigen Gangart zerstreut. Der größte wagerechte Durchmesser dieses Stockes erreicht 320 Meter, die Tiefe, bis zu welcher er aufgeschlossen, beträgt 300 Meter [illegible] die Mächtigkeit des

34) Report on the geological survey of the State of New Jersey 1836. p. 132. 35) Transact. of the geol. soc. of London. 2 ser. V, 546.

36) Hisinger, Min. Geogr. S. 68. 37) Hausmann, Reise durch Skandinavien I, 224. 38) Bullet. de la soc. géol. France VIII, 99. 39) Bronn's Neues Jahrb. für Mineral. 1847. S. 697. 40) Daubrée, Ann. des mines, 4 ser. IV, 199.

Skölar wechselt zwischen einigen Centimetern und 40 Metern. Das Kupfererz ist jedoch nicht blos längs der Sköfar angehäuft, sondern durchsetzt auch in zahlreichen Gängen den Quarzfleck. In mehreren Grubenbauen stieß man auf Trappgänge, welche zuweilen durch die Sköfar abgeschnitten oder verworfen werden. Ferner hat man inmitten der Erzmassen Granitblöcke getroffen. Aus den Sköfar stammen die meisten Mineralien, welche Fahlun zu einem weltberühmten Fundorte machten, so Talk, Chlorit, Glimmer, die Schwefelverbindungen der Erzlagerstätte, Magneteisen, Fahlunit, Cordierit, Gahnit, Feldspath, Granat, Malakolith, Strahlstein, edler Serpentin, Laumontit, Apophyllit, Anhydrit, Gyps, Dolomit und rother Vitriol. — Das größte Kupferwerk Norwegens, das von Röraas, steht in einem dem Gneiße untergeordneten Lager von Chloritschiefer. Die Stöcke haben hier nicht die gewöhnliche nahezu senkrechte Stellung, sondern gehören mehr zu den liegenden, denn ihr Fallwinkel beträgt oft nur 5 bis 10 Grad. Der Kupferkies erscheint im Gemenge mit Eisen- und Leberkies, auch mit Blende. Als Lagerart herrscht Quarz vor, in Begleit von Granat, Hornblende, Glimmer, Talk und Asbest und untergeordnet finden sich die auf den Eisenerzlagerstätten schlendern: gediegen Kupfer, gediegen Wismuth, Fahlerz, Arsenikkobalt, Eukairit, Selenkupfer, Uranglimmer, Gahnit und Chabasit. — Bei Tunaberg [41]) sind die Erze an Kalklager gebunden. Der Kalkstein tritt hier in vier Abänderungen auf, je nachdem er besonders mit Serpentinkörnern, oder mit Quarz, oder mit Skapolith und Malakolith, oder endlich mit sehr viel Kokkolithkörnern nebst etwas dunkelgrünem Glimmer und Graphit gemengt ist. Diese letztere Varietät, deren Lager mit den andern drei und mit Gneiß abwechseln, ist als der eigentliche erzführende Kalkstein zu betrachten. Wie nun schon der Gneiß im Hangenden des Hauptlagers oft bedeutend weit aufwärts Kupferkies, Eisenkies, Bleiglanz, Zinkblende und stellenweise selbst Glanzkobalt eingesprengt enthält: so ist es auch vorzüglich der hangende Theil dieses Lagers, in welchem die beiden wichtigsten Erze, Kupferkies und Glanzkobalt besonders reichlich auftreten, denen sich auch außer den übrigen bereits genannten Mineralien noch Magnetkies, brauner Quarz und Orthoklaskrystalle zugesellen.

Die Kobaltlager von Skutterud in Norwegen erinnern wieder an die kongsberger Fallbänder. Es sind nämlich Schichtenzonen eines wesentlich aus Glimmer und Quarz bestehenden Gesteins, in welchem die Erze, hauptsächlich Glanzkobalt, Arsenikkobaltkies und kobalthaltiger Arsenikkies mehr oder weniger reichlich eingesprengt sind, sodaß erzhaltige und taube Partien, erzführende und erzleere Schichten oder Streifen mit einander abwechseln [42]).

Auch die berühmten Erzgänge bei Freiberg und im böhmischen Erzgebirge gehören dem Gneiße an. In ersterer Gegend sind elfhundert Gänge bekannt [43]), welche große Züge bilden. v. Herder beschreibt fünf solcher Hauptzüge. Die hiesige Bleiformation führt Bleiglanz, Blende, Arsenik-, Eisen- und Kupferkies, selten Fahlerz und Buntkupfererz, noch seltener Rothgültig, sowie Rothbeilenstein und Eisenglanz; als Gangarten treten auf: Quarz, Hornstein, Braunspath, Eisenspath und Kalkspath, sehr sparsam auch Chlorit, Baryt und Flußspath. Diese Formation nimmt einen großen Theil des Hauptzuges ein, und einen kleinern des Morgenzuges, einen noch kleineren des Abendzugs. Die Gänge erreichen ein halb Lachter Mächtigkeit, bis 2000 Lachter Länge und setzen bis in 300 Lachter Teufe nieder. Die edle Bleiformation führt Bleiglanz, Blende, Eisenkies, Arsenikkies, Rothgültig, Weißgültig, Glanzerz, gediegen Silber und Rothbeilenstein, als Gangarten Braun- und Manganspath und Quarz, spärlicher Kalkspath, Barytspath und Eisenspath. Sie nimmt die westliche Hälfte der südlichen Abtheilung des Hauptzuges ein, ihre Gänge sind meist nur einige Zoll, selten bis ein Lachter mächtig und halten bis auf 600 Lachter Länge aus. Die edle Quarzformation führt Rothgültig, silberhaltigen Arsenikkies, Glanzerz, gediegen Silber, etwas Bleiglanz, Blende, Weißgültig, Antimonglanz und Federerz, als Gangarten Quarz nebst Braun-, Mangan- und Kalkspath. Ihr gehört ausschließlich der Abendzug an und ihre Gänge nehmen nach der Teufe zu weder an Adel noch an Mächtigkeit ab. Die barytische Formation führt Bleiglanz, Eisenkies und Blende, auch silberreiches Strahlerz und Kupferkies, an einzelnen Stellen Rothgültig, gediegen Arsenik, Realgar, Antimonglanz, gediegen Silber, Speiskobalt, Glanzerz, Arsenikkalkel, Rotheisenstein und Eisenglanz, als Gangarten Baryt und Flußspath, auch Quarz, Kalk- und Braunspath. Sie gehört dem Querzuge an und ihre Gänge halten auf große Längenerstreckung und bedeutende Teufe aus. Die Kupferformation endlich besteht aus Kupfer- und Eisenkies, Kupferglanz, Buntkupfererz, Kupfergrün, Malachit, Kupferlasur, gediegen Kupfer, etwas Kobalt, Fahlerz, Bleiglanz und schwarze Blende, Quarz, Flußspath und Kalkspath. Diese Formation ist die beschränkteste. Diese Gangzüge setzen allerdings zum Theil in die dem Gneiße untergeordneten Gebirgsarten fort, charakterisiren jedoch unsere Felsart ganz besonders.

Die Zinnerzlager von Pöbel unweit Altenberg erinnern wieder an die kongsberger Fallbänder, denn sie bestehen in Gneißschichten, in welchen einzelne mehr quarz- oder glimmerreiche Läger auftreten, die Zinnerz, Arsenikkies, Eisenkies und einige andere Mineralien eingesprengt enthalten. Nach Böbert ist auch das Zinnerzlager von Pitkäranda in Finnland, sowie das Kobaltlager von Vena in Schweden als Fallbandlagerstätte zu betrachten.

Auch Bleiglanzlager kommen im Gneiße vor, doch grade nicht sehr verbreitet. Meist sind dieselben an untergeordnet auftretenden Kalkstein gebunden und beherr-

41) Erdmann, Versuch geogn. Beschreib. Tunaberg. (Stuttgart 1851.) 42) Hausmann, Reise durch Skandinavien S. 85. Böbert in Karsten's Archiv 1847. XXI, 215.

43) Herder, Der tiefe Meißner Erbstollen. (Leipzig 1838.)

lingen eine ziemliche Mannichfaltigkeit verschiedenartigerer Mineralien, sodaß sie in dieser Hinsicht die Bedeutung des Gneißes nicht herabsetzen. Am bekanntesten sind die Lagerstätten von Sala in Westmanland und von Oestra-Silberberg in Norrberkes-Kirchspiel in Dalarne, mehre andere Orte sind nicht bauwürdig. Die Gegend von Sala besteht aus granitischem Gneiße, in welchem ein fast anderthalb Meilen langes und stellenweise an 10,000 Fuß breites Kalkfeld eingeschlossen ist, das in seiner Mitte dermaßen zusammengezogen ist, daß es fast aus zwei Stücken gebildet zu sein scheint. Das allgemeine Einschießen ist nach Nordwest gerichtet, wo der Kalkstein von Hornblendeschiefer bedeckt wird, während er in Südost auf Gneiß und daselbst viele Lager von Felsit oder Hälleflinta enthält. Der Kalkstein ist graulich- und grünlichweiß, sehr fein- bis grobkörnig, wird von vielen schmalen Chloritschieferlagen durchsetzt und bildet da, wo die Erzlager vorkommen, eine ziemlich scharfe Mulde, längs deren Kiel der sogenannte Storgrufvegang, ein mächtiger, flach westlich fallender Gang eines serpentinartigen und talkschieferähnlichen, mit vielen langgezogenen Linsen und [illegible] von Kalkstein erfüllten, aber erzleeren Gesteines aufsetzt. Die Schichten des Kalksteines werden durch Zwischenlagen abgesondert, welche aus Talk, Salit und Kalkspath bestehen und sich gegen den Storgrufvagang noch mit Serpentin, Chlorit und Hornblende erfüllen. Die an diesen Gang angrenzenden Theile mehrer Kalksteinschichten sind es nun, in welchen die Erze eigentlich vorkommen, daher man denn zu beiden Seiten des Ganges besonders acht Erzlager kennt, deren Erzgehalt in seiner Nähe am größten zu sein pflegt und mit der Entfernung von ihm allmälig abnimmt. Silberhaltiger Bleiglanz ist das Haupterz, sein häufigster Begleiter Zinkblende, außerdem auch Eisenkies, Arsenikkies und Magnetkies; selten fanden sich Silber, Antimon, Amalgam, Zinnober, Kupferkies und Magneteisenerz. Zugleich mit diesen Erzen kommen vor Kalkspath, Talkspath, Baryt, Quarz, Glimmer, Chlorit, Felsit, Granat, Malakolith, Strahlstein, Grammatit, Asbest, Bergkork und Serpentin [44]).

Der schlesische Gneiß führt nach v. Oeynhausen [45]) gar keine bauwürdigen Erzgänge oder Lager, nach L. v. Buch (Geognost. Beobachtungen auf Reisen I, 30) bauete man jedoch auf der Gabe Gottes zu Dittmannsdorf, auf mehren Gruben bei Oberwüstritz und vorzüglich im Raschgrunde bei Silberberg auf silberhaltigen Bleiglanz, der mit schwarzer Blende, Kupfer- und Schwefelkies, Flußspath und Schwerspath brach; — dagegen kommen im Böhmischen an mehren Orten solche vor. Jokely [46]) gedenkt der Quarzgänge im Gneiße der nordwestlichen Ausläufer des Böhmerwaldes im egerer Kreise, welche Kupferkies, Arsenikkies und Zinkblende führen und zum Theil noch gegenwärtig im Abbaue stehen. Bei Spekau im mittlern Böhmen wurden früher gold- und silberhaltige Erze abgebauet, auch bei Teras und Krumau [47]) ging in frühern Zeiten Silberbergbau um und die einst berühmten böhmischen Goldwäschen lagen auf dem 7 Meilen langen und 2 Meilen breiten Gneißterrain, welches von der Moldau, Flanitz u. a. durchströmt wird. Die Quarzlager bei Bergreichenstein und Gutwasser im pilsener Kreise sind ebenfalls goldreich [48]), doch ist der Abbau längst verschollen, wie auch der alte Gold- und Silberbergbau bei Prachatitz, Albertschlag und Sablat. Ungleich reicher dagegen ist der Gneiß des böhmischen Erzgebirges. Berühmt waren ehedem die Silbergänge von Joachimsthal mit Glaserz, Rothgültig, gediegen Silber, Polybasit, Sprödglaserz, Speiskobalt, Arsenik, gediegen Wismuth, Uranpecherz und viele nicht metallische Mineralien. — Im bairischen Gneiße ist der Silberberg bei Bodenmais durch seinen Bergbau bekannt geworden, er liefert Kupferkies, Bleiglanz, Blende, Magneteisenstein, Brauneisenstein und Schwefelkies [49]). An der Lozère und in den Cevennen treten reichhaltige Erzgänge mit silberhaltigem Bleiglanze und Schwefelkiese begleitet von Quarz und Baryt, auch Kupferkies- und Manganerzlagerstätten auf [50]). Im Gneiße der Alpen ist das Vorkommen edler Erze wenig bekannt und liegt der Grund davon vielmehr in der Abneigung der Bevölkerung gegen Bergbau als in der wirklichen Abwesenheit derselben; wo dieselben nicht aufgesucht wurden, kann man ihre Gegenwart noch nicht in Abrede stellen. Im Lötschthale, im Hintergrunde von Lappenbrunn und am südwestlichen Ende der Aiguilles Rouges kommt silberreicher Bleiglanz vor, goldführende Kiese in der Umgebung des Monte Rosa, Fahlerz, Kupferkies und Bleiglanz bei Zillis in Bündten. — Unfern Messina und bei St. Lucia in Calabrien setzen Quarzgänge mit Bleiglanz auf. Auch in Spanien, Großbritannien und Nordamerika fehlen die Erzvorkommnisse nicht und an der afrikanischen Goldküste herrscht Gneiß.

Von andern Lagerstätten nutzbarer Mineralien mögen die weit verbreiteten Graphitlager und die von Porzellanerde erwähnt werden, so an mehren Orten in Baiern [51]), im Var-Departement [52]), im Böhmerwalde [53]), in den Vereinten Staaten u. a. O.

An Lagern und Gängen anderer Gebirgsarten ist der Gneiß überaus reich und hat deren Untersuchung ein ganz besonderes Interesse für die Bildungsgeschichte des Gneißes und dessen geologische Verhältnisse überhaupt. Obenan stehen hier die Kalksteinlager, deren Vorkommen wir gelegentlich schon öfter erwähnten. Wegen ihres Auftretens im Gneiße ihrer Häufigkeit und Massenhaftigkeit gelten sie als untergeordnetes Glied der Gneißformation und werden als Urkalkstein von denen aller folgenden Formationen geschieden. Der Urkalkstein hat

44) Hausmann, Reise durch Skandinavien IV, 288. *Forselles*, Beskrifning om Sala Silfververk 1818. p. 25. *Daubrée*, Annales d. mines 4 ser. IV, 198. 45) Versuch einer geogn. Beschreibung von Oberschlesien (1822) S. 41. 46) Jahrbuch der k. k. geol. Reichsanstalt 1856. VI, 480.

47) Hochstetter ebenda 1854. V, 1 u. 567. 48) v. Zepharovich ebenda 1854. V, 273. 49) Wineberger, Versuch einer geogn. Beschreib. des bayerischen Waldgebirges. (Passau 1851.) 50) Annales des mines 5 sér. VI, 401. 51) Gümbel in Bronn's Neuem Jahrbuch für Mineral. 1855. S. 173. 52) Coquand, Mémoires soc. géol. France III, 283. 53) Hochstetter, Jahrbuch der k. k. geol Reichsanstalt 1854. V, 1.

im Allgemeinen eine krystallinischkörnige Structur, weiße oder doch lichte Farben, Durchscheinenheit und auf den Spaltungsflächen Glanz. Bald ist er ganz frei von zufälligen Beimengungen und liefert dann, wenn er weiß ist, den schönsten Statuenmarmor, bald enthält er parallel oder lagenweise gruppirte Blättchen und Schüppchen von Glimmer, Talk oder Chlorit, auch mehr oder minder reichliche Quarzkörner wie bei Hermsdorf in Sachsen und Tunaberg in Schweden; bisweilen durchflechten ihn Adern, Nester und Flecke edlen Serpentins und bilden aus ihm den Ophikalcit wie bei Raspenau im Isergebirge, Tunaberg in Södermanland, Krokek in Oestergothland. Häufig wird der Kalkstein aber reich an den mannichfaltigsten Mineralien. So kommen im Kalksteinstocke von Boden bei Marienberg Glimmer, Oligoklas, Chondrodit, Muromontit, Magneteisenerz und Magnetkies vor; in dem von Wunschendorf bei Lengefeld Glimmer, Skapolith, Strahlstein und Magneteisenerz; in dem von Auerbach an der Bergstraße Vesuvian, Granat, Epidot, Wollastonit, Hornblende, Quarz, Braunspath, Turmalin, Kupferkies und schuppiger Eisenglanz; bei Pargas unweit Abo in Finnland Glimmer, Pyroxen, Pargasit, Chondrodit, Moroxit, Flußspath und Graphit. Scheerer fand kleine Kalksteinstöcke bei Christiansand in Norwegen so sehr mit Granat und Vesuvian erfüllt, daß der Kalk stellenweise ganz verdrängt ist. Berühmt durch schöne Mineralvorkommnisse sind viele schwedische Urkalkstöcke, so der von Aker in Södermanland, welcher sehr reich an blauem Spinelle ist und außerdem noch Chondrodit, Kokkolith, Grammatit, Skapolith, Titanit und edlen Serpentin enthält; das Lager von Gökum in Upland führt Wollastonit und Kobelit, das von Lindbo in Westmanland Vesuvian, gelben und braunen Granat, weißen Grammatit und schwarze Hornblende, Skapolith und Pyroxen, Magneteisenerz und Molybdänglanz. Nicht minder reich sind die Lager von Malsjö und Gulsjö in Wärmeland u. v. a. Noch übertroffen aber werden diese schwedischen von einzelnen Lagern im nordamerikanischen Gneiße. So liefern die Kalksteinbrüche von Bolton, Boxborough, Littleton, Acton, Carlisle und Chelmsford in Massachusetts Skapolith, Pyroxen, Amphibol, Boltonit, Granat, Petalit, Spinell, Apatit, Titanit, Gadolinit, Amianth u. v. a. In dem Kalksteinlager von Two Ponds in Orange County in New-York finden sich Pyroxen, Zirkon, Titanit und Skapolith, im Marmorlager von Amity Spinellkrystalle bis zu 16 Zoll Durchmesser, bei Hammond ebenso riesige Apatitkrystalle. Seltsamer Weise zeigen viele im Urkalke eingewachsene Krystalle eine Abrundung ihrer Kanten und Ecken nebst auffallenden Krümmungen ihrer Flächen. Ein sehr häufiger Gemengtheil des Urkalksteines ist der Graphit. Bisweilen bedingt derselbe die dunkle, bläulichgraue bis schwärzlich-graue Farbe, aber er kommt auch in den ganz weißen Marmorarten in Schüppchen und Körnern eingesprengt vor, so bei Hellette in den Pyrenäen, an mehren Orten in Mähren, bei Brunn in Oesterreich, an vielen Orten Nordamerika's. Sehr merkwürdig ist endlich der auffallende Gestank, welchen manche Gneißkalke beim Anschlagen mit dem Hammer entwickeln, so nach Charpentier viele Kalksteine der Pyrenäen, nach Hoffmann der Kalkstein von La Scala in Sicilien, nach Hitchcock die oben erwähnten Kalksteine in Massachusetts u. a. Die meisten dieser Kalksteinmassen im Gneiße haben die Form von Lagern oder Lagerstöcken, deren Dimensionen von denen großer Nieren bis zu meilenweiter Erstreckung schwanken. Die Orte im Einzelnen aufzuzählen, wo sie auftreten, ist überflüssig, da sie auf keinem Gneißgebiete von erheblicher [illegible] fehlen. Nur auf einige Verhältnisse mag durch Beispiele noch aufmerksam gemacht werden. So beschreibt Scheerer aus der Gegend von Christiansand acht kleine Kalkstöcke, welche vom Gneiße auf das schärfste abgesondert, [illegible] durch übersetzende dünne Hornblendestreifen stellenweise [illegible] verbunden aber so klein sind, daß er sie nur als [illegible] aufführen zu können glaubt, nur auf der größten [illegible] ten Steinbrüche eröffnet werden. Dagegen setzen im Gneiße von Perthshire nach Macculloch Kalksteinlager von 20 englischen Meilen Länge auf, ein ebenso langes nach Morton in Orange County in New-York. Keilhau [64] beschreibt aus dem Gneißdistricte Norwegens, welcher sich nördlich von Trondhjem 70 Meilen weit bis an den Saltenfjord erstreckt, die bedeutende stockförmige Kalkmasse von Bejern, die sich über einen Flächenraum von 2 Meilen Länge und mehr als 1 Meile Breite ausdehnt; sie ist an ihren Grenzen durch Wechsellagerung mit dem Gneiße verbunden und umschließt selbst viele Stücke von Granit. Ebenso liegt unweit des Umarvand bei Jordbro im Gneiße ein sehr colossaler Kalkstock von halbmondförmiger Gestalt, in welchem die Praglaelv über eine Viertelmeile weit unterirdisch fortfließt, da der Kalkstein von zahlreichen Höhlen und Kanälen durchzogen ist. Bei Sala in Schweden steht ein Kalkstock im Gneiße von anderthalb Meilen Länge und 9000 [illegible] Breite. Russegger [65]) behauptet sogar, daß diese [illegible]steinmasse auf eine Länge von 9 geographischen [illegible] und in einer größten Breite von 3 Meilen bekannt sei und sich wie ein großer Binnensee mit Buchten und Inseln, gebildet durch Ausläufer und Hervorragungen des Nebengesteines in der Richtung von Nordost nach Südwest ausbreitet. Zu den allergrößten gehört auch das, welches sich in Oesterreich ob dem Manhartsberge vorfindet, aus Mähren über Droffendorf und Brunn bis nach Eisenreut 9 Meilen, ja mit seiner Verlängerung bei Puystall über 10 Meilen weit verfolgen läßt und dabei oft eine Mächtigkeit von ein Paar tausend Fuß besitzt [66]). Während der Gneiß des Böhmerwaldes sehr reich an Kalksteinlagern ist, kommen deren im Riesengebirge nur sehr wenige vor, ebenso treten in Spanien in der Provinz Segovia nur sehr vereinzelte, in Toledo und [illegible] aber viele auf. Doch fehlen sie weder in Tunis noch in Brasilien, in Neu-Holland so wenig wie in Indien und in Nordamerika. — Die meisten dieser Lager und Stöcke von Kalkstein sind dem Gneiße ganz regelmäßig einge-

64) Gäa norvegica I, 342. 345. 65) Bronn's Neues Jahrbuch für Mineral. 1841. S. 86. 66) Holger's Zeitschrift für Physik VI, 15.

schichtet, auch an ihren Grenzen gar häufig durch Wechsellagerung und selbst durch Gesteinsübergänge verbunden, doch kommen bei einzelnen auch unregelmäßige Verhältnisse vor, welche auf einen abnormen Gesteinsverband hinweisen. So erwähnte Macculloch [57]) von der Insel Tiree kleine regellos gestaltete Marmorstöcke von etwa 100 Fuß Durchmesser, welche allseitig vom Gneiße umschlossen sind, aber regellos gestaltete Partien von Granit und Gneiß enthalten. Hoffmann [58]) beschreibt ein Kalklager beim Capo di Scaletta unweit Messina, welches zwar im Allgemeinen durch Wechsellagerung mit dem Gneiße verbunden ist, obgleich an einer Stelle Kalksteintrümmer und Gneißtrümmer wunderbar durch einander schwimmen, an andern Stellen aber der Gneiß sich in scharf geknickten Lagen nach den Umrissen des Kalksteines biegt. Von den bereits oben erwähnten Kalksteinlagern bei Christiansand bemerkt Scheerer noch, daß sie stellenweise gangartige Apophysen ins Nebengestein treiben. Die meisten Kalksteinlager im pilsener Kreise Böhmens fand Zepharovich ohne scharfe Grenze mit dem umgebenden Gneiße verbunden. Es ist hier noch an die schon oben speciell angeführten interessanten Verhältnisse zwischen Gneiß und Kalkstein im berner Oberlande zu erinnern. Bei Auerbach an der Bergstraße durchsetzt der Kalkstein den Gneiß gangförmig und an beiden Salbändern tritt Vesuvian nebst andern Mineralien auf [59]). Ganz ähnliches Verhalten beobachtete Emmons in St. Lawrence County im Staate New-York, Clarke am Wollondilly in Neusüdwales.

Die Entstehung dieser Kalksteinlager im Gneiße ist verschiedentlich gedeutet worden wie die Genesis des Gneißes selbst. Wenn wir auch von Vornherein zugeben müssen, daß nicht alle Kalksteine, welche in inniger Verbindung mit dem Gneiße auftreten, gleichen Ursprungs und gleichen Alters sind: so scheinen doch alle entschiedenen Urkalksteine im Gneiße selbst auch mit diesem gleichzeitig entstanden zu sein. Scheerer sagt bei der Betrachtung der skandinavischen Kalklager, man fühle sich unwillkürlich zu der Ansicht gedrängt, daß die Massen des Gneißes und des Kalksteines Anfangs gleichzeitig in einem weichen Zustande sich befanden und daß der umgebende Gneiß zuerst erstarrte, während der Kalkstein noch weich blieb und während der endlichen Erstarrung und Krystallisation des letztern trat eine kleine Vergrößerung seines Volumens ein, wodurch jener auffallende Conflict mit den Wänden des umschließenden Gesteines hervorgebracht wurde. Neuerdings hat A. Delesse [60]) den Kalkstein des Vogesengneißes auf seine Entstehung einer eingehenden Untersuchung unterworfen. Derselbe unterscheidet sich durch seine weiße Farbe und die feinkrystallinische, bisweilen auch grobkrystallinische Structur von allen übrigen Kalksteinen und enthält nur wenig oder gar keine Magnesia an Kohlensäure gebunden, wohl aber in ansehnlicher Menge als Hydrosilikat oder bisweilen als Fluorsilikat und Aluminat. In ihm kommt häufig Magnesiaglimmer, Pyrosklerit, Pyroxen, Graphit, Spinell, Chondrodit, Magnetkies, Schwefelkies, Orthoklas, Sphen, Quarz, Tremolit, Chlorit, Zinkblende, Bleiglanz u. a. vor. Diese Mineralien sind entweder zerstreut eingewachsen oder sie bilden Ramificationen und Nester. Delesse gelangt zu dem Schlusse, daß alle krystallinischen Kalksteine im Gneiße, welche unter denselben oder ähnlichen Verhältnissen wie die der Vogesen auftreten, ihre krystallinische Structur zur Zeit der krystallinischen Ausbildung des sie umschließenden Gneißes angenommen haben und daß das Alter beider, wenigstens in Bezug auf ihre Metamorphose, dasselbe sei. In diese Rubrik gehören besonders die Kalksteine in New-York, Massachusetts, New-Jersey, viele in Schweden, Norwegen, Finnland u. a. Scheerer [61]) hebt aus Veranlassung dieser Untersuchungen von Delesse besonders hervor, daß Gneiß und Kalkstein einstmals ohne die jetzt in ihnen eingeschlossenen Mineralien existirt haben, und eine Reihe von geologischen Vorgängen begleitet von chemischen Actionen erst letztere in ihnen und zum Theil selbst aus ihnen zur Entwickelung gebracht haben. Um den Vorgängen von der ersten Bildung dieser Kalke und Gneiße bis zu ihrer gegenwärtigen Beschaffenheit auf die Spur zu kommen, betrachtet Scheerer noch die verschiedenen Kalksteinvorkommnisse Skandinaviens, wobei wir ihm hier nicht folgen können. Ingleichen dehnt Cotta [62]) diese Ansichten auf die sächsischen Vorkommnisse aus.

Ganz unter denselben Verhältnissen wie der Kalkstein tritt im Gneiße auch dolomitischer Kalkstein und reiner Dolomit nur in geringerer Häufigkeit auf. So enthält der Kalkstein von Brunn in Oesterreich nach Holger fast 18 Procent kohlensaure Magnesia und nach Marbach's Analysen ist der sogenannte Kalkstein von Memmendorf bei Freiberg ein fast vollkommener Dolomit, an welchem die heransetzenden Erzgänge abschneiden und auch keinerlei Mineralien als Contactbildungen vorkommen. Nach Böthlingk [63]) wechseln auf den Schären bei Helsingfors Gneiß und Dolomit Anfangs in zollstarken Lagen mit einander ab, weiter aufwärts aber werden die Dolomitlager immer mächtiger und herrschen endlich, zeigen dabei sehr auffallende Windungen ihrer Schichten und umschließen Gneißstücke von verschiedener Größe und in verschiedener Lage, sodaß sich der Dolomit scheinbar wie ein plutonisches Gebilde verhält, welches beim Hervordringen aus der Tiefe Stücke des Nebengesteines mit sich fortriß; kaum aber treten im Hangenden die Gneißschichten wieder häufiger auf und sogleich wird auch der Wechsel mit dem Dolomit wieder regelmäßig, damit auch der Gedanke an eine ungleichzeitige Bildung beider Gesteinsarten verscheucht. Auch bei Sheffield in Massachusetts, bei Canaan in Connecticut, bei Sing-Sing in New-York wur-

57) Description of Western Islands I, 49. 58) Geognost. Beobachtungen auf einer Reise durch Italien und Sicilien S. 346. 59) v. Leonhard, Neues Jahrbuch für Mineral. 1833. S. 319. 60) Annales des mines 1851. XX, 141.

61) Scheerer, Deutsche geologische Zeitschrift 1852. IV, 31. 62) Ebendaselbst S. 67. 63) Bronn's Neues Jahrbuch für Mineral. 1840. S. 614; Bullet. de l'acad. de St. Petersbourg 1840. VIII, 107.

den Dolomitlager im Gneiße beobachtet und wol wird sich noch manches Kalklager bei näherer Untersuchung als dolomitisch und als echter Dolomit ergeben.

Eng verbunden mit den Kalksteinlagern kommt im Gneiße hin und wieder auch Smirgel vor, so auf der Insel Naxos, auf Samos und bei Magnesia in Kleinasien, freilich macht auch der Glimmerschiefer an dieselben seine Rechte geltend.

Quarz als wesentlicher und als zufälliger Gemengtheil den Gneiß constituirend tritt auch häufig gangförmig und lagerartig auf. Schon bei der Aufzählung der Erzgänge haben wir seiner als einer sehr häufigen Gangart gedacht, hier nur erwähnen wir noch der Fälle, wo er allein oder doch hauptsächlich Gänge oder Lager bildet. Gümbel [64]) erwähnt einen 30 Stunden langen Gang von Chlorit führendem Quarze, welcher von Schwarzenfels in Baiern bis zur österreichischen Grenze sich erstreckt. Bei Sauwig im nördlichen Norwegen fand Netto [65]) ein Lager reinen Quarzes und bei Dimlde zahlreiche Quarzgänge, Cžjžek [66]) solche Gänge im Rosaliengebirge. Im egerer Becken Böhmens setzt ein mehre Stunden langer schmaler Quarzgang durch den Gneiß, Granit und Glimmerschiefer von Seeberg bis weit hinter Asch. Im freiberger Gneißgebiete und anderen des Erzgebirges tritt körniger Quarzit und Quarzitschiefer oft auf [67]), auch bei Aschaffenburg, wo diese Lager Rutil, Disthen und Titaneisenerz enthalten. Bei Piriac an der Südküste der Bretagne liegen im Gneiße Quarzitlager mit Zinnerz, das theils derb, theils eingesprengt vorkommt und früher auch bergmännische Versuche veranlaßte. Im Districte von Assynt und Gruinar in Schottland erlangt der Quarzit eine ungeheure Mächtigkeit und bildet Berge von 3000 Fuß Höhe, deren unverwüstbare verticale Schichten in scharfen Zacken und Graten emporstarren [68]). Bei Kragerøe in Norwegen bildet nach Scheerer [69]) der Quarzit mächtige Lager im Hornblendegneiße, mit welchem er auch vielfältig wechsellagert, wodurch die innige genetische Verknüpfung beider Gesteine dargethan wird. In Nordamerika, wo z. B. in Massachusetts in Worcester County die Quarzitlager sehr bedeutend, in Südcarolina aber nur von sehr geringer Mächtigkeit sind, zeichnen sich dieselben durch ihren Gehalt an gediegenem Golde aus, das in kleinen oft kaum sichtbaren Blättchen eingesprengt ist; auch führen sie oft Granaten, Glimmer, Chlorit, Beryll, Braun- und Rotheisenerz. In Brasilien ist die obere Etage der Gneißformation nach Pissis [70]) sehr reich an mächtigen Quarzlagern.

Chloritschiefer, Talkschiefer und krystallinischer Thonschiefer haben als lagerartige Vorkommnisse im Gneiße eine ungleich geringere Häufigkeit als Quarzit und Kalkstein. Hausmann [71]) fand im Gneiße bei Göthaborg zahlreiche Lager von Chloritschiefer, welche bandförmige Lagen von Hälleflinta enthalten; Hisinger [72]) erwähnt eine mächtige Thonschiefermasse im Thale des Svartelfs zwischen Grythytta und Hellefors in Westmanland; Keilhau führt mehre Chloritschieferlager im norwegischen Gneiße an und Netto ein solches bei Affabachri. In deren Begleitung, jedoch oft auch allein, erscheint der Serpentin. Das altbekannte über 300 Fuß mächtige Serpentinlager am Greiner in Tyrol ist durch eine Reihe von Uebergangsgesteinen mit dem Gneiße sehr innig verbunden. An den Grenzen wird der Serpentin zuerst schieferig, geht dann allmälig durch feinfilzigen Strahlsteinschiefer und Amphibolit in eine Art von granatreichem Hornblendegneiße in hornblendehaltigen Glimmerschiefer und endlich in den Gneiß über, welcher die Hauptmasse des Greiner constituirt; auch Chlorit- und Talkschiefer drängen sich in die bunte Reihe dieses Ueberganges ein, in welchem Reuß [73]) den Beweis findet, daß man es hier weder mit einer eruptiven noch mit einer metamorphischen Bildung zu thun habe. Von der Serpentinbildung bei Zöblitz in Sachsen ist es noch nicht ausgemacht, ob sie dem dasigen Gneiße regelmäßig eingelagert ist. Das Serpentingebirge am Kaiserwalde zwischen Marienbad und Sangerberg bildet nach v. Klipstein [74]) eine eruptive Masse im Gneiße. Der Gneißdistrict in der Umgegend von Krems enthält nach Basilius Werner zahlreiche Stöcke und Lager von Serpentin, auf einer Linie von fünf Meilen Länge deren nicht weniger als zehn hinter einander. Auch im Centralplateau Frankreichs kommen selbige vor, ebenso in Sutherland, Aberdeenshire und auf Shetland. Sehr interessant ist auch die bekannte Serpentinmasse von Snarum in Norwegen. Sie bildet nach Böbert einen linsenförmigen Stock von einigen hundert Lachter Länge und zehn Lachter Breite, welcher nach Innen aus edlem und krystallisirtem, nach Außen aus gemeinem Serpentin bestehe und zunächst von einem Gemenge aus vielem Talkspath mit etwas Serpentin und Quarz umhüllt wird, auf das dann ein reines quarziges Gestein folgt, welches diesen merkwürdigen Serpentinstock ringsum vom Gneiße absondert [75]). Auch gangartig soll der Serpentin im Gneiße auftreten.

Von noch geringerer Bedeutung als die eben erwähnten Lager sind die hier und da im Urgneiße auftretenden Stöcke von Eklogit. Diese aus einem klein- und feinkörnigen Gemenge von Omphacit und Granat bestehende Felsart [76]) tritt stockförmig im erzgebirglischen Gneißterrain bei Großwaltersdorf und Eppendorf auf, in kleinern Partien bei Oberschöna, am rechten Ufer der Striegis bei Wegefahrt und bei Zöblitz [77]). Die Grenzen dieser Stöcke sind indessen nicht genau zu beobachten. Ihnen ganz ähnlich treten am rechten Gehänge des Preßnitzthales bei Niederschmiedeberg kleine Felsen auf, welche aus einem

64) Bronn's Neues Jahrbuch für Mineral. 1855. S. 173. 65) Ebendaselbst 1847. S. 129. 66) Jahrbuch der k. k. geol. Reichsanstalt 1854. V, 465 67) Naumann und Cotta, Geognost. Beschreibung des Königreichs Sachsen a. a. O. 68) Necker de Saussure, Voyage en Ecosse II, 510. 69) Bronn's Neues Jahrb. für Mineral. 1846. S. 800. 70) Comptes rendus 1843. XVII, 28. 71) Reise durch Skandinavien I, 212.

72) Anteckningar i Physik och Geognosie III, 14. 73) Bronn's Neues Jahrb. f. Mineral. 1840. S. 184. 74) Jahrbuch der k. k. geol. Reichsanstalt 1851. II b, 81. 75) Keilhau, Gäa norvegica I, 129. 76) Freiesleben, Magazin für Oryktogr. Sachsens I, 127. 77) Naumann, Geognost. Beschreibung Sachsens VI, 100.

Gemenge von dunkler Hornblende, derbem Granat, Quarz, Feldspath und etwas Kalkspath zusammengesetzt sind. Dieselben Vorkommnisse wurden sehr ausgezeichnet westlich von Romsdal und Horningdal in Norwegen beobachtet. Auf der Insel Syra im griechischen Archipelagus erscheint der Eklogit mit Disthenfels vergesellschaftet.

Ganz eigenthümlich dem schwedischen Gneiße ist das von A. Erdman [78]) beschriebene Eulysitlager zwischen Groß- und Klein-Uttervik im Kirchspiele Tunaberg, welches nur 5 Lachter mächtig und mehre hundert Lachter lang ist. Diese an andern Orten noch nicht beobachtete Felsart besteht aus einem Gemenge von Olivin, Augit und Granat.

Die bisher betrachteten besondern Lagerstätten sind durchaus dem Gneiße untergeordnet und keine der sie bildenden Gesteinsarten tritt zugleich als selbständiges, dem Gneiße gleichberechtigtes Glied in der Urformation auf. Aber auch die Gebirgsarten, welche mit dem Gneiße die großartige Urformation constituiren, erscheinen in ihm lagerartig, stockförmig, gangartig, wie umgekehrt der Gneiß selbst in seine Genossen sich einbettet. Das gegenseitige Verhalten dieser Massen verdient das eingehendste Studium und führen wir daher einige der wichtigsten darauf bezüglichen Beobachtungen an.

Der Granit ist, wie der alte Helm [79]) sagt, der ebenbürtige Bruder des Gneißes und in der That erscheint er so häufig, so massenhaft und unter den verschiedenartigsten Verhältnissen mit demselben vergesellschaftet, daß das, was von dem einen gilt, nothwendig auch auf den andern bezogen werden muß. Der Granit durchbricht als eruptive Gebirgsmasse den Gneiß, erhebt und verwirft dessen Schichten, tritt in Lagern, Stöcken und Gängen in demselben auf, schneidet scharf gegen ihn ab oder ist durch sanfte petrographische Uebergänge mit ihm auf das Innigste verknüpft und schließt auch Bruchstücke von ihm ein. Specielle Beispiele dieser verschiedenartigen Beziehungen ließen sich in großer Anzahl aus den verschiedensten Gegenden beibringen, für unsern Zweck genügen schon einige Belege.

Bei Strehla in Sachsen [80]) erhebt sich ein mächtiger Granitzug zwischen zwei Gneißpartien mit senkrechter Schichtenstellung und scharfer petrographischer Absonderung, indem der Glimmer im Granit stets schwarz, im Gneiße dagegen weiß oder grau ist, auch der Granit nirgends schieferige Textur annimmt. Noch entschiedener tritt die eruptive Natur des Granits im erzgebirgischen Gneißterrain in der Gegend von Wiesenbad und im Buchwalde zwischen Marienberg und Reitzenhain hervor [81]). Der Granit, etwas über ½ Stunde lang und weniger breit, wird hier vollkommen mantelartig vom Gneiße umlagert, welcher ihn daher vor der Bildung des Zschopauthales buckelförmig bedeckt haben muß; die Gneißschichten fallen überall unter 6 — 10 Grad vom Granit ab. Außerdem schickt dieser an seiner westlichen Grenze Ausläufer und gangartige Partien in den Gneiß, welche dessen Textur und Schichten durchschneiden. Dagegen sah Cotta [82]) den weißenberger Gneiß bei Nabern im mehrfachen Wechsel mit Granit, d. h. zwischen den Gneißschichten scharf begrenzte Granitmassen eingeschoben, und ferner bei Weißkirchen [83]) den Gneiß ganz allmälig durch Schieferigwerden aus dem Granit hervorgehen. Die eine geographische Meile große Granitpartie bei Naundorf [84]) sendet wieder gangartige Ausläufer in den umgebenden Gneiß, welche scharf an demselben abschneiden und der Gneiß lagert hier nicht mantelförmig, auch seine Streichung behauptet rings um den Granit eine und dieselbe Richtung. Die im Granit bei Radeberg und weiterer Umgebung häufig auftretenden Gneißpartien erklärt Naumann für riesige Bruchstücke, welche als große Schollen von dem durchbrochenen Gesteine losgerissen und umschlossen werden, für eine eben solche Scholle den Gneiß im Granit des Fürstenberges bei Cölln, wogegen der Granit von Merschdorf ganz allmälig in flaserigen Gneiß übergeht. Auf dem Kegel der Riesenkoppe hinaufsteigend beobachtete L. v. Buch [85]) den Granit in mehrfacher Wechsellagerung mit feinschieferigem Gneiße. Nach C. v. Raumer [86]) breitet sich auf der nördlichen Seite des schlesischen Centralgranites zwischen Hirschberg, Friedland und Lauban eine Ablagerung von Gneißgranit aus, in welcher flaseriges und geschichtetes Gestein unaufhörlich mit dem körnigen und ungeschichteten wechsellagert. Ganz auf ähnliche Weise verhält es sich nach v. Blöde in Podolien [87]), wo Granit und Gneiß zusammen ein großartiges massiges Durcheinander, ein Gewirr, aber doch ein geschlossenes Ganzes bilden, von dem unbedingt eine gleichzeitige und gleichartige Entstehung anerkannt werden muß. Dies wird noch insbesondere dadurch bewiesen, daß es dieselben Varietäten von Feldspath, Quarz und Glimmer sind, welche sowol die granitischen als auch die gneißigen Schichten zusammensetzen und daß dieselbe Varietät von Granat in beiden Gesteinen einen sehr häufigen accessorischen Bestandtheil bildet. Auch im Gneißdistricte des Dnieper zwischen Krementschug und Keleberda wiederholen sich ganz ähnliche Erscheinungen. In Baiern beobachtete Gümbel [88]) in seiner untern Gneißformation den Granit als Linsenlager und in stockförmigen Massen eingelagert, oft plötzlich abschneidend, zugleich aber auch entschieden eruptive Granitmassen. In der Bendée verläuft sich der Granit sehr häufig in den Gneiß und dieser durch Zutritt von Quarz in Granit [89]). Auch im norwegischen Gneiße, zumal im westlichen Districte mit der Gegend von Bergen bildet nach Keilhau der Granit sehr häufig dünne Lager zwischen den Gneißschichten und umgekehrt der Gneiß solche im Granit, gar nicht selten mit den

78) Versuch einer geognost. Beschreibung des Kirchspieles Tunaberg S. 15. 79) Geol. Beschreibung des Thüringer Waldgebirges II, 1. S. 858. 80) Naumann, Geognost. Beschreibung Sachsens I, 88. 81) Ebendas. II, 87.

82) Naumann, Geognost. Beschreibung Sachsens III, 86. 83) Ebendas. IV, 9. 84) Ebendas. V, 10. 85) Geognost. Beobachtung auf Reisen I, 29. 86) Das Gebirge Niederschlesiens S. 8. 87) Bronn's Neues Jahrbuch für Mineral. 1841. S. 507. 88) Ebendas. 1855. S. 173. 89) Mémoires soc. géol. France b. IV, 49.

vollständigsten petrographischen Uebergängen, zugleich kommen Granitgänge im Gneiße vor, an den Wänden des Cinqueffield Gneißschollen im Granit, ganz frische Gneißstücke nebst zerblätterten und zerfaserten, wo der Granit zwischen die Blätter dringt, am Strömsöre Gneißausläufer und größere Gneißpartien im Granit ohne alle Schichtenstörung. Vielfache sanfte Uebergänge des Granites in den überlagernden Gneiß sind auch in den Gevennen beobachtet. Desgleichen in Calabrien, im nordwestlichen Oberösterreich, in der Bukowina u. a. O. Granitgänge setzen außer an den erwähnten Orten noch sehr häufig im Gneiße auf, so in Schottland[90], wo übrigens nach Macculloch[91] wie auch auf den Hebriden granitische Gesteine als Lager im Gneiße auftreten, ferner im Var-Departement[92], in der brasilianischen Provinz Minas Gerars, im Gouvernement Poltawa, in Oberösterreich[93], im mährischen Gesenke, im Moslawinergebirge, am Niripaß im Himalaya u. a. O. Gneißstöcke, runde und scharfkantige, wurden im Granit in der Lausitz beobachtet, von Böthlingk[94] am Päjänasee in Finnland. Als Träger des Gneißes also eruptiv unter oder in demselben auftretend wird der Granit bei Sydney[95], an der Nobißeinsel ostwärts von Madagascar[96], in den Cevennen, im Rhonedepartement[97], in Venezuela, bei Krönesberg im mährischen Gesenke, im Oberpinzgau[98], im Banat bezeichnet. Endlich ist noch der Verdichtung und Granitisirung des Gneißes durch den großkörnigen Granit bei Marienbad Erwähnung zu thun, ebenso der Umwandlung des Verrucano auf Elba durch Granit in Gneiß[99]. Wir können das Verhältniß des Granites zum Gneiße nicht verlassen, ohne noch auf L. v. Buch's geistreiche Abhandlung über Granit und Gneiß[1] aufmerksam zu machen. Vielleicht gibt es wenige Orte, sagt derselbe S. 71, in deren Nähe die Einwirkung des Granites auf den Gneiß und die merkwürdigen Formen, mit welchen sie auftreten, sich besser, schöner und deutlicher beobachten läßt, als unweit der beiden Hauptstädte Gothenburg und Stockholm. Ja einige der wichtigsten und lehrreichsten Punkte finden sich sogar in der Stadt Stockholm selbst und können ohne Mühe an den Seiten und auf dem Boden sehr lebhafter Straßen beobachtet werden. Wenn man von der Schleusenbrücke den Södermalm hinaufsteigt durch die Stora Glasbruchsgata: so erreicht man im oberen Theile unter der Katharinakirche eine Reihe von Felsen, welche aus großen, concentrisch und gewölbartig gebogenen Schalen bestehen. Es ist Gneiß, der wie überall in diesen Gegenden von Granittrümmern in großer Zahl durchsetzt wird. Diese Trümmer durchziehen aber nur eine einzige Schicht, erscheinen jedoch in einiger Entfernung in der folgenden wieder, aber auch diese wird nur allein durchsetzt, und erst wieder etwas entfernt, bei der unterliegenden erscheint das Trum aufs Neue. Offenbar sind diese, einst zusammenhängenden Stücke des Granitganges, durch Verschiebung der Gneißschalen über einander in einzelne Trümmer zerrissen worden; man kann sie ohne Mühe zum Ganzen zusammensetzen, denn auch in der Natur des Gemenges, des Kornes, in Mächtigkeit sind sie völlig mit einander übereinstimmend. Klarer und überzeugender wäre es nicht möglich, die Verschiebung der Schalen über einander zu beweisen. Es ist aber einleuchtend, daß eine Bewegung so schwerer auf einander drückender Felsmassen jede Erhöhung, jede Unebenheit, die sich noch auf der Fläche der Schalen finden könnte, abschleifen muß, und es kann nicht mehr auffallen, die Oberfläche dieser Schalen glatt und häufig wie polirt zu finden, den in allen Gebirgen vorkommenden Rutschflächen gleich. Ebenso deutlich aber ist es, daß eine solche Glättung nicht äußeren Ursachen zugeschrieben werden kann, einer Bewegung von großen Eismassen oder von schleifenden Blöcken über die Fläche. Denn wären diese Ursachen auch zu einer Schleifung hinreichend, wie sie die Schalen der Granit- und Gneißellipsoiden beobachten lassen: so können sie doch nur auf Oberflächen wirken, welche die äußerste obere Umgebung bilden, nie aber auf innere, von höheren Schalen ganz überdeckte Flächen. Steigt man auf der Södermalmseite noch höher: so erreicht man Granitfelsen, Hylla-Backen, von vielleicht 60 Fuß Höhe. Sehr schön folgen sich auch hier die Schalen in Bogen über einander und mit der größten Deutlichkeit treten die untern mit glatten und geschliffenen Flächen unter den oberen Flächen hervor und diese Flächen sieht man so weit fortsetzen, als man nur immer in das Innere eindringen kann. Der Granit ist hier kleinkörnig und roth, was für Stockholms Gegend etwas ungewöhnlich ist. Die kleinen Krystalle des rothen Feldspathes scheinen größtentheils ziemlich gleichlaufend hinter einander zu liegen, der Quarz zeigt sich nur selten dazwischen und der Glimmer ist zwischen den Krystallen in sehr kleinen Blättchen zu Gruppen versammelt. Das dauert jedoch nicht lange. Neue Gewölbflächen von neuen Systemen ziehen sich mit ihrer glatten Fläche so weit hin, daß man sie als natürliches Pflaster in den Straßen benutzt; so in Bondegata, in Tjärebrugsgata und in vielen andern umher, und fast in jedem solchen Systeme hat der Granit irgend eine kleine Verschiedenheit der Zusammensetzung, der Größe des Kornes oder der Art, wie die Gemengtheile erscheinen, sodaß man, ohne die Stadt zu verlassen, aus festen Felsen eine reiche Sammlung von Granit- und von Gneißabänderungen zusammenbringen kann. Es würde jedoch schwer sein, sich in der Umgebung von Stockholm zu entscheiden, ob der Gneiß oder der Granit die Oberhand habe, und dies ist sehr bemerkenswerth. Daß beide Gebirgsarten, wie man häufig angibt, ohne Gesetzmäßigkeit mit einander abwechseln sollten, daß sie nur eine

90) *Murchison*, Bullet. de la soc. géol. France 1855. XI, 21. 91) System of geology II, 149. 92) *Coquand*, Mémoires de la soc. géol. de France III, 293. 93) Peters, Jahrb. der k. k. geol. Reichsanstalt 1853. IV, 232. 94) Bullet. de l'acad. St. Petersbourg 1840. VIII, 107. 95) *Wilson*, Quarterl. journ. geol. Soc. London 1856. XII, 283. 96) *Herland*, Annales des mines, 5 sér. VIII, 335. 97) *Fournet*, L'Institut 1857 p. 246. 98) Peters, Jahrbuch der k. k. geol. Reichsanstalt 1854. V, 766. 99) *Savi*, Bullet. de la soc. géol. de France V, 321.

1) Abhandlungen der königl. Akademie der Wissenschaften in Berlin 1842.

zufällige Abänderung derselben Gebirgsart wären und eine solche Vermengung Granitgneiß genannt werden könne, das wird einem aufmerksamen Beobachter in dieser Gegend nie einfallen. Es ist zu deutlich, es ist zu auffallend und häufig, wie der Granit von der größern Masse aus, zuweilen in gewaltigen Stöcken, in den Gneiß eindringt, ihn nach allen Richtungen durchschwärmt und fast überall große Gneißstücke umwickelt. Das bestimmt zwischen beiden Gebirgsarten eine scharfe Grenzlinie und nie wird man sie mit einander verwechseln dürfen.

Unter gleichen Verhältnissen wie der Granit erscheint auch der Granulit zum Gneiß, wofür uns wieder Sachsen nach den vortrefflichen Untersuchungen von Naumann interessante Belege bietet. Hier kommen Gneißinseln und peninsularische Partien von Gneiß im Granulit vor, so eine große Insel im Chemnitzthale zwischen Stein und Wilhelminenberg, eine kleine an der Mohsdorfer Mühle, eine dritte zwischen Großstedten und Wiesein, der Hahneberg zwischen Mittweida und Erlau, der Galgenberg bei Mittweida, andere Partien im Striegisthale, an der Zschopau unterhalb Waldheim [2]). Bei Geringswalde geht der Gneiß in den Granulit und in den Granit über. Gewöhnlich hat die Nachbarschaft des Granulites eine Anreicherung mit Feldspath im Gefolge, es kommen aber auch Stellen vor, wo der Gneiß das Ansehen hat, als wäre er durch jenen sehr scharf geröstet. Alle diese Thatsachen sprechen für die eruptive Natur des Granulites im Gneißgebiete; allein bei Aschaffenburg bildet nach Kittel auch der Granulit häufige Schichten im Gneiße, und nach Basilius Werner [3]) wechsellagert in der Gegend von Krems an der Donau der Gneiß ebenfalls vielfach mit Granulit. Bei Budweis und Krumau in Böhmen fand Zippe beide Gesteine so innig mit einander verbunden, daß eine Trennung gar nicht möglich ist; obwol hier im Planskergebirge der Gneiß den Granulit umgibt und Halbinseln in denselben vorschiebt, sind doch stellenweise vollkommene Uebergänge zu beobachten, und bei Prachatitz wechseln an einer Felswand Gneiß, Hornblendeschiefer und Granulit mit einander ab [4]). Lipold [5]) fand bei Drosendorf den Gneiß in Wechsellagerung mit Granulit, Amphibolschiefer, Syenitschiefer, Kalkstein und Quarzschiefer, Lager von Granulit und Gänge desselben im Gneiße. Auch in den Vogesen erscheint der Granulit mit dem Gneiße vergesellschaftet und ebenso in Massachusetts. In den Cevennen durchsetzt der Granulit gleichzeitig den Gneiß und Granit.

Der Syenit geht gleichfalls die granitischen Verhältnisse mit dem Gneiße ein. In der Gegend zwischen Wegenau und Leideritz in Sachsen erscheint überall der Syenit an der Grenze gegen den Gneiß porphyrartig, im Innern dagegen oft granitisch und erst weit ab von dem Contacte zeigen beide ihre typische Beschaffenheit [6]). Die moritzburger Syenitpartie wird von Gneiß umgeben, stellenweise erhält hier der Syenit eine schieferige Structur und erscheint gneißartig, der Gneiß selbst bildet sieben bis acht insularische Partien im Syenit und schiebt einzelne zungenförmige Ausläufer in denselben. Im schlesischen Gneiße fand L. v. Buch [7]) unterhalb Burkersdorf ein 25 Lachter mächtiges Lager von kleinkörnigem Syenit mit schwarzer Hornblende und wenigem Quarz, und wenige Schritte im Dorfe hinauf ein zweites Lager von fast reinem Quarze mit wenigem feinkörnigem Feldspathe und noch weniger Glimmer, das ganz mit blutrothen, fast mikroskopischen Granaten angefüllt ist. Derselbe Beobachter [8]) sah in der Gegend von Bergen an der Straße nach Fillefield Gneißlager im Syenit, am Ufer des Mjösen nehmen diese Lager überhand und vermehren sich gegen Corfegaard hin so sehr, daß der Syenit nur noch untergeordnete und seltene Lager im Gneiße bildet. Auch zwischen Weinheim und Fürth in Hessen lagert eine Gneißmasse im Syenit. Entschieden syenitischer Gneiß bedeckt nach Karsten [9]) den Granit in Venezuela und herrscht nach Benza [10]) außerhalb der Centralgruppe der Neilgherries. Häufige Syenitdurchbrüche kommen im banater Gneiße vor.

Die Porphyre finden sich im Gneiße nicht mehr als primitive und gleichzeitige Bildungen, nur eruptiv und gangartig auftretend. Bekannt ist der Porphyrgang im Gneiße von Oederan, welcher Gneißstücke und Felsitporphyrstücke einschließt und theils aus hornartigem Felsit, theils aus Sanidinporphyr besteht [11]). Andere Gänge setzen bei Metzdorf auf, dann zwischen Annaberg und Buchholz u. v. a. O., ein mächtiger Stock bei Augustenburg, mehre interessante Gänge im weitern freibergischen Terrain, die mächtige Masse des tharandter Waldes mit den interessanten Contacterscheinungen, die zahlreichen Gänge zwischen Großenhain und der Elbe. Porphyrgänge kommen außerdem noch im Gneiße des Var-Departements [12]), in Schweden, bei Gallbach und Schriesheim [13]), am Piz Languard im Engadin u. a. O. vor. Ein ganz eigenthümlicher Porphyr setzt bei Höchstedt und Heidelheim im fichtelgebirgischen Gneiße auf [14]).

Ein Lager von Gabbro erwähnt Keilo im Gneiße auf Eutnäß, einer kleinen Landzunge auf der Nordseite des Langfjord in Finnmarken [15]) und einen deutlichen Gabbrodurchbruch beobachtete man im Gneiße des Spitzberges bei Teschaal in Böhmen. Ebenso selten wie der Gabbro erscheint auch der Euphotid, dessen Vorkommen im schwedischen Gneiße Daubrée berichtet. Häufiger sind wieder die Grünsteine oder Diorite. Ihr Vorkommen im erzgebirgischen Gneißterrain hat Naumann [16]) beschrie-

2) Geognost. Beschreibung des Königr. Sachsen I, 24—31. 3) Holger's Zeitschrift für Physik VII, 35. 4) Hochstetter, Jahrbuch der k. k. geol. Reichsanstalt 1854. V, 1. 5) Ebendas. 1852. III, 4. S. 36. 6) Naumann, Geognost. Beschreibung Sachsens V, 129.

7) Geognost. Beobachtungen auf Reisen I, 33. 8) Reise durch Norwegen I, 158. 9) Zeitschrift der deutschen geol. Gesellschaft 1850. II, 358. 10) Biblioth. univers. Genève 1836. VI, 198. 11) Boué, Geognost. Gemälde von Deutschland S. 154. Naumann, Geognost. Beschreibung Sachsens II, 20. Müller, Berg- und hüttenmänn. Zeitung 1859 Nr. 38. S. 345. 12) Coquand, Mémoires soc. géol. France III, 290. 13) Bißmann ebendas. 1840, S. 212. 14) Cotta ebendas. 15) Bronn, Neues Jahrbuch für Mineral. 1847. S. 131. 16) Geognost. Beschreibung Sachsens II, 102 u. a. O.

den, bei Oederan, bei Zöblitz ein Lager von kleinkörnigem Grünstein, ebensolches im Thale der schwarzen Pockau, bei Marienberg, Crottendorf und Dorfstendorf; ferner der mächtige Stock bei Siebenlehn, wo der Grünstein durch Schichtung und petrographische Uebergänge sehr innig mit dem Gneiße verbunden ist; der Dioritgang im Weißeritzthale oberhalb Tharandt. In den Meeresalpen beobachtete Sismonda [17]) eine wirre Verbindung von Granit und Diorit im Gneiße und im Kjölengebirge im nördlichen Norwegen geht der Gneiß allmälig in Diorit und Dioritschiefer über, welch' letzterer mehre mächtige Lager bildet. Häufige Dioritdurchbrüche kommen im mährischen Gesenke vor u. a. O. Seltener treffen wir den Melaphyr, nach Daubrée z. B. im schwedischen Gneiße, häufiger die jüngern vulcanischen Gesteine, Trapp und Basalt, selbstverständlich nur als eruptive Gebilde. So durchsetzt nach Coquand [18]) Basalt den Gneiß im Var-Departement und schließt eckige Stücke desselben ein, Trappgänge beobachtete Weibye [19]) im Gneiße von Kragerøe, Trapp und Basalt auch an andern Orten Schwedens; bei Ortenberg im Vogelsgebirge Gneißstücke in basaltischer Lava nach Klipstein [20]); basaltische Kuppen im sächsischen Gneiße bei Spitzelgrund und Niederberthsdorf, solche auch im Böhmischen, wo übrigens auch Phonolithe Gneißstücke einschließen, z. B. unweit Bilin und Oberleutendorf mit Frittung jener Stücke; bei Annaberg im Erzgebirge hat die Basaltmasse des Pöhlberges den umgebenden Gneiß aufgelöst. Der Basalt des auerbacher Schloßberges bei Hochstädten in Hessen hat den Feldspath und Quarz des durchbrochenen Gneißes verändert, aber den Glimmer nicht angegriffen, der Gneiß ist dichter geworden und hat sein schieferiges Gefüge verloren.

Mit den letzterwähnten Vorkommnissen sind wir in sofern weit aus der Geschichte des Gneißes hinausgegangen, als dieselben viel spätere und ganz zufällig im Gneiße auftretende Gebilde sind, die uns ebendeshalb über die eigentliche Natur unserer Gebirgsart auch keinen Aufschluß gewähren. Wir kehren zurück zu jenen Gesteinsmassen, welche mit dem Gneiße im eigentlichen Sinne verbrüdert sind und mit ihm die geognostische Formation der krystallinischen Schiefer oder die Urformation constituiren.

Der Gneiß selbst ist nicht immer einer und derselbe in geologischer Hinsicht, sondern erscheint bisweilen mit sich selbst in einem ganz abnormen Verhältnisse. So treten nach Cotta [21]) im freiberger Gneiße besondere Gneißgänge auf, deren Gestein durch vorherrschend röthlichen Feldspath und silberweißen Glimmer sehr bestimmt vom Nebengesteine unterschieden ist. Nicht minder wichtig ist L. v. Buch's [22]) Beobachtung von Gneißstücken, eingeschlossen in Gneiß unweit Formo in Norwegen. Hier liegen in einem sehr glimmerreichen Gneiße zahlreiche beträchtliche Gneißstücke mit vorwaltendem Feldspathe und spärlichem Glimmer und Quarz; der Glimmer bildet in diesen Stücken mehr gerade, parallellaufende Streifen als Schiefer, dahingegen die schieferige Zusammensetzung im umwickelnden Gneiße ausgezeichneter und deutlicher ist. Diese Stücke, fast alle eckig und die meisten sogar viereckig, sind von ansehnlicher Größe, Fuß groß und darüber, und sie erscheinen zum Theil recht dick auf einander gehäuft, doch so, daß man immer noch die bindende Gneißmasse dazwischen erkennt. Oft sind die Streifen verschiedener, nahe liegender Stücke parallel unter sich, oft auch gehen sie nach ganz verschiedenen, von einander abweichenden Richtungen; auch richten sie sich gar nicht nach den Schiefern des Gneißes, welcher die Hauptmasse bildet. Ein Conglomerat ist dieses sonderbare Gestein nicht, dazu sind der Stücke zu wenige und die Hauptmasse zu deutlich und zu entschieden als Gneiß charakterisirt. Solche Thatsachen sprechen ganz unzweifelhaft für die Existenz von primitivem und von eruptivem Gneiße, ganz bestimmt für die Bildung des Gneißes in verschiedenen Epochen. Dafür bringen wir bald noch weitere Belege bei.

Eng verbrüdert wie mit dem Granit und fast noch inniger erscheint der Gneiß auch mit dem Hornblendeschiefer und mit dem Glimmerschiefer. Schon bei der Schilderung der Abänderungen des Gneißes machten wir auf das Vorkommen der Hornblende und auf die Häufigkeit des Hornblendegneißes aufmerksam und es wird uns danach nicht mehr überraschen, entschiedene Amphibolite in Lagern, Stöcken und wechselnden Schichten im Gneiße anzutreffen. Zuweilen gewinnen dieselben eine sehr bedeutende Mächtigkeit und constituiren weit fortsetzende Zonen, wie z. B. der Ben-Lair in Roßshire, welcher als eine 3000 Fuß hohe Masse mitten im Gneiße liegt, oder die Hornblendeschieferzonen von Grafton in Massachusetts und von Stafford in Connecticut. Meist pflegen solche größere Ablagerungen auf der Grenze zwischen Gneiß und Schieferdistricten vorzukommen wie bei Petersdorf im königgrätzer Kreise in Böhmen, im Naßfelde, an den Tauern, in den Hoosacbergen in Massachusetts. Große Lager von Hornblende beobachtete Gümbel [23]) in seiner dritten Gneißformation im bairischen Walde, Hornblendeschiefer in Wechsellagerung mit Gneißschichten Keilhau in Norwegen, solche mit petrographischen Uebergängen Credner im Dranthale, Lipold in Oberösterreich, Rolle in Obersteiermark, Hochstetter und Andere in Böhmen, Grosskier in dem Küstengebirge Chile's und Andere in andern Gegenden. Der dem Hornblendeschiefer sehr nahestehende Strahlsteinschiefer bildet ebenfalls kleinere und größere Lagerstöcke, z. B. im Gneiße des Erzgebirges, südlich von Oberwiesenthal, ebenso nach Macculloch an mehren Orten in Schottland und auf den Shetlandsinseln, nach Saussure in den Alpen, nach Hitchcock bei Shutesbury in Massachusetts. Noch sind jene merkwürdigen, von Keilhau [24]) beschriebenen Horn-

17) Bullet. soc. géol. France, 2 sér. XII, 329. 18) Mémoires soc. géol. France III, 2e p. 19) Bronn's Neues Jahrbuch für Mineral. 1847. S. 697. 20) Ebendas. 1838. S. 181. 21) Ebendas. 1844. S. 681. 22) Reise durch Norwegen I, 196.

23) Bronn's Neues Jahrbuch für Mineral. 1856. S. 173. 24) Gäa norvegica I, 456.

Hornblendeschieferlager von Steensöe bei Trondhjem zu erwähnen, welche große fragmentähnliche Partien oder Schollen von Gneiß umschließen, die sich unter einander und zu dem Lager selbst in paralleler Stellung befinden, sodaß die Structurflächen beider Gesteine einander correspondiren. — Ganz unter denselben Verhältnissen verbindet sich nun auch der Glimmerschiefer mit dem Gneiße, indem er ebenfalls und sehr häufig in der Form von Lagern, Schichtenzonen und Lagerstöcken dem primitiven Gneiße eingebettet ist und durch Wechsellagerung und petrographische Uebergänge in diesen verläuft oder aber scharf an ihm abschneidet. Schon Karl von Raumer beschreibt im schlesischen Gneißgranite eine mächtige und weit fortsetzende Glimmerschieferzone, welche bei Fürstberg vom Thale des Queis durchbrochen wird und daselbst eine großartige Verwerfung erlitten hat. Der Gneiß des Erzgebirges umschließt bei Leubsdorf unweit Augustusburg, bei Hermsdorf unweit Altenberg, sowie nördlich von Klösterle bedeutende Einlagerungen von Glimmerschiefer. Im Karpathengebirge zwischen der goldenen Bistritz bis zum Eintritte der Visa in die Theiß herrscht nach Cotta [25]) Glimmerschiefer, der öfter in wirklichen Gneiß übergeht, ohne daß jedoch dieser eine größere Rolle daselbst spielt. Ueberhaupt erscheint aber Glimmerschiefer, sei es nun als unmittelbarer Begleiter oder als untergeordnetes Gebilde, fast überall, wo der Gneiß in weit ausgedehnten und mächtigen Massen entwickelt ist, und dann fehlt es auch nicht leicht an petrographischen Uebergängen zwischen beiden.

Die ganz ungeheure Massenhaftigkeit, in welcher der Gneiß sowol in horizontaler als in verticaler Richtung Theil nimmt an der Bildung der festen Erdkruste, macht ihn zu einem der wichtigsten und bedeutendsten Gebirgsglieder, zum vorherrschend constituirenden einer nach ihm benannten Formation, der Gneißformation, in welcher Granit, Glimmerschiefer, Hornblendeschiefer und Quarzite die andern wesentlichen Glieder bilden. Es ist diese Formation die älteste, erst gebildete, in ihrer Lagerung daher die Grundlage aller übrigen. Wir treffen in der That auch den Gneiß, die später besonders zu betrachtenden Vorkommnisse jüngerer Gneißbildungen abgerechnet, stets als das tiefste Gebilde, welches von keinem anderen Gebirgsgliede außer den eruptiven unterteuft wird, wol aber selbst alle übrigen unterteuft. Seine untere Grenze, sein Liegendes ist uns unbekannt und bis jetzt unerreichbar, daher auch eine Messung der Mächtigkeit des Gneißes nicht möglich ist. Bei sedimentären Formationen ermittelt sich die Dicke bei geneigter und aufgerichteter Schichtenstellung sehr leicht, allein die Schichten des Gneißes sind nicht ursprünglich horizontale im Wasser abgesetzte Niederschläge und wir haben daher auch bei aufgerichteten Schichten keineswegs in dem Perpendikel auf die Schichtflächen die natürliche Dicke. Selbige würde nach solcher Messung hundert und mehr Meilen betragen, wogegen überdies andere sichere geologische Forschungen sprechen. Immerhin müssen wir dem Gneiße eine Dicke von einigen Meilen zuschreiben, also mehr als jedem andern Schichtgesteine, denn von keinem andern Gebirgsgliede unterteuft bildet er, wo er unbedeckt an der Erdoberfläche erscheint, allein die ganze starre Erdkruste, deren Mächtigkeit aus sehr annehmbaren geologischen Gründen auf 6—8 Meilen geschätzt wird.

So vollständig nun auch die mit dem Gneiße vergesellschafteten Gebirgsglieder an und für sich bereits bekannt sind: so war es bis jetzt doch noch nicht möglich, die Gneißformation in der Weise zu gliedern, wie dies in andern geognostischen Formationen ermöglicht worden ist. Wir müssen vielmehr annehmen, daß eine solche strenge Gesetzmäßigkeit in der Anordnung ihrer Glieder gar nicht befolgt ist. Wir sehen dieselben in dem buntesten, verworrensten Wechsel auftreten, durch die vollkommensten Uebergänge mit einander verbunden, die Schichtenstellung so häufigen Schwankungen unterworfen, auch die Richtung des Streichens in einem und demselben Gebiete so erheblich verändert, daß jeder Anhalt Schichtenzonen und Schichtensysteme in eine bestimmte Ordnung zu bringen und gegen einander abzugrenzen fehlt. Versuche dazu sind allerdings mehrfache gemacht worden; wo sie jedoch eine Gesetzmäßigkeit erkennen ließ, war sie eben nur auf das einzige Gebiet beschränkt und ließ niemals eine Anwendung auf andere Gebiete zu.

In manchen Gegenden erscheint der Gneiß so durchaus vorwaltend, daß er allein über weit ausgedehnte Flächen herrscht, innerhalb welcher die langweilige Einförmigkeit der Zusammensetzung nur durch den öftern Wechsel seiner eigenen Abänderungen oder durch ganz untergeordnete und zufällig auftretende Einlagerungen anderer Gesteine einigermaßen unterbrochen wird. Doch scheinen auch hier gewisse herrschende Gneißvarietäten an bestimmte Verbreitungsbezirke gebunden zu sein, wie das unter Anderen von Naumann und H. Müller für das freiberger und andere erzgebirgische Gneißterritorien erkannt worden ist. H. Müller [26]) unterscheidet hier einen grauen und einen rothen Gneiß, beide zwar hinsichtlich ihrer Bestandtheilverhältnisse und Structur vielfach wechselnd doch als allgemeine Glieder nicht zu verkennen. Bei dem grauen Gneiße sind flaserige und glimmerreiche, bei dem rothen körnigschieferige, stengeligschieferige, körnige oder auch porphyrische, feldspath und quarzreiche Varietäten vorherrschend. Zu letzterem, der früher Granitgneiß genannt wurde, gehört überdies noch ein verworrenschuppiger Glimmerschiefer. Der graue Gneiß in seiner normalen Ausbildung bei Freiberg führt stets weißen, gelblichweißen, grünlichweißen bis grauweißen Feldspath, der sich leicht zersetzt und in weißen Kaolin verwandelt, meist schwärzlichbraunen oder schwarzen Glimmer, der rothe Gneiß dagegen hat allermeist gelblichweißen, röthlich- oder fleischrothen, zuweilen grünlichgrauen Glimmer und weißen, gelblichweißen, röthlichweißen bis dunkelfleischrothen Feldspath, der sich schwerer zersetzt. Die Hauptmasse des grauen nimmt den nordöstlichen und östlichen Theil des erzgebirgischen Gneiß-

25) Bronn's Neues Jahrbuch für Mineral. 1855. S. 25.

26) Bronn's Neues Jahrbuch für Mineral. 1850. S. 568.

gebietes, die Gegend zwischen Oederan, Freiberg, Rabenau, Frauenstein, Dippoldiswalde und Glashütte ein, während in dem südwestlichen und westlichen Theile der rothe mit ausgedehnter Verbreitung hervortritt. Der Grenzverlauf beider steht mehr oder minder transversal zu der Streichrichtung der Schichten. An einigen Stellen, z. B. bei Wiesenbad und Cranzahl greift der rothe Gneiß mit gangartigen Armen weit in den grauen hinein, an andern erscheint er in stockförmigen Massen mitten im grauen. Hinsichtlich seines relativen Alters ist der rothe dem Granulit zu parallelisiren; er ist auch dem Ackerbaue viel weniger günstig und meist mit Waldung besetzt, führt nur Eisen- und Manganerzgänge von bauwürdiger Güte. Cotta[27]) hält ihn für eruptiv im grauen, weil er bei Königswalde Bruchstücke dieses einschließt. A. Erdmann[28]) hat im tunaberger Kirchspiele in Södermanland gleichfalls einen rothen und grauen Gneiß nach der Farbe des Feldspathes unterscheiden können; der rothe herrscht in den nördlichen und nordwestlichen Theilen des Kirchspieles, der graue ist mannichfaltiger in seinen Abänderungen und ziemlich markirt gegen den rothen abgegrenzt, im südlichen und südöstlichen Theile des Kirchspiels herrschend. L. v. Buch hat zwar, wie oben angeführt, die Existenz zweier Gneiße in Norwegen erkannt, allein dieselben nicht als Formationsglieder unterschieden, und Keilhau, der dieses 2000 Quadratmeilen umfassende Gneißgebiet sorgfältig durchforscht hat, fand die verschiedenen Gneißabänderungen in so vielfachem und unbestimmtem Wechsel unter einander und zugleich mit Hornblendegneiß, Glimmerschiefer, Granit, Hornblende- und Chloritschiefer, daß an eine gesetzliche Folge in diesen verschiedenen Gliedern gar nicht zu denken ist. Nur macht er auf einen jüngeren, im Gebiete der Uebergangsformation auftretenden Gneiß besonders aufmerksam. In Böhmen wollte es ebenfalls noch nicht gelingen, die Glieder des Gneißterrains zu ordnen, in Baiern dagegen versucht Gümbel[29]) drei Gneißformationen zu unterscheiden: die nördliche ist die jüngere aufliegende, quarzig, mit Dichroiteinmengungen und reich an Schwefelmetallen, die untere granitisch und mit häufigen Granitlagern, die dritte im baierischen Walde liegt südlich von den vorigen und unterteuft beide, ist also die älteste, hat röthlichen Feldspath, zurücktretenden Glimmer, dafür Talk und Chlorit und führt zahlreiche Lager von körnigem Kalke, Graphit und Porzellanerde. In der Vendée lagert nach Rivière[30]) der normale Gneiß, stets unter allen übrigen Felsarten und wechselt nie mit denselben, die älteren Granite dringen aber nicht in ihn ein, der talkige Gneiß ruht auf ihm und darüber erst folgt Glimmerschiefer. In der Centralmasse des Tauern lassen sich nach Credner[31]) zwar verschiedene Gneiße unterscheiden, allein ihre geognostische Bedeutung ist noch nicht festgestellt. Der Centralgneiß sondert sich übrigens hier wie in andern Theilen der Alpen scharf von dem über den Schiefern auftretenden jüngeren Gneiße. Sismonda[32]) unterscheidet zwischen dem Montblanc und Nizza gleichfalls primitiven, eruptiven und metamorphischen Gneiß.

Diese Versuche, eine gesetzmäßige Gliederung im Gneißgebiete nachzuweisen, bestätigen vielmehr, daß eine solche als allgemein gültige nicht existirt und sie führen uns vielmehr zu der Ansicht, daß die Gneißformation überhaupt nicht eine eigene Formation constituirt, sondern nur das älteste Glied der Urformation ist, zu welcher der Glimmerschiefer und der kryptokrystallinische Thonschiefer die beiden jüngern und höhern Glieder sind. Wo diese drei Glieder zugleich entwickelt sind, folgen sie in der angegebenen Ordnung über einander und zwar gewöhnlich in vollkommen concordanter Lagerung und an ihren Grenzen durch allmälige Uebergänge mit einander innig verbunden. Alle drei führen dieselben untergeordneten Glieder, nämlich Granit, Kalkstein, Hornblendegesteine, Chlorit- und Talkschiefer und Quarzite, und wie im Gneiße selbst der Glimmer- und Thonschiefer untergeordnet auftreten, so erscheint auch er als untergeordnetes Glied in diesen. Der Gneiß als das älteste Glied ist zugleich das weitest verbreitete, das ausgedehnteste, nur in wenigen Gebieten hält er sich unter dem Glimmerschiefer und Thonschiefer versteckt und diese beherrschen allein die Oberfläche. Alle drei repräsentiren einen ganz allmäligen Entwickelungsgang von feldspathreichen zu feldspathfreien schieferigen und geschichteten Silicatgesteinen, ein scharfer Abschnitt in dieser Entwickelung läßt sich nicht constatiren, der Unterschied fällt eben nur in beiden Endpunkten, im Gneiße und im Thonschiefer auf. Das ist Grund genug, alle diese Gesteine als Glieder nur einer einzigen geognostischen Formation zu betrachten und dieselbe als Urformation, welche eben die Urgneißformation und die Urschieferformation zusammenfaßt, von allen folgenden, den sedimentären oder neptunischen zu unterscheiden. Die eruptiven Formationen bilden eine der Ur- und den sedimentären Formationen durchaus nur untergeordnete Reihe, sind diesen als eruptive Glieder einzureihen, aber nicht als Formationen im gleichen Sinne selbständig darzustellen.

Die verschiedenen Lagerungsformen und die innere Architektur des Urgneißes lassen sich auf zwei Hauptformen zurückführen. Die eine derselben bezeichnet Naumann als kuppelförmiges Schichtensystem in der weitesten Bedeutung des Wortes. Die innerhalb eines mehr oder minder großen abgeschlossenen Raumes auftretende Gneißformation zeigt nämlich in der mittlen Region dieses Raumes eine horizontale oder unbestimmt schwebende Schichtenlage, während gegen die Grenzen desselben die Schichten eine immer entschiedenere exokline Stellung annehmen. Die Contoure solcher Gneißdistricte können sehr verschiedenartig hervortreten; sie können bald rundlich, bald langgestreckt, bald polygonal sein, und sogar große aus- und einspringende Winkel zeigen. Das Wesentliche ist, daß die Schichten an den Grenzen nach Außen fallen, im Innern dagegen eine mehr schwebende Lage behaup-

27) Bronn's Neues Jahrbuch für Mineral. 1854. S. 39. 28) Versuch einer geognost.-mineral. Beschreibung des Kirchspiels Tunaberg S. 4. 29) Bronn's Neues Jahrbuch für Mineral. 1856. S. 178. 30) Mémoires soc. géol. France. 2 sér. IV, 49. 31) Bronn's Neues Jahrb. für Mineral. 1850. S. 515.

32) Memorie dell' accademia di Torino 1851. XII, 271.

men. Damit ist es übrigens recht wohl vereinbar, daß auch mitten in dem Bereiche eines solchen Gneißgebietes hier und da steile oder antikline und synkline Schichtenzonen vorkommen. In dem großen erzgebirgischen Gneißterrain liegt nach Naumann, dem wir hier wörtlich folgen, eine solche Architektur vor, obgleich im Erzgebirge selbst nur die nordwestliche Hälfte des ganzen Systems zu Tage tritt, die südöstliche Fortsetzung desselben aber größtentheils unter den jüngeren Bildungen des [illegible] Kreises in Böhmen begraben liegt, unter welcher sie nur stellenweise, wie z. B. bei Bilin, Czernosek und Mileschau, hervortaucht. Der ursprüngliche Zusammenhang beider Hälften ist durch die Erhebungen des Erzgebirges aufgehoben worden, welche mit der Bildung einer großen, von Tetschen nach Eger laufenden Spalte eingeleitet wurden, worauf der nordwestlich an dieser Spalte liegende Theil der Erdkruste aufwärts gedrängt und zu demjenigen Wallgebirge ausgebildet wurde, welches den Namen Erzgebirge führt. Der herausgetriebene Bruchrand des so emporgestiegenen Landes erscheint uns gegenwärtig als der südöstliche Steilabfall des Erzgebirges und in ihm tritt auch von Tyssa bis jenseits Klosterle die Gneißformation unbedeckt zu Tage aus, während der auf der Südseite der Spalte in der Tiefe zurückgebliebene Theil desselben sogleich am Fuße des Gebirges von den Schichten der Kreideformation und der Braunkohlenformation bedeckt erscheint. — Das kleine Gneißgebiet auf Dovrefjeld in Norwegen, in dessen südlichem Theile der Snöhätten aufragt, scheint die Architektur eines ziemlich regelmäßigen und in sich abgeschlossenen kuppelförmigen Schichtensystems zu besitzen. Dagegen zeigt das Gneißgebiet, in dessen Bereiche die Stadt Bergen liegt, ganz entschieden ein halb elliptisches oder parabolisches, nach Osten geschlossenes Schichtensystem, welches in seinem westlichen Verlaufe über die jenseits des Buttefjordes und Gjeltefjordes liegenden Inseln verfolgen läßt, worauf es weiterhin unter den Meeresspiegel hinabsinkt. L. v. Buch bringt in seiner schon oben angezogenen Abhandlung über Granit und Gneiß diese kuppelartige Wölbung mit der metamorphischen Entstehung des Gneißes in Verbindung. Nach ihm stiegen heiße flüssige Granitblasen aus dem Erdinnern empor und hoben die Schiefer gewölbartig empor, indem sie zugleich durch ihre Hitze dieselben in krystallinisches Gestein, in Gneiß verwandelten. Er weist im schwedischen Gneiße die Schalen über den Granitkuppen nach, die einzelne und sehr große oder kleinere in Reihen und Gruppen geordnete sind. Oft [illegible] die Gneißschalen bei der Emportreibung über [illegible] geschoben, oft aber auch nur wenig gehoben [illegible] nicht zerrissen, wenn die hebende Granitblase nicht zum Durchbruche kam. Auch im Granitgneiße der [illegible] ist an verschiedenen Stellen diese gewölbte Schalenstructur sehr deutlich zu erkennen. Wir haben bereits im Artikel Gletscher darauf aufmerksam gemacht, daß die Glättung der Oberfläche dieser Schalen von Agassiz irrthümlich der frühern Gletscherthätigkeit zugeschrieben worden ist; wo aber die Glättung ins Innere des Felsens sich fortsetzt, kann sie doch unmöglich durch daraufliegendes Eis veranlaßt worden sein, sondern hat gewiß nur ihren Grund in der Ueberschiebung der unmittelbar überliegenden Gesteinsschale.

Die kuppelförmige oder gewölbartige ist jedoch keineswegs die einzige Lagerungsform des Urgneißes, wir sehen denselben auch in sehr mächtigen und weit fortsetzenden Zonen auftreten, innerhalb deren eine sehr steile, bald parallele, bald antikline oder synkline Schichtenstellung und gewöhnlich auch ein häufiger Wechsel der Gesteine waltet, welch' letzterer theils in der Richtung des Streichens, theils in einer darauf rechtwinkligen Richtung Statt findet und im ersteren Falle entweder durch Gesteinsübergänge, oder durch Einschaltung neuer Schichten vermittelt wird. Diese Architektur theilt gemeinlich auch der zum Urgneiß gehörige Schiefer, die ganze Urformation und wir sehen dann Schichtensysteme von 10, 20 und mehr geographischen Meilen Breite und einer angemessenen Längsausdehnung auf eine solche Weise zusammengesetzt, daß ihre Schichten nicht über und unter einander, sondern neben einander, gleichsam wie dicht an einander schließende Mauern, immer nach derselben Weltgegend fortstreichen. Keilhau hat diesen eigenthümlichen Felsenbau in vielen norwegischen Gneißdistricten nachgewiesen und bemerkt dazu, daß wol in solchen Fällen eine Fortsetzung der Schichten auch in sehr großer Tiefe vorausgesetzt werden müsse, weil es doch ganz undenkbar sei, daß z. B. in einem 20 Meilen breiten Schichtensysteme dieser Art gegen dessen Breite die Höhen und Tiefen der Oberfläche fast verschwindende Größen sind, und dessen Oberfläche daher als fast horizontal vorzustellen ist, die steil neben einander hinziehenden Schichten nur als ganz oberflächlich schmale Bänder und nicht vielmehr als sehr tief hinabreichende Parallelmassen ausgedehnt seien. In einer und derselben großen Gneißregion können übrigens, wie Keilhau im südlichen Norwegen nachgewiesen hat, mehre nach verschiedenen Richtungen ziehende Schichtensysteme auftreten, welche an ihren Enden durch mehr oder minder rasche Umbiegungen in einander verlaufen. Es können ferner auch hier und da innerhalb kleinerer Regionen die auffallendsten Biegungen und Windungen der Schichten vorkommen, welche in Bezug auf ihr Streichen und Fallen Nichts als Verwirrung erkennen lassen. Was Keilhau für Norwegen nachgewiesen hat, haben andere Beobachter in Schweden, Finnland, Böhmen, Nordamerika, Brasilien u. a. Ländern beobachtet. Ueber den Felsenbau Finnlands äußert sich von Engelhardt [33] dahin, daß das geflochtene Gefüge des Granitgneißes und Hornblendegneißes im Kleinen ein Bild von der Verbindung der Massen im Großen gewähren. Wie dort körniges und schieferiges Gestein; so winden sich hier die Felsmassen durch einander. Sämmtliche Gesteine haben stark geneigte Schichten von 30—90 Grad und sind nicht sowol über einander als neben einander gestellt. Die vollkommensten schieferigen Gesteine streichen meist h. 3 und fallen in Südost und dies ist auch im Allgemeinen die Längenrichtung der übrigen Massen, obwol

33) Darstellungen aus dem Felsgebäude Rußlands 1820. S. 30.

sie sich vielfach krümmen. So lassen sich denn in der Breite von Tornea bis Wiborg besonders fünf mächtige Zonen nachweisen, in welchen abwechselnd Glimmergesteine und Hornblendegesteine die Oberhand gewinnen. — Bei Rio de Janeiro wechseln nach von Eschwege fortwährend Gneiß, Granitgneiß, Gneißgranit, Granit, Syenit, Glimmerschiefer und Hornblendegesteine. Dieselben erstrecken sich längst der Küste bis nach Bahia und südlich bis nach der Provinz Rio grande, also über 200 geographische Meilen weit. Das herrschende Streichen der Schichten ist h. 2—3, also von Nordnordost nach Südsüdwest, das meist 45—70 Grad betragende Fallen nach Osten gerichtet. Auch nach Westen läßt sich dieses System von Felsarten tief landeinwärts bis in die Provinz Goyaz verfolgen. Eine regelmäßige Aufeinanderfolge der Gesteine ist nicht zu erkennen; nur spielt der Glimmerschiefer im Allgemeinen eine untergeordnete Rolle. Oft ist gar keine bestimmte Grenze anzugeben, so innig und allmälig gehen die Gesteine in einander über, was selbst im Streichen der Schichten stattfindet, sodaß ein System von Gneißschichten in seinem weitern Verlaufe in Granit, in Glimmerschiefer oder Hornblendeschiefer übergeht. Wenn man die zahllosen Wechsel und Uebergänge dieser verschiedenen Gesteine betrachtet: so kann man sie nur einer und derselben Formation zuweisen. Es ist eben nur ein System von vielen neben einander ausgebildeten Gliedern, in welchen die Häufigkeit und die Lage des Glimmers den Hauptunterschied von Granit, Gneiß und Glimmerschiefer bedingte. Und zwar entstanden diese Schichten gleich in ihrer aufgerichteten Stellung und in derjenigen Richtung, welche den allgemeinen Verlauf des Gebirgszuges bestimmte. Wenn man die ungeheure Mächtigkeit dieses aufrecht stehenden Schichtensystems von der Küste bis an die Grenze der Provinz Goyaz berücksichtigt: so ist es ganz unmöglich, hier an eine Erhebung ursprünglich horizontaler Schichten zu glauben. Was für eine Kraft müßte es gewesen sein, welche eine 100 Meilen dicke Steinmasse aus ihrer ursprünglich horizontalen Lage gebracht haben könnte! — Zu denselben Ansichten gelangt Keilhau hinsichtlich der Urgneißformation Norwegens. Er führt viele Beispiele von sehr mächtigen und weit fortsetzenden Schichtenzonen an, in welchen die steilen Schichten einen constanten Verlauf nach derselben Weltgegend zeigen, und bemerkt, wie die im südöstlichen Norwegen zwischen Kongsberg, Frederikshall und Elverum herrschende Regel eines nordsüdlichen Streichens weit hinein nach Schweden über den Wenersee bis nach Westmanland verfolgt werden kann. Das Fallen der Schichten ist in diesen mächtigen Zonen so allgemein über 45 Grad, daß ein geringeres Fallen nur als Ausnahme, vollkommen verticale Schichtenstellung dagegen sehr häufig angetroffen wird. Für Schweden, Finnland und Finnmarken gelten im Allgemeinen dieselben Verhältnisse. Und so liegt denn vor uns ein Areal von vielen tausend Quadratmeilen ausgebreitet, das nur an wenigen Stellen anders als steil nach der Tiefe hinabgehende Schichten zeigt. In vielen und großen, ja wir können vielleicht annehmen in den meisten und größern, Stücken dieses Areales sehen wir diese steilen Schichten irgend einem Gesetze eines regelmäßigen Verlaufes folgen; wir finden sie zehn, zwanzig, ja zum Theil noch viel mehr Meilen weit nach denselben Linien fortstreichend und es scheint uns, daß da, wo neue Streichungsfelder anfangen, es doch noch immer dieselben Parallelmassen sind, die wir vorher betrachtet haben, die sich aber nur einer anderen Streichungsregel unterworfen haben. Wir erwähnten schon früher, daß eine bestimmte Aufeinanderfolge der verschiedenen Gesteine dieser weiten Gneißgebiete nicht existirt; jede Gesteinsart erscheint bald im Liegenden, bald im Hangenden, bald in der Mitte der mächtigen Zonen. Wir könnten noch andere Gegenden als Beispiele solcher zonenartigen Lagerungsverhältnisse der Gneißgebilde beibringen, allein sie bieten dasselbe Bild; auch an die oben bereits speciell geschilderte Fächerstructur in den Alpen genügt es hier zu erinnern.

Wir haben bisher meist nur das Auftreten des Urgneißes, also der ältesten Gneißbildung berücksichtigt und nur gelegentlich Veranlassung genommen, auch späterer oder neuerer Gneißgebilde zu gedenken. Bevor wir uns zur eigentlichen Genesis der Gneißformation wenden, ist es jedoch unbedingt nothwendig, auch die über der Urformation lagernden Gneiße näher kennen zu lernen. In petrographischer Hinsicht stimmen dieselben so sehr mit dem primitiven Gneiße überein, daß man deshalb ihnen keine besondere Aufmerksamkeit zu schenken brauchte, desto wichtiger aber werden sie durch ihre geognostischen Beziehungen. Der immer scharf sichtende Naumann bringt die jüngeren Gneiße überhaupt in drei Gruppen nach ihrer wahrscheinlichen Entstehung, indem er kryptogene, metamorphische und eruptive unterscheidet.

Kryptogene Gneißbildungen nennt Naumann 34) solche, welche entweder unzweifelhaften sedimentären Formationen oder auch den Urschiefern unter solchen Verhältnissen aufgelagert sind, daß dieses ihr Lagerungsverhältniß weder durch Ueberschiebungen, noch durch sonstige Dislocationen erklärt werden kann, während doch auch keine hinreichenden Beweise für ihre metamorphische oder eruptive Natur aufzufinden sind. Gneißgebilde dieser Art sind gar keine seltene Erscheinung und in den verschiedensten Gegenden bereits erkannt worden. Unser Gewährsmann beschreibt dieselben von Mobendorf und Mühlbach in Sachsen. Westlich von Freiberg nämlich liegen über den Schichten der silurischen, bei Langenstriegis Graptolithen führenden Grauwackenbildung und unter den Conglomeraten der wahrscheinlich devonischen Steinkohlenformation von Hainichen und Ebersdorf ein Paar mächtige Ablagerungen von Gneiß, welcher zwar oft in Glimmerschiefer, bisweilen auch in Grünsteinschiefer oder in granitähnliche Gesteine übergeht, seiner vorwaltenden Masse nach aber als ein wirklicher Gneiß bezeichnet werden muß. Die Mächtigkeit dieser, in zwei oder drei großen von Nordost nach Südwest hinter einander liegenden Stöcken abgelagerter Gneißbildung beträgt viele tausend Fuß; ihre wirkliche und zwar gleichförmige Auflagerung auf der Grauwacke wird aber durch die

34) Lehrbuch der Geognosie II, 168.

an vielen Punkten vorliegenden Schichtungsverhältnisse dargethan. Von Uebergängen aus der Grauwacke oder dem Grauwackenschiefer in den Gneiß ist Nichts zu beobachten, daher denn auch an keine Metamorphose gedacht werden kann; und wenn auch einige Erscheinungen bei Sachsenburg, z. B. Einschlüsse von unregelmäßigen Thonschieferpartien auf eine eruptive Bildungsweise hinzudeuten scheinen, so möchten doch die übrigen Verhältnisse mit einer solchen Annahme nicht hinreichend in Einklang stehen, obwol sich ein inniger Zusammenhang zwischen dieser Gneißbildung und denen bei Seifersdorf auftretenden Grünsteinbildungen vielleicht bei genauerer Untersuchung herausstellen dürfte. Vor der Hand aber und bis durch weitere Untersuchungen ihre Verhältnisse gründlicher erforscht sein werden, ist diese Gneißbildung als eine ganz räthselhafte Erscheinung, als eine kryptogene Bildung zu betrachten, welche wegen ihrer entschiedenen und regelmäßigen Auflagerung über den Schichten der silurischen Formation unmöglich mit der primitiven Gneißformation vereinigt werden kann [85]). Auch bei Reuth im sächsischen Voigtlande liegt mitten im Gebiete der Grauwacke eine Ablagerung von Gneiß, welche daselbst die höchsten Punkte bildet und keinenfalls als eine Einlagerung im Grauwackengebirge zu betrachten sein dürfte, obwol sich ihr Gestein stellenweise einer sehr feldspathreichen, schieferigen Grauwacke nähert. Weiter südlich bei Hof in Baiern liegt eine Glimmerschieferpartie in discordanter Lagerung über den Schichten der Grauwackenformation. Es sind dies gewissermaßen die Vorposten jener großen dem nordwestlichen Abfalle des Fichtelgebirges vorgelagerten Gneißbildung, in deren mittlerem Theile die Stadt Münchberg liegt und welche unstreitig eine der merkwürdigsten geognostischen Erscheinungen in Oberfranken bildet. Nicht nur die mannichfaltigen untergeordneten Stöcke und Lager, sondern ganz vorzüglich die Lagerungsverhältnisse sind es, welche dieser Gneißbildung das hohe geologische Interesse verleihen. Es unterliegt nämlich gar keinem Zweifel und ist sowol durch Fr. Hoffmann als auch durch von Herder's, Cotta's und Naumann's eigene Beobachtungen auf das Bestimmteste dargethan worden, daß diese ganze, wesentlich aus Gneiß bestehende und fast über acht Quadratmeilen ausgedehnte Bildung in einer beckenartigen Vertiefung der sedimentairen Grauwackenformation eingelagert ist, welche Lagerung zugleich mit der an den Auflagerungspunkten vorliegenden Gesteinsbeschaffenheit einen schlagenden Beweis gegen die über alle Maßen ausgedehnte Theorie des Metamorphismus der Felsarten liefert. Wenn übrigens auch diese Bildung im Allgemeinen mit vollem Rechte als Gneiß bezeichnet werden muß: so geht sie doch sehr häufig und namentlich nach ihren Grenzen hin in Glimmerschiefer über, der zumal an der südöstlichen Grenze sehr vorwaltet; zuweilen ist es aber ein sehr grobflaseriger und feldspathreicher, fast granitähnlicher Gneiß, welcher dem feinen Thonschiefer der Grauwackenformation unmittelbar aufliegt, wie z. B. bei Schauenstein und Suttenbach, besonders aber bei Gräfengehaig und Eppenreut. Ueberhaupt ist ein allmäliger Uebergang aus den unterliegenden sedimentairen Schiefern in den aufliegenden Gneiß nirgends zu beobachten. Die Lagerung aber stellt sich mit wenigen Ausnahmen längs der ganzen Grenze so heraus, daß die sedimentairen Schiefer rings um das Gneißgebiet unter dasselbe einschießen, während ihnen der Gneiß oder der Glimmerschiefer gleichförmig aufgelagert sind. Nur an der südöstlichen, dem Granite des Fichtelgebirges zugewendeten Grenze kommen einzelne Punkte vor, wo die Grauwacke senkrecht neben dem Gneiße steht oder auch von ihm wegfällt. Diese münchberger Gneißpartie umschließt auch noch mehre recht interessante untergeordnete Gebirgsglieder, so den Serpentin von Wurlitz und Haideck, welcher mit dem gleichfalls an der Grenze auftretenden Serpentinlager von Schwarzenbach und mit dem Serpentinstocke von Zell in unterirdischem Zusammenhange stehen dürfte; ferner gehören hierher die Eklogitstöcke von Wölbattendorf, Wustuben, Silberbach, Untersauerhof, Stambach und Falls; endlich die Hornblendeschiefer und Amphibolite, deren Ablagerungen besonders zwischen Wurlitz und Hof zu einer ansehnlichen Mächtigkeit gelangen, während ähnliche Gesteine vielfach in untergeordneter Wechsellagerung zwischen dem Gneiße auftreten. So liegt uns also hier ein acht Quadratmeilen großes Gneiß- und Glimmerschieferterritorium vor, welches sich hinsichtlich seiner Gesteine und Einlagerungen mit jeder primitiven Gneißbildung vergleichen läßt, obwol es durch seine meist gleichförmige Auflagerung auf sedimentairen Schiefern der devonischen Formation als eine weit neuere Bildung charakterisirt wird. Ob die merkwürdige Erscheinung, daß der Gneiß am nördlichsten Punkte seiner Grenze bei Epplas einen keilförmigen Vorsprung nach Norden bildet, in dessen verlängerte Richtung die dem Urthonschiefer zwischen Hirschberg und Tirschengrün eingelagerten Gneißstöcke fallen, hinreichend ist, um etwa die Vermuthung einer eruptiven Entstehungsweise zu begründen, darüber möchte sich wol vor der Hand noch kein bestimmtes Urtheil fällen lassen; sollte es aber den Anhängern des Ultrametamorphismus gelingen, die Gesteine dieser münchberger Gneißbildung als metamorphosirte Sandsteine und Schiefer zu erkennen und diese Erkenntniß zur objectiven Evidenz zu bringen, dann könnte selbstverständlich von einer kryptogenen Gneißbildung nicht mehr die Rede sein [86]).

In noch weit großartigerem Maßstabe treten nach Keilhau's schönen Untersuchungen [87]) solch neuere gneiß- und krystallinische Schieferbildungen in Norwegen auf. Bei Talvig in Westfinnmarken sieht man ganz deutlich, wie die dortigen 20—70 Grad nach Nord, Nordwest und West einfallenden Schichten der Uebergangsformation die Unterlage eines Gneißterritoriums bilden, dessen Gesteine denen des Urgneißes durchaus gleich sind. Schwar-

85) Naumann, Geognost. Beschreibung Sachsens I, 79; II, 354.

86) Naumann, Lehrbuch der Geognosie II, 171; Fr. Hoffmann, Poggendorff's Annalen 1829. XVI, 545 und Uebersicht der orogr. und geognost. Verhältn. des nordwestl. Deutschl. S. 418.
87) Gaea norvegica I, 277. 284. 383.

ger, bisweilen Alaunschiefer ähnlicher, blauer und grüner Thonschiefer mit Grünstein-Einlagerungen wird von einer mächtigen Zone grauen dichten Kalksteines bedeckt, auf welcher Thonglimmerschiefer, dann ein weißer, feinkörniger, talkhaltiger Kalkstein und Glimmerschiefer mit Kalksteinlagern folgt, bis endlich der Gneiß in mächtiger Entwicklung auftritt. Ebenso sieht man bei Rözelen am Sandnangerfiord ein sehr schönes Profil, in welchem die gleichförmige Auflagerung des Glimmerschiefers über denen 30—40° fallenden, aus Schiefer, Kalkstein und Quarzit bestehenden Schichten der Uebergangsformation vortrefflich entblößt ist. Noch auffallender sind die Erscheinungen, welche das große krystallinische Schieferterritorium von Central-Norwegen erkennen läßt. Dieses in seinem südlichen Theile von Röldal im Christiansandstifte bis an den Fämundsee in der Richtung von Südwest nach Nordost mit immer zunehmender Breite über 60 Meilen weit ausgedehnte Schieferterritorium zeigt nämlich nördlich vom Mjösensee in der Linie von Osen bis Bödel, also auf mehr als zwölf Meilen Länge eine meist gleichförmige Auflagerung auf den Schichten der silurischen Formation; während dasselbe sowol östlich von Osen bis nach Trysil als auch südwestlich von Bödel, in Valders, sowie in Hallingdalen in schwach geneigten Schichten den steilen Schichtenköpfen der Urgneißformation abweichend und übergreifend aufgelagert ist. Während dies im Allgemeinen die Lagerungsverhältnisse an der südlichen Grenze des Territoriums sind: so geben sich dagegen an der nördlichen Grenze zum Theil ganz andere Verhältnisse zu erkennen, z. B. längs des großen Bogens, welcher sich vom Sunlalind über Fortun nach Vaage zieht, wo die Schiefer dem Gneiße nicht nur gleichförmig aufgelagert, sondern auch durch Gesteinsübergänge und Wechsellagerung so innig verbunden sind, daß eine bestimmte Grenze gar nicht anzugeben ist. Obgleich nun dieses gewaltige Schiefergebiet an seiner südlichen Grenze ganz gewöhnlich und da, wo es der silurischen Formation des Mjösendistrictes aufliegt, sogar in großer Mächtigkeit mit solchen Schichten beginnt, welche noch einen mehr oder minder entschiedenen sedimentairen Charakter besitzen: so entfaltet es doch in seinen oberen Schichten eine immer vollkommenere krystallinische Natur. Dort besteht es wesentlich und vorwaltend aus sehr krystallinischem Thonschiefer, Glimmerschiefer, Quarzschiefer, chloritischem und anderem grünen Schiefer mit untergeordneten Lagern oder Stöcken von Hornblendeschiefer und Gneiß, ja wo die sanft geneigten Schichten in hohen Bergen aufragen, da sieht man nicht selten, wie die Gipfel dieser Berge von Hornblendegesteinen oder gneißartigen Felsarten gebildet werden, während ihr Fuß aus Thonschiefer und ihr mittler Abhang aus solchen Gesteinen besteht, welche den Uebergang zwischen dem basalen und dem apikalen vermitteln.

Der fächerförmigen Gneißstöcke in den Centralmassen der Alpen, am Montblanc, St. Gotthardt, der Grimsel u. a. O. haben wir bereits oben gedacht. Auch sie sind jüngere Bildungen, ihre Flügel lehnen sich gewöhnlich an sedimentaire Kalksteine an, zwischen denen sie wie aufrecht stehende Keile eingeklemmt sind. So verhält es sich mit dem Gneißfächer des Montblanc am Fuße des Col de Geant, mit dem der Grimsel und des St. Gotthardt. Allein am östlichen Ende des erstgenannten, am Mont Catogne beobachtete Studer das entgegengesetzte Verhältniß, d. h. der Gneiß bildet daselbst ein giebelförmiges Schichtensystem, an dessen Seiten sich die Kalksteine anlehnen. Wo also die Gneißmasse am mächtigsten entwickelt ist, da erscheint sie aufgelagert; wo sie sich erniedrigt und in geringerer Breite auftritt, da wird der Kalk vertical oder er ist aufgelagert. Dieselben Verhältnisse lassen sich noch deutlicher längs der Grenze der Finsteraarhornmasse erkennen, denn während an der Jungfrau, im Grindelwalde, Urbach und Hasli der Gneiß in meilenweiter Ausdehnung dem Kalksteine aufgelagert ist, so kehrt sich in Wallis unterhalb Naters bis Leuk, an der Gemmi und im Gasterenthale das Verhältniß um. Wohl zu beachten ist, daß diese oft ganz granitischen Gneiße neben ihrer höchst ausgezeichneten Schichtung eine sehr wohl erkennbare Streckung besitzen und daß die Richtung dieser linearen Parallelstructur fast überall mit der Falllinie oder Aufsteigungslinie der Schichten sehr nahe zusammenfällt. Zu beachten ist ferner auch die räthselhafte Verbindung dieser centralen Gneißmassen der Alpen mit Quarziten, Quarzsandsteinen und eigenthümlichen Conglomeraten, welche Gesteine stets an beiden Enden, also jenseits der Auskeilungspunkte und in der verlängerten Axe dieser Gneißstöcke auftreten. Welches nun auch der Ursprung dieser Quarzite und Conglomerate sein mag, sagt Studer, so kann derselbe doch offenbar nicht von demjenigen des Gneißes getrennt werden; beide dem ersten Anscheine nach so verschiedenartige Gesteine müssen Producte desselben Processes sein. Alle Verhältnisse weisen aber entschieden darauf hin, daß diese alpinischen Gneiße jünger sind als die sie einschließenden Kalksteine, d. h. daß sie erst nach der Bildung und Festwerdung dieser letzteren ihren gegenwärtigen Ablagerungsraum eingenommen haben. Diese Kalksteine aber sind nicht älter als die Liasformation. Folglich müssen wir die Existenz mächtiger Gneißmassen anerkennen, deren Bildung mindestens erst nach der Periode der Liasformation Statt hatte, obwol andere Verhältnisse auf ein noch weit jüngeres Alter schließen lassen. Da nun für eine eruptive Entstehung dieser alpinen Centralgneiße noch keine genügenden Beweise aufgefunden werden konnten: so pflegt man sie allermeist für metamorphosirte Sedimentbildungen zu erklären und Studer, ihr gründlichster Kenner, glaubt in ihnen das Extrem der Umwandlung ursprünglich neptunischer Schichten annehmen zu müssen *). Oestlich von Schams in Bündten, um ein Beispiel noch jüngeren Gneißes beizubringen, liegt auf einem mehr als 1000 Fuß mächtigen Flysch horizontal weißer Marmor 100 Fuß mächtig. Durch Aufnahme von Talk und Quarz entwickelt sich an seiner oberen Grenze ein Conglomerat von Marmor und Quarzmandeln durch grünen Talk verkittet,

*) Man vergleiche über diese interessanten Verhältnisse Studer's Geologie der Schweiz I. Bd.

oder auch in zarten Adern und Nestern so innig damit verwachsen, daß die Annahme einer rein mechanischen Entstehung völlig unmöglich ist. Dann erscheinen zugleich mit jenen Mandeln große Feldspathzwillinge und weiße Glimmerblättchen. Je häufiger der Feldspath sich einmengt, desto mehr tritt der Kalk zurück und im Fortstreichen ist die Masse ein ausgezeichneter Gneiß geworden, worin stets der frühere grüne Talk und die Quarzmandeln die Hauptgemengtheile bilden [39]).

Für die eruptive Natur gewisser Gneiße liegen so augenfällige Erscheinungen vor, daß an derselben nicht gezweifelt werden kann. So kommen Gneiße vor, die Nichts als eine äußere Umhüllung, eine Grenz- oder Contactmodification von eruptiven Granitmassen sind; sie müssen mit diesen und durch denselben Proceß entstanden sein. Der Uebergang aus dem Granit in den Gneiß ist ein so ganz allmäliger, daß beide Gesteine sich nicht trennen lassen und wenn man solche Vorkommnisse aus Liebe zur Theorie des Hypermetamorphismus als geschichtete Granite von anderem angeblich metamorphischen Gneiße trennen will: so thut man der Wahrheit Gewalt an. Der Gneiß des St. Gotthardt bei Airolo verliert alle Parallelstructur und ist ein vollkommen granitisches Gestein mit durchaus richtungsloser Structur, während er umgekehrt an seinen Grenzen gegen Amsteg und Airolo oft einen sehr glimmerschieferähnlichen Habitus entfaltet [40]). Wir müssen uns hier wieder an die oben bereits mit Beispielen belegten Vorkommnisse fremder Gesteinsbruchstücke im Gneiße und der Apophysen desselben in andern Gesteinen erinnern, welche meistentheils nur durch die Annahme der eruptiven Beschaffenheit des Gneißes erklärt werden können. So sprach denn auch Darwin [41]) die Möglichkeit aus, daß der Gneiß von Bahia und Rio de Janeiro wegen der in ihm eingebetteten fremdartigen Gesteinsstücke wol eher eine eruptive als eine metamorphische Bildung sein möge. Die sächsischen Geologen führen recht augenfällige Belege für die eruptive Natur gewisser Gneiße an. Wie sollen die Grauwackenschieferstücke in den Gneiß des Goldberges bei Goldkronach gekommen sein, wenn dieser nicht nach der Grauwackenbildung in welchem Zustande hervorgetreten ist [42])? Dieses Vorkommen erinnert an den sehr verworrenen flaserigen Gneißstock, welcher im Striegisthale unweit Freiberg bei der unteren bräunsdorfer Wäsche auf der Grenze des Glimmerschiefers und der Grauwackenformation eingeklemmt ist, weil selbiger gleichfalls an seiner hangenden Grenze große fragmentähnliche Partien und Schollen eines ganz grauwackenschieferähnlichen Gesteines umschließt und dadurch sowie durch die fast verticale Schichtenstellung des unmittelbar angrenzenden, und durch die sehr starken Windungen des darauf folgenden Grauwackenschiefers die Vermuthung zu rechtfertigen scheint, daß er erst nach der Bildung der Grauwacke auf der Grenze zwischen ihr und dem Glimmerschiefer als eine eruptive Bildung hervorgetrieben worden sei [43]). Wir fügen bei der hohen Wichtigkeit der Erscheinung für die Genesis des Gneißes den angeführten Vorkommnissen noch einige andere bei, um ihre Häufigkeit darzuthun. Bei Trippi unweit Messina fand Fr. Hoffmann [44]) den Gneiß voll großer stumpfeckiger grauer Quarzstücke und schwarzer stark seidenglänzender Thonschieferbrocken unregelmäßig eingestreut, wodurch die fremdartige und fragmentarische Natur dieser Einschlüsse außer allen Zweifel gesetzt wird. Nach Dufrenoy [45]) werden bei Le Saillant unweit Allier in Centralfrankreich Dachschieferbrüche in einer großen, fragmentähnlich contourirten Thonschiefermasse betrieben, welche nach Oben und zu beiden Seiten von Gneiß umgeben und mit demselben auf das Innigste verwachsen ist. Mag man nun hier wirklich ein riesiges Fragment oder nur eine hervorstehende Kuppe von Thonschiefer voraussetzen, jedenfalls spricht dieses Vorkommen dafür, daß der Gneiß eine neue eruptive und keine metamorphische Bildung ist. Und nicht minder entschieden weist auf solche Bildung das ebenfalls bereits gelegentlich erwähnte Auftreten gangartiger Gneiße hin. Alexander von Humboldt [46]) beschrieb solche Gneißgänge aus der Gegend von Antimano in Venezuela, wo im Glimmerschiefer Gänge aufsetzen von 30—48 Fuß Mächtigkeit und bestehend aus Gneiß mit großen Feldspathkrystallen und granatenführenden Dioritlagern. Fournet [47]) fand in den Bergen von Izeron Gneißgänge in gneißartigen Gesteinen, und berichtet ferner, daß in den französischen Alpen bei Mouperoux an der Romanche der Protogin, der doch ein entschieden gneißartiges Gestein ist, ganz entschiedene Gänge in den dasigen dioritischen und talkigen Gesteinen bilde und daß auf den Höhen des Col de la Pisse Gänge von feinkörnigem Protogin innerhalb einer grobkörnigen Varietät desselben Gesteins, sowie in der Combe de Malval, zwischen la Grave und le Dauphin ähnliche Gänge im Gneiße aufsetzen, welche sogar Bruchstücke dieses Gneißes umschließen. Es ist hier auch einer Beobachtung von Delesse [48]) Erwähnung zu thun, nach welcher bei Stirel am Mettenberge im Canton Bern der Gneiß den auf ihm lagernden Jurakalk dolomitisirt hat. Nur selten beobachtet man die abnormen Verbandverhältnisse solcher eruptiven Gneiße mit dem Nebengesteine. Savi gedenkt ihrer aus der Gegend von Toscana, wo der Gneiß mit keilförmigen Apophysen weit in die steilen Schichten des Verrucano hineingreift, und der Gedanke, daß der Gneiß hier ein metamorphosirter Verrucano sein möchte, gar nicht aufkommen kann. Auch Credner erwähnt in seiner schon mehrfach erwähnten schönen Abhandlung über Oberkärnthen ein solches Verhalten. Im Thale der kleinen Fleiß unweit Heiligenblut ruht nämlich gleichförmig über dem Glimmerschiefer eine mindestens 120 Fuß mächtige

39) Studer, Lehrbuch der physikalischen Geogr. und Geologie S. 151. 40) Bronn's Neues Jahrb. f. Mineral. 1847. S. 338. 41) Geolog. observat. on South-America p. 141. 42) Cotta, Bronn's Neues Jahrb. f. Mineral. 1843. S. 115.

43) Naumann, Lehrbuch der Geognosie II, 179. 44) Geognost. Beobachtungen, gesammelt auf einer Reise durch Italien 1839. S. 379. 45) Explication de la carte géolog. de la France I, 177. 46) Reise in die Aequinoctialgegenden III, 51. 47) Bronn's Neues Jahrbuch f. Mineral. 1838. S. 169; Mémoires sur la Géol. des Alpes entre le Valais et l'Oisans p. 73. 48) Biblioth. univers. Genève 1858. I, 344.

Ablagerung eines sehr feinkörnigen an rothen Granaten reichen und überhaupt ganz granulitähnlichen Gneißes, allein am rechten Thalgehänge unterhalb des Pochwerkes drängt sich in den Glimmerschiefer eine zweite gegen 80 Fuß mächtige Masse desselben Gesteins, welche sehr bald mit mehren keilförmigen Ausläufern zu Ende geht, zwischen denen die Schieferschichten gekrümmt, verworren und ganz abweichend von der gleichförmigen Lagerung erscheinen, mit welcher sie auch diese Masse nach Oben und Unten begrenzen. Naumann deutet auch jenen merkwürdigen Zug von Gneißgranit als eruptiv, welcher im hohen Norwegen zwischen dem 68. und 70. Breitengrade die Inselkette der Lofoten nebst einem Theile des angrenzenden Festlands bildet und von Vardöe bis Röst eine Längenausdehnung von fast 60 geographischen Meilen erreicht. Diese auf den Inseln bis zu 3000 Fuß Höhe aufsteigende Granitgneißbildung ist höchst ausgezeichnet durch ihre grandiosen abschreckenden und bizarren Felsformen. Man sieht verwegene Gipfel und freistehende Pyramiden, Felswände, die in ihrer Steilheit und glatten Nacktheit Schrecken einflößen, wunderbare Spitzen und Steinsäulen, welche den Wunderglauben beschäftigen. Auf Hugloe haben die hohen schlanken Spitzen fast die Form einer zweischneidigen Messerklinge, bei welcher man oft über die Dünnheit der Masse erstaunen muß, die um so merkwürdiger ist, als die breiten Seitenflächen dieser Felsen nicht etwa den Schichten parallel sind, sondern dieselben fast rechtwinkelig durchschneiden. Auch findet man in diesen wunderbaren Bergen oft natürliche Oeffnungen, Durchbrüche und Höhlen. Es ist aber ein bald mehr granitisches, bald mehr gneißartiges Gestein, welches diese merkwürdige Felsenwelt bildet; ein Gestein, in welchem ungeachtet seiner großen Ausdehnung außer mehren Graphitlagern fast keine untergeordneten Lager bekannt sind und welches dem primitiven Gneiße oder dem Glimmerschiefer meistentheils gleichförmig aufgelagert erscheint. Das spricht nach Keilhau gegen die eruptive Natur, allein die auf Engelöe beobachteten Grenzverhältnisse weisen um so deutlicher auf solche Beschaffenheit hin.

Außer den bisher betrachteten primitiven, kryptogenen und eruptiven Gneißen gibt es endlich auch metamorphische Gneiße neuerer Bildung, welche durch Umwandlung entschiedener Sedimentgesteine entstanden sind. Die Ursachen dieses Metamorphismus mögen sehr verschiedene gewesen sein, in einzelnen Fällen unzweifelhaft das Hervorbrechen plutonischer oder eruptiver Gebirgsmassen, in anderen fehlen solche und der Chemiker muß andere Agentien als die geologische Durchhitzung zu Hilfe rufen. So findet man in der unmittelbaren Umgebung größerer Granitmassen bisweilen den Glimmerschiefer auf eine kürzere oder weitere Strecke in gneißartige Gesteine umgewandelt, aber die sorgfältigere Prüfung letzterer weist doch allermeist auch Eigenthümlichkeiten auf, welche diese metamorphischen Gneiße von den primitiven unterscheiden. Die Alpen und Pyrenäen sind besonders reich an solchen Gneißbildungen, welche gemeinlich durch Glimmerschiefer ganz allmälig in die petrefactenführenden Schichtgesteine übergehen.

Die eben besprochenen Unterschiede der Gneißgebilde, welche eben nur rein geognostische sind, lassen nicht den geringsten Zweifel darüber, daß der Gneiß überhaupt nicht einer Bildungsepoche allein angehört und daß seine Entstehung, sein Bildungsproceß ein verschiedenartiger ist. Die blos geognostische Untersuchung weist ganz entschieden jede Theorie zurück, welche den Gneiß ausschließlich nur als metamorphisches Gebilde oder ausschließlich nur als pyrogene Felsart auffaßt. Und doch haben Geologen sowol als Chemiker bald nur die eine, bald nur die andere Entstehungsweise gelten lassen wollen und selbst die verdientesten und unterrichtetsten Geologen glauben den sämmtlichen Gneißgebilden eine und dieselbe Bildungsweise zuschreiben zu können. Indem wir die verschiedenen Ansichten über die Genesis des Gneißes hier übersichtlich zusammenstellen, bemerken wir von Vornherein, daß wir jede derselben für berechtigt halten, keine einzige aber als die einzig berechtigte, allgemein gültige anerkennen können.

Die noch immer bevorzugte Theorie des Metamorphismus wurde zuerst von Hutton im Jahre 1788 und 1796 und dann von Playfair im Jahre 1802 angedeutet und geltend gemacht, speciell durchgeführt auch für die Erscheinungen des Gneißes aber erst von Boué 1822 und später von Lyell seit dem Jahre 1833 zum höchsten Ansehen gebracht. Hiernach sollte der Gneiß und ebenso auch der Glimmerschiefer durch die aus dem Erdinnern emporsteigende Wärme unterstützt durch die Emanation von Gasen und Dämpfen aus sedimentairen Schiefern entstanden sein. Sagt doch Leopold von Buch in seiner Abhandlung über Gneiß und Granit S. 63: „daß aller Gneiß, soweit er sich auch ausdehnen mag, und wenn er auch wie im Norden große Länderstrecken einnimmt, daß dieser Gneiß durch Einwirkung des hebenden Granites und der mit seiner Erhebung verbundenen Stoffe aus Schiefern entstanden sei, welcher durch Eindringung der verändernden Stoffe umgewandelt worden sind, ohne doch im Ganzen ihre schieferige Form zu verlieren, das ist jetzt eine allen Geognosten so geläufige und von den meisten als glücklich durchgeführte Hypothese angesehene Meinung, daß sie als völlig bekannt vorausgesetzt werden kann. Der Gneiß der kleinen Blasen und Hügel in Finnland kann hiernach vom Eismeere bis zum nördlichen Ufer des finnischen Meerbusens aus silurischen Schichten der Uebergangsformation entstanden und umgewandelt worden sein, denn wo Schiefer in der nördlichen Hälfte der Erdoberfläche ohne Umwandlung auftreten, gehören sie fast überall zu diesen silurischen Schichten." Die ungeheure Mächtigkeit und hunderte von Meilen weite Erstreckung einzelner Gneißmassen erregte jedoch alsbald gerechte Bedenken über eine solche einseitige Durchhitzung bis zu dem Grade, daß sie eine gleichmäßige Umkrystallisirung des Schiefers hervorbringen konnte, und darum bezweifelten andere Geologen, namentlich Keilhau, Studer, Linth-Escher, dieselbe und glaubten vielmehr, daß auch bei gewöhnlicher Temperatur langsame Umbildungsprocesse in Gang gekommen sein dürften, deren geringere Energie durch ihre lange Zeitdauer comprimirt wurde. Noch Andere, wie G. Bischof und Haidinger, konnten sich auch mit langsamer Umkrystallisirung nicht befreunden und nahmen daher eine langwierige Durchwässerung der Gesteine an, welche eine substantielle Veränderung und Umkrystallisirung in der Weise hervorbrachte, wie sie im Kleinen bei der Entstehung gewisser Umwandlungspseudomorphosen stattgefunden haben muß.

Die Umwandlungstheorie stützt sich hauptsächlich auf die Schieferung und Schichtung des Gneißes, die man eben als ein untrügliches Kennzeichen sedimentairer Entstehung betrachtet. Daß sie das nicht ist, beweist das Vorkommen von Phonolithen und Trachyten mit vollkommener Parallelstructur, an deren eruptiver Natur doch kein Anhänger der Gneißmetamorphose zweifelt; daß sie das auch für den Gneiß nicht sein kann, haben wir bei der Fächerstructur und der zonenartigen Verbreitung senkrechter Gneißschichten bereits hervorgehoben, und erinnern hier nur an das vollgültige Zeugniß eines Studer, Scherer und Naumann. Es fällt damit zugleich die von Werner und den neuesten Ultraneptunisten aufgestellte Ansicht über den Haufen, daß der Gneiß und Glimmerschiefer sogleich als krystallinische Sedimente aus dem Wasser des ältesten Uroceans abgesetzt worden sei, wogegen bereits Saussure mit aller Entschiedenheit und Strenge auftrat. Wie nun aber die Schichtung keineswegs für eine ursprünglich sedimentaire Bildung des Gneißes spricht, so tritt die Massenhaftigkeit einer solchen entschieden entgegen. In Bezug auf diese sagt Fr. Hoffmann [49] mit Recht, daß es doch etwas sehr und auch der lebhaftesten Einbildungskraft Widerstrebendes behält, auch die ungeheuer mächtigen und über tausende von Quadratmeilen verbreiteten Gneißgebirge, Glimmerschiefermassen u. s. w. für Producte eines solchen Processes zu halten, welcher die schmalen Schieferstreifen in der unmittelbaren Umgebung des eruptiven Granites in Gneiß oder Glimmerschiefer verwandelte. Auch de la Beche, Erdmann, v. Leonhard, Petzholdt, Rivière und andere Geologen beschränken für unsere Felsart den Metamorphismus auf die engsten Grenzen, in denen er durch petrographische und geognostische Verhältnisse unterstützt wird, und unleugbar, sagt v. Blöde als gründlicher Kenner der finnländischen Gneißbildung, ist der Metamorphismus da, wo er durch directe Beobachtung erfaßt und durch physisches Wissen überhaupt erklärt werden kann, doch der Kreis der Gesteine, bei denen dies der Fall, ist nur beschränkt und keineswegs der bodenlosen Hypothese günstig, sowie sie jetzt auf die Spitze getrieben wird. Die Uebergänge aus Gneiß durch Glimmerschiefer in Thonschiefer sind allerdings vorhanden, aber man prüfe letztern nur ganz genau und insbesondere sein Verhalten zum Grauwackenthonschiefer, und es wird in vielen Fällen eine scharfe Grenze am krystallinischen Thonschiefer sich nachweisen lassen; ja Grüner stellt den Uebergang in den Thonschiefer des Grauwackengebirges entschieden in Abrede [50]. Der Chemiker mag die metamorphische Bildungsweise durch Hitze, Gase oder Durchwässerung als möglich und wahrscheinlich nachweisen, aber er kann die dagegen sprechenden geologischen Thatsachen nicht beseitigen und deren Gewicht ist gar häufig ein überwiegendes. Woher der scharfe Wechsel der Gesteine, woher die scharfe Grenze des Gneißes gegen die mit ihm vergesellschafteten Felsarten, woher die in das Nebengestein eindringenden Apophysen, das gangartige Auftreten, der Einschluß unveränderter scharfkantiger Bruchstücke? Das Alles sind Fragen, welche die Metamorphosirung sedimentairer Schiefer völlig unerklärt, unbegreiflich lassen muß.

Sehr beachtenswerth ist, was Studer [51] bei Untersuchung des Gneißes der Aiguilles Rouges über die Genesis desselben äußert. Mit der Frage über Schichtung oder Schieferung des Gneißes, sagt derselbe, steht die Altersbestimmung in nahem Zusammenhange. Ist der Gneiß jünger als das angrenzende Sedimentgebirge: so verwickelt uns die Annahme einer wahren Schichtung desselben in große Schwierigkeiten. Seine Straten wären also ursprünglich horizontal gewesen und später hätten sie eine Drehung in eine verticale Stellung erfahren. Mit dieser Ansicht ist die horizontale Lage der Anthracitschichten auf den Aiguilles Rouges und auch weiter östlich auf Fouly unvereinbar. Oder der Gneiß ist nur in dem Sinne jünger, daß die Injectionen des Feldspathes oder die Umwandlung älterer Sedimente zu Gneiß später erfolgt wären, diese Sedimente aber könnten schon vor der Ablagerung der Anthracitschiefer ihre verticale Stellung erhalten haben. Dann ist schwer einzusehen, daß die Umwandlung in vollkommen entwickelten Protogin die schwache Kuppe der Aiguilles verschont hätte, daß hier gar kein Uebergang der einen Felsart in die andere stattfände, wie wir ihn dagegen im Rhonethale und anderwärts sehen, wo beide Formationen in gleichförmiger Lagerung an einander grenzen. Man fände sich endlich zur Erklärung des ungleichen Niveaus der Anthracitschiefer beinahe zur Annahme genöthigt, daß die mittlern Protoginlagen ohne Zerstörung des auf ihren Köpfen liegenden Sedimentes zwischen den angrenzenden Lagern in die Höhe geflossen worden seien, diese etwas weniger hoch und so abfallend bis in die Grundlage der Kalkkette. Man entgeht einem Theile dieser Schwierigkeiten, wenn man die verticale Tafelstructur des Protogins als eine erst nach oder zugleich mit der Erhebung entstandene Schieferung erklärt, analog der von der Schichtung abweichenden Schieferung in Nordengland oder der Tafelstructur und Schieferung, die zuweilen am Porphyr, Trachyt und an neuern Laven vorkommt. Die Ursache dieser Schieferung könnte, wie Fournet es vielleicht zuerst aussprach, in der Pressung liegen, welche die aufwärts dringende Masse durch die Wandungen der Spalte erlitt; oder nach Sharpe in der vorherrschend parallelen

49) Poggendorff's Annalen für Physik. 1829. XVI. S. 542.

50) Reuß dagegen behauptet, daß im Teplergebirge zwischen Chiesch und Lubitz der Gneiß ohne irgend eine scharfe Grenze in die azoischen sedimentairen Thonschiefer der entsprechenden Silurformation übergehe. 51) Geologie der Schweiz I, 160.

Lage, welche unter starkem Drucke die breiten Flächen ihrer krystallinischen Bestandtheile annehmen mußten; wol auch in einem spätern Rückzuge der Masse, der unter dem Einflusse der Tendenz zur Schieferung und in Folge des Gesetzes, daß die Rückzugsspalten senkrecht stehen auf der Erhitzungsfläche, nothwendig verticale Zerklüftung erzeugen mußte. Die Schieferung des Glimmerschiefers und Gneißes ließe sich als eine Wirkung des Druckes, die Tafelstructur des Granites eher als eine Folge des Rückzuges betrachten. Der anhaltende und regelmäßige Parallelismus, in welchem die Schieferung zu der Richtung der Spalte oder zu der Längenaxe der Centralmasse steht, wäre offenbar eine natürliche Folgerung aus diesen Vordersätzen. Mit dieser Theorie scheint wieder die Ansicht, daß die krystallinischen Schiefer und der Protogin selbst durch Umwandlung älterer Gesteine entstanden seien, kaum vereinbar, oder sie muß noch wesentlich modificirt werden. Die starke Vermehrung des Volumens und die hieraus hervorgehende Pressung lassen sich aus dem Zutritte neuer Stoffe zu den frühern Gesteinen herleiten oder aus der Erhöhung der Temperatur während des metamorphischen Processes. Die Temperatur bis zur Glühhitze zu steigern ist nicht nothwendig, bieten ja auch die jetzt das Hochgebirge bedeckenden Gletscher eine analoge, wol ebenfalls, wenn auch auf andere Weise, durch Pressung entstandene Tafelstructur dar.

Ganz entschieden erklärt sich G. Bischof[100]) gegen den Metamorphismus durch Hitze aus dem Erdinnern, und läßt denselben vielmehr nur auf neptunischem Wege erfolgen. Er erinnert zunächst daran, daß am Mettenberge bei Grindelwald Kalkschichten von kaum mehr als einem Zoll Dicke, auf beiden Seiten von Gneiß umschlossen, weder ihre graue Farbe, noch den unkrystallinischen sedimentairen Charakter verloren haben, daß deutlich erhaltene Belemniten und Ammoniten sich fast an den Contactflächen finden; vergleicht man damit ferner, daß der Alaunschiefer bei Christiania in Berührung mit rothem Feldspathporphyr selbst dann keine Veränderung erlitten hat, wenn nur eine Linie dicke Schieferlagen auf beiden Seiten vom Porphyr umschlossen sind: so muß man fragen, wie erklären die plutonischen Metamorphisten, daß einmal die Hitze beim unmittelbaren Contact nicht und ein andermal in 1000 Fuß Entfernung wirkte? Jeder Gedanke an eine plutonische Metamorphose des Gneißes oder gar an sein lavaartiges Aufsteigen und Eindringen zwischen sedimentaire Bildungen muß man nach solchen Erfahrungen (wir behaupten für diese speciellen Fälle, aber keineswegs allgemein) ein für alle Mal fallen lassen. Die Metamorphose sedimentairer Schiefer für den Gneiß allgemein annehmend, findet Bischof nun dieselbe allein nur durch das Wasser möglich. Die Structurverhältnisse des Gneißes sind von der Art, daß blos die Feldspaththeile und Quarzkörner in mehr oder weniger innigem Gemenge zu dünnen Schichten verbunden sind, der Glimmer aber die Theilungsrichtung bedingend meist nur als dünnes Haufwerk neben und über einander liegender Blättchen und Schuppen erscheint. Da man unmöglich annehmen kann, daß die Materialien zur Bildung der drei Gemengtheile des Gneißes im sedimentairen Gesteine ebenso gesondert vorhanden waren, wie wir sie nach der plutonischen Metamorphose darin finden: so mußten während derselben ganz bedeutende Ortsveränderungen jener Materialien stattgefunden haben. Solche Ortsveränderungen sich in einem auch noch so sehr erhitzten, aber immer noch starren Gesteine zu denken, ein Aufhäufen des Glimmers in Lagen mit gänzlicher Verdrängung des Feldspathes und Quarzes zu begreifen, dies hat seine großen Schwierigkeiten. Berücksichtigt man endlich, daß es schwerlich irgend ein sedimentaires Gestein gibt, welches so zusammengesetzt wäre, daß es während der Cementation ganz in Feldspath, Quarz und Glimmer umgewandelt werden könnte, sondern daß stets von Außen neue Bestandtheile, namentlich Alkalien, zutreten müßten, um eine solche Metamorphose möglich zu machen: so stoßen wir auf unüberwindliche Hindernisse. Von denjenigen sedimentairen Gesteine, das am häufigsten analysirt worden und dessen Umwandlung in Gneiß anzunehmen man vorzugsweise Veranlassung hat, vom Thonschiefer läßt es sich wenigstens darthun, daß ohne Hinzukommen neuer Stoffe von Außen eine gänzliche Umwandlung in Gneiß zu den unmöglichen Dingen gehört. Eine weitere Schwierigkeit erwächst der plutonischen Metamorphose für den Gneiß aus irgend einer sedimentairen Formation durch den Wassergehalt des Glimmers. Der Thonschiefer hält zwar Wasser in hinreichender Menge für die Glimmerbildung, Wasser und Glühhitze sind aber zwei Dinge, die sich nicht mit einander vertragen, doch durch den Druck kann man ja das Wasser zurückhalten; die Vertheidiger jener Hypothese werden also deshalb um so weniger in Verlegenheit sein, als sie ja nur das der Metamorphose unterworfene Gestein in die heißen Regionen des Erdinnern zu versenken und mit so vielen andern sedimentairen Formationen zu bedecken brauchen, um unter einem solchen Drucke die Metamorphose ruhig und ohne Verlust von Wasser von Statten gehen zu lassen. Wenn so die plutonische Umwandlung der Schiefer in Gneiß eine durchaus unzulässige ist: so gewinnt die Metamorphose auf nassem Wege durch die Pseudomorphosenlehre immer mehr Gewicht, da dieselbe uns Verdrängungen im großartigen Maßstabe nachweist. Doch ist nicht zu verkennen, daß die bedeutenden Ortsveränderungen der Materialien in den sedimentairen Gesteinen, aus welchen sich die Gemengtheile des Gneißes namentlich der Glimmer bilden, auch bei einer Metamorphose auf nassem Wege schwierig zu begreifen sind. Daß man sich indessen ein Fort- und Zuführen von Stoffen innerhalb bedeutender Entfernungen leichter durch Wasser als durch Hitze denken könne, ist wol von selbst klar. Unbeschränkte Zeiträume kann man für die Metamorphose auf diesem wie auf jenem Wege annehmen. Aber auch in dieser Beziehung neigt sich die Wage zum nassen Wege, denn so lange Gewässer in Gebirgsgesteinen circuliren, dauert das Zu- und Fortführen von Stoffen in unverändertem Grade fort; bei

100) Lehrbuch der chem. und phys. Geologie 2. Bd. a. a. O.

der plutonischen Metamorphose hingegen nimmt die Wirkung mit allmäliger Erkaltung ab und verschwindet endlich ganz. Ferner lehren die Erscheinungen auf Lipari, wo durch die Wirkung gesäuerter Gewässer auf den Tuff ein hundertfach wiederholter Wechsel zwischen Gypstafeln und Tuffplatten zu Stande kommt, daß ähnliche Ablagerungen bei der Metamorphose des Schiefers auf nassem Wege entstehen konnten.

Wir haben die Ansicht Bischof's unverkürzt hier aufgenommen, um zu zeigen, wie er einmal ausschließlich nur durch wässerige Metamorphose allen Gneiß entstehen läßt und wie er zweitens sehr wichtige geognostische Verhältnisse völlig unberücksichtigt läßt, denn scharfkantige Gneißstücke im Gneiß eingeknetet, Gneißapophysen mit scharfer Begrenzung im Nebengesteine, plötzliches Abstoßen von Gneiß an chemisch sehr nahe verwandten Schiefergesteinen, gleichmäßige Durchsickerung von vielen tausend Fuß mächtigen Schiefermassen u. dergl. lassen sich nicht so leicht begreifen. Die Hitze vermochte es nicht, jene ungeheuren Gesteinsmassen umzukrystallisiren, das Wasser kann sie aber ebenso wenig durchtränkt haben und da uns beide Umwandlungswege im Stiche lassen, nehmen wir eine primitive Bildung des Urgneißes an, die aber nach allen übrigen Erscheinungen nicht im Wasser erfolgt sein kann.

Die Untersuchungen, welche in neuester Zeit von Durocher[53]), Daubrée[54]) und Delesse[55]) über die Bildung krystallinischer Silicatgesteine veröffentlicht wurden, werfen, so wenig speciell sie sich auch mit dem Gneiße beschäftigen, zwar einiges Licht auf die Genesis unserer Gebirgsart, allein wir müssen uns begnügen, auf sie aufmerksam gemacht zu haben, da sie uns zu weit von dem Gesteine ab und in die Chemie führen würden.

Die Ansicht, daß der Urgneiß und die Urformation überhaupt die ursprüngliche Erstarrungskruste unseres Planeten bilde, diese Gesteine also durch die Abkühlung des glühendflüssigen Erdballes entstanden sind, wurde von Breislack, Cordier, v. Blöde, de la Beche, Petzholdt, Scheerer, Nöggerath, Cotta, Rivière u. A. vertreten und ist auch von Naumann in seinem vortrefflichen Lehrbuche der Geognosie 2. Bd. S. 1[illegible] aufrecht erhalten worden. Letzterer schließt seine Darstellung mit den Worten: daß sich die primitiven Gesteine ursprünglich in einem weichen plastischen Zustande befunden haben müssen, dies hat Scheerer aus den Biegungen und Undulationen der Gneißlagen und schon früher Macculloch aus den höchst auffallenden Windungen des Glimmerschiefers geschlossen, welche er mit ähnlichen Windungen in der Structur gewisser Basalte verglich. Auch dürfte sich gegen die Richtigkeit dieser Folgerungen Nichts einwenden lassen, welche in der so häufig vorkommenden Streckung des Gneißes und anderer Urgesteine ihre vollkommene Bestätigung findet. Ob aber dieser plastische Zustand durch hohe Temperatur allein oder durch gleichzeitige Einwirkung von Hitze und Wasser oder lediglich durch letzteres Element bedingt worden sei, das sind Fragen, deren Beantwortung noch von der Zukunft erwartet werden muß. Einstweilen ist die Bildungsweise der primitiven Gesteine noch in ein solches Dunkel gehüllt, daß dieselben mit allem Rechte als kryptogene Gesteine bezeichnet werden können.

Die Oberflächenformen des Urgneißes ändern zwar mehrfach ab, lieben doch aber vorzugsweise steile, wilde und pittoreske Felsengestaltung, welche im Hochgebirge, wo er die höchsten Gipfel constituirt, die wundervollste Scenerie bildet. Wie die Felsen steil aufsteigen, so schneiden auch die Thäler eng und tief ein. Die Alpen, der Böhmerwald und Norwegen bieten die interessantesten Gneißfelsgestalten. Doch constituirt der Gneiß auch niedrige Rücken, sanft gerundete Bergformen und weit ausgedehnte Plateaus, zumal wenn er mit Glimmerschiefer und Thonschiefer um die Herrschaft des Terrains kämpft oder diesen gar untergeordnet ist. Beispiele dieser Art liefern das mittelböhmische Gneißgebirge und das Leithagebirge. Die Verwitterung, ob leichter oder langsamer und schwerer, hängt ganz von der mineralogischen Beschaffenheit und Structur des Gesteines ab, von dem Verhältnisse der wesentlichen Bestandtheile zu einander, ob bald das eine oder das andere überwiegt, da bekanntlich Quarz, Feldspath und Glimmer sehr verschieden gegen äußere Agentien sich verhalten. Die glimmerreichen Gneiße erliegen im Allgemeinen der mechanischen Auflockerung am schnellsten und diese beschleunigt die weitere Auflösung, am längsten trotzen die quarzreichen Abänderungen und besonders wenn sie zugleich eine unvollkommene Parallelstructur besitzen. Von dieser schwankenden mineralischen Beschaffenheit hängt auch die Beschaffenheit des Bodens ab, welchen der Gneiß bei der Verwitterung liefert. Bald sehen wir die Gneißberge mit der üppigsten Waldung bedeckt, bald kahl und nackt nur von starren Flechten spärlich bekleidet; die eine Abänderung liefert einen der Forst- und Ackerkultur günstigen oder wenigstens fügsamen Boden, die andere verharrt in Unfruchtbarkeit und gewährt der Vegetation nur einen kümmerlichen und dürftigen Unterhalt.

Die geographische Verbreitung des Gneißes ist eine ganz allgemeine und wir konnten in unserer Darstellung Beispiele aus den verschiedensten Welttheilen, aus den Gebirgen der entlegensten Gegenden beibringen. Die genaue Verfolgung der Grenzen seines Auftretens hat nur ein locales Interesse und ist in den speciellen geognostischen Monographien und auf geognostischen Karten einzelner Gebirge und Länder nachzusehen. Auf die wichtigsten dieser aufmerksam zu machen, werfen wir zum Schlusse noch einen übersichtlichen Blick auf die horizontale Verbreitung des Gneißes und der Urformation überhaupt.

In Norwegen und Schweden beherrscht die Urgneißformation ein Gebiet von einigen tausend Quadratmeilen, das von den ausgezeichnetsten Geologen in den verschiedensten Richtungen durchforscht worden ist. Wir erinnern an die in unserer Darstellung mehrfach erwähn-

53) Comptes rendus hebd. 1857. XLIV, 325—330. 459—464. 605—609. 776—780. 859—863. 54) Ebendas. XLV, 792—795; Bullet. de la soc. géol. de France 1858. XV, 96—119. 55) Comptes rendus hebd. 1858. XLVII, 495—498; Bullet. de la soc. géol. de France 1858. XV, 725—762.

im Reisewerke von L. v. Buch, Hausmann, Naumann, an die vortrefflichen Arbeiten von Keilhau, Hisinger, Scherrer, v. Blöde, Erdmann, Daubrée, Rettó, die wir ebenfalls wiederholt zu citiren Gelegenheit hatten. Auch in Schottland und auf den benachbarten Inseln spielt der Gneiß eine bedeutende Rolle, wie aus Macculloch's Arbeiten[56]) zu ersehen ist. In Frankreich beherrscht unsere Gebirgsart einen großen Theil des alten Plateaus vom mittleren Frankreich und im Süden einen Theil der Pyrenäen[57]). In Deutschland begegnen wir dem Gneiße zunächst im Schwarzwalde, wo er am Südende den sogenannten Vorwald zwischen der Wehra und Alb constituirt, von Säckingen bis oberhalb Albbruck unmittelbar an den Rhein stößt, dann die ansehnlichen Höhen auf dem linken Ufer der Alb bildet, im Schwarzathale und Schluchtthale und außerdem noch in mehren kleinen Partien auftritt. Im Norden der großen Granitmasse zieht er von Sulzburg über Todtnau nach Neustadt, die bedeutendsten Höhen constituirend, setzt über Freiburg, Waldkirch bis Oberkirch fort, begleitet die Murg, Elz und Kinzig[58]). Im Odenwalde gewinnt er nur im östlichen Theile eine ansehnliche Verbreitung und erscheint auch am Spessart[59]). Im Harze ganz fehlend tritt er im Thüringerwalde auch nur ganz untergeordnet und in innigstem Zusammenhange mit dem Granit bei Brotterode auf[60]). Bedeutungsvoller sehen wir ihn schon im Fichtelgebirge wieder, wo er sowol zwischen dem Glimmerschiefer und Granit (zwischen Weißenstadt und Wunsiedl, zwischen Großwendern und Zeußen, bei Redwitz u. a. O.) sich eindrängt, als auch zwischen Hof und Markt Schorgast inselartig im Grauwackengebiete lagert[61]). Im Erzgebirge dagegen gewinnt er die Herrschaft. Hier dehnt sich sein größtes Gebiet von dem nordöstlichen und südwestlichen Rande als ein großes Dreieck über die Hälfte der ganzen Oberfläche aus, an seiner Westseite vielfach in den Glimmerschiefer eingreifend; in kleineren Partien lagert er bei Tannersdorf und Frankenberg, bei Schwarzenberg, Schneeberg und Kirchberg. Im sächsischen Mittelgebirge schwimmt er schollenartig im Granulit und umsäumt diesen auch mit anderen Gesteinen. In der Oberlausitz tritt er wieder zurück, obwol er mehrfach neben Syenit und Granit Platz zu gewinnen sucht[62]). Böhmen wird fast ringsum von krystallinischen Gesteinen umkränzt, welche mit großen Armen in das Innere eingreifen. Die Gneißformation, meist mit der Urschieferformation eng vergesellschaftet, spielt dabei eine hervorragende Rolle, zunächst eine bedeutende im mittleren und östlichen Theile des böhmischen, an Erzgängen und besonders Lagerstätten reichen Erzgebirges und im Tepler Gebirge zwischen Königswart, Schönficht, Schlaggenwald, Buchau, Ludiz, Neumarkt u. a. O., im westlichen Theile des Erzgebirges dagegen wird sie vom Glimmerschiefer auf einen engen Raum zurückgedrängt, der sie auch im Egerer Becken nicht zur Herrschaft kommen läßt. In den Sudeten tritt der Gneiß nur als schmaler nördlicher Saum des Granites auf, bildet aber doch den höchsten Gipfel, die Tafelfichte 3577 Fuß, im Riesengebirge verschwindet er dann böhmischer Seits gänzlich, herrscht jedoch bereits in den Höhen des königgrätzer Kreises, kämpft im Schneeberge, dem riesigen Grenzsteine zwischen Böhmen, Schlesien und Mähren mit Glimmerschiefer und Thonschiefer um die Herrschaft, die er denn auch im böhmisch-mährischen Grenzgebirge erobert und im Böhmerwalde wenigstens in einigen Ketten behauptet[63]). Im schlesischen Riesengebirge verdrängt ihn der Glimmerschiefer wieder bis auf unbedeutende Zonen, aber schon im Eulengebirge beansprucht er für sich wieder den ganzen nordöstlichen Theil, freilich um im schlesisch-mährischen Gebirge sofort dem Glimmerschiefer das Gebiet zu überlassen[64]). In Baiern constituirt der Gneiß in Verbindung mit Granit das nordwestliche Grenzgebirge, dann den Kern des Donauzuges und die Donauleiten[65]). Dieselbe Rolle spielt er auch in Nieder- und Oberösterreich nördlich der Donau[66]), in Mähren[67]), auch im

56) System of Geology and Description of the Western Islands. *Necker de Saussure*, Voyage en Écosse II. *Murchison*, Quarterly journal geol. Soc. London 1858. XIX, 501. 57) *Dufrénoy et Élie de Beaumont*, Explication de la carte géologique de la France. *Rivière*, Mémoires soc. géol. de France, 2 série IV. *Coquand* ibidem III, 289. *Charpentier*, Essai sur la constitution géogn. des Pyrénées. Außerdem viele Aufsätze im Bullet. de la soc. geol. de France. 58) Walchner, Handbuch der Geognosie (1833) S. 843. G. Leonhard, Geognost. Skizze des Großherzogthums Baden (1846). Ewald, Geologische Reliefkarte des Königreichs Würtemberg und Großherzogthums Baden. 59) v. Klipstein, Geognostische Karte des Odenwaldes 1827, 1829. Speyer, Geognostische Karte der Gegend zwischen Taunus, Vogelsgebirge, Spessart und Rhön. Becker, Geognostische Skizze des Großherzogthums Hessen 1847. Seiß, Uebersicht der geologischen Verhältnisse des Großherzogthums Hessen 1852. Wißmann in Bronn's Neuem Jahrb. f. Mineral. 1839. S. 418. 60) Credner, Geognostische Karte des Thüringerwaldes 1855; Uebersicht der geognost. Verhältnisse Thüringens und des Harzes 1843. Heim, Geologische Beschreibung des Thüringerwaldes. 2 Thle. 1796. S. 98. 61) Goldfuß und Bischoff, Physikalische Beschreibung des Fichtelgebirges 1817. Schmidt, Gesteine der Centralgruppe des Fichtelgebirges 1850. Cotta in Bronn's Neuem Jahrb. f. Mineral. 1841. S. 817; 1848. S. 171.

62) Naumann und Cotta, Geognostische Karte von Sachsen und Erläuterungen zu derselben in 5 Heften. Außerdem viele Aufsätze in Bronn's Neuem Jahrb. für Mineral. u. a. a. O. 63) Reuß, Kurze Uebersicht der geognostischen Verhältnisse Böhmens. (Prag 1854.) Gumprecht, Beiträge zur Kenntniß von Böhmen 1834. Zippe, Uebersicht der Gebirgsformationen in Böhmen 1831. Hochstetter, Geognostische Studien aus dem Böhmerwalde im Jahrb. der k. k. geol. Reichsanstalt 1854—1856, auch die Abhandlungen von Jokely daselbst 1855 und 1856, von Zepharovich daselbst 1854, 1855, 1856. 64) L. v. Buch, Geognostische Beobachtungen auf Reisen durch Deutschland und Italien I. 28—36. v. Zobel und v. Carnall, Geognostische Beschreibung von einem Theile des niederschles., glatz. und böhm. Gebirges in Karsten's Archiv 1831. III u. IV. Scharenberg, Handbuch für Sudeten-Reisende 1850. v. Oeynhausen, Versuch einer geognostischen Beschreibung von Oberschlesien 1822. S. 34—41. 65) Wineberger, Versuch einer geognostischen Beschreibung des Bayerischen Waldgebirges und Neuburger Waldes 1851. S. 21—29. Gümbel in Bronn's Neuem Jahrb. für Mineralogie u. 1856. S. 173. 66) Lipold im Jahrb. der k. k. geologischen Reichsanstalt 1852. III c. S. 36 und Peters ebendaselbst 1853. IV. S. 232. 67) Jokely ebendaselbst 1854. V. 107. v. Hingenau, Uebersicht der geologischen Verhältnisse von Mähren und Oestr.-Schlesien 1852. v. Hauer, Uebersicht

Leithagebirge und im Rosaliengebirge an österreich-ungarischer Grenze [68]). Die krystallinischen Schiefer in den Karpathen gehen nur hin und wieder in Gneiß über und lassen diesen zu keiner mächtigen Entwicklung gelangen [69]). In den Alpen dagegen constituirt er die Centralmasse des St. Gotthardt, Finsteraarhorn, Montblanc, der walliser Alpen, von wo aus er nach Piemont seine Ausläufer schickt, in die tessiner und bündtner Alpen fortsetzt [70]), dann durch die Masse der Oetzthaler in die Hauptkette der tyroler und salzburger Alpen übergeht [71]), um die gleiche Rolle bis Steiermark, Kärnthen und Illyrien zu spielen [72]). In Spanien erscheint der Gneiß stets mit Glimmer-, Thon- und Quarzitschiefer vergesellschaftet in der Nachbarschaft der granitischen Gesteine, so an vielen Orten in Galizien, am südlichen Abhange der Pyrenäen, in der Sierra de San Lorenzo, an der catalonischen Küste, in Estremadura bis zur Cordillera de Guadarrama, deren Kamm der Gneiß ausschließlich beherrscht, dann auch in der Provinz Murcia und der Sierra de Cammedio [73]). Ebenso vereinzelt treffen wir ihn in Italien wieder, massenhafter dagegen im Banat [74]), im Hämus und Balkan [75]) und auf einigen griechischen Inseln wie auf Euböa [76]).

Minder bekannt und untersucht als die europäischen Gneißgebiete sind die afrikanischen, obwol dieselben gleichfalls eine sehr ausgedehnte Verbreitung haben. In Algier fand ihn Renou [77]) auf dem Wege von Tunis nach Murzuk Ouerweg, auch in der Provinz Constantin wurde er beobachtet, nach einzelnen Handstücken zu schließen tritt er an der Goldküste mit Granit vergesellschaftet vor, ebenso im Namaqualande [78]) und am Cap. Im nordöstlichen Afrika spielt er nach Russegger [79]) eine bedeutende Rolle. Derselbe verfolgte ihn von der Ostküste Aegyptens durch die Gebirge Zaburreh, Olack u. a. bis zum Kataraktengebirge nach Nubien und Kordofan, Darfour, im äthiopischen Hochlande, im Lande der Nubas, den Ebenen der Dinkas, Fassoki, dem Lande Berta, dem der Gumuß und Galla. Auch die Gebirge Innerafrika's scheinen nach den neuesten Reiseberichten zum Theil aus Gneiß zu bestehen. — Im Himalaya unterscheidet Herbert [80]) drei Ketten, von welchen nur die dritte von der Gneißformation constituirt wird, in den beiden andern dieselbe nur untergeordnet auftritt. Ueber ihr Auftreten in Mittelindien berichtet Hardie [81]), in den Neilgherries Benza [82]), an dem 12,000 Fuß hohen Nitipasse im Himalaya Batten [83]), im indischen Kaukasus [84]) Malcolmson. Auf Sumatra beherrscht unsere Formation die padangschen Hochländer bis zu 2000 Fuß Meereshöhe und in Neu-Holland fand ihn Wilson [85]) unweit Sydney mit Granit und Glimmerschiefer innig verbunden, Jukes [86]) am Cap Jervis in Südaustralien, auch in der König-Georgsbucht als Glied der Urformation unter den andern Gliedern derselben ausgebildet. Ganz so traf ihn Herland [87]) auf der Nobisfeinsel an der östlichen Küste von Madagascar.

Auf den aleutischen Inseln geht nur der Glimmerschiefer an einzelnen Stellen in Gneiß über, sonst herrscht auf deren ganzem Gebiete nur ersterer im Vereine mit Granit. Aber im arctischen Amerika wie auf Grönland drängt sich der Gneiß schon bedeutungsvoll hervor und bewahrt sich diesen gewichtigen Antheil an der Bildung des ungeheuren Continentes bis zur Magelhaensstraße hinab. In den Vereinten Staaten beherrscht er, wie die Untersuchungen der Staatsgeologen dargethan haben, weite Gebiete [88]); in den Savannen von britisch Guiana untersuchte ihn Schomburgk [89]), in Venezuela Karsten [90]), dann in der ungeheuren Ausdehnung in Brasilien Eschwege, Heußer u. A. [91]), im Küstengebirge Chili's Crosnier [92]) und längs dieser Küste hinab bis zum Cap Horn Grange [93]).

(Giebel.)

GNEIST (Ernst Andreas), geb. am 16. Oct. 1777 in Magdeburg, wo sein Vater Artilleriehauptmann war, verdankte dem Domgymnasium seine Elementarbildung. In seinem 17. Jahre (1794) bezog er die Universität zu Frankfurt an der Oder. Er studirte dort die Rechte. Im J. 1797 ward er Auscultator bei der preußi-

der geologischen Verhältnisse des Erzherzogthums Oestreich unter der Enns 1855.

68) Czjzek im Jahrb. der k. k. geol. Reichsanstalt 1853. III. 1854. V, 465. 69) Cotta in Bronn's Neuem Jahrb. für Mineral. 1855. S. 25. 70) Studer, Geologie der Schweiz. 1. Bd. 71) L. v. Buch, Geognostische Beobachtungen auf Reisen Bd. 1. II. Ebel, Ueber den Bau der Erde in dem Alpen 1808. Murchison, Ueber den Gebirgsbau in den Alpen, Apenninen und Karpathen 1850. Cotta, Geologische Briefe über die Alpen 1850. Schmidt, Geognostische Karte von Tyrol und Vorarlberg 1851. Berichte des geognostisch-montanistischen Vereins für Steiermark und besonders die zahlreichen Abhandlungen im Jahrbuche der k. k. geologischen Reichsanstalt. Grebner in Bronn's Neuem Jahrb. für Mineralogie 1850. S. 515. 72) Die Berichte des steiermärkischen geognostisch-montanistischen Vereins, die des kärnthner Landesmuseums und das Jahrbuch der k. k. geol. Reichsanstalt. 73) Ezquerra del Bayo in den Denkschriften der Madrider Akademie und daraus im Bulletin de la Société des naturalistes de Moscou 1858. XXXI, 500—514 und in der Zeitschrift für gesammte Naturwissenschaften 1859. XIV. Auch in Willkomm's Spanien. 74) Kudernatsch im Jahrbuche der k. k. geologischen Reichsanstalt 1855. VI, 219. 75) Boué's Reisen in die Türkei und Viquesnel, Mémoires de la soc. géol. de France, 2 sér. 1, 287. 76) Russegger in Bronn's Neuem Jahrb. f. Mineralogie 1839. S. 630. 77) Annales des mines, 4 sér. IV, 521. 78) Rubidge, Quarterly journ. geol. soc. London 1856. XII, 237. 79) a. a. O. 1840. S. 1.

80) Bulletin de la soc. géol. de France 1833. III, 72. 81) Asiatic researches XVII. 82) Bibliothèque univers. Genève 1836. VI. p. 178. 83) Ebendaselbst 1839. XXII, 401. 84) London and Edinburgh philos. magazine 1834. IV, 225. Auch Malcolmson, Transactions geol. soc. London, 2 ser. V. 85) Quarterly journal geol. soc. London 1856. XII, 280. 86) L'Institut 1847. XV, 161. 87) Annales des mines, 5 sér. VIII, 235. 88) Außer den Geological Reports der verschiedenen Staaten vergleiche man noch Lyell im Bullet. soc. géol. France, 2 sér. XII, 400. 89) Quarterly journal geol. soc. London 1845. I, 298. 90) Zeitschrift der deutschen geologischen Gesellschaft 1850. II, 358. 91) Eschwege, Beiträge zur Gebirgskunde Brasiliens 1832. Heußer, Deutsche geologische Zeitschrift 1858. X, 412 und in Petermann's Geographischen Mittheilungen 1859. Nr. XI. d'Orbigny, Voyage dans l'Amerique meridionale III. 3. p. 18 seq. 92) Annales des mines, 1851. XIX, 165. 93) Dumont d'Urville, Voyage au pole Sud. Paris 1842.

schen Regierung in Posen und 1798 Justizcommissarius in dem dortigen Bezirke. Trübe Schicksale trafen ihn im J. 1806. Durch die französische Occupation verlor er den größten Theil seines Vermögens und zugleich seine Stelle. Als Justizcommissar bei dem Oberlandesgerichte zu Cöslin erwarb er sich den Ruf eines der tüchtigsten Advocaten. Im J. 1810 ward er beim Kammergericht zu Berlin und 1820, nach einer kurzen Geschäftsthätigkeit in Langensalza, als Rath bei dem neu organisirten Landesgerichte in Eisleben angestellt. Im J. 1834 ward er nach Aschersleben versetzt, wo er am 26. Aug. 1845 starb. Durch seine Berufstreue und seinen streng rechtlichen Charakter erwarb er sich allgemeine Achtung, obschon ihm eine gewisse Schroffheit eigen war, welche seine wechselvollen Lebensschicksale in ihm erzeugt hatten. Groß war seine Liebe zu den Wissenschaften, namentlich zur Mathematik, Astronomie und Geographie. Der literarischen Welt machte er sich durch mehre Broschüren über das preußische Hypothekenwesen vortheilhaft bekannt. Anonym, wie mehre seiner Schriften, erschien zu Halle 1824 das von ihm mit besonderem Fleiße ausgearbeitete Werk: „Die gerichtliche Arithmetik, in Beziehung auf die königl. preußischen Gesetze und mit besonderer Rücksicht auf die der Algebra Unkundigen abgefaßt"[1]). Die schon ausgearbeitete zweite Auflage dieses Werkes verhinderte sein Tod. In seinem literarischen Nachlasse befanden sich mehre Schriften über Arithmetik, unter andern eine Theorie der Decimalbrüche[2]).

(*Heinrich Döring.*)

Gnemon, s. Gnetum.

Gneomar von Natzmer, s. Natzmer.

Gnephosis, s. Gnaphalieen.

GNESEN. 1) Kreis Gnesen im königl. preußischen Regierungsbezirke Bromberg mit einem Flächeninhalte von 23,94 □Meilen und etwa 42,000 Einwohnern, früher eine im J. 1768 von der Woiwodschaft Kalisch abgetrennte polnische Woiwodschaft, aus den Districten Gnesen, Kcin und Nakel bestehend, von denen die beiden letztern bald darauf wieder verloren gingen.

2) Kreisstadt Gnesen (polnisch Gniezno), ehemals Hauptstadt und zugleich die älteste Stadt des Reiches Polen, in welcher auch die Könige gekrönt wurden, in einer Ebene zwischen Seen und Hügeln, Sitz eines im J. 1000 gestifteten Erzbisthums. Boleslaus I. kaufte den Preußen den Leichnam des von ihnen erschlagenen Heiligen Adalbert oder Albrecht ab und ließ ihn in der Hauptkirche Gnesens begraben. Nach dem Brande im J. 1818 wurde die Stadt meist auf Kosten des Königs regelmäßig, schön und geschmackvoll aufgebaut. Sie hat etwa 6000 Einwohner, darunter ⅙ Juden, 14 katholische Kirchen, unter ihnen einen auf einem Berge gelegenen höchst prachtvollen Dom, ein Domcapitel, ein katholisches Priesterseminar und ein evangelisches Bethaus, ein Franziskaner-Mönchs- und Nonnenkloster, ein Metropolitan- und Prosynodalgericht und ein Friedensgericht. Der hier residirende Erzbischof war früher zugleich Primas regni. Die Gewerbthätigkeit beschränkt sich auf Tuchweberei und Branntweinbrennerei; bedeutend ist der Viehhandel, namentlich ziehen die Viehmärkte eine sehr große Anzahl Fremder hierher. — In der Domkirche liegen mehre polnische Könige begraben; ob auch die Gebeine des Heiligen Adalbert noch dort ruhen, ist zweifelhaft, da die Böhmen behaupten, dieselben seien im J. 1038 von hier nach Prag abgeführt.

(*H. E. Hössler.*)

GNESIOPERSEA ist der Name einer Untergattung von Persea, welche zu den Laurineen gehört und von Gärtner aufgestellt wurde. Ihre Blüthen sind zweigeschlechtlich oder selten getrennten Geschlechts. Die Blüthenhülle ist tief sechstheilig, fast gleich oder ungleich, sie bleibt stehen oder verschwindet zuletzt bis zum Grunde. Die 12 Staubgefäße stehen in vier Reihen, die 9 äußeren sind mit Staubbeuteln versehen, die drei inneren ohne dieselben, die Träger der ersteren sind fadenförmig, wollig, die drei innersten sind am Grunde von je zwei drüsenförmigen, kugeligen Staminodien umgeben; die Staubbeutel sind in der ersten und zweiten Reihe nach Innen, in der dritten Reihe nach Außen gewandt, alle sind länglich, vierfächerig, die Fächer sind länglich, ungleich, die gestielten unfruchtbaren Staubbeutel sind mit einem deutlichen, herzförmig-dreieckigen Köpfchen versehen. Der Fruchtknoten ist einfächerig, eineiig. Die Narbe ist scheibenförmig-verbreitert. Die einsamige Beere sitzt auf dem mehr oder weniger verdickten, fleischigen, Anfangs von der unveränderten Blüthenhülle gekrönten Blüthenstielchen.

Die zu dieser Gattung gehörigen Arten, Bäume im tropischen Asien und Amerika, haben wechselständige, gerippt-fiedernervige Blätter, zweiklappige zusammengedrückte Knospen, einen rispigen oder straußförmigen, bisweilen nur wenigblüthigen Blüthenstand und fast doldige, mit kleinen Deckblättern besetzte Aestchen.

Die Gattung zerfällt in zwei Untergattungen:

1) Gnesiopersea *Nees*. Die Zipfel der Blüthenhülle sind gleich groß oder zwei derselben sind kleiner. Die Staubfäden der dritten Reihe sind am Grunde von zwei Drüsen umgeben, die der vierten Reihe sind steril, an der Spitze nackt. — Die hierher gehörigen Arten wachsen in Amerika und Asien, es sind dies Persea peduncularis, incrassata, gratissima, Schiedeana, drymifolia, hypoglauca, erythropus, indica, amplexicaulis, Selloviana, cinnamomifolia, macropoda und nutans.

2) Eriodaphne *Nees*. Die äußeren Zipfel der Blüthenhülle sind kleiner. Die Staubgefäße der dritten Reihe sind von je zwei sitzenden Drüsen umgeben, die der vierten Reihe sind steril und an der Spitze bärtig. — Die Arten dieser Abtheilung wachsen nur in Amerika. (*Garcke.*)

GNESIPPOS, ein athenischer Dichter, der ungefähr zwischen die Zeit des Perser- und des peloponnesischen Krieges fällt und vor Aristophanes dem Komiker als

---

1) Es erschien auch unter dem Titel: „Die gerichtliche Arithmetik, in Beziehung auf die königl. preußischen Gesetze, oder Gebrauch der Algebra und Logarithmen." 2) Siehe den Neuen Nekrolog der Deutschen. Jahrg. XXIII. Th. 2. S. 705 fg. Meusel's Gel. Deutschland Bd. 22. Abth. 2. S. 387.

Dichter thätig war, ist uns nur aus einer Stelle des [1]) Athenaios bekannt, die, da sie von den Neuern verschieden behandelt worden, auch über Gnesippos und seine Lebensverhältnisse verschiedene Ansichten veranlaßt hat. Athenaios kommt [2]) nach Erwähnung verschiedener eigenthümlicher Erscheinungen in Poesie und Musik auf schlechte Dichter, bespricht von diesen zuerst Telenikos und Argas, sodann Nachahmer des Terpandros und Phrynis, und schließlich mit Gnesippos, über den er nur Zeugnisse aus den alten Komikern zusammenstellt; sonst scheint er ihn nicht erwähnt gefunden, auch keine Gedichte von ihm gekannt zu haben. Betrachtet man nun die angeführten Stellen der Komiker, so zeigt sich in ihrer Folge ein chronologisches Princip: zuerst zwei vor Kratinos fallende Komödien, dann die des Kratinos; jene ältern müssen also vor Ol. 80 fallen, oder in den Anfang der achtziger Olympiaden oder doch wenigstens vor die im Folgenden von Kratinos angeführten Stücke. An der Spitze steht ein Stück des Chionides, die Armen; von dieses Dichters Zeit ist nur so viel sicher, daß sie vor und neben die des Kratinos fällt: da also war Gnesippos berühmt. Aber nach dem Ausdruck des Athenaios wird [3]) gezweifelt, ob dies Stück dem Chionides mit Recht zugeschrieben werde; meiner Meinung nach bezeichnet Athenaios freilich, daß Chionides als eigentlicher Verfasser nicht angesehen sei, aber zugleich auch, daß dies Stück von ihm aufgeführt, vielleicht auch, daß es von ihm umgearbeitet sei; jedenfalls steht also Chionides mit ihm in enger Beziehung und fällt es in seine Zeit. Dasselbe gilt von den Heloten, welche von einzelnen [4]) Alten dem Eupolis zugeschrieben werden; er hat entweder sie überarbeitet, sie, ein älteres Stück zeitgemäß zugestutzt auf die Bühne gebracht, oder unter seinem Namen das eines Andern aufgeführt; jedenfalls wird dies nicht lange nach Ol. 87, 4 geschehen sein, wo er anfing [5]) aufzuführen, wenn nicht schon vorher. Denn zu letzterem zwingen fast die Ritter des Aristophanes, welche Ol. 88, 2 geschrieben und gegeben sind; als sie verfaßt wurden, war Gnesippos schon todt, da in der zweiten Parabase [6]) der Dichter die von Gnesippos vertretene Poesie bespricht, diesen aber nicht, sondern Andere als die Vertreter derselben brandmarkt. Dies zur Bestimmung der Zeit des Gnesippos, für welche auch eine Erwähnung bei dem Komiker Telekleides spricht; nun zu seinem Leben. Von diesem ist sehr wenig bekannt: der Vater hieß Kleomachos; da dies ein athenischer Name — auch Archonten hießen [7]) so — so wird Gnesippos ein attischer Bürger gewesen sein, wie denn auch wol ohne dieses Kratinos ihn als [8]) Fremdling bezeichnet haben würde; erwachsen schloß er sich an die Schlechten Athens an und trieb vielfach Ehebruch; was er erlebt, schilderte er in Gedichten. So wenigstens nach [9]) Telekleides; nothwendig folgt es jedoch nicht aus dessen Worten; doch bei wirklichem Sinne für Tugend würde er in der Poesie wol einen andern Weg verfolgt haben, als er eingeschlagen hat. Denn seine Poesie, zu der wir uns jetzt wenden, war eine durchaus sittenlose und verwerfliche, wie auch Athenaios in seinen Einleitungsworten, wenn auch schonend, zu verstehen gibt, wenn er ihn παιγνιαγράφος τῆς ἱλαρᾶς μούσης nennt; παίγνια nämlich war [10]) im Allgemeinen üblich als Bezeichnung einer Sammlung von Liedern, welche sich nicht an ein Metrum banden, noch an einen bestimmten metrischen Styl, so gut verschiedenartige Strophenformen zeigen, als Elegien und lyrische Compositionen sein konnten, deren Inhalt ferner verschieden und buntscheckig war, weshalb denn Mnaseas, der in ihnen sich berühmt gemacht, als Spottnamen den Namen eines bunten [11]) Fisches, πάλαξ, erhalten hatte, meist jedoch sich auf üppige, sinnliche Liebe und deren Genuß bezogen; deren Vortrag endlich der des [12]) Gesangs war, wodurch ihre Form und ganze Behandlung bestimmt wurde; erst in alexandrinischer Zeit scheint man davon abgegangen zu sein und παίγνια in Hexametern und nicht für den Gesang bestimmten Distichen geschrieben zu haben, wie Philetas und Homeros zeigen. Dies liegt

1) Wir theilen hier vollständig die Stelle nach Dindorf mit: Athen. XIV. p. 638 D. E. F: ὁ δὲ τοὺς εἰς Χιωνίδην ἀναφερομένους ποιήσας Πτωχοὺς Γνησίππου τινὸς μνημονεύει παιγνιαγράφου τῆς ἱλαρᾶς μούσης λέγων οὕτως (Meinek. Com. Gr. Frr. II, 1. p. 6 seq., s. unten Note 32):

ταῦτ' οὐ μὰ Δία Γνήσιππος οὐδ' ὁ Κλεομένης
ἐν ἐννέ' ἂν χορδαῖς κατεγλυκάνατο.

καὶ ὁ τοὺς Εἵλωτας δὲ πεποιηκώς φησι (Meinek. l. c. p. 461 seq., s. unten Note 15):

τὰ Στησιχόρου τε καὶ Ἀλκμᾶνος Σιμωνίδου τε
ἀρχαῖον ἀείδειν· ὁ δὲ Γνήσιππος ἔστ' ἀκούειν,
ὃς νυκτέρεια μοιχοῖς ᾄσματ' ἐκκαλεῖσθαι
γυναῖκας ἔχοντας ἰαμβύκην τε καὶ τρίγωνον.

Κρατῖνος ἐν Μαλθακοῖς (Mein. l. c. p. 74, s. unten Note 36):

τίς ἆρ' ἐραστὴς μ' οἶδεν, ὦ Γνήσιππ'; ἐγὼ πολλῇ χολῇ·
οἶμαι γὰρ μηδὲν οὕτως μωρὸν εἶναι καὶ κενόν.

* * κωμῳδεῖ δὲ αὐτὸν εἰς τὰ ποιήματα καὶ ἐν Βουκόλοις (Mein. l. c. p. 27, s. unten S. 172):

ὃς οὐκ ἔδωκ' αἰτοῦντι Σοφοκλέει χορόν,
τῷ Κλεομάχου δ', ὃν οὐκ ἂν ἠξίουν ἐγὼ
ἐμοὶ διδάσκειν οὐδ' ἂν εἰς Ἀδώνια.

ἐν δὲ ταῖς Ὥραις (Mein. l. c. p. 163, s. unten Note 58):

ἴτω δὲ καὶ τραγῳδίας
ὁ Κλεόμαχος διδάσκαλος, παρατιλτριῶν
ἔχων χορὸν Λυδιστὶ τιλλουσῶν μέλη
πονηρά.

Τηλεκλείδης δ' ἐν τοῖς Στερροῖς καὶ περὶ μοιχείας ἀναστρέφεσθαι (Mein. l. c. p. 370, s. unten Note 9) φησιν αὐτόν. 2) Athen. XIV, p. 638 C: καὶ μαγῳδοὺς δὲ φασι γεγονέναι ποιητάς, περὶ ὧν φησι Φανίας κ. τ. λ. 3) Mein. Com. Gr. Frr. I. p. 28.

4) Mein. l. c. p. 130. II, 1. p. 483. 5) Mein. l. c. p. 104. 6) Arist. Equit. 1278 seq. 7) Corp. Inscr. Gr. T. I. n. 111; cf. Meier, Comm. epigraph. II. p. 86. — Ueber den Satz s. unten Note 56—59. 8) Grade bei Dichtern erwähnen die Komiker, wenn es mit ihrem Bürgerrechte nicht recht sicher ist: so bei Kleophon Arist. Ran. 679 seq. 9) Siehe oben Note 1; es scheint übrigens περὶ μοιχείας falsch zu sein; ἐν oder διὰ μοιχείας muß Athenäus doch wol geschrieben haben. 10) Vergl. die Stellen bei Weichert, Poett. Latin. rel. p. 89, welche aus dem Folgenden vervollständigt werden können. 11) Athen. VII. p. 321 C; Ebert, Diss. Sicul. I. p. 211 seq., s. unten Note 24. 12) Polyb. XVI, 21, 12: ... καὶ τὸ διὰ τὸν ὑπογραμμένον εἰς αὐτὸν ᾀδόμενον παίγνιον κατὰ τὴν αὐλήν.

also in παιγνιογράφος; daß Gnesippos nun speciell Lieder erotischen Inhalts gedichtet habe, wird durch den Zusatz ἱλαρᾶς μούσης bezeichnet, da ἱλαρὰ ᾄσματα und Aehnliches Ausdruck für [14]) erotische Gedichte war. Dies die Worte des Athenaios; sind sie hier richtig aufgefaßt, so ist von [15]) Welcker unrichtig behauptet, sie sollten zur Bezeichnung der in den Tragödien des Gnesippos enthaltenen Chorlieder dienen; es wäre das schon an und für sich eine durchaus verkehrte Art des Ausdrucks, hier aber namentlich deshalb unbegreiflich, weil Athenaios gar nicht von Tragikern, sondern von Lyrikern handelt, weil ferner die Komiker, welche zuerst hier angeführt werden, den Gnesippos ganz unverkennbar als Lyriker bezeichnen; an dieser Stelle möge — weiter unten wird es noch deutlicher werden — nur die Stelle aus den Heiloten dafür [16]) sprechen:

Stesichoros und Alkman's Lieder singen, auch Simonides,
Heißt man jetzt trunken: dafür hören Gnesipp wir ja überall!
Denn er weiß zu finden für die Herrn Buhlerinnen so süß,
Um zu locken Nachts die Weiber bei Schalmei'n- und Pfeifenklang;

da wird er ja nur Lyrikern entgegengestellt; erhabene, in Inhalt wie Form vollendete lyrische Lieder will man jetzt nicht, sondern niedrige, unkeusche, deren Instrumente schon das Gemeine anzeigen, nicht ernste tiefe, sondern leichte Spielereien. Damit ist also die Tendenz der Poesie des Gnesippos angezeigt; wie kommt aber die erhabene griechische Poesie grade in der Zeit ihrer Blüthe und hohen Vollendung zu solcher Schmarotzerpflanze? Dafür Folgendes. Es sind von den Griechen üppig-sinnliche Sujets immer gern behandelt; schon Homer zeigt dies bei der Episode von Ares und Aphrodite im achten Buche der Odyssee; ihm sind Rhapsoden gefolgt, wie Lieder in der Art [17]) der ἐπικιχλίδες und diese selbst erkennen lassen, weshalb denn Homer selbst als [18]) Verfasser und somit als Urheber der παίγνια angegeben wird. Einen Aufschwung nahm diese üppig-erotische Poesie, als sich die melische Lyrik der Aeoler bildete, der in dieser Hinsicht [19]) Alkman vorangegangen; da treten die subjectiven Empfindungen, welche durch den ganzen Ton und Charakter der epischen Form und Dichtung mehr zurückgedrängt sein mochten, bestimmter und rücksichtsloser hervor, wie der äolische Charakter und die sinnlicher gewordene Zeit mit sich brachte; die Volkspoesie mochte dazu auch helfen; mit dieser lesbischen Lyrik werden von den Alten freilich in einer uns dunkeln Weise durch Sappho die παίγνια in Verbindung gebracht. [illegible] sonders machte sich diese Dichtung und Stimmung [illegible] in der sogenannten lokrischen Lyrik geltend; die [illegible] in Italien — denn nur an diese schließt sich, so [illegible] wissen, diese Lyrik an — waren, ertrotzten sie sich [illegible] vortrefflicher Gesetze, früh in ihren Sitten [20]) [illegible] licht und den Einwohnern von Sybaris ähnlich [illegible] den, was sich denn in ihrer Musik, zu der sie von [illegible] aus Anlage hatten, zeigte; die von ihnen benannte [illegible] sche Tonart [21]) hatte einen entschieden weichlichen [illegible] wollüstigen Charakter. Auch bei den Meistern [illegible] Lyrik trat derselbe hervor; in Xenokritos, der die [illegible] sche Lyrik erhaben und in der Richtung des Stesichoros behandelte, war ein leidenschaftliches Element, namentlich [22]) in der musikalischen Begleitung und Composition, nicht zu verkennen, und war dies bei ihm auch in Schranken gehalten, so ward es von seinen Nachahmern doch nicht beschränkt und gezügelt und dadurch nicht blos eine üppige und weichliche, sondern geradezu eine liederliche Poesie hervorgebracht, welche zu Xenokritos selbst in dem Verhältnisse sich befand, in welchem die [23]) Πολυμνήστεια zu Polymnestos, die Ἀνακρεόντεια zu Anakreon sich befanden; die Poesie war ohne alle Erhabenheit und ergötzte sich am Ehebruch und verwandter Liederlichkeit, die Musik ebenso sinnlich und Instrumente zulassend, welche von der ernsten Poesie gänzlich verworfen wurden. Dies [illegible] die Λοκρικὰ ᾄσματα, von denen uns Athenaios auch [24]) eine Probe erhalten hat; diesen verwandt waren die παίγνια erotischer Art, als deren [25]) Erfinder Botrys [illegible] Messene angegeben wird, den Polybios in [26]) eine [illegible] mit Philainis setzt, sodaß Scham und Zucht vergebens bei ihm gesucht sein würde. Diese Lieder verbreiteten sich in Hellas schnell, da sie in den bei verschiedenen Culten herrschenden Gesängen Anknüpfungspunkte fanden: die φαλλικά und dergleichen [27]) sind ihnen ja ver-

13) Athen. XV. p. 697 D: [illegible] 14) Die griech. Trag. nach dem Epischen Kykl. geordn. III. S. 1026. 15) Der Text, wie er oben nach Dindorf mitgetheilt ist, genügt nicht, wie Bergk. Comm. de reliq. comoed. antiq. p. 52. Mein. Com. Gr. Frr. II, 1. p. 481 bemerken. Sicher ist, daß v. 2 [illegible] v. 3 [illegible] zu schreiben sein wird; ferner, daß die Versabtheilung der beiden ersten Verse unrichtig. Der erste Vers scheint zu messen: [illegible], der zweite aber: [illegible], also nicht Trochäen. Da die Versabtheilung unsicher, habe ich in der Uebersetzung trochäische Tetrameter genommen. 16) Cleomed. ap. Athen. XIV. p. 638 A; Welcker, Griech. Trag. I. S. 417. 17) Suid. s. [illegible] Fr. Herod. V. Hom. c. 24. 18) Es wird Alkman [illegible]; Suid. s. v. — Ueber Sappho s. unten Note 24.

19) Athen. XII. p. 516 A. 20) Boeckh, Mon. Pind. p. 219. Kratisch, Grundr. d. Metril S. 834. 21) Plut. De Music. c. 10. 22) Sie werden von Kratinos erwähnt; Schol. ad Arist. Equit. 1284. Cramer. [illegible] CXLIII. p. [illegible] [illegible], wo [illegible] von Polymnestos ganz falsch spricht, was Com. Gr. Frr. V, 1. p. XLVI vor Allem hätte verbessert werden sollen. Dann von Aristophanes: Arist. Equit. 1287: es sind also [illegible] Lieder in der Art des Polymnestos, aber diese übertrieben. Vergl. Bernhardy, Griech. Lit.-Gesch. I. S. [illegible], bei dem Sachen [illegible]. 23) Athen. XV. p. 697 B; vergl. Schneidewin im Philol. I. p. 166. Bergk. Poet. Lyr. Gr. p. 1082. nr. 21. 24) Athen. VII. p. 681 F: [illegible] [illegible] — s. oben Note 11 — [illegible] [illegible] 25) Polyb. V, 18, 11 [illegible] — [illegible] — vergl. diese Encyklopädie unter Gnathäna Bd. 71. S. 118 fg. 26) Siehe z. B. Bergk. Poet. Lyr. Gr. p. 1028. n. 9.

wandt. Natürlich mußten sie aber seit der Herrschaft der Pisistratiden leicht in Athen Eingang finden; denn da hatte vor den Perserkriegen, durch die Tyrannis begünstigt, eine weiche Richtung[27]) sich festgesetzt, welche nicht allein in schönen Productionen, wie denen des Anakreon, des Tragikers Phrynichos und Andern hervortrat, sondern nothwendig auch schlechter Poesie Eingang verschafft hatte, welche nicht sofort bei aller durch die Perserkriege entstandenen Reaction zu entfernen war; an diese hat denn Gnesippos sich angeschlossen und dabei die lokrischen Lieder als Vorbilder für seine παίγνια gebraucht; dies schließe ich, da das Bekanntsein der lokrischen Poesie in Athen an und für sich keine[28]) Schwierigkeit macht, daraus, daß im Inhalte beide so ungemein sich ähneln. Denn Gnesippos' Lieder waren, wie[29]) Eupolis ausführte, passend dazu, verbuhlte Weiber zu ihren Liebhabern[30]) zu rufen; auch andere dem verwandte Situationen wird er in ihnen behandelt haben, und zwar auf eine Weise, welche jeden rechtlichen Mann in den Harnisch jagen[31]) mußte; wie der Inhalt schlecht, so auch die Musik, der Gesang, der so süßlich und weich als nur möglich war; Chionides[32]) sagte:

> Ich hätte, nein, beim Zeus, Gnesippos nicht, auch nicht
> Kleomenes auf der Neungesaiteten [illegible]!

Dies Weichliche vermehrten besonders die Instrumente, welche zu den Gesängen Gnesippos tönen ließ; das Trigonon, die Iambyke passen für[33]) entnervte, liederliche Gesänge, die man dann gern auch bei Tische[34]) sang oder von Tänzerinnen oder diesen ähnlichen Dirnen singen ließ. Daß aber nun Gnesippos grade für diese Dichtung ein Vertreter war, ja ihn unter seinem Publicum einen bedeutenden Namen hatte, beweist, daß Kratinos in seinem Μαλθακοί — die Weichlinge[35]) betitelten Stücke den Gnesippos als eine der in ihm handelnden Personen hatte auftreten lassen, wie ein Fragment, wird sein[36]) Text richtig behandelt, anzeigt:

> Ei, wer singet Liebeslieder, sprich Gnesippos! — Ich. — O pfui,
> [illegible]; nichts ja gibt es, was so dumm wär' und so hohl!

Daher ist Schade, daß man über den Inhalt dieser Komödie nichts Bestimmtes weiß; man kann ihn nur aus dem Titel schließen, da der Fragmente so wenige, und das ist bei Komödien eine gar mißliche Sache, wie unter Andern die [illegible] desselben Kratinos[37]) zeigen können. Diese verkehrte Lyrik der παίγνια des Gnesippos stand aber nun nicht allein in Athen; einen Kleomenes erwähnt noch[38]) Chionides, wahrscheinlich eine Person mit dem Dithyrambiker dieses[39]) Namens; dann gehört dahin Telenikos, der bei seinen Liedern wahrscheinlich zur Begleitung hohle Töpfe hatte[40]) anwenden lassen; vielleicht auch[41]) Charixena, und Verfasser von[42]) Anakreontischen und Polymnestischen Liedern. Darnach sieht man, wie schlechte Lyrik von Athen in[43]) diesen Zeiten nicht ausgeschlossen; sie fiel um so mehr auf, da selbst diese παίγνια auch von einem erhabenern Standpunkte aus behandelt wurden; als Vertreter dieser bessern Richtung ist Tellen zu nennen, über den freilich die Gelehrten verschiedener[44]) Meinung sind; ich meine, nach dieser hier gegebenen Ausführung wäre kein Grund vorhanden, an ihm als einem Verfasser von παίγνια zu zweifeln.

Dies das, was sich über die Lyrik des Gnesippos ermitteln ließ; ob sie nun in jeder Hinsicht das harte Urtheil der Komiker verdient habe, läßt sich nicht mehr bestimmt ausmachen; nach Athenaios' Ausdruck dürfte man streng genommen keinen ganz schlechten Dichter in ihm vermuthen. Uebrigens hat sich nur auf diesen einen Zweig die Lyrik des Gnesippos beschränkt; daß er auch Dithyrambiker gewesen, wie[45]) Bernhardy angibt, ist ein Irrthum. Dagegen hat er sich aber in der Tragödie versucht; darauf nämlich beziehen sich die beiden letzten von[46]) Athenaios erwähnten Fragmente. Aber das wird

---

27) Vergl. meine Bemerkungen im Philologus Supplem. Bd. I. S. 38. 28) So kannte ja Solon die Lieder der Sappho bald nach ihrer Aufführung: Stob. Floril. 29, 58. 29) Siehe das Fragment aus den Heiloten. 30) Die lokrischen Lieder heißen bei Athen. XV. p. 697 B: μοιχικαί τινες τὴν φύσιν ὑπάρχουσαι. 31) Das zeigt das Fragment aus den Μαλθακοί des Kratinos. 32) Ueber Kleomenes s. unten Note 38. Den Text des Fragmentes betreffend, so gibt die Vulgata ἐν ἐννέ' ἂν χορδαῖς keinen klaren Sinn; daher hat Schweighäuser ἐν ἐννεαχόρδῳ richtig verbessert: ἐννεάχορδον war ein Instrument: Athen. XIV. p. 636 E. F, was man auch unserer Stelle als dem τρίγωνον verwandt anzusehen hat. 33) Poll. IV, 57, 10: [illegible]; Phavor. in Bekk. Anecd. p. 451, 3, [illegible] fr. VIII. p. 272 Mein.: [illegible]; Lobeck. Aglaoph. II. p. 1016. 34) Plat. Comic. ap. Athen. XV. p. 665 C, [illegible] fr. 1. vs. 12 Mein.:

> [illegible]
> [illegible]
> [illegible] Ἰωνικόν τι

wo Ἰωνικόν eben ein so recht weichliches Lied bezeichnet: Arist. Thesmoph. 163. 35) Möglich, daß das Stück besonders auf Anakreontiker sich bezog: Welcker in Zimmerm. Schulzeitung. 1831, Abth. II. Nr. 86. 36) Daß der Text, wie er bei Dindorf steht, corrupt ist, bedarf keiner weitern Ausführung; ich bin der Conjectur Fritzsche's gefolgt. Comm. ad Arist. Ran. 4: [illegible] — Ἐγώ. — [illegible] | Οὐδὲν γὰρ [illegible] κ. τ. λ.; καὶ ᾄδειν scheint nicht passend.

37) Gegen Bergk. Comm. de Rell. Att. Com. Ant. p. 111 richtig Meinek. Com. Gr. Frr. II, 1. p. 55. 38) Über ihn neben [illegible], s. Note 1. 39) Athen. IX. p. 402 A. Wahrscheinlich geht auf ihn auch Epicrat. ap. Athen. XIII. p. 605 E, Meinek. Com. Gr. Frr. III. p. 367. s. unten Note 63. 40) Apost. Prov. XVI, 23 ibiq. v. annott.; Suid. s. v.; es ist aber, was die χύτραι da sollen, noch von Keinem erklärt. Da Telenikos, wie Athenaios lehrt, ein Dichter von Namen ist, also bei seinen Liedern Instrumentalbegleitung hatte, wäre möglich, daß er statt der Instrumente Töpfe gebraucht und so ein [illegible] des Dichters geworden wäre, über den Athen. V. p. 193 E c. ann. Casaub. und Suid. s. [illegible] zu vergleichen: add. Intt. ad Arist. Ran. 1306. 41) Meinek. ad Com. Gr. Frr. II, 1. p. 99; annott. ad Paroemiogr. Graec. Append. Prov. II, 83. 42) Anakreontische Lieder in Athen zu dieser Zeit sind möglich, siehe Welcker, Kl. Schriften. 2. Bd. S. 357 fg. 43) Man kann sie noch weiter verfolgen; so gehört hierher auch Aristoph. Ecclesiaz. 912; vergl. [illegible], De carmin. popular. veter. p. 55 seq. 44) Meinek. Com. Graec. Frr. I. p. 59. Schneidew. ad Zenob. Prov. II, 15, vergl. Zenob. I, 45. 45) Bernhardy, Griech. Lit.-Gesch. II, 1. S. 547. 46) Siehe oben Note 1.

seit Casaubon von Mehren, wie[47]) W. Dindorf, K. O. Müller, getragnet, indem sie den in ihnen erwähnten Kleomachos vom Gnesippos ganz trennen und deshalb annehmen, es sei die Stelle des Athenaios lückenhaft. Allein warum denn? Es wird gesagt, Athenaios habe den Gnesipp als Paigniograph im Anfange bezeichnet; wie er ihn nun im Folgenden als Tragiker bezeichnen könne? Aber wozu ist denn der Uebergang ἐποίησε δὲ αὐτοῖς εἰς τὰ ποιήματα καὶ ἐν Εἵλωσιν da? Es will offenbar der Schriftsteller auf einen Unterschied aufmerksam machen, der zwischen dem Vorhergehenden und dem Folgenden stattfindet; in dem Vorhergehenden, da ist kein Zweifel, zeigt sich überall der παιγνιογράφος, der Dichter; aber in dem Folgenden ist, betrachtet man die Stellen, wie sie jetzt vorliegen, aus dem Zusammenhange gerissen, gar zweifelhaft, ob von Gnesippos in ihnen als Dichter die Rede, ob nicht vielmehr er nur als χοροδιδάσκαλος, als Einüber von Chören vorgeführt werde; es hat sonach sehr vorsichtig Athenaios durch ποιήματα daran erinnert, daß man auch im Folgenden den Mann lediglich als Dichter aufzufassen habe, und eben diese seine Vorsicht hat die neuern Kritiker in die Irre geführt. Das aber hat Athenaios nicht für möglich gehalten, daß man das Folgende auf andere Poesien als auf tragische beziehen konnte; das will aber grade[48]) Meineke, indem er sich Mühe gibt, in ihm Beziehung auf die lyrische Poesie nachzuweisen. Aber es ist zunächst in den Εἵλωσιν rein unmöglich, an etwas Anderes als an Tragödie zu denken; die Worte nämlich lauten:

> Der nicht 'nen Chor an Sophokles gab, um den der bat,
> des Kleomachos Sohne aber, den nicht werth ich wär'
> erachten, zu richten für's Kratinos den Chor!

Denn es kann doch nur von einem und demselben Feste die Rede sein, an dem sich Sophokles und Gnesippos um einen Chor bewarben, ferner nur von einem Chor derselben Gattung, da sonst der Archont, von dem das Fragment handelt, gar nicht gefehlt hätte; denn dem Gnesippos einen Chor von Flötenbläsern zu geben, dem Sophokles einen tragischen Chor zu verweigern, konnte in Hinsicht auf den Erstern seine volle Entschuldigung haben; auch wurde Sophokles dabei nicht im Geringsten beeinträchtigt; dagegen war, wenn Sophokles und Gnesippos zu gleicher Zeit um einen tragischen Chor sich bewarben, der letztere ihn bekam, der erstere nicht, eine Verkehrtheit des Urtheils, welche eine ernste Rüge verdiente. Und so paßt diese Stelle auch am besten in den Zusammenhang, den wir hier zufällig noch mit einiger Sicherheit erkennen können. Nämlich die Hirten begannen mit einem[49]) Dithyramb, der gegen den Archonten, welcher dem Kratinos für diese Komödie den Chor verweigert, gerichtet war; eigentlich hätte wegen dieser Verweigerung Kratinos das Stück nicht aufführen können; denn es auf eigene Kosten aufzuführen, dazu fehlten ihm die Mittel; reiche Landsleute, welche die Kosten für die Aufführung aufgewendet, waren wol gar nicht oder [illegible] schwer zu finden; da der Dichter aber sein Stück aus irgend Gründen glaubte aufführen zu müssen, [illegible] er die Chorparade, das also, was grade die Kosten [illegible] ursachte, gestrichen und noch einige andere damit [illegible]menhängende Aenderungen vorgenommen; zu diesen letztern gehörte die vielleicht neue Idee, das Stück mit einem Dithyramb zu beginnen; aus diesem sind uns auch die obigen drei iambischen Verse. Dieser Dithyramb war aber selbstverständlich nicht von einem Chore vorgetragen: den ja hatte Kratinos grade nicht, sondern er war von Kratinos allein vorgetragen, war also mehr eine im Style der Dithyramben gehaltene Monodie, und zwar der Art, wie in[50]) Aristophanes' Vögeln Kinesias oder auch der Dichter ihre Chorlieder behandeln. In solchem Liede kam paßlich das dem Tragiker Gnesippos Gesagte vor, indem es nur dazu diente, die Verkehrtheit des Archonten, der alles Hohe und Vollendete nicht begriff, recht anschaulich zu zeichnen und das von Kratinos erlittene Unrecht in das gehörige Licht zu setzen. Daß aber hiernach Kratinos nicht lange vor der Aufführung an seiner Komödie noch gar Manches änderte, darf nicht auffallen: das ist bei den Komikern gewiß sehr oft nöthig geworden wegen ihrer Beziehungen auf die Gegenwart; daß ferner der Chor ganz fehlte, war auch nicht ohne Vorgang, indem das[51]) bei den Komikern vor Kratinos viel vorgekommen und es auch von Kratinos zugelassen war. Von dieser so viel ich sehe nach allen Seiten hin gerechtfertigten Ansicht weichen aber die Neuern wegen der Dunkelheit von Hesych's Worten sehr ab; Casaubon, der die Sache zuerst genauer aufgefaßt, verwechselt den Archonten mit dem Choragen und konnte deshalb das Richtige nicht finden; Bergk meint, Kratinos habe für die Verweigerung eines Chors erst in einer ein Jahr darauf aufgeführten Komödie sich gerächt; K. O. Müller und Fritzsche denken, Kratinos habe für sein Stück einen kyklischen und so billigern Chor durch eine freiwillige Leistung einiger oder eines Reichen doch erhalten: Ansichten[52]), die alle bei unbefangener Betrachtung der Worte des Hesychios als unhaltbar erscheinen.

---

47) *Casaub.*, *G. Dindorf.* ad *Athen.* l. c., O. Müller in Gött. Gel. Anz. 1836. Nr. 120. S. 1193 oder Kl. Schrift. 1. Bd. S. 455, welche vor ἐποίησε die Zeichen einer Lücke setzen; gegen Casaubon sprechen *Bergk*. Comm. de Reli. Com. Att. Ant. I. p. 33 seq. Welcker, Die griech. Trag. nach d. episch. Kykl. geordn. III. S. 1026. *Meineck*. Com. Gr. Frr. II, 1. p. 29. 48) *Mein.* Com. Gr. Frr. II, 1. p. 29. 49) *Hesych.* s. *Ὑπο*[illegible]: *Κρατῖνος ἀπὸ διθυράμβου ἐν Βουκόλοις ἀρξάμενος*, [illegible] so die Handschrift, nur daß sie statt [illegible] hat; die Stelle ist vielfach behandelt; so viel scheint sicher, daß [illegible] zu schreiben, dann [illegible]; endlich, daß am Ende mehrere Worte fehlen, so daß die Rede mitten im Satze abbricht und sichere Herstellung unmöglich ist; demnach stimme ich über das Ganze mit *Meineck*. Com. Gr. Frr. II, 1. p. 26 überein; add. annott. ad *Maxar*. VII, 48.

50) *Arist.* Av. 1373 seq., 901; man kann auch an Aeschylos und Euripides *Arist.* Ran. 1261 seq. 1309 seq. denken, an Agathon in den Thesmophoriazusen; daß dergleichen auch in der Weise des Kratinos war, zeigt das [illegible] in *Cratin.* Trophon. fr. X. 51) *Platon.* π. κωμῳδ. in *Meineck*. Com. Gr. Frr. I. p. 533. 52) *Casaub.* ad *Athen.* XIV. p. 638. *Bergk*. Comm. de Reli. Com. Att. Ant. I. p. 33. *Fritzsch*. Ind. lectt. aestiv.

So steht also durch die Hirten Gnesippos als Tragiker fest; etwas Genaueres über seine Leistungen als solcher bringt ein Fragment aus den Horen des Kratinos, einem neuerdings mehrfach behandelten Stücke. In ihm wird der Chöre in den Tragödien des Gnesippos gedacht, und zwar so, daß in ihnen derselbe Charakter sich offenbarte, den wir in der Lyrik des Mannes gefunden; die sie bildenden Personen erscheinen als üppige, verweichlichte, liederliche, und dem gemäß sind denn auch ihre Gesänge. Das zeigt dies [53]) Fragment:

> Heran von jenem Kleomachos Sohn,
> der Lehrer von Tragödien,
> und auch sein Chor, von Haaren rein
> am Steiß und vorn, nach Lyderart
> nichtsnutzige Lieder leiernd —

demnach hat Gnesippos seine Tragödien selbst eingeübt und ihre ganze Aufführung geleitet, durch welche Auffassung *διδάσκαλος* natürlicher wird; der Chor hat bei ihm aus Jungfrauen bestanden, die ihre Ueppigkeit und Verdorbenheit selbst bekannten; was aber für Sujets er behandelt habe, ist nicht zu ermitteln; lydische Mädchen, die übrigens nach den Worten nicht durchaus nöthig sind anzunehmen, konnten als Chor in gar manchen Stoffen vorkommen.

Bei dieser Ausführung sind aber noch ein Paar scheinbare Schwierigkeiten übergangen, welche jetzt noch nachträglich besprochen werden sollen. Zunächst die Wortform, in welcher Gnesippos in den Fragmenten der Hirten und Horen erscheint. In den Hirten haben die Handschriften alle *τῷ Κλεομάχῳ*, so daß also ein ganz anderer Dichter bezeichnet scheint, in den Horen dagegen geben alle *ὁ Κλεομάχου*, so daß Gnesippos Sohn des Kleomachos ist, wie schon oben aus diesem Fragmente angegeben; klar ist, daß nur eine der beiden Lesarten [54]) richtig sein kann: entweder muß *τῷ Κλεομάχῳ* und *ὁ Κλεόμαχος* oder *τῷ Κλεομάχου* und *ὁ Κλεομάχου* geschrieben werden: das verlangt die Anführung des Athenaios an dieser Stelle. Da das hier Entwickelte zeigt, wie die Aussagen dieser Fragmente zu Gnesippos vortrefflich passen, so wäre schon hiernach *Κλεομάχου* vorzuziehen; es wird auf jeden Fall vorzuziehen sein, wenn ein klarer Grund für die Umschreibung des Namens Gnesippos angegeben zu werden vermag. Es lieben nun die Komiker statt des einfachen Namens den des Vaters mit dem Artikel zu setzen, wenn dadurch die Rede eine größere Schärfe, stärkere Ironie, überhaupt mehr Gedanken erhält; ist der Vater also schlecht und wird er zur Bezeichnung des Sohnes gebraucht, so entsteht der [55]) Sinn: des schlechten Vaters schlechter Sohn — *τοῦ πατρὸς τὸ παιδίον* — der Apfel fällt nicht weit vom Stamme. Dies trifft bei Kleomachos und Gnesippos Alles zu; denn ein Kleomachos, den als Vater des Gnesippos anzunehmen Nichts hindert, wird als [56]) Verkäufer der Kinaidologen des Sotades angegeben, indem er die Art und Weise der Kinaiden in seiner Poesie zuerst nachgeahmt habe, ein Sujet, welches ihn denn darauf gebracht hat, als Form für seine Poesie den [57]) ionicus a maiore zu wählen, ein Maß, was durchaus [58]) gemein und von aller Erhabenheit entfernt ist. Wie vortrefflich dieser Vater und Poet, da er ja natürlich auch eine ganz gemeine Denkweise hatte — denn welcher Gute hat mit Kinaiden Gemeinschaft? — zur Bezeichnung des Gnesippos gebraucht wurde, bedarf keiner weitern Ausführung. Und sonach haben wir volles Recht, den Gnesippos als Sohn des Kleomachos anzusehen, der, wie schon bemerkt, aller Wahrscheinlichkeit nach ein [59]) Athener gewesen.

Nun noch ein Anderes. Es kann auffallen und ist vielleicht auch aufgefallen, daß ein lyrischer Dichter auch Tragödien schreibt. Dafür bemerken wir, daß nach unsern Quellen Gnesippos als Tragiker nicht vorzugsweise thätig gewesen, sondern daß er entweder selten oder gar nur einmal Tragödien geschrieben. Hat doch auch Aeschylos nur eine oder zwei Elegien geschrieben. Wir bemerken ferner, daß ganz derselbe Fall bei Ion von Chios uns begegnet, der außer Tragödien auch Dithyramben, Elegien und *μέλη* gedichtet [60]) hat; die *μέλη* können den *παίγνια* des Gnesippos verwandt gewesen sein, da Liebe und Wein in ihnen besonders hervortraten, darf man ein Fragment [61]) bei Athenaios hierher ziehen und von den Elegien [62]) auf die *μέλη* schließen. Noch näher steht aber unserem Gnesippos der als Ankläger des Sokrates

---

Rostock. hiem. 1839 — 1840. K. O. Müller, Kl. Schriften I. S. 456; vergl. auch *Mein.* Com. Graec. Frr. I. p. 373.

53) Siehe oben Note 1; der Text des Fragments ist nicht ganz sicher; einmal ist Zweifel über das Metrum; die dimetri iambici acatalecti, welche *Mein.* l. c. und *Cobet.* Nov. Lect. p. 81 annehmen, sind wol sicher; jedoch liegt kein Grund vor *μετὰ τῶν*, was vor *παιγνιάγραφον* die Handschriften haben, auszumerzen, wie auch *Bergk.* Comm. de Reli. Com. Att. Ant. p. 34 meint; es ist zu schreiben:

> ἴτω δὲ καὶ τραγῳδίας
> ὁ Κλεομάχου διδάσκαλος
> μετὰ τῶν * *
> παρατιλτριῶν ἔχων χορὸν
> Λυδιστὶ τιλλουσῶν μέλη
> πονηρά * *

Die Unzucht, auf welche in *παρατιλτριῶν* angespielt wird, erscheint in der Komödie oft; cf. *Pherecr.* Metall. Fr. I, 29. *Aristoph.* Lysistr. 89. Eccles. 724. Ran. 517. 54) Jede hat ihre Vertheidiger gefunden; diese sind oben Note 52 genannt.

55) *Macar.* Provv. VIII, 43 ibiq. annott. 56) *Strab.* XIV, 1, 41. p. 648: καὶ Κλεόμαχος ὁ πύκτης, ὃς εἰς ἔρωτα ἐμπεσὼν κιναίδου τινὸς καὶ παιδίσκης ὑπὸ κιναίδῳ τρεφομένης, ἀπεμιμήσατο τὴν ἀγωγὴν τῶν παρὰ τοῖς κιναίδοις διαλέκτων καὶ τῆς ἠθοποιίας· ἦρξε δὲ Σωτάδης μὲν πρῶτος τοῦ κιναιδολογεῖν κ. τ. λ.; f. unten Note 57. 58. 57) Hephaest. c. 11: τὸ καλούμενον Κλεομάχειον, wozu Schol. cod. H. ap. *Gaisf.* ad Hephaest. T. I. p. 67 bemerkt: ὁ Κλεόμαχος δ' οὗτος πύκτης ἦν, ἐρασθεὶς δὲ κατά τινα μετῆλθεν εἰς ποιητικήν; Trich. de metris p. 34; *Bergk.* Poet. Lyr. Gr. p. 959. 58) Quint. J. O. I, 8, 6; Westfal, Gramm. d. Metrik S. 144 fg. 59) Es hat zwar *Mein.* Com. Gr. Frr. II, 1. p. 28 den Kleomachos als einen Megarenser angesehen, dies aber Com. Gr. Frr. V, 1. p. 16 seq. zurückgenommen. Die Auffassung aber, die ich hier von ὁ Κλεομάχου gegeben, ist schon in Kiele und Welcker, Rhein. Mus. 2. Br (1833) S. 361 von mir angedeutet: so ὁ Ἱπποδάμου *Arist.* Equitt. 327. 60) Scholl. ad *Aristoph.* Pac. 835; *Nieberd.* Ion. Ch. Iv. p. 52. 61) *Athen.* II. p. 35 E. 62) Osann, Beiträge zur griech. u. röm. Literat.-Gesch. I. S. 63 fg.

bekannte Meletos, dessen Hauptthätigkeit die Lyrik und zwar diese[63]) dem παίγνια verwandte war; daneben hat er aber eine tragische Tetralogie, die Oedipodeia, geschrieben, wie es scheint in höherem Alter. Etwas später schreiben Hieronymos, Dikaiogenes[64]) Dithyramben und Tragödien, erstere[65]) aber ganz wie Gnesippos auch μέλη; alles dies Verbindungen, wie sie besonders häufig bei Dichtern zweiten Ranges vorkommen, sodaß also auch dieser Punkt beweist, wie wir richtig den Gnesippos zugleich als Lyriker und Tragiker gefaßt haben; in keiner dieser Gattungen verleugnete er aber seinen Charakter; weichliche und verderbliche Ueppigkeit trat bei ihm hervor, weshalb denn die Komiker seinen Einfluß zu vernichten suchten; wol schwerlich mit Erfolg, denn solche Poesie findet immer ihre Liebhaber, namentlich in Zeiten, in denen die Sitten verfallen. (*Ernst von Leutsch.*)

GNETACEEN, der Name einer Pflanzenfamilie, welche mit den Cupressineen, Abietineen und Taxineen die Abtheilung der Gymnospermen ausmacht. Sie umfaßt größere oder kleinere, sehr ästige Bäume oder bisweilen rankende Sträucher oder auch niedrige Halbsträucher mit gegenständigen oder büschelförmigen Aesten, welche bald mit breit-eiförmigen, fiedernervigen, ganzrandigen Blättern, bald mit an den Gelenken blattlosen oder ganz kleine borstenförmige Blättchen tragenden Scheiden besetzt sind. Die Blüthen stehen in ein- oder zweihäusigen Kätzchen und sind von borstenförmig-zerschlitzten Scheiden oder Spreublättchen umgeben; die staubfädentragenden Blüthen sind von einer besonderen zweispaltigen kleinen Scheide eingeschlossen. Es ist blos ein Staubfaden oder mehre in ein Säulchen verwachsene vorhanden; die Staubbeutel sind zwei- bis vierfächerig, die Fächer springen an der Spitze mit einem länglichen Loche auf. Die sitzenden, aufrechten Eichen haben außer der Haut des Samenkerns eine doppelte oder dreifache Hülle, von denen die äußere durch einen schmalen Mund geöffnet ist, während die innere in eine lang vorgezogene, stehenbleibende, zuletzt verschwindende Röhre mit schiefem, scheibenförmigem oder gewimpertem Saume verlängert ist. Der Samen ist in Folge der lederartigen verhärteten oder fleischigen äußeren Schale nuß- oder beerenartig. Der Samenkeim befindet sich an der Spitze des fleischigen Eiweißes, das Würzelchen ist oben.

Zu dieser Familie gehören nur die beiden Gattungen Gnetum und Ephedra.

I. Gnetum *Linné.*

Die Blüthen sind ein- oder selten zweihäusig. Die Kätzchen sind cylindrisch, gegliedert, unterbrochen quirlförmig, die einzelnen Quirle sind von einer ringförmigen Hülle umgeben. Die Blüthen stehen zwischen borstenförmig-zerschlitzten Spreublättchen und zwar so, daß die Staubgefäße und Samenknospen in einem und demselben Quirle gemischt stehen, bald in verschiedenen Quirlen oder in besondern Kätzchen, bisweilen auch auf verschiedenen Stämmen. Die kleine Scheide der staubfädentragenden Blüthen ist häutig, keulenförmig-prismatisch, quer-zweifächerig. Das einzige Staubgefäß entspringt aus dem Grunde der Scheide, der Träger ist einfach oder an der Spitze zweispaltig, der Staubbeutel ist zweifächerig, die Fächer hängen zusammen oder sind durch die Schenkel des Trägers getrennt und springen an der Spitze mit einem länglichen Loche auf. Die sitzenden, aufrechten Samenknospen sind den Schuppen eingesenkt, die Scheide fehlt, die Hülle ist dreifach, die äußere hat einen schmalen, die innere einen breitern Mund, die letztere ist in eine weit hervorragende, an der Spitze wimperig-zerschlitzte Röhre vorgezogen. Der Samen ist durch die äußeren starr lederartigen oder fleischigen Hüllen nuß- oder beerenartig. Der fast keulenförmige Samenkeim befindet sich an der Spitze des fleischigen Eiweißes, die beiden Keimblätter sind sehr klein, zahnförmig; das Würzelchen läuft in einen sehr langen, hin und her gebogen-verwebten Faden aus.

Zu dieser Gattung gehören aufrechte Bäume und rankende Sträucher, welche im tropischen Asien und in Guiana einheimisch sind und gegliedert-knotige Aeste, gegenständige, eiförmige, fiedernervige, lederartige, glänzende, ganzrandige Blätter und achsel- oder endständige cylindrische Kätzchen haben.

Nach dem Wachsthume des Stammes lassen sich die hierher gehörigen Arten in zwei Abtheilungen bringen.

Erste Abtheilung. Gnemon. Der Stamm ist baumartig, aufrecht.

1) Gn. Gnemon *Linné.* Die Blätter sind elliptisch-länglich, an beiden Enden verschmälert; die einhäusigen Kätzchen stehen einzeln oder fast in Dolden; die Steinbeeren sind sitzend, elliptisch, ein wenig zugespitzt. Die Pflanze ändert aber ab:

b) ovalifolium *Blume* mit kleineren, etwas spitzen Blättern und stumpferen Steinbeeren.

Sie wächst auf den Malaien und Molukken und die Varietät auf Java und anderen molukkischen Inseln am Fuße der höchsten Berge.

2) Gn. latifolium *Blume.* Die Blätter sind eiförmig, spitz oder stumpf, am Grunde abgerundet; die zweihäusigen Kätzchen stehen fast in Trauben; die Steinbeeren sind kurzgestielt, ellipsoidisch, stumpf.

Diese Art wächst auf den Gebirgen, namentlich auf Kalkbergen Java's und in Neu-Guinea.

Zweite Abtheilung. Thoa. Der Stamm ist strauchartig, rankend.

3) Gn. edule *Blume.* Die Blätter sind länglich-elliptisch, kurz zugespitzt, am Grunde abgerundet oder

---

63) *Aristoph. Ran.* 1302; Eratosthenes (s. oben Note 59) sagt: [illegible], Welcker, Die griech. Tragöd. nach d. episch. Cycl. geordn. III. S. 970, meine Bemerkungen in dieser Encyklopädie Bd. LXII, u. Euripides S. 222. 224. 64) *Suid.* s. Δικαιογένης; Welcker a. a. O. III. S. 1046. 65) Schol. ad *Arist.* Acharn. 887: [illegible] Schol. ad *Arist.* Nub. 347.

ein wenig spitz; die zweihäusigen Kätzchen stehen einzeln oder in Büscheln gehäuft; die Steinbeeren sind kurzgestielt, ellipsoidisch, stumpf.

Diese Art findet sich in Bergwäldern von Malabar, auf Java und auf den Molukken.

4) Gn. funiculare *Blume*. Die Blätter sind länglich, an beiden Enden etwas verschmälert; die zweihäusigen Kätzchen stehen fast in Trauben; die Steinbeeren sind gestielt, ellipsoidisch, spitz.

Diese Art wächst an schattigen Orten am Fuße der Berge auf Java, den Molukken und in Cochinchina.

5) Gn. urens *Blume*. Der Stengel rankt nur wenig; die Blätter sind eiförmig-länglich, spitz, ganzrandig; die blühenden Aeste sind gabelspaltig; die männlichen Blüthen stehen in Kätzchen, deren Quirle einander genähert sind, die weiblichen sind einzeln, sitzend; die Samenschale ist zerbrechlich, trocken und mit einzelnen, brennenden Haaren besetzt.

Die Heimath dieser Art ist Guiana.

6) Gn. nodiflorum *Brongniart*. Die Blätter sind verkehrt-eiförmig-länglich, spitz, ganzrandig; die staubgefäßtragenden Kätzchen sind 4—5 Zoll lang, ihre kugelförmigen Quirle stehen mehr als ein Zoll von einander entfernt.

Das Vaterland dieser Art ist gleichfalls Guiana.

7) Gn. leptostachyum *Blume*. Die Blätter sind eiförmig oder länglich, länger oder kürzer zugespitzt, am Grunde spitz oder ein wenig abgerundet, unterseits netzförmig-aderig, im trockenen Zustande dunkelgrün; die zweihäusigen Kätzchen stehen in Büscheln oder Trauben.

Diese Art wächst auf Gebirgen der Insel Borneo.

8) Gn. cuspidatum *Blume*. Die Blätter sind länglich oder elliptisch-länglich oder auch lanzettlich, zugespitzt, am Grunde etwas spitz, geadert, im trockenen Zustande schwärzlich; die zweihäusigen Kätzchen stehen einzeln; die Früchte sind sitzend, ellipsoidisch, stumpf, warzig-punktirt.

Diese Art findet sich auf der Insel Sumatra.

9) Gn. neglectum *Blume*. Die Blätter sind länglich oder lanzettlich, zugespitzt, am Grunde spitz, fast lederartig, fein geadert, im trockenen Zustande bräunlich; die zweihäusigen Kätzchen stehen einzeln oder sehr selten gehäuft; die Früchte sind sitzend, ellipsoidisch, kurz bespitzt.

Diese Art kommt auf Java, Sumatra und Borneo vor.

10) Gn. microcarpum *Blume*. Die Blätter sind länglich-lanzettlich, spitz oder zugespitzt, nach dem Grunde zu gleichfalls etwas spitz, lederartig, fast aderlos, im trockenen Zustande bräunlich; die zweihäusigen Kätzchen stehen einzeln oder sehr selten gehäuft; die Früchte sind sitzend, ellipsoidisch, etwas spitz.

Diese Art wächst auf Sumatra, selten auf Java.

II. Ephedra *Tournefort.*

Die Blüthen sind zweihäusig oder selten auf verschiedenen Aesten einhäusig. Die Kätzchen haben eine fast kugelige Gestalt, die staubfädentragenden sind aus kreuzständig-stehenden Scheiden zusammengesetzt. Die Blüthen stehen in der Achsel der Blattscheiden einzeln und sind von einer häutigen, zusammengedrückten, ganz zweispaltigen kleinen Scheide umgeben. Aus dem Grunde dieser kleinen Scheiden entspringt ein einziges Staubgefäß oder mehre, die Träger sind in ein an der Spitze ästiges Säulchen verwachsen, die Staubbeutel sind endständig, zwei- bis vierfächerig, die Fächer springen an der Spitze mit einem schiefen Loche auf. Die samenknospentragenden Kätzchen sind aus kreuzständig stehenden, zuletzt saftigen oder trockenen Scheiden zusammengesetzt, die innerste Scheide deckt eine einzige oder öfters zwei nebeneinanderstehende Samenknospen. Diese sind aufrecht und von einer doppelten Hülle umgeben; der Mund der äußeren ist schmal, die innere ist in eine lang hervorragende Röhre mit schiefem, zungen- oder scheibenförmigem Saume verlängert. Die Frucht ist aus den fleischigen oder trockenen Kätzchenschuppen gebildet; der Samen ist einzeln oder gepaart, wegen der lederartigen, verhärteten äußeren Schale nußartig. Der Samenkeim befindet sich in der Axe des fleischigen Eiweißes und hat mit demselben gleiche Länge, die beiden Keimblätter sind länglich, das Würzelchen ist cylindrisch, oberständig.

Zu dieser Gattung gehören sehr ästige, aufrechte oder windende, bisweilen baumartige Sträucher oder niedrige Halbsträucher, welche in der gemäßigten und wärmeren Zone der nördlichen Hemisphäre ihre Heimath haben. Sie besitzen schlanke, gegliederte, mit Scheiden besetzte Aeste und aus den Achseln der Scheiden entspringende seitliche, sitzende oder gestielte Kätzchen.

Die Gattung zerfällt in die beiden Abtheilungen Discopyle und Plagiopyle, von denen die letztere wiederum in zwei Unterabtheilungen gebracht ist.

Erste Abtheilung. Discopyle. Die samenknospentragenden Kätzchen sind zweiblüthig und aus fünf oder sechs Scheiden zusammengesetzt, die fruchttragenden sind trocken. Die Röhre der Micropyle ist an der Spitze abgestutzt und scheibenförmig. Die hierher gehörigen Arten wachsen in Amerika.

1) Eph. Tweediana *C. A. Meyer*. Diese Art ist zweihäusig; die Aeste sind locker, hin und her gebogen, ein wenig mit Wärzchen besetzt; die gehäuften Kätzchen sitzen an den Gliedern der Aeste; von den zu je fünf beisammen stehenden Staubbeuteln sind die mittleren ein wenig gestielt; die samenknospentragenden Kätzchen sind fast eiförmig, zweiblüthig; die meist zu sechs stehenden Scheiden sind berandet und tief zweispaltig, die innerste ist kürzer als die Nüßchen; das kurze, aufrechte Röhrchen der Micropyle hat einen scheibenförmigen Saum.

Diese Art wächst in Buenos-Ayres bei Bahia-Blanca. Es ist ein Strauch mit lockeren, hin und her gebogenen, fast rankenden, mit zerstreuten rauhen oder fast glatten Höckern besetzten Aesten und tief zweispaltigen, zugespitzten Scheiden. Die Kätzchen sind sitzend, die abgeblüheten samenknospentragenden 3½ Linien lang und aus lederartigen, von einem breiten weißen Rande umgebenen Scheiden zusammengesetzt. Die Nüßchen sind fast um den vierten Theil länger als die innerste Scheide.

2) Eph. americana *Willdenow*. Diese Art ist einhäusig; die Aeste sind steif, rauh; die Kätzchen sind an den Gliedern der Aeste kurzgestielt; die meist zu fünf beisammenstehenden Staubbeutel sind sitzend. Die samenknospentragenden Kätzchen sind eiförmig, zweiblüthig; die meist zu fünf stehenden Scheiden sind berandet, zweispaltig, die innerste hat mit dem Nüßchen gleiche Länge; die kurze aufrechte Röhre der Micropyle hat einen scheibenförmigen Saum.

Diese Art findet sich in Quito am Flusse Guallabamba und besteht in einem sehr ästigen, aufrechten oder fast kriechenden Strauche mit büschelig-quirlförmigen Aesten. Die zweitheiligen Scheiden haben eiförmige, zugespitzt-pfriemliche Scheiden. Die staubfädentragenden Kätzchen sind kugelig-vierkantig, aus 8—10 Scheiden zusammengesetzt und von der Größe eines Hanfkorns, die samenknospentragenden sind eiförmig, ungefähr drei Linien lang.

3) Eph. rupestris *Bentham*. Diese Art ist zweihäusig und niederliegend; ihre Aeste sind hin und her gebogen; die samenknospentragenden Kätzchen sind zweiblüthig; die meist zu fünf stehenden Scheiden sind fast bis zum Grunde zweispaltig, die innerste Scheide hat mit dem Nüßchen gleiche Länge.

Diese Art wächst in Quito in Felsenspalten des Berges Antisana. Die Kätzchen und die Früchte stimmen mit denen der vorhergehenden Art fast überein, aber die Aestchen sind kurz, ziemlich dick, ausgebreitet-ästig und die unteren Scheiden sind fast bis zum Grunde zweispaltig.

Zweite Abtheilung. Plagiopyle. Die samenknospentragenden Kätzchen sind 1—2blüthig, aus 2—4 Scheiden zusammengesetzt, beerenartig. Die Röhre der Micropyle ist an der Spitze schief abgestutzt und hat einen zungenförmigen Saum.

Erste Unterabtheilung. Thraupalus. Die samenknospentragenden Kätzchen sind zweiblüthig. Die Nüßchen sind bald gewölbt, bald flach.

4) Eph. andina *Poeppig*. Die Aeste sind aufrecht und nebst den Aestchen höckerig; die staubfädentragenden Kätzchen stehen an den Gliedern der Aeste an der Spitze eines ungegliederten Blüthenstiels gehäuft; die meist zu sechs vorhandenen Staubbeutel sitzen, die samenknospentragenden Scheiden sind zweispaltig und von einem weißlichen Rande umgeben; die Röhre der innersten mit dem eiförmig-länglichen Nüßchen gleich langen Scheide ist eingeschlossen; das Röhrchen der Micropyle ist kurz, aufrecht. Hierher gehört auch Ephedra bracteata *Miers*.

Diese Art wächst auf den Anden im südlichen Chili und auf der Alpe Altos de Toledo im südlichen Peru in einer Höhe von 15,500 Fuß. Es ist ein ziemlich hoher Baum, welcher aber an seinen höchsten Standorten zu einem niedrigen Strauche herabsinkt, mit tief zweispaltigen Scheiden, die mit einem kurzen pfriemlichen Blättchen gegliedert sind. Die staubfädentragenden Kätzchen stehen an der Spitze eines sehr kurzen Aestchens zu 3—5 oder bisweilen auch einzeln, die samenknospentragenden dagegen stehen einzeln oder selten zu drei an der Spitze eines zoll- bis anderthalbzolllangen, in der Mitte gegliederten Blüthenstiels.

5) Eph. stenosperma *Schrenk*. Die Aestchen sind höckerig; die Scheiden des samenknospentragenden Kätzchens sind zweispaltig, trockenhäutig-berandet; die Röhre der halbzweispaltigen mit den linealischen Nüßchen gleichlangen innersten Scheide ist eingeschlossen; das Röhrchen der Micropyle ist aufrecht, kurz, aber länger als der zungenförmige Saum.

Diese Art wächst auf Sandplätzen in der Songarei am Flusse Saroffa.

6) Eph. vulgaris *Richard*. Die Aeste sind aufrecht, höckerig; die Kätzchen an den Gliedern der Aeste sind fast sitzend oder gestielt, der Blüthenstiel ist ungegliedert oder gegliedert, aufrecht; von den meist zu acht stehenden Staubbeuteln sind die mittleren gestielt; drei Scheiden des samenknospentragenden, fast kugeligen Kätzchens sind unberandet, zweispaltig; die Röhre der innersten mit den eiförmig-länglichen Nüßchen gleichlangen Scheide ist eingeschlossen; das Röhrchen der Micropyle ist aufrecht und kurz, aber länger als der zungenförmige Saum. Sie kommt in drei Varietäten vor:

a) subtristachya *C. A. Meyer*. Die Kätzchen stehen an der Spitze der Blüthenstiele oft zu drei. Hierher gehört Ephedra distachya *Linné*.

b) media *C. A. Meyer*. Die Kätzchen stehen oft einzeln auf einem meist ungegliederten Blüthenstiele. Diese Varietät ist hoch, strauchartig. Hierher gehört Ephedra monostachya *Marschall-Bieberstein*.

c) submonostachya *C. A. Meyer*. Die Kätzchen stehen oft einzeln. Diese Varietät ist niedrig, halbstrauchig. Hierher gehört Ephedra monostachya *Linné*, Eph. distachya *Schkuhr* und Eph. polygonoides *Pallas*.

Diese Art wächst um das ganze Mittelmeer und in Taurien; die Varietät b) kommt auf dem Kaukasus und am kaspischen Meere, die Varietät c) in Italien, Ungarn, Taurien und im ganzen nördlichen Asien vor.

7) Eph. botryoides *Fischer* und *C. A. Meyer*. Die Aeste stehen weit ab oder sind herabgeschlagen und höckerig-rauh; die Scheiden sind röhrig, zweizähnig; die staubfädentragenden Kätzchen stehen auf einem seitlichen, gegliederten, zurückgekrümmten Stiele in länglichen Trauben; die meist zu vier beisammen stehenden Staubbeutel sitzen.

Das Vaterland dieser Art ist unbekannt.

8) Eph. helvetica *C. A. Meyer*. Diese Art ist strauchig und hat aufrechte Aeste; die Kätzchen an den Gliedern der Aeste sind gestielt, der Stiel selbst ist aber meist ungegliedert; von den meist zu acht beisammen stehenden Staubbeuteln sind die mittleren gestielt; die drei Scheiden des samenknospentragenden, fast kugeligen, aufrechten Kätzchens sind unberandet, zweispaltig; die Röhre der innersten mit den fast eiförmigen Nüßchen

gleich langen Scheide ist eingeschlossen; die Röhre der Micropyle ist lang, gewunden und doppelt länger als der zungenförmige Saum. Hierher gehört **Ephedra distachya** *Gaudin* und *Koch*.

Diese Art wächst in der Schweiz.

9) **Eph. intermedia** *Schrank* und *C. A. Meyer*. Diese Art ist halbstrauchig und hat aufrechte, höckerige Aeste; die Kätzchen an den Gliedern der Aeste sind gestielt, der Stiel ist kurz, ungegliedert; die Staubbeutel sind unbekannt; die drei Scheiden des samenknospentragenden, fast aufrechten Kätzchens sind schmal berandet; die Röhre der tief zweispaltigen die fast eiförmigen Nüßchen überragenden innersten Scheide ist eingeschlossen; die lange, gewundene Röhre der Micropyle überragt den zungenförmigen Saum vielmal.

Sie wächst auf Hügeln in der Songarei am Berge Tarbagatai.

10) **Eph. alata** *Decaisne*. Diese Art ist strauchig und hat sehr dünne weichhaarige Aeste; die staubfädenführenden Kätzchen sitzen oder stehen an der Spitze der Aestchen in Knäueln; die Staubbeutel stehen meist zu vier beisammen; die samenknospentragenden Kätzchen sind sitzend, eiförmig; die Scheiden sind fast zweitheilig, häutig-berandet und so lang als die eiförmig-zugespitzten, spitz-dreikantigen Nüßchen; die Micropyle ist unbekannt. Hierher gehört **Ephedra altissima** *Bové*.

Diese Art wächst in Aegypten zwischen Cairo und Suez und auf Sandplätzen zwischen Suez und dem Sinai.

11) **Eph. lomatolepis** *Schrank*. Die Aeste dieser halbstrauchigen Art sind aufrecht höckerig; die Blüthen sind zweihäusig; die staubfädentragenden Kätzchen sind unbekannt, die sitzenden, fast kugeligen samenknospentragenden stehen an der Spitze des ungegliederten Stiels gehäuft; die vier fast zweispaltigen, breit häutig-berandeten Scheiden haben mit den eiförmigen, etwas stumpfen Nüßchen gleiche Länge; die lange, hin und her gebogene Röhre der Micropyle überragen den zungenförmigen Saum vielmal.

Sie wächst in der Songarei am See Balchasch.

12) **Eph. campylopoda** *C. A. Meyer*. Diese Art rankt; die staubfädentragenden Kätzchen sitzen an den Gliedern der Aeste gehäuft und haben an ihrer Spitze zwei samenknospentragende fehlschlagende Blüthen; die Staubbeutel sitzen meist zu sechs beisammen; der Blüthenstiel ist zurückgeschlagen; die Scheiden sind kahl, die unterste ist kurz, näpfchenförmig, etwas abgestutzt, die innerste an der Spitze zweilappig und so lang als die eiförmigen Nüßchen; der zungenförmige Saum der Micropyle überragt die Röhre. Hierher gehört **Ephedra altissima** *Tommasini* und **Eph. fragilis** *Sieber*.

Diese von den Felsen herabhängende Art wächst auf Creta, in Griechenland, Macedonien und Dalmatien.

13) **Eph. alta** *C. A. Meyer*. Sie ist baumartig und hat steife, rauhhaarige Aeste; die Blüthenstiele stehen an den Gliedern der Aeste in Quirlen und sind selbst ungegliedert oder gegliedert; die staubfädentragenden Kätzchen sind an der Spitze des Blüthenstiels gehäuft; die Staubbeutel sitzen meist zu vier beisammen; die samenknospentragenden Kätzchen sind eiförmig, zweiblüthig; die Scheiden sind mit einem schmalen Rande versehen und fein gewimpert, die unterste ist näpfchenförmig, undeutlich zweilappig, die innerste ist an der Spitze halbzweispaltig und so lang als die eiförmigen Nüßchen; der zungenförmige Saum der Micropyle überragt die Röhre. Hierher gehört **Eph. foliata** *Boissier*.

Diese Art wächst in Arabien an Felsen im Thale Rhaphidim, bei Berran, am Fuße des Sinai und bei Persepolis.

Zweite Unterabtheilung. **Polycomptos**. Die samenknospentragenden Kätzchen sind einblüthig. Die Nüßchen sind zu beiden Seiten gewölbt.

14) **Eph. fragilis** *Desfontaines*. Diese Art ist strauchig, niederliegend und hat aufrechte Aeste; die staubfädenführenden Kätzchen sitzen an den Gliedern, die Staubbeutel sitzen zu 4—6 beisammen, die samenknospentragenden Kätzchen sind fast sitzend und beinahe aufrecht; die Scheiden sind kurz zweilappig, die Röhre der innersten ist lang, hervorragend; der Saum der Micropyle ist verlängert. Hierher gehört **Eph. major** *Host*.

Sie wächst am mittelländischen Meere, z. B. in Portugal, Spanien, Sardinien, Sicilien, Dalmatien und Griechenland, ebenso in Aegypten und in der Barbarei.

15) **Eph. altissima** *Desfontaines*. Diese Art ist windend; die staubfädentragenden Kätzchen stehen auf einem rispigen Aestchen; an Staubbeuteln sind 2—3 vorhanden, die samenknospentragenden Kätzchen sind gestielt, nickend; die unteren Scheiden sind abgestutzt, die Röhre der innersten ragt hervor; der Saum der Micropyle ist kurz.

Sie wächst in den am Mittelmeere gelegenen westlichen Ländern, z. B. in Spanien, Sicilien, bei Tripolis, in Mauritanien, auch auf den canarischen Inseln vom Meere bis zu einer Höhe von 1200 Fuß.

16) **Eph. procera** *Fischer* und *C. A. Meyer*. Die Aeste sind aufrecht, eingedrückt-punktirt; die Kätzchen sind an den Gliedern der Aeste; die staubfädentragenden sitzen, die meist zu acht beisammen stehenden Staubbeutel sind gleichfalls fast sitzend, die samenknospentragenden stehen auf einem kurzen ungegliederten Stielchen; die Scheiden der Hülle sind zweispaltig, schwach berandet, die innerste eingeschlossene ist kürzer oder fast so lang als das längliche Nüßchen; der zungenförmige Saum der Mikropyle hat mit der geraden Röhre gleiche Länge oder ist länger als diese.

Diese Art findet sich im Kaukasus, in Armenien und Persien.

17) **Eph. monosperma** *Gmelin*. Die Aeste sind aufrecht, eingedrückt-höckerig; die Kätzchen befinden sich an den Gliedern der Aeste, die staubfädentragenden sind sitzend, die meist zu sechs beisammen stehenden Kätzchen sind fast sitzend, die samenknospentragenden stehen auf einem kurzen ungegliederten Stielchen und sind nach der Blüthezeit überhangend, die Scheiden sind unberandet zweispaltig, die innerste hat eine eingeschlossene Röhre, überragt aber das fast eiförmige Nüßchen beinahe um

das Doppelte; der zungenförmige Saum der Micropyle ist viermal kürzer als das gewundene Röhrchen.

Diese Art kommt in Sibirien und in der Mongolei vor.

Zweifelhafte und kaum bekannte Arten sind:

18) Eph. ciliata *Fischer* und *C. A. Meyer*. Die Aeste und Aestchen sind gewunden, rankend, kantig, eingedrückt-punktirt, die blüthentragenden bogenförmig-zurückgekrümmt; die Scheiden sind mit fadenförmigen Blättern besetzt; die samenknospentragenden Kätzchen sind an der Spitze der Aestchen gehäuft und fast sitzend, die Scheiden sind gewimpert; die Staubbeutel stehen meist zu drei beisammen.

Diese Art wächst in Gilan.

19) Eph. antisyphylitica *Berlandier*, welche im östlichen Theile Mexico's in der Provinz Cohahuila bei Loredo am Rio del Norte wächst.

20) Eph. aphylla *Forskal* wurde in hohen Zäunen bei Rosette in Aegypten gefunden.

21) Eph. Gerardiana *Wallich* auf dem Himalaya einheimisch. (*Garcke*.)

Gnetum, s. Gnetaceen.

GNIDIA, eine Pflanzengattung der Thymeläaceen. Linné, der Gründer dieser Gattung, kannte nur sechs Arten aus derselben, nämlich Gn. pinifolia, radiata, simplex, tomentosa, sericea und oppositifolia, von denen jedoch einige nicht angenommen sind, Willdenow führt deren 16, Sprengel in etwas anderer Auffassung nur 18 an, wozu im Supplemente noch eine kommt. In der neuesten monographischen Bearbeitung dieser Gattung von Meisner, welcher wir uns anschließen, werden 49 Arten namhaft gemacht.

Der Gattungscharakter besteht in Folgendem:

Die Blüthen sind zweigeschlechtlich, viertheilig. Der Kelch ist gefärbt, trichterförmig, seine Röhre springt über dem Fruchtknoten zuletzt ringsherum ab, sein Saum ist viertheilig, regelmäßig. Die vier oder acht Schuppen sind der Schlundspitze an den Buchten eingefügt und wechseln einzeln oder zu zweien stehend mit den oberen Staubgefäßen ab, ragen aus der Blumenkrone hervor und sind blumenblattartig oder fleischig, zweilappig oder ungetheilt, kahl oder selten filzig. Die acht fast sitzenden Staubbeutel sind dem Schlunde in zwei Reihen eingefügt, die oberen stehen den Kelchzipfeln gegenüber und ragen zur Hälfte aus der Blumenkrone hervor, sind linealisch oder länglich, stumpf und auf dem Rücken am Grunde angeheftet, in seltenen Fällen fehlen sie ganz. Der unterständige Ring fehlt oder ist sehr klein, meist undeutlich. Der Fruchtknoten ist sitzend; der seitliche, haarförmige Griffel hat mit der Kelchröhre gleiche Länge; die Narbe ist kopfförmig und mit Wärzchen besetzt. Das Nüßchen ist von dem stehenbleibenden Griffelgrunde eingeschlossen. Der Samen hat nur wenig Eiweiß.

Die zu dieser Gattung gehörigen Arten, Sträucher und Halbsträucher in Süd- und Ostafrika, haben schlanke Aeste, zerstreute oder gegenüberstehende, meist schmale Blätter, von denen die blüthenständigen bisweilen größer sind, wirtelförmig stehen und eine Hülle bilden und endständige, kopfförmige, selten einzelne oder achselständige oder auch kurz ährenförmige, weiße, gelbe, röthliche oder lilafarbige, außenseits meist weichhaarige Blüthen.

Die Gattung zerfällt nach Endlicher und Meisner in zwei Sectionen und verschiedene Unterabtheilungen.

Erste Section. Eugnidia.

Die endständigen Blüthen stehen in Köpfchen oder fast einzeln, aber niemals in Aehren.

§. 1. Die oberen, den Kelchzipfeln gegenüberstehenden Staubbeutel fehlen entweder ganz, oder sind ohne Blüthenstaub und um die Hälfte kleiner als die unteren, oder endlich rudimentair.

1) Gn. anomala *Meisner*. Die unteren Blätter stehen zerstreut, die oberen sind gegenüberstehend, eiförmig oder eiförmig-länglich, ziemlich stumpf, auf dem Rücken 3—5nervig, auf beiden Seiten nebst den Aestchen seidenhaarig; die Köpfchen sind 4—8blüthig; der Kelch ist schlank, seidenhaarig-wollig; die acht Schlundschuppen sind fast fleischig, keulenförmig, am Grunde schwach borstig. Hierher gehört Gnidia argentea *Ecklon*.

Diese Art wächst an Felsen am Cap der guten Hoffnung, wo sie von Ecklon und Zeyher und von Drège gesammelt wurde. Die schlanken Aeste sind wie die Blätter dicht weißwollig, werden aber zuletzt nach Unten kahl. Die Blätter sind 4—6 Linien lang und 2½—4 Linien breit, ziemlich flach oder oberseits, besonders nach dem Grunde zu concav, die Hüllblätter sind oft etwas größer als die übrigen und in größerem Maße seidenhaarig. Der Kelch ist 6—8 Linien lang, seidenhaarig-glänzend, seine Zipfel sind länglich-lanzettlich, etwas spitz. Die Drüsen sind linealisch-spatelig, stumpf, um die Hälfte kürzer als die Kelchzipfel, am Grunde von kleinen Borsten umgeben. Die oberen Staubbeutel fehlen bald ganz, bald sind sie vorhanden, aber klein und leer. Der unterständige Ring ist deutlich, obwol klein und weißhäutig. Der Fruchtknoten ist ganz kahl.

2) Gn. Harveyana *Meisner*. Die Aestchen sind an der Spitze grau-weichhaarig; die Blätter sind gegen- und wirtelständig, eiförmig, ganz stumpf, auf dem Rücken 3—5nervig, angedrückt-fast-seidenhaarig, unterseits zuletzt kahl; die Köpfchen sind zweiblüthig; der Kelch ist weißwollig; die vier Schlunddrüsen sind linealisch-länglich und ganz kahl.

Diese Art wächst gleichfalls am Cap der guten Hoffnung. Es ist ein 1½ Fuß hoher, fast einfacher Halbstrauch. Die Blätter sind 4½—5½ Linien lang und 2—3 Linien breit, meist zu vier wirtelständig, auf dem Rücken zuletzt kahl, oberseits dicht seidenhaarig-grau; die Hüllblätter sind nicht größer. Der schlanke Kelch ist etwa um die Hälfte länger als die Blätter, seine Zipfel sind länglich und ziemlich stumpf. Die Schlunddrüsen sind gelb, etwas spitz, am Grunde ohne Borsten. Die Träger der oberen Staubfäden sind sehr klein. Der vorigen Art nahe verwandt ist sie schon durch die Zahl der Schlunddrüsen (vier statt acht) gut unterschieden.

§. 2. Die acht Staubbeutel sind sämmtlich vollkommen ausgebildet und einander gleich. Die Schlundschuppen sind ganz kahl.

a) Der Kelch ist auf der Außenseite dicht grau-behaart oder wollig oder auch seidenhaarig. Die Hüllblätter haben dieselbe Form wie die übrigen Blätter oder sind in seltenen Fällen ein wenig größer oder kleiner.

3) Gn. scabrida *Meisner*. Die Aeste sind weichhaarig, die Blätter zerstreut, lanzettlich-linealisch, spitz, punktirt-rauh, auf dem Rücken undeutlich dreinervig, ein wenig behaart und zuletzt ziemlich kahl, die obersten sind stärker behaart; die Köpfchen sind 6—8blüthig; der Kelch ist filzig, seine Zipfel sind lanzettlich-länglich, spitz, um die Hälfte größer als die acht fast kronblattartigen Schlundschuppen. Hierher gehört Gnidia elongata *Ecklon* und *Zeyher*.

Diese Art wächst auf verschiedenen Bergen am Cap der guten Hoffnung. Ihre Aeste sind steif, lang, einfach oder an der Spitze ebensträußig-vielköpfig. Die Blätter stehen gedrängt und sind fast lederartig, 6—9 Linien lang, ⅓—1½ Linie breit, verschmälert-spitz, aber nicht stechend, die jüngeren mit einer weißen weichen Behaarung besetzt und gewimpert, die Hüllblätter (an Zahl etwa acht) sind ein wenig kleiner und abstehend. Der Kelch ist 8—9 Linien lang, seine Röhre ist schlank, seine Zipfel sind kaum ⅓ Linie lang und ⅓ Linie breit, innen weichhaarig. Die Schlundschuppen sind länglich, etwas zugespitzt, gelblich. Die oberen Staubbeutel sind eiförmig, zwar um die Hälfte kürzer als die linealischen unteren, aber doch vollkommen ausgebildet. Die Art ändert übrigens mit mehr oder weniger glatten Blättern ab.

4) Gn. pubescens *Bergius*. Die schwarzen Aeste sind an der Spitze weichhaarig; die Blätter sind lederartig, zerstreut und fast gegenüberstehend eiförmig-länglich oder lanzettlich, flach, nervenlos, punktirt-rauh, angedrückt-behaart, zuletzt kahl, die obersten haben mit den übrigen gleiche Gestalt; die Köpfchen sind 4—6blüthig; der Kelch ist fast seidenhaarig-grau, seine Zipfel sind weit kürzer als die Kelchröhre, aber dreimal länger als die 4 eiförmigen, an der Spitze zweispaltigen Schlunddrüsen. Hierher gehört vielleicht Gnidia tomentosa *Linné*, ferner Gn. punctata *Lamarck*, Gn. scabra *Thunberg* und zum Theil auch Calysericos typica *Ecklon* und *Zeyher*.

Die Heimath dieser Art ist gleichfalls das Cap der guten Hoffnung. Ihre schwarzen Aeste sind narbig-höckerig. Die Anfangs dachziegelig sich deckenden, später abstehenden Blätter sind 4—7 Linien lang und 2—3 Linien breit, stumpf oder etwas spitz, auf dem Rücken und am Rande von weißen Punkten etwas rauh. Der 8—10 Linien lange, grauwollige Kelch hat eine schlanke Röhre und zwei Linien lange, etwas spitze Zipfel. Die Kelchschuppen sind fast fleischig, gelb.

5) Gn. cephalotes *Lichtenstein*. Die Aestchen sind oberwärts behaart; die Blätter stehen zerstreut oder einander fast gegenüber und sind lederartig, lanzettlich, stumpflich, auf dem Rücken gewölbt, stumpf, nervig-gestreift, punktförmig-rauh gewimpert, zuletzt glatt und kahl, die obersten sind breiter und zugespitzt; die Köpfchen sind 4—6blüthig; die Zipfel des seidenhaarigen Kelchs sind eiförmig und mit der Röhre ziemlich von gleicher Länge; die vier Drüsen sind klein und zweispaltig. Hierher gehört Gn. grandiflora *Meisner*, Calysericos argentea *Ecklon* und *Zeyher* (zum Theil) und Calys. typica *Ecklon* und *Zeyher* (zum Theil).

Diese Art wächst an sandigen und felsigen Orten verschiedener Berge am Cap der guten Hoffnung. Sie steht in der Mitte von Gn. pubescens und Gn. scabrida, unterscheidet sich aber von der letzteren, welcher sie in der Tracht und den Blättern vollkommen gleicht, durch die lange stehenbleibende Behaarung der Aeste und die weniger hervortretenden Blattnarben an denselben, durch die auf dem Rücken mehr oder weniger behaarten jüngeren Blätter und vorzüglich durch die 3—4 mal größeren, 4—5 Linien langen, 2—2½ Linien breiten Zipfel des seidenhaarigen (nicht graufilzigen) Kelchs; die Kelchschuppen sind dagegen klein, eiförmig und zweitheilig; von Gn. pubescens, welcher sie in der Form des Kelchs und der Schlundschuppen ähnlicher ist, unterscheidet sie sich durch die längeren und schmäleren (6—7 Linien langen, 1½—2 Linien breiten), auf dem Rücken abgerundet-gewölbten, kurz zugespitzten Blätter und durch den größeren, schön seidenhaarigen Kelch, dessen Zipfel doppelt größer und auf beiden Seiten weichhaarig sind. Die Blüthen scheinen rosenroth, ihre Zipfel aderig-genetzt zu sein. Die oberen Staubbeutel sind um die Hälfte kleiner als die unteren, aber, wie es scheint, vollkommen ausgebildet. Uebrigens variirt diese Art, wie die verwandten, mit breiteren und schmäleren (bisweilen kaum 1 Linie breiten), auf dem Rücken nervig-gestreiften oder runzeligen und fast nervenlosen und mehr oder weniger rauhen oder fast glatten Blättern.

6) Gn. penicillata *Lichtenstein*. Die Blätter sind gegenständig und zerstreut, linealisch, stumpf, zusammengefaltet-gewölbt, nervenlos, glatt und nebst den Aestchen kahl, die jüngeren gewimpert; die Köpfchen sind 2—6blüthig; die lanzettlichen spitzen Zipfel des seidenhaarigen Kelchs haben mit der Röhre fast gleiche Länge; die vier Schlundschuppen sind klein, kronblattartig, zweitheilig.

Das Vaterland dieser Art ist Südafrika. Sie hat die Tracht von Cryptadenia uniflora und wird in den Sammlungen häufig mit dieser verwechselt. Es scheint ein niedriger, ebensträußig-ästiger Strauch mit dünnen Aesten zu sein. Seine Blätter sind 3—4 Linien lang, ⅓—½ Linien breit, an der Spitze meist purpurröthlich, die obersten von weißen Haaren dicht gewimpert und an der Spitze pinselförmig, die unteren mehr oder weniger kahl, die blüthenständigen dachziegelig sich deckenden, fast angedrückten sind ein wenig länger. Die Röhre des weiß-seidenhaarigen Kelchs ist fast 4 Linien lang, trichterförmig, am Grunde sehr schmal, die abstehenden Zipfel derselben sind fast 3 Linien lang, 1 Linie breit, auf der Innenseite kahl, lilafarbig. Die Schlundschuppen sind klein, eiförmig, tief zweitheilig, fein gewimpert.

7) Gn. Wikstroemiana *Meisner.* Diese Art ist niedrig und abstehend-ästig; die Blätter sind gegenständig, abstehend, länglich-lanzettlich, zu beiden Seiten angedrückt fast seidenhaarig, die blüthenständigen sind größer; die Köpfchen sind 2—4blüthig; die schmalen stumpfen Zipfel des seidenhaarigen Kelchs sind viel kürzer als die Röhre; die 4 Schlundschuppen sind klein, blumenblattartig, linealisch-pfriemlich. Hierher gehört vielleicht Gn. stricta *Wikstroem* und nach diesem Passerina stricta *Thunberg.*

Sie wächst im südlichen Afrika. Die starren Zweige sind kaum handlang. Die Blätter sind 2—3½ Linien lang, 1 Linie breit, stumpf oder ein wenig spitz, flach oder etwas concav, die Hüllblätter sind ein wenig größer. Die Blüthenköpfchen stehen an der Spitze der sehr kurzgestielten Aestchen und scheinen daher gleichsam seitenständig zu sein. Die Röhre des 4—5 Linien langen Kelchs ist schmal, die Zipfel desselben sind kaum 1 Linie lang und ½ Linie breit.

8) Gn. inconspicua *Meisner.* Diese Art ist niedrig und sehr ästig; ihre Blätter sind gegenständig, abstehend oder zurückgebogen, länglich, flach und nebst den Aestchen angedrückt-behaart, oberseits zuletzt kahl, die blüthenständigen sind kleiner; die Köpfchen sind zweiblüthig; der Kelch ist seidenhaarig-wollig, seine schmalen, ziemlich stumpfen Zipfel sind weit kürzer als die Röhre; die acht Schlundschuppen sind sehr klein, kronblattähnlich.

Die Heimath dieser Art ist Südafrika. Die Aeste sind kurz, die Aestchen abstehend, höckerig-narbig, nach Oben angedrückt-striegelig-behaart. Die Blätter stehen gehäuft, kreuzständig und sind 3—6 Linien lang, 1—3 Linien breit, ziemlich spitz, oberseits schwach-weichhaarig zuletzt kahl, unterseits angedrückt roth-borstig, die blüthenständigen sind 2—3 Linien lang, 1 Linie breit, die jüngeren sind fast seidenhaarig. Der Kelch ist 4—5 Linien lang, außenseits weiß-behaart, innen lilafarbig, kahl; die Schlundschuppen sind weiß.

9) Gn. linoides *Wikstroem.* Diese Art ist krautig, ihre Stengel und Aestchen sind fadenförmig, kahl, ihre Blätter gegenständig, pfriemlich-linealisch, spitz, kahl, die Hüllblätter haben dieselbe Form wie die übrigen, sind aber gewimpert; die Blüthen sind endständig, einzeln, seidenhaarig, ihre länglichen spitzen Zipfel haben mit der Röhre fast gleiche Länge; die vier Schuppen sind zweitheilig, kronblattartig. Hierher gehört Passerina linoides *Thunberg.*

Diese Art wächst auf grasigen feuchten Stellen der Berge in Südafrika. Ihre Stengel sind sehr dünn, fast haarförmig, aufrecht, bald ziemlich einfach, fußhoch, bald aus fast holzigem Grunde büschelig-gehäuft, aufsteigend, wiederholt-ästig, finger- bis handlang. Die Blätter sind fast so lang als die Internodien, 2—5 Linien lang, ⅙—⅓ Linie breit, abstehend, flach oder gewölbt, auf dem Rücken 1—5nervig. Der 3—4 Linien lange, weißliche, angedrückt-seidenhaarige Kelch hat eine dünne Röhre, einen trichterförmigen Schlund und abstehende, 1—1½ Linien lange Zipfel. Die Schuppen sind linealisch, spitz, gelb, kahl. — Die Pflanze ändert ab:

major *Meisner.* Halbstrauchig, Blätter ziemlich starr und fast dachziegelig-angedrückt. Hierher gehört Calysericos linearifolia *Ecklon* und *Zeyher* und Passerina linearifolia *Wikstroem.* Die Aestchen sind zwar dünn, aber starr, fast holzig, dicht beblättert. Die Blätter sind ziemlich starr, spitz. Die Blüthen sind ein wenig größer als an der Hauptform; so auf dem Tafelberge und anderen Bergen am Cap der guten Hoffnung.

10) Gn. sericea *Linné.* Die gegenständigen Blätter sind eiförmig ziemlich stumpf und nebst den Aestchen angedrückt-seidenhaarig; die Köpfchen sind 2—4blüthig; der Kelch ist seidenhaarig, seine stumpflichen Zipfel sind kaum doppelt länger als die acht keulenförmigen Drüsen. Hierher gehört Thymelina sericea *Burmann*, Nectandra sericea *Bergius*, Thymelina sericea *Hoffmannsegg*, Passerina sericea *Linné* und wahrscheinlich Passerina Thunbergii *Wikstroem* und vielleicht auch Gnidia oppositifolia *Thunberg*, aber nicht die gleichnamige von Linné.

Sie wächst auf Hügeln und Bergen am Cap der guten Hoffnung und bildet einen aufrechten kleinen Strauch mit gezweiten oder fast ebensträußigen Aesten. Die Blätter decken sich dachziegelig, stehen zuletzt ab und an den Verzweigungen oft zu vier in Quirlen und sind von einer weichen Behaarung auf beiden Seiten mehr oder weniger seidig, die obersten sind bisweilen ein wenig größer. Der Kelch ist 4 Linien lang, dicht angedrückt-behaart, weißlich-seidenhaarig, seine Zipfel sind etwa eine Linie lang. Der Fruchtknoten ist kahl. Der unterständige Ring ist klein und undeutlich. Diese Art kommt in drei Varietäten vor:

a) vulgaris mit eiförmigen oder länglichen, nervenlosen, flachen, angedrückt-weichhaarigen Blättern, von denen die obersten mit den übrigen gleich groß oder nur wenig größer sind. Hierher gehört Gnidia sericea *Lamarck* und Gnidia azurea *Burchell.* Die gedrängten, fast angedrückten Blätter sind 3 oder bisweilen an den Verästelungen, sowie die blüthenständigen 4—5 Linien lang und ½—3 Linien breit.

b) glabrescens mit einnervigen, schwach concaven, ziemlich kahlen Blättern, von denen die unteren linealisch-länglich, 3—6 Linien lang, 1—2 Linien breit, die oberen allmälig größer, 6—7 Linien lang und 3—4 Linien breit, die obersten eiförmig-länglich dreinervig sind. Der Kelch ist 5—6 Linien lang.

c) hirsuta. Die Blätter sind eiförmig-länglich oder die unteren linealisch, flach oder concav, fast nervenlos und nebst den Aesten von einer dichteren Behaarung seidig-rauh, die obersten Blätter sind breiter. Die Länge der Blätter beträgt 3—9, die Breite 1—3 Linien. Hierher gehört Gn. phylicifolia *Ecklon* und *Zeyher.*

11) Gn. Burmanni *Ecklon* und *Zeyher.* Die Aestchen sind abstehend, dünn, angedrückt-behaart; die gegenständigen Blätter sind lanzettlich, spitz, flach, ner-

venlos, auf beiden Seiten angedrückt-behaart und seidig-glänzend, die obersten sind nicht größer als die andern; die Köpfchen sind zweiblüthig; die Zipfel des seidenhaarigen Kelchs sind lanzettlich, spitz; die vier Schlundschuppen sind klein, kronblattartig, zweitheilig.

Diese Art wächst an steinigen Orten des Löwenberges am Cap der guten Hoffnung. Der vorigen zwar sehr ähnlich, aber durch die Schlundschuppen hinlänglich verschieden; die Tracht ist schlanker, die Aestchen sind schwach, die Behaarung ist etwas länger und glänzender. Die halbabstehenden Blätter sind etwas spitz, an beiden Enden verschmälert, 4—6 Linien lang, 1—1⅓ Linien breit. Der Kelch ist 5 Linien lang, schlank, seine Zipfel sind 1 Linie lang.

12) Gn. strigillosa *Meisner*. Die gegenüberstehenden Blätter sind lanzettlich oder linealisch, etwas spitz, flach, ein- oder dreinervig, auf beiden Seiten nebst den Aesten rauhhaarig, die blüthenständigen stehen quirlförmig, sind aber sonst mit den übrigen von fast gleicher Beschaffenheit; die Köpfchen sind endständig und in den obersten Blattachseln sitzend, 1—2blüthig; der Kelch ist seidenhaarig, seine Zipfel sind lanzettlich, spitz; die acht Schlundschuppen sind linealisch-borstenförmig, kurz. Hierher gehört Gnidia caffra *Ecklon* und *Zeyher*.

Sie wächst am Cap der guten Hoffnung und bildet einen vielstengeligen oder ästigen, kaum spannenhohen Strauch mit aufrechten steifen Aesten, welche gleich den Blättern von zerstreut stehenden Haaren besetzt sind und erst spät ziemlich kahl werden. Die Blätter sind fast lederartig, 3—5 Linien lang, 1—2⅓ Linien breit, die blüthenständigen bisweilen ein wenig breiter. Der Kelch ist weiß oder (nach Ecklon) himmelblau, 4—5 Linien lang, dicht angedrückt-behaart, seidig; die kronblattartigen Schlundschuppen sind am Grunde von kleinen Borsten umgeben. Der Fruchtknoten ist an der Spitze ein wenig behaart. Von Gnidia Burmanni ist sie namentlich durch die Behaarung und die Schlundschuppen verschieden.

13) Gn. nodiflora *Meisner*. Diese Art ist graubehaart; die Blätter stehen zerstreut oder fast gegen- und quirlständig und sind linealisch, flach, einnervig, die blüthenständigen haben mit den übrigen gleiche Form; die Köpfchen sind end- und achselständig, sitzend, wenigblüthig oder die Blüthen stehen bisweilen an den Verästelungen quirlig; der Kelch ist seidenhaarig-wollig, seine Zipfel sind eiförmig, stumpf und länger als die acht kronblattartigen linealischen Schlundschuppen. Hierher gehört Gn. caespitosa *Ecklon* und *Zeyher*.

Dieser hand- bis fußhohe kleine Strauch wächst am Cap der guten Hoffnung. Seine Blätter sind fast lederartig, 4—8 Linien lang, 1, selten 1⅓ Linien breit, spitz oder stumpf mit einer weichen, zuletzt verschwindenden Behaarung besetzt. Die 3—6blüthigen Köpfchen sitzen in den obersten Blattachseln und sind einander genähert oder auch endständig, aber nur in seltenen Fällen werden sie von einem oder dem andern, aus den Achseln der Hüllblätter hervorgegangenen Aste überragt und bilden scheinbar einen Quirl. Der Kelch ist 5 Linien lang, nach Ecklon himmelblau, seine Röhre ist über dem Fruchtknoten verschmälert, der Schlund ist trichterförmig, die Schuppen sind klein. Der Fruchtknoten ist weichhaarig.

14) Gn. albicans *Meisner*. Die gegenüberstehenden Blätter sind eiförmig-länglich, stumpf, ein wenig concav, fast nervenlos, dicht graubehaart, die obersten sind größer als die übrigen und seidenhaarig; die Köpfchen sind 2—4blüthig; die Zipfel des wolligen Kelchs sind eiförmig, stumpf und um die Hälfte größer als die vier kronblattartigen ungetheilten Schlundschuppen.

Diese Art wächst im südlichen Afrika und kommt in drei Abarten vor:

a) tenella. Die Pflanze ist wahrscheinlich krautartig; der Stengel ist aufrecht, spannenhoch, dünn, ganz einfach und einköpfig; die Blätter decken sich dachziegelig und sind fast angedrückt, die unteren sind linealisch, undeutlich einnervig und ziemlich kahl, die untersten sind 2—4 Linien lang und kaum 1 Linie breit, die obern sind allmälig größer und grau, die obersten sind seidig-glänzend, 4—5 Linien lang und 3 Linien breit. Der Kelch ist 5 Linien lang, gelb oder röthlich, etwas wollig, seine Zipfel sind kaum 1 Linie lang. Die Schlundschuppen sind eiförmig, stumpf, gelb.

b) elatior. Diese Varietät ist strauchartig und ästig, die Aeste sind fußlang und darüber, gabelspaltig und doldig, schlank; die Blätter stehen sehr bald ab und sind sämmtlich eiförmig oder länglich, fast nervenlos, 5—6 Linien lang und 3 Linien breit, an den Verzweigungen stehen oft vier in Quirlen, die jüngeren sind weiß-seidig, von bald angedrückten, bald längeren, lockeren, wolligen, weichen, kurzen Haaren bedeckt, die älteren fast filzig-grau, hin und wieder undeutlich ein- oder dreinervig; der Fruchtknoten ist ganz kahl; der unterständige Ring ist deutlich, wenn auch klein.

c) grandiflora. Diese Abart ist gleichfalls strauchig und ästig, die Aestchen sind dicht erhaben-narbig; die dachziegelförmig sich deckenden Blätter sind grau oder seidig-wollig, zuletzt fast kahl und beinahe nervenlos; die Blüthen sind größer als an den übrigen Varietäten, etwa 8—9 Linien lang, im Uebrigen stimmt sie mit der Abart b) überein.

15) Gn. chrysophylla *Meisner*. Die Aeste sind schlank und kahl; die gegenüberstehenden, dachziegelig sich deckenden Blätter sind eiförmig, stumpf, flach, nervenlos und nebst den Aestchen seidig-glänzend, die obersten sind kaum größer als die übrigen; die Köpfchen sind 2—4-blüthig; die Zipfel des kleinen seidigen Kelchs sind eiförmig stumpf und überragen die vier fast fleischigen, eiförmig-länglichen, ungetheilten Schuppen um die Hälfte.

Sie wächst am Cap der guten Hoffnung und stimmt mit der Varietät b) von Gn. albicans fast ganz überein, die Blätter stehen aber dichter und sind von einer dichten ganz anliegenden Behaarung schön goldgelb-seidig, der Kelch ist 3—4 Linien lang, der Fruchtknoten ist an der Spitze ein wenig behaart und der unterständige Ring fehlt fast ganz.

16) Gn. imbricata *Linné.* Die gegenständigen, halbabstehenden Blätter sind länglich und lanzettlich stumpf flach dreinervig und nebst den Aestchen graufilzig und zuletzt ziemlich kahl; die Köpfchen sind end- und bisweilen achselständig, fast sitzend, 2—4blüthig, der Kelch ist grau-wollig, seine Zipfel sind eiförmig, etwas spitz und fast um die Hälfte länger als die acht linealischen spitzen Drüsen.

Diese am Cap der guten Hoffnung vorkommende Art findet sich in zwei Varietäten:

a) genuina. Die Aeste sind lang und schlank, die Aestchen dünn, die Blätter stehen etwas entfernt von einander und haben mit den Internodien fast gleiche Länge, die jüngeren sind auf der Oberseite seidenhaarig, die blüthenständigen ein wenig größer.

b) incana. Die Aestchen sind kurz, ebensträußig, die Blätter gehäuft, graufilzig, die blüthenständigen nicht größer als die übrigen.

17) Gn. denudata *Lindley.* Die Aeste sind ruthenförmig, schlank und an der Spitze weichhaarig, die Blätter gegenständig länglich stumpf flach, auf beiden Seiten behaart oder zuletzt kahl, auf dem Rücken 3—5nervig, die blüthenständigen stehen quirlförmig, haben aber dieselbe Gestalt als die übrigen, die Köpfchen sind vielblüthig, der Kelch ist behaart, seine Zipfel sind eiförmig-länglich, etwas spitz; die acht Schlundschuppen sind kronblattartig, eiförmig-länglich, klein. Hieher gehört Gn. tomentosa *Hooker* und Gn. virescens *Ecklon* und *Zeyher.*

Diese Art wächst in Bergwäldern bei George und Zwellendam am Cap der guten Hoffnung und bildet einen mehre Fuß hohen Strauch. Die Blätter sind krautig, kreuzständig, abstehend, so lang oder um die Hälfte länger als die Internodien, 6—12 Linien lang und 3—4 Linien breit, von weichen, ziemlich lockeren, nicht seidigen Haaren bedeckt und von dünnen Nerven durchzogen. Die Köpfchen sind vier- bis vielblüthig, bisweilen seitenständig und fast sitzend. Der Kelch ist 8—12 Linien lang, schlank, blaßgelb, seine Zipfel sind 1½ Linien lang und weit länger als die weißen Schuppen. Der Fruchtknoten ist an der Spitze ein wenig behaart. Der unterständige Ring ist deutlich, obwol klein.

18) Gn. caniflora *Meisner.* Die Blätter sind zerstreut und fast gegenständig lanzettlich oder länglich stumpf fast nervenlos, unterseits kahl, oberseits und nebst den Aestchen weiß-filzig, die blüthenständigen haben fast dieselbe Gestalt als die übrigen; die Köpfchen sind 2—4blüthig, der Kelch ist graufilzig, seine Zipfel sind eiförmig stumpf und nur ein wenig größer als die acht lanzettlichen Drüsen. Hieher gehört Gn. laxifolia *Ecklon* und *Zeyher.*

Diese Art findet sich auf dem Gifstberge und am Flusse Gauritz im Districte Zwellendam am Cap der guten Hoffnung. Die Aeste sind ruthenförmig, schlank. Die Blätter sind lederartig, gehäuft, abstehend, 2—4 Linien lang und 1—1½ Linien breit, oberseits mehr oder weniger concav. Die Köpfchen sind oft seitenständig, da sie an der Spitze der sehr kurzen Aestchen stehen. Der Kelch ist 7—8 Linien lang, von einer weißen, nicht seidigen Behaarung grau, seine Lappen sind 1 Linie lang, auf der Innenseite gelb. — Sie ändert ab:

b) Eckloniana. Diese Varietät ist ebensträußig-ästig, die Aestchen sind kurz und dicht beblättert, die Blätter sind zu beiden Seiten angedrückt grauwollig, auf dem Rücken endlich kahl. Hieher gehört Gn. andromedaefolia *Ecklon* und *Zeyher.*

19) Gn. scabra *Thunberg.* Die Aeste sind schlank und weichhaarig; die Blätter sind zerstreut oder fast gegenüberstehend, linealisch-nadelförmig spitz, auf dem gewölbten Rücken punktirt-rauh, die blüthenständigen haben mit den übrigen gleiche Gestalt; die Köpfchen sind endständig und in den obersten Blattachseln sitzend 1—2blüthig; die Zipfel des graufilzigen Kelchs sind länglich, ziemlich spitz und fast um die Hälfte länger als die acht linealischen Drüsen. Hieher gehört Gn. pricalloyaefolia *Ecklon* und *Zeyher.*

Sie wächst am Cap der guten Hoffnung. Die Aeste sind dünn, fußlang, einfach oder ästig; die Blätter sind einander genähert, kaum abstehend, 2—3½ Linien lang, ⅓—½ Linie breit. Die Blüthen sind weißfilzig, 5—6 Linien lang, ihre Zipfel sind kaum 1 Linie lang, auf der Innenseite blaßgelb; die Schlundschuppen sind fast fleischig, stumpf, gelb.

20) Gn. geminiflora *E. Meyer.* Die Aeste sind kaum an der Spitze ein wenig behaart; die Blätter sind gegenständig, linealisch, spitz, zusammengefaltet-concav, nervenlos, kahl, die obersten sind größer und auf der Oberfläche seidig-weichhaarig; die Köpfchen sind end- und seitenständig sitzend zweiblüthig; die Zipfel des seidig-glänzenden Kelchs sind eiförmig, spitz und ein wenig länger als die vier eiförmigen zweitheiligen Drüsen.

Diese Art wächst am Cap der guten Hoffnung auf Hügeln zwischen Nierencasteel und Zwartdoornrivier und stimmt in der Tracht mit den vorhergehenden überein. Die Blätter sind lederartig, 5—7 Linien lang, 1—1½ Linien breit, die obersten ein wenig breiter oder eiförmig-lanzettlich, bis 2 Linien breit, von einer dichten angedrückten rothen Behaarung schön glänzend, ihre Zipfel sind 1½—2 Linien lang; die Schuppen sind fleischig, ziemlich dick rothbraun. — Die Pflanze ändert ab:

b) brevifolia *Meisner.* Die oberen Blätter der Aestchen decken sich dachziegelig und sind eiförmig-lanzettlich, spitz, die unteren sind kleiner und stehen entfernter, die obersten sind etwa 3 Linien lang; die Blüthen sind blasser, 6—8 Linien lang, ihre Zipfel sind 1 Linie lang; sonst stimmt sie mit der Hauptform überein.

21) Gn. oppositifolia *Linné.* Die Blätter sind kreuzweise-gegenständig, eiförmig oder eiförmig-länglich, spitz, flach und nebst den Aesten ganz kahl, unterseits einnervig, die am Rande blutroth gefärbten blüthenständigen haben mit den übrigen gleiche Form; die Köpfchen sind 4—6blüthig; die Zipfel des grau-weichhaarigen Kelchs sind stumpf und nur wenig länger als die vier

fast stielchigen, länglichen, ganzrandigen Schlundschuppen. Hierher gehört Gn. laevigata *Thunberg*, Passerina laevigata *Linné* amoenit. Nectandra laevigata *Bergius*.

Sie wächst an vielen Orten am Cap der guten Hoffnung. Die Aeste sind ruthenförmig, schlank, die Aestchen blutroth. Die fast lederartigen, dachziegelig sich deckenden, zweizeilig abstehenden Blätter sind 3—7 Linien lang und 2—3½ Linien breit, bisweilen undeutlich federnervig, die oberen am Rande und vorzüglich an der Spitze blut- oder purpurroth. Die Blüthen sind 6—10 Linien lang, ihre Röhre ist trichterförmig, roth und schwach gestreift, ihre Zipfel sind länglich, 1 Linie lang, auf der Innenseite gelb, die Schuppen stumpf, röthlich.

b) Der Kelch ist auf der Außenseite kahl oder schwach weichhaarig, aber weder seidenhaarig, noch graufilzig. Die Hüllblätter sind oft größer als die übrigen, wenigstens breiter.

22) Gn. subcordata *Meisner*. Die Blätter sind gegenständig, sehr kurzgestielt, krautartig, eiförmig-länglich, schwach-herzförmig, flach und nebst den Aesten kahl, die blüthenständigen sind nicht größer als die übrigen; die Köpfchen sind 2—4blüthig, der Kelch ist ziemlich kahl, seine Zipfel sind eiförmig-länglich spitz und größer als die acht kronblattartigen Schlundschuppen.

Diese Art wächst in Wäldern am Moriey im südöstlichen Afrika. Die Aeste sind schlank. Die abstehenden Blätter stehen ziemlich entfernt von einander, die älteren sind zollang und 6—8 Linien breit, etwas spitz, am Grunde abgerundet und schwach ausgerandet, schwach-einnervig, fiedeaderig und haben einen ½—1 Linie langen Stiel, die oberen Blätter sind kleiner. Der Kelch ist 5—6 Linien lang, in der Jugend zerstreut-behaart, bald kahl; die Schlundschuppen sind länglich-lanzettlich, weiß.

23) Gn. humilis *Meisner*. Der Stengel und die Aeste sind fadenförmig, locker und schwach behaart; die Blätter sind gegenständig, sitzend, krautartig, länglich, an beiden Enden spitz, flach, undeutlich-einnervig, behaart, die blüthenständigen haben mit den übrigen gleiche Gestalt; die Blüthen sind endständig, gepaart und in den obersten Blattachseln einzeln, sitzend, schwach behaart, ihre Zipfel sind eiförmig, ein wenig kürzer als die Röhre und um die Hälfte länger als die vier kronblattartigen, eiförmig-länglichen Schlundschuppen.

Diese Art wächst zwischen Steinen auf dem Gipfel des Tafelberges am Cap der guten Hoffnung. Sie ist wahrscheinlich halbstrauchig und ungefähr fußhoch und hat schwache, abstehende, von weißen, fast 1 Linie langen, abstehenden, langsam verschwindenden Haaren bekleidete Aeste. Die Blätter stehen entfernt von einander, die unteren sind um das Doppelte kürzer als das Internodium, abstehend, 3—6 Linien lang, 1½—2 Linien breit, nervenlos, von nicht sehr zahlreichen, fast angedrückten, später schwindenden, am Rande aber dichter stehenden und fast stehenbleibenden Haaren besetzt. Der Kelch ist 3—4 Linien lang und ziemlich breit-trichterförmig, seine Zipfel sind ziemlich spitz. Die Staubbeutel sind eiförmig. In der Tracht stimmt sie fast mit Arthrosolen apiculatus überein.

24) Gn. coriacea *Meisner*. Die Pflanze ist ganz kahl; die Blätter sind gegenständig, sitzend, lederartig, eiförmig-länglich, spitz, flach, auf dem Rücken 3—5-nervig, die blüthenständigen haben mit den übrigen fast gleiche Gestalt; die Köpfchen sind 2—4blüthig; die eiförmig-länglichen Kelchzipfel sind fast dreimal kürzer als die Röhre; die vier Schlundschuppen sind kronblattartig, klein. Hierher gehört Epichroxantha ovata *Ecklon* und *Zeyher*.

Diese Art wächst an verschiedenen Orten am Cap der guten Hoffnung, z. B. auf den Bergen Winterhoek und Zuurbergen im Districte Uitenhage. Es ist ein kleiner, hand- oder spannenhoher, ästiger, ganz kahler Strauch mit dünnen, an der Spitze zusammengedrückten oder vierkantigen Aestchen. Die Blätter sind aufrecht oder abstehend, am Grunde stumpf oder abgerundet, die unteren sind 3—5, die oberen 6—7 Linien lang, jene ½—2 Linien, die blüthenständigen 2—3 Linien breit und haben dünne, unterseits ein wenig hervortretende Nerven. Der Kelch ist 5—6 Linien lang, seine Zipfel sind ziemlich spitz, 1½ Linien lang; die Schlundschuppen sind weiß.

25) Gn. Sonderiana *Meisner*. Die Aestchen sind dicht-weißwollig; die Blätter sind gegenständig, lederartig, eiförmig-länglich, an der Spitze verschmälert, etwas stumpf, fast nervenlos, oberseits concav und am Rande ziemlich lang-weißwollig, die blüthenständigen haben mit den übrigen gleiche Gestalt; die Blüthen sind endständig, fast einzeln, locker behaart, ihre eiförmigen, spitzen Zipfel sind um die Hälfte kürzer als die Röhre, aber um die Hälfte länger als die kronblattartigen Schuppen. Hierher gehört Epichroxantha villosa *Ecklon* und *Zeyher*.

Diese Art wächst an Felsen des Berges Babylonsche Toorn im Districte Caledon am Cap der guten Hoffnung. Es ist ein kleiner Strauch mit dicht abstehend-behaarten Aesten. Die Blätter stimmen fast mit denen von Gnidia coriacea überein, sind aber kurz zugespitzt, an der Spitze selbst stumpflich, in Folge der eingerollten Ränder mehr oder weniger concav, oberseits und am Rande mit einer weichen, ziemlich dichten und langen weißen Behaarung besetzt, unterseits nervenlos oder nur bisweilen, namentlich an den blüthenständigen undeutlich einnervig.

26) Gn. styphelioides *Meisner*. Die Aestchen sind fast vierkantig, an der Spitze weichhaarig; die Blätter sind gegenständig, lederartig, lineallisch-lanzettlich, stechendspitz, flach, kahl, auf dem Rücken 3—5nervig, die blüthenständigen breiter als die übrigen; die Köpfchen sind 1—3blüthig; der Kelch ist weichhaarig, seine länglichen, spitzen Zipfel sind um das Doppelte kürzer als die Röhre, aber um die Hälfte länger als die vier kronblattartigen Schuppen. Hierher gehört Epichroxantha pungens *Ecklon* und *Zeyher* und zum Theil auch Epichroxantha simplex derselben Autoren.

Sie wächst an verschiedenen Bergen am Cap der guten Hoffnung und steht zwischen Gnidia coriacea und juniperifolia in der Mitte, jener nähert sie sich durch die Nervatur der Blätter, hat aber schmälere, nur 1—1½ Linien breite Blätter und weichhaarige Kelche und Aestchen, dieser ist sie in der Blattform ähnlicher, weicht aber durch die Nervatur ab. Die wie es scheint meergrünen Blätter sind 5—8 Linien lang, die blüthenständigen bis 3½ Linien breit. Die gelben Blüthen sind 4—5 Linien lang, schwach-weichhaarig.

27) Gn. juniperifolia *Lamarck*. Die Aeste sind ruthenförmig, die Aestchen an der Spitze fast vierkantig, weichhaarig; die Blätter stehen zerstreut oder hin und wieder gegenständig und sind lanzettlich-linealisch, spitz, kahl, einnervig oder nervenlos, die blüthenständigen sind breiter als die übrigen, gewimpert, oberseits schwach behaart oder kahl; die Köpfchen sind 2—4blüthig, der Kelch ist fast ganz kahl, seine spitzen eiförmigen Zipfel sind um das Doppelte kürzer als die Röhre, aber um die Hälfte länger als die vier kronblattartigen, vielleicht zweilappigen Schlundschuppen. Hierher gehört Gnidia viridis *Bergius*, Gn. pinifolia *Linné* (Sohn), Gn. acerosa *Gmelin*, Gn. Sparmanni *Müller*, Gn. simplex *Sims* und zum Theil auch Epichroxantha juniperifolia *Ecklon* und *Zeyher* und Epichr. simplex derselben Autoren.

Diese am Cap der guten Hoffnung an verschiedenen Stellen aufgefundene Art ist sehr veränderlich. Ihre Aeste sind aufrecht, meist dicht ebenstraußig-verästelt. Die Blätter sind lederartig, 3—6 Linien lang und 1—2 Linien breit, bald vollkommen nervenlos, bald mit einem einzigen Nerv versehen, die oberen sehr selten undeutlich 3—5nervig, die blüthenständigen sind um das Doppelte oder bisweilen nur ein wenig breiter als die unteren. Der Blüthenboden ist kurzwollig. Die Blüthen sind 4—5 Linien lang, ganz kahl oder seltener klein- und zerstreut-behaart; die Schuppen sind weißlich. Die Pflanze ändert ab:

b) uncinata *Meisner*. Die Blätter laufen in ein hakenförmig-einwärtsgekrümmtes Spitzchen aus, die obersten sind ein wenig breiter, undeutlich dreinervig, kahl.

c) pubigera *Meisner*. Die Blätter sind fast nervenlos, die oberen allmälig breiter, die obersten dicht gedrängt, gewimpert, oberseits locker behaart, unterseits bisweilen undeutlich-dreinervig. Hierher gehört vielleicht Gn. simplex *Linné*.

28) Gn. subulata *Lamarck*. Die Aestchen sind an der Spitze vierkantig, weichhaarig; die Blätter stehen zerstreut oder gegenständig und sind linealisch, spitz, kahl, fast nervenlos, die oberen sind pfriemlich-zugespitzt, auf dem Rücken gewölbt, oberseits gekielt, nicht breiter als die übrigen, gewimpert oder nackt; die Köpfchen sind 2—3blüthig; der Kelch ist fast kahl, seine spitzen Zipfel sind um die Hälfte kürzer als die Röhre, die vier Schlundschuppen sind kronblattartig, zweitheilig, klein. Hierher gehört Gn. biflora *Wikstroem* und zum Theil auch Epichroxantha simplex und juniperifolia *Ecklon* und *Zeyher*.

Sie ist am Cap der guten Hoffnung an verschiedenen Stellen aufgefunden und macht vielleicht nur eine Varietät von Gnidia juniperifolia aus, von welcher sie sich nur durch die schmaleren, ⅓—1 Linie breiten, nach der Spitze immer verschmälerten, fast pfriemlichen und convexen Blätter unterscheidet.

29) Gn. parviflora *Meisner*. Diese Art ist niedrig und ganz kahl; die Blätter sind gegenständig, fast krautartig, linealisch-lanzettlich, spitz, flach, fast nervenlos, die blüthenständigen sind mit den übrigen fast gleichlang; die Blüthen sind endständig oder zuletzt seitenständig fast einzeln; der Kelch ist kürzer als die Blätter; die Schuppen sind klein, ungetheilt, kronblattartig.

Auf Bergen am Cap der guten Hoffnung. Es ist ein ästiger, hand- oder fast spannenhoher Strauch mit 2⅓—3 Linien langen Blüthen, welcher außer den angegebenen Merkmalen mit Gn. juniperifolia übereinstimmt; er ändert ab:

b) debilis mit zarten Aestchen, krautartigen, nervenlosen Blättern und 2—3blüthigen Köpfchen. Hierher gehört Gn. lanceolata *Lichtenstein* und Epichroxantha debilis *Ecklon* und *Zeyher*. Die Blätter sind nicht über 3 Linien lang und ⅓ Linie breit. Die Blüthen sind an einer und derselben Pflanze roth und gelb.

30) Gn. decumbens *Meisner*. Die Aestchen sind schmal-geflügelt-vierkantig; die gegenüberstehenden Blätter sind lanzettlich-linealisch, spitz, flach, einnervig, die blüthenständigen haben mit den übrigen gleiche Form; die Blüthen sind endständig oder zuletzt seitenständig, einzeln, breit trichterförmig, ihre schmalen spitzen Zipfel sind um die Hälfte kürzer als die Röhre und um die Hälfte länger als die vier kronblattartigen Schlundschuppen. Zu ihr gehört Gn. biflora *Thunberg* und Epichroxantha biflora *Ecklon* und *Zeyher*.

Diese Art wächst auf Bergen um die Capstadt, auf dem Tafelberge, Leeuwenberg und am Cap der guten Hoffnung. Den vorhergehenden sehr ähnlich ist sie leicht durch die geflügelt-kantigen Aeste zu unterscheiden, auch ist der 5 Linien lange Kelch nach dem Schlunde zu stärker erweitert.

31) Gn. pallida *Meisner*. Die Pflanze ist ganz kahl; die Aestchen sind stielrund; die Blätter stehen zerstreut und sind krautartig, lanzettlich-linealisch, spitz, flach, unterseits undeutlich einnervig; die blüthenständigen weichen von den übrigen in der Form nicht ab; die Köpfchen sind 4—6blüthig; die eiförmigen, zugespitzten, auf dem Rücken und an der Spitze zerstreut borstigen Kelchzipfel sind dreimal kürzer als die dünne, ganz kahle Röhre und um die Hälfte länger als die acht fast fleischigen länglichen Schuppen.

Diese Art wächst im Kafferlande am Omtendo. Die Aeste sind schlank und fast einfach. Die Blätter sind blaß, aufrecht-abstehend, 4—6 Linien lang und ⅓—1 Linie breit. Der Blüthenboden ist mit kleinen weißen Börstchen besetzt. Die Blüthen sind 6—7 Linien lang, gelb, ihre Röhre ist nach Unten fadenförmig, ober-

mäßig schmal-trichterförmig, die Blüthenzipfel sind 1½ Linien lang, auf der Außenseite mit wenigen angedrückten fast verschwindenden Borstchen bestreut. Die Schlundschuppen sind braun, stumpf.

32) Gn. Meyeri *Meisner*. Diese Art ist ganz kahl, ihre Aestchen sind stielrund; die Blätter stehen zerstreut und sind krautartig, lanzettlich-linealisch, ziemlich stumpf, flach, fast nervenlos, die obersten sind spitz und länger als die übrigen; die Köpfchen sind 6—8blüthig; die eiförmig-länglichen, etwas stumpfen Kelchzipfel sind weit kürzer als die schlanke Röhre und ein wenig länger als die acht fast kronblattartigen linealischen, am Grunde von kleinen Borsten umgebenen Schlundschuppen.

Diese Art wächst bei Katpensklool, zwischen Uitkomst und Geelbeksfraal am Cap der guten Hoffnung. Die schlanken Zweige sind locker beblättert. Die Blätter sind abstehend, schön grün, 6 oder die obersten 7—8 Linien lang und 1 Linie breit, die untersten weit kürzer und stumpf. Der Kelch ist 8—10 Linien lang, schlank, gelb, seine Zipfel sind 1½ Linien lang. Die Schlundschuppen sind linealisch-lanzettlich, stumpf, am Grunde von kleinen weißen Borstchen umgeben.

33) Gn. carinata *Thunberg*. Die Aeste sind schlank, die Aestchen schwach-behaart; die zerstreut stehenden Blätter sind krautartig, linealisch, ziemlich stumpf, einnervig, flach oder schwach-gekielt, kahl, die blüthenständigen sind breiter als die übrigen, lanzettlich oder länglich; die Köpfchen sind sechs- bis vielblüthig; der Kelch ist schwach-behaart, seine kurzen stumpfen Zipfel sind weit länger als die vier tief zweitheiligen, fast fleischigen, verkehrt-eiförmigen Schlundschuppen. Hierher gehört Gn. polystachya *Bergius*, Gn. imberbis *Dryander*, Gn. pinifolia *Wendland* (aber nicht die gleichnamige von Linné), Gn. simplex *Andrews*, Thymelina simplex *Hoffmannsegg* und vielleicht auch Gn. squarrosa *Linné*.

Sie wächst am Cap der guten Hoffnung an den Flüssen Zwartkops und Vanstadens-Rivier u. a. O. und bildet einen 3 Fuß hohen, aufrechten, dicht beblätterten Strauch mit abstehenden, freudig grünen, 3—6 Linien langen und ⅓ oder kaum 1 Linie breiten Blättern; die Hüllblätter sind meist länger und breiter, 4—5 Linien lang und 1—2 Linien breit. Die Blüthen sind blaßgelb, sparsam behaart, 6—7 Linien lang; die Schlundschuppen sind gelb.

34) Gn. obtusissima *Meisner*. Diese Art ist kahl; die gegenständigen Blätter sind lederartig, linealisch, ganz stumpf, zusammengefaltet, auf dem Rücken gewölbt oder gekielt einnervig, die blüthenständigen sind größer, eiförmig-länglich, flach, am Grunde 3—5nervig, fein gewimpert; die Köpfchen sind vierblüthig; die länglichen, ziemlich stumpfen Zipfel des weichhaarigen Kelchs überragen die acht fast fleischigen, schmalen Schuppen um die Hälfte.

Sie wächst an verschiedenen Bergen am Cap der guten Hoffnung. Die Aeste sind ruthenförmig. Die Blätter sind ziemlich dick, grün, 3—5 Linien lang, ½—1½ Linien breit, die der Aestchen stehen aufrecht und decken sich dachziegelig, die Hüllblätter sind 2—3 Linien breit, krautartig, bisweilen ein wenig spitz, grün oder purpurroth. Der Kelch ist 6—8 Linien lang, gelb oder röthlich, mit kleinen angedrückten Haaren besetzt, seine Zipfel sind 1½ Linien lang. Die Schlundschuppen sind länglich-linealisch, stumpf, bräunlich.

35) Gn. involucrata *Steudel*. Die Pflanze ist kahl, am Grunde halbstrauchig; der Stengel ist aufrecht, nach Oben krautartig, traubig-ästig; die zerstreut stehenden Blätter sind linealisch, spitz, flach, einnervig; die gestielten Köpfchen sind wenigblüthig; die fünf Hüllblättchen sind häutig, eiförmig, stumpf und etwas länger als die Blüthen; der Blüthenboden ist langbärtig; der Kelch ist schlank, weichhaarig, seine Zipfel sind kurz; die vier Schlundschuppen sind fast fleischig, lanzettlich.

Diese Art kommt auf den Gebirgen Habessiniens zwischen Sana und Tearsera und in der Provinz Chire vor. Es ist ein 2 Fuß und darüber hoher, fast meergrüner Strauch mit einfachen, fadenförmigen, einköpfigen Aestchen. Die Blätter sind krautartig, 5—8 Linien lang, ⅓—1⅓ Linien breit, einnervig. Die endständigen Köpfchen sind 6—12blüthig. Die Hülle ist roth, ihre Blättchen decken sich dachziegelig, sind ungleich, nervenlos. Der Kelch ist 3—4 Linien lang, sparsam schwach behaart, seine länglichen Zipfel sind dreimal kürzer als die fast trichterförmige, dünne, gegliederte Röhre. Die Schlundschuppen sind kahl, ganzrandig, stumpf. Der Fruchtknoten ist ganz kahl.

36) Gn. microcephala *Meisner*. Die Pflanze ist kahl, am Grunde halbstrauchig; der Stengel und die Aeste sind aufrecht und schlank; die zerstreut-stehenden Blätter sind pfriemlich-linealisch, sehr spitz, schwach gekielt; die Köpfchen sind fast sitzend, wenigblüthig; die Blättchen der vielblätterigen Hülle sind häutig, gefärbt, eiförmig-lanzettlich, gewimpert und werden zuletzt von den Blüthen überragt; der Kelch ist dünn, weichhaarig, am Grunde gleich dem Blüthenboden langwollig, seine Zipfel sind kurz; die vier Schlunddrüsen sind cylindrisch, stumpf.

Sie wächst auf dem Magalisberge im Kafferlande (Ostafrika). Aus dem holzigen Grunde entspringen meist mehre, wahrscheinlich einjährige, ungefähr fußhohe, mehr oder weniger ästige Stengel, deren stielrunde, dünn gestreifte Aeste fast ebensträußig sind. Die Blätter sind gehäuft, aufrecht, 3—6 Linien lang, ⅓ oder kaum ⅔ Linien breit, meist schwach einwärts gekrümmt und oberseits gekielt, auf der Unterseite mit einem wenig hervorstehenden Nerven. Die Köpfchen sind fast kugelförmig, bisweilen kurzgestielt und haben die Größe einer kleinen Kirsche oder einer Erbse. Die Hüllblättchen sind 3—5 Linien lang, 1½—2½ Linien breit, röthlich-strohgelb, weder durchscheinend, noch glänzend und bleiben stehen. Der Blüthenboden ist gewölbt, von weißen, den stehenbleibenden, zuletzt kahlen Kelchgrund fast überragenden Haaren bärtig. Der Kelch ist 4 Linien lang, am Grunde bärtig, oberhalb der Gliederung schwach behaart, seine Zipfel sind länglich, um das Doppelte kürzer als die Röhre; die Schlundschuppen sind bärtig, schwarzbraun, kahl.

§. 3. Die acht Staubbeutel sind sämmtlich vollkommen ausgebildet. Die vier Schlundschuppen sind dicht granfilzig.

37) Gn. pinifolia *Linné*. Die kahlen Aestchen sind dicht beblättert; die zerstreut stehenden Blätter sind nadelförmig-linealisch, spitz oder stachelspitzig, gekielt, kahl, die Hüllblätter sind breiter, lanzettlich oder länglich, ein- oder dreinervig; das Köpfchen ist vielblüthig; der Kelch ist dicht grau-behaart, seine Zipfel und Schuppen sind länglich, stumpf. Hierher gehört auch Gnidia radiata *Linné* und Canalia daphnoides *Schmidt*.

Diese Art wächst am Cap der guten Hoffnung sowol in der Ebene als auf Bergen. Die Aeste sind schlank. Die Blätter sind gehäuft, aufrecht-abstehend, 6—10 Linien lang, ⅓—½ Linie breit, die Hüllblätter sind 6—8 Linien lang, 2 Linien breit, stachelspitzig, bräunlich, ein- oder seltener dreinervig. Der Kelch ist 8—12 Linien lang, milchweiß, besonders am Abende duftend, seine Röhre ist schlank, seine stumpfen Zipfel übertragen die Schuppen fast um die Hälfte. Sie ändert mit nur 4—5 Linien langen Blättern ab:

b) ochroleuca *Edgeworth*. Die Pflanze ist schlanker; die abstehenden Blätter sind schön grün, stumpf, die Hüllblätter stehen sternförmig; die Blüthen sind außenseits ochergelb, ihre Zipfel sind kaum länger als die Schuppen.

Zweite Section. Phidia *Endlicher*.

Die Blüthen stehen in den obersten Blattwinkeln einzeln und bilden eine kurze, bisweilen kopfförmige, später verlängerte, beblätterte oder zuletzt blattlose Aehre.

38) Gn. setosa *Wikstroem*. Die unteren Blätter sind gegenständig, die oberen zerstreut, nadelförmig-linealisch, spitz, flach, nervig-gestreift und nebst den Aestchen kahl, die blüthenständigen haben mit den übrigen gleiche Gestalt; die 2—12blüthigen Köpfchen wachsen zuletzt in eine kurze blattlose Aehre aus; die eiförmigen kurzen Zipfel des seidenhaarigen Kelchs sind kaum länger als die acht Schlunddrüsen. Hierher gehören Gn. caledonica *Ecklon* und *Zeyher* und zum Theil auch Gn. striata derselben Autoren und außerdem Passerina setosa *Thunberg*.

Diese Art kommt auf Hügeln und Bergen am Cap der guten Hoffnung vor. Es ist ein aufrechter, ästiger, ungefähr fußhoher, locker beblätterter Strauch mit fast lederartigen, bald 4—7 Linien, bald 7—9 Linien langen und ⅓ Linie breiten, ein- oder undeutlich dreinervigen, bisweilen schwach gekielten Blättern. Die Aehre ist zuletzt fast 1 Zoll lang. Der 4—6 Linien lange, dünne, ziemlich dicht-angedrückt-behaarte, seidige Kelch hat ⅓ Linien lange, stumpfliche Zipfel. Der Fruchtknoten ist mit angedrückten kleinen Borsten bestreut.

39) Gn. thesioides *Meisner*. Die Aeste sind an der Spitze schwach behaart; die Blätter stehen zerstreut oder bisweilen gegen- oder quirlförmig und sind linealisch oder die unteren spatelig-länglich, ziemlich stumpf, flach, einnervig, kahl; die Aehren sind endständig, beblättert, unterbrochen; die schwach behaarten Blüthen sind fast so lang als die Blätter, ihre kurzen Zipfel überragen die acht fast fleischigen Schlundschuppen.

Diese Art wächst am Cap der guten Hoffnung und kommt in zwei Varietäten vor:

a) laxa *Meisner*. Der Stengel und die Aeste sind schlank, die Blätter sind krautartig, abstehend. Hierher gehört Gnidia coerulea *Ecklon* und *Zeyher*. Es ist ein ungefähr 2 Fuß hoher, aufrechter, ästiger Halbstrauch mit 4—8 Linien langen Internodien. Die Stengelblätter sind 8—14 Linien lang, 2—2½ oder die unteren 3—4 Linien breit, am Grunde verschmälert, sehr dünn einnervig, bisweilen undeutlich-geadert, die der Aestchen sind 4—6 Linien lang, ½—1 Linie breit, die jüngsten sind schwach gewimpert. Die Köpfchen sind endständig, wenigblüthig und in den obersten Blattachseln 1—2blüthig, fast sitzend und wachsen zuletzt in eine 1—1½ Zoll lange beblätterte Aehre aus. Der Kelch ist 5 Linien lang, dünn, fast seidig-behaart, seine Zipfel sind länglich, stumpf, kaum ⅓ Linie lang; die länglichen Schlundschuppen sind am Grunde borstig-gewimpert.

b) condensata *Meisner*. Der Stengel und die Aeste sind kurz, steif und starr, die Blätter fast lederartig, dicht gehäuft und fast angedrückt, starr und deutlich-einnervig.

40) Gn. racemosa *Thunberg*. Die Blätter stehen zerstreut und sind krautartig, sitzend, verkehrt-eiförmig-länglich flach, einnervig und nebst den Aesten kahl; die Aehren sind endständig, blattlos; die Blüthen stehen zuletzt ein wenig entfernt und sind angedrückt-borstig, ihre Zipfel sind um das Doppelte kürzer als die Röhre und ein wenig länger als die acht, fast fleischigen Schuppen.

Sie findet sich auf Hügeln am Cap der guten Hoffnung. Ein ungefähr spannenhoher Strauch hat er abstehende, steife, an der Spitze fast kantige Aeste und entfernstehende, grüne, 5—6 Linien lange und 2—3 Linien breite, stumpfe oder fast stachelspitzige, undeutlich aderige Blätter. Die Aehren sind 4—6 Linien lang, die Spindel ist nach dem Abfalle der Blüthen gezähnt, die Zähne sind etwas wollig. Der Kelch ist 6 Linien lang, zerstreut seidig-behaart, seine Zipfel sind lanzettlich-länglich; die Schlundschuppen lanzettlich, etwas stumpf, am Grunde fein gewimpert.

41) Gn. ovalifolia *Meisner*. Die Blätter sind gegenständig, kurzgestielt, krautartig, eiförmig, spitz, fiedernervig und nebst den Aesten angedrückt-behaart; die Aehren sind endständig gestielt, blattlos, kopfförmig, zuletzt ein wenig verlängert; die spitzen Zipfel des seidenhaarigen Kelchs überragen die acht kronblattartigen linealischen Schuppen um die Hälfte. Hierher gehört Wikstroemia ovalifolia *Decaisne*.

Diese Art wächst in Ostafrika an der Kafferküste in der Nähe der Mündung des Flusses Omsamcalo. Die Aeste sind schlank, die Aestchen dünn, ebensträußig, die

Internodien ungefähr zollang. Die Blätter sind abstehend, 10—14 Linien lang, 6—8 Linien breit, zu beiden Seiten fast gleichmäßig verschmälert; der Blattstiel ist kaum 1 Linie lang. Die Aehren sind mit Einschluß des Blüthenstieles 1½—2 Zoll lang, an der Spitze dichtblüthig, die unteren entfernter stehenden Blüthen fallen bald ab. Der Kelch ist 5—6 Linien lang, schlank, dicht grau-seidenhaarig, seine Zipfel sind 1½ Linien lang. Der lange stehenbleibende Griffel ist um die Hälfte kürzer als die Kelchröhre. Diese Art stimmt in der Tracht und besonders in der Beschaffenheit des Blüthenstandes mit Wikstroemia sehr überein, muß aber nach der Form der Blüthe durchaus mit Gnidia vereinigt werden.

Unvollständig bekannte Arten.

42) Gn. argentea *Thunberg*. Die Blätter sind zerstreut, verkehrt-eiförmig, spitz, filzig-silberweiß, am Grunde verschmälert; die Blüthen sind kopfförmig, seidenhaarig; die acht (oder nach Wikstroem vier) fleischigen Schuppen ragen aus der Blüthe hervor.

Sie wächst am Cap der guten Hoffnung. Der Stengel ist aufrecht, fußhoch, kahl; die Aeste sind kurz, schwach fnotig, die Aestchen silberweiß-wollig. Die Blätter sind sitzend, einen halben Zoll lang, stumpf, sehr dünn, filzig, schwach-seidenhaarig, aufrecht-abstehend, die obersten sind einander genähert. Der Kelch ist innen purpurroth, seine Zipfel sind länglich, stumpf.

43) Gn. multiflora *Bartling*. Diese Art ist niedrig, aufrecht, ihre Aeste sind seidenhaarig, die Blätter sind zerstreut, fast dachziegelig, linealisch, etwas stumpf, auf dem Rücken schwach gewölbt, fast gekielt-dreinervig, auf beiden Flächen behaart, die jüngeren seidig-glänzend, die blüthenständigen ein wenig breiter und stumpfer; die Köpfchen sind endständig, 2—5 blüthig; der Kelch ist seidig-behaart, seine Zipfel sind kurz, eiförmig, stumpf; die acht lanzettlichen Schuppen sind doppelt länger als der Saum.

Diese Art wächst am Cap der guten Hoffnung. Es ist ein spannenhoher Strauch mit oberwärts dicht verzweigten, beblätterten und behaarten Aesten. Die Blätter sind aufrecht, blaßgrün, oberseits ein wenig concav. Die Blüthen sind 4—5 Linien lang, also so lang als die blüthenständigen Blätter. Der Kelch ist weißlich-seidenhaarig, seine Röhre ist über dem eiförmig-länglichen Grunde fadenförmig, seine Zipfel sind kaum 1 Linie lang; die Schuppen sind gelb, etwas spitz. Die Staubbeutel sind eingeschlossen. Diese Art scheint mit Gn. strigillosa und albicans verwandt zu sein.

44) Gn. sparsiflora *Bartling*. Die Pflanze ist aufrecht; die Blätter sind zerstreut, fast dachziegelig-angedrückt, linealisch-lanzettlich, spitz, kahl, auf dem Rücken gewölbt, fast nervenlos, die jüngeren sind nebst den Aestchen schwach-rauhhaarig, die blüthenständigen sind abstehend, am Grunde rauhhaarig-bärtig; die Blüthen stehen in den obersten Blattwinkeln einzeln oder kopfförmig-gehäuft; der Kelch ist seidig-filzig, seine breit-eiförmigen Zipfel sind viermal kürzer als die fadenförmige Röhre, aber fast dreimal länger als die acht länglichen, kahlen Schlundschuppen.

Sie wächst am Cap der guten Hoffnung und bildet einen ungefähr fußhohen Strauch mit wenigen, aufrecht-abstehenden, an der Spitze dicht verzweigten Aesten. Die Blätter sind ungefähr 3 Linien lang, am Grunde etwas verschmälert. Der Kelch ist weiß, doppelt länger als das Blatt, die Schuppen sind stumpf. Von den Staubbeuteln sind vier im Schlunde, vier in der Röhre verborgen. Sie scheint theils mit Gn. juniperifolia, theils mit Gn. nodiflora verwandt zu sein.

45) Gn. nana *Wikstroem*. Diese Art ist niedrig, aber aufrecht; die abwechselnd stehenden Blätter decken sich dachziegelig und sind linealisch, convex, stumpf, rauh, behaart, zuletzt kahl, die purpurrothen blüthenständigen sind mit weißen Haaren bestreut; die Köpfchen sind endständig, vielblüthig; der Kelch ist rauhhaarig-filzig, seine Zipfel sind lanzettlich spitz; an Staubgefäßen sind vier vorhanden. Hierher gehört Struthiola nana *Linné*.

Diese Art fand Thunberg am Cap der guten Hoffnung auf den höchsten Bergen um Rodezand. Es ist ein handhoher Strauch mit wenigen, gegipfelten Aesten. Die Blätter sind kaum einen halben Zoll lang, fast fleischig, die blüthenständigen sind sehr behaart, bläulich und kürzer als der wollige Kelch. Durch die zerstreut stehenden Blätter und vorzüglich durch die endständigen, kopfförmigen, von Hüllen umgebenen Blüthen weicht diese Art von Struthiola ab und ist daher mit Recht zur Gattung Gnidia gebracht; wegen der vier Staubgefäße scheint sie mit Gnidia anomala verwandt zu sein.

46) Gn. virescens *Wikstroem*. Die Blätter sind zerstreut oder gegenständig, lanzettlich oder länglich, stumpf, sehr kurzgestielt und nebst den Aesten wollig-weichhaarig; die Köpfchen sind endständig, wenigblüthig; der Kelch ist schwach wollig, seine Zipfel sind lanzettlich und ziemlich stumpf; der Fruchtknoten ist wollig; an Schuppen sind acht vorhanden. Hierher gehört Passerina anthylloides var. a. *Thunberg*.

Sie wächst am Cap der guten Hoffnung und soll Lasiosiphon anthylloides ähnlich sein, ist aber durch die viertheiligen Blüthen und die weniger behaarten Blätter davon unterschieden.

47) Gn.? stricta *Wikstroem*. Die Aeste sind starr, die Aestchen warzig und weißfilzig; die abstehenden Blätter sind klein, eiförmig oder länglich, etwas spitz, concav, auf beiden Seiten schwach wollig; die Köpfchen sind wenigblüthig; der Kelch ist weichhaarig, seine Zipfel sind linealisch, stumpf. Hierher gehört Passerina stricta *Thunberg*.

Sie wächst am Cap der guten Hoffnung. Der Stengel ist fußhoch oder höher, kahl; die Aeste sind sehr kurz, zerstreut und deutlich warzig. Die Blätter sind 1 Linie lang, stumpf, filzig.

48) Gn. acutifolia *Wikstroem*. Diese Art ist ganz kahl; die Blätter sind gegenständig, elliptisch, spitz; die Köpfchen sind endständig, 2—3 blüthig; die Zipfel des kahlen Kelches sind lanzettlich und etwas stumpf.

Sie wächst am Cap der guten Hoffnung und scheint mit Gn. biflora verwandt zu sein.

49) Gn.? Philippinica *Meisner*. Diese Species ist baumartig; die gegenständigen Blätter sind sehr kurzgestielt, eiförmig, spitz, kahl; die achselständigen, kurzgestielten Blüthen stehen in einer zusammengesetzten Traube; der Kelch ist trichterförmig, vierzähnig; der Schlund ist wollig; die vier Schuppen sind klein, eiförmig; die acht Staubgefäße stehen in zwei Reihen; die Staubfäden sind länger als der Kelch. Hierher gehört Gnidia oppositifolia *Blanco*.

Diese Art wächst auf den Philippinen und bildet ein Bäumchen von der Höhe eines Menschen mit weißen Blüthen und eiförmigen, aufliegenden Staubbeuteln. Der Griffel ist kürzer als die Staubgefäße, die Narbe ist einfach. Die im Grunde des Kelchs befindliche Frucht ist einsamig. In der Beschaffenheit der Blüthe, vorausgesetzt, daß sie richtig beschrieben ist, stimmt diese Art allerdings mit Gnidia überein, weicht aber durch den Blüthenstand sehr ab.

Dem Namen nach nur bekannt, aber unbeschrieben sind:

Gnidia grandiflora *Willdenow*, Gn. cyanea *Burchell* nach *Steudel*, welche vielleicht mit Gn. azurea *Burchell* identisch ist und Gn. flava *Lindley* nach *Steudel*.

Folgende Arten sind aus dieser Gattung auszuschließen:

Gnidia caffra *Meisner* — Lasiosiphon caffer *Meisner*.
Gn. capitata *Linné* (Sohn) — Lasiosiphon linifolius *Decaisne*.
Gn. cuneata *Meisner* — Lasiosiphon Meisnerianus *Endlicher*.
Gn. daphnaefolia *Bojer* — Lasiosiphon Bojerianus *Decaisne*.
Gn. daphnaefolia var. a. *Linné* (Sohn) — Lasiosiphon pubescens *Decaisne*.
Gn. daphnaefolia var. b. *Linné* (Sohn) — Lasiosiphon Madagascariensis *Decaisne*.
Gn. Dregeana *Meisner* — Lasiosiphon Dregeanus *Endlicher*.
Gn. eriocephala *Meisner* — Lasiosiphon eriocephalus *Decaisne*.
Gn. eriocephala *Ralph*. — Lasiosiphon speciosus *Decaisne*.
Gn. filamentosa *Thunberg* — Lachnaea filamentosa *Meisner*.
Gn. filamentosa *Linné* (Sohn) — Lachnaea buxifolia *Lamarck*.
Gn. glauca *Sims* — Lachnaea buxifolia *Lamarck*.
Gn. Hügelii *Meisner* — Lasiosiphon Hügelii *Meisner*.
Gn. insularis *Gardner* — Lasiosiphon insularis *Meisner*.
Gn. Kraussiana *Meisner* — Lasiosiphon Kraussii *Meisner*.
Gn. macropetala *Meisner* — Lasiosiphon macropetalus *Meisner*.
Gn. microphylla *Meisner* — Lasiosiphon microphyllus *Meisner*.
Gn. monticola *Miquel* — Lasiosiphon Metzianus *Miquel*.
Gn. pentandra *Thunberg* — Lonchostoma obtusiflorum *Wikstroem*.
Gn. pulchella *Meisner* — Lasiosiphon pulchellus *Decaisne*.
Gn. Sisparensis *Gardner* — Lasiosiphon Sisparensis *Meisner*.
Gn. splendens *Meisner* — Lasiosiphon splendens *Endlicher*.
Gn. tenuiflora *Ecklon* und *Zeyher* — Lachnaea Burchellii var. a. *Meisner* und L. diosmoides *Meisner*.
Gn. tomentosa *Ecklon* — Lasiosiphon anthylloides *Meisner*.
Gn. triplinervis *Meisner* — Lasiosiphon triplinervis *Decaisne*.
Gn. villosa *Meisner* — Lasiosiphon Burchellii *Meisner*.

(*Garcke*.)

GNIDIEEN. Diesen Namen wandte Meisner zur Bezeichnung der zweiten Tribus der Thymeläaceen an. Zu derselben gehören diejenigen Gattungen dieser Familie, bei welchen perigynische, dem Kelchschlunde oder seltener der Kelchröhre eingefügte und mit den Kelchzipfeln und den Staubgefäßen meist abwechselnde Schuppen oder Drüsen vorhanden sind, während bei den Daphneen, der ersten Tribus dieser Familie, die Drüsen fehlen. Die Gnidieen zerfallen nun wiederum in zwei Untertribus, in die Isostemoneen und die Diplostemoneen.

Erste Untertribus. Isostemoneen.

Die Staubgefäße sind mit den Kelchzipfeln in gleicher Anzahl vorhanden, nämlich vier.

1) Kelleria *Endlicher*. Die Blüthen sind zweigeschlechtlich, viertheilig. Der Kelch ist gefärbt, trichterförmig, ganz abfällig, sein Saum ist viertheilig, gleich, abstehend. Die vier Schuppen sind klein, stumpf, ungetheilt, dem Schlunde eingefügt, mit den Staubgefäßen abwechselnd, am Grunde der Kelchzipfel stehend; ebenso sind die vier Staubgefäße dem Schlunde eingefügt und wechseln mit den Kelchzipfeln ab; die pfriemlichen Träger ragen aus dem Kelche hervor, die Staubbeutel sind eiförmig, stumpf. Die unterständigen Schuppen fehlen. Der einfächerige, an der Spitze weichhaarige Kelch enthält ein hängendes Eichen. Der Griffel ist endständig, fadenförmig, abfällig, die Narbe kopfförmig. Das Nüßchen ist nackt, eiförmig; der Samenkeim ist in der Are des fleischigen Eiweißes rechtläufig.

In dieser Gattung gehört nur eine in Neu-Seeland einheimische Art, ein kleiner Strauch mit sitzenden Blüthenknäueln und fehlender Hülle.

2) Daphnobryon *Meisner*. Die Blüthen sind zweigeschlechtlich, viertheilig. Der Kelch ist gefärbt, trichterförmig, ganz abfallend, sein Saum ist viertheilig, gleich, abstehend. Die acht Drüsen sind getrennt, aber paarweise einander genähert, sitzen am Grunde der Zipfel

und wechseln paarweise mit den Staubgefäßen ab. Die vier Staubgefäße sind dem Schlunde eingefügt und wechseln mit den Kelchzipfeln ab; die pfriemlichen Staubfäden sind zwar kurz, ragen aber doch aus dem Kelche hervor; die Staubbeutel sind eiförmig, stumpf. Der Fruchtknoten ist sitzend, verkehrt-eiförmig; der seitenständige, fadenförmige Griffel ragt aus dem Kelche hervor; die Narbe ist kopfförmig. Die Frucht ist unbekannt.

Aus dieser Gattung sind nur zwei auf Borneo und den Südseeinseln einheimische, halbstrauchige Arten bekannt mit wenigblüthigen endständigen Knäueln, fehlender Hülle und kleinem halbkugeligem wolligem Blüthenboden. — Diese Gattung ist übrigens mit Kelleria sehr nahe verwandt und nur durch die gesonderten Schlunddrüsen und durch die seitlichen Griffel verschieden.

3) Struthiola *Linné*. Die Blüthen sind zweigeschlechtlich, viertheilig. Der gefärbte Kelch ist von zwei Deckblättern begleitet, seine schlanke, cylindrische Röhre ist weit länger als die Zipfel und den Fruchtknoten und fällt zuletzt oberhalb des letzteren ringsum ab; der Schlund ist erweitert, der vierspaltige Saum hat gleiche, abstehende Zipfel. An Drüsen sind acht oder zwölf oder selten vier vorhanden und dem oberen Theile des Schlundes eingefügt, sie ragen hervor und sind fleischig oder hornartig, länglich, aufrecht, am Grunde ist jede von einem Krönchen glänzender Borstenhaare dicht umgeben, fließen aber daselbst in einen fast fleischigen, etwas hervorstehenden Ring zusammen, während vier Drüsen mit den Kelchzipfeln abwechseln. Die unterständigen Schuppen fehlen. Die vier im Schlunde fast sitzenden, eingeschlossenen, linealischen, auf dem Rücken dem über die Fächer verlängerten Mittelbande angewachsenen, stumpf-bespitzten Staubbeutel wechseln mit den Kelchzipfeln ab. Der Fruchtknoten ist sitzend, der Griffel seitenständig, haarförmig und so lang als die Kelchröhre; die Narbe ist kopfförmig und mit Wärzchen besetzt. Das Nüßchen ist von dem stehenbleibenden Kelchgrunde eingeschlossen. Der Samen ist mit Eiweiß versehen.

Die zu dieser Gattung gehörigen Arten, Sträucher oder Halbsträucher, sind am Cap der guten Hoffnung einheimisch und haben meist schlanke, steife Aeste, gegenständige oder sehr selten zerstreute lederartige sitzende, meist linealische, gleichförmige Blätter und in den oberen Blattachseln einzeln oder zu zwei sitzende weiße, röthliche oder gelbe, meist außenseits weichhaarige Blüthen.

Zweite Untertribus. Diplostemoneen.

Die Staubgefäße sind in doppelter Anzahl als die Kelchzipfel vorhanden, nämlich vier oder zehn.

4) Cryptadenia *Meisner*. Die Blüthen sind zweigeschlechtlich, viertheilig. Der Kelch ist gefärbt und trichterförmig, seine Röhre ist oberhalb des Fruchtknotens gegliedert, der untere Theil bleibt stehen, der obere fällt ab, der Schlund ist weichhaarig, schuppenlos, der Saum regelmäßig, viertheilig, die Saumzipfel haben mit der Röhre gleiche Länge oder sind länger, abstehend, innen kahl. Die acht länglichen, sitzenden, fast in einer Reihe stehenden Drüsen sind in der Mitte der Röhre angewachsen und wechseln mit den Staubgefäßen ab. Die unterständigen Schuppen fehlen. Die acht Staubgefäße sind der Kelchröhre oberhalb der Drüsen in zwei Reihen eingefügt, die der oberen Reihe stehen den Kelchzipfeln gegenüber und ragen hervor, die der unteren unterhalb der Ausbuchtungen stehenden sind halb eingeschlossen, die Träger sind haarförmig, unter der Röhre angewachsen, bärtig, die Staubbeutel sind eiförmig. Der Fruchtknoten ist kahl. Der seitenständige, haarförmige Griffel hat mit der Kelchröhre gleiche Länge, die Narbe ist kopfförmig und mit Wärzchen besetzt. Das Nüßchen ist von dem rauhhaarigen Kelchgrunde eingeschlossen.

Die zu dieser Gattung gehörigen, am Cap der guten Hoffnung einheimischen Arten bestehen aus ästigen Sträuchern mit kreuzständig-gegenüberstehenden, ungestielten, lederartigen, linealischen oder fast nadelförmigen Blättern und endständigen, meist einzelnen, lilafarbigen oder rosenrothen, außenseits seidenhaarigen Blüthen.

5) Lachnaea *Van Royen*. Die Blüthen sind zweigeschlechtlich, viertheilig. Der Kelch ist gefärbt, trichterförmig, auf beiden Seiten weichhaarig oder sehr selten auf der Innenseite kahl, seine Röhre ist oberhalb des Fruchtknotens verengert und fällt zuletzt ab, die Zipfel des viertheiligen, abstehenden Saumes sind einander gleich oder zweilippig-ungleich. Die unterständigen Schuppen fehlen, die acht perigynischen Schuppen sind in einfacher oder doppelter Reihe dem Schlunde unterhalb der Staubgefäße eingefügt und wechseln mit ihnen ab, sie sind eingeschlossen oder halb hervorragend, faden- oder schuppenförmig und in der Behaarung des Schlundes fast versteckt. Von den acht in zwei Reihen stehenden, aus dem Kelche hervorragenden Staubgefäßen sind die oberen dem Grunde der Kelchzipfel, die unteren dem Schlunde eingefügt, die Träger sind deutlich vorhanden, die Staubbeutel sind am Grunde angeheftet, eiförmig oder länglich, stumpf. Der Fruchtknoten ist sitzend, kahl, der Griffel seitenständig, haarförmig; die kopfförmige, mit Wärzchen besetzte Narbe ragt hervor. Das eiförmige Nüßchen ist vom stehenbleibenden Griffelgrunde eingeschlossen. Der Samen ist eiweißhaltig.

Sträucher im südlichen Afrika mit schlanken Aesten, gegenständigen oder zerstreuten Blättern und endständigen, kopfförmigen, von Hüllen umgebenen oder nackten, selten fast einzeln stehenden oder achselständigen Blüthen machen die Arten dieser Gattung aus. Von Cryptadenia unterscheidet sie sich durch den Stand und die Form der perigynischen Schuppen, von Gnidia besonders durch die deutlichen, mehr oder weniger hervorragenden Staubfäden.

6) Gnidia *Linné*. Die Charakteristik dieser Gattung ist bei diesem Namen nachzusehen.

7) Lasiosiphon *Fresenius*. Die Blüthen sind zweigeschlechtlich, fünftheilig. Der Kelch ist gefärbt, außenseits weichhaarig, innen kahl, seine Röhre ist schlank, oberhalb des lang behaarten Grundes ringsum abfallend oder nur selten bleibend, sein Saum ist fünftheilig, regelmäßig, abstehend. Die fünf kronblattartigen, hervorragenden, kahlen, ganzrandigen oder zweitheiligen, bis-

weilen undeutlichen Schuppen sind dem Schlunde an den Ausbuchtungen eingefügt und wechseln mit den obern Staubbeuteln ab. Die zehn fast sitzenden, auf dem Rücken nahe am Grunde angehefteten, linealischen oder länglichen, stumpfen Staubbeutel stehen im Schlunde in zwei Reihen. Ein kleiner oder undeutlicher, häutiger, unterständiger Ring umgibt die Basis des Fruchtknotens. Im Uebrigen stimmt diese Gattung mit Gnidia überein.

Die zu dieser Gattung gehörigen, aus Sträuchern bestehenden Arten sind im südlichen und östlichen Afrika, in Madagascar und Indien einheimisch und haben zerstreute oder gegenständige krautartige Blätter, endständige, oft gestielte, meist vielblüthige und von einer vielblätterigen Hülle umgebene Köpfchen und einen halbkreisförmigen, wolligen Blüthenboden. — Die Gattung ist sehr natürlich begründet, obwol nur durch geringe Merkmale unterschieden, von Gnidia nur durch die fünftheiligen Blüthen, von Dais durch die fast sitzenden eingeschlossenen Staubbeutel.

8) Dicranolepis *Planchon*. Die Blüthen sind zweigeschlechtlich, fünftheilig. Der Kelch ist präsentirtellerförmig, vielleicht gefärbt und abfällig (Merkmale, welche in der Diagnose verschwiegen sind), seine Röhre ist lang und schlank, sein Saum fünftheilig, regelmäßig, abstehend. Die zehn kronblattartigen Schuppen sind dem Schlunde eingefügt und stehen den Kelchzipfeln gegenüber. Die zehn Staubgefäße sind gleichfalls dem Schlunde eingefügt, die Träger sind fadenförmig, abwechselnd ungleich lang, die längeren ragen aus dem Kelche hervor; die länglichen, stumpfen Staubbeutel sind auf dem Rücken in der Nähe der Basis angeheftet. Der fünfkerbige, häutige, unterständige Ring schließt das Stielchen des Fruchtknotens ein. Letzterer ist halbeiförmig, kurzgestielt. Der Griffel ist endständig, lang, eingeschlossen, abfällig, die Narbe ist linealisch-keulenförmig und mit Wärzchen besetzt. Die Frucht, wahrscheinlich eine Steinbeere, ist trocken, kurzgestielt, fast kugelig. Der Samen ist kugelig, die Schale häutig. Die Keimblätter sind halbkreisförmig, fleischig. Das Würzelchen ist sehr kurz.

Aus dieser Gattung ist nur eine, vielleicht strauchige, im tropischen westlichen Afrika einheimische Art mit schlanken Aesten, wechselständigen, zweizeiligen Blättern, achselständigen, sitzenden, einzelnen Blüthen und fehlenden Deckblättchen bekannt.

9) Linostoma *Wallich*. Die Blüthen sind zweigeschlechtlich, fünftheilig. Der Kelch ist gefärbt, halbfünfspaltig, abfällig, seine Röhre ist glockenförmig, nicht gegliedert, seine Zipfel sind gleich, abstehend. Die zehn kronblattartigen, länglich-linealischen, kahlen, hervorragenden Schuppen sind dem Schlunde eingefügt, wechseln mit den Staubgefäßen ab und sind kürzer als diese. Die zehn Staubgefäße stehen im Schlunde fast in einer Reihe und sind länger als die Kelchzipfel, die pfriemlichen Träger ragen aus dem Kelche hervor, die den Buchten eingefügten sind kürzer als die übrigen; die länglichen stumpfen Staubbeutel sind auf dem Rücken angeheftet. Der unterständige Ring fehlt. Der sitzende, eiförmige, behaarte Fruchtknoten beherbergt ein hängendes Eichen. Der endständige, haarfeine Griffel ragt aus dem Kelche hervor; die Narbe ist kopfförmig und mit Wärzchen besetzt. Die Frucht ist eine trockene Beere. Das Eiweiß ist fleischig, aber nur in geringer Menge vorhanden.

Zu dieser Gattung gehören indische Sträucher mit gegenständigen, fiedernervigen untern und mittleren und fast häutigen, verschiedengestalteten blüthenständigen Blättern und endständigen Dolden.

10) Lophostoma *Meisner*. Die Blüthen sind zweigeschlechtlich, fünftheilig. Der Kelch ist gefärbt, röhrig, im verwelkten Zustande stehenbleibend, seine Röhre ist ungegliedert, cylindrisch, schlank, sein Saum fünfspaltig, regelmäßig, abstehend. Die zehn Schuppen sind dem Schlunde eingefügt, länglich, stumpf, dicht bärtig, hervorragend, wechseln mit den Staubgefäßen ab und sind kürzer als diese, die den Ausbuchtungen gegenüberstehenden sind kürzer als die übrigen; die länglichen, stumpfen Staubbeutel sind auf dem Rücken angewachsen. Der unterständige Ring fehlt. Der sitzende, schwach steifhaarige Fruchtknoten enthält ein hängendes Eichen. Der endständige, haarförmige Griffel bleibt lange stehen; die kopfförmige, mit Wärzchen besetzte Narbe ragt ein wenig hervor. Die eiförmige, geschnäbelt-zugespitzte Frucht ist wahrscheinlich eine trockene vom häutigen, verwelkten, erweiterten Kelche eingeschlossene, der verdickten, am Rande feingekerbten unterständigen Scheibe eingefügte Steinbeere.

Am Amazonenflusse einheimische Sträucher oder Bäume mit schlanken Aestchen, gegenständigen oder fast gegenständigen lederartigen Blättern, end- und achselständigen, an der Spitze fast ebensträußig-wenigästigen Blüthenstielen, deckblattlosen, in Trauben stehenden Blüthen und sehr kurzen, stehenbleibenden Blüthenstielchen machen die Arten dieser Gattung aus. (*Garcke.*)

GNIDUS (*Κνίδος*, auf Münzen und auch bei vielen griechischen Autoren *Κνίδος*), eine besonders durch ihren Aphrodite-Cult berühmte Stadt auf der karischen Chersonesos (*ἐν τῇ Καρικῇ Χερσονήσῳ*), auch triopische Halbinsel mit dem triopischen Vorgebirge genannt. Diese Halbinsel war durch einen fünf Stadien breiten Isthmos mit dem Festlande verbunden. Als daher der persische Feldherr Harpagos mit einem Heere sich diesen Regionen näherte, beschlossen die Gnidier, schleunigst den Isthmos zu durchgraben, um sich für Landheer ohne Schiffe unzugängig zu machen und ihre Freiheit zu retten. Sie hatten diese Arbeit bereits in Masse begonnen, als sie durch einen Orakelspruch davon abgemahnt wurden. Es blieb also Nichts übrig als Unterwerfung unter die persische Herrschaft. *Herodot.* I, 174. Herodot bezeichnet einfach die Lakedämonier als Gründer der Stadt. Pausanias dagegen (X, 11, 1) erwähnt als solchen den Triopas, dessen an ein Roß gelehnte Statue die Gnidier auch als Weihgeschenk nach Delphi gesandt hatten. Der Name des triopischen Vorgebirges mochte als vollgültiges Document für diese Annahme betrachtet werden, obwol derselbe einen ganz andern Ursprung haben konnte (vielleicht von der dreizackigen Gestalt des Vorgebirges). Uebrigens soll die Stadt selbst ursprünglich Triopia geheißen haben. Auch Pegasa und Stadia (oder Stadia) werden als ältere Namen derselben aufgeführt. Vergl. Wesseling zu *Hierocles* p. 687, und Hoffmann, Griechenland und die Griechen II. S. 1718 fg. Im Homerischen Hymnos auf Apollon wird die Stadt *αἰπεινή* genannt, woraus hervorgeht, daß dieselbe eine hohe Lage hatte. Wahrscheinlich befand sie sich zur Zeit jenes Hymnos als Ort von geringerem Umfange ganz auf dem Triopischen Vorgebirge. Späterhin mußte wol eine so günstig am Meere gelegene Stadt einen größeren Umfang erhalten. Namentlich wurde die vor dem Vorgebirge liegende kleine, nur sieben Stadien Umfang enthaltende Felseninsel durch einen Steindamm mit der Stadt verbunden. Pausanias (V, 24, 1) erwähnt jedoch eine Brücke (*γέφυρα*); doch ist es wahrscheinlich, daß er mit dem Worte *γέφυρα* ebenfalls nur jenen Steindamm bezeichnet habe. Aus den Worten des Pausanias (l. c.: *τῆς πόλεως τὸ μὲν πολὺ ἐν τῇ ἠπείρῳ πεπόλισται τῇ Καρικῇ, ἔνθα καὶ τὰ λόγου μάλιστα ἄξια αὐτοῖς ἐστιν· ἡ δὲ καλουμένη Χερσόνησος ἔστιν ἐπὶ τῇ ἠπείρῳ κειμένη νῆσος, γεφύρᾳ διαβατὸς ἐξ αὐτῆς*) könnte man leicht folgern, daß er sich eine ganz andere Vorstellung von der Topographie dieser Stadt gemacht habe, sofern er die Chersonesos, die durch einen Isthmos mit dem festen Lande zusammenhing, selbst als Insel betrachtet und den Haupttheil der Stadt auf das feste Land verlegt. Oder er hat die Halbinsel als das Festland betrachtet und die Insel vor derselben als Halbinsel, weil sie durch Dämme, welche er als *γέφυρα* bezeichnet, mit jener verbunden war. Nun wäre wol auch möglich, daß in dem späteren Zeitalter des Pausanias die Lage der Stadt eine andere gewesen sei als zur Zeit des Herodot. Die Insel vor dem Vorgebirge konnte wol aufgegeben und der Haupttheil der Stadt nach und nach dem Festlande zugefallen sein, sodaß nur der kleinere Theil der Chersonesos angehörte; doch ist es weit wahrscheinlicher, daß er die Chersonesos als Festland und die vor ihr liegende, mit dieser verbundene Insel als Halbinsel betrachtet habe. Dies läßt sich auch aus der Beschreibung des Strabon XIV, 2. p. 656 seq. folgern.

Durch jenen Steindamm hatte die Stadt einen zweifachen Hafen erhalten, welcher ihr große Vortheile gewährte. Der südliche, durch zwei Dämme geschützt, war der Handelshafen. Einer jener Dämme, an hundert Fuß lang, ist noch gegenwärtig vorhanden. Die Ausdehnung des von hier aus betriebenen Handelsverkehrs geht schon daraus hervor, daß die Gnidier ihren Antheil am Hellenion zu Naukratis in Aegypten hatten. Die Stadt gehörte zum dorischen, aus fünf oder sechs Städten bestehenden Bunde, und die Triopia waren das Bundesfest. Die Stadt hatte eine oligarchische Verfassung. Sechzig Männer aus den hervorragendsten Geschlechtern (*προβεβουλευμένοι ἐκ τῶν ἀρίστων*) bildeten einen Ausschuß zur Vorberathung öffentlicher Angelegenheiten und werden deshalb auch *πρόβουλοι* genannt. Eine andere Bezeichnung, *ἀμνήμονες*, führten dieselben deshalb, weil sie nicht zu einer Rechenschaftsablegung verpflichtet waren. Der Vorsitzende hieß *ἀφεστήρ*. Seine Function war bei Abstimmungen die Umfrage zu halten. Da aber bei einer solchen Verfassung nicht alle Geschlechter an der Regierung und Verwaltung des Staates Theil nehmen konnten, so erregte dies bei Vielen Unzufriedenheit und Feindschaft. Die Unzufriedenen brachten die Masse in Bewegung und die Verfassung wurde gestürzt. Dem Eudoros wurde die Herstellung einer neuen Verfassung übertragen, welche dem Volke einen größern Antheil an der Regierung gestattete. Vergl. *Aristoteles*, *Polit.* V, 5, 3. 11. — Den hier blühenden Aphrodite-Cult betreffend wurde die Göttin unter drei verschiedenen Namen: als Doris, als Akraia und als Euploia, verehrt, und hatte diesen entsprechend drei verschiedene Tempel. Der älteste derselben war der der Aphrodite Doris. Sie war die Beschützerin der Stadt und der Handelsschiffahrt. Wahrscheinlich war dieser Tempel mit der unvergleichlichen, von Praxiteles gearbeiteten Statue der Göttin, welche der bithynische König Nikomedes gegen Bezahlung aller Schulden der Stadt vergeblich zu erlangen strebte. Doch konnte diese Statue auch dem Tempel der Euploia angehören. Andere hier verehrte Gottheiten waren Asklepios, Apollon, Dionysos, Poseidon, deren Cult durch zahlreiche Münzen bezeugt wird. Aus dieser Stadt stammten auch mehre berühmte Männer. So der Astronom und Mathematiker Eudoros, welcher hier eine Sternwarte hergestellt hatte und die Bewegung der Himmelskörper beobachtete. Dann der Peripatetiker und Historiker Agatharchides, Theopompos, Freund des Jul. Cäsar, Artemidoros, Sohn des Theopompos, Ktesias, Leibarzt des Artaxerxes und Verfasser einer assyrischen und persischen Geschichte. Auch der Colonieführer und Feldherr Pentathlos stammte aus dieser Stadt. Vergl. *Diodor. Sicul.* V, c. 9. 10. In der Nähe von Gnidos besiegte der attische Feldherr Konon die spartanische Flotte. Ueber die noch erhaltenen Ruinen der Stadt hat Beaufort (Karamania S. 81) folgendes Urtheil gefällt: „An wenigen Orten findet man auffallendere Beweise ehemaliger Herrlichkeit und an noch wenigeren von der schädlichen Wuth der Zerstörer. Der ganze Boden der Stadt ist ein wüster Haufen von Trümmern: man kann noch Straßen und Thorwege unterscheiden, Säulenhallen und Theater." Gegenwärtig ist übrigens die oben erwähnte Insel mit der Chersonesos durch eine sandige Erdenge verbunden. Vergl. Hoffmann, Griechenland und die Griechen II. S. 1720. Zu bewundern ist, daß Charles Fellows (Ausflug nach Kleinasien und Entdeckungen in Lycien) die Ruinen dieser Stadt nicht besucht hat. Auf seiner Karte von Kleinasien ist die Lage derselben auf der bezeichneten Chersonesos nebst der vor ihr liegenden Insel richtig angegeben.

(*J. H. Krause.*)

GNIPHO (Marcus Antonius), römischer Rhetor[1]), um 640 in Gallien geboren und zu Alexandria erzogen[2]). Er gehörte neben seinem Zeitgenossen Lucius Plotius Gallus u. A. zu den Männern, welche von dem

1) Vergl. A. Westermann, Gesch. der römischen Beredsamkeit (Leipzig 1835.) S. 56 u. 69. 2) „Ingenuus fuit," heißt es in der unten gleich anzuführenden Stelle aus Sueton, „sed expositus a nutritore suo manumissus est, ut aliqui tradunt, Alexandriae institutus."

Ende des 6. Jahrh. der römischen Republik an bis gegen das letzte Viertel des folgenden die römische Beredtsamkeit unter griechischem Einflusse fortbildeten, der zwar auch bereits früher nicht ganz gefehlt hatte. Bei dem Mangel an rhetorischen Schriften aus jener Zeit kann dieser von Außen sich eindringende Bildungsgang, der allmälig zu eigener Originalität fortwuchs, allerdings nicht genauer nachgewiesen werden, aber er war unleugbar vorhanden; denn gegen das Ende des 6. Jahrh. wanderte griechische Wissenschaft förmlich in Rom ein. Sie konnte freilich nach manchen Seiten hin nicht sofort festen Boden gewinnen und ihre Tauglichkeit ward von den strengen Römern nach dem Maßstabe der Moralität geschätzt, wie denn auch die Ausweisungen griechischer Philosophen und Rhetoren aus Rom in den Jahren 580 und 592 klar beweisen, wie hartnäckig und stark der durchaus praktische Sinn der Römer der fremden Wissenschaft sich verschloß. Erst die berühmte, von Karneades, Kritolaos und Diogenes vertretene Philosophengesandtschaft von Athen im J. 598 mit eigentlich politischer Tendenz bahnte der griechischen Wissenschaft ebenere Wege, und von Dialektik und Sophistik zunächst sich mehr fern haltend, gewannen die harmloseren Gebiete der Grammatik und Rhetorik schnellen Eingang und ihm entsprechende Ausbildung. Das Hauptgeschäft der ersteren bestand in der Erklärung griechischer Dichter, die selbstverständlich in die Rhetorik schon hinübergreifen mußte; diese selbst aber, als eine Durchgangsstufe für die öffentliche Wirksamkeit von hoher Wichtigkeit, hatte bald auch lateinische Rhetoren aufzuweisen. Jedoch vom Anfange an hatten die griechischen oder doch halbgriechischen Lehrer den Vorrang in jenen beiden Disciplinen; unter den lateinischen aber war Gnipho der berühmtesten einer. Suetonius 3) bezeichnet ihn, überkommener Tradition zufolge, als einen Mann „ingenii magni, memoriae singularis, nec minus graece quam latine doctus, praeterea comi facilique natura nec unquam de mercedibus pactus eoque plura ex liberalitate discentium consecutus," und fügt hinzu: „Docuit et rhetoricam, ita ut quotidie praecepta eloquentiae traderet, declamaret vero non nisi nundinis." Derselbe Gewährsmann fährt fort: „Docuit primum in Divi Julii domo, pueri adhuc, deinde in sua privata," bezeichnet auch die angesehensten Männer als seine Zuhörer und Schüler, unter ihnen selbst Cicero, „cum praetura fungeretur" 4). Viele Schriften wurden ihm zugeschrieben, die aber von Atejus Philologus auf zwei Bände De latino sermone beschränkt wurden, indem die übrigen von seinen Schülern abgefaßt seien; neuerdings erst wieder sollte er als rhetorischer Schriftsteller in integrum restituirt werden.

Der berühmte ehemalige Professor C. G. Schütz in Jena suchte durch eine geistreich ausgeführte Hypothese Gnipho als Verfasser der vier Bücher „Rhetoricorum ad C. Herennium" eines ungenannten Schriftstellers, die gewöhnlich in den Ausgaben der sämmtlichen Schriften Cicero's mit auftreten und hier noch jetzt fortgeführt werden, zu erweisen.

Aus frühester Zeit her galten allerdings die Rhetorica ad Herennium auf die Auctorität des Priscianus, Hieronymus, Fortunatianus und Augustinus 5) hin als ein Ciceronianisches Werk. Doch folgt aus ihren Anführungen genau genommen nur so viel, daß zu ihrer Zeit jene Rhetorik unter Cicero's Namen gangbar war. Quinctilian mag sie gekannt haben, bezeichnet sie aber nicht als eine Ciceronianische, was bei sonstiger Genauigkeit und bei seiner Hochachtung für Cicero auffallen muß 6). Hielten auch weiterhin viele Gelehrten, wie Leon. Aretinus, Laur. Valla, Angel. Politianus, G. Kasp. Kirchmaier u. A. 7) an dieser Annahme fest: so wußten sich dagegen doch die gerechtesten Bedenken geltend zu machen, herausgetreten aus dem ganz eigenthümlichen Verhältnisse, in welchem diese vier Bücher zu den unbezweifelt echten beiden des Cicero, gewöhnlich De inventione genannt, standen und welches die verschiedensten Erklärungsversuche hervorrief; näher auf sie einzugehen, müßte aber hier viel zu weit führen. Natürlich sah man sich nach Ersatzmännern um, und es hat sich ein langes Verzeichniß von Männern ausgebaut, welche mit mehr oder weniger vorhandener Wahrscheinlichkeit hierher einberufen wurden. Man fiel mit Stimmenmehrheit auf Cornificius, bald den älteren, bald den jüngeren; man rieth auf M. Tullius, Cicero's Sohn, auf Tullius Tiro und Laurea Tullius, auf M. Gallio und Virginius Rufo, selbst auf Timolaos, einen der sogenannten 30 Tyrannen 8). Einen der neueren, in die näher gerückte Vergangenheit eingreifenden Versuch machte Phil. von Heusde 9), indem er, aber nach der Meinung der meisten Gelehrten mit sehr wenig Glück, den L. Aelius Stilo mit der wahrscheinlichen Verfasserschaft jener Rhet. ad Her. betraut wissen wollte, bis endlich ganz neuerlichst einer unserer gelehrten Zeitgenossen den eng verschlungenen Knoten muthig durchzuhauen suchte, worüber am Schlusse dieses Artikels kürzlich berichtet werden soll.

Schütz, auf den nach dieser Einschaltung wieder zurückzukommen ist, stellte seine Hypothese, daß Gnipho der Verfasser der Rhetoricorum ad Herennium sei, zuerst in seiner Ausgabe der rhetorischen Schriften Cicero's (Lips. 1804—1808. 3 Voll.) in den Prolegomenen zu dem ersten Bande auf. Noch ausführlicher that er es in dem ersten Bande seiner Ausgabe sämmtlicher Schrif-

---

3) De illustr. gr. c. 7. 4) Von Macrob. Sat. III, 12 bestätigt.

5) Die näheren Zeugnisse bei Westermann a. a. O. S. 190 Anm. 10. 6) Ebendas. S. 190—191. 7) Ebendas. Anm. 7: schrieb darüber *J. P. Ludwig*, De Cicerone, Rhet. ad Herenn. auctore vindicato. (Viteb. 1691. 4.) Natürlich fehlte es auch nicht an Solchen, die sich gegen Cicero's Autorschaft erklärten. Vergl. Hand, Cicero als Schriftsteller, in dieser Encyklopädie. 17 Th. S. 208. 8) Die weiteren Ausführungen dieser Vermuthungen bei Hand a. a. O. und Westermann S. 187 u. 191. Vergl. auch Pauly, Encyklopädie der class. Alterthumswissenschaft. Bd. 6, 2. S. 2717. 9) Siehe dessen Disquisitio de L. Aelio Stilone, Ciceronis in rhetoricis magistro, rhetoricorum ad Herennium, ut videtur, auctore. Insunt eius Aelii Stilonis et Servii Claudii fragmenta. (Traj. ad Rhen. 1839. 8.)

ten des Cicero, Leipzig 1814. In dem Prooem. zu demselben geht er p. LVIII — LXIII auf diesen Gegenstand näher ein. Zweckmäßig ist hier *Petri Burmanni* De Rhett. ad Her. auctore variarum opinionum censura p. V — XLVII [10]) vorangestellt, in welcher die meisten der vorhin erwähnten angeblichen Autorschaften kritisch durchgenommen werden. Alsdann sucht er die Zeit der Abfassung dieser Bücher festzustellen (— LV), wo er statt des Zeitraumes von 664 bis 667, welchen er früher (Proleg. p. 21) annahm, hier auf die Zeit von 666 bis 672 verschreitet. Kurz weist er hierauf die am nachdrücklichsten bekämpfte Autorschaft eines der beiden Cornificii zurück (— LVII) und entwickelt endlich, hauptsächlich auf Suetonius sich stützend, dessen Aussagen über Gnipho schon beigebracht sind, seine eigene Hypothese, die er durch eine angefügte Zeittafel zu befestigen sucht (— LXIII). Hand [11]) nennt Schütz's Beweisführung eine scharfsinnige und Westermann [12]) bezeichnet seine Hypothese als eine solche, welche neben allen übrigen immer einen sehr ehrenvollen Platz behaupten werde, wenn man sich auch gestehen müsse, daß die in der Schrift selbst gefundenen und mit seinen anderweit bekannten Lebensumständen in Verbindung gesetzten Beziehungen nicht speciell genug seien, um nicht auch auf jeden andern Rhetor von einigem Rufe gedeutet werden zu können.

Freilich scheint es, da doch beide zuletzt genannte Gelehrte auch an den Schütz'schen Annahmen Manches zu excipiren finden, am rathsamsten zu sein, die Frage nach dem Verfasser der Rhett. ad Her. auf sich beruhen zu lassen, wie es von Lambin, Graevo, Burmann u. A. geschah. Aber neuerdings erst ist die Autorschaft der Rhetoricorum ad Herennium von Cornificius durch C. L. Kayser [13]) zu einem fait accompli gemacht worden, und sind, die sich für diesen Gegenstand interessiren, auf die Vorrede zu dessen Ausgabe p. VI seq. zu verweisen. *(J. E. Volbeding.)*

GNITAHEIDE. Die Gnitaheide ist nach der Edda und Wölsungasaga die Stätte, wo Sigurd den in Drachengestalt verwandelten Fafnir (s. d. Art.) erschlug und das verhängnißvolle Gold der Niflunge erwarb. In der Nornagestssaga c. 6 heißt dieselbe Gnipaheiðr (oder Gnipaheiðr), im färöischen Liede von Regin dem Schmied Str. 20 u. ö. Glitraheiðr, in dem norwegischen Liede Fránar ormen og Yslands gallen (Landstads Sammlung S. 134 fg.), endlich Yslandsheiðr (Var. Yutlandsheiðr). Diese sämmtlichen Namen sagen mit Ausnahme von Gnipaheiðr ganz dasselbe aus. Die Namensform Gnitaheiðr ist nämlich, wie fast die meisten der eddischen Heldenlieder, altsächsischen Ursprungs und stammt ihrem ersten Theile nach von dem altsächsischen Zeitworte gnitan, gnait, gniton glänzen, welches aus dem niederdeutschen gnëterswart glänzendschwarz, gnëtersteen Edelstein, gnëtern glänzendschwarze Granaten, und aus unserem Gneiss, der vom Glimmer glänzende Stein, geschlossen werden kann; glitraheiðr, dem ersten Theile nach vom altnordischen Zeitworte glitra (unser glitzern) stammend, heißt ebenfalls glänzen, schimmern, sodaß also beide Namen die glänzende, schimmernde Heide bedeuten. Yslandsheiðr, auf Ysland liegend, worunter ohne Zweifel die mythische Insel zu verstehen ist, auf der nach dem Nibelungenliede Brunhild ihren Sitz hat, schließt sich den beiden vorigen in der Bedeutung genau an, indem Island, wie ich in meiner deutschen Heldensage I, 163 fg. nachgewiesen habe, das Land der Göttin Isa bezeichnet und diese Namensform auf das Wurzelverbum eisan, ais, isum, isans glänzen zurückführbar ist. Der Name Gnipaheiðr endlich entspricht der unterweltlichen Höhle Gnipahellir und bezeichnet demnach die Gnitaheide als ein Todtenreich. Da nun das mythische Island ebenfalls ein solches Todtenreich ist (s. meine Heldensage a. a. O.), so begreift es sich leicht, wie im norwegischen Liede Yslandsheiðr an die Stelle von Gnitaheiðr treten konnte. Diese Bedeutung der Gnitaheide erhält aber noch durch zweierlei Umstände ihre Bestätigung. Einmal war nach dem Fafnismál Str. 26 die Gnitaheide wenigstens von einer Seite von heiligen Bergen umgeben, und sodann wird in der Atlakviða Str. 5. 6 dieselbe zugleich mit dem heiligen, dunkeln Walde Myrkviðr, welcher der Lieblingsaufenthalt der die Todten erwählenden Walküren war (Grimm, Myth. S. 401), genannt, sodaß dieser wol mit zu den unmittelbaren Umgebungen der Gnitaheide gerechnet werden darf; in unsern mittelalterlichen Gedichten aber erscheint die Unterwelt auf allen Seiten von dichten Waldungen umgeben, auch wird „zu Walde gehen" für sterben gebraucht (Simrock, Myth. S. 523 fg.). Ferner ist zu erwägen, daß nach altnordischen Vorstellungen in der Unterwelt furchtbare Schlangen hausen, und daß daselbst, wie unter Fafnir's Hut auf Gnitaheide, unermeßliches Gold aufgehäuft ist; und endlich, daß unser hörnen Siegfriedslied den Drachenkampf und die Erwerbung des Hortes mit der Befreiung der Jungfrau vom Drachenstein verbindet und in das Land der unterweltlichen Nibelunge versetzt, und daß aus der Vertauschung der Gnitaheide mit Islandsheide und deren Verlegung nach der Insel Island im norwegischen Liede auf eine gleiche Verbindung in der spätern norwegischen Volksüberlieferung geschlossen werden kann [1]). Der hohle

10) Aus der Vorrede zu dessen Ausgabe der Rhetorica Cic. (Lugd. Batav. 1761. 4.) p. VI seq. 11) a. a. O. S. 246. 12) a. a. O. S. 158. 13) *Cornifici Rhetoricorum ad C. Herennium libri IV. Rec. et interpretatus est C. L. Kayser.* (Lips. 1854. 8.) Ganz ohne Anfechtung wegen seiner Verfasser-Hypothese ist auch Kayser nicht geblieben. Man vergl. (E. v. Leutsch,) Philologus. Jahrg. 1856. Heft 2. S. 270 fg. Aber Kayser dürfte doch wol gegen Cicero in gutem Rechte sein, und etwas Irrelevantes bleibt es doch auch nicht, daß sich Bernhardy in seiner neuesten Ausgabe des „Grundrisses der röm. Litteratur" entschieden für Cornificius entschieden hat.

1) Diese Vermuthung wird durch das norwegische Mährchen: „Der reiche Peter Krämer" bei Asbjörnsen und Moe I, 38. 39 völlig gesichert; dieses Mährchen ist nämlich nur eine Variation des von mir in meiner deutschen Heldensage I, 360 mitgetheilten oberhessischen Mährchens „Ferdinand der Drachentödter," in welchem die Beziehungen auf Siegfried noch deutlich erhalten sind und zugleich wenigstens noch der Drachenkampf und die Befreiung der Jungfrau verbunden erscheinen.

Berg und die unterirdische Höhle in einigen unserer Siegfriedsmährchen entsprechen ohne Zweifel der Gnitahöhle.

Ueber die Lage der Gnitaheide erhalten wir eine merkwürdige Nachricht durch das Itinerarium des isländischen Abtes Nicolaus, der in der Mitte des 12. Jahrh. eine Reise von Island nach Rom unternahm und bei der Erwähnung von Paderborn und Mainz sagt: „zwischen diesen liegt das Dorf, das Horus heißt, das andere heißt Kiliandr, und da ist die Gnitaheide, wo Sigurd den Fafnir erschlug"[2]). Diese Nachricht ist um so merkwürdiger, da in keiner deutschen Ueberlieferung die Gnitaheide genannt wird, und man zu jener Zeit doch noch in Hessen oder Westfalen genau ihre Lage anzugeben wußte.

Unter Horus verstand man bald Herdecke, bald Herborn (s. die Anmerkungen zu der unten angeführten Schrift Werlauff's), was aber höchst unwahrscheinlich sein mußte. W. Grimm a. a. O. dachte daher an das ausgegangene Horohus am Fuße der alten Eresburg (Stadtberge an der Dimmel), neuerlichst Ph. Heber in s. Schrift: Die vorkarolingischen christlichen Glaubenshelden am Rhein und deren Zeit. Nebst einem Anhange: Ueber Siegfried den Drachentödter S. 343 fg. an das gleichfalls ausgegangene Orhusen auf den Höhen der Ilbacher Heide unweit Limburg im Nassauischen. In Betreff Kiliandr's traf Mone, Untersuchungen zur Geschichte der deutschen Heldensage S. 45 ohne Zweifel wol das Richtige, indem er es für Kaldern bei Marburg, das alte Calantra (s. Wenk, Hessische Geschichte II, 439), erklärte. Gegen Grimm's und Heber's Ansicht erheben sich aber sofort zwiefache Bedenken; einmal würde ein Isländer wol schwerlich Horus statt Horhus geschrieben haben, und bei Orhusen ist zugleich das fehlende H des Anlautes sehr mislich; sodann erwartet man nach der Angabe des Abtes Nicolaus, daß Horus und Kiliandr in unmittelbarer Nähe liegen, allein sowol Horhus als auch Orhusen sind von Kaldern allzu weit entfernt. Die Nähe von Horus und Kiliandr ist aber um so wahrscheinlicher, da eine heilige unterweltliche Heide kaum eine solche Ausdehnung einnehmen konnte, als aus Grimm's oder Heber's Ansicht folgen würde. Freilich wird in der Atlakvida Str. 5 der Gnitaheide das Prädicat „die weite" beigelegt, und davon das Feld (vŏllr) unterschieden, allein man wird sich hierauf wol kaum berufen können. Für Heber spricht jedoch noch der besondere Umstand, daß bei Kaldern und Orhusen die alte Straße von Paderborn nach Mainz vorbeiführte, und daß beide den Ein- und Ausgangspunkt des Chor- oder Landbisthums Dietkirchen bildeten.

Ungeachtet meiner sorgfältigsten Nachforschungen ist es mir bis jetzt noch nicht gelungen, über Horus zu einem neuen und sichern Resultate zu gelangen. Indessen glaube ich nicht zu irren, wenn ich der Ansicht bin, daß die Gnitaheide in dem Gebiete gesucht werden muß, welches einestheils durch den Halbkreis, den die Lahn etwa von Biedenkopf bis nach Wetzlar macht, anderntheils durch einen doppelten Heggraben, der sich von dem Dünsberg bis in die Gegend von Holzhausen oberhalb Kaldern findet, eingeschlossen wird, und innerhalb dessen sich fast eine heilige Stätte an die andere reiht, die ich in dem dritten Bande meiner deutschen Heldensage aufzuzählen gedenke. Insbesondere ist hier ein Punkt bei dem kurhessischen Dorfe Caldern Weimar „der Wurmscheid" genannt höchst bedeutsam, indem bei demselben Alles genau zutrifft, was wir aus den nordischen Denkmälern über die Gnitaheide erfahren. Außer den heiligen Bergen, welche das Fafnismál a. a. O., und das Feld, welches die Atlakvida a. a. O. anführen, ersehen wir auch aus der Völsungasaga c. 18 (s. meine deutsche Heldensage I, 119), daß dieselbe ein hochgelegener Punkt war, und daß sich in ihrer Nähe ein Wasser befand; denn es heißt hier, daß Sigurd und Regin die Heide hinaufritten zu dem Fahrwege, den Fafnir zu schreiten gewohnt war, wenn er zu Wasser fuhr. Der Wurmscheid nun liegt nicht nur ganz in der Nähe der Berge, welche sich durch ihre Namen „Asenkopf," „Donnersberg," „Martinsberg," „Petersweld" als altheidnische heilige Stätten kundgeben, sondern er besteht auch aus einem Felde[3]), das sich in ziemlicher Höhe halbkreisförmig von den Ufern der Alna an (d. i. Alaraha der heilige Fluß) erhebt. Dazu kommt noch die Sage, daß auf diesem Wurmscheid in nächtlicher Zeit ein großes Feuer lodert, welches unermeßliche Schätze von Gold und Silber birgt, und um welches ringsum eine furchtbare Schlange, dieselbe hütend, liegt[4]). Es

[2]) þar (?) *** er þorp er Horus heitir, annat heitir Kiliandr, oc þar er Gnitaheidr er Sigurdr vá at Fafni. Werlauff Symbolae ad geographiam medii aevi p. 16. Grimm, Deutsche Heldensage S. 41.

[3]) Jenes Feld der Atlakvida darf als der bedeutendste Punkt der Heide angesehen werden, und gerade wol als derjenige, wo Sigurd den Fafnir erschlug, weshalb auch Atli den Gjukungen dieses Feld angeboten zu haben scheint, um sie dadurch zur Annahme seiner verrätherischen Einladung zu bewegen. [4]) Die Sage tritt mit großer Bestimmtheit auf. Nicht nur mehrere Leute aus Caldern Weimar, sondern auch aus dem benachbarten Hadamshausen, und unter diesen sogar der Bürgermeister, haben mir versichert, das Feuer mit eigenen Augen gesehen zu haben. Noch Niemand hat es aber der schrecklichen Schlange wegen gewagt, hinzuzutreten. Ein Mann faßte sich jedoch einmal ein Herz und trat hinzu, als das Feuer schon im Erlöschen begriffen war, er durchsuchte es mit seinem Stocke, aber er fand weder Gold noch Silber; da dachte er, etwas willst du doch von deiner Mühe haben, und nahm eine glühende Kohle, um seine unterdessen ausgegangene Pfeife wieder anzuzünden, und siehe als er nach Hause kam, hatte sich die Kohle in ein Goldstück verwandelt. Zugleich erscheint auf dem Wurmscheid öfters eine weiße Jungfrau von wunderbarer Schönheit; am [illegible] Mittage badet sie sich in den Fluthen der Alna und sitzt darauf am Ufer und kämmt ihr goldenes Haar, verschwindet aber sogleich in den Fluthen, wenn sich ein Mensch ihr naht. Einst war ein Jägerbursche aus einem Dorfe jenseits des Flusses spät am Abend zu seinem Mädchen nach Caldern Weimar gegangen und hatte seine Büchse im Gehölze jenseits der Brücke verborgen. Als er um Mitternacht heimkehrt und über die Brücke schreiten will, sitzt die Jungfrau auf derselben; auf einem andern Wege über den Fluß zu [illegible] ist unmöglich, und er geht daher endlich muthig auf die Brücke zu. Da lehnt sich die Jungfrau über das Geländer der Brücke in den Strom hinab, und der Jägerbursche kommt glücklich hinüber, aber keine Büchse [illegible] er seitdem nimmer wieder [illegible] wenn er zur Nachtzeit zu seinem Mädchen wanderte. — Die Jung-

könnte hierin leicht noch eine Erinnerung an Fafnir und sein Gold erhalten sein, obschon ähnliche Sagen auch anderwärts begegnen.

Um sich zu überzeugen, daß wenigstens in diesem Gebiete die Gnitaheide zu suchen ist, muß man noch Folgendes erwägen. Dieselbe gehörte zu dem Reiche des Hunenkönigs Atli, da sie dieser in der Atlakvida a. a. O. nebst Myrkvidr und den Städten Danpres den Giukungen anbietet. Atli ist nun freilich nach den deutlichen Ueberlieferungen der Thidrekssaga 5) König des sächsischen Hunenlandes und hat seinen Sitz zu Susat (Soest in Westfalen); allein sein Reich umfaßt auch noch einen Theil des Frankenlandes, da sich nach dem Eingange zum Sigrdrifumál die Burg seiner Schwester Brunhild auf Hindarfiall daselbst erhob, und sich Sigurd, als er den Drachen erschlagen hatte, südwärts nach Frankenland wendend dieses Gebirge hinauf ritt. Welcher Theil des Frankenlandes dem Atli gehörte, wird durch zwei Umstände unzweifelhaft. Erstens lag nach der Wölsungasaga c. 14 die Gnitaheide nicht weit von Thiodi, dem Sitze des Dänenkönigs Hialprek, wo Sigurd geboren und erzogen wurde. Dieses Dänenland kann aber kein anderes als das Land der Danduten sein 6) (d. i. Chatten, welche dänischen Stammes sind) 7), welche Ptolemäus in den Oberlahngau setzt und in dem Schreiben Gregor's III. an Bonifacius unter dem Namen Borthari wiedererscheinen und deren Land höchst wahrscheinlich auch das Berlangaland der Thidrekssaga ist, in dem Brunhild's Burg Segard lag 8). Mag man nun unter Thiodi meiner Vermuthung nach Dautphe verstehen, das im Mittelalter eine Grafschaft war 9), oder mit Heber a. a. O. S. [illegible] Diez an der Lahn, das im 12. Jahrh. unter dem Namen Diethe, früher aber unter dem Namen Theodissa, Didesse vorkommt, was jedoch hauptsächlich das gegen sich hat, daß es nicht im Ober-, sondern im Niederlahngau lag, obgleich die Theilung dieses Gaues erst spätern Ursprungs ist. Näher führen uns aber die erwähnten Städte Danpres. Danpr, Dan oder Dagr war nämlich der mythische Eponymus des dänischen Volkes, und wie im Norden der König Dan im Riesenberge bei Kiersborg und im hohlen Berge bei Tönningen sitzt 10), so sitzt Dagr als König Dagobertus (wobei das einfache Dag nur durch bert erhöht ist) dem Volksglauben nach im Rubertswalde, der zwischen Kaldern und dem Warmschied liegt, hält von Zeit zu Zeit in einer mit vier schwarzen Rossen bespannten Kutsche seinen Umzug nach seiner verfallenen Burg Dagobertshausen und von da nach der zwischen Dagobertshausen und Hermershausen gelegenen Wüstung Ellershausen, wo er mit Wagen und Rossen versinkt. Die Städte des Königs Dagobertus, zu denen vor allen wol das uralte Dagobertshausen gehört, sind also ohne Zweifel die Städte Danpres, und in ihrer Nähe muß die Gnitaheide gelegen haben.

Gegen diese Ansicht erhebt sich zwar das Bedenken, daß demnach Horns südwärts von Calantra gesucht werden müßte, während es nach der Reiseroute des Nicolaus nordwärts liegen müßte; allein es ist die Angabe desselben nur eine gelegentliche Bemerkung, wobei es auf die Lage beider Orte wol weniger ankam, als bei Angabe seiner Reiseroute, die er von Island nach Rom genommen.

Kaum noch der Anführung verdient es, wenn Schöning in der Heimskringla Tom. III. tab. geogr. die Gnitaheide nach Belgien verlegt. (*A. Rassmann.*)

GNOIEN, Landstadt im wendischen Kreise oder dem Herzogthume Güstrow in Mecklenburg-Schwerin mit etwa [illegible] Einwohnern, worunter 73 Juden. Sie liegt auf einem Hügel, ist auf drei Seiten von einem in die Trebel gehenden Bache umflossen, ohne Mauern und Wälle, terrassenartig an der nach Norwest abfallenden Höhe angelegt. Sie ist regelmäßig gebaut, hat zehn Straßen, einen Marktplatz und einen Kirchplatz, der mit Linden umgeben ist. Die Neustadt ist ein seit 1799 entstandener neuer Anbau von zwei Straßen im Nordosten. Die Kirche befindet sich auf dem höchsten Punkte der Stadt am Südwestende, das Rathhaus auf dem Markte, vor den Thoren das Schießhaus, Armenhaus, die Mühle, ein Speicher, viele Scheunen. Die Umgebung ist freundlich. Die Stadt ist Sitz eines Amtsgerichts, eines ritterschaftlichen Patrimonial-, Civil- und Criminalgerichts, eines Stadtgerichts, Postamts, einer Steuereinnahme. Für arme Studirende besteht die Bischoff'sche milde Stiftung. Hauptnahrungszweige sind: beträchtlicher Ackerbau, Tischlerei, Weberei. Gnoien erhielt im J. 1290 durch den Fürsten Heinrich von Werle, den vormundschaftlichen Regenten des Landes Rostock, Stadtrecht und fiel mit Rostock im J. 1323 an Mecklenburg. (*H. E. Hössler.*)

GNOM. Die Gnomen sind im theomantischen Sinne Elementargeister, die dem Reiche der Erde vorstehen und da ihren Sitz haben. Sie nehmen in der magischen Hierarchie die letzte Rangstufe ein, nach den

sion ist ohne Zweifel Frau Helche, die Königin der Hunnen — Ueber Warmschied braucht wol kaum bemerkt zu werden, daß wurm im Altdeutschen die Bedeutung Schlange, Drache hatte.

5) In der Thidrekssaga wird die Gnitaheide zwar nicht mehr genannt, und Sigurd erschlägt den Drachen (wie im hörnen Seyfriedsliede), als ihn sein Pflegevater, der sagenberühmte Schmied Mimir, um des ungefügen Knaben los zu werden, in den Wald schickt, Kohlen zu brennen; allein Mimir wohnt im Hunenlande, und demnach muß auch in dieser spätern Ueberlieferung die Gnitaheide noch in diesem Lande liegend gedacht sein. Ob dieses Hunenland das des Attila (Atli) war, sagt die Sage freilich nicht, aber sie kennt nur dieses. 6) Es darf nicht auffallen, wenn hier das Land der Dänen oder Danduten zugleich als Frankenland (oder, je nachdem man es auffaßt, wenigstens an letzteres grenzend) erscheint, da auch in der Nornagestssaga c. 4 das Reich des oben genannten Hialprek als in Frankenland liegend bezeichnet wird. Frankenland ist hier nämlich nur der spätere allgemeine Name; denn ebenso wird im Gylfaginning p. 162 (ed. *Egilsson*) das Reich der Wölsunge, welches die Edda und Wölsungasaga einstimmig nach Hunenland verlegen, Frankenland genannt, und indem der Verfasser die Worte gebraucht: „welches jetzt Frankenland genannt wird," gibt er deutlich zu verstehen, daß jenes Reich zur Zeit der Wölsunge einen andern Namen führte. 7) Siehe meine deutsche Heldensage I, 15. 8) Ebendaselbst I, 166 fg. 9) Ebendaselbst I, 15.

10) Siehe Müllenhoff, Schleswig-Holst. Sagen Nr. 505.

Salamandern (Feuer), Elfen (Luft), Undinen (Wasser). Dies der ursprüngliche Begriff. Im weitern Sinne aber faßt speciell die teutsche Mythologie darunter alle die Geschöpfe der Unterwelt zusammen, die unter zahllosen, ewig wechselnden Namen das Land der Sage bevölkern. In diesen Traditionen allein findet man das Material zu ihrer Geschichte, und ganz besonders reich daran ist der Natur der Sache nach die Heimath des Bergmanns. Dem Jäger, dem Hirten und dem Fischer werden sie in absteigender Linie immer fremder, wiewol sie durch poetische Behandlung in allen Gattungen und Formen der Dichtkunst ein Gemeingut Aller bis zu dem Grade geworden sind, daß ein halb unbewußtes Vertrautsein mit der Natur und dem Wesen der Gnomen Jedem innewohnt, sobald man sie unter dem heimischen landläufigen Namen anführt. Als gewisse allgemeine Kennzeichen dieses mythischen Geschlechtes, von dem unter dem Artikel Zwerge umfassender wird die Rede sein müssen, lassen sich folgende Eigenschaften aufstellen: Die kleine unförmige Gestalt, durch die sie die Riesen (den Menschen als Mittelglied betrachtet) zu Antipoden haben; über das Maß ihrer Größe, sowie über den Grad ihrer körperlichen Schönheit sind die widersprechenden Angaben durchaus nicht zu vereinigen. Auch die Farbe ihrer Kleidung unterliegt durchaus keiner feststehenden Regel. Bald (und das ist allerdings das Häufigere) erscheinen sie grau, aber oft auch roth (s. zuletzt die Namen), grün, braun. Sie sind ein eigenes, abgeschlossenes Volk mit eigener Sprache, die das Echo bildet. Sie haben die Kraft, dem Menschen übel und wohl zu thun, wobei aber die erstere Seite gewöhnlich im Uebergewichte ist. Ob sie dem Christenthume feindlich sind oder nicht, läßt sich nicht ausmachen, da viele Sagen sie vor dem Glockentone weichen und abziehen lassen, andere wieder erzählen, daß sie bald unterirdischen Gottesdienst hielten, bald sich dazu der Kirchenräume bedienten. Nicht einmal die Nacht ist ausschließlich die Zeit ihrer Epiphanie, sondern sie sind an keine Geisterstunde gebunden, da sie z. B. grade am hellen Mittage erscheinen. Fast alle haben die Eigenschaft, sich unsichtbar machen zu können. Sie sind trotz ihrer übermenschlichen Macht nicht frei von Bedürfnissen und können ihrerseits der Hülfe der Menschen nicht entbehren. Die Gabe der Weissagung und die Kenntniß geheimer Naturkräfte im Stein- und Pflanzenreiche ist ihnen größtentheils verliehen. Hinsichtlich des erstgenannten Punktes, der außerordentlichen Körperkleinheit, allein auszunehmen ist ein Wesen, vielleicht weitaus das Volksthümlichste in diesem Kreise, der mit vollem Rechte der König der Gnomen genannt zu werden verdient, und in dem sich ihr ganzer Charakter relativ bis zur Vollkommenheit steigert: Rübezahl, der Herr des schlesischen Gebirges. Da es fast unmöglich und wenn auch auszuführen, doch nicht einmal ganz zweckdienlich erscheint, eine Uebersicht aller Sagensammlungen zu geben, die bereits weit über 300 Werke bilden, so genüge hier der Nachweis von Stellen, in denen ausführlicher der Gnomen gedacht wird, und ein Verzeichniß der Namen, die am meisten gäng- und gäbe sind, mache den Beschluß. J. Grimm, Deutsche Mythologie (Göttingen 1835. 8.) S. 251—275 und sonst öfter. K. Simrock, Deutsche Mythologie (Bonn 1855. 8.) S. 33 u. 449—455. J. W. Wolf, Deutsche Götterlehre (Göttingen 1852. 8.) S. 60—62. F. Nork, Mythologie der Volkssagen (Stuttgart 1848. 8.) S. 160—239. — Unter Berücksichtigung des oben Gesagten, daß die Natur der Gnomen in einander überläuft und sich nirgends streng scheiden läßt, kann man nur folgende Specialnamen mit größerem oder geringerem Rechte darunter aufführen, wobei lediglich das Spukhafte in Berg und Wald festgehalten werden kann. Bergmännchen, Bergmönche, Bergtrollen, Bilgraschneider, Bilwis, Binsenschneider, Blaserle, Breinscheuhe (Baiern), Brownie (Irland), Buschleute, Cabot (Niederlande), Cluricaune (Irland), Couriquet (England), Däumlinge, Daione maith (Irland), Doane shi (Schottland), Dynion mad (Wales), alle drei Namen bedeuten: stilles Volk. Gobelin (Frankreich), Goerzoni (lüneburger Wenden) = Bergmännlein, vom slawischen gora. Gute Holden, Gute Nachbarn, Gutes Volk, Haerdmaendli (Schweiz) = Erdmännchen. Hans Donnerstag (Schleswig-Holstein), Haulemännerchen = Höhlenmänner. Heimchen, Heinchen, Heinzchen, Heinzelmänner (Cöln), Hinzelmann (Lüneburg), Hordeke (Niedersachsen) = Hütchen, s. u. Holderchen, Holzleute, Hütchen (Hildesheim), Kaboutermännchen, nicht zu verwechseln mit dem Schiffsgeiste: Klabautermännchen. Kobolde, Kornwil (Braunschweig), Kurzebolde, Lieblinge, Lindsingar (Schweden), Ma alused (Ehstland) = unter der Erde. Markdrücker (Eichsfeld), Moosweibchen, Norggen (Tyrol), Onnerbänkissen (Schleswig-Holstein), Parstuk (Lithauen) = Däumling. Pjdimu jk (Böhmen) = Spannemännlein. Pilwis, Preinscheuhe (Baiern), Puck (Irland), Querlich (Thüringen), Querxe (Lausitz), Räsel, vergl. unten: Schrätzel. Roggenmöhme (Altmark), Rothe Jungen (Braunschweig), Rothmütschen (Flandern), Schrat, Schrätzel, Schretzel oder Schretzlein, Stiefel (Schloß Kalenberg), Stilles Volk, Swartalfar (Schweden), Toggeli (Schweiz), Tremsemutter (Osnabrück), Underjordiske (Dänemark), Unholde, Unterirdische, Waldmännchen, Waldweibchen, Wichte, Wichtel, Wilde Weibchen, Willis (Serbien), Ziegenmelker. (*Dr. F. L. Hönigh.*)

GNOMA, Käfergattung der Familie der Bockkäfer, zuerst von Fabricius von der ältern Gattung Lamia (s. d. Art.) abgetrennt für wenige Arten mit wehrlosen Halsschildseiten, aber auffallend langem, in der Mitte eingeschnürtem Halsschilde und eilfgliederigen Fühlern ohne Haarpinseln. (*Giebel.*)

GNOME. GNOMISCHE POESIE. Gnomen (von dem griechischen Worte *γιγνώσκειν*, erkennen) sind Sinn- oder Denksprüche weiser und erfahrener Männer, die in kurz ausgedrückten Sätzen die Resultate ihrer Lebensbeobachtungen mittheilten. Der Form wie dem Inhalte nach gehören die Gnomen zur Gattung der didaktischen Poesie. Der Ursprung dieser Denksprüche fällt in eine sehr frühe Periode, in die Zeit, wo mit der wachsenden

Cultur der Menschen ihre Beobachtungsgabe sich hinreichend entwickelte, um die Handlungen genau betrachten und aus häufig wiederkehrenden Erfahrungen besondere Lebensregeln abstrahiren zu können. Diese betrafen Anfangs nur das Individuum des Menschen. Bald aber erstreckten sie sich auch auf seine Familie, deren Wohl mit dem seinigen genau zusammenhing. Aber auch in den Kreis seiner nächsten Umgebungen wurden nach und nach die von ihm gesammelten Lebensregeln hineingezogen. So entstanden zwei Classen dieser Regeln, die eine für den einzelnen Menschen in Hinsicht auf seine Familie, die andere für ihn und die ganze Familie im Verhältnisse zu denen, deren Wirkungskreis an den seinigen grenzte. Eine dritte Classe von Klugheitsregeln trat noch hinzu, seit der Mensch in einem Staate lebte, wo Einer oder Wenige das Ruder führten. Jetzt mußten gewisse Regeln gesammelt werden, durch deren Befolgung man den schweren Arm jener Mächtigen von sich zurückhalten konnte. Die reifere Entwickelung der Denkkraft des Menschen sagte ihm aber auch, daß er in noch höherem Grade unter dem Einflusse einer allwaltenden Gottheit stehe, die ihn ebenso leicht vernichten konnte, als sie ihm das Dasein geschenkt hatte. Die Abhängigkeit seines Schicksals von der Gottheit konnte der Mensch nicht verkennen. Schon durch die Naturerscheinungen, besonders die furchtbaren, ward er darauf hingeleitet. Aus der Scheu vor jenem mächtigen Wesen entwickelten sich nun in dem menschlichen Geiste gewisse Regeln, durch deren Beobachtung man den Zorn der Gottheit zu verhüten und in Ruhe und Frieden leben zu können wähnte. So bildete sich allmälig eine Art von Lebensweisheit, die unter allen Völkern und Himmelsstrichen fast dieselbe Farbe hatte, und später zu der praktischen Philosophie den Grund legte. Meistens Männer von höherem Alter beschäftigten sich damit, die Resultate mehrjähriger Lebenserfahrungen der horchenden Jugend als Klugheitsregeln mitzutheilen. Sie wurden dafür mit dem Namen der Weisen beehrt. Der bildliche, kurze und daher oft räthselhafte Ausdruck jener Sprüche prägte sich leicht dem Gedächtnisse ein, und sie erhielten sich so Jahrhunderte durch mündliche Tradition. Die Erfindung der Schreibekunst veranlaßte einzelne Männer, eine Anzahl von Weisheitsregeln zu sammeln und durch schriftliche Aufzeichnung ihre Dauer zu sichern. Der Schatz jener Regeln war aber so groß, daß den einzelnen Sammlungen derselben öftere Nachlesen folgten. Um dem Alterthume in dieser Gattung des poetischen Vortrags nicht nachzustehen, machte man bei der zunehmenden Geistescultur in späteren Zeiten den Versuch, neue Weisheitssprüche zu dichten und sie den älteren anzureihen. Diese neueren Gnomen mußten sich jedoch im Laufe der Jahrhunderte, wenn sie passende Lebensregeln sein sollten, durch ihre künstlichere Form wesentlich unterscheiden von jenen ehrwürdigen Ueberresten der edlen Einfalt des Alterthums, da diese letzteren blos Resultate wirklicher Erfahrungen waren, die späteren Denksprüche jedoch ihr Dasein der Kunst verdankten.

Unter den Hebräern scheint dieser Zweig der Lehrpoesie in den frühesten Zeiten der Urwelt bekannt gewesen zu sein. Schon vor Moses kleidete man Gesetze und Lebensregeln in das Gewand der Gnomik. Zu Simson's Zeiten spielte man bei Freudenfesten mit Räthseln. Daß die Hebräer überhaupt Freunde von dieser Gattung der didaktischen Poesie waren, beweisen die ansehnlichen Sammlungen von Gnomen in hebräischer Sprache. Außer dem vorzüglichen Grade von Weisheit, durch den sich Salomo vor seinen Zeitgenossen auszeichnete, machte er sich durch einen Schatz von Gnomen noch besonders um sein Volk verdient. Sein Name, den man an die Spitze aller alten Weisheit und Gnomik stellte, verdunkelte bald alle seine Vorgänger in dieser Dichtungsart. Irren würde man jedoch, wenn man annähme, daß alle unter Salomo's Namen auf unsere Zeiten gekommene Weisheitssprüche wirklich die Arbeit jenes sinnreichen Königs gewesen wären. Auch aus dem scharfsinnigsten und witzigsten Kopfe hätte schwerlich ein solcher Vorrath von Gnomen in solcher Mannichfaltigkeit und Abwechselung hervorgehen können. Eichhorn in seiner Einleitung zum alten Testamente sagt darüber: „Höchstens kann man ohne Unwahrscheinlichkeit annehmen, daß von Salomo die Einleitung in den ersten neun Capiteln förmlich ausgearbeitet, und daß von ihm viele von den in den zwei folgenden Capiteln gesammelten Sentenzen, die seinen Namen tragen, ausgesprochen werden. Dagegen ist aber auch unleugbar, daß unter den Denksprüchen im ersten und zweiten Buche des zweiten Theils viele Aussprüche anderer Weisen vorkommen. Das erste Buch gleicht einem künstlich ausgearbeiteten Ganzen mit Rundung und Einheit. Da es vom zweiten Theile durch eine eigene Aufschrift getrennt wird, so war es Anfangs wol allein im Umlaufe. Der zweite Theil ward erst späterhin angeschlossen, weil er seines Inhalts wegen es verdiente, ein Gesellschaftsstück von jenem zu werden. Sind gleich mehre Sinnsprüche von ganz verschiedenen Weisen aus dem Alterthume in diesem Theile zu einem Buche verbunden worden, so konnte man sie dennoch unter dem Namen Salomo's vereinigen, theils weil eine Anzahl Sprüche ihn wirklich zum Urheber hatte, theils weil sie seines Ruhms nicht unwerth waren und unter seinem Namen bekannter zu werden verdienten. Der erste Anhang vom dreißigsten Capitel an soll von einem gewissen Agur herrühren. Dies mag seine Richtigkeit haben. Wir wissen aber nichts Näheres von diesem Manne. Auch über Samuel, an den die Weisheitslehren im zweiten Anhange gerichtet sind, läßt sich nichts Gewisses sagen. Vermuthlich war er nicht einmal eine wirkliche Person. Der Weise, welcher die Lebensregeln im letzten Capitel niederschrieb, wollte darthun, was ein König zu beobachten habe, der das Glück seiner Unterthanen befördern wolle. Er läßt daher einen königlichen Prinzen nach diesen Regeln gebildet werden und legt sie der Mutter desselben in den Mund."

Aller Wahrscheinlichkeit nach sind daher, um mit Eichhorn's Worten zu reden, „alle Weisheitsquellen, welche die weisen Männer mehrer Zeitalter geöffnet hatten, in die Sammlung der Gnomen Salomo's, wie in einen

Strom, zusammengeleitet worden." Die Sammlung enthält Sprüche aller Art mit ungemeiner Mannichfaltigkeit und Abwechslung. Ein großer Theil ist ernsten Inhalts. Er enthält Gedanken über Tugend und Laster, Glück und Unglück, Erfahrungen und Regeln des Lebens, allgemeine Pflichten &c. In anderen dieser Gnomen weht eine heitere Laune und munterer Scherz. Vortreffliche Sprüche wechseln mit mittelmäßigen und gewöhnlichen Sentenzen, moralische und religiöse Gnomen mit wirthschaftlichen und politischen Aussprüchen. Jeder Ausspruch steht da, wie er sich im Kreise des geschäftigen Lebens gestaltete; jeder scheint mehr das Werk des Zufalls und des Witzes, als des Nachdenkens und tiefer Forschung zu sein. Fast alle diese Gnomen haben eine poetische Farbe und den schönsten Parallelismus. Auch durch die Schönheit der Einkleidung empfiehlt sich die in den meisten dieser Sinnsprüche enthaltene Lebensweisheit. Ihre Lehren sind jedoch nicht selten in Bilder gehüllt, und sie von diesen zu entkleiden kostet dem Verstande einige Anstrengung. Um so mehr aber gewinnt das Herz durch die Gnomen, die es um so stärker und tiefer ergreifen, da sie meist von sinnlichen Dingen ausgehen. Vorzüglich gilt dies von den ältesten, einfachsten und kürzesten Gnomen, die als Kinder einer edlen Einfalt und Natur sich dem unverdorbenen Herzen am meisten empfehlen und am längsten im Gedächtnisse verweilen. Eichhorn sagt von diesen Gnomen: „Es sind echte Perlen des Witzes; wer sollte sie nicht achten? Sie sind kurz und um so faßlicher, und ermüden nicht, wie moralische, in langen Ketten von Schlüssen herablaufende Betrachtungen." Schön und treffend wird unter anderen in diesen Gnomen die Weisheit geschildert ¹). Andere Sprüche, ganz aus Erfahrung geschöpft, dürften sich wol durch alle Zeiten bewährt haben ²).

Aehnliche Resultate von Erfahrungen weiser Männer findet man auch gesammelt in „Koheleth's Lehren" oder dem sogenannten „Prediger Salomo." Dies Werk, aus einer weit späteren Zeit, enthält Betrachtungen über die Nichtigkeit menschlicher Dinge in einer bald leidenschaftlichen, bald ruhigern Sprache, durch deren Wechsel die wahre Meinung des Dichters etwas verdunkelt wird. Nimmt man jedoch an, daß er in ruhigern Stellen die leidenschaftlichen Aeußerungen zurücknimmt, so wird man sich leichter mit ihnen versöhnen. Daß Salomo selbst nicht Verfasser dieses Buchs und daß der Ursprung desselben nicht einmal in das Zeitalter dieses weisen Königs fällt, scheint die Sprache zu beweisen. „Der Ausdruck," sagt Eichhorn, „ist in dieser Gnomensammlung durchaus chaldäisch gefärbt, rauh, lang und spielend, wie er in einem Zeitalter zu sein pflegt, wo die Sprache schon ausgeblüht hat. Und zu diesem chaldäisch gefärbten Ausdrucke kommt noch die ganze Einkleidung, die unmöglich so, wie sie in diesem Buche gefaßt ist, von Salomo kommen könnte. Auch verschiedene andere, in das Innere der Sammlung verflochtene Umstände führen uns durchaus auf einen anderen Verfasser und ein anderes Zeitalter als der Titel angibt. Vermuthlich schrieb daher ein Schriftsteller aus den spätern Zeiten des hebräischen Alterthums diese philosophischen Betrachtungen unter Salomo's Namen nieder, um seinen Weisheitssprüchen durch diesen berühmten Namen des weisen Königs mehr Ansehen und Eingang zu verschaffen. Ueberhaupt war es im Alterthume etwas Gewöhnliches, ähnliche Materien an gewisse Hauptbücher anzuschließen und gleichsam an die Nägel zu hängen, die dazu bestimmt waren. Wie David's Name die Ueberschrift zu den von verschiedenen Dichtern gesungenen Psalmen gab, so konnte man auch leicht auf den Einfall kommen, den Namen des durch Räthsel und Weisheitssprüche bekannten Salomo einer Sammlung fremder Denksprüche vorzusetzen. Die Quellen, woraus der uns unbekannte Verfasser dieser Gnomenlese schöpfte, waren theils seine eigenen, theils fremde Erfahrungen, die er sich durch das Lesen seiner Vorgänger erworben hatte. Sagte dies auch der Verfasser nicht selbst, so würde es doch die bald reinere, bald vermischtere Sprache, der bald erhabenere, bald gemeinere Styl verrathen. Uebrigens ist das Buch nicht bloße Zusammenstellung fremder Bruchstücke ohne Plan und Ordnung. Vielmehr ist Alles nach einem sichtbaren Plane geordnet, Alles wie in eine Kette verschlungen. Nichtigkeit der menschlichen Dinge ist der Faden, woran alle in diesem Buche vorkommenden Sprüche aufgereiht und zu einem Ganzen verbunden sind. Um diese Nichtigkeit der menschlichen Dinge zu versinnlichen, sammelte der Verfasser allerlei Bemerkungen über das menschliche Leben, seinen mannichfachen Wechsel und seine Labyrinthe. Alles, was ihm vor Augen kommt, Geschäfte und Muße, Vergnügen und

---

1) Dem Manne Heil, der Weisheit fand,
Und dem, der Einsicht sich verschafft.
Der Preis ist schöner als des Silbers Preis,
Und mehr als Gold ist ihr Gewinn.
Kostbarer als Korallen ist ihr Werth,
Und alles Kleinod ihr nicht gleich.
In ihrer Rechten hält sie Lebensfrist,
In ihrer Linken Ruhm und Ueberfluß.
Ihr Weg ist eine Rosenbahn,
Und Frieden jeder Pfad von ihr.
Sie ist ein Lebensbaum
Für Jeglichen, der sie umfaßt.
Heil dem, der fest sich an sie hält!

2) Des Guten Angedenken bleibt gesegnet;
Allein des Bösen Name wird verflucht.

Der Mann von weisem Geist nimmt Lehren an;
Wer thöricht schwatzt, der stürzt ins Unglück sich.

Des Guten Wünsche gehen nur auf Glück,
Auf Unglück nur des Bösen Sehnsucht hin.

Wer durch unrechtes Gut sein Haus bestellt,
Der läßt nur Wind dereinst zum Erbtheil nach;
Allein des Redlichen Erwerb
Sprießt immerdar gleich einem starken Baum.

Eine Sammlung dieser Gnomen gab A. Schultens unter dem Titel: Proverbia, begleitet von einem Commentar, 1748 zu Leyden heraus; eine spätere besorgte J. F. Schelling. (Stuttgart 1806. 8.) Vergl. Herder's Geist der ebräischen Poesie, h. Ausgabe, besorgt von K. W. Justi. (Leipzig 1825.) 2 Bde. K. W. Justi's Blumen althebräischer Dichtkunst (Gießen 1809.) 2 Bde.

Mißvergnügen, Frohes und Trauriges legt er auf die Wagschale, und wägt ab, was wahr und was falsch, was fortdauernd und was vergänglich, was scheinbar und was wirklich ist. Aber diese Bemerkungen über den Weltlauf sind nicht nach einem künstlichen Plane, sondern nach den Gesetzen der Combination der Ideen verbunden. Daher springt er von einem Stande in den andern, von einer Lebensart in die andere, und kehrt mitunter auch zu manchen schon anderwärts beigebrachten Betrachtungen und Beispielen zurück. Dabei wählt er eine eigene Art der Einkleidung, die wie eine Unterredung zweier Weisen über das menschliche Leben und den Weltlauf aussieht, wie eine Unterredung zwischen einem hitzigen Forscher und einem bedächtigen Lehrer. Jener betrachtet, dieser lehrt, jener klagt, dieser tröstet, jener überspannt, dieser mäßigt das Ueberspannte. Jener findet, wie ein Neuling in der Welt, Nichts am rechten Orte, und verrückt Alles, dieser setzt wieder zurecht, was jener verrückt hat. Wie ein rascher Jüngling verwirft und verdammt der Beobachter Alles, was ihm vorkommt; der Lehrer dagegen prüft und erörtert langsam wie ein alter Weiser, und richtet mit kalter Bedächtlichkeit wieder auf, was jener zu Boden getreten hat. Jener spricht mit einer gewissen Selbstgenügsamkeit immer in seinem werthen Ich; dieser aber redet in dem sanften Tone eines Lehrers, bedient sich des vertraulichen Du, und weist den jungen Klügler, der in der Hitze über alle Gegenstände hinwegschießt, in die Schranken der Wahrheit zurück" [3]).

Ein lachendes Colorit konnte der Dichter einem Werke, das die Nichtigkeit der irdischen Dinge schildern sollte, nicht geben. Vergänglichkeit, Hinfälligkeit unserer selbst, wie alles dessen, was uns umgibt und mit uns in irgend einer Verbindung steht, ist das Hauptthema dieses Buchs, sein Anfang und sein Ende. Das Glas der Melancholie trübt den Blick des Beobachters der menschlichen Schicksale. Ueberall findet er nur Jammer und Elend auf Gottes schöner Erde. Die Sprache, die er redet, ist die Sprache der Leidenschaft. Wundern darf man sich daher nicht, wenn er in einem Augenblicke verwirft, was er in dem andern billigt, wenn er das, was er gelobt, wieder tadelt etc. Bei allen Uebertreibungen, die sich der rasche und kühne Beurtheiler der Welt und der menschlichen Schicksale in seiner Gnomensammlung erlaubt, enthält dieselbe doch viel Wahres, Brauchbares und Nützliches. „Ich kenne," sagt Herder [4]), „kein Buch aus dem Alterthume, das die Summe des menschlichen Lebens, seine Abwechselungen und Nichtigkeiten in Geschäften, Entwürfen, Speculationen und Vergnügen zugleich mit dem, was in ihm wahr, dauernd, fortgehend, wachsend, lohnend ist, reicher, kürzer und eindrücklicher beschrieben, als der Koheleth. Wahrlich ein Königswerk! — Wie denn auch viele Männer von Geschäften und Erfahrung, wenigstens in ihrem Alter, an ihm außerordentlichen Geschmack gefunden, und darauf zuletzt gleichsam ihre Lebensweisheit reducirt haben. Leute im Gefängnisse lesen den Hiob, Leute im Cabinet lesen den Prediger am Abende ihrer Tage. Was Baco und Andere für politische Weisheit in den Sprüchen Salomo's fanden, ist bekannt; allein was für allgemeine historisch-philosophische Lebensweisheit im Prediger sei, ist vielleicht noch nicht dargestellt, wie sichs gebührte. Wenige Worte in ihm sind das Resultat großer Bücher, Lebensläufe und Weltperioden, und wahrlich sind's, wie das Ende des Buchs rühmt, liebliche Worte der Rechtschaffenheit und Wahrheit, Stacheln und Nägel in die Seele." Ein künstliches Gewebe darf man im Koheleth nicht suchen. Die darin enthaltenen Bemerkungen über den Gang der Welt und die Schicksale der Menschen sind, nach Herder's Ausdrucke, „zusammengeschoben," und mit den Allgemeinsätzen, was endlich das simpelste Resultat von Allem sei, leicht umfaßt und gebunden" [5]).

Durch Denksprüche und Sprüchwörter Weisheit und Tugend zu lehren war so ganz im Geiste des Orients, daß nach der günstigen Aufnahme, welche die Gnomen Salomo's und seiner Nachfolger gefunden, nicht mehre gute Köpfe sich in dieser Dichtungsart hätten versuchen sollen. Auch Jesus, der Sohn Sirach's [6]), sammelte beinahe zwei Jahrhunderte vor Christus manche liebliche Blumen auf dem Felde der Gnomik. Sein Sittenbuch nennt Eichhorn [7]) „eine Rhapsodie von moralischen Declamationen, von kurzen und längeren Betrachtungen über den Weltlauf, die Lebensarten und Handlungsweisen der Menschen in allen Ständen, Ordnungen und Altern; eine Sammlung von einzelnen, bald abgerissenen, bald zusammenhängenden Gedanken und Einfällen, von allgemeinen und scharfsinnig gedachten, von witzigen und zugespitzten Sprüchen zum weisen Gebrauche des Lebens; ein würdiges Gesellschaftsstück zu den Weisheitssprüchen Salomo's." Der Inhalt ist ungemein mannichfaltig. Bald schildert der Verfasser jenes Buchs in einzelnen Gnomen

3) Siehe Eichhorn's Einleitung in das Alte Testament. 3. Th. S. 651. 4) In seinen Briefen über das Studium der Theologie. 1. Th. S. 178.

5) Einige Proben dieser Gnomensammlung mögen hier eine Stelle finden:

Groß ist des Menschen Elend; Niemand weiß,
Was sich hinfort für ihn ereignen wird.

Wer will's vorher verkünden, was geschieht?
Wie Keiner je dem Winde wehren mag,
Daher er weht, woher sein Odem haucht,
So wehret Niemand auch dem Todestag,
Daß er nicht komme, wenn die Stunde schlägt.

Nie übereile Unzufriedenheit
Mit deinem Schicksal dich; nur in der Brust
Des Thoren wohnt ein unzufriednes Herz.

Dem Sklaven selbst ist der Schlummer süß,
Er sättige sich reichlich oder nicht;
Allein dem Reichen gönnt den süßen Schlaf
Sein Reichthum nicht. Wie niederschlagend ist's,
Den Reichthum stets von seinem eignen Herrn
Mit Sorg' und Müh' und Angst bewacht zu sehn!

6) Jesus, der Sohn Sirach's, blühte ungefähr 180 Jahre vor Christus. Er schrieb sein Sittenbuch hebräisch. Sein Enkel gleiches Namens übersetzte es jedoch, der Vorrede zufolge, in Aegypten unter Ptolemäus Evergetes II. ins Griechische: s. Eichhorn's Einleitung in die apokryphischen Bücher des Alten Test. S. 35 fg.
7) Siehe Eichhorn a. a. O., S. 43.

Tugend und Laster nach ihrer Natur und ihren Folgen, bald den Menschen im Kampfe mit seinen mannichfachen Neigungen. Was das Leben erheitern kann, wird von dem Verfasser empfohlen: Zufriedenheit und Frohsinn, Vermeidung der ängstlichen Sorgen, des Zornes, des Neides rc. Mit einem Blicke in das häusliche und bürgerliche Geschäftsleben werden jedem Alter, jedem Stande und Verhältnisse heilsame Vorschriften und Rathschläge ertheilt, der Jugend empfiehlt der Verfasser Bescheidenheit und Gehorsam, dem Alter ein redliches und vorsichtiges Betragen, um in Allem der Jugend zum Muster zu dienen. Daran reihen sich Betrachtungen über die Weisheit nach dem vielfachen Sinne des Worts, Betrachtungen über die Schöpfung und Größe Gottes in seinen Werken. Es sind vorzugsweise die mittlern Stände, die der Verfasser in seinen Gnomen berücksichtigt[8]), von deren Bedürfnissen er spricht und ihnen ihre Pflichten einschärft. Daß er nicht blos aus dem Schatze eigner Erfahrungen und Beobachtungen schöpfte, sondern auch Manches aus frühern Gnomensammlungen entlehnte, sagt er selbst. Auch bestätigen es die mannichfachen Wiederholungen derselben Gedanken mit ähnlichen Worten, und die hier und da vorkommenden Widersprüche in Grundsätzen und Aeußerungen. Selbst der durchaus verschiedene Geist in manchen Gnomen läßt auf ihren Ursprung in verschiedenen Zeitaltern schließen. Was der Verfasser dieses Buchs aus andern Sammlungen entlehnte, scheint er größtentheils auf seine eigne Weise und nach seiner Absicht gestaltet zu haben. Eine systematische Ordnung darf man in seinen Sittensprüchen nicht suchen[9]). Sein Zweck scheint gewesen zu sein, ein nützliches Volksbuch zu liefern. Dazu aber hatte er nicht nöthig, die einzelnen Gnomen zu einem planmäßigen Ganzen zu vereinigen. Ohne Zweifel waren diese Denksprüche ursprünglich hebräisch geschrieben. Das ganze Buch trägt das Gepräge eines hebräischen Originals. Ebenso unverkennbar ist aber auch, daß Salomo das Muster war, nach welchem Jesus, der Sohn Sirach's, sich bildete. Die ganze Anordnung, der ganze Gang, die ganze Einkleidung des königlichen Weisen findet sich in diesen Gnomen wieder. In beiden Sammlungen wechseln kurze Betrachtungen mit einzelnen Gnomen ab, in beiden sind die meisten Denksprüche von einzelnen Fällen abstrahirt; in beiden dient zuweilen eine allgemeine Sentenz zum Thema, dessen reichhaltiger Inhalt durch einzelne Betrachtungen weiter entwickelt wird. Jedenfalls ist indessen der Siracide reicher an Bemerkungen über die verschiedenen Stände und Lebensweisen der Menschen. Er betrachtet die Gegenstände aus mehren Gesichtspunkten und von mehren Seiten und seine Behauptungen sind bestimmter und treffender. Uebrigens bemerkt man auch in diesem Werke des hebräischen Alterthums den mächtigen Kampf zwischen Licht und Finsterniß, zwischen Aufklärung und Vorurtheil, die alle Schriften der Israeliten in höherem Grade auszeichnet[10]). Dem Lobe, das schon Salomo und andere seiner Zeitgenossen einem braven Weibe ertheilt hatten, stimmt auch der Siracide bei[11]). Nicht minder vortrefflich sind seine Vorschriften in Bezug auf die Wahl der Freunde und das Betragen gegen dieselben[12]).

Auch andere Völker des Orients huldigten der Gnomik. Die Araber hatten von jeher die Gewohnheit, in Sentenzen und kurzen Sprüchen zu lehren. In den ältern Zeiten floß die Einkleidung ihrer Lehren aus dem Zustande ihrer Cultur. Wie allen ungebildetern Völkern waren auch den Arabern die Aussprüche ihrer Väter wichtig und heilig. In späterer Zeit fügten sie zu den Sentenzen, die ihnen das Alterthum überliefert hatte, neue Sprüche hinzu, denen sie durch Wortspiele und Assonanzen noch ein besonderes Interesse zu geben suchten. Nach den ausführlichen Sentenzensammlungen der Araber zu urtheilen[13]), war keine Nation an Weisheitssprüchen reicher als sie. Der einzige Meidani im 12.

8) Vermuthlich gehörte der Verfasser selbst zu dem Mittelstande, obgleich ihn mehre Literatoren zu dem Priestergeschlechte rechnen. Ueber seine Lebensart wie über seine Schicksale schweigt die Geschichte; sie nennt uns blos Jerusalem als seine Vaterstadt. Vergl. J. W. Linde, Glaubens- und Sittenlehre Jesus, des Sohnes Sirach. (Leipzig 1795.)

9) Linde a. a. O. Vorrede S. XVII sagt darüber: „Die Methode, Moral in Sittensprüchen zu schreiben, enthält schon allein die Entschuldigung aller scheinbaren Unordnung, denn sie ist ebenso wol ein Kind der Armuth und Rohheit, als der Kunst und der Absicht. Die meisten Sentenzen waren flüchtige Beobachtungen, einstweilige provisorische Vorschläge, empirische Seelenerfahrungen, ohne Beweis und Ausführung."

10) Vergl. Eichhorn's Einleitung in die apokryphischen Bücher des A. T., Linde's Einleitung zu einer neuen Uebersetzung der Gnomen des Siraciden und die vor seiner ältern Uebersetzung befindliche Abhandlung Niemeyer's über die Methode, die Moral in Sittensprüchen vorzutragen.

11) Beglückt vor allen wahrlich ist der Mann,
Dem das Geschick ein gutes Weib verlieh!
Verdoppelt wird ihm seiner Tage Zahl.
Ein biederes Weib erheitert ihren Mann,
Und streuet Glück auf seine Stunden hin. —
Gar ein vortrefflich Gut ist ihr Besitz;
Dem Redlichen allein wird er zu Theil.
Sein Loos sei Reichthum oder Armuth, stets
Ist seine Brust voll von Zufriedenheit.
Von seinem Antlitz strahlt die Freude nur.
Ein anmuthsvolles Weib ergötzt den Mann,
Ein sittsam Weib bezahlt kein Preis der Welt.
Wie Gottes Sonn' am Morgenschimmer strahlt,
So glänzt des Weibes Schönheit, der die Hand
Der Tugend neuen Reiz verleiht, dem Mann.
Ein schönes Weib erfreut des Mannes Blick,
Und überwiegt der Wünsche jeglichen rc.

Siehe Jesus Sirach Cap. XXVI.

12) Jedem begegne mit Freundschaft; aber von Tausenden traue
Einem kaum, und nur dann, wenn die Noth ihn bewährt.
Denn gar viele sind blos, so lang sie genießen, dir Freunde,
Und verschwinden, sobald Unglück und Mangel dir naht.

13) Centuria Proverbiorum arabicorum, edid. *Andreas Sennert.* (Viteb. 1658.) Sammlung von Sentenzen ad calcem Grammaticae Erpenianae. (Lugd. Batav. 1656.) Centur. III. sententiar. arab. (edid. *Golius*) in *Erpenii* rudimentis arab., edid. *A. Schultens.* (Lugd. Batav. 1733.) Anthologia sententiarum arabicarum cum scholiis *Zamachsjarii*, edid. *H. A. Schultens.* (Lugd. Batav. 1772. 4.) Proverbiorum arabicorum Centur. II. cum interpretatione latina et scholiis *J. Scaligeri* et *Th. Erpenii.* (Leydae 1614. Ibid. 1623.) Vergl. Kosegarten, apud *Pocock.* Hist. Arab. not. p. 250 u. s. w.

Jahrh. hatte mehr als 6000 sogenannte Sprüchwörter zusammengetragen [14]). Es befinden sich jedoch nicht blos Gnomen oder Sentenzen in dieser Sammlung. Ein großer Theil derselben besteht aus bloßen Vergleichungen, aus merkwürdigen und inhaltsreichen Fragmenten arabischer Dichter, aus Scherzen, witzigen Einfällen u. Bei diesem Inhalte und dieser Art des Ursprungs der arabischen Sprüchwörtersammlungen mußten viele der darin zusammengestellten Sentenzen dunkel und räthselhaft sein. Meidani begleitete daher seine Sammlung mit einem ausführlichen Commentare, in welchem er den Sinn der einzelnen Gnomen erklärte, und ihre Anspielungen auf Sprache und Geschichte zu erläutern bemüht war. Unter den Persern war es vorzüglich Sadi, der das Gebiet der Gnomik betrat. In seinem „Baumgarten" (Bostan) ließ er moralische Betrachtungen und Sittensprüche mit einander abwechseln. In seinem „Rosengarten" (Gulistan) warf er einen Blick auf den Gang der menschlichen Schicksale, und trug seine Lebensweisheit in Parabeln und Sentenzen vor, die sich von dem Sinne und Charakter der Gnomen im Wesentlichen wenig unterschieden [15]).

Wie im Oriente hatte man auch im Abendlande sich schon früh damit beschäftigt, eine Menge von heilsamen Erfahrungen und Klugheitsregeln, wie sie sich im Kreise der Welt oder im Schooße häuslicher Zurückgezogenheit als wahr und richtig erprobt hatten, allmälig zu sammeln und für sich und Andere aufzubewahren. Die feine Beobachtungsgabe der Griechen, ihre Empfänglichkeit für alles Gute und Schöne, zeigte sich in dieser Hinsicht besonders thätig. Einen reichen Schatz von Gnomen enthält die griechische Anthologie. Nicht blos ihr eigenes Interesse hatten die Griechen im Auge, als sie diese Sinnsprüche sammelten [16]) und den älteren Geisteserzeugnissen dieser Art neue hinzufügten. Es war das lebhafte Gefühl der Sympathie und Humanität, vermöge dessen sie sich nur durch Mittheilung glücklich fühlten [17]). Was sie zur Bekanntmachung von Betrachtungen über das Leben, über den Lauf der Welt und den Gang der menschlichen Schicksale veranlaßte, war Geselligkeit, bald Freundschaft, bald der Drang, durch ihre Erfahrungen Anderen zu nützen, mitunter auch wol die Lockung des Ruhms. Irgend eine Empfindung oder Idee in sich zu verschließen, lag nicht im Charakter der Griechen. Beinahe unmöglich war es ihnen, eine Bemerkung von Wichtigkeit, ein interessantes Urtheil, ein heilsames Resultat ihres Nachdenkens Anderen vorzuenthalten. Dazu kam, daß ihre Sinnsprüche ihnen wenig Mühe kosteten. Sie kleideten sich gleichsam von selbst in das reizende Gewand der Musen und Grazien. Kein Wunder war es daher, daß der Geist eines Solon, Theognis, Simonides, Phokylides, Pythagoras u. a. Gnomendichter des hellenischen Alterthums auch auf manchem griechischen Weisen späterer Zeit ruhte, und ihn antrieb, durch moralische Denksprüche und Klugheitsregeln der Humanität ein Opfer zu weihen. Die meisten der in der griechischen Anthologie enthaltenen Gnomen verdienen, wenn auch von ungleichem Werthe, als Sinnsprüche beachtet zu werden, denen das Gepräge gemeinnütziger Wahrheiten und eines feinen Geschmacks aufgedrückt ist. Fast alle empfehlen sich durch Anmuth der Form, durch liebliche Sprache, durch Natur und edle Einfalt. Mit Begeisterung äußert sich Herder, der mehre dieser Sinnsprüche nachbildete [18]), über ihren Charakter in den Worten: „Die Seele des griechischen Epigramms ist Mitempfindung. — Schon bei der Wahl der Gegenstände zeigt sich das sanfte Gefühl der Menschlichkeit, das ein gleiches Mitgefühl fordert. Wie schön ist in diesen Gnomen das Schicksal des Menschen in seinem kurzen und wandelbaren Leben, endlich in seinem Abschiede von allem, was ihn liebte, geschildert! Selbst wo diese einzelnen Stimmen nur Sentenzen sind, rühren sie durch ihre

---

14) *Specimen Proverb. Meidani ex versione Pocockiana, edid. H. A. Schultens.* (Lond. 1773. 4.) *Meidani Proverb. Arabicor. Pars lat. vert. H. A. Schultens.* (Lugd. Batav. 1795. 4.) J. J. Reiske, Sammlung einiger arabischer Sprüchwörter (aus Meidani). (Leipzig 1758. 4.) 15) Siehe *Levinii Warneri Proverbia Persica.* (Lugd. Batav. 1644. 4.) Anthologia Persica (edid. *Ignat. de Sturmer*). (Viennae 1778. 4.) Sadi's Rosengarten. Aus dem Persischen übersetzt von Philipp Wolff. (Stuttgart 1841. 16.) Moslicheddin Sadi's Rosengarten. Nach dem Texte und dem arabischen Commentare Sururi's aus dem Persischen übersetzt mit Anmerkungen und Zugaben von K. H. Graf. (Leipzig 1846. 8.) Aus Herder's Uebersetzung mehrer persischer Gnomen (in s. Zerstreuten Blättern und in s. Werken zur schönen Literatur und Kunst. 9. Th. S. 99 fg.) mögen die nachfolgenden als Probe dienen:

Lerne schweigen, o Freund! Dem Silber gleichet die Rede;
Aber zu rechter Zeit schweigen ist lauteres Gold.

Schönheit ist ein zärtlich Geschenk. Sie machet den Liebling
Edel, und wenn sie entflieht, läßt sie ihn traurig und leer.

Gleich dem Winde verfliegt das Leben mit seinen Gestalten,
Schmerz und Freude verrauscht, Bitteres und Süßes entflieht;
Aber das Unrecht bleibt, das der Unterdrücker verübte;
Unsere Thaten entfliehn, seine begleiten ihn fort.

Strenge sei gegen dich selbst, beschneide die üppigen Reben;
Desto fröhlicher wächst ihnen die Traube heran.

Der ist der Tapfere nicht, der den zornigen Löwen hervorlockt;
Der ist's, der auch im Zorn mächtig der Worte beherrscht.

16) Unter den Sammlungen aus späterer Zeit sind hier vorzugsweise zu nennen: Anthologia Graeca, edid. *J. J. Reiske.* (Lips. 1754.) Gnomicorum Poetarum quorund. veterum opera sententiosa Vol. I. edid. *E. G. Glandorf.* Vol. II. edid. *E. A. Fortlage.* (Lips. 1775—1776.) 2 Voll. Gnomici Poetae Graeci ad opt. fid. emend. *R. F. Th. Brunck.* (Argentor. 1784.) Vergl. dessen Analecta veterum Poetarum. (Ibid. 1775—1776.) 3 Voll. Anthologia Graeca ex recens. *Brunckii*, edid. *Fr. Jacobs.* (Lips. 1795—1814.) 13 Voll. Anthologia Graeca ad fid. Codic. Palatin. ex apographo Gothano edid. *Fr. Jacobs.* (Lips. 1813—1817.) 4 Voll. Gnomici Poetae Graeci, edid. *Orelli.* (Lips. 1819—1821.) 2 Voll. Tempe (von Fr. Jacobs). Leipzig 1803. 2 Bde. 17) Bekannt ist der Griechen Hang zur Geselligkeit, die selten im Hause rasten ließ und sie an die öffentlichen Plätze der Stadt trieb, wo sie sich mit Andern unterhalten konnten. 18) In seinen Zerstreuten Blättern (1785) wieder abgedruckt in Herder's Werken zur schönen Literatur und Kunst. 10. Th. S. 13 fg. Auch Voß hat mehre Epigramme der griechischen Anthologie nachgebildet. Man findet sie im sechsten Theile seiner sämmtlichen Gedichte. (Königsberg 1802.)

traurige Wahrheit wie die Stimme der Nachtigall auf einem Grabe. Allem theilt sich dieses Gefühl der Humanität mit, allem, was den Menschen umgibt, was ihn erfreut oder quält, was ihn lehrt, oder was ihm dient. — Für den sanfteren Menschen sind diese kleinen Gedichte eine Schule geselliger Empfindung, und wie manches hätten wir auch noch sonst in den besten dieser Gedichte zu lernen!" Mit tief ergreifender Wahrheit berühren sie in oft wiederkehrenden und doch immer neuen Wendungen das Leben und seine Vergänglichkeit, der Menschen Wünsche und Neigungen, ihr wechselvolles Schicksal, und andere Materien der verschiedensten Art, darunter auch besonders Warnungen und Klugheitsregeln. Treffend wird in einer dieser Gnomen das Leben mit einer Schifffahrt verglichen[19].

Auch die Römer huldigten schon in früher Zeit in ihren **Mimen** der gnomischen Poesie. Die Aedilen, welche die öffentlichen Schauspiele zu besorgen hatten, boten Alles auf, was zum Vergnügen und zur Befriedigung der Menge dienen konnte. Die unter dem Namen **Mimen** bekannten und allgemein beliebten Schauspiele waren jedoch nicht blos possenhaften Inhalts. Es gab auch eine Gattung, in welcher der Ernst vorherrschend war. Dergleichen Mimen, allerhand Sentenzen und Sittensprüche enthaltend, schrieb vorzüglich Publius Syrus, ein Zeitgenosse des Julius Cäsar[20]. Ihre meistentheils moralische Tendenz scheint der Grund gewesen zu sein, weshalb man im Zeitalter der Antonine eine Auswahl dieser Sentenzen veranstaltete, um sie beim Unterricht der Jugend zu benutzen. Jeder dieser Gnomen enthält nur Einen Vers[21]. Manche treffende Bemerkungen und Lehren, besonders in praktischer Hinsicht, wurden auch verbreitet durch die unter Cato's Namen bekannte Sammlung zweizeiliger Denkverse[22]. Der Verfasser derselben, ein gewisser Dionysius aus dem 2. Jahrh. nach Christus, gab jener Sammlung wahrscheinlich den erwähnten Titel, um durch den moralischen Inhalt seiner Denksprüche an den berühmten Sittenrichter Cato zu erinnern. Man hat eine zu Meißen 1798 gedruckte Sammlung jener Sentenzen unter dem Titel: Dionysii Disticha, ex recensione *Arntzenii*[23].

(*Heinrich Döring.*)

GNOMON. GNOMONIK. Gnomonik (griech. γνωμονική, lat. gnomonica, franz. gnomonique, engl. gnomonics, dialing) ist derjenige Theil der angewandten Mathematik, welcher aus der Richtung der Lichtstrahlen der Himmelskörper die Zeit zu bestimmen lehrt, insbesondere aber die Kunst, Gnomonen oder Sonnenuhren (*γνώμονες, σκιάθηρα* — gnomones, solaria, horologia solaria — cadrans — dials) zu verfertigen. Der Gnomon war ursprünglich eine in horizontaler Ebene senkrecht stehende Säule, durch deren Schatten die Höhe der Sonne (der Winkel am Endpunkte des Schattens, dessen Schenkel durch die nach der Spitze und dem Fußpunkte des Gnomons gelegten Geraden gebildet werden) beobachtet wurde. Zugleich war durch den während eines Tages beobachteten Moment des kürzesten Schattens (der im Meridian erreichten größten Höhe der Sonne) der wahre Mittag und durch das während eines Jahres beobachtete Maximum und Minimum der Mittags beobachteten Sonnenhöhen die Zeit der Sonnenwenden (Son-

19) Willst, o Sterblicher, du das Meer des gefährlichen Lebens
Froh durchschiffen und froh landen im Hafen dereinst,
Laß, wenn Winde dir fächeln, dich nicht vom Stolze bewegen.
Laß, wenn der Sturm dich ergreift, nimmer dir rauben den Muth.
Männliche Tugend sei dein Ruder, dein Anker die Hoffnung:
Wechselnd bringen sie dich durch die Gefahren ans Land.

In einem andern dieser Denksprüche, das Ziel der Hoffnung überschrieben, heißt es:

Arm an Reizen ist unser Leben und dürftig an Freuden,
Reißen die Sorgen wir nicht selber aus unserer Brust.
Graue Haare pflanzen sie auf dem Scheitel der Jugend,
Zehren das Mark, das Gebein wühlend und wühlender aus,
Daß es oft seliger ist zu sterben, als jammernd zu leben,
Daß der Arme beinah' immer sich glücklicher fühlt.
Darum richte dein Herz zu einem Ziele der Hoffnung,
Anderen gönne nicht Raum; **Mäßigung** heißet das Ziel.

Ebenso schön und zart als treffend wird das Leben mit einem Hauche verglichen in den Versen:

Was ist des Sterblichen Leben? Ein Hauch der wehenden Lüfte,
Die mit dem Odem uns Dauer und Seele verleihn.
Weigert uns Mutter Natur nur einen nichtigen Lufthauch:
O so fliegt der Geist schnell wie ein Schatten davon;
Und wir Arme verzagen mit uns und bilden uns hoch ein,
Wir, die ein Odem der Luft nähret und wieder verweht.

Von dem letzten menschlichen Schicksale heißt es:

Mensch, du fürchtest den Tod, und bist ja lebend im Tode;
Stirbst du als Schatten und zeigst mit dir der Schatten Gebiet,
Deinem Körper. Entflohn dem Kerker quälender Schatten,
Lebet erst auf dein Geist, mit den Unsterblichen fort.

20) Vereinigt mit ähnlichen Sittensprüchen Seneca's wurden die von Publius Syrus geschriebenen Mimen von S. Haverkamp und E. Kragge herausgegeben. (Leyden 1708 u. 1727.) Einen besondern Abdruck besorgte Erasmus zu Basel 1502 in Quart.

21) Das Glück führt Freund' uns zu; die Noth bewähret sie.
* * *
Den Freund behandle so, als wär' er bald dein Feind.
* * *
Ein kurzer Zwist macht oft die Eintracht fester noch.
* * *
Den guten Vater lieb' und duld' ihn, ist er hart.
* * *
Glück ist der Tod, wenn er des Lebens Jammer heilt.
* * *
Am besten stirbt man, wenn noch süß das Leben ist.

22) Halt' es fürs erste Verdienst, dem Laufe der Zunge zu wehren;
Der ist der nächste nach Gott, welcher zu schweigen versteht.
Traue dem Menschen nicht, der gar zu freundlich dir zuspricht;
Süß ist des Voglers Ton, wenn er den Vogel berückt.
Lerne durch Anderer Beispiel, was dir zu thun, was zu fliehn ist;
Anderer Leben ist uns immer das nützlichste Buch.
Sammle dir Kenntniß ein; wenn dann das Glück dir entfliehet,
Bleibt, was du lerntest, dir doch, bleibt und verläßt dich nie.
Lächelt das Glück dir zu, so befürchte, daß bald es dir zürne;
Zürnt dir's, so hoffe, daß es wieder dir lächle dereinst.

23) Vergl. außer den erwähnten Schriften Jeitteles in seinem Aesthetischen Lexicon. 1. Bd. S. 187 fg. 1835.

mers- und Winteranfang) bestimmt. Letztere Bestimmung gab dem Gnomon auch den Namen Heliotropion. Bezeichnet x das Maximum der Sonnenhöhe zur Zeit des Sommersolstitiums, n das mit dem Wintersolstitium eintretende Minimum derselben, so ist die Schiefe der Ekliptik $= \frac{1}{2}(x - n)$, die Aequatorhöhe des Beobachtungsortes $= \frac{1}{2}(x + n)$, die Polhöhe $= 90° - \frac{1}{2}(x + n)$.

Der Eintritt des Schattens in eine in der horizontalen Ebene durch den Fußpunkt des Gnomons gezogene Mittagslinie muß selbstverständlich den wahren Mittag genauer als die Beobachtung der kürzesten Schattenlänge geben. Zur Bestimmung einer solchen Mittagslinie durch den Gnomonen selbst bedient man sich der correspondirenden Sonnenhöhen. Bezeichnet in nebenstehender Figur C den Fußpunkt des Gnomons, ABD eine in der horizontalen Ebene gezogene Kreislinie, die durch den in der Linie BMA fortschreitenden Endpunkt des Schattens Vormittags in A, Nachmittags in B geschnitten wird, so ist CM, die den Winkel ACB halbirende Gerade, die Mittagslinie.

Zu dieser Construction wird man am besten die Tage des Sommersolstitiums wegen der geringen Aenderung der Declination der Sonne und die Stunden von 7—10 Uhr Vormittags und 2—5 Uhr Nachmittags, der schnelleren Aenderung der Sonnenhöhe wegen, benutzen. Um die Richtigkeit der so erhaltenen Mittagslinie zu prüfen, kann man das Verfahren an mehren concentrischen Kreisen wiederholen. Die Astronomen erhalten durch Beobachtungen eines Circumpolarsterns und anderer Methoden die Mittagslinie mit größerer Schärfe.

Die Beobachtung, daß aufrechtstehende Gegenstände bald längere, bald kürzere Schatten gaben, mußte schon frühzeitig auf die Erfindung des Gnomonen führen. Die griechische Sage berichtet, daß zu Meroe und Syene in Aegypten die Körper zur Zeit der Sommersonnenwende schattenlos waren. An letzterem Orte zeigte man in dem Umfange eines Tempels einen Brunnen, der zu dieser Zeit Mittags keinen Schatten in der Tiefe warf. Die von Homer (Od. XV, 404) dem Eumenäus in den Mund gelegten Worte: „Νῆσός τις Συρίη κικλήσκεται, ὅθι τροπαὶ ἠελίοιο" deutet man dahin, daß eine Höhle der cycladischen Insel Syria durch die einfallenden Lichtstrahlen der Sonne die Zeit der Sonnenwenden erkennen ließ. An künstlichen Gnomonen beobachtete schon 1100 v. Chr. zu Peking der chinesische Astronom Tscheukong und bestimmte die Schiefe der Ekliptik auf 23° 54' 2". Nach des Geschichtschreibers Josephos Aussage dienten die Pyramiden und Obelisken der Aegypter zu Sonnenbeobachtungen. Die Griechen mögen den Gnomonen durch die Babylonier, die schon frühzeitig astronomische Beobachtungen anstellten, kennen gelernt haben. Anaximander der ältere errichtete (um 545 v. Chr.) zu Lacedämon auf einem freien Platze eine verticale Stange auf horizontalem Boden, um die Höhe der Sonne zu messen und den Mittag zu bestimmen (*Montucla, Hist. des math.* I, 304. 553). Durch Beobachtungen zur Zeit der Solstitien fand er die Schiefe der Ekliptik $= \frac{1}{15}$ des Kreisumfanges (24° statt 23° 49' 25"). Pherekydes der jüngere (um 450 v. Chr.) errichtete auf der Insel Syria eine Säule (Heliotropion), die noch in den Tagen des Diogenes Laërtius (250 n. Chr.) zu sehen war. Zu Marseille beobachtete der Grieche Pytheas 360 v. Chr. an einem 120 Fuß hohen Gnomonen und bestimmte die Schiefe der Ekliptik auf 23° 49' 20". Der griechische Astronom Hipparchos stellte (160 v. Chr.) zu Alexandrien Beobachtungen mit einem Gnomon an. Zu Rom ließ der Kaiser Augustus einen der drei aus Aegypten herbeigeschafften 117 röm. Fuß hohen (960 v. Chr. von Sesostris angefertigten) Obelisken unter der Leitung des Astronomen Manilius auf dem Marsfelde aufstellen, um daran, wie Plinius (*Hist. nat.* XXXVI. c. 10) sagt, die Länge der Tage und Nächte zu erkennen. Wegen des unbestimmt begrenzten, einer genaueren Beobachtung hinderlichen Halbschattens wurde die Spitze desselben mit einer Kugel versehen, um den Mittelpunkt des kreisförmigen Schattens derselben zu beobachten. Durch die an einem Gnomon zu Kairo angestellten Beobachtungen des Astronomen Ebn Junis 1(Ю) n. Chr. wurde die Schiefe der Ekliptik auf 23° 36' 36" bestimmt. Im J. 1278 n. Chr. ließ der Astronom Koschouking zu Peking einen Gnomon von 40 Fuß Höhe errichten und bestimmte durch denselben die Schiefe der Ekliptik auf 23° 33' 30". Der im J. 1430 in Samarkand errichtete Gnomon hatte eine Höhe von 165 Fuß. Die mit demselben unter Ulug Beigh angestellten Beobachtungen ergaben für die Schiefe der Ekliptik 23° 31' 48".

Bei Gnomonen von geringerer Höhe beeinträchtigt das zu langsame Fortrücken des Schattens, bei größerer Höhe der unbestimmte Halbschatten die Beobachtung, weshalb man statt derselben eine kleine Oeffnung in einer verticalen Wand oder in einer auf der Spitze einer Säule befindlichen Scheibe anbrachte, um die durch dieselbe auf den horizontalen Boden fallenden, eine schärfer begrenzte Lichtfläche gebenden Lichtstrahlen zu beobachten. Einen solchen Gnomon construirte Paul Toscanelli im Jahre 1467 in der Kuppel der Kathedrale zu Florenz, 277 Fuß über dem Fußboden der Kirche. Nach Leonardo Ximenes (Del vecchio e nuovo gnomone fiorentino. Firenze 1757) ließ sich mit diesem höchsten aller Gnomone der Mittag bis auf eine halbe Secunde genau bestimmen. Im Jahre 1575 stellte der Vater Ignazio Dante in der Kirche des heiligen Petronius zu Bologna einen Gnomon her, um die zur Berechnung der kirchlichen Feste nöthigen und vom julianischen Kalender ungenau angegebenen Aequinoctien und Solstitien zu bestimmen. Die Erweiterung der Kirchengebäude im J. 1653 brachte Dominicus Cassini auf den Gedanken, eine längere und genauere Mittagslinie als die des Dante zu ziehen, durch welche erhebliche Ungewißheiten gehoben werden sollten, die noch hinsichtlich der astronomischen Refraction und der Elemente der Theorie der scheinbaren Sonnenbahn obgewaltet hatten. Der junge Astronom erhielt die Erlaubniß dazu nicht ohne Schwierigkeiten von Seiten des Magistrats der Stadt wegen der Hindernisse, welche die Bauart der Kirche einer solchen Vorrichtung entgegensetzte. Cassini überwand die Schwierigkeiten und in zwei Jahren war die neue Mittagslinie fertig. Er lud nun durch eine im poetischen Style geschriebene Bekanntmachung die Astronomen zur Beobachtung des Wintersolstitiums von 1655 ein. Der Erfolg entsprach ganz den Erwartungen Cassini's, denn er erhielt durch die Beobachtungen mit diesem 83 Fuß hohen Gnomon eine sehr genäherte Messung der Parallaxe der Sonne, vollkommenere Sonnentafeln und eine neue, sehr verbesserte Refractionstafel. Nach längerer Abwesenheit sah er im J. 1695 seine in Verfall gerathene Mittagslinie wieder und sorgte für deren Wiederherstellung. Im J. 1636 errichtete Gassendi in der Kirche des Oratoriums zu Marseille einen 62 Fuß hohen Gnomon. Ende des 17. Jahrh. construirte Francesco Bianchini (Blanchini) eine Mittagslinie (75 Fuß unterhalb der zugehörigen Oeffnung) in der Kirche St. Maria de Angelis zu Rom und einige Jahre später eine andere Mittagslinie zu Colorno auf Befehl des Herzogs von Parma. Im großen Saale des pariser Observatoriums begann Picard im J. 1682 die Construction einer 33,6 Meter langen Mittagslinie unterhalb eines 0,93 Meter über dem Boden des Saales angebrachten Gnomons. Cassini II. versah dieselbe im J. 1730 mit Theilungen und Zeichen, welche die dem Eintritte der Sonne in die 12 Zeichen des Thierkreises entsprechenden Schattenlängen angeben sollten (Mémoires de l'Académie des sciences pour 1732. p. 452).

In der Kirche St. Sulpice zu Paris construirten im Jahre 1742 Lemonnier und Sully einen in dem oberen Theile des südlichen Seitenportals in einer Höhe von 16 Meter angebrachten Gnomon (durchbohrte Scheibe). Die Mittagslinie bezeichnet ein das Gebäude in seiner größten Länge durchlaufender Streifen von Kupfer. Um eine schärfer begrenzte Lichtfläche zu erhalten, brachte Lemonnier in die runde Oeffnung ein convexes Glas von 80 Fuß Brennweite, das seinen Zweck jedoch nur zur Zeit der Aequinoctien vollkommen erfüllen konnte, da zu jeder andern Zeit das mehr oder weniger als 80 Fuß von der Oeffnung entfernte Bild minder scharf begrenzt sein mußte. Im J. 1786 legten Cesaris und Reggio in der Kathedrale zu Mailand 73 Fuß über dem Boden einen Gnomon an.

Um die große Entfernung des Bildes von der Oeffnung bei niedrigem Stande der Sonne (im Winter) zu vermeiden, bringt man die Mittagslinie nur zum Theil auf dem Fußboden, zum Theil auf einer nördlich vom Gnomon befindlichen verticalen Wand (oder Säule) an. Romershausen hat eine Einrichtung vorgeschlagen (*de Zach*, Corr. astron. III. p. 229), bei welcher das Sonnenbild stets auf einer verticalen Wand aufgefangen werden kann. Er bringt nämlich außerhalb der Fensteröffnung einen nur wenige Linien im Durchmesser haltenden Metallspiegel in unveränderlicher Lage so an, daß ein kleines Sonnenbild auf die gegenüberliegende verticale Wand des Zimmers geworfen wird, wo man also den Eintritt an eine Mittagslinie beobachten und mit Berücksichtigung der Neigung des Spiegels die Sonnenhöhe finden kann. Das mühsame Verzeichnen einer genauen Mittagslinie ist leicht zu umgehen, wenn dieselbe durch einen an der Wand herabhängenden Faden bezeichnet wird. Zu einem solchen Filargnomon (gnomon filaris, gnomon filair oder méridienne filaire) gibt J. G. F. von Bohnenberger (Anleitung zur geographischen Ortsbestimmung, Göttingen 1795. S. 214) folgende Einrichtung an. Man befestigt ein ungefähr mit der Weltaxe paralleles Messingblech senkrecht auf die Meridianebene oberhalb eines nach Süden gehenden Fensters. Diese Platte hat ein Loch, von 1 Linie Durchmesser, an dessen oberem Theile eine Kerbe ist, die den oberhalb auf der Platte befestigten Metallfaden durchläßt. Der Faden geht im Zimmer in der Richtung der Mittagslinie zu der gegenüberliegenden Wand hin, wo eine gegen den Meridian senkrechte Schraube befestigt ist, die in einer Kerbe den Metallfaden aufnimmt, welcher vertical herabhängend durch ein Gewicht gespannt wird. Der Faden wird nun (indem man die Stellung der Schraube, wenn es nöthig ist, ein wenig ändert) in die Mittagslinie gebracht und hinter dem Faden eine weiße Tafel aufgestellt, um das Vorübergehen des Sonnenbildes vor dem Verticalfaden zu beobachten. Ob die Lage der Mittagslinie richtig ist, bestimmt man, indem man die durch correspondirende Sonnenhöhe gefundene Zeit mit derjenigen vergleicht, welche das antretende Sonnenbild als Zeit des wahren Mittags angibt.

Die verschiedene Lage und Länge des Schattens eines Gnomons mußte bald auf die Construction der Sonnenuhr hinführen. Die Sonne behält bei ihrer scheinbaren täglichen Bewegung nahezu gleichen Abstand vom Aequator des Himmels, umkreist also die Weltaxe mit gleichmäßiger Winkelgeschwindigkeit in 24 (wahren) Stunden. Ein zur Weltaxe paralleler Stab wirft demnach zu den 24 Stunden (12 Uhr Mittags, 1 Uhr, 2 Uhr Nachmittags u. s. w.) Schattenflächen, die mit einer den Stab senkrecht (also parallel zur Aequatorebene) schneidenden Ebene 24 unter gleichen Winkeln (von 15°) zu einander geneigte Durchschnittslinien geben. Diese Betrachtung führt unmittelbar zur Construction der einfachsten aller Sonnenuhren, der Aequinoctialuhr (Aequatorealuhr). Man beschreibt auf beiden Seiten einer ebenen Platte (der Uhrebene, Beleuchtungsscala) einen Kreis mit einem willkürlichen Halbmesser und theilt die Peripherie in 24 gleiche, mit 12 Uhr Mittags, 11 Uhr, 10 Uhr .... Vormittags, 1 Uhr, 2 Uhr .... Nachmittags bezeichnete Theile. Durch den Mittelpunkt des Kreises wird ein Stift (Zeiger, Weiser, Gnomon, stylus, γνώμων) senkrecht auf die Platte gesteckt, der zu beiden Seiten derselben so weit über sie hervorragt, daß der Schatten dieses Stiftes im Mittage, wo er am kürzesten ist, die Peripherie des Kreises noch erreicht. Stellt man alsdann diese Platte der Aequatorebene parallel und dreht sie in dieser Lage so, daß der eine der beiden mit 12 bezeichneten Theilungspunkte der Peripherie den höchsten (nach Süd gerichteten) und der andere den tiefsten (nach Nord gerichteten) Punkt einnimmt, so wird der Schatten des von der Sonne beschienenen Stifts stets die wahre Stunde des Orts zeigen und zwar auf der oberen Seite der Platte (obere Aequinoctialuhr) vom 20. März bis 23. Sept., während welcher Zeit die Sonne über (nördlich von) dem Aequator steht, und auf der unteren Seite (untere Aequinoctialuhr) den übrigen Theil des Jahres, wo die Sonne unter (südlich von) dem Aequator steht. Zur Zeit der Aequinoctien ist diese Sonnenuhr unbrauchbar, da die Uhrfläche von der in ihrer Ebene liegenden Sonne nicht beleuchtet wird. Schneidet man jene 24 Schattenflächen des der Weltaxe parallelen Stabes nicht parallel mit der Aequatorebene, so werden auch die Durchschnittslinien (Stundenlinien der Uhrebene) unter sich ungleiche Winkel bilden müssen. Zugleich folgt hieraus, daß die Stundeneintheilung irgend einer der Richtung nach beliebig aufgestellten Uhrfläche für jede Abweichung der Sonne unveränderlich ist, sobald der Zeiger parallel zur Weltaxe liegt (also auf den in der Nähe des Polarsterns befindlichen Weltpol der Himmelskugel gerichtet ist). Der auf der horizontalen Fläche senkrecht stehende Gnomon dagegen kann nur am Nord- oder Südpole der Erde als Zeiger einer für jede beliebige Abweichung der Sonne gültigen Stundeneintheilung dienen, an jedem andern Punkte der Erdoberfläche müßte für jede Abweichung der Sonne die Uhrebene eine besondere Stundeneintheilung erhalten (s. u. die Azimutaluhr). Das Ende des Zeigers der Sonnenuhr versieht man zuweilen mit einer kleinen Scheibe, in deren Centrum eine in der Richtung der Axe des Zeigers liegende Oeffnung angebracht ist. Die bestimmter begrenzte Lichtfläche, welche die hindurchgehenden Sonnenstrahlen auf der Uhrfläche bilden, machen eine genauere Zeitbestimmung als durch den Schatten des Zeigers möglich.

Je nach der Lage der Uhrebene theilt man die Sonnenuhren mit der Weltaxe parallelen Zeigern wie folgt ein.

I. Reguläre Sonnenuhren.
   A. Aequinoctialuhr.
      Obere, untere Aequinoctialuhr.
   B. Horizontaluhr — die Uhrfläche horizontal.
   C. Verticaluhr — die Uhrebene senkrecht auf der horizontalen Fläche, und zwar
      Mittagsuhr, Mitternachtsuhr und Meridianuhr, je nachdem die Beleuchtungsskala dem Süd-, Nord- und Ost- oder Westpunkte zugekehrt ist.
      Die Meridianuhr ist eine östliche (Morgen- oder Orientaluhr) oder eine westliche (Abend- oder Occidentaluhr).
   D. Polaruhr — die Uhrfläche parallel der Weltaxe und vertical von der Meridianebene geschnitten.

II. Abweichende (declinirende) Verticaluhren — die auf der horizontalen Ebene senkrecht stehende Uhrfläche abweichend von der Richtung der unter I C angeführten.

III. Abweichende und geneigte oder declinirende (declinirende und inclinirende) Uhren — die Uhrfläche abweichend von den unter I und II angeführten.

Den schon oben ausführlicher besprochenen Aequinoctialuhren ist noch Einiges über abweichende Constructionen hinzuzufügen. Die Aequinoctialuhr ist eine allgemeine (für alle Orte der Erde brauchbare), wenn die bewegliche Uhrfläche an einem Gradbogen eine Neigung erhalten kann, die der Aequatorhöhe des jedesmaligen Beobachtungsortes gleich ist. Nebenstehende Vignette zeigt eine tragbare allgemeine Aequinoctialuhr, welcher durch das Blei des (auf der rechten Seite sichtbaren) Senkels eine horizontale Stellung gegeben, durch den unterhalb des Aequatorialkreises befindlichen Compaß die Stunde 12 Uhr genau nach Süd gerichtet und durch den an der Seite befindlichen Gradbogen der Aequatorialkreis (Stundenring) auf die Aequatorhöhe gebracht wird, indem man denselben auf die die Grade der Polhöhe des Beobachtungsortes angebende Zahl einstellt.

Eine höchst einfache Aequatorialuhr erhält man durch einen Erdglobus, dessen Axe parallel der Weltaxe gestellt und dessen Aequator in 24 gleiche, mit den Stunden 1—12 Uhr Vor- und Nachmittags bezeichnete Theile getheilt wird. Richtet man einen der mit 6 Uhr bezeichneten Theile genau nach Süd (12 Uhr im Ost- und Westpunkte), so durchschneidet die Schattengrenze auf dem Globus den Aequator stets in dem Punkte, welcher die wahre Zeit anzeigt. Befindet sich außerdem der auf dem Globus verzeichnete Beobachtungsort im Meridian, so ist stets der Theil des Globus erleuchtet, für welchen in Wirklichkeit auf der Erde die Sonne über dem Horizonte steht. Die von der Sonne nach irgend einem Orte des Globus gerichtete Linie gibt zugleich die Richtung und Höhe der Sonne über dem Horizonte dieses Ortes. Der Werth dieser höchst brauchbaren, auch unter dem Namen Kugeluhr bekannten Aequinoctialuhr wird nur durch die Unbestimmtheit der Grenze des Schattens verringert. Zwei an den beiden Polen in der Richtung der Axe hervorragende Stifte können als Zeiger gewöhnlicher Aequinoctialuhren dienen, wenn ein in der Nähe jedes Poles befindlicher Parallelkreis mit den 24 Stunden des Tages (12 Uhr nach Süd gerichtet) versehen wird.

Ein in der Richtung der Weltaxe liegender Cylinder,

dessen Umkreis ebenso wie der Aequator eines solchen Erdglobus eingetheilt ist, zeigt auf gleiche Weise durch die Schattengrenze die wahre Zeit an (Cylinderuhr).

Nebenstehende Zeichnung zeigt eine Aequinoctialuhr in Form eines Ringes. In A befindet sich eine Oeffnung, durch welche die Sonnenstrahlen auf die Stundeneintheilung der inneren Seite des Ringes fallen. Die Stundeneintheilung ist durch die um A als Mittelpunkt liegenden, unter sich gleichen Winkel bedingt. Beim Gebrauche ist die Ringebene der Aequatorebene parallel und die Linie XII A in die Richtung des Meridians zu stellen.

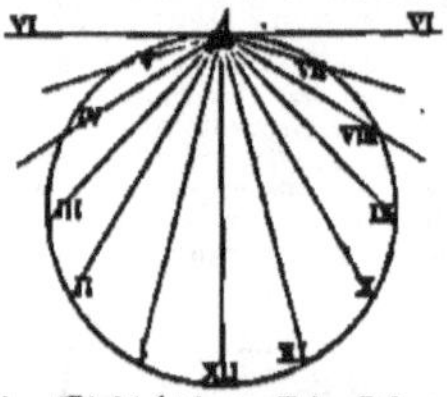

Die Construction und Berechnung der Stundenlinien jeder Sonnenuhr wird durch den hier stets = s gesetzten **Stundenwinkel** d. h. durch den Winkel, den zu irgend einer Zeit die Schattenfläche des der Weltaxe parallelen Stabes mit der Mittags 12 Uhr geworfenen Schattenfläche macht, und durch die Lage der Mittagslinie (Durchschnitt der durch den Zeiger gelegten Meridianebene mit) der Uhrfläche bedingt. Die Mittagslinie der Uhrfläche (Stundenlinie 12 Uhr) wird auch **Basis der Uhr** genannt. Der Stundenwinkel ist dem Winkel gleich, den die Schattenlinie des Zeigers auf der Aequinoctialuhr mit der Mittagslinie derselben bildet und ist daher 12 Uhr Mittags = 0°, 1 Uhr Nachmittags = 15°, 2 Uhr Nachmittags = 30°, 11 Uhr Vormittags = 345° oder = — 15° u. s. w. Die Durchschnittslinie der Uhrebene und der durch den Fußpunkt des Zeigers gehenden Aequatorebene heißt die **Aequatoriallinie** der Uhr (identisch mit den beiden Stundenlinien 6 Uhr Morgens und 6 Uhr Abends). Der **Schattenwinkel**, den für irgend einen Stundenwinkel s die Schattenlinie des Zeigers einer der Lage der Uhrebene nach beliebig aufgestellten Sonnenuhr mit der Mittagslinie derselben macht, soll hier stets mit w, die **Polhöhe** des Ortes, an welchem die Sonnenuhr aufgestellt wird, mit p bezeichnet werden.

Die **Horizontaluhr**, die zunächst der Gegenstand unserer Betrachtung sein soll, ist die vollkommenste aller Sonnenuhren, da sie zu jeder Tages- und Jahreszeit die Zeit anzeigt. Es sei in nebenstehender Figur OBC die Ebene der Horizontaluhr, OA der Zeiger, OB die Mittagslinie, OC die dem gegebenen Stundenwinkel s zugehörige Stundenlinie. ∠ AOB = p, ∠ BOC = w. Beschreibt man aus A, als Mittelpunkt mit einem willkürlichen Halbmesser eine Kugel, deren Oberfläche jene Linien in den Punkten A, B, C schneidet, so erhält man das sphärische Dreieck ABC, in welchem AB = p, BC = w, ∠ BAC = s, ∠ ABC = 90° ist. Die sphärische Trigonometrie gibt uns sogleich folgende Relation:

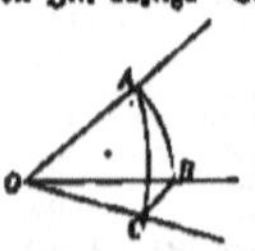

$$\operatorname{tg} w = \sin p \,.\, \operatorname{tg} s.$$

Folgende Tabelle enthält die den unter P enthaltenen Polhöhen (p) und den vollen Vor- und Nachmittagsstunden (s) zugehörigen Winkel w. Die Columne P' bezieht sich auf die Verticaluhr (s. unten).

P	Nachmittags.														P'
Grad	0h		1h		2h		3h		4h		5h		6h		Grad
30	0°	0'	7°	38'	16°	6'	26°	34'	40°	54'	61°	49'	90°	0'	60
31	0	0	7	51	16	34	27	15	41	44	62	51	90	0	59
32	0	0	8	5	17	1	27	55	42	33	63	11	90	0	58
33			8	18	17	27	28	34	43	20	63	48			57
34			8	31	17	54	29	13	44	5	64	24			56
35			8	44	18	19	29	50	44	49	64	58			55
36			8	57	18	45	30	27	45	31	65	30			54
37			9	10	19	10	31	2	46	11	66	0			53
38			9	22	19	34	31	37	46	50	66	29			52
39			9	34	19	58	32	11	47	28	66	56			51
40			9	46	20	22	32	44	48	4	67	22			50
41			9	58	20	45	33	16	48	39	67	47			49
42			10	10	21	7	33	47	49	13	68	11			48
43			10	21	21	30	34	18	49	45	68	33			47
44			10	33	21	51	34	47	50	16	68	54			46
45			10	44	22	12	35	16	50	46	69	15			45
46			10	56	22	33	35	44	51	15	69	34			44
47			11	5	22	54	36	11	51	43	69	53			43
48			11	16	23	13	36	37	52	9	70	11			42
49			11	26	23	33	37	3	52	35	70	27			41
50			11	36	23	52	37	27	53	0	70	43			40
51			11	46	24	10	37	51	53	23	70	59			39
52			11	56	24	28	38	14	53	46	71	13			38
53			12	5	24	45	38	37	54	8	71	27			37
54			12	14	25	2	38	58	54	29	71	41			36
55			12	23	25	19	39	19	54	49	71	53			35
56			12	31	25	35	39	40	55	9	72	5			34
57			12	40	25	50	39	59	55	27	72	17			33
58			12	48	26	4	40	18	55	45	72	28			32
59	0	0	12	56	26	20	40	36	56	2	72	38	90	0	31
60	0	0	13	4	26	34	40	54	56	19	72	48	90	0	30
P	12h		11h		10h		9h		8h		7h		6h		P'
	Vormittags.														

Die oben entwickelte Formel gibt unmittelbar für den Stundenwinkel 180° — s den Winkel der Stundenlinie = 180° — w. Für die Polhöhe 30° und den Stundenwinkel 75° (5 Uhr Abends) z. B. gibt die Tafel 61° 49', mithin erhält man für den Stundenwinkel 180° — 75° = 105° (7 Uhr Abends) den zugehörigen Winkel 180° — 61° 49' = 118° 11'.

Durch Interpolation kann man die Winkel der Stundenlinien für die nicht unmittelbar in der Tafel enthaltenen Polhöhen berechnen. Für die Polhöhe Leipzigs (51° 20') erhält man folgende Werthe:

Nachmittags	1h	2h	3h	4h	5h	6h	7h	8h	9h
Vormittags	11h	10h	9h	8h	7h	6h	5h	4h	3h
	11° 49′	24° 16′	37° 59′	53° 31′	71° 4′	90° 0′	108° 56′	126° 29′	142° 1′

Die Verzeichnung der Stundenlinien geschieht entweder mit einem Winkelmesser nach vorstehender Tafel oder durch folgende geometrische Construction der oben entwickelten Formel.

Man theile die um C (s. folgende Figur) als Mittelpunkt mit dem genau nach Nord gerichteten Halbmesser

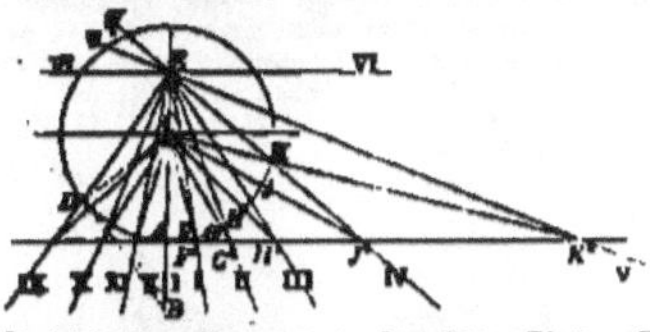

AC beschriebene Kreislinie in 24 gleiche Theile. Die von C aus durch die Theilungspunkte F, G, H, I, K u. s. w. gezogenen Geraden mögen die in A errichtete Tangente in F', G', H' u. s. w. treffen. Macht man alsdann ∠ ACD = der Polhöhe (p) des Ortes, zieht die Tangente BD, macht CE = AB, so sind die Geraden EA, EF', EG', ... die Stundenlinien der Horizontaluhr mit dem in E befestigten, der Weltaxe parallelen Zeiger.

Eine dritte, der vorhergehenden analogen Construction gibt der Durchschnitt einer horizontalen Fläche mit der Aequinoctialuhr und deren Zeiger.

Um die Gleichung der Verticaluhr zu finden, beschreibe man aus O (s. nebenstehende Figur) als Mittelpunkt mit einem willkürlichen Halbmesser eine Kugel, deren Oberfläche die Mittagslinie OB der Uhr in B, den Zeiger OA in A und eine beliebige Schattenlinie OC in C trifft, so ist AB = p, AC = w, ∠ BAC = a, ∠ ABC = 90°, und die sphärische Trigonometrie gibt sofort:

$$\text{tg}\, w = \cos p \,.\, \text{tg}\, a.$$

Die oben für die Horizontaluhr gegebene Tafel gilt, wie vorstehende Formel zeigt, zugleich für die Verticaluhr, wenn die Polhöhe in der die Complementwinkel zu P enthaltenen Columne P' aufgesucht wird. Für Leipzig (Polhöhe 51° 20′) sind die Winkelwerthe folgende:

Nachmittags	1h	2h	3h	4h	5h	6h	7h	8h	9h
Vormittags	11h	10h	9h	8h	7h	6h	5h	4h	3h
	9° 30′	19° 50′	32° 0′	47° 15′	60° 47′	90° 0′	113° 13′	132° 45′	148° 0′

Die Verzeichnung der Stundenlinien geschieht entweder nach obiger Tabelle oder durch die bei der Horizontaluhr aus der Formel entwickelten geometrischen Construction, wobei jedoch die Polhöhe mit der Aequatorhöhe (dem Complementwinkel jener) vertauscht werden muß. Der Durchschnitt einer verticalen Fläche mit der Aequinoctialuhr gibt eine dritte Construction.

Die verticale, von Ost nach West gerichtete Ebene wird auf ihrer Südseite in den Sommermonaten nur während des größeren Theiles des Tages beschienen. Bringt man also auf der gegen Nord zugekehrten Seite dieselbe Zeichnung an, wie sie auf der Südseite aufgetragen ist, so ist alsdann eine solche Mitternachtsuhr für den übrigen Theil des Tages brauchbar.

Werden die Schattenflächen des der Weltaxe parallelen Stabes durch eine genau von Süd nach Nord gerichtete senkrechte Ebene durchschnitten, so erhält man die Stundenlinien einer verticalen Morgen- oder Abenduhr. Um daher eine solche Sonnenuhr zu construiren, zieht man auf einer von Süd nach Nord gerichteten Wand eine horizontale Linie AB (s. beigegebene Figur),

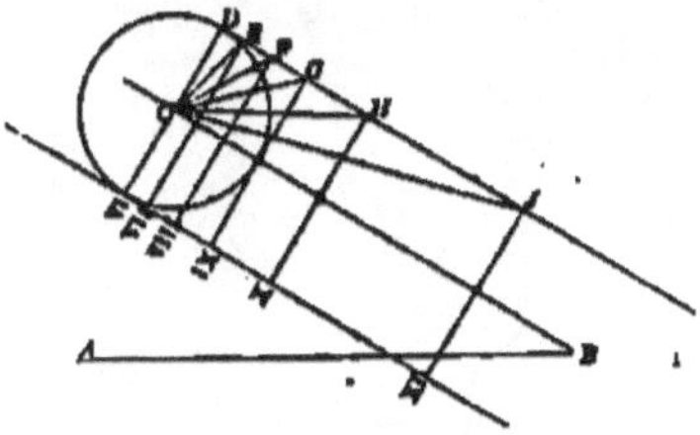

und die Linie BC unter einem der Aequatorhöhe gleichem ∠ ABC. Mit CD, dem Abstande einer zu BC gezogenen Parallelen DI, beschreibe man um C als Mittelpunkt einen Kreis und theile die Peripherie desselben von D aus in 24 gleiche Theile. Durch die Theilungspunkte ziehe man die 24 Halbmesser des Kreises und verlängere dieselben, bis sie jene Parallele DI in den Punkten D, E, F, G, H, I .... treffen. Die durch diese letzteren Punkte zu CD gezogenen Parallelen sind die Stundenlinien der Uhr (D — 6 Uhr, E — 7 Uhr Vormittags u. s. w.). Auf sie wird nämlich der Schatten eines in der Entfernung — CD von der Wand abstehenden Zeigers fallen, den man senkrecht über der Linie VICD, parallel zu derselben, errichtet hat. Statt eines Stabes bedient man sich auch eines auf der Wand in C senkrecht errichteten Stiftes von der Länge CD, dessen Schattenende die Zeit anzeigt. Die Abenduhr enthält statt der Zahlen VI, VII .... XI die Zahlen VI, V .... I bei sonst gleicher Construction.

Die Horizontal- und Verticaluhren lassen sich vereinigt auf einem Würfel darstellen, dessen Seiten genau nach den Himmelsgegenden gerichtet sind, also nach Süd die Mittags-, nach Ost die Morgen-, nach Nord die Mitternachts-, nach West die Abend- und gegen das Zenith hin die Horizontaluhr zeigt. Um einem solchen, Universaluhr genannten, Würfel die gehörige Richtung gegen die Mittagslinie zu geben, dreht man ihn, während er von der Sonne beschienen wird, so lange um seine verticale Axe, bis alle Zeiger dieselbe Zeit anzeigen. Werden die Schattenflächen des der Weltaxe parallelen Stabes durch eine durch die Meridianebene senkrecht gelegte, zum Stabe selbst parallele Ebene geschnitten, so erhält man die Stundenlinien einer Polaruhr. Die Construction einer solchen Uhr ist die der Morgen- und Abenduhr, nur ist die Linie CD mit XII Uhr, die der beiden nächsten, östlich und westlich von derselben liegenden, mit I und XI Uhr zu bezeichnen u. s. w. Der Zeiger ist wie dort ein der Weltaxe paralleler Stab oder ein auf der Uhrebene in C senkrecht errichteter Stift. Man unterscheidet eine obere Polaruhr, die von 6 Uhr Morgens bis 6 Uhr Abends von der Sonne beschienen wird, und eine untere Polaruhr, welche die Zeit vor 6 Uhr Morgens und nach 6 Uhr Abends anzeigt. Die drei zuletzt genannten Uhren

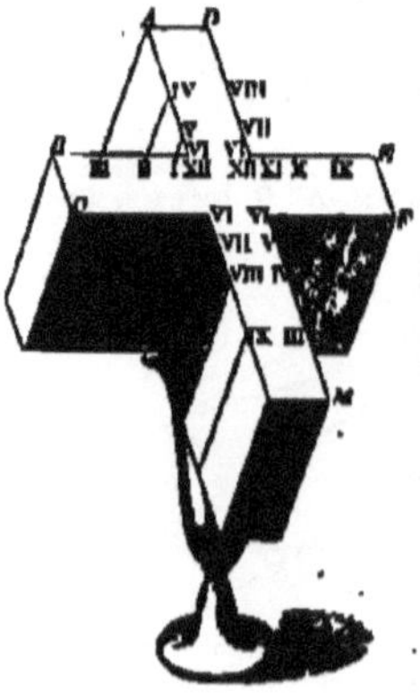

(Morgen-, Abend- und Polaruhr) können an einem Kreuze (s. vorstehende Zeichnung) vereinigt werden, dessen Oberfläche (BEFC) in der Aequatorebene und dessen Längendurchschnitt DM in der Meridianebene sich befindet. Die der Weltaxe parallelen, von A, B, C, D, E, F abwärts gehenden Kanten vertreten die Stelle der Zeiger. — Manche geben den zu vereinigenden Uhren noch andere Formen, z. B. die eines achteckigen Sterns.

Die Theorie der abweichenden Verticaluhren enthält ein neues Element, die fünftig stets mit β bezeichnete Abweichung (Declination) — der in der Richtung von Süd nach West genommene Winkel, den die Ebene der Uhr mit der Mittagslinie bildet. Die Durchschnittslinie der durch den Zeiger gelegten, die Uhrebene vertical schneidenden Ebene heißt Substilarlinie der Uhr. Der Winkel, den die Schattenlinie für irgend einen Stundenwinkel s mit der Substilarlinie macht, soll hier stets mit λ bezeichnet werden. — Es sei OCD (s. Fig.) die Ebene der Sonnenuhr, OA der Zeiger, AC die in der horizontalen Fläche ACD befindliche Mittagslinie des Ortes, OC die Mittagslinie (Basis) der Uhr, OB die Substilarlinie (also ∠ ABD = 90°), ∠ ACD = β die Abweichung der Uhr, OD die Schattenlinie für irgend einen gegebenen Stundenwinkel s (also ∠ COD = w, ∠ BOD = λ). Beschreibt man aus O als Mittelpunkt mit einem beliebigen Halbmesser eine Kugel, deren Oberfläche die Linien OA, OB, OC, OD in den Punkten a, b, c, d schneidet, so erhält man zwei sphärische Dreiecke abc und abd, in welchen ∠ cad = s, cd = w, ∠ acd = β, ac = 90° — p, ∠ abc = ∠ abd = 90°, bd = λ. Das Dreieck acd gibt sofort:

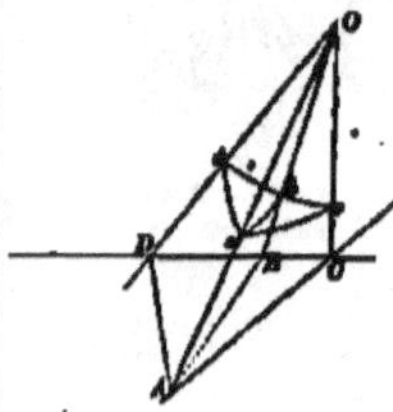

$$\cot w = \frac{\sin\beta \cot s}{\cos p} + \operatorname{tg} p \cos\beta.$$

Aus Dreieck abc findet man:

$$\operatorname{tg} bc = \cot p \,.\, \cos\beta.$$

Aus λ = s — bc ergibt sich alsdann:

$$\operatorname{tg}\lambda = \frac{(\sin\beta \sin p - \cos\beta \cot s)\cos p}{\cot s \sin p + \cot\beta}.$$

Die Verzeichnung einer abweichenden Verticaluhr kann entweder mittels einer Horizontaluhr, die mit jener den Zeiger gemeinschaftlich hat, geschehen, indem die Richtung der Stundenlinien unmittelbar aus den Punkten derselben in der Contingenzlinie folgt, oder mittels der aus obigen Formeln berechneten Werthe w oder λ, oder endlich durch die geometrische Construction der den Winkel w bestimmenden Formel. Je nachdem die Beleuchungsebene der abweichenden Verticaluhren mehr gegen die Cardinalpunkte des Horizonts gerichtet ist, theilt man sie in abweichende Mittags-, Morgen-, Abend- und Mitternachtsuhren.

Das die Theorie der **abweichenden und geneigten Uhren** charakterisirende Element, die künftig durch i ausgedrückte Inclination (Neigung) ist der von Nord gegen Süd gezählte Winkel, welchen die Uhrebene mit dem Horizonte macht. Unter der **meridionalen Inclination** versteht man den Winkel, welchen die horizontale Mittagslinie mit der Mittagslinie der Uhr bildet. Es sei ODE (s. Fig.) die Uhrebene, OM eine auf die Horizontalfläche DEM gefällte Senkrechte, OA der Zeiger der Uhr, AM die durch den Punkt C der Uhrebene gehende horizontale Mittagslinie, OC die Mittagslinie der Uhrfläche, OB die Substilarlinie, OD eine dem Stundenwinkel s zugehörige Schattenlinie und EM eine auf DC (oder deren Verlängerung) gefällte Verticale.

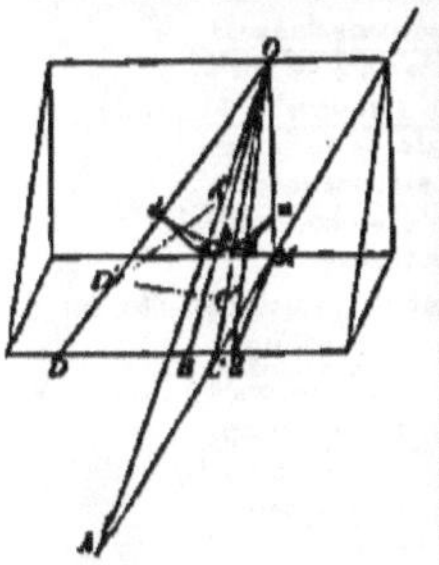

Beschreibt man aus O als Mittelpunkt mit einem beliebigen Halbmesser eine Kugel, deren Oberfläche die Linien OA, OB, OC, OD, OE, OM in den Punkten a, b, c, d, e, m schneidet, so erhält man die sphärischen Dreiecke abd, acd und cem, in welchen bd = λ, ∠ abd = ∠ abc = 90°, ∠ cad = s, cd = w, am = 90° − p, ∠ cme = 90° − β, em = 90° − i, ∠ cem = 90°.

Aus dem Dreiecke cem erhält man, wo = γ und ∠ ecm = η gesetzt:

$$\cot\gamma = \sin\beta \operatorname{tg} i$$

$$\cos\eta = \cos\beta \sin i,$$

aus dem Dreiecke acd, in welchem ac = 90° − p − γ und ∠ acd = η:

$$\cot s = \frac{\sin\eta \cot s}{\cos(p+\gamma)} + \operatorname{tg}(p+\gamma)\cos\eta,$$

aus dem Dreiecke abc:

$$\operatorname{tg} bc = \cos\eta \cot(p+\gamma).$$

Aus λ = s − bc ergibt sich endlich:

$$\operatorname{tg}\lambda = \frac{[\sin\eta \sin(p+\gamma) - \cos\eta \cot s]\cos(p+\gamma)}{\cot s \sin(p+\gamma) + \cot\eta}.$$

Die Verzeichnung einer solchen Uhr geschieht entweder mit Hilfe einer Horizontaluhr (s. die abweichenden Uhren) oder nach den aus vorstehenden Formeln berechneten Werthen.

Die Entwickelung der Formeln und Constructionen der Sonnenuhren kann auch aus dem Durchschnitte der 24 Schattenflächen eines der Weltaxe parallelen Stabes abgeleitet werden, wie es oben in Bezug auf die Aequinoctial-, Meridian- und Polaruhr geschehen ist. Zu diesem Zwecke denke man sich einen hinsichtlich seiner Axe der Weltaxe parallel liegenden Cylinder durch 24 durch die Axe desselben gelegte Ebenen in 24 gleiche Ausschnitte getheilt, so wird ein der Uhrebene paralleler Schnitt des Cylinders, die Stundenlinien unmittelbar geben, deren die Axe des Cylinders als Zeiger zugehört. Bisher wurde nur die Lage der Schattenlinien der Uhr gegen irgend eine fixe Linie derselben, nicht aber ihre **Länge** betrachtet. Um auch diese zu bestimmen, mag die Länge des Zeigers = OA' = r, die Länge des Schattens desselben OD' = r' angenommen werden. Bezeichnet man die Declination der Sonne mit δ, so ist ∠ OA'D' = 90° + δ und setzt man ∠ A'OD' = ad = s, so gibt das Dreieck OA'D' unmittelbar das Verhältniß:

$$\frac{r}{r'} = \cos s - \operatorname{tg}\delta \sin s.$$

Substituirt man die aus dem sphärischen Dreiecke acd entwickelten Größen:

$$\cos s = \sin w \cos(p+\gamma)\cos\eta + \cos w \sin(p+\gamma)$$

und

$$\sin s = \frac{\sin w \sin\eta}{\sin h},$$

so erhält man:

$$\frac{r}{r'} = \sin w \cos(p+\gamma)\cos\eta + \cos w \sin(p+\gamma) - \frac{\operatorname{tg}\delta \sin w \sin\eta}{\sin s}.$$

Wird s durch p + γ, w und η bestimmt, so geht der Ausdruck in folgenden über:

$$\frac{r}{r'} = \sin w \cos(p+\gamma)\cos\eta + \cos w \sin(p+\gamma) - \operatorname{tg}\delta\sqrt{\sin^2 w \sin^2\eta + [\cos w \cos(p+\gamma) - \sin w \cos\eta \sin(p+\gamma)]^2}.$$

s = 0 gesetzt, gibt die Länge des mittägigen Schattens:

$$r' = \frac{r\cos\delta}{\sin(p+\gamma-\delta)}.$$

Für Uhren, deren Abweichung β = 90° (Aequinoctialuhren, verticale Mittagsuhren, Polaruhren), ist η = 90°, γ = 90° − i und man findet:

$$\frac{r}{r'} = \cos s \cos(p-i) - \operatorname{tg}\delta\sqrt{\sin^2 s + \cos^2 s . \sin^2(p-i)}.$$

Wird hier noch i = 0 (Horizontaluhr) gesetzt, so ist:

$$\frac{r}{r'} = \cos s . \cos p - \operatorname{tg}\delta\sqrt{\sin^2 s + \cos^2 \sin^2 p}.$$

Wird die Declination der Sonne wegen ihrer geringen Änderung während eines Tages (Aufgang bis Untergang der Sonne) als constant angenommen, so beschreibt die von der Sonne durch irgend einen Punkt A' des

Zeigers gelegte Linie offenbar einen Kegel, der durch die Ebene der Uhr geschnitten wird. Es müssen also die Linien, welche der Schattenpunkt auf der Uhrebene beschreibt, Kegelschnitte oder Linien zweiter Ordnung sein. Da ferner die Gerade OD, welche die Oberfläche des Kegels in dem Punkte D' schneidet, diese Oberfläche noch in einem zweiten Punkte schneiden muß, so wird auch der Ausdruck $\frac{r'}{r}$ für jedes x einen doppelten Werth haben, der durch das mit dem Wurzelzeichen verbundene doppelte Zeichen gegeben ist.

Um die Bahn des durch den Endpunkt (A') des Zeigers OA' erzeugten Endpunktes (D') der Schattenlinie OD' zu bestimmen, stehe C'D' senkrecht auf der Mittagslinie OC. Setzt man die Coordinaten OC = x, C'D' = y und substituirt die Werthe:

$$\sin w = \frac{y}{r'},\quad \cos w = \frac{x}{r'}$$

in den oben für $\frac{r}{r'}$ gefundenen Ausdruck, so erhält man:

$$r = y\cos(p+\gamma)\cos\eta + x\sin(p+\gamma) - \operatorname{tg}\delta\sqrt{y^2\sin^2\eta + [x\cos(p+\gamma) - y\sin(p+\gamma)\cos\eta]^2}$$

und nach Beseitigung des Wurzelzeichens:

$$y^2[\cos^2(p+\gamma)\cos^2\eta - \sin^2\delta] + xy[\sin^2(p+\gamma)\cos\eta] + x^2[\sin^2(p+\gamma) - \sin^2\delta] - 2r\cos^2\delta\cos(p+\gamma)\cos\eta\cdot y - 2r\cos^2\delta\sin(p+\gamma)\cdot x + r^2\cos^2\delta = 0.$$

Diese Gleichung zweiten Grades, die der Kürze wegen durch $a'y^2 + b'xy + c'x^2 + d'y + e'x + f' = 0$ ausgedrückt werden soll, ist bekanntlich die einer Ellipse, Hyperbel oder Parabel je nachdem $4a'c' \gtreqless b'^2$, d. i. nach Einführung der ursprünglichen Größen:

eine Ellipse, wenn $\cos^2(p+\gamma)\sin^2\eta > \cos^2\delta$;
eine Hyperbel, wenn $\cos^2(p+\gamma)\sin^2\eta < \cos^2\delta$;
eine Parabel, wenn $\cos^2(p+\gamma)\sin^2\eta = \cos^2\delta$.

Für horizontale Uhren ist z. B. $i = 0$, $\gamma = \eta = 90°$, daher die Kurve

eine Ellipse, wenn $p + \delta > 90°$,
eine Hyperbel, wenn $p + \delta < 90°$,
eine Parabel, wenn $p + \delta = 90°$.

Die Ellipse kann also nur in der kalten Zone vorkommen, die Parabel ebenfalls nur daselbst an den beiden Tagen des Jahres, an welchen die Sonne anfängt oder aufhört über dem Horizonte zu bleiben. Für alle übrigen Orte und Zeiten ist die Kurve eine Hyperbel. Für verticale Mittagsuhren ist $i = \beta = \eta = 90°$, $\gamma = 0$, die Kurve also eine

Ellipse, Hyperbel, Parabel, wenn $\cos p \gtreqless \cos\delta$, d. i. $p \lesseqgtr \delta$.

Noch sei uns gestattet, Einiges über die zur Verzeichnung der Kegelschnitte aus vorstehenden Gleichungen nöthigen Elemente hinzuzufügen. Es sei durch die oben berührte Determination bestimmt worden, daß die Gleichung einer Ellipse oder Hyperbel angehört. Bezeichnet man für diesen Fall die halbe große Axe mit A, die halbe kleine Axe mit B, die Coordinaten des Mittelpunktes der Kegelschnitte mit x', y' und den Winkel, welchen die große Axe A mit der Coordinatenaxe der x bildet mit φ, so erhält man, $p + \gamma$ der Kürze wegen $= \alpha$ gesetzt:

$$A = \frac{r\cos\alpha\sin\eta\cos\delta}{\sqrt{\cos^2\alpha\sin^2\eta - \cos^2\delta}};$$

$$B = \frac{r\cos\alpha\sin\eta\sin\delta\cos\delta}{\cos^2\alpha\sin^2\eta - \cos^2\delta};$$

$$x' = \frac{r\sin\alpha\cos^2\delta}{\cos^2\delta - \cos^2\alpha\sin^2\eta};$$

$$y' = \frac{r\cos\alpha\cos\eta\cos^2\delta}{\cos^2\delta - \cos^2\alpha\sin^2\eta}.$$

$$\operatorname{tg}\varphi = \cot\alpha\cos\eta.$$

Diese Werthe gehen für die Horizontaluhr über in:

$$A = -\frac{r\cos\delta\sin p}{\sqrt{\sin^2 p - \cos^2\delta}},$$

$$B = -\frac{r\sin\delta\cos\delta\sin p}{\sin^2 p - \cos^2\delta},$$

$$x' = -\frac{r\cos^2\delta\cos p}{\sin^2 p - \cos^2\delta},$$

$$y' = 0$$

$$\varphi = 0$$

Gehört die Gleichung einer Parabel an, für welchen Fall der Parameter derselben $= \pi$, der Winkel, welchen die Axe derselben mit der x Axe (Mittagslinie der Uhrebene) macht, $= \varphi$, die Coordinaten des Scheitels der Parabel $= x'$ und y' gesetzt werden soll, so erhält man:

$$\pi = \frac{d'\sqrt{c'} - e'\sqrt{a'}}{(a' + c')^{3/2}}$$

oder

$$\pi = 2r\cos^2\delta\cdot\frac{\sin\alpha\sqrt{\cos^2\alpha\cos^2\eta - \sin^2\delta} - \cos\alpha\cos\eta\sqrt{\sin^2\alpha - \sin^2\delta}}{(\cos^2\alpha\cos^2\eta + \sin^2\alpha - 2\sin^2\delta)^{3/2}},$$

$$x' = \frac{a'^2d'^2 + b'c'd'e' + a'c'(2d'^2 - e'^2) - 4a'f'(a'+c')^2}{2(a'+c')^2(2a'e' - b'd')},$$

$$y' = \frac{c'^2e'^2 + a'b'd'e' + a'c'(2e'^2 - d'^2) - 4c'f'(a'+c')^2}{2(a'+c')^2(2a'd' - b'e')},$$

$$\operatorname{tg}\varphi = -\frac{2c'}{b'}\quad\text{oder}$$

$$\operatorname{tg}\varphi = \frac{\sin^2\delta - \sin^2\alpha}{\sin\alpha\cos\alpha\cos\eta}.$$

Die Bahn des Endpunktes der Schattenlinie an dem Tage, an welchem die Sonne in ein Zeichen des Thierkreises tritt, wird Thierkreislinie genannt. Man versieht die Sonnenuhren mit Thierkreislinien, um außer der Tageszeit zugleich die Jahreszeit abzulesen. Die

Verzeichnung derselben (z. B. durch die geometrische Construction der oben für r′ gefundenen Ausdrücke) erfordert die Kenntniß der Declination der Sonne (δ) an den betreffenden Tagen, die aus der bekannten Relation:

$$\sin\delta = \sin\omega \sin l,$$

in welcher ω die Schiefe der Ekliptik, l die Länge der Sonne bedeutet, durch nachstehende geometrische Construction gefunden wird. Man theile die Peripherie des Halbkreises BAD, dessen Mittelpunkt in C, in 6 gleiche Theile, um durch die von A aus genommenen Bogen die Sonnenlängen zu erhalten und zwar A = 0° bei Eintritt der Sonne in das Zeichen des ♈, AG = 30° (♉), AF = 60° (♊), AB = 90° (♋), AH = 330° (♓), AI = 300° (♒), AD = 270° (♑). Ferner ist $\angle ACM_{,} = \omega = 23\frac{1}{2}°$ zu nehmen. Durch Verbindung der von A gleichweit entfernten Punkte erhält man in AC die Durchschnittspunkte A, L, K, C, von welchen auf CM, die Senkrechten AM, LN, KO zu fällen sind. Macht man ferner CM′ = AM, CN′ = LN, CO′ = KO, zieht M′M,, N′N,, O′O, parallel zu AC und verbindet die Punkte M,, N, und O, mit C, so erhält man die zu den Sonnenlängen AD, AI, AH gehörigen südlichen Declinationen $\angle$ ACM,, ACN,, ACO,. Zieht man noch für die nördlichen Declinationen unter gleichen Winkeln die Geraden CM,, CN,, CO,, so erhält man das sogenannte Analemma, eine aus den Linien CM,, CN,, CO,, CA, CO,, CN,, CM, bestehende fächerförmige Figur.

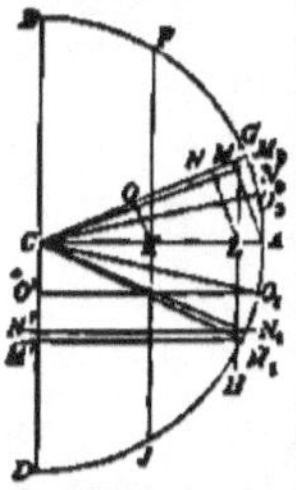

Soll auf einer krummen Fläche, z. B. der Wand eines runden Thurmes oder Daches, eine Sonnenuhr verzeichnet werden, so kann man sich folgenden mechanischen Verfahrens bedienen. An der krummen Fläche, auf welcher die Stundenlinien verzeichnet werden sollen, stellt man eine Horizontaluhr in richtiger Lage auf, verlängert den der Weltaxe parallelen Zeiger derselben bis zu jener Fläche, um an derselben zugleich als Zeiger der zu construirenden Uhr zu dienen. Berücksichtigt man, daß die durch die Sonne oder jedes andere (richtig aufgestellte) Licht entstehenden Schattenlinien auf beiden Uhrflächen dieselbe Zeit zeigen müssen, so fixirt man in demselben Augenblicke die Schattenlinie auf der krummen Fläche, in welchem auf der Horizontaluhr eine bestimmte Stunde angegeben wird.

Die bisher besprochenen Sonnenuhren waren mit einem der Weltaxe parallelen Zeiger versehen, um die Stundeneintheilung für jede Declination der Sonne unverändert zu lassen. Der in horizontaler Ebene senkrecht stehende Gnomon verlangt dagegen für jede besondere Declination auch eine besondere Stundeneintheilung. Eine solche Azimutaluhr genannte Sonnenuhr zeigt unmittelbar die Stellung der Sonne zu den Weltgegenden und gewährt den Vortheil einer weniger schwierigen Aufstellung des Zeigers. Nebenstehende Figur zeigt das Himmelsgewölbe, HWBO den Horizont des in C befindlichen Beobachters, H den Süd-, B den Nord-, O den Ost-, W den Westpunkt, BH also die horizontale Mittagslinie, NP die Weltaxe, N den Nord-, P den Südpol des Himmels, OAW den Aequator, Z das Zenith. Legt man durch die Sonne S den Meridian NSP, so erhält man die Declination derselben QS = δ und den Stundenwinkel SNZ = w. Die von Z durch S auf den Horizont gefällte Senkrechte gibt die Höhe DS = h und das Azimut der Sonne $\angle$ HCR = a. Aus dem sphärischen Dreiecke SNZ mit NZ = 90° − p, NS = 90° − δ, SZ = 90° − h, $\angle$ SNZ = s, $\angle$ NZS = 180° − a ergibt sich:

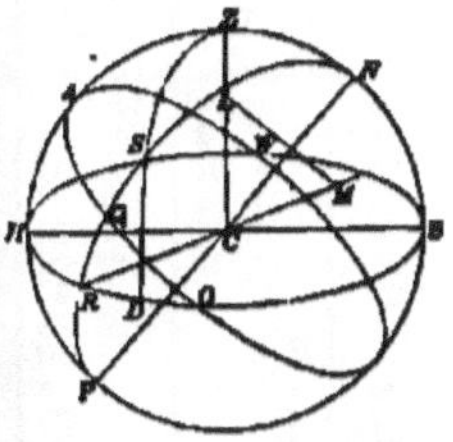

$$\cot a = \sin p \cot s - \frac{\cos p \cdot \operatorname{tg}\delta}{\sin s},$$

$$\sin h = \cos\delta \cos p \cos s + \sin\delta \sin p.$$

Das aus dem Zeiger CL = r, der Länge des Schattens desselben CM = r′ und dem Winkel CML = h zusammengesetzte rechtwinklige Dreieck gibt

$$r' = r \cot h.$$

Nachstehende Tafeln enthalten den zwischen der Mittagslinie und dem Schatten des Zeigers enthaltenen Azimutalwinkel a für die unter P enthaltenen Polhöhen und diejenigen Declinationen der Sonne, welche durch die Vielfachen von $\frac{\omega}{4}$ (ω die Schiefe der Ekliptik = 23° 28′) ausgedrückt sind. Die diesen Declinationen zugehörigen Tage des Jahres sind im Allgemeinen folgende:

$\delta = -\omega = -23° 28'$ den 22. Dec.

$\delta = -\frac{3\omega}{4} = -17° 36'$ den 30. Jan. u. 12. Nov.

$\delta = -\frac{\omega}{2} = -11° 44'$ den 18. Febr. u. 24. Oct.

$\delta = -\frac{\omega}{4} = -5° 52'$ den 5. März u. 8. Oct.

$\delta = 0$ den 20. März u. 23. Sept.

$\delta = +\frac{\omega}{4} = +5° 52'$ den 6. April u. 8. Sept.

$\delta = +\frac{\omega}{2} = +11° 44'$ den 21. April u. 22. Aug.

$\delta = +\frac{3\omega}{4} = +17° 36'$ den 10. Mai u. 3. Aug.

$\delta = +\omega = +23° 28'$ den 21. Juni.

	2^h früh u. 10^h Abends.		5^h Morgens und 7^h Abends.						
p Grad.	$+\frac{3\omega}{4}$	$+\omega$	$-\frac{\omega}{2}$	$-\frac{\omega}{4}$	0°	$+\frac{\omega}{4}$	$+\frac{\omega}{2}$	$+\frac{3\omega}{4}$	$+\omega$
30	144° 46'	148° 17'	87° 0'	92° 24'	97° 38'	102° 44'	107° 45'	112° 42'	117° 37'
31	145 9	148 34	87 21	92 41	97 51	102 54	107 52	112 45	117 37
32	145 31	148 51	87 42	92 58	98 5	103 4	107 58	112 48	117 37
33	145 52	149 7	88 2	93 15	98 18	103 14	108 4	112 51	117 36
34	146 12	149 22	88 23	93 32	98 31	103 23	108 10	112 53	117 35
35	146 32	149 36	88 43	93 49	98 44	103 32	108 15	112 55	117 34
36	146 51	149 50	89 3	94 5	98 57	103 41	108 20	112 56	117 32
37	147 9	150 3	89 24	94 22	99 10	103 50	108 25	112 57	117 30
38	147 26	150 16	89 45	94 39	99 22	103 58	108 30	112 57	117 27
39	147 43	150 28	90 5	94 55	99 34	104 6	108 34	112 58	117 23
40	148 0	150 39	90 26	95 11	99 46	104 14	108 38	112 58	117 19
41	148 15	150 50	90 47	95 27	99 58	104 22	108 41	112 57	117 15
42	148 29	151 0	91 7	95 43	100 10	104 29	108 44	112 57	117 10
43	148 43	151 9	91 28	95 59	100 21	104 36	108 47	112 56	117 5
44	148 56	151 18	91 48	96 15	100 33	104 43	108 49	112 54	117 0
45	149 8	151 26	92 9	96 31	100 44	104 49	108 51	112 52	116 54
46	149 20	151 35	92 29	96 47	100 55	104 56	108 53	112 50	116 48
47	149 32	151 43	92 49	97 2	101 5	105 2	108 55	112 47	116 41
48	149 43	151 50	93 10	97 18	101 16	105 8	108 56	112 44	116 34
49	149 53	151 57	93 30	97 33	101 26	105 13	108 57	112 40	116 26
50	150 2	152 3	93 50	97 48	101 36	105 18	108 58	112 36	116 18
51	150 11	152 9	94 10	98 3	101 46	105 23	108 58	112 32	116 9
52	150 20	152 14	94 30	98 18	101 55	105 28	108 58	112 27	116 0
53	150 28	152 19	94 50	98 32	102 5	105 32	108 57	112 22	115 51
54	150 36	152 23	95 10	98 46	102 14	105 36	108 56	112 17	115 41
55	150 43	152 27	95 29	99 0	102 23	105 40	108 55	112 11	115 31
56	150 49	152 30	95 49	99 14	102 31	105 44	108 54	112 5	115 20
57	150 55	152 33	96 8	99 28	102 40	105 47	108 52	111 59	115 9
58	151 1	152 36	96 28	99 42	102 48	105 50	108 50	111 52	114 57
59	151 6	152 38	96 47	99 55	102 56	105 53	108 48	111 45	114 45
60	151 11	152 40	97 6	100 8	103 4	105 55	108 45	111 37	114 33

	3^h früh und 9^h Abends.			4^h früh und 8^h Abends.				
p Grad.	$+\frac{\omega}{2}$	$+\frac{3\omega}{4}$	$+\omega$	0°	$+\frac{\omega}{4}$	$+\frac{\omega}{2}$	$+\frac{3\omega}{4}$	$+\omega$
30	127° 2'	131° 37'	135° 54'	106° 8'	111° 23'	116° 24'	121° 13'	125° 52'
31	127 29	131 59	136 10	106 34	111 45	116 42	121 27	126 1
32	127 55	132 20	136 25	107 1	112 7	116 59	121 40	126 10
33	128 20	132 39	136 39	107 27	112 29	117 16	121 52	126 19
34	128 45	132 57	136 53	107 54	112 51	117 32	122 4	126 27
35	129 9	133 15	137 6	108 19	113 12	117 48	122 16	126 34
36	129 32	133 33	137 19	108 45	113 32	118 4	122 27	126 41
37	129 54	133 50	137 31	109 10	113 52	118 19	122 38	126 47
38	130 16	134 6	137 43	109 34	114 11	118 34	122 48	126 53
39	130 37	134 22	137 54	109 58	114 30	118 48	122 57	126 59
40	130 57	134 37	138 4	110 22	114 48	119 1	123 6	127 4
41	131 16	134 51	138 14	110 45	115 6	119 14	123 14	127 8
42	131 35	135 4	138 23	111 7	115 23	119 27	123 22	127 12
43	131 53	135 17	138 31	111 30	115 40	119 39	123 30	127 15
44	132 10	135 29	138 39	111 51	115 56	119 50	123 37	127 18
45	132 27	135 41	138 46	112 12	116 12	120 1	123 43	127 20

P Grad.	3h früh und 9h Abends. $+\frac{\omega}{2}$	$+\frac{3\omega}{4}$	$+\omega$	4h früh und 8h Abends. 0°	$+\frac{\omega}{4}$	$+\frac{\omega}{2}$	$+\frac{3\omega}{4}$	$+\omega$
46	132° 43′	135° 52′	138° 53′	112° 33′	116° 28′	120° 12′	123° 49′	127° 22′
47	132 58	136 3	138 59	112 54	116 43	120 22	123 54	127 23
48	133 13	136 13	139 5	113 13	116 57	120 31	123 59	127 24
49	133 27	136 22	139 11	113 33	117 11	120 40	124 4	127 24
50	133 40	136 31	139 15	113 52	117 25	120 49	124 8	127 24
51	133 53	136 39	139 19	114 10	117 38	120 57	124 11	127 23
52	134 5	136 47	139 23	114 28	117 50	121 4	124 14	127 22
53	134 17	136 54	139 26	114 45	118 2	121 11	124 17	127 20
54	134 28	137 1	139 29	115 2	118 14	121 18	124 19	127 18
55	134 39	137 7	139 31	115 19	118 25	121 24	124 20	127 15
56	134 49	137 12	139 32	115 35	118 36	121 30	124 21	127 12
57	134 58	137 17	139 33	115 50	118 46	121 35	124 22	127 8
58	135 6	137 21	139 34	116 4	118 56	121 40	124 22	127 4
59	135 14	137 24	139 34	116 20	119 5	121 44	124 21	126 59
60	135 22	137 29	139 33	116 34	119 13	121 48	124 20	126 54

P Grad.	6h Morgens und 6h Abends. $-\omega$	$-\frac{3\omega}{4}$	$-\frac{\omega}{2}$	$-\frac{\omega}{4}$	0°	$+\frac{\omega}{4}$	$+\frac{\omega}{2}$	$+\frac{3\omega}{4}$	$+\omega$
30	69° 24′	74° 39′	79° 48′	84° 55′	90° 0′	95° 5′	100° 12′	105° 22′	110° 36′
31	69 35	74 47	79 54	84 58	90 0	95 2	100 6	105 13	110 25
32	69 47	74 56	80 0	85 1	90 0	94 59	100 0	105 4	110 13
33	70 0	75 6	80 7	85 4	90 0	94 56	99 53	104 54	110 0
34	70 13	75 16	80 14	85 7		94 53	99 46	104 44	109 47
35	70 26	75 26	80 21	85 11		94 49	99 39	104 34	109 34
36	70 39	75 36	80 28	85 15		94 45	99 32	104 24	109 21
37	70 53	75 46	80 35	85 18		94 42	99 25	104 14	109 7
38	71 7	75 57	80 42	85 22		94 38	99 18	104 3	108 53
39	71 21	76 9	80 50	85 26		94 34	99 10	103 51	108 39
40	71 36	76 20	80 58	85 30		94 30	99 2	103 40	108 24
41	71 51	76 32	81 6	85 34		94 26	98 54	103 28	108 9
42	72 7	76 44	81 14	85 38		94 22	98 46	103 16	107 53
43	72 23	76 56	81 22	85 42		94 18	98 38	103 4	107 37
44	72 39	77 8	81 30	85 46		94 14	98 30	102 52	107 21
45	72 56	77 21	81 39	85 51		94 9	98 21	102 39	107 4
46	73 13	77 34	81 47	85 55		94 5	98 13	102 26	106 47
47	73 31	77 48	81 56	86 0		94 0	98 4	102 12	106 29
48	73 48	78 1	82 5	86 4		93 56	97 55	101 59	106 12
49	74 6	78 15	82 14	86 9		93 51	97 46	101 45	105 54
50	74 24	78 29	82 23	86 13		93 47	97 37	101 31	105 36
51	74 43	78 43	82 33	86 18		93 42	97 27	101 17	105 17
52	75 2	78 57	82 43	86 23		93 37	97 17	101 3	104 58
53	75 21	79 12	82 53	86 28		93 32	97 7	100 48	104 39
54	75 41	79 26	83 2	86 33		93 27	96 58	100 34	104 19
55	76 1	79 41	83 12	86 38		93 22	96 48	100 19	103 59
56	76 21	79 56	83 22	86 43		93 17	96 38	100 4	103 39
57	76 42	80 12	83 33	86 48		93 12	96 27	99 48	103 18
58	77 3	80 27	83 43	86 53		93 7	96 17	99 33	103 57
59	77 24	80 43	83 54	86 58	90 0	93 2	96 6	99 17	102 36
60	77 45	80 59	84 4	87 4	90 0	92 56	95 56	99 1	102 15

7h Morgens und 5h Abends.

φ Grad.	$-\omega$	$-\frac{3\omega}{4}$	$-\frac{\omega}{2}$	$-\frac{\omega}{4}$	0°	$+\frac{\omega}{4}$	$+\frac{\omega}{2}$	$+\frac{3\omega}{4}$	$+\omega$
30	62° 23′	67° 28′	72° 15′	77° 16′	82° 22′	87° 36′	93° 0′	98° 33′	104° 18′
31	62 23	67 15	72 8	77 6	82 9	87 19	92 39	98 10	103 53
32	62 23	67 12	72 2	76 56	81 55	87 2	92 18	97 46	103 27
33	62 24	67 9	71 56	76 46	81 42	86 45	91 58	97 23	103 1
34	62 25	67 7	71 50	76 37	81 29	86 28	91 37	96 58	102 34
35	62 26	67 5	71 45	76 28	81 16	86 11	91 17	96 34	102 7
36	62 28	67 4	71 40	76 19	81 3	85 55	90 57	96 10	101 39
37	62 30	67 3	71 35	76 10	80 50	85 38	90 36	95 46	101 12
38	62 33	67 3	71 30	76 2	80 38	85 21	90 15	95 21	100 44
39	62 37	67 2	71 26	75 54	80 26	85 5	89 55	94 57	100 15
40	62 41	67 2	71 22	75 46	80 14	84 49	89 34	94 32	99 46
41	62 45	67 3	71 19	75 38	80 2	84 33	89 13	94 7	99 17
42	62 50	67 3	71 16	75 31	79 50	84 17	88 53	93 42	98 48
43	62 55	67 4	71 13	75 24	79 39	84 1	88 32	93 17	98 19
44	63 0	67 6	71 11	75 17	79 27	83 45	88 11	92 52	97 49
45	63 6	67 8	71 9	75 11	79 16	83 29	87 51	92 27	97 19
46	63 12	67 10	71 7	75 4	79 5	83 13	87 31	92 1	96 49
47	63 19	67 13	71 5	74 58	78 55	82 58	87 11	91 36	96 19
48	63 26	67 16	71 4	74 52	78 44	82 42	86 50	91 10	95 49
49	63 34	67 20	71 3	74 47	78 34	82 27	86 30	90 45	95 18
50	63 42	67 24	71 2	74 42	78 24	82 12	86 10	90 19	94 47
51	63 51	67 28	71 2	74 37	78 14	81 57	85 50	89 54	94 16
52	64 0	67 33	71 2	74 32	78 5	81 42	85 30	89 29	93 45
53	64 9	67 38	71 3	74 28	77 55	81 28	85 10	89 4	93 14
54	64 19	67 43	71 4	74 24	77 46	81 14	84 50	88 38	92 43
55	64 29	67 49	71 5	74 20	77 37	81 0	84 31	88 13	92 12
56	64 40	67 55	71 6	74 16	77 29	80 46	84 11	87 47	91 40
57	64 51	68 1	71 8	74 13	77 20	80 32	83 52	87 22	91 9
58	65 3	68 8	71 10	74 10	77 12	80 18	83 32	86 58	90 37
59	65 15	68 15	71 12	74 7	77 4	80 5	83 13	86 34	90 6
60	65 27	68 23	71 15	74 5	76 56	79 52	82 54	86 7	89 35

8h Vormittags und 4h Nachmittags.

φ Grad.	$-\omega$	$-\frac{3\omega}{4}$	$-\frac{\omega}{2}$	$-\frac{\omega}{4}$	0°	$+\frac{\omega}{4}$	$+\frac{\omega}{2}$	$+\frac{3\omega}{4}$	$+\omega$
30	54° 8′	58° 47′	63° 36′	68° 37′	73° 54′	79° 28′	85° 22′	91° 38′	98° 17′
31	53 59	58 33	63 18	68 15	73 26	78 56	84 45	90 57	97 32
32	53 50	58 20	63 1	67 53	72 59	78 24	84 8	90 16	96 48
33	53 41	58 8	62 44	67 31	72 33	77 52	83 32	89 35	96 3
34	53 33	57 56	62 28	67 9	72 6	77 21	82 56	88 54	95 18
35	53 26	57 44	62 12	66 48	71 41	76 50	82 20	88 13	94 33
36	53 19	57 33	61 56	66 28	71 15	76 19	81 44	87 32	93 47
37	53 13	57 22	61 41	66 8	70 50	75 49	81 8	86 51	93 2
38	53 7	57 12	61 26	65 49	70 26	75 19	80 33	86 10	92 16
39	53 1	57 3	61 12	65 30	70 2	74 50	79 58	85 30	91 30
40	52 56	56 54	60 59	65 12	69 38	74 21	79 23	84 50	90 45
41	52 52	56 46	60 46	64 54	69 15	73 52	78 48	84 10	89 59
42	52 48	56 38	60 33	64 37	68 53	73 24	78 14	83 30	89 13
43	52 45	56 30	60 21	64 20	68 30	72 56	77 40	82 50	88 27
44	52 42	56 23	60 10	64 4	68 9	72 29	77 7	82 10	87 41
45	52 40	56 17	59 59	63 48	67 48	72 2	76 34	81 31	86 55

φ Grad.	8ʰ Vormittags und 4ʰ Nachmittags.								
	− ω	− 3ω/4	− ω/2	− ω/4	0°	+ ω/4	+ ω/2	+ 3ω/4	+ ω
46	52° 38'	56° 11'	59° 48'	63° 32'	67° 27'	71° 35'	76° 2'	80° 52'	86° 10'
47	52 37	56 6	59 38	63 17	67 6	71 9	75 30	80 13	85 24
48	52 36	56 1	59 29	63 3	66 47	70 44	74 58	79 35	84 39
49	52 36	55 56	59 20	62 49	66 27	70 19	74 20	78 57	83 54
50	52 36	55 52	59 11	62 35	66 8	69 54	73 55	78 19	83 9
51	52 37	55 49	59 3	62 22	65 50	69 30	73 26	77 42	82 25
52	52 38	55 46	58 56	62 10	65 32	69 6	72 55	77 5	81 41
53	52 40	55 43	58 49	61 58	65 15	68 43	72 25	76 28	80 57
54	52 42	55 41	58 42	61 46	64 58	68 20	71 56	75 52	80 13
55	52 45	55 40	58 36	61 35	64 41	67 58	71 27	75 17	79 30
56	52 48	55 39	58 30	61 24	64 25	67 36	70 59	74 42	78 47
57	52 52	55 38	58 25	61 14	64 10	67 14	70 31	74 7	78 5
58	52 56	55 38	58 20	61 4	63 56	66 53	70 4	73 33	77 23
59	53 1	55 39	58 16	60 55	63 40	66 33	69 37	72 59	76 41
60	53 6	55 40	58 12	60 47	63 26	66 13	69 11	72 25	76 0

9ʰ Vormittags und 3ʰ Nachmittags.

30	44° 8'	48° 23'	52° 58'	57° 58'	63° 20'	69° 29'	76° 12'	83° 39'	91° 49'
31	43 50	48 1	52 31	57 24	62 45	68 40	75 15	82 34	90 39
32	43 35	47 40	52 5	56 51	62 6	67 52	74 19	81 30	89 28
33	43 21	47 21	51 40	56 19	61 26	67 5	73 23	80 27	88 18
34	43 7	47 3	51 15	55 48	60 47	66 19	72 29	79 24	87 8
35	42 54	46 45	50 51	55 18	60 10	65 34	71 35	78 22	85 58
36	42 41	46 27	50 28	54 48	59 33	64 49	70 42	77 20	84 48
37	42 29	46 10	50 6	54 19	58 58	64 5	69 50	76 19	83 39
38	42 17	45 54	49 44	53 51	58 23	63 22	68 59	75 19	82 30
39	42 6	45 38	49 23	53 25	57 49	62 41	68 9	74 20	81 21
40	41 56	45 23	49 3	53 0	57 10	62 1	67 19	73 22	80 12
41	41 46	45 9	48 44	52 35	56 44	61 21	66 31	72 24	79 5
42	41 37	44 56	48 25	52 10	56 13	60 42	65 44	71 27	77 59
43	41 29	44 43	48 7	51 46	55 42	60 4	64 57	70 31	76 53
44	41 21	44 31	47 50	51 23	55 13	59 27	64 12	69 36	75 48
45	41 14	44 19	47 33	51 0	54 44	58 51	63 28	68 42	74 44
46	41 7	44 8	47 17	50 39	54 10	58 16	62 44	67 50	73 41
47	41 1	43 57	47 2	50 18	53 49	57 42	62 2	66 58	72 38
48	40 55	43 47	46 47	49 58	53 23	57 9	61 20	66 7	71 37
49	40 49	43 38	46 33	49 38	52 57	56 30	60 40	65 17	70 37
50	40 45	43 29	46 20	49 19	52 33	56 5	60 1	64 28	69 37
51	40 41	43 21	46 7	49 1	52 9	55 34	59 22	63 41	68 39
52	40 37	43 13	45 55	48 44	51 46	55 4	58 44	62 54	67 42
53	40 34	43 6	45 43	48 27	51 23	54 35	58 7	62 8	66 46
54	40 31	42 59	45 32	48 11	51 2	54 7	57 32	61 23	65 51
55	40 29	42 53	45 21	47 56	50 41	53 39	56 57	60 40	64 58
56	40 28	42 48	45 11	47 46	50 20	53 12	56 23	59 58	64 6
57	40 27	42 43	45 2	47 27	50 1	52 46	55 50	59 17	63 14
58	40 26	42 39	44 54	47 14	49 42	52 22	55 18	58 37	62 24
59	40 26	42 36	44 46	47 1	49 24	51 48	54 47	57 57	61 35
60	40 27	42 31	44 38	46 49	49 6	51 34	54 17	57 19	60 48

	10h Vormittags und 2h Nachmittags.								
P Grad.	$-\omega$	$-\frac{3\omega}{4}$	$-\frac{\omega}{2}$	$-\frac{\omega}{4}$	0°	$+\frac{\omega}{4}$	$+\frac{\omega}{2}$	$+\frac{3\omega}{4}$	$+\omega$
30	31° 43′	35° 14′	39° 13′	43° 46′	49° 6′	55° 28′	63° 9′	72° 26′	83° 30′
31	31 26	34 51	38 42	43 7	48 16	54 24	61 48	70 48	81 36
32	31 9	34 29	38 13	42 29	47 27	53 22	60 30	69 12	79 43
33	30 53	34 8	37 45	41 52	46 40	52 22	59 15	67 39	77 52
34	30 38	33 48	37 18	41 17	45 55	51 24	58 1	66 8	76 2
35	30 24	33 28	36 52	40 44	45 11	50 28	56 50	64 39	74 14
36	30 10	33 9	36 27	40 11	44 29	49 34	55 42	63 13	72 29
37	29 57	32 51	36 2	39 40	43 49	48 42	54 36	61 50	70 46
38	29 44	32 34	35 39	39 10	43 10	47 52	53 32	60 29	69 5
39	29 32	32 17	35 17	38 40	42 32	47 4	52 30	59 10	67 27
40	29 21	32 0	34 56	38 11	41 56	46 18	51 30	57 54	65 52
41	29 10	31 46	34 36	37 44	41 21	45 33	50 33	56 40	64 19
42	29 0	31 31	34 16	37 19	40 47	44 49	49 38	55 29	62 49
43	28 51	31 17	33 57	36 55	40 15	44 7	48 45	54 21	61 22
44	28 42	31 4	33 39	36 31	39 44	43 27	47 53	53 15	59 57
45	28 34	30 52	33 22	36 8	39 14	42 49	47 3	52 11	58 35
46	28 25	30 40	33 6	35 46	38 45	42 12	46 15	51 9	57 16
47	28 17	30 28	32 50	35 24	38 17	41 36	45 29	50 10	55 59
48	28 10	30 17	32 35	35 3	37 51	41 1	44 44	49 13	54 45
49	28 3	30 7	32 20	34 44	37 25	40 28	44 1	48 18	53 35
50	27 57	29 58	32 6	34 26	37 0	39 56	43 20	47 25	52 27
51	27 51	29 49	31 53	34 8	36 37	39 25	42 40	46 34	51 21
52	27 46	29 40	31 41	33 51	36 14	38 55	42 2	45 44	50 17
53	27 42	29 32	31 29	33 34	35 52	38 27	41 25	44 57	49 16
54	27 37	29 24	31 18	33 18	35 31	38 0	40 50	44 12	48 17
55	27 33	29 17	31 7	33 3	35 11	37 33	40 16	43 28	47 21
56	27 30	29 11	30 57	32 49	34 51	37 7	39 43	42 46	46 27
57	27 27	29 5	30 47	32 35	34 33	36 43	39 12	42 5	45 35
58	27 24	28 59	30 38	32 22	34 15	36 20	38 42	41 26	44 45
59	27 22	28 54	30 29	32 10	33 58	35 57	38 12	40 49	43 57
60	27 20	28 49	30 21	31 58	33 41	35 35	37 44	40 13	43 10

11h Vormittags und 1h Nachmittags.

P Grad.	$-\omega$	$-\frac{3\omega}{4}$	$-\frac{\omega}{2}$	$-\frac{\omega}{4}$	0°	$+\frac{\omega}{4}$	$+\frac{\omega}{2}$	$+\frac{3\omega}{4}$	$+\omega$
30	16° 46′	18° 52′	21° 20′	24° 21′	28° 11′	33° 18′	40° 30′	51° 11′	67° 32′
31	16 34	18 36	20 58	23 51	27 29	32 18	39 1	48 56	64 9
32	16 23	18 21	20 37	23 22	26 49	31 21	37 38	46 50	60 57
33	16 13	18 6	20 17	22 55	26 12	30 28	36 20	44 52	57 57
34	16 3	17 52	19 58	22 29	25 36	29 38	35 7	43 2	55 9
35	15 53	17 39	19 40	22 4	25 2	28 51	33 59	41 20	52 32
36	15 44	17 26	19 23	21 41	24 30	28 6	32 55	39 45	50 5
37	15 35	17 14	19 7	21 19	24 0	27 23	31 54	38 10	47 48
38	15 27	17 2	18 51	20 58	23 31	26 44	30 58	36 53	45 41
39	15 19	16 51	18 36	20 37	23 4	26 7	30 6	35 37	43 44
40	15 11	16 41	18 22	20 18	22 38	25 31	29 17	34 26	41 56
41	15 4	16 31	18 8	20 0	22 13	24 57	28 30	33 18	40 14
42	14 57	16 21	17 55	19 42	21 49	24 25	27 45	32 14	38 39
43	14 51	16 12	17 43	19 25	21 27	23 55	27 3	31 14	37 11
44	14 45	16 3	17 21	19 9	21 6	23 26	26 23	30 18	35 49
45	14 39	15 55	17 19	18 54	20 45	22 59	25 46	29 20	34 32

P Grad.	11h Vormittags und 1h Nachmittags.								
	$-\omega$	$-\frac{3\omega}{4}$	$-\frac{\omega}{2}$	$-\frac{\omega}{4}$	0°	$+\frac{\omega}{4}$	$+\frac{\omega}{2}$	$+\frac{3\omega}{4}$	$+\omega$
46	14° 34′	15° 47′	17° 8′	18° 40′	20° 26′	22° 33′	25° 11′	28° 37′	33° 20′
47	14 29	15 40	16 59	18 26	20 7	22 8	24 37	27 50	32 14
48	14 24	15 33	16 48	18 13	19 49	21 45	24 5	27 6	31 12
49	14 19	15 26	16 39	18 0	19 33	21 22	23 35	26 25	30 14
50	14 15	15 20	16 30	17 48	19 17	21 1	23 7	25 46	29 19
51	14 11	15 14	16 22	17 37	19 1	20 40	22 40	25 10	28 28
52	14 7	15 8	16 14	17 26	18 47	20 21	22 14	24 35	27 40
53	14 4	15 3	16 6	17 15	18 33	20 2	21 49	24 2	26 54
54	14 1	14 58	15 59	17 5	18 19	19 45	21 26	23 31	26 11
55	13 58	14 54	15 52	16 56	18 7	19 28	21 4	23 1	25 31
56	13 55	14 49	15 46	16 47	17 55	19 12	20 43	22 33	24 53
57	13 53	14 45	15 40	16 38	17 43	18 56	20 22	22 6	24 17
58	13 51	14 41	15 34	16 30	17 32	18 42	20 3	21 41	23 43
59	13 50	14 38	15 28	16 22	17 22	18 28	19 45	21 17	23 11
60	13 48	14 35	15 23	16 15	17 12	18 15	19 27	20 54	22 41

Nach vorstehenden Tafeln erhält man z. B. für die Polhöhe Leipzigs (51° 20′) folgende Azimutalwinkel:

Stunde	$-\omega$	$-\frac{3\omega}{4}$	$-\frac{\omega}{2}$	$-\frac{\omega}{4}$	0°	$+\frac{\omega}{4}$	$+\frac{\omega}{2}$	$+\frac{3\omega}{4}$	$+\omega$
3							133° 57′	136° 42′	139° 20′
4					114° 16′	117° 42′	120 59	124 12	127 23
5			94° 17′	98° 8′	101 49	105 25	108 58	112 30	116 0
6	74° 49′	78° 48′	82 30	86 20	90 0	93 40	97 24	101 12	105 11
7	63 54	67 30	71 2	74 35	78 11	81 52	85 43	89 46	94 6
8	52 37	55 48	59 1	62 18	65 44	69 22	73 15	77 30	82 10
9	40 40	43 18	46 3	48 55	52 1	55 24	59 9	63 25	68 20
10	27 49	29 46	31 49	34 2	36 20	39 16	42 27	46 17	51 0
11	14 10	15 12	16 19	17 33	18 56	20 34	22 31	24 58	28 12
12	0 0	0 0	0 0	0 0	0 0	0 0	0 0	0 0	0 0

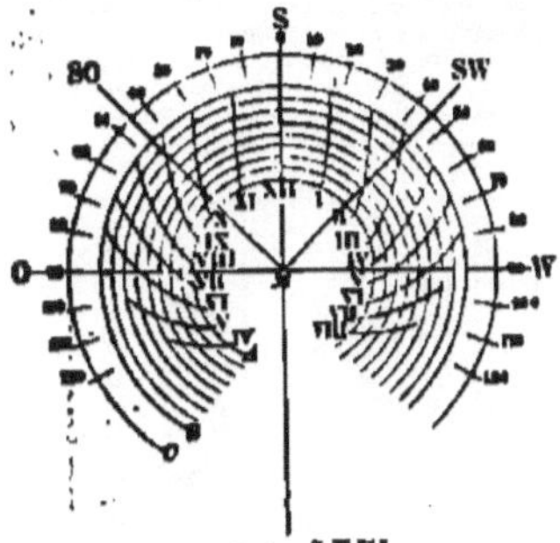

Die Construction einer Azimutaluhr mittels vorstehender Tabellen kann auf folgende Weise ausgeführt werden. Aus M als Mittelpunkt (s. Fig.) beschreibt man neun, den verschiedenen Declinationen der Sonne $+\omega$, $+\frac{3\omega}{4}$ ....., $-\omega$ zugehörige, gleichweit von einander entfernte, concentrische Kreislinien, von welchen die innerste für die Declination $+\omega = 23°\ 28'$ bestimmt A vom Schatten des in M senkrecht errichteten Zeigers im Sommersolstitium noch getroffen wird. Die äußerste Kreislinie B gilt der Declination $-\omega = -23°\ 28'$. Außerdem kann außerhalb B noch eine zehnte, die Gradeintheilung enthaltende Kreislinie C hinzugefügt werden, um die Azimutalwinkel messen zu können. Legt man alsdann für eine gewisse Stunde des Tages von M aus Gerade durch diese Declinationskreise, die mit MS den in obigen Tafeln enthaltenen Azimutalwinkel bilden, so erhält man neun Durchschnittspunkte, die durch eine stetige Kurve verbunden, die jener Stunde zugehörige Stunden-

Unit geben. So ist z. B. für die Polhöhe Leipzigs und den innersten Declinationskreis ∠ XI M XII = 28° 12′, derselbe Winkel für den nächstfolgenden Kreis = 24° 58′. Um die Zeit am 21. April $\left(\delta = \frac{\omega}{2}\right)$ abzulesen, hat man die Durchschnittspunkte des dritten Kreises mit dem Schatten des Zeigers nach den in demselben Kreise durch die Stundenlinien gegebenen Punkten abzumessen. Der Vortheil, den kleinere Zeiträume darbieten müssen, läßt sich einfach durch Hinzufügen folgender Declinationskreise erreichen:

$\delta = -\frac{7\omega}{8} = -20° 32'$ für den 18. Jan. und 24. Nov.

$\delta = -\frac{5\omega}{8} = -14° 40'$ für den 9. Febr. und 2. Nov.

$\delta = -\frac{3\omega}{8} = -8° 48'$ für den 26. Febr. und 16. Oct.

$\delta = -\frac{\omega}{8} = -2° 56'$ für den 13. März und 30. Sept.

$\delta = +\frac{\omega}{8} = +2° 56'$ für den 28. März und 15. Sept.

$\delta = +\frac{3\omega}{8} = +8° 48'$ für den 12. April und 31. Aug.

$\delta = +\frac{5\omega}{8} = +14° 40'$ für den 30. April und 13. Aug.

$\delta = +\frac{7\omega}{8} = +20° 32'$ für den 23. Mai und 21. Juli.

Eine französische Erfindung ist die sogenannte Kanonenuhr, bei welcher über dem in der Mittagslinie einer Sonnenuhr befindlichen Zündloche einer Kanone ein Brennglas so angebracht ist, daß die Sonnenstrahlen im Augenblicke der Culmination durch das Glas auf das Zündkraut derselben fallen und sie abfeuern. Das Brennglas muß von Zeit zu Zeit (monatlich) je nach der Höhe der Sonne gestellt werden. Eine solche Kanonenuhr über dem Eingange in das Palais royal zu Paris, bei welcher das Brennglas zwischen zwei parallelen, in der Meridianebene befindlichen Platten angebracht war, gab der Umgebung den Moment der wahren Mittagszeit an. Man construirt auch Kanonenuhren mit in unveränderlicher Höhe bleibendem Brennglase, das den Focus in eine längliche, mit der Mittagslinie zusammenfallende, mit Pulver ausgefüllte Vertiefung wirft, die in das Zündloch einer Kanone mündet.

Ein höchst einfaches, ehedem oft die Stelle der Taschenuhr vertretendes Instrument — der Sonnenring — besteht aus einem breiten Ringe von Messingblech (s. folg. Fig.), der an einem Henkel freischwebend gehalten werden kann. Die vordere Seite des Ringes ist der Länge nach mit einer Spalte versehen, neben welcher links die Anfangsbuchstaben der ersten sechs Monate, rechts die der letzten sechs verzeichnet sind, und zwar so geordnet, daß die Monate von gleicher Tageslänge neben einander stehen. Den Ring umgibt noch ein zweiter schmaler, die Spalte verdeckender und verschiebbarer Ring mit einer kleinen runden Oeffnung, die auf den betreffenden Monat eingestellt wird. Beim Gebrauche des Sonnenringes hält man denselben so, daß die durch die Oeffnung gehenden Sonnenstrahlen auf die gegenüber befindliche innere Seite des Ringes fallen und daselbst an einer Stundeneintheilung die Zeit angeben. — Es läßt sich leicht nachweisen, daß ein solcher Ring die (wahre) Zeit nicht richtig angeben kann. Bezeichnet man nämlich die Polhöhe des Beobachtungsortes mit p, die Schiefe der Ekliptik mit ω, und wird für den Punkt M (20. März) die Stundeneintheilung verzeichnet, so ist M6 horizontal, M12 zu der durch 12 gelegten Horizontalen unter einem Winkel von 90° − p geneigt. Wird alsdann ∠ I12M = ω (23½°) gemacht, so ist der die Stunde 12 Uhr richtig anzeigende Punkt I für den 21. Juni gefunden. Die mit φ ausgedrückte Höhe der Sonne am 21. Juni 6 Uhr Morgens oder Abends erhält man durch den Ausdruck

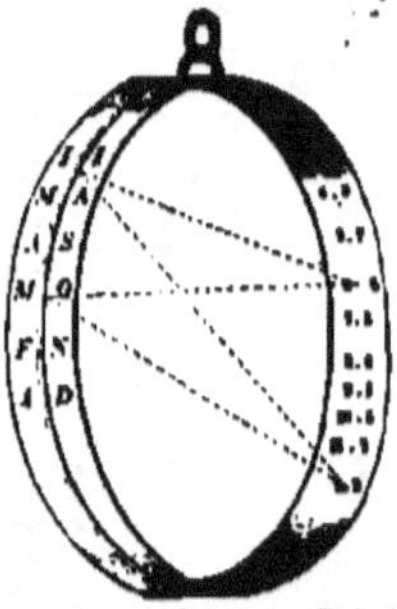

$$\sin\varphi = \sin\omega \sin p$$

und müßte in der bisher erhaltenen Zeichnung dem Winkel I6M gleich sein, was wegen

$$\angle I6M = \angle I12M = \omega$$

nicht der Fall ist.

Die Sonnenuhr gibt die wahre Zeit an, die nur viermal im Jahre (am 15. April, 16. Juni, 1. Sept. und 24. Dec.) mit der von unsern Räderuhren zeigenden mittlern Zeit übereinstimmt. Um die mittlere Zeit zu erhalten, ist daher der an der Sonnenuhr beobachteten wahren Zeit die Zeitgleichung hinzuzufügen, die aus folgender Tabelle entnommen werden kann.

Zeitgl. Min.				
+ 14,4	11. Febr.			11. Febr.
+ 14	26. „			3. „
+ 12	4. März			22. Jan.
+ 10	16. „			16. „
+ 8	17. „			10. „
+ 6,2		26. Juli	26. Juli	
+ 6	21. „	30. „	2. Aug.	5. „
+ 4	1. April	6. „	16. „	1. „
+ 2	8. „	24. Juni	22. „	27. Dec.
0	15. „	15. „	1. Sept.	24. „
− 2	24. „	4. „	7. „	21. „
− 3,8	14. Mai	14. Mai		
− 4			12. „	16. „
− 6			18. „	12. „
− 8			24. „	6. „
− 10			30. „	2. „
− 12			7. Oct.	26. Nov.
− 14			16. „	21. „
− 16			27. „	9. „
− 16,1			3. Nov.	3. „

Zeigt z. B. am 9. November eine Sonnenuhr 5 Uhr 40 Min., so ist in demselben Augenblicke die mittlere Zeit 5 U. 40 M. — 16 M. = 5 U. 24. M. Mittels einer richtig gehenden Räderuhr läßt sich daher auf jeder von der Sonne beschienenen und mit einem der Weltaxe parallelen Zeiger versehenen Fläche eine Sonnenuhr anfertigen, wenn die den wahren, aus der mittlern Zeit und der Zeitgleichung bestimmten Stunden zugehörigen Schattenlinien fixirt werden. Am einfachsten geschieht dies an den Tagen, an welchen die Zeitgleichung = 0 ist.

Verbindet man die dem mittleren Mittage jeden Tages im Jahre zugehörigen Endpunkte des Schattens des Zeigers einer Sonnenuhr, so erhält man die Mittagslinie der mittlern Zeit, eine einer gedehnten 8 nicht unähnlichen Figur. Eine Abbildung dieser unsymmetrischen Linie enthält Bode's Jahrbuch für 1814. Die Sonnenuhren am Palais du Luxembourg zu Paris und am Gebäude der alten berliner Sternwarte zeigen solche Mittagslinien. Wird für irgend einen Tag des Jahres die Zeitgleichung mit z, die Declination der Sonne mit δ bezeichnet, so ergibt sich der Winkel w, welchen die dem mittleren Mittage zugehörige Schattenlinie mit der Mittagslinie der Uhrfläche bildet, aus den Gleichungen (s. oben):

$$\cot\gamma = \sin\beta \, . \, \mathrm{tg}\, i; \quad \cos\eta = \cos\beta \, . \, \sin i;$$

$$\cot w = \frac{\sin\eta \cot z}{\cos(p+\gamma)} + \mathrm{tg}\,(p+\gamma)\cos\eta.$$

Die Länge des Schattens r' kann wegen der Kleinheit des Winkels z:

$$r' = \frac{r\cos\delta}{\sin(p+\gamma-\delta)}$$

angenommen werden. Die Verzeichnung der Mittagslinie geschieht durch die Verbindung der durch w und r' bestimmten Punkte.

Soll die gewöhnliche Sonnenuhr als Mondubr benutzt werden, so hat man die im Mondscheine auf der Sonnenuhr abgelesene Stunde h um die Differenz m — s zu vermehren, wo m und s die durch Stunden ausgedrückten Rectascensionen des Mondes und der Sonne bedeuten. Die Summe h + m — s ist nöthigenfalls um ein Vielfaches von 12 Stunden zu vermindern oder zu vermehren. Mit Vortheil benutzt man hier eine die Differenz m — s enthaltende Ephemeride, z. B.

Mittags 12 Uhr	m — s
1860 Febr. 6	11^h 24'
7	12 18
8	13 10
9	14 0
10	14 48
11	15 38

Es zeige der Mond am 9. Febr. 1860 Abends (gegen Mitternacht): 9 Uhr 10 Min. Aus vorstehender Tafel findet man für diese Zeit (Mitternacht) m — s = 14 U. 25 M. Daher die gesuchte Zeit: 9^h 10' + 14^h 25' = 23^h 35' oder um 12^h vermindert: 11^h 35' Abends (wahre Zeit).

Mit hinlänglicher Genauigkeit findet man die wahre Zeit aus der durch den Mond angegebenen (h) auch auf folgende Weise. Die Beobachtung, welche d Tage nach der letzten Syzigie (Voll- oder Neumond) gemacht worden ist; falle zwischen die beiden Syzigien, deren Zeitdifferenz t Tage betrage. Alsdann ist die gesuchte Zeit in Stunden:

$$h + \frac{12d}{t} \quad \text{oder} \quad h + \frac{12d}{t} - 12.$$

Im Mittel ist t = $14^{11}/_{16}$, daher die gesuchte Zeit annähernd:

$$h + \frac{13d}{16} \quad \text{oder} \quad h + \frac{13d}{16} - 12.$$

Der Mond zeige z. B. 9. Febr. 1860 Abends (gegen Mitternacht) 9 U. 10 M. Die vor diese Beobachtung fallende Syzigie war ein Vollmond am 7. Febr. 3 U. 24 M. früh (leipz. Zeit), die nächstfolgende ist der am 21. Febr. 6 U. 28 M. Abends eintretende Neumond. Die Differenz t ist demnach = 14,71 Tage. Ferner sind vom 7. Febr. 3 U. 24 M. früh bis zur Beobachtung 2,84 Tage = d verflossen. Mithin ist die gesuchte wahre Zeit:

$$9^h\,10' + \frac{2{,}84 \, . \, 12^h}{14{,}71} = 11^h\,29' \text{ Abends.}$$

Geht man mit dem rohen Werthe d = 3 in die abgekürzte Formel, so erhält man:

$$9^h\,10' + \frac{3 \, . \, 13^h}{16} = 11^h\,36' \text{ Abends.}$$

Die Zeit der Erfindung der Sonnenuhren läßt sich mit Bestimmtheit nicht angeben, ebenso wenig das Volk, welches dieselben zuerst anfertigte. In frühester Zeit und in Griechenland selbst noch nach Einführung der Sonnenuhren begnügte man sich mit dem Messen des Schattens der Gegenstände. So findet man bei Aristophanes (400 v. Chr.) die Worte: „δεκάπουν τὸ στοιχεῖον" — wenn der Schatten 10 Schuh betragen wird. Noch vor der Erfindung der Sonnenuhren mochte die Richtung des Schattens des in der Ebene senkrecht stehenden Gnomons für die Tageszeit maßgebend sein (vergl. unten Anaximenes). Der Jes. 38, 8 und 2 Kön. 20, 9—11 erwähnte Sonnenzeiger des Ahas (König von Juda 744 bis 728 v. Chr.) scheint in einer Säule bestanden zu haben, die ihren Schatten auf die die Tageszeit anzeigenden Stufen einer Treppe warf. Da 2 Kön. 20, 9 — 11 von dem Vor- oder Rückwärtsschreiten des Schattens um 10 Stufen die Rede ist, so kann eine wirkliche, die 12 Stundenlinien enthaltende Sonnenuhr nicht angenommen werden. Abweichend von dieser Auffassung beschreibt Rabbi Elias Chomer diesen Sonnenzeiger als eine halbkugelförmige Aushöhlung, in deren Mitte eine Kugel ruhte, die ihren Schatten auf die 28 in die ausgehöhlte halbe Rundung eingegrabenen Kreislinien warf. Nicht unmöglich ist es, daß die in den ersten Regierungsjahren des Ahas in Juda eingedrungenen Assyrer, ein in den astronomischen Wissenschaften nicht unerfahrenes Volk, Theil an der Errichtung dieses Sonnenzeigers hatten. Das durch den Propheten Jesaias bewirkte Wunder des Zurücklaufens des Schattens erregte nach 2 Chron. 32, 31 selbst bei den Babyloniern Aufsehen. Eine natürliche Erklärung dieses Wunders auf mathematischem Wege glaubte man gefunden zu haben, seitdem der Portugiese Peter Nonius zuerst die überraschende Bemerkung gemacht hatte, daß ein Zurückgehen des Schattens der Zeigerspitze des die Stunden angebenden verticalen Zeigers auf einer horizontalen Sonnenuhr in der That eintreten kann, wenn dieselbe an einem zwischen dem Aequator und den Wendekreisen gelegenen Orte aufgestellt ist. Es geschieht dies, wenn die Sonne zwischen dem Zenith und dem zunächstliegenden Wendekreise hindurchgeht. Jerusalem (31° 48' n. Br., also 8° 20' nördlich vom Wendekreise des Krebses) liegt zwar nicht in der Tropenregion, man kann aber, wie schon Montucla (Hist. des math. I. p. 739, note du IV livre) bemerkt, dieselbe Erscheinung an einem beliebigen Orte hervorrufen, wenn man der ebenen Oberfläche eine solche Neigung gegen den Horizont gibt, daß das Zenith derselben zwischen das Zenith des Ortes und den nächstgelegenen Wendekreis hineinfällt. In diesem Falle ist sie nämlich einer innerhalb der Tropen aufgestellten Sonnenuhr parallel und muß daher analoge Erscheinungen zeigen.

Die eigentlichen Sonnenuhren waren schon frühzeitig bei den Babyloniern im Gebrauche, denen wahrscheinlich auch die Griechen und Römer ihre Kenntnisse in der Gnomonik zu verdanken haben. Vitruvius nennt den chaldäischen Astronomen Berosos (wahrscheinlich um 640 v. Chr.) als Erfinder einer besondern Art von Sonnenuhren, deren Stundenlinien in einer sphärischen Aushöhlung verzeichnet waren. Bei den Griechen finden sich die ersten Sonnenuhren in der Mitte des 6. Jahrh. v. Chr. vor. Herodot (um 450 v. Chr.) berichtet, daß die Griechen von den Babyloniern das astronomische Instrument „πόλος“ (entweder ein den Wechsel der Jahreszeiten anzeigendes Instrument oder eine Stundenuhr), den Sonnenzeiger und die Eintheilung des Tages in 12 Theile erhalten hätten. Dieser Angabe ist um so mehr Glauben zu schenken, als es Thatsache ist, daß Gnomon und Sonnenuhr gleichzeitig vorkommen. Diogenes Laërtius (250 n. Chr.) sagt, daß die erste Sonnenuhr von Anaximander in Lacedämon (um das Jahr 545 v. Chr.) aufgestellt wurde. Andere (*Plinius*, Hist. nat. II. c. 76) schreiben dem Schüler desselben, Anaximenes von Miletos, die Erfindung (wahrscheinlich nur die der Ebene des Gnomons durch Einschlagen von Stiften hinzugefügte Stundeneintheilung) zu. Plinius (Hist. nat. VII. c. 57) scheint hinzuzufügen, daß bei Aufstellung der ersten Sonnenuhr nur des Thales (610 v. Chr.) Lehren in Anwendung gebracht worden seien — sphaeram in ea Milesius Anaximander. Endlich wird auch Pherekydes dem jüngeren (um 450 v. Chr.) und Meton (430 v. Chr.) die erste Aufstellung der Sonnenuhren zugeschrieben. Der Knidier Eudoxus, ein geschickter Astronom und Arzt (gegen 400 v. Chr.) soll die erste Aenderung der ursprünglichen Sonnenuhr vorgenommen haben. Seine Sonnenuhr erhielt den Beinamen Arachne, wahrscheinlich wegen der einem Spinnengewebe ähnlich sich kreuzenden Linien. Vitruvius, der die Geschichte der griechischen Sonnenuhren ziemlich ausführlich behandelt und die Einrichtung derselben vorzüglich auf die Erfindung des Berosos zurückführt, schreibt, daß Manche einen gewissen Apollonius (Apollonius von Perga?) als Erfinder der Arachne betrachten. Gewiß aber ist es, daß Apollonius von Perga die sogenannte köcherförmige Sonnenuhr erfand. Ferner erwähnt Vitruvius zwei Syrakuser Skopas und Skopinas als Erfinder der Plinthium oder Lacunar genannten, aus einer länglich viereckigen Vertiefung bestehenden Sonnenuhr. Wahrscheinlich ist Letzterer mit Ersterem (Bildhauer und Architect Skopas um 430 v. Chr.) identisch. Patrokles (um 396 v. Chr.) erfand die den Namen Pelecinon führende Sonnenuhr. Baldus sagt, daß dieselbe das Ansehen eines zweischneidigen Beiles gehabt habe. Der Maler Dionysiodor aus Kolophon erfand eine die Gestalt des Kegels zeigende Sonnenuhr. Der samische Mathematiker Aristarch (um 260 v. Chr.) fertigte Sonnenuhren, welche die Namen Skaphe (Skaphion) oder Hemisphärium führten und Aehnlichkeit mit kleinen Kähnen, deren Längenaxe vertical gerichtet war, oder mit halben Sphären hatten, bei welchen in der Mitte am Boden ein Stift oder Zeiger befestigt war. Ein gewisser Parmenion erfand eine Sonnenuhr „πρὸς τὰ ἱστορούμενα,“ die wahrscheinlich eine allgemeinere Bestimmung hatte, d. h. durch Stellungen der Scheibe an den darauf angegebenen Orten benutzt werden konnte. Noch vollkommener waren die Sonnenuhren „πρὸς πᾶν κλίμα“ des tripolitanischen Mathematikers Theodosius (im 2. oder 3. Jahrh. v. Chr.). Man hält diese Sonnenuhren für die ersten tragbaren. Ein gewisser Andreas (vielleicht der berühmte Bildhauer aus Argos) soll ähnliche Sonnenuhren construirt haben. Varro berichtet, daß ein gewisser Kypresses einen mit einem Kreise der 8 Winde versehenen Stundenzeiger angefertigt habe. Von Vitruvius werden noch drei Arten von Sonnenuhren: Gonarche, Engonata und Antiboreum angeführt, letztere „eine Mitternachtsuhr, die auf der Fläche des Aequators gerade nach Norden gerichtet ist“ (*Vitruv.* IX, 9). Alkiphron (180 n. Chr.) endlich beschreibt eine der berosischen ähnliche Sonnenuhr. Montucla (Hist. des math. I. p. 716, Tab. XII) bemühte sich, die Construction der bei den Alten gebräuchlichen Sonnenuhren nach der von Vitruvius im 9. Buche seiner Architectur gegebenen, ziemlich weitläufigen Beschreibung genauer zu bestimmen; doch konnten uns erst die in neuerer Zeit aufgefundenen Sonnenuhren eine richtige Kenntniß derselben verschaffen. Von den in Griechenland aufgefundenen Sonnenuhren bespricht Delambre (Notice d'un cadran trouvé à Delos) die zu Delos ausgegrabene ausführlich. In Athen traf der französische Architect Le Roi eine Sonnenuhr, deren Stundenlinien in einer sphärischen Aushöhlung, übereinstimmend mit der von Alkiphron gegebenen Beschreibung, verzeichnet waren, auf der Spitze eines Felsens, zur

Ruinen des vom Thrasyllus aufgeführten Gebäudes an. Die Zeit, zu welcher die Sonnenuhren bei den Römern bekannt wurden, ist ungewiß. Plinius erzählt: „In Rom hat nach Aussage des Fabius Vestalis, L. Papirius Cursor die erste Sonnenuhr beim Quirinustempel aufgestellt, 11 Jahre bevor der Krieg mit Pyrrhus begann (also 293 v. Chr.). Er erfüllte damit ein Gelübde, das sein Vater gethan hatte. Doch sagt Fab. Vestalis weder, wie die Uhr eingerichtet war, noch wer ihr Verfertiger gewesen; ebenso wenig erfährt man, woher sie gekommen, noch von welchem Schriftsteller der Sache Erwähnung geschehen." Was Plinius an derselben Stelle von der zweiten Sonnenuhr zu Rom erzählt, welche 30 Jahre später (263 v. Chr.) aufgestellt wurde, zeigt, wie äußerst gering damals die astronomischen Kenntnisse der Römer sein mußten. Die im ersten punischen Kriege von M. Valerius Messala aus dem eroberten sicilianischen Catina (Catania) nach Rom geschafften und auf dem Forum neben der Rednerbühne aufgestellten Sonnenuhr zeigte nämlich wegen des Breitenunterschiedes von 4⅓° und wol auch wegen fehlerhafter Aufstellung die Stunden merklich unrichtig. Dieser Fehler wurde aber erst 99 Jahre später durch den Censor Q. Marcius Philippus berichtigt. So war es möglich, daß bei den Römern selbst noch zu Seneca's Zeiten der Spruch galt: facilius inter philosophos quam inter horologia convenict. Daß die Gnomonik bei den Römern auf so niedriger Stufe nicht stehen blieb, zeigt das schon oben mehrfach angeführte Werk des aus Verona gebürtigen Mathematikers und Architecten Pollio Marcius Vitruvius, das derselbe auf Befehl des Kaisers Augustus schrieb. Vitruvius erwähnt, daß eine der oben mit dem Namen Plinthium oder Lacunar belegten Sonnenuhren auf dem flaminischen Circus in Rom aufgestellt gewesen. Zu Ravenna befand sich ein Sonnenzeiger, den man Hercules horaria nannte, weil sie von einer Herkulesstatue auf den Schultern getragen wurde. Dieselbe gehörte der Skaphe oder Hemisphärium genannten Gattung an. Die von Vitruvius erwähnten Reiseuhren zum Anhängen (viatoria pensilia) konnten an verschiedenen Orten gebraucht werden. Sämmtliche in diesem und dem vorigen Jahrhunderte in Italien aufgefundenen antiken Sonnenuhren zeigen die von Vitruvius beschriebene Construction. Im Jahre 1741 wurde auf dem tusculanischen Berge aus den Ruinen einer Villa eine sphärisch-concave Sonnenuhr hervorgezogen, die in der That für diesen Ort angefertigt worden, denn die Einrichtung zeigte eine geographische Breite von 41° 43′, genau der von Tusculanum. Sie wurde zuerst von G. Luca Zuzzeri ausführlich beschrieben und abgebildet. Einige Jahre später wurde eine ganz ähnliche Sonnenuhr zu Castelnuovo im Kirchenstaate ausgegraben, die der damalige Papst Benedict XIII. im J. 1751 im Capitolium aufstellen ließ. Eine dieser vollkommen gleiche Sonnenuhr ward 1751 zu Rignano, unweit Castelnuovo ausgegraben, die wie jene aus Travertinstein gefertigt war. Eine in ihrer Construction von den so eben erwähnten abweichende, aus weißem Marmor gearbeitete Sonnenuhr grub man am 22. Jan. 1762 in Pompeji aus. Die in sphärischer Aushöhlung angebrachten Stundenlinien waren für eine Polhöhe von 29° 18′ — der von Memphis in Aegypten — berechnet. Um das Jahr 1735 wurde im römischen Gebiete eine, wahrscheinlich unter der Regierung des Kaisers Septimius Severus (um 208 n. Chr.) angefertigte, vielleicht zu den oben mit „πρὸς πᾶν κλίμα" und „πρὸς τὰ ἱστορούμενα" näher bezeichneten Gattungen gehörende tragbare Sonnenuhr gefunden. Sie enthält auf einer Scheibe ringsherum folgende Namen und Zahlen (Polhöhen):

ITALIAE	XLII	SYRIAE	XXXVIII	BRITAN	LVII
IN TVSCIA	XLI	GALATI	XXXVIII	GERMAN	L
MAVRE	XXX	BABYLON	XXX	GALLIAE	XLVIII
APHRICA	XXXX	HISPAN	XXXX	ASCON	XLV
ARABIA	XXVIII	AEGYPTI	XXXIII	RAEBOD	XLIII
		IN TROPI	XXX		

Eine der oben mit viatoria pensilia bezeichneten tragbaren Sonnenuhren wurde bei den Nachgrabungen zu Portici im J. 1755 gefunden. Die meisterhaft gearbeitete, für die Polhöhe Roms (41° 39′ 45″) vollkommen richtig construirte Sonnenuhr soll, wie man behauptet, im J. 28 n. Chr. angefertigt sein.

Ueber die Stundeneintheilung der Sonnenuhren sagt Vitruvius: „Die Wirkung der Sonnenzeiger, ihre Anlage und Gestalt sei welche sie auch wolle, muß immer einerlei bleiben; nämlich der Tag muß in den Aequinoctien, sowie im Winter und im Sommer, durch sie in 12 gleiche Theile abgemessen werden." Die Stundenzahl wurde den Stundenlinien anfänglich nicht hinzugesetzt. Man zählte die Linien vom Anbruche des Tages an, so daß z. B. die 5. Linie die Stunde 11 Uhr Vormittags bezeichnete. Da ferner die Zeit vom Aufgange bis zum Untergange der Sonne stets in zwölf unter sich gleiche Stunden getheilt wurde, so war die Verzeichnung der hauptsächlichsten Thierkreislinien (für den Stand der Sonne in dem Aequator und den Wendekreisen) unbedingt nöthig. In den Häusern der Reichen war ein eigener Sklave oder eine Sklavin damit beauftragt, die Zeit zu holen und seinem Herrn zu überbringen (vergl. *Martial.* lib. VIII. epigr. 67; *Juvenal.* Satyr. X; *Sueton.*, *Seneca*, *Cicero*). Der Sklave fand nun zwar die Zeit, die er suchte, an den Sonnenuhren auf den öffentlichen Plätzen, wie stand es aber mit der Zeit, die während seiner Rückkehr in die Wohnung verfloß? Zahlreiche Stellen im Apulejus, Propertius und Seneca bezeugen, daß zu Rom eigene Diener in den Tempeln durch Trompetenstöße die einzelnen Stunden verkündeten. Seneca nennt dies horas Jovi nuntiare. Daß man auch bei den Griechen einen eigenen Stundenherold (ὡρολογητής) hatte, beweist eine bekannte Stelle beim Athenäus (lib. IX. c. 17).

Die tragbaren, mit Magnetnadeln versehenen Sonnenuhren sind eine Erfindung Gerbert's, des nachherigen von 999 bis 1003 regierenden Papstes Silvester II.

Obgleich die Sonnenuhren zuerst durch die Wasseruhren, noch mehr aber später durch die Räderuhren verdrängt worden und jetzt nur noch wenig in Gebrauch sind, so bleiben dieselben doch ein einfaches und bequemes Mittel, die Zeit ziemlich genau zu bestimmen, um an Orten, denen die sonst nur den Astronomen zugänglichen Vorrichtungen abgehen, die Uhren nach ihnen zu reguliren.

Literatur.

Schriften über Gnomonik aus dem 17. und dem Anfange des 18. Jahrh. von Chr. Clavius, Georg Michaelis, Barthol. Pitiscus, Andr. Schoner, Chr. Scholz, Joh. Pet. Stengel, Joh. Chr. Sturm, Eberh. Welper. Schriften aus derselben Zeit, die nur zum Theil Gnomonik enthalten: Tob. Beutel, Arbor. math.; Furttenbach, Mannhaffter Kunstspiegel; Benj. Hederich, Anleitung zu den mathem. Wissenschaften; Athanas. Kircher, Ars magna umbrae et lucis; Sebast. Münster, Rudim. math.; Schott, Cura math.; Joh. Chr. Sturm, Math. juv. und kurze Begriffe der gesammten Mathesis.

Werke über Gnomonik von der Mitte des 18. Jahrh. an: Böttiger, Lemgo 1748; Stengel, Breslau 1755; — (anon.) Ulm 1762; Martini (Abhandlung von den Sonnenuhren der Alten), Leipzig 1777; Schübler, Nürnberg 1778; Lorz, Salzburg 1781; Doppelmayer, Nürnberg 1786; Helfenzrieder (Unterricht gute Sonnenuhren zu machen), Augsburg 1790; Beuther, Augsburg 1794; Gätle, Ansbach 1797; Pistorius, Erfurt 1797; Mollet (Gnomonique graphique), Paris 1803; Berroyer (Gnomonique, ou théorie des cadrans solaires), Paris 1811; Mollet (Gnomonique analytique), Lyon 1812; J. J. v. Littrow (Gnomonik), Wien 1831, 2. Auflage 1838; — (anon.) Erfurt 1841; — (an.) Passau 1842; Sternheim, Dresden 1842; Ferchel, Passau 1847; Mehen, Frankfurt a. M. 1858.

Werke von der Mitte des 18. Jahrh. an, die nur zum Theil Gnomonik enthalten: *Bion*, Traité de la construction des instrumens de mathématiques 1753. Teutsch: Mathematische Werkschule von Doppelmayer 1760. Kästner, Archiv (VI. 317). Kästner, Anfangsgründe der angewandten Mathematik (II. Theil, 2. Abth.) *Du Séjour*, Traité analytique des mouvemens apparens des corps célestes. Tome I. Bohnenberger, Anleitung zur geographischen Ortsbestimmung. Göttingen 1793. *Montucla*, Histoire des math. Paris 1798. Müller, Minutenkalender. Duisburg 1803. *Biot*, Traité élémentaire d'astronomie physique. 1811. (3. Theil). Ideler, Historische Untersuchungen über die astronomischen Beobachtungen. 1806. *De Zach*, Corresp. astronom. (III). *R. Schurig.*)

GNORIMUS. Lepelletier de St. Fargeau und Audinet Serville begründeten in der Bearbeitung des Artikels Trichius in der Encycl. méthodique Insectes X, 701 (Paris 1825) auf die schon beschriebenen Arten Tr. nobilis und Tr. variabilis die neue Gattung Gnorimus, die demnach der Gruppe der Trichiern in der Abtheilung der Cetoniden oder Melitophilen unter den Lamellicornischen Käfern angehört. Andere Entomologen haben die Gattung aufgenommen und ihr noch weitere Arten hinzugefügt. Am vortrefflichsten ist sie charakterisirt worden durch Burmeister in seinem Handbuche der Entomol. III, 762 und durch Erichson in der Naturgeschichte der Insekten Deutschlands III, 582. Nach diesen ist ihr Kopfschild vierseitig, breiter als lang, mit etwas erhabenem Vorderrande und abgerundeten Ecken. Die ziemlich dünnen Fühler haben eine schmale längliche Keule ohne Geschlechtsdifferenz. Von den ziemlich kräftigen Mundtheilen haben die Mandibeln einen großen deutlich gerieften Mahlzahn, der äußere hornige Theil den häutigen weit überragend, scharf zugespitzt, leicht nach Innen gekrümmt. An den Maxillen ist die innere Lade einfach, den Stamm nicht überragend, mit stumpfer Spitze, die äußere Lade länglich, hornig, ringsum mit einem langen Barte. Das Kinn ist reichlich so breit wie lang, an der Spitze tief ausgebuchtet, am Seitenrande dicht an der Spitze mit einer kleinen, wenig tiefen Grube zur Einlenkung der Taster. Diese haben ein längliches, nach der Spitze hin etwas verdünntes Endglied. An den kugelig gewölbten Augen befindet sich eine kurz einspringende Scitenleiste. Der Vorderrücken ist breiter wie lang, nach Vorn verschmälert, in den Seiten stark gekrümmt, in der hintern Hälften der Krümmung ziemlich parallel und erhaben umrandet, in den Hinterecken abgerundet und am Hinterrande ziemlich stark auswärts gebogen, in der Mitte beträchtlich gewölbt. Die Schulterblätter sind von Oben nicht sichtbar und das kleine Schildchen kurz halbrund. Die ziemlich flachen Flügeldecken sind kaum länger als breit, doch viel breiter wie der Vorderrücken und zwischen den Schultern am schmälsten, ihre Seitenränder ziemlich stark gebogen, das Ende zugerundet und die Nahtspitze klaffend. Die viel breitere als lange Afterklappe wölbt sich bei dem Männchen stärker als bei dem Weibchen und hat bei letzterem einen hohen Doppelhöcker vor der Spitze. Der Bauch des Männchens ist mit leichter Längsrinne versehen, der des Weibchens flach, die beiden letzten Ringe bei beiden Geschlechtern gleich lang. Das Mesosternum ist zwischen den Hüften ziemlich breit sichtbar, aber der Länge nach vertieft und behaart; das Prosternum ohne Spur eines Zapfens. Die Beine schlank, aber kräftig; die Vorderschienen zweizahnig, unterhalb scharfkantig und mit einem Höcker am Ende der Kante bei dem Männchen; die Mittelschienen dieses neben dem Knie stark gekrümmt, bei dem Weibchen gerade wie die hintern und mit einem Dorne auf der Kante. Die Füße sind in beiden Geschlechtern etwas länger als die Schienen, ihre vier ersten Glieder von gleicher Länge, jedes auf der Unterseite mit einem Borstenbüschel an der Spitze. Die Oberseite des Körpers pflegt glatt zu sein. — Die bis jetzt bekannten Arten gehören der nördlichen Halbkugel diesseits der Wendekreise an und zeichnen sich meist durch eine glänzende, mit weißen, feinfilzigen Flecken gezierte, runzelig punktirte Oberfläche aus. Es sind folgende: 1) Gn. nobilis = Scarabaeus nobilis *Lin.*, Trichius nobilis *Fabr.* u. A., Melolontha nobilis *Herbst.* Diese Art ist über ganz Europa verbreitet und schwärmt bei uns im Mai und Juni im Sonnenscheine am liebsten über Hollunderblüthen und Spiräen. Sie ist überall schön metallisch-grün, an den Seiten und der Unterfläche mehr purpurschillernd, in der Mitte bisweilen golden. Kopf und Vorderrücken erscheinen dicht und grob punktirt, die Flügeldecken querrunzelig, Brust und Bauch zerstreuter und gröber runzelig, letztere und die Vorderhüften gelbgrau behaart; die Beine grob-runzelig und die Füße glatt, die Flügeldecken mit weißlichen Flecken. Larve und Puppe hat schon Rösel in seinen Insektenbelustigungen I, 18 beschrieben. Er fand die Larven im April ausgewachsen im faulen Stamme eines Pflaumenbaumes und beobachtete sie vier Wochen in Puppenruhe, dann kroch der Käfer aus. — 2) Gn. variabilis — Scarabaeus variabilis *Lin.*, Trichius octopunctatus *Fabr.*, Melolontha octopunctata *Herbst.* Ueberall in den Waldungen des mittlern und nördlichen Europa, auf Eichen und andern Baumstämmen, in denen auch die Larve lebt. Etwas größer und breiter wie vorige, überall schwarz, glänzend, ohne Metallschiller. Kopf und Vorderrücken sind dicht punktirt, die Flügeldecken länglich runzelig, mit zwei leicht angedeuteten Längsrippen; Brust und Bauch grob nadelrissig, die Flügeldecken mit 6—10 weißen filzigen Punkten. — 3) Gn. subcostatus *Falderm.* lebt in Armenien und ist erzgrün am dicht punktirten Kopfe und Vorderrücken, an den Fühlern braun, auf dem Schildchen grün und den Flügeldecken blaßgelb mit erzfarbenem Schiller und vier leicht erhabenen Rippen. — 4) Gn. decempunctatus *Helfer* bewohnt die Gebirgsthäler im nördlichen Sicilien, ist rein und glänzend schwarz, am Kopfe und Vorderrücken dicht und grob punktirt, letzterer mit weißlich gelbem, innen ausgezackten Seitenrande und sechs weißlichen Flecken. Auf den mattschwarzen Flügeldecken 6—12 gelbliche filzige Flecke. — 5) Gn. Bartelsi *Falderm.* ebenfalls in Armenien, am Kopfe und Vorderrücken glänzend schwarz, am Vorderrande des erstern röthlich, auf letzterem mit einer Längsfurche und zwölf filzigen weißen Flecken; auf jeder Flügeldecke neun vertiefte filzige Punkte und zwei Streifen; der Hinterleib mit weißen Randpunkten. — 6) Gn. maculosus *Germ.* in Nordamerika, am Kopfe und Vorderrücken schwarz und fein punktirt, letzterer mit vier weißen filzigen Punkten, das Schildchen schwarz, die Flügeldecken matt röthlichgelb, jede mit zehn schwarzen Punkten, Brust und Bauch nadelrissig und graugelb behaart. (*Giebel.*)

GNORISTE heißt bei Meigen (System. Beschreibg. d. europ. zweiflügl. Insekten Bd. 1. S. 243) eine Schnabelmücke aus der Gruppe der Schwammmücken in der Familie der Tipularien. Die zusammengedrückten, sechzehngliedrigen Fühler, der verlängerte Rüssel, die Stellung der Punktaugen im Dreiecke und die feinseitendornigen Schienen sind die äußern Merkmale zur Unterscheidung von den verwandten Gattungen. Die einzige Meigen bekannte Art, Gn. apicalis, war bei Berlin gefangen worden und ist 5 Linien lang. Ihr schwarzer Kopf ist schmäler als der Thorax und auf dem Scheitel mit einer vertieften Längsleiste versehen. Die schwarzbraunen Fühler haben die Länge von Kopf und Thorax und ihre ersten beiden sehr kurzen Glieder eine napfförmige Gestalt. Der Rüssel, zweimal so lang wie der Kopf, trägt seine zwei kleinen rostgelben Taster vor der Spitze. Auf dem Rücken des Thorax machen sich zwei vertiefte Längslinien bemerklich. Der siebenringelige Hinterleib ist feinhaarig und zusammengedrückt, die Flügel etwas getrübt und mit brauner Spitze. (*Giebel.*)

GNOSTICISMUS. Die christliche Religion war zuerst unter der Hülle des Judenthums in die Welt getreten. Die Erstlingsgemeinde zu Jerusalem hielt so streng am Mosaischen Gesetze, am Tempelcultus und der Beschneidung, daß sie von den jüdischen Volksobern nur vorübergehend und auf besondere Anlässe hin belästigt, von der Volksmasse nur als eine neue der damals ohnehin zahlreichen Secten des Judenthums betrachtet wurde. Aber in ihrem Schooße barg sie ein völlig neues Princip, welches früher oder später die Schranken des Mosaischen Gesetzes durchbrechen mußte. Schon der Glaube an den von den Juden Gekreuzigten und Auferstandenen, der binnen kurzer Frist in verklärter Majestät wiederkehren werde, um alle seine Feinde zu überwältigen und die Treue der Seinen mit unaussprechlichen Freuden im Messiasreiche zu belohnen, befestigte eine Kluft zwischen gläubigen und ungläubigen Juden. War auch die Hoffnung auf die messianische Herrlichkeit im jüdischen Volke schon seit Jahrhunderten lebendig, so war doch für das Bewußtsein der jungen Gemeinde die Theilnahme am Messiasreiche an die Bedingung der Anerkennung Jesu als des verheißenen Christus geknüpft. Allerdings ging der Blick der Urgemeinde wie es scheint zunächst noch nicht über die Grenzen Palästina's hinaus: eine Zulassung von Heiden war wenn überhaupt, so doch nur in der Weise der Propheten in entfernte Aussicht genommen, in der Form eines Anschlusses der Fremdlinge an die israelitische Volksgemeinde, und die Verkündigung der frohen Botschaft von dem erschienenen Christ geschah nur unter den Juden selbst, denen als der Propheten und des Bundes Kindern die alttestamentlichen Verheißungen galten. Man hob mit der Anerkennung Jesu als des Messias die Nothwendigkeit des Gesetzes zum Heile nicht auf: Niemand konnte eifriger sein in der Erfüllung der Mosaischen Gebote, als eben die Jünger, und hätten sie auch nicht die ausdrücklichste Erklärung des Meisters, daß kein Titelchen vom Gesetze verloren gehen solle, für sich gehabt, so wäre ihnen das Festhalten an der väterlichen Religion in allen ihren Bestandtheilen doch eine so selbstverständliche Sache gewesen, daß ihnen Nichts ferner liegen konnte als ein Bruch mit ihrer ganzen nationalen und religiösen Vergangenheit. Kurz in den Augen der Urgemeinde waren der Glaube an Jesu Messianität und das Festhalten an der religiösen Nothwendigkeit des Mosaischen Gesetzes so wenig einander ausschließende Gegensätze, daß sie das von Christus zu stiftende Reich lediglich als die Vollendung der von den Propheten verheißenen Theokratie, als die Erfüllung der an Israel ergangenen göttlichen Weissagungen auffassen konnten. Aber die innere Macht des christlichen Geistes drängte unaufhaltsam über diesen anfänglichen Standpunkt hinaus. Schon die persönliche Lehre des Meisters hatte als einzige Bedingung zum Eintritte ins Himmelreich eine Gesinnung hingestellt, welche ohne alles Vertrauen auf eigene Vorzüge sich rein empfangend zu dem dargebotenen Heile verhält. Vor der Innerlichkeit und Geistigkeit dieser Weltanschauung, welche für die Beurtheilung des Verhältnisses des Menschen zu Gott keinen andern Maßstab kannte als den sittlichen, mußten alle äußeren Vorzüge als unwesentlich verschwinden. Es war nur eine Consequenz dieses Gedankens, daß auch alle äußeren Leistungen und Bräuche, wie der Mosaische Cultus sie vorschrieb, als etwas völlig Untergeordnetes und Gleichgültiges erschienen, wo es sich um die persönliche Herzensstellung des Einzelnen zu seinem Gott, um der Seele Heil und Seligkeit handelte; daß überhaupt nichts Aeußerliches und Zufälliges, also auch nicht der Unterschied von Abstammung und Geburt entscheidend sein könne, wo ein rein sittlich-religiöses Verhältniß in Frage komme. In der übergreifenden Allgemeinheit seines ethischen Standpunktes war das Christenthum an sich die absolute Religion, welche alles Aeußerliche, Particulare, Beschränkte auch in ihrer äußeren Erscheinungsform immer mehr abstreifen, immer bestimmter als die an alle Menschen ohne Unterschied ergehende Heilsbotschaft erkannt werden mußte. Christus hatte, um vorerst einen geschichtlichen Anknüpfungs- und Ausgangspunkt für den neuen Gottesbund der Menschen zu gewinnen, sich mit seiner persönlichen Wirksamkeit innerhalb der Grenzen des jüdischen Volks und Gesetzes gehalten; er konnte die weitere Entwickelung des Geistes seiner Lehre getrost der Zukunft überlassen, da der neue Wein, wenn die Zeit gekommen war, schon von selbst die alten Schläuche zerreißen mußte. Diese Entwickelung trat ein durch den Apostel Paulus. Das große Wort, daß der Mensch vor Gott gerecht werde nicht durch des Gesetzes Werk, sondern allein durch den Glauben, war nichts Anderes als die folgerichtige Anwendung des Grundgedankens der Bergpredigt, daß nur eine Gesinnung, welche in unbedingter kindlicher Hingabe an den himmlischen Vater sich alles eigenen Willens entäußert, zum Eintritt ins Gottesreich befähige. Hiermit war zugleich die Scheidewand niedergerissen, welche bisher den Juden vom Heiden, die Nachkommen Abraham's von den aus allen Völkern zu der neuen Heilsbotschaft sich drängenden Fremdlingen trennte. Im Grunde war hierin nichts Anderes ausgesprochen, als was in der urapostolischen Botschaft an sich schon enthalten war. Denn wenn als unerläßliche Bedingung jeder Theilnahme am Gottesreiche der Glaube an Jesus Christus galt, so lag hierin schon implicite die Anerkennung, daß jeder andere Weg, das Heil zu erlangen, ein unzulänglicher sei, das Christenthum also auch dadurch in seiner absoluten Bedeutung sich erweisen müsse, daß alles außerdem noch für nothwendig oder religiös verbindlich Geachtete höchstens noch relative Gültigkeit beanspruchen dürfe. Aber wie überhaupt jedes neue Princip nur dadurch in seiner vollen Tragweite zum Bewußtsein kommen kann, daß es sich im Kampfe mit den Schranken, an die seine geschichtliche Erscheinung geknüpft ist, realisirt, so erwachte erst in Folge der Paulinischen Predigt der Gegensatz des nationalen Particularismus und äußeren Gesetzthums innerhalb der christlichen Gemeinden selbst. Was Anfangs naives Festhalten an väterlicher Sitte gewesen war, wird jetzt von der Mehrzahl der christlichen Juden mit bewußter Zähigkeit und im Laufe der Zeit immer leidenschaftlicherer Feindseligkeit gegen den Heidenapostel und die gesetzesfreie Heidenpredigt verfochten. Man fordert Anfangs die Beschneidung der geborenen Heiden, um sie hierdurch zur Uebernahme des gesammten Gesetzes zu verpflichten; nachdem dieser Versuch an der Festigkeit des Paulus gescheitert ist, führt eine persönliche Besprechung zwischen Paulus und den Uraposteln zwar keine Verständigung über das Princip, aber eine Art von vorläufigem Compromiß herbei; allein nur zu bald bricht der alte Gegensatz mit erneuter Schärfe wieder hervor. Judenchristlicher Seits hielt man für geborene Juden an der Heilsnothwendigkeit des Gesetzes fest, welche Paulus bestritt, und konnte die Befreiung der Heiden vom Mosaischen Gesetze nicht anders dulden, als unter der Bedingung, daß sie als Proselyten des Thores betrachtet würden, d. h. auf die Vollbürtigkeit im Messiasreiche verzichten sollten; und die Eifrigeren der Partei konnten glauben, den Heidenchristen eine Wohlthat zu erweisen, wenn sie allenthalben ins Missionsgebiet des Paulus störend einbrachen, um so Viele als möglich durch die Beschneidung der vollen Seligkeit des Messiasreiches zuzuführen. Umgekehrt scheint der Heidenapostel selbst erst allmählich im Kampfe mit seinen Widersachern das christliche Princip bis zu seiner letzten schneidendsten Consequenz entwickelt zu haben, daß ein Jeder, welcher sich beschneiden lasse, eben dadurch der Gnade in Christus verlustig gehe. Den weiteren Verlauf dieser Kämpfe können wir hier nicht im Einzelnen verfolgen. Genug, daß trotz der bis ans Ende des Paulus fortgesetzten Kränkungen und Verfolgungen der Gegner das große Werk seines Lebens, die gesetzesfreie Heidenmission, nicht wieder zerstört werden konnte, und daß die Masse der dem Christenthume sich zuwendenden Heiden das Judenchristenthum nöthigte, dem Paulinischen Universalismus ein Zugeständniß nach dem andern zu machen. An der Grenzscheide des 1. und 2. Jahrh. stellt ein Gemeindeschreiben der römischen Kirche den Petrus und Paulus, deren Namen als Parteifahnen galten, friedlich neben einander; aber freilich lebte in judenchristlichen Kreisen das Andenken des Paulus, als des verhaßten Menschen, des Gesetzverächters und Eindringlings in die heilige Zahl der Apostel noch lange fort. Bis in die Mitte des 2. Jahrh. hinein reichen die Spuren eines fortgesetzten und zuweilen noch ziemlich lebhaft erneuten Parteikampfes. Doch hatte sich allmählich — eine mittlere, die Parteigegensätze weniger überwindende als abstumpfende Richtung gebildet, welche, wie jenes römische Gemeindeschreiben zeigt, wenigstens in der Welthauptstadt die Mehrzahl der Christen für sich hatte. Den Heidenchristen blieb ihre Freiheit vom Mosaischen Gesetze gewahrt, aber wie das Christenthum selbst allmählich (und zum guten Theil unter Einwirkung des Judaismus) einer gesetzlichen Anschauungsweise verfallen war, so blieb dem jüdischen Aristokratismus wenigstens die Genugthuung, daß die Verfassung der christlichen Gemeinden jüdischem Muster entlehnt und auch das Heidenchristenthum so zu sagen in den Rahmen der israelitischen Theokratie gefaßt worden war. Es sind dies die Anfänge der alle Extreme nach Links und Rechts von sich abwerfenden und dadurch dem Durchschnittsbedürfnisse der großen Menge am besten entsprechenden altkatholischen Kirche.

Die weitere Entwickelung des altkirchlichen Katholicismus hat sich nun vornehmlich im Kampfe wider eine neue, mächtige Bewegung vollzogen, vor welcher alle früheren Parteigegensätze in den Schatten treten. Judenchristen und Heidenchristen vereinigen sich zur gemeinschaftlichen Abwehr eines neuen Gegners, dessen Gefährlichkeit schon aus dem Eifer abgenommen werden kann, mit welchem mehre Jahrhunderte lang die Kirchenväter gegen ihn in die Schranken traten. Dieser Gegner ist der Gnosticismus. Von Justin dem Märtyrer und Agrippa Castor, von Hegesippos und dem Verfasser der Petrinischen Kerygmen an bis an die Grenzscheide des kirchlichen Alterthums und des Mittelalters, also bis zu einer Zeit, welche von den meisten gnostischen Parteien nur noch als von etwas längst Vergangenem zu reden wußte, beschäftigt sich die katholische Theologie aufs Angelegentlichste mit der Widerlegung dieses der vielköpfigen Hydra gleich vielgespaltenen Irrthums [1].

Schon dieser Umstand ist geeignet, für die Geschichte dieses Gnosticismus ein nicht geringes Interesse zu wecken. Eine Erscheinung, welche die Polemik der Kirchenlehrer in so hohem Grade gegen sich hervorrief, muß ohne Zweifel auch auf den ganzen Entwickelungsgang des kirchlichen Bewußtseins einen mächtigen Einfluß geübt haben. Sicher hatte diese Einwirkung zunächst nur die negative Bedeutung, den Inhalt der christlichen Lehre im Gegensatze zu fremdartigen, aber unter dem Deckmantel des Christenthums verbreiteten Meinungen schärfer auszuprägen und für das Bewußtsein der Zeitgenossen zu vermitteln. Doch ist dies immer nur die eine Seite der Sache, der mit nicht geringerem Rechte eine andere Betrachtung gegenübergestellt werden muß. Auch ohne daß wir schon genauer wissen, was der Gnosticismus an sich war, werden wir annehmen dürfen, daß die kirchliche Theologie sich unmöglich nur negativ zu demselben verhalten haben kann. Die große geistige Macht, welche die gnostischen Ideen während eines ziemlich langen Zeitraumes gewonnen haben, geht, um von allem Anderen abzusehen, schon aus dem Eifer der kirchlichen Polemik hervor; wie wäre aber ein solches innerliches und äußerliches Wachsthum jener Meinungen überhaupt nur denkbar, wenn dieselben nicht im Christenthume selbst ihren Anknüpfungspunkt gefunden hätten, ja nach irgend einer Seite hin einem innerhalb der Christenheit selbst lebhaft gefühlten Bedürfnisse entgegengekommen wären! Wäre also der Gnosticismus selbst nichts Anderes als eine Krankheitserscheinung innerhalb der christlichen Kirche gewesen, so kann seine Erklärung unmöglich blos außerhalb der christlichen Kreise gesucht werden, und ebenso wenig läßt sich eine wirkliche innerliche Ueberwindung dieser einseitigen und krankhaften Bildungen der christlichen Lehre anders vorstellen als so, daß das in ihnen enthaltene Wahrheitselement irgend wie auch innerhalb der katholischen Kirche zur Anerkennung gekommen sein muß.

Eine nähere Betrachtung der durch den Gnosticismus hervorgerufenen theologischen Bewegung zeigt nun, daß wirklich das eine ganz ebenso wie das andere der Fall gewesen ist.

Sobald wir den Boden der das apostolische Zeitalter bewegenden Parteigegensätze verlassen, sehen wir uns plötzlich auf ein ganz anderes Gebiet versetzt. Es handelt sich nicht mehr um das Verhältniß des Heidenchristenthums zum Judenchristenthume in der Kirche, nicht mehr um die Frage, ob das Heil allein aus dem Glauben oder zugleich aus den Werken des Gesetzes stammt, nicht mehr um das apostolische Ansehen des Paulus neben oder gegenüber den Urapostein. Es sind vielmehr ganz andere Fragen, welche die Gnostiker ebenso wie ihre Gegner beschäftigen [2]. Das Verhältniß von Gott und Welt, Geist und Materie, Fall und Erlösung, Weltanfang, Weltentwickelung und Weltende sind jetzt die leitenden Gesichtspunkte für eine Reihe von Streitverhandlungen geworden, welche mit nicht geringerer Lebhaftigkeit als die früheren geführt werden. Zum Theil erinnern allerdings die neuen Streitigkeiten an die Kämpfe des ersten christlichen Jahrhunderts: so wenn die Frage aufgeworfen wird, ob der Gesetzgeber der Juden einer und derselbe sei mit dem höchsten Gotte, den die Christen bekennen; ob die Aussprüche des Gesetzes und der Propheten ganz, oder nur theilweise, als Offenbarungen des göttlichen Willens, oder vielleicht gar nur als die Willensäußerungen eines feindseligen und teuflischen Wesens zu betrachten seien. Aber auch diese Erörterungen tragen jetzt eine wesentlich veränderte Färbung. Man fragt nicht mehr, welche Bedeutung dem alttestamentlichen Gesetze für das Heil der einzelnen Seelen, sondern welche Stellung ihm überhaupt in der Weltgeschichte zukomme. Die Geschichte des Geistes überhaupt, seiner göttlichen Abkunft, seiner zukünftigen Bestimmung, seiner metaphysischen Beschaffenheit, Freiheit oder Unfreiheit, und des Weges, der ihm im Ganzen und Großen des Weltzusammenhanges vorgezeichnet ist, um das ihm gesteckte Ziel zu erreichen oder die verlorene Höhe wieder zu erklimmen, erscheint so sehr als der allgemeine Mittelpunkt der Betrachtung, daß die religionsgeschichtliche Frage nach dem Verhältnisse des Judenthums zum Christenthume nur als ein wenn gleich wesentliches Glied einer ungleich umfassenderen Reihe von Erörterungen sich einfügt.

Es erhellt auf den ersten Blick, daß an die Stelle der ethisch-praktischen Fragen philosophische getreten sind. Es ist der Wissensdurst, der innerhalb der Christenheit erwacht ist,

1) Vergl. z. B. *Pseudoorig.* Phil. V, 11, wo es (zunächst von den Naassenern) heißt: ἀλλ' ἐστὶ πολυσχιδὴς ὄντως ἡ πλάνη καὶ πολυκέφαλος ὡς ἀληθῶς ἱστορουμένη ὕδρα, κατὰ μίαν ταύτης κεφαλὴν πατάξαντες διὰ τοῦ ἐλέγχου τῇ τῆς ἀληθείας ῥάβδῳ χρησάμενοι, ὅλον τὸ θηρίον ἀναιρήσομεν. Aehnliche Aussprüche finden sich in Menge bei den übrigen Ketzerbestreitern, am zahlreichsten bei Epiphanius.

2) Vergl. Baur, Das Christenthum und die christliche Kirche der drei ersten Jahrhunderte, 2. Aufl. S. 175 fg.

das Bedürfniß nach tiefern Erkenntnissen über das Verhältniß des unendlichen und des endlichen Geistes, der unsichtbaren und der sichtbaren Welt, nach welchen alles menschliche Denken, sei es in mythischer, sei es in philosophischer Form, von jeher gerungen hat. Es ist „das uralt qualvolle Räthsel des Lebens," aber nicht des endlichen Lebens in seiner individuellen Beschränkung, sondern alles geistigen und leiblichen Lebens überhaupt, welchem der Gnosticismus eine neue Lösung geben zu können verspricht; und in dessen verborgene Tiefen auch die erbittertsten Gegner der Gnostiker hinabsteigen müssen. Die Gnosis erscheint von diesem Gesichtspunkte aus, wenn auch nicht der Form nach, so doch ihrem Inhalte nach als Philosophie, und ihre mannigfaltigen Systeme kommen darin überein, daß sie philosophische Gedanken auch ins Christenthum einführen. Allein auch unter den Gegnern der Gnostiker begegnen uns Philosophen, Männer, die auch nach ihrer Bekehrung den Philosophenmantel noch als ein Ehrenkleid trugen, und ihr ganzes Leben daran setzten, eine christliche Gnosis der häretischen entgegenzusetzen. Namen, wie der Märtyrer Justin, Clemens von Alexandrien, Origenes, verbürgen hinlänglich die Thatsache, daß der Drang nach philosophischer Erkenntniß eben nicht blos innerhalb der von der Kirche als Ketzer ausgeschiedenen Gnostiker, sondern nicht minder auch in katholischen Kreisen lebendig war.

Diese Berührung des Christenthums mit der Philosophie ist, um dies zunächst im Allgemeinen festzuhalten, das wesentlich Neue, welches die Zeit des Gnosticismus von der vorhergegangenen Entwickelung unterscheidet. Es reicht nicht mehr aus, die apostolische Verkündigung im einfachen Glauben zu ergreifen und durch sittliches Thun der göttlichen Gnadenverheißungen sich würdig zu machen, sondern man will sich für das denkende Bewußtsein den Inhalt dieses Glaubens vermitteln, man will sich Rechenschaft von dem Verhältnisse geben, in welchem die neue Glaubenslehre des Christenthums zu der allgemeinen Geistesbildung des Zeitalters stehe. Der Glaube soll mit einem Worte zum Wissen erhoben werden, und die Hilfsmittel dazu nimmt man daher, woher man sie überhaupt allein nehmen konnte, aus den verschiedenen philosophischen Systemen der Zeit. Daß diese Philosophie ihrem Ursprunge nach eine heidnische war, darf um so weniger befremden, als ja auch das Judenthum trotz der Ausschließlichkeit seines Offenbarungsbegriffes Mittel und Wege gefunden hatte, syrische, babylonische und persische, pythagoräische, platonische und stoische Elemente sich anzueignen, ohne daß man deshalb sagen könnte, daß die Strenge des hebräischen Monotheismus unter heidnischen Einflüssen erweicht worden wäre. Im Gegentheile kam dem, was die Juden in Syrien, Babylonien und Alexandrien von fremden Philosophien sich aneigneten, ein wahlverwandter Zug der innerjüdischen Entwickelung selbst entgegen, und wenn jene Philosophie wesentlich mit beitrug, um die nationale Abgeschlossenheit des Judenthums zu vermindern, so ließe sich doch leicht an der eigenthümlichen Auswahl, welche die jüdischen Denker unter den fremdländischen Lehren trafen, der Nachweis liefern, wie wenig diese Verschmelzung jüdischer und nicht jüdischer Elemente als eine zufällige, äußerliche Verunreinigung des Judenthums durch heidnische Zusätze betrachtet werden dürfe. Aehnlich verhält es sich mit dem Verschmelzungsprocesse, der sich seit dem 2. Jahrh. nach Christus auf christlichem Boden vollzieht. Daß heidnische Philosopheme Eingang ins Christenthum fanden, ist an sich noch kein Abfall des Christenthums von sich selbst, wie beispielsweise der Platonismus der Apologeten und der alexandrinischen Kirchenlehrer beweisen kann; es ist dies ganz ebenso wenig eine Ethnisirung des Christenthums, als die Beschäftigung der meisten Kirchenlehrer mit griechischer Literatur oder die Bildung der christlichen Jugend in den heidnischen Rhetorenschulen. Hieraus erhellt, wie unklar und ungenügend es ist, so ins Allgemeine hin den Gnosticismus als das Eindringen heidnischer Philosophie ins Christenthum, kurz als einen aus dem Gährungsprocesse einer vielbewegten Zeit hervorgegangenen Synkretismus zu erklären [3]). Es fragt sich hierbei doch immer wieder zuerst nach dem im Christenthume selbst gegebenen Anknüpfungspunkte für einen solchen „Synkretismus;" sind aber diese aufgewiesen, d. h. erscheint die Aufnahme von speculativen Elementen in die christliche Theologie als ein nothwendiges Moment in der Idee der christlichen Kirche selbst, so ist der Umstand, daß jene herübergenommenen Philosopheme zum Theil aus dem Heidenthume stammten, für die Sache selbst von völlig untergeordneter Bedeutung. Daß den heidnischen Religionen im Unterschiede von dem wesentlich ethisch-praktischen Judenthume von Haus aus ein speculativer Zug innewohnt, ist unbestritten; und in sofern läßt sich allerdings sagen, „daß derselbe Grundcharakter, welcher den heidnischen Religionen überhaupt in allen ihren Hauptformen eigenthümlich ist, auch zum Wesen der Gnosis gehöre" [4]). Daraus folgt aber keineswegs, daß die religionsphilosophische oder speculative Weltbetrachtung als solche schon gleichbedeutend wäre mit einer Vermischung des Christenthums mit heidnischem Wesen. Im Gegentheile liegt der Drang, vom Glauben zum Wissen, von der unentwickelten Hinnahme des Ueberlieferten zur denkenden Durchdringung des kirchlichen Lehrstoffes fortzugehen, an sich schon im Wesen des Christenthums begründet. So gewiß dem Christenthume seine absolute Bedeutung als die über alle Lebensverhältnisse übergreifende, alles Weltliche durchdringende und neubeseelende Macht zu bethätigen hatte, so gewiß mußte dasselbe auch eine Seite haben, nach welcher hin es nicht blos dem frommen Gemüthe, sondern ebenso sehr dem speculativen Denken Befriedigung gewährte. Schon in der persönlichen Lehre des Herrn würden sich die Anknüpfungspunkte hierfür unschwer aufzeigen lassen. Wenn in den Parabeln Matth. 13 die Geschichte des Gottesreiches auf Erden geschildert wird, mit dem Bemerken, den Jüngern sei es gegeben, γνῶναι τὰ μυστήρια τῆς βασιλείας τῶν οὐρανῶν, der ungläubigen Volksmenge

3) Hierauf und auf nichts Anderes kommen auch die Erörterungen bei *Matter*, *Histoire critique du gnosticisme* p. 16 und Neander, Kirchengeschichte I, 2. S. 63 fg (2. Aufl.) schließlich hinaus. 4) Baur, Christliche Gnosis S. 55.

aber sei dies nicht gegeben, so ist hiermit nichts Anderes ausgesprochen, als was die philosophische Speculation ebenfalls in ihrer Weise für sich beansprucht hat. Wird hier das Christenthum, wie es z. B. in dem Gleichnisse vom Sauerteige geschieht, als eine, von unscheinbaren Anfängen ausgehende, aber in ihrem Fortschreiten immer mehr die ganze Welt durchdringende und erneuernde Macht bezeichnet, so geht ja auch hier die Betrachtung schon über den subjectiven Standpunkt der einfachen unvermittelten Gläubigkeit hinaus, um die Entwickelung des göttlichen Reiches unter den umfassenderen objectiven Gesichtspunkt einer weltgeschichtlichen Betrachtung zu stellen. Kann überhaupt nur auf diesem ebenso wol religiösen als religionsgeschichtlichen Standpunkte das Christenthum als das begriffen werden, was es wirklich ist, so darf es um so weniger Wunder nehmen, wenn wir auch bei dem Apostel Paulus ganz ähnlichen Versuchen begegnen. Wir haben hier den berühmten Abschnitt Röm. 5, 12 fg. im Sinne, wo der Apostel die gesammte Geschichte der Menschheit von der Höhe seines christlichen Standpunktes überschaut, um den ganzen Verlauf des religiösen Lebens von Adam an durch die Zeiten des Mosaischen Gesetzes hindurch, bis zu dem in Christus eingetretenen Wendepunkte in scharfen, gedrängten Zügen vor den Augen seiner Leser vorüberzuführen. Wie Christus seinen Jüngern eine γνῶσις zuschreibt, eine tiefere Erkenntniß der Menge verborgen bleibender Geheimnisse, welche sich nur auf die weltgeschichtliche Bedeutung des von ihm gestifteten Gottesreiches beziehen können, so hat auch der Apostel Paulus seine γνῶσις gehabt, welche sich ebenfalls auf ein μυστήριον bezog, nämlich die tiefere Erkenntniß des Verhältnisses, in welchem Gesetz und Evangelium, Verheißung und Erfüllung, alttestamentliche und neutestamentliche Religionsökonomie zu einander stehen. Auf denselben Gegenstand bezog sich die γνῶσις des dem Paulinismus entgegenstehenden Judenchristenthums, wie dieselbe in den Petrinischen Kerygmen und der aus diesen hervorgegangenen Clementinischen Literatur noch vorliegt, wenn dieselbe auch schon in der ältesten, gegenwärtig noch vorliegenden Gestalt, einer vom Gegensatze zu dem häretischen Gnosticismus bestimmten Periode angehört. Wie die Gnosis des Paulus aus dem Gesetze selbst dessen dereinstige Aufhebung und die wesentliche Neuheit der alle nationalen und particularistischen Schranken überwindenden christlichen Offenbarung zu begründen unternahm, so versucht die Ebionitische Lehre von der wahren und falschen Prophetie, das bis auf die Zeiten der Menschenschöpfung hinaufgehende Alterthum der christlichen Offenbarung und die wesentliche Identität der alttestamentlichen und der neutestamentlichen Religionsökonomie zu erweisen. So entgegengesetzt nun auch die beiderseitigen Resultate waren, so springt doch ihre Uebereinstimmung in dem, worauf es gegenwärtig ankommt, von selbst in die Augen. Von beiden Seiten versucht man eine religionsgeschichtliche Auseinandersetzung, um durch diese die Bedeutung des Christenthums als der absoluten Religion auch für das Denken zu vermitteln und dadurch den Inhalt des christlichen Glaubens zum Wissen zu erheben.

Das Bedürfniß einer solchen denkenden Erfassung des Christenthums mußte aber in einem Zeitalter, wie das 2. Jahrh. nach Christus war, mit doppelter Stärke hervortreten. Es handelte sich jetzt nicht sowol darum, Christenthum und Judenthum auseinanderzusetzen, als vielmehr der großen Menge der Gebildeten, welche damals zum Christenthum übertraten, oder doch in irgend welcher Weise Interesse daran nahmen, das Verständniß seines Wesens zu erschließen. Es galt die Beantwortung der Frage, ob die christliche Religion nicht blos dem Judenthume, sondern auch der reichen hellenischen Geistesbildung gegenüber in ihrer absoluten Bedeutung sich werde behaupten können. War das Christenthum wirklich die alle beschränkten particulären Standpunkte überwindende Religion, so durfte es alles das, was das Heidenthum für sich in die Wagschale warf, eine uralte Civilisation, eine reiche Literatur, eine Fülle von allen jenen edleren Geistesschätzen, die dem wissenschaftlich und ästhetisch gebildeten Menschen unentbehrlich sind, nicht nur nicht als seinem Wesen widerstrebend verleugnen, wie der gebildete Heide diesen neuen Barbaren zum Vorwurfe machte, sondern es mußte vielmehr, indem es sich bereit zeigte, die volle Erbschaft dieses köstlichen Besitzes anzutreten, zugleich sein Recht und seine Fähigkeit beurkunden, in die bisher allein den Hellenen zugefallene civilisatorische Aufgabe schöpferisch einzutreten.

Die Aufgaben, die hiermit dem Christenthume gestellt wurden, konnten natürlich nicht anders gelöst werden, als auf dem Wege, den alle geschichtliche Entwickelung geht, und es ist ja bekannt, wie lange es gedauert hat, ehe auch die der Religion ferner liegenden Gebiete des Lebens, wie Kunst und Literatur, ein näheres Verhältniß zum Christenthum eingingen. Noch ein Julian konnte sein bekanntes Gesetz, welches christlichen Lehrern den Unterricht in hellenischer Literatur untersagte, als eine sich eigentlich auch vom christlichen Standpunkte von selbst verstehende Sache betrachten, da ja den Christen Alles, was von den Heiden stamme, als dämonisch erscheine b). Noch länger hat es gedauert, ehe der altchristliche Widerwille gegen die bildende Kunst und ihre Verwendung im Dienste der Kirche einer liberaleren Auffassung gewichen ist. Eine wirkliche und allseitige Durchdringung aller Lebensverhältnisse vom Geiste des Christenthums konnte nicht ohne Anerkennung und bereitwillige Herübernahme des auch bei den Heiden sich findenden Guten erfolgen; wie weit man aber noch im 2. und 3. Jahrh. davon entfernt war, kann unter andern die leidenschaftliche Polemik eines Tertullian bezeugen, der in heiliger Barbarei auch die edelsten Blüthen des hellenischen Geisteslebens unbarmherzig als eitel Teufelei, als pompa diaboli verfluchte. Aber wie langsam und allmählich auch eine gerechte Würdigung des Heidenthums unter den Christen sich Bahn brach, einmal mußte wenigstens ein Anfang geschehen, und auf welchem Punkte anders konnte da die erste geistige Auseinandersetzung des Christenthums mit dem Heidenthume erfolgen, als auf

b) Vergl. Baur, Die christliche Kirche vom Anfang des vierten bis zum Ende des sechsten Jahrhunderts S. 59 fg.

dem Gebiete der philosophischen Speculation? Hier mußte sich vor Allem entscheiden, ob das Christenthum wirklich was es von sich aussagte, die absolute Religion, die höchste und letzte Offenbarung der göttlichen Wahrheit war, welche zwar Alles, was das Heidenthum an wahren und echten Erkenntnissen enthielt, auch innerhalb seiner eignen Sphäre an die richtige Stelle zu verweisen, aber über alle diese bisherigen Entwickelungen als über blos relativ berechtigte Momente hinauszugehen im Stande war. Das Christenthum hatte zu zeigen, daß es Alles, was an Wahrheitsgehalt in den Religionen wie in den philosophischen Systemen der Heiden enthalten war, gleich zerstreuten Strahlen in einem Brennpunkte zu sammeln, und weil entfernt, zu dem Großen und Herrlichen, was auch das Heidenthum in seinem Schooße barg, scheel zu sehen, vielmehr in neidloser Anerkennung dieses Alles in eine höhere Einheit aufzuheben vermochte. Es mußte den Angriffen der allgemeinen weltlichen Bildung wie der heidnischen Philosophie des Zeitalters gegenüber den Beweis antreten, wie nur von seinem Standpunkte aus eine Lösung des großen Welträthsels möglich sei, an dessen Entzifferung die heidnischen Religionen und Philosophien bisher seit Jahrtausenden vergeblich gearbeitet hatten. Es mußte offenbar werden, daß jene alte Sehnsucht aller Philosophie: „die Welt als eine Blume zu erkennen, die aus einem Samenkorne ewig hervorgeht" 8), nur im Christenthume in Erfüllung gehen könne, oder daß Alles, was die alten Weisen des Heidenthums über Gott und Welt, Geist und Natur, Endliches und Unendliches, über Ursprung, Wesen, Geschichte und Ziel der Menschheit geredet hatten, erst auf der Höhe des christlichen Denkens aus ahnungsvollen, aber verworrenen Träumen in lichte, zusammenhängende, selbstgewisse Erkenntniß verwandelt werden könne.

Es leuchtet ein, daß wir es hier mit noch ungleich weitergreifenden Fragen zu thun haben, als diejenigen waren, welche das erste Zeitalter der Kirche bewegten. Das Christenthum wird in den umfassendsten, weltgeschichtlichen Zusammenhang hineingestellt, um nicht blos in seiner specifisch religiösen Bedeutung als die vollkommenste Heilsanstalt, sondern zugleich als der Schlüssel zur Erkenntniß aller Geheimnisse im Himmel und auf Erden erkannt zu werden. Während es sich im Verhältnisse zum Judenthume um die Frage handelt, ob zur Erlangung des Heils die Beobachtung des Mosaischen Gesetzes oder der Glaube an Christus, das äußere knechtische Festhalten an den jüdischen Gebräuchen, oder eine aus freier Hingabe an den in Christus offenbarten, göttlichen Willen sich immer von Neuem entwickelnde, sittliche Gesinnung erforderlich sei, so handelt es sich jetzt nicht, oder doch nur sehr untergeordnet, wie man vermuthen könnte, um eine analoge Auseinandersetzung mit den religiösen Veranstaltungen des Heidenthums, mit seinen Weihen, Opfern und Sühnungen, sondern um die Beantwortung von Fragen überwiegend speculativen Interesses. Die eigentliche Lebenskraft, wenigstens des hellenischen Heidenthums lag, trotz der wiederholten Restaurationsversuche, gar nicht mehr in seiner Volksreligion, sondern in seiner Philosophie, und nur indem das christliche Denken jetzt auf dieselben philosophischen Fragen, welche die heidnischen Weisen beschäftigten, sich einließ, konnte es hoffen, einen wirklich erfolgreichen Kampf mit dem Heidenthume zu bestehen. So wenig hierdurch eine Berücksichtigung des heidnischen Volksglaubens und seiner mythologischen Grundlagen von Vornherein ausgeschlossen war, so gewiß konnte doch diese Mythologie auch von der christlichen Speculation unter keinen andern Gesichtspunkt gestellt werden, als dies schon von den heidnischen Philosophen geschehen war, d. h. man konnte, soweit man sich überhaupt christlicher Seits zur Anerkennung ihres Wahrheitsgehaltes entschloß, in ihnen nur symbolische Verhüllungen tieferer Wahrheiten sehen, die erst auf einer höheren Stufe der Erkenntniß in ihrer eigentlichen Bedeutung erkannt würden. War daher der religionsgeschichtliche Standpunkt der Betrachtung nur der untergeordnete, so mußte die christliche Speculation nur um so mehr den von der heidnischen Philosophie angeregten, umfassenderen Fragen sich zuwenden, durch deren vom christlichen Standpunkte aus unternommene Lösung auch die religionsgeschichtliche Würdigung der vorchristlichen Religionen von selbst an die Hand gegeben war. Das Christenthum wird, um den treffenden Ausdruck Baur's zu gebrauchen, nicht mehr ausschließlich als Heilsprincip, sondern als Weltprincip aufgefaßt: die in Christus geschehene Offenbarung erscheint nicht allein mehr als die absolut befriedigende Herstellung eines neuen sittlichreligiösen Verhältnisses des Menschen zu Gott, sondern zugleich als der letzte Schlüssel zum Verständnisse des Welträthsels, als der große Wendepunkt, von welchem aus nicht nur die Geschichte als göttliche Offenbarung in der Welt, der ganze Weltverlauf nach Rückwärts und nach Vorwärts, sondern zugleich das innere Wesen dieser Gottesoffenbarung, oder das metaphysische Verhältniß des unendlichen und endlichen Geistes begriffen werden kann.

Hiermit ist wenigstens im Allgemeinen der Umkreis bezeichnet, innerhalb dessen sich die Gedanken der Gnosis bewegen. Es erhellt schon aus dem Gesagten, welche bedeutsame Stellung dieselbe in dem inneren Entwickelungsgange des christlichen Dogma bezeichnet. Indem sie eine Lösung des Welträthsels vom christlichen Standpunkte aus unternimmt, versucht sie zum ersten Male einer Aufgabe gerecht zu werden, welche ebenso sehr durch das Wesen des Christenthums selbst, als durch die Zeitverhältnisse gefordert wird. Indem wir aus dem apostolischen Zeitalter in das Zeitalter der Gnosis eintreten, öffnet sich mit einem Male eine ungleich weitere Perspective. Das Christenthum tritt aus seiner bisherigen begrenzten Sphäre heraus, um sich mit der ersten geistigen Großmacht der Zeit, der heidnischen Philosophie zu messen. Indem es sich, um seine absolute Bedeutung zu erproben, derselben ebenbürtig an die Seite stellt, wird es selbst zur Philosophie, nimmt, was es Brauchbares im Heidenthume vorfindet, in sich auf, aber nur um zugleich seine

8) Hegel, Geschichte der Philosophie III, 615.

unendliche Erhabenheit über das Heidenthum zu beurkunden. Es ist dies aber doch nur die eine Seite der Sache. Mit demselben Rechte, mit welchem man den Wendepunkt in dem inneren Entwicklungsprocesse des Christenthums selbst aufzuzeigen vermag, auf welchem das christliche Bewußtsein über den bisherigen ethisch-praktischen Standpunkt hinausgetrieben wird, um sich zu einem allgemeinen, kosmischen Principe zu erweitern, kann man auch umgekehrt auf die entgegengesetzte Seite treten und in dem Entwickelungsgange der philosophischen Speculation den Wendepunkt aufzeigen, wo sie aus einer heidnischen in eine christliche umschlagen mußte. Man muß sich nur erinnern, wie diese Speculation im Laufe der Jahrhunderte ihren Gesichtskreis unaufhörlich erweitert hatte. Die hellenische Philosophie hatte sich in ihrem Kindesalter unter orientalischen Einflüssen gebildet: darnach zu selbständiger Entwickelung gediehen, war sie in Platon, Aristoteles und der Stoa zur Aufstellung von jenen großen Systemen fortgeschritten, welche, jedes in eigenthümlicher Weise, den ganzen Umfang menschlichen Wissens zu durchmessen unternahmen. Auf diese Zeit der gesteigertsten Thätigkeit war eine lange Periode scheinbarer Ermattung gefolgt, welche ohne eigene schöpferische Kraft das Beste aus den vorhandenen Systemen in immer neuen Combinationen zu vereinigen suchte. Da keins der großen Systeme für sich allein den Denkern die gesuchte Befriedigung bot, so mußte jener Eklekticismus entstehen, welcher das Nächste mit dem Entferntesten mit mehr oder weniger Geschick verschmolz. Man begnügte sich bald nicht mehr mit dem von der hellenischen Philosophie verarbeiteten Gedankenstoffe; indem man den Kreis immer weiter und weiter zog, nahm man bald auch orientalische Speculationen zu Hülfe. Jener seit den Eroberungszügen Alexander's des Großen eingeleitete Verschmelzungsproceß hellenischer und orientalischer Cultur, vor Allem jenes bunte Durcheinanderwerfen der verschiedensten Culte, in welchem man gemeinhin nichts Anderes sieht, als die offenbarsten Kennzeichen des Verfalls, bezeichnet auf religiösem Gebiete vielmehr die nothwendige Durchbrechung particularistischer Beschränktheit, welche der allgemeinen Menschheitsreligion die Wege bereitete. Indem mit dem Sonderbestande der verschiedensten Völkerschaften auch das selbständige Nebeneinanderbestehen der verschiedenen Landesreligionen auf allen Punkten durchrissen, griechisches mit orientalischem, und orientalisches wieder mit griechischem Wesen durchsetzt wurde, bildete sich zunächst freilich ein überaus wunderlicher Synkretismus heraus, in dessen trübem Gährungsprocesse man die ursprünglichen Gestalten der Volksgötter und Localmythen kaum noch wiedererkennt, aber gleichzeitig wurde der religionsphilosophischen Betrachtung ein zugleich weiterer Gesichtskreis geöffnet. Wie die römische Religion sich unter dem Einflusse der griechischen Götterwelt umwandelt, so gingen phönikische, phrygische, persische, ägyptische, jüdische, indische Elemente in den griechischen Götterglauben über. Es bildet sich allmählich ein west-östliches Götterpantheon, in welchem für den oberflächlichen Blick die fremdartigsten, grotesken Gestalten wirr genug durcheinanderlaufen, aber der aufmerksame Beobachter findet auch in diesem nebelhaften Gewühle leicht genug den einheitlichen Zug heraus, welcher das Ganze beherrscht. Unter den verschiedensten Formen und Namen verehrte man das eine Allleben der Natur, die eine vielnamige Gottheit, die hier als Zeus, dort als Pan, dort wieder als Isis oder als die Magna Mater angerufen wurde. Es versteht sich, daß durch diese Göttermischung auch die Fortbildung der Philosophie wesentlich bedingt wurde. Die Philosophie war es, welche in den verschiedensten Mythen das einheitliche Band, in dem bunten Chaos von Göttergestalten das eine vielnamige Wesen herauserkannte. So war sie, als sie zuerst mit dem Christenthume in Berührung trat, längst aus den engen Schranken der Schule und des Volksthums herausgetreten, hatte sich zu einer Weltweisheit im eigentlichsten Sinne des Wortes erweitert; die verschiedensten Formen des Volksglaubens dienten ihr zu ebenso vielen Anknüpfungspunkten für ihre Speculation, und diese Speculation beurkundet trotz aller schillernden Farben einen ebenso universalistischen als monotheistischen Zug. Es würde zu weit führen, diese Vergeistigung der religiösen ebenso wol wie der ethischen Anschauungen des Heidenthums, wie sie durch die Platonische und stoische Philosophie begründet, und durch den wunderbaren Gedankenaustausch zwischen Ost und West weitergeführt worden war, näher zu erörtern. Genug, daß in dem Allen ebenso viele Annäherungen an das Christenthum lagen, welche noch ganz ohne eine äußere Berührung mit demselben, nur durch die innere Entwickelung der heidnischen Philosophie herbeigeführt worden war. Wie war es also nur möglich, daß das philosophische Denken bei einer so gewaltigen Erscheinung, wie das Christenthum um die Mitte des 2. Jahrh. schon war, theilnahmlos vorübergehen konnte! Mochte auch die überwiegende Mehrzahl der Philosophen jener Zeit in dem Christenthume Nichts als eine Neuerung sehen, zu welcher man sich in der Hauptsache nur ablehnend verhalten konnte, so ist doch selbst in dem heidnischen Gegensatze gegen die neue Religion ein allmählicher Fortschritt von leidenschaftlicher Bestreitung zu einer unbefangenen Würdigung nicht zu verkennen[7]. Ein anderer Theil der philosophisch Gebildeten hatte sich dagegen von Vornherein freundlicher zu der neuen religiösen Bewegung gestellt. Mochte man nun das Christenthum nur im Allgemeinen als eine interessante Erscheinung betrachten, der man theilnehmende Aufmerksamkeit nicht ganz versagen konnte; mochte man, wie später in Rom, seit den Zeiten des Septimius Severus, dem Christengotte ebenso wie dem persischen Mithras und anderen Gottheiten der Barbaren einen Platz im heidnischen Götterpantheon einräumen: oder mochte man endlich von der geistigen Macht des Christenthums ergriffen auch äußerlich in die Reihen seiner Bekenner übertreten: auf jeden Fall war hiermit eine Bewegung eingeleitet, welche, wenn auch vorläufig nur in engeren, philosophischen Kreisen sich entzündend, nicht eher zur Ruhe gelangen konnte, als bis die Philo-

7) Vergl. Baur, Das Christenthum der drei ersten Jahrh. S. 382—430.

sophie sich fest und ohne Hintergedanken auf christlichen Boden gestellt hatte. Wollte man auch nur so viel dem Christenthume einräumen, daß man ihm eine entsprechende Stellung in der gesammten religionsgeschichtlichen Entwickelung anwies, so lag es ja in der Natur der Sache selbst, daß eine Religionslehre, welche mit so unbedingten Ansprüchen auf Glaubwürdigkeit wie die christliche auftrat, sich immer entschiedener in den Mittelpunkt der Betrachtung drängte. Denn wie konnte man einer Erscheinung wie das Christenthum anders gerecht werden, als daß man sie, sei es auch nur versuchsweise, für dasjenige nahm, für das sie sich ausgab, für die absolute, alle Erkenntnisse der Vorzeit in sich aufnehmende und zusammenfassende Wahrheit. Kurz auch die Philosophie, sobald sie die geschichtliche Thatsache des Christenthums ernstlicher in ihren Bereich zog, schlug mit innerer Nothwendigkeit in eine christliche Weltbetrachtung um: wie das Christenthum philosophisch ward, so ward die Philosophie verchristlicht.

Ist hiermit, wenigstens was die materielle Seite der Sache betrifft, der Gnosis im Ganzen und Großen ihre Stellung in dem geistigen Entwickelungsprocesse des Zeitalters angewiesen, so erhellt zugleich, wie wenig man im Stande ist, so im Allgemeinen hin zu entscheiden, ob das christliche oder das hellenisch-philosophische Element den substanziellen Inhalt der Gnosis bilde. Baur glaubt nach dem allgemeinen Eindrucke, welchen die schon von den christlichen Ketzerbestreitern gezogenen Parallelen der Gnosis mit den heidnischen Philosophemen des Alterthums das Urtheil fällen, daß die Gnosis „eine Umdeutung und Umbildung der griechischen Philosophie oder der aus ihr hervorgegangenen, alexandrinischen Religionsphilosophie in das Christenthum ist"[8]). Die treibenden Momente, welche die Entstehung der Gnosis bedingt haben sollen, wären also nicht sowol in der innerchristlichen Entwickelung selbst, sondern in der griechischen Philosophie zu suchen: „der substantielle Inhalt ist aus der heidnischen Philosophie, was vom Christenthume hinzugekommen ist, ist mehr nur ein Accidens an der Substanz der Gnosis." So wird man allerdings urtheilen müssen, wenn man zumal bei den größern gnostischen Systemen das quantitative Verhältniß der philosophischen und der christlichen Bestandtheile gegen einander abwägt. Zwar möchten die Kategorien von Substanz und Accidens im vorliegenden Falle kaum sehr glücklich gewählt sein, da das innere Verhältniß beider Bestandtheile vielmehr dieses ist, daß die Masse des aus der heidnischen Philosophie entlehnten Gedankenstoffes durch den Einfluß der christlichen Erlösungsidee unter einen völlig neuen Gesichtspunkt gestellt, in seiner principiellen Bedeutung also zu etwas ganz Anderem geworden ist als vorher. Aber der Schwerpunkt der Betrachtung wird, sobald man die vorauszusetzenden philosophischen Bedingungen für die Entstehung der Gnosis ins Auge faßt, immer wieder auf die Seite der heidnischen Speculation fallen müssen. Wir sehen hierbei vorläufig ab von der Incongruenz, die allerdings bei dieser Betrachtungsweise immer entsteht, da grade die ersten Anfänge der Gnosis, wie sich weiter zeigen wird, von der hellenischen Speculation nur sehr leicht und leise berührt sind: es ist genug, die Thatsache zu constatiren, daß die Gnosis jedenfalls da, wo sie zu einer geschichtlich bedeutenden Macht sich entfaltet, in den entwickelten Systemen der Valentinianer, der späteren Ophiten und Basilidianer unzweifelhaft unter den von Baur geltend gemachten Gesichtspunkt einer Umdeutung und Umbildung der griechischen Philosophie in das Christenthum gestellt werden kann. Wenn es nun grade diese Bestimmungen gewesen sind, welche neuerlich den Widerspruch Hilgenfeld's herausforderten[9]), so handelt es sich im Grunde nicht sowol darum, eine irrthümliche Auffassung durch eine richtigere zu ersetzen, als vielmehr einer berechtigten, aber für sich allein einseitigen Betrachtungsweise, gegenüber die andere Seite der Sache hervorzukehren. Indem Hilgenfeld der specifischen Eigenthümlichkeit und der christlichen Bedeutung des Gnosticismus zu ihrem von Baur verkümmerten Rechte verhelfen will, findet er in der Grundlehre des Gnosticismus von dem Unterschiede der beiden Götter des alten Testaments und des Christenthums den metaphysischen Ausdruck für das Neue und Absolute der christlichen Religion, den nächsten Fortschritt der christlichen Lehrentwickelung der apostolischen Zeit[10]). „Christus wird nur deshalb zu einem kosmischen Principe gemacht, weil die Erlösung nicht mehr auf die Menschheit beschränkt, sondern in einer ganz universellen Fassung zum Weltprincipe, zum Ziele des gesammten Weltverlaufs gemacht wird. Und grade hier kann von einem außerchristlichen Ursprunge des Gnosticismus so wenig die Rede sein, daß sich vielmehr unbeschadet des unterstützenden Einflusses heidnischer Bildung und Philosophie, der innere Trieb der christlichen Lehrentwickelung gar nicht verkennen läßt, das Absolute des Christenthums universell in dem Zusammenhange einer umfassenden Weltansicht aufzufassen. Wie man auch über den Dualismus und Doketismus der Gnosis urtheilen möge, in jedem Falle war sie der erste Versuch einer vom christlichen Principe aus durchgeführten Weltansicht."

Nach dem von uns oben eingehend Erörterten können wir nicht anstehen, diese Bemerkungen Hilgenfeld's (vorbehaltlich einer nähern Verständigung über die Bedeutung des Demiurgen in den gnostischen Systemen) wörtlich uns anzueignen. Aber auch Dr. Baur[11]) vermag hierin so wenig eine principielle Verschiedenheit von seiner Auffassung der Gnosis zu erkennen, daß er die ganze beiderseitige Differenz jetzt als einen Streit bezeichnet, „in welchen im Interesse der Sache weiter einzugehen Niemand Lust haben kann.". Wie es ihm nie eingefallen sei, einen rein außerchristlichen Ursprung der Gnosis zu behaupten, so weiß er auch nicht, wer die christliche Bedeutung der Gnosis stärker hervorgehoben haben könne,

8) Das Christenthum der drei ersten Jahrh., erste Aufl. S. 167. In der zweiten Auflage (S. 183) lautet dieser Satz etwas modificirt, der gleich nachherfolgende, oben im Texte ebenfalls angeführte, ist weggelassen.

9) Urchristenthum S. 90 fg. 10) a. a. O. S. 100 11) Tübinger Schule, 2. Aufl. S. 51 fg.

als eben er selbst, indem er die ganze Aufgabe der Gnosis darin erkannte, den Begriff des Christenthums als der absoluten Religion auf seinen adäquaten Ausdruck zu bringen. Der ganze Streit scheint also, was die Begriffsbestimmung der Gnosis als solcher, und die Charakteristik ihrer geschichtlichen Bedeutung betrifft, lediglich darauf hinauszulaufen, daß Dr. v. Baur, während er selbst es gewesen ist, der der Gnosis zuerst ihre innerchristliche Bedeutung vindicirte, sie andererseits wieder, was ja auch Dr. Hilgenfeld nicht wird ausschließen wollen, als ein wesentliches Glied dem inneren Entwickelungsgange der philosophischen Speculation des Alterthums einzureihen unternahm, wobei es ihm, wie das wol zu geschehen pflegt, wenn man eine Seite der Betrachtung durch die andere ergänzen will, gelegentlich widerfuhr, daß ihm Ausdrücke entschlüpften, welche den specifisch christlichen Charakter der Gnosis geringer anzuschlagen schienen, als es eigentlich seine Meinung war. Die Gnosis bezeichnet ja auch nach Dr. v. Baur den Wendepunkt in der innerchristlichen Entwickelung, an welchem die heilsgeschichtliche Betrachtung des Christenthums zum weltgeschichtlichen sich erweitert, das Christenthum nicht mehr blos als Heilsprincip, sondern als Weltprincip aufgefaßt wird. Hiermit ist aber, bei allem Rechte der anderen Betrachtungsweise innerhalb der Geschichte der Philosophie, der Gesichtspunkt bezeichnet, unter welchem die kirchengeschichtliche Darstellung die Gnosis zu stellen hat. Hier kann es sich nicht darum handeln, zu zeigen, wie die Philosophie allmählich eine christliche ward, sondern umgekehrt wie die christliche Weltbetrachtung sich zur speculativen erweiterte; und diesen Gesichtspunkt werden auch wir im Folgenden festhalten.

Allerdings aber gab es trotz jener Uebereinstimmung im Wesentlichen noch eine Verständigung über einen andern nicht unbedeutenden Differenzpunkt zu erzielen. Es handelt sich um das Maß des Antheils, welchen die griechische Speculation nicht sowol an der weiteren Fortbildung, als vielmehr an dem ersten Hervortreten der Gnosis gehabt hat, und da von der Beantwortung dieser Frage die ganze Vorstellung abhängt, die man sich von dem inneren Entwickelungsgange des Gnosticismus überhaupt entwirft, so ist ein näheres Eingehen hierauf unerläßlich.

Es ist grade dies einer der Hauptpunkte, an welchen die Ansichten der Forscher noch am weitesten auseinandergehen. Es gilt einen Einblick zu gewinnen, nicht blos in die Hauptclassen und Gruppen, in welche die Gnosis zerfällt, sondern was ebenso wichtig ist, in die innere Genesis der einzelnen Systeme selbst, in den ganzen Verlauf der Veränderungen und Umgestaltungen, welche dieselben von ihrem ersten Hervorkeimen an bis zu ihrer reichsten und reifsten Entfaltung durchlaufen haben. Was die Gnosis in Beziehung auf das Christenthum für eine theils negative, theils positive Bedeutung gehabt habe, wird sich aber offenbar dann erst allseitig übersehen lassen, wenn nicht blos die verschiedenen Systeme im Verhältnisse zu einander, sondern ebenso sehr auch jedes einzelne System selbst wieder, soweit sich dies heute noch verfolgen läßt, unter den Gesichtspunkt eines seinen Inhalt durch alle seine Momente hindurch explicirenden Begriffes gestellt, oder um weniger schulmäßig zu sprechen, als ein geschichtlich sich entwickelndes Ganze betrachtet wird. Nur ein genauerer Einblick in diesen Entwickelungsgang wird nicht nur manche bei aller Durcharbeitung des Gegenstandes noch immer gebliebenen Unklarheiten über das Wesen des Gnosticismus zerstreuen, sondern namentlich auch dazu beitragen, sein Verhältniß zur heidnischen, sei es orientalischen, sei es griechischen Speculation einerseits, zum katholischen Dogma und zur katholischen Gnosis andererseits deutlich ins Licht zu setzen.

Grade dieser letztere Punkt möchte vor Allem noch eine schärfere Beleuchtung erfordern. Erscheint die Gnosis wirklich, wie ihr Wesen von uns in Uebereinstimmung mit Baur und Hilgenfeld bestimmt worden ist, als jener Wendepunkt innerhalb der Geschichte der Kirche, an welchem das Christenthum zum ersten Male nicht allein als Heilsprincip, sondern zugleich als Weltprincip gefaßt wird, oder als der erste Versuch einer vom christlichen Standpunkte aus entwickelten umfassenden Weltbetrachtung, so ist hiermit die so leidenschaftliche und langwierige Polemik der Kirchenlehrer wider den Gnosticismus noch nicht erklärt. Bezeichnet der Gnosticismus eben nur den Fortschritt von einer ethisch-praktischen zu einer philosophischen Auffassung des Christenthums, so war dieser Fortschritt so sehr im Wesen der Sache selbst begründet, daß es eine Unbegreiflichkeit bleibt, wie ein so wesentliches und nothwendiges Moment in der innerchristlichen Entwickelung dennoch als Häresie von dem kirchlichen Bewußtsein ausgeschieden werden konnte. Nun zeigt aber eine nähere Betrachtung, daß dasselbe, was hier im Allgemeinen von der Gnosis gesagt ist, ebenso auch auf eine Reihe von andern Erscheinungen des zweiten christlichen Jahrhunderts Anwendung leidet. An der Theologie der alexandrinischen Kirchenlehrer hat schon Baur gezeigt, wie dieselbe vermittels ihrer Unterscheidung von Gnosis und Pistis sich auf denselben Standpunkt mit den Gnostikern stellte, „um mittels alles dessen, was die Zeitphilosophie darbot, das Christenthum in seinem geschichtlichen Zusammenhange zu begreifen und seinen Inhalt in das denkende Bewußtsein aufzunehmen“ [12]). In der Idee des Logos, der als das vermittelnde Princip zwischen dem in seinem abstracten Ansichsein schlechthin unerkennbaren absoluten Gott auf der einen, und der Mannigfaltigkeit endlicher Dinge auf der anderen Seite, die Idee des Absoluten für den endlichen Geist theoretisch und praktisch realisirt, in der über alle menschliche Realität hinausragenden Transcendenz dieser Idee, welche die wahre Menschheit des Erlösers immer wieder zu verflüchtigen droht, endlich in der allegorischen Erklärungsweise des alten Testamentes, welche, um nicht blos als etwas blos Willkürliches und Subjectives zu erscheinen, auf eine von dem öffentlichen Lehrvortrage für das Volk noch unterschiedene Geheimlehre zurückweist, findet Baur ebenso viele Berührungspunkte zwischen der katholischen und der häretischen

12) Das Christenthum der drei ersten Jahrh. 2. Aufl. S. 248.

Gnosis, und selbst wenn er dem gnostischen Fatalismus und Naturalismus gegenüber das von Clemens und Origenes so entschieden festgehaltene Princip der sittlichen Willensfreiheit betont, so kann er sich auch so nicht verhehlen, daß damit dennoch keineswegs bereits ein principieller Gegensatz zum Gnosticismus gegeben ist. „Grade die Idee der Freiheit gibt uns, wenn wir an ihr von Clemens zu Origenes fortgehen, nur einen neuen Beweis davon, auf welchem tiefen Grunde die Verwandtschaft der alexandrinischen Anschauungsweise mit der gnostischen beruht, und wie jene Zeit doch immer nur ein der Gnosis analoges System aufstellen konnte, sobald sie ihre Anschauungen nicht blos in der bunten Mannigfaltigkeit der Stromata, sondern in der Einheit eines in sich geschlossenen Ganzen darstellen wollte“ [13]). Kurz, es bleibt dabei, daß das Verhältniß des katholischen Christenthums zur Gnosis keineswegs nur ein feindseliges und abstoßendes sein konnte, und jenes Streben der Gnostiker ist an sich so wenig als antichristlich zu betrachten, daß es „auch in der Folge der wichtigste Gegenstand der christlichen Religionsphilosophie blieb, das Christenthum aus dem Gesichtspunkte einer allgemeinen Weltanschauung zu begreifen.“

Dasselbe aber, was Dr. Baur [14]) hier mit vollem Rechte von der katholischen Gnosis der Alexandriner bemerkt, gilt auch schon, wenngleich noch nicht in dieser scharf ausgeprägten Gestalt, von der Apologetik. Bekanntlich ist es dieselbe nachmals von den Alexandrinern in so umfassender Weise verwendete Logoslehre, welche auch schon für die Apologeten das Mittel bildet, um der heidnischen eine christliche Philosophie gegenüber zu stellen. Wenn wir die Bedeutung, welche die Idee des Logos für die Apologeten hat, mit der gnostischen Weltanschauung vergleichen, so zeigt sich, wie dieselbe bei ihnen eine ganz ähnliche Stellung einnimmt, wie bei den Gnostikern die Aeonenreihen, die Unterscheidung des Weltschöpfers vom höchsten Gotte und die durch die Offenbarung in Christus vermittelte Wiederbringung. Wie bei den Gnostikern, so bedarf auch schon bei den Apologeten der absolute, in seiner Jenseitigkeit unnahbare Gott einer vermittelnden Potenz, durch welche nicht blos die Mittheilung des Heiles an die Gläubigen, sondern ebenso sehr auch der ganze Weltzusammenhang bedingt ist. Der Logos der Apologeten ist ebenso wie die gnostischen Aeonen und Mächte ein kosmisches Princip, an dessen Wirksamkeit die Entstehung, Entwickelung und Vollendung der ganzen Schöpfung geknüpft wird. Wie bei den Gnostikern das pneumatische Element schon lange vor der Erscheinung Christi in der Welt vorhanden und wirksam war, nur daß es im steten Kampfe mit den psychischen und materiellen Mächten begriffen immer wieder unterlag, so behaupten die Apologeten ganz dasselbe von dem ἐμφύτῳ τοῦ λόγου, das als das Princip aller Wahrheit und Vernünftigkeit sich schon vor Christus und außerhalb des Christenthums findet, nur daß diese vereinzelten Lichtfunken immer wieder von der dämonischen Finsterniß des Heidenthums begraben worden sind. Wie ferner die Gnostiker die Erscheinung Christi als den Wendepunkt in der Weltgeschichte betrachten, wo alle Geheimnisse enthüllt, alle Räthsel gelöst, alle widerstrebenden, dämonischen Mächte vernichtet, alle blos aus Unwissenheit Beschränkten belehrt werden, so bezeichnet auch den Apologeten die Menschwerdung des Logos den großen Umschwung in der Gotteserkenntniß, wo an die Stelle der spermatischen Erkenntniß die vollkommene, an die Stelle der relativen und vereinzelten Wahrheiten der Vorzeit die volle und absolute Offenbarung der göttlichen Vernunft getreten ist, sodaß diejenigen, welche dem Christenthume noch jetzt widerstreben, keine Entschuldigung mehr haben. Das Christenthum ist von diesem Standpunkte selbst die absolute Vernünftigkeit oder die höchste Philosophie: christlich und vernünftig oder philosophisch sind Begriffe, die sich decken. Auch darin bietet die Apologetik eine Parallele wenigstens zu den entwickelten Systemen der Gnosis, daß hier wie dort die besonders mit stoischen und Platonischen Elementen gesättigte eklektische Philosophie der Zeit gleichsam das Gefäß bildet, in welches der neue christliche Inhalt hineingegossen wird. Selbst in der Form der Darstellung ist der Unterschied zwischen den gnostischen Systemen und der Apologetik ein fließender. Ganz wie nachmals die Alexandriner bedienen sich auch schon die Apologeten der allegorischen und typologischen Auslegungsweise: und auch darin ist ein Berührungspunkt der Apologetik mit der Gnosis unverkennbar, daß diese Typologie, wie man namentlich an dem Märtyrer Justin sieht, keineswegs auf das alte Testament sich beschränkt. Wie namentlich die spätere Gnosis ihre Lehren mit Vorliebe an die Aussprüche griechischer Dichter an hellenische, phrygische, phönikische und ägyptische Mythen anknüpft, so ist auch nach Justin die ganze heidnische Welt voll von Typen und Weissagungen auf den Logos, und es möchte schwer zu sagen sein, auf welcher von beiden Seiten die größere Willkür herrscht. Justin ist der charakteristische Repräsentant für eine Typologie, welche den Helden selbst in allen Werkzeugen, die sie gebrauchen, in Schifffahrts-, Kriegs- und Ackergeräthen, in den Fahnen und Siegeszeichen die Gestalt des Kreuzes nachzuweisen versucht. Ja, auch die Apologeten durchstöbern den ganzen Schatz der heidnischen Literatur, um überall Beziehungen auf das Christenthum zu entdecken: Justin beruft sich auf die Aussprüche der (vermeintlich) heidnischen Sibylle, der Verfasser des λόγος παραινετικός auf Orphische und Homerische Gedichte, auf Pythagoras und Platon.

Ja, man wird in der Vergleichung der Apologetik mit der Gnosis noch einen Schritt weiter gehen und auch die äußere Seite der Sache mit in Betracht ziehen müssen. Es ist gewiß nicht zufällig, daß grade die Wirksamkeit Justin's, in dessen Person die christliche Apologetik gewissermaßen verkörpert erscheint, mit der Blüthezeit der großen gnostischen Systeme zusammenfällt. Justin schrieb seine größere Apologie nach der gewöhnlichen Ansicht im J. 138 oder 139, die kleinere im J. 161, nach den Ergebnissen der neuern Kritik gehören

13) a. a. O. S. 251. 14) a. a. O. S. 246.

beide ins Jahr 150[15]). Im J. 140 aber kamen Valentin und Markion nach Rom, um hier in der Welthauptstadt ihren Lehren eine weitere Verbreitung zu sichern. Das Valentinianische System ist aber, wie später zu erörtern sein wird, eins der ersten, von welchen eine umfassendere Anwendung derselben Platonischen Philosophie, von welcher auch Justin zum Christenthume hinübergeführt ward, aufs Christenthum nachgewiesen werden kann. Ist es wol zufällig, daß in derselben Zeit, in welcher die Logoslehre unter sichtlichem Einflusse des Platonismus zuerst einen tiefergreifenden Einfluß auf die Ausbildung des kirchlichen Dogma gewinnt, derselbe Platonismus auch für die Gnosis ein so bedeutsames Moment der Entwickelung wird? Mit einem Worte, wir wüßten auch nach dieser Seite hin nicht, was wir der Gnosis, zumal in ihrer ausgebildeteren Gestalt, Verwandteres an die Seite zu stellen hätten, als eben die von Justin dem Märtyrer in der Apologetik ausgebildete Weltbetrachtung.

Je größer und tiefergreifend aber in allen diesen Beziehungen die Uebereinstimmung der Gnosis mit der Apologetik und ihrer Fortbildung in der alexandrinischen Theologie erscheint, desto wichtiger ist es, nach der anderen Seite hin auch den Unterschied zu bestimmen. Wir wüßten nun wol, unter welche Kategorie die Gnosis nach ihrer allgemeinen geschichtlichen Bedeutung zu stellen ist, wir wüßten auch, worin ihr positives Recht, ihre Nothwendigkeit im inneren Entwickelungsgange des christlichen Dogma ruht, aber worin grade ihre charakteristische Eigenthümlichkeit, oder mit andern Worten ihre für die Erhaltung der katholischen Kirche bedrohliche Stellung zu suchen ist, bleibt nach dem Allen noch schärfer ins Auge zu fassen.

Es ist diese Frage auch schon in den bisherigen Untersuchungen nicht außer Acht gelassen worden, und namentlich Baur hat in seiner neueren Darstellung der gnostischen Systeme seinen großen Verdiensten um das Verständniß jener merkwürdigen geschichtlichen Erscheinung auch dieses neue hinzugefügt, daß er zuerst die hier von uns hervorgehobene Schwierigkeit schärfer, als bisher geschehen war, ins Auge gefaßt hat. Dennoch können wir uns nicht überzeugen, daß das von ihm Erörterte den Gegenstand schon völlig zum Abschlusse gebracht habe. Es ist hier der Punkt, wo jene von Hilgenfeld neuerdings in Anspruch genommenen Aeußerungen Baur's über den wesentlich heidnischen Charakter der Gnosis ihre Stelle finden. „Die Erscheinungen," lesen wir S. 175, „von welchen hier die Rede ist, haben ihren eigenen Anfangspunkt, und sie bilden einen so eigenthümlichen Kreis, daß es im Grunde nur der Name des Christenthums ist, in welchem sie mit dem Uebrigen, das zum Inhalte der ältesten Kirchengeschichte gehört, ihren gemeinschaftlichen Berührungspunkt haben." So sehr dieses Urtheil auch durch die weitere Entwickelung eingeschränkt wird, so entschieden glaubt Dr. v. Baur doch hervorheben zu müssen, daß grade in der Gnosis für das Christenthum die Gefahr der Verallgemeinerung und Verflüchtigung seines Inhalts durch Ideen lag, „in welchen das christliche Bewußtsein in seiner schrankenlosen Erweiterung seinen specifischen geschichtlichen Charakter verlieren mußte" (S. 176). Die vornehmlichsten dieser Ideen sind, wie Baur an der Hand der patristischen Polemik zeigt, der allen gnostischen Systemen zu Grunde liegende Dualismus, die Trennung des Weltschöpfers vom höchsten Gotte, und vor Allem jene doketische Christologie, welche die Erlösung zur Lüge macht, das ganze Werk Gottes über den Haufen wirft, und mit dem Tode Christi diesem Fundamente des Evangeliums die ganze Bedeutung und Frucht des Christenthums leugnet. „Das Christenthum hat also (zeigt Tertullian), wenn es nichts Anderes ist, als was es nach der Ansicht der Gnosis sein soll, keine objective geschichtliche Realität, die Gnosis verwandelt seine Thatsachen in etwas blos Scheinbares, Vorgestelltes, rein Subjectives"[16]). So scheint also hiernach doch jene allgemeine Anklage eines wesentlich heidnischen Synkretismus wiederzukehren, welche schon die alten Kirchenväter gegen die Gnosis erhoben und Irenäus, Tertullian, Pseudoorigenes bleiben im Rechte mit ihrer Behauptung, daß die Gnostiker Alles, was den substantiellen Inhalt ihrer Systeme ausmacht, aus dem Heidenthume entlehnt haben, theils aus den Theogonien der alten griechischen Dichter, theils aus den Systemen der Philosophen[17]).

Daß diese Auffassung eine durch die Sache selbst vollkommen berechtigte ist, wird man zugestehen müssen, selbst wenn man sich genöthigt sieht, seine Zustimmung zu einzelnen Ausführungen zurückzuhalten. Es ist ganz richtig, und Baur hat dies in glänzender Weise gezeigt[18]), daß die Bedeutung der Gnosis für die Entwickelung der katholischen Kirche eine wesentlich negative, sollicitirende ist. Indem man aus dem christlichen Gemeindebewußtsein heraus so ziemlich jeder einzelnen gnostischen These eine katholische Antithese gegenüberstellt, kommt der Begriff der katholischen Kirche und ihres von den Aposteln her in allen apostolischen Gemeinden überlieferten Dogma erst zum Bewußtsein: die Glaubensregel, die schärfere Verhältnißbestimmung von Schrift und Tradition, der engere Anschluß an den Episcopat als Träger der reinen Lehrüberlieferung, überhaupt die Betonung des positiven, historischen, gegenüber dem subjectiven, speculativen Elemente, alles dieses entwickelt sich erst an dem gemeinkirchlichen Gegensatze gegen die Gnosis.

Es liegt indessen auf der Hand, daß diese wechselsweise Hervorhebung bald des christlichen, bald des außerchristlichen Charakters der Gnosis das Räthsel noch nicht löst. Wir haben eben hier zwei Seiten der Betrachtung, von denen die eine an sich nicht minder berechtigt als die andere ist, aber da sie vorerst noch unvermittelt ne-

15) Volkmar, Die Zeit Justin des Märtyrers kritisch untersucht. Theol. Jahrbücher 1855, 2 u. 3.

16) a. a. O. S. 258 fg. Vergl. auch die christliche Gnosis S. 460 fg. 17) Das Christenthum der drei ersten Jahrhunderte a. a. O. Vergl. auch S. 182 fg. 186 fg. 18) a. a. O. S. 250 fg.

den einander stehen, so scheint das an dem einen Orte Gesagte das Andere immer wieder aufzuheben, und es fragt sich daher, ob nicht auch hier eine Vermittelung gefunden werden kann, welche die auch in der Baur'schen Darstellung noch immer gebliebene Unbestimmtheit beseitigt. Ist die Gnosis christlich und zugleich wieder nicht, und gilt dieses letztere von ihr noch in einem ganz andern Sinne, als man von heidnisch-philosophischen Elementen in der Apologetik und der alexandrinischen Theologie zu sprechen pflegt, so muß eben in dieser Doppelseitigkeit ihr charakteristisches Merkmal liegen, oder die Art und Weise, wie in den Systemen der Gnostiker christliches und außerchristliches in einander gewebt ist, muß sich nicht blos quantitativ, sondern specifisch von dem, was die katholische Gnosis Analoges bietet, unterscheiden.

Was nun die neueren Verhandlungen über diesen auch bisher schon ins Auge gefaßten Punkt betrifft, so setzt Baur das specifische Merkmal des Gnosticismus, aus welchem sich alle weiteren Eigenthümlichkeiten desselben ableiten lassen, in seinen Dualismus zwischen Geist und Materie [19], Hilgenfeld in die Unterscheidung des Weltschöpfers vom höchsten Gotte [20]. Da der dualistische Charakter der Gnosis selbst in den emanatistischen und pantheistischen Systemen nicht geleugnet werden kann, die Trennung des Weltschöpfers vom höchsten Gotte aber, welche auch Baur wieder (a. a. O. S. 218) als das Hauptkriterium der Gnosis anerkennt, selbst wieder auf eine dualistische Grundlage zurückzuweisen scheint, so ist auf den ersten Blick zwischen beiden Auffassungen kein sehr wesentlicher Unterschied. Allein indem Baur nun weiter sämmtliche Grundbegriffe der Gnosis aus jenem ihrem dualistischen Charakter abzuleiten versucht, schickt er die Bemerkung voraus, daß nichts Anderes die Gnosis so unmittelbar als ein Erzeugniß der heidnischen Anschauungsweise bezeichnet, „als ihr so scharf ausgeprägter, durch Alles hindurchgehender Dualismus." Durch die dualistische Grundlage würden sich also hiernach die Gnostiker im engeren Sinne von der katholischen Gnosis unterscheiden, und eben dies wäre das Heidnische an ihnen; aber da dieser Dualismus uns ja auch im späteren Judenthume bei den Alexandrinern und Essenern begegnet, so kann derselbe nichts specifisch Heidnisches sein, wenigstens Nichts, was an sich schon nothwendig zu einer so massenhaften Einströmung heidnischer Elemente, wie dies in der Gnosis vorliegen soll, führen müßte, und man hätte entweder nach einer anderweiten Ableitung des heidnischen Grundcharakters der Gnosis zu suchen, oder man müßte es überhaupt aufgeben, dieselbe als ein Erzeugniß der heidnischen Anschauungsweise zu betrachten. Das letztere hat nun Hilgenfeld gethan. Indem er den gnostischen Dualismus aus dem schroffen Supranaturalismus des späteren Judenthums, welcher fast jeden Zusammenhang der übersinnlichen und der sinnlichen Welt aufhob, und aus dem christlichen Gegensatze von Geist und Fleisch, von dem zukünftigen und jetzigen Weltalter erklärt (a. a. O. S. 101), vermag er darin auch an sich kein specifisches Merkmal der Gnosis zu entdecken. Dagegen soll die Unterscheidung der beiden Götter des alten Testamentes und des Christenthums, welche nach ihm die Grundlehre der Gnosis ist, nichts Anderes sein, als der metaphysische Ausdruck für das Neue und Absolute der christlichen Religion. Es fragt sich nur, ob mit dieser veränderten Begriffsbestimmung viel gewonnen ist. Der strenge Monotheismus ist doch ohne Zweifel die gemeinsame Basis des Christenthums und des Judenthums, und wird daher überall, wie dies ja auch die Natur der Sache erforderte, in der Polemik gegen das Heidenthum in den Vordergrund gestellt. Judenchristlicherseits aber erscheint derselbe, wenn nicht als das einzige, so doch als das allein fundamentale Dogma des Christenthums. Wie ist es nun möglich, daß man grade diese Grundlehre, in welcher Juden und Christen gegen die Heiden von jeher zusammenstimmten, über den Haufen werfen konnte, lediglich um den specifischen Unterschied des Christenthums vom Judenthume hervorzuheben! Aus dem Wesen des Christenthums erklärt sich dieser Widerspruch nicht, wenn er also dennoch vorhanden ist, so kann sein Erklärungsgrund nur außerhalb des Christenthums gesucht werden. Die Schwierigkeit wächst, wenn man mit Hilgenfeld als die ältesten Gnostiker diejenigen betrachtet, welche sich noch rein innerhalb der alttestamentlichen Anschauungsweise bewegen. Was von den Heidenchristen allenfalls denkbar wäre, ist unter Judenchristen eine Unmöglichkeit: man müßte eben doch wieder heidnische Einflüsse zu Hilfe nehmen. Nun weist Hilgenfeld freilich zur Unterstützung seiner Ansicht auf die schon bei den Juden nachweisbare Vorstellung hin, daß das Mosaische Gesetz nicht unmittelbar von dem höchsten Gotte, sondern durch Engel gegeben sei. Allein auch ganz abgesehen von der Frage, wieweit nicht auch hier schon etwa heidnischer Einfluß im Spiele gewesen sein möchte — welcher ungeheure Sprung ist doch noch von einer durch Engel als dienende Organe des einen Gottes vollzogenen, also doch immer den göttlichen Willen offenbarenden Gesetzgebung zu einer derartigen Trennung des Gesetzgebers vom höchsten Gotte, welche den ersteren, wo nicht als ein feindseliges, so doch als ein nach Einsicht und Willen beschränktes Wesen, die Gesetzgebung selbst als ein unvollkommenes, aus Wahrem und Falschem gemischtes, mithin vom höchsten Gotte wiederaufzuhebendes Werk betrachtet! Steht dort die Gesetzgebung durch die Engel noch im engsten Zusammenhange mit der monotheistischen Grundanschauung, so hebt die Vorstellung vom Demiurgen, indem sie die innere Einheit der göttlichen Weltregierung vernichtet, zugleich auch den Monotheismus auf. Nun will ja aber auch Hilgenfeld selbst den unterstützenden Einfluß heidnischer Bildung und Philosophie auf die Entwickelung der Gnosis nicht leugnen (S. 102). Muß dieser also jedenfalls für die weitere Ausbildung der gnostischen Systeme zu Hilfe genommen werden, so ist nicht abzusehen, warum derselbe nicht schon auf die Ausbildung der Lehre vom Demiurgen mit eingewirkt haben soll: ist aber dieses der Fall, so steht man keinen Grund weiter, der uns hindern könnte, auch den gnostischen Dualismus

19) a. a. O. S. 183. 20) a. a. O. S. 94 fg.

mit Baur aus der heidnischen Grundanschauung der Gnostiker abzuleiten. Damit wären wir aber vorläufig wieder auf dem alten Flecke, und es fragt sich nur um so mehr, ob der eigenthümliche Charakter der im engern Sinne so benannten Gnosis im Unterschiede ebenso wol von der jüdisch-alexandrinischen Religionsphilosophie wie von der katholischen Gnosis der alexandrinischen Kirchenlehrer sich überhaupt auf dem bisher betretenen Wege nach allen Seiten hin genügend erklären lasse. Nun kommt aber die Baur'sche wie die Hilgenfeld'sche Darstellung beiderseits darin überein, daß sie einen speculativen Hauptgedanken der Gnosis herausheben und aus diesem alles Uebrige abzuleiten versuchen. Es wäre also die Frage, ob man nicht vielmehr den Kreis der Betrachtung von Vornherein etwas weiter zu ziehen, und anstatt einen einzelnen speculativen Begriff in den Mittelpunkt der Betrachtung zu stellen, vielmehr von der ganzen Art und Weise des gnostischen Speculirens seinen Ausgang zu nehmen hat. Ließe sich hier ein eigenthümliches, den Gnosticismus von allen verwandten Erscheinungen specifisch unterscheidendes Merkmal finden, so dürfte man sich vielleicht der Hoffnung hingeben, aus einem und demselben Grundprincipe nicht nur das eigenthümliche Verhältniß des christlichen und außerchristlichen Elements, sondern gleichzeitig auch mit dem eigenthümlichen speculativen Inhalte der Gnosis die ihr eigene mythologische Form der Darstellung zu entwickeln.

Unseres Erachtens kann der Ausgangspunkt der Untersuchung von nichts Anderem genommen werden, als von dem Sinne, welchen die Gnostiker selbst mit diesem ihrem Namen verbanden. Es ist dieses Moment zwar auch schon früher nicht außer Acht gelassen worden, man hat sich aber bisher zu sehr nur an die allgemeine Seite der Sache gehalten: statt zu fragen, worin die γνῶσις der hier in Rede stehenden Systeme sich von dem auch sonst vorkommenden Begriffe der Gnosis unterscheide, hat man vorzugsweise nur das Verwandtschaftsverhältniß ins Auge gefaßt.

Nun steht, namentlich durch Baur's auch hier bahnbrechende Untersuchungen [21]), fest, daß der Name γνῶσις nicht ausschließlich innerhalb des Kreises von Erscheinungen sich findet, um dessen Erklärung es hier zu thun ist. „Gnosis ist höheres Wissen, ein seiner Gründe, seiner Vermittelung sich bewußtes Wissen, oder ein solches Wissen, das ganz das ist, was es als Wissen sein soll. In diesem Sinne bildet die Gnosis den natürlichen Gegensatz gegen die Pistis." Man wußte längst, daß es namentlich Clemens von Alexandrien war, welcher diese Unterscheidung von πίστις und γνῶσις auch in katholische Kreise einführte [22]). Da indessen die Terminologie bei Clemens erst unter dem sichtlichen Einflusse des Gnosticismus sich gebildet hat, so ist es von Wichtigkeit, die Anfänge dieses Sprachgebrauchs auch schon in frühere Zeiten hinauf verfolgen zu können. In dieser Beziehung hat bereits Neander auf den Brief des Barnabas hingewiesen, und Baur hat diese Spuren nicht nur im Einzelnen näher verfolgt, sondern auch durch weitere Nachweise aus dem Paulinischen Sprachgebrauche vermehrt. Wir bemerken schon oben, daß man noch weiter zurückgehen kann. Schon Jesus selbst gebraucht Matth. 13, 11 den Ausdruck: γνῶναι τὰ μυστήρια τῆς βασιλείας, in einem Sinne, der nur auf eine der großen Menge verborgene Einsicht in das Wesen und die geschichtliche Entwickelung des göttlichen Reiches oder des Christenthums bezogen werden kann. Die γνῶσις des Paulus bezieht sich, wie auch schon oben bemerkt wurde, ebenfalls auf ein μυστήριον (vergl. 1 Kor. 13, 2) und ist nichts Anderes als eine über den beschränkten jüdischen Standpunkt hinausgehende höhere Erkenntniß des durch Christus den Gekreuzigten offenbar gewordenen neuen Verhältnisses Gottes zu der Menschheit. Das μυστήριον, von welchem Paulus so häufig redet, bezieht sich also mit einem Worte auf das, was den specifischen Inhalt seines Evangeliums ausmacht, auf das „Wort vom Kreuze," oder auf die aus der absoluten Bedeutung des Kreuzestodes Christi abgeleitete wahre Verhältnißbestimmung von Gesetz und Evangelium, Weissagung und Erfüllung, alttestamentlicher und neutestamentlicher Religionsökonomie (1 Kor. 2, 6—16; vergl. Eph. 1, 9; 3, 3. 9; Kol. 1, 26 fg.). Der Schlüssel zu dieser höheren Erkenntniß ist eben die Offenbarung in Christus: von diesem Mittelpunkte aus ist man aber ebenso wol im Stande, die Typen und Weissagungen des alten Testaments auf Christus in ihrem wahren Sinne zu verstehen, als man andererseits über die gemeine jüdische Anschauungsweise erhaben, eine Reihe von Vorurtheilen und engherzigen Vorstellungen nicht mehr theilt, in welchen das Judenthum sowol als das Judenchristenthum befangen ist (1 Kor. 8, 1 fg.). Ein wesentlicher Bestandtheil der γνῶσις ist daher schon bei Paulus die Allegorie (1 Kor. 10, 1—12; Gal. 4, 21—31.). Es ist dies eine über den buchstäblichen Sinn hinausgehende Auffassung des pneumatischen Sinnes, die daher nur dem πνευματικοῖς ἀνθρώποις zugänglich ist (1 Kor. 10, 3 fg.

21) Die christliche Gnosis S. 85 fg. Das Christenthum der drei ersten Jahrh. S. 178 fg. 22) Vergl. Strom. VII, 10, 55. p. 310 Sylb. 864 Pott.: ἔστιν γὰρ ὡς εἰπεῖν ἡ γνῶσις τελείωσίς τις ἀνθρώπου, ὡς ἀνθρώπου, διὰ τῆς τῶν θείων ἐπιστήμης συμπληρουμένη, κατά τε τὸν τρόπον καὶ τὸν βίον καὶ τὸν λόγον σύμφωνος καὶ ὁμόλογος ἑαυτῇ τε καὶ τῷ θείῳ λόγῳ. διὰ ταύτης γὰρ τελειοῦται ἡ πίστις ὡς τελείου τοῦ πιστοῦ ταύτῃ μόνως γιγνομένου. πίστις μὲν οὖν ἐνδιάθετόν τί ἐστιν ἀγαθὸν καὶ ἄνευ τοῦ ζητεῖν τὸν θεὸν ὁμολογοῦσα εἶναι τοῦτον καὶ δοξάζουσα ὡς ὄντα. ὅθεν χρὴ ἀπὸ ταύτης ἀναγόμενον τῆς πίστεως καὶ αὐξηθέντα ἐν αὐτῇ χάριτι τοῦ θεοῦ τὴν περὶ αὐτοῦ κομίσασθαι ὡς οἷόν τέ ἐστι γνῶσιν. §. 57. p. 311 Sylb. 865 seq. Pott.: ἡ μὲν οὖν πίστις σύντομός ἐστιν, ὡς εἰπεῖν, τῶν κατεπειγόντων γνῶσις, ἡ γνῶσις δὲ ἀπόδειξις τῶν διὰ πίστεως παρειλημμένων ἰσχυρὰ καὶ βέβαιος, διὰ τῆς κυριακῆς διδασκαλίας ἐποικοδομουμένη τῇ πίστει εἰς τὸ ἀμετάπτωτον καὶ μετ' ἐπιστήμης καὶ καταληπτὸν παραπέμπουσα. καί μοι δοκεῖ πρώτη τις εἶναι μεταβολὴ σωτήριος ἡ ἐξ ἐθνῶν εἰς πίστιν, ὡς προεῖπον, δευτέρα δὲ ἡ ἐκ πίστεως εἰς γνῶσιν, ἡ δὲ εἰς ἀγάπην περαιουμένη. ἐνθένδε ἤδη φίλον φίλῳ τὸ γιγνῶσκον τῷ γιγνωσκομένῳ παρίστησιν. καὶ τάχα ὁ τοιοῦτος ἐνθένδε ἤδη προλαβὼν ἔχει τὸ ἰσάγγελος εἶναι. — Vergl. auch Lämmer, De γνώσει Clementis Alexandrini p. 15 seq. Baur, Gnosis S. 503 fg.

vergl. Gal. 4, 23. 29), wie denn überhaupt nur der πνευματικός etwas von dem Reiche Gottes versteht, während dem ψυχικῷ dieses Verständniß verschlossen bleibt (1 Kor. 2, 13 fg.). Was also überhaupt zum Begriffe der γνῶσις gehört, die Unterscheidung eines niederen, am historisch Ueberlieferten haltenden Standpunktes von einem höheren, welcher erst den rechten geistigen Sinn dieses Positiven, ebenso wie das rechte Verhältniß der geistig Gereiften zu dieser überlieferungsmäßig festgehaltenen Autorität erschließt, alle diese Momente finden sich auch schon bei Paulus: das Eigenthümliche ist nur, daß bei ihm die Begriffe der πίστις und γνῶσις noch nicht in der Weise, wie dies später geschehen ist, auseinanderfallen. Allerdings wird die γνῶσις 1 Kor. 12, 8 unter die χαρίσματα gezählt, und demgemäß auch innerhalb der Christen selbst ein Unterschied zwischen den Unmündigen und den Vollkommenen, den πνευματικοί und den σαρκικοί gemacht (1 Kor. 3, 1; vergl. 2, 6), aber dieser Unterschied ist doch nur ein fließender, und das rechte Verständniß der göttlichen μυστήρια wird eben durch die πίστις erschlossen. Es erklärt sich aber auch dies zur Genüge, wenn man den eigenthümlichen Standpunkt des Paulus ins Auge faßt. Das Neue, welches mit dem Alten durch die γνῶσις vermittelt werden sollte, war ja eben die specifische Bedeutung der christlichen Offenbarung selbst im Unterschiede von einer das Christenthum mit dem Judenthume noch wesentlich zusammenfassenden Anschauungsweise, der den Aeonen verborgene, in den letzten Tagen offenbar gewordene göttliche Rathschluß, dessen praktische Verwirklichung eben die Heidenmission war. Daher beruht bei Paulus das Wesen der γνῶσις grade darin, die absolute, alles jüdische Wesen aufhebende Geltung der christlichen πίστις zu erkennen. Wesentlich anders gestaltet sich das Verhältniß schon im Barnabasbriefe, der, obwol von der häretischen Gnosis ebenfalls noch völlig unberührt, doch in mancher Hinsicht bereits als ein Vorläufer derselben betrachtet werden kann. Der ganze Brief hat, wie der Verfasser Cap. 2 seinen Lesern ankündigt, den Zweck, ἵνα μετὰ τῆς πίστεως ὑμῶν τελείαν ἔχητε καὶ τὴν γνῶσιν; diese γνῶσις aber bezieht sich vorzugsweise auf den typischen oder pneumatischen Sinn des Mosaischen Ritualgesetzes. So werden Cap. 10 die Mosaischen Speisegesetze, wie dies schon von Philon geschehen war, moralisch gedeutet; dasselbe geschieht mit den Fastengeboten, der Beschneidung, dem Tempel zu Jerusalem und dem Opferwesen. Moses hat bei allen diesen Bestimmungen ἐν πνεύματι geredet: die buchstäbliche Deutung ist ein Misverständniß, in welches die vom Satan geblendeten Juden gerathen sind (Cap. 9). Die γνῶσις ist es also auch hier, welche von einem höheren pneumatischen Standpunkte aus den wahren Sinn der noch immer als Autorität festgehaltenen alttestamentlichen Gesetzgebung ausfindig macht: das Mittel dazu ist aber für den Verfasser des Barnabasbriefes schon ausschließlich die allegorische Auslegung, welche zu der christlichen πίστις noch eine tiefere Einsicht hinzubringt.

Mit Recht hat schon Baur darauf aufmerksam gemacht, daß Gnosis und Allegorie an sich schon verwandte Begriffe sind. Die Gnosis setzt jederzeit ein über die überlieferten, volksmäßigen Religionsanschauungen hinausgeschrittenes Bewußtsein voraus, man ist sich des Unterschiedes zwischen dem Positiven, Historischen und dem neugewonnenen philosophischen Gedankenkreise bereits bis zu dem Grade bewußt, daß das unvermittelte Festhalten am Alten als ein nicht länger haltbarer Standpunkt, als eine niedere Stufe der Erkenntniß erscheint. Indem aber andererseits die Autorität der alten Religionsurkunden noch unangetastet ist, entsteht das Bedürfniß durch Vermittelung des Denkens den im Bewußtsein gesetzten Zwiespalt wieder auszugleichen. Die gewöhnlichste Aushilfe ist nun die allegorische Auslegung, welche allemal in solchen Uebergangszeiten einzutreten pflegt, in welchen das Denken bereits innerlich mit dem alten Glauben zerfallen ist, ohne daß andererseits der Bruch auch bereits äußerlich und für das Bewußtsein vollzogen wäre 25). Man deutet also den neuen Inhalt in die alten Formen hinein, indem man von dem zunächstliegenden, buchstäblichen Sinne einen verborgenen, geistigen unterscheidet. Das Charakteristische hierbei ist nur, daß diese Umdeutung eine ganz unwillkürliche ist; wie künstlich auch immer das Band sein möge, welches Altes und Neues mit einander verknüpft, so ist es für das Bewußtsein auf der Entwickelungsstufe, auf der es sich in solchen Uebergangszeiten befindet, eine innere Nothwendigkeit, die neuen speculativen Gedanken durch die überlieferten Autoritäten zu stützen und dadurch gleichsam erst zu legitimiren. Was man also für den tieferen geistigen Sinn der alten Urkunden ausgibt, gilt der Auslegung bei aller Gewaltsamkeit ihres Verfahrens so wenig als ein ihnen fremdartiger, willkürlich von Außen aufgenöthigter, daß man denselben vielmehr für den wahren, ursprünglich beabsichtigten und nur vor der unverständigen Volksmenge verhüllten Sinn ansieht. Auf diese Weise haben nach dem Vorgange des Platon und Aristoteles namentlich die Stoiker die in ihrem buchstäblichen Verstande einem geläuterten philosophischen und sittlichen Bewußtsein anstößig gewordenen Mythen allegorisch gedeutet, und seit den Zeiten der Götterverschmelzung war es ganz allgemeine philosophische Sitte geworden, die verschiedenen nationalen Göttersagen als ebenso viel sinnbildliche Hüllen eines und desselben Naturprocesses zu nehmen, den man ebenso gut wie aus der Hesiodeischen Theogonie auch aus den Isis- und Mithrasmysterien herauslas. Wenn später die Neuplatoniker an die Stelle des Processes der Naturprincipien den Proceß des unendlichen, zur Endlichkeit und concreten Mannigfaltigkeit sich erschließenden Geistes setzten, so änderte sich zwar der Inhalt, den man in die Mythen hineinlegte, aber die Methode der allegorischen Deutung blieb dieselbe.

Es ist hierbei jedoch zu beachten, daß die Allegorie nur das vornehmste, nicht das einzige Mittel war, die Vorstellungen und Erzählungen der Volksreligion mit

25) Vergl. zu dem Folgenden Strauß, Leben Jesu. Einleitung §. 1—8. Baur, Das Christenthum der drei ersten Jahrhunderte S. 179 fg.

den neuen philosophischen Gedanken in Einklang zu setzen. Wo die symbolische Deutung nicht zureichen wollte, nahm man frühe die Kritik zu Hilfe, welche sich des Unbequemsten in den Göttermythen durch Ausscheidung unechter Bestandtheile von der echten Substanz zu entledigen wußte. Auch dieses Verfahren geht in seinen ersten Anfängen bis auf Platon zurück, wie man aus seinem in der Republik ausgesprochenen harten Urtheile über die Dichter als Erfinder unwürdiger Göttergeschichten abnehmen kann.

Derselbe Umschwung des Bewußtseins, der auf dem Boden des klassischen Heidenthums jene Verschmelzung, Umdeutung und wenigstens theilweise Verwerfung der alten Göttergeschichten erzeugt hatte, nöthigte auch das Judenthum zu einem ähnlichen Auskunftsmittel. Es ist aus den Schriften Philon's bekannt, welchen ausgedehnten Gebrauch die alexandrinischen Juden von der allegorischen Auslegung der Mosaischen Urkunden gemacht haben. Auch hier war, zunächst durch die innere Entwickelung und Vergeistigung des alttestamentlichen Gottesbegriffes selbst, welche dem Eindringen fremder, namentlich Platonischer Ideen auf halbem Wege entgegenkam, das philosophische Bewußtsein über die Vorstellungen der Väter hinausgewachsen, während der Glaube an die Heiligkeit der väterlichen Religion und an die göttliche Eingebung ihrer Gesetzbücher noch unerschütterlich feststand. Diese jüdisch-alexandrinische Religionsphilosophie bietet in formeller und materieller Beziehung so wesentliche Berührungspunkte mit der späteren christlichen Gnosis dar, daß es nicht überraschen kann, wenn man auch ein äußeres Abhängigkeitsverhältniß anzunehmen und den Gnosticismus gradezu als eine Umdeutung und Umbildung der alexandrinischen Speculation in das Christenthum zu erklären sich veranlaßt fand [24]). Es ist jedoch nicht zu übersehen, daß verwandte Verhältnisse überall verwandte Erscheinungen hervorzurufen pflegen, auch ohne daß darum sofort auf ein äußeres Abhängigkeitsverhältniß geschlossen werden dürfte. Derselbe Entwickelungsproceß, der sich bei den alexandrinischen Juden unter griechischem Einflusse vollzog, läßt sich in allen Grundzügen auch im palästinensischen Judenthume nachweisen. Die strenge Durchführung des Monotheismus selbst mußte bei weiterer Entwickelung dahin führen, daß man Gott nicht mehr so unmittelbar und persönlich in die Geschicke der Menschheit eingreifen ließ. Daher frühzeitig schon Ansätze zu einer Abtrennung der sichtbaren Erscheinung Gottes von seinem unsichtbaren Wesen; am bemerkenswerthesten ist jene Vorstellung vom Engel Jahveh, der im Namen Gottes zu den Menschen redet. Ein weiterer Anknüpfungspunkt liegt in der Vorstellung Jahveh's als des Herrn der Heerscharen. Je schärfer nun in den Bedrängnissen des Exils grade die Einheit und Geistigkeit Gottes als das specifische Dogma der Mosaischen Religion, im Unterschiede von den heidnischen Naturreligionen, als der eigentliche Lebenskern des Mosaismus ins Bewußtsein trat, desto nothwendiger mußte grade von diesem Punkte aus alle weitere Entwickelung ausgehen. Wie für Philon, so ist es auch für die babylonischen und palästinensischen Juden Bedürfniß gewesen, alle anthropopathischen, an heidnisches Wesen erinnernde Vorstellungen von Gott zu beseitigen, und nur in soweit mochte man auch fremden Elementen Eingang ins Judenthum verstatten, als sie eben dieser monotheistischen Ur- und Grundanschauung sich unterordnen, oder wol gar zu ihrer weiteren Ausbildung sich verwerthen ließen. Daher nun dem ganzen nachexilischen Judenthume jener Trieb zur Personification und relativen Verselbständigung der göttlichen Eigenschaften, zur Annahme von himmlischen Mittelwesen zwischen Gott und den Menschen eigen ist. Die ausgebildete Engellehre, welche auf eben diesem Gedanken beruht, ist ein Erzeugniß des babylonischen und palästinensischen Judenthums und ward von den Alexandrinern schon vorgefunden. So unverkennbar in dieser Angelologie, wie schon die Siebenzahl der Erzengel beweist, der chaldäische Einfluß ist, so gewiß muß das eigentlich treibende Moment in der innerjüdischen Entwickelung selbst gefunden werden, und das Eigenthümliche hierbei ist nur dieses, daß grade die Consequenz jener antiheidnischen Grundanschauung selbst es war, welche im weiteren Verlaufe eine Herübernahme mythologischer oder philosophischer Vorstellungen aus dem Heidenthume begünstigte. Daher finden sich auch auf palästinensischem Boden nicht blos zu der Philonischen Lehre von den göttlichen Eigenschaften und Kräften, sondern auch zu der alexandrinischen Logosidee sehr bedeutsame, aber trotzdem selbständige Parallelen. Dahin gehört namentlich die Idee von der göttlichen שְׁכִינְתָּא oder יְקָרָא, der δόξα θεοῦ, die wir in ausgeprägterer Gestalt allerdings erst bei den, jedenfalls nachchristlichen, chaldäischen Paraphrasten des alten Testamentes, aber der Sache nach auch schon im neuen Testamente finden. Die göttliche Herrlichkeit ward als Lichtwolke gedacht, welche die Israeliten durch die Wüste leitete, und dann über der Stiftshütte sich niederließ. Man kann in derselben nur die palästinensisch-rabbinische Ausprägung eines ähnlichen Gedankens sehen, der auch dem Philonischen Logosbegriffe zu Grunde liegt, und wenn auch z. B. im Hebräerbriefe die Philonische Färbung nicht zu verkennen ist, so muß doch für die verwandten Paulinischen Anschauungen (vergl. 1 Kor. 10, 1 fg.) eine Ableitung aus alexandrinischen Quellen als durchaus unberechtigt zurückgewiesen werden. Ebenfalls palästinischen Ursprungs ist die מֵימְרָא, das allmächtige, göttliche Wort, in der späteren Zeit immer bestimmter persönlich gedacht. Sie ist eigentlich das gesprochene Wort des Herrn (Gen. 1, 1), seine mündliche Offenbarung, dann überhaupt das Organ der göttlichen Wirksamkeit, seiner schützenden Gnade wie seiner strafenden Gerechtigkeit. Durch sie ist die Welt geschaffen, sie leitet das Volk durch die Wüste, sie begegnet dem Bileam, und überall, wo sich Gottes Hand mächtig in den Geschicken seines Volkes offenbart, ist es die Memra, die Israel schützt oder straft. Auch diese Idee ruht auf echt hebräischer Grundlage und bei einer näheren Vergleichung mit dem alexandrinischen

[24]) So nach Neander und Gieseler auch Baur a. a. O. S. 167. (1. Aufl.) S. 183 (2. Aufl.).

Logosbegriffe erhellt schon aus dem ungleichen Umfange der beiderseitigen Vorstellungen, wie wenig hier an eine Herübernahme Platonischer Elemente ins palästinensische Rabbinenthum gedacht werden kann. Es ist nun nur die andere Seite derselben Erscheinung, wenn wir auch die allegorische Auslegung des alten Testamentes nicht ausschließlich bei den Alexandrinern, sondern ebenso, ob auch nicht in dieser ausgedehnten Gestalt, bei den Palästinensern finden. Hierher gehört schon die sogenannte Gematria; man addirte die Zahlenwerthe eines Wortes und schob ihnen dann einen neuen Sinn unter, indem man das geschriebene Wort mit einem andern von gleichem Zahlenwerthe, welches eigentlich vom Schriftsteller gemeint sein sollte, vertauschte. So wird von Onkelos zu 4 Mos. 12, 1 die häßliche Kuschitin, welche der Ehre unwürdig schien, Mosis Gemahlin zu sein, in ein hübsches Mädchen verwandelt, indem für den Ausdruck כושית ein Wort von gleichem Zahlenwerthe (= 736) יפת מראה gesetzt wird. Bekanntlich setzt der doch sicher in palästinensischen Ideenkreisen sich bewegende Apokalyptiker Johannes in der Stelle 13, 18 dieselbe Art allegorischer Auslegung voraus. Eine große Menge solcher Zahlenspielereien findet sich bei den späteren Rabbinen, und Vieles der Art, was sich bei der gnostischen Secte der Markosier findet, läßt sich nur auf rabbinischen Einfluß zurückführen. Einige andere Beispiele von allegorischer Deutung des alten Testamentes, das wir ebenfalls nur aus rabbinischer Geheimlehre herzuleiten vermögen, finden sich, wie bereits früher bemerkt wurde, bei Paulus 1 Kor. 10, 1 fg.; Gal. 4, 21 fg. In noch ausgedehnterem Maße tritt uns eine Geheimlehre in der sogenannten apokalyptischen Schule und bei den Essenern entgegen [25]), deren innerjüdischer Ursprung uns feststeht, wenn wir auch nicht umhin können, eine theilweise Einwirkung des orientalischen Heidenthums auf die letzteren anzuerkennen. Gleichzeitig ist grade der Essenismus auch noch nach einer andern Seite hin von Wichtigkeit. Indem die Essener, wenn auch nicht den jüdischen Opfercultus überhaupt, so doch jedenfalls die blutigen Opfer verwarfen, befanden sie sich offenbar zu einem sehr bedeutenden Bestandtheile des Mosaischen Gesetzes in einem solchen Gegensatze, daß selbst die allegorische Auslegung kaum hinreichte, diese Kluft zu verdecken. Es blieb also kaum etwas Anderes übrig als jener andere Ausweg, dessen Anfänge wir im Heidenthume schon bei Platon bemerkten, die Aussonderung unechter Bestandtheile, welche in die echte Substanz des Mosaischen Gesetzes eingedrungen seien. Wir sind über die Essener zu wenig unterrichtet, um diese Annahme auch ausdrücklich bei ihnen noch nachweisen zu können; da uns aber bei den Ebioniten eine ganz ähnliche Erscheinung begegnet, so glaubte schon Baur mit gutem Grunde diesen Rückschluß von den Ebioniten auf die Essener wagen zu dürfen [26]).

Das Gesagte wird vorläufig zu dem Beweise ausreichen, wie wenig aus jenen Uebereinstimmungen des Gnosticismus mit der alexandrinischen Religionsphilosophie ohne Weiteres auf ein directes Hervorgehen des ersteren aus der letzteren geschlossen werden kann. Alle jene Momente, welche Neander, Baur und Jacobi [27]) zusammengestellt haben, die allegorische Auslegung der heiligen Urkunden, die damit zusammenhängende Unterscheidung eines höheren und eines niederen Standpunktes der Erkenntniß, ebenso wie die Einschiebung von Mittelstufen zwischen Gott und Welt, durch welche die Offenbarung des an sich verborgenen Gottes sich vollziehe, finden sich auch außerhalb der alexandrinischen Kreise im Judenthume wieder. So wenig nun auch ein directer Einfluß der alexandrinischen Religionsphilosophie auf gewisse gnostische Systeme schlechthin geleugnet werden soll, so wenig ist hiermit die Frage nach den letzten Ursprüngen des Gnosticismus an sich schon entschieden.

Durch die ganze bisherige Entwickelung der Begriffe ist nur so viel festgestellt, daß es lange vor dem christlichen Gnosticismus bereits eine Gnosis gab, und zwar ebensowol unter den Hellenen als unter den alexandrinischen und palästinensischen Juden. Ueberall handelt es sich hier um die Aufgabe, von der Volksreligion eine Brücke zu schlagen zu den neuen philosophischen Anschauungen und so von einem gereifteren Standpunkte der Erkenntniß Altes und Neues dergestalt zu vermitteln, daß trotz des bereits ins Bewußtsein getretenen Unterschiedes die höhere Einheit beider erwiesen wurde.

Derselbe Proceß vollzieht sich nun auch auf dem Boden des Christenthums. Indem das Christenthum als ein neuer höherer Standpunkt zunächst aus der Hülle des jüdischen Nationalglaubens sich losschälte, wiederholten sich ganz dieselben Erscheinungen, nur unter gewissen, durch die Umstände gebotenen Modificationen. Die alte, nach wie vor in ihrem göttlichen Ursprunge anerkannte Autorität waren die heiligen Schriften des alten Testamentes; der neue Gedankeninhalt, der mit dieser festgehaltenen Autorität vermittelt werden mußte, war das Christenthum, welches sich zum orthodoxeren Judenthume ganz ähnlich verhielt, wie die griechische Philosophie zu den buchstäblich verstandenen Göttermythen. Es war natürlich, daß die nothwendig gewordene Vermittelung zwischen Altem und Neuem da ihre Anknüpfungspunkte suchte, wo auf jüdischem Boden schon analoge Verhältnisse vorhanden waren; daher die Herübernahme rabbinischer Auslegungskunst bei Paulus und Johannes, das frühzeitige Eindringen essenischer und, wie der Hebräerbrief und Barnabasbrief zeigen, auch specifisch alexandrinischer Elemente.

War nun einmal innerhalb der christlichen Kreise das Bedürfniß erwacht, den heilsgeschichtlichen Standpunkt der Betrachtung zum weltgeschichtlichen zu erweitern, so erhielt die umdeutende Gnosis sofort einen weiteren Spielraum. Die nächste Aufgabe blieb freilich auch so noch immer die Auseinandersetzung mit den Urkunden der alttestamentlichen Religion, und es ist gewiß nicht zufällig, daß die allegorische Auslegung der ältesten

25) Vergl. Hilgenfeld, Apostolische Väter S. 272 fg.
26) Gnosis S. 47.

27) In Herzog's Encyklopädie s. v. Gnostiker.

Gnostiker nur eine Erweiterung des schon im Barnabasbriefe so umfassend angewendeten Verfahrens ist. Die älteste Gnosis bewegt sich, wie weiter gezeigt werden wird, noch vorzugsweise auf alttestamentlichem Gebiete. Der leitende Gesichtspunkt blieb hierbei noch immer, das Neue und Absolute der christlichen Religion dem Judenthume gegenüber zu erweisen; hierzu diente aber eben die allegorische Auslegung, und daneben nahm man, wie dies z. B. im Buche Baruch der Fall war, auch den anderen Ausweg gelegentlich zu Hilfe, die Ausscheidung einer Anzahl unechter Bestandtheile aus der echten Substanz. Daß dabei schon frühzeitig, wenn auch nur beiläufig und in untergeordneter Weise auch heidnische Mythen mit in Betracht gezogen wurden, darf um so weniger befremden, als ja auch schon bei den alexandrinischen Juden Aehnliches sich vorfindet; dagegen ist eine umfassendere Berücksichtigung der heidnischen Mythologie sicher erst das Merkmal einer weiter fortgeschrittenen Entwickelung.

Das Eigenthümlichste in dieser gnostischen Auslegungskunst ist nun aber, daß allmählich auch die Aussprüche und Erzählungen des neuen Testamentes ganz in derselben Weise wie die alttestamentlichen allegorisch gedeutet werden. Es ist dies namentlich beim Valentinianischen Systeme der Fall, welches, wie wir durch Irenäus wissen, sich mit seinen Umdeutungen fast ausschließlich auf neutestamentlichem Boden bewegt. So finden die Valentinianer in den 30 Jahren, welche Christus alt geworden, die Dreißigzahl ihrer Aeonen wieder, und dieselben 30 Aeonen bringen sie in der Parabel von den Arbeitern im Weinberge heraus, indem sie die verschiedenen Stunden, zu welchen der Herr die Arbeiter berufen, zusammenrechnen. Die 12 untersten Aeonen werden angedeutet durch die Zwölfzahl der Apostel, und dadurch daß Christus als ein Zwölfjähriger mit den Schriftgelehrten disputirte; die übrigen 18 durch die 18 Monate, während welcher Christus nach seiner Auferstehung noch mit den Jüngern verweilt haben soll; die 10 mittleren Aeonen durch die Anfangsbuchstaben des Namens Ἰησοῦς (ι = 10). Das Leiden, welches den zwölften Aeon ergriff, wird symbolisirt durch den Verrath des zwölften Apostels, durch die 12 Jahre, welche das blutflüssige Weib an ihrer Krankheit litt, desgleichen durch den Umstand, daß Jesus im zwölften Monate nach seiner Taufe gelitten habe. Das verirrte Schaf ist die außerhalb des Pleroma irrende Achamoth, das Weib, welches sein ganzes Haus fegt und so die verlorene Drachme wiederfindet, ist die ἄνω Σοφία, welche ihre Ἔννοια verloren hat und sie, nachdem Alles gereinigt ist, durch die Parusie des Soter wiederfindet. Auf die durch Christus gestaltete Achamoth bezieht sich auch die Erzählung von der Auferweckung der Tochter des Jair, desgleichen die Geschichte von der Anna, welche, nachdem sie sieben Jahre mit ihrem Manne gelebt, den Rest der Zeit als Witwe zubringt, bis sie den Heiland gesehen und erkannt hat. In derselben allegorischen Weise, wie die neutestamentlichen Erzählungen, werden auch Aussprüche Christi und der Apostel gedeutet. Das Wort am Kreuze: „Mein Gott, mein Gott, warum hast du mich verlassen" bezeichnet die vom Lichte der Sophia verlassene, durch Ὅρος an der Rückkehr gehinderte Achamoth; ihre Trauer deuten die Worte an: „Meine Seele ist betrübt bis in den Tod," ihre Furcht das Wort: „Vater, ist's möglich, so gehe dieser Kelch an mir vorüber," ihre ἀπορία der Ausspruch: „Und was ich sagen soll, weiß ich nicht." Andere Worte Christi sollen die drei verschiedenen Menschengattungen andeuten. Aehnliche Deutungen finden sich in Bezug auf Paulinische Aussprüche, und von dem Prologe des Johannesevangeliums wissen wir, daß die späteren Valentinianer darin die obere und untere Tetras wiederfanden**).

Es ist nicht nöthig, diese Beispielsammlung noch durch ähnliche Deutungen der Ophiten und Basilidianer, welche die Philosophumena enthalten, zu vermehren. Jedenfalls erhellt schon aus dem Gesagten zur Genüge, daß die allegorische Auslegung der Gnostiker zum neuen Testamente völlig dasselbe Verhältniß voraussetzt, welches die Stoiker zu den Göttermythen, die Alexandriner zum alten Testamente einnahmen. Ja, auch jenes anderweite Auskunftsmittel, die Sonderung verschiedenartiger Bestandtheile in den neutestamentlichen Schriften, findet sich namentlich in den ausgebildeteren gnostischen Systemen angewendet. Wie Ptolemäos in dem Briefe an Flora (bei *Epiphan.* Haer. 33) drei verschiedene Bestandtheile des Gesetzes schied, so warfen die Häretiker, d. h. wol eben die Valentinianer, nach dem Zeugnisse des Irenäus (3, 2, 2) den Aposteln vor, sie hätten den Worten des Erlösers vieles Gesetzliche beigemischt, und die Reden Christi selbst rührten nach ihnen nur zum Theil vom höchsten Gotte, zum Theil vom Demiurgen her. Unter denselben Gesichtspunkt ist auch die von Markion vorgenommene Bearbeitung des Lukasevangeliums und der Paulinischen Briefe zu stellen; dieselbe kann nach seiner eigentlichen Absicht durchaus nicht als eine Verstümmelung des Kanon, sondern nur als eine kritische Sichtung des echten Textes der heiligen Urkunden von eingedrungenen unechten Zusätzen betrachtet werden. Es handelt sich auch hier noch, ebenso wie bei der allegorischen Auslegung darum, eine Form zu finden, in welcher die gnostische Weltanschauung mit der festgehaltenen Autorität der neutestamentlichen Urkunden sich vereinbaren ließe.

Grade hierin liegt aber eine bisher noch zu wenig beachtete Schwierigkeit. Ist die Auffassung richtig, daß die Anwendung jener Auskunftsmittel, also namentlich der allegorischen Interpretation, immer nur in Uebergangszeiten, wo Altes und Neues noch in unklarem Kampfe ringt, als eine nothwendige Vermittelung beider Elemente einzutreten pflegt, so muß dasselbe auch von dem Verhältnisse der Gnosis zum Christenthume gelten; die Gnosis würde alsdann eine höhere, über das Christenthum schon hinausgeschrittene Stufe der Entwickelung bezeichnen, nur daß man mit den bisherigen Autoritäten der christlichen Religionsurkunden noch nicht gebrochen hätte. Eine solche Auffassung würde aber schon an der Thatsache scheitern,

---

**) Vergl. *Iren.* I, 1, 3. I, 3, 1. I, 8, 1 seq. *Mass.*

daß der Gnosticismus durch die weitere Entwickelung des Christenthums selbst wieder überwunden wurde. Je weniger also hier die sonst angewandten Kategorien von einem inneren Zersetzungsprocesse der Volksreligion, von einem innerlich bereits vollzogenen und nur noch nicht für das Bewußtsein ausgesprochenen Bruche mit den alten Autoritäten am Platze sind, um so schwieriger scheint sich die Anwendung der allegorischen Auslegung auch auf die neutestamentlichen Erzählungen und Aussprüche erklären zu lassen. Es kommt hinzu, daß diese Verhältnißbestimmung der Gnosis zum Christenthume auch mit der Grundauffassung in Widerspruch tritt, welche wir oben von der innerchristlichen Bedeutung der Gnosis glaubten aufstellen zu müssen. Bezeichnet die Gnosis wirklich den Fortschritt des Christenthums vom Heilsprincipe zum Weltprincipe, oder den ersten Versuch, vom christlichen Standpunkte, als dem allein absoluten aus, den ganzen Proceß der Weltentwickelung zu begreifen, so erhellt nur um so mehr, wie wenig das Christenthum hier auf gleiche Linie mit den längst zersetzten heidnischen Volksreligionen gestellt werden kann. Ist es grade die innere Lebenskraft des Christenthums selbst, der ihm von Anfang an innewohnende Trieb, sich auch für das Denken, als die absolute, alle Welträthsel enthüllende Religion zu erweisen, so kann der erste Schritt zur Lösung dieser Aufgabe doch unmöglich in der an sich bereits vollzogenen Ueberwindung dieses Christenthums als eines ungenügenden Standpunktes bestanden haben.

Man könnte nun allerdings sagen, die ganze Fragstellung sei schief, weil es sich in der Gnosis gar nicht so sehr um eine Vermittelung zwischen dem Christenthume und einer bereits über dasselbe hinausgeschrittenen Philosophie, als vielmehr um den Gegensatz zwischen volksmäßiger und philosophischer, buchstäblicher und geistiger Auffassung des Christenthums selbst handle. Allein abgesehen davon, daß doch auch hierin schon ein Hinausschreiten des Bewußtseins über das Historische, Positive des Christenthums liegt, so läßt sich doch andererseits gar nicht verkennen, daß der Gedankenkreis, innerhalb dessen sich die Gnosis bewegt, zum guten Theil wirklich aus außerchristlichen Elementen besteht, welche erst in Folge der größeren Ausbreitung des Christenthums unter den Heiden mit demselben in Berührung traten; ist aber dieses der Fall, so sind eben diese philosophischen Gedanken das Neue, ihrer Substanz nach von Außen her an das Christenthum Herantretende, und wenn im Christenthume selbst die Nothwendigkeit aufgewiesen werden kann, vom ethisch-praktischen zum philosophischen Standpunkte fortzuschreiten, und zu dem Ende die schon außerhalb des Christenthums vorhandenen philosophischen Elemente sich zu amalgamiren, so müßte man doch erst wissen, wie weit diese neu aufgenommenen Bestandtheile sich mit dem inneren Wesen des Christenthums selbst vertrügen, ehe man die Frage entscheiden könnte, ob diese Verschmelzung wirklich nichts Anderes als eine nothwendige, innere Entwickelung und nicht doch vielleicht vielmehr eine Auflösung des substantiellen Gehaltes des Christenthums war. Das letztere war nun aber nach der Ansicht der meisten Forscher wirklich der Fall, und es kehrt sonach die schon früher aufgeworfene Frage wieder, wie denn das, was auf der einen Seite ein nothwendiger Fortschritt in der Entwickelung des im Christenthume selbst gegebenen Princips war, auf der andern Seite zugleich eine Verflüchtigung und Vernichtung dieses Princips gewesen sein könne. Die Gnostiker hatten also, indem sie die absolute Bedeutung des Christenthums zu begründen suchten, zugleich so viel fremde Elemente aufgenommen, daß dadurch ihr Zweck wesentlich wieder vereitelt wurde: aber in wiefern und aus welchen Gründen thaten sie das? Die Lösung dieser Schwierigkeiten kann wie gesagt nur in dem eigenthümlichen Begriffe, den die Gnostiker selbst mit ihrer γνῶσις verbanden und der Stellung, welche sie derselben zu der gemeinchristlichen πίστις geben, gesucht werden.

Durch Epiphanios hatten wir schon früher Kunde von einer eigenen Secte, die den Namen Γνωστικοί führte (Haer. 26); da dieselbe aber nach der ganzen, von jenem Ketzerbestreiter gegebenen Charakteristik ihrer Lehren nur als eine Abzweigung der Ophiten erschien, so war schwer zu begreifen, wie grade diese einzelne Partei zu dem Namen Gnostiker κατ' ἐξοχήν gekommen sein sollte. Aus den Mittheilungen der pseudoorigenistischen Philosophumena (V, 6) erfahren wir jetzt, daß Gnostiker vielmehr ein allgemeiner Name der „Ophiten" war, mit welchem diese sich selbst zu bezeichnen pflegten; und wir werden mit Grund behaupten dürfen, daß diese rein aus der Sache selbst, noch nicht von bestimmten inneren Parteiunterschieden, entlehnte Benennung wahrscheinlich mit der ersten Entstehung gnostischer Parteien zugleich sich gebildet habe. Der Verfasser der Philosophumena fügt hinzu, die Naassener hätten diesen Namen angenommen, φάσκοντες μόνοι τὰ βάθη γινώσκειν, d. h. sie schrieben sich den ausschließlichen Besitz einer Geheimlehre zu, welche sich auf die „Tiefen," d. h. auf das verborgene Wesen der Gottheit und die Art seiner Offenbarung in der Welt bezog. Nach derselben Darstellung behaupten die Naassener, der Anfang der Vollkommenheit sei die Erkenntniß des Menschen, die γνῶσις Gottes aber sei die vollendete Vollkommenheit[29]), und in ähnlicher Weise wird uns als Ansicht der Basilidianer berichtet, die σοφία ἐν μυστηρίῳ λεγομένη, von welcher die Schrift sage: οὐκ ἐν διδακτοῖς ἀνθρωπίνης σοφίας λόγοις, ἀλλ' ἐν διδακτοῖς πνεύματος, bestehe darin, zu wissen: τίς ἐστιν ὁ οὐκ ὤν, τίς ἡ υἱότης, τί τὸ ἅγιον πνεῦμα, τίς ἡ τῶν ὅλων κατασκευή, καὶ ταῦτα ἀποκατασταθήσεται (Phil. VII, 26). Es ergibt sich schon hieraus, welche bedeutende Stelle die γνῶσις in diesen Systemen einnimmt. Wie in dem innergöttlichen Lebensprocesse der Gedanke immer das erste, der Wille oder die That erst das zweite ist[30]), so gibt

29) Phil. V, 6: ἀρχὴ τελειώσεως γνῶσις ἀνθρώπου, θεοῦ δὲ γνῶσις ἀπηρτισμένη τελείωσις. 30) Von den beiden Ge-danken des göttlichen Wesens, der Ἔννοια und dem Θέλημα, sagt der Valentinianer Ptolemäos: τὴν μὲν Ἔννοιαν ἀεὶ συνοῦσαν ἐν αὐτῷ, ἐνθυμουμένην ἀεὶ τὸ τί προβάλλεσθαι, τὸ δὲ Θέλημα ἐν αὐτῷ ἐπιγινόμενον. πρῶτον γὰρ ἐνενοήθη προβαλεῖν, εἶτα, φασίν, ἠθέλησεν. Iren. I, 12, 1 (bei Epiph. 33, 1). Auch

es für den Gnostiker überhaupt nichts Höheres als eben das Wissen, und aller Fortschritt in der Vollkommenheit besteht nur in einem immer tieferen Eingeweihtwerden in die βάθη, in jene Geheimnisse, deren Offenbarung das Verständniß des gesammten Weltverlaufes vermittelt. Es handelt sich aber bei dieser Erkenntniß vor Allem auch darum, zu wissen, an welchem Platze ein jedes zu stehen kommt, oder welchen Rang es, vermöge seiner innern Natur, in der Stufenfolge der Wesen einzunehmen bestimmt ist. In sofern hat die Erkenntniß von dem eigenthümlichen Wesen und Beschaffenheit der Dinge (τίς ἡ τῶν ὅλων κατασκευή) ihren Gipfelpunkt in dem Wissen πῶς ταῦτα ἀποκατασταθήσεται, d. h. nicht blos die ἀποκατάστασις an sich ist der Gegenstand der γνῶσις, sondern auch die Art und Weise, wie sie sich an allen einzelnen Wesen vollzieht. Die ganze Weltentwickelung endet also in einer Wiederbringung, indem aber der Gnostiker die innern Gesetze und die letzten Zielpunkte dieser Wiederbringung erkennt, also namentlich auch weiß, welches der Ort ist, welcher im Universum jedem Einzelnen schließlich zugewiesen wird, vermag er auch zugleich die Naturbestimmtheit der verschiedenen Wesen zu erkennen. Der Gnostiker weiß, daß es drei von Natur verschiedene Menschenclassen gibt, πνευματικοί, ψυχικοί, χοϊκοί, und diese Dreitheilung übt einen so entscheidenden Einfluß auf die gnostische Weltanschauung, daß man in ihr mit Recht einen der Hauptgrundzüge der Gnosis gefunden hat. Es ist dies einer der Punkte, wo man am deutlichsten in die dualistische Grundlage aller gnostischen Systeme glaubt hineinblicken zu können; die Frage wird nur auch hier wieder sein, wie jener Gegensatz des Geistigen und Materiellen, in welchem sich nach Baur die gnostische Weltanschauung „durchaus bewegt," in dieselbe hereingekommen ist. Man kann dies nicht erklären, wenn man nicht den Sinn, in welchem jene Dreitheilung von den Gnostikern behauptet wird, schärfer ins Auge faßt. Es ist aber leicht zu sehen, daß auch hier wieder Alles an der absoluten Bedeutung hängt, welche der γνῶσις in allen diesen Systemen eingeräumt wird. Darum weil der Gnostiker das Ziel aller Vollkommenheit in die Erkenntniß setzt, bildet sich für ihn zunächst der Gegensatz von Wissenden und Nichtwissenden, Vollkommenen und Unvollkommenen, oder von solchen, welche befähigt sind, die „Tiefen" zu erkennen, und denen, welchen diese Befähigung abgeht. Es ist diese Unterscheidung so sehr in dem Wesen jeder Geheimlehre begründet, daß sie überall sich findet, wo eine esoterische Ueberlieferung einer exoterischen gegenüber steht. Diejenigen, welche in die Geheimlehre eingeweiht sind, sind die πνευματικοί, die des tieferen, pneumatischen Verständnisses Gewürdigten; die übrigen stehen ihnen, als die am Aeußersten stehende Masse entgegen, die statt des Kernes mit der Schale, statt des Geistes mit dem Buchstaben sich begnügen muß. Ganz derselbe Gegensatz begegnet uns in den heidnischen Mysterien, in der alexandrinischen Speculation und bei den Essenern, und wir haben oben nachgewiesen, wie auch schon das Urchristenthum, vor Allem der Apostel Paulus im Zusammenhange mit seinem Begriffe des μυστήριον, denselben Unterschied kennt. Es sind hiermit zunächst nur zwei Classen von Menschen gegeben, und es leuchtet ein, daß diese Zweitheilung die frühere sein muß. Dies ist aber, wie eine nähere Betrachtung der gnostischen Systeme zeigt, auch bei ihnen wirklich der Fall, und die Zweitheilung erscheint nicht blos in den ältesten Systemen als die eigentlich ursprüngliche, sondern sie blickt auch durch künstlichere Scheidungen überall wieder als die eigentliche Grundlage hindurch. Am deutlichsten ist dies noch in dem Buche Baruch, welches dem Systeme des Gnostikers Justin zur Grundlage diente Phil. V, 22 sq. Allerdings werden auch hier schon drei ἀρχαί genannt, zwei männliche und eine weibliche (Phil. V, 26). Die erste ἀρχή ist der ἀγαθός, welcher allein diesen Namen führt, die zweite der πατὴρ πάντων τῶν γεννητῶν, Elohim, die dritte endlich ist Edem, eine mythische Personification der Erde. Diese Dreiheit entspricht aber so wenig der sonst gewöhnlichen Dreitheilung in das pneumatische, psychische und materielle Princip, daß es in der That, was die innere Wesensbestimmtheit anlangt, nur zwei Principien gibt. Denn auch der Vater alles Gezeugten ist seiner Natur nach pneumatisch, und wie der Mensch von Elohim und Edem als Symbol ihrer Einheit und Liebe geschaffen wurde, da gab der Vater das πνεῦμα, die Mutter die ψυχή; zwischen dem Psychischen und dem Materiellen ist aber bei Justin nicht weiter geschieden. Auch das System Saturnin's kennt nur ein gutes und ein böses Menschengeschlecht, das eine wie das andere von den weltschöpferischen Engeln gebildet. In den Hauptgegensätzen zwischen Licht und Finsterniß, oben und unten, Rechtem und Linkem, Männlichem und Weiblichem, liegt die Zweitheilung ohnehin auf der Hand. Wir finden aber, daß selbst in Systemen, welche, wie das der Peraten und Sethianer nach der Darstellung der Philosophumena, die Dreitheilung selbst an die Spitze stellen, dieselbe sich im weiteren Verlaufe wieder auf die Zweitheilung reducirt. Diese Zweitheilung geht nun, wie wir behaupten müssen, nicht von jenem ursprünglichen Gegensatze zwischen Geist und Materie aus, sondern die freilich schon in den ältesten Systemen sich findende Herübernahme dieses metaphysischen Dualismus ist nur eine Consequenz der gnostischen Grundunterscheidung zwischen Wissenden und Unwissenden, zwischen einer geringen Anzahl Eingeweihter und der draußen stehenden, profanen Menge. Das, was den eigentlichen Gegensatz bildet, ist die διδασκαλία und μάθησις, wie die Sethianer sagen (Phil. V, 21), d. h. die Mittheilung der γνῶσις, und wenn man auch von den Einzelnen niemals wissen kann, wie viele ihrer sich durch Annahme der διδασκαλία als befähigt zur Einweihung in die gnostischen Geheimnisse erweisen werden, so kann doch der Grund, daß thatsächlich nur eine so geringe Anzahl zur γνῶσις gelangt, in nichts Anderem gesucht werden, als darin, daß eben nur

sonst sind unter den Aeonen, in welchen sich das innere Leben der Gottheit auseinanderlegt, die obersten meist solche, die sich auf das Erkennen beziehen, νοῦς, ἀλήθεια, λόγος (Vernunft), φρόνησις u. s. w. Schon Dorner (Entwickelungsgeschichte der Lehre von der Person Christi I, 354) hat hierauf aufmerksam gemacht.

verhältnißmäßig Wenige erwählt sind. Es ist dies ganz dieselbe Reflexion über ein thatsächlich vorliegendes Verhältniß, welche schon im ursprünglichen Christenthume zu dem Gegensatze zwischen Berufenen und Erwählten geführt hat, ein Gegensatz, welcher, um vom Johannesevangelium hier ganz abzusehen, in der Prädestinationslehre des Apostels Paulus bereits bis zu einer solchen Schärfe ausgebildet ist, daß man von allen subjectiven Gründen der Erwählung oder Nichterwählung, welche aus dem verschiedenen Verhalten der Menschen zu der an sie ergangenen Heilsbotschaft abgeleitet werden können, zu den letzten objectiven Gründen in dem unerforschlichen, allem menschlichen Thun vorausgehenden, schlechthin freien göttlichen Rathschluß hinaufzusteigen sich gedrungen fühlt (Röm. 9). Es erhellt von selbst, daß auch der metaphysische Dualismus der Gnostiker nur eine weitere Durchführung desselben Gedankens ist, und so gewiß hierbei heidnische Einflüsse mit obgewaltet haben, so entschieden müssen wir andererseits auf der Forderung bestehen, daß das Eindringen dieses heidnischen Vorstellungskreises ins Christenthum selbst wieder nicht als etwas einfach Thatsächliches, begrifflich nicht weiter Abzuleitendes hingestellt, sondern aus dem inneren Wesen der Gnosis begriffen werde. Wie wenig dieser metaphysische Dualismus und seine Kehrseite, die fatalistische und deterministische Weltbetrachtung, als der eigentliche Ausgangspunkt des Gnosticismus betrachtet werden könne, ergibt sich auch aus dem hohen Gewichte, welches grade die bedeutendsten Gnostiker, wie Basilides und Valentin auf die ethischen Probleme legen, und aus dem bei beiden offenbar sehr ernstlich gemeinten Streben, auch der Willensfreiheit und sittlichen Selbstverantwortlichkeit zu ihrem Rechte zu verhelfen. Diese Thatsache, welche namentlich aus den von Clemens Alexandrinus uns aufbewahrten Fragmenten hervorgeht, gewinnt für die späteren Stadien der Gnosis, wie namentlich das Buch Pistis Sophia zeigt, noch eine besondere Bedeutung. Daß es den Gnostikern freilich nicht gelungen ist, die sittliche Willensfreiheit mit der ewigen Naturbestimmtheit, die sie zugleich voraussetzen mußten, zu vereinigen, ist freilich wahr, aber wem war, zumal in der ältesten Kirche, überhaupt eine wirkliche Lösung dieses Problems gelungen? Wenn also Baur den Grund, warum das Höchste, um das es sich in allen gnostischen Systemen handelt, in letzterer Beziehung immer wieder das Wissen und Erkennen ist, eben auf jenen gnostischen Dualismus zurückführt, welcher kein eigentliches Werden und Entstehen, sondern nur Mischungen und Verbindungen, Absonderungen und Trennungen kennt, daher Alles zuletzt nur darauf hinauslaufe, daß dieser Gegensatz des Geistigen und Materiellen als das, was er an sich ist, erkannt, und im Bewußtsein der wissenden Subjecte in seiner ganzen Weite auseinandergehalten werde [81]), so sind wir in dem Falle, unsererseits das Verhältniß umkehren zu müssen. Nicht der aus dem Heidenthume herübergenommene Dualismus ist der letzte Grund für die absolute Bedeutung, welche die γνῶσις in diesen Systemen hat, sondern der aus dem Begriffe der γνῶσις selbst sich ergebende Gegensatz eines geistigen und eines sinnlichen Standpunktes der Betrachtung führt in seiner weiteren Consequenz zu dem metaphysischen Gegensatze von Geist und Materie. Der Begriff der γνῶσις als solcher kann aber nur abgeleitet werden aus dem in dem Wesen des Christenthums selbst von Vornherein gelegenen Triebe vom Glauben zum Wissen, von dem einfach Historischen, Thatsächlichen zu seinen tieferen in dem Wesen des Geistes selbst gelegenen Gründen sich zu erheben.

Daß aber jene Zweitheilung in πνευματικοί und ψυχικοί oder σαρκικοί im weiteren Verlaufe der gnostischen Bewegung sich zu einer Dreitheilung erweitert, kann ebenfalls nur aus dem Begriffe der Gnosis entwickelt werden. Wie das Christenthum dem Judenthume und Heidenthume, so stellte sich die Gnosis dem einfachen Standpunkte des christlichen Glaubens selbst wieder als eine höhere Stufe der Vollkommenheit gegenüber; da aber die Gnosis selbst Nichts sein wollte als die tiefere Erkenntniß von dem Wesen des Christenthums, so ergab sich von selbst, daß der Standpunkt der einfach Gläubigen zwar als ein beschränkter und unvollkommener, aber darum doch keineswegs als ein aller Wahrheitselemente entblößter betrachtet werden konnte. Der volle Gegensatz zu der gnostischen Vollkommenheit war also nur da, wo man überhaupt von jenen höheren Wahrheiten, welche die Gläubigen wenigstens in bildlicher Hülle besaßen, noch gar keine Ahnung hatte, oder wo man der Erkenntniß dieser Wahrheiten wol gar sich feindselig gegenüberstellte. Ein solcher Gegensatz war ja aber auch schon in dem gemeinchristlichen Bewußtsein gegeben, zwischen dem göttlichen Reiche und seinem Haupte Christus auf der einen, und dem Reiche dieser Welt mit seinem Beherrscher dem Teufel, dem θεὸς τοῦ αἰῶνος τούτου (2 Kor. 4, 4) mit seinen ἄρχοντες (1 Kor. 2, 6. 8) und κοσμοκράτορες (Eph. 6, 12) auf der anderen Seite. Wie man nun auch das Verhältniß der vorchristlichen Entwickelung näher bestimmen mochte, den Gegensatz selbst fanden die Gnostiker vor und nahmen ihn aus der gemeinchristlichen Anschauung in ihre Systeme herüber. Da man andererseits aber bei der religionsgeschichtlichen Betrachtung doch wieder einen Unterschied der vorchristlichen Religionen zugeben mußte, so konnte man dem Judenthume nur eine Mittelstellung zwischen Heidenthum und Christenthum einräumen, woraus sich denn die Dreitheilung in πνευματικοί ψυχικοί und χοϊκοί von selbst ergab. Dagegen ist es nun bemerkenswerth, daß in den ausgebildeteren Systemen der Begriff des Psychischen auf den einfachen Standpunkt der πίστις übergetragen wird. Die Gnosis in ihrer absoluten Bedeutung konnte in dieser nur einen niederen Standpunkt, eine Mittelstufe zwischen der γνῶσις als dem allein vollkommenen Christenthume und den dem Christenthume überhaupt fremden, feindseligen Elementen sehen. Die nähere Ausführung dieses Grundgedankens ist in den verschiedenen Systemen dieses Stadiums verschieden, einzelne haben die Mittelstufe der ψυχικοί den Pneumatikern so nahe gerückt, daß der Unterschied zwischen beiden fast nur als ein verschwindendes Moment erscheint, andere drückten

81) Das System des Gnostikers Basilides und die neuesten Auffassungen desselben. Theol. Jahrb. 1856, I. S. 121.

sie wieder so tief herab, daß das Hylische sich nur wie die gesteigerte Potenz des Psychischen darstellt, darin aber stimmen alle überein, daß die Dreitheilung, trotz der metaphysischen Wendung, die ihr im Verlaufe des Systems gegeben wird, ursprünglich nur das verschiedene Verhältniß andeutet, in welchem die verschiedenen Menschenclassen zur Gnosis stehen.

Mit dem Allen scheint noch immer Nichts gesagt zu sein, was nicht der katholischen Gnosis der Alexandriner ebenfalls eigen wäre. Die Dreitheilung ist bei Clemens von Alexandrien schon aus seinem dreifach getheilten Hauptwerke und der verschiedenen Bestimmung jeder einzelnen der drei Abtheilungen wieder zu erkennen, und wie er innerhalb des Christenthums selbst zwischen πίστις und γνῶσις, als einem niederen und einem höheren Standpunkte scheidet, so kennt auch Origenes einen χριστιανισμὸς σωματικός und einen χριστιανισμὸς πνευματικός, ein αἰσθητὸν εὐαγγέλιον und ein εὐαγγέλιον πνευματικόν, ja sogar die von Clemens wie es scheint geflissentlich vermiedene Dreitheilung in πνευματικοί, σαρκικοί und ψυχικοί läßt sich bei ihm nachweisen.

Es ist ganz richtig von Baur bemerkt worden, daß jene ἀποκατάστασις, welche als der eigentliche Mittelpunkt der gnostischen Weltanschauung erscheint, sich durch nichts Anderes vollzieht, als eben dadurch, „daß die [illegible] im Bewußtsein der wissenden Subjecte als das, was sie an sich ist, gewußt und erkannt werde“ [22]). Die absolute Bedeutung, welche der γνῶσις in allen diesen Systemen zukommt, zeigt sich an keinem Punkte so klar, als da, wo die Gnostiker auf dasjenige zu sprechen kommen, was bei ihnen bald als Wiederbringung, bald als Wiedergeburt oder Erlösung bezeichnet wird. Die höchste Stufe der Erkenntniß ist nach den Gnostikern diese, wo dem πνευματικός mit dem Bewußtsein seines eigenen Wesens auch zugleich das Bewußtsein des Ueberweltlichen erwacht; indem er sich aber dadurch zugleich seines Unterschiedes von allen denen bewußt wird, die nicht zu gleicher Höhe der Erkenntniß emporzusteigen vermögen, beginnt damit zugleich für die ganze pneumatische Menschheit der große Scheidungsproceß, welcher erst dann sein Ende erreicht hat, wenn nicht blos alles Pneumatische den ihm bestimmten Ort im Universum erreicht, sondern auch die Wesen niederer Stufen alle zu der Stelle, die sie ihrer Natur nach zu erreichen vermögen, wiedergebracht sind. In sofern nehmen allerdings auch die ψυχικοί an der γνῶσις Theil, ja die Erlösung ist nach dem Valentinianischen Systeme recht eigentlich für die Letzteren bestimmt, da den Pneumatikern das Bewußtsein ihres höheren Wesens doch niemals völlig abhanden kommen konnte; aber die den Psychikern bestimmte Erkenntniß bleibt selbst auf den höchsten Stufen dennoch eine beschränkte, ein Gedanke, den die Basilidianer der Philosophumena durch die große ἄγνοια ausdrücken, welche, nachdem alles Pneumatische in die obere Welt des nichtseienden Gottes aufgenommen ist, über alles auf niederen Stufen des Daseins Zurückbleibende ausgebreitet werden wird. Es zeigt sich auch hier wieder sehr deutlich, wie der ganze Wesensunterschied, den die gnostischen Systeme zwischen den Pneumatikern und den Psychikern machen, in nichts Anderem besteht, als in dem verschiedenen Grade ihrer Befähigung für die γνῶσις, ist aber dieses der Fall, so hat offenbar Alles, was zunächst nur in der mythischen Einkleidung eines kosmogonischen Processes erscheint, wesentlich phänomenologische Bedeutung, als die Geschichte des aus dem Naturleben erwachenden und seiner selbst bewußt werdenden Geistes, der je nach der individuellen Begabung zu höheren oder niederen Stufen der Erkenntniß emporsteigt.

Man muß, um diese von Baur mit Recht so genannte idealistische Seite der gnostischen Systeme vollkommen zu würdigen, nur die Bedeutung näher ins Auge fassen, welche das Valentinianische System der γνῶσις für den gesammten Proceß der Weltentwickelung einräumt. Dieser Proceß zielt nach demselben gleich von Vornherein auf nichts Anderes ab, als auf die γνῶσις des ἀγνώστου πατρός, und wie dieser selbst erst dadurch zur γνῶσις seiner selbst gelangt, daß er in einer Reihe von Aeonen seinen an sich verborgenen Inhalt auseinanderlegt, so liegt es gleich von Anfang an in seiner Absicht, sich den Aeonen zu erkennen zu geben, nur daß diese Offenbarung in einer bestimmten Ordnung und Stufenfolge sich entfalten muß [23]). Wie daher die Störung im Pleroma und der Fall der Sophia dadurch verursacht ist, daß diese ihre Schranken überspringend zur unmittelbaren Erkenntniß des Vaters gelangen will, was ein an sich unmögliches Begehren war, so kann sie erst dann von ihrer Trauer und Furcht, ihrem Außersichsein und ihrer Verwirrung geheilt werden, nachdem sie erkannt hat, daß der Vater seinem Wesen nach unbegreiflich ist. Erst dadurch, daß sie zu der Einsicht in die Unmöglichkeit ihres Beginnens kommt, wird sie von ihrem widersinnigen Streben, ihrer ἐνθύμησις und ihrem πάθη befreit. Jeder weiteren Störung im Pleroma wird durch den vom Monogenes emanirenden ὅρος vorgebeugt, welcher, indem er die Befreiung der Sophia von ihrer ἐνθύμησις vollzieht, jeden einzelnen Aeon an seinem Platze befestigt, und dadurch weitere unnatürliche Grenzverletzungen hindert, zugleich als der λυτρωτής und der μεταγωγεύς bezeichnet wird, als der Erlöser und Wiederbringer. Die volle Herstellung der gestörten Harmonie erfolgt aber erst durch die Emanation eines neuen Aeonenpaares Christus und heiliger Geist: Christus nämlich belehrt die Aeonen über das Wesen der von der Sophia verletzten Syzygie, und unterrichtet sie zugleich, daß jede Erkenntniß des Vaters nur vermittelt wird durch den Monogenes, der als die Offenbarungsseite des Vaters die Ursache alles Werdens und aller Gestaltung ist, während der Vater nur der ewig unwandelbare Urgrund für alles Sein, in

22) Theol. Jahrb. a. a. O. S. 129.

23) Vergl. Excerpta ex script. Theod. §. 7: ἄγνωστος οὖν ὁ πατὴρ ὤν, ἠθέλησεν γνωσθῆναι τοῖς αἰῶσι, καὶ διὰ τῆς ἐνθυμήσεως [τῆς] ἑαυτοῦ, ὡς ἂν ἑαυτὸν ἐγνωκώς, πνεῦμα γνώσεως οὔσης, ἐν γνώσει προέβαλε τὸν μονογενῆ. γέγονεν οὖν καὶ ὁ ἀπὸ γνώσεως, τουτέστι τῆς πατρικῆς ἐνθυμήσεως, προελθὼν γνῶσις, τουτέστιν, ὁ υἱός, ὅτι δι' υἱοῦ ὁ πατὴρ ἐγνώσθη.

diesem seinem Ansich aber zugleich auch ewig unbegreiflich bleibt. Wie also das Streben des Geistes nach einer seiner Natur nach ihm ewig versagten Erkenntniß die Ursache aller Störung im Geisterreiche, so ist die Herstellung der Harmonie eben durch die Mittheilung der rechten Erkenntniß bedingt, indem jedes einzelne Glied in Gemäßheit der ihm gewordenen Einsicht diejenige Stellung im Ganzen einnimmt, die ihm gebührt. Die Entwickelung außerhalb des Pleroma ist nun Nichts als das Abbild der im Pleroma selbst vollzogenen ἀποκατάστασις, und wie dort, so wird auch hier die Wiederbringung durch die Mittheilung der γνῶσις vollzogen. Dies ist zunächst bei der κάτω Σοφία oder Achamoth der Fall, der von der ἄνω Σοφία abgetrennten ἐνθύμησις. Sie ist (vergl. *Iren.* 1, 4, 1 *Mass.*) abgesondert ἐν σκιαῖς καὶ κενώματος τόποις außerhalb des Lichts und des Pleroma, ἄμορφος καὶ ἀνείδεος, ὥσπερ ἔκτρωμα, διὰ τὸ μηδὲν κατειληφέναι. Der Anfang ihrer Befreiung geschieht nun durch die vom oberen Christus an ihr vollzogene μόρφωσις κατ' οὐσίαν, aber noch nicht κατὰ γνῶσιν. Es ist dies der erste Schritt zur Wiederbringung, der darin besteht, daß die Achamoth, welche bis dahin alle Gestaltung und alles Bewußtsein entbehrt hat, wenigstens zum Bewußtsein ihres Leidens und zur Sehnsucht nach dem Höheren gelangt. Dagegen bleibt sie noch in tiefer Unwissenheit über Alles, was über ihr ist, und alle Leiden, die sie ergreifen, die Trauer, die Furcht und die Verwirrung, sind Nichts als die Qualen des in der Endlichkeit befangenen, mit den sinnlichen Affecten und den Fesseln der Materie behafteten, vergeblich nach dem Unendlichen zurückstrebenden Geistes. Erst ihr Gebet an das von ihr gewichene Licht bewirkt ihre Befreiung von ihren Qualen: indem der Soter zu ihr herniedersteigt, vermittelt dieser die μόρφωσις κατὰ γνῶσιν und die ἰάσεις τῶν παθῶν, d. h. sie erwacht zu dem ihr bisher noch fehlenden Bewußtsein der übersinnlichen Welt, und wird dadurch von allen ihr noch anhaftenden sinnlichen Affecten gereinigt (*Iren.* 1, 4, 5. Excerpta ex scriptis Theodoti §. 45). Der Welterlösungsproceß ist aber damit noch lange nicht vollbracht, sondern auch die pneumatischen Geburten der Achamoth, welche ausgesendet sind, um hier unten mit den Psychischen gestaltet zu werden, müssen noch aus der unteren Welt befreit, und so mit der Achamoth zu dem Pleroma, dem sie ihrem Wesen nach angehören, zurückgebracht werden. Zu dem Ende wird Jesus gesendet, der, indem er die übersinnlichen Geheimnisse offenbart, die μόρφωσις κατὰ γνῶσιν an den Pneumatikern beginnt, und zugleich den Psychikern diejenige Erlösung vermittelt, zu der sie, soweit es ihre Natur und ihr sittliches Leben gestattet, befähigt sind. Die Vollendung des ganzen Weltprocesses oder die συντέλεια aber wird eintreten, ὅταν μορφωθῇ καὶ τελειωθῇ γνώσει πᾶν τὸ πνευματικόν, τουτέστιν οἱ πνευματικοὶ ἄνθρωποι, οἱ τὴν τελείαν γνῶσιν ἔχοντες περὶ θεοῦ καὶ τῆς Ἀχαμώθ· μεμυημένους δὲ μυστήρια εἶναι τούτους ὑποτίθενται (*Iren.* 1, 6, 1). Die Begriffe γνῶσις und ἀπολύτρωσις fallen daher für die Valentinianer ausdrücklich zusammen; die Erlösung ist die Erkenntniß der unaussprechlichen Größe: daher sie folgerichtig nicht auf Leib und Seele, sondern nur auf das πνεῦμα, den inwendigen Menschen sich bezieht[34]).

Es ist dies ganz derselbe Begriff der Erlösung, welcher auch in anderen gnostischen Systemen uns begegnet. Nach den Basilidianern der Philosophumena ist das Evangelium geradezu ἡ τῶν ὑπερκοσμίων γνῶσις (Phil. VII, 27. p. 243 *Miller*) und ganz dieselbe Grundanschauung ist in dem von dem Verfasser der Philosophumena mitgetheilten Ophitischen Hymnus enthalten Phil. V, 10:

εἶπεν δ' Ἰησοῦς (cod. ὁ ἐσοῦς) ἔσορα (cod. ἔσορ) πάτερ·
ζήτημα κακῶν [τόδ'] ἐπὶ χθόνα
ἀπὸ σῆς πνοῆς ἀποπλάζεται.
ζητεῖ δὲ φυγεῖν τὸ πικρὸν χάος,
καὶ οὐκ οἶδε πῶς διελεύσεται.
τούτου με χάριν πέμψον, πάτερ·
σφραγῖδας ἔχων καταβήσομαι,
αἰῶνας ὅλους διοδεύσω,
μυστήρια πάντα δ' ἀνοίξω,
μορφάς τε (cod. δὲ) θεῶν ἐπιδείξω
(καὶ) τὰ κεκρυμμένα τῆς ἁγίας ὁδοῦ,
γνῶσιν καλέσας, παραδώσω.

Auch in einem der spätesten Systeme, dem des Buches Pistis Sophia, begegnet uns noch wesentlich dieselbe Anschauung von der Wirksamkeit Jesu auf Erden[35]); er kommt herab, um die Mysterien des Lichtreiches den Menschen mitzutheilen (mysteria luminis dare γένει hominum p. 121 seq. oder mysteria ducere in κόσμον p. 278) und zwar besteht diese Mittheilung theils in Belehrungen über die τύποι ἀληθείας, theils in der Offenbarung der die Sündenvergebung vermittelnden Mysterien im engeren Sinne, unter denen gewisse heilige Formeln eine hervorragende Rolle spielen. Diese belehrende Thätigkeit Jesu zerfällt nach dem Verfasser in zwei unterschiedene Acte: vor der Auferstehung enthüllt er seinen Jüngern nur die allgemeinen Grundzüge der γνῶσις, zum Theil in parabolisch-änigmatischer Rede: nach der Auferstehung wird von ihm nicht nur der verborgene Sinn dieser Parabeln enthüllt, sondern zugleich Alles bisher nur im Allgemeinen Angedeutete bis ins Einzelnste hinein offenbart. Das Hauptgewicht fällt also doch auch hier wieder auf die γνῶσις in ihrer specifischen Bedeutung und die höchste Stufe der Vollkommenheit, zu welcher die Menschen zu gelangen vermögen, ist dem entsprechend auch hier in die Erkenntniß der Geheimnisse der höheren Welt gesetzt (vergl. S. 15 fg. 28 fg. 56. 82. 187. 275. 357). Diese Auffassung des Erlösungswerkes ist doppelt wichtig in einem Systeme, welches in seiner überwiegend ethischen

34) *Iren. Haer.* I, 21, 4: εἶναι δὲ τελείαν ἀπολύτρωσιν αὐτὴν τὴν ἐπίγνωσιν τοῦ ἀρρήτου μεγέθους· ὑπ' ἀγνοίας γὰρ ὑστερήματος καὶ πάθους γεγονότων, διὰ γνώσεως καταλύεσθαι πᾶσαν τὴν ἐκ τῆς ἀγνοίας σύστασιν· ὥστε εἶναι τὴν γνῶσιν ἀπολύτρωσιν τοῦ ἔνδον ἀνθρώπου. Καὶ μήτε σωματικὴν ὑπάρχειν αὐτήν, φθαρτὸν γὰρ τὸ σῶμα· μήτε ψυχικήν, ἐπεὶ καὶ ἡ ψυχὴ ἐξ ὑστερήματος … πνευματικὴν οὖν δεῖν καὶ τὴν λύτρωσιν ὑπάρχειν· λυτροῦσθαι γὰρ διὰ γνώσεως τὸν ἔσω ἄνθρωπον τὸν πνευματικόν, καὶ ἀρκεῖσθαι αὐτοὺς τῇ τῶν ὅλων ἐπιγνώσει· καὶ ταύτην εἶναι λύτρωσιν ἀληθῆ. Vergl. auch I, 21, 1 u. 2. 35) Vergl. Köstlin, Das gnostische System des Buches Pistis Sophia, Theologische Jahrb. 1854. 2. S. 161 fg.

Grundanschauung selbst den Unterschied der Pneumatiker, Psychiker und Hyliker verwische, und wenn es auch von einer durch die Geburt bedingten Verschiedenheit der Seelen weiß, diese doch dergestalt zu einer blos relativen herabsetzt, daß es jedem ohne Ausnahme die Möglichkeit der Beseligung offen läßt [36]).

Es bedarf nach dem Angeführten keiner längeren Auseinandersetzung, um die Bedeutung, welche der Erlösung in den gnostischen Systemen zukommt, zu charakterisiren. Zeigt sich auf der einen Seite grade darin die specifisch christliche Haltung der Gnostiker, daß die Erscheinung Christi und die Verkündigung des Evangeliums der große Wendepunkt ist, mit welchem die Rückkehr des abgefallenen, endlichen Geistes zum unendlichen seinen Anfang nimmt, so kann die Art und Weise, in welcher das Wesen der Erlösung bestimmt ist, nur als eine idealisirende Verflüchtigung der historischen Thatsachen des Christenthums bezeichnet werden. Das Charakteristische liegt eben in dem, wovon diese Systeme den Namen tragen, d. h. in der specifischen und absoluten Bedeutung, welche sie der Gnosis im Christenthume einräumen. Das Wesen des Christenthums selbst wird in die Gnosis gesetzt, und der durch die Erlösung vermittelte Umschwung in der Weltgeschichte besteht eben in der Mittheilung dieser vollkommenen Gnosis, d. h. in der Erkenntniß der übersinnlichen Dinge und des durch die ἀνάγκη τῶν ὅλων bedingten weltgeschichtlichen Entwickelungsprocesses. Die Erscheinung Christi hat den Zweck, die ἀποκατάστασις oder σύνθεσιν dadurch herbeizuführen, daß Alles zu dem Platze wiedergebracht wird, der jedem seiner Bestimmung nach gebührt; da aber diese Wiederbringung eben nur darin besteht, daß die Pneumatiker zum Bewußtsein dessen gelangen, was sie an sich schon sind, so kann auch die Erlösung für die Gnostiker nicht die Bedeutung gehabt haben, welche sie nach der gemeinchristlichen Grundanschauung beanspruchen muß.

Alles Positive, Historische, Thatsächliche in der Person und dem Werke Christi wird hinter die ideale, speculative Bedeutung der Erlösung zurückgestellt. Der Gnostiker bedarf weder eines geschichtlichen Erlösers, noch einer geschichtlichen Erlösung in dem Sinne, wie dies die katholische Lehre faßt, sondern nur einer irgendwie an die Pneumatiker ergehenden göttlichen Offenbarung über ihr eigenes ihnen verborgenes Wesen. Daher ist für die Gnosis jede christologische Anschauung hinreichend, welche nur überhaupt die weltgeschichtliche Bedeutung des Christenthums, als der absoluten Offenbarung der übersinnlichen Geheimnisse, wahrt; auf welche Art diese Offenbarung bewirkt werde, ist ihr gleichgültig. Daher grade in christologischer Beziehung freier Raum bleibt für die größte Mannigfaltigkeit der Vorstellungen [37]). Nach der ältesten Ansicht ist Jesus ein gewöhnlicher Mensch von Joseph und der Maria geboren, nur an Gerechtigkeit und

36) Köstlin a. a. O. Heft 1. S. 29. 37) Vergl. hierzu auch Baur, Gnosis S. 258 fg. und Dorner, Entwickelungsgeschichte I, 366 fg., deren Darstellungen nach dem Folgenden theilweise zu berichtigen sind.

Weisheit über die Anderen erhaben (so die älteste ebionitische Vorstellung, die sich auch noch bei Karpokrates findet); bei der Taufe kommt das göttliche Pneuma von Oben in Gestalt einer Taube auf ihn herab, und offenbart ihm den unbekannten Vater (so wahrscheinlich auch Kerinth) [37a]), oder die Erkenntniß der überirdischen Dinge wird ihm einfach durch einen Engel zu Theil, und sein Verdienst besteht darin, daß er die ihm gewordene Kunde nicht wie die vor ihm gekommenen Propheten verfälscht (Justin). Auch späterhin blieb eine Partei bei der Annahme stehen, daß dem Menschen Jesus (von dem aber der Soter, der Sohn der Hebdomas und der Sohn der Ogdoas, geschieden werden) das Evangelium gleich dem Naphtha, das aus der Ferne Feuer fängt, von Oben her zugekommen sei (Basilidianer der Philosophumena). Wurde dagegen, wie dies früher ebenfalls in der Kirche und schon in judenchristlichen Kreisen geschah, der Erlöser selbst als ein überirdisches Wesen gefaßt, so gestaltete sich die Vorstellung von seinem irdischen Leben doketisch. Ein Vorbild boten hierzu schon die jüdischen Angelophanien. Die weitere Ausführung ließ auch hier die größte Mannigfaltigkeit zu; nach der einfachsten Vorstellung steigt einer der höchsten Aeonen aus der Geisterwelt in einem Scheinkörper auf die Erde hernieder, um die pneumatischen Seelen zu befreien und die Gewalt der bösen Weltherrscher zu brechen (Saturnin und später Markion), während andere Systeme, wie das Ophitische nach Irenäus, beide Anschauungen verbinden, und auf den Menschen Jesus den Aeon Christus herniedersteigen lassen. Noch künstlicher ist die Valentinianische Lehre; sie scheiden nicht nur den oberen Christus vom Soter, sondern setzt auch in dem Menschen Jesus, mit dem sich der Soter vereinigt, alle Bestandtheile, die er erlösen kann, den Geist von der Achamoth, die ψυχή vom Demiurgen, und einen wunderbar gebildeten psychischen Leib. Spätere Systeme führen den letzteren Gedanken noch weiter aus; auch die Basilidianer der Philosophumena lassen in Jesus alle in der πανσπερμία τοῦ κόσμου gemischten Bestandtheile vereinigt sein, und die Erlösung bestehe darin, daß er die ἀπαρχὴ τῆς φυλοκρινήσεως τῶν συγκεχυμένων ist; nach der (übrigens ziemlich widerspruchsvollen) Peratenlehre steigt aus den beiden oberen Welten, der ungezeugten und der selbsterzeugten, ein dreigestaltiger Mensch herab (τριφυῆ, τρισώματον καὶ τριπρόσωπον ἄνθρωπον), welcher von allen drei Theilen der Welt die Mischungen und Kräfte in sich trug, um Alles dreifach Getheilte zu erlösen (Phil. V, 12). Eine ähnliche Composition verschiedener Elemente zur realen Darstellung der Beziehung, in welcher der Erlöser zu den verschiedenen Theilen des

37a) Wenn Iren. I, 26, 1 dem Kerinth die Ansicht zuschreibt, daß Christus auf den Menschen Jesus herabgestiegen und leidenslos geblieben sei, während dieser litt, so kann ich hierin nur eine ungenaue Angabe sehen, die nach der obigen Darstellung berichtigt werden muß. Der richtige Sachverhalt leuchtet noch durch die Angabe hindurch, daß „Christus" ἐν εἴδει περιστερᾶς bei der Taufe herabgestiegen sei. Natürlich schrieben aber die spätern Darsteller dem Irenäus diesen aus der Vermischung der Lehre Kerinth's mit spätern gnostischen Anschauungen leicht erklärlichen Irrthum nach.

Weltalls steht, lehrt auch das Buch Pistis Sophia, nur daß hier sämmtliche Bestandtheile von Oben herniedergekommen; der unmittelbar aus dem Mysterium des ineffabilis hervorgegangene Christus legt sein leuchtendes Prachtgewand ab und bereitet sich selbst den Jesus zu, zur ψυχή nimmt er eine Lichtkraft vom großen Sabaoth im Orte der Rechten, zum σῶμα eine Kraft von der Barbelo im dreizehnten Aeon; zum Begleiter seiner Jugendzeit fügt das erste Mysterium noch ein πνεῦμα hinzu, zuletzt steigt Christus selbst bei der Taufe auf ihn hernieder [38]).

Das, was allen diesen Systemen gemeinsam ist, ist eben nur die an die Erscheinung Christi geknüpfte Mittheilung der γνῶσις; sei es nun, daß Christus selbst sie erst von Oben erhält, oder daß er sie von Oben herniederbringt, oder daß durch die Annahme einer zusammengesetzten Persönlichkeit beide Vorstellungen combinirt werden. Ist Jesus ein wirklicher Mensch, so erscheint er nur als der Erstling der Erlösten, wie er denn nach Basilides ausdrücklich selbst der Erlösung bedarf (*Clem. Al. Strom.* IV, 12. p. 217 *Sylb.* 600 sq. *Pott.*); stammt er von Oben, so ist er zwar ein wirklicher Erlöser, aber kein wirklicher Mensch [39]), und auch die späteren Versuche, diese Kluft auszufüllen, neigen sich doch immer bald mehr auf die eine, bald mehr auf die andere Seite. In ein ähnliches Dilemma gerathen freilich auch die katholischen Lehrer, wenn sie sowol die Menschheit als die Gottheit des Erlösers festzuhalten sich bemühen, der Hauptunterschied aber ist, daß die Gnostiker das Historische der Erlösung idealistisch verflüchtigen, daß ihnen Christi Person und Werk nur der Reflex eines allgemeinen, speculativen Gedankens ist, während den Katholikern mit der Zurückstellung der historischen Seite die Realität des Erlösungswerkes selbst bedroht erscheint. Daher dort die Möglichkeit und Leichtigkeit, auch bei einer doketischen Vorstellung von Christus Beruhigung zu fassen, wenngleich der Doketismus an sich kein wesentliches Merkmal der gnostischen Systeme ist; hier das gesteigerte Gewichtlegen auf die wahre Menschheit des Erlösers als eines fundamentalen Stückes in der regula fidei. Doketische Anschauungen finden sich in früheren Zeiten freilich auch außerhalb der specifisch gnostischen Kreise [40]), aber grade die gnostischen Lehren von einem scheinbaren Geborenwerden, scheinbaren Leiden und Sterben des Erlösers riefen den katholischen Gegensatz hervor. Wie wir aus der Polemik der pseudoignatianischen Briefe sehen, so ist grade dieses einer der Punkte, wo der Gnosticismus am frühesten mit dem kirchlichen Bewußtsein in Widerspruch gerāth [41]), und ebenso kann es Tertullian im Streite wider Marcion nicht stark genug hervorheben, daß mit der Annahme eines scheinbaren Erlösers auch die Erlösung zum Schein, mit der Leugnung des Leidens Christi das Fundament des Evangeliums untergraben, mit der Leugnung seiner Auferstehung auch unsere Hoffnung auf Auferstehung vernichtet werde [42]).

Es zeigt sich schon hier, welche tiefe Kluft zwischen den Lehren der Gnostiker und dem katholischen Glauben sich allmählich eröffnen mußte. So wenig auch der Doketismus mit Nothwendigkeit aus dem gnostischen Grundprincipe folgt, so wenig war man doch andererseits im Stande, bei der allen Gnostikern gemeinsamen Vorstellung von der Erlösung doketischen Anschauungen sich zu entziehen. Hatte doch selbst der Kreuzestod Christi für die Valentinianer lediglich symbolische Bedeutung: was in dem Evangelium von seinem Leiden erzählt wird, zeigt das über den letzten Aeon gekommene Leiden an, der Kreuzestod bedeutet, daß der obere Christus διὰ τοῦ Σταυροῦ ἐκταθείς die Achamoth geformt habe (*Iren.* I, 4, 1. 8, 2). Ganz im Gegensatze zu dem katholischen, den Judenchristen wie den Heidenchristen gemeinsamen Bewußtsein, welchem die Versöhnung durch den Opfertod Christi vermittelt wird, kennt der Gnostiker keine andere Vermittelung Gottes und des Menschen, als das Erwachen der Erkenntniß in den Pneumatikern von ihrer ursprünglichen Einheit mit Gott [43]). Das Heil wird durch die Offenbarung in Christus nicht bewirkt, sondern es wird durch dieselbe nur für die Subjectivität des Bewußtseins vermittelt, was objectiv schon war und immer gewesen ist. An die Stelle der Heilsgeschichte tritt der kosmische oder eigentlich phänomenologische Proceß, an die Stelle einer historisch gestifteten Sündentilgung die allgemeine philosophische Idee von dem an sich mit der Gottheit identischen Geiste, dem sich nur das Bewußtsein dieser seiner Identität zu erschließen brauchte, um ihm diese Erkenntniß der höchsten Vollkommenheit zuzuführen. Wie das Evangelium wesentlich ἡ τῶν ὑπερκοσμίων γνῶσις ist, so ist die γνῶσις die höchste τελείωσις, und die πνευ-

38) Vergl. Köstlin a. a. O. S. 140. 146 fg. Nach der einfacheren Darstellung des vierten Buches scheint statt des Christus selbst vielmehr das πνεῦμα ἅγιον bei der Taufe herabgekommen zu sein. 39) Nur der Marcionit Apelles macht hier eine Ausnahme, indem er den Sohn Gottes selbst vom Himmel herabkommen und sodann in einem wahren menschlichen Leibe erscheinen, wahrhaft leiden und wahrhaft auferstehen läßt. Dennoch lehrt auch er keine wahre Geburt Christi aus unserem sündigen Fleische, und was seinen kräftigen Gegensatz gegen den Doketismus betrifft, so ist derselbe nur eins von den Kennzeichen einer Wiederannäherung an das katholische Dogma, wovon unten noch weiter zu reden sein wird. 40) Vergl. meine Abhandlung über die Aechtheit der kürzeren Recension der Ignatianischen Briefe, Zeitschrift für die historische Theologie 1856, I. S. 71 fg.

41) Ep. ad Smyrn. 1. 2. 3. 4. 5. Trall. 9. 10. Magnes. 11. Eph. 7. Philad. 11; vergl. auch *Clem. Hom.* XVII, 16 und dazu Baur, Gnosis S. 383 fg. 42) Vergl. *Tertull.* Adv. Marcionem III, 8: Jam nunc cum mendacium deprehenditur Christus caro, sequitur ut et omnia quae per carnem Christi gesta sunt, mendacio gesta sint. — Sic nec passiones Christi ejus fidem merebuntur. Nihil enim passus est qui non vere est passus; vere autem pati phantasma non potuit. Eversum est igitur totum Dei opus. Totum Christiani nominis et pondus et fructus, mors Christi negatur, quam tam impresse apostolus demandat, utique veram, summum eam fundamentum evangelii constituens et salutis nostrae et praedicationis suae. — Negata vero morte, dum caro negatur, nec de resurrectione constabit. Eadem enim ratione non resurrexit qua mortuus non est, non habendo scilicet substantiam carnis, cujus sicut est mors, ita et resurrectio est. Proinde resurrectione Christi infirmata etiam nostra subversa est. 43) In wiefern das Buch Pistis Sophia und das Marcionitische System hierin eine Ausnahme machen, wird weiter unten näher zu besprechen sein.

τέλεια tritt ein, sobald Alle an sich zu dieser Gnosis Befähigten derselben theilhaftig geworden sein werden.

Auch ohne daß wir schon weiter in den specielleren Ausbau der gnostischen Systeme eingedrungen wären, vermögen wir hiernach das Verhältniß der katholischen und der häretischen Gnosis zu bestimmen. Der Unterschied liegt, wie schon Niedner erkannte (Kirchengeschichte S. 221. 223), einfach in der verschiedenen Stellung, welche der Begriff der γνῶσις zu der gemeinchristlichen Glaubenssubstanz, zur πίστις einnimmt. Beide Theile betrachten die πίστις als den niederen, die γνῶσις als den höheren Standpunkt; aber nach den katholischen Gnostikern ist der Glaube die Voraussetzung und Grundlage des Wissens, das Wissen nur die Befestigung und Vervollkommnung des Glaubens [44]); die häretische Gnosis gibt die Substanz dieses Glaubens auf, um dem Wissen seine absolute Bedeutung zu sichern [45]). Die Alexandriner kommen daher trotz ihrer Gnosis mit den praktischen Kirchenmännern Irenäus, Tertullian u. A. darin überein, daß sie die Glaubensregel, als Inbegriff des historischen Gemeindebewußtseins der Kirche, den idealisirenden Speculationen der gnostischen Systeme gegenüberstellen [46]).

Es ist hier der Punkt, wo man am tiefsten in die innerste Eigenthümlichkeit der häretischen Gnosis, oder in das, was sie eben zur Häresie machte, hineinschauen kann. Nicht in der beliebigen Herübernahme fremder Elemente, etwa des heidnischen Dualismus oder der Vielgötterei, sondern in dem Begriffe der Gnosis als solcher, sofern sie den Anspruch macht, absoluter Maßstab der christlichen Wahrheit zu sein, liegt das diesem Kreise von Erscheinungen charakteristische Merkmal. Indem diese Systeme sich anschicken, zum ersten Male das Wesen und die absolute Bedeutung des Christenthums im Zusammenhange einer umfassenden Weltanschauung zu ergründen, verflüchtigen sie die historischen Thatsachen des Christenthums zu allgemeinen Begriffen und Symbolen von rein speculativer Bedeutung; der christliche Realismus wird in einen die Substanz des christlichen Glaubens aufhebenden Idealismus verklärt, das Evangelium statt in die Sündenvergebung und Versöhnung in die Mittheilung der Gnosis gesetzt, und dadurch umgewandelt in einen phänomenologischen Proceß. Erst aus der Stellung, welche die Gnosis als solche in diesen Systemen behauptet, erklärt sich jene von der Gnosis her dem Christenthume drohende „Gefahr der Verallgemeinerung und Verflächtigung seines Inhaltes durch Ideen, in welchen das christliche Bewußtsein in seiner

44) Vergl. Clem. Al. str. II, 4, 16 sq. p. 157 sq. Sylb. 436 sq. Potter: πιστὴ τοίνυν ἡ γνῶσις, γνωστὴ δὲ ἡ πίστις θείᾳ τινὶ ἀκολουθίᾳ τε καὶ ἀντακολουθίᾳ γίνεται. — εἰ τοίνυν ἡ πίστις οὐδὲν ἄλλο ἢ πρόληψίς ἐστι διανοίας περὶ τὰ λεγόμενα, καὶ τοῦτο ὑπακοή τε εἴρηται σύνεσίς τε καὶ πειθώ, οὐ μὴν μαθήσεταί τις ἄνευ πίστεως, ἐπεὶ μηδὲ ἄνευ προλήψεως. [illegible] ἐὰν μὴ πιστεύσητε, οὐδὲ μὴ συνῆτε (Jes. 7, 9). str. II, 6, 31. p. 161 Sylb. 445 Pott.: [illegible] str. II, 11, 51. p. 165 Sylb. 456 Pott.: [illegible]. Vergl. auch str. V, 1. p. 238 Sylb. 643 Pott. VII, 10. p. 312 Sylb. 891 Pott. 45) Nach Iren. I, 6, 1 erklären sich die Valentinianer für die πνευματικοὶ ἄνθρωποι, welche die τελείαν γνῶσιν haben und in die Mysterien eingeweiht sind; die ψυχικοὶ ἄνθρωποι dagegen sind nur in den psychischen Dingen unterrichtet: οἱ δι' ἔργων καὶ πίστεως ψιλῆς βεβαιούμενοι καὶ μὴ τὴν τελείαν γνῶσιν ἔχοντες· εἶναι δὲ τούτους ἀπὸ τῆς ἐκκλησίας ἡμᾶς λέγουσι. Deshalb sei auch für die Psychiker die ἀγαθὴ πρᾶξις nothwendig, denn anders können sie nicht gerettet werden, sie selbst würden nicht durch die πρᾶξις, sondern vermöge ihrer pneumatischen Natur des Heiles theilhaftig. Vergl. Clem. Alex. str. II, 3, 10. p. 156 Sylb. 434 Pott.: οἱ δὲ ἀπὸ Οὐαλεντίνου τὴν μὲν πίστιν τοῖς ἁπλοῖς ἀπονείμαντες ἡμῖν, αὑτοῖς δὲ τὴν γνῶσιν τοῖς φύσει σωζομένοις κατὰ τὴν τοῦ διαφέροντος πλεονεξίαν σπέρματος ἐνυπάρχειν βούλονται, μακρῷ δὴ κεχωρισμένην πίστεως ἢ τὸ πνευματικὸν τοῦ ψυχικοῦ λέγοντες. 46) Clem. Alex. str. VII, 7, 41. p. 305 sq. Sylb. 864 sq. Pott.: [illegible] VII, 15, 90. p. 320 Sylb. 887 Pott.: [illegible] κατὰ μηδένα τρόπον τὸν ἐκκλησιαστικὸν παραβαίνειν προσήκει κανόνα· καὶ μάλιστα τὴν περὶ τῶν μεγίστων ὁμολογίαν ἡμεῖς μὲν φυλάττομεν, οἱ δὲ παραβαίνουσιν. VII, 16, 94 sq. p. 321 Sylb. 890 Pott.: [illegible] μὴ τὸν κανόνα τῆς ἀληθείας παρ' αὐτῆς λαβόντες [illegible] §. 97. p. 322 Sylb. 892 Pott.: [illegible] ἐξέβησαν τὴν ἀλήθειαν. [illegible] — §. 99: [illegible] §. 104. p. 324 Sylb. 895 Pott.: ὁ γνωστικὸς ἄρα ἡμῖν μόνος ἐν αὐταῖς καταγηράσας ταῖς γραφαῖς τὴν ἀποστολικὴν καὶ ἐκκλησιαστικὴν σώζων ὀρθοτομίαν τῶν δογμάτων κατὰ τὸ εὐαγγέλιον ὀρθότατα βιοῖ, [illegible] (l. ὑπὸ) [illegible]. Vergl. VII, 17. p. 325 Sylb. 898 sq. Pott., wo sich Clemens wie Irenäus auf die Einheit der katholischen Lehre und auf ihre bis auf Christum und die Apostel zurückgehende Ueberlieferung beruft. Welches der ἐκκλησιαστικὸς κανών sei, wird in den angeführten Stellen des Clemens nicht in zusammenhängender Weise erörtert. Vergl. dafür außer den bekannten Stellen bei Irenäus und Tertullian auch Orig. De princip. prooemium.

schrankenlosen Erweiterung seinen specifischen geschichtlichen Charakter völlig verlieren mußte"[47]).

Die Gnosis ist sonach allerdings der erste Versuch einer christlichen Philosophie; aber indem sie mit allzukühnem Selbstvertrauen an die große Aufgabe ging, widerfuhr es ihr, daß sie in vornehm-separatistischer Verachtung des schlichten historischen Heilsglaubens sich selbst mit dem Christenthume identificirte, und so den Boden sich selbst untergrub, auf dem sie gewachsen war. Das Christenthum blieb ihr freilich auch in ihrer weitesten Entfremdung von der geschichtlichen Glaubenssubstanz noch immer die absolute Religion, die Erscheinung Christi der Wendepunkt der Geschichte; aber indem sie allmählich den Fundamentalsätzen des historischen Christenthums einen durchaus verschiedenen Sinn unterschob, konnte man vom kirchlichen Standpunkte aus diese erste „Philosophie des Christenthums" in allen wesentlichen Punkten nur als eine ψευδώνυμος γνῶσις bestreiten[48]); der weitere Fortschritt des christlichen Denkens aber konnte nur darin bestehen, daß man durch schärfere Hervorhebung der πίστις als unentbehrlicher Unterlage der γνῶσις der Gefahr einer Auflösung des praktischen Glaubensinhaltes zuvorkam.

In dem so eben Entwickelten liegt nun auch schon von selbst der Schlüssel zur Lösung des nach der Baur'schen Auffassung noch immer gebliebenen Räthsels, wie die Gnosis auf der einen Seite das Christenthum grade in seine absolute Bedeutung einsetzen konnte, indem sie es in den Mittelpunkt der gesammten kosmischen Entwickelung stellte, und es doch zugleich andererseits mit so viel fremdartigen Elementen vermischte, daß das specifisch Christliche fast zu verschwinden schien. Daraus, daß man die specifische Bedeutung des historischen Christenthums verflüchtigte, um seinen ideellen, speculativen Charakter auf den höchsten, universellsten Ausdruck zu bringen, erklärt sich die Möglichkeit eines im weiteren Fortschritte der gnostischen Bewegung immer mehr zunehmenden Synkretismus. Indem man den Kreis der Betrachtung unaufhörlich erweiterte, und von allen Seiten Bausteine herbeitrug, folgte man zwar einem dem christlichen Geiste selbst wesentlich innewohnenden Triebe; aber je mehr das Historische, Positive am Christenthume unter der Masse des neuherzugeschafften Stoffes verschwand, desto schwächer ward das Gegengewicht des praktischen Glaubens gegen die immer siegesgewisser einherschreitende Speculation, desto schwächer also auch die Widerstandskraft, welche das specifisch christliche Element dem eindringenden Fremden entgegenzustellen vermochte. Es kann nach dem Allen kein Zweifel sein, daß das massenhafte Eindringen heidnischer Ideen nur als ein allmählich sich vollziehender Verschmelzungsproceß der christlichen Grundanschauung mit fremdartigen Elementen gedacht werden kann. Wir bemerkten bereits, daß die nachweislich ältesten Systeme sich noch wesentlich auf dem Boden der alttestamentlichen Religionsgeschichte bewegen, während eine umfassendere Berücksichtigung der heidnischen, namentlich der griechischen Mythologie, schon eine auf ein vorgerücktes Stadium der Entwickelung deutende Erweiterung des ursprünglichen Gesichtskreises sei. Es wird sich weiter zeigen, daß gewisse heidnische Bestandtheile schon sehr frühe in die Gnosis eingetragen sein müssen; das Charakteristische ist aber, daß diese wesentlich dem religiösen Mythenkreise des Orients angehören, grade von hellenischer Philosophie aber noch gar nicht berührt sind. Erst der weitere Verlauf der gnostischen Bewegung führt zu einer näheren Befreundung auch mit der griechischen Speculation, wie dies in dem Valentinianischen Systeme, namentlich in seinen späteren Schößlingen, aber auch bei den Basilidianern der Philosophumena, und jener ganzen Gruppe von Sectenmeinungen der Fall ist, welche Pseudoorigenes mit den Naassenern in nähere Berührung bringt. Platon, Pythagoras, theilweise wol auch Aristoteles, die Lehren der Stoa und Epikur's mischen sich mit den gnostischen Grundanschauungen zu einem so buntscheckigen Meinungsgewirr, daß es schwer hält, überall das ursprüngliche Gewebe von dem späteren Einschlage richtig zu sondern. Faßt man diese Erscheinungen so ins Allgemeine hin ins Auge, ohne ihnen genauer auf den Grund zu sehen, so kann man freilich zu der Ansicht kommen, daß man die Gnosis schon durch die Epitheta „Synkretismus" hinlänglich charakterisirt habe, oder sich mit Jacobi unter Abwehrung jeder schärferen Begriffsbestimmung bei dem Resultate beruhigen, die Gnosis sei „eine eklektische religiöse Philosophie"[49]).

Ist mit solchen vagen, Alles oder Nichts sagenden Kategorien überhaupt nicht von der Stelle zu kommen, so vermögen wir nach dem Entwickelten auch Baur nicht beizustimmen, wenn dieser in den Naassenern, Peraten und Sethianern der Philosophumena die älteste Gestalt des Gnosticismus erkennen will. „Der wesentliche Inhalt dieser Lehren, die sich immer wieder auf dieselben Probleme, die Einheit, Zweiheit, Dreiheit der Principien, ihre Gegensätze und ihre Vermittelung, die Herabkunft aus der oberen Welt in die untere, und die Rückkehr aus der unteren in die obere beziehen, ist so allgemein, daß sie längst vor dem Ursprunge der specifisch christlichen Gnosis vorhanden sein konnten, und so erst in der Folge, je mehr sie in der allegorisirenden und synkretistischen Anschauungsweise sich erweiterten, ihre christliche Färbung und Modification erhielten. Es ist durchaus das zerflossene und zerfahrene, an alles Mögliche sich anhängende, in dem ganzen bunten Gemische der alten Symbole und Mythen immer wieder einen neuen Ausdruck für die allgemeine Grundanschauung suchende Wesen der Gnosis, das uns in den angeblichen Lehren der Ophiten, der Gnostiker, der Peraten, der Sethianer, besonders in einer Darstellung, wie die der Philosophumena ist, ent-

47) Baur, Christenthum der drei ersten Jahrhunderte S. 176.

48) Vergl. außer dem bekannten Titel der fünf Bücher des Irenäus Adv. haer. auch 1 Tim. 6, 20. *Hegesipp.* ap. *Eus.* H. E. III, 32 (wenn wir hier Hegesipp's eigene Worte haben). *Clem. Al.* strom. II, 11, 52. p. 165 *Sylb.* 457 *Pott.* III, 18, 110 p. 203 *Sylb.* 562 *Pott.* VII, 7, 41. p. 317 *Sylb.* 854 seq. *Pott.*

49) Am Schlusse der angeführten Abhandlung in Herzog's Realencyklopädie.

gegenwirkt“[49]). Fast möchte man aus den letzten Worten einen leisen Zweifel herauslesen, der den scharfsinnigen Forscher schließlich noch selbst an der Glaubwürdigkeit „einer Darstellung, wie die der Philosophumena ist,“ überkommen hat. Wenn er trotzdem nicht nur (worin wir ihm in der Hauptsache beistimmen) die Ophiten als die älteste Secte, sondern auch die von Pseudoorigenes gegebene Darstellung ihrer Lehre als die „einfachere“ bezeichnet und demgemäß der bisherigen Gestalt des Ophitischen Systemes substituirt, so wird eine schärfere Analyse immer sicherer zu der entgegengesetzten Erkenntniß führen. Es ist gewiß ganz richtig, daß die allgemeinen jenem synkretistischen Mythengemische zu Grunde liegenden Ansichten längst vor dem Ursprunge der specifisch christlichen Gnosis vorhanden sein konnten; aber wie sie bei Pseudoorigenes vorliegen, sind sie ohne Zweifel schon durch sehr viele Wandlungen hindurchgegangen. Bei aller synkretistischen Verflächtigung der christlichen Ideen ist doch auch hier das Christenthum noch das diese rudis indigestaque moles zusammenhaltende Princip, und wir können es daher umgekehrt nur für ein ziemlich spätes Stadium des Gnosticismus halten, in welchem das specifisch christliche Element bereits so wie hier durch fremdartige Beimischungen zersetzt erscheint. Andererseits verrathen diese Sectenmeinungen in ihrer durchaus unsystematischen Form und in ihrer Abwendung von den doch noch überall hindurchscheinenden mythologischen Grundlagen bereits eine solche Ermattung des speculativen Triebes, daß die scheinbare größere Einfachheit nur als unproductive Vereinfachung, theilweise auch als eine Wiederannäherung an die katholische Lehre betrachtet werden muß.

Eine eingehendere Charakteristik der gnostischen Systeme wird daher wesentlich den innern Entwickelungsgang derselben ins Auge fassen, und erst in diesem Zusammenhange auch gewissen häufig wiederkehrenden gnostischen Meinungen ihre Stelle anweisen müssen. Die Aufgabe ist hierbei dasjenige, was nothwendig zum Begriffe der Gnosis gehört, von dem zu sondern, was sich als eigenthümliche Fortbildung in vielen oder wenigen Systemen an den Grundstamm angesetzt hat. Diese Sonderung kann nur gelingen, wenn auch die Gnosis selbst wieder in ihrer geschichtlichen Entwickelung dargestellt wird, da auch umgekehrt Vieles, was an sich im gnostischen Grundcharakter lag, und demgemäß auch schon in dem Bisherigen für uns in Betracht kam, sich doch nur erst allmählich schärfer herausstellt.

Wie bei jeder geschichtlich sich entwickelnden Erscheinung, so sind auch bei der Gnosis die Grenzlinien Anfangs nur fließende; nur sehr allmählich hat sich die Ausscheidung der gnostischen Meinungen als häretischer, den Glaubensgrund umstürzender Irrthümer vollzogen. Wie der katholische Gegensatz gegen die Gnosis, so hat sich umgekehrt auch der gnostische Gegensatz gegen die allgemeinchristliche Pistis nur erst im Verlaufe einer längeren Entwickelung schärfer herausgebildet. Wir sind unglücklicherweise grade über die ersten Anfänge der Gnosis nur sehr unvollständig unterrichtet, und Vieles wird dermalen lediglich auf dem Wege der geschichtlichen Hypothese sich ermitteln lassen; doch versteht es sich freilich auch wieder ganz von selbst, daß die Aufmerksamkeit der Kirchenlehrer erst dann in höherem Grade der Gnosis sich zuwenden konnte, als dieselbe bereits eine weitverbreitete gefährliche Zeitmeinung geworden war, d. h. als sich der Ausscheidungsproceß im Wesentlichen schon vollzogen hatte.

Wir haben schon im Obigen darauf hingewiesen, wie die meisten der bisher besprochenen gnostischen Ideen dem Kreise von Erscheinungen, mit dem wir es hier zu thun haben, nicht ausschließlich eigen sind. Der Gegensatz von πίστις und γνῶσις und der damit zusammenhangende Unterschied der Pneumatiker und Psychiker, der allen gnostischen Systemen mehr oder minder eignende Dualismus, endlich die im weiteren Verlaufe der gnostischen Bewegung immer stärker hervortretende Neigung zu doketischen Vorstellungen — Alles dieses begründet an sich so wenig einen specifischen Unterschied der gnostischen Systeme, daß man vielmehr im Stande ist, diese sämmtlichen Ideen auch außerhalb des eigentlich gnostischen Gebietes nachzuweisen. Was den Gegensatz der Pneumatiker und Psychiker betrifft, so finden wir denselben gleichzeitig mit den ausgebildeteren gnostischen Systemen auch im Montanismus, der doch sonst als das grade Widerspiel des Gnosticismus bezeichnet werden muß; und wie die „häretische“ Gnosis nur durch die Gegenüberstellung einer katholischen Gnosis überwunden werden konnte, so konnte die Kirche den Montanismus erst dadurch zurückdrängen, daß sie die Hierarchie in ähnlicher Weise als mit specifischer Begabung ausgerüstete Geistesträgerin dem Laienthume gegenüberstellte, wie die Montanisten ihre Prophetie den psychischen Katholikern. Das, was bei aller Aehnlichkeit aber doch wieder einen wesentlichen Unterschied begründet, ist die Stellung, welche die Montanisten zum katholischen Dogma einnehmen. Es ist bekannt, welchen hervorragenden Antheil grade dem Montanismus — man denke nur an Tertullian — in der Bekämpfung der häretischen Gnosis und an der Ausbildung der Glaubensregel gebührt; und diese dogmatische Uebereinstimmung mit der katholischen Kirche wird den Montanisten nicht nur von ihren Bestreitern ausdrücklich bescheinigt, sondern von ihnen selbst geradezu als ein Zeugniß für die Echtheit ihrer Prophetie geltend gemacht“[50]). Während also die Scheidung von Pneumatikern und Psychikern sich auch sonst innerhalb der christlichen Kirche in immer neuer Gestalt wiederholt, so ist das eigenthümlich Gnostische nur die speciell auf das Wissen gerichtete Wendung dieses Gegensatzes, oder da dieses letztere uns auch bei Origenes begegnet, die immer schärfer sich ausbildende Verdrängung der praktischen Glaubensstellung durch die γνῶσις in ihrer absoluten Bedeutung, wobei jedoch schon hier nicht außer Acht gelassen werden darf, daß auf dem letzten Stadium der gnostischen Bewegung, auf

49) Das Christenthum der drei ersten Jahrhunderte S. 196.

50) Vergl. Ritschl, Entstehung der altkatholischen Kirche, 2. Aufl. S. 477 fg.

welchem sie der katholischen Lehre wieder sich näherte, auch die πίστις der γνῶσις gegenüber in ihr urchristliches Recht wieder eingesetzt wird.

Auch den mit jenem Gegensatze der Pneumatiker und Psychiker, wie oben auseinandergesetzt wurde, aufs Engste zusammenhangenden Dualismus haben die Montanisten in ihrer Weise verschärft. Die Idee von dem Teufel als Beherrscher dieser Welt und die Erwartung des mit der Wiederkunft eintretenden Unterganges dieses dämonischen Mächten verfallenen Kosmos, und seiner Ersetzung durch eine völlig neue, der bisherigen entgegengesetzte göttliche Schöpfung geht bekanntlich durch alle christlichen Schriften der ersten beiden Jahrhunderte hindurch; aber erst der Montanismus war es, der diesen Dualismus des αἰὼν οὗτος und des αἰὼν ὁ μέλλων, der Weltherrschaft des Teufels und des bevorstehenden irdischen Reiches Christi aufs Neue zu schwärmerischer Leidenschaft anfachte. Es kann nichts Dualistischeres geben, als die schroffe, tumultuarische Art, mit welcher der Montanismus in einer Zeit, wo das Christenthum sich bereits mit der damaligen Weltordnung zu vertragen begann und den geordneten Verlauf geschichtlicher Entwickelung nahm, noch einmal alle Brücken zwischen Gegenwart und Zukunft abzubrechen, an die Stelle geschichtlicher Vermittelung die Hoffnung auf den plötzlichen, absolut supranaturalen Eintritt des Messiasreiches zu setzen versuchte. Aber das Charakteristische ist auch hier wieder, daß der montanistische Dualismus nur eine Erneuerung und Steigerung der urchristlichen Grundanschauung selbst ist, und grade in dem, was den eigentlichen Kern und Mittelpunkt der ganzen Bewegung bildet, in der Predigt seines ὁ κύριος ἐγγύς am wenigsten angegriffen werden konnte. Dagegen steigert sich der gnostische Dualismus frühzeitig zu solcher Schroffheit, daß er weder mit dem christlichen Monotheismus, noch mit der Lehre von der Willensfreiheit, noch überhaupt mit den historisch-praktischen Grundlagen des katholischen Glaubens länger vereinbar war. Es ist von Baur aufs Trefflichste nachgewiesen worden, wie sämmtliche Ideen der gnostischen Systeme mit diesem Dualismus aufs Innigste zusammenhangen, und es ist hier die Stelle, wo wir auf die neueste Darstellung Baur's als auf eine unsere Entwickelung ergänzende hinweisen können; die Hauptsache ist aber, daß man begreift, wie die dem Urchristenthume ebenso wie dem späteren Judenthume überhaupt eignende, dualistische Anschauungsweise zu diesen das christliche Bewußtsein so tief verletzenden Folgerungen fortschreiten konnte. Beruft man sich auf den metaphysischen Charakter des gnostischen Dualismus im Unterschiede von der mehr ethisch-praktischen Form, in welcher jene dualistischen Meinungen im Urchristenthume, ebenso wie nachmals noch im Montanismus erscheinen, so ist damit ohne Zweifel etwas völlig Richtiges gesagt; der letzte Grund aber, warum jener Dualismus metaphysisch sich gestaltet, während dieser einfach ein ethisch-praktischer blieb, wird schließlich doch wieder nur in dem Begriffe der γνῶσις selbst, oder in der absoluten Bedeutung gefunden werden können, welche die gnostischen Systeme dem Wissen einräumten. Erst hierdurch ergab sich die Möglichkeit, heidnischen Einflüssen, die ja grade in der schroffen dualistischen Färbung dieser Systeme und zumal der späteren ganz unverkennbar sind, einen größeren Spielraum zu gestatten.

Die Richtigkeit dieser Auffassung kann sich nur bestätigen, wenn wir auch die Wendung, welche der gnostische Doketismus nahm, etwas schärfer beleuchten. Es ist schon bemerkt worden, daß auch dieser kein specifisch gnostisches Merkmal ist; einmal findet er sich gar nicht in allen gnostischen Systemen und zum Anderen kommt er auch außerhalb des Gnosticismus vor. Außer dem Briefe des Barnabas, der für die vorgnostische Zeit das classische Beispiel einer doketischen Christologie bildet, verräth wie bekannt auch Clemens von Alexandrien eine ziemliche Hinneigung zum Doketismus, und selbst Irenäus streift, wenigstens nach der einen Seite seiner Lehre hin, da, wo er mit den Patripassianern sich berührt, hart genug an eine ähnliche Vorstellungsweise. Aber der Unterschied ist, daß nur die Gnostiker es gewagt haben, diesen Doketismus unverhüllt und im directen Gegensatze gegen das gemeinchristliche Bewußtsein auszusprechen. Was sich im Urchristenthume von doketischen Vorstellungen findet, sind freilich Nichts als die Prämissen, aus welchen die Gnostiker die völlig richtigen Consequenzen zogen; aber jener älteste Doketismus, allein aus dem Streben, die Gottheit Christi festzustellen, hervorgegangen, ist noch durchaus naiv und unreflectirt, man ist sich der darin enthaltenen Gefahr für die Realität des geschichtlichen Erlösungswerkes noch gar nicht bewußt. Bei den späteren Kirchenlehrern aber, wie namentlich bei Clemens, wo dieses Bewußtsein im Gegensatze zu den Gnostikern längst sich entwickelt hatte, kämpft die christliche Grundanschauung von dem wahrhaft menschlichen Erlöser einen ununterbrochenen Kampf mit den dieselbe eigentlich aufhebenden, philosophischen Voraussetzungen, und man kann daher von Clemens mit demselben Rechte behaupten, daß seine Lehre doketisch sei, wie daß sie es nicht sei. Nur um so bezeichnender ist es daher, daß der nächste Schritt, den die alexandrinische Speculation über Clemens hinaus in Origenes that, vor Allem darauf Bedacht nahm, die wahre Menschheit des Erlösers sicherzustellen, und zwischen dem ewigen Logos und der menschlichen Seele Christi zu scheiden, die zwar mit dem Logos zu untrennbarer Einheit zusammengegangen sei, aber nur durch freien Entschluß und heilige Liebe. In der wesentlich realistischen Grundanschauung des Irenäus endlich ist der Doketismus überhaupt nur noch ein verschwindendes Moment, und so wenig es auch bei ihm schon zu einer allseitigen, speculativen Ueberwindung der doketischen Anschauung des Erlösers gekommen ist, so entschieden will doch Irenäus Christum als vollen wahren Menschen gedacht wissen. Daß der Gnosticismus in diesem Punkte eine wesentlich andere Stellung einnimmt, trotzdem daß eine doketische Christologie gar kein nothwendiges Merkmal dieser Systeme ist, dies kann wieder nur, wie bereits gezeigt wurde, aus dem Gesammtverhältnisse ihrer Gnosis zur gemeinchristlichen Pistis abgeleitet werden. Daß aber diese zunächst nur im Allgemeinen aufgewiesene Möglichkeit doketischer Meinungen in den meisten der ausgebildeten Systeme zur Wirklichkeit werde, erklärt sich allerdings aus jenem unter außerchristlichen Einflüssen immer schroffer ausgeprägten Gegensatze zwischen Geist und Materie. Weil die Geisterwelt mit der Materie nicht in unmittelbare Berührung treten kann, so vermag auch der seiner Substanz nach pneumatische Christus nicht in einem materiellen Leibe zu erscheinen, folglich auch nicht die Affectionen der Materie zu theilen.

Sind einmal die Wurzeln jenes Dualismus im inneren Wesen der γνῶσις selbst, folglich auch die Möglichkeit des Eindringens fremder dualistischer Vorstellungen aufgewiesen, so tritt nun allerdings für die Forschung das Recht wie die Pflicht ein, den Quellen dieser fremden Elemente näher nachzuspüren. Nur möchte auch hier der Beweis noch strenger zu führen sein, daß diese Aufnahme außerchristlicher Ideen ebenso wenig wie etwa in der jüdisch-alexandrinischen Religionsphilosophie so ganz ohne Auswahl und Unterschied erfolgt sei; ja selbst da, wo ganz entschieden heidnische Elemente vorliegen, sind dieselben nicht einfach herübergenommen, sondern in eigenthümlicher Weise umgestaltet und weitergebildet.

Nirgends zeigt sich dies wol deutlicher als bei der Lehre vom Demiurgen. Die Trennung des unvollkommenen Schöpfers der Körperwelt und Beherrschers des Judenthums von dem rein geistigen, vollkommenen Gotte gehört so sehr zu den allen gnostischen Systemen gemeinsamen Merkmalen, daß schon Weiße[51]) und Schliemann[52]), zuletzt noch Hilgenfeld[53]) hierin die Grundlehre der Gnostiker gefunden haben, „aus welcher sich alle weiteren Eigenthümlichkeiten ihrer Weltansicht von selbst ergeben." Wirklich möchte sich wol keine Lehre der Gnostiker angeben lassen, welche so durchgängig in allen ihren Systemen sich wiederfände. Marcion, der sonst durch die Freiheit seiner Anschauungen von mythologischen Bestandtheilen unter allen Gnostikern eine so hervorragende Ausnahme bildet, daß die meisten gewöhnlich zutreffenden Kriterien auf ihn gar keine Anwendung leiden, hält dennoch die Lehre vom Demiurgen nicht nur fest, sondern sie tritt grade bei der sonstigen, von den meisten Gnostikern abweichenden Anlage seines Systems nur um so bedeutsamer und schroffer hervor. Die Clementinischen Homilien dagegen, welche Baur als eine besondere Classe der Gnosis aufgeführt hat, sind von den meisten Forschern grade darum, weil sie die Trennung des Weltschöpfers vom höchsten Gotte nicht nur nicht kennen, sondern ausdrücklich bekämpfen, aus der Zahl der im engeren Sinne gnostischen Systeme ausgesondert worden. Baur hat dagegen erinnert, daß ja auch nach dem Systeme der Homilien nicht Gott unmittelbar, sondern die mit ihm als Seele stets verbundene Sophia das weltschöpferische Princip sei, durch welches Gott aus sich hervorgeht und die Monas zur Dyas wird. Die Sophia werde daher ausdrücklich die demiurgische Hand Gottes genannt (*Hom.* 16, 12 χεὶρ δημιουργοῦσα τὰ πάντα) und der Unterschied der Sophia der Homilien von der der gnostischen Systeme wäre somit nur, daß sie nicht von Gott getrennt, sondern in dasselbe immanente Verhältniß zum Wesen Gottes gesetzt werde, in welchem auch die Materie zu ihm steht[54]). So richtig diese Bemerkungen sind, so fragt sich doch, ob nicht schon dieser von Baur zugegebene Unterschied ein so bedeutender sei, daß dadurch die Ausscheidung des Clementinischen Systems gefordert werde. Wenn nach der von Baur selbst angeführten Stelle *Hom.* 18, 22 die beiden Begriffe Gott und Weltschöpfer für das religiöse Bewußtsein „schlechthin identisch" sind, die Sophia oder das weltschöpferische Princip also nicht von Gott getrennt wird, sondern in einem immanenten Verhältnisse zu ihm steht, so folgt daraus grade, daß der Sinn, in welchem auch die Homilien wieder von einer demiurgischen Hand Gottes reden, eine wesentlich verschiedene Vorstellung einführt als der gnostische Begriff des Demiurgen. Wenn die Clementinen auch die Monas zur Dyas sich entfalten lassen, so fällt ihnen doch wieder alles Gewicht so sehr auf die göttliche Monarchie, daß sie die gnostische Trennung des Demiurgen vom höchsten Gott nur als eine Verletzung ihres monotheistischen Bewußtseins bekämpfen können. In der That ist nun auch die Art, in welcher sie die Sophia als weltschöpferisches Princip betrachten, von der jüdisch-alexandrinischen Anschauung nicht wesentlich verschieden. Auch für das Buch der Weisheit Salomo's, welches hier bekanntlich auf noch ältere Vorgänge im palästinensischen Judenthume zurückweist, ist ja die göttliche Sophia nicht blos ausdrücklich das weltschöpferische Princip, sondern sie ist es eben auch in demselben Sinne, in welchem die Homilien ein Hervorgehen Gottes aus sich selbst, eine Entfaltung der Monas zur Dyas sehen. Grade die Weiterbildung des Monotheismus selbst führte zu der Nothwendigkeit, zwischen dem in seinem Ansich schlechthin jenseitigen Gotte und seiner Offenbarung durch seine weltschöpferische Weisheit zu scheiden. Es ist dies so bekannt, daß ein weiteres Erörtern dieses Punktes überflüssig wäre; da uns nun aber ganz dieselbe Anschauung in der Philonischen Logoslehre und in der von den Apologeten und den christlichen Alexandrinern auch ausdrücklich auf den göttlichen Logos selbst angewendeten Unterscheidung eines λόγος ἐνδιάθετος und λόγος προφορικός begegnet, so fragt sich nur um so mehr, worin denn nun das specifisch Gnostische der Homilien liegen soll. Sie sind eben in demselben Sinne gnostisch als dies — um von den jüdischen Alexandrinern zu schweigen — die katholischen Alexandriner auch sind, und mit demselben Rechte, mit welchem Baur das System der Homilien unter die im engeren Sinne gnostischen Systeme stellt, müßte er es, wie schon Ritschl

51) In der Recension von Baur's Gnosis, Theol. Studien und Kritiken 1837, I. S. 190. 52) Clementinen S. 539 fg. 53) Die Clementinischen Recognitionen und Homilien S. 298 fg. Urchristenthum S. 94 fg.

54) Das Christenthum der drei ersten Jahrhunderte S. 219. Vergl. auch die Recension des Schliemann'schen Werkes Theol. Jahrb. 1844. S. 581 fg.

bemerkt hat [55]), mit dem des Clemens von Alexandrien auch thun. So gewiß daher in jener Vorstellung von der demiurgischen Sophia ein dem eigentlichen Gnosticismus verwandtes Element liegt, so gewiß reicht dieses zu der von Baur vorgezogenen Anordnung nicht aus. Das specifisch Gnostische der Homilien könnte daher nur darin liegen, daß „Gott auch nicht der eigentliche Regent der Welt ist, welcher der gnostische Demiurg vorstehl, sondern ein Wesen, das nach der einen Seite hin sogar noch in einem schärferen Gegensatze zu Gott steht als der Demiurg Marcion's." Dieses dem Demiurgen analoge Wesen wäre mit einem Worte der böse Weltherrscher, und das eigentlich Gnostische müßte in dem Dualismus gefunden werden, welcher die ganze Weltordnung in zwei Reiche, das gegenwärtige (linke) unter dem bösen Weltherrscher oder dem Teufel und das künftige (rechte) unter dem guten Weltherrscher Christus theilt. Aber auch dies ist nach dem früher Entwickelten so wenig ein specifisch gnostisches Element, daß hiernach so ziemlich alle Literaturproducte der beiden ersten Jahrhunderte unter dem Begriffe des Gnosticismus befaßt werden müßten [56]). Grade die Hauptmerkmale des gnostischen Demiurgen fehlen aber dem bösen Weltherrscher der Clementinen ganz, ebenso wie dem gemeinen altchristlichen Teufel; er ist weder Weltschöpfer noch Judengott. Baur selbst muß sich schließlich fragen, worin zuletzt noch der eigentlich gnostische Charakter der Clementinischen Homilien bestehe, und das Letzte, worauf er hinauskommt, ist der die Weltentwickelung bedingende Gegensatz einer männlichen und weiblichen Prophetie [57]). Unstreitig liegt hierin ein gnostisches Element, das aber, wie Ritschl mit vollem Rechte gezeigt hat [58]), grade dadurch im antignostischen Sinne verwerthet wird, „daß der Dualismus den Marcion zwischen dem alten und dem neuen Testamente feststellte, von den Homilien in dem alten Testamente selbst nachgewiesen wurde." Allerdings weist schon die Unterscheidung echter und unechter Bestandtheile im alten Testamente auf ein ziemlich enges Verwandtschaftsverhältniß zur Gnosis hin; da aber ähnliche kritische Operationen schon bei den Essenern vorausgesetzt werden müssen, so könnte man sich auf die Syzygienlehre höchstens als auf eine eigenthümlich gnostische Form dieser Anschauung berufen. Wirklich kann diese weder auf rein jüdischem, noch auf rein christlichem Boden erwachsen sein, sondern führt in ganz ähnlicher Weise, wie dies bei der Gnosis der Fall ist, auf das Eindringen heidnischer Einflüsse. Da jedoch die Substanz des mit dem Christenthume identischen Judenthums auf den höchsten Gott selbst zurückgeführt wird, so wird schon hiermit ein von den übrigen Systemen principiell abweichender Charakter der Clementinischen Homilien verbürgt [59]). Die letzte Entscheidung kann wieder nur in der Verhältnißbestimmung zwischen πίστις und γνῶσις liegen, und grade diese entscheidet gegen die Einreihung der Homilien in die Reihe der eigentlich gnostischen Systeme. Die πίστις der Homilien ist freilich nicht die katholische des alexandrinischen Clemens, aber auf ihrem judenchristlichen Standpunkte halten sie die historisch-praktische Substanz des christlichen Gemeindebewußtseins nicht minder fest, und das Gnostische an ihnen ist ebenso wie bei Clemens theils aus dem allgemeinen, speculativen Zeitbedürfnisse überhaupt, theils aus der bei der Polemik gegen die Gnostiker nun einmal unvermeidlichen Rückwirkung derselben zu erklären.

Auf der andern Seite muß man freilich zugestehen, daß auch jenes von uns aufgestellte Kriterium des eigentlichen Gnosticismus wenigstens für die Anfangs- und Endpunkte der gnostischen Bewegung immer nur einen fließenden Unterschied gestattet. Die Gnosis als geschichtliche Erscheinung stellt erst in ihrem weiteren Verlaufe alle in ihrem Begriffe liegenden Momente vollkommen heraus, und so wenig jener Gegensatz der γνῶσις zur πίστις gleich von Vornherein in seiner ganzen Schärfe hervortrat, so wenig hat es auch in der Folgezeit an Annäherungsversuchen der Gnosis an das kirchliche Glaubensprincip gefehlt. Es wird sich vielmehr zeigen, daß die Gnosis auf jener steilen Höhe der Speculation, die sie namentlich im Valentinianischen Systeme erreichte, nicht bleibend verharren konnte, sondern vielmehr im letzten Stadium ihrer Entwickelung auch den ethisch-praktischen Interessen größere Rechnung trug. In dem Maße, als dieses geschieht, mildert sich auch der Gegensatz zwischen Wissenden und Glaubenden, Gnostikern und Pistikern wieder, bis die Gnosis zuletzt auf den Punkt kommt, an sich selbst zu verzweifeln. Natürlich ist mit der allmählichen Ueberwindung jenes Gegensatzes auch ein allmähliches Wiedereinmünden der Gnosis in die katholische Weltanschauung gegeben, und es möchte schwer zu sagen sein, worin denn z. B. ein Markionit von der Richtung des Apelles sich noch specifisch von einem Clemens oder Origenes unterscheidet. Auch die katholische Glaubensregel richtet hier keine Scheidewand auf, da z. B. Apelles dieselbe ihrem wesentlichen Inhalte nach ebenfalls unterschreiben konnte. In sofern man also den Gesichtspunkt erweitern, und auch noch die Theologie der katholischen Alexandriner in die Kette der gnostischen Erscheinungen mit aufnehmen will, läßt sich freilich auch gegen die Hereinziehung der Clementinischen Homilien Nichts einwenden, nur müßten wir freilich unsererseits darauf bestehen, daß auch dieses merkwürdige Denkmal des kirchlichen Alterthums ebenfalls nur in demselben

55) Entstehung der altkatholischen Kirche, 1. Aufl. S. 217. 56) Ritschl, Entstehung der altkatholischen Kirche, 1. Aufl. a. a. O. 57) a. a. O. S. 220 fg. 58) a. a. O. S. 218 fg. 59) Vergl. auch Hilgenfeld, Clementinische Recognitionen S. 283. Mit einem Argumente Hilgenfeld's müssen wir hier entgegentreten. Indem er das allgemeinere Wesen der Gnosis in die Annahme eines tieferen geistigen Sinnes der Schrift über dem buchstäblichen, also in die Anwendung der allegorischen Auslegung setzt, zieht er hieraus den Schluß, daß das System der Homilien schon darum, weil es die allegorische Auslegung nicht kenne, principiell von der Gnosis abweiche. Aber die Allegorie ist nur die vornehmste Form, in welcher die Gnosis im allgemeineren Sinne des Wortes ihre Auseinandersetzung mit den noch immer als göttlich festgehaltenen Autoritäten vollzieht; wenn die Clementinen daher ganz ähnlich wie Markion an ihre Stelle vielmehr die Ausscheidung echter und unechter Bestandtheile setzen, so kommt dies, wie oben gezeigt worden ist, der Sache nach völlig auf dasselbe hinaus.

Sinne mit herbeigezogen werde, als es z. B. in dem Baur'schen Werke mit dem alexandrinischen Clemens geschehen ist. Da aber so betrachtet die Geschichte der Gnosis überhaupt kein Ende hat, so muß man dann auch mit Baur bis auf die neuesten Zeiten herabgehen. Will man aber die Betrachtung auf jenen bestimmten Kreis von geschichtlichen Erscheinungen, die den Namen der gnostischen Systeme führen, beschränken, so läßt sich bei aller Anerkennung des Fließenden, welches von dem Begriffe einer geschichtlichen Bewegung überhaupt unabtrennbar ist, die Grenzlinie lediglich da ziehen, wo entweder die gnostische Speculation oder die positiv kirchliche Lehrsubstanz der Ausgangspunkt der Bewegung ist. So kommt z. B. das Markionitische System, welches nur als eine Weiterbildung der echt gnostischen Anschauungen Kerdon's betrachtet werden kann, noch innerhalb des Bereiches des Gnosticismus zu stehen, trotz der für Markion's Person so mächtig überwiegenden ethischen Interessen; umgekehrt gehören die Clementinischen Homilien, die von dem ethisch-praktischen Standpunkte des Judenchristenthums ausgehen, und nur als ein nothwendiges Moment in der Geschichte des judenchristlichen Bewußtseins begriffen werden können, nicht mehr in diese Reihe, unbeschadet des fließenden Unterschiedes, der auf speculativem Gebiete zwischen ihnen und dem so eifrig von ihnen bekämpften Markionitismus besteht.

Sind aber die Clementinischen Homilien aus der Reihe der eigentlich gnostischen Systeme auszuschließen, so verdient der Umstand um so größere Beachtung, daß nun die Trennung des Weltschöpfers vom höchsten Gotte „in der Weise, wie man sie gewöhnlich nimmt," wirklich als „das Hauptkriterium der Gnosis" angesehen werden zu müssen scheint.

Es gibt in der That kein einziges gnostisches System, in welchem die Schöpfung der Körperwelt und die Gesetzgebung der Juden unmittelbar als Werk und Willensausdruck des höchsten Gottes betrachtet würde; es fragt sich nur auch hier wieder vor Allem, worin der tiefere Grund dieser Erscheinung zu suchen sei. Hilgenfeld erkennt nun, wie schon früher bemerkt, in der Trennung des Judengottes vom höchsten Gotte der Christen, den metaphysischen Ausdruck für das Neue und Absolute der christlichen Religion[60]) und auch Baur selbst hat keine Ursache gefunden, gegen diese Begriffsbestimmung etwas Wesentliches einzuwenden[61]). Auch nach derjenigen Auffassung der Gnosis, welche wir im Bisherigen vertreten haben, liegt grade in der absoluten Bedeutung, welche die Gnostiker dem Christenthume als allgemeinem Weltprincipe anweisen, „der nächste Fortschritt der christlichen Lehrentwickelung nach den Gegensätzen der apostolischen Zeit," und wir müssen es bei dem ganzen Gange, welchen diese Entwickelung genommen hat, geradezu als nothwendig setzen, daß, wie schon in der apostolischen Zeit die Auseinandersetzung mit dem Judenthume das eigentlich treibende Moment in allen weiteren Wendungen war, so auch der nächste, umfassendere Fortschritt über die wesentlich heilsgeschichtliche Betrachtungsweise der apostolischen Zeit hinaus, zu einer weltgeschichtlichen Begründung des christlichen Princips, von eben jener Auseinandersetzung mit dem Judenthume seinen Ausgangspunkt nahm. Hiermit stimmt, was schon Hilgenfeld bemerkt, vollkommen zusammen, daß bereits der erste bekannte Gnostiker, Kerinth, jene Abtrennung des Gesetzgebers der Juden vom höchsten Gotte vollzogen hat, indem er dem Ersteren seinen Platz unter den weltschöpferischen Engeln anwies. Wesentlich dieselbe Stellung hat der Judengott noch bei Saturnin[62]) und bei den Ophiten des Irenäus[63]), nur daß diese Systeme auch den übrigen „Sterngeistern," den Genossen des Gesetzgebers einen Antheil an der alttestamentlichen Prophetie zugestehen. Die Namen der Ophitischen Sterngeister oder weltschöpferischen Engel sind, so weit wir sie bis jetzt zu entziffern vermochten, alttestamentliche Gottesnamen, ja aus einer Vergleichung mit dem, was *Epiph. Haer.* 26 von den Γνωστικοί oder Ἀρχοντικοί berichtet, erhellt, daß selbst der im speciellen Sinne als Judengott vorgestellte Engel nur von einem Theile der „Gnostiker," d. h. eben der Ophiten, als Jaldabaoth, von Anderen dagegen als Sabaoth bezeichnet wird, und es fragt sich noch sehr, welche Ansicht die ältere war. Auch darüber ist durch die Forschungen von Baur und Hilgenfeld schon hinreichendes Licht verbreitet, wie es kam, daß der Weltschöpfer und der Gott der Juden für die Gnostiker zwei aufs Unzertrennlichste verbundene Begriffe waren; diese Identität nahm man eben einfach aus dem alten Testamente. War einmal die Abtrennung des höchsten Gottes vom Gesetzgeber der Juden vollzogen, so konnte die Schöpfung der Körperwelt nur demjenigen zugeschrieben werden, der nach der alttestamentlichen Grundanschauung grade in der Weltschöpfung seine Macht am herrlichsten offenbart hatte.

Die Mittheilungen der Philosophumena (V, 22 fg.) setzen uns nun in den Stand, die gnostische Idee vom Demiurgen bis in ihre frühesten Stadien zurückzuverfolgen. Es kann keinem Zweifel unterliegen, daß das von dem Gnostiker Justin so hochgehaltene Buch Baruch, wenn es auch selbst erst nach der Mitte des zweiten Jahrhunderts entstanden sein kann, dennoch in allen seinen Grundanschauungen eine der ältesten, wo nicht die allerälteste der uns jetzt bekannten Gestalten der Gnosis darstellt. Auch diese Schrift kennt einen, vom höchsten Gotte unterschiedenen Demiurgen, der, wie schon der Name Elohim verräth, kein anderer zu sein scheint, als der Gott des alten Testamentes. Aber Elohim ist hier nicht wie bei Kerinth zu einem der weltschöpferischen Engel herabgedrückt, sondern er steht noch ganz in alttestamentlicher Weise als Herr und Vater über den Engeln. Die πατρικοὶ ἄγγελοι sind seine Geschöpfe, sie bilden in seinem Auftrage und seinen Absichten gemäß den Menschen aus den feinsten Erdenstoffen, während aus den gröberen Thiere und Pflanzen entstehen, und einer aus ihrer Mitte, der Engel Baruch, wird dem durch die bösen psychischen

60) Urchristenthum S. 100. 61) Lhb. Gesch. 2. Aufl. S. 53.

62) *Epiph. Haer.* 23, 2. *Iren.* I, 24, 1 *Mass.* und darnach Phil. VII, 28. 63) *Iren.* I, 30, 5 *seq.*

Engel bedrängten Menschengeschlechte vom Vater zu Hilfe gesandt, um ihnen die göttliche Wahrheit zu offenbaren. Baruch redet so im Auftrage des Vaters zu Mose, zu den Propheten und zuletzt zu Jesus, dem Sohne Joseph's und der Maria. Moses und die Propheten hatten nämlich, durch die bösen Engel bethört, die ihnen gewordene Offenbarung immer wieder verfälscht; Jesus allein bleibt standhaft allen Versuchungen gegenüber, verkündigt die göttliche Wahrheit rein, und wird dafür gekreuzigt. Das Merkwürdige und von den sämmtlichen übrigen Systemen Abweichende ist hierbei, daß das Christenthum, ganz ähnlich wie in den Clementinischen Homilien, mit dem wahren Judenthume identificirt, und demgemäß zwischen echten und unechten Bestandtheilen des ersteren, zwischen einer wahren und einer falschen, einer männlichen und einer weiblichen Prophetie geschieden wird. Hiermit hängt zusammen, daß die christliche Offenbarung selbst so wenig als eine über den Standpunkt des Demiurgen hinausgehende betrachtet wird, daß es vielmehr dieser selbst ist, welcher wie im alten, so im neuen Testamente die Botschaft von dem ἀγαθὸς θεός durch seinen Engel Baruch verkündigen läßt. Der Demiurg ist nämlich selbst seinem Wesen nach pneumatisch, ist ἀπρόγνωστος καὶ ἄγνωστος καὶ ἀόρατος, er haucht dem Menschen das πνεῦμα ein, und erhebt sich nach vollendeter Schöpfung zur Rechten des guten Gottes, um diesen niemals wieder zu verlassen. Alle diese Anschauungen weichen in solchem Grade von den gewöhnlichen gnostischen Ideen ab, daß man versucht sein könnte, die Lehre des Buches Baruch, ebenso wie die der so nahe verwandten Clementinischen Homilien überhaupt aus dem Kreise der eigentlichen Gnosis zu sondern. Man könnte, zumal um der auf den Elohim angewendeten Stelle Ps. 109, 1 willen, auf die Vermuthung kommen, daß Elohim hier in ein ganz ähnliches Verhältniß zu dem höchsten Gotte gesetzt sei, wie die Sophia der Clementinen und der Logos des alexandrinischen Clemens. Dennoch ist auf der anderen Seite die Art, wie das Buch Baruch das Verhältniß des Elohim theils zu dem guten Gotte, theils zur Edem bestimmt, schon eine so ernstliche Bedrohung des jüdisch-christlichen Monotheismus durch heidnisch-mythologische Elemente, daß man aus demselben Grunde, welcher die Clementinen aus den eigentlich gnostischen Systemen auszuscheiden nöthigte, die Lehre des Buches Baruch denselben zuweisen muß. Elohim ist durchaus nicht, wie die Sophia der Clementinen, in ein immanentes Verhältniß zu Gott gesetzt, sondern er steht demselben Anfangs so fern, daß er grade so wie der Demiurg der übrigen Gnostiker von dem über ihm seienden höchsten Gotte gar keine Kenntniß hat. Es ist mit einem Worte ein zwar pneumatisches, aber doch an Macht und Einsicht beschränktes Wesen. Eine tiefere Stufe der Vollkommenheit wird schon dadurch bezeichnet, daß er nicht wie der ἀγαθὸς θεός über jeder Berührung mit der Körperwelt erhaben ist, sondern umgekehrt anfänglich im ehelichen Bunde und in schönster Harmonie mit Edem, der mythologischen Personification der Erde, die Schöpfung der Engel und der Menschen vollbringt. Noch analoger dem eigentlichen Gnosticismus ist die Art, wie er zur Rechten des guten Gottes erhoben wird. Elohim, von Natur ἀναφερής, mit einem Zuge nach der oberen Welt begabt, erhebt sich nach vollbrachter Weltschöpfung mit seinen Engeln in die höheren Regionen, um zuzusehen, daß Nichts fehle. Er kommt an die Grenze über dem Himmel, schaut plötzlich ein besseres Licht, als er gebildet hat und spricht: „Macht mir die Pforten auf, damit eintretend ich den Herrn bekenne; denn ich glaubte selbst der Herr zu sein." Eine Stimme von Oben ruft: „das ist die Thür des Herrn, Gerechte gehen durch sie ein;" sofort öffnet sich die Thür, der Vater geht zu dem guten Gotte ein und sieht, ἃ ὀφθαλμὸς οὐκ εἶδε καὶ οὖς οὐκ ἤκουσε καὶ ἐπὶ καρδίαν ἀνθρώπου οὐκ ἀνέβη. Da spricht zu ihm ὁ ἀγαθός: „Setze dich zu meiner Rechten." Der Vater will vorher nochmals in die von ihm geschaffene Welt zurückkehren, um sein dort gebundenes πνεῦμα (die dem Menschen eingehauchte pneumatische Substanz) in Empfang zu nehmen; der gute Gott hindert ihn jedoch daran, weil Elohim, nachdem er einmal zu ihm gekommen sei, nichts Uebles thun könne. Da die Welt in Uebereinstimmung von Elohim und Edem geschaffen sei, so möge die Letztere die Creatur besitzen, so lange sie wolle, Elohim aber bei ihm bleiben. Edem, von Betrübniß ergriffen, daß Elohim sie verlassen hat, umgibt sich mit ihren Engeln (den zwölf μητρικοὶ ἄγγελοι) und schmückt sich, so herrlich sie es vermag, um Elohim aufs Neue mit Begierde nach ihr zu entflammen. Wie dieser trotzdem nicht wieder herab zu ihr kommt, gebietet sie dem ersten ihrer Engel, der Βάβελ oder Aphrodite, Ehebruch und Ehetrennung unter den Menschen anzustiften, damit, wie sie von Elohim getrennt ist, auch das von Elohim geschaffene πνεῦμα in dem Menschen durch solche χωρισμοί betrübt werde, und Aehnliches leide, wie sie selbst in ihrer Verlassenheit. Sie gibt ferner ihrem dritten Engel Naas (נחש, ὄφις) große Macht, das πνεῦμα Elohim's mit allen möglichen Strafen zu verfolgen, damit dadurch Elohim selbst gestraft werde, welcher vertragswidrig seine σύζυγος verließ. Wie der Vater dies sieht, sendet er den Baruch, seinen dritten Engel, den Menschen zu Hilfe. Baruch tritt in die Mitte der μητρικοὶ ἄγγελοι, in die Mitte des Paradieses, und verbietet den Menschen vom Baume der Erkenntniß zu essen, während ihnen der Genuß aller übrigen Baumfrüchte gestattet sein soll, d. h. die Menschen erhalten die Anweisung, allen anderen eilf Engeln der Edem zu gehorchen, denn sie haben zwar πάθη, aber keine παρανομία, dem Naas aber sollen sie nicht gehorchen, denn er ist παράνομος. Die Menschen gehorchen aber nicht und lassen sich von Naas zu allerlei παρανομία verleiten; mit Eva treibt er Ehebruch, mit Adam Päderastie. So kommt das Böse und das Uebel in die Welt, dessen mittelbarer Urheber der Vater ist, sofern seine Entfernung von Edem diese ganz unheilvolle Wendung veranlaßt hat; andererseits ist er es aber wieder, der durch sein Hinaufsteigen zum ἀγαθός allen denen, welche hinaufsteigen wollen, den Weg zeigt.

Diese ganze Darstellung ist offenbar ganz im Geiste

der sonstigen gnostischen Mythologien gehalten. Die Erhebung Elohim's zum ἀγαθός nimmt hier einen ähnlichen Platz ein, wie anderwärts die Bekehrung des Demiurgen. Wie der Demiurg anderer Systeme hat er Anfangs keine Ahnung von der höheren Gottheit, das Licht, aus welchem er die Menschen gebildet hat, ist ein geringeres als das Licht der oberen Welt, d. h. er ist allerdings pneumatischen Wesens, steht aber doch an Vollkommenheit unter dem ἀγαθός. Wie der Demiurg Valentin's und der Basilidianer unterwirft er sich, sobald er zur besseren Erkenntniß gekommen ist, freiwillig der höheren Ordnung und wird nun ihr dienendes Werkzeug, um alles Pneumatische zu befreien und in das Reich des guten Gottes einzuführen. Nähert sich Elohim in dieser Beziehung der Stellung, welche bei den Valentinianern und Basilidianern der Soter einnimmt, so bietet andererseits die Geschichte seiner Erhebung eine Parallele zu der Wiederbringung der Achamoth. Seine Beschränktheit ist ebenso wie sein Aufenthalt unter dem Lichtreiche nur eine zeitweilige; wie er von Haus aus den Trieb nach Oben hat, so kommt er, nachdem seine Unwissenheit von ihm genommen und das obere Licht ihm offenbart worden war, durch ein freiwilliges, der Buße und der ὁμολογία der Sophia entsprechendes Bekenntniß zum ἀγαθός unmittelbar ins Lichtreich zur Rechten des Guten, bleibt also nicht wie der Valentinianische Demiurg am Orte der Mitte. Das Wichtigste aber ist, daß auch seine Erhebung ganz wie in den übrigen Systemen durch die Mittheilung der γνῶσις oder durch die Einweihung in die oberen Mysterien vermittelt erscheint. Er schwört daher, als er zum ἀγαθός kommt, diesem als dem Herrn über Alles einen Eid, worin er gelobt, die Mysterien zu bewahren, sie Niemandem (d. h. Keinem, der nicht pneumatischen Wesens und daher selbst zum Empfange der γνῶσις befähigt ist) zu verrathen und sich nicht von dem Guten zurückzuwenden zur Kreatur. Es erhellt hieraus, daß die Erhebung des Elohim, ganz ebenso wie die Rückkehr der Achamoth eine typische Darstellung ist für die Wiederbringung des endlichen Geistes zum Unendlichen. Im ursprünglichen Verkehre mit der Materie kennt der Geist seine höhere Bestimmung nicht, als endlicher Geist ist er an Macht und Einsicht beschränkt; der eigentliche Wendepunkt seiner Entwickelung ist also der, wo ihm das Bewußtsein des Unendlichen, mit dem er an sich schon eins war, erwacht. Daher ist denn die Rückkehr aller pneumatischen Seelen Nichts als derselbe im Verlaufe der Weltgeschichte sich vollziehende Proceß, Elohim ist der Ersterlöste und der Erlöser zugleich, daher alle Pneumatiker bei ihrer Einweihung in die Mysterien des ἀγαθός denselben Eid schwören müssen wie Elohim, und dann ebenso wie er schauen werden: „Was kein Auge gesehen; kein Ohr gehört und in keines Menschen Sinn gekommen ist."

So deutlich sich in dem Allen der echt gnostische Charakter des Systemes verräth, so schwierig ist die Frage, wie das Buch Baruch überhaupt zu seinem Demiurgen kommt. Aus dem Bisherigen erhellt, daß Elohim zwar als Weltschöpfer und Gesetzgeber vom höchsten Gotte gesondert wird, da er aber zugleich die an Jesus ergehende Offenbarung vermittelt, und da diese Offenbarung keine andere ist, als die, welche er schon Mose und den Propheten hat verkündigen lassen, so folgt, daß wenigstens hier der Demiurg nicht der metaphysische Ausdruck sein kann für das Neue und Absolute der christlichen Religion.

Dieses Ergebniß ist um so überraschender, da die Lehre des Buches Baruch, wenn wir von einigen für die Grundanschauung des Ganzen völlig bedeutungslosen Zusätzen und Erweiterungen aus der Zeit nach Markion absehen, nicht als eine spätere Mischung des ausgebildeten Gnosticismus mit dem Judenchristenthume betrachtet werden kann. Das Buch bezeichnet vielmehr den Uebergang des Judenchristenthums in die Gnosis. Die Idee des Demiurgen kann also, wenn wir nach ihren letzten Ursprüngen fragen, nicht im antijüdischen Interesse in die Gnosis aufgenommen worden sein, was offenbar nach der Hilgenfeld'schen Ansicht der Fall sein würde. So gewiß der Demiurg ein allgemein gnostisches Kriterium ist, so gewiß hat dieses Kriterium nicht schon von Anfang an den Sinn einer Trennung der beiden Götter des alten und des neuen Testamentes. Wir hätten hierdurch nun auch die historische Bestätigung dessen gewonnen, was wir schon oben (S. 234) aus inneren Gründen der Ableitung Hilgenfeld's entgegenstellen mußten. Andererseits kann aber auch nun erst recht keine Rede davon sein, den gnostischen Demiurgen aus dem Platonischen abzuleiten, wenn auch der Name δημιουργός, welcher bekanntlich weit später ist als die Sache selbst, am einfachsten aus dem Einflusse des Platonismus sich erklären wird [64]).

Dagegen zeigt sich auf den ersten Blick, daß in demselben Maße, als wir in die ursprüngliche Gestalt dieses räthselhaften Demiurgen eindringen, auch die Kluft sich schließt, welche den Schöpfer und Gesetzgeber des alten Testamentes von dem über Alles seienden Gotte trennt. Er steht nicht als Vertreter des psychischen, von Natur zu höherer Entwickelung unfähigen Princips unter dem pneumatischen, seine Gesetzgebung ist daher auch so wenig eine unvollkommene, dem Untergange bestimmte, daß sie nur von unechten Zuthaten gereinigt zu werden braucht, um zur Erlösung der pneumatischen Seelen völlig auszureichen. Wie der Judengott und der Christengott, so sind Judenthum und Christenthum wesentlich eins, Elohim ist in beiden Religionen nur das Organ eines höheren Willens, und wie er Jesum den ἀγαθός offenbaren läßt, so hat er dieselbe Verkündigung schon an Mosen und die Propheten gerichtet. Es ist hier der Punkt, wo sich die Idee des Demiurgen an bereits ältere Vorgänge im Judenthume anschließt. Hilgenfeld weist ganz richtig auf die nicht blos aus dem neuen Testamente, sondern auch im Judenthume selbst nachweisbare Vor-

64) Wenn Theodoret. Haer. fab. II, 4 schon von Kerinth sagt: τὸν κόσμον (τὸν τῶν ὅλων θεόν) εἶναι τοῦ κόσμου δημιουργόν, ἀλλὰ δύναμίν τινα κεχωρισμένην, so hat er den ihm sonst geläufigen Ausdruck δημιουργός auf eigene Gefahr gewählt. Die Bezeichnung läßt sich von Valentin, dem Platoniker, in seinem gnostischen Systeme nachweisen.

stellung hin, daß die Mosaische Gesetzgebung nicht unmittelbar vom höchsten Gotte, sondern in seinem Auftrage von Engeln vollzogen worden sei (Gal. 3, 19. Hebr. 2, 2. Act. 7, 53. Jos. Antt. XV, 5, 3, vergl. Deut. 33, 2, LXX) [65]) und dieselbe vermittelnde Thätigkeit wurde den Engeln nach jüdischer Anschauung auch schon bei der Weltschöpfung zugeschrieben, vergl. *Philo*, De opificio mundi I, 46. 4. *17*. Der Grund, warum man die Engel bei der Weltschöpfung und Gesetzgebung als Werkzeuge des göttlichen Willens dachte, ist eben kein anderer, als die gesteigerte monotheistische Anschauung von der Erhabenheit Gottes über die Körperwelt, und die ganze Idee ist also wesentlich auf demselben Boden erwachsen, wie die Theologumenen von der göttlichen Weisheit und dem göttlichen Logos, dem göttlichen Machtworte (מימרא) und der göttlichen Herrlichkeit (שכינה). Diese gemeinsamen Grundlagen müssen wir auch für die Lehre vom Demiurgen festhalten. Während nun aber Hilgenfeld nur durch einen Sprung, der grade auf judenchristlichem Boden schlechthin unerklärbar ist, von diesen jüdischen Vorstellungen zu der gnostischen Unterscheidung der beiden Götter des alten und des neuen Testamentes gelangt, findet sich in dem Demiurgen des Buches Baruch das Mittelglied. Derselbe ist zwar der Gesetzgeber, aber darum doch durchaus noch nicht der Judengott, wie schon der Ophitische Jaldabaoth; nachdem einmal die anfängliche Unwissenheit von ihm genommen ist, beansprucht er durchaus nicht, als höchster Gott und Vater verehrt zu werden, sondern wird ein dienendes Werkzeug des höchsten Gottes. Letzteres thut nun zwar der Valentinianische und Basilidianische Demiurg ebenfalls, aber der Unterschied ist, daß er erst durch Christus zu dieser Erkenntniß kommt, und auch dann nur mit einem beschränkten Wissen vorlieb nehmen muß, während hier der Demiurg gleich nach der Weltschöpfung zur vollkommenen γνῶσις gelangt, und nun bei der Gesetzgebung des Moses, bei der Aussendung der Propheten, endlich bei der Berufung Jesu von Nazareth durch seinen Engel Baruch die Offenbarung des höchsten Gottes sich angelegen sein läßt. Daß er aber selbst schon den hebräischen Gottesnamen Elohim empfängt, kann ursprünglich nur in dem Sinne gemeint gewesen sein, wie auch sonst in jüdischen und judenchristlichen Kreisen der Gottesname auf die Organe der göttlichen Wirksamkeit übertragen wird, sofern eben in ihnen Gott sich offenbart. Andererseits liegt aber auch die Möglichkeit nahe genug, wie an die für den strengen Monotheismus doch schon äußerst gefährliche Uebertragung hebräischer Gottesnamen auf Wesen, die doch immer Gott untergeordnet sind, die Vorstellung sich anknüpfen konnte, daß der Judengott selbst nur ein untergeordnetes Wesen sei. Offenbar war aber diese Vorstellung nicht länger mit einem judenchristlichen Standpunkte vereinbar, sondern konnte nur wie bei den Ophiten entweder von Vornherein im antijüdischen Interesse aufgestellt werden, oder, was ziemlich auf dasselbe hinausläuft, in eine durchaus antijüdische Betrachtung umschlagen.

Wird auch hierdurch das oben ausgesprochene Urtheil von der geschichtlichen Stellung des Buches Baruch als einer Uebergangsstufe von dem Judenchristenthume zur Gnosis bestätigt, so muß dennoch die hier vorliegende Lehre ihrer ganzen Beschaffenheit nach durchaus schon dem eigentlich gnostischen beigezählt werden, wofür wir nur auf das oben schon Entwickelte verweisen können. Den Ausschlag gibt, daß Elohim nur nach der einen Seite hin noch wie in den älteren jüdischen Vorstellungen von der Weltschöpfung und der Gesetzgebung als dienendes Organ der höchsten Gottheit erscheint, nach der anderen Seite aber bereits in echt gnostischer Weise eine mythologische Personification des endlichen und in dieser seiner Endlichkeit beschränkten Geistes ist, der sich des seinem Wesen widersprechenden Bandes mit der Erde zu entledigen strebt, aber erst durch die γνῶσις zum Bewußtsein des Unendlichen und dadurch zugleich zur Erkenntniß seines eigenen, dem pneumatischen Reiche angehörigen Wesens erwacht. Der Eintritt dieser speculativen Idee ist das eigentlich Neue in unserem Systeme, sie bietet ganz wie bei den späteren Gnostikern den Schlüssel zum philosophischen Verständnisse des Christenthums, gleichsam den gnostischen Augenpunkt, von welchem aus man erst im Stande ist, von der heilsgeschichtlichen Betrachtung zur weltgeschichtlichen fortzuschreiten. Natürlich begann man auf gut judenchristlich diese neue christliche Philosophie noch nicht mit der schroffen Entgegensetzung der alttestamentlichen und der neutestamentlichen Religion, sondern man suchte mit der absoluten Bedeutung des Christenthums zugleich seine Identität mit der echten, dem Moses und den Propheten gewordenen Offenbarung aufrecht zu erhalten. Da sich dies, wie schon die Entwickelung des apostolischen Zeitalters ahnen ließ, auf die Dauer als unmöglich erwies, so schritt man auf dem nächstfolgenden Stadium der Gnosis dazu fort, das Neue und Absolute der christlichen Religion im Gegensatze zum Judenthume zu behaupten, womit denn die Nothwendigkeit eines Hinausgehens über den beschränkten Boden der alttestamentlichen Geschichte und die allmähliche Erweiterung des Gesichtskreises auch auf die Betrachtung des Heidenthums von selbst gegeben war. Erst auf diesem bereits fortgeschrittenen Stadium der Gnosis kann daher der Demiurg das geworden sein, was er nach Hilgenfeld gleich von Anfang an für die Gnosis war, der metaphysische Ausdruck für das Neue und Absolute der christlichen Religion. Dagegen hat Hilgenfeld ganz Recht, wenn er diese Bedeutung schon für das aus Irenäus und Epiphanios bekannte System der Ophiten in Anspruch nimmt, welches durch seinen noch ganz auf die Auseinandersetzung mit dem alten Testamente gerichteten Gedankenkreis sich als der nächste Schritt über die dem Buche Baruch zu Grunde liegende Lehre hinaus, also jedenfalls schon darum als eine im Vergleiche mit dem Valentinianischen Systeme frühere Gestalt der Gnosis charakterisirt. Auch darin hat Hilgenfeld völlig das Richtige gesehen, wenn er Neander's Darstellung gegen-

65) Urchristenthum S. 100. Galaterbrief S. 166 fg. Vergl. Dähne, Jüdisch-Alexandrinische Religionsphilosophie II, 71 fg.

über den Begriff des Demiurgen und seines Verhältnisses zum höchsten Gott nicht als einen sich gleich bleibenden, sondern mehre Stadien durchlaufenden faßt [66]), nur daß es ihm noch nicht gelungen ist, diesen Entwickelungsgang schon völlig richtig zu bestimmen, was eben mit jenem anderen Irrthume zusammenhängt, daß ihm die Trennung der beiden Götter des alten und neuen Testamentes selbst schon als das charakteristische Merkmal der eigentlich gnostischen Systeme erscheint.

Es wäre nun jedenfalls von der äußersten Wichtigkeit, wenn wir die Lehre Kerinth's genauer, als es bei der dermaligen Beschaffenheit unserer Quellen möglich ist, mit dem Buche Baruch vergleichen könnten. Nach Epiphanios (Haer. 28, 1) war er Judenchrist, und hielt namentlich an der Beschneidung fest, während er die Autorität des Paulus verwarf (Haer. 28, 2—5); das Matthäusevangelium soll er theilweise anerkannt haben, namentlich wegen der Christi menschliche Abkunft bezeugenden Genealogie [67]). Hiermit stimmt nicht nur seine, von den Berichterstattern einstimmig gemeldete, Ebionitische Christologie, nach welcher Jesus ein natürlich erzeugter Sohn Joseph's und der Maria war [68]), sondern auch seine sehr realistischen Vorstellungen vom tausendjährigen Reiche, gegen die schon der römische Presbyter Cajus polemisirte [69]). Wenn ihm Epiphanios (Haer. 28, 1) ein *προσέχειν τῷ Ἰουδαϊσμῷ ἀπὸ μέρους* zuschreibt, so hat auch dieses gewiß seine völlige Richtigkeit. Vermuthlich unterschied er ebenso wie das Buch Baruch, das *Κήρυγμα Πέτρου* und die daraus erwachsenen Clementinischen Recognitionen und Homilien, zwischen echten und unechten Bestandtheilen des alten Testamentes, sonderte also wol namentlich die Bestimmungen über die blutigen Opfer aus. Führt diese Ansicht offenbar auf Essenische Grundlagen zurück, so zeigt sich sein Gnosticismus nach allen Berichterstattern in der Trennung des Demiurgen vom höchsten Gott. Aber über das Weitere stimmen die Angaben nicht völlig mit einander überein. Nach Irenäus, den Pseudoorigenes hier buchstäblich ausgeschrieben hat, lehrte er [70]), *οὐχ ὑπὸ τοῦ πρώτου θεοῦ γεγονέναι τὸν κόσμον, ἀλλ᾽ ὑπὸ δυνάμεώς τινος κεχωρισμένης [καὶ ἀπεχούσης] τῆς ὑπὲρ τὰ ὅλα ἐξουσίας, καὶ ἀγνοούσης τὸν ὑπὲρ πάντα θεόν.* Ueber das Verhältniß dieses tief unter dem höchsten Gott stehenden Wesens zur jüdischen Gesetzgebung gibt Irenäus nichts Näheres an; nach dem, was er aber über die bei der Taufe erfolgende Herabkunft des „Christus" auf Jesum und über die damals erst eingetretene Verkündigung des *πατρὸς ἀγνώστου* berichtet [71]), scheint geschlossen werden zu müssen, daß die weltschöpferische *δύναμις* bis zu diesem Zeitpunkte in ihrer *ἄγνοια* verharrte, wie denn der „Christus" auch nicht vom Demiurgen, sondern *ἀπὸ τῆς ὑπὲρ τὰ ὅλα αὐθεντίας* gesandt wurde. Hieraus würde sich ergeben, daß Kerinth den Demiurgen nicht in einem so engen Verhältnisse zum höchsten Gott gedacht haben kann als das Buch Baruch nach der obigen Darstellung seinen Elohim. Die Angaben des anonymen libellus adv. haereses, des Epiphanios und Theodoret, stimmen nun in dem bisher Berichteten mit Irenäus überein, außer daß sie statt von einer weltschöpferischen *δύναμις* von mehren sprechen [72]). Diese niederen *δυνάμεις* werden vom libellus und von Epiphanios ausdrücklich als Engel bezeichnet, und beide fügen dem Irenäus ergänzend hinzu, daß Gesetz und die Propheten rührten von den weltschöpferischen Engeln her, deren einer von Epiphanios noch speciell als der Gesetzgeber, vom libellus als der Judengott bezeichnet wird [72a]).

Dürfen wir nun die beiderseitigen Angaben mit einander combiniren, so wäre die weltschöpferische Macht des Irenäus nur der oberste der bei der Weltschöpfung überhaupt betheiligten Engel, und jedenfalls derselbe, dem Epiphanios als dem Gesetzgeber *κατ᾽ ἐξοχὴν* auch bei diesem allen weltschöpferischen Engeln gemeinsamen Werke den hervorragendsten Antheil zuschreibt. Es käme diese Vorstellung im Wesentlichen mit der Lehre Saturnin's, sowie mit dem überein, was die Ophiten des Irenäus von Jaldabaoth und den sechs unter ihm stehenden Archonten erzählen. Da auch die Propheten ihnen gemeinsam sein sollen, so wäre wol am einfachsten, an eine ähnliche Vertheilung der verschiedenen Propheten unter die verschiedenen Engel zu denken wie bei den Ophiten (*Iren.* Haer. I, 30, 9 *Mass.*). Die jüdische Ansicht von den weltschöpferischen und gesetzgeberischen Engeln bildet auch hier offenbar die Grundlage; die Frage ist nur, in welches Verhältniß Kerinth dieselben zu dem unbekannten Vater gesetzt hat. Hierfür kann nicht

66) Die Clementinischen Recognitionen S. 299. 67) Haer. 28, 5: χρῶνται (sc. die Anhänger Kerinth's) τῷ κατὰ Ματθαῖον εὐαγγελίῳ ἀπὸ μέρους καὶ οὐχὶ ὅλῳ, ἀλλὰ διὰ τὴν γενεαλογίαν τὴν ἔνσαρκον καὶ ταύτην μαρτυρίαν φέρουσιν ἀπὸ τοῦ εὐαγγελίου, πάλιν λέγοντες ὅτι, Ἀρκετὸν τῷ μαθητῇ, ἵνα γένηται ὡς ὁ διδάσκαλος (Mt. 10, 25). Sie hatten also wol einen Text des Matthäusevangeliums, welcher zwar die Genealogie, aber nicht die übernatürliche Empfängniß enthielt. 68) *Iren.* Haer. I, 26, 1 *Mass.* Phil. VII, 33. Libell. adv. omn. haer. 3. *Theodoret.* Haer. fab. II, 3. 69) *Cajus apud Eus.* H. E. III, 28. Vergl. *Dionys. Alex.* ibid. u. VII, 25 und darnach *Theodoret.* l. c. 70) Wir geben den griechischen Text, wie er aus Pseudoorigenes sich herstellen läßt.

71) καὶ τότε κηρύξαι (sc. τὸν Χριστὸν) τὸν ἄγνωστον (so ist nach dem lateinischen Texte statt γνωστὸν zu lesen) πατέρα. 72) *Theodoret.* l. c.: ἐδίδαξε δὲ οὗτος, ἕνα μὲν εἶναι τὸν τῶν ὅλων θεόν, οὐκ αὐτὸν δὲ εἶναι τοῦ κόσμου δημιουργόν, ἀλλὰ δυνάμεις τινὰς κεχωρισμένας, καὶ παντελῶς αὐτὸν ἀγνοούσας. Theodoret lehnt sich also fast buchstäblich an die Ausdrücke des Irenäus an, mit den einzigen im Texte angegebenen Unterschieden. 72a) Libellus adv. omn. haer. l. c.: post hunc (Carpocratem) Cerinthus haereticus erupit, similia docens. Nam et ipse mundum institutum esse ab illis dicit (d. i. von den angeli et virtutes distantes longe a superioribus virtutibus, wie es vorher hieß); Christum ex semine Joseph natum proponit, hominem illum tantummodo sine divinitate contendens, ipsam quoque legem ab angelis datam perhibens, Judaeorum deum non dominum sed angelum promens. *Epiph.* Haer. 28, 1: τὸ ἴσον γὰρ τῷ προειρημένῳ (τῷ Καρποκρᾷ) εἰς τὸν Χριστὸν συκοφαντήσας ἐξηγεῖται καὶ οὗτος, ἐκ Μαρίας καὶ ἐκ σπέρματος Ἰωσὴφ τὸν Χριστὸν γεγεννῆσθαι, καὶ τὸν κόσμον ὁμοίως ὑπὸ ἀγγέλων γεγενῆσθαι. — φάσκει δὲ οὗτος τὸν νόμον καὶ τοὺς προφήτας ὑπὸ ἀγγέλων δεδόσθαι, καὶ τὸν δεδωκότα νόμον ἕνα εἶναι τῶν ἀγγέλων τῶν τὸν κόσμον πεποιηκότων.

das System Saturnin's und noch weniger das der Ophiten maßgebend sein, da wir bei Kerinth auf alle Fälle ein noch früheres Stadium der Gnosis annehmen müssen. Hätte er freilich, wie der libellus berichtet, den deus Judaeorum ausdrücklich für einen Engel erklärt, so läge schon bei ihm jene Unterscheidung der beiden Götter des alten und des neuen Testamentes vor, welche den späteren gnostischen Systemen eigen ist. Aber grade diese Angabe müssen wir um des Judenchristenthums des Kerinth willen beanstanden. Das Wahrscheinlichste bleibt also die Annahme, daß der Weltschöpfer und Gesetzgeber — den der Berichterstatter im libellus auf eigene Hand so gradezu mit dem Judengotte identificirt — sammt den übrigen Engelsmächten (zusammen wol sieben, wie bei Saturnin und den Ophiten) nur als dienendes Organ des höchsten Gottes gehandelt habe. Der Unterschied Kerinth's von dem Buche Baruch läge also nur darin, daß jener auch den Weltschöpfer und Gesetzgeber selbst mit den Engeln zusammenfaßte, während dieselben nach diesem selbst wieder seine Boten und Werkzeuge waren: eine Ansicht, die an sich ebenso gut die ältere als die jüngere sein könnte. Für das Letztere scheint nun die oben besprochene Angabe des Irenäus zu entscheiden, daß die Mittheilung der γνῶσις erst durch den Christusgeist bei der Taufe Jesu erfolgt sei; da man aber dann zugleich annehmen müßte, daß der Demiurg sammt den übrigen Engeln psychischer Natur, die Gesetzgebung und die alttestamentliche Prophetie also nur eine unvollkommene, durch die christliche Gnosis beseitigte gewesen wäre, so käme man hierdurch abermals in Widerspruch mit dem glaubwürdig berichteten Judenchristenthume Kerinth's. Will man also diesem Gnostiker nicht ohne Noth eine Inconsequenz aufbürden, die durch seine vorauszusetzende Scheidung echter und unechter Bestandtheile des alten Testamentes nur noch schreiender würde, so bleibt nur übrig, eine ähnliche Ungenauigkeit des Referates anzunehmen, wie wir sie schon oben in der Angabe argwöhnen mußten, daß der „Christus" bei der Taufe auf Jesum herabgekommen sei. Hiernach würde sich folgende Auffassung der Lehre Kerinth's ergeben. Die Welt ist von Engeln, von pneumatischen, aber endlich beschränkten und daher anfänglich in Unwissenheit über den höchsten πατὴρ τῶν ὅλων befangenen Wesen, nach dem Willen des Letzteren geschaffen, unter denen einer, der vielleicht auch Elohim hieß 73), der oberste war. Im Auftrage des Vaters, zu dessen γνῶσις sie inzwischen, ähnlich wie im Buche Baruch, gelangt sein müssen, senden sie Mosen und die Propheten; aber die echte Lehre wird immer wieder verfälscht, bis sie endlich durch das πνεῦμα ἅγιον dem Menschen Jesus bei der Taufe aufs Neue offenbart und von diesem nun endlich lauter verkündet wird. Nur bei dieser Auffassung möchte es gelingen, die Lehre Kerinth's von den inneren Widersprüchen zu befreien, in welche sie die um die feineren Unterschiede von späteren gnostischen Lehren wenig bekümmerten Kirchenväter verwickelt haben. Der Demiurg bezeichnete also auch bei Kerinth noch keineswegs „das Neue und Absolute der christlichen Religion," vielmehr wäre seine Lehre der des Buches Baruch wesentlich verwandt.

Fassen wir die gewonnenen Ergebnisse nochmals zusammen, so entsprang die Idee des Demiurgen, wie sie zuerst in den gnostischen Systemen auftritt, ganz aus derselben Vergeistigung des Gottesbegriffes, die schon im späteren Judenthume überall zur Einschiebung von Mittelwesen zwischen Gott und der Schöpfung und namentlich zur Ausbildung angelologischer Speculationen hindrängte. Sie ist also in dieser Beziehung nichts specifisch Gnostisches. So lange daher die Gnosis noch ganz auf judenchristlichem Boden sich bewegte, war der Demiurg nur eine andere Wendung eines mit dem jüdisch-christlichen Monotheismus an sich durchaus nicht unvereinbaren Gedankens; ein Bruch mit dem monotheistischen Bewußtsein trat erst ein, als der Demiurg gradezu mit dem Judengotte identificirt ward. Damit hängt zusammen, daß allerdings von einer bestimmten Fixirung dieser Idee erst dann die Rede sein konnte, als sie zum metaphysischen Ausdrucke der schlechthinigen Erhabenheit des Christenthums über das Judenthum gestempelt wurde, und von da an ist sie das charakteristische Merkmal des Gnosticismus geblieben. Andererseits ist, wie schon im späteren Judenthume und namentlich bei den Essenern, so auch bei der Ausprägung der Lehre vom Demiurgen gleich von Vornherein die Einwirkung heidnisch-dualistischer Elemente unverkennbar, nur daß dabei durchaus kein willkürlicher Synkretismus, sondern eine eklektische Aneignung dessen stattfand, wofür es ohnehin in der inneren Entwickelung des christlichen Denkens Anknüpfungspunkte gab. Die Möglichkeit für die Schärfung dieses Dualismus bis zum antichristlichen Gegensatze liegt, wie bemerkt, im Begriffe dieser Gnosis selbst und ihrem Verhältnisse zur gemeinchristlichen πίστις. Die ersten Quellen dieser heidnischen Einflüsse sind aber nicht sowol in der griechischen Speculation, sondern in den orientalischen Religionssystemen zu suchen. Nur in den phönikischen und chaldäischen Kosmogonien gab es einen Demiurgen im ähnlichem Sinne, wie er uns in der Gnosis begegnet; und es muß als sehr bemerkenswerth gelten, daß grade in Syrien eine ganze Reihe von Spuren auf eine Mischung jüdischer und jüdisch-christlicher Ideen mit altheidnischen Anschauungen hinführen. Syro-chaldäisch ist die Idee der Syzygien, die nicht blos im Buche Baruch, bei den Elkesaiten und in den Clementinen, sondern auch bei den Mendaiten sich wiederfindet. Die phantastisch ausgemalte Verbindung zwischen Elohim und Edem, aus welcher alles Gewordene entstanden ist, während über ihnen selbst der höchste Herr und Gott steht, weist auf kosmogonische Mythen der Phönikier hin, auf die Syzygie des Himmels und der Erde, welche aus dem obersten männlichen oder mannweiblichen Princips hervorgeht; Edem wenigstens bezeichnet nach ausdrücklicher Angabe die Erde, wird also vielleicht, wenn auch sprachwidrig genug mit [illegible] combinirt; und diese Vermuthung erhält durch die ganz ähnlichen Vorstellungen der angeblich Simonianischen Anó-

73) So würde sich wenigstens am leichtesten die Angabe des libellus, daß er der Judengott gewesen, erklären.

γνῶσις μεγάλη keine geringe Bestätigung [74]. Kurz wir stoßen hier durchaus auf einen mit orientalischer Mythologie getränkten Boden; und auch bei den Clementinischen Homilien möchte noch sehr zu untersuchen sein, wie Vieles unter den von fremdher entlehnten Bestandtheilen sich statt aus dem Essenismus, wie Uhlhorn wahrscheinlich zu machen sucht [75], aus syro-chaldäischem Heidenthume erklärt.

Das Charakteristische bei dieser Vergleichung ist nur immer wieder, daß diese heidnisch-mythologischen Elemente in den vom kirchlich-praktischen Interesse und vom directen Gegensatze gegen die Gnosis bewegten Clementinen dem monotheistischen Bewußtsein aufs Entschiedenste untergeordnet werden, während die Gnosis ihnen nicht nur einen weit freieren Spielraum gewährt, sondern selbst geradezu als eine Fortsetzung und Erneuerung der kosmogonischen Mythenbildung des Orientes bezeichnet werden muß. Es ist dies ein Punkt, auf den wir im Verlaufe unserer Untersuchung noch einmal zurückkommen werden.

Für jetzt ist die Frage am wichtigsten, welche Bedeutung überhaupt die mythologischen Personen der Gnosis für die Veranschaulichung des Grundgedankens aller dieser Systeme haben. In dieser Beziehung hat nun schon Baur an der geistvollsten und tiefsinnigsten dieser gnostischen Mythologien, der Valentinianischen Aeonenlehre, gezeigt, daß dieser Reichthum mythischer Gestalten eine wesentlich speculative Bedeutung habe [76]. Die Aeonen sind Nichts, als mythische Personificationen der im Processe des Geistes selbst enthaltenen Momente, was daher im Pleroma sich zuträgt, wiederholt sich in der unteren Welt, die nur ein noch tiefer stehendes Abbild der oberen ist, der oberen Ogdoas entspricht die Ogdoas, in welcher die Achamoth thront, Achamoth selbst dem Bythos, der Demiurg dem Monogenes, die vom Demiurgen geschaffenen Engel und Erzengel der Hebdomas den übrigen Aeonen des Pleroma. Der Unterschied dieser abbildlichen Welt von der oberen, ist nach der Lehre des Valentinianers Markus nur der, daß hier das Ewige, Unbegrenzte, Zeitlose der oberen Ogdoas in Zeiten, Perioden und viele Jahre umfassenden Zahlen sich ausbreitet *Iren.* I, 17, 2. Das Uebergeschichtliche tritt in die Geschichte ein, was an sich im Wesen des Geistes gelegen ist, entfaltet sich hier unten in der Form der endlichen, zeitlichen Entwickelung. Dieselbe Auseinanderlegung des geistigen Processes in seine einzelnen, mythisch-fixirten Momente finden wir, wenn wir seine andere Seite, die Rückkehr des endlichen Geistes zum unendlichen ins Auge fassen. Die Reinigung der oberen Sophia wiederholt sich bei der unteren, was bei dieser geschieht, hat seine Parallele in der Bekehrung des Demiurgen, und alle diese mythologischen Darstellungen veranschaulichen auch hier in typischer Weise immer wieder denselben Erlösungsproceß. Auch in dem Systeme des Buches Pistis Sophia wird diese typische Bedeutung der Sophia hervorgehoben. Der Verfasser läßt sie ausdrücklich sagen, die von ihr selbst für sie erflehte Erlösung werde sich auf alle ὕλαι und ψυχαί erstrecken, sie sei zugleich ein τύπος propter γένος procreandum [77]. In ähnlicher Weise vollzieht sich die Erlösung nach den Basilidianern der Philosophumena; das Evangelium kommt von der oberen Sohnschaft durch Vermittelung des μεθόριον πνεῦμα zu dem Sohne der Ogdoas, von diesem zu dem Sohne der Hebdomas und von diesem wieder hinab in die πανσπερμία τοῦ κόσμου zu Jesus dem Sohne der Maria [78].

Man muß es als eins der am meisten charakteristischen Merkmale des Gnosticismus betrachten, daß für ihn in einer Reihe von einzelnen mythologisch fixirten Momenten auseinanderfällt, was die katholische Gnosis in der Einheit ihres Logosbegriffes zusammenfaßt. Die Kirchenväter sehen hierin ein Zurücksinken ins Heidenthum, und geben sich die Mühe, im Einzelnen den Quellen nachzuspüren, aus welchen jene gnostischen Anschauungen geflossen sein möchten. Wie viel Irriges und Schiefes bei diesen Nachweisungen mit untergelaufen sei, so ist der Vorwurf in der Hauptsache völlig begründet. Selbst ein System wie das Marcionitische, welches sich sonst so frei von mythologischen Auswüchsen hielt, hat doch wenigstens seinen tief unter dem guten Gotte stehenden, nur gerechten Judengott; noch deutlicher tritt dieser heidnische Charakter aber bei den emanatistischen Systemen hervor. Die Emanationen entsprechen den heidnischen Theogonien und Kosmogonien, die einzelnen Aeonen, Archonten, Mächte und Engel den verschiedenen Göttern des heidnischen Pantheons, und selbst die Vertheilung bestimmter Functionen an bestimmte einzelne Gottheiten findet in den gnostischen Systemen ihre Parallelen [79]. Die Verwandtschaft mit den heidnischen Volksreligionen liegt aber weniger in einzelnen sachlichen Uebereinstimmungen, als in der ganzen poetisch-mythologischen Darstellungsweise, eben in der Auseinanderlegung des Gott-Welt-Processes in seine einzelnen, in phantastischer Anschaulichkeit ausgemalten, zu concreten mythischen Persönlichkeiten ausgeprägten Momente. Die Gnosis nimmt in ihrem weiteren Verlaufe Alles, was sie in den heidnischen Kosmogonien und Mythen Brauchbares findet, in sich auf, aber nur um in dieselben ebenso wie in die Erzählungen und Aussprüche des alten und neuen Testamentes ihre eigenen Mythen hineinzudeuten. Der Grund ihrer Verwandtschaft mit den heidnischen Volksreligionen muß also tiefer liegen, als in einer blos äußerlichen Berührung oder Verschmelzung. Schon Baur hat darauf aufmerksam gemacht, daß, „was uns in so vielen Mythen der alten Religionen nur in der engen beschränkten Sphäre des jährlichen Wechsels des Naturlebens erscheint, auf dem hohen, speculativen Standpunkte der gnostischen Systeme zum großen, die höchsten Principien und Gegensätze, Gott und Welt, Geist und Materie, Gutes und Böses, Sünde und Erlösung, Abfall und Rückkehr umfassen-

74) Phil. VI, 13; vergl. auch, was VI, 14 von der Bildung des Menschen aus der [illegible] erzählt wird. 75) Die Homilien und Recognitionen des Clemens Romanus S. 404 fg. 76) Gnosis S. 81 fg. 182 fg.

77) Köstlin a. a. O. S. 148. 78) Phil. VII, 25 seq. 79) Am ausgeprägtesten ist diese Anschauung im Buche Pistis Sophia, vergl. Köstlin a. a. O. S. 94 fg.

den Gegensatze geworden ist'' 90). Der Unterschied der gnostischen Mythen von den Mythen der Volksreligionen liegt also in ihrem speculativen Gehalte, in den tieferen ihnen gleichsam einverleibten philosophischen Ideen; das, worin aber trotzdem beide zusammentreffen, liegt auch abgesehen von ihrer gemeinsamen bildlichen Form eben darin, daß die Gnosis das Hervorgehen wie die Rückkehr, den Fall wie die Erlösung des endlichen Geistes nur im Zusammenhange mit der gesammten Weltentwickelung als einen geschichtlichen, in einer Reihe von einzelnen Momenten sich auseinanderlegenden Proceß begreifen kann. In wiefern die mythologische Form mit dieser Grundanschauung selbst schon gegeben war, ist eine noch weiter unten näher zu erörternde Frage, die Hauptsache ist aber, daß in demselben Maße, als die gnostische Weltbetrachtung sich der heidnischen nähert, sie sich gleichzeitig von der katholischen entfernt. Wenn das Hervorgehen des Endlichen aus dem Unendlichen nur als ein, sei es theogonischer, sei es kosmogonischer Proceß, dessen Stadien die mythischen Personen der Gnosis bezeichnen, gedacht werden konnte, so war damit an die Stelle des absoluten göttlichen Schaffens ein Naturproceß, an die Stelle der unveränderlich vollkommenen innergöttlichen Selbstanschauung ein Defect, ein Moment der Negativität im Absoluten gesetzt, wodurch auch die Möglichkeit einer adäquaten Selbstoffenbarung des göttlichen Wesens von Vornherein abgeschnitten war. Ebenso war, wenn der Erlösungsproceß in eine Reihe von verschiedenen Momenten zerfiel, gleichsam wie ein Drama in verschiedene Rollen, welche wie im Valentinianischen Systeme dem Monogenes, dem Horos, dem oberen Christus, dem Soter, der Achamoth, dem Demiurgos und dem psychischen Christus zugetheilt wurden, die absolute Bedeutung der christlichen Erlösung gefährdet. Ist daher die Gnosis der erste umfassendere Versuch, das Christenthum als die absolute Religion, und die Offenbarung in Christus als den Wendepunkt der gesammten Weltentwickelung zu begreifen, so kann dieser Versuch nur als ein vorerst noch unvollkommener und in seiner letzten und höchsten Tendenz mislungener bezeichnet werden. Eine das christliche Bewußtsein befriedigende Lösung des Welträthsels konnte bei dieser gnostischen Dramatisirung des Welt- und Erlösungsprocesses nicht stehen bleiben, weil hierdurch die Absolutheit des christlichen Princips selbst wieder gefährdet wurde. War Christus, wie die Kirche glaubte, der alleinige Erlöser für Alle, so mußte er für Alles, was im Himmel, auf Erden und unter der Erde ist, genuggethan haben; war er aber, um der absolute Erlöser zu sein, zugleich die absolute Offenbarung der Gottheit, so konnte auch beim Hervorgehen des Endlichen aus dem Unendlichen kein Defect in das göttliche Wesen selbst gesetzt, folglich keinerlei emanatistische Vorstellungsweise geduldet werden. In Christus als dem absoluten göttlichen Logos, der dem Wesen des Vaters schlechthin adäquaten Selbstoffenbarung der Gottheit lag also der einzige schlechthin zureichende Schlüssel zum Verständnisse der Weltgeschichte, die weltschöpferische und die welterlösende Thätigkeit des Logos war eine und dieselbe. Wenn daher die katholische Gnosis des Clemens von Alexandrien, und zwar hierin im vollständigsten Einklange mit dem auch von den Apologeten und von Irenäus ausgesprochenen kirchlichen Bewußtsein, das, was die Gnostiker in eine Reihe einzelner Momente auseinanderlegten, in der Einheit ihres Logosbegriffes zusammenfaßte, so liegt hierin nicht blos, wie schon oben bemerkt, der Unterschied des katholischen von dem specifisch gnostischen Standpunkte, sondern auch der nächste, auch speculativ nothwendige Schritt über den Gnosticismus hinaus zur Verwirklichung des gnostischen Grundgedankens selbst, der Erhebung des Christenthums zum allgemeinen und absoluten Weltprincipe.

Nun liegt es allerdings im Wesen des menschlichen Denkens begründet, sich dessen, was es an sich schon enthält, erst im Wege der logischen Analyse, also durch Herausstellung und Unterscheidung der verschiedenen, im Begriffe enthaltenen Momente bewußt zu werden; die Aufhebung der Unterschiede kann also nur das höhere Stadium sein, welches jene Entgegensetzung als eine bereits vollzogene Operation des Denkens voraussetzt. In dieser Beziehung kann auch die Gnosis nur als ein nothwendiger Durchgangspunkt in der inneren Entwickelung des christlichen Denkens begriffen werden, und selbst jene Annäherung an heidnische Anschauungen, welche in Hinsicht auf die Absolutheit des christlichen Principes selbst nur ein Rückfall in einen vom Christenthume bereits überwundenen Standpunkt war, hat philosophisch betrachtet ihr gutes geschichtliches Recht. Andererseits zeigt doch jene Auseinanderlegung des christlichen Weltbewußtseins in einzelne, gegen einander verselbständigte Momente wieder dasselbe Uebergewicht des Begrifflichen über das Historische, dieselbe Verdünnung des positiven Glaubensinhalts zu allgemeinen speculativen Ideen, in welcher wir überhaupt den Grundcharakter der Gnosis erkennen müssen. Wie bedeutsam daher auch philosophisch betrachtet die Stelle sein mag, welche die Gnosis in der Entwickelung des christlichen Denkens einnimmt, möglich war die ganze Entscheidung doch wieder nur durch jene Zurückstellung der πίστις hinter die γνῶσις, oder durch jene absolute Bedeutung, welche die Gnostiker dem Wissen an sich für ihre gesammte Weltbetrachtung einräumten.

Es ist dies diejenige Seite der Sache, wo die Gnosis ihre größte Verwandtschaft mit der neueren Religionsphilosophie an den Tag legt, ein Gesichtspunkt, den zuerst in umfassender Weise geltend gemacht zu haben das Hauptverdienst der Baur'schen Untersuchungen ist. Auch die Hegel'sche Speculation legt bekanntlich das höchste Gewicht auf das Wissen in seiner specifischen, absoluten Bedeutung, und betrachtet den Glauben oder die Religion nur als einen untergeordneten Standpunkt, auf welchem das Denken sich noch nicht von der Vorstellung zum Begriffe erhoben hat; da der Geist wesentlich Denken ist, so kann die höchste Stufe der Entwickelung nur diese sein, wo diese Identität von Denken und Sein nicht blos an sich, sondern zugleich für den Geist ist, oder wo dieser aus allen untergeordneten Stufen seiner

90) Gnosis S. 36.

Existenz sich zum Bewußtsein oder zum Denken seiner selbst erhoben hat. Die ganze Weltgeschichte ist daher Nichts als der Proceß des Geistes, der durch das Heraussetzen und Wiederaufheben der in seinem Wesen als Geist an sich gesetzten Momente seinen eigenen Inhalt für sich selbst explicirt, oder aus dem ewigen Schweigen seines Ansich in die Objectivität des Daseins eingeht, um diese Objectivität wieder in die Subjectivität des Bewußtseins zurückzunehmen. Indem der Geist im endlichen Sein sich äußerlich wird, so tritt er damit nur in eine unendliche Reihe endlicher Momente ein, durch welche er seinen eigenen Inhalt realisirt, und wie er auch in dieser Verendlichung oder Entäußerung seiner selbst nicht aufhört, mit sich selbst identisch zu sein, so dient der ganze Proceß dieses Setzens und Wiederaufhebens nur dazu, damit der Geist auch in seiner Endlichkeit dieser seiner Identität mit sich selbst sich bewußt werde. Die Einheit des endlichen und des unendlichen Geistes ist also wie der Ausgang so der Zielpunkt aller Entwickelung, und die Form, in welcher der unendliche Geist sich selbst realisirt, ist eben der logische oder hier vielmehr phänomenologische Proceß, die Genesis des Bewußtseins vom Absoluten im endlichen Geiste. Es ist diese ganze Betrachtungsweise, wenn man vorläufig abstrahirt von der hier und dort grundverschiedenen Methode, der Sache nach von der gnostischen nicht wesentlich verschieden. Wie dort der absolute Geist von Anfang an den Trieb in sich trägt, aus seinem Ansich hervorzugehen und in der ganzen Reihe von endlichen Momenten, welche den Weltverlauf bilden, seinen eigenen unendlichen Inhalt für das Bewußtsein zu offenbaren, so ist auch die Gnosis nach dieser Seite hin nur zu bezeichnen als „der merkwürdige Versuch, Natur und Geschichte, den ganzen Weltverlauf mit Allem, was er in sich begreift, als die Reihe der Momente aufzufassen, in welchen der absolute Geist sich selbst objectivirt und mit sich selbst vermittelt"[81]). Was für die Hegel'sche Speculation der der Genesis des Bewußtseins, dem Processe des Ich analoge Proceß des Absoluten ist, die immanente Nothwendigkeit, sich durch Herausstellung aller in ihm gesetzten Momente seines unendlichen Inhaltes bewußt zu werden, das sind für die meisten der ausgebildeteren gnostischen Systeme die Aeonenreihen, in welchen sie das Hervorgehen des ἄγνωστος und ἀκατάληπτος θεός aus dem Schweigen zum Reden, die Genesis des immanenten göttlichen Selbstbewußtseins ebenso wie der transeunten Selbstoffenbarung Gottes veranschaulichen. Wie aber dort diese Selbstentfaltung nur in der Form der Endlichkeit erfolgen kann, so ist auch hier die Emanation der Aeonen schon eine Verendlichung Gottes, und die im Absoluten so mit dem ersten Momente seiner Selbstoffenbarung gesetzte Negativität muß auf den tieferen Stufen des göttlichen Daseins zu einem ähnlichen Abfalle vom Absoluten führen, wie in der Hegel'schen Speculation das Setzen einer objectiven Welt nur als ein solcher Bruch im Absoluten begriffen werden kann.

81) Baur, Gnosis S. 21.

Die Abtrennung der untern Sophia und die Bildung der materiellen Welt bis zu immer tieferen Stufen des Daseins herunter erscheint nur als die Wiederholung desselben Processes, die Materie überhaupt nur als der in der Objectivität des Seins erstarrte, seines eigentlichen Wesens bis zur äußersten möglichen Grenze entäußerte Geist. Es ist dies freilich nur die eine Form der Gnosis, welche auch in dieser Hinsicht eine Parallele zuläßt; die Basilidianer der Philosophumena setzen an die Stelle des nur noch auf den mittlern Stufen des Daseins festgehaltenen Emanationsprocesses einen durchaus abstracten, alle innere Bewegung und concrete Lebendigkeit von sich ausschließenden Gottesbegriff und in der untern Welt eine allmähliche Scheidung aus einer anfänglichen Mischung, sodaß von den beiden Hauptmomenten, durch welche die übrigen Systeme sich hindurchbewegen, dem Fall und der Wiederbringung, nur diese letztere übriggeblieben ist, was dem ganzen Systeme, freilich im Widerspruche mit seinem ursprünglichen und in manchen Stücken auch noch jetzt vorausgesetzten Charakter, jene Richtung von Unten nach Oben gibt, welche den graden Gegensatz zu der emanatistischen Vorstellung zu bilden scheint. Können wir nun auch in diesem Systeme nur eine secundäre Gestaltung sehen, so ist doch andererseits auch diejenige Form, in welcher außer dem Valentinianischen Systeme schon das der Ophiten und Barbeloniten bei Irenäus, geschweige denn das der Pistis Sophia erscheint, sicher nur eine speculative Weiterbildung älterer Grundlagen. Der Proceß des Geistes vollzieht sich hier vorzüglich durch die beiden Momente des Falles und der Erlösung der Sophia, in welcher auch alles in der untern Welt Geschehende vorgebildet ist; wie aber der Fall der Sophia schon durch das erste Hervorgehen des schweigenden Gottes zum Reden vorbereitet ist, so ist umgekehrt die Wiederbringung nur die Vollendung des nach vollkommenem Bewußtsein ringenden innergöttlichen Lebensprocesses selbst. Dagegen steht in andern streng dualistischen Systemen dem Geiste die Materie von Anfang an gegenüber; statt der Aeonenreihen haben wir es nur mit weltschöpferischen Engeln zu thun, die von Haus aus eine niedere Stufe des Daseins einnehmen, und statt des gesammten vorweltlichen, im innern Leben des Absoluten sich entfaltenden Processes, der in jenen ausgeprägt emanatistischen Systemen gleichsam als der Prolog im Himmel erscheint, beginnt hier der Proceß des Geistes einfach mit der Schöpfung dieser unteren Welt. Zu den Systemen dieser letzteren Art gehört namentlich das des Saturnin, während das des Basilides nach Irenäus zwischen beiden Gattungen in der Mitte steht. Aus dem Buche Baruch ersehen wir jetzt, daß diese einfachere Form der Gnosis sogar auch ohne jenen ursprünglichen Gegensatz zwischen Geist und Materie denkbar ist und statt dessen auch eine Auffassung zuläßt, nach welcher Pneumatisches und Hylisches in der Welt Anfangs ungeschieden beisammen sind und erst im weitern Verlaufe einander feindlich gegenübertreten. Wie wenig für diese Gestalt des Gnosticismus der schroffe Dualismus zwischen einem guten und einem diesen Principe ein unentbehrliches Merkmal ist," lehrt weiter die Geschichte des Markionitischen Systemes, welches erst durch die ihm von Prepon gegebene Weiterbildung seinen Gegensatz des guten und des gerechten Gottes zu einem principiellen Gegensatze Gottes und des Satans steigerte, zwischen welchen beiden der Demiurg in ähnlicher Weise wie bei den Ophiten des Irenäus in der Mitte stehe[89]). So gewiß nun diese Gruppe von Systemen auch schon bei Markion selbst in einer ausgebildeteren Gestalt vorliegt, so gewiß können wir doch andererseits diese einfachere Form der Gnosis, wie sie noch durch das Buch Baruch und nach ihrer streng dualistischen Abzweigung durch Saturnin repräsentirt wird, nur für die ältere, noch weniger entwickelte ansehen, und wir müssen es schon für ein fortgeschrittenes Stadium der Gnosis halten, wenn an die Stelle des einfach kosmogonischen Processes der im Laufe der Zeit, wie das Buch Pistis Sophia zeigt, immer weiter ausgesponnene theogonische getreten ist.

Dennoch läßt sich nicht verkennen, daß diese Fortbildung, welches auch immer die von Außen her hinzutretenden Einflüsse sein mochten, im innern Wesen der Gnosis begründet liegt. Auch schon in diesen einfacheren Gestalten ist es der Proceß des Geistes selbst, um den sich die ganze weltgeschichtliche Entwickelung bewegt. Ist es bei Saturnin ein Lichtraub oder Seelenfall, welcher wesentlich schon die Stelle des Falles der Sophia einnimmt, so setzt auch das Buch Baruch schon durch die Stellung, die es seinem Elohim anweist, voraus, daß der Geist eigentlich dem oberen Lichtreiche angehört und nur dieses seines inneren Wesens sich bewußt zu werden braucht, um den Platz einzunehmen, der ihm gebührt[90]). Es war daher nur eine weitere Consequenz des in der gnostischen Grundanschauung an sich enthaltenen Gedankens, daß jener Proceß schon in seine ersten Anfänge hinauf verfolgt und in das Absolute selbst hineinverlegt wurde. Gehörte der endliche Geist seinem Wesen und Ursprunge nach dem oberen Lichtreiche an, so mußte auch in diesem selbst der Grund jenes Herabsinkens liegen, worin anders aber konnte dieser Grund gefunden werden, als darin, daß schon im Wesen des Absoluten selbst der Trieb lag, vom Schweigen zum Reden, von der Unbegreiflichkeit zur Begreiflichkeit, vom Einfach-Einen zu der concreten Mannigfaltigkeit fortzugehen, dadurch aber aus seinem eigenen Schooße den endlichen Geist zu erzeugen? Es ist also auch in dieser Beziehung kein Grund, den der modernen Speculation verwandten Grundcharakter der Gnosis deshalb zu leugnen, weil nur die eine Klasse von Systemen jenen innergöttlichen Selbstentfaltungsproceß weiter entwickelt hat; noch weit bestimmter und durchgreifender tritt aber die Verwandtschaft vor Augen, wenn man auch die andere Seite, die Wiederbringung, näher betrachtet. Es ist auch dieses bereits von Baur so gründlich erörtert worden, daß es hier genügen wird, nur die Hauptmomente kurz zu vergegenwärtigen. Das, worauf es nach allen gnostischen Systemen ebenso wie nach der Hegel'schen Religionsphilosophie wesentlich ankommt, ist die Erhebung des Geistes zum Bewußtsein seines überweltlichen Wesens oder seiner Identität mit dem Absoluten; dieses Erwachen aus dem Naturleben ist das dem Geiste seinem innern Wesen nach vorgeschriebene Ziel, und die Vollendung des Weltdrama's kann also hier wie dort nur in die volle Herstellung dieser Identität oder darein gesetzt werden, daß der Geist nach Realisirung aller in ihm an sich gesetzten Momente Alles, was er ist, auch für das Bewußtsein ist. Das Ziel der Gnosis wie der Hegel'schen Philosophie ist also mit einem Worte das absolute Wissen: aber erreichbar ist dieses Ziel eben nur durch einen langen, eine ganze Reihe von Momenten durchlaufenden Proceß, dessen Entwickelung den Inhalt der Natur- und Weltgeschichte ausmacht. Man sieht leicht aus der ganzen Anlage der gnostischen Systeme, wie auch in ihnen der gesammte Verlauf der Weltgeschichte darauf angelegt ist, diesen Proceß als einen erst durch den Kampf der Gegensätze hindurch sich vermittelnden anzuschauen. Die gesammte Weltentwickelung erscheint als ein wohlzusammenhangendes Ganze, welches in mythologischer, concret intuitiver Form doch, was die letzten speculativen Gedanken betrifft, in ganz ähnlicher Weise von Stufe zu Stufe vorwärtsschreitet, wie nach der neueren philosophischen Methode der Begriff sich mit innerer Nothwendigkeit durch alle seine Momente dialektisch hindurchbewegt. Es ist diese innere Planmäßigkeit und Stetigkeit neuerdings von Baur an dem von den Philosophumena mitgetheilten Systeme der Basilidianer geistreich und, was die Hauptmomente anlangt, treffend nachgewiesen worden; dasselbe ließe sich mit leichter Mühe auch an allen übrigen Systemen zeigen. Am reichsten, aber freilich verwickeltsten erscheint dieser Proceß in der Pistis Sophia, anschaulicher und übersichtlicher im Valentinianischen Systeme, in welchem dieselbe Geschichte, welche mit der obern Sophia sich zuträgt, mit der untern Sophia und so fort auf allen tiefern Stufen des Daseins sich wiederholt. In der einfachsten Gestalt zeigen dasselbe diejenigen Systeme, welche wie das Ophitische und das des Buches Baruch sich noch fast ganz auf dem beschränkteren Boden der alttestamentlichen Religionsgeschichte bewegen. Ueberall strebt die ganze Entwickelung einem und demselben Ziele zu, und wie die vorchristliche Zeit nur das Vorspiel des mit der Erscheinung Christi beginnenden Umschwungs, so ist die Zeit nach Christus nur die Fortsetzung und Weiterführung des mit Christus begonnenen. Es ist daher ein ebenfalls nur aus dem Grundcharakter der Gnosis erklärbares Merkmal aller dieser Systeme, von denen nur das Markionitische in gewissem Sinne eine Ausnahme macht, daß Vorchristliches und Christliches näher aneinandergerückt wird. Schon im Heidenthume und Judenthume erscheint dasselbe paramati-

89) Phil. VII, 31, wozu man vergl. Volkmar, Die Philosophumena und Marcion. Theol. Jahrbücher 1854. 1. S. 106 fg.
90) Auch die Basilidianer der Philosophumena kennen einen dem Sündenfalle analogen, nicht-sein-sollenden Zustand, durch welchen die ganze Weltentwickelung bedingt ist, wenn auch Grund und Ursprung desselben in diesem Systeme sich nicht mehr erklären lassen. Vergl. Baur, Theol. Jahrb. 1856, 1. S. 143.

sche Princip wirksam, welches im Christenthume die schließliche Erlösung herbeiführt. Der Geist oder, gnostisch ausgedrückt, der pneumatische Same ist eben auf allen Stadien seines Daseins identisch mit sich selbst, und es wird diese Identität auch von denjenigen Systemen noch respectirt, welche sonst die in der vorchristlichen Zeit herrschenden Mächte in ein möglichst feindseliges Verhältniß zu den Pneumatikern setzen. Wir begegnen hier unbeschadet des oben über die gnostische Auseinanderlegung des katholischen Logosbegriffes in seine einzelnen Momente Bemerkten, doch in der Hauptsache ganz derselben Erscheinung, wie bei den Apologeten und den christlichen Alexandrinern. Wie dort der Logos nur einer ist, in seiner vorchristlichen wie in seiner christlichen Offenbarung, so ist es hier die Einheit des pneumatischen Princips, welches die Continuität zwischen der Zeit vor und der Zeit nach Christus vermittelt. Die epochemachende Bedeutung des Christenthums kann daher nur in dem vollen Durchbruche des pneumatischen Elementes durch die bisher dasselbe umschleiernden Nebel gefunden werden. Wie bei Justin dem Märtyrer und den Apologeten, so bezeichnet bei den Gnostikern die Erscheinung Christi die volle und ganze Offenbarung der Wahrheit, was dort die Erhebung von spermatischer zu absoluter Erkenntniß ist, das ist auch hier die Mittheilung der vollkommenen Gnosis, nur daß diese Gnosis für unsere Systeme eine noch weit ausgeprägtere speculative Bedeutung hat. Das Historische der Erscheinung Christi hat zwar auch nach Clemens und Origenes nur untergeordneten Werth, um so mehr aber wird von beiden das Princip der Willensfreiheit geltend gemacht[84]), sodaß die Ergreifung des in Christus offenbarten Heiles bei ihnen vorwiegend als ethische That erscheint, während sie für den Gnosticismus im engeren Sinne nur der nothwendige Umschwung in der Geschichte des pneumatischen Samens ist. Der Fortschritt der dem Lichtreiche angehörigen Seelen zum Bewußtsein dessen, was sie an sich schon sind, ist nur der natürliche Entwickelungsgang des Geistes selbst, die Erlösung hat daher zunächst eine rein ideelle, metaphysische Bedeutung. Der Unterschied liegt auch hier wieder nur in der eigenthümlichen Stellung, welche die Gnostiker ihrer γνῶσις überhaupt und im Verhältnisse zur πίστις insbesondere einräumen, und es bedarf kaum der Bemerkung, daß diese Systeme auch hier wieder sich er neueren Religionsphilosophie in demselben Maße nähern, als sie sich von der katholischen Gnosis trotz der ziemlich fließenden Grenzlinien entfernen. Der große Wendepunkt in der Weltgeschichte ist allerdings auch für alle gnostischen Systeme die Verkündigung des Evangeliums in dem Sinne, wie es die Basilidianer der Philosophumena bestimmt haben, in Christus liegt also der Schlüssel zum Verständniß der Weltgeschichte, aber die Christologie ist doch für alle Formen der Gnosis „nur die concrete Anschauung der Hauptideen, die den Inhalt des Systemes ausmachen"[85]). Je nach dem verschiedenartigen Charakter der einzelnen Systeme modificirt sich auch ihre Christologie, aber worin sie alle zusammenstimmen, ist dieses, daß mit Christus die pneumatischen Seelen zum Bewußtsein der übersinnlichen Welt und ihres eigenen übersinnlichen Ursprungs erwachen. Mag nun die nähere Verhältnißbestimmung des Göttlichen und Menschlichen in der Person des Erlösers sein, welche sie wolle, die Hauptsache bleibt immer, daß die Gnostiker mit der Erscheinung ihres Christus denselben Fortschritt des Geistes vom unbewußten, nur objectiven Sein zum subjectiven Bewußtsein bezeichnen, welcher auch nach der neueren Religionsphilosophie der eigentliche Wendepunkt in der Geschichte des Geistes ist.

Bei allen diesen Berührungspunkten mit der neueren Speculation wird jedoch auch der Unterschied nicht übersehen werden dürfen. Wir finden denselben zunächst schon in dem Verhältnisse, in welchem der Geist zur Materie steht. Es ist charakteristisch für die Gnosis, daß die Erlösung wesentlich als ein Scheidungsproceß des ungehörig Verbundenen bezeichnet wird. Pneumatisches, Psychisches und Materielles sind ihrer Natur nach so verschieden, daß sie nur äußerliche Mischungen und Verbindungen eingehen können, ohne irgend welche innerliche Ueberwindung der Gegensätze: der Endpunkt aller Entwickelung kann daher nur dieser sein, daß das Pneumatische aus dieser ungehörigen Verbindung wieder befreit und zu dem Orte erhoben werde, wohin das Psychische seiner Natur nach nicht zu gelangen vermag, während das Hylische als völlig erlösungsunfähig schließlich vernichtet wird. Es ist dies der dualistische Charakter der Gnosis, den Baur auch an dem neubekannt gewordenen Basilidianischen Systeme treffend nachgewiesen hat; es kommt aber hier weniger auf den allerdings verschiedene Fassungen gestattenden Begriff des Dualismus an, als auf das Verhältniß, in welchem die Gegensätze zu einander gedacht werden, ob die Trennung der Principien, wie die Gnosis in allen ihren Formen lehrt, eine dauernde ist, oder ob alle diese Unterschiede wieder zur Einheit sich aufheben. Das Letztere ist bekanntlich bei der Hegel'schen Speculation der Fall, die Materie ist nur der sich selbst äußerlich gewordene Geist, die Schranke der Negativität, an welche er gebunden ist, damit er sich selbst zum Dasein entfalten könne, die er aber immer wieder im continuirlichen Processe überwindet. Das Valentinianische System faßt das Hervorgehen der Materie in ähnlicher Weise, auch nach ihm ist der Geist das allein Substantielle, das Psychische wie die Materie nur ein Accidens. Dennoch aber bleibt bei der Rückkehr des endlichen Geistes jene Scheidung der verschiedenen Principien bestehen, das Psychische rückt nur bis zum Orte der Mitte auf, ohne Fähigkeit, ins Pleroma einzugehen, und wenn man auch die Vernichtung der aller pneumatischen und psychischen Elemente beraubten Materie nur als den mythologischen Ausdruck des speculativen Gedankens auffassen wollte, daß das Materielle das in sich selbst Wesenlose, nur Negative, mit der Rückkehr des endlichen Geistes zum Absoluten wieder Verschwindende sei, so bleibt doch wenigstens in der dauernden Schei-

84) Vergl. Baur, Gnosis S. 493 fg. Das Christenthum der drei ersten Jahrhunderte (2. Aufl.) S. 251. 85) Baur, Theol. Jahrb. a. a. O. S. 134.

dung des Psychischen vom Pneumatischen die Trennung der Principien bestehen. Noch weit ausgeprägter tritt dieser metaphysische Gegensatz bei denjenigen Systemen heraus, welche die Materie in streng dualistischer Weise dem Geiste entgegensetzen. Psychisches und Materielles gehen hier nicht aus dem geistigen Principe hervor, sondern sind ihm nur äußerlich beigemischt, daher das Ziel des gesammten Weltverlaufes nur um so mehr die Trennung des unnatürlich Verbundenen sein muß.

Am grellsten erscheint der Dualismus in dem Buche Pistis Sophia. Allerdings besteht nach der Auffassung des Verfassers überhaupt kein metaphysischer Unterschied zwischen pneumatischen, psychischen und hylischen Seelen, wie in allen der geistige Lichtkeim ist, so ist auch in allen die Materie oder der böse Trieb, der Bußruf und die Verheißung ergehen gleicherweise an alle, und auch die ψυχαὶ ὑλικαί, selbst diejenigen, die schon der caligo externa anheimgefallen sind, können noch gerettet werden. Der Unterschied kann daher nur in das verschiedene sittliche Verhalten gesetzt werden, die einen gehen gleich nach dem Tode wenigstens zu vorläufiger Seligkeit ein, während den anderen noch lange Metempsychosen und schwere Läuterungsqualen bevorstehen, und nur diejenigen, welche in ihrer Bosheit verharren, werden sammt der Materie und den gottlosen Weltherrschern beim Weltende vernichtet. Dennoch kann selbst dieses System seine dualistische Grundlage nicht ganz verleugnen. Es zeigt sich dies schon darin, daß der Naturbestimmtheit doch immer ein Einfluß auf die innere Beschaffenheit der Seelen zugeschrieben wird, indem unter verschiedenen Conjuncturen bald pneumatische, bald hylische Seelen geboren werden, und daß auch die letzteren wieder bald aus feinerem, bald aus gröberem Stoffe gebildet sind. Die Seelen stehen, ehe sie die Lichtmysterien empfangen haben, ganz unter dem Einflusse der bösen Weltherrscher und der Gestirne, auch das Böse ist ein Verhängniß, dem sie sich nicht zu entziehen vermögen, und gewisse rettende und beseligende Einwirkungen von Oben hängen in ihrer Möglichkeit von der Constellation der Gestirne ab. Damit stimmt überein, daß auch durch die [illegible] der theils durch das ethische Verhalten bedingte, theils aber auch auf metaphysischen Voraussetzungen ruhende Unterschied nicht ganz wieder aufgehoben wird. Die Seelenschöpfung hat überhaupt nur den Zweck, den abgefallenen Weltherrschern die misbrauchte Lichtkraft wieder zu entziehen, daher tritt nur die zur Erreichung dieses Zwecks erforderliche Anzahl Seelen ins Dasein, und wenn die Weltherrscher völlig ausgeschöpft, alle geraubten Lichtfunken zum Lichtreiche wieder hinaufgebracht sind, so erfolgt bei der συντέλεια τοῦ κόσμου die solutio universi, die Vernichtung dieses unteren [illegible] des κόσμος perniciei, sammt den bösen Weltherrschern durch Feuer. Aber wie die böse gebliebenen Seelen in dieser Vernichtung mit inbegriffen sind, so ist überhaupt aus der Mitte der geschaffenen Seelen nur eine zum Voraus festgesetzte Anzahl zur wirklichen Vereinigung mit dem Lichtreiche bestimmt, und die consummatio tritt ein, sobald der ἀριθμὸς ψυχῶν τέλειος erfüllt ist. Ja selbst unter diesen wird auch eine Rangordnung bestehen, welche der innergöttlichen Abstufung des Lichtreiches entspricht, und die Stufe ihrer Vollkommenheit hängt ab von dem Grade der Erkenntniß, deren sie gewürdigt sind, je nachdem sie höhere oder niedere Mysterien empfangen haben [86]).

Der Unterschied der in allen diesen Systemen bei allen Modificationen wiederkehrenden Grundanschauung von der modernen Religionsphilosophie kann nach allem Gesagten allerdings dahin bestimmt werden, daß dieselben immer mehr oder minder dualistisch sind; der Ausgangspunkt dieses Dualismus ist aber nicht in dem Gegensatze zwischen Geist und Materie zu suchen, sondern in dem innern Wesen einer nur als Geheimlehre sich aufbauenden Gnosis selbst. Während das Verhältniß zwischen Geist und Materie in den verschiedenen Systemen sehr verschieden modificirt erscheint, stimmen darin alle überein, daß sie eine Stufenfolge von höheren und niederen Geisterordnungen setzen, deren Unterschiede nur auf die größere oder geringere Empfänglichkeit zur Erkenntniß des Absoluten sich zurückführen lassen. Es zeigt sich hier jenes dem Alterthume überhaupt eigene Mysterienwesen, welches nicht blos innerhalb der heidnischen Kreise so mannigfaltige Bildungen hervorgetrieben hat, sondern, wie die Ordensverfassung der Essener und selbst mancherlei Spuren im katholischen Christenthume beweisen, auch außerhalb des Heidenthums bedeutenden Beifall fand.

Wir haben hier jene, allem Ordenswesen eigene Gliederung in verschiedene über einander stehende Grade der Vollkommenheit, von denen immer die jedesmal höhere sich zu der niederen ausschließend verhält, jene Stufenfolge von immer vollkommeneren Weihen und immer höheren Mysterien, welche nachmals auf praktischem Gebiete innerhalb der katholischen Kirche als Hierarchie sich ausbildete. So gewiß nun auch diese ganze Anschauungsweise als dualistisch bezeichnet werden muß, so wenig können wir damit einverstanden sein, diesen Dualismus selbst als die letzte Kategorie, auf welche alle diese Erscheinungen zurückgeführt werden müssen, zu betrachten. Es ist dies vielmehr, wie Neander [86a]) ganz richtig gesehen hat, der „Aristokratismus der alten Welt," überhaupt dasselbe particularistische, auf die Aufrichtung von immer neuen Scheidewänden bedachte Wesen, welches nicht blos dem Judenthume, sondern allen orientalischen Völkern, ja auch den Hellenen eigen war. Der Orient ist die Heimath wie der Kastenunterschiede, so der exclusiven Priesterweisheit, der priesterlichen Geheimlehre und Geheimschriften; auf griechischem Boden mag das Mysterienwesen, welches namentlich seit dem Zeitalter des sogenannten Hellenismus eine so ungeheure Ausdehnung erhielt, wol schon in seinen ältesten Formen unter orientalischen Einflüssen entstanden sein, aber in dem Gegensatze von Freien und Sklaven, in der Absonderung der verschiedenen

---

86) Die Nachweise bei Köstlin a. a. O. S. 88 fg. 171 fg. Ueber die Auffassung des ganzen Systemes vergl. auch Baur, Das Christenthum der drei ersten Jahrhunderte (2. Aufl.) S. 226 fg. 86a) Kirchengeschichte. 2. Aufl. I, 2. S. 632 fg.

Stämme und in dem Cantönligeiste der zahllosen Mittel- und Kleinstaaten zeigen sich doch ohne Zweifel Spuren desselben der alten Welt nun einmal überhaupt eigenen Particularismus.

Es führt uns dies auf einen noch weit umfassenderen Standort der Betrachtung. Erst das Christenthum hat, als die universelle Religion, den Geist dieses antiken Particularismus überwunden, oder ringt vielmehr noch immer nach dessen Ueberwindung. Jener Kampf, welchen Paulus gegen das Judenchristenthum führt, hat den großen Weltkrieg des Christenthums als der Menschheitsreligion gegen alles beschränkte, particularistische Wesen eröffnet; der erste Feind, auf den das neue christliche Princip stieß, war der Particularismus einer als das erwählte Gottesvolk sich ansehenden Nation. Das Princip des Christenthums behauptete sich in diesem Streite als Sieger, aber das particularistische Wesen war damit noch durchaus nicht in allen seinen Formen überwunden, und brach vielmehr in der mannigfaltigsten Gestalt innerhalb des Christenthums selbst von Neuem hervor. Indem das Christenthum dazu fortschritt, sich nicht blos als das höchste Heilsprincip, sondern auch als das absolute Erkenntnißprincip aufzustellen, traf es auf jenen Gegensatz zwischen Wissenden und Nichtwissenden, zwischen Eingeweihten und Profanen; das Christenthum constituirte sich selbst wieder als Geheimlehre und die erste Form, in welcher das christliche Denken zu einer umfassenderen Weltbetrachtung sich erweiterte, war eben jener Kreis von Erscheinungen, um deren Erklärung es sich gegenwärtig handelt. In dem Begriffe dieser Gnosis selbst war schon ein Gegensatz zwischen Vollkommneren und minder Vollkommneren gesetzt, und die Geschichte dieser für die innere Entwickelung des Christenthums so bedeutsamen Erscheinung bietet uns daher das merkwürdige Schauspiel dar, daß der erste Versuch, die universelle Bedeutung des Christenthums denkend zu erfassen, dennoch nur wieder in particularistischer Form, als Geheimlehre und mit der Behauptung einer in der Natur der Dinge begründeten Stufenleiter der Erkenntniß auftrat. Nirgends vielleicht zeigt sich der Unterschied der neueren christlichen Speculation von der älteren Gnosis so deutlich als darin, daß sie diese particularistische, esoterische Darstellungsform überwunden hat. Unsere heutige Philosophie kennt keine Geheimlehre, keine von Natur auserwählten und ausschließlich zu den höheren Mysterien befähigten Jünger; denn sie kennt keine solchen metaphysischen Unterschiede, welche den Geist nöthigten, auf irgend einer untergeordneten Daseinsstufe ewig zu verharren. In Allem offenbart sich ein und derselbe Geist, und strebt über alle Unterschiede hinaus immer wieder zur Einheit; die tieferen Stufen sind daher keine zu ewiger Dauer fixirten Momente, sondern nur Durchgangs- und Uebergangspunkte und grade das, was der alten Gnosis so vollständig abgeht, die Idee der unendlichen Entwickelungsfähigkeit des Geistes in allen seinen individuellen Erscheinungen ohne Unterschied, macht grade das Charakteristische des heutigen philosophischen Denkens aus, in welchem es schwer fallen möchte, den Einfluß des christlichen Universalismus zu verkennen. Man braucht sich daher nur zu diesem allgemeinen Standpunkte der Betrachtung zu erheben, um die Stelle, welche die Gnosis in der Entwickelung des christlichen Denkens einnimmt, richtig zu erkennen; ja sie steht so wenig als eine isolirte Erscheinung da, daß sich ganz dasselbe exclusive, particularistische Wesen auch auf anderen Gebieten des christlichen Lebens wiederholt. Neander hat völlig richtig gesehen, daß der Gegensatz zwischen Wissenden und Gläubigen auf theoretischem Gebiete ganz dasselbe ist, was der Gegensatz zwischen Priestern und Laien auf praktischem Boden. Wie das Christenthum als universelle Offenbarung erst noch durch den innerchristlichen Gegensatz der Wissenden und Gläubigen hindurchmuß, so muß das Christenthum als universelles Heilsprincip erst noch in jene hierarchischen Formen eingehen, welche die Idee des allgemeinen Priesterthums wieder zu vernichten scheinen. Auch die Stufenleiter der Erkenntniß, welche die Gnostiker aufstellen, ist ja nur eine Hierarchie von anderer Art, und es darf uns daher um so weniger wundern, wenn wir die himmlische und die kirchliche Hierarchie nachmals von dem Pseudoareopagiten auch ausdrücklich auf einander bezogen sehen. Grade dieser „himmlischen Hierarchie" räumen aber ja schon die Gnostiker einen so bedeutenden Platz in ihren Systemen ein.

Es ist sehr charakteristisch, daß grade Systeme, die wie das Valentinianische und in noch weit höherem Grade das Basilidianische der Philosophumena die Materie zu etwas blos Negativem, Nichtseinsollenden und nur als Schranke des Geistes zur Entwickelung Nothwendigen herabsetzen, dieses Mysterienwesen nur um so künstlicher ausbilden, gleich als sollte, was auf der einen Seite von der Schärfe des metaphysischen Gegensatzes verloren geht, auf der anderen Seite durch eine desto reichere Mannigfaltigkeit der Erkenntnißgrade innerhalb der Geisterwelt selbst wieder gut gemacht werden. Nirgends ist die Stufenfolge dieser Mysterien so ausgesponnen wie im Systeme der Pistis-Sophia, während doch grade dieses System es ist, dessen ethische Grundanschauung den metaphysischen Gegensatz von Pneumatikern, Psychikern und Hylikern fast ganz überwunden hat. Dem entsprechend wird auch die schon von den Valentinianern künstlicher ausgeprägte Aeonenreihe ins Unermeßliche ausgebreitet, das Motiv dazu kann aber weder allein in dem Einflusse des heidnischen Polytheismus, noch auch nur in dem speciellen Streben einer Vermittelung des Unendlichen und des Endlichen gefunden werden, sondern, wie schon Köstlin[67]) dies erkannt hat, in dem Bedürfnisse, alle Unterschiede und Gegensätze innerhalb der diesseitigen Welt, namentlich die verschiedenen Arten und Stufen der Geschöpfe (also auch die durch die verschiedene geistige Begabung und die derselben entsprechende Verschiedenheit der Erkenntniß gesetzten) von verschiedenen Wesen und Sphären innerhalb der jenseitigen Welt abzuleiten. Köstlin legt in dieser Beziehung das Hauptgewicht auf die „Idee absoluter Gerechtigkeit in der Ordnung des Universums, kraft

67) a. a. O. S. 24.

welcher jeder Art von Gesinnungs- und Handlungsweise, jedem Verdienste und jeder Schuld, jedem größeren oder geringeren Grade des Einen oder des Anderen, jeder einzelnen höheren oder niederen Stufe geistiger Erkenntniß und Reinheit, zu welcher der Mensch sich erhebt, auch ein bestimmter Ort und Grad der Belohnung oder Strafe, eine bestimmte Abstufung der Seligkeit und Herrlichkeit oder der Qual und Verdammniß entsprechen muß." Es ist dies ganz richtig, und auch der Hinweis auf die verwandte Idee der ἀποκατάστασις bei den Basilidianern der Philosophumena kann nur als vollkommen in der Sache selbst begründet betrachtet werden. Nur ist es grade die allerdings in der Pistis-Sophia so stark hervortretende ethische Seite, welche, wenn auch durchaus nicht bei Basilides selbst, so doch bei den Basilidianern der Philosophumena nur eine untergeordnete Bedeutung hat, und wenn wir zur Vergleichung schon vorhin auch die Aeonenlehre der Valentinianer herbeiziehen mußten, so zeigt sich nur um so mehr, wie das allen Systemen gemeinsame, eigentlich treibende Moment doch wieder auf die intellectuelle Seite zu stehen kommt. Die absolute Gerechtigkeit besteht darin, daß jedes den Platz einnimmt, der ihm gebührt; wie es aber eine Stufenfolge der geistigen Begabung gibt, so gibt es auch eine Stufenfolge der Geisterreiche, und das, was jedes einzelne Reich von dem anderen unterscheidet, ist eben die höhere oder niedere Stufe seiner Mysterien. Es ist dies der Punkt, wo auch die Valentinianische Aeonenlehre sich bei aller Verwandtschaft mit der Hegel'schen Philosophie doch wieder von derselben unterscheidet: was hier rein ideelle Momente im dialektischen Processe des Geistes sind, die daher ebenso wol gesetzt als wiederaufgehoben werden, sind bei den Valentinianern concrete, mythologische Personen, welche grade in dem verschiedenen Grade ihrer Erkenntnißfähigkeit ihre individuelle Bedeutung und in dieser individuellen Selbständigkeit ewiges Bestehen haben. Wenn sie daher auf der einen Seite zur Bezeichnung der verschiedenen Momente dienen, in welche sich das Absolute bei seiner Objectivirung auseinanderlegt, so veranschaulichen sie auf der anderen Seite wieder eine Stufenreihe in der subjectiven Erkenntniß des Absoluten, und die sinnlich concrete Form dieser Aeonen, als ewigen Stufenfolgen von an Vollkommenheit der Erkenntniß unterschiedenen Geistern, gehört so sehr zum Wesen der Sache selbst, daß man jene nicht abstreifen kann, ohne dieser einen wesentlich anderen Charakter zu leihen. Auch das System des alexandrinischen Clemens kennt eine solche Stufenreihe der subjectiven Erkenntniß, „in welcher sich der allgemeine Entwickelungsproceß des Naturlebens reflectirt" [88]), selbst die gnostische Hebdomas und Ogdoas kehren bei ihm wieder. Der Hauptunterschied dieser Lehre von der gnostischen ist aber dieser, daß, obgleich auch nach ihm jene Hebdomas selbst nur ein Abbild jenes Cyklus der Siebenzahl ist, in welcher sich der ganze κόσμος bewegt [89]), dennoch der Proceß des Geistes selbst aus der realen Welt in das wissende Subject zurückverlegt wird. Clemens kennt zwar einen dem Naturprocesse analogen, in typischen Zahlen veranschaulichten Stufengang der geistigen Entwickelung, aber darum keine Stufenreihe von Aeonen und hypostasirten Potenzen, in welchen sich der Proceß des Geistes mythologisch fixirt, sondern faßt Alles, was sich auf die Selbstoffenbarung des unendlichen Geistes und die Wiederbringung des endlichen bezieht, in der Einheit seines Logosbegriffes zusammen. Zeigt sich hierin einerseits, wie oben entwickelt wurde, die Unterordnung des in den gnostischen Systemen zum absoluten Maßstabe erhobenen speculativen Elementes unter das Positive, so liegt darin doch andererseits ein nothwendiger Fortschritt des speculativen Denkens selbst, welches in jenen mythologischen Gestalten doch immer nur in bildlich symbolischer Hülle zur Erscheinung kommt. Den Gnostikern ist die mythologische Fixirung des geistigen Processes in seinen einzelnen Momenten so sehr die unentbehrliche Form ihrer Speculation, daß selbst ein Markion sich derselben nicht völlig zu entschlagen vermag; dafür kommt aber auch dieser sowol geistige als kosmische Proceß, als ein durch bestimmte Entwickelungsstufen sich hindurch bewegender, bei ihm weit mehr als dies bei Clemens der Fall ist, zu seinem Rechte, und in demselben Maße, als sie wie in Markion's Systeme die symbolisch bildliche Hülle abgestreift haben, verringert sich zugleich der Reichthum und die Mannigfaltigkeit der speculativen Ideen. Diese sinnlich concrete Anschaulichkeit der gnostischen Speculation, in welcher Bild und Begriff sich so innig durchdringen, daß das Eine nicht ohne das Andere zu bestehen vermag, ist die Ursache, wenn im wesentlichen Einverständnisse mit Neander und Matter namentlich Weiße die Gnosis überhaupt nicht als Philosophie, sondern als Theosophie oder noch genauer als Mystik und Mythologie bezeichnet wissen will [90]). Indem Weiße die Ideenverwandtschaft der Gnosis namentlich auch mit der neueren Religionsphilosophie ausdrücklich anerkannte, legte er grade darauf das Hauptgewicht, daß die Erkenntnißweise oder die Art, in welcher die Gnostiker zu ihrem der Religionsphilosophie so nahe stehenden Erkenntnißgehalte gelangten, eine von dieser wesentlich verschiedene sei. Das Wahre ist nach ihm, „daß beide auf verschiedenen Wegen zu verwandten Inhaltsbestimmungen oder Ergebnissen gelangten, die Gnosis und Mystik auf dem Wege religiöser Intuition, die Religionsphilosophie auf dem Wege logischer und metaphysischer oder mit Logik und Metaphysik anhebender Speculation." Die Gnostiker bedienen sich des Organes der dichtenden Einbildungskraft, „sie unterfingen sich, die Früchte speculativer Erkenntniß, welche nur in einem langsamen Entwickelungsprocesse unter der strengen Zucht der Glaubensregel reifen konnten, im wilden Sturme einer halb dichterischen, halb religiösen Begeisterung vorauszunehmen." Aus diesem Grunde verlangt Weiße

88) Baur, Gnosis S. 511. Das Christenthum der drei ersten Jahrhunderte (2. Aufl.) S. 249. 89) Vergl. die von Baur selbst angeführte Stelle strom. VI, 16.

90) In der angeführten Recension von Baur's Gnosis, Theol. Studien und Kritiken 1837, 1. S. 194 fg. Philosophische Dogmatik I, 170 fg.

eine engere Zusammenstellung der Gnosis mit den späteren Mystikern, Paracelsus, Böhme, Helmont, Swedenborg u. A. Wir können in dem Allen, was die Sache betrifft, nur auf Weiße's Seite treten, und müssen es als ein wesentliches Verdienst dieses geistvollen Denkers hervorheben, daß er diese in der Baur'schen Darstellung doch nicht völlig zu ihrem Rechte gekommene Seite der Sache aufs Nachdrücklichste betont. Wenn Baur in seiner christlichen Gnosis außer Jakob Böhme auch Schelling, Schleiermacher und Hegel mit den Gnostikern zusammenstellt, so gehören die Gnostiker hinsichtlich der Erkenntniß- und Darstellungsweise ihrer Ideen doch jedenfalls mit Böhme weit näher als mit Schleiermacher und Hegel zusammen. Bei weitem enger als mit Hegel ist schon ihre Verwandtschaft mit Schelling. Um von der „positiven Philosophie," welche noch weit überraschendere Parallelen zum Gnosticismus darbietet, zu schweigen, so sind die Grundanschauungen der „Naturphilosophie" wesentlich dieselben wie die der Hegel'schen Speculation. Schelling war der erste, welcher den psychologischen Proceß des Fichte'schen Ich zum allgemeinen Gesetze der Weltentwickelung erhob, und Hegel ist damit so einverstanden gewesen, daß er eine Zeit lang seine und Schelling's Philosophie geradezu identificirte. Das aber, was zwischen beiden Männern doch wieder eine mit der Zeit immer weiter sich aufthuende Kluft eröffnete, war eben die grundverschiedene Art ihres Speculirens. Was für Schelling die Frucht genialer Intuition, unmittelbarer schöpferischer Einbildungskraft war, vermittelt sich für Hegel auf dem Wege der strengsten wissenschaftlichen Methode. Schelling war bei all seiner bahnbrechenden Stellung auf dem Gebiete der neueren Speculation (oder soll man lieber sagen, grade wegen dieser?) mehr Dichter als Philosoph, und mit ihm brach jene Sintfluth romantischer Velleitäten, phantastischer Einfälle und geistreicher Albernheiten in die neuere Philosophie ein, welche schon der alte strenge Fichte so bitter, aber auch so treffend geschildert hat [91]). Man kann Alles, was Fichte in seiner derben Weise gegen die Naturphilosophie sagt, auch schon gegen die Gnostiker, gegen Paracelsus und Böhme, und, um auch einiger Neueren nicht zu geschweigen, gegen Swedenborg, Oetinger und Baader anwenden, und der Unterschied liegt höchstens darin, daß es vor der Wissenschaftslehre überhaupt noch keine Möglichkeit gab, den Proceß des Geistes anders als in poetisch-phantastischer Weise zu schildern, während die moderne, romantische Philosophie die strengen Formen des philosophischen Denkens zwar vorfand, aber im genialen Uebermuthe zerschlug.

Es ist daher vollkommen berechtigt, wenn Weiße diese aller Mystik und philosophischen Poesie eigene Unmittelbarkeit der schöpferischen Einbildungskraft, jenes productive Anschauen und anschauende Produciren, welches bekanntlich Schelling als die Grundbedingung alles Philosophirens hinstellt, für die Gnosis ebenfalls als charakteristisches Merkmal in Anspruch nimmt. Sofern man diese producirende Thätigkeit der Phantasie nach der Weiße'schen Terminologie dem „Gemüthe" zuschreibt, möchte in der Sache auch gegen die weitere Bestimmung nicht viel zu erinnern sein, daß der Gnosticismus unmittelbar aus den durch das Christenthum so mächtig aufgeregten Tiefen des „religiösen Gemüthes" entsprungen sei. Indessen bedarf, auch abgesehen von der Terminologie, welche an diesem Orte auf sich beruhen muß, schon diese Bestimmung einer näheren Verständigung. Was Weiße gegen Baur hier geltend macht, gilt doch nicht von dem Gnosticismus an sich, sondern nur von derjenigen Seite an ihm, auf welcher er sich überhaupt productiv verhielt. Die aller Mystik eigene Mischung von Bild und Begriff beginnt, wie Weiße selbst nicht unbeachtet gelassen hat [92]), überall da, wo man die durch den Standpunkt des Zeitalters dem wissenschaftlichen Denken gezogenen Grenzen überschreitet. Weil hier die Vorstellung sich noch nicht zum Begriffe erhoben hat, bleibt der Ausdruck bei der sinnlichen, anschaulichen Bildlichkeit stehen, und das Denken vermag sich vom Bilde nicht loszulösen, ohne damit an der Sache selbst erhebliche Einbuße zu leiden. Es ist dies, worauf schon Baur mit Recht aufmerksam gemacht hat, bei allen Volksreligionen mehr oder minder der Fall, und so sehr man sich hüten muß, Religion und religiöse Vorstellung zu identificiren, so charakteristisch ist für sie alle jenes symbolisch-mythische Element, als welches für die über ihren eigenen Inhalt noch nicht begrifflich verständigte religiöse Intuition überhaupt das einzige Vehikel ist, um den Reichthum ihres Bewußtseinsinhaltes zu Tage zu fördern. Es gilt dies ebenso wol von den ethischen wie von den Naturreligionen (daher wir auch die Entgegensetzung von ethisch und mythisch uns nicht aneignen können), nur daß bei letzteren der mythologische Bildungstrieb durch die Beschaffenheit des Gegenstandes selbst eine weit reichere Nahrung findet; dagegen ist noch in jeder Religion, die eine Geschichte erlebt hat, dieses mythologische Element allmählich durch das begriffliche Denken zurückgedrängt worden. Ganz dasselbe Entwickelungsgesetz, was sich hier auf dem Gebiete der religiösen Erkenntniß zeigt, gilt aber für jedweden geistigen Erkenntnißstoff überhaupt. Das Neue wird niemals zuerst auf dem Wege des begrifflich vermittelten Denkens eintreten, sondern stets als etwas Unreflectirtes, Unmittelbares, auf dem Wege der so zu sagen künstlerischen, scheinbar bewußtlos producirenden Conception. Der Geist, der für einen bisher noch unbekannten Inhalt keine fertigen Formen und Kategorien, keine dialektischen Uebergänge und logischen Bindemittel in Bereitschaft hat, ringt mit dem Ausdrucke in desto angespannterer Thätigkeit, je mächtiger sich die inneren Schauungen hervordrängen, und je weniger er im Stande ist, sie ihrer sinnlichen Unmittelbarkeit und phantastischen Nebelhaftigkeit zu entkleiden. Daher das Fließende in all jenen mythologischen Gebilden, die scheinbare Willkür und Zu-

91) In den Grundzügen des gegenwärtigen Zeitalters. Gesammelte Werke. Bd. VII. S. 114 fg.

92) Vergl. die angef. Vorrede S. 206.

fältigkeit in der Auswahl, Gruppirung und Benennung der symbolischen Formen, welche leicht den Schein der Wissenschaftlichkeit, der künstlichen Verhüllung abstracter Gedanken gewinnt, während sie in Wahrheit Nichts ist, als ein Zeichen des Unvermögens, den ideellen Gedankengehalt durch die ewig inadäquate Bildform zu bewältigen. Unter diesen Gesichtspunkt ist auch die Gnosis zu stellen, nicht an sich, sondern in sofern sie Mythologie ist. Wir können Baur nicht beipflichten, wenn er den mythischen Charakter der Gnosis eben nur aus dem Positiven, mit dem sie sich als Speculation auseinandersetzen mußte, mit einem Worte aus dem Einflusse der vorhandenen Volksreligionen erklären will [93]); denn grade die Uebereinstimmung in einzelnen positiven Sätzen und volksthümlichen Vorstellungsformen ist, so stark wir sie nach einer anderen Seite hin noch werden hervorheben müssen, doch hierbei die Nebensache, das Wichtigste ist die bei aller Abweichung im Materiellen wesentlich identische Darstellungsform, die sinnlich bildliche Anschaulichkeit überhaupt, und was dieser hier wie dort zu Grunde liegt, der eben nur in der angegebenen Weise zu erklärende mythologische Bildungstrieb. In dieser Beziehung müssen wir mit Weiße in den gnostischen Systemen den „durch die innere Natur und Nothwendigkeit der Sache hervorgerufenen Versuch zur Wiedererzeugung der mythologischen Anschauungsweise des Heidenthums" erkennen, wobei die Gemeinsamkeit des Bodens ausdrücklich anerkannt wird, auf welchem sowol die heidnischen Volksreligionen als die gnostischen Speculationen erwachsen.

Andererseits ging auch Weiße nach unserer Ueberzeugung zu weit mit seiner neuerdings allerdings nicht ausdrücklich wiederholten Behauptung, den gnostischen Systemen liege Nichts ferner, als eine die geschichtlichen Religionen zu ihrem Objecte machende, über die geschichtlichen Religionen reflectirende Philosophie [94]). Gegen diese Ansicht hat Baur begründeten Einspruch gethan [95]), und wir müßten unsererseits zu ihrer eingehenden Bestreitung alles bisher über das Wesen der Gnosis und ihre Bedeutung in der inneren Entwickelung des christlichen Denkens Entwickelte einfach wiederholen. In dem Punkte, der für die allgemeine Stellung der Gnosis allein entscheidend ist, in dem Fortschritte von der heilsgeschichtlichen zu der weltgeschichtlichen Betrachtung des Christenthums stehen die Gnostiker mit völlig klarem Bewußtsein auf derselben Seite wie die Apologeten und Alexandriner, denen wol Niemand den Charakter als christliche Philosophen streitig machen wird; sie machten in sofern die absolute Bedeutung des Christenthums in seinem Verhältnisse zur vorchristlichen Entwickelung allerdings zum Objecte einer wirklichen philosophischen Reflexion. Das Mystische oder Theosophische an ihnen ist vielmehr dieses, worin sie sich von der Apologetik und der katholischen Gnosis unterscheiden. Indem die Gnosis für ihre mit aller philosophischen Klarheit erkannte und gestellte Aufgabe die erforderliche Lösung, für die Absolutheit der christlichen Religion den entsprechenden Ausdruck suchte, überschreitet sie die ihrem wissenschaftlichen Vermögen gezogenen Grenzen. Das Christenthum soll den Schlüssel zur Entzifferung des Welträthsels enthalten, es soll das Hervorgehen des Endlichen aus dem Unendlichen und seine dereinstige Rückkehr zu demselben begreiflich machen, es soll mit einem Worte nicht blos der absolute Wendepunkt in der Geschichte des Geistes sein, den das christliche Bewußtsein mit dem Namen der Erlösung bezeichnet, sondern es soll nach Rückwärts auch die Nothwendigkeit der Erlösung im Wesen des Geistes, folglich die Geschichte desselben bis in seinen letzten Ursprung, bis zu den höchsten Principien alles Seins und Wissens verfolgen. Diese Aufgabe sofort auf rein wissenschaftlichem Wege zu lösen, waren die Gnostiker außer Stande. Sie erhoben sich mit vollkommener Klarheit des Bewußtseins als Pneumatiker über den psychischen, d. h. den schlichtgläubigen Standpunkt der katholischen Christen, was nicht möglich wäre ohne ein wirkliches Reflectiren auch über das Positive der christlichen Religion, sie suchten den speculativen Gehalt des Christenthums aus seiner buchstäblich sinnlichen Hülle zu lösen, und verhalten sich zu den Aussprüchen und Erzählungen des neuen Testamentes ganz ebenso wie zu denen des alten Testamentes und zu den heidnischen Göttermythen. Aber indem sie als Wissende über den durchaus als Mythus behandelten positiven Gehalt des christlichen wie des heidnischen und jüdischen Volksglaubens hinausgehen, gelingt es ihnen nicht ebenso, den tieferen Gedankengehalt, den sie gefunden haben, in eine entsprechend wissenschaftliche Darstellung zu kleiden. Da, wo sie sich schöpferisch verhalten, bleibt ihnen keine andere Form des Ausdruckes als das Bild, sie deuten Mythen durch Mythen und ersetzen so eine sinnlich concrete Anschauungsweise durch die andere. Mit ihrer Mythendeutung stehen sie auf dem Boden philosophischer Reflexion, mit ihrer Mythenbildung auf dem der mystischen Intuition; sie sind Philosophen, soweit sie Kritiker sind, und Mystiker, inweit sie sich schöpferisch verhalten. So sehr sie dabei auch das Wissen in seiner absoluten Bedeutung betonen, die Form, in welcher sie sich der positiven Seite ihrer Arbeit unterziehen, der Erkenntnißweg, auf welchem sie ihrem Wesen und höchsten Zielen zustreben, ist nicht der Weg der dialektischen Vermittelung, sondern der schöpferischen Einbildungskraft oder Intuition. Wie auch Weiße es ausspricht [96]), wir finden in der neueren, speciell der Hegel'schen Philosophie, dieselben Ideen, welche den wesentlichen Inhalt der alten Gnosis und der gesammten christlichen Mystik ausmachen, aber erst in unseren Tagen sind sie zum speculativen Durchbruch gekommen und in wissenschaftlicher Form vorgetragen worden. Die Gnosis faßt, wie die neuere Philosophie, den Selbstvermittelungsproceß des Geistes als einen geschichtlich durch eine Reihe von Momenten sich hindurch vollziehenden; aber sie kennt diese Momente selbst nicht als dialektische, sondern als

93) Theol. Studien und Kritiken 1837, 2. S. 552 fg. 94) In der angef. Recension S. 124 fg. 95) a. a. O. S. 533 fg. 550 fg.

96) In der angef. Recension S. 215.

mythologische, und so oft auch durch die Hülle des Bildes der Begriff hindurchbrechen will, diese mythologische Form der Entwickelung blieb die für die Gnosis einzig mögliche, freilich aber in ihrer Bildlichkeit auch nie adäquate, daher die Gnostiker sich nicht genugthun können in immer neuen Gestaltungen. Baur hat ganz Recht, wenn er gewisser Weise behauptet, daß z. B. die Valentinianer in ihren mythischen Figuren des göttlichen Pleroma auch mit Bewußtsein philosophische Ideen dichterisch personificirten, und namentlich bei der weiteren Entwickelung dieses geistreichsten aller gnostischen Systeme tritt es deutlich heraus, daß die speculativen Gedanken bei aller Mannichfaltigkeit des bildlichen Ausdrucks den bleibenden und sicher auch als solchen gewußten tieferen Gehalt bilden. Aber woher kommt es denn, daß sich trotzdem das Denken von der Bildlichkeit des Ausdrucks nicht losringen kann? Wie fließend und zufällig auch im Einzelnen diese mythologischen Gestalten sind, die mythologische Darstellungsform selbst ist das in allem Wechsel der Bilder sich gleich Bleibende, und dafür kann der Grund nur darin gefunden werden, daß es den Gnostikern überhaupt nicht möglich war, ihre speculativen Gedanken anders als in sinnlich phantastischer Hülle zum Ausdruck zu bringen. Aus jener Doppelseitigkeit im Begriffe der Gnosis selbst, nach welchem sie einerseits Philosophie, andererseits wieder Mystik ist, erklärt es sich auch, wie bald der Begriff über das Bild hinausgreift, dieses selbst als Bild sich versteht, bald wieder der Begriff ganz von der Bildlichkeit überwältigt, die Idee nur in gewaltsam phantastischer Auffassung ergriffen und dadurch wieder aus ihrer Höhe in die Tiefen des sinnlichen Bewußtseins herabgezogen wird. Die Gnosis ist also wirklich der erste umfassende Versuch einer Philosophie des Christenthums, aber dieser Versuch schlägt Angesichts der ungeheuren Tragweite der den Gnostikern in genialer Weise sich aufdrängenden und doch weit über ihr wissenschaftliches Vermögen hinausgehenden speculativen Ideen in Mystik, Theosophie, Mythologie, kurz in eine durchaus unphilosophische Darstellung um.

Es ist hier der Punkt, wo die Gnosis aufs Innigste mit den mythologischen Volksreligionen sich berührt, daher schließlich die Frage nach dem äußeren Zusammenhange nicht umgangen werden kann. Es handelt sich auch hier nicht darum, ins Einzelne einzugehen, sondern nur die hauptsächlichsten in Betracht kommenden Momente festzustellen. Schon Baur hat die Beziehungen der Gnosis zu den heidnischen Kosmogonien und Mythen ins Auge gefaßt, und namentlich die Frage berücksichtigt, ob bei den Gnostikern das hellenische oder orientalische Element überwiege. Was er bei dieser Gelegenheit ausspricht, gehört zu den tiefsten und fruchtbringendsten Beobachtungen dieses scharfsinnigen Forschers, nur daß er leider seine Entdeckung nur wie gelegentlich hinwirft, ohne von ihr den weiteren Gebrauch zu machen, dessen sie fähig war. — Indem Baur die verschiedenen Hauptformen der heidnischen Religionen ins Auge faßt, findet er, daß überall Gott und Welt durch die Momente eines Processes vermittelt gedacht werden, der mehr oder minder den Charakter eines Naturprocesses trägt. Während aber in der griechischen Religion jener Proceß von Unten nach Oben, vom Unvollkommenen zum Vollkommenen fortgeht, geht dieser Proceß in den orientalischen Religionen den umgekehrten Weg. Nach griechischer Auffassung ist der Naturproceß der der Evolution, sie setzt daher an die Stelle der Kosmogonie die Theogonie, und läßt erst auf der höchsten Stufe den freien seiner selbst sich bewußten Geist über die materielle Welt sich erheben. Die Orientalen setzen als erstes Princip den reinen selbständigen Geist, und lassen die materielle Welt erst dadurch entstehen, daß der Geist durch eine Reihe von Potenzen und Wesen, welche gleich Lichtstrahlen von ihm ausgehen, aber je mehr sie sich vom Urlichte entfernen, an Lichtkraft verlieren, mit der Materie in Berührung kommt. Mag dies nun in der strengeren Form der Emanation geschehen, wie im Parsismus, oder durch einen Fall höherer Geister in die untere Welt, oder auf sonst eine Weise, „immer werden wir als das Wesentlichste und Allgemeinste, das hier in Betracht kommt, dieses ansehen dürfen, daß die Vermittelung zwischen Geist und Materie, den beiden entgegengesetzten Principien, auf irgend eine Weise vom Geiste aus geschieht“ [97]). Aus dieser Unterscheidung ergibt sich für Baur die wichtige Erkenntniß, daß die gnostischen Systeme nicht vom griechischen, sondern vom orientalischen Standpunkte ausgehen. Alles dieses ist so richtig und wahr, und wird so vollkommen durch die neueren Forschungen über die ägyptischen, babylonischen und phönikischen Kosmogonien bestätigt [98]), daß es nur darauf ankommt, das hier im Allgemeinen Ausgesprochene in umfassender Weise für die Erkenntniß der einzelnen gnostischen Systeme fruchtbar zu machen. Nach Mosheim's Vorgange, der zuerst auf den „Orientalismus“ in den gnostischen Systemen hinwies, haben daher schon Matter, Gieseler, Neander in der Kirchengeschichte und Baur selbst speciellere Berührungen der Gnosis mit orientalischen Systemen, namentlich mit dem Parsismus nachgewiesen, Schmidt und Baur zogen außerdem auch den Buddhismus in den Bereich dieser Forschungen, und Lassen hat neuerdings in seiner indischen Alterthumskunde [99]) dem Verhältnisse des Buddhismus und der indischen Religionssysteme überhaupt zum Gnosticismus einen eigenen Abschnitt gewidmet. Indessen möchte auch nach diesen neuesten Untersuchungen, die obendrein fast nur eine lichtvolle und vielfach lehrreiche Zusammenfassung und Revision der älteren Forschungen bieten, der Beweis für eine directe und tiefergreifende Einwirkung des Buddhismus auf den Gnosticismus noch immer nicht geführt sein. So gewiß das Manichäische Religionssystem, wie Baur unwiderleglich dargethan hat, auch äußerlich unter dem Einflusse buddhistischer Anschauungen sich gebildet hat, so wenig läßt sich

---

97) Gnosis S. 29 fg. 98) Vergl. Ewald, Ueber die phönikischen Ansichten von der Weltschöpfung (aus dem fünften Bande der Abhandl. der Gött. Ges. der Wissensch. Göttingen 1851). — Bunsen, Aegyptens Stellung in der Weltgeschichte V, dritte Abtheilung, und Bibelwerk, Bibelurkunden I, zweite Ausführung. 99) Dritten Bandes erste Abtheilung (1857) S. 379 fg.

aus den von Lassen geltend gemachten Berührungspunkten des Buddhismus mit dem Gnosticismus irgend eine über die unleugbare innere Ideenverwandtschaft hinausgehende Beziehung entdecken. Es ist wahrscheinlich, daß mittelbar durch den früh von indischen Einflüssen berührten Parsismus auch einzelne buddhistische Ideen noch weiter nach Vorderasien und Aegypten gedrungen sind, aber wie sich vor dem Manichäismus kein sicherer äußerer Beweis dafür führen läßt[1]), so möchte es noch schwerer fallen, auf dem Wege innerer Kritik dergleichen Elemente mit Sicherheit auszuscheiden. Ja selbst der für gewisse Systeme allerdings ganz unleugbare Einfluß der Lehre Zoroaster's ist vielfach überschätzt worden, und bei genauerem Eindringen in die vorderasiatischen Religionslehren hat sich Vieles als dort einheimisch herausgestellt, was man bis dahin auf parsische Rechnung zu setzen pflegte. Noch weniger hat es bisher gelingen wollen, aus der ägyptischen Religionsgeschichte neue Aufschlüsse über den Ursprung und Entwickelungsgang der gnostischen Systeme zu gewinnen. Die Naassener der Philosophumena ziehen die Osirismysterien in den Bereich ihrer Mythendeutung herein, indessen hatten grade diese längst eine Stelle in dem allgemeinen Religionssynkretismus des untergehenden Heidenthums erhalten, und grade die Gestalt der Ophitenlehre, welche die Philosophumena schildern, hat ihre Heimat offenbar nicht in Aegypten, sondern in Phrygien. Sicherer scheint die Vermuthung zu sein, welche den gnostischen Schlangendienst überhaupt auf Aegypten, wo derselbe bekanntlich von jeher eine bedeutende Rolle im religiösen Volksleben spielte, zurückführen möchte, und Mosheim hat sich sogar zu der weiteren Vermuthung veranlaßt gesehen, daß es lange vor der Entstehung des Christenthums in Aegypten eine jüdisch gnostische Secte von „Schlangenbrüdern" gegeben habe. Indessen entbehrt auch diese Annahme, die man vergeblich durch *Orig.* c. Cels. VI, 24 belegen wollte, jedes geschichtlichen Anhaltes, und selbst der ägyptische Ursprung der christlichen Ophiten ist mehr als fraglich. Auch die Phönizier hatten ihre Schlangengötter. Der ägyptische Kneph ward bei ihnen als Agathodämon verehrt und wenn auch der phönizische Name dieser Gottheit ungewiß ist, so steht doch fest, daß der Schlangengeist in den syrisch-phönizischen Diensten ganz ebenso wie bei den Aegyptern als die vernünftige Weltseele vorgestellt wurde. Von den Heilkräften der Schlange, welche durch Esmun, den phönizischen Aeskulap, repräsentirt wurden, wußten bekanntlich auch die Hebräer zu erzählen. So wahrscheinlich daher auch eine uralte Abhängigkeit des vorderasiatischen Schlangendienstes von den Aegyptern erscheinen mag, so wenig ist schon das bloße Vorkommen ähnlicher Ideen bei christlichen Gnostikern ein Beweis für directe Entlehnung; und noch weit weniger hat man Ursache, für die andere Seite der Ophitenlehre, nach welcher die Schlange ein boshaftes heimtückisches Wesen ist, auf den ägyptischen Typhon zurückzugehen, da diese Vorstellung in allen hier in Betracht kommenden gnostischen Systemen ausdrücklich an die bekannte Erzählung der Genesis angeknüpft wird. Die Annahme, daß Aegypten die Wiege der christlichen Gnosis sei, ruht in letzter Instanz lediglich auf der Voraussetzung ihrer Abstammung von der jüdisch-alexandrinischen Religionsphilosophie, aber auch hieran möchte bei aller Anerkennung eines inneren Verwandtschaftsverhältnisses Nichts unzuverlässiger sein als der jüdische Ursprung. Von allen uns bekannten gnostischen Systemen gehört, abgesehen von der Pistis-Sophia, nachweislich nur die Weiterbildung des Basilidianischen und wahrscheinlich auch das Valentinianische Alexandrien an. Endlich ist noch von verschiedenen Forschern, neuerdings namentlich von Matter und in ganz kritikloser Uebertreibung von dem viel belesenen englischen Herausgeber des Irenäus, Harvey, der Versuch gemacht worden, den Ursprung der Gnosis aus der Kabbala abzuleiten. Allein wenn irgend eine Hypothese, so ist diese eine schwere Verirrung. Die neueren Forschungen jüdischer Gelehrten, namentlich aber von Grätz in seiner Schrift: Gnosticismus im Judenthume (Krotoschin 1846), haben aufs Schlagendste nachgewiesen, daß die Kabbala, wenn man absieht von ziemlich unscheinbaren Anfängen, keineswegs älter als der Gnosticismus ist, sondern vielmehr im Ganzen und Großen sich gleichzeitig mit ihm, theilweise unter seinem directen Einflusse entwickelt hat. Dennoch ist ein tieferes Eindringen in die Ursprünge der Kabbala für die Geschichte der Gnosis nicht ohne Frucht. So war die bekannte Lehre der Clementinen vom Adam-Kadmon sicher aus der längst bestehenden Geheimüberlieferung jüdischer Schulen entnommen, ebenso wie die Syzygientheorie, oder der Dualismus zwischen einem männlichen und einem weiblichen Principe der Schöpfung. Eine ganze Reihe weiterer Ideen, deren Aufzählung an dieser Stelle zu weit führen würde, sind der Kabbala mit der Gnosis gemein, und wie Vieles in der Kabbala aus der Gnosis, so wird sich vieles Gnostische aus der Kabbala erläutern lassen, vorausgesetzt, daß man über das gegenseitige Verhältniß beider ins Klare ist. Gnosis und Kabbala sind zwei verschiedene Zweige derselben Wurzel, der Ursprung dieser Theorien ist jedoch ebenso wenig im Judenthume selbst als in parsischen Einflüssen zu suchen, sondern in der Berührung des Judenthums mit dem vorderasiatischen Heidenthume. Syrien und Mesopotamien sind die eigentlichen Heimatländer des Synkretismus, die mannigfaltigsten Gestalten von jüdisch-heidnischen und jüdisch-heidnisch-christlichen Mischreligionen, Mendaiten, Elkesaiten, Messalianer, Audianer, Drusen, Jeziden u. s. w. waren hier zu Hause, und selbst bei den Essenern möchte, was man insgemein auf Rechnung alexandrinischer oder neupythagoräischer Einflüsse bringt, muthmaßlich auf ähnliche einheimische Zusammenhänge zurückzuführen sein.

Eine nähere Betrachtung zeigt, daß kein anderes Land als Syrien die Geburtsstätte auch des christlichen Gnosticismus gewesen ist. Schon die äußeren Zeugnisse weisen mit einer seltenen Einstimmigkeit auf Syrien hin.

1) Nur von Bardesanes ist eine Bekanntschaft mit indischen Lehren und Gebräuchen geschichtlich überliefert, vergl. Neander, Gnost. Syst. S. 200 fg. Lassen, Ind. Alterthumskunde a. a. O. S. 861 fg.

Hierher gehört zunächst die allgemeine Annahme der Kirchenväter, daß der Magier Simon der Stammvater der gnostischen Ketzereien sei [2]); Simon aber gilt nach der einstimmigen Tradition für einen Samaritaner, Samarien und das ganze syrophönikische Gebiet als der eigentliche Stammsitz der Simonianischen Secte. Was an diesen allerdings sehr verworrenen Angaben Wahres sei, kann zunächst völlig außer Betracht bleiben; so viel aber leuchtet ein, daß die ganze Sage von Simon als dem gnostischen Archihäretiker überhaupt gar nicht hätte entstehen können, wenn die patristischen Erinnerungen nicht das westliche Syrien," wozu ja bekanntlich auch Samarien ebenso wie das ganze Palästina gerechnet wird, sondern ein so entlegenes Land wie Aegypten als das eigentliche Heimatland der Gnosis bezeichnet hätten. Die weitere Ausbildung der gnostischen Meinungen knüpft sich nach Irenäus an die Namen des Saturnin und des Basilides. Beide sollen nach Adv. haer. I, 24, 1 Schüler des Menander gewesen sein. Die Existenz dieses Menander möchte von der Kritik mit Unrecht bezweifelt worden sein, wenn auch die sehr verschiedenartigen Nachrichten über seine Person und Wirksamkeit noch einer kritischen Sichtung bedürfen. Wie es sich nun auch mit seinem angeblichen Verhältnisse zu dem Magier Simon verhalten haben mag, in seiner Lehre mußten bereits die Keime der nachmals von Saturnin und Basilides weitergebildeten Systeme gelegen haben. Nach Justin (Apol. I, 26. 56) und Irenäus (Adv. haer. I, 23, 5) war er ebenfalls von Geburt ein Samaritaner, seinen Aufenthalt scheint er aber in der Gegend von Antiochien genommen zu haben, wo Justinus noch Reste seiner Anhänger gefunden haben will (vergl. auch *Epiph.* Haer. 23, 1). Hier in Antiochien soll Saturnin die Bekanntschaft des Menander gemacht haben (*Epiph.* Haer. 23, 1; vergl. *Iren.* Adv. haer. I, 24, 1. 7). Nach den angeführten Zeugnissen steht es fest, daß Saturnin ein geborener Antiochener war und seine weitergebildete Lehre in seinem Heimatlande Syrien verkündigte. Sein Mitschüler Basilides war nach *Epiph.* Haer. 23, 1. 7. 24, 1 ebenfalls ein Syrer; die entgegenstehende Behauptung des Eusebius (H. E. IV, 7), der ihn zu einem Alexandriner macht, erklärt sich zur Genüge aus einem Misverständnisse des Irenäus [3]). Dieser behauptet aber nur (Adv. haer. I, 24, 1), Basilides sei ebenfalls ein Schüler des Menander gewesen, habe aber nicht wie Saturnin in Syrien, sondern in Alexandrien seine Lehre verbreitet. Pseudoorigenes führt diese letztere Notiz in seiner Weise dahin aus, daß er den Basilides in ägyptischer Weisheit unterrichtet werden läßt (Philos. VII, 27), was freilich damit nicht recht stimmen will, daß derselbe Verfasser das System des Basilides von Aristoteles ableitet. Sicher ist an dem Allen nur, daß Basilides von Syrien nach Aegypten sich wendete und dort seinen bleibenden Aufenthalt nahm; der grade hier sehr genau unterrichtete Epiphanios weiß noch die verschiedenen Gegenden Aegyptens zu nennen, die er durchwanderte (Adv. haer. 24, 1). Seitdem ist Aegypten und namentlich Alexandrien der Hauptsitz der Basilidianischen Secte; nach Basilides wirkte auch sein Sohn Isidoros hier, und aus dieser räumlichen Nähe erklärt sich die genaue Bekanntschaft des alexandrinischen Clemens mit Basilides und den Basilidianern. Mit diesen Ergebnissen stimmt der innere Verlauf des Basilidianischen Systemes. Nach den Untersuchungen Hilgenfeld's scheint es uns ausgemacht, daß die dem Systeme Saturnin's verwandte, streng dualistische Form der Basilidianischen Lehre die ältere, die in den Philosophumena vorliegende gräcisirende Gestalt die spätere ist. Erst in Alexandrien, der Metropole griechischer Wissenschaft, kann sich diese Umbildung vollzogen haben; die Einflüsse aber, unter welchen die neue geistvolle Form des Basilidianismus entstand, sind, wie Uhlhorn gründlich dargethan hat, vorzugsweise auf die Stoa zurückzuführen, daher die wohlfeile Vermuthung des Pseudoorigenes, Basilides sei in ägyptischer Weisheit unterrichtet worden, um so mehr auf sich beruhen muß. Erst mit Basilides gelangen wir also, wenn man die äußern Zeugnisse zu Rathe zieht, auf den Boden der alexandrinischen Gnosis, aber wohlgemerkt, erst in Folge einer Verpflanzung von Syrien her. Freilich würde dieses Ergebniß bedeutend erschüttert werden, wenn die Angabe Theodoret's (Haer. fab. II, 3) Glauben verdiente, daß schon Kerinth in Alexandrien gewirkt habe. Offenbar ist diese Nachricht aus den Philosophumena geschöpft, wo es X, 21 heißt, Kerinth sei ἐν τῇ *Αἰγύπτῳ*, d. h. nach VII, 33: *Αἰγυπτίων παιδείᾳ ἀσκηθείς*. Indessen ist dies nur eine jener vagen Vermuthungen, mit welchen Pseudoorigenes sein Buch so reichlich ausgestattet hat. Irenäus, den dieser Schriftsteller auch hier im Uebrigen wörtlich ausschreibt, versetzt den Kerinth vielmehr nach Asien (Adv. haer. I, 26, 1), und hiermit stimmen alle übrigen Ueberlieferungen zusammen: so die auf Polykarp zurückgeführte Geschichte von dem Zusammentreffen des Kerinth mit Johannes im Bade (*Iren.* Adv. haer. III, 3, 4), desgleichen sein bekannter sinnlicher Chiliasmus und sein Zusammenhang mit dem Montanismus (vergl. die Auszüge aus Cajus und Dionysius Alexandrinus bei *Euseb.* H. E. III, 28), um von der auch sonst bekannten strengen judenchristlichen Richtung Kerinth's zu schweigen, die dem alexandrinischen Spiritualismus diametral entgegengesetzt ist. Auch Epiphanios (Haer. 24, 1) versetzt den Kerinth übereinstimmend mit Irenäus nach Asien. Die weiteren Erzählungen (Haer. 28, 2—4), Kerinth habe die Streitigkeiten in Antiochien über die Beschneidung angeregt, gegen die Taufe des Cornelius protestirt und die Beschneidung des Titus (Gal. 2) verlangt, sind natürlich durchaus fabelhaft und erklären sich aus der auch sonst bezeugten Tendenz, den Kerinth zum Stammvater der Ebioniten zu machen; aber selbst diesen Fabeln liegt wenigstens die richtige Erinnerung zu Grunde, daß nicht Alexandrien, sondern Syrien und Kleinasien der Schauplatz seiner Thätigkeit war. Folglich wird es,

2) So schon *Hegesipp.* bei *Eus.* H. E. IV, 22. 3) Wenn die disputatio Archelai et Manetis ihn zu einem Perser macht, so bedarf es kaum der Bemerkung, daß diese handgreiflich falsche Nachricht nur aus dem Dualismus des Basilidianischen Systemes abstrahirt ist.

wenn man die äußeren Zeugnisse sorgfältig sichtet, trotz Pseudoorigenes und Theodoret dabei sein Bewenden haben müssen, daß nicht Kerinth, sondern Basilides der erste war, welcher die gnostischen Lehren in Alexandrien einheimisch machte. Erst von jetzt an gewinnt das alexandrinisch-hellenistische Element für die Geschichte des Gnosticismus eine tiefere Bedeutung. Von Valentinus, der etwa ums Jahr 136 als Lehrer auftrat, gilt es unter den Neueren für ausgemacht, daß er ein Alexandriner war. Epiphanios bemerkt jedoch (Adv. haer. 31, 2), den Meisten sei seine Abkunft unbekannt, kein Schriftsteller gebe seinen Geburtsort an; nur mit allem Vorbehalte erwähnt er, was ihm (vermuthlich in Aegypten selbst) gerüchtweise zu Ohren gekommen war, Valentin sei von Geburt ein Phrebonites vom ägyptischen Küstenlande gewesen und zu Alexandrien in der griechischen Literatur unterrichtet worden. Irenäus berichtet nur (Adv. haer. 3, 4, 3), daß er unter dem Bischofe Hyginus nach Rom kam und hier noch unter Pius und Anicetus wirkte. Von wannen er gekommen, ist aus dieser Mittheilung nicht zu entnehmen. Indessen ist, wenn auch die alexandrinische Abkunft Valentin's dahingestellt bleiben muß, wenigstens seine alexandrinische Bildung wahrscheinlich. Sein System, in welchem der Gnosticismus seine reichste Blüthe erschloß, ist eine Gräcisirung der aus Irenäus bekannten Ophitenlehre; wie bei den späteren Basilidianern die stoischen, so wiegen hier die Platonischen Einflüsse vor. Die Geschichte der Valentinianer weist eine mannigfache Verzweigung auf. Nach Pseudoorigenes (Phil. VI, 35) spalteten sie sich in eine orientalische und eine italische Schule. Der ersteren sollen der sonst unbekannte Axionikos und Bardesanes (? cod. *Ἀρδησιάνης*), der letzteren Herakleon und Ptolemäos angehört haben. Herakleon ist durch seinen Commentar zu Johannes bekannt, von welchem Origenes zahlreiche Bruchstücke aufbewahrt hat. Von Ptolemäos haben wir noch den Brief an die Flora (bei *Epiph.* Haer. 33, 3 seq.); er war ein Zeitgenosse des Irenäus, welcher seiner Darstellung der Valentinianischen Lehre vorzugsweise die Meinungen des Ptolemäos zu Grunde legte (Adv. haer. prooem., vergl. 1, 8, 5). Die *διδασκαλία ἀνατολική* kennen wir hauptsächlich aus den freilich auch noch einer gründlichen kritischen Sichtung bedürfenden Auszügen aus den Schriften Theodot's, die den Werken des alexandrinischen Clemens angehängt sind. Die Heimat des Bardesanes, den Pseudoorigenes als das Haupt der orientalischen Schule zu nennen scheint, war das östliche Syrien, wahrscheinlich Edessa in Mesopotamien[4]), wo er in der zweiten Hälfte des 2. Jahrh. in enger Freundschaft mit dem Könige Abgar Bar Maanu lebte (vergl. hierüber besonders *Hahn*, Bardesanes gnosticus. Lips. 1819. p. 13 seq.) Er wird auch von Eusebius (H. E. IV, 30) und Epiphanios (Haer. 56, 2) unter die Valentinianer gezählt; indessen hat schon Neander (Gnost. Systeme S. 192) die Unrichtigkeit dieser Annahme erwiesen. Sein System ist dem Valentinianischen nur verwandt, aber die Berührungen reichen nicht weiter, als die Uebereinstimmung der Valentinianer mit den Ophiten geht; dagegen zeigt es, wie Uhlhorn (Homilien und Recognitionen des Clemens Romanus S. 412 fg.) nachgewiesen hat, sehr auffallende Aehnlichkeit mit den Clementinischen Homilien. Der Dualismus ist, wie schon Neander sah, kein absoluter, und kann daher auch nicht auf persische Einflüsse zurückgeführt werden; wir begegnen hier durchaus dem in syrochaldäischen Vorstellungen wurzelnden Gegensatze eines activen und eines passiven, männlichen und weiblichen, rechten und linken Princips. Noch bestimmter weist die Vorstellung von der Sonne als dem Vater und dem Monde als der Mutter aller Dinge (bei *Ephrem.* Opp. Syr. Lat. Rom. 1737. T. II, 555 E) auf den vorderasiatischen Mythenkreis zurück. Die Sonne ist das männliche, zeugende, der Mond das weibliche, empfangende und die empfangene Lebenskraft weiter verbreitende Princip. Diese Vorstellung ist keineswegs specifisch ägyptisch, sie ist vielmehr die Grundlage aller vorderasiatischen Naturreligion und tritt in den phönikisch-babylonischen Religionslehren in immer neuen Formen hervor. So empfängt die phönikische Mondgöttin Onka ihr Licht von dem Sonnengotte Belsamin, um es weiter auszugießen in der sublunarischen Welt (Movers, Phönizier I. S. 643 fg. 648). Wie völlig die Lehre des Bardesanes in dem Ideenkreise seiner Heimat wurzelt, beweist auch seine jetzt im syrischen Original wiederaufgefundene Schrift: *Περὶ εἱμαρμένης* (bei *Cureton*, Spicilegium Syriacum 1855), die sich sehr eingehend mit astrologischen Untersuchungen beschäftigt[5]). Je weniger nach dem Allen an eine Abhängigkeit des Bardesanes von Valentinus gedacht werden kann, um so wichtiger ist seine nahe Beziehung zur Ophitischen Lehre. Ganz wie die Ophiten läßt Bardesanes die Mutter alles Lebens oder den heiligen Geist von dem Vater alles Lebens befruchtet werden und den himmlischen Christus gebären; wenn aber die Ophiten bei dieser Erzeugung einen Theil von dem göttlichen Lichte auf die linke Seite übersprudeln lassen, so findet sich auch diese Vorstellung bei Bardesanes wieder vor. Aus diesem ins Chaos übergesprudelten Lichte wird die Chakhmuth oder Achamoth gebildet, welche mit Christus eine Syzygie bilden soll, aber als das unvollkommene weibliche Licht erst durch Christus, das vollkommene männliche Licht, zum Bewußtsein ihrer höheren Abkunft und zur Erinnerung geführt werden muß. Die im Chaos allein gelassene Chakhmuth bildet unbewußt, von Christus geleitet, den Demiurgen und durch diesen wieder die untere Welt; aber herabgestürzt aus ihrer himmlischen Heimat, sehnt sie sich nach dem göttlichen Lichte und klagt mit Ps. 22, 1: Mein Gott und König, warum hast du mich verlassen!

4) Pseudoorigenes (Phil. VII, 31) nennt ihn einen Armenier, was mit der genannten Angabe nur scheinbar in Widerspruch steht.

5) Auch der Assyrer Tatian gehört mit Bardesanes zusammen. Schon Duncker wies auf die Aehnlichkeit vieler seiner Lehren mit den Clementinischen Homilien hin in dem Göttinger Pfingstprogramme: Apologetarum sec. saec. de essentialibus naturae humanae partibus placita. Part. II. (1850.) Weiteres s. bei Uhlhorn a. a. O. S. 413 fg.

Die Erlösung erfolgt durch den herabsteigenden Christus, der einen ätherischen Lichtkörper annimmt; das Ende wird die Vermählung der Achamoth mit Christus, der geistigen Naturen mit den Engeln sein, was Bardesanes unter dem Bilde eines Gastmahls darstellt (vergl. Neander, Gnost. Systeme S. 194 fg. *Hahn*, Bardesanes gnosticus p. 62 sq.). Alles dies weist deutlich auf die Lehre der Ophiten hin, wie dieselbe von Irenäus dargestellt wird.

Dieses Ergebniß ist von äußerster Wichtigkeit für die Geschichte der Ophitischen Lehre. Bardesanes repräsentirt die syrische Gestalt des Ophitischen Systemes ganz ebenso wie Valentinus dessen alexandrinisch-hellenistische Umbildung. Näher gehört Bardesanes dem östlichen Syrien an, aber auch in West-Syrien gab es Ophiten, wie schon aus *Epiph.* Adv. haer. 40, 1 erhellt. Epiphanios bezeichnet hier auf Grund eigener Nachforschungen Palästina als den eigentlichen Sitz der Archontiker, einer mit den Ophiten des Irenäus wesentlich identischen Partei. Die letzte Entscheidung auf die Frage, wo die Ophiten ursprünglich zu Hause waren, kann jedoch nur aus inneren Gründen erfolgen: diese aber entscheiden unzweideutig für die syrische oder vorderasiatische Heimath. Schon im Valentinianischen Systeme sind von den offenbar auf griechischem Stamme erwachsenen Ideen eine Anzahl von Vorstellungen zu scheiden, die auf eine ältere Grundlage zurückweisen. Dahin gehört schon die Zurückführung der erstërzeugten Ogdoas auf eine Vierheit, welche als mannweiblich gedacht wird (*Iren.* Adv. haer. I, 1, 2)[6]). Bei der Vierzahl ließe sich mit Irenäus an die Πυθαγορικὴ τετρακτύς denken, aber die Art, wie die Ogdoas auf die Tetras reducirt erscheint, kann nur aus dem vorderasiatischen Mythenkreise erklärt werden. Eben dahin führt der hebräische Ausdruck כל־ארבע, den schon Heumann zu *Iren.* Haer. I, 14, 1 und nach ihm Volkmar aus dem Namen des angeblichen Valentinianers Colarbasus richtig herausgefunden hat. Auch die grade bei Valentin so ausgeprägte Syzygienlehre führt auf syrochaldäische Ursprünge; die Entwickelungsform des All durch die Polarität eines männlichen und eines weiblichen Principes, von denen jenes als vollkommen, dieses als mangelhaft, jenes als der Quell der Ordnung und Stätigkeit, dieses als die Ursache der Unordnung und Zerstörung gedacht wird, ist bei den Vorderasiaten recht eigentlich zu Hause, und nur beiläufig mag angemerkt werden, daß dieser Gegensatz auch bei den Valentinianern gelegentlich als ein Gegensatz der δεξιά und ἀριστερά bezeichnet wird (*Iren.* Adv. haer. I, 5, 1). Wenn Irenäus desselben zunächst bei der Unterscheidung des psychischen und des hylischen Elementes erwähnt, so schied ja auch der Valentinianer Secundus in der ersten Ogdoas zwischen einer τετρὰς δεξιά und einer τετρὰς ἀριστερά, und bezeichnete jene als φῶς, diese als σκότος. Offenbar wird die rechte Tetras von den vier männlichen, die linke von den vier weiblichen Aeonen der Ogdoas gebildet. Weitere Spuren, daß der Grundstamm der Valentinianischen Lehre nicht auf alexandrinisch-hellenistischem, sondern auf vorderasiatischem Boden erwachsen ist, sind die allerdings ziemlich spärlichen, aber grade durch ihre Vereinzelung wichtigen hebräischen und syrischen Ausdrücke. Dahin gehört außer dem besprochenen כל־ארבע die constante Bezeichnung Ἀχαμώθ für die κάτω Σοφία, desgleichen der Name Ἰαώ (*Iren.* Adv. haer. I, 4, 1). Beide Ausdrücke sind den Valentinianern mit den Ophiten gemein, aber bei den letzteren sind sie, wie die Menge ähnlicher Namen zeigt, einheimisch. Wenn die Markosier, die mit Valentin die Lehre von den 30 Aeonen theilen, noch mehr Beispiele dieser Art, namentlich einige hebräische oder aramäische Gebetsformeln aufbewahrt haben (*Iren.* Adv. haer. I, 21, 3), so müssen wir auch hier wol ältere Ophitische Bestandtheile annehmen. Doch bedarf die dermalen noch sehr wenig erforschte Markosiersecte überhaupt noch einer eingehenderen Prüfung, um die Pythagoräischen Elemente schärfer, als bis jetzt möglich ist, von den vorderasiatischen sondern zu können. Auch die von Epiphanios mitgetheilten Aeonennamen, die bis jetzt jeder Entzifferung getrotzt haben (Adv. haer. 31, 2), sind, wenn nicht Alles trügt, sicher nicht von Valentinus ausgegangen. Dagegen verdient der andere, unseres Wissens zuerst von Harvey bemerkte Umstand besondere Beachtung, daß die von den Valentinianern citirten neutestamentlichen Stellen auf den Text der Peschito zurückgehen (vergl. z. B. zu *Iren.* Adv. haer. I, 3, 3); eine Er-

6) Vergl. auch Adv. haer. I, 11, 5, wo Irenäus von einigen Valentinianern erzählt, sie hätten sich den Βυθός mannweiblich gedacht. Wir können nicht umhin, hierin eine sehr alte Vorstellungsform zu finden. Bekanntlich war es eine Streitfrage in der Schule, ob der Βυθός ursprünglich für sich allein als ἄζυγος, oder von Anfang an mit seiner σύζυγος, der Σιγή oder Ἔννοια verbunden gewesen sei. Die ausdrückliche Angabe des Irenäus (Haer. I, 2, 1), gegen welche die entgegengesetzte Behauptung des Pseudoorigenes (Phil. VI, 29) nicht in Betracht kommen kann, entscheidet für die Priorität der letzteren Vorstellung. Wenn Pseudoorigenes die Pythagoräische Monas dem Valentinus und den Häuptern der italischen Schule, Herakleon und Ptolemäos, wirklich vindiciren will, so würde diese Behauptung lediglich auf dem Interesse beruhen, die Valentinianische Lehre überhaupt so viel als möglich auf Pythagoras zurückzuführen. Indessen wird diese Deutung der betreffenden Stelle ohnehin durch das Nachfolgende sehr unwahrscheinlich gemacht, und über Ptolemäos bringt Pseudoorigenes nach Irenäus noch selbst eine ganz entgegengesetzte Notiz (Phil. VI, 38). Auch nach *Iren.* I, 8, 5 schloß Ptolemäos den Βυθός und die Σιγή in die erste Tetras ein, und dieselbe Lehrform ist uns auch von der morgenländischen Schule bezeugt Exc. ex script. Theod. §. 29. Andererseits erklärt sich leicht, wie aus der dualistischen Vorstellung die monadische erwachsen konnte. Die Σιγή oder Ἔννοια gehörte ja wesentlich mit dem Βυθός zusammen, ist nur die andere, eigenschaftliche Seite des Urvaters, daher konnte das Urprincip ebenso gut auch mannweiblich gedacht werden, sofern ja die Σιγή als συνυπάρχουσα τῷ προπάτορι nur in und an ihm existiren konnte. Ganz wie in den vorderasiatischen Religionsformen konnte also die Syzygie des männlichen und des weiblichen Princips auch wieder zu einem mannweiblichen Wesen zusammenfließen, und man sieht nicht ein, warum nicht beide Vorstellungen von Anfang an sollen neben einander hergegangen sein. Dagegen ist es nur eine offenbare Übertreibung, wenn an die Stelle des mannweiblichen Urprincips die reine Monas gesetzt wird, und ebenso ist die deutlich an die Syzygienlehre der Philosophumena erinnernde Ansicht zu beurtheilen, welche den Βυθός als ἄζυγον, μήτε ἄρρενα μήτε θήλειαν, μήτε ὅλως ὄντα τι bezeichnet (*Iren.* Adv. haer. I, 11, 5. *Epiph.* 32, 7).

scheinung, die in Ophitischen Citaten bei Irenäus wiederkehrt. Die anderweiten Berührungspunkte des Valentinianischen Systemes mit dem Ophitischen können hier außer Acht bleiben; nach unserer Ansicht müssen überall, wo bei beiden gemeinschaftliche Ideen sich finden, die Ophiten als die ältere, die Valentinianer als die jüngere aus jener hervorgegangene Secte betrachtet werden, und nur im Vorbeigehen sei noch angemerkt, daß bei einem Theile der Valentinianer sich auch die Ophitischen Namen ἄνθρωπος und υἱὸς ἀνθρώπου für den προπάτωρ und den πατήρ erhalten haben. *Iren.* I, 12, 4. *Epiph.* 35, 1; vergl. auch Dorner, Entwickelungsgeschichte I, 371.

Wenden wir uns nun von dem Systeme Valentin's zu dem aus Irenäus bekannten Ophitischen zurück, so gewinnen alle jene bisher vereinzelten Spuren vorderasiatischer Abkunft inneren Zusammenhang. Das hellenische Element, welches bei Valentin im Vordergrunde stehe, tritt hier gänzlich zurück; dafür weist uns Alles auf das mit sprochaldäischen Elementen getränkte, sei es palästinische, sei es babylonische, Judenchristenthum hin. Daß die ganze Darstellung statt im Gebiete der griechischen Mythenbereitung sich innerhalb der alttestamentlichen Religionsgeschichte bewegt, soll hier nur beiläufig in Erinnerung gebracht werden. Aber im engsten Zusammenhange hiermit stehen die hebräischen Namen der sieben Sterngeister, die sich in die Herrschaft des Volkes Israel theilen; Jaldabaoth, d. h. ילדא־בהות, der Chaosgeborene, Jao, Sabaoth (צבאות), Adonäus (אדוני), Eloäus (אלהים), Oreus (אור) und Astaphäus oder Astanphäus (eine Hithpaelform von einem Stamme ספא wie es scheint). *Iren.* I, 30, vergl. *Orig.* c. Cels. VI, 31. *Epiph.* Haer. 25. 26. 40. Die Namen weichen theilweise in der Reihenfolge ab; bei den Phibioniten des Epiphanios (Haer. 26, 10) erscheinen auch einige andere Namen: die sieben sind hier (von Unten nach Oben) Ἰαώ, Σακλᾶς, Σήθ, Δαΐδης (anderwärts Δάδην, cod. Ven. Δαυίδην), Ἐλωαῖος oder Ἀδωναῖος[7]), Ἰαλδαβαώθ, nach Andern Ἠλιλαῖος (אלילים), im siebenten Himmel Σαβαώθ, nach Andern Ἰαλδαβαώθ. Indessen dienen auch diese Differenzen nur dazu, die wesentliche Identität dieser auf hebräischem Boden erwachsenen Namen zu bestätigen, und schon die alten Ketzerbestreiter weisen darauf hin, daß eine Anzahl dieser Archontennamen den verschiedenen alttestamentlichen Bezeichnungen Gottes entsprechen. Hiermit stimmen eine Menge anderweiter hebräischer oder aramäischer Ausdrücke und Wendungen, die wir bei den Ophiten und ihren zahlreichen Abzweigungen, den Barbelioten, Phibioniten, Sethianern, Kainiten, Archontikern u. s. w. vorfinden, zusammen. Dahin gehören außer der hier einheimischen Achamoth die Dämonennamen Michael, Sammael u. s. w. (vergl. auch *Orig.* c. Cels. 6, 30), die Barbelo ([illegible], ἐν τετράδι θεός, womit es eine ähnliche Bewandtniß hat wie mit Colarbasus), die Norea (d. h. נַעֲרָה, puella), nach den Ophiten des Irenäus die Schwester des Seth, nach Andern (*Epiph.* Haer. 26, 1) die Gattin des Noah u. a. m. Vieles hiervon begegnet uns auch in der rabbinischen Ueberlieferung wieder. Ferner ist zu erinnern an die bekanntlich auch sonst in judenchristlichen Kreisen vorkommende Weiblichkeit des heiligen Geistes, desgleichen an ganze Wendungen, wie das aus Jes. 28, 10 entlehnte קַו לָקָו, צַו לָצָו, זְעֵיר שָׁם, dessen mystische Auslegung wir nicht nur bei verschiedenen Ophitischen Parteien (Philosoph. V, 8. *Epiph.* Haer. 25, 3 seq.), sondern auch bei den Basilidianern[8]) (*Iren.* Adv. haer. I, 24, 5) wiederfinden. Alle diese Spuren weisen deutlich nicht blos auf eine jüdisch-christliche Heimat, sondern noch specieller auf das hebräisch-aramäische Sprachgebiet zurück, und berechtigen uns zu dem Schlusse, die ersten Anfänge der Ophitenlehre nirgends anders als bei den Judenchristen Syriens und Chaldäa's zu suchen.

Allerdings ist aber dieses syrische Judenchristenthum durchaus von heidnischen Vorstellungen getränkt, nur daß wir die Wurzeln derselben nicht sowol bei den Griechen als in den vorderasiatischen Religionssystemen zu suchen haben. Auf Zusammenhänge mit dem syro-phönikischen und babylonischen Heidenthume weist, wie oben bemerkt, schon die ganze Form der gnostischen Kosmogonien hin. Wie in den vorderasiatischen Religionen, so nimmt auch in allen älteren gnostischen Systemen die Kosmogonie eine sehr hervorragende Stellung ein, und während die ausgebildetere Emanationsidee erst späteren Datums ist, so geben sich die mythologischen Personen des gnostischen Buches Baruch, der pseudosimonianischen Apophasis und der verschiedenen Ophitischen Systeme ganz unzweideutig als kosmogonische Potenzen zu erkennen. Wir finden hier eine Mythenbildung, die bei aller Mannigfaltigkeit im Einzelnen ganz an die durch Berosos, Damaskios und Philon von Byblos aufbewahrten phönikischen und babylonischen Kosmogonien erinnert. Die Erzählung des Buches Baruch, daß Elohim und Edem ursprünglich in ehelicher Gemeinschaft mit einander gelebt und gemeinsam die Welt und die Menschen geschaffen hätten, bis Elohim sich von Edem trennt, zum großen Schmerze seiner Genossin, die nach vergeblichen Versuchen die Liebe ihres ungetreuen Gemahles wiederzugewinnen, ihre Engel zum Kampfe wider Elohim und seine Angehörigen aufrief, ist durchaus eine Reproduction älterer phönikischer und babylonischer Vorstellungen. Edem ist die Erde, Elohim der Himmel, über beiden steht der höchste Herr und Gott als das männliche Urprincip. Nimmt hier die ganze Entwickelung ihren Verlauf in Folge jener gestörten Einheit zwischen Elohim und Edem, so findet sich auch in der babylonischen Kosmogonie des Berosos die Idee einer uranfänglichen Verbindung zwischen Himmel und Erde, welche Bel der Demiurg in zwei Hälften ge-

7) Bei *Orig.* c. Cels. 6, 31 ist die Reihenfolge: Horäus, Ailoäus, Astaphäos, Sabaoth, Jao, Jaldabaoth. Durch ein Versehen ist zwischen Astaphäos und Sabaoth der a. a. O. richtig erwähnte Adonäus weggeblieben.

8) Wie nahe übrigens die Basilidianer auch sonst mit den so genannten Ophitischen Parteien verwandt sind, beweist unter andern die Notiz des Epiphanios (Haer. 26, 9), daß auch bei den Phibioniten die 365 Archonten sich vorfanden.

schieden hat (*Berosus* ed. *Richter* p. 50; vergl. Movers, Phönizier I, 271. Bunsen, Aegypten V 1. S. 226 fg.). Auch in der Mochkosmogonie des Damaskios gehen Himmel und Erde in zwei Hälften aus einander, nachdem Khusôros, der Eröffner des Welteis, sich gespalten hat: und wie bei Berosos Bel, so steht hier Ulom, der geistige Gott, der aus sich selbst den Khusôros erzeugt, über Himmel und Erde, als das höhere, dem demiurgischen Processe jenseitige Princip (*Damasc.* c. 125 ed. *Kopp* p. 385. Movers a. a. O. Bunsen a. a. O. S. 235 fg.). Noch überraschender ist die Verwandtschaft mit dem, was Philon Byblios erzählt (*Eusebius*, Praep. Ev. I, 10. p. 36 b). Uranos, hören wir hier, ehemals Ἐπίγειος (Adam) genannt, habe sich von seiner Gattin Gê (Adama) geschieden; trotzdem besucht er sie noch immer wider deren Willen. Aber als er die eigenen Kinder schwängern will, ruft Gê dieselben wider den Vater zum Kampfe. Die weitere Geschichte, welche den Kampf des Uranos mit Ilos-Kronos und seine endliche Entmannung durch den letzteren berichtet, bietet zwar keine Parallelen mit der Gnosis mehr dar, ist aber in ihrer Grundlage sicher altorientalische Mythe und Nichts weniger als eine willkürliche Gräcisirung, wenn Philon auch im Einzelnen Manches dem selbst erst von den Phöniziern stammenden Hesiodeischen Berichte entnommen haben mag*). Uns interessirt zunächst nur die Identificirung des Uranos mit dem Epigeios, d. h. dem Adam-Kadmon, welche Bunsen sicher mit Unrecht fortschaffen möchte. Der gnostische Elohim, welcher, ehe er zum Himmel emporsteigt, mit Edem-Adama im ehelichen Bunde lebt, liefert hierzu den ungesuchten Commentar. Das Buch Baruch schildert ferner die Edem als ein zweigestaltiges Wesen, der Obertheil bis zum Nabel ist der Körper einer Jungfrau, der Untertheil der einer Schlange (Phil. V, 26). Man könnte hier an die erdgeborenen Giganten und ähnliche Unholde denken, aber unter griechischem Himmel sind dergleichen Misgeschöpfe sicher nicht gewachsen, ihre ursprüngliche Heimat ist vielmehr ebenfalls der Orient. Das Wichtigste hierbei aber ist, daß auch diese Vorstellung kosmogonische Bedeutung hat. Berosos (p. 49 sq. ed. *Richter*) erzählt uns von ungeheuerlichen doppelgestaltigen Wesen, die in dem uranfänglichen Chaos erzeugt wurden, „Menschen mit zwei oder vier Flügeln und doppeltem Antlitze, zweiköpfig, zwittergeschlechtig, auch mit Thiergestalten gemischt, mit Bockshörnern oder dem Hintertheile von Pferden. Ebenso gab es Stiere mit Menschenantlitzen, Hunde mit Fischschwänzen, Rosse mit Hundsköpfen, auch Menschen mit Fischschwänzen, dazu manches andere Gewürm und Schlangen von absonderlichen Bildungen. Ihre Abbildungen werden aufbewahrt im Belstempel. Allen diesen stand ein Weib vor, Omoroka (im Arm. Eus. Markaia), auf Chaldäisch Thalatth (Moledeth, Lebensmutter). Belus zerschnitt dieses Weib in zwei Hälften, aus der einen entstand die Erde, aus der andern der Himmel“ (Bunsen, Bibelurkunden I, 22). Es ist klar, was diese Mischwesen bedeuten: sie stellen in sinnlich anschaulicher Weise das ursprünglich chaotische Beieinandersein der verschiedenartigsten Stoffe und Gestalten dar, welche erst durch den fortgehenden Weltbildungsproceß nach ihren Gattungen und Arten gesondert und geordnet wurden. Die Thalatth oder Moledeth ist die mythologische Personificirung der noch ungeordneten Welt: darum besteht auch sie aus einer oberen und einer unteren Hälfte, welche erst auseinandertreten müssen, damit Ordnung und Regelmäßigkeit in die Schöpfung komme. Ganz dasselbe gilt von der gnostischen Edem. Wenn sie einerseits als die anfängliche Genossin des Elohim erscheint, von dem sie geschieden wird, so ist sie andererseits selbst wieder die Personification der uranfänglichen chaotischen Verbindung von Himmel und Erde, der oberen und der unteren, der geistigen und der materiellen Welt. Wie Elohim, ehe er zum Himmel, seiner eigentlichen Wohnstätte, emporsteigt, selbst auf der Erde weilt, als Adam-Kadmon die Adama zu seiner Ergänzung an sich hat, so hat die Edem-Adama schon selbst ein doppeltes, ein oberes und ein unteres Bestandtheil an sich, von denen das eine obere dem Elohim entspricht, während das andere wie-

*) Bekanntlich gehört die Glaubwürdigkeit des Philonischen Sanchuniathon zu den noch gegenwärtig schwebenden kritischen Streitfragen, vergl. *Renan*, Mémoire sur l'origine et le caractère véritable de l'histoire Phénicienne qui porte le nom de Sanchoniathon. Extrait du Tome XXIII 2de partie des Mémoires de l'académie des inscriptions et belles lettres. Nach Renan war der Verfasser ein unbekannter Phöniker im Seleucidischen Zeitalter, der im Namen des alten Sanchuniathon schrieb; der Byblier Philon übersetzte sein Buch in der Zeit Hadrian's. Die Gegenargumente Ewald's (Göttinger gelehrte Anzeigen 1852. Stück 145 und 146) wollen wenig besagen. Darunter findet sich auch ein Argument, das vom Namen Sanchuniathon entlehnt wird. Weil dies ein ganz gewöhnlicher Eigenname sei, so folgert Ewald, das Buch müsse echt sein! Uns scheint die ganze Frage nach der Existenz jenes angeblichen Sanchuniathon eine ziemlich müßige. Daß uns die alten kosmogonischen Mythen nicht in ursprünglicher Gestalt überliefert sind, steht ebenso fest, wie die andere Thatsache, daß das Ganze nicht rein erdichtet, sondern seinem Grundstoffe nach wirklich aus der religiösen Volksüberlieferung entlehnt ist. Ob die gegenwärtige gräcisirte Gestalt derselben von jenem Unbekannten aus der Seleucidenzeit, oder erst von Philon, oder auch theilweise von dem Einen, theilweise von dem Andern herrühre, trägt wenigstens für uns durchaus Nichts aus. Was an jenen Mythen wirklich echt phönikischen Ursprungs sei, wird sich doch nur in jedem einzelnen Falle durch vergleichende Kritik sämmtlicher einschlagender Nachrichten ermitteln lassen. Eine nähere Betrachtung zeigt aber, daß die verschiedenen Berichte Philon's in Verbindung mit den anderweit auf uns gekommenen phönikischen und babylonischen Kosmogonien sich gegenseitig controliren. Nimmt man nun die zahlreichen Beiträge, welche auch die gnostischen Systeme, wie sich zeigen wird, liefern, noch hinzu, so wird sich das Echte an jenen Ueberlieferungen im Ganzen mit ziemlicher Sicherheit nachweisen lassen. Unsere nachfolgende Darstellung hat es sich zur Aufgabe gestellt, unter dankbarer Benutzung des von Movers, Ewald und Bunsen bereits Geleisteten überall auf das Gemeinsame und Uebereinstimmende in jenen Mythen zurückzugehen, und wenn wir hoffen dürfen, hierdurch einen festen Boden zur Beurtheilung der ebenso vorderasiatischen Bestandtheile der verschiedenen gnostischen Systeme gewonnen zu haben, so möchte umgekehrt diese bisher unterlassene Herbeiziehung der syrischen Gnosis auch wieder nicht ohne Frucht für die Kritik des angeblichen Sanchuniathon sein. Bei kritischen Fragen, wie die vorliegende ist, muß das Eine dem Andern wechselseitig stützen helfen.

der Nichts ist als das mythische Bild der dem Geiste entgegengesetzten Materie. Die eigenthümliche Weiterbildung dieser archaistischen Anschauung durch die Gnosis liegt nur darin, daß dieses Zusammensein zweier entgegengesetzter Principien, welches in den ältern Mythologien nur kosmogonische Bedeutung hat, und also zum Zwecke der Weltordnung aufhören muß, hier doch wieder als eine während des ganzen irdischen Weltverlaufes andauernde Mischung eines höheren und niederen Princips gefaßt wird. Ganz ähnlich läßt daher auch eine andere Ophitische Partei, von welcher Epiphanios berichtet (Haer. 45, 2), alle Menschen aus einer göttlichen und einer teuflischen Hälfte bestehen; oberhalb des Nabels ist der Mensch ein Gebilde der göttlichen, unterhalb desselben der satanischen Macht. Bei derselben Partei findet sich die Vorstellung, daß die Schlange nach ihrem Sturze aus der oberen Welt sich mit der Erde als mit einem Weibe fleischlich vermischte (Haer. 45, 1). Offenbar ist dies nur die andere Seite der im Buche Baruch angedeuteten Idee; eben sofern die mythische Figur der Erde aus beiden Bestandtheilen zusammengesetzt ist, kann sie ebenso gut wie sie das eine Mal als σύζυγος des Elohim erscheint, das andere Mal wieder als die σύζυγος des Schlangengeistes als des personificirten teuflischen Princips gedacht werden. Weiter hängt hiermit die ebenfalls zunächst in kosmogonischen Zusammenhängen auftretende Vorstellung von der unreinen μήτρα zusammen, die Epiphanios von einem nicht näher bezeichneten Zweige der Ophiten (Haer. 25, 5), Pseudoorigenes aber von den ebenfalls Ophitischen Sethianern berichtet (Phil. V, 19). Nach ersteren waren im Anfange Finsterniß, Chaos und Wasser (σκότος καὶ βυθὸς καὶ ὕδωρ), der Geist aber, in der Mitte derselben befindlich, sonderte sie; in blinder Wuth gegen den Geist entbrannt, bäumt sich die Finsterniß auf, vermischt sich mit ihm und erzeugt die μήτρα, welche selbst wieder von der Begierde nach dem Geiste entzündet wird. Sie gebiert nun erst 4, dann andere 14 Aeonen, und so entsteht eine Rechte und eine Linke, Licht und Finsterniß. Zuletzt nach Allem geht ein αἰσχρὸς αἰών hervor, vermischt sich mit der μήτρα, und daraus entstehen Götter und Engel und Dämonen und sieben Geister. Vergl. auch Haer. 26, 1. Nach den Sethianern der Philosophumena entsteht aus der ersten großen συνδρομή der drei uranfänglichen Principien eine μεγάλη τις ἰδέα σφραγῖδος, Himmel und Erde. Diese haben die Gestalt einer μήτρα, mit dem Nabel in der Mitte, daher die schwangere μήτρα jeder beliebigen Thiergattung ein Abbild (ἐκτύπωμα) des Himmels und der Erde und aller in der Mitte befindlichen besonderen Substanzen enthält. — Offenbar führen alle diese Ideen immer wieder auf den kosmogonischen Mythenkreis des vorderasiatischen Heidenthums zurück, die μήτρα ist die Thalatth oder Lebensmutter des Berosos, oder das Weltei, aus dessen Spaltung Himmel und Erde und alle gesonderten Gattungen der Dinge hervorgehen, und wenn die Sethianer hierfür auch die Orphischen Hymnen herbeizogen, so kann doch nach allem Bisherigen nur an eine Benutzung der aus gleicher Quelle mit jenen gnostischen Mythen geflossenen Orphischen Ideen, nicht aber an eine directe Abstammung jener von diesen gedacht werden. Bei den übrigens schon sehr von griechischen Elementen berührten Peraten findet sich sogar auch der Name der Berosischen Thalatth (Phil. V, 14). Die von Pseudoorigenes ausgezogene Stelle aus einer bei den Peraten im Gebrauche befindlichen Schrift lautet nach Bermann's Uebersetzung (Niedner's Zeitschrift 1860, 2. S. 241 fg.) so: „Ich bin die Weckstimme im Aeon der Nacht, künftig beginne ich die Macht aus dem Chaos zu enthüllen. Die Macht des Gewölbes [10]) im Abgrunde, die den fauligen Schlamm heraufbringt aus dem unvergänglichen Weltflüssigen, die ganze Macht krampfhafter Bewegung, wasserfarben, immer bewegt, welche trägt was bleibt, hält was bebt, löst was geht, erleichtert was belastet ist und reinigt was wächst; die treue Verwalterin über die Spur der Lüfte, die das Ausgespiene abwäscht von des Gesetzes zwölf Augen und das Siegel offenbart für die mit den unsichtbaren herbeirauschenden Wassern waltende Kraft, diese Macht heißt Meer (θάλασσα). Nur Unkenntniß nannte sie Kronos, in Ketten gefesselt, während er das Geflecht des dichten und nebligen, unklaren, finsteren Tartaros zusammenschnürte." Bei aller Verderbniß des Textes ist doch so viel klar, daß, wie schon Schneidewin und Duncker zur Stelle erkannten, nicht an das Meer, sondern lediglich an die babylonische Thalatth zu denken sei, und es heißt nur das Klare durch das Dunkle aufhellen, wenn Bermann sich dafür lieber auf des Pythagoras symbolische Lehrart berufen will, wonach das Meer Thräne des Kronos heißt. Auch ohne eine nähere Prüfung alles Einzelnen leuchtet ein, daß die Thalatth oder Thalassa, wie sie mißverständlich gräcisirt wurde, nur die das Chaos, den Urschlamm oder das Urwasser bewegende und durchwaltende Lebensmutter ist, von welcher alle bestimmten Dinge und Gestalten, indem sie emportauchen aus der chaotischen Masse, ihren Ursprung nehmen. Dieser das Chaos bewegenden Thalatth entspricht in der Kosmogonie des Eudemos (bei *Damascius* ed. *Kopp* p. 385) die Durchdringung der Omichle (Nebel) mit dem Pothos, dem geistigen Princips (dem Apazon oder חפץ, wie es anderwärts heißt), woraus Aër und Aura, d. h. nach Bunsen's Erklärung das Materielle, mit dem Geistigen nicht Gemischte einerseits und das vom Geistigen selbst bewegte lebensvolle Vorbild hervorgeht. Noch verwandter aber ist die phönikische Kosmogonie des Philon Byblios, von welcher wir das hierher gehörige Bruchstück (bei *Eusebius*, Praep. Ev. I, 10. p. 33 d) nach Bunsen's in der Hauptsache treffender Uebersetzung (Aegypten V°. S. 257 fg.) mittheilen: „Anfang des Alls war eine finstere und stürmisch bewegte Luft oder ein Wehen finsterer Luft und trübes abgründlich dunkles Chaos. Dieses war unbegrenzt und hatte Aeonen hindurch keine Schranken. Da ward der Geist von Liebe entzündet zu seinen eigenen Anfängen, und es ent-

10) So Bermann nach der Lesart des Codex: θάλασσα. Aber die göttinger Ausgabe emendirt richtig θολός, was offenbar das einzig Passende ist.

stand eine Durchdringung und diese Verflechtung wird genannt Sehnsucht. Dieses ist der Anfang der Schöpfung aller Dinge: der Geist selbst aber hatte kein Bewußtsein seiner Schöpfung. Aus dieser Ineinanderflechtung des Geistes entstand Mòth (so liest Bunsen wol richtig statt Μώτ), was Einige als Schlamm erklären, Andere als Fäulniß wässeriger Mischung. Aus Mòth ward alle Besamung der Schöpfung und der Anfang des Weltalls. Es waren aber auch da Geschöpfe ohne Bewußtsein, durch welche vernünftige Geschöpfe erzeugt wurden. Man nannte sie Zophasemin, d. h. Himmelsspäher. Und Mòth ward gleichmäßig gebildet eiförmig. Und es erglänzten Sonne, Mond und Sterne und die großen Gestirne. Als die Luft sich aufgehellt hatte durch die Erhitzung und ebenso das Meer und die Erde, da entstanden Winde und Wolken, und ungeheure Regengüsse himmlischer Gewässer strömten herab. Und als durch des Feuers Erhitzung Alles geschieden und von seinem eigenen Orte gesondert war und Alles in demselben Augenblicke das eine mit dem andern sich begegnete und sich gegen einander stieß, da erfolgten Donnerschläge und Blitze. Durch das Donnergeprassel nun wurden jene vernünftigen Geschöpfe aufgeweckt und aufgeschreckt durch den Lärm: und es regten sich auf Erden und im Meere Männchen und Weibchen. Dies ward verzeichnet gefunden in der Kosmogonie des Taautos und in seinen Aufzeichnungen."

Der unbewußt im Chaos waltende Geist, der von Liebe zu seinen Anfängen ergriffen wird, und der so Mòth, den Urschlamm oder das Weltei aus sich erzeugt, konnte bald als männlich, bald als weiblich, bald wieder als mannweiblich dargestellt werden. Das Erstere ist das gewöhnliche in den phönikischen Kosmogonien, und findet sich auch in der babylonischen Kosmogonie des Eudemos. Das Chaos (Bahu, Behmth, βυθός, bei den Babyloniern Tauthe, Tahuth) ist dann das weibliche Urprincip, mit dem der Geist als σύζυγος ursprünglich vermählt, durch sein Liebesverlangen alles Lebendige aus dem Chaos erzeugt. Sofern dieser Geist aber doch mehr oder minder in der Materie gebunden, als die unbewußt sich regende Lebenskraft im Chaos erscheint, entsteht die mythische Gestalt der Moledeth oder Lebensmutter, mehr oder minder bestimmt als Weltseele gedacht; aber wie dieses weibliche Princip selbst wieder ein höheres, männliches zu seiner Voraussetzung hat, so steht bei Berosos Bel der Demiurg, in einer von Philon Byblios mitgetheilten Kosmogonie (*Eus.* Praep. Ev. I. c. p. 36 a sq.), Eliûn, d. h. עליון der Himmelshöchste (sonst Bel-Samin), neben und über dem Mutterschoße des Lebens. Die dritte geistigste Wendung dieser Vorstellung ist die, welche an die Stelle des anfänglichen Dualismus zwischen Geist und Materie ein einheitliches Urprincip setzt, den ewigen Urgrund alles geistigen und physischen Lebens, welcher als solcher mannweiblich, oder auch über alle Geschlechtsdifferenz noch hinausliegend gedacht wird. Diese letztere geistigste Gestalt, von welcher sich in den bekannten phönikischen Kosmogonien nur unsichere Spuren finden, begegnet uns mit größerer Bestimmtheit erst in dem Ophitischen und Valentinianischen βυθός, dem vergeistigten Chaos.

Blicken wir von hier aus auf das Ophitische System zurück, so finden wir zunächst wieder die kosmogonische Mutter alles Lebendigen, das erste Weib, oder den heiligen Geist, der über den Wassern schwebt (Gen. 1, 1); unter ihr die vier Elemente: Wasser, Finsterniß (σκότος), Abyssos, Chaos (*Iren.* Haer. I, 30; *Theodoret.* Haer. fab. I, 14; *Epiph.* Haer. 37, 3). Aber über ihr steht der erste und der zweite Mensch; jener ist das erste Licht, der βυθός, als geistige Potenz, selig, unvergänglich, grenzenlos, der Vater von Allem: aus ihm geht als seine ἔννοια der Sohn des Menschen, der zweite Mensch oder das zweite Licht hervor. Die Lebensmutter oder der heilige Geist steht unter ihnen, aber von der Schönheit des Weibes ergriffen, erfüllen Vater und Sohn sie mit ihrem Lichte, und erzeugen mit ihr vermischt ein unvergängliches Licht, das dritte männliche Princip, Christus, den Sohn des ersten und zweiten Menschen und des heiligen Geistes, der ersten Frau; da diese aber das Uebermaß des Lichtes nicht ertragen kann, läßt sie einen Theil desselben auf die linke Seite überfließen, und so entsteht die Sophia oder Prunikos, d. h. die Achamoth (syrisch [illegible], Chakhmûth, Erzeugerin, Gebärerin, durch Verwechselung mit [illegible], חָכְמָה, fälschlich in Σοφία gräcisirt, vergl. *Hahn*, Bardesanes gnosticus p. 64 sq.). Sie wird auch mannweiblich vorgestellt, sie schwimmt auf den Wassern, bewegt sie, die vordem unbeweglich waren, treibt sie zum Abyssos und nimmt aus ihnen einen Körper an, bedarf jedoch, um sich oberhalb der Materie zu erhalten, der Unterstützung durch die Lichtkraft von Oben. Offenbar kehrt in dem Gegensatze von Christus und Sophia, als dem Rechten und Linken, Männlichen und Weiblichen nur der erste kosmogonische Gegensatz in anderer Form wieder; Sophia bildet aus sich selbst den Himmel und die untere Welt, als Licht von Oben ist sie nichts Anderes als die Weltseele oder das geistige Lebensprincip der Schöpfung, daher sie zuweilen noch selbst den Namen μήτηρ τῶν ζώντων führt (*Epiph.* Haer. 26, 10; vergl. 25, 2, wo sie mit der bei Irenäus allerdings in anderem Zusammenhange auftretenden Barbelo oder Barbero identificirt wird). Unter ihr sind die sieben Himmel mit ihren Archonten, entsprechend den sieben Gestirnen: Saturn, Jupiter, Mars, Sonne, Venus, Merkur, Mond, daher der Aufenthalt der Weltbildnerin als der höchste, achte, Himmel (Ogdoas) bezeichnet wird. Spielt hier das astronomische Element der vorderasiatischen Naturreligionen herein, so weist auch die Anlage der obersten Principien auf denselben Ideenkreis zurück. Der βυθός, der seine ἔννοια aus sich herausstellt, ist wieder nichts Anderes als das Chaos, in welchem der Geist zunächst noch bewußtlos beschlossen ist, bis er zu selbständiger Thätigkeit erwacht aus dem Urgrunde hervorgeht; das Neue und Eigenthümliche dieser Vorstellung ist nur, daß das kosmogonische Moment bereits in den Hintergrund gedrängt ist durch den phänomenologischen Proceß. Der Urgrund ist an sich schon

Geist oder Verstand (νοῦς), aber er muß erst seine ἔννοια von sich unterscheiden, also in den Unterschied mit sich selbst eingehen, ehe er zum concreten, persönlichen Bewußtsein und zur schöpferischen Offenbarung seines Wesens kommt. Dieselbe Lehre finden wir bei den Valentinianern und in der Simonianischen Apophasis (Phil. VI, 18). Wie aber in der alexandrinischen Religionsphilosophie diese Offenbarungsseite des Absoluten bald als σοφία, also weiblich, bald als λόγος, also männlich erscheint, so findet auch in gnostischen Kreisen dasselbe Schwanken statt. Den Valentinianern und dem Pseudo-Simon ist ἔννοια das weibliche Princip, die σύζυγος des Urgeistes, die Ophiten bezeichnen sie dagegen als männlich, als den zweiten Menschen oder den Menschensohn, fassen also in der Einheit desselben Begriffes noch zusammen, was in der ἔννοια und dem μονογενής der Valentinianer auseinanderfällt. In der Auseinanderlegung des göttlichen Wesens in die verschiedenen Aeonenpaare, die uns bei Valentin, aber auch bei Basilides, Pseudo-Simon und den Barbelioten des Irenäus (Adv. haer. I, 29, 1) begegnet, drängte das phänomenologische, speculative Element das ältere kosmologische, mythische immer entschiedener zurück, wie man aber die Genesis jener philosophischen Ideen nicht erkennen kann, wenn man nicht auf den Mythenkreis der ältesten Naturreligion Vorderasiens zurückgeht, so sind dieselben auch da, wo der Begriff schon auf dem Punkte steht, das Bild zu durchbrechen, noch immer an die mythologische Einkleidung gefesselt geblieben. Ein besonders deutliches Beispiel hierfür ist die pseudosimonianische Lehre der ἀπόφασις μεγάλη (Phil. VI, 9 fg.). In der vorliegenden Gestalt ist das System durchaus von stoischen Anschauungen durchdrungen, trotzdem ist die alte kosmogonische Grundlage ganz unverkennbar. Aus dem Urprincipe gehen drei Syzygien hervor, νοῦς und ἐπίνοια, φωνή und ὄνομα, λογισμός und ἐνθύμησις. Diese Benennungen beruhen aber nur auf einer späteren Umdeutung; daneben stehen noch die kosmogonischen Ausdrücke: Himmel und Erde, Sonne und Mond, Luft und Wasser (Phil. VI, 13). Unzweifelhaft sind die letzteren Benennungen die älteren, und wenn auch die Zusammenstellung dieser drei Paare in der vorliegenden Ordnung sich nicht anderweit belegen läßt, so sind alle diese Syzygien doch aus dem alten kosmogonischen Mythenkreise der vorderasiatischen Völker entlehnt. Von der Syzygie des Himmels und der Erde sprachen wir bereits; sie sind das erste kosmogonische Paar, in der Religion der Phönikier Baal und Aschera. Sonne und Mond sind ebenfalls altphönikische Gottheiten, Moloch und Astarte, in denen der erste Gegensatz von Baal und Aschera nur nach einer anderen Seite hin wiederkehrt. Moloch, der Gott des verzehrenden Feuers, ist mit Baal verschmolzen Melkarth, der Stadtkönig von Tyrus, dessen Leben im Sonnenlaufe angeschaut wurde, Astarte, die jungfräuliche Mondgöttin, ward als Schutzgöttin vornehmlich von den Sidoniern verehrt, aber beide gehören als Gatte und Gattin auch wieder unzertrennlich zusammen. Die beiden freistehenden Säulen, welche Herodot (II, 44) im Tempel des Melkarth, oder des tyrischen Herakles sah, die eine von Gold, die andere von Smaragd, von denen die eine bei Tage, die andere bei Nacht leuchtete, waren, wie schon Baur ganz richtig vermuthete (Gnosis S. 306), dem Sonnengotte und seiner Genossin der Mondgöttin geweiht [11]); beide, Melkarth und Astarte, wurden ja neben einander in Tyrus verehrt (vergl. Menander bei *Joseph. c. Apion.* I, 18). Dieselben Bildsäulen finden wir nach Philos. VI, 20 auch bei den „Simonianern" wieder; angeblich als Bilder des Simon und der Helena, die als Zeus und Athene angebetet werden seien. Der Berichterstatter setzt aber treuherzig genug gleich selbst hinzu, daß seine vermeintlichen Simonianer gegen diese Deutung ihrer Bilder auf Simon und Helena sich kräftigst verwahrt hätten, d. h. das unter diesen Bildern verehrte Paar war ein wirkliches Götterpaar, seine Verehrer keine Simonianer, sondern phönikische Heiden. Dies ist auch das Wahre an des Märtyrers Justin verworrener Angabe, daß Simon und Helena noch zu seiner Zeit fast von allen Samaritanern als Götter verehrt würden (Apol. I, 26); gemeint sind die alten tyrischen Landesgottheiten, Herakles-Melkarth der Sonnengott und Selene-Astarte; die Verwechselung war aber leicht genug: die Helena heißt auch in den Clementinischen Recognitionen Luna, und wenn auch Justin den Magier Simon fälschlich mit dem altsabinischen Gotte Semo Sancus verwechselte, dessen Bild er auf einer Tiberinsel fand, so erinnert doch der Name Simon in der That an eine semitische Gottheit, welche auch Movers (I, 417) mit dem tyrischen Herakles zusammenbringt. So weist uns hier Alles auf die Religion der Phönikier hin, aber auch die dritte Syzygie von Luft und Wasser fanden wir bereits als Geist (Hauch, vergl. רוח) und Chaos, ein unter den verschiedensten Benennungen wiederkehrendes kosmogonisches Paar.

An alte mythologische Anschauungen erinnert weiter auch die Ophitische Benennung erster Mensch und zweiter Mensch oder Menschensohn. Es ist dies die ja auch in den Clementinischen Homilien und der späteren Kabbala vorkommende Lehre von dem Adam-Kadmon, die sich bis zu den Phönikiern und Chaldäern zurückverfolgen läßt. Von dem Epigeios oder Autochthon, der mit dem Uranos identisch ist, wurde bereits geredet; er ist der Sprößling des Eliun und der Beruth, oder (nach Bunsen) Beuth, d. h. des Himmelhöchsten und des Chaos (*Eus.* P. E. l. c. p. 36 a; Bunsen, Aegypten V^a, 321 fg.), eine Vorstellung, die in der Ophitenlehre ihre nächste Parallele findet. In einem anderen, ebenfalls von Philon aufbewahrten kosmogonischen Bruchstücke erscheint ebenfalls dieser γήϊνος oder αὐτόχθων, d. h. der Adam-Kadmon (*Eus.* P. E. l. c. p. 35 d; Bunsen a. a. O. 300 fg.), freilich in einem Zusammenhange, dessen mythologische Bezüge noch nicht völlig aufgeklärt sind [12]). Eine dritte

11) Ueber ähnliche Säulen vergl. Movers I, 292 fg. 343 fg. Duncker, Geschichte des Alterthums I, 159. 12) Er erscheint als Bruder des τεχνίτης (des Demiurgen?), und beider Abstammung wird hergeleitet von Χρυσώρ, dem Eisenarbeiter Hephästos und seinem Bruder Moloch. Ἀγρότης wird der auch sonst bekannte

Kosmogonie (bei *Eus.* P. E. I. c. p. 34 b; Bunsen a. a. O. S. 269 fg.) läßt den Ewigen, *Αἰών*, עולם, und den Protogonos (קדמון) als ein Brüderpaar von Kolpia (קול פיה, Geist, Hauch = רוח) und Baau (בהו, Nacht, Chaos) ausgegangen sein, wahrscheinlich sind aber Ulom und Kadmon auch hier nur die zwei verschiedenen Seiten einer und derselben kosmogonischen Potenz. An den phönikisch-griechischen Kadmos braucht nur im Vorübergehen erinnert zu werden, um so wichtiger aber ist, daß auch die babylonische Kosmogonie des Eudemos den mit dem *Πρωτόγονος* wesentlich identischen *Μωυμῖς* kennt (*Damasc.* c. 125 ed. *Kopp* p. 384; Bunsen a. a. O. S. 250 fg.). Monogenes mit seinen Brüdern und Schwestern stammt von Tauthe, dem Chaos und Apason, dem von Liebe zu seinen eigenen Anfängen entzündeten Geiste; er soll chaldäisch *Μωυμῖς* heißen, d. h. nach Bunsen's richtigerer Herstellung Monymos, Vorbild der Völker (a. a. O. S. 351). Auch der Adam der Chaldäer, von welchem die Philosophumena Kunde geben, gehört hierher (Phil. V, 7. p. 97 ed. Oxon.). In allen diesen Mythologien ist der Monogenes, Protogonos, Epigeios oder Adam-Kadmon nicht das oberste geistige Princip selbst, sondern erst aus diesem und dem *Βυθός* oder Chaos hervorgegangen; das Entsprechende in der Ophitenlehre ist also nicht der *Βυθός*, der hier freilich als Urgeist selbst wieder den Namen des ersten Menschen empfängt, sondern der *δεύτερος ἄνθρωπος* oder der Menschensohn. Dieser ist derselbe, der bei den Naassenern der Philosophumena (V, 6 fg.) als der *ἄνθρωπος* schlechthin erscheint, welcher zugleich *υἱὸς ἀνθρώπου* oder Adamas heißt, der *μέγας ἄνθρωπος ἄνωθεν*, der *ἄνθρωπος ἀχαρακτήριστος* oder *ἀρχάνθρωπος ἄνωθεν*, dessen Abbild der erdgeborene Urmensch ist. Wie bei den Ophiten des Irenäus der Urgeist und das Chaos der alten Mythen in die Einheit des *Βυθός* zusammengefaßt sind, so ist in diesem Adamas der *υἱὸς ἀνθρώπου* und die *μήτηρ τῶν ζώντων* zur Einheit des Begriffes zusammengegangen, er ist der *ἀρσενόθηλυς ἄνθρωπος*, Vater und Mutter zugleich, das Princip alles Lebens und aller Beseelung in der endlichen Creatur; unter ihm stehen, als das dritte und vierte Princip, Christus der *ἔσω ἄνθρωπος* oder *υἱὸς ἀνθρώπου κεχαρακτηρισμένος* und der Demiurg, der *θεὸς πυρινός*, El-Schaddai [19]). Freilich ist bei dem synkretistischen Mythengewirre, mit welchem Pseudoorigenes uns hier überschüttet, das Eindringen in die inneren Zusammenhänge der „Naassener"-Lehre äußerst erschwert, doch ergibt sich das Gesagte als das sichere Resultat einer ins Einzelne eindringenden Prüfung. Sofern dieser Adamas zugleich die Weltseele ist, wird er mit der über den Wassern schwebenden Lebensmutter, also mit dem Wassergeiste identificirt, er ist *ὠκεανός*, *ὕδωρ*, *'Ιορδάνης* und wird nach verschiedenen Bezügen hin wiederum bald mit Osiris, bald mit dem Schlangengeiste in Eins gesetzt. Als eine weitere Parallele für diese schon sehr verschwommene Lehrbildung mag noch das Bruchstück herbeigezogen werden, welches Epiphanios (Haer. 26, 3) aus einem gnostischen Evangelium der Eva mittheilt: „Ich stand auf einem hohen Berge und sah einen großen Menschen, und einen anderen kleineren, und ich vernahm wie eine Donnerstimme, und ich trat näher hinzu, um zu hören und er sprach zu mir: Ich bin du und du bist ich, wo du bist, da bin ich, in Allem bin ich ausgegossen, von wannen du willst, sammelst du mich, und sammelst du mich, so sammelst du dich." Offenbar ist auch hier der Adam-Kadmon als Weltseele gedacht, dagegen läßt sich in der bestimmteren Unterscheidung des *ἄνθρωπος μακρός* und des *ἄνθρωπος κολοβός* wol noch die ältere Ophitenlehre von dem ersten und zweiten Menschen erkennen.

Es kommt hier endlich auch noch die Stellung in Betracht, welche die Schlange überhaupt in den gnostischen Systemen einnimmt. Die älteste Vorstellung knüpft sich hier einfach an die alttestamentliche Erzählung vom Sündenfalle. Naas, der Schlangendämon, ist nach dem Buche Baruch der Baum der Erkenntniß im Paradiese, aber zugleich das dem *πνεῦμα* Elohim's feindliche teuflische Princip, welches auf Geheiß der Mutter Edem mit dem *πατρικὸς ἄγγελος* Baruch, dem Vertreter des pneumatischen Elementes, im steten Kampfe liegt. Er ist der *παράνομος*, der allerlei *παρανομία* vollbringt, er verführt die Eva und hurt mit ihr, mit Adam treibt er Päderastie, und wird überhaupt die Ursache aller Gesetzesübertretung und Sünde in der Welt (Phil. V, 26). Die Schlange ist also hier nach einer auch sonst dem Judenthume geläufigen Vorstellung der Teufel (vergl. Apok. 12, 9; 20, 2). Wesentlich dieselbe Stellung nimmt der Schlangengeist *'Οφιόμορφος* noch bei den Ophiten des Irenäus ein. Er ist auch hier die personificirte *ὕλη*, und als solche das Princip alles Bösen und aller Auflehnung gegen die Gebote des Judengottes, der böse Dämon Michael oder Sammael der Rabbinen. Wie schon die Paradiesesschlange mit dem Baume der Erkenntniß in naher Beziehung steht, so ist nach dieser Ophitenlehre Ophiomorphos der in Schlangengestalt verkehrte *νοῦς*, Geist, Seele, überhaupt Princip alles Weltlichen; aus ihm geht Vergessenheit, Bosheit, Eifersucht, Neid und Tod hervor. Aus dem Paradiese herabgestürzt in die untere Welt umgibt sich hier Ophiomorphos mit sechs Dämonen und bildet so eine Hebdomas nach dem Bilde der Hebdomas Jaldabaoth's; dies sind die sieben daemones mundiales, welche stets dem Menschengeschlechte feindselig sind, weil Ophiomorphos um der Menschen willen

---

Chusoros sein, der Eröffner des Weltalls; sofern er aber als Hephästos bezeichnet wird, ist er mit seinem Bruder, dem Feuergotte Moloch, wesentlich identisch. Beide mythologische Personen sind wol nur eine Auseinanderlegung der bekannten höchsten Gottheit der Phöniker, die nach der einen Seite als der Himmelsherr, nach der andern als Moloch erscheint (der tyrische Baal-Melkarth), aber auch *Αἰών* und sein Bruder *Πρωτόγονος* würden identisch sein, der Adam-Kadmon oder Protogonos, der auf der andern Seite zugleich der unter dem Himmelshöchsten stehende Demiurg oder Creator ist. — Die von Bunsen a. a. O. versuchte Herstellung scheint uns sehr zweifelhaft.

19) *'Ησαλδαῖος* Phil. V, 7, vergl. Phil. V, 26 *'Ησαλδαῖος*, d. i. *'Ηλσαδδαῖος*. Die Conjectur der göttinger Ausgabe, dort *'Ησαλδαῖον* vielmehr *'Ιαλδαβαώθ* zu lesen, hat so viel Schein, daß wir selbst früher unabhängig auf dieselbe gekommen waren. Dennoch halten wir sie jetzt zuverlässig für falsch.

aus dem Paradiese gestürzt wurde [14]). Aber wenn es auch hier Ophiomorphos und seine Dämonen sind, die die Menschen zu aller Ungerechtigkeit und Sünde verführen, so liegt doch in der Stellung, welche Jaldabaoth der Judengott in diesem antijüdischen Systeme einnimmt, der Anknüpfungspunkt für eine Vorstellung, welche diesen Widerstand gegen Jaldabaoth und sein Gesetz als ein Zeichen höherer Veranstaltung betrachten konnte. Schon nach den Ophiten des Irenäus bedient sich die Sophia der Schlange, um durch sie Adam und Eva zur Uebertretung des Gebotes zu verleiten, wodurch Jaldabaoth die Menschen in Unwissenheit über ihre höhere Abkunft erhalten will. Muß hier das Böse auch wider Willen dem Guten dienen, so führte die Weiterspinnung dieses gefährlichen Gedankens leicht genug dazu, in der Schlange, sofern sie die Erkenntniß bringt, einen guten Dämon, in dem Widerstande gegen die demiurgische Satzung das Ringen des Geistes nach Befreiung von fesselnden Banden zu sehen. Die ἄνομοι des alten Testamentes werden so zu den wahren Pneumatikern, der Schlangendämon zum Vertreter des pneumatischen Princips, zum Werkzeuge der oberen Mächte. Es ist dies bekanntlich die Lehre der Kainiten (*Iren.* Haer. 1, 31; *Epiph.* Haer. 38), welche in Kain, Esau, Korah, den Sodomiten, dem Verräther Judas u. A. ihre Vorbilder erkennen; dagegen wird Baur auch nach Barmann's neuerlichem Einspruche [15]) wol Recht behalten, wenn er in diesen nicht blos verschiedenartigen, sondern entgegengesetzten Vorstellungen von der Schlange das Merkmal zweier verschiedener Ophitischer Parteien erkennt, und die Darstellung des Irenäus nur auf die Sethianer bezieht (Christl. Gnosis 185 fg.). Wenigstens sind nach den letzteren, wie Epiphanios berichtet, nicht die Sprößlinge Kain's, sondern die Sethiten das erwählte Geschlecht. Seth gehört, wie sein getödteter Vorgänger Abel, der ἄνω δύναμις, der Sophia an, Kain und seine Nachkommen den weltschöpferischen Engeln, und nur die Arglist der letzteren stiftet immer neue Verwirrung, indem sie zuerst die Sethiten verführt, mit den Kainiten sich zu vermischen, darnach, als die Mutter die Sintfluth schickt, den Ham in die Arche schiebt, um das von ihnen geschaffene Geschlecht zu erhalten (*Epiph.* Haer. 39, 2). Christus ist nach der Lehre dieser Partei selbst der wiedergekommene Seth, um so weniger konnten sie also daran denken, die Schlange, deren Epiphanios hier freilich keine Erwähnung thut, für den Himmelskönig zu halten, wie sonst als Ophitische Meinung berichtet wird (*Epiph.* Haer. 37, 5). Die Verschiedenheit der Ophitischen Parteien ist, was Barmann unbeachtet ließ, quellenmäßig bezeugt. Die gemeinsame Benennung Ophiten rührt lediglich von den Gegnern her, fehlt auch noch im Berichte des Irenäus. Sie selbst nannten sich Gnostiker; den Namen Naassener, für die aus Irenäus bekannte Partei völlig ohne Sinn, haben wenn irgend welche nur diejenigen Gnostiker sich angeeignet, welche, wie Epiphanios weiß (Haer. 37, 5), die Schlange als göttliches Wesen verehrten. Nur ist freilich der Ursprung dieser Verehrung mit alledem noch nicht erklärt. Das alte Testament weiß, außer von der Erkenntniß, welche die Schlange bringt, auch von ihrer Wunderwirksamkeit in den Händen des Moses vor Pharao (Ex. 4, 17) und ihrer Heilskraft in der Wüste (Num. 21, 8 sq.) zu erzählen; aber alle diese vereinzelten Vorstellungen gewannen eine tiefere Bedeutung erst in einer umfassenden Gesammtanschauung, die nicht auf alttestamentlichem Boden entsprossen ist. Wir meinen die schon von Irenäus als Meinung Einiger angedeutete Vorstellung von der Schlange als Weltseele [16]), wovon uns gegenwärtig die Philosophumena umfassendere Kunde geben. „Die Naassener," heißt es bei Pseudoorigenes (V, 9. p. 119 ed. Oxon.), „haben ihren Namen davon, daß sie nichts Anderes als den νάας (נחש) verehren. Naas aber ist die Schlange, von welcher alle Tempel (ναοί) unter dem Himmel den Namen haben; jenem einen Naas gehören alle Heiligthümer, Weihen und Mysterien und es gibt überhaupt kein Mysterium unter dem Himmel, ohne einen ναός, und darinnen der νάας. Sie erklären aber die Schlange für eine flüssige Substanz (τὴν ὑγρὰν οὐσίαν), wie auch Thales, der Milesier, und nichts Seiendes, sei es unsterblich oder sterblich, beseelt oder seelenlos, könne ohne sie bestehen. Ihr sei Alles unterworfen, sie selbst aber sei gut, und habe Alles in sich wie in dem Horne eines einhörnigen Stieres (vergl. Deut. 33, 17), allen Dingen gebe sie Schönheit und Anmuth, einem jeden nach seiner Art." Zum Verständnisse dieser Lehre muß man sich erinnern, daß das Wasser oder die ὑγρὰ οὐσία nach der Naassenerlehre überhaupt als das Princip alles geistigen und physischen Lebens gedacht wird. Der Okeanos ist die γένεσίς τε θεῶν γένεσίς τ' ἀνθρώπων (V, 7, p. 105 seq. ed. Oxon.), aufwärts fließend ist er die γένεσις θεῶν, niederwärts fließend die γένεσις ἀνθρώπων, und dieselbe Vorstellung kehrt unter den mannigfaltigsten Bildern, Osiris, Jordan, den Paradiesesströmen u. s. w. wieder. Bei aller Verwandtschaft mit anderweiten, insbesondere auch griechischen Anschauungen werden wir hier wiederum an die kosmogonischen Mythen der semitischen Stämme erinnert. Wie die Erzählung der Genesis, so lassen auch die Babylonier und Phönikier die Welt aus Wasser entstehen; der Geist, der in den Gewässern sich regt, die einen aufwärts, die anderen niederwärts treibt, und so zwischen Himmel und Erde eine Scheidewand gründet, ist dem alten Testamente der über den Wassern schwebende Gottesgeist, während den übrigen Semiten jene chaotischen Gewässer selbst als belebt gelten. Daher jene abergläubische Verehrung des Wassers und seiner Wunderkräfte, die uns vielleicht schon bei den Essenern, sicher bei den Mendaiten (oder den

14) Ihre Namen theilt *Orig.* c. Cels. 6, 30 aus einem Ophitischen Diagramme mit: Michael der löwenförmige, Suriel der stierförmige, Raphael der drachenförmige, Gabriel der adlerförmige, Thauthabaoth der bärenförmige, Erataoth (der hundsförmige, wie Celsus ergänzt), Onoel oder Thartharaoth (Thaphabaoth) der eselsförmige. 15) Niedner's Zeitschrift 1860, 2. S. 234 fg.

16) Haer. 1, 30, 15. Vergl. *Theodoret.* Haer. fab. 1, 14: καὶ τὴν [illegible] δὲ τὴν [illegible] τοῦ δράκοντος [illegible] τὸ σῶμα, [illegible] τοῦ δράκοντος.

sogenannten Johannesjüngern), bei den Elkesaiten u. a. Parteien begegnet. Sofern nun das Wasser durch seine ununterbrochene Bewegung alles Lebendige aus sich erzeugt, dient es als passende Bezeichnung der Weltseele, welche als das zwischen der oberen und unteren Welt vermittelnde Princip in ewigen Schlangenwindungen von Oben nach Unten und wieder von Unten nach Oben sich krümmt und dadurch alle Dinge mit einander verknüpft. Als Weltseele ist daher die Schlange den Naassenern identisch mit dem unter den verschiedensten Gestalten angebeteten und in allen lebendigen Wesen sich offenbarenden Adamas oder υἱὸς ἀνθρώπου. Aber wie aus der ursprünglichen chaotischen Mischung Oberes und Unteres, Geistiges und Materielles, Unvergängliches und Vergängliches hervorgeht, so gehört auch der zwischen beiden hin und her sich windende Schlangengeist dem Einen wie dem Anderen an; wendet er sich der unteren Mischung zu, so entsteht die vergängliche Geburt, richtet er sich im aufwärtsfließenden Strome nach Oben, so erzeugt er Unsterbliches und Geistiges. Noch bestimmter ist diese Doppelseitigkeit ausgeprägt in der Lehre der Peraten. Wir bemerkten schon, daß die babylonische Thalatth von ihnen nach griechischer Etymologie auf das Meer bezogen und dieses als das Princip aller lebendigen Bewegung im Chaos betrachtet wird. Aber seinem chaotischen Ursprunge gemäß ist das Wasser das Verderben, dem keine von den vergänglichen Creaturen entrinnen kann, es sei denn, daß es ihnen gelungen, beim Auszuge aus Aegypten oder der Körperwelt hindurchzudringen durchs rothe Meer, d. h. dem Wasser des Verderbens, welches Kronos ist, oder der Vergänglichkeit und dem Werden zu entrinnen. Wie Kronos, der Unglücksplanet, die Ursache des Verderbens für alle unter seiner Herrschaft stehende Creatur, so sind überhaupt die Sterne oder Planeten der vergänglichen Geburt als die Götter des Verderbens gedacht, welche Alles, was entsteht, der Nothwendigkeit unterwerfen. Sie sind die Wüstenschlangen, von denen Moses spricht, welche alle durch das rothe Meer Hindurchgedrungenen stechen und verderben, aber mit den Göttern des Verderbens ist auch der Gott des Heils in der Wüste, denn Moses hat hier die wahrhaftige und vollkommene Schlange erhöht, um Alle, die an sie glauben, vor den Bissen der Wüstenschlangen, d. h. den Nachstellungen der dämonischen Mächte zu retten. Diese allvollkommene Schlange, welche allein das Heil bringt, ist dieselbe, welche in den Tagen des Herodes in Menschengestalt erschien, und am Kreuze erhöhet ward, wie von Moses die eherne Schlange in der Wüste. Die Peraten finden sie wieder in dem in eine Schlange verwandelten Zauberstabe des Moses, mit welchem dieser in Aegypten die Schlangen der Magier, die Götter des Verderbens zu Schanden macht, aber dieselbe καθολικὸς ὄφις ist auch das weise Wort der Eva, das Geheimniß Eden's, der Strom aus Eden, das dem Kain aufgeprägte Zeichen, das ihn überall kenntlich macht, damit Niemand ihn tödte. Dieser Kain ists, dessen Opfer der Gott dieser Welt nicht aufnahm, während er am blutigen Opfer des Abel seine Freude fand. Auch Joseph, der von seinen Brüdern Verkaufte, der allein ein buntes Kleid trug, Esau, dessen Kleid gesegnet ward, ob er gleich nicht dabei war, und da draußen reich ward auch ohne den blinden Segen, Nimrod, der gewaltige Jäger vor dem Herrn, das überall am Himmel sichtbare Sternbild des Drachen, sind ebenso viel Typen dieser vollkommenen Schlange. Sie ist die große ἀρχή, der Logos, welcher im Anfange und in welchem das Leben war, in ihm ist Eva geworden, die Mutter alles Lebendigen, die gemeinsame Natur von Göttern und Engeln, von Unsterblichen und Sterblichen, von vernünftigen und vernunftlosen Wesen, Nichts im Himmel und auf der Erde und unter der Erde ist ohne die Schlange geworden, deren Abbild, das große Sternwunder am Himmel sich windet, und die ἀρχή jeglicher Bewegung für alles Entstandene ist (Phil. V, 16). Wie die fleißige Benutzung der Phänomena des Aratos zeigt, und durch die dankenswerthe Arbeit Baxmann's[17] auch im Einzelnen nachgewiesen ist, bewegt sich diese Peratenlehre mit Vorliebe innerhalb hellenischer Vorstellungskreise. Baxmann hätte noch hinzufügen können, daß auch der Logos als Weltseele der Stoa gehört, aber die Schlange als Symbol des Guten und Bösen ist den Peraten sicher ebenso wenig zunächst von den Griechen her bekannt geworden, als überhaupt der auch hier überall durchblickende zerfahrene Synkretismus für die ursprüngliche Gestalt der Ophitenlehre geachtet werden kann. Im Hintergrunde dieses westöstlichen Mythengewirrs, jenes tollen Durcheinanders griechischer, phrygischer, persischer, ägyptischer Elemente steht doch immer wieder der semitische Volksgeist, als der feste Stamm, freilich rings bedeckt und überwuchert von üppigen Rankengewächsen aller möglichen Zonen. Vom Judenchristenthume ging diese Gnosis aus, die, so lange sie in der ursprünglichen Heimat sich ausbreitete, empfänglich blieb für die Naturreligionen der blutsverwandten und benachbarten Semiten, aber vom griechischen Geiste nur sehr wenig und oberflächlich berührt ward. Nur da, wo das Judenthum, losgerissen von dem heimischen Boden, mitten unter hellenische oder hellenisirende Einflüsse sich verpflanzt sah, verlor es, wie jener Antäos der Sage, die Widerstandskraft gegen das fremdartige griechische Element, während in der Heimat jenes dem Hebräer im Grunde durchaus antipathische Griechenthum oft unter heftigen Krämpfen und Zuckungen, wie ein in das Blut gedrungener fremdartiger Körper, wieder ausgeschieden ward. Man muß sich auch bei der Geschichte der gnostischen Systeme immer vergegenwärtigen, was als eine große culturgeschichtliche Thatsache aus dem Dämmerlichte jener Jahrhunderte immer klarer hervortritt, daß das Hellenenthum im Oriente, wenn auch zahlreiche und berühmte, doch immer nur vereinzelte Bollwerke besaß, die, wie ein Keil in eine durchaus anders geartete Bevölkerung hineingetrieben, für den oberflächlichen Blick den Schein einer

17) In der mehrfach citirten Abhandlung in Niedner's Zeitschrift 1860, 2. S. 218—257: Die Philosophumena und die Peraten.

vollständigen Gräcisirung erwecken, während in Wahrheit jene orientalischen Nationalitäten, obwol an allen Orten durchsetzt und durchrissen von den ausheimischen Eindringlingen, doch wenigstens auf religiösem Gebiete die alte Zähigkeit ihrer Natur auch in jenen Zeiten der buntesten Völkermischung behaupteten. Nur die Küstengegenden wurden mehr oder minder gräcisirt, im Binnenlande dienten griechische Pflanzstädte und Festungen, meist an wichtigen Knotenpunkten des Handelsverkehres gegründet, als Hochwachten hellenischer Bildung und Literatur, aber zumal im östlichen Syrien finden wir oft wenige Stunden von einer griechischen Colonialstadt entfernt eine durchaus gegen hellenisches Wesen sich abschließende Bevölkerung, reich und blühend wie jene und doch lediglich in den uralten heimischen Erinnerungen lebend. Nur wo Semiten unter Griechen, noch häufiger wo Griechen unter Semiten sich ansiedeln, treffen wir jenen bunten Ideentausch an, welcher alle concreten Gestalten verwischt und die entgegengesetzten Elemente in einen heute fast unentwirrbaren Knäuel zusammenballt. Allenthalben sind, wenn wir von den mehr oder minder vergriechten Juden Alexandriens absehen, die Griechen die Träger des Synkretismus im Oriente; sie nehmen von den Semiten, nicht diese von jenen, bereitwillig das Fremdartigste und Entlegenste auf. Das Christenthum hat diese in der Volksnatur überhaupt begründeten Eigenthümlichkeiten nicht zu vertilgen vermocht. Von den Juden kommt es zu den Griechen, und wird erst unter diesen zur Weltreligion, wo es im Osten unter den Semiten Wurzel schlägt, bleibt es national gefärbt, hier als zäher jüdischer Particularismus, dort als theilweise kaum noch erkennbare Mischung mit uralt semitischer Naturreligion. Nur wenn man sich diese großen geschichtlichen Zusammenhänge vor Augen hält, wird man im Stande sein, eine Erscheinung, wie der Gnosticismus ist, bis in ihre letzten Wurzeln zu verfolgen. Jenes an alles Mögliche sich heftende Mythengemisch, das die Naassener und Peraten der Philosophumena vorführen, ist nicht die älteste, sondern eine spätere, vergriechte und verschwommene Gestalt; und so gewiß jener Synkretismus unter den Hellenen weit älter ist als der Ursprung der Gnosis, so gewiß haben die der semitischen Heimat entsprungenen Systeme der Gnostiker doch erst allmählich und Hand in Hand mit ihrer räumlichen Ausbreitung mit griechischen Vorstellungskreisen sich tiefer befreundet. Auch bezüglich der Ophiten hatte Kurtz ganz Recht, wenn er in der ersten Auflage seines Handbuchs bemerkte, was nach Irenäus ohnehin vor aller Augen liegt, im Vergleiche mit dem verwandten Systeme Valentin's trete hier das hellenische Element hinter dem orientalischen zurück, und wenn ihn Barmann belobt, daß er in der neuen Auflage diese Sätze gestrichen habe, so ist diese Streichung nicht von „Rechtswegen," sondern nur aus Mangel an gründlicher Sichtung der Quellen geschehen. Von der weisen Nutzanwendung, die Barmann hinzufügt, „dieser Fall werde jeden Forscher an die bei der Lückenhaftigkeit der Quellen nothwendige Besonnenheit des Urtheils erinnern," hätte zunächst er selbst das Beste profitiren können, wenn er, statt die Lückenhaftigkeit unserer Quellen zu beklagen, lieber ihr gegenseitiges Verhältniß zu einander mit größerer Besonnenheit abwog.

Der Lehre der Peraten wie der Naassener fehlt es, wenigstens wie sie in den Philosophumena vorliegt, an allen scharf gezeichneten Umrissen; an die Stelle des mythologischen Elementes tritt die Mythendeutung, die in der ganzen Welt nach verwandten Ideen herumsucht, in dem Fernsten und Entlegensten das Gemeinsame mit Vorliebe verfolgt, aber eben dadurch zugleich den Sinn für die Unterschiede der Dinge verliert. Der eigentliche Knochenbau des Ophitischen Systemes kann aus dieser Darstellung durchaus nicht entwickelt werden bei aller dankenswerthen Bereicherung unserer Kenntniß in einzelnen Punkten; überall, wo man näher zusieht, haben diese Naassener und Peraten der Philosophumena die schon aus Irenäus und Epiphanius bekannte Ophitenlehre zu ihrer Voraussetzung. Eine verständige Benutzung der neuen Quelle wird vieles Einzelne jetzt in ein helleres Licht zu setzen vermögen, es wird ihr aber nicht beikommen, die bisherige Darstellung über den Haufen zu werfen. Dies gilt namentlich auch von der Stellung, welche die Schlange in diesen Systemen einnimmt. Die älteste, weil auf jüdischem Boden erwachsene Vorstellung bleibt die, welche die Schlange mit dem Teufel identificirt, als die Vertreterin des, wenn auch bisweilen wider Willen in den Dienst des Guten gezwungenen, doch von Haus aus teuflischen, also bösen Princips. Diese ältere Form begegnet uns ebenfalls noch in den Philosophumena wieder, nicht blos in der Lehre des Gnostikers Justin, sondern etwas anders gewendet, auch bei den Sethianern (Phil. V, 19). Die alten kosmogonischen Mythen spielen auch hier herein. Die ursprünglichen Gegensätze sind das obere Licht und die untere Finsterniß; in der Mitte steht der reine ungemischte Geist (πνεῦμα ἀκέραιον) als die eigentlich weltschöpferische Potenz, dieses Pneuma ist aber nicht wie ein Windstoß oder wie ein kaum zu spürender Lufthauch, sondern wie ein unbeschreiblicher Wohlgeruch, der sich auf wunderbare Weise überall hin verbreitet. Wie bei den Basilidianern, von denen Hippolytus erzählt, bringt diese ἀκτῖνα des Geistes den Glanz des Lichtes ohne materielle Berührung in die untere Welt. Die Finsterniß aber ist ὕδωρ φοβερόν, nicht ohne Bewußtsein, sondern durchaus verständig, sie weiß, daß sie ohne das Licht wüste, glanzlos, lichtlos, kraftlos, thatlos und ohnmächtig bleibt, daher müht sie sich mit aller Kraft, den Lichtstrahl (τὸν σπινθῆρα τοῦ φωτός) mit dem Wohlgeruche des Geistes an sich zu ziehen und an sich zu fesseln. Aus der Wechselberührung dieser drei ἀρχαί entsteht die unendliche Mannigfaltigkeit endlicher Dinge. Das schreckliche, dunkle, bittere, schmutzige Gewässer der unteren Welt (ὕδωρ φοβερόν, σκοτεινόν, πικρόν, μιαρόν) ist das in wilder, ungeregelter Bewegung tosende Chaos; sein erstgeborenes Product ist ein gewaltiger heftiger Wind, die Ursache aller endlichen Geburt[16]). Dieser Wind ist dem

---

16) Phil. V, 19. p. 141 ed. Oxon.: γέγονεν ὡς ἐκ τοῦ

Zischen einer Schlange vergleichbar, daher selbst ὁ ὄφις genannt, der chaosgeborene Schlangendämon (Jaldabaoth, hier mit Ophiomorphos ohne Weiteres identificirt), von welchem alle endliche Geburt ihren Anfang nimmt. Als nun das Licht und das Pneuma ergriffen und von dem unreinen und unheilvollen Mutterleibe gefesselt war, so geht die Schlange, der Wind der Finsterniß, der Erstgeborene der Gewässer in sie ein, und erzeugt den Menschen, der als der Träger des pneumatischen Elementes von der unreinen μήτρα über Alles geliebt wird. Dieser in dem Menschen gestaltete pneumatische Same in der unteren Welt ist der vom Weibe geborene Mensch oder Verstand, selbst ein vollkommener Gott, aus den Wassern, dem Wohlgeruche des Pneuma und dem Lichtglanze entstanden, das Salz des Entstehenden, das Licht der Finsterniß, aber er strebt nach Erlösung aus den Banden des Leibes und kann sie nicht finden, bis der vollkommene obere Logos des Lichts dem Thiere der Schlange sich ähnlich macht, in die unreine μήτρα eingeht, sie durch die Thierähnlichkeit täuscht, um die Fesseln zu sprengen, die den vollkommenen νοῦς, den in Unreinigkeit der μήτρα von dem Erstgeborenen des Wassers, der Schlange oder dem Winde Erzeugten umschlingen. Diese Schlangengestalt ist die Knechtsgestalt, die der Logos, der vollkommene Mensch, annehmen muß, um einzugehen in die μήτρα der Jungfrau und die Wehen der Finsterniß zu lösen; aber nachdem er eingegangen ist in die schmutzigen Mysterien der μήτρα, ward er abgewaschen und trank den Becher lebendigen Wassers, den Alle trinken müssen, welche die Knechtsgestalt ablegen und das himmlische Kleid darüberziehen wollen [19]). Diese ganze Darstellung, die schon früher theilweise herbeigezogen werden mußte, erklärt sich nur im Zusammenhange der früher besprochenen syrisch-chaldäischen Mythenkreise. Die Bedeutung des Windes als kosmogonischer Potenz ist aus den von Damascios mitgetheilten Kosmogonien der Phönizier sicher [20]). Auch nach der „Kosmogonie des Taautos“ bei Philon Byblios ist, wie schon früher bemerkt, der Anfang des Alls eine finstere und stürmisch bewegte Luft oder ein Wehen finsterer Luft und trübes abgrundlich dunkles Chaos. Die רוּחַ אֱלֹהִים, welche nach Gen. 1 über den chaotischen Wassern webt, ist nur die theistische Wendung des in jenen Kosmogonien hylozoistisch gewirkten Gedankens. Dagegen ist wol der bewußte und active Gegensatz, in welchem die Finsterniß oder das Chaos von Anfang an dem Lichte gegenübersteht, aus einer Schärfung des altsemitischen Dualismus durch irgend welche, sei es directe, sei es indirecte Einflüsse des Parsismus hervorgegangen.

Eine kosmogonische Bedeutung kommt nun nach obiger Darstellung auch der Schlange bei diesen Sethianern zu, und hierin zeigt sich eine Weiterbildung der zunächst noch ganz auf die alttestamentliche Religionsgeschichte beschränkten Lehre der Ophiten bei Irenäus. Die Schlange ist die Personification des Chaos, sofern es in wilder Gährung von Anfang an mit dem Lichte, dem Principe des Geistes und aller vernünftigen Ordnung im Kampfe liegt und doch im ewigen Gestaltungsdrange des Lichtes von Oben nicht entbehren kann; sie ist also allerdings schon als das im Wasser webende, auf und nieder sich bewegende, demiurgische Princip, oder als die Weltseele gedacht, aber als die böse Weltseele, als die dem göttlichen νοῦς, dem nach Oben zurückstrebenden Lichtfunken feindselig gegenübertretende und ihn wider Willen in der unteren Welt zurückhaltende Macht. In sofern bildet dieses, wie die Logoslehre und die verschiedenen Spuren Epikuräischer Atomistik verrathen, übrigens auch bereits hellenisirte System das Mittelglied zwischen den Ophiten des Irenäus und den Naassenern und Peraten des Pseudoorigenes. Dem teuflischen Schlangendämon der Sethianer, als der demiurgischen Macht, welche den Geist wider Willen an die Materie bindet, entsprechen bei den Peraten die Schlangen der Wüste, die Götter der vergänglichen Geburt. Auch ihnen ist das Wasser, als Princip des physischen Lebens, die Vergänglichkeit, das rothe Meer, durch welches ein echter Ἰσραηλίτης hindurchdringen muß, aber wenn er hindurchgedrungen zu sein wähnt, beginnt derselbe Kampf in der Wüste aufs Neue. Wie aber nach den Sethianern Christus, um die Macht der Schlange zu brechen, selbst in Schlangenhülle sich kleiden muß, so ist hier Christus, der Logos selbst, die katholische Schlange, als das überall wirkende geistig-göttliche Princip, das nur in Jesus, dem am Kreuze Erhöhten, sich concentrirt, um die Macht der feindseligen Gestirne zu brechen. Ist dort der Körper des Schlangenthieres nur der Stand der Erniedrigung, die Knechtsgestalt, die der Erlöser annimmt, um die Knechte zur Freiheit zu führen, so tritt hier die wahre Schlange der falschen gegenüber, nicht blos bei der Erlösung, sondern bei den verschiedensten Anlässen, vom Baume der Erkenntniß im Paradiese an, immer aufs Neue in der alttestamentlichen Religionsgeschichte; nicht minder in der äußeren Natur, als das wohlthätige, Licht und Leben spendende Gestirn, gegenüber dem verderblichen Saturn und den anderen heillosen Planetengeistern; sie erscheint in der gewundenen Form unserer Eingeweide und des Kleinen Gehirns, und auch sonst noch vielfach z. B. in der hellenischen Mythe. So wird endlich auch die Schlange als die gute und vernünftige Weltseele rehabilitirt, und so konnten nicht blos jene Ophiten des Epiphanios ihr einen eigenen Cultus weihen, sondern auch die Naassener, von denen Pseudoorigenes spricht, den Naas in allen Heiligthümern, Weihen und Mysterien erblicken. Wie sie vom Chaos zum Himmel erhoben ist, so ist aus dem bösen, heimtückischen Dämon ein himmlischer König geworden, den nach dem Zeugnisse des Irenäus Einige mit der Sophia, Andere, wie wir jetzt aus den Philo-

[illegible]

19) a. a. O. p. 141—143 ed. Oxon. Vergl. Phil. X, 11. p. 316—318. Die oben gegebene Darstellung beruht zum Theil auf einer Combination der beiden Berichte, von denen namentlich der erstere einen sehr lückenhaften Text bietet. 20) Vergl. über die (Sidonische) Kosmogonie des Eudemos und über die sogenannte Mochoskosmogonie Bunsen, Aegypten a. a. O. S. 234 fg.

sophumenu wissen, mit dem Urmenschen der Lichtregion, oder nach griechischer Vorstellungsart mit dem göttlichen Logos identificirten. Doch auch diese Wendung der Ophitenlehre stammt ursprünglich aus dem Oriente. Schon die Aegypter kannten neben den giftigen Schlangen des Verderbens auch eine unschädliche Schlangenart, die man in Häusern und Tempeln unterhielt, und neben Kakodämon-Typhon, dem herabgekommenen Seth, der als verderblicher Unhold im erstickenden Gluthwinde der Wüste sein Wesen treibt, steht Agathodämon-Kneph, die vernünftige Weltseele, sein Zeichen ist ein Kreis, in der Mitte eine habichtsförmige Schlange, zur Darstellung des Kosmos. Auch die Phönikier kannten den Agathodämon, die Schlange mit dem Sperberkopfe, den Weisesten unter den Weisen, wie Philon von Byblos berichtet (*Eus.* P. E. I, 10. p. 41 c); nach der chaldäisch-persischen Sage ist er „der erste Unsterbliche, ewig, ungeboren, untheilbar, nur sich selbst gleich, der Lenker aller guten Dinge, unbestechlich, der Beste der Besten, der Weiseste der Weisen, der Vater der gesetzlichen Ordnung und Gerechtigkeit, nur durch sich selbst belehrt, der Naturgesetze kundig, von vollkommener Einsicht, alleiniger Erfinder der heiligen Naturlehre"[20a]). Auch den Phönikiern ist die kreisförmig in sich zurückkehrende Schlange wie den Aegyptern Symbol des Himmels oder der Welt[20b]). Taaut-Hermes, den die Aegypter Thoyt, die Alexandriner Thot nennen, wie Philon erzählt, mit seiner Hieroglyphe, dem gewundenen Buchstaben Thet, ist der Himmelhöchste, der sich mit Astarte zeugend vermischt, aber auch der schrifterfindende Ophion der Orphiker, der Gott der Intelligenz und als solcher der Rathgeber des Demiurgen Kronos-El. Darum ward, wie Philon seinen Sanchuniathon weiter berichten läßt, in den heiligen Schriften die Schlange vergöttert, und Phönikier wie Aegypter folgten darin nach (*Eus.* P. E. l. c. p. 41 a — 42 b; vgl. Movers Phönizier I, 500 fg.). Die Schlange als unter allen Thieren das geistigste und schnellste, in den mannigfaltigsten Krümmungen sich weiter bewegende, deren lange Lebensdauer sogar die Meinung ihrer Unsterblichkeit erzeugte, konnte eben als Sinnbild der Lebenskraft und gleicherweise alles höheren Wissens dienen, wobei es an sich ebenso möglich war, dieses schlangenförmig durch Alles sich hindurchwindende Lebensprincip auf das höhere oder auf das niedere Dasein zu beziehen, die sprüchwörtliche Schlangenklugheit und Intelligenz zum Guten oder zum Bösen ausschlagen zu lassen. So stehen wir auch hier wieder auf echt orientalischem Boden, wol schwerlich von den Aegyptern unmittelbar, sondern daher, von wannen die übrigen kosmogonischen Lehren stammen, aus dem vorderasiatischen Mythenkreise entnahmen die Gnostiker ihren Schlangendämon, der die gute oder böse Weltseele bedeutete. Mit dem, was die hebräische Ueberlieferung dem Judenchristen bot, verknüpften sich beim Fortschritte der Gnosis immer enger und enger die Mythen des heimischen Heidenthums, bis der erweiterte Horizont unter allen bekannten Völkern der Welt, den vielseitigen und längst in morgenländische Mysterien eingeweihten Griechen zumal, immer neue Lichter auf die längst geläufige Ideenwelt fallen ließ. Homer, Hesiod, Pindar, Aratos und die Orphiker, aber auch Pythagoras, Platon, Aristoteles, die stoischen und die epikuräischen Lehren wurden jetzt ebenso reichhaltige Fundgruben für die gnostische Speculation, wie von Anfang an das alte und neue Testament und die Mythenkreise des vorderen Asiens, und in vielen dieser Systeme hat das hellenische Element die ursprüngliche Grundlage dermaßen verdunkelt, daß die Kritik lange Zeit schwanken konnte, ob nicht die griechische Cultur die Mutter, Alexandrien das Heimatland der Gnosis gewesen sei.

Von den hier festgestellten Gesichtspunkten aus wird der innere Entwickelungsgang der gnostischen Meinungen wenigstens in allen seinen Hauptmomenten mit sicheren Zügen sich zeichnen lassen, und zugleich möchte die so viel verhandelte Streitfrage nach der Eintheilung der Gnosis auf dem einfachsten Wege entschieden werden. Man hat eben hier auch Nichts zu thun, als sich in den Strom der geschichtlichen Entwickelung hineinzustellen, und mit Zurückstellung aller von Außen herzugebrachten Schematismen lediglich die Wendepunkte zu fixiren, welche aus dem inneren Gange der Sache selbst sich ergeben.

Von den bisherigen Eintheilungsversuchen der gnostischen Systeme hat noch keiner allseitig genügt, obwol jeder ein wesentliches Moment für die Geschichte der Gnosis ins Auge faßte. Bekanntlich war es Neander, der zuerst das Verhältniß der Gnostiker zum Judenthume zum Ausgangspunkte nahm, und demgemäß zwischen Secten, die dem Judenthume sich anschließen, und Secten, die dasselbe bekämpfen, unterschied. Indem ihn bei dieser Anordnung die verschiedene Stellung des Demiurgen oder des Judengottes, bald als eines beschränkten, aber doch der göttlichen Ordnung freiwillig sich fügenden, bald als eines feindseligen, dem pneumatischen Princips widerstrebenden Wesens leitete, vertheilte er die gnostischen Parteien unter beide Classen, wobei ihm jedoch beim Systeme des Basilides begegnete, daß er mit der Unterbringung desselben in Verlegenheit kam. Bedenklicher war, daß durch diese Vertheilung eng Zusammengehöriges auseinandergerissen werden mußte, während sehr verschiedenartige Systeme in eine Reihe zu stehen kamen. Wenn Basilides unter die judaisirenden Gnostiker gezählt ward, so traten seine späteren Anhänger in die entgegengesetzte Classe hinüber; ebenso gehörten die Valentinianer in die erste, die Ophiten in die letztere Reihe, obwol zwischen beiden eine weit nähere Verwandtschaft besteht, als zwischen den in eine Classe gesetzten Ophiten und Markioniten. Daher gingen Gieseler und Matter von

20 a) Auch bei den Ssabiern in Harran, deren zähe Behauptung des alten syrischen Heidenthums durch die verdienstlichen Forschungen Chwolsohn's allseitig ins Licht gesetzt ist, steht Agathodämon neben Hermes als hochgefeierter Prophet, der ihnen die Erkenntniß der Götter und alle Lehren ihrer Religion überliefert haben soll. Der Name ist natürlich ebenso wie bei Philon von Byblos gräcisirt. Vergl. Chwolsohn, Ssabier I, 625 fg. 799.

20 b) Kreisrund waren bei den Ssabiern auch die Tempel der ersten Ursache oder ersten Vernunft, der Weltordnung und der Seele. Vergl. die Quellenberichte bei Chwolsohn a. a. O. II, 381, vergl. 367. 446.

anderen Gesichtspunkten aus. Sie bemerkten den Unterschied, der im Allgemeinen zwischen den hellenistischen und den orientalischen Systemen bestand; bei gemeinsamer dualistischer Grundlage überwiegt doch dort die pantheistisch-emanatistische Richtung der Speculation, während hier ein strengerer Dualismus an die Lehre Zoroaster's erinnert. Dies führte auf die Scheidung einer alexandrinischen und einer syrischen Schule, aber bei der Eigenthümlichkeit des Markionitischen Systems hielt man sich berechtigt, dieses als eine dritte, kleinasiatisch-römische Schule hinzuzufügen. Aber eben dadurch ward der innere Eintheilungsgrund durch einen der Sache selbst durchaus äußerlichen verdrängt, Markion hätte den auch sonst verwandten Syrern zugestellt werden müssen, und doch lehrte andererseits ein ganz richtiges Gefühl, daß Markion von allen übrigen Gnostikern sich wesentlich unterscheidet. Aber auch abgesehen davon genügt diese Eintheilung nicht. Basilides und Saturnin, die Ophiten und Bardesanes werden naturwidrig getrennt, während doch Alle, wie wir erkannten, gleicherweise in Syrien zu Hause sind. Neander suchte darum in der Kirchengeschichte durch allerlei Unterabtheilungen zu helfen; allein indem er jetzt seine frühere Gruppirung mit der von Gieseler und Matter vorgeschlagenen verband, kam eine nicht blos künstliche und verwickelte, sondern auch in den leitenden Gesichtspunkten unklare Scheidung heraus. Dagegen hielt Baur den Unterschied zwischen emanatistischen und schroffer dualistischen, ägyptischen und syrischen Systemen zwar für eine immerhin beachtenswerthe Modification, aber ohne Einfluß auf das festzuhaltende Grundverhältniß. Getreu seiner Anschauung, nach welcher die Gnosis Religionsphilosophie oder vergleichende Religionsgeschichte ist, versucht er aus dem aufgestellten Begriffe die der Sache nach möglichen Formen der Gnosis zu entwickeln. Eintheilungsgrund war ihm das Verhältniß, in welchem die drei Religionen, Heidenthum, Judenthum und Christenthum, zu einander stehen; je nachdem zwischen dem Christenthume auf der einen, den vorchristlichen Religionen auf der anderen Seite ein engerer Anschluß oder ein schärferer Gegensatz stattfindet, ergeben sich so zwei Hauptclassen der Gnosis, die sich bei näherer Betrachtung zu dreien erweiterten, sofern auch Christenthum und Judenthum enger zusammengefaßt und beide gemeinsam dem Heidenthume entgegengesetzt werden. Die zweite Form fand Baur durch Markion, die dritte durch die Clementinischen Homilien vertreten; alle übrigen Systeme zählte er der ersten zu. Niedner ergänzte dieses Schema, indem er auch die Christenthum und Heidenthum identificirenden Karpokratianer noch in Betracht zog, die Baur als völlige Indifferentisten kaum noch für christliche Gnostiker, wenn überhaupt noch für Gnostiker geachtet hatte. So ergab sich als Eintheilungsgrund der philosophische Begriff vom Christenthume überhaupt, oder von dem Verhältnisse seiner Offenbarung zur vorchristlichen Welt; entweder ist es der Höhenpunkt aller Religion, doch so, daß auch die vorchristliche Zeit des göttlichen Pneuma nicht völlig entbehrt, oder es ist die schlechthin neue und alleinige Gottesoffenbarung, losgerissen von allem geschichtlichen Weltzusammenhange, oder drittens, es ist im Sinne des absoluten Synkretismus völlig identisch, sei es mit dem echten Judenthume oder dem echten Heidenthume. Stand aber die letztere Classe nach Niedner's eigenem Geständnisse an der äußersten Grenze des Christenthums, so mußte bei aller Anerkennung eines gewissen fließenden Unterschiedes zwischen christlicher und heidnisch-synkretistischer Gnosis dennoch die Frage entstehen, ob nicht der Begriff der christlichen Gnosis zusammenfällt, sobald man, wie die Karpokratianer thaten, aufhört, das Christenthum wirklich als die absolute Offenbarung, also als den Wendepunkt der Weltgeschichte zu betrachten. Die Clementinischen Homilien stehen hier noch anders als die Karpokratianer; ihnen ist das Christenthum, wenn auch mit dem echten Judenthume identisch, doch immer die neue und vollkommene Offenbarung, welche die Urreligion des wahren Propheten zur ursprünglichen Reinheit zurückführt. Allein, wie früher gezeigt worden ist, vermögen wir auch die Clementinen nicht unter die eigentlich gnostischen Systeme zu rechnen. So bleibt uns nur noch Markion als besondere Kategorie, während alle übrigen Systeme ohne weitere Scheidung in eine Classe zu stehen kommen; eine Eintheilung, die nicht blos, wie Weiße urtheilt, unbequem, sondern vor Allem darum nicht ausreichend ist, weil sie uns keinerlei Einblick in die Genesis der großen Masse der gnostischen Systeme verschafft. Von einer und derselben Kategorie müssen sich hier alle jene Systeme umspannen lassen, für welche Gieseler und Matter die Unterscheidung einer emanatistischen und dualistischen, oder einer ägyptischen und syrischen Gnosis in Gang brachten. Schon Niedner fühlte diesen Mangel, und suchte in dem großen unterschiedslosen Haufen dadurch einige Ordnung zu schaffen, daß er noch anderweite Theilungsgründe zu Hilfe nahm. Die fundamentale und universale Eintheilung, unter welche alle gnostischen Systeme fallen, soll das Verhältniß zwischen Gnosis und Pistis betreffen, als dem Scheidepunkte gnostischer und katholischer Fundamentallehre (Kirchengeschichte S. 224). Hiermit ist unstreitig der Nerv der Sache getroffen; und wenn wir oben versuchten, aus eben diesem Grundverhältnisse alle Haupteigenthümlichkeiten der „häretischen" Gnosis zu entwickeln, so wird die Anwendung desselben auf die verschiedenen Formen der Gnosis den letzten Probirstein abgeben müssen für die Richtigkeit des aufgestellten Principes. Nur wird sich freilich schwerlich behaupten lassen, daß die Ergebnisse, zu denen Niedner schließlich gelangt, bereits allen Ansprüchen genügten. Indem er „beide Grundverhältnisse" zusammenfaßt, zwischen Pistis und Gnosis, oder Psyche und Pneuma auf der einen, zwischen christlicher und nichtchristlicher Religion auf der anderen Seite, scheidet er einen pantheistischen, moralischen und praktischen Pneumabegriff, von denen der erste mit großem Aufwande speculativen und historischen Wissens das Christenthum als vollkommenste, der zweite, ohne jenes zweierlei Wissens zu bedürfen, es als ausschließliche Offenbarung setzt, während der dritte es darstellt als die im Deismus stets vorhanden gewesene Religion (S. 224).

Aber abgesehen von dem Schwankenden der gewählten Bezeichnungen, erschwert diese künstliche Zusammenfassung so verschiedener Merkmale aufs Neue den Einblick in das innere Wesen der Sache, und eine nähere Betrachtung zeigt, wie verschiedene, durch keine innere Nothwendigkeit aus einander sich ergebende Momente nur äußerlich an einander gebunden sind. Zur zweiten Classe muß Niedner außer Marcion auch die Syrer rechnen, während Basilides die Ophiten und Valentin in die erste zu stehen kommen; indem so im Grunde die Gieseler'sche Eintheilung wiederkehrt, leidet die Niedner'sche Gruppirung zugleich an demselben Gebrechen, innerlich Zusammengehöriges auseinanderzureißen, während Fremdartiges combinirt erscheint. Die Syrer gehören mit den Ophiten sehr nahe zusammen, auch in sofern als ihnen die christliche Zeit durchaus nicht in einem schroff ausschließlichen Verhältnisse zur vorchristlichen steht; eben darum aber trifft auf sie nicht zu, was Niedner bei der Religionenvergleichung als Merkmal der zweiten Classe bezeichnet hat; folglich lehrt auch die geschichtliche Betrachtung, daß der Versuch, die Baur'sche Eintheilung mit der Gieseler'schen in Eins zu setzen, nur gewaltsam und im Widerspruche mit der Natur des Stoffes vollzogen werden kann.

Den letzten Ausschlag gibt auch hier, was gegen die Baur'sche Scheidung bemerkt wurde: auch Niedner gibt uns keinen Einblick in das innere Werden der gnostischen Bewegung, trotz eines sehr bedeutsamen Anlaufes dazu in seinen Bemerkungen über das Grundverhältniß von Pistis und Gnosis. Das ists, was wir überhaupt gegen alle bisherigen Versuche erinnern müssen; den geschichtlichen Entwickelungsgang dieser Gnosis von ihren ersten Anfängen an bis zu dem Punkte, wo sie nach erfüllter Mission entweder zu Grunde geht, oder in die katholische Lehre wiedereinmündet, schildern sie uns nicht. Es ist ganz berechtigt, was Baur verlangt, das Wesen der Gnosis begrifflich zu ergründen, und aus der immanenten Dialektik dieses Begriffes die verschiedenen Formen derselben zu entwickeln; aber wir haben es nicht blos mit an sich möglichen Momenten des Begriffes zu thun, die man nur nach logischen Gesichtspunkten gruppiren dürfte, sondern mit der Selbstentfaltung dieses Begriffes im Flusse einer geschichtlichen Bewegung. Und hier gilt zunächst gegen Baur und Niedner zugleich, was schon Hilgenfeld bemerkte: die philosophische Vergleichung der drei Religionen, Heidenthum, Judenthum und Christenthum, ist nicht der Ausgangspunkt, die Stellung der christlichen Gnosis zur jüdischen Religion ist eine wesentlich andere als zur heidnischen; die Auseinandersetzung mit jener ist das Erste und in allen Formen der Gnosis gleicherweise Bedeutsame; die Beziehungen zum Heidenthume kommen nur in zweiter Linie, und durchaus nicht in allen gnostischen Systemen in demselben Maße in Betracht. In sofern eignet sich allerdings die ursprüngliche Eintheilung Neander's auch heute noch am besten dazu, in das Wesen der Gnosis einen Einblick zu verschaffen, nur daß freilich auch diese ihrer entwickelungsunfähigen Gestalt erst entkleidet werden muß.

Man wird mit einem Worte davon absehen müssen, verschiedene Classen der Gnosis in der bisherigen Weise, sei es räumlich oder begrifflich, nebeneinanderzustellen und statt dessen vielmehr die Stadien oder Epochen der gnostischen Bewegung in ihrem geschichtlichen Nacheinander entwickeln müssen, wenn es dabei freilich auch nicht fehlen kann, daß ein der Natur der Sache nach nur als Durchgangsstadium zu betrachtendes Moment sich äußerlich fixirt und obwol bereits durch ein höheres innerlich überwunden, doch zeitlich dem Letzteren noch lange parallel läuft, ja sogar noch mancherlei Wandlungen und Phasen im selbständigen Fürsichsein erlebt.

Es ist Hilgenfeld's Verdienst, diesen allein zum Ziele führenden Weg der historischen Betrachtung zuerst angedeutet zu haben[31]). Wir können, was die von ihm aufgestellten Hauptmomente des gnostischen Processes betrifft, uns nur mit ihm einverstanden erklären, wenn wir auch im Einzelnen Vieles noch anders bestimmen müssen, namentlich was den Anfangs- und Schlußpunkt dieser Geschichte, den Hervorgang der Gnosis aus dem Judenchristenthume und ihr endliches Wiedereinmünden in die katholische Lehre betrifft.

Die Geschichte der Gnosis zerfällt in drei Stadien. Auf dem ersten Stadium bewegt sie sich noch ganz oder doch vorwiegend innerhalb der jüdischen Religionsgeschichte, ihre Aufgabe ist die Auseinandersetzung zwischen Christenthum und Judenthum. Schon hier zeigt sich das Bestreben, das Christenthum als die absolute Religion in den Zusammenhang einer allgemeinen Weltbetrachtung zu stellen, und hieraus erklärt sich die schon so frühe erfolgte Herbeiziehung kosmogenischer Mythen, nicht um die christliche und die heidnische Religion als solche zu vergleichen, sondern lediglich als das dem Orientalen am nächsten sich darbietende Mittel zur Durchführung der gnostischen Grundanschauung überhaupt. Der Gegensatz eines männlichen und eines weiblichen, eines rechten und linken Principes, als ursprünglich kosmogenischer Potenzen, und was sonst noch von mythologischen Anschauungen hiermit zusammenhangt, wird aus dem auch dem syrischen Judenthume längst nicht mehr fremden Vorstellungskreise der vorderasiatischen Heidenwelt herübergenommen, und das eigentlich Neue daran, des Gnosticismus große geschichtliche That, ist nur die Erhebung des kosmogonisch-mythischen Elements zum Träger speculativer Gedanken, zum Anknüpfungspunkte für den phänomenologischen Proceß. Die Weltbildung, Weltentwickelung und Weltvollendung wird zugleich als die Geschichte des Geistes gedacht, der im rastlosen Drange der Endlichkeit sich zu entwinden, mit dem aufdämmernden Bewußtsein der übersinnlichen Welt zugleich zur Erkenntniß seines eigenen unendlichen Gehalts und seiner pneumatischen Abkunft erwacht. Dies ist die γνῶσις, die vom Eintritte des Christenthums in die Welt sich datirt, als der Umschwung des speculativen Bewußtseins, ver-

31) Evangelium und Briefe Johannis S. 66 fg. Clementinische Recognitionen und Homilien S. 298 und besonders Urchristenthum S. 34 fg.

mittels durch die Offenbarung der absoluten Religion, oder der vollkommenen Erlösung von den Banden der Endlichkeit und der Finsterniß. Die Christen sind hiernach die wahren Pneumatiker, obwol auch unter ihnen ein gradweiser Unterschied in der Erkenntniß besteht; die Gnosis führt sich daher, zunächst noch ohne allen bewußten oder beabsichtigten Gegensatz gegen die historisch-positive Seite des Christenthums ein, dessen absolute Bedeutung für die Welt überhaupt und den Geist insbesondere sie eben begründen will. In ihren ersten Anfängen ist daher zwischen katholischer und außerkatholischer Gnosis noch ein fließender Unterschied, das Verhältniß der πίστις zur γνῶσις ist noch nicht das der wissensstolzen Ausschließlichkeit, sondern nur wie die tiefere Einsicht in Dingen der Religion, welche auch Paulus für die Gereifteren unter den Gläubigen vorbehielt. Aber auch nicht der Gegensatz wider Moses und sein Gesetz ist der Ausgangspunkt dieser Gnosis gewesen; wie die heilsgeschichtliche Betrachtung mit dem Judenchristenthume beginnt, und erst in Paulus zum Heidenchristenthume fortgeht, so ist auch die neue weltgeschichtliche Betrachtung der christlichen Religion auf dem Boden des Judenchristenthums gewachsen. Christianisirte Essener waren die Vorläufer der Gnostiker [22]), und die wenn auch weit späteren Clementinen lassen in ihrer noch ziemlich sicher zu ermittelnden Grundlage einen Rückschluß zu auf die Gedankenwelt, in denen jene Uebergangszeit sich bewegte [23]). Altes Testament und neues Testament bei aller Anerkennung der für die Religionsgeschichte epochemachenden Erscheinung Christi zusammenzufassen, das Christenthum als das wahre und vollkommene Judenthum zu begreifen, ist in diesem Kreise die herrschende Tendenz, die freilich schon damals nur unter theilweiser Abweichung von der jüdischen Sitte sich geltend machen konnte, sei es, daß man echte und unechte Bestandtheile des Gesetzes schied, sei es, daß man die allegorische Auslegung, wie die alexandrinischen Juden pflegten, zu Hilfe nahm. Aber den Eintritt in die eigentlich gnostischen Kreise bezeichnet erst das von Justinus benutzte Baruchbuch und das Auftreten Kerinth's an der Grenzscheide wie es scheint des ersten und zweiten Jahrhunderts. Der kirchliche Standpunkt bleibt noch immer das Judenchristenthum, der hier zuerst uns begegnende Demiurg ist ein pneumatisches Wesen, nicht der Judengott im Gegensatze zum Christengotte, sondern das dienende Werkzeug des Höchsten bei der alten wie bei der neuen Offenbarung, nach Kerinth der oberste unter den Engeln, die im Auftrage Gottes die Weltschöpfung vollbringen. Aber einmal vom höchsten Gotte unterschieden, war er doch immer ein untergeordnetes Wesen, nicht widerspenstig, aber beschränkt an Einsicht und Macht, nach dem Baruchbuche der Erstererlöste pneumatischer Natur, der Typus der Wiederbringung des endlichen zum unendlichen Geiste. Dem fortschreitenden christlichen Bewußtsein drängt, ebenso wie auf einem anderen Gebiete dem Paulus, auch hier allmählich sich die Nothwendigkeit auf, das Christenthum als die vollkommene Religion vom Judenthume als einer bloßen Vorbereitungsstufe zu scheiden. In dem weitschichtigen Gewebe der in Syrien heimischen Ophitischen Systeme steht hier nächst Menander das System Saturnin's in den ersten Zeiten Hadrian's. Der Judengott ist einer der sieben Planetengeister oder weltschöpferischen Engel, von der höchsten Macht, wie seine Genossen, durch eine weite Kluft getrennt, nicht feindlich gegen den pneumatischen Samen, aber unfähig, aus eigener Kraft die Menschheit nach dem seinen blöden Blicken immer aufs Neue entfliehenden himmlischen Urbilde zu gestalten, bis die obere Macht ihres unbeholfenen Bildes sich erbarmt und einen neuen Lichtfunken niedersendet; dieser wird von den Dämonen bekämpft, ohne daß die Planetengeister zu helfen vermögen, die selbst im fruchtlosen Kriege mit Satan begriffen sind, daher erst die scheinbare Menschwerdung des Herrn den pneumatischen Samen in seiner Heimat zurückbringt. Es ist dies, wie namentlich aus Epiphanios klar wird, wesentlich die Lehre der durch Irenäus bekannten Ophiten (vergl. auch *Tertull.* De anima c. 23), aber der Demiurg nimmt eine dem Judenthume noch freundlichere Stellung ein, was auch von der dem Saturnin durchaus verwandten, gleichzeitigen Lehre des Syrers Basilides und noch weit später von Bardesanes gilt. Noch die Ophiten, wie Irenäus sie kennt, setzen die demiurgischen und die teuflischen Mächte gegeneinander in Spannung, der Judengott Jaldabaoth und der teuflische Schlangendämon liegen in ununterbrochenem Streite, aber Ophiomorphos ist nur das düstere Spiegelbild Jaldabaoths, dieser selbst nur ein psychisches Wesen, von Neid, Jähzorn und wilder Herrschsucht bewegt und wie mit den anderen Planetengeistern, seinen Genossen, so auch mit dem pneumatischen Samen fortwährend im Hader, daher die Auflehnung wider sein Gebot einen Fortschritt zum Besseren, die Sendung des Erlösers, die er in blinder Wuth vergeblich zu vereiteln sucht, die Befreiung der Geistesmenschen von seinem Gesetzesjoche herbeiführt. Bei den Kainiten steigert sich diese antijüdische Tendenz bis zur Apotheose aller Gottlosen des alten Testaments. Aber ob im freundlicheren oder im feindlicheren Verhältnisse zur Mosaischen Lehre, ihrer Grundanschauung nach bewegen sich alle diese Systeme noch immer fast ausschließlich innerhalb der Religionsgeschichte des alten Testaments, die Auseinandersetzung zwischen Judenthum und Christenthum bleibt die Alles beherrschende Idee; und wenn wir die räumliche Ausdehnung dieser Gnosis ins Auge fassen, so geht sie nicht über

22) Zu ihnen würden wir, um von andern minder sicheren Spuren zu schweigen, die Irrlehrer des Kolosserbriefes zählen, während die vielbesprochenen Häretiker der Pastoralbriefe für uns nur eine schon zu entschiedenem Gnosticismus fortgeschrittene Entwickelung desselben essenischen Judenchristenthums sind. 23) Die Clementinischen Homilien sind keineswegs auf jenem Uebergangsstadium stehen geblieben; in der Gläubigkeit bis der gemeinchristliche Entwicklung einen Specialismus opfernden Gnosticismus entstanden, aber eben zu diesem übergegangen, so getragen von einer durchaus antignostischen Tendenz, sind sie doch vielfach von gnostischen Ideen gefärbt, was theils auf die ursprüngliche Grundlage, theils auf die spätere Streitberührung mit den ausgebildeten Systemen der Gnosis zurückzuführen ist.

das westliche und östliche Syrien und die angrenzenden Provinzen Kleinasiens hinaus. Alle ihre Ideen wurzeln im Judenthume, und soweit Heidnisches daneben in Betracht kommt, in der mythologischen Welt des vorderen Asiens, zum Theil unter parsischen Einflüssen. In der fortschreitenden Ausbildung der neuen gnostischen Mythologie ist ein immer stärkeres Einströmen heidnischer Elemente zu bemerken, was im Ganzen und Großen Hand in Hand mit der allmählich sich schärfenden antijüdischen Haltung geht; auch die Anfänge einer tieferen Speculation über die Natur und den Ursprung des Geistes treten, angeregt durch die alten Kosmogonien, in den Aeonenreihen und dem vielgewendeten Mythus von der Achamoth immer deutlicher hervor; aber wie durch alle Speculation der kosmogonische Hintergrund durchschimmert, so überwiegt auch hier noch immer das Bild über den Begriff.

Erst auf dem Boden der hellenischen Welt ward ein weiterer und freierer Gesichtskreis gewonnen. Die Uebersiedelung des Basilides nach Alexandrien, der Metropole griechischer Wissenschaft, bezeichnet auch durch ein äußeres Datum den Eintritt der Gnosis in das zweite Stadium ihrer Entwickelung. Bewegt sie sich auf der ersten Stufe noch fast ausschließlich innerhalb der alttestamentlichen Religionsgeschichte, so zieht sie jetzt die griechische Speculation im umfassendsten Maße in ihren Bereich; der Kreis der weltgeschichtlichen Betrachtung wird immer weiter, die Aneignung philosophischer Ideen immer reicher und fruchtbarer, und erst mit ihrer Hilfe gelingt es, die gnostische Weltanschauung zu einem vollständig durchgebildeten, in allen ihren Theilen wohlzusammenhangenden Systeme zu erheben. Platon, Pythagoras, die Stoiker, theilweise auch Aristoteles und Epikur liefern ihre Beiträge dazu, und je nach dem Einflusse, der dieser oder jener philosophischen Schule eingeräumt ist, gestalten sich auch die gnostischen Systeme verschieden. Bei Valentin überwiegt das Pythagoräisch-Platonische, bei den späteren Basilidianern das stoische Element; aber auch die Naassener, Peraten und Simonianer der Philosophumena stehen mehr oder minder unter Platonischem und vornehmlich stoischem Einflusse, während bei den Sethianern der Platonismus mit Epikuräischer Atomistik sich mischt. Wie sehr auf diesem Stadium der gnostischen Bewegung das Hauptgewicht auf die speculative Seite gelegt ist, zeigt schon die veränderte Stellung von πίστις und γνῶσις. Erst von den hellenistischen Gnostikern gilt im umfassenden Sinne, was früher als das specifische Unterscheidungszeichen der häretischen von der katholischen Gnosis ermittelt ward, die Geringschätzung der gemeinchristlichen πίστις sammt ihrer Bethätigung im praktischen Leben, als des allein den Psychikern zu überlassenden niederen Standpunktes, während das von Natur auserwählte, pneumatische Geschlecht allein durch die γνῶσις erlöst wird. Erst bei Valentin, den Basilidianern, Naassenern und Sethianern des Pseudoorigenes, also durchaus nur in den von hellenistischer Bildung tiefer ergriffenen Kreisen, erscheint der Anfangs nur gradweise Unterschied zwischen πίστις und γνῶσις zu einem metaphysischen Gegensatze zwischen Psychikern und Pneumatikern geschärft; der von Anbeginn an den Gnostikern innewohnende Trieb zur speculativen Lösung des Welträthsels, welcher auf dem ersten Stadium der Bewegung mit der Ineinssetzung von Christenthum und Judenthum begann, und mit dem schroffsten Antijudaismus endigte, führt auf dem zweiten Stadium, während die Beziehung zum Judenthume in den Hintergrund tritt, zu idealistischer Verflüchtigung der positiv-christlichen Lehrsubstanz, zu einer Verhältnißbestimmung zwischen Glauben und Wissen, welche dem historischen Christenthume ganz dasselbe Schicksal wie dem Judenthume zu bereiten droht. War schon nach den Ophiten das Judenthum die psychische Religion, so ist jetzt auch der historisch überlieferte Christenglaube ebenfalls nur ein psychischer Standpunkt, über welchen der Gnostiker durch speculatives Verständniß sich erhebt[24]). Von Anfang an hatten die Gnostiker das Wesen des Christenthums in die Erkenntniß gesetzt, aber erst jetzt schwingt diese Gnosis im stolzen Selbstbewußtsein sich auch über den gemeinchristlichen Glaubensinhalt empor, und verkündet allein in ihrer Speculation auch den Schlüssel für das Verständniß des Evangeliums zu besitzen. Die christliche Heilsgeschichte wird zum phänomenologischen Processe, die Erlösung aus einer historischen Thatsache von wesentlich ethischer Bedeutung zu dem Wendepunkte in der Geschichte des endlichen Geistes, in welchem ihm das Bewußtsein seiner Unendlichkeit aufgeht. Es ist wahr, dieser speculative Gedanke liegt von Anfang an in den gnostischen Systemen enthalten; aber erst jetzt tritt er, gereift durch die griechische Philosophie, in bewußten und ausgesprochenen Gegensatz zu dem gemeinchristlichen Glauben. Erst jetzt wird auch die allegorische Auslegung, deren Tummelplatz bisher nur die alttestamentliche Religionsgeschichte war, übergetragen auf das neue Testament; die historischen, wie die didaktischen Bestandtheile der neutestamentlichen Schriften werden gleicherweise nur als die durchsichtige mythische Hülle der philosophischen Idee, als die ihrem buchstäblichen Sinne nach bedeutungslosen Träger der gnostischen Speculationen behandelt. Erst jetzt ist daher der Begriff der Gnosis völlig erfüllt, als das absolute, in seiner Unendlichkeit sich selbst erfassende Wissen, dem alle geschichtlichen Thatsachen lediglich als ideelle Momente im Selbstvermittelungsprocesse des denkenden Geistes erscheinen.

Es ist daher nur die andere Seite desselben Entwickelungsganges, wenn auch die freilich noch überall hindurchschimmernden kosmogonischen Voraussetzungen der älteren Gnosis jetzt eine, mit bewußter Klarheit ausgesprochene, philosophische Bedeutung gewinnen. Aeonen und Geisterreihen kannten auch schon die syrischen Gnostiker, aber nur als astrale oder kosmogonische Mächte; jetzt werden auch sie, ebenso wie die Thatsachen der neutestamentlichen Geschichte, zu den verschiedenen Momenten,

24) Auch die Ophiten kannten die Trichotomie in Pneumatiker, Psychiker, Hyliker und reden von Seelen, die aus Jaldabaoth's Substanz und Einhauchung geschaffen sind (Iren. Haer. I, 27, 14), aber die Beziehung der Psychiker auf die katholischen Christen ist nirgend bei ihnen bezeugt.

durch welche der unendliche Geist seinen absoluten Inhalt aus sich herausstellt. Es ist dies schon bei dem Basilidianischen Systeme der Fall, das Irenäus uns kennen lehrt. Seine Ogdoas hat Basilides der älteren syrischen Gnosis entlehnt; es sind die sieben Sterngeister Saturnin's, über denen als oberstes, achtes Princip, der ungezeugte Urvater, die eine namenlose und unaussprechliche Gottheit steht; auch die 365 Himmel mit ihrer Symbolik des Sonnenjahres haben noch astrale Bedeutung. Aber statt des Judengottes Jaldabaoth und seiner Genossen erhalten wir hier durchaus nur mythische Personificationen speculativer Begriffe: νοῦς, λόγος, φρόνησις, σοφία, δύναμις, δικαιοσύνη, εἰρήνη **). Eine ganz ähnliche Umdeutung kehrt in dem pseudosimonianischen Systeme der Apophasis wieder; neben die alten kosmogonischen Syzygien, Himmel und Erde, Sonne und Mond, Luft und Wasser, treten νοῦς und ἐπίνοια, φωνή und ὄνομα, λογισμός und ἐνθύμησις (Phil. V, 12. 13). Ebenso verhält sichs mit den Syzygien der Barbelioten, ἔννοια und λόγος, ἀφθαρσία und Χριστός, ζωὴ αἰώνιος und θέλημα, πρόγνωσις und νοῦς (Iren. I, 29, 1). Welche tief speculative Idee in den 30 Aeonen des Valentinus sich ausdrückt, hat Niemand besser als Baur gezeigt; schon in dem Obigen ist daran erinnert worden. Freilich verleugnet auch die Lehre Valentin's ihre syrisch-ophitische Grundlage nicht: auch hier blickt durch die von den übrigen Aeonen so scharf hervorgehobene obere Ogdoas noch die alte astrale Vorstellung durch, aber bei aller Abhängigkeit von früheren Theorien ist die Lehre Valentin's grade in demjenigen, wodurch sie die Aufmerksamkeit der Forscher besonders auf sich gezogen hat, durchaus originell. Das Großartige an diesem geistreichsten aller gnostischen Systeme liegt darin, daß es alle schlummernden, speculativen Keime der älteren Gnosis zu beleben und die alten Ideen mit einer wunderbaren Kraft der Speculation zu verjüngen verstand. Auf den verschiedensten Stadien des Weltbildungsprocesses, in den mannigfaltigsten mythologischen Einkleidungen wiederholt sich immer wieder die Geschichte des Geistes, der aus den dunklen Anfängen seines unendlichen Seins sich zum endlichen Dasein herabläßt, um aus der Endlichkeit sich wieder zurückzunehmen, und dadurch zu bewußtem Eigenthume zu erringen, was an sich von Anbeginn an in seinem Wesen beschlossen lag. In diesen Proceß des Geistes wird auch die ganze materielle Welt mit hineingezogen. Die Materie steht nicht mehr, wie in den älteren syrischen Systemen, von Anfang an dem Geiste, wie die Finsterniß dem Lichte, gegenüber, sondern sie ist selbst nur das Accidens an der geistigen Substanz, das Nichtsein am Sein, das μὴ ὄν der Platonischen Philosophie. War das hylische Princip im Sinne der vorderasiatischen Mythenkreise von Haus aus nicht wie im persischen Dualismus als selbständige, dem Lichtreiche mit diabolischer Feindschaft widerstrebende Finsterniß, sondern nur als das Passive, Weibliche, Unvollkommene gedacht, so nimmt das Valentinianische System es in den Selbstentfaltungsproceß des Geistes hinein, als die von Anfang an in ihm gesetzte Negativität, die aber erst bei dem Fortschritte zu einer concreten Bestimmtheit des Denkens die Selbstentzweiung des Geistes, oder die σφάλματα im Absoluten herbeiführt. Erst die Störung im Pleroma oder der Abfall vom Geiste führt die Bildung der materiellen Welt herbei, aber wie diese selbst wieder nichts Anderes ist, als der verendlichte, sich äußerlich gewordene Geist, so ist dieser Drang zur Selbstverendlichung oder Materialisirung von Anfang an im Geiste gesetzt, als das weibliche oder negative Moment, das schon im ewigen Urgrunde zur Selbstoffenbarung, oder zum Fortgehen vom Schweigen zum Reden treibt. Auch diese wesentlich pantheistische Weltbetrachtung ist im Valentinianischen Systeme nicht neu, die Ophitische Achamoth bezeichnet bereits dieselbe Idee, deren Keime, wie früher bemerkt, sich noch höher hinauf in der Geschichte der Gnosis verfolgen lassen; aber wieder ist es erst Valentin, der die speculative Idee jenes Ophitischen Mythus mit klarem Bewußtsein erfaßte, und bis in die letzten Urgründe alles geistigen Lebens zurückverfolgte, wenn schon auch er ebenso wenig wie sein Zeitalter überhaupt im Stande war, dies anders als in sinnlich symbolischer Ausdrucksweise zu thun. Wie sehr im Valentinianischen Systeme das speculative Element alles Interesse in Anspruch nimmt, sieht man auch aus den in der Schule Valentin's aufgeworfenen Streitfragen. Uhlhorn bemerkt ganz richtig, man sehe aus dem, was die Schule besonders beschäftigte, am deutlichsten, wohin der Zug des Systemes geht (das Basilidianische System S. 62). Nur verschiebt er selbst sofort den richtigen Gesichtspunkt durch die Behauptung, erst einige Schüler hätten die Syzygientheorie bis in die Spitze des ganzen Systemes hineingetragen. Grade das Gegentheil findet statt, wie eine Prüfung der äußeren Zeugnisse uns lehrte. Die orientalische Syzygienlehre wird durchbrochen durch das schon bei Valentin selbst ziemlich stark auftretende Pythagoräische Element; die Monas des Pythagoras tritt an die Stelle des nach syrischer Art bald als Syzygie, bald androgyn vorgestellten Urwesens. Der Urgrund ist nun das einfach Eine, über jede Geschlechtsdifferenz, ja über alle concrete Bestimmtheit hinausliegend; er ist, wie jene jüngeren Valentinianer sagen, überhaupt Nichts, d. h. kein bestimmtes Etwas, wie andere Dinge (μήτε ἄλλως ἔστιν τι *Iren.* Haer. I, 11, 5; *Epiph.* 32, 7; vergl. Phil. VI, 29). Jener ἄλλος ἐπιφανὴς διδάσκαλος αὐτῶν, aus welchem eine auch noch in die Schneidewin'sche Ausgabe der Philosophumena verpflanzte Begriffsverwirrung einen Valentinianer 'Επιφάνης citirt hat, sucht den Begriff dieser uranfänglichen Einheit noch schärfer zu fassen; aus der μονότης als der προαρχὴ προανεννόητος ἄρρητός τε καὶ ἀνονόμαστος und der mit ihr zusammenseienden ἑνότης, welche beide Eins sind, indem sie Nichts emaniren, läßt er die μονάς hervorgehen, die ἀρχὴ ἐπὶ πάντων νοητή, ἀγέννητός τε καὶ ἀόρατος, mit ihr verbunden eine wesens-

**) Die beiden letzten Aeonen kennen wir bekanntlich nur aus Clemens von Alexandrien, der aber ausdrücklich bezeugt, daß sie bleibende Glieder der Basilidianischen Ogdoas waren (Strom. IV, 25, 164. p. 231 *Sylb.* 637 *Pott.*).

gleiche δύναμις, τὸ ἕν. Es ist die Pythagoräische τετρακτύς, welche aus dem Begriffe der Ureinheit abgeleitet werden soll; aber das ursprüngliche Syzygienverhältniß leuchtet auch hier noch durch [25]). Andere schicken dem Βυθός noch eine Ogdoas voraus, als die πρώτη καὶ ἀρχέγονος ὀγδοάς, indem sie den Begriff des uranfänglichen ungründlichen Seins selbst wieder in die dem Denken noch immer durchdringbare Mannigfaltigkeit seiner Momente zerlegen; die erste Tetras heißt προάρχη, ἀνεννόητος, ἄρρητος, ἀόρατος, die zweite ἀρχή, ἀκατάληπτος, ἀνονόμαστος, ἀγέννητος [26]). Man fühlt allen diesen Fortbildungsversuchen deutlich das Streben an, mit ihrer Speculation in die tiefsten und letzten Gründe alles Seins zurückzusteigen, und selbst das schlechthin Unsagbare noch irgendwie sagbar zu machen. Wie sehr diese rein philosophischen Fragen die Schule beschäftigten, sieht man auch aus dem, was Irenäus von „einigen noch Klügeren" (den vermeintlichen Kolarbasianern, von denen uns Volkmar befreit hat) berichtet: sie lassen die erste Ogdoas nicht stufenweise, Aeon für Aeon hervorgehen, sondern so, daß die προβολή der sechs Aeonen aus dem προπάτωρ und der ἔννοια mit einem Schlage erfolgt. Was der Vorvater bei sich erdachte (ἐννοηθείς, προβαλεῖν), das hieß Vater, weil es wahr war, heißt es ἀλήθεια, weil er sich selbst offenbaren wollte, ἄνθρωπος; die er aber vorher erkannt hat, ehe er sie emaniren ließ, werden mit ἐκκλησία bezeichnet: der Mensch sprach das Wort (τὸν λόγον), dieses ist also sein eingeborener Sohn; dem Logos aber folgte das Leben: und so ward die erste Ogdoas vollendet (*Iren.* I, 12, 3; *Epiph.* 35, 1). Daß hier ἄνθρωπος und ἐκκλησία gegen die sonstige Ordnung vor λόγος und ζωή gestellt sind, will wenig bedeuten; um so deutlicher gibt sich dagegen bei diesen Valentinianern das Streben kund, die letzte bildliche Hülle abzustreifen, und die Aeonen rein als das zu nehmen, was sie allein für das Denken sind, als die verschiedenen Momente im inneren Lebensprocesse der Gottheit. Darum kann natürlich auch von einer wirklichen Emanation des Einen aus dem Anderen nicht weiter die Rede sein; sie sind nicht nach einander entstanden, sondern Einer mit dem Anderen gleichzeitig in dem ewigen Urgrunde gesetzt.

Auch was uns sonst noch von den Valentinianern berichtet wird, dient nur dazu, diesen von Vornherein auf das Speculative gerichteten Zug des Systemes zu bestätigen. Ptolemäos hielt, wie wir wissen, die Syzygienlehre auch in der obersten Spitze fest; mit dem Βυθός ist von Ewigkeit her als seine Genossin die ἔννοια (oder σιγή) verbunden. Dagegen verdient es Beachtung, daß er zu dieser, als zweite σύζυγος, noch die θέλησις fügen will, welche jedoch erst später hinzugetreten sein soll. Hier liegt der speculative Sinn dieser rein mythisch betrachtet ganz abenteuerlichen und abnormen Idee so offen zu Tage, daß jede weitere Bemerkung überflüssig ist; und obendrein weist Ptolemäos durch den Ausdruck ἐνθυμήσεις (dispositiones), den er von jenen beiden Genossinnen des Βυθός braucht, selbst darauf hin, wie er das Verhältniß verstanden wissen wolle. Ebenfalls unter den speculativen Gesichtspunkt ist die andere, unter den Valentinianern vielverhandelte Streitfrage über das Wesen des Erlösers zu stellen. Nach *Iren.* I, 12, 4 stritt man vornehmlich darüber, ob der σωτήρ von allen Aeonen, oder nur von einem Theile derselben stamme, sei es von den zwölf aus Anthropos und Ekklesia, oder von den zehn aus Logos und Zoe emanirten, oder auch nur aus Christus und dem πνεῦμα ἅγιον zur Festigung des Pleroma. Wie geringfügig diese Streitigkeit an sich auch erscheinen mag, so kann sie doch nur aus dem lebhaften Interesse erklärt werden, welches man überhaupt den verschiedenen Momenten im göttlichen Pleroma zuwendete; denn je nach dem Verhältnisse, in welchem man die Aeonen zu einander dachte, mußte auch ihr Verhältniß zu dem der oberen Lichtwelt emanirten Erlöser verschieden ausfallen. Aus Pseudoorigenes wissen wir weiter, daß ein ähnlicher Streit auch über den Leib des Erlösers geführt ward. Die italische Schule, deren Lehren Irenäus vornehmlich berücksichtigt, schrieb ihm einen psychischen, die morgenländische einen pneumatischen Leib zu (Phil. V, 35) [27]). Die erstere Lehre muß die ursprüngliche sein, dagegen spricht für die letztere, auf einen geschärften Doketismus hinauslaufende, die innere, speculative Consequenz des immer idealistischer sich zuspitzenden Systemes. Als ein nicht unwichtiges Glied in der Kette der von Valentinus ausgegangenen Lehrbildungen müssen auch die bisher nur dem Namen nach bekannten Doketen gelten, die ihren Namen zwar nicht von δοκός, dem Balken im Auge, aber von demselben doketischen Idealismus haben, der bei den Valentinianern immer bestimmter sich ausprägt. Der Erlöser kommt aus der oberen Welt herab, angethan mit dreißig Ideen, je einer von jedem der dreißig Aeonen, wie die dreißig Jahre seines irdischen Lebens typisch veranschaulichen; eben darum kann er alle pneumatischen Seelen erlösen, denn auch die Menschenseelen sind Ideen, die eine von diesem, die andere von jenem der dreißig Aeonen herniedergesunken, in dem dreißigfältigen Erlöser vermag daher jede den ihrer Natur entsprechenden Jesus zu erkennen, den jener ewige Eingeborene von den ewigen Stätten her angezogen hat; darum gibt es so viele Parteien, die Jesum suchen, voll Haders wider einander, ihnen Allen ist er verwandt, aber dem Einen erscheint er so, dem Anderen wieder anders, je nach der Stätte, zu der sie als ihrer ursprünglichen Heimat wieder emporstreben (Phil. VIII, 10). Wir kommen auf diese Lehre weiter unten noch einmal zurück. Das, was uns zunächst an ihr auffallen muß, ist eben jener ihr ausgebildeter Doketismus, in welchem der idealistische Zug des Valentinianischen Systemes sich am schärfsten charakterisirt. Das Geschichtliche, Positive in der Erscheinung Jesu ist nicht

25) *Iren.* Haer. I, 11, 3. Phil. VI, 38. *Epiph.* 32, 5.
26) *Iren.* I, 11, 5. Philos. VI, 38. *Epiph.* 32, 7.

27) Wenn Tertullian (De carne Christi c. 15) die Lehre von einem pneumatischen Leibe Christi als die Valentin's bekämpfte, so erklärt sich jetzt diese Verwirrung, und sofern Valentin selbst eine caro spiritualis gelehrt haben soll, sicher ungenaue Notiz.

nur zum verschwindenden Momente herabgesetzt, sondern man sucht sich auch des speculativen Rechtes bewußt zu werden, welches auch dem einfachen historischen Heilsglauben als solchem noch zukommt. Indem derselbe für eine gewisse Stufe der Erkenntniß als vollkommen berechtigt erscheint, entsteht die Vorstellung von einer Stufenfolge in der Geisterwelt selbst, die das Buch **Pistis-Sophia** am weitesten ausspinnt; besondere Beachtung aber verdient hierbei, daß mit der folgerichtigen Durchführung dieser Anschauungsweise auch der Gegensatz zwischen Pneumatikern und Psychikern wieder sich mildert. Die ältesten syrischen Systeme bewegen sich fast durchaus noch innerhalb des Gegensatzes zweier Principien, zwischen Geist und Materie, Licht und Finsterniß, wobei man denn die Glieder der christlichen Gemeinschaft einfach unter die Pneumatiker zählt und den Kindern der Hyle gegenüberstellt. In dem Maße, als die Gnosis von der Pistis sich loslöst, baut sich innerhalb der Christenheit selbst jene memphytische Scheidewand auf, die Pneumatiker und Psychiker auseinanderhält; die Platonische Trichotomie der menschlichen Natur wird übergetragen auf die verschiedenen Menschenclassen, wodurch die Zweiheit der Principien sich zur Dreiheit erweitert. Es ist dies (nach dem Vorgange der älteren Ophiten, die aber unter den Psychikern schwerlich schon die katholischen Christen verstanden haben können), namentlich in dem Systeme Valentin's und bei den Naassenern des Pseudoorigenes der Fall, obwol sich bei Letzteren noch eine ganz verschiedene Principienlehre dazwischenschiebt. Aber mit dem Fortschritte der Speculation wird auch innerhalb der Pneumatiker selbst wieder ein Stufenunterschied gesetzt, wodurch die Kluft, die diese von den Psychikern trennt, von selbst wieder ihre absolute Bedeutung verliert und zu einem blos relativen Gegensatze herabsinkt. Schon Valentin ließ auch die Psychiker Antheil nehmen an der Erlösung, freilich nur soweit, als es ihre beschränkte Natur zu gestatten schien. Die Neubasilidianer nahmen in der Mischung aller Samen ebenfalls jene Dreitheilung an, sie lassen bei der Wiederbringung über die psychische Welt, nachdem sie erlöst ward, soweit es ging, die große Unwissenheit ausbreiten, damit das Niedere nicht in vergeblicher Sehnsucht nach dem ewig Versagten sich abquäle; aber wie es innerhalb des pneumatischen Samens eine dreifache Sohnschaft gibt, die eine immer geistiger als die andere, so geht derselbe Stufenunterschied durch die psychische Welt, und die oberste Classe rückt ganz nahe an die Grenze des Geisterreichs. Dieselbe Vermittelung der Gegensätze geht durch die Lehre der Doketen hindurch, die auch nach dieser Seite hin als eine Weiterbildung des Valentinianischen Systemes sich ausweist; die Pistis-Sophia aber bildet den Schlußstein in dieser Entwickelung, indem sie zwar eine unendliche Stufenreihe der Geister, aber keine von Natur psychischen Menschen mehr kennt. Es hängt dies mit der schon besprochenen ethischen Richtung dieses Systemes zusammen, welche der Gnosis überhaupt ihre absolute Bedeutung raubt, eben dies aber bezeichnet den Punkt, wo die gnostische Bewegung in ihr drittes Stadium einmündet.

Dieses Einschieben immer neuer Mittelglieder des geistigen Processes ist überhaupt das Zeichen der fortgebildeten Speculation. Man muß die allmähliche Ausgestaltung der Aeonenlehre als einen der Punkte ansehen, um welchen sich ein Hauptinteresse der Gnosis während ihrer Blütezeit concentrirt. In diesem Stücke hat die Pistis-Sophia ebenfalls das Aeußerste geleistet, aber freilich zum Schaden des echten speculativen Triebes. Diese maßlose Ausdehnung der Aeonenwelt in unzählige Himmel, Herrschaften und Mysterien dient hier nicht mehr einer wirklich gesunden, lebenskräftigen Speculation, sondern entartet zu müßiger Spielerei; indem man nach einem einmal gegebenen Schema immer neue Geisterreihen ersann, verlor man über der allein berücksichtigten Form den philosophischen Inhalt. Auch dies ist ein Zeichen, daß das System der Pistis-Sophia die Blütezeit der Gnosis hinter sich hat.

Merkwürdig abweichend von dem allgemeinen Zuge, dem alle diese emanatistischen Systeme folgen, gestaltet sich die Weiterbildung des **Basilidianischen** Systemes. An die Stelle der Emanation und jener σπέρματα im Absoluten (Phil. VI, 36, p. 195 ed. Oxon.), welche bei Valentin der ganzen Weltentwickelung zum Ausgangspunkte dienen, tritt vielmehr die allmähliche Sonderung und Scheidung der in der σύγχυσις ἀρχική enthaltenen Bestandtheile ein. Der Proceß nimmt, wie schon früher bemerkt, nicht seinen Verlauf von Oben nach Unten, sondern geht von Unten nach Oben. Zu der nähern Charakteristik dieses überaus geistreichen Systemes müssen wir hier ebenfalls auf die **Baur**'sche Darstellung verweisen (Theol. Jahrb. 1856, 1, besonders S. 140 fg.). Das Eigenthümliche daran hat **Baur** ganz richtig dahin bestimmt, daß das materielle Princip dem geistigen weder schlechthin entgegengesetzt, noch auch als das Accidens an der Substanz des Geistes demselben untergeordnet wird, sondern beide Principien erscheinen mit gleicher Berechtigung als ursprünglich Eins und entwickeln sich erst aus ihrer anfänglichen Indifferenz allmählich zu concreter Unterschiedenheit. Dies ist jene πανσπερμία τοῦ κόσμου, welche bald mit einem Senfkorne, bald mit einem Pfauenei verglichen wird, eine Vorstellungsweise, die **Uhlhorn** mit Recht auf die Einflüsse der Stoa zurückführt. Der Platonischen Transcendenz der Valentinianischen Lehre, welche die Gründe aller concreten Realität in der diesseitigen Welt auf eine jenseitige Idealwelt zurückführt, tritt hier die stoische Immanenz des Geistes in der Natur als ebenso berechtigter philosophischer Standpunkt gegenüber, Geistiges, Psychisches und Materielles gehen aus einer gemeinschaftlichen Wurzel hervor, die, weil sie an sich weder das Eine noch das Andere ist, in ihrem alles concrete Sein noch in sich verschlossen enthaltenden Zustande selbst nur als die Negation aller bestimmten Realität, oder als das οὐκ ὄν bezeichnet werden kann. Darum, weil es ungereimt wäre, etwas das nicht ist auf dem Emanationswege entstanden sein zu lassen, will dieses System überhaupt von Emanationen Nichts hören; sie setzen ja „die volle Realität des Seins da schon voraus, wo nur von einem erst werdenden Sein oder vielmehr nur von dem Nichtseienden die Rede sein kann" (Baur a. a. O.). Dennoch ist auch in diesem Systeme der Standpunkt der Immanenz nicht festgehalten. Der pneumatische Same darf in der πανσπερμία τοῦ κόσμου nicht bleiben, er schwingt sich mit größerer oder geringerer Leichtigkeit aus ihr empor; dieses Aufstreben des Geistes aus dieser unteren Mischung ist aber nicht etwa die directe Umkehrung der Valentinianischen Lehre, sodaß sich hier die Materie grade ebenso zu geistigem Leben potenzirte, wie sich dort der Geist zur Materie depotenzirt, sondern das Pneumatische ist von dem Psychischen und Hylischen metaphysisch unterschieden: obwol mit diesem im Weltei ursprünglich zusammen, kann es doch seiner Natur nach nur dahin streben, diese unnatürliche Verbindung wieder zu lösen. Es ist dies der Punkt, wo das Neubasilidianische System, wie schon Baur erkannte, auf einen dem Valentinianischen Falle der Sophia verwandten Vorgang zurückweist; da aber die Darstellung gleich mit der σύγχυσις ἀρχική beginnt, also den Ursprung dieses Zustandes im Unklaren läßt, so setzt sie hier eine ältere Gestalt des Systemes voraus, welche eine ähnliche Bewegung von Oben nach Unten lehrte, wie bei den Valentinianern. Die stoische Immanenzlehre hat diese ältere Grundlage zurückgedrängt, doch blickt dieselbe auch sonst noch vielfach hindurch. Auch das spätere System steht der Emanationslehre nicht so fern, wenn es gleich dieselbe nur für die mittleren Stufen des Daseins benutzt: die Ogdoas und die Hebdomas und die 365 Himmel, die freilich gegenwärtig zusammenhangslos dastehen, begegnen uns auch hier, und wenn auch diese Geisterordnungen ihren Weg von Unten nach Oben nehmen müssen, so ist dies ja Nichts, als die durch stoische Einflüsse bedingte einfache Umkehr längstvorhandener Anschauungen. Steigen wir aber von diesen mittleren Stufen zur oberen Welt empor, so wird der Standpunkt der Immanenz völlig verlassen. Was uns hier von dem nichtseienden Gotte berichtet wird, der aus Nichts eine nichtseiende Welt erschuf, ist die ausgesprochenste, abstracteste Transcendenz; dieser nichtseiende Gott ist nicht aus der πανσπερμία τοῦ κόσμου hervorgegangen, er schwebt von Ewigkeit her über derselben in absolutester, über alles endliche Dasein erhabener Geistigkeit. Das Gemeinsame, was ihn mit jener πανσπερμία verbindet, ist freilich die Bezeichnung des Nichtseins, welches zugleich wieder ein Sein in sich schließt, aber der Unterschied ist, daß jenes nichtseiende Senfkorn, aus welchem sich die concrete Mannigfaltigkeit endlicher Dinge entwickelt, Geistiges, Psychisches und Materielles in Folge eines unerklärlichen Vorganges gleicherweise in sich schließt, während jener nichtseiende Gott nur in sofern so heißt, als damit die über alle concrete Bestimmtheit und Mannigfaltigkeit, also auch über jede Berührung mit der Materie hinausliegende Geistigkeit seines Wesens bezeichnet werden soll. Nicht in der πανσπερμία τοῦ κόσμου, welche nur ein als thatsächlich vorausgesetztes Verhältniß ausdrücken soll, sondern in dem nichtseienden Gotte liegt der letzte Erklärungsgrund, daß es auch einen pneumatischen Samen gibt, ist aber dieses unbestreitbar, wie kann dann die als der Anfangspunkt der Weltentwickelung hingestellte Vermischung des Pneuma mit den psychischen und hylischen Elementen anders vorgestellt werden als in Folge eines noch weiter zurückliegenden Falles aus der überseienden geistigen Welt! Nur durch Einschiebung dieses Mittelgliedes schließen sich die beiden Vorstellungen von dem οὐκ ὢν θεός und der πανσπερμία τοῦ κόσμου zur Einheit des Begriffes zusammen; da sie aber in dem gegenwärtigen Systeme nur äußerlich nebeneinanderhergehen, so ist dies ein weiteres Kennzeichen der Ueberarbeitung einer älteren Grundlage. Mag daher auch in der inneren Entwickelungsgeschichte des Basilidianischen Systemes noch Manches im Unklaren bleiben, mag es namentlich bei den von Clemens von Alexandrien mitgetheilten Bruchstücken des Isidor noch zweifelhaft sein, ob sie die frühere oder die spätere Form im Auge haben, im Ganzen und Großen steht uns das Urtheil fest, daß die Basilidianischen Lehren der Philosophumena nur eine unter dem Einflusse griechischer und speciell stoischer Philosophie erfolgte Umbildung jenes aus Irenäus längst bekannten Systemes sind, womit ja auch weiter die Vorliebe stimmt, welche Basilides auch sonst für das Barbarische, nicht-Hellenische an den Tag legt. Vergl. Hilgenfeld, Theol. Jahrb. 1856, 1. S. 90 fg.

Auch die schlechthinige Jenseitigkeit und Idealität des nichtseienden Gottes, von dem die Philosophumena reden, ist ein deutliches Merkmal des von griechischen Theorien angeregten, speculativen Interesses, und wir haben schon gesehen, wie sich hierzu in der Schule Valentin's eine beachtenswerthe Parallele findet. Aber auch jenes Bild vom Senfkorn, unter welchem die Neubasilidianer ihre πανσπερμία τοῦ κόσμου sich denken, findet ebenfalls in Valentinianischen Kreisen sich vor, nur mit dem bedeutsamen Unterschiede, daß es hier nicht auf die πανσπερμία, der der nichtseiende Gott noch äußerlich gegenübersteht, sondern auf den letzten und höchsten Urgrund der Dinge bezogen wird. Es ist dies bei den sogenannten Doketen der Fall; der πρῶτος θεός wird geschildert wie ein σπέρμα συκῆς, an quantitativer Größe äußerst klein, aber der Potenz nach unendlich, eine zahllose Größe der in ihm enthaltenen Menge nach, das schlechthin selbstgenugsame Princip alles Entstehens [28]). Aus dem Kerne entstehen Stamm, Blätter und Frucht, dem entsprechend drei Aeonen aus der ersten ἀρχή, als ἀρχαὶ τῶν ὅλων, während der oberste Gott in seinem absoluten Ansich über den weit von ihm getrennten Aeonen schwebt. Da aber zehn die vollkommene Zahl ist, so entstehen im Ganzen dreißig Aeonen, sofern ein Jeder der drei in einer Zehnzahl sich erfüllt, und aus diesen wieder unzählige Male unzählige Ideen lebender Wesen (Phil. VIII, 8). Hier hätte sich also den Platonisch-Pythagoräischen Anschauungen der Valentinianer auch

---

28) Θεὸν εἶναι τὸν πρῶτον οἱονεὶ σπέρμα συκῆς, μεγέθει μὲν ἐλάχιστον παντελῶς, δυνάμει δὲ ἄπειρον (cod. [illegible]), [illegible] ἐν αὐτῷ, πρὸς γένεσιν ἀπροσδεής κ. τ. λ.

noch ein stoisches Bestandtheil hinzugesellt, aber ohne die ursprüngliche Grundlage des Systemes zu beschädigen.

Weisen das Basilidianische und das Valentinianische System, obwol nach zwei verschiedenen Seiten hin sich entwickelnd, doch beide auf die älteren syrischen „Ophiten" oder „Gnostiker" zurück, so hat diese vielgespaltene Partei auch sonst noch sehr reiche Entwickelungen innerhalb der griechischen Welt erlebt. Daß die Pistis-Sophia ophitischen Ursprungs ist, steht nach den mühevollen Forschungen Köstlin's bereits fest; aber auch die sogenannten Simonianer sind, wie hier nicht weiter erwiesen werden kann, eine Abzweigung der Ophiten, die sich wesentlich nur dadurch unterschied, daß der Samaritaner Simon bei ihnen dieselbe Erlöserstellung einnimmt, wie Jesus bei den übrigen Gnostikern. Die ἀπόφασις μεγάλη, welche dem Simonianischen Systeme, wie solches aus Irenäus und den Pseudoclementinen hervorgeht, zu Grunde liegt, ward auch anderwärts in Ophitischen Kreisen benutzt[98a]). Aus Pseudoorigenes, welcher mit den sonst gewöhnlichen Nachrichten über die späteren Simonianer auch sehr wichtige Auszüge aus der Apophasis zusammenstellt, ersehen wir jetzt, daß auch diese Schrift schon sehr bedeutend von stoischen Elementen durchdrungen ist.

Eine Gräcisirung der ältern Ophitenlehre sind aber endlich auch die jetzt ebenfalls durch die Philosophumena zugänglich gewordenen Lehren der Naassener, Peraten und Sethianer. Wir hatten im Obigen bereits auf die zahlreichen syro-chaldäischen Bestandtheile hingewiesen, die in diesen Systemen gewissermaßen die Kette bilden, während das griechische Element nur der Einschlag ist. Nach beiden Seiten hin gibt es für die Detailforschung hier noch überaus viel zu thun; aber den inneren Zusammenhang aller dieser Systeme kann man durchaus nicht verstehen, wenn man nicht die aus Irenäus bekannte Ophitenlehre zu Hülfe nimmt. Das Charakteristische dieser Entwickelungsstufe der Gnosis ist nur, daß der mythologische Bildungstrieb sich hier schon bedeutend erschöpft hat. An die Stelle der poetischen Durchführung speculativer Ideen ist vielmehr jene Alles überwuchernde Mythendeutung getreten, die mit wenigen Ideen haushält, dieselben aber dafür in dem Allerentlegensten und Entferntesten wiederfindet. Dieses ewige Einerlei, diese langweiligen Selbstwiederholungen, namentlich in der Naassenerlehre, zeigen deutlich, wie wir es hier mit einer schon ziemlich herabgekommenen Form der Gnosis zu thun haben. Auch das eigentlich philosophische Element tritt fast nur noch in der Principienlehre hervor, diese aber weicht in allen diesen Systemen sehr bedeutend von der ältern Gnosis ab. Die Dreitheilung ist beibehalten, aber in ganz anderem Sinne. Bei den Naassenern liegt, wie bemerkt, der frühere Gegensatz des Pneumatischen, Psychischen und Choischen noch vor, aber daneben kennen sie eine andere Dreiheit, die sich nicht auf jene reduciren läßt. Die drei Naturen sind: die obere des Adamas, die sterbliche hienieden und mitten inne zwischen beiden das freie oben geborene Geschlecht. Das letztere ist der ἄνθρωπος κεχαρακτηρισμένος, der nach dem ἄνθρωπος ἀχαρακτήριστος geformte, jene auch mit der Schlange verglichene geistig-flüssige Potenz, die als der Jordan oder der Ocean bald von Oben nach Unten, bald von Unten nach Oben fließt. Derselbe Gegensatz kehrt in dem naassenischen Hymnus wieder, wo als die drei Principien der erstgeborene νοῦς, das ausgegossene Chaos und die arbeitende Seele bezeichnet werden. Jenes dritte vermittelnde Princip ist nicht das ψυχικόν im bisherigen Sinne, sondern die Weltseele, oder der göttliche νοῦς, sofern er aus seiner Jenseitigkeit herausgetreten, der Welt immanent ist. Es führt auch dies auf die Stoa zurück und dient nur dem früher Bemerkten zu weiterer Bestätigung, daß die Schärfe des in der Blüthezeit der Gnosis herausgestellten Gegensatzes zwischen πνεῦμα und ψυχή im weiteren Verlaufe wieder abgeschwächt ward. Auch die drei Principien der Peraten und Sethianer sind wesentlich dieselben. Was nach den Naassenern der Jordan oder die Weltseele ist, ist bei den Sethianern das πνεῦμα ἀκέραιον, zwischen Licht und Finsterniß, Oben und Unten in der Mitte stehend und seinen Wohlgeruch nach Unten hin verbreitend, ganz ähnlich wie die späteren Basilidianer das μεθόριον πνεῦμα am Orte der Mitte geschildert haben. Alle diese drei Principien haben unzählige δυνάμεις, daraus entstehen unzählige συνδρομαί und hieraus wieder ἄπειροι σφραγίδων εἰκόνες. Das πνεῦμα, obwol vermittelnd zwischen Finsterniß und Licht, ist doch nur mit dem letzteren wesensverwandt; in der untern Welt ist das eine niemals ohne das andere (Phil. V, 19). Dreifach ist auch nach den Peraten[99]) der κόσμος getheilt: das Urprincip der Theilung ist gleichsam ein großer Quell, für das Denken von unendlicher Theilbarkeit; die erste und vornehmste Theilung aber ist die Trias: der eine Theil heißt vollkommenes Gut, väterliche Größe, der zweite wie eine unendliche Menge aus ihm entstandener Kräfte, der dritte ist τὸ ἰδικόν, die individuelle Besonderung. Das erste Princip ist das Unerzeugte oder das Gute, das zweite das Selbsterzeugte, das dritte das Erzeugte; daher gibt es τρεῖς θεούς, τρεῖς λόγους, τρεῖς νοῦς, τρεῖς ἀνθρώπους. Diese Dreitheilung, die auch in der Person Jesu wiederkehrt, setzt erstens ein göttliches Ursein, zweitens eine Idealwelt und drittens die Welt der irdischen Dinge, denen jene Ideen sich einprägen; das Absolute geht aus seinem Ansich heraus, sofern es in einer Welt von Ideen den eigenen Inhalt auseinanderlegt, diese Ideen gelangen aber erst in der unteren Welt zur concreten Realität und individuellen Existenz. Sie bilden daher das Mittelglied zwischen der oberen und der unteren Welt, obwol sie als von obenher stammend auch wieder als die zweite der oberen Welten bezeichnet werden. Dagegen sind in der unteren Welt, dem κόσμος ἰδικός, ähnlich wie nach neubasilidianischer Theorie, die

98a) Philos. V, 9. p. 117 ed. Oxon.

99) Phil. V, 12. Ich halte im Obigen den Text fest, wie ihn Schneidewin hergestellt hat. Anders Baxmann a. a. O. S. 237 fg.

Samen von mancherlei Weizen enthalten; was hier unten der unerzeugten und selbsterzeugten Welt angehört, wird gerettet werden, die dritte Welt geht zu Grunde. Nach V, 17 sind die drei ἀρχαί der Vater, der Sohn und die Materie; der Sohn oder Logos steht in der Mitte als die Schlange, die immer zum unbewegten Vater hinauf und zur bewegten Materie sich herabwendet; kehrt er sich zum Vater, so prägt ihm der die Ideen und Kräfte ein, die er, wenn er sich wieder herniederkehrt, in der gestalt- und formlosen Ἕλη abprägt. Der Sohn empfängt das Gepräge vom Vater auf geheimnißvolle, unaussprechliche Weise, ohne Veränderung von Ort zu Ort, sowie in jener Erzählung des Moses von den in die Tränkrinnen gelegten Stäben die Farben auf die Leibesfrüchte der trächtigen Schafe fließen. Ebenso fließen von dem Sohne die Kräfte wieder in die Materie nach der Befruchtung der Kraft, die von den Stäben auf die Leibesfrüchte überfließt; die Verschiedenheit der Farben und die Unähnlichkeit, die von den Stäben durch das Wasser auf die verschiedenen Schafe fließt, stammt von der theils vergänglichen, theils unvergänglichen Geburt. Oder genauer noch, die Wirksamkeit des Sohnes ist dem Maler zu vergleichen; wie der, ohne von den Thieren, die er malt, etwas hinwegzunehmen, mit seinem Griffel die Ideen auf die Tafel überträgt, so trägt der Sohn durch seine eigene Kraft die väterlichen Charaktere auf die Materie über. Diese Principienlehre steht unter allen der katholischen am nächsten; zwischen Gott und der Materie steht mitten inne der Sohn oder der Logos als λόγος ἐνδιάθετος, der Inbegriff aller göttlichen Ideen, die schweigend und geheimnißvoll in ihm abgebildet sind, als λόγος προφορικός ist er das Princip aller göttlichen Offenbarung in der Welt.

So rückt denn die Gnosis auf allen Punkten, wo wir ihre innere Geschichte verfolgen können, schließlich dem kirchlichen Glauben wieder näher. Diese Wiederannäherung an die Pistis, die auf den ersten Blick nur als ein Herabsinken von der bisherigen Höhe bezeichnet werden kann, ist, näher betrachtet, das nothwendige dritte und letzte Stadium dieser Speculation, auf welchem die Gnosis ihr eigenes Gewebe wieder auflöst. Natürlich sind grade hier die Grenzlinien am fließendsten; der Zersetzungsproceß vollzieht sich allmählich, auf der einen Stelle früher, auf der andern später, hier als ein wirkliches Einmünden in die katholische Lehre, dort in Form eines vollständigen theoretischen oder praktischen Bankrotts, hier durch dem eigentlich Speculativen abgekehrte Vereinfachung, dort durch endlose entgeistete Vervielfältigung des mythologischen Apparates. Während die synkretistischen Naassenerparteien des Pseudoorigenes die mythischen Personen immer mehr in einander verschwimmen lassen, wird deren Zahl von der Pistis-Sophia ins Unendliche erweitert; und wenn auch all diesen zahllosen Mysterien, Mächten und Herrschaften eine bestimmte Stelle und Wirksamkeit im Universum zugewiesen wird, so verräth sich bei aller Originalität in der Durchführung dieser Idee und bei allem Scharfsinne im Unterscheiden immer neuer und eigenthümlicher Momente doch mehr die an dem einmal herkömmlichen Schematismus sich weiterspinnende Reflexion, als ein ächter, die verschiedenen mythischen Gestalten zu nothwendigen Momenten im Processe des Geistes ausprägender speculativer Trieb. Man kann dies namentlich auch aus dem Verhältnisse sehen, in welchem die drei ersten Bücher der Pistis-Sophia zum vierten stehen; das letzte stellt das System noch in einfacherer, durchsichtigerer Gestalt dar, die aber auch nach Köstlin's Forschungen die originellere ist; die Erweiterungen und Ausführungen des späteren Ueberarbeiters haben nur die Bedeutung spielender und mechanischer Vervielfältigung. Dasselbe immer geistlosere Spiel mit Geheimnamen, Zauberformeln und symbolischen Zahlen ist auch sonst ein Kennzeichen desselben Verfalls, der sich nach einer anderen Seite hin in immer zerfahrenerem Synkretismus äußert. Wie aber überall in zerfallenden Organismen immer schon die Anfänge neuer Lebensformen sich regen, so ist jene letzte Wendung der Gnosis doch auch wieder kein bloßer Verfall, sondern nach der andern Seite zugleich die Vorbereitung einer höheren, die Einseitigkeiten der gnostischen Weltanschauung immer mehr überwindenden Entwickelung. Bei weitem die wichtigste Erscheinung ist in dieser Beziehung die mehrfach schon bemerkte Milderung des Gegensatzes zwischen Pneumatikern und Psychikern. Unter diesen Gesichtspunkt gehört, außer der vorhin entwickelten Principienlehre der hellenisirenden Ophiten, Peraten und Sethianer, schon die Modification des Valentinianischen Systemes durch die Doketen (vgl. oben S. 290). Die drei Aeonen, auf welche die Dreißig hier zurückgeführt werden, sind die einzige Ursache alles Gewordenen; wie ihre Dreiheit zur Dreißigzahl und diese wieder in eine unendliche Menge anderweiter Kräfte und Aeonen sich auseinanderlegt, so hat auch in der sichtbaren Welt alles Entstandene Antheil an ihnen (Phil. VIII, 8. p. 262 sq.), und es gibt überhaupt nur darum eine Vielheit endlicher Dinge, weil die an sich finstere und gestaltlose Materie die Ideen dieser Aeonen in sich aufgenommen hat. So sind alle Menschenseelen herabgekommene Ideen, zwischen denen kein specifischer, sondern nur ein gradweiser Unterschied besteht, je nach der Stufe im Aeonenhimmel, der sie entstammen. Auch der Demiurg, der feurige Gott des alten Testaments, der Feind und Plagegeist der hier unten gefangenen Seelen, ist nicht ohne einen pneumatischen Keim, er ist wie der untere Aeon überhaupt in Feuer verwandeltes Licht, πῦρ ὂν ἀπὸ φωτὸς γεγονός (Phil. VIII, 9. p. 265 M.). Es gibt also auch keinen metaphysischen Gegensatz mehr zwischen einem pneumatischen, einem psychischen und einem hylischen Geschlechte. Wie nun Christus mit den Ideen aller Aeonen bekleidet ist, so kann er auch Aller Erlöser werden, wenngleich jeder ihn nur nach dem Maße seiner Fähigkeit zu erkennen vermag [80].

---

80) Beiläufig mag hier noch einmal daran erinnert werden, wie schon das ältere Valentinianische System auch den Psychikern einen Antheil an der Erlösung zugestand, ja dieselbe recht eigentlich für diese bestimmt sein ließ; aber da hier letztere zugleich wieder dahin erläutert wird, daß die Pneumatiker eigentlich der Erlösung

Jede Seele erkennt den ihrer Natur entsprechenden Jesus, den der ewige Monogenes von den ewigen Orten entlehnt und angezogen hat; diese Orte sind aber gradweise verschieden. Daher suchen so viele Parteien Jesum mit Eifer, und ihnen allen ist er wesensverwandt, aber jeder erscheint er anders vermöge des andern Orts im Geisterreiche, dem jede angehört. Jede Partei hält denjenigen Jesus, der ihr Stammgenosse und Mitbürger ist, für den einzig wahren, alle andern dagegen für falsch. Diejenigen nun, deren Natur aus den tiefer liegenden Orten im Geisterreiche stammt, vermögen die über sie hinausliegenden Ideen des Erlösers nicht zu sehen, während die höheren aus der mittlern Dekas und der obersten Ogdoas, d. h. eben die Anhänger der Doketenlehre, Jesum nicht blos ἐκ μέρους, sondern ganz erkennen, und eben darum allein die Vollkommenen sind, während alle andern nur Theil an der Vollkommenheit haben [31]). Sonach bestehen allerdings auch nach den Doketen metaphysische Unterschiede, aber kein Theil der Christenheit ist von der Erkenntniß Jesu völlig ausgeschlossen, allen, auch den Katholikern, wird ein gewisser Grad der Gnosis zu Theil, und wenn die von tieferen Stufen des Geisterreiches Stammenden auch das über ihnen Liegende nicht zu erkennen vermögen, so haben sie doch wenigstens ἐκ μέρους Antheil an der Wahrheit. In demselben Maße aber, als so auch die gemeinchristliche πίστις als γνῶσις anerkannt wird, muß umgekehrt auch die γνῶσις wieder als πίστις betrachtet werden können; und es ist daher nur eine nothwendige Consequenz, daß auch der Erlösungsbegriff dieser Doketen dem gemeinchristlichen wieder sich nähert. „Von der Ankunft des Erlösers an," lesen wir daher ausdrücklich, „wird der Glaube verkündigt zur Vergebung der Sünden" (Phil. VIII, 10. p. 266 M.). Noch weit bestimmter aber prägt sich die Annäherung an den katholischen Glaubensbegriff in dem Buche Pistis-Sophia aus. Fällt schon bei den Doketen der Unterschied zwischen Pneumatikern, Psychikern und Hylikern weg, so hebt die Pistis-Sophia auch die letzten metaphysischen Unterschiede auf. Wie hoch auch noch immer der Werth sei, der hier der γνῶσις als der höchsten Stufe der Vollkommenheit zukommt, so hängt der Grad der Erkenntniß, zu welchem ein jeder gelangt, überhaupt nicht mehr von seiner höheren Natur als solcher, sondern von seinem eigenen thätigen Verhalten ab. „Der geistige Lichtkeim ist in allen Menschen, wie in Allen auch die Materie und der böse Trieb (das ἀντίμιμον πνεύματος) ist; an Alle ohne Unterschied ergeht der Ruf zur Buße und die Verheißung der Seligkeit; weder vom Einen, noch vom Andern ist irgend Einer ausgeschlossen, alle ψυχαὶ ὑλικαί sollen gerettet und beseligt werden (S. 40 u. s. w.); die Apostel haben zwar außer jenem allgemein menschlichen Lichtkeime noch eine besondere Lichtkraft, aber diese ist ihnen dazu gegeben, damit sie durch dieselbe in den Stand gesetzt werden, aller Versuchungen und Verfolgungen ungeachtet ihren hohen Beruf zur Erhaltung der ganzen Welt standhaft zu erfüllen; und nicht blos die Erkenntniß der Mysterien des Lichts, nicht blos der Empfang der Sacramente ist es, was die Seligkeit bedingt, sondern auch, daß man das thue, „„was der Mysterien würdig ist,"" daß man der Welt und der Materie, der Sinnlichkeit und der Lasterhaftigkeit absage" (Köstlin a. a. O. S. 21 fg.). Die langen Reihen von Zwischenwesen und Geistern, welche die Kluft zwischen dem Unendlichen und dem Endlichen ausfüllen, verrathen zwar auf der einen Seite nur den der Gnosis als einem echten Erzeugnisse des Orients überhaupt eigenen Hang zum Mysterienwesen und der Unterscheidung von zahlreichen Stufen, Ordnungen und Weihen, auf der andern Seite dienen sie aber allerdings, wie Köstlin bemerkt, der Idee absoluter Gerechtigkeit, „kraft welcher jeder Art von Gesinnungs- und Handlungsweise, jedem Verdienste und jeder Schuld, jedem größeren oder geringeren Grade des einen oder des andern, jeder einzelnen höhern oder niedern Stufe geistiger Erkenntniß und Reinheit, zu welcher der Mensch sich erhebt, auch ein bestimmter Ort und Grad der Belohnung oder Strafe, eine bestimmte Abstufung der Seligkeit und Herrlichkeit oder der Qual und Verdammniß entsprechen muß. Das Thun des Menschen ist auch sein Schicksal; je nach der Höhe oder Tiefe, zu der sein geistiges Leben sich erhoben hat oder herabgesunken ist, bestimmt sich auch der Platz, den er im Jenseits einnehmen und das Loos, das ihm dort zu Theil werden wird, und darum sind auch mannigfaltige und verschiedene ein für alle Mal geordnete Stufen, sowol in der lichten Welt der Seligkeit als in der dunkeln Region der Verdammniß nothwendig, in welchen jeder nach Verdienst seinen Ort finden kann." Daher „hat auch die christliche Erlösung ihr Wesen eben darin, daß sie nicht nur dem, der Buße thut, Alles, auch das Schwerste verzeiht, sondern auch Jedem, je nachdem er „„gesucht, gestrebt und gerungen"" hat (vergl. S. 250 fg. 254. 280 u. s. w.) und je nachdem ihm geistige Hilfe und Förderung von Seiten seiner Mitbrüder zu Theil geworden ist (vergl. S. 238 fg. 263 fg. u. s. w.), seinen eigenen Platz und Rang innerhalb der über alle Welten und Himmel unendlich erhabenen Region des göttlichen Lichtreiches anweist; das Evangelium soll eben dadurch das höhere Streben im Menschen um so mächtiger und kräftiger erregen, daß es für alles und

gar nicht [illegible], so erhellt von selbst, in welcher Spannung die metaphysischen Gegensätze sich hier noch gegen einander befinden.

31) Phil. VIII, 10. p. 269 M.: εἶναι (cod. εἴη) δὲ καὶ ἀπὸ ἑκάστου τῶν τριάκοντα αἰώνων ἄπειρα ἰδέας (cod. ἄπειρα ἰδία) κατειλημμένας ψυχάς, καὶ φύσιν ἔχει (cod. ἔχειν) τούτων ἑκάστη ποιὰν (cod. ἑκάστην ἣ ἦν) τὸν κατὰ φύσιν Ἰησοῦν, ὃν ἐνέδυσεν ὁ μονογενὴς ὁ αἰώνιος ἀπὸ τῶν αἰωνίων τόπων ἐνδύσατο· εἰσὶ δὲ οὗτοι διάφοροι. Διὸ τοῦτο τοσοῦται αἱρέσεις ζητοῦσι τὸν Ἰησοῦν περιμαχήτως, καὶ ἔστι πάσαις οἰκεῖος αὐταῖς, ἄλλῃ δὲ ἄλλως (cod. ἄλλους) ὁρώμενος ἀπ' ἄλλου τόπου (cod. τόπον), ἐφ' ὃν ἑκάστη φέρεται, φησίν, καὶ σπεύδει, δοκοῦσα τοῦτον εἶναι μόνον, ὅς ἐστιν αὐτῆς συγγενὴς ἴδιος καὶ πολίτης, ὃν ἰδοῦσα πρώτως (cod. πρῶτος) ἴδιον ἐγνώρισε μὲν ὡς ἀδελφόν, τοὺς δὲ ἄλλους νόθους. Οἱ μὲν οὖν ἐκ τῶν κατωτάτω τόπων τὴν φύσιν ἔχοντες τὰς ὑπὲρ αὐτοὺς ἰδέας τοῦ σωτῆρος ἰδεῖν οὐ δύνανται, οἱ δὲ ἄνωθεν, φησίν, ἀπὸ τῆς δεκάδος τῆς μέσης καὶ τῆς ὀγδοάδος τῆς ἀρίστης, ὅθεν ἐσμὲν ἡμεῖς, λέγουσιν, οὐκ ἐκ μέρους, ἀλλ' ὅλον αὐτοὶ τὸν Ἰησοῦν τὸν σωτῆρα ἴσασι, καὶ εἰσὶν ἄνωθεν τέλειοι μόνοι, οἱ δὲ ἄλλοι πάντες ἐκ μέρους.

jedes Bemühen auch eine entsprechende Ehre und Belohnung in Bereitschaft hält, und so Jeder nicht nur zur Begnadigung und Erlösung überhaupt, sondern auch zu einer besonderen, genau nach Verdienst abgemessenen Anerkennung seiner Person gelangt" (Köstlin a. a. O. S. 25 fg.). Das ist die ethische Tendenz des Systemes, das bei allem Vorzuge, der auch hier noch der Gnosis im specifischen Sinne gesichert bleibt, dennoch die metaphysische Scheidewand zwischen Pneumatikern, Psychikern und Hylikern niederreißt und an deren Stelle die Willensfreiheit und die durch diese bedingte Vergeltung setzt. Erscheint nur so die Idee der göttlichen Gerechtigkeit wirklich gewahrt, so erhält andererseits auch die Gnade in der kirchlichen Bedeutung des Wortes ihr Recht, das Christenthum ist im ethischen Sinne die Religion der Erlösung und Beseligung, daher es hier sogar auch eine eigene Classe von Principien gibt, die sich Jedes erbarmen (vergl. Köstlin a. a. O.). Für das Weitere müssen wir einfach auf die treffliche Köstlin'sche Arbeit verweisen; soviel aber geht von selbst aus dem Mitgetheilten hervor, daß die Pistis-Sophia in demselben Maße, als sie grade in den grundlegenden Principien von dem eigentlichen Gnosticismus sich entfernt, der katholischen Gnosis des Clemens und Origenes sich nähert. Auch darin mag man eine Ueberwindung der specifisch gnostischen Ideen erkennen, daß das System keinen eigentlichen Demiurgen mehr kennt, dessen Functionen unter eine Anzahl von dii, προπάτορες, ἄρχοντες und ἀρχάγγελοι vertheilt werden, wogegen die unter den Namen mysteria und praecepta auftretenden Wesen schon an die himmlische Hierarchie des Dionysios Areopagites erinnern. Als das letzte uns bekannte Glied in der großen Entwickelungsreihe der Ophitischen Systeme gehört die Pistis-Sophia jedenfalls schon der ersten Hälfte des 3. Jahrh. an, ihre Heimat ist, wie Köstlin nachweist, Aegypten, wohin eine Anzahl von Namen und Beziehungen, desgleichen die ägyptische Zeitrechnung führt, um von anderen zweifelhafteren Anzeichen abzusehen; aber die syrisch-chaldäische Grundlage verleugnet sich auch hier keineswegs und wird durch zahlreiche, dem Vorstellungskreise Vorderasiens entnommene Ideen, vor Allem aber durch den Umstand erwiesen, daß die Mehrzahl nichtgriechischer Namen chaldäischen Ursprungs sind (vergl. Köstlin a. a. O. S. 188).

Nach allem bisher Besprochenen wird man das Buch Pistis-Sophia nur dem dritten Stadium der gnostischen Bewegung zuweisen müssen. Wenn die Gnosis auf ihrer ersten Stufe mit der Auseinandersetzung zwischen Christenthum und Judenthum beginnt, auf der zweiten die Speculationen und Mythen der hellenischen Welt im umfassendsten Maße in ihren Bereich zieht, so erwacht auf der dritten das Bedürfniß, das specifisch christliche Element diesen schrankenlosen Erweiterungen gegenüber sicher zu stellen. Die erste Periode der Gnosis beginnt mit der Identificirung von Christenthum und Judenthum und endigt damit, die Absolutheit der christlichen Religion im Gegensatze zum Judenthume festzustellen; aber um einen bewußten Gegensatz der gnostischen Weltanschauung zum gemeinchristlichen Glauben handelt es sich hier noch ebenso wenig als um metaphysische Unterschiede zwischen zwei verschiedenen Menschenclassen in der Christenheit selbst. Aber in demselben Maße, als die von Anfang an der Gnosis innewohnenden speculativen Ideen an Selbständigkeit und Zusammenhang gewinnen, vermindert sich die Widerstandskraft, welche das positiv christliche Element jener Speculation entgegensetzen kann, heidnische Elemente strömen immer reichlicher zu, daher denn auf dem zweiten Stadium unter dem vorherrschenden Einflusse griechischer Philosophie die Gnosis zwar ihre höchste speculative Blüthe entfaltet, aber gleichzeitig auch zum bewußten Gegensatze gegen die gemeinchristliche Pistis, und zur metaphysischen Unterscheidung der Pneumatiker und Psychiker fortschreitet, als zweier specifisch verschiedener Menschenclassen innerhalb der Christenheit selbst. Auf dem dritten Stadium mündet die Gnosis in die katholische Weltanschauung allmählich wieder ein; das speculative Element tritt hinter das ethische, die blos phänomenologische Seite der Erlösung hinter ihre praktisch-sittliche Bedeutung zurück. In der Pistis-Sophia ist es, neben jener von Köstlin geltend gemachten Idee der absoluten Gerechtigkeit, namentlich die Willensfreiheit und in Verbindung mit ihr die unendliche Entwickelungs- und Erlösungsfähigkeit des endlichen Geistes auf der einen, die unerschöpfliche Gnadenfülle und Erlöserbereitschaft der Gottheit auf der anderen Seite, in welcher das ganze System seinen Schwerpunkt findet; was kann man aber in dem Allen anders sehen, als ein allmähliches Wiedererstarken des specifisch christlichen Elements gegenüber einer alles Positive verflüchtigenden Speculation? In demselben Maße, als die ethische Grundrichtung des Christenthums wieder zur Geltung kommt, setzt es sich auch der Philosophie oder dem Wissen in dessen exclusiver Bedeutung gegenüber in sein unverlierbares Recht als die absolute Religion oder das absolute Heilsprincip wieder ein.

Es ist daher nur der in der Natur der Sache begründete Entwickelungsgang, wenn auf dieser dritten Stufe auch die absolute Bedeutung des Christenthums im Unterschiede von allem Vor- und Außerchristlichen wieder schärfer hervortritt. Nirgends zeigt sich dies deutlicher als bei Markion, den wir neben der Pistis-Sophia als den hervorragendsten Vertreter der Gnosis auf ihrem letzten Stadium bezeichnen müssen[33]). Der äußeren Anlage nach kann es kaum größere Gegensätze geben, als die weit ausgesponnenen Emanationen der Pistis-Sophia auf der einen und Markion's Abschneidung fast aller mythologischen Bestandtheile auf der anderen Seite.

Dennoch gehören beide Systeme durch ihre vorherrschend ethische Tendenz und ihre Verwischung der metaphysischen Unterschiede zwischen Psychikern und Pneumatikern im Christenthume zusammen. Beide Systeme sind äußerlich betrachtet auf sehr verschiedenem Boden gewach-

33) Vergl. für das Folgende besonders die Baur'sche Darstellung, Christl. Gnosis S. 241—300.

sen; jenes ist die reichste und üppigste Frucht der hellenistischen Gnosis, dieses stammt unmittelbar von den ältern einfachen syrischen Systemen her, in jenem überwiegt ebenso sehr das pantheistische, wie in diesem das dualistische Element, aber trotz aller dieser Verschiedenheiten bezeichnet auch das System Markion's dasselbe an der Pistis-Sophia entwickelte Stadium der Gnosis. Beide Male ist es die Wiederannäherung an das ethisch-praktische Christenthum, welche dort auf dem Gebiete der hellenistischen, hier auf dem der syrischen Gnosis sich vollzieht, wenn auch in allem Uebrigen dieser Proceß einen sehr verschiedenartigen Verlauf nimmt. Auch der Zeit nach liegen beide sehr weit aus einander; die Pistis-Sophia ist sicher mehr als ein halbes Jahrhundert jünger als Markion, es versteht sich aber freilich von selbst, daß jene emanatistischen Systeme, zu denen die Pistis-Sophia gehört, eine unendlich reichere und mannigfaltigere Entwickelung zu durchleben hatten, während bei dem auf syrischem Boden erwachsenen Markionitischen Systeme alle Hauptmomente, die hier in Betracht kommen, weit schneller, einfacher und schärfer sich ausprägen mußten. In sofern eignet sich auch kein System besser, als das des Markion dazu, dieses dritte Stadium der Gnosis nach allen Seiten hin umfassend zu veranschaulichen.

Man hat mit Recht das Charakteristische an Markion in der schroffen Abstoßung alles Nichtchristlichen, in der Zerreißung alles geschichtlichen Zusammenhanges zwischen Judenthum und Christenthum, in der unvermittelten Plötzlichkeit, mit welcher das Letztere, als die schlechthin neue Religion in die Welt sich einführt, gefunden. Von dem mythischen Apparate der älteren Gnosis ist hier fast nur noch die Figur des Demiurgen geblieben, der als der nur gerechte Weltschöpfer und Judengott durch eine specifische Wesensverschiedenheit von dem im Christenthume sich offenbarenden Gotte der Liebe getrennt wird; diese Unterscheidung ist aber, wenn irgend wo, so gewiß bei Markion „der metaphysische Ausdruck für das Neue und Absolute der christlichen Religion." Nur weil das Christenthum mit der ganzen bisherigen Weltentwickelung durchaus Nichts zu schaffen hat, weder in der Natur noch in der Geschichte des alten Testamentes irgendwie vorbereitet worden ist, bleibt in diesem Systeme der Demiurg als Ueberrest der älteren gnostischen Mythologie, und unter denselben Gesichtspunkt ist, wie ebenfalls schon von Baur erläutert worden ist, der schroffe Doketismus Markion's zu stellen. Der aus dem Buche Baruch bekannte Mythus von Elohim und seiner weiblichen Genossin der Edem begegnet uns auch bei Markion, aber in einer neuen, sehr charakteristischen Wendung. Nach der Darstellung des armenischen Bischofs Eznig ließ Markion die Welt und die Geschöpfe entstehen, wie die Schrift lehrt, aber nicht durch den guten Gott, sondern den Gott des Gesetzes. Alles, was er machte, schuf er in Verbindung mit der Materie, mit der er sich wie der Mann mit dem Weibe begattete. Bei der Menschenschöpfung gibt die Materie den irdischen Stoff, der Gesetzgeber den Geist dazu. Nach der Vollendung der Welt ging er mit seinen Heerschaaren in den Himmel, die Materie aber und ihre Söhne blieben auf der Erde, und jeder herrschte in dem Seinigen, die Materie auf der Erde und der Gott des Gesetzes im Himmel [33]). Alles dies, und was dann noch weiter über den Zwiespalt und die gegenseitige Befehdung der beiden Eheleute berichtet wird, ist Nichts als eine Wiederholung jenes alten kosmogonischen Mythus, aber darin unterscheidet sich Markion wieder in sehr bezeichnender Weise von der älteren Darstellung, daß er den Gott des Gesetzes oder Elohim nicht mehr wie dort geschieht zum guten Gotte sich erheben und zum Bewußtsein seines pneumatischen Wesens gelangen läßt, sondern ihn dem guten Gotte im schroffen Dualismus gegenüberstellt. Vermittelt Elohim, nach dem Buche Baruch, als dienstwilliges Werkzeug des höchsten Gottes, die Gesetzgebung ebenso wol als die Erlösung, so ist er hier ausschließlich der Judengott, der die Sendung Christi nicht nur nicht vorbereiten, sondern sich zu derselben nur feindlich verhalten kann. Die alte Streitfrage, ob Markion zwei oder drei Principien gelehrt, ist nach den Baur'schen Forschungen (Gnosis S. 276 fg.) für die Zweiheit entschieden, wobei aber der Demiurg nur auf die Seite der Materie zu stehen kommen kann. Der Hauptgegensatz ist der des bekannten und des unbekannten, des sichtbaren und des unsichtbaren Gottes, die Materie nur das Substrat des sichtbaren Demiurgen, die trotz des relativen Gegensatzes zwischen beiden als seine σύζυγος mit ihm zusammengehört. Allerdings sucht der Gott des Gesetzes den Adam, seinen und der Materie gemeinsamen Sohn, so viel als möglich der Mutter zu entfremden; dies ist gegen den ehelichen Vertrag, daher die Mutter nach dem Rechte der Vergeltung die Welt mit einer Menge falscher Götter erfüllt, über denen der Herr der Geschöpfe vergessen wird; zur Strafe dafür schleudert dieser die abtrünnige Nachkommenschaft Adam's in die Hölle [34]). Aber dem guten Gotte gegenüber kommt dieser häusliche Zwist nicht weiter in Betracht; der Judengott ist ein hartes, grausames, trotziges, kriegerisches Wesen, das nur die starre Gerechtigkeit und das unerbittliche Vergeltungsrecht kennt, bis ihm beim Tode Christi, den er ans Kreuz schlug und dessen Seele er, wie nach katholischer Lehre der Teufel, in seiner Gewalt halten will, mit demselben Maße, mit dem er zu messen gewohnt war, wieder gemessen, und so seine unrechtmäßig geraubte Beute sammt allen Seelen, die an Christus glauben, entrissen wird [35]).

Sonach besteht freilich ein Gegensatz zwischen dem Demiurgen und der Materie, dem Herrn der Geschöpfe und den falschen Götzen, oder dem jüdischen Gesetze und der heidnischen Abgötterei, aber dieser Gegensatz ist ein verschwindendes Moment, sobald der ungleich tiefere Gegensatz der christlichen und der vorchristlichen Welt in Betracht kommt. Dem unsichtbaren, pneumatischen Christengotte gegenüber ist der sichtbare Demiurg der Gott

33) Vergl. Neumann, Marcion's Glaubenssystem, dargestellt von Eznig. Zeitschrift für histor. Theol. IV, 1. S. 72 fg. und weitere Belege bei Baur, Gnosis S. 284. 34) Eznig a. a. O. S. 73. 35) Eznig a. a. O. S. 74 und dazu Baur, Gnosis S. 273 fg. Versöhnungslehre S. 27 fg. 51 fg.

der Körperwelt und der Materie; das Christenthum ist die rein geistige Religion, welche die Freiheit des Geistes von den Banden der Materie bringt, eben darum aber auch zu dem vom Gotte der Körperwelt ausgegangenen alten Testamente sich nur unbedingt verwerfend verhalten kann. In derselben gegensätzlichen Stellung zur gesammten vorchristlichen Zeit, als der in den Banden der Materie gefesselten, wurzelt auch jene eigenthümliche Wendung des Doketismus bei Markion, nach welcher Christus selbst, ohne durch den Leib der Maria hindurchgegangen zu sein, plötzlich im 15. Jahre des Kaisers Tiberius in einem Scheinkörper vom Himmel herniederstieg (*Tertull.* Adv. Marcionem I, 19. IV, 7). Es zeigt sich darin nicht blos der schroffe Dualismus zwischen Geist und Materie, der auch nicht einmal eine scheinbare Berührung des pneumatischen Christus mit dem unreinen Mutterleibe zugeben will, sondern ebenso sehr auch das Streben, das Christenthum von aller Beziehung zum Judenthume abzulösen. Christus kann daher, ebenso wenig wie er aus der Maria ist, der aus dem Stamme David's erwartete Messias sein, der Messias, den der Gesetzgeber verhieß, war ein ganz anderes Wesen, sein Reich kein himmlisches, sondern ein irdisches, seine Bestimmung nur für jenes eine Volk, nicht für das ganze Menschengeschlecht (*Tertull.* l. c. III, 12. 16 fg. 21—24). Wie daher Christus allenthalben die Gesetze des Judengottes geflissentlich brach (*Tert.* IV, 9. 11. 12. 20 u. ö.), so kann auch das wahre Christenthum nur dasjenige sein, welches vollständig mit dem jüdischen Gesetze gebrochen hat, Paulus ist daher der einzige wahre Apostel, seine Briefe sammt dem Paulinischen Lukasevangelium die allein echten Urkunden der christlichen Religion, aber auch diese nur, wenn man sie von den judaistischen Verfälschungen gereinigt hat.

Aus dem Allen ist freilich klar, daß auch das Markionitische System durchaus für ein echt gnostisches gehalten werden muß, seine Bedeutung für die Geschichte der Gnosis liegt aber keineswegs allein in jener schroff ablehnenden Stellung zum alten Testamente und der gesammten vorchristlichen Zeit, sondern vor Allem in den tieferen Motiven, die diesem seinem Antijudaismus zu Grunde liegen. Diese aber sind in letzter Instanz keineswegs in dem vorhin berührten Dualismus zwischen Geist und Materie zu suchen, sondern in dem Gegensatze der Güte und der Gerechtigkeit, aus welchem alle weiteren Ansichten Markion's geflossen sind. Allerdings ist der Christengott, wie Tertullian (I, 8) den Markion sagen läßt, ein neuer, den Juden unbekannter Gott, das Christenthum die schlechthin neue Religion, aber nur in sofern, als an die Stelle des harten Gesetzesjoches das Evangelium, an die Stelle des unerbittlichen jus talionis die in Christus offenbar gewordene Gnade getreten ist (vergl. die Belege bei Baur S. 248 fg.). Das Christenthum ist die schlechthin geistige Religion nur sofern es die allein ethische ist; die Idee der Gerechtigkeit, um welche die Religion des alten Testamentes sich bewegt, hat aber für Markion darum durchaus keinen ethischen Werth, weil sie für ihn von dem Begriffe unbarmherziger Strenge und tyrannischer Grausamkeit unabtrennbar [illegible] I, 26; II, 11. 27). Dies ist der Gegensatz [illegible] Markion in seinen berühmten Antithesen, [illegible] haben, immer wieder zurückkehrt (*Tertull.* [illegible] der Gottesbegriff des alten Testamentes [illegible] geläuterten sittlichen Bewußtsein des Christen [illegible] denn auch abgesehen von den unwürdigen [illegible] die die Juden ihrem Gesetzgeber zuschreiben, [illegible] belohnende und strafende Gerechtigkeit, [illegible] Walten des Judengottes sich niemals erhebt, [illegible] und Zittern, aber keine wahre Sittlichkeit [illegible] sittliche Gesinnung gibt es nur da, wo [illegible] seiner Knechtschaft unter dem Gesetze zur freien [illegible] bestimmung gelangt, dies aber ist nur möglich [illegible] Liebe, welche die Furcht verbannt (*Tertull.* I, [illegible] 8). Das Evangelium von der freien sündenvergebenden [illegible] Gnade oder von der in Christus erschienenen [illegible] Güte und Liebe vermag daher allein ein [illegible] liches Verhältniß zwischen Gott und dem Menschen [illegible] begründen, und darum ist das Christenthum [illegible] allein sittliche, so auch die allein geistige und [illegible] neue Religion. Wie doketisch daher auch [illegible] das Erlöserleben Christi gedacht wird, der [illegible] begriff ist dennoch ein anderer als der der früheren [illegible] stischen Systeme, wie sich namentlich in der [illegible] lehre Markion's zeigt[88]). Das Evangelium [illegible] wie bei allen Gnostikern der zweiten Periode, [illegible] theilung der höheren Erkenntniß an die Pneumatiker [illegible] ihrer höheren Natur, sondern die Botschaft von der [illegible] denvergebenden Gnade, nicht jener [illegible] Geschichte des geistigen Samens, wo ihm das [illegible] sein dessen anzeigt, was er an sich schon ist, [illegible] geschichtlich sich vollziehende Einführung eines [illegible] lichen Lebensprincipes in die Welt. Es ist bei [illegible] so wenig von einer metaphysischen Naturbestimmtheit [illegible] schiedener Menschenclassen die Rede, daß ihm [illegible] vorzug des Christenthums vor dem Judenthume [illegible] in seiner Universalität gegenüber dem alttestamentlichen [illegible] Particularismus liegt; alle, die da glauben an [illegible], werden diesem als Eigenthum übergeben, [illegible] mit die absolute Bedeutung des Glaubens im [illegible] schen Sinne des Wortes behauptet wird, so [illegible] Gegensatz zwischen *πίστις* und *γνῶσις* für [illegible] alle und jede Bedeutung. Freilich stellt sich [illegible] kion mit seiner Gnosis dem gemeinkatholischen [illegible] punkte entgegen; aber das, wogegen er [illegible] ist nicht der schlichte Glaube an die von Christus [illegible] tete Sündenvergebung, sondern nur die [illegible] des echten Paulinischen Christenthums durch [illegible] setzlichkeit. Lassen die Valentinianer die [illegible] allein durch die Gnosis und nur die [illegible] Menge der gemeinen Christen durch Glauben [illegible] gerechtfertigt werden, so kennt Markion [illegible] nicht, ebenso wenig wie er von dem [illegible] etwas weiß, daß nur die Gnostiker [illegible]

88) König a. a. O. S. 74, womit [illegible] ner (Entwicklungsgeschichte der Lehre von [illegible] 393) Beigebrachte zu vergleichen ist.

die psychischen Christensecten aber trotz der auch ihnen zu Gute kommenden Erlösung außerhalb des Lichtreiches am Orte der Mitte verbleiben müssen [37]). Der Gegensatz des Markion gegen die katholische Lehre geht daher nur so weit, als sein allerdings auf die Spitze getriebener Paulinismus geht; er zweckt mit einem Worte auf eine Reform des herrschenden judaisirenden Kirchenthums ab [38]), und diese reformatorische Tendenz ist ihm so sehr die Hauptsache, daß alle seine sonstigen echt gnostischen Ideen nur als der speculative Unterbau seiner Heilslehre betrachtet werden können. Es ist bereits von Anderen darauf hingewiesen worden, daß Markion seinen Ausgang vom Paulinismus nahm, und, wie die alten Schriftsteller einstimmig berichten, erst in Rom jenen syrischen Gnostiker Kerdon kennen lernte, dem er seine Principienlehre und nach den Zeugnissen der Väter auch seinen Antijudaismus entlehnte [39]). Wie Markion also von Anfang an dem specifisch gnostischen Ideenkreise ferner stand, so scheint es auch nachmals von seiner Seite an Annäherungsversuchen an die Katholiker nicht gefehlt zu haben [40]), indessen hindert uns dieser Umstand nicht, hier, wo es sich nicht sowol um den Bildungsgang der einzelnen Person, als vielmehr um die Geschichte der Gnosis überhaupt und die verschiedenen Stadien ihres inneren Verlaufes handelt, die Sache auch umgekehrt zu betrachten, und in Markion einen Hauptvertreter jener letzten Entwickelungsstufe zu sehen, auf welcher die Gnosis in die katholische Pistis wieder einmündet.

Es steht hiermit der Umstand durchaus nicht im Widerspruche, daß grade die Markioniten unter allen gnostischen Parteien sich am längsten in ihrem gesonderten Bestande erhielten. Während die übrigen Gnostiker nur Schulen gründeten, war es dem Markion um eine Reform der Gemeinde zu thun [41]), und grade aus dieser reformatorischen Tendenz dem herrschenden Kirchenthume gegenüber sog der Markionitismus fort und fort immer neue Lebenskraft. Wenn er nach der einen Seite hin an die Stelle des gnostischen Grundprincipes immer bewußter das katholische setzt, und im Unterschiede von der selbstgenugsamen γνῶσις die absolute Bedeutung der πίστις betont, so scheidet ihn derselbe Paulinische Glaubensbegriff nach der anderen Seite wiederum von der katholischen Kirche und deren zunehmender juridistischer Veräußerlichung. Eben weil der Markionitismus nach dieser Beziehung hin zugleich ein echt religiöses Bedürfniß befriedigt, das in dem katholischen Kirchenwesen zu kurz kommt, geht er als der Protestantismus des kirchlichen Alterthums selbständig neben dem Katholicismus her, findet noch zu des Epiphanios Zeit (vergl. Adv. haer. 42, 1) in Rom und Italien, in Aegypten und in Pontus, in Arabien und Syrien, in Cypern und in der Thebais, sogar in Persien und anderwärts zahlreiche Bekenner, erscheint noch im fünften Jahrhunderte in ungebrochener Kraft [42]), und erlebt seit dem 7. Jahrhunderte unter den Paulicianern eine neue, durch den Gegensatz zu der veräußerlichten „Römerkirche" hochbedeutsame Entwickelung; ja bis tief ins Mittelalter hinein pflanzen sich die Markionitischen Ideen fort, untermischt mit Manichäischen Elementen und durch die mannigfaltigsten Wandlungen hindurchgehend, aber noch immer lebenskräftig genug, um der Hierarchie und ihrem in Lehre, Cultus und Sitte entgeisteten Kirchenthume gegenüber eine neue Kirche der „Reinen" begründen zu helfen.

Wie viel gnostische Elemente sich aber von den Markioniten und Manichäern her bei den Paulicianern, Bogomilen und Katharern erhalten haben, so können dieselben für die Geschichte des eigentlichen Gnosticismus nicht weiter in Betracht kommen, da trotz der im Hintergrunde stehenden dualistischen Speculation doch nur praktisch kirchliche Reformtendenzen die treibenden Mächte ihrer Entwickelung sind. Der Markionitismus im engeren Sinne ist selbst nur das Anfangsglied dieser langen Kette reformatorischer Bewegungen, er ist dies aber nur in sofern, als er nach der anderen Seite das Schlußglied in der Kette der gnostischen Systeme bildet, oder von der Gnosis in ihrer specifischen Bedeutung zur Paulinischen Pistis zurücklenkt.

Im Vergleiche mit der Pistis-Sophia hat sich diese rückläufige Bewegung bei Markion freilich in sehr eigenthümlicher Weise gestaltet. Sein schroffer Antijudaismus steht zu dem den hellenistischen Systemen überhaupt eigenen milden und schonenden Verhältnisse jenes Buches zu den vorchristlichen Religionen im schärfsten Contraste; von der Pistis-Sophia wissen wir, daß sie mit Vorliebe auf alttestamentliche Aussprüche zurückgeht, und auch unter den Gewährsmännern des Christenthums die unmittelbaren Apostel Christi vor Paulus begünstigt (vergl. Köstlin a. a. O. S. 181 fg.), und so gewiß es nach einer anderen Seite hin in dem Wesen der gnostischen Bewegung selbst seine Erklärung findet, daß der von Basilides, Valentin u. s. w. so gemilderte Gegensatz zum Judenthume auf dem letzten Stadium wieder geschärft werden konnte, so wenig ist doch jener schroffe Paulinismus darum ein nothwendiges Kennzeichen dieser Entwickelungsstufe, wie Hilgenfeld in Folge einer einseitigen Hervorhebung dieses Gesichtspunktes behauptet hat [43]). Ebenso wenig ist, wie ebenfalls die Pistis-Sophia lehren kann, die Beschränkung des mythologischen Elementes ein solches Kriterium, wenn dieselbe auch bei dem Markionitischen Systeme im engsten Zusammenhange mit seiner

37) Wie sehr er auch sonst gegen die Beibehaltung aller trennenden Unterschiede in der christlichen Gemeinde eingenommen war, lehren die bei Baur a. a. O. S. 295 angeführten Stellen. 38) Vergl. die ausdrückliche Erklärung seiner Anhänger bei *Tertull.* Adv. Marc. I, 20. 39) Phil. VII, 37. *Iren.* I, 27. Libellus adv. omn. haer. 6. *Epiph.* 41, 1. 40) Hierher gehört die Erzählung von dem Zusammentreffen Markion's mit Polykarp bei *Iren.* Haer. III, 3, 4, wo die Frage, welche Markion an den Bischof von Smyrna richtet: *ἐπιγινώσκεις ἡμᾶς;* nur in der Absicht gethan sein kann, um von diesem für sich und seine Partei eine Anerkennung echter Christlichkeit zu erlangen. Nach der Erzählung des Tertullian (Praescr. haer. c. 30), Markion habe gegen Ende seines Lebens die Wiederaufnahme in die Kirchengemeinschaft gewünscht, sei aber durch den Tod an der Ausführung seines Vorhabens gehindert worden, erscheint von dieser Seite her ein neues Licht. 41) Vergl. Neander, Kirchengeschichte I, 2. S. 816.

42) *Theodoret.* ep. 145, vergl. 113. 43) Evangelium Justinus S. 66 fg. Anm. — Urchristenthum S. 106 fg.

praktisch kirchlichen Richtung steht. Die Hauptsache bleibt hier wie dort immer nur die erneute Geltendmachung des ethischen Standpunktes gegenüber der Speculation, in dieser Beziehung aber ist nicht blos dieses charakteristisch für Markion, daß er Nichts von Emanationen, Syzygien, Aeonen, von der Herabkunft des geistigen Samens in die untere Welt und ähnlichen Vorstellungen weiß, sondern noch mehr der andere Umstand, daß er überhaupt auf eine ganze Reihe von speculativen Fragen die Antwort schuldig geblieben, offenbar weil dieselben in ihm kein näheres Interesse erweckten [44].

Unter den Schülern Markion's sehen wir allerdings mancherlei Meinungsverschiedenheiten auch über speculative Fragen entstehen, namentlich über die Zweiheit oder Dreiheit der Principien (vergl. besonders die Auszüge aus Rhodon bei *Eus.* H. E. V, 13). Außer dem von Rhodon angeführten Synèros, ferner dem Lucian (*Epiph.* 42, 1; *Pseudotertull.* Adv. omn. haer. 6) und dem in dem Dialogus de recta fide redend eingeführten Markioniten Megethios (Sect. 1. init.) gehört auch noch Prepon hierher, dessen Schriften der gleichzeitige Verfasser der Philosophumena einsah und dadurch seine eigenen Berichte über Markion's Leben in Verwirrung brachte [45]. Alle diese nahmen nicht wie Markion selbst und auch nachmals noch viele seiner Anhänger zwei, sondern drei Principien an, den ἀγαθός, den δίκαιος und den πονηρός. Dennoch ging der Zug des Markionitischen Systemes so wenig auf eine tiefere Beschäftigung mit Fragen der Speculation [46], daß selbst diese veränderte Principienlehre nur aus dem praktisch-religiösen Interesse erklärt werden kann, auch dem Judenthume noch eine wenn auch nur relative Berechtigung zuzugestehen. Am deutlichsten zeigt sich diese Richtung des Systemes bei Apelles, der unter allen Markioniten am entschiedensten in die kirchlichen Bahnen zurücklenkt. Apelles gehörte zu den unmittelbaren Schülern Markion's in Rom, wendete sich von da nach Alexandrien, kehrte aber späterhin wieder mit einer veränderten Lehre nach Rom zurück (*Tertull.* Praescr. haer. c. 30). Unter dem Einflusse hellenisirender Gnostiker hatte er in Alexandrien eine Aeonenlehre und die Platonische Idee vom Seelenfalle sich angeeignet. Außer dem einen namenlosen Gotte, dem alleinigen Urprincipe, nahm er noch unendliche Geisterreiche, Gewalten und Engel an. An der Weltschöpfung hat der namenlose Gott keinen Antheil, sie rührt von einem Anderen her, der Herr heißt und ein Engel ist; dieser hat die Welt in Nachahmung des himmlischen Urbildes geschaffen, aber unfähig das Urbild zu erreichen, bereut er sein unvollkommenes Werk (*Pseudotertull.* Libell. adv. omn. haer. c. 6; *Tertull.* De carne Christi c. 8; *Epiph.* Haer. 44, 1). Der Demiurg ist also wie bei Saturnin, den auch Tertullian mit Apelles zusammenstellt (De anima c. 23), nur ein beschränktes, aber kein dem wahren Gotte widerstrebendes Wesen; er ist das verirrte Schaf der Parabel, ähnlich wie die Ophitische Achamoth (*Tertull.* De carne Christi c. 8). Schon hieraus ergibt sich eine Milderung des Markionitischen Antijudaismus. Wenn daher auch Apelles Gesetz und Propheten verworfen haben soll (Libell. adv. omn. haer. c. 6; Philos. VII, 38), so sind wir doch anderweit berichtet, daß er ebenso wie Markion im neuen Testamente, so seinerseits auch im alten Testamente eine Auswahl traf, mit Berufung auf jenen Ausspruch des Herrn γίνεσθε δόκιμοι τραπεζῖται (*Pamphilus* in *Orig.* Opp. IV, 695 *de la Rue*; *Epiph.* Haer. 44, 5). Seine συλλογισμοί, in welchen er ganz in Markionitischer Weise die Mosaischen Lehren über Gott als irrig, viele Erzählungen des alten Testamentes als fabelhaft bekämpfte (Libell. l. c. *Orig.* c. Cels. V, 54; in Gen. hom. 2, 2; vergl. die Bruchstücke bei *Ambros.* De paradiso 5, 28), können daher auch in keinem unbedingten Gegensatze zum gesammten alten Testamente gestanden haben. Wahrscheinlich nahm er neben den göttlichen Wahrheiten, die der Demiurg wenn auch in unvollkommener Nachahmung dem guten Gotte entlehnte, dämonische Verfälschungen an. So sollten die Propheten ἐξ ἀντικειμένου πνεύματος inspirirt sein (*Rhodon* ap. *Eus.* H. E. V, 13), d. h. von dem ἄγγελος πύρινος, dem igneus praeses mali, der die Menschenseelen durch irdische Lockungen zum Falle aus ihren himmlischen Wohnungen verführt, und hier unten mit den sündigen Leibern bekleidet (*Tertull.* De anima c. 23; De carne Christi c. 8), und eben dieser im Feuer erscheinende Dämon ists, der zu Moses im Dornbusche geredet hat (Phil. VII, 38; X, 20). Aber wie entschieden durch dies Alles die echt Markionitische Grundlage hindurchblickt, so ist es doch sicher nur ein Misverständniß der Gegner, daß dieser ἄγγελος πύρινος mit dem Gotte der Juden und katholischen Christen identisch und von dem Urheber des Bösen noch verschieden sein soll [47]. Trotz aller Verfälschungen des alten Testamentes durch den ἄγγελος πονηρός ist nicht dieser, sondern der gerechte Demiurg Israels Gott, und wie ihn Christi Geist, Willen und Kraft beim Werke der Schöpfung unterstützt, (*Tertull.* De carne Christi c. 8), so muß dasselbe auch von der Gesetzgebung gelten. Hiermit ist eine Anschauung

44) Vergl. Baur, Gnosis S. 298 fg. 45) Phil. VII, 31. Vergl. Volkmar, Die Philosophumena und Markion. Theol. Jahrb. 1854, 1. S. 118 fg. 46) Ueber die sonstigen, zunächst anthropologischen Differenzen in der Schule vergl. Neander, Kirchengeschichte I, 2. S. 817.

47) Ersteres behauptet Tertullian (De anima c. 23), letzteres Pseudoorigenes (Phil. VII, 38; X, 20). Nach letzterem hätte Apelles vier Principien gelehrt, den ἀγαθός, den δίκαιος oder den Demiurgen, den πύρινος, der zu Moses redete, und den πονηρός, den αἴτιος κακῶν. Die Verwirrung löst sich, sobald wir annehmen, daß der feurige Engel des Apelles, ähnlich wie im Buche Baruch der Schlangendämon, den Moses bethörte und die echte ihm gewordene Offenbarung verfälschte. Dadurch konnte Tertullian verleitet werden, ihn ohne Weiteres mit dem Gotte Israels zu identificiren, während Pseudoorigenes im richtigen Bewußtsein, daß der Gesetzgeber nach Apelles ein vom πονηρός verschiedenes Wesen war, ihn zwar ebenfalls mit dem πύρινος vermischte, aber gleichzeitig den αἴτιος κακῶν noch als einen vierten hinzufügte. Die Unterscheidung des Demiurgen und des Gesetzgebers findet sich freilich auch bei den Simonianern (Clem. Hom. 18, 19); aber die Ableitung der Gesetzgebung von dem igneus praeses mali paßt nicht zu der Annahme paränetischer Bestandtheile auch im alten Testamente.

vom Demiurgen gewonnen, ähnlich der früher beim Buche Baruch entwickelten, und es kann nur als der natürliche Verlauf der gnostischen Bewegung betrachtet werden, daß auch die bei Markion noch so schroffe Entgegensetzung des Judengottes und des Christengottes schließlich in seiner eigenen Schule wieder gemildert wird. Freilich ist der Demiurg des Apelles auch so noch der Gesetzgeber der Juden, während die vorchristliche Zeit vom guten Gotte Nichts weiß, dies ist aber nicht mehr dahin zu verstehen, als ob dadurch jeder geschichtliche Zusammenhang des Christenthums mit dem Judenthume geleugnet werden sollte. Der Demiurg ist nach Apelles ein dienendes und williges Werkzeug der höheren Macht, und wenn er auch nicht, wie im Buche Baruch Elohim, bei der Sendung Christi betheiligt ist, so ist doch Christus umgekehrt bei den Werken des Demiurgen betheiligt. Das Bewußtsein von der absoluten Bedeutung der christlichen Religion ist bei Apelles zu mächtig, um Christenthum und Judenthum, wie ehedem der ebionitische Verfasser des Baruchbuches, in Eins zu setzen, daher hat auch der unvollkommene Demiurg bei der vollkommenen Offenbarung Nichts mehr zu thun, aber es ist dennoch derselbe Christus, der im alten Testamente den Demiurgen unterstützt und im neuen Testamente die allein zureichende Erlösung begründet. So ist auch nach dieser Seite hin einer der Hauptanstöße, den das katholische Bewußtsein an der Markionitischen Lehre nehmen mußte, wenn auch nicht völlig hinweggeräumt, so doch jedenfalls erheblich gemildert. Dasselbe Wiedereinlenken in die kirchlichen Bahnen läßt sich aber auch sonst noch bei Apelles bemerken. Es muß zu den Haupteigenthümlichkeiten seiner Anschauung gezählt werden, daß er den Doketismus Markion's aufgibt. Nach den wesentlich übereinstimmenden Berichten der Kirchenlehrer wollte Apelles zwar ebenso wenig wie Markion eine menschliche Geburt Christi zugeben, ließ ihn vielmehr plötzlich vom Himmel herniedersteigen, trotzdem schrieb er ihm eine wahre menschliche Leiblichkeit zu, die der Sohn Gottes aus der Substanz des Weltalls genommen, aus Warmem und Kaltem, Flüssigem und Festem bereitet und so von den Sternen herabgebracht habe. Als der himmlische Mensch hat Christus also auch einen himmlischen Leib, da es seiner unwürdig ist, einen Leib aus jenem sündigen Stoffe zu nehmen, in welchen unsere Seelen in Folge des Falles gekleidet sind, aber wie trotz seiner wunderbaren Zubereitung der Leib Christi ein Gebilde aus wirklichen materiellen Bestandtheilen ist, so kommen ihm auch alle Affectionen zu, welche die Wahrheit seiner menschlichen Natur bethätigen. Er wird von den Juden ans Kreuz geschlagen, stirbt, ersteht nach dreien Tagen wieder auf, erscheint seinen Jüngern und zeigt ihnen die Nägelmale und die durchstochene Seite, damit sie sich überzeugen, daß er kein Phantasma, sondern in Wahrheit Fleisch geworden ist[48]. Da Apelles im Uebrigen den Dualismus zwischen Geist und Materie theilt, welcher nur eine Unsterblichkeit der Seelen, nicht aber der Leiber gestattet (Libellus l. c. Phil. X, 20), so läßt er freilich auch den Leib Christi, nachdem er seine Bestimmung erfüllt hat, in seine ursprünglichen Bestandtheile wiederaufgelöst werden[49], aber grade darum verdient auch jenes Gewichtlegen auf die wahre Leiblichkeit, das wahre Leiden, Sterben und Auferstehen des Herrn um so größere Beachtung. Offenbar ist es wieder nur die praktisch kirchliche Tendenz, welche in dieser immerhin widerspruchsvollen Theorie uns entgegentritt. Dem Apelles ist es vor Allem um die Realität der Erlösung als geschichtlicher Thatsache zu thun, da diese aber, wie er wohl erkennt, mit der wahren Leiblichkeit Christi steht und fällt, so bestrebt er sich, letzterer eine Stelle in seinem Systeme zu sichern, wenn er auch seinen damit im Widerspruche stehenden speculativen Voraussetzungen den Boden für diese Lehre erst mühsam abringen muß. Schon für Markion hatte bei allem Doketismus doch das Leiden und Sterben des Erlösers eine tiefe, sittliche Bedeutung; Apelles geht auch in diesem Punkte noch einen entscheidenden Schritt über seinen Meister hinaus. Wie sehr bei Apelles das ethische Princip das speculative überwiegt, zeigt sich auch in seiner vorhin erwähnten Lehre vom Seelenfalle. Ohne Zweifel hat er dieselbe der alexandrinischen Gnosis entlehnt, aber während sie z. B. für die Valentinianer nur die Bedeutung eines philosophischen Mythus hat, der den Abfall des Geistes vom Unendlichen und sein qualvolles Ringen im endlichen Dasein veranschaulichen soll, so dient sie bei Apelles grade wie bei Origenes als Trägerin eines ethischen Gedankens: sie soll das Räthsel unserer sittlichen Verschuldung lösen (*Tertull.* De anima 23). Je entschiedener aber dieser ethische Gesichtspunkt festgehalten wird, desto mehr muß die Gnosis ihre absolute Bedeutung wieder verlieren. Das christliche Bewußtsein rettet sich aus der maßlosen Verflüchtigung seines positiven Gehaltes zurück in seine eigenen Tiefen; es hält Einkehr in sich selbst und findet als seinen unantastbaren Kern das Evangelium von der sündenvergebenden Liebe, das nur im Glauben ergriffen werden kann. Die Hauptsache, auf die es daher dem Apelles immer wieder ankommt, ist der Glaube an die geschichtlichen Thatsachen des Heils; nicht die Gnosis als solche, sondern allein jener seiner Natur nach ethische Glaube hat daher im Christenthume schlechthinigen Werth. Die subjective Vermittelung dieses Heils für das denkende Bewußtsein mag dabei immerhin eine sehr verschiedene sein; hierauf kommt es aber im Grunde auch nicht an, ein Jeder bleibe also bei dem, was er im Glauben ergriffen hat. Nur der wird gerettet, der seine Hoffnung auf den Gekreuzigten setzt und in guten Werken seinen Glauben

48) Phil. VII, 38; X, 20. *Tertull.* De carne Christi c. 6. 8. De resurr. carnis c. 2. *Pseudotertull.* Libell. adv. omn. haer. 6. *Epiph.* 44, 2; vergl. auch Dorner, Entwickelungsgeschichte der Lehre von der Person Christi I. S. 387 fg. Nach Tertullian und dem Libellus ist der Leib Christi freilich propriae qualitatis, ein corpus sidereum et aëreum; wie wenig aber dennoch ein immaterieller Leib verstanden werden dürfe, lehren die näheren Ausführungen bei Pseudoorigenes und Epiphanius.

49) Diese Nachricht des Libellus, welche Dorner mit Unrecht bezweifelt, wird jetzt auch durch den Philosophumena bestätigt.

bethätigt[50]). Bestimmter kann sich auch der rechtgläubigste Kirchenlehrer nicht aussprechen; die Scheidewand zwischen der katholischen und der gnostischen Weltanschauung ist niedergerissen, sobald die πίστις im specifischen Sinne des Wortes für die Allen schlechthin unerlässliche Bedingung der Seligkeit gilt, es ist daher hier der Punkt, wo der eigentliche Gnosticismus sich aufhebt und in das katholische Bewußtsein übergeht. Der Markionitismus ist es, welcher in seiner weiteren Entwickelung durch Apelles diesen letzten entscheidenden Schritt vollzieht, und so leidenschaftlich daher auch die Erbitterung ist, mit welcher die Kirchenlehrer grade diese Gestalt der Gnosis bekämpfen, so möchte es dennoch unmöglich sein, zwischen dem Markioniten Apelles auf der einen, den Clementinischen Homilien und dem alexandrinischen Clemens auf der anderen Seite irgend einen specifischen Unterschied in der hier allein in Frage kommenden Fundamentallehre anzugeben.

Mit dem Allen ist aber freilich noch nicht gesagt, daß der Markionitismus in der Form, die Apelles demselben gegeben hat, sich aller die Gnostiker von Anfang an beschäftigenden speculativen Fragen entschlagen hätte, im Gegentheile kam auch bei dieser Umbildung der Markionitischen Lehre auch das speculative Interesse ganz wesentlich mit ins Spiel. Es handelt sich in dieser Beziehung für Apelles vor Allem um die Antwort auf jene von Markion ungelöst gelassene Frage, wie jener Dualismus des guten und des gerechten Gottes sich wieder auf eine Einheit zurückführen lasse. Dieses eine Urprincip stand für das Bewußtsein des Apelles unwandelbar fest, wie ihm sein Gegner Rhodon ausdrücklich bescheinigt, ja die wissenschaftliche Begründung desselben war ihm so sehr das Hauptproblem seiner ganzen Speculation, daß sie durch alle Wandlungen seiner Lehre als der leitende Gedanke hindurchgeht. Um den Demiurgen näher mit dem guten Gotte zusammenzurücken, nahm er seine Zuflucht zu jener Sonderung echter und unechter, göttlicher und ungöttlicher Bestandtheile des alten Testamentes, die wir sonst nur noch in judenchristlichen und Valentinianischen Kreisen antreffen; hierdurch kam freilich dieselbe Zweiheit der Principien, der Apelles entrinnen wollte, von einer anderen Seite her wieder herein, und er selbst mußte nach vergeblichem Ringen schließlich gestehen, daß er nicht begreife, wie die Einheit des Urprincipes denkbar sei, dennoch aber wollte er lieber auf alle Speculation als auf den Glauben an die Einheit Gottes verzichten. Diese resignirte Stimmung ist also das letzte Resultat, wobei diese Gnosis nach ihren titanischen Versuchen, das Welträthsel zu lösen, schließlich anlangt. Hatte sie ehedem alle Geheimnisse im Himmel und auf Erden zu enthüllen versucht, und im stolzen Selbstvertrauen alle Brücken, die sie mit dem kirchlichen Glauben verbanden, hinter sich abgebrochen, so gesteht am Ende dieser Bewegung das Wissen seine eigene Unzulänglichkeit ein und verzweifelt an sich selbst, weil es sich außer Stande sieht, die einheitliche Weltanschauung, um die es dem denkenden Geiste vor Allem zu thun ist, in ihrem inneren Zusammenhange zu begründen[51]). Im Zwiespalte des Glaubens und des Wissens bleibt auch nach Apelles Nichts übrig, als auf das Wissen zu verzichten und den Glauben zu behalten; dies hat aber freilich nur dann einen Sinn, wenn, wie durch Apelles geschehen ist, auch dem Glauben an sich selbst eine absolute Bedeutung eingeräumt wird, oder wenn an die Stelle des gnostischen Grundprincipes das katholische tritt.

Wie fließend auf diesem letzten Stadium der Gnosis die Grenzlinien des Katholischen und Häretischen sind, kann namentlich das Beispiel der beiden syrischen Gnostiker Tatian und Bardesanes lehren. Tatian war ein Schüler des Märtyrers Justin, lebte mit diesem längere Zeit in Rom und kehrte erst nach dessen Tode in seine Heimat Assyrien zurück (*Epiph.* Haer. 46, 2). Nach der übereinstimmenden Angabe der Kirchenlehrer, an deren Spitze Irenäus steht (I, 28, 1, griechisch bei *Eus.* H. E. IV, 29), wäre Tatianus ursprünglich Katholiker gewesen und erst nach dem Tode Justin's von der Kirche abgefallen. Es muß indessen schon diese Angabe in Zweifel gezogen werden. Die Gegner vermochten sich den Umstand, daß Tatian nicht blos mit dem Märtyrer Justin verkehrte, sondern auch den im Alterthume hochangesehenen λόγος πρὸς Ἕλληνας geschrieben hatte, mit seinen ketzerischen Meinungen nicht zusammenzureimen; was nach ihrer Vorstellung innerlich unverträglich war, mußte also der Zeit nach auseinanderliegen. Allein eine nähere Betrachtung zeigt, daß die Anknüpfungspunkte für alle wirklichen oder vermeintlichen Ketzereien Tatian's bereits in seinem apologetischen Werke zu finden sind. Außer seiner angeblichen Aeonenlehre, die er von Valentinus entlehnt haben soll, erwähnt Irenäus nur zwei Ketzereien Tatian's: er habe die Ehe als teuflisch verworfen und dem Adam die Seligkeit abgesprochen. Beide Meinungen hangen mit jener dualistischen Weltanschauung zusammen, von welcher schon die ganze Apologie des Tatianus beherrscht ist; zwei Reiche, das Reich der Materie und das Reich des Geistes stehen einander gegenüber; der Mensch ge-

---

50) Nach Rhodon bei *Eus.* a. a. O. sagte er: μὴ δεῖν ὅλως ἐξετάζειν τὸν λόγον, ἀλλ' ἕκαστον, ὡς πεπίστευκε, διαμένειν. σωθήσεσθαι γὰρ τοὺς ἐπὶ τὸν ἐσταυρωμένον ἠλπικότας ἀπεφαίνετο, μόνον ἐὰν ἐν ἔργοις ἀγαθοῖς εὑρίσκωνται.

51) Zu dem oben aus Rhodon Angeführten ist noch hinzuzunehmen, was dieser noch weiter über Apelles berichtet: τὸ δὲ πάντων ἀσαφέστατον ἐδογμάτιζεν αὐτοῦ πρότερα καθὼς προσεφωνήσαμεν, τὸ περὶ τοῦ θεοῦ. ἔλεγε μὲν γὰρ μίαν ἀρχήν, καθὼς καὶ ὁ ἡμέτερος λόγος. Auf die Frage Rhodon's, wie Apelles im Stande sei, die Einheit seines Urprincipes zu begründen, habe er erwidert: τὰς μὲν προφητείας ἑαυτὰς ἐλέγχειν, διὰ τὸ μηδὲν ὅλως ἀληθὲς εἰρηκέναι· ἀσύμφωνοι γὰρ ὑπάρχουσι καὶ ψευδεῖς καὶ ἑαυταῖς ἀντικείμεναι. τὸ δὲ πῶς ἐστι μία ἀρχή, μὴ γινώσκειν ἔλεγεν, οὕτω δὲ κινεῖσθαι μόνον. εἶτ' ἐπομνύντος μου τἀληθὲς εἰπεῖν, ὤμνυεν ἀληθεύων λέγειν, μὴ ἐπίστασθαι πῶς εἷς ἐστιν ἀγέννητος θεός, τοῦτο δὲ πιστεύειν. Auf dieses ehrliche Geständniß hatte Rhodon freilich keine andere Erwiderung in Bereitschaft als ein verächtliches Lachen; es fragt sich nur, ob ihn eine ähnliche ernste und rastlose, aber von besserem Erfolge gekrönte Geistesarbeit dazu berechtigte, oder ob es nicht vielmehr nur die bekanntlich bequem genug zu erklimmende Höhe kirchlicher Rechtgläubigkeit war, von welcher er auf diesen sein eigenes Nichtwissen offen bekennenden Gnostiker so verachtend herabsah.

hört vermöge seiner natürlichen Beschaffenheit beiden an und kann zwischen ihnen wählen.[52]). Sein πνεῦμα ist die εἰκὼν θεοῦ, in ihm beruht das Ebenbild Gottes und der Besitz der Unsterblichkeit; sofern aber dieses πνεῦμα ἀπαθανατίζον von dem Menschen scheidet, wird er sterblich (Orat. c. Graec. c. 7. 12. 13. 15). Dagegen ist die ψυχή nur der δεσμὸς τῆς σαρκός, das den Körper durchdringende und zusammenhaltende animalische Lebensprincip; sie ist nicht unsterblich an und für sich, sondern es kommt ihr nur die Fähigkeit zu, nicht sterben zu können. Wenn sie die Wahrheit nicht erkennt, stirbt sie mit dem Körper und steht dereinst beim Ende der Dinge mit ihm wieder auf, um den ewigen Tod, d. h. die ewige Strafe zu leiden. Umgekehrt stirbt die Seele nicht, auch wenn sie zeitweilig aufgelöst wird, sobald sie die Erkenntniß des göttlichen Wortes erworben hat (c. 10. 13). Hieraus erklärt sich das, was Tatian von der Sterblichkeit Adam's gelehrt hat, als einfache Folgerung. Das göttliche πνεῦμα war von Anfang an mit der Seele verbunden, hat sie aber verlassen und dadurch ist der Mensch sterblich geworden (c. 13). Haben wir also in jener angeblichen Ketzerei Tatian's Nichts als eine ganz richtige Consequenz aus einer auch sonst verbreiteten, ja von Irenäus selbst getheilten anthropologischen Anschauung[53]), so braucht seine Verwerfung der Ehe um so weniger für eine erst späterhin ausgebildete Sectenmeinung gehalten zu werden, da sich ja auch hierzu in katholischen Kreisen hinlängliche Analogien finden. Von anderweiten Ketzereien Tatian's nennt Irenäus nur seine angeblich Valentinianische Aeonenlehre und die meisten Späteren schreiben ihm dieses nach. Da auch der alexandrinische Clemens den Tatian mit Valentinus in Verbindung bringt (Strom. III, 13, 92. p. 200 *Sylb.* 553 *Pott.*), so haben wir kein Recht, diese Angabe zu bezweifeln. Der syrische Typus seiner Lehre würde nicht entgegenstehen, da er als Schüler Justin's jedenfalls mit hellenistischen Anschauungen bekannt worden ist; aber bei dem Mangel an allen näheren Angaben muß dieser ganze Punkt hier auf sich beruhen. Das einzige noch nachweisbare Häretische in seinem Systeme ist also seine Lehre vom **Demiurgen**, welche uns durch Clemens (*ἐκ τῶν προφητικῶν ἐκλογαί* §. 38) und Origenes (De oratione c. 13) bezeugt ist. Der Demiurg betet in der Finsterniß: „Es werde Licht," er ist also kein Gott feindliches, sondern nur ein beschränktes Wesen, die mythische Personification der vom göttlichen πνεῦμα verlassenen und darum in der Finsterniß schmachtenden ψυχή. Offenbar hängt auch dies mit der bereits besprochenen dualistischen Grundanschauung Tatian's zusammen, welche ihn vielleicht auch dazu führte, in den Schriften des alten und neuen Testamentes eine ähnliche Sichtung vorzunehmen wie Markion. Hiernach kann allerdings nicht wohl geleugnet werden, daß Tatian wirklich unter die Gnostiker gehört, aber das Eigenthümliche an ihm ist, daß er trotz seines Gnosticismus ein Glied der katholischen Kirche blieb. Möglich, daß er, als er die Apologie schrieb, die Lehre vom Demiurgen noch nicht ausgebildet hatte, sondern erst späterhin in seinem Heimatlande den dualistischen Gegensatz gegen die Materie bis zu dieser letzten Consequenz schärfte; aber auch hieraus kann keineswegs gefolgert werden, daß er darum förmlich von der katholischen Kirchengemeinschaft sich trennte. Die Secte der Enkratiten wenigstens, die noch zu Epiphanios' Zeiten in Syrien, Kleinasien und anderwärts zahlreiche Anhänger zählte (Haer. 47, 1), ist sicher nicht von Tatianus gestiftet worden (vergl. dagegen *Iren.* Haer. I, 28, 1) und eine besondere Partei der *Τατιανοί* hat vermuthlich nur in der Einbildung des Epiphanios existirt.

Noch deutlicher kann das Beispiel des **Bardesanes** zeigen, daß wenigstens in der **syrischen Kirche** allerlei gnostische Ansichten verbreitet waren, ohne darum sofort von der katholischen Gemeinschaft zu scheiden. Nach Eusebios (H. E. IV, 30) wäre seine Lehre ursprünglich die Valentinianische gewesen, daher man ihn mit dem *Ἀρδησιάνης* der Philosophumena, der als Haupt der „morgenländischen Schule" genannt wird, hat identificiren wollen (Phil. VI, 35)[54]). Allein eine nähere Betrachtung seines Systemes zeigt, daß dasselbe nicht Valentinianisch, sondern, wie schon S. 273 bemerkt, Ophitisch ist, und mit Valentin nur in soweit übereinstimmt, als auch dieser auf Ophitische Anschauungen zurückweist. Der allein competente Zeuge ist hier **Ephrem**, aus dessen Angaben man die Lehre des Bardesanes noch ziemlich sicher wiedererkennen kann[55]). Es ist nur Ein Gott, seinem Wesen nach ewig, unbegreiflich, der Vater des Lebendigen, oder der Lebendige; ihm gegenüber steht die unreine, gestaltlose Materie, aus welcher der Teufel seinen Ursprung nimmt. Die Ewigkeit des Teufels wurde in der Schule des Bardesanes behauptet, wie es scheint aber nicht von ihm selbst. Trotz der Einheit Gottes gibt es aber eine Mehrheit von Aeonen als Offenbarungen der verborgenen Fülle des Urvaters, welche zusammen eine Siebenzahl bilden. Dem Urvater zur Seite steht als dessen weibliche Genossin die Urmutter, aus ihnen emaniren als zweite Syzygie der Sohn des Lebendigen oder Christus und dessen Genossin der heilige Geist oder die Zeugemutter, Chakhmuth (ܚܟܡܘܬܐ), d. i. Achamoth; zwei weitere Aeonenpaare, welche die Elementargeister darstellen, vollenden die obere Siebenzahl. Ihr Abbild in der sichtbaren Welt sind die sieben Sterngeister, von denen die obersten Sonne und

---

52) Vergl. *[illegible]*, Apologetarum secundi saeculi de essentialibus naturae humanae partibus placita. Part. II. Tatianus. Göttinger Pfingstprogramm 1860. 53) Auf die Verwandtschaft mit den Clementinen hat Uhlhorn aufmerksam gemacht (Die Homilien und Recognitionen des Clemens Romanus S. 413). Für die Lehre des Irenäus vergl. Haer. 5, 1, 1. 9, 1. Hiernach lehrte Irenäus nicht blos die Trichotomie, sondern behauptete auch, in Adam sei nur die σάρξ und die ψυχή gewesen, wodurch er zur ψυχὴ ζῶσα wurde; in Christus dagegen habe sich außer dem verbum Patris auch der spiritus dei mit der antiqua substantia vereinigt und so den vollkommenen Menschen, das πνεῦμα ζωοποιοῦν gebildet.

54) Daß auch Ephrem ihn zum Valentinianer mache, ist ein Mißverständniß. Die von Hahn (Bardesanes gnosticus Syrorum primus hymnologus) p. 56 angeführte Stelle aus dem 22 Hymnus besagt dies nicht. 55) Die Stellen aus Ephrem und darnach die Darstellung des Systemes s. bei Hahn a. a. O. S. 32—94.

Mond, die Syzygie des Urvaters und der Urmutter wiederholen. Unter den Sterngeistern stehen die 12 Zodiakalgeister, unter diesen wieder die 36 Dekane als Vorsteher der 360 Theile des Thierkreises. Die Menschenseelen stammen nach der Schrift des Bardesanes über das Fatum aus der oberen Welt und sind frei von Natur zum Guten wie zum Bösen, nur die der Materie entnommenen Leiber sind dem Verhängnisse der Gestirne unterworfen, von denen alle Veränderung in der sichtbaren Natur, Leben und Tod, Glück und Unglück regiert wird. Die Angabe Ephrem's, daß die Seelen von den Sterngeistern, die Leiber aus der Materie entnommen sind, steht hiermit nicht im Widerspruche, da Bardesanes ebenso wie Tatian die vernünftige oder pneumatische Seele von der hylischen scheidet und jene auf den inneren, diese auf den äußeren Menschen bezieht; auch nach Ephrem lehrte aber Bardesanes eine Dreitheilung des Menschen. Die Erlösung aus den Banden der irdischen Leiber bewirkt der Sohn des Lebendigen, der selbst von dem oberen Lichtreiche in einem pneumatischen Leibe herniedersteigt, durch Maria wie durch einen Kanal hindurchgeht, und nach scheinbarem Sterben mit seinem himmlischen Leibe wieder zum Himmel emporfährt. Auch die Menschengeister werden dereinst die Leiber aus unreinem Stoffe mit pneumatischen vertauschen und so zum himmlischen Gastmahle und den Freuden im Umgange mit der Chalkmuth eingehen.

Offenbar gehört dieses System nicht der hellenistischen, sondern der syrischen Form an, die Grundlage ist die chaldäische Naturreligion, wie schon früher besprochen wurde. So gewiß wir es aber hier mit einer echt gnostischen Lehre zu thun haben, so bemerkenswerth ist andererseits die enge Beziehung, in welcher dieselbe zum katholischen Glauben steht. Von metaphysisch verschiedenen Menschenclassen weiß Bardesanes Nichts, im Gegentheile vertheidigt er in der jetzt vollständig wieder aufgefundenen Schrift wider das Fatum die Lehre von der Willensfreiheit gegen den astrologischen Fatalismus der heidnischen Chaldäer und beschränkt denselben auf das sinnliche Gebiet. Auch einen besonderen Demiurgen scheint er nicht angenommen zu haben; nach Ephrem führte er die Gesetzgebung auf eine Mehrheit von Geistern zurück, unter denen wol gar nicht die Sterngeister, sondern, wie auch Hahn annimmt (a. a. O. S. 83), die Aeonen der oberen Hebdomas zu verstehen sind. Nach allen diesen Beziehungen hin charakterisirt sich das System als dem dritten dem Katholicismus wieder angenäherten Stadium der Gnosis angehörig. Es steht, trotz seiner Aeonenlehre, mit dem katholischen Glauben sogar in engerer Verwandtschaft als das Marcionitische System, welches von Bardesanes ausdrücklich bestritten wurde (*Eus.* H. E. IV, 30), wie es scheint namentlich wegen seines allzu schroffen Dualismus zwischen altem und neuem Testamente. Auch gegen Valentin soll er nach dem Zeugnisse des Eusebios polemisirt und das Meiste in dessen Mythologien widerlegt haben. Diese innerlichen Beziehungen zur katholischen Kirche werden nun aber auch durch äußere Zeugnisse bestätigt. Die Schriften des Bardesanes, namentlich die über das Fatum, finden sich im unbedenklichen Gebrauche der Kirchenlehrer; seine Hymnen wurden, trotz der darin enthaltenen gnostischen Elemente, so lange ohne Anstand in Syrien gesungen, bis Ephrem sie durch rechtgläubige verdrängte. Bardesanes selbst stand bei Abgar bar Maanu, dem ersten christlichen Könige von Edessa, in hohem Ansehen. Alles dies sind Zeugnisse, daß er innerhalb der katholischen Kirchengemeinschaft blieb. Freilich konnten sich dies die späteren Kirchenlehrer, ebenso wenig wie bei Tatian, erklären; sie lassen ihn daher entweder ursprünglich Valentinianer sein und nachher zwar nicht zur katholischen Kirchenlehre übergehen, aber doch viele von seinen früheren Irrthümern ablegen (*Eus.* H. E. IV, 30), oder sie behaupten, er sei zwar rechtgläubig gewesen, aber nachher in Ketzerei gerathen (*Epiph.* Haer. 56, 1. 2). Aber der richtige Sachverhalt leuchtet noch durch die Angabe Ephrem's hindurch, Bardesanes habe öffentlich sich der Kirchenlehre angeschlossen, insgeheim aber seine Ketzereien verbreitet (Hymn. 1. 22. 52). Ephrem bestätigt also, daß Bardesanes wirklich ein Mitglied der rechtgläubigen Kirche geblieben ist; was er zur Erklärung dieses ihm auffälligen Umstandes beibringt, trifft aber natürlich ebenso wenig die Wahrheit, als die übrigen Angaben, und wird obendrein durch den Inhalt der Hymnen und des Buches *Περὶ εἱμαρμένης* widerlegt. In der syrischen Kirche war man eben gegen gnostische Speculationen, so lange sie nicht die sittlich-praktische Substanz des Glaubens antasteten, überhaupt liberaler; auch die Anschauungsweise der Clementinischen Homilien hatte hier innerhalb der Kirchengemeinschaft Raum 66).

Der Erklärungsgrund für diese befremdete Stellung zwischen Katholikern und Gnostikern liegt wol nicht blos in dem überhaupt der syrischen Kirche eigenen phantastischen Zuge, sondern auch in dem Umstande, daß die syrische Gnosis selbst niemals bis zu jenem schroffen Gegensatze zur gemeinchristlichen *πίστις* fortschritt wie die großen hellenistischen Systeme. Wir haben kein einziges, nach Syrien gehöriges gnostisches Lehrgebäude, welches dem zweiten Stadium der Gnosis mit Entschiedenheit zugewiesen werden könnte. In Syrien entstanden, hat der Gnosticismus nur auf griechischem Boden und unter dem Einflusse griechischer Philosophie sich zu jener schwindelnden Höhe der Speculation verstiegen, auf welcher man jeden Zusammenhang mit dem positiven Christenthume aus dem Gesichte verlor; in seinem Heimatlande hat er überhaupt nie den Gegensatz zwischen Wissenden und Glaubenden mit solcher Schroffheit ausgesprochen, daß er sich damit selbst in den Augen der Katholiker sein Verdammungsurtheil sprach. Eben darum sind gerade hier die Grenzlinien wie am Anfange, so auch gegen Ende der gnostischen Bewegung fließender geblieben, und erst in weit späterer Zeit, als die Gnosis längst ihre unmittelbar in den Entwickelungsgang des Christenthums eingreifende Bedeutung verloren hatte, schieden sich die

---

66) Vergl. auch Uhlhorn, Die Homilien und Recognitionen des Clemens Romanus S. 410 fg.

verschiedenen Gestalten derselben auch von der syrischen Kirche allmählich als Häresien aus. (*Lepsius.*)

GNOSTUS nennt J. O. Westwood (Transact. entomol. Soc. London 1856. III. p. 90) einen Käfer, welcher in den Ameisenbauen in Brasilien lebt und seiner Stellung im Systeme nach noch räthselhaft erscheint. Die dreigliederigen Fühler, der in der Mitte zusammengeschnürte Thorax, die kurzen flachgedrückten Beine mit fünfgliederigen Tarsen nähern ihn augenscheinlich den Pausiden, obwol die gewölbten, den ganzen Hinterleib bedeckenden Flügeldecken, sowie die Bildung des Mundes und der Flügel gegen eine Verwandtschaft mit dieser Familie sprechen. Westwood vermuthet eine Verwandtschaft mit den pentamerischen Xylophagen Latreille's und hat die Art, Gn. formicicola, sehr ausführlich beschrieben und gut abgebildet. Sie ist nur eine Linie lang und wurde von Bates in den Nestern der Myrmica victima Sm. bei Santarem in Brasilien gefangen. (*Giebel.*)

GNU heißt die pferdeähnliche Antilope (s. d. Art.) im südlichen Afrika. (*Giebel.*)

GNUBBERKRANKHEIT, Traberkrankheit, Kreuzdrehe, eine Krankheit der Schafe, besteht in einem Nervenleiden, das sich durch Angst, Jucken, Reiben, Schwäche im Kreuze und durch Schreckhaftigkeit äußert. Am häufigsten kommt die Krankheit bei veredelten Schafen vor und man hält sie für erblich. Ursachen sind die zu starke Benutzung der Böcke zum Sprunge, das Füttern mit zu reizendem Futter, fette, üppige Weiden, Anstrengungen durch weite Märsche, Erschrecken durch Hunde, bei Gewittern u. s. w. Hauptsächlich sind es Thiere von 1½—2 Jahren, welche von der Gnubberkrankheit befallen werden. Als Vorboten derselben bemerkt man eine ungewöhnliche Unruhe an den Thieren; sie laufen mit hochgehaltenem Kopfe hin und her und stampfen mit den Füßen, wobei eine zitternde Bewegung des ganzen Körpers, namentlich aber des Kopfes, bemerkbar ist. Allmälig stellt sich Schwäche im Hintertheile ein, die Angst und Schreckhaftigkeit nimmt zu und die Bewegung der Hinterfüße ist wie beim Hahnentritt der Pferde, sodaß ein schwacher Druck auf das Kreuz genügt, um das Thier zu Boden zu werfen. Die Wolle auf dem Rücken wird blässer und manche Thiere laufen häufig im Trabe, daher der Name Traberkrankheit. Im weitern Verlaufe der Krankheit stellt sich ein Jucken ein, wodurch die Thiere veranlaßt werden, sich mit dem Hintertheile an allen Gegenständen, in deren Nähe sie kommen, zu reiben, und in Folge dessen sie auch Schwanz, Hinterschenkel und Lenden zu oft und zu heftig mit den Zähnen benagen oder begnubbern, sodaß diese Körpertheile nicht nur von Wolle ganz entblößt, sondern sogar blutrünstig und bis tief in das Fleisch hinein verletzt werden. Die Schleimhäute werden blaß, das Athmen wird beschwerlich, weil die Nasenlöcher durch Schleim verstopft sind. Endlich tritt Durchfall dazu und nach zwei bis sechs Monaten nach dem Anfange der Krankheit erfolgt der Tod. Am besten schlachtet man die kranken Schafe sogleich, weil Heilung unmöglich ist. Man kann aber der Krankheit vorbeugen, wenn man die Böcke weder zu früh, noch öfter als einen Tag um den andern zum Bespringen verwendet. Hatten die Schafe im Sommer eine magere Weide, so darf man sie im Winter nicht zu kräftig füttern; wurden sie im Winter dürftig gefüttert, so dürfen sie im Anfange des Weidens nicht auf zu üppige Weiden kommen. Zu üppige Sommerweide muß man unter allen Umständen vermeiden. Auch muß man sich hüten, Böcke und Mutterschafe aus Heerden zu kaufen, in welchen die Gnubberkrankheit herrscht. Gut ist es, die Thiere in nicht zu jugendlichem Zustande zur Zucht zu benutzen und jedem Lamme wöchentlich ein Mal ⅛ Loth Glaubersalz zu geben. Diese Gabe steigert man von Woche zu Woche, bis sie zu 1 Loth angewachsen ist. Mit dieser Gabe fährt man fort, bis das Thier sein zweites Lebensjahr erreicht hat. Die Homöopathie wendet beim Ausbruche der Krankheit Acidum sulphuricum wöchentlich 3—4 Mal, jedesmal eine Gabe, an. (*Dr. W. Löbe.*)

GNÜGE (Friedrich Andreas Gottlieb), geb. am 26. Nov. 1712 zu Jena, wo sein Vater, Johann Christian Gnüge, Consistorialassessor und Prediger an der St. Michaeliskirche war, erhielt eine sorgfältige Erziehung durch Hauslehrer. Dem Professor Reusch, der damals noch Rector an der Stadtschule war, verdankte Gnüge, als er diese Lehranstalt besuchte, den größten Theil seiner Elementarbildung. In den alten Sprachen hatte er so gründliche Kenntnisse erlangt, daß er in seinem 18. Jahre (1730) seine akademische Laufbahn in seiner Vaterstadt eröffnen konnte. Neben der Jurisprudenz, die er zu seinem künftigen Berufe erwählt hatte, beschäftigten ihn philosophische und historische Studien. Außer Reusch waren Kromayer, Syrbius, Struv, Brunnquell, Engau, Hertel u. A. seine vorzüglichsten Lehrer. Als Respondent vertheidigte Gnüge 1736 die Dissertation des Professors Engau: De juribus Pontium Regiorum. Zur Fortsetzung seiner Studien begab er sich um diese Zeit nach Leipzig, wo er sich bei den Appellationsräthen Baudis und Bauer in der juridischen Praxis übte. Ungefähr anderthalb Jahre währte sein Aufenthalt in Leipzig. Er kehrte wieder nach Jena zurück, wo er unter Buder's Vorsitz seine Dissertation: De jure retractus gentilitii in Germania origine (Jenae 1738. 4.) öffentlich vertheidigte und sich dadurch den Grad eines Doctors beider Rechte erwarb. Er hielt seitdem juristische Vorlesungen, die er mit dem Programme: De matrimonio tutoris vel curatoris cum pupilla vel adulta contracto (Jenae 1738. 4.) eröffnete. Im J. 1748 ward er zum außerordentlichen Professor der Rechte ernannt. Seinem Lehramte widmete er sich seitdem mit großem Eifer, sodaß ihm wenig Zeit blieb zu literarischen Arbeiten, zu denen er, seinen Kenntnissen nach, wol befähigt gewesen wäre. Zunächst für die akademische Jugend schrieb er ein 1750 zu Jena gedrucktes Werk unter dem Titel: „Gründliche Anleitung zum Kriegsrechte, aus den verschiedenen Kriegsartikeln, wie auch berühmter Männer Schriften, in einer natürlichen Ordnung zusammengetragen und zum Gebrauch seiner Zuhörer, wie auch Anderer, die mit der Zeit Richter, Auditeurs oder Beisitzer in Kriegsgerichten abzugeben gedenken." Er starb zu Jena am 25. Febr. 1756 *). (*Heinrich Döring.*)

GOA, portugiesisches Gouvernement in Vorderindien und Haupttheil sämmtlicher portugiesischen Besitzungen in Asien. Das Gouvernement umfaßt die Provinzen Salsette und Bardes bis an den Bonhulo, das Untergouvernement Damaun und Diu mit der Factorei zu Surate, 220 □Meilen und 440,000 Einwohner.

Die Insel Goa an der Küste Malabar, vor der Eroberung durch die Portugiesen Tissuari genannt und von einem arabischen Volksstamme bewohnt, hat einen der geräumigsten Häfen der Welt und ist seit 1559 Sitz des Oberbefehlshabers der portugiesischen Besitzungen in Indien und des Erzbischofs für die asiatischen Länder, der den Titel Primas von Indien führt. Der durch Thürme und Castelle geschützte Hafen wird in der Regenzeit vom Juni bis October oft durch die Landfluthen verschlammt. Dann müssen die von Europa kommenden Schiffe in einen angrenzenden Hafen einlaufen, welcher durch einen Canal gebildet wird, der Goa von Salsette scheidet.

Die gleichnamige Stadt Goa auf der Insel an dem Flusse Mandawa, unter 15° 29' 30" nördl. Br. und 71° 33' 6" östl. L. von Paris, gehörte früher zu den bedeutendsten und schönsten Städten. Alfons von Albuquerque entriß dieselbe im J. 1508 (1510?) ihrem Beherrscher Hidalchan, einem Vasallen des Königs von Decan, um einen bequemen Mittelpunkt für die portugiesische Herrschaft in Indien zu haben. Hidalchan aber belagerte die Portugiesen mit einem Heere von 60,000 Mann, Albuquerque mußte die Stadt räumen und auf seine Schiffe flüchten, eroberte sie aber am 25. Nov. 1510 zum zweiten Male und traf nun alle Anstalten, sie zum Hauptsitz der portugiesischen Macht in Indien zu machen. Er legte Festungswerke an und setzte, um das Volk zu gewinnen, den an Hidalchan gezahlten Tribut herab. Goa wurde nun bald der Schlüssel zum ganzen Handel von Indien und der vornehmste Markt für die Indianer und dadurch berühmt und reich. Freilich litt die Stadt Mangel an frischem Wasser, das vom Festlande hineingeschafft werden muß, und an einer sehr ungesunden Luft. Mit der Ausbreitung der Macht der Holländer und Engländer kam Goa in Verfall, und als im Anfange des vorigen Jahrhunderts eine Seuche ausbrach, verließen die meisten Portugiesen die Stadt und legten Neu-Goa an. Jetzt ist die einst blühende Stadt verödet, die noch übrig gebliebenen 2000 Einwohner (im 16. Jahrh. 200,000) sind ein Gemisch von Portugiesen und Metis, d. i. Abkömmlingen von portugiesischen Männern und indischen Weibern. Jetzt sind die einzigen noch gut erhaltenen Gebäude der alten Stadt die Kirche des heiligen Cajetan, des Petrus und Dominicus, das Augustinerkloster und der prächtige Inquisitionspalast.

Neu-Goa oder Villa nova de Goa oder Pandjim (Pendjim) wurde 1½ Meile unterhalb des alten Goa an der Mündung des Mandawa angelegt. Die Stadt ist gut gebaut und fast die ganze Einwohnerschaft von Alt-Goa hat sich in ihr niedergelassen. Sie hat schon über 20,000 Einwohner, einen guten Hafen, sehr ausgedehnten Handel, ist die Residenz des Vicekönigs und obersten Gerichtshofes für Asien und des portugiesischen Oceaniens. Der Erzbischof, Primas von Indien, residirt jetzt in der kleinen Stadt San Pedro, welches durch eine ½ Meile lange Chaussee mit Pandjim verbunden ist.

Goa fiel 1807 in die Gewalt der Engländer, wurde aber nach dem allgemeinen Frieden zurückgegeben. Die schauderhafte Inquisition wurde 1815 aufgehoben und die Papiere derselben verbrannt. Im J. 1828 erklärte sich die Colonie für die Königin Maria.

(*H. E. Hössler.*)

GOAD (Thomas), ein englischer Theolog, in der zweiten Hälfte des 16. Jahrh. geboren, wurde nach der Beendigung seiner Studien Pfarrer zu Hadleigh in der Grafschaft Suffolk und bald darauf Sänger an der Paulskirche zu London. Da ihm jedoch der Kirchendienst nicht zusagte, so wandte er sich mehr der theoretischen Theologie zu und erhielt, nachdem er sich die Doctorwürde erworben, eine Professur. Als John Hales, englischer Gesandtschaftsprediger im Haag, sich von der Verpflichtung, der dortrechter Synode (s. d. Art.), deren Handlungen seiner Ueberzeugung nicht entsprachen, beizuwohnen entbinden ließ, trat Goad auf Befehl des Königs Jacob I. an seine Stelle und wurde am 17. Jan. 1619 feierlich eingeführt. Obgleich er die Gesinnungen seines Vorgängers theilte und auch wiederholt die holländischen Theologen ermahnte, gegen die Remonstranten, über deren Lehren die Synode verhandelte, glimpflicher zu verfahren, so stimmte er doch nicht nur mit ihnen, sondern unterschrieb auch die Beschlüsse der Synode und trug dadurch zur Verurtheilung der Remonstranten bei. Nach seiner Zurückkunft nach England bekannte er sich aber offen zu den Ansichten derselben und vertheidigte mit großem Eifer die auf der Synode verworfenen Sätze. Er starb im August 1638 und hinterließ trotz dieser Zweideutigkeit den Ruf eines sehr gelehrten und verdienstvollen Theologen *). (*Ph. H. Külb.*)

GOAD (John), englischer Philolog und Astronom, am 15. Febr. 1615 zu London geboren, widmete sich, nachdem er seine Vorstudien an der Merchant-Taylors-Schule zu London gemacht hatte, auf der Universität zu Oxford der Theologie und Philologie und erhielt seine erste Anstellung als Hilfslehrer an dem St. Johnscollege daselbst. Im J. 1643 wurde er Vicar an der Aegidiuskirche in derselben Stadt und im J. 1646 Pfarrer zu Yarnton; da ihm aber das geistliche Amt weniger zusagte, als das Unterrichtswesen, und er sich um eine Anstellung in diesem Fache bemühte, so wurde er im J. 1661 zum

*) Vergl. Weidlich's Geschichte der jetztlebenden Rechtsgelehrten. 1. Th. S. 294 fg. Adelung's Fortsetz. und Ergänzungen zu Jöcher's Gelehrtenlexikon. Meusel's Lexikon der vom Jahre 1750—1800 verstorbenen deutschen Schriftsteller. 4. Bd. S. 237. Spangenberg's Handbuch der in Jena seit 500 Jahren verstorbenen Gelehrten S. 36.

*) *L. Moreri*, Grand dictionnaire historique s. h. v.

Lehrer an der Schule zu Tunbridge in der Grafschaft Kent ernannt, und später zum Director der Merchant-Taylors-Schule befördert. Nachdem er in dieser Stellung über 20 Jahre lang mit großem Eifer und mit dem besten Erfolge gewirkt hatte, erhielt er, weil er des Papismus verdächtig geworden war, seine Entlassung, worauf er eine Schule zu Westminster eröffnete und nach dem Regierungsantritte Jacob's II. (1684) sich offen zur katholischen Kirche bekannte. Er starb am 28. Oct. 1689 zu London. Unter seinen Schriften nehmen die astronomischen (Astro-Meteorologica, or aphorisms and discourses on the bodies celestial, their natures and influences. London 1686. fol. und Astro-Meteorologia sacra. London 1690. 4.) unstreitig die erste Stelle ein. Außer diesen sind noch anzuführen: Genealogicum latinum (London 1680. 8.) zum Gebrauche für Schulen, Autodidactica, or a practical vocabulary (London 1690. 8.) und Declaration, whether monarchies be the best form of governement, in Richard's English Orator (London 1680. 8.). Goad war jedenfalls einer der besten englischen Schulmänner des 17. Jahrh., und seine Schriften, welche freilich jetzt von neueren Leistungen in denselben Fächern weit übertroffen sind, fanden bei seinen Zeitgenossen großen Beifall, welchen sie auch durch die gründliche und umsichtige Behandlung des Stoffes und gewandte Darstellung verdienten *).
(*Ph. H. Külb.*)

GOADBY (Robert), ein gelehrter englischer Buchdrucker und Buchhändler, im J. 1721 zu Sherborne in der Grafschaft Dorset geboren, genoß eine sehr sorgfältige Erziehung und behielt deshalb während seines ganzen Lebens, obschon ihn sein Geschäft sehr in Anspruch nahm, eine ganz besondere Vorliebe zu gelehrten Beschäftigungen. Vor Allem wandte er seine Aufmerksamkeit der Theologie zu, wobei sein Streben hauptsächlich darauf gerichtet war, die geoffenbarte Religion mit der Vernunft in Einklang zu bringen; die Ergebnisse seiner Studien legte er in mehren kleinen Versuchen, hauptsächlich aber in seiner weitläufigen Erklärung der heiligen Schrift (Illustration of the Scripture. Sherborne 1759. fol. 3 Voll.) nieder, welche in Kurzem mehre Auflagen erlebte und bei den Laien großen Beifall fand, von den strengen Theologen aber vielfach misbilligt und sogar angefeindet wurde. Jedenfalls verdient dieser Commentar, welcher auch in der englischen Literatur als der erste lesbare für Laien gelten muß, durch den ihn durchdringenden sittlichen Ernst und durch das überall festgehaltene Bestreben, den religiösen Sinn zu wecken und zu nähren, große Anerkennung. Die politische Freiheit vertheidigte Goadby eben so eifrig, wie die religiöse bei jeder Gelegenheit, theils in gut geschriebenen Broschüren, theils in dem sherburner Mercur, einer von ihm gegründeten Zeitschrift, welche sich einer großen Verbreitung erfreute. Er starb am 12. Aug. 1778 in seiner Geburtsstadt. Seine Erklärung der Bibel wird jetzt noch in vielen englischen Familien gelesen, seine übrigen Schriften aber (unter welchen The Universe displayed und The Life of Bam Fylde Moore Carew, the King of the beggars die vorzüglichsten sein dürften) sind jetzt vergessen *).
(*Ph. H. Külb.*)

GOAR, ein König der Alanen, welcher, wie es scheint, zu seiner Zeit auf die politischen Verhältnisse Galliens einen nicht unbedeutenden Einfluß übte, über dessen Leben und Thaten aber nur Unzusammenhängendes zu ermitteln ist. Unter den teutschen Völkern, welche, wie man glaubt, auf die Einladung Stilicho's, der seinen Eidam, den Kaiser Honorius vom Throne zu stürzen und seinen Sohn Eucher auf denselben zu erheben beabsichtigte [1]), sich im J. 406 über den Rhein nach Gallien ergossen und ihren Weg durch die Zerstörung der blühenden Städte an den Ufern dieses Stromes bezeichneten, befanden sich auch die Alanen, geführt von ihren beiden Königen oder Häuptlingen Goar und Respendial. Goar, welcher den Vortrab führte, schlug sich nach seiner Ankunft in Gallien zu den Römern, Respendial aber zog, nachdem er einen schweren Kampf gegen die Franken bestanden und sich tapfer durchgeschlagen hatte, mit den Vandalen, welche zu derselben Zeit unter ihrem Könige Godegisel über den Rhein gegangen waren, und ohne die Hülfe der Alanen von den Franken vernichtet worden wären, durch Gallien und drang im J. 409 mit ihnen in Spanien ein [2]). Goar war in Gallien geblieben, wo er im J. 411 in Verbindung mit Gunther, dem Könige der Burgundionen, den Jovinus, einen Gallier von edlem Geschlechte, bewog, sich in Mainz zum Gegenkaiser ausrufen zu lassen. Jovinus bemächtigte sich besonders mit Hülfe der Alanen eines großen Theiles von Gallien, fand aber an Adolf, dem Könige der Westgothen, welcher sich mit dem Kaiser Honorius verständigt und ihm versprochen hatte, ihn von dem Afterkaiser zu befreien, einen erbitterten Gegner [3]). Adolf zog gegen ihn zu Felde, bekam ihn in seine Gewalt und ließ ihm den Kopf abschlagen (413), mit den Alanen und Burgundionen aber schlossen die Römer Frieden und überließen ihnen ein großes Stück Land, das heutige Elsaß, unter der Bedingung, daß sie die Gothen nicht bei ihren Angriffen auf die Provinzen des römischen

*) Joh. Chr. Adelung, Fortsetzung und Ergänzungen zu Chr. Gottl. Jöcher's Gelehrtenlexikon. 2. Bd. S. 1496. Biographie générale. Tom. XX. p. 853.

*) Fr. C. Gottl. Hirsching, Historisch-literarisches Handbuch 2. Bd. 2. Th. S. 23 fg. Biographie générale. Tom. XX. p. 856.

1) *Orosius*, Hist. l. VII. c. 38. 40. 2) Respendial, rex Alanorum, Goare ad Romanos transgresso de Rheno agmen suorum convertit, Vandalis Francorum bello laborantibus, Godegiselo rege absumpto, acie viginti ferme millibus ferro peremptis, cunctis Vandalorum ad internecionem delendis, ni Alanorum vis in tempore subvenisset. Der Historiker Renatus Profuturus Frigeridus berichtet dies in einer von Gregorius von Tours (Hist. Franc. l. II. c. 9) angeführten Stelle; vergl. *Idacius*, Chron. ad ann. 409. 3) *Ἰοβῖνος ἐν Μουνδιακῷ τῆς ἑτέρας Γερμανίας κατὰ σπουδὴν Γώαρ τοῦ Ἀλανοῦ καὶ Γυντιαρίου, ὃς φύλαρχος ἐχρημάτιζε τῶν Βουργουντιόνων, τύραννος ἀνηγορεύθη.* *Olympiodorus* bei *Photius* Cod. 80. *Frigeridus* bei *Gregor von Tours* l. c.

Reiches unterstützen sollten [4]). Nichtsdestoweniger finden wir schon im folgenden Jahre (414) Goar mit seinen Alanen im Lager der Gothen, welche Basatz (Bazas in Gascogne) belagern. Die Belagerten befanden sich, da nur eine schwache römische Besatzung in der Stadt lag, bereits in großer Bedrängniß, als Paulinus, ein nach Bazas geflüchteter edler Aquitanier, sich bei Nacht in das Lager der Alanen schlich, deren König Goar er kannte, und um Erlaubniß bat, mit den Seinigen zu ihm zu flüchten. Goar bedauerte, daß er nicht, ohne bei den Gothen, die ihn wider seinen Willen an dem Kriege Theil zu nehmen gezwungen hätten, Argwohn zu erregen, seinem Begehren entsprechen könne; wollten aber die Einwohner von Bazas ihn mit seinem Heere einziehen lassen, so würde er sie gegen die Gothen schützen. Paulinus übernahm die Ausrichtung dieses Antrags, welcher angenommen ward. Goar übergab den Römern seine Gemahlin und seinen Sohn als Geisel; man ließ ihn einziehen und die Gothen hoben die Belagerung auf [5]). Die späteren Schicksale Goar's sind völlig unbekannt, als aber später (436) die Burgundionen, nachdem ein großer Theil derselben im Kampfe gegen die Römer gefallen war, von diesen nach dem heutigen Savoyen versetzt worden, wanderten auch die mit ihnen verbündeten Alanen fort und erhielten Wohnsitze in der Umgegend der Stadt Valence. Der um diese Zeit über sie herrschende König hieß Sambida und man darf wol annehmen, daß er der Sohn und Nachfolger Goar's war [6]). *(Ph. H. Külb.)*

GOAR, St. (Heiliger). Die älteste uns erhaltene Lebensbeschreibung des Heiligen, aus der viele spätere geflossen sind, ist die bei Mabillon in den Actis SS. O. B. und den Bollandisten nach mehren Handschriften mitgetheilte. Wenn sie, wie zu vermuthen, unter den vetustis et perantiquis exemplaribus zu verstehen, welche Wandelbert als seine Quellen nennt, so dürfte sie einen noch an Goar's Zeitalter reichenden Verfasser haben. Wandelbert, Mönch zu Prüm um 840, schrieb auf Befehl seines Abtes Markwart *De vita et miraculis S. Goari Presbyteri* in zwei Büchern, deren erstes das Leben des Heiligen behandelt. (Abgedruckt bei *Surius* ad 6. Jul. *Mabillon*, Acta SS. O. B. II. p. 269 sq. In die Acta Sanctorum Jul. Tom. II. p. 337 sq. zum Theil aufgenommen.) Zu diesen Hauptquellen gesellen sich gelegentliche Erwähnungen bei mittelalterlichen Autoren, besonders die alten Martyrologien. Unter den Hilfsschriften werden immer *Broweri Antiquitates et Annales* eine Hauptstelle einnehmen. Zu nennen sind dann noch Cointe in dem zweiten Theile der Annales Francorum, Mabillon in seinen die Geschichte des Benedictinerordens betreffenden Werken, die *Acta Sanctorum* Jul. Tom. II. p. 327—346. Windelmann in seiner „Hessischen Beschreibung." A. Grebel, Das Schloß und die Festung Rheinfels (St. Goar 1844.). Rettberg, Kirchengeschichte Deutschlands I. S. 464 fg. v. Stramberg's trefflicher Neuer Rheinischer Antiquarius ist leider noch nicht bis St. Goar vorgerückt (s. den folg. Art.).

Wir geben zuvörderst einen Auszug aus der erwähnten ältesten Vita und nehmen auf Späteres in den Anmerkungen Rücksicht.

Als Childebert, Chlodwig's Sohn, König der Franken war, lebte in Aquitanien ein frommer und heiliger Mann mit Namen Goar. Seine Aeltern hießen Georgius und Valeria. Dieser Goar nun wanderte an den Rhein [1]) in die Gegend der trierischen Stadt Wesel, wo das Flüßchen Worica in den Rhein fließt. Dort baute er sich mit Bewilligung des trierischen Bischofs Felicius [2]) eine mit gar vielen Reliquien ausgezierte Zelle [3]) und diente dort dem Herrn mit Beten und Fasten und allen frommen Uebungen. Den Heiden ringsum predigte er das Evangelium. Die Fremdlinge und Pilger nahm er gastfrei auf [4]). Des Teufels Neid ward wider den Heiligen geschäftig. Zwei Männer von Trier, Albuin und Adalwinus, kamen in böser Absicht in Goar's Einsamkeit, sahen ihn früh die Messe feiern, darauf nach seiner Weise Fremde bewirthen und mit ihnen fröhlich sein; nun verklagten sie ihn bei dem Bischofe Rusticus: schon frühe am Tage gebe er sich der Völlerei hin. Ueberhaupt gereiche sein ganzes Treiben der Diöcese Trier nur zur Unehre. Der getäuschte Rusticus sandte die Ankläger mit dem Befehle zurück, Goar nach Trier vor ihn zu führen. Der Heilige nahm die tückischen Leute, welche ihm die wahre Sachlage verhehlten und nur mittheilten, daß der Bischof mit ihm reden wolle, wieder gastfreundlich auf; als aber wieder Fremde und Arme an Goar's Thüre Gaben empfingen, brach die gehässige Gesinnung der bösen Gäste in harten Tadel aus. Nun zogen die Drei nach Trier, aber unterwegs

4) *Prosper Aquitan.* Chron. ad ann. 413. 5) So erzählt Paulinus, ein Enkel des bekannten Dichters Ausonius, in seinem Gedichte Eucharisticon v. 343 seq. 6) Vergl. Heinr. v. Bünau, Teutsche Kaiser- und Reichs-Historie. I. Bd. S. 865 fg.

1) Nachdem er, wie Rabanus sagt, die Priesterweihe empfangen. Unsere Vita erwähnt dies nicht ausdrücklich, setzt aber Aehnliches voraus, da hernach das Halten der Messe erwähnt wird. 2) Da kein Bischof dieses Namens auf dem Stuhle von Trier vorkommt, so ist Brower's Emendation Fibicius um so mehr gut zu heißen, als der eben genannte um 519 lebte, also ein Zeitgenosse Childebert's war. 3) Nach Brower der Jungfrau Maria geweiht. Wie die am Schlusse des Artikels aufgeführte Legende sagt: „Unfern des Lurleys rauhen Felsenwänden hat St. Goar gewohnt und gelebt. Da grub er sich sein Bett mit frommen Händen In dem Gestein, von Gebet geweiht." In der That zeigt man zwischen St. Goar und Oberwesel am Rhein einen Felsen mit einer viereckigen Oeffnung, welche das Bette des heiligen Goar genannt wird. 4) Nach späterer Gestaltung der Legende nahm sich Goar besonders der Schiffbrüchigen an. Niclas Vogt in seinen „Rheinischen Geschichten und Sagen": „St. Goarshausen und St. Goar am Rhein haben ihre Namen, und letzteres seine Entstehung dem heiligen Goar zu verdanken, welcher im J. 516 in diesem wilden Rheinschlunde seine Zelle aufschlug, um die bei der Wand (so heißt eine am Lurlei sich durch den Rhein hinziehende Reihe von Felsenschichten) Schiffbruch Leidenden zu retten und den armen Salmenfischern das Wort Gottes zu predigen. Wie ein anderer Johannes in der Wüste, saß er unter diesen grausamen Felsen und verkündete ihnen das Evangelium, indeß die Männer in ihren kleinen Kähnen auf die Fische lauerten und die Weiber mit ihren Kindern Netze strickten."

strafte der Herr Albuin und Adalwin mit so peinlichem Hunger und Durst, daß sie sich schon halbtodt fühlten und der Eine vom Rosse sank. Da rief Goar drei Hirschkühe, die sich ihnen plötzlich zeigten, heran, melkte sie und entließ sie dann wieder in den Wald. Nun bestrich Goar die Glieder der Lechzenden mit Milch; sogleich fühlten sie sich wie neu geboren und fanden nun auch in den Säcken, wo sie eben Nichts gefunden, wieder Brod, und der kurz vorher wasserlose Born war wieder gefüllt. So kamen sie nach Trier und die zitternden Ankläger berichteten dem Rusticus, was geschehen war. Der zweifelte aber noch immer: man müsse untersuchen, ob hier Gottes- oder Teufelswerk vorliege. So trat denn Goar in die bischöfliche Halle, und da er nicht sah, wo er seine Kappe lassen sollte, hing er sie an den durch das Fenster fallenden Sonnenstrahl. Aber noch immer, auch nach Goar's feierlicher Betheuerung, daß er kein Teufelswerk treibe, und nur aus Liebe mit den Fremden gegessen und getrunken habe, zweifelte der Bischof. Da wurde ein ausgesetztes Kind von drei Tagen vor ihn gebracht, und er befahl dem Heiligen, zum Beweise seiner Unschuld, die Eltern des Kindleins zu nennen. Und als Goar inbrünstig gebetet, sprach plötzlich der Säugling: „Bischof Rusticus ist mein Vater und Aflaja (Flavia) meine Mutter!“ Da fiel Rusticus dem Heiligen zu Füßen, und dieser ermunterte ihn in eindringlichen Worten zur Buße und versprach ihm, in brüderlicher Liebe selbst sieben Jahre in Bußübung für ihn hinzubringen [5]). Der Ruf dieser Geschichte war auch zu dem Könige Siegebert gedrungen. Er ließ den Heiligen zu sich kommen, und wollte ihn selbst nach des Volkes Verlangen an des Rusticus Statt auf den Stuhl von Trier erheben. Goar weigerte sich und mahnte den König zur Vergebung, und da er Nichts ausrichtete, bat er, ihn jetzt wieder zu seiner Zelle zu entlassen. Der König gab es zu, aber nach zwanzig Tagen sollte er wieder in Metz sein, um die Bischofsweihe zu empfangen. Die Gebete des Heiligen erwirkten aber, daß Siegebert erst nach sieben Jahren [6]) wieder seiner gedachte. Da fanden ihn Abgesandte des Königs so krank, daß er nicht zu reisen vermochte; doch ließ er Siegebert bitten, ihm, wenn er zum Sterben käme, die Priester Agrippinus und Eusebius zu senden, die sollten ihn begraben. Und so geschah es nach drei Jahren und drei Monaten. Da fiel Goar wieder in ein heftiges Fieber und entschlief im guten Alter und im Frieden am sechsten Tage des Julius. Die genannten Männer und viele andere Priester begruben ihn grade an der Stelle, wo die Worka in den Rhein fließt. Gott aber verherrlichte sein Grab durch Wunderzeichen [7]).

Zu dieser ältesten Vita S. Goari treten dann die beiden Martyrologien des Beda und Rabanus. Mag die durchgängige Authentie der ersteren noch so angezweifelt sein, die Stelle über Goar verräth Simplicität und Treue: „Depositio B. Goaris Confessoris, qui in provincia Aquitaniae ortus temporibus Childeberti Regis Francorum statim ab infantia verus cultor Dei fuit. Hic postmodum ibi Presbyter consecratus patriam parentesque deseruit; et in provincia, quae ripis Rheni fluminis contigua Trichoria nuncupatur, atque ad dioecesin pertinet Trevirorum, Deo libere servire delegit usque in finem vitae suae.“ Rabanus stimmt (bis auf die Zahl der Hirschkühe) ganz mit der alten Vita. Nach einer fast ganz mit Beda stimmenden Stelle heißt es: „Hic hospitalis multum fuit et largus in pauperes, et Deo in sacris missis et psalmodiis instanter quotidie serviebat. Fecit enim mirabilia multa in vita sua: hoc est, cervam imperio suo stare fecit, ut quidam lassus ab ea lactis potum acciperet. Dehinc ad Rusticum Episcopum Trevirensem advocatus venit, ibique super solis radium per fenestram micantem, ignorans quod solis radius esset, cappam suam projecit. Quod cum multi magicae arti deputassent, coram Episcopo positus juxta jussionem ejus parvum puerum, hoc est trium dierum aetate, loqui fecit, et patrem suum cum matre, quis esset, patefecit; sicque memoratus Episcopus in scelere suo notatus, poenitentiam accepit; et praedictus vir sanctus ad locum suum rediens in pace vitam finivit.“ Notker's Martyrologium hat bei Goar eine Lücke; es erzählt die Beschämung des Rusticus, und die Worte: magus es, quia mane comedis, cervas mulges, vestem de radio solis appendis — erinnern an die fast ebenso lautende Stelle der alten Vita [8]).

---

5) Diese Vorfälle werden in den Lectionen heutiger Breviarien mit Schonung angedeutet. So im Freiburger: „Deus ejus innocentiam probavit non sine confusione calumniantium et rubore Episcopi temere creduli.“ Die Wunder von den Hirschkühen, dem Sonnenstrahle und dem redenden Kinde werden mit (der oft zu wenig anerkannten) Vorsicht gar nicht erwähnt. Das redende Kind erinnert lebhaft an Ähnliches in der Legende des heiligen Briccius. Die Benutzung des Sonnenstrahles tritt in den Legenden der heiligen Rotburga, Mildurga, Gudula, Kunigunde u. A. auf. Vergl. Menzel, Christliche Symbolik II. S. 404. 6) Als Rusticus, wie Brower berichtet, sich weigerte, sein Bischofsamt weiterhin zu verwalten.

7) In der Chronologie folgen wir Brower und den Bollandisten, welche unter dem hier erwähnten Siegebert Siegbert I., Chlotar's Sohn, verstehen, welcher 575 starb. Daß er in der alten Vita rex Francorum genannt wird, hat um so weniger etwas Auffallendes, als die austrasische Hauptstadt Metz später ausdrücklich genannt wird. Mit dieser Annahme stimmt auch am besten die Specialgeschichte von Trier. Cointe, Baillet, Mabillon versetzen unter Childebert (unter dem Goar aus Aquitanien wanderte) Childebert II. (gest. 596) und erklären dann den filius Clodovaei ganz willkürlich in pronepos Clodovaei deuten. Siegbert ist ihnen der dritte König dieses Namens, Charibert's Sohn. Goar's Tod fiele darnach etwa in das Jahr 647 oder 649. Die eben bezeichneten Gründe vermag auch nicht der Umstand umzustoßen, daß Siegebert sub anno 600 schreibt: „S. Goar veniens ex Aquitania claret in Gallia,“ und eine Handschrift in Utrecht noch genauer bestimmt: „Anno Mauricii imperatoris decimo septimo S. Goar veniens ex Aquitania claret in Gallia.“ Noch in der Hauptkirche von St. Goar stand zu Winckelmann's Zeiten: „S. Goar monachus Gallus obiit DCXL.“ 8) Das in den Martyrologien erwähnte *Trichoria* soll (τρίς — χώρα) den dreieckigen Landstrich bedeuten, der zwischen den zusammenfließenden Strömen Rhein und Mosel liegt. Bei Usuardus: „In pago Magirensi S. Goaris Presbyteri et Confessoris.“ In einem Codex des Ado: „in pago Trevir-

Ehe wir weiter gehen, wollen wir darauf aufmerksam machen, daß diese älteste Legende des heiligen Goar in der That viele Spuren eines hohen Alterthums trägt. Die Dreizahl, die drei Hirschkühe, die drei Tage, welche das Bischofskind gelebt, erinnern den Heiligen an die Trinität und weisen in eine Zeit, wo sich grade um diese Lehre noch das christliche Denken in anderer Weise als um seinen Mittelpunkt bewegte, denn späterhin. Die anfänglich wie es scheint gar lose Stellung des heiligen Einsiedlers zur Aufsicht des trierischen Bischofs, die eigenthümliche Mischung von Askese und dienender Gastfreundschaft, die Aussetzung der Messe am Freitage — dies und noch Anderes trägt den Stempel altchristlicher Zeit.

Wir haben unsere Ansicht an dieser Stelle gegen Rettberg, Kirchengeschichte Deutschlands I. S. 462. 481 fg., zu vertheidigen, der uns viel zu rasch über jene Frage abzuurtheilen scheint. Der ganze Charakter der Beweisführung wird schon dadurch bezeichnet, daß jene alte Vita dem Verfasser nur „als Apologie der Tafelfreuden erscheint, denen sich der harmlose Goar mit rheinischer Gemüthlichkeit ergeben hat" (S. 481), eine Auffassung, die dem Verfasser so zusagt, daß er auf der folgenden Seite wiederholt, es sei des Legendenstückes Absicht, „heitere Tafelfreuden gegen böswillige Askese zu vertreten." Die Legende ist „chronologisch unmöglich," denn der Bischof Rusticus kann in der Bischofsreihe des 6. Jahrh., „die hier durchaus geschlossen ist," nicht untergebracht werden, da Abrunculus als unmittelbarer Vorgänger des Nicetius genannt wird. „Auch die Auskunft ist abzuweisen, daß Rusticus wegen seines von Gott aufgedeckten Fehltrittes und siebenjähriger Buße etwa nur kurze Zeit den Stuhl inne gehabt, und sehr bald den Magnerich zum Nachfolger erhalten habe; die Acten Goar's lassen ja den Stuhl sieben Jahre vacant sein [9]. — Will man den Acten Goar's dennoch eine relative Glaubwürdigkeit zusprechen, so sind im trierischen Kataloge Lücken genug, um einen Rusticus aufzunehmen; nur während des 6. Jahrh. geht es nicht. Sollte aber nicht etwa der Name Rusticus gradezu erdichtet sein, um die klerikalische Rohheit gegenüber der Gutmüthigkeit Goar's zu personificiren?" Die Worte Rettberg's lassen Jeden erwarten, daß wir einen geschichtlich sichern und unanfechtbaren Katalog der trierischen Bischöfe für das 6. Jahrh. besitzen. Dem ist aber durchaus nicht so. Die gründlichen Prolegomena von G. Waitz zu den Gesta Trevirorum (*Pertz*, Monum. X, 111 seq.) machen es leider aufs Neue klar, daß wir eine historisch sichere Aufzählung der alten trierischen Bischöfe nicht besitzen, daß über der alten Geschichte des Erzstiftes ein wol kaum aufzuhellendes Dunkel schwebt. Wie Rettberg bemerkt, sind wir zur Ermittelung der Bischofsreihe vornehmlich auf die ältesten Kataloge hingewiesen; aber der älteste derselben ist etwa erst aus dem 11. Jahrh., und es gilt von ihnen allen, was Waitz a. a. O. p. 116 über die trierischen Historiographen jener Zeit bemerkt: „Quotquot vitas illas composuerunt, certo duce in archiepiscoporum tempore, *ordine* et gestis exponendis destituti erant; omnes id unum agebant, ut ex paucis monumentis iisque saepe dubiis et falsis, ex libris externis, ex traditione incerta ea colligerent quae praesulum ecclesiis fundatis eorumque nomine inscriptis celeberrimorum historiam quodammodo illustrare possent." Wenn man jenen unsichern Documenten des 11. Jahrh. die Vita des Goar gegenüberstellt, welche auch Rettberg, „obgleich die Schreibart nicht auf merowingische Zeit deutet," nicht später als in das 9. Jahrh. zu setzen wagt und diese jenen Notizen einschiebt; wenn der mit trierischen Verhältnissen wohl vertraute Wandelbert im 9. Jahrh. dieser Vita nacherzählt; wenn Rabanus, auch ein Mann des 9. Jahrh., dem Rusticus in seinem Martyrologium einen Platz gönnt, und endlich die liturgische Tradition der trierischen Kirche seiner mit offenbarer Anspielung auf seinen Fall gedenkt [10]), — so wird es jenen unsicheren Schriften des 11. Jahrh. gegenüber nicht köhlergläubig sein, an die Existenz des Rusticus zu glauben, und für ihn einen Platz in der durchaus nicht so geschlossenen Reihe um so mehr zu suchen, als selbst die sichersten jener Kataloge nicht einmal völlig übereinstimmen. Und wenn nun, nach Rettberg's eigener Angabe, der älteste Katalog so zählt: Fibicius, Abrunculus, Rusticus, Nicetius, so ist es ganz richtig, daß Rusticus nicht wohl vor Nicetius gesetzt werden kann; aber auf der anderen Seite stehen die urkundlichen Traditionen über Nicetius und den unmittelbaren Nachfolger Magnericus nicht so unbezweifelt fest, daß von ihnen aus mit der Sicherheit Rettberg's gegen Zeugnisse des 11. Jahrh. argumentiert werden dürfte [11]).

rorat." *Mabillon*, Acta Bened. I. p. 408. „Apud omnes autem sancti Goaris titulus est *Presbyteri*, pro more illorum temporum, quibus post episcopi nomen illustrior nullus ne quidem abbatis titulus merito censebatur."

9) Eine Behauptung, für die ich in jener alten Vita keinen Grund finde. Der Heilige erklärt ja vor Sigebert: „Melius est mihi mori quam super Episcopum adhuc viventem ministerium illius suscipere." Erst nach sieben Jahren, als Rusticus gestorben sein mag, denkt der König wieder daran, Goar zum Bischofe von Trier zu machen.

10) XIV. Oct. Commemoratio S. Rustici Episcopi et Confessoris: „Deus, qui culpa offenderis, poenitentia placaris; [illegible] quaesumus, ut beati Rustici Confessoris tui atque Pontificis poenitentiam imitantes peccatorum nostrorum indulgentiam consequamur."

11) Noch jetzt ist nicht von Oben her zu [illegible], was der gründliche Brower a. a. O. I. S. [illegible] über diese Streitfrage schreibt: „Ei (*Nicetio*), licet vulgo successorem suggerant Magnericum, nos tamen constanti hac fruti, [illegible] temporum, nulla sine ratione Pontificum indicibus assentiri non possumus; quare et Magnerico *Rusticum* anteferre in praesentia placuit. Quippe Nicetium ab Theoderico primo Austrasiorum Rege, ad Sigebertum usque Ecclesiam [illegible] rexisse, clarissimum est: inde vero [illegible], Rusticum Pontificatum usque pervenisse Sigeberti Regis: quare [illegible] ab ejus regni aetate divelli potest; cum praesertim Magnericus [illegible], quam ut Rusticum inter et Nicetium possit interjici; et tamen, cum *Sigeberto* Rege jungi Rusticus debeat, ut turbatam prorsus et ipsius velimus, et universam B. Goaris presbyteri memoriam. Habebant forte, quo fidem mererentur historiae, qui Venantium *Fortunatum* nominarint, [illegible] Magnericum Nicetii magistri successorum, cui quidem, [illegible]

Wir kehren nun zu Goar's „gloria posthuma" zurück.

Zu dem Grabe des heiligen Goar kamen bald viele Wallfahrer und Pilger, und so entstand der Ort St. Goar. Ein Collegium von Priestern war auch mit dazu eingesetzt, im Sinne des Heiligen Gastfreundschaft an den Fremdlingen zu üben [12]). Bei einer Reise des Abtes Asuerus von Prüm nach Worms 763 übte der dem Stifte unähnliche Erping, unter dessen Obhut damals Goar's Zelle stand, diese Pflicht nicht. Dies hatte eine Klage des Abtes bei König Pipin und 768 zur Folge, daß St. Goar's Heiligthum auf dem Tage von Attigny dem Asuerus zur Verwaltung übergeben wurde. Bei später entstandenem Streite bestätigte Karl der Große die Vereinigung von Prüm und St. Goar zu Lippspringe. Da beide Kirchlein (deren kleinere den Leib Goar's bergen sollte) baufällig waren, beschloß Asuerus eine größere neue Kirche zu bauen, welche jene alte Zelle einschließen sollte. Zu der Weihe des neuen Heiligthums kamen 770 Erzbischof Lullus von Mainz, die Bischöfe Basinus von Speier und Megingodus von Würzburg; vorher jedoch schritt man zu einer feierlichen Uebertragung der Gebeine Goar's. Nach langem Suchen und Beten entdeckte ein Priester Madelbert den mit einer seidenen Decke bedeckten bleiernen Sarg und gesundete an der erlahmten Rechten durch die Berührung des heiligen Gewandes. Man beschloß eine feierliche Procession mit den Reliquien, aber der demüthige Goar weigerte sich noch im Tode solches Prunkens und Aufsehens; seine Bahre konnte erst bewegt werden, als man jenes Vorhaben aufgegeben und beschlossen hatte, den heiligen Leib ohne Gepränge in der neuen Kirche beizusetzen. Jene Decke aber legte man später auf den Altar; sie trotzte der Zeit und wirkte wie der Leib Goar's von da ab viele Wunder. Die unter die Aebte Asuerus, Tancrad, Markward fallenden zählt Wandelbert in dem 23. Capitel seines zweiten Buches auf. Verächter und Spötter, welche den Heiligen schmähen, oder bei der Rheinfahrt bei St. Goar fromme Gebete vergessen, werden sichtlich gestraft. Selbst der große Karl machte keine Ausnahme. Einst fuhr er mit seinen Söhnen Karl und Pipin auf dem Rheine und wurde bei St. Goar's Münster eingeladen, an das Land zu steigen und sein Gebet zu verrichten. Der Kaiser schlug es aus; nur die Söhne folgten der Ladung und der heilige Goar schenkte ihnen rasche Versöhnung nach langem Hader. Den Vater aber traf auf der fortgesetzten Rheinfahrt ein gefährlicher Nebel, bis er seine Sünde bekannte und gelobte, nie wieder ohne Gebet an St. Goar vorüberzufahren. Für diesmal opferte er 20 Pfund Silber und köstliche Gewande und schenkte dem Heiligen den Hof zu Räsen.

Bei St. Goar's Kirche entstand später ein Benedictinerstift. Sein Wohlstand, noch mehr aber die Schätze, welche von frommen Fürsten dem Heiligen geschenkt waren, zogen im J. 1136 eine Räuberbande herbei, welche, um sicherer stehlen zu können, bei Nachtzeit aus dem Gebüsche hervorbrach und das Kloster in Brand steckte. Die kostbaren Geschenke, die kirchlichen Geräthschaften, die Urkunden, die Bücher wurden ein Raub der Flammen oder der Diebe. Nach diesem Unfalle wurde auf den Trümmern der alten eine neue Kirche gebaut

subscribit etiam Ebervinus Abbas, Nicetio Magnericum in ipsius vitae memoria subrogans. Quam vellem de Magnerici Episcopatus ortu progressuque uberius vir ille, quippe temporibus iis quibus non propinquior. Sed cum ipse nihil admodum memorabile promat, quod non ad Gregorium Turonicum et alios ipso vetustiores revocari queat, legem ab eo nobis imponi haud patimur. Quod itaque Fortunatus Magnericum Nicetio jungit, id ita capias licet, ut assumpto sermonis genere, etiam intervallo temporum idcirco non negaveris; nam discipulum, atque ex ipsius Nicetii schola profectum, ecquis etiam ad summum id pervenisse fastigium quid vetat? Jam, si verum est, quod provinciales tradunt historiae, Rusticum, abdicato sacerdotio, septem ipsos annos latitasse, contractam poenitentia eluens maculam; negari iterum non potest, ejus Episcopatum, sive ab ipso statim Magnerico, sive quo alio Episcopo provinciali administratum, et ob eam ipsam labem admissi dedecoris in obscuro fuisse, atque ita recte etiam Nicetio Magnericum, Rustico praeterito, publice dari successorem. Quamquam vivo Rustico quemquam Treviris Episcopum electum diserte negat Wandelbertus. Et vero Gregorius, qui Magnerico et amicitia fuit et omni humanitatis officio conjunctus, decessum post Sigiberti tempora sub filio ejus Magnerici celebratum non in Austrasia, seu gestae ordinat." In der That ist es nicht zu künstlich, anzunehmen, daß Rusticus dem Nicetius gefolgt sei, daß die Station Goar's in die Zeit eines ersten falschen Amtseifers falle, daß während seiner Buße Magnerich das Bisthum verwaltet. Denn von einer Vacanz von sieben Jahren, wie bemerkt, steht in der alten Vita Nichts geschrieben. Wenn nun nach Rusticus' Tode nicht Goar, sondern Magnerich Bischof wurde, so hätte Fortunatus, wenn er ein genau Zeitfolge haltender Chronist gewesen wäre, freilich den Thatbestand genau erzählen müssen. Dem Dichter war es unter solchen Umständen durchaus gestattet, den Namen Magnerich an den gefeierten Nicetius unmittelbar zu knüpfen und zu sagen:

Nam capit ille polum, tu capis iste locum etc.

12) N. Vogt in den „Rheinischen Sagen und Geschichten:" „Diese fromme Verehrung der Gastfreundschaft wurde scherzhaft von dem rheinischen Volke in einer lustigen fortgesetzt. Die Mönche behaupteten, daß Karl der Große außer seinen andern Schenkungen dem Kloster jährlich auch noch 20 Mark hinterlassen habe, um damit die Fremden mit Gastmählern bewirthen zu können. Sie gaben ferner vor, daß der beste jährlich angeschaffte Wein nie ausgehen könnte, ja, daß sogar einmal, als der Bauer Kellner den Krahnen am Faß offen gelassen, eine Spinne das Spundloch so dicht verwebt, daß kein Tropfen herausgeflossen wäre. Aus diesen Sagen und Stiftungen ist bis auf unsere Zeiten folgender possirlicher Gebrauch in Uebung geblieben. Jeder Fremde, welcher das erste Mal zu St. Goar einkehrte, mußte sich sogleich einen Pathen wählen, wenn er gastfreundlich aufgenommen, oder, wie man dort sagt, gehänselt sein wollte. Dieser legte ihm hierauf ein an dem Zollhause befestigtes messingenes Band um den Hals, mit der Frage, ob er in Wasser oder Wein getauft sein wolle. Da nun die Antwort meistens für den Wein ausfiel, so mußte er einen Beitrag in die Armenbüchse geben und dreimal einen mit Wein gefüllten goldenen Becher auf die Gesundheit des Kaisers, des Landesherrn und der Gesellschaft austrinken. Hierauf wurde ihm eine vergoldete Krone aufgesetzt, die Gesetze des lustigen Ordens vorgelesen und die Fischerei auf dem Lande, die Jagd aber auf der Bank als Lehen gegeben. Nach vollendeter Ceremonie mußte er mit Tag und Datum seinen Namen in das sogenannte Hänselbuch einschreiben, welches mit der Geschichte dieses gastfreundlichen Gebrauchs manche Sprüche, Reime und Namen von vielen Jahrhunderten her enthält, darunter z. B. auch die Philipp's des Großmüthigen, Franz von Sickingen's, Götz von Berlichingen's."

und das Mönchskloster in ein Collegialstift von 12 Kanonikern und 12 Vicarien verwandelt. Unter der neuen Kirche wurde zum Andenken des Grabes eine Gruft gewölbt, worin das Bild des heiligen Goar in Lebensgröße steht, mit der Unterschrift: S. Goar Monachus obiit DCXI. Sobald die Kirche wieder hergestellt war, umgaben die Grafen von Arnstein, welche zu der Zeit die Vogtei darüber verwalteten, den Ort mit Mauern und vermehrten ihn durch ihren Hofstaat mit Einwohnern. Sie erwirkten den Bürgern eine Art von Stadtrecht und verschönerten die Wohnungen und Umgebungen durch ihren öfteren Aufenthalt.

In den unruhigen und kriegerischen Zeiten des 12. Jahrh. wurden die Reliquien des heiligen Goar nach Carden an der Mosel geflüchtet, im J. 1321 aber feierlich zurückgeführt. Die Kanoniker von St. Goar und Carden schlossen auf ewige Zeiten einen Bund der Freundschaft und Gastlichkeit. Die Verbrüderung mit Prüm dauerte bis zur Reformation.

Da die Stadt St. Goar zur niedern Grafschaft Katzenellenbogen und somit dem Hause Hessen gehörte, so trat mit der Reformation eine große Aenderung ein. Das Capitel ging ein und seine Einkünfte wurden auf arme Pastoren, Lehrer und Studenten verwandt. Was die Reliquien Goar's anbelangt, so berichtet J. J. Winckelmann in seiner Beschreibung des Hessenlandes, die Spanier hätten das Grab des Heiligen eröffnet und seine Gebeine 1626 nach Spanien geführt[13]). Wahrscheinlich ist dies eine Verwechselung mit einer in demselben Jahre geschehenen Ueberführung der Reliquien nach Darmstadt. Als im J. 1652 Landgraf Ernst von Hessen-Rheinfels katholisch wurde und in den Besitz von St. Goar kam, scheint er sich um Wiedererwerbung jenes Schatzes bemüht zu haben. Dort findet sich unter den Reliquien, welche er am 16. Juni 1675 in der Kirche der Jesuiten niederlegte, vor: De corpore sacro S. Goaris. In Coblenz werden nach Brower zwei Gebeine des Heiligen in einem silbernen Arme aufbehalten mit der Aufschrift: Panditur ignaris quod haec sint ossa Goaris. Bei den Bollandisten wird noch eine Bildsäule des Heiligen, die aus der Hauptkirche in die Jesuitenkirche gebracht ward, und der Grabstein Goar's beschrieben. Auf diesem Steine steht der Heilige im priesterlichen Kleide. Unter seinen Füßen krümmt sich ein Drache, das Bild des Teufels oder des besiegten Heidenthums, oder der überwundenen Verleumdung. In der Hand trägt Goar seine Kirche; über seinem mit Heiligenscheine umgebenen Haupte halten zwei Engel ein Castell, das die Stadt St. Goar bedeutet; zwei andere knieen zu seinen Seiten und berühren sein Priesterkleid. Auch eine der Glocken in der 1441—1469 neu aufgeführten und 1843 erneuerten Hauptkirche verkündet den Ruhm des Heiligen durch ihre Inschrift: Sancte Goar Domini Confessor et alme sacerdos, Propicius tu nobis peccatoribus adsis. Hujus vocis tractus depellat daemonis actus. Ad laudem Dei beati Goaris Confessoris hujus ecclesiae patroni incliti anno Domini MCDVI (1406) conflata sum a Wilhelmo Hole.

Was das Gedächtniß des heiligen Goar in der kirchlichen Liturgie anlangt, so lag den Bollandisten ein vollständiges Officium proprium für Messe und Tagzeiten vor, das sie mit Rücksicht auf Antiphonen in leoninischen Versen in das 11. Jahrh. setzen. Sie berichten zugleich, Goar's Fest sei von Alters her in der Diöcese Trier ritu semiduplici gefeiert. Der geringere Rang des Festes könnte grade hier auffallen. Gewiß ist, daß noch jetzt, und zwar am 7. Juli (weil am 6. die Octave von Petri Pauli fällt) Goar's Fest unter demselben ritus gefeiert wird. Die Messe ist Justus ut palma florebit, de Communi mit eigenen Collecten. Die erste lautet: Deus qui largissime bonitatis consilio ecclesiam tuam beati Goaris Confessoris tui praeclarae vitae meritis decorasti et gloriosis laetificasti miraculis: concede nobis famulis tuis, ut ab ejus in melius reformemur exemplo et ab omnibus ejus patrocinio liberemur adversis. Nach den Bollandisten ist auch in der Diöcese Speier das Fest ein Duplex minus. Die Officien der Diöcese Freiburg führen es unter dem 7. Juli als Duplex auf. Collecte: Deus qui largissime etc. Evangelium: Nolite timere pusillus grex. — In mehren von den Bollandisten aufgeführten Martyrologien und Kalendern findet sich am 25. Mai ein *Festum Translationis S. Goari*, wol auf die Uebertragung unter Assuerus bezüglich.

Abgebildet wird der heilige Goar im Einsiedlergewande. Als Attribut dienen entweder die drei Hirschkühe, oder die an einem Sonnenstrahle aufgehängte Kapuze, was in der oben mitgetheilten Legende seine Erklärung findet. Zuweilen hockt ihm ein Dämon auf der Schulter, ein Symbol der ihn verfolgenden Verleumdung und Anklage (oder weil er den Waltharius von einem Dämon befreite?). Oder er trägt einen Topf in der Hand, oder hat Töpfe neben sich, denn er ist der Töpfer Patron. Wahrscheinlich weil er einstens Töpfer, die ihn verachtet hatten, wunderlich gestraft. Auf der Berliner Kunstausstellung 1834 befand sich ein Bild von Ebers: St. Goar unter den Fischern. St. Goar's wunderthätiges Grab. Legende von A. v. Stolterfoth.

(*Daniel.*)

GOAR (St.), ein freundliches Städtchen im preussischen Regierungsbezirke Coblenz, Provinz Niederrhein, am linken Rheinufer mit 1500 Einwohnern, deren Hauptindustriezweige Lederfabrication, Lachsfang, Schiffahrt und Weinhandel sind. In der Kirche befinden sich einige Denkmäler kurhessischer Fürsten, welche bis 1797 die Landesherren waren. In der Nähe über dem Städtchen die im J. 1794 (1795?) von den Franzosen zerstörte Feste Rheinfels, welche drei Jahre früher den Franzosen von der kurhessischen Besatzung ohne Schwertstreich übergeben war, jetzt Eigenthum des Prinzen von Preußen; im Rheine der

13) Einige behaupten, sie seien schon bei dem Räuberüberfalle im J. 1136 verloren gegangen. Unter den reichen Reliquienschätzen, welche Cardinal Albrecht dem neuen Stifte in Halle übermachte, befand sich auch ein silbern Augustinusbild, in welchem unter vielen andern Partikeln sich auch eine von Sanct Goars befand. Dreyhaupt I. S. 869.

Lurleyfelsen mit 15fachem Echo, die gefährliche Stromschnelle, die Bank oder St. Goarsbank und unter derselben der Wirbel, das Gewirr oder wilde Gefährte genannt. Seinen Namen und Ursprung dankt das Städtchen dem Einsiedler Goar, aus dessen Zelle ein Kloster erwuchs. St. Goar wurde Hauptort der niedern Grafschaft Katzenellenbogen. Das Thal ist heiter und anmuthig, die Berge sind mit Laubholz, Wein und Gärten bedeckt. — In die Umgegend von St. Goar fällt auch das Centrum des Erschütterungskreises des Erdbebens vom 29. Juli 1840, welches einen Radius von 35 Meilen hatte und bei St. Goar am stärksten verspürt wurde. Die äußersten Grenzen des Erdbebens waren gegen Westen bei La Hamaide in Belgien, gegen Norden bei der Grenze des Regierungsbezirkes Münster, gegen Süden bei Freiburg in Baden, gegen Osten bei Coburg. (*H. E. Hössler.*)

GOAR-RHEINFELS (St.). In den Tagen Childebert's des Frankenkönigs, Clodwig's Sohn, erzählt ein dem Heiligen vielleicht gleichzeitiger Scribent, lebte der ehrwürdige Mann Goar, Aquitanier von Herkunft, Georg's und der Valeria Sohn. In seinem Wandel ehrbar, von Ansehen stattlich, demüthig von Sinn, keusch an seinem Leibe, fest im Glauben, tüchtig in Werken, unerreichbar in Tugend, leuchtete er durch Wunderkraft, durch die Kenntniß der himmlischen Geheimnisse, durch die Wissenschaft zukünftiger Dinge, gleichwie er durch unausgesetztes Fasten und Gebet sich würdig machte, einen Vorschmack der den Seligen verheißenen Herrlichkeiten zu empfinden. Auf seinen Wanderungen durch der Teutschen Wohnsitze gelangte er zu der Stelle in dem Gebiete von Wesel, wo der Bach Worica oder Wocara in den Rhein mündet. Allda erbaute der Mann Gottes mit Willen des trierischen Bischofs Felicius (Fibitius?) ein Kirchlein, welches er mit vielen Reliquien bereicherte, und darin diente er dem Herrn bei Tag und bei Nacht in anhaltendem Gebete, in Fasten, Wachen, Langmuth, Keuschheit als ein treuer Verkünder göttlichen Wortes, in ungeheuchelter Liebe unter den Waffen der Gerechtigkeit. Und der Herr war mit ihm, sodaß viele Heiden durch sein Wort das Heil ihrer Seelen fanden, und diese Gnade bleibt bis auf den heutigen Tag der Stelle, wo des Heiligen Gebeine ruhen; denn daselbst empfangen die Blinden der Augen Licht, den Tauben werden die Ohren geöffnet, verscheucht werden die bösen Geister, geheilt Fieberkranke und Sieche aller Art. Daneben hatte Goar es sich zur Aufgabe genommen, den Reisenden, welche hier zumal hilfsbedürftig waren, wegen der Gefahren, durch den Rhein bereitet, Liebesdienste aller Art zu erweisen. Sie wurden in seiner Hütte aufgenommen und verpflegt, so gut als die Armuth es verstatten wollte. Der Ruf von solchen Liebeswerken drang bis nach Trier und wurde dort dem Bischofe Rusticus (dessen Existenz in etwas zweifelhaft ist) in dem ungünstigsten Lichte mitgetheilt. Die von dem Frommen gegen Jedermann geübte Gastfreiheit wurde ihm als ein Vorwand, sich gütlich zu thun, angerechnet, und der Bischof verfügte eine Untersuchung, die ihm jedoch zur Beschämung, dem Verleumdeten zur Verherrlichung ausschlug. Die Wunder, von denen dieses Ereigniß begleitet war, gelangten schnell zu K. Siegbert's Kunde, und den Gottesmann den Trierern zum Bischofe zu geben, hatte dieser beschlossen, das aber wußte Goar zu hintertreiben. Diesen gelüstete nicht nach Ehre und Würden, dem einmal erwählten wohlthätigen heiligen Berufe zu leben, war einzig sein Begehren, und darin ihn nicht zu stören, hat der König endlich bewilligt. Also hat Goar noch volle zehn Jahre in der Ausübung der höchsten Tugenden zugebracht, zuletzt, einem bösartigen Fieber erliegend, den Geist aufgegeben in Frieden, in gesegnetem Alter, in den Nonen des Julius. Agrippinus und Eusebius, dann viele andere Priester und Diener Gottes standen ihm bei in seinen letzten Augenblicken und trugen ihn mit aller Ehre zu Grabe an der Stelle, wo die Wocara in den Rhein fließt, daß es also scheinen könnte, der Heilige habe seine Wohnung außerhalb der heutigen Stadt St. Goar gehabt. Dem Lurleyberge beinahe gegenüber, an der schauerlichsten Stelle wol des ganzen Trechirgaues, halbwegs Wesel, heiligt die fromme Sage eine Klippe, als des heiligen Goar's Bett und Kanzel, als den [illegible], von dem aus er an die Vorübergehenden seine [illegible]ungen richtete. Dort findet sich noch eine von Menschenhänden gebrochene Höhle, sowie auf einer Felsenplatte, welche doch nur bei niedrigem Wasserstande sichtbar wird, eine aus den ältesten Zeiten stammende Abbildung des Heiligen in Lebensgröße. Sie bezeichnet das, was die Andacht St. Goar's Bett nennt. Ueber sein Zeitalter walten verschiedene Meinungen. Mabillon läßt ihn 649, le Cointe 647, Vinius, mit Brower übereinstimmend, 575 sterben; die Inschrift in der Stiftskirche zu St. Goar sagt: St. Goar monachus Gallus obiit DCXI. Vinius, für dessen Ansicht auch Hontheim sich erklärte, erinnert, daß unter jenem K. Siegbert, welchen die Legende zu Metz residiren läßt, nur Siegbert, Clotar's I. fünfter Sohn und der berühmten Brunehild Gemahl verstanden werden könne. Der heilige Siegbert, der zweite König von Austrasien, gest. den 1. Febr. 656, dürfte in keinem Falle der Gönner des heiligen Goar's gewesen sein, zumal diesen die Legende als einen Zeitgenossen von des großen Clodwig Sohn, von Childebert dem Aeltern, gest. den 23. Febr. 558, kennt. Die Zelle, durch Goar's Aufenthalt geheiligt, blieb der umliegenden Landschaft ein Gegenstand der Verehrung, um so mehr, da ihre spätern Inhaber, ursprünglich wol Goar's Schüler, seiner Lehre, seinem Beispiele nachzufolgen sich angelegen sein ließen. Die Zelle überlebte den Fall der Merovinger, keineswegs aber der in bessern Zeiten darin geübte Dienst der Wohlthätigkeit. Bedeutende Verschlimmerung hatte die Königin Bertrade, Pipin's Gemahlin, zu beklagen. Auf der Reise nach Worms in der Zelle einkehrend, fand sie von Seiten des Rectors Herping nicht die geringste Fürsorge oder Aufmerksamkeit. Das klagte sie ihrem Herrn, besonderes Gewicht darauf legend, daß an dem Orte, wo einst die Tugend der Gastfreundschaft so freudig blühte, sie jetzt gänzlich erstorben sei. Um solchen Uebelstand zu verbessern, verschenkte Pipin auf dem Tage zu Attigny 765 St. Goar's Zelle an Assuerus, den Abt des unlängst gestifteten Gotteshauses Prüm, mit der Aufgabe, sie der Uebung einer dort gänzlich erstorbenen Tugend zu widmen. Assuerus erbaute eine stattliche Kirche über dem Grabe des Heiligen, erhob dessen Gebeine, wobei es an Wundern nicht fehlte, wie denn auch Wandelbert im J. 839 von den durch den heiligen Goar gewirkten Wundern 34 beschreiben konnte. Wandelbert war wol noch ein Knabe, als St. Goar's Zelle einen unfreiwilligen Gast der vornehmsten Herkunft, den bairischen Herzog Thassilo, aufzunehmen und zu verwahren hatte. Thassilo wurde von Ingelheim nach St. Goar's Zelle gebracht und daselbst an des Heiligen festlichem Tage, den 6. Juli 780, zum Mönch geschoren. Daß die Zelle eine Decendenz der Abtei Prüm, der Karolinger Patrimonialstiftung, geworden, ergab sich für ihre Aufnahme ungemein förderlich. Ein bedeutender Gütercomplex hing von ihr ab, hier hatte der Abt den einen seiner drei Hauptstühle (die beiden andern zu Prüm selbst und zu Münstereifel); jedem Stuhle war ein Prior sammt einer Anzahl Capläne vorgesetzt, es hatte ein jeder seine Ministerialen, und er konnte, vermöge der Privilegien Pipin's und des großen Karl's, in jedem der genannten Orte das Markt- und Münzrecht üben. Bereits hatte sich um St. Goar's Kirche eine nicht unbedeutende Gemeinde angesiedelt. Daß darunter noch im 9. Jahrh. Romanier sich befanden, ergibt sich, nach Wandelbert's Bericht, aus der über den stolzen Reginer von dem heiligen Goar verhängten Strafe. Nach der Zeiten Sitte mußte die Abtei Prüm für die Zelle und das von ihr abhängende Gebiet einen Schirmvoigt bestellen. Dessen Amt, ursprünglich von den Grafen von Arnstein besessen, verlieh Abt Gerhard um das Jahr 1190 den Gebrüdern Berthold I. von Katzenellenbogen und Dieter I. von Hohenstein, wogegen diese ihm das Prädium Klingelbach zu Lehen auftragen mußten. Die Voigtei verwandelte sich allmälig, wie an vielen andern Orten, in eine Grund-, endlich Landesherrschaft, und wenn Cäsarius von Heisterbach im J. 1222 von St. Goar, als der Kirche von Prüm Eigenthum, in welchem sie das Münzrecht üben könne, spricht, so nennt Graf Dieter III. von Katzenellenbogen St. Goar in einer Urkunde vom J. 1244 civitatem nostram. Ohne Zweifel hat die Erbauung der Burg Rheinfels den Grafen Gelegenheit gegeben, sich in dem Besitze der von ihr beherrschten Ansiedelung vollends zu befestigen. Die der Abtei gebliebenen Grundgüter und Gerechtsame, schon früher an Katzenellenbogen versetzt, dann wieder eingelöst, „all unser und unsers Gotteshauses Theil und Gemeinschaft zu St. Goar, Pfalzfeld, Biebernheim, Nastetten und Bogel und das Salmenwasser in der Werd, nichts ausgeschieden dann allein unsere Lehenschaft und geistlichen Gaben auf dem Stift zu St. Goar" verkauft Abt Johann II. zu „rechtem, stetigen, ewigen, erblichen Kaufs, auf Wiederkauf, doch der Abteien gute Leute bei ihrer Herrlichkeit, Recht und Herkommen zu behalten und zu lassen" am 2. Febr. 1448 für 4500 Goldgulden an den Grafen Philipp von Katzenellenbogen. Die Pfandschaft ist aber niemals eingelöst worden und St. Goar blieb bis zum J. 1794 der Grafschaft Katzenellenbogen unter mancherlei Drangsalen. Die Stadt erholte sich aber jedesmal zeitig und blieb im Wohlstande, bis über der französischen Occupation die wichtigsten Nahrungsquellen versiegten. „Keine Stadt am Rhein hat durch die veränderte politische Lage so viel verloren wie St. Goar; es verlor die Vortheile, welche mit jeder kleinen Haupt- und Residenzstadt verbunden sind, verlor den Rheinzoll, das Oberpostamt, das Oberforstamt, den höchsten Gerichtshof, die zahlreichen Familien der vielen Beamten, die starke Garnison, das Rentamt mit seinen Beamten, die fliegende Brücke, das Reservatenamt, seine Jahrmärkte." Es verlor endlich einen bedeutenden Antheil des Rheinhandels und vornehmlich den wichtigen Weinhandel nach Hessen. Für alles das war das Friedensgericht, die Mairie ein kaum nennenswerther Ersatz. Viele Gewerbe, der Hutmacher, Nagelschmiede, Papiermüller, Büchsenschäfter, Tabakspinner, Branntweinbrenner, Perückenmacher, sind völlig eingegangen, andere gar sehr reducirt. So zählte St. Goar im J. 1782 Faßbinder 18, jetzt 3; Maurer 8, jetzt 3; Bäcker 16, jetzt 6; Bierbrauer 8, jetzt 1; Schneider 13, jetzt 8; Apotheken 2, jetzt 1. Die Bevölkerung, ohne die Garnison, ward aber auch im J. 1780 zu 1785 Köpfen angegeben, während nach der Zählung von 1847 Häuser 195, Feuerstellen 296, Bürger 283, Einwohner 1452, darunter 915 Evangelische, 502 Katholiken und 35 Juden sich befanden. Die Bevölkerung war demnach von dem Minimum von 1108 Köpfen, zu welchem sie im J. 1815 herabgesunken war, beinahe um die Hälfte gestiegen. Der Revolutionskrieg hatte vom November 1794 bis September 1797 an Beschädigungen und Kriegskosten der Stadt die enorme Summe von 221,716 Thlrn. 47 Krn. gekostet. Dem Reize der Landschaft entspricht vollkommen die heitere Anlage des Ortes, der seit dem großen Brande von 1781 in Nettigkeit wenig seines Gleichen am Rheine findet. Des heiligen Goar's Kirche, von dem Abte Assuerus gegen Ende des 8. Jahrh. stattlich erbaut, wurde 1137 in einem feindlichen Ueberfalle bis auf die durch ihr Gewölbe geschützte Gruft eingeäschert. Der an ihre Stelle gesetzte Bau mag in dem Laufe von drei Jahrhunderten abgängig geworden sein. Graf Philipp von Katzenellenbogen legte daher im J. 1444 den Grundstein zu der heutigen schönen, im J. 1469 vollendeten Kirche. Die Gruft, in welcher vordem des heiligen Goar's Gebeine ruhten, besteht noch in ihrer ursprünglichen Form auf der Ostseite der Kirche. Getragen durch 18 Säulen, von Marmor die sechs der Mitte, war sie nach allen Seiten offen, bis man bei Einführung der Reformation den Raum zwischen den äußersten Säulen zumauerte. „Diese Gruft, das Grab des Heiligen, worin König Pipin, Karl der Große, Ludwig der Fromme, Heinrich IV., Kaiser Karl V. und so viele andere Fürsten ihr Gebet verrichteten, dient jetzt als Holzgelaß, sowie zur Aufbewahrung der städtischen Löschgeräthschaften. Daß hier keine Spur mehr von des Heiligen Gebein zu finden ist, darf kaum erinnert werden, wie denn überhaupt nicht zu ermitteln ist, was aus solchem Schatze geworden. Nach Winckelmann's Erzählung soll er im 30jährigen Kriege nach Spanien entführt worden sein. Die Benedictiner, welche für den Dienst der Kirche bestellt waren, hatten später die Kutte abgeworfen, in Chorherren sich verwandelt, wie denn Abt Wetbero, 1131—1136, durch Verleihung des Zehnten zu Biebernheim das Einkommen dieser Chorherren besserte. Die Präbenden, außer dem Dechant 12 Kanonikel und 9 Vicarien, blieben aber immer sehr mager, ein Umstand, dem es vielleicht zuzuschreiben ist, daß das Vermögen des Stiftes durch die Reformation, hier von 1527 an eingeführt, nicht verschlungen worden ist. Es blieb Lutheranern und Reformirten als Eigenthum gemeinschaftlich. Vor der Trennung der beiden Religionsparteien betrugen die jährlichen Einkünfte an Geld- und Grundzinsen durchschnittlich 1500—1800 Gulden, an Korn, Weizen, Hafer, von Zehnten und eigenen Höfen fielen 300 Malter, an Wein 5—10 Fuder, die vielen Naturalien an Hühnern, Kapaunen, Eiern, Ferkeln, Hämmeln ungerechnet; von dem Salmenfange Wog bei St. Goarshausen bezog das Stift für jeden aus dem Salmfange gelösten Gulden 16 Heller. Durch den lüneviller Frieden verlor es alle seine Capitalien, Zehnten und Güter auf der rechten Rheinseite, ein gerichtlich zu 361,000 Franken abgeschätzter Verlust. Geblieben sind dem Stifte 8000 Thlr. Capitalien, 30 Thlr. Grundzinsen, auf städtischen Häusern lastend, endlich drei Höfe in Biebernheim, die gegen 364 Thlr. 5 Sgr. Geld und 99 Scheffel Korn jährlich ausgethan. Von alten Grabmonumenten aus vergangener Zeit ist einzig jenes des Landgrafen Philipp II. und seiner Gemahlin, der Pfalzgräfin Anna Elisabeth, durch die Restaurationswuth der neuesten Zeit (1847) verschont worden. Die vielfältig in Zweifel gezogene Tradition von dem Ursprunge der Beschädigung an der Altarplatte hat in der neuesten Zeit durch die Auffindung einer von dem lutherischen Pfarrer oder Superintendenten Marsilius Sebastiani herrührenden Notiz ihre Bestätigung gefunden. Sebastiani schrieb 1635: im J. 1634 sei aus gesammelten Beiträgen eine neue Orgel für die Summe von 400 Gulden angeschafft, daneben alles durch die Spanier im J. 1626 Verwüstete vollständig wieder hergestellt, jedoch die beschädigte Altarplatte zu K. Gustav Adolf's Gedächtniß beibehalten worden. Dieser habe nämlich bei Besichtigung der Festung Rheinfels und der Kirche ao. 1632, in Gegenwart seiner, des Pfarrers, der sämmtlichen Kirchenältesten und des Commandanten auf Rheinfels, Oberst Willkühr, wie dies Allen bekannt sei, im Zorne über die Spanier ein Stück aus der Altarplatte herausgeschlagen. Die katholische Kirche, geweiht den 6. Juli 1660, dem Festtage des heiligen Goar, verdankt ihren Ursprung dem Religionseifer des Landgrafen Ernst. Der Kirche einzige Merkwürdigkeit ist das Steinbild des heiligen Goar in Lebensgröße, dessen schon im J. 1440 bei dem Abbruche der ältern Stiftskirche gedacht wird. Es wurde im J. 1654 aus der Gruft erhoben und an die gegenwärtige Stelle gesetzt. Den Kirchendienst besorgten seit dem J. 1660 und bis zu ihrer Aufhebung die Jesuiten, deren Residenz ebenfalls des Landgrafen Ernst Stiftung war. Ein Hospital, vorzugsweise Pilgrimen und auswärtigen Gebrechlichen bestimmt, Jerusalemshof, klein Jerusalem genannt, soll im J. 1137 zugleich mit dem Kloster und der Kirche abgebrannt sein. Es wurde wieder aufgebaut und bestand als Neu-Jerusalem bis zum J. 1602 neben dem 1344 gegründeten, den Bedürfnissen der städtischen Armuth gewidmeten Hospital zum heiligen Geist, dessen Gebäude jedoch durch die Explosion von 1759 zerstört wurden. Es besitzt ein Capitalvermögen von 3607 Thlrn. Hinter der Stiftskirche sich erhebende starke Mauern, Gewölbe, weite Gemächer und dicht vergitterte Fenster sind Ueberbleibsel einer Burg, welche, einst der Grafen von Arnstein Eigenthum und in noch ältern Zeiten vermuthlich eine königliche Pfalz, durch Erbschaft an die Grafen von Katzenellenbogen gelangt war. Graf Dieter II., für seinen Kreuzzug gerüstet, ertheilte dem Kloster Eberbach 1219 eine Zollbefreiung von demjenigen, „quicquid solvere debuerunt apud castellum et jurisdictionem nostram S. Goaris." Nach der Erbauung von Rheinfels wurden nicht selten Burgmänner mit dieser den Grafen entbehrlich gewordenen Burg oder, wie sie meist genannt wird, mit dem Pfalzhause beliehen, die Boos von Waldeck 1306, die von Wyler 1331, die von Sternberg 1360, die von Hettelooch 1410 und zuletzt 1584 die von Klingelbach. Ueberhaupt ist zu der Grafen von Katzenellenbogen Zeiten in St. Goar häufig die Rede von Burgsitzen ritterlicher Geschlechter, dergleichen die Bis oder Biz, Mul, Kunbel, Allendorf, Boos von Waldeck, Brand vom Walde, Stumpf von Waldeck, Calenberg, Nordeck, Baumbach, Dern, Rodenstein waren. An ihrer Spitze stehen die Bis, denen vorzugsweise das Prädicat von St. Goar angehörig, zugleich bedeutender aber sind die Kunbel geworden, die regelmäßig mit dem Prädicat von Katzenellenbogen, zu Zeiten auch mit jenem von St. Goar vorkommen und im J. 1816 erloschen sind. Wenige Monate vorher war zu Dieburg, den 8. Jan. 1816, Franz Joseph Martin Freiherr von Albini, von allen Söhnen der Stadt St. Goar der merkwürdigste, gestorben. Sein Vater, der nachmalige Kammergerichtsassessor Johann Kaspar Anton von Albini, stand dort als des Landgrafen von Hessen-Rheinfels Kanzleidirector. Eine andere Berühmtheit von St. Goar, der Jesuit Gobler, hat seinen eigenen Artikel. Den Zoll, dessen die Urkunde von 1219 erwähnt, möchte wol Graf Dieter I. angelegt haben, er gab Veranlassung zu dem Kriege mit den Städten 1255. Graf Wilhelm wurde am 6. Juni 1326 von Kaiser Ludwig mit dem Zolle belehnt, „als ihn seine Altvordern und er gehabt zu Lehen von dem Reich." Am 26. Juli 1330 verschrieb der nämliche Kaiser dem Grafen Wilhelm 2000 Pfund Heller, zu erheben aus dem Zolle zu St. Goar in einem neuen Turnos, der jedoch abzuschaffen sei, sobald die 2000 Pfund eingelöst, wo dann der alte Satz, 3½ Turnos, wieder eintreten sollte. Philipp's des Großmüthigen Testament gab den Zoll an seinen Sohn Philipp II., nach dessen unbeerbtem Abgange besaßen ihn seine drei Brüder in Gemeinschaft. Der Vertrag von 1627 wies ⅔ der Zollgefälle dem Hause Hessen-Darmstadt zu, der Hauptvertrag von 1648 stellte jedoch für Cassel und Darmstadt die gleiche

Vertheilung her. Die Angaben über den Ertrag des Zolles variiren bedeutend, 6000 Thlr., 12,000 Thlr., 30,000 Gulden. Neben dem Rheinzolle bestand der Gulden-Weinzoll, so genannt von dem für jedes Fuder Wein zu entrichtenden Gulden, deren das Fuder Branntwein zwei erlegte. Das Bier war frei. In die 4000 Thlr., welche dieser Guldenzoll, alle Ausgaben abgerechnet, ertrug, theilten sich ebenfalls Cassel und Darmstadt. Es hat denselben Landgraf Wilhelm II. von Hessen sich verdient, indem er dem Reichsheere, welches den römischen König aus der Gefangenschaft in Brügge zu befreien bestimmt war, im J. 1488 ein Geschwader von 600 Reisigen zuführte und mit 1000 Reitern dem Könige in den Zug nach Ungarn folgte, 1490. Das Privilegium für die Erhebung des Guldenzolles ließ Kaiser Maximilian am 23. Juni 1505 ausfertigen. Das Zollhaus, im J. 1782 neu erbaut mit einem Aufwande von 7117 Gulden, brannte 1789 bis auf den Grund ab, erstand aber im folgenden Jahre aus den Trümmern, um schließlich, im J. 1806, der großen Kunststraße zu weichen. Der hohe Zollthurm, neben dem Krahn, wurde 1770 abgebrochen, nachdem die von ihm ausgehende, zum rechten Ufer reichende, den Rhein sperrende Kette vorlängst nicht mehr im Gebrauche war. Gleich beim Zollhause, unweit des Rheinthores, war das in den Unruhen des Revolutionskrieges verschwundene messingene Halsband, von dem Chronisten Winckelmann das Burschband genannt und Malzeichen eines berühmten Ordens, der an Joh. Ludwig Knoch seinen eigenen Historiographen gefunden hat, angebracht*). Knoch schreibt: „Es ist allen Auf- und Abreisenden des Rhein-Strohms eine sehr bekannte Sache, daß ein jeder zum ersten bey der Stadt S. Goar Vorüberreisender von der in dem Schiff mitreisenden Gesellschaft an das nahe bey dem Zollhaus und Hauptwache befindliche meßingne Halsband geführet wird; wovon einige Begleiter, welche die besondere Taufhandlung verrichten, Pathen und Gothen genennet werden; diese legen demselben das Band um den Hals und fragen: ob er mit Wasser oder Wein getauft seyn wolle? Nun wird zwar insgemein die Weintaufe erwehlet und mit dem Wasser eingehalten, sodann für die Arme in die dabey hangende Büchse, aber nicht für die Wacht, eine freywillige Beysteuer eingeleget; jedoch diese Taufhandlung erstlich in dem Wirthshaus zur Vollständigkeit gebracht. Hier wird sodann dem Gehänselten eine meßingne Crone aufgesetzet, von dem Gastwirth der große Hanßebecher mit gutem Wein dargereichet, ihm die kurzweilige Gesetze des Hanße-Ordens fürgelesen, welche dem Gehänselten die Fischerey in der Lorley und die Jagd in der Werd zueignen, darauf derselbe den Becher zu dreyenmalen auf den Kaiser (Napoleon, in der jüngsten Ausgabe der Knoch'schen Schrift, 1805), des Herrn Landgrafens zu Hessen und sämmtlicher Gesellschaft auszutrinken verbunden ist. Welches die Herren Pathen reciprociren, und sodann zum Beschluß ihre Namen unter Jahr und Tag, nebst Beydruckung der Pettschafte, in das Matricul- oder Hanße-Buch einzuschreiben und für die Arme abermahls ein Allmosen mitzutheilen pflegen. Diejenigen aber, welche sich desfalls säumig stellen, Unkosten wegen des Tractaments oder der Zeche fürchtend, die erwehlen dann lieber mit Wasser getauft zu werden; da hält sich dann gemeiniglich einer aus der Gesellschaft mit einem Eimer Wasser bereit, und wenn er höret, daß er will mit Wasser getauft seyn, so stürzet er ihm plötzlich den ganzen Eimer voll Waßer über das Haupt." Von des Ordens Ursprung heißt es in den ältesten Matrikelbüchern: „Als Kaiser Karl der Große das Königreich seinen beiden Söhnen Karl und Pipin theilen wollte, womit der jüngere, Pipin, gar nicht zufrieden gewesen, sei er über seinen ältern Bruder so ergrimmet gewesen, daß er ihn drei Jahre zu verfolgen gesucht. Als hierauf der Vater, Karl der Große, eine Reise den Rhein hinunter gethan und seinen Sohn Karl zur Verrichtung des Gebetes nach der Kapelle des heiligen Goar abgeschickt hätte, sei der nachfolgende Bruder Pipin ebenfalls in die Kapelle getreten und seines betenden Bruders mit solchem Grimme ansichtig worden, daß er ihn auf der Stelle entleiben wollte. Da hätte Gott und der heilige Goar diesen großen Haß der Brüder auf einmal in große Liebe und Freundschaft verwandelt, daß sie sich mit Freuden umhalset und vereiniget, von da zu ihrem Vater den Rhein hinunter glücklich gelanget und von selbigem mit vieler Freude empfangen worden. Deswegen schiener zum Andenken dieser Vereinigung seiner Söhne zum Besten des Hospitals und der armen Reisenden nicht nur eine reiche Stiftung, sondern auch ein silbernes Hanseband zu gegenwärtigem Gebrauche an diesem Orte angeordnet." Die Matrikel enthält laufende von Namen der in den Orden Aufgenommenen, darunter Kaiser Karl V., Landgraf Philipp der Großmüthige, Franz von Sickingen, Göz von Berlichingen. Kurfürst Friedrich V. von Pfalz und seine Gemahlin, die englische Prinzessin, wurden bei ihrer Rheinfahrt 1613 in den Orden aufgenommen, und der Kurfürst schenkte einen kostbaren Becher sammt zierlichen Reimen, die Wappen sämmtlicher Grafen seines Gefolges tragend. Einen solchen Becher schenkte Landgraf Ernst von Hessen-Rheinfels bei seiner Aufnahme, und dieser Becher veranlaßte in unsern Tagen eine arge Spaltung im Orden, nicht unähnlich derjenigen, welche mit dem Tode K. Karl's II. von Spanien über den Vließorden gekommen ist. Nachdem das Gasthaus zum Grünen Wald (schon 1637 genannt) eingegangen, wurde unter dem Eindrucke drückender Zeitverhältnisse einzig in der Stille schläfrig und selten gehänselt. Urplötzlich trat ein kühner Neuerer auf, der Wirth zum Rheinischen Hof, welcher, geschmückt mit einem der kostbarsten Kleinode des Ordens, mit dem von Landgraf Ernst gestifteten Becher, den legitimen Großmeister in der Stille seiner Würde zu entsetzen unternahm. Und, wie es nicht selten

*) Historische Abhandlung vom Herkommen des alten Hanß-Bunds oder Halsbandes-Ordens zu S. Goar am Rhein und dessen annoch üblichen Ceremonie. Aus glaubwürdigen Nachrichten in möglichster Kürze zusammengezogen von J. L. K. 1½ Bogen, 1767, und seitdem mehrmals wieder aufgelegt.

in dieser Welt geschieht, Alles eilte der aufgehenden Sonne zu, sehr bald konnte die neue Matrikel berühmte Namen aufweisen. Der in der Lilie aufbewahrte „älteste und schönste Humpen, von der Tradition für ein Geschenk Karl's des Großen ausgegeben," zeigt des großen Karl und seiner Söhne Karl und Pipin Bildnisse, sammt einer lateinischen Inschrift. Von dem Gasthause zur Lilie geschieht in einer Urkunde vom 15. Mai 1346 Erwähnung: „Käme der Bruch von unser wegen Graf Johann von Nassau, so sollen wir zu St. Gewehr (so lautet der Name im gemeinen Leben bis auf den heutigen Tag) inreiten in das Haus zur Lilie, das gelegen ist an dem Rhein, und sollen da liegen als lange bis daß wir es gerichtet haben." Die Statuten des Halsbandordens, vornehmlich auf Handel und Verkehr bezüglich, ließ Landgraf Georg II. von Darmstadt durch den Oberamtmann Johann Wolf von Weitolshausen, genannt Schrautenbach, am Sonntage Cantate 1627 erneuern und bestätigen. Statt des verschwundenen Halsbandes besitzt das heutige St. Goar ein Monument von höherer Bedeutung, dessen Grebel in seiner Geschichte der Stadt St. Goar umständlich erwähnt. Dieses merkwürdige Monument besteht aus einer 4½ Fuß hohen Pyramide von rothem Sandsteine und aus einem 2 Fuß hohen Piedestal von grauem Felsen. Eine Inschrift findet sich nicht vor, dagegen haben alle vier Seiten gleiche Verzierungen, bestehend in einem großen Menschenkopfe mit Guirlanden. Aus einem durch den Landgrafen Ernst im J. 1680 veranlaßten Zeugenverhör geht hervor, daß noch im J. 1648 auf der Spitze der Säule sich ebenfalls ein großer Menschenkopf befand, später aber zerstört wurde. Welcher Zeit und welchem Volke dieses Monument angehört, läßt sich wegen Mangels an sicheren Andeutungen nicht bestimmen und war von jeher sehr bestritten. Mehrere, wie Winckelmann in seiner Hessischen Chronik, Dr. Brown in seiner Reisebeschreibung vom J. 1688, hielten dasselbe für römisch; der rheinische Antiquarius vom J. 1739 liefert eine gelungene Abbildung des Monuments und hält dasselbe für die Zierden eines altrömischen Götzentempels; Andere halten dasselbe wegen der besonderen Bildung der Köpfe für orientalischen Ursprungs und durch die Kreuzzüge nach Europa gebracht; wieder Andere glauben, daß die Säule zur Bezeichnung der Grenze eines Gaues oder des Ortes eines Dinggerichtes gedient habe. Der Archivrath Knoch in seinen Antiquitates goarinae und mit ihm Wenck halten dasselbe für eine Gedächtnißsäule an ein Wunder, welches der heilige Goar bei Pfalzfeld verrichtet haben soll. A. Reichensperger hält das Monument für ein vorchristliches, celto-gallisches, welche Ansicht um so begründeter erscheint, als dasselbe ursprünglich in der Nähe von Pfalzfeld auf dem Hundsrücken an einer Stelle stand, wo sich nach der Tradition ein Heidentempel befunden haben soll, dessen Ueberreste noch im J. 1647 vorhanden waren. Im J. 1736 ließ der Commandant von Rheinfels, Generallieutenant von Kutzleben, das Monument von Pfalzfeld nach Rheinfels transportiren und in dem Commandantengarten aufstellen. Im J. 1805 ließ der Präfect Alex. Lameth dasselbe von Rheinfels nach Coblenz bringen, ein schwarz marmornes Piedestal mit einer Inschrift, worin dasselbe als römisch bezeichnet war, dazu anfertigen und es in dem Hofe des jetzigen Generalcommando aufstellen. Als im J. 1807 die neue Bezirksstraße von St. Goar nach Simmern eröffnet wurde, ließ der Präfect Lezay-Marnesia die Säule von Coblenz wieder in die Nähe von Pfalzfeld bringen und dort neben der neuen Straße an der Grenze der Bürgermeistereien St. Goar und Pfalzfeld aufstellen. Im J. 1845 wurde die Säule zu ihrer bessern Erhaltung nach St. Goar transportirt, woselbst sie einstweilen noch auf dem evangelischen Kirchhofe steht, aber bald auf dem Marktplatze aufgestellt und der Stadt zur Zierde dienen wird. Die städtische Markung umfaßt Ackerland 24, Wiesen 20, Gärten 6, Weinberge 92, Berghecken 70 Morgen, dann den Gemeindewald von 2024 Morgen, ursprünglich wol der Abtei Prüm Eigenthum. Daher heißt es in dem städtischen Weisthume vom J. 1544: „Zum Zwölften erkennt man dem Abt von Prüm, ob es Sach wäre, daß er käme geritten durch St. Goarens Wälder, so möchte sein Säumerknecht eine Ruthe hauen, die weder Eichen noch Buchen wäre, und seinen Säumer damit treiben." Von Wichtigkeit ist der Salmenfang, zumal Feinschmecker dem hiesigen vor allen andern Salmen des Rheins den Vorzug anerkennen, welchen ihm zu sichern Natur und Kunst sich vereinigen. Die Tiefe des hier zusammengepreßten Stromes und die hohen Felsen, deren Schatten selten von dem Wasserspiegel weichen, scheinen das Fleisch zu härten und zu veredeln. Mit dem frischen Salmen treiben die Fischer einen starken unmittelbaren Handel, besonders nach Frankfurt, Mainz und in die Taunusbäder, im Februar und März auch nach Cassel, Nürnberg, Regensburg und Wien. Für so weiten Transport ist eine eigene Verpackungsmethode erforderlich und diese wird von den Salmenfischern als ein Geheimniß bewahrt. „Kunst und Fleiß," so schrieb Wenck im J. 1783, „haben in neuern Zeiten diesen Nahrungszweig so sehr erweitert, daß blos der herrschaftliche reine Antheil, also den Antheil der Fischer, an die er verpachtet ist, und den Gewinn aus dem Betriebe des Fisches ungerechnet, in einem Jahre schon über 1100 schwere Thaler ertragen hat." Der Wag (Fang) Werb lieferte im J. 1779 an Gewicht 4150 Pfund Salmen. Gegenwärtig bestehen auf der linken Rheinseite, zwischen St. Goar und Oberwesel, sieben Salmenfänge, Werb, Lützelstein, Klott, Entenpfuhl, Wellerwag, Lückersörtchen und Kammerwag, auf der rechten Rheinseite, zwischen St. Goarshausen und Oberwesel, drei Fänge Longen, Sann und Lichern. Jene des rechten Rheinufers sind von Nassau zu Erbpacht ausgethan gegen Abgabe des Drittels der Fische. Auf der linken Seite ist die Werb für die Hälfte, der Lützelstein für ein Viertel des Reinertrags zu Erbpacht gegeben; von den fünf anderen Fängen, sämmtlich Krongut, sind Klott und Entenpfuhl um die halben Fische, Wellerwag zu 45, Lückersörtchen und Kammerwag zusammen für 145 Thlr. verpachtet. Die Fischer, welche den Pacht in Natura entrichten, beziehen vorerst als Entschädigung für die Gesellschaften, vom Fange unter zwölf Pfund, ein Pfund, beträgt er über zwölf Pfund, zwei Pfund. Der stärkste Salmen, von 1840—1850 bei St. Goar gefangen, wog 45 Pfund, 10—12 Pfund sind das Mittelgewicht. Nach Ausweis der rheinfelser Amtsrechnungen betrug der herrschaftliche Antheil in den Jahren 1580—1585 durchschnittlich 300 Gulden. Gegenwärtig beläuft sich der herrschaftliche Antheil aus der Naturalabgabe von den Fängen der linken Rheinseite zwischen St. Goar und Oberwesel im Durchschnitt auf 900 Thlr. jährlich, hierzu den Antheil der Fischer und die Geldpächter gerechnet, ergibt sich eine Gesammteinnahme von ungefähr 3000 Thlrn. Während der französischen Occupation war der Ertrag sehr gering, zu 30 Franken einer der bedeutendsten Fänge, der Flott verpachtet; im J. 1817 trug er dem Pächter 8000 Gulden ein. In ähnlichen, ungewöhnlich günstigen Jahren hatten einzelne geringere Fänge dem Pächter 1500—2000 Thlr. abgeworfen. In Folge des starken Besuchs der Bäder des Rheinthals, der Erleichterung des Verkehrs, ist eine außerordentliche Steigerung der Preise eingetreten, wie denn selbst bei sehr reichem Fange das Pfund mit 15—20 Sgr. und während der Badesaison mit 1 Thlr. 10 Sgr. bezahlt wird. Die am 18. März 1764 von der Justizkanzlei zu St. Goar erlassene Verordnung im Betreff der Verpflichtungen der Salmenfischer ist noch heute maßgebend.

Beherrscht wird die Stadt durch die über ihr auf bedeutender Höhe gelagerte vormalige Festung Rheinfels, zu der aber terrassenweise die Gärten der Bürger sich erheben. Graf Dieter III. von Katzenellenbogen soll das die Stelle einnehmende Kloster Mattenburg in eine Feste umgeschaffen haben; die classische Benennung, an die Mattiaker erinnernd, scheint jedoch verdächtig und könnte der Graf gar wol 1245 oder 1246 die Feste von Grund auf erbaut haben. Eine von ihm vorgenommene Erhöhung des Rheinzolls erregte den Unwillen des rheinischen Bundes, welcher im Herbste 1255 ein Heer von 8000 Knechten und 1000 Reisigen vor Rheinfels führte, und zugleich durch eine Flotte von 50 bewaffneten Fahrzeugen die Stadt St. Goar ängstigte. Ein Jahr und 14 Wochen währte die Belagerung, mehr denn 40 Stürme wurden abgeschlagen, sodaß zuletzt die Belagerer abziehen und den Zoll bestehen lassen mußten. Nicht minder glücklich wurden des Grafen von Nassau Angriffe 1320 und 1322 abgeschlagen, denn fest durch seine Lage und die Stärke der Werke war der Rheinfels durch eine ungewöhnlich zahlreiche Burgmannschaft vertheidigt. Von der Mitte des 13. bis zu Ende des 16. Jahrh. werden mehr denn 2000 dieser Burgmänner in Urkunden gefunden. Als der letzte Burgmann erscheint Hermann von Nordeck 1620. Im J. 1404 ließ Graf Johann auf der Burg zwei große Geschütze gießen, wobei der Ofen mit Steinkohlen geheizt wurde. Die Landgrafen von Hessen, als der Katzenellenbogener Erben, hielten nicht selten gleich ihren Vorgängern auf Rheinfels Hof. Landgraf Wilhelm III. unternahm im J. 1497 den Bau der Außenwerke, welchen zu beendigen dem Landgrafen Philipp I. vorbehalten blieb, 1527. Die das Schloß beherrschende biebernheimer Höhe, der Wackenberg, wurde durch diese Anlagen dem Schlosse verbunden und dem Ganzen die Gestalt einer regelmäßigen Festung gegeben. Laut des väterlichen Testaments gelangte Landgraf Philipp II., 1567, zum Besitze der Niedergrafschaft Katzenellenbogen und er hat regelmäßig auf Rheinfels residirt und für die Besserung der Festungswerke, auch für die Aufführung bedeutender Gebäude, vergleichen z. B. das sogenannte neue Residenzschloß, die ungeheure Summe von 672,000 Thlrn. verausgabt. Er starb auf Rheinfels den 20. Nov. 1583 und sein Nachfolger in der Niedergrafschaft wurde sein ältester Bruder, Landgraf Wilhelm IV. in Cassel. Dieses Sohn, Landgraf Moritz, ließ 1599 auf Rheinfels die Kriegsartikel, die ältesten hessischen und vielleicht nächst der Reichsfußknechts-Bestallung von 1570 in Deutschland die älteste Kriegsordonnanz, in seiner Gegenwart publiciren. Sie bestraft Zweikampf, Bigamie, Entführung mit dem Tode, mit dem Scheiterhaufen den Zauberer; dem Gotteslästerer soll die Zunge mit glühenden Eisen durchstochen werden. Abgötterer, Schwarzkünstler, Teufelsbanner, Festmacher, Waffensegner sind bei den Kriegsvölkern nicht zu dulden und sollen nach empfangenen Staupenschlägen fortgejagt werden. Ein Injuriant hat öffentliche Abbitte zu thun; der Austheiler einer Maulschelle soll vor dem Kriegsgerichte niederknieen und von dem Beleidigten die Rückerstattung des Empfangenen sich erbitten. Ueber die marburgische Succession erhob sich gewaltiger Streit zwischen den Linien in Cassel und Darmstadt. Landgraf Ludwig von Darmstadt sollte laut reichshofräthlichen Erkenntnisses vom 1. April 1623 die ganze marburgische Verlassenschaft, daneben zum Ersatze der bisher entbehrten Nutzungen, die Niedergrafschaft Katzenellenbogen haben, es verzog sich aber mit der Urtheilsvollstreckung bis zum J. 1626, wo der Kurfürst von Cöln, in Folge der ihm aufgetragenen Execution, durch ein Heer von 8000 Mann, worunter zwei niederländische Regimenter, von Wilhelm Verdugo befehligt, vom 31. Juli ab St. Goar, Rheinfels und die Katz ob St. Goarshausen belagern ließ. Mannhaft war der Widerstand, über dem letzten Sturme, den 29. April, stürzte mit dem Pferde der tapfere Verdugo, der Infantin Statthalter in der Pfalz, sodaß sein Ableben, den 15. Jan. 1629, als eine Folge dieses Unfalls anzusehen ist, aber die Mittel der Vertheidigung waren erschöpft und der Commandant Johann von Uffeln ergab sich am 3. Sept. 1626 auf ehrenvolle Bedingungen. Sofort wurden Stadt und Festung von den Darmstädtern besetzt. Der Hauptvertrag von 1627 sicherte dem Landgrafen Georg II. den von dem Reichshofrathe ihm zugesprochenen Besitz und er hat, um darin sich zu behaupten, auf die Wiederherstellung der durch die Belagerung bedeutend beschädigten Werke und Gebäulichkeiten 300,000 Thlr. verwendet, während der große sogenannte darmstädter Bau, als eine fürstliche Residenz, die zugleich der Gouverneur bewohnen könne, 200,000 Thlr. ihm kostete. Gleichwol währte sein Besitz nicht viel über 20 Jahre. Im Frühlinge 1647 stellte die Landgräfin Amalie Elisabeth von Hessen-Cassel zwei verschiedene Corps auf, das eine,

6000 Mann, von Kaspar Cornelius von Mortagne, das andere, 2000 Mann, von dem böhmischen Grafen Karl Rabenhaupt von Sucha, die Reiterei von dem Obersten Landgrafen Ernst von Hessen befehligt. Die drei Abtheilungen vereinigt legten sich nach dem Falle von Hohenstein und der Pfalz am Rhein vor Rheinfels. Dort war man ganz eigentlich überrascht, daß Bewaffnung und Proviantirung unvollständig war; für die Bedienung der in Eile aus Ehrenbreitstein erborgten Geschütze fehlte es an Constablern, der Commandant Johann von Koppenstein zählte nicht über 200 Mann unter seinen Befehlen. Die Katz ergab sich auf die ersten Schüsse, aber Rheinfels erforderte eine regelmäßige Belagerung. In dem letzten Sturme, am 10. Juli, wurde durch eine Kanonenkugel dem von Mortagne das linke Bein unter dem Knie abgerissen. Gleichwol mußte die erschöpfte Besatzung zur Uebergabe sich bequemen; am 14. Juli zog der Oberst Koppenstein aus, nur 160 Mann waren ihm geblieben. Sie empfingen alle Kriegsehren, Mortagne aber konnte nur eben Besitz von seiner Eroberung nehmen und starb auf Rheinfels den 18. Juli 1647. Durch den Vertrag vom 14. April 1648 wurde die Niedergrafschaft Katzenellenbogen vollständig an Hessen-Cassel abgetreten, um doch sofort wieder zur Dotation einer Seitenlinie verwendet zu werden. Durch Bestimmung vom 12. Febr. 1627 hatte Landgraf Moritz den Söhnen seiner zweiten Ehe den Besitz eines Antheils von Hessen, der sogenannten Quart, zugesichert. Nach der Pacification mit Darmstadt forderten diese Söhne, Hermann, Friedrich und Ernst, ihren Antheil von den neu erworbenen Landen und es wurde ihnen durch Vertrag vom 2. Aug. 1648, in Anerkennung ihres Anspruchs, die Niedergrafschaft Katzenellenbogen gegeben, dabei jedoch bedungen, daß die Garnison auf Rheinfels und Katz dem regierenden Landesfürsten casselischer Linie verbleibe. Es wurde diese Clausel die fruchtbare Mutter von Streitigkeiten, denen des Landgrafen Ernst Religionswechsel reichlichen Zusatz gab. Geboren den 16. (6.) Dec. 1623, diente Ernst bei der Belagerung von Aire 1641 in dem französischen Heere; Hauptmann und zuletzt Generalmajor von der Cavalerie bei den Hessen, focht er bei Allersheim 1645, und bei Ziegenhayn, wo er mit 500 Reitern gegen ein sechsfach überlegenes feindliches Geschwader den härtesten Stand hatte. Er war es auch, welcher dem bei Geseke eingeschlossenen hessischen General von Geyso Luft machte, darüber aber selbst in die Gefangenschaft gerieth. Im J. 1647 vermählte er sich „par amourette et à cause de sa grande beauté," mit der Gräfin Marie Eleonore von Solms-Hohensolms. Während seiner Gefangenschaft zu Paderborn sollen die dasigen Jesuiten den ersten Versuch angestellt haben, den gesprächigen und gleich sehr mit der heiligen Schrift und den theologischen Streitschriften jener Zeit vertrauten Prinzen seiner Kirche abwendig zu machen. Wahrscheinlicher ist indessen, daß eigenes Studium der theologischen Schriften der verschiedenen Parteien, welche zu verschlingen er gewohnt war, denn die Bibel, welche er nach seiner Versicherung mehr als 30 Mal von Anfang bis zum Ende durchgelesen hat, Zweifel in ihm erweckten, wie das auch seinem Vater geschehen war. Diesen haben die Zweifel der reformirten Kirche zugeführt, auf den Sohn wirkten sie in entgegengesetzter Weise, wozu allerdings sein häufiger Aufenthalt in katholischen Ländern und besonders der in Wien 1650 angeknüpfte mündliche und schriftliche Verkehr mit ausgezeichneten katholischen Theologen und Ordensleuten ein Großes beigetragen haben mag. Den kräftigsten Einfluß gewann auf ihn P. Valerianus Magni, Capucinerordens. „Sambstags den 6. Jan. 1652 (27. Dec. 1651), so da war der Hl. drey Könige Tag, Morgens um 9 Uhr verfügte Ihro Churf. Durchl. Maximilian Heinrich mit Pomp sich in Dero zu Cöln gelegene Thumkirchen. Daselbsten Sie an dem neu auffgerichteten Altar (welcher, wie auch die Bühne, ringsumb mit güldenem Leder behangen und vielen brennenden Wachskertzen gezieret war) Ihre erste Messe celebrirt. Vorhero aber haben des Herrn Landgraf Ernsten von Hessen-Cassel Fürstl. G. neben Ihrer Frauen Gemahlin (wobey viel Frauenzimmer, wie auch der Junge Prinz von Neuburg und mehr andere große Herren sich gefunden) vor dem Altar knyende, in Handen Ihrer Churfürstl. Durchl. die Bekenntnuß zur angenommenen Catholischen Religion gethan, und dabey beständig zu verharren gelobet; dabey dann auch der Capuciner Pater Valerianus, unterschiedene Jesuiten und andere Geistliche gegenwärtig gewesen. Unter währendem Actu, welcher bis 12 Uhr continuiret, hat man sehr schön musiciret, worunter sich die Trompeten und Heerpauken bisweilen, fürnehmlich aber im Beschluß hören lassen. Auff dem Thum-Platz hat man aus einer guten Anzahl Cammern, deßgleichen auf den Wällen aus allem Geschütz dreymal Salve gegeben, sonderlich aber ist selbigen Mittag von Ihrer Churfürstl. Durchl. ein köstliches Banquet gehalten worden." Des Landgrafen Ehe wurde durch manche Dissonanzen getrübt. Kränklich und schwermüthig, in Andacht den Gemahl überbietend, wählte die Fürstin zu ihrem Aufenthalte St. Martin's Klösterlein bei Boppard. Das Fürstenhaus, das sie dort 1671 hatte erbauen lassen, konnte sie noch in demselben Jahre beziehen und sie hat „dasselbige bewohnt bis an. 1682, den 20. Novembr. seind ermelte Fürstl. Durchl. von hieraus nacher Cölln gezogen zu wohnen, und dem Convent das Haus übergeben. Ao. 1689 den 19. Augusti ist Ihre Durchl. zu Cölln im Herrn entschlaffen, und ist bey den Discalceatessen in der Kupfergasse begraben worden. Der lieben Seel Gott die ewige Ruhe geben wolle." Im Mai 1690 ging der Witwer eine Gewissensehe ein mit der Tochter eines Unterofficiers von der Besatzung auf Rheinfels, welche in Straubingen geboren war. Alexandrina Durnitzel oder Madame Ernestina, wie sie seit ihrer Verheirathung genannt wurde, geb. 1673, lebte als Witwe zu Cöln, wo sie die ihr ausgesetzte Pension, 600 Thlr., in der Stille verzehrte, starb auch daselbst den 23. Dec. 1754, sodaß sie demnach volle 61 Jahre ihren Herrn überlebte. Sie war ohne Zweifel eines der Mädchen, welche der Landgraf um sich zu haben liebte, damit er nach seiner Versicherung an ihren Fortschritten im Guten und in Kenntnissen sich erfreue, während böse Zungen Vergnügen fanden, ihm einen Harem beizulegen, wiewol sich aus seiner früheren Aeußerung ergibt, daß er eines solchen keineswegs bedurfte. Daß es nicht seine Absicht war, diese Gesellschafterinnen, gewöhnlich sechs und häufig Französinnen, zu verderben, scheint aus der Ehre, zu welcher jene Alexandrina erhoben wurde, hervorzugehen. Ein beschreibendes Verzeichniß der Mädchen hat Ernst 1684 aufgesetzt. Um die Aufnahme seiner Lande erwarb er sich hohes Verdienst. Er beförderte durch verständige Anordnungen Handel und Gewerbe, insbesondere verdankt ihm die Stadt St. Goar, wo er die sämmtlichen, durch die Justizkanzlei als Obergericht und die Forstcommission vermehrten Behörden vereinigte, ihr ganzes Aufkommen. Von 1657—1672 erbaute er auf der Südseite des Rheinfels das Fort Scharfeneck, „sine subditorum aere," sagt die Inschrift, „centum imperialium millia impendit de suo, atque ipse operum singulorum inventor et dispositor extitit. Nam incommodus loci situs singularem artem et tales sumtus exegit." Von 1683—1686 baute Ernst die nach ihm benannte Ernstschanze, daher man wol annehmen darf, daß durch die von ihm angegebenen und ausgeführten Werke die Festung in Stand gesetzt wurde, den Anstrengungen der Franzosen im J. 1692 zu widerstehen. Er hat darauf in den Jahren 1657—1686 über zwei Millionen landschaftliche Gelder und aus seinem Privatvermögen über 300,000 Thlr. verwendet, wobei freilich nicht zu übersehen, daß der Rheinfels seine ordentliche Residenz war, behufs deren er den Burgfrieden vom 1. Juli 1649, vervollständigt durch das Duelledict vom 4. Nov. 1660, erlassen hat. In allen persönlichen Beziehungen ein verehrungswürdiger Fürst, von Herzen ergeben der Kirche, welcher Ueberzeugung ihn zugeführt, dabei aber der abgesagte Feind jeglicher Art von Gleisnerei, hat Ernst als Exulant zu Cöln seine Tage beschlossen. „Herr Landgraff Ernst hat sich in der französischen Belagerung von Rheinfels hinweg auf Cöln begeben, ist auch daselbst dem Herren entschlaffen den 12. May 1693. Das Ingeweid ist bey die Frau Gemahlin beygesetzt, der Leichnam herauf geführet und in das Gewölb zu Bornhoven gesetzt worden." Noch steht sein Monument in der dasigen Wallfahrtskirche. Ein Monument anderer Art hat der Landgraf sich gesetzt in der Druckschrift: Pourtraict ou description de la vie du prince Ernest, Landgrave de Hesse de la maison de Cassel, residant à Rheinfels. Ainsi escrite à l'instance d'un de ses Confidents et Amis, qui est le R. P. L. J. d. l. C. d. J. à Paris. Ainsi escrite à Rheinfels le 10. de Mars 1669. p. 102. Weitere Nachrichten über des Landgrafen Streithändel mit Cassel, über seine Bemühungen für die Vereinigung der christlichen Religionsparteien, seinen Verkehr mit Leibnitz u. s. w. liefert der Artikel Ernst Landgraf von Hessen. Nicht wenig Verdruß hat dem Landgrafen stete Uneinigkeit seiner beiden Söhne, Wilhelm, geb. im März 1648 und Karl, geb. den 3. Aug. 1649, gebracht. Auch nach seinem Tode haderten die Brüder fortwährend. Von Karl, der in Wanfried residirte, schreibt die Herzogin von Orleans den 14. Oct. 1690: „Ich weiß nicht, ob ich letzmal die Zeit gehabt habe zu berichten, daß wir Landgraf Karl mit seinen zweien Prinzen hier gehabt haben. Der alte Herr beklagt sich hier unerhört über seinen Bruder, und erzählt seine Uneinigkeit mit seinem Bruder an jedermann; das lag mir schwer an, und ob sie zwar meine nahe Vettern sein, bin ich doch froh, daß sie wieder weg sein." Den 20. Oct. 1718 schreibt sie: „Die Rheinfelsische haben alle ein Schuß" und den 1. Oct. 1719: „Freilich habe ich meinen oncle à la mode de Bretagne, den närrischen Landgrafen von Hessen-Rheinfels gekannt. Man konnte nicht dollere Possen vorbringen, als er that, sprach immer von seinem Kutscher, daß er von so guter Gesellschaft wäre, daß er ihn deswegen bei sich schlafen ließe, und sein jüngstes Söhnlein (ist ein schön Kind, aber hiner übel erzogen, es ist schad vor das Kind) von ihm erziehen lassen." Landgraf Karl, vermählt 1669 mit Sophia Magdalena Gräfin von Salm-Reifferscheid, in anderer Ehe, den 4. Juni 1678, mit Alexandrina Juliana Gräfin von Leiningen-Dachsburg, Witwe des Landgrafen Georg von Hessen-Darmstadt zu Lauterburg an der Itter, erzeugte in der ersten Ehe drei Prinzen, Wilhelm IX, Friedrich, geb. den 17. Mai 1673, gest. in Ungarn 1692 und Philipp, geb. 1674, gest. in Piemont 1694. Der zweiten Ehe gehörten vier Prinzen an, von denen doch der einzige Christian die Kinderjahre überlebte, und acht Prinzessinnen. Der Vater starb den 1. März 1711. Die älteste Tochter Charlotte Amalia, welche zu Cöln die Bekanntschaft des Fürsten Franz II. Leopold Rakoczy machte, der, statt wie es seine Absicht gewesen, den Feldzug am Rheine mitzumachen, durch die Reize der hessischen Prinzessin zu Cöln festgehalten wurde und auch am 25. Sept. 1694 sich mit ihr trauen ließ. Da er dafür die Genehmigung des kaiserlichen Hofes zu suchen unterlassen hatte, gab es Anstände, nach deren Beseitigung der Fürst doch von seiner jungen Gemahlin begleitet nach Ungarn zurückkehren und des reichen Besitzthums sich erfreuen mochte. Daß er aber fortwährend genau beobachtet wurde, dieses scheint genugsam durch den ganzen Verlauf der Geschichte seines Hauses gerechtfertigt. Sehr bald suchte er durch Vermittelung des k. k. Lieutenants Longueval sträfliche Verbindungen mit dem französischen Hofe anzuknüpfen. Longueval wurde an ihm zum Verräther, was die Verhaftung des Fürsten zur Folge hatte. Man wies ihm zu Neustadt auf der Burg die Stube an, welche sein Großvater Zrinv vor der Hinrichtung bewohnte. Um vor gleichem Schicksale ihn zu bewahren, wurde der wachthabende Offizier, Hauptmann Lehmann von Castell, gewonnen und Rakoczy entkam aus dem Gefängnisse, den 7. Nov. 1701, erreichte glücklich die polnische Grenze und eine Rebellion nahm ihren Anfang, jener von 1848 getreues Vorbild. Daß für die Flucht besonders thätig die Fürstin gewesen sei, eine Dame von gutem äußerlichem Betragen, Schönheit und allen schätzbaren Eigenschaften, außer einem guten Herzen, berichtet der Schotte Cunningham. Sie wurde deshalb, von ihren Kindern getrennt, in das Kloster der Ursulinerinnen zu Wien verwiesen, erhielt jedoch 1706 Erlaubniß in Böhmen zu wohnen; verhaftet 1707, bewerkstelligte sie ihre Flucht nach Sachsen, von da begab sie sich zuvörderst nach Danzig. Nach längerem Aufenthalte in Polen folgte sie dem Gemahle nach Frankreich und es schreibt von ihr die Herzogin von Orléans den 30. Oct. 1721: „Die Fürstin Ragoczy spricht poli und de bon sens. Ich weiß ihr Leben wohl, muß also gestehen, daß ich mich ihrer ein wenig schäme, denn alle Leute wissen ihre Historien hier. Ich habe mein Sohn von Herzen lachen machen, wenn ich ihm gesagt, er solle nicht allein bei ihr bleiben, damit sie ihn nicht nothzüchtige, wie man sagt, daß dem Jar mit ihr geschehen." Als ihr Herr zum letzten Male auszog, 1715, um von der Türkei aus sein Glück zu versuchen, fand die Fürstin Unterkommen bei den Benedictinerinnen du Chasse-Midi in der Straße Cherche-Midi zu Paris, und in diesem Kloster ist sie nach kurzem Krankenlager den 18. Febr. 1722 verstorben. „Pour avoir tant fait parler d'elle et en tant de pays, elle n'avait que quarante-trois ans" (Saint-Simon). Von ihren Schwestern heirathete Sophie Leopoldine den Grafen Philipp Karl von Hohenlohe-Bartenstein, Maria Anna Johanna den Freiherrn Daniel von Ingenheim, Christina Franziska Polyrena den Grafen Marquard von Löwenstein-Wertheim, Eleonore Bernardine den Grafen Hermann Friedrich von Bentheim, Juliana Elisabeth den Grafen Otto Ernst von Limburg-Styrum. Wilhelm IX., geb. den 25. Aug. 1671, war Domherr zu Cöln und Straßburg, hatte auch die Weihe eines Subdiacons empfangen, ließ sich aber dadurch nicht abhalten, nach des Vaters Ableben dessen Landesportion in Besitz zu nehmen. Diesem widersprach sein Halbbruder und es kam zu einem Rechtsstreite, welcher in mehren Deductionen ausgefochten wurde. Nachdem die Brüder sich verständigt hatten, resignirte Wilhelm seine Pfründen 1717 und vermählte sich den 19. Sept. 1719 mit der Pfalzgräfin Ernestina Elisabeth Johanna von Sulzbach. „Ist in meinen Augen," schreibt die Herzogin von Orléans, „ein schlechter Heurath vor die Prinzessin von Sulzbach, so schier eine Churprinzessin ist, dazu so ist sein Herr Vater so gar närrisch gewesen, daß alles bei dem Sohn zu fürchten ist. Ich glaube auch nicht, daß was sonders hinter diesem Prinzen steckt, ist hier allezeit mit nichts rechts umbgangen, und eher schlimme als gute Gesellschaft gesucht, kann keine 3 Wort raisonable nach einander reden; ich beklage diese arme Prinzeß, einen solchen elenden Heurath gethan zu haben, es wird nach dem Beilager auf ein greuliche Lamp ausgehen, fürchte ich." Der Landgraf starb kinderlos, den 25. März 1731; er hatte auf Rheinfels residirt und dort hielt auch seine Witwe Hof, bis sie 1734 von da durch einen Streit mit Hessen-Cassel vertrieben wurde. Sie hatte auf dem Paradeplatze die Bildsäule des heiligen Johannes Nepomucenus aufstellen lassen. Dagegen protestirte der Vetter und es wurde in Folge dieser Protestation, welche zu bekräftigen 4000 Mann gerüstet wurden, die Bildsäule im feierlichen Aufzuge, wobei die ganze Besatzung von Rheinfels paradirte, von dem Paradeplatze in die Vorhalle der katholischen Kirche zu St. Goar gebracht, „woselbst sie sich noch befindet und hoffentlich nie mehr Veranlassung zu einer kriegerischen Demonstration geben wird." Also der Geschichtsschreiber von Rheinfels. Die Landgräfin lebte hierauf eine Reihe von Jahren in dem Kloster der Augustinerinnen zu Kamp unweit Boppard, dem sie 1736 die Lorettokapelle hinzufügte, scheint aber hier nicht das ihr vorschwebende Ideal geistlicher Vollkommenheit realisirt gefunden zu haben. Nachdem sie dem Convente das Vorbild der schönsten Tugenden, der höchsten Frömmigkeit gewesen war, zog sie nach Neuburg an der Donau, um in dem dasigen Kloster der Karmeliterinnen, der Hochschule christlicher Weisheit, den Schleier zu nehmen, im Juli 1752. Nachdem sie in mehren klösterlichen Ämtern sich versucht hatte, wurde sie, durchaus gegen ihren Willen, zur Priorin erwählt und genöthigt, eine Last, welche sie ihren Kräften unangemessen finden wollte, zu übernehmen. Als eine Heilige hat sie in dieser Stellung gewaltet, den Ruf der Heiligkeit hinterlassen bei ihrem am Charfreitage, den 5. April 1776, Nachts um 10 Uhr erfolgten Ableben. Ihr Schwager, Landgraf Christian, hatte sich ebenfalls der Kirche zugewendet und noch sehr jung eine Domherrnpfründe zu Straßburg angetreten. Diese gab er nach des Vaters Tode auf und er wurde von dem Landgrafen von Hessen-Cassel zum Oberstlieutenant bei dem Leibregimente zu Pferde ernannt. Durch seines Bruders Ableben zum Besitze von Wanfried berufen, vermählte er sich den 11. Aug. 1731 mit des Grafen Philipp Karl von Hohenlohe-Bartenstein Tochter Maria Franziska. Nachmals erhielt er den Charakter eines hessen-casselischen Brigadiers und Obersten und er ist zu Eschwege, seiner gewöhnlichen Residenz, den 21. Oct. 1755 verstorben. Mit ihm, der kinderlos war, wurde das Haus Hessen-Wanfried zu Grabe getragen. Seine Landesportion fiel an den nächsten Agnaten, den Landgrafen von Rothenburg. Dort war Landgraf Wilhelm VIII., nach endlosen Streitigkeiten mit dem Bruder und mit Hessen-Cassel, zur Ruhe eingegangen den 20. Nov. 1725. Vermählt seit 1669 mit der Gräfin Maria Anna von Löwenstein-Wertheim, war er am 10. Oct. 1688 Witwer geworden. Es überlebten ihn vier Kinder. Die älteste Tochter, Elisabeth Katharina Felicitas, geb. den 16. Oct. 1678, wurde den 18. Oct. 1695 an den Fürsten Franz Alexander von Nassau-Hadamar vermählt. Witwe den 27. Mai 1711, ging sie den 6. Sept. 1727 die zweite Ehe ein mit dem Grafen Anton Ferdinand von Attems und sie ist den 15. Mai 1739 mit Tode abgegangen. Anna Josepha, geb. den 13. Sept. 1680, starb den 29. Mai 1736 als Pröbstin zu Essen und Rellinghausen, auch Decanissin zu Thorn. Ernestine Louise, geb. den 1. Oct. 1681, ward im J. 1721 dem Grafen von Villalonga Joseph Robert de la Cerda vermählt und starb 1732. Der Sohn, Ernst Leopold, geb. den 25. Juni 1684, mußte zugeben, daß bei Gelegenheit des Krieges von 1734 dem Rheinfels hessische Besatzung zugeführt wurde, sie auch nach hergestelltem Frieden dulden, indem Cassel in einem vor dem Reichskammergerichte geführten Processe verlangte, daß das Haus Hessen-Rheinfels wegen vielfältiger Verletzung des Vergleichs von 1654 des Besatzungsrechtes auf Rheinfels verlustig erklärt werde. Den Ausgang des Processes, in welchem das Kammergericht sich 1754 incompetent erklärte, hat jedoch Landgraf Ernst Leopold nicht erlebt, weil er den 29. Nov. 1749 zu Rothenburg in seiner Residenz verstorben ist. „A. 1704, den 12 Nov. vermählte er sich mit Eleonora Maria Anna, einer Tochter Maximilian Carls, Fürstens von Löwenstein-Wertheim, die ihm folgende Kinder geboren, Josephum, Polyxenam Christinam, Franciscum Alexander, Eleonoram Philippinam Carolinam, Constantinum, Christinam Henrietten. Er hatte das Glück, von einem Könige, zwei Herzogen und drei respective Fürsten und Fürstinnen als Schwiegervater inniglich geliebt und geehrt zu werden. A. 1729 den 15. Aug. erhielte er von dem Könige von Sardinien den Orden della Annunziata, den Churpfälzischen Orden St. Huberti hat er aber schon als Erbprinz bekommen." Seine Witwe starb zu Rothenburg den 22. Febr. 1753. Ihr Erstgeborner, Joseph, erblickte das Licht der Welt den 22. Sept. 1705, vermählte sich den 8. März 1726 mit des Fürsten Ludwig Otto von Salm Tochter Christina Anna Louise Oswaldine, starb aber vor dem Vater den 24. Juni 1744, zwei Töchter hinterlassend. Die jüngere, Marie Louise Eleonore, geb. den 18. April 1729, Küsterin zu Essen, dann 1756 vermählte Fürstin von Salm-Salm, Witwe den 14. Sept. 1773, lebte als solche zu Echternach und demnächst zu Anholt, wo sie den 1. Febr. 1800 gestorben ist. Ihre ältere Schwester, Anna Maria Victoria Christina, wurde den 11. Dec. 1745 dem durch den siebenjährigen Krieg so bekannt gewordenen Prinzen von Soubise, Karl von Rohan angetraut; Witwe den 1. Juli 1787, starb sie den 1. Juli 1792. Des Landgrafen Ernst Leopold älteste Tochter, Polyxena Christina Johanna, geb. den 21. Sept. 1706, wurde am 23. Juli 1724 des Königs Karl Emanuel III. von Sardinien andere Gemahlin und starb den 13. Jan. 1735. „Sie erwirbt sich," schreibt Keyßler, „durch ihre Schönheit, Verstand und andere hohe Tugenden die getreue Liebe ihres Gemahls und aller Unterthanen Hochachtung. Sie kömmt wenig aus ihren Zimmern, spricht selten mit anderen als ihren Hofdamen, mit Mannspersonen aber fast gar nicht, es sey denn daß Fremde das erstemal ihre Aufwartung machen. Sie ist zwar eine geborne Deutsche, spricht aber solche Sprache niemals, weil ihr Gemahl, der nicht deutsch kann, sich merken lassen, daß ihm solches unangenehm seyn würde. Ein junger reisender Cavalier aus Deutschland sagte ihr zwar neulich (vor dem 30. Sept. 1730) mit nicht geringer Dreistigkeit: er wundere sich, daß Ihre königl. Hoheit nicht deutsch sprächen, weil Sie doch in so kurzer Zeit Ihre Muttersprache nicht vergessen haben und noch viel weniger sich derselben schämen würden; allein er hatte nicht Ursache, sich seiner genommenen Freiheit viel zu rühmen." Polyxena Christina ist die Mutter des K. Victor Amadeus III. geworden. Franz Alexander „war der zweite Sohn des regierenden Landgrafens Ernesti Leopoldi, geb. den 8. Dec. 1710. Nachdem er eine Zeitlang in Kaiserl. Kriegsdiensten gestanden, ward er Obrister bei dem Seherrischen, oder, wie andere wollen, bei dem Hohenembsischen Cürassierregiment. Zu Anfang dieses 1739. Jahrs ward er General-Feldwachtmeister, in welcher Qualität er auch diesem Feldzuge beigewohnet; er hat aber in dem Treffen bei Krozka in Servien sein junges Leben, das er nicht höher als auf 29 Jahre gebracht, verlieren müssen." Eleonora Philippina, geb. den 18. Oct. 1712, begleitete ihre Schwester, „welcher sie aber an Schönheit nicht gleich kommt," auf der Reise nach Turin, „hält sich in einem Kloster besagter Stadt auf, und erscheint selten bei Hofe." Sie wurde den 25. Jan. 1731 an den Pfalzgrafen Johann Christian Joseph von Sulzbach, Vater in einer ersten Ehe des Kurfürsten Karl Theodor, vermählt; Witwe den 30. Juli 1733 ist sie den 23. Mai 1759 mit Tode abgegangen. „Carolina, geb. 18. Aug. 1714, prangte nicht weniger als ihre Schwestern mit vielen persönlichen Eigenschaften, daher sich auch der Herzog Ludovicus Henricus von Bourbon kein Bedenken machte, dieselbe sich zu seiner Gemahlin zu wählen, nachdem er den 21. Mart. 1728 Wittwer worden. Sie war noch nicht 14 Jahre alt, da er sich den 5. Jul. 1728 durch Procuration ihres Bruders, des Erbprinzens Josephi, in Gegenwart des Grafens von Gare, mit derselben vermählte, und darauf den 22. Jul. das Beilager vollzog." Vorher war sie eine der hundert Prinzessinnen gewesen, aus welchen die Gemahlin K. Ludwig's XV. zu wählen war und es scheint die Wahl beinahe zu ihren Gunsten ausgefallen zu sein. Es schreibt in seinem Journal de Paris, April 1725, Mathieu Marais: „Il est dit aujourd'hui que la princesse destinée au Roi est une Allemande, soeur de la princesse de Piémont, qui est Hesse-Rhinfelts-Rottenbourg; elle est à Annecy dans un couvent des Filles de Sainte-Marie; toute des plus belles, blonde, assez grasse, et qui a quatorze ans. Un officier suisse qui l'avait vue, m'a dit qu'elle était charmante, mais qu'elle ne disait pas un mot de français." Gleichwol wurde sie nachmals gestrichen von der Liste der hundert Prinzessinnen, „qu'il y a à marier en Europe, parce qu'on dit que la mère accouchait alternativement d'une fille et d'un lièvre." Der König von Sardinien empfand sehr übel die der Prinzessin von Rheinfels gegebene Exclusion. „Man rühmt ihr eine besondere Schönheit und ein so liebenswürdiges Wesen, sowohl in Ansehung ihres Verstandes, als ihrer Leibesgestalt nach, daß sie dadurch den ganzen Hof bei ihrer Ankunft in Frankreich in Verwunderung setzte. Sie ist bis an ihr Ende, 14. Juni 1741, von jedermann geliebet und hochgehalten, dabei aber durchgehends bedauert worden, daß ihr Gemahl nicht so viel Liebe vor sie gehabt, als sie in der That verdienet." Christina Henriette, geb. den 24. Nov. 1717, wurde den 4. Mai 1740 mit Ludwig Victor Joseph, Prinzen von Carignan, verheirathet und starb den 31. Aug. 1778. Des Landgrafen Ernst Leopold dritter Sohn Constantin, geb. den 21. Mai 1716, war dem geistlichen Stande bestimmt und als Abbé zu Turin eingekleidet, trat jedoch in russische

Kriegsdienste und wurde im November 1739 einem Infanterieregimente zum Obersten gegeben. Er quittirte im J. 1744 und vermählte sich im August 1745 mit der jungen Witwe des Fürsten Wilhelm Hyacinth von Nassau-Siegen. „Sie war eine Tochter Konrad Sigmunds Reichsgrafen von Starhemberg und stand bei dem Churfürsten Clemens August von Cöln in besondern Gnaden, der auch ihre erste Vermählung beförderte." Zur Regierung gelangt, 1749, führte Landgraf Constantin in seinem Hause das Erstgeburtsrecht ein, wofür er die kaiserliche Bestätigung suchte und erhielt. Nichtsdestoweniger widersprach Hessen-Cassel, recurrirte an den Reichstag und es entspann sich ein längerer Schriftenwechsel, bis in dem Hauptvergleiche vom 25. (26.) März 1754 Hessen-Rheinfels nicht nur das Besatzungsrecht, sondern auch das Eigenthum der Festungen Rheinfels und Katz, nebst Artillerie und Munition, Magazinen, Zeughaus, dem auf Rheinfels befindlichen Residenzschlosse, allen innerhalb der Festungswerke gelegenen Civilgebäuden und Gärten, endlich den von den Dörfern Werlau und Biebernheim zum Schlosse schuldigen Burgdiensten an Hessen-Cassel überließ und dagegen eine namhafte Anzahl von Obligationen über von Cassel empfangene Darlehen unentgeldlich zurückerhielt. Außerdem mußte sich Landgraf Constantin aller wegen des ergangenen Kaiserl. Primogenitur-Diplomatis gemachten Ansprüche begeben. Dahingegen bewilliget der Landgraf von Hessen-Cassel, daß der Landgraf zu Rothenburg zum Faveur eines seiner dermaligen Prinzen, welchen er will, und dessen jedesmaligen Descendenten, mit oder ohne Kaiserl. allerhöchste Genehmigung, eine solche väterliche Disposition und Theilung unter seinen fürstl. Kindern fürs künftige errichten könne, kraft deren die, in der sogenannten hessischen Universalquart bishero üblich gewesene Communion abgestellet und solche gedachtem Prinzen alleine verbleiben, den übrigen Prinzen aber, sobald sie das 25ste Jahr erreichet, zu ihrem Unterhalt nebst der Wohnung ein gewisses, so nicht unter 3000 Thaler zu bestimmen, gereichet, diese Disposition aber niemals für eine Primogenitur ausgegeben werden solle." Am 20. Nov. 1759 wurde Landgraf Constantin in dem zu Wien abgehaltenen Ordenscapitel zum Ritter des goldenen Vließes creirt und als solcher den 1. Mai 1760 zu Cöln von dem hierzu bevollmächtigten Fürsten von Salm installirt. Am 12. Dec. 1773 starb zu Straßburg im 61. Altersjahre seine Gemahlin, eine Mutter von fünf Prinzen und sechs Prinzessinnen, Maria Eva Sophia, geborene Gräfin von Starhemberg, „von sehr viel Verstand, spricht sehr frei und oft beleidigend," war in ihrem Glauben ungemein eifrig, wie dieses auch mit dem Landgrafen der Fall war. Darum hat er zum Executor seines Testaments, worin die katholischen Kirchen seines Gebietes besonders reichlich bedacht waren, den Kurfürsten von Trier bestellt. Er starb den 30. Dec. 1778. Zu Jahren sind gekommen acht seiner Kinder, Karl Emanuel, Clementine Franziska Ernestine, geb. den 13. Juni 1747, Aebtissin zu Süstern durch Wahl vom 16. Juli 1778, gest. zu Verdun den 6. Juli 1813, Maria Hedwig Eleonora Christina, geb. den 26. Juni 1748, Christian, Domicellar zu Cöln und Straßburg, geb. den 30. Nov. 1750, gest. den 16. Juli 1782, Karl Constantin, geb. den 10. Jan. 1752, Maria Antonia Friederike Josepha, Kanonissin zu Thorn, geb. den 31. Mai 1753, gest. im September 1823, Wilhelmine, geb. den 16. Febr. 1755, Pröbstin zu Essen den 20. Febr. 1792, auch Stiftsdame zu Elten, gest. zu Frankfurt den 9. Dec. 1816, Ernst, geb. den 28. Sept. 1758. Er stand als Oberstlieutenant bei einem russischen Infanterieregimente im Kaukasus. Das Corps, welchem er zugetheilt war, erlitt in einem Gefechte mit den Lesghiern schwere, durch den Tod des Generals besiegelte Niederlage, der Prinz, tödtlich verwundet, konnte nur eben Tiflis erreichen und ist daselbst den 29. Oct. 1784 verstorben. Der Sohn seiner Ehe mit Christiane Wilhelmine Henriette Sophie von Bardeleben, vermählt den 22. Nov. 1781, Ernst Viktor, geb. den 3. Aug. 1782, starb den 7. Juni 1787. Maria Hedwig Eleonora Christina wurde den 17. Juli 1766 zu Charleville dem Erbprinzen, nachmaligem Herzoge von Bouillon, Jacob Leopold Karl Gottfried de la Tour d'Auvergne angetraut und starb zu Paris den 27. Mai 1801. Karl Constantin trat sehr jung als Oberst in französische Dienste; Brigadier 1784, Maréchal-de-camp 1788, genoß er auch einer königlichen Pension, sodaß er überhaupt 16,000 Livres jährlich einzunehmen hatte. Zu Marseille verkehrte er fleißig mit dem Abbé Raynal, welcher dermaßen entzückt durch die von dem Prinzen ihm bezeigten Aufmerksamkeiten, durch die von demselben ausgesprochenen Grundsätze, die freilich nur der Wiederhall von Gemeinplätzen aus des gelehrten Abbé Plaudereien waren, daß er einstens ausrief: „Voilà un homme et non un prince." Commandant zu Perpignan, vereinigte sich der Prinz 1792 mit den dasigen Behörden zu einer Denunciation an die Nationalversammlung, worin der Kriegsminister Narbonne beschuldigt wurde, die Grenze gegen Spanien unbewehrt gelassen zu haben. Genöthigt sich zu rechtfertigen, bewies der Minister, daß es grade der Prinz von Hessen gewesen, welcher die Ausführung der von dem Comité des fortifications angeordneten Werke, die nach dessen Versicherung überflüssig waren, hintertrieben habe. Generallieutenant den 22. Mai 1792, wurde der Prinz einige Monate später des Generals Wimpfen Nachfolger in dem Commando der 6. Militairdivision. Zu Besançon, wohin sein Ruf ihm vorausgeeilt, bereiteten die Jacobiner dem citoyen-général philosophe eine begeisterte Aufnahme. Drei Tage später, den 30. Sept., wurde er im Club eingeführt und er hat darin sein patriotisches Glaubensbekenntniß wiederholt. Seinen Vortrag beantwortete der Präsident mit einer Rede, an deren Schlusse es heißt: „Dans un gouvernement libre, les poignards sont à côté des couronnes civiques, nous te laissons le choix." Unter der Clubisten Leitung nahm Charles Hesse, wie er von nun an zeichnete, mit seinem Generalstabe eine totale Umwandlung vor, während er zugleich fast alle Offiziere vom Ingenieurcorps suspendirte. Dagegen bemühte er sich angelegentlich, die Festung Besançon in den besten Vertheidigungszustand zu setzen und veranlaßte das Gerächt, General Hesse solle von dem Commando der Division abgerufen werden, die Behörden sollten sich für seine Beibehaltung auf einem Posten, den er allen wahren Patrioten zu Danke bekleide, verwenden, dabei ihm ihre persönliche Zufriedenheit mit seiner Dienstleistung bezeigen. Er dankte schriftlich, Besançon den 21. Dec. 1792, l'an I. de la république: „Citoyens administrateurs, je viens de lire les larmes aux yeux, le certificat de civisme dont vous m'honorez. Rien ne peut payer un pareil témoignage; toutes les couronnes de l'univers ne seraient rien pour moi à côté d'un tel bienfait. Aussi jamais je n'oublierai, dans quelque partie de la république que je sois, les preuves journalières de bonté que vous m'avez accordées pendant mon commandement à Besançon. Recevez, je vous prie, citoyens administrateurs, les assurances de mes sentiments fraternels." Die Verwendung der Departementalverwaltung blieb für den Augenblick nicht ohne Wirkung und nicht eher denn im Febr. 1793 wurde Charles Hesse in seinem Commando durch den General Sparre abgelöst. Wegen des Gesetzes, wodurch die Edelleute ohne Unterschied aus den Armeen der Republik verbannt wurden, mußte er austreten. Aller Hilfsquellen erschöpft, wendete er sich im October des Jahres schriftlich an den Jacobinerclub zu Paris, Brod oder Aufnahme in die Gesellschaft zu erhalten. Das Gesuch scheiterte an dem Widerspruche des verrückten Dufourny und es wurde durch Beschluß die Aufnahme fürstlicher Personen in die Gesellschaft untersagt. Im J. 1795 wird Charles Hesse als einer der Redacteurs des Ami des lois, der von Poultier und Sibuet geleiteten demagogischen Zeitschrift, genannt. Später arbeitete er für das Journal des hommes libres und es hat ihn, um seiner entschiedenen Richtung willen, Despaze, Satyre 2, dem stets schwankenden unschlüssigen Garat entgegengestellt:

Charles Hesse, du moins, fait preuve d'assurance;
Il ne se borne pas à regenter la France.
Illustre successeur de Cloots-Anacharsis,
Du fond de son grénier, sur son grabat assis,
Il insurge, en espoir, Berlin, Madrid et Rome;
Aux esclaves de Paul II lit les droits de l'homme,
Visite les Lapons, et, dans son noble essor,
Plante sur trois traîneaux l'étendard tricolor.

Charles Hesse ließ es aber nicht bei Schreibereien bewenden; er betheiligte sich in den von Babeuf ausgehenden Umtrieben, überhaupt bei allen gegen das Directorium gerichteten Machinationen, figurirte in den sogenannten constitutionellen Zirkeln und in dem Manègeclub von 1799, und gewann solche demagogische Bedeutung, daß nach dem 18. Brumaire die Polizei ihm den Aufenthalt zu Paris untersagte, auch zu Saint-Denys ihn scharf beaufsichtigte. Bei Gelegenheit der Höllenmaschine wurde über ihn, wie über viele andere Jacobiner, die Deportation verhängt, und man brachte ihn nach der Insel Ré, wo er mehre Jahre als Gefangener lebte. Wie er angibt, hätte seine Gefangenschaft zu Paris und auf Ré ganzer 59 Monate gewährt. Zuletzt wurde ihm als eine Gnade die Rückkehr nach Deutschland gestattet, 1803 er entschied sich aber für den Aufenthalt in der Schweiz, wo er von Allen, nur nicht von seinem Bruder, der ihm jetzt wieder die Apanage zukommen ließ, vergessen, ausschließlich mit Naturgeschichte sich beschäftigte, oder wenigstens beschäftigt schien. Im J. 1811 zog er nach Basel; die Jahre und das Unglück hatten seine politischen Ansichten berichtigt, dafür wurden Zeichen einer theilweisen geistigen Zerrüttung bemerkbar. Freudig begrüßte er den Sturz des französischen Kaiserthums, das er schweren, an ihm verübten Unrechts beschuldigte, nicht minder freudig begrüßte er die Rückkehr der Bourbonen, von welchen er seine eigene Restauration hoffte. Im Juli 1814 verkündigte der Prinz Napoleon's baldige Rückkehr aus Elba, mit dem Zusatze, daß diese zweite Herrschaftsperiode von kurzer Dauer sein werde. Daß die Prophezeiung so bald sich erfüllte, steigerte nicht wenig sein Selbstvertrauen, und gegen Ausgang des J. 1815 weissagte er den Sturz der Bourbonen, falls die Regierung nicht einlenken werde. Diese Ansicht, welche dem Polizeiminister Ludwig's XVIII. mitzutheilen er sich nicht versagen konnte, wurde als ein wiederholter Beweis von Narrheit aufgenommen und von dem Canton mit dem Gebote, Basel zu verlassen, beantwortet. Der Ausgewiesene begab sich nach Frankfurt, wo damals auch der unglückliche König Gustav IV. von Schweden weilte; diesem, in Nachahmung eines Studenten-Pennals, täglich unter die Fenster zu rücken und die gefallene Größe zu verhöhnen, wurde dem Prinzen ein Lieblingszeitvertreib, während er zugleich unausgesetzt um seine Wiederaufnahme in Frankreich, um die Anweisung des seinen Diensten angemessenen Ruhegehaltes petitionirte. Zu Frankfurt ist er den 19. Mai 1821 in dem Alter von 70 Jahren mit Tode abgegangen. In einem Schreiben, kurz vorher entworfen, bekennt er sich zu einem Hundert schriftlicher Arbeiten von 1760 an; deren mehre halte er des Druckes würdig, doch könne er nur in Frankreich sie veröffentlichen, nachdem er sie vorher dem Urtheile sachkundiger Richter unterworfen haben würde. Eine davon: Le partisan, dem J. 1768 entstammend, erschien im Drucke 1810, und mit Zusätzen 1816 in 12. S. 106. Des Schriftchens eine Hälfte bietet etliche brauchbare Ideen über den Dienst der leichten Truppen im Felde, die Zusätze insgesammt sind eitel Narrenwerk. Mehre Capitel schließen mit den pretentiösen Worten: Fiat lux. Auf der letzten Seite heißt es: „On fera paraître en temps et lieu la moutarde après dîner," der für ein ungleich ausgedehnteres kriegswissenschaftliches Werk gewählte Titel. Des Landgrafen Constantin ältester Sohn und Nachfolger, Karl Emanuel, geb. den 5. Juni 1746, „hat im December 1766 seine bisher bei dem Stampachischen Regiment gehabte Carabinier-Compagnie an den kaiserlichen Obristen, Grafen von Schaffgotsch, gegen eine Compagnie von dem in Wien zur Besatzung liegenden Laceischen Infanterieregimente vertauscht. Es gibt unter allen kaiserlichen Regimentern keines, das so viel Prinzen und Grafen zu Officiers hat, als dieses." Den 1. Sept. 1771 vermählte sich Karl Emanuel mit des Fürsten

Franz Joseph von Liechtenstein Tochter Marie Leopoldine Adelgunde, gest. als Witwe zu Frankfurt den 15. Oct. 1823. Landgraf Karl Emanuel, k. k. Feldmarschall-Lieutenant seit 1789 und des goldenen Vließes Ritter seit 1782, war ebenfalls zu Frankfurt den 23. März 1812 mit Tode abgegangen. Er hinterließ zwei Kinder. Der Sohn, Landgraf Victor Amadeus, geb. den 2. Sept. 1779, nahm nach einander drei Frauen: 1) Leopoldine, des Fürsten Philipp Maria Joseph von Fürstenberg Tochter, Frau der böhmischen Herrschaften Lauczim, Daubrawitz und Wiſſawa, vermählt den 20. Oct. 1799, gest. den 7. Juni 1806; 2) Elisabeth, des Fürsten Karl Ludwig von Hohenlohe-Langenburg Tochter, vermählt den 10. Sept. 1812, gest. den 6. Oct. 1830; 3) Eleonore, des Fürsten Franz Joseph Wilhelm Anton von Salm-Reifferscheid-Krautheim Tochter, vermählt den 19. Nov. 1831, gest. den 10 Nov. 1851. Alle drei Ehen blieben kinderlos, und es ist mit des Landgrafen Ableben den 12. Nov. 1834 der Mannsstamm des Hauses Hessen-Rheinfels erloschen, denn der Witwe Hoffnung auf einen Posthumus ergab sich als eitel und zog ihr nur Unannehmlichkeiten zu. Sie wurde gleich einer Gefangenen von Rauden in Schlesien nach Rotenburg gebracht und dort bewacht, bis der Irrthum erwiesen war. Des Landgrafen einzige Schwester, die Prinzessin Leopoldine Maria Clotilde, geb. den 12. Sept. 1787, vermählt den 6. Sept. 1811 an den Fürsten Karl August Theodor von Hohenlohe-Bartenstein, Witwe den 12. Aug. 1844, lebte in kinderloser Ehe und Victor Amadeus vermachte seinen ganzen Allodialbesitz den Neffen seiner zweiten Gemahlin, den Prinzen Victor und Clodwig von Hohenlohe-Schillingsfürst, während die niederhessische oder rotenburgische Quart an Hessen-Cassel zurückfallen mußte. Das Allodium hatte durch die mit der Niedergrafschaft Katzenellenbogen vorgenommenen Veränderungen einen außerordentlichen Zuwachs erhalten. St. Goar und die Voigtei Pfalzfeld wurden, wie das linke Rheinufer überhaupt, durch den Luneviller Frieden an Frankreich abgetreten, und es sollte dafür Hessen-Cassel an Rheinfels eine jährliche Rente von 22,500 Gulden entrichten. Durch Verträge, mit Kurhessen und Hessen-Rheinfels am 16. Oct. 1815 errichtet, erwarb Preußen die ganze niedere Grafschaft Katzenellenbogen, die Herrschaft Plesse und das Amt Neuengleichen, beides in die hessische Quart gehörig, und gab dagegen an Hessen-Rotenburg, das zugleich auf den Titel von Rheinfels verzichtete, das Fürstenthum Corvey und das schlesische Herzogthum Ratibor mit Rauden. Außerdem hat Landgraf Victor Amadeus Güter in Schlesien und Mecklenburg durch Kauf erworben. Dreimal in dem Laufe von 100 Jahren war die Festung Rheinfels, jedesmal mit verschiedenem Erfolge, durch die Franzosen angefochten worden. An ihr versuchte sich im December 1692 Tallard, damals nur noch Maréchal-de-camp, welchem für solche Unternehmung 23 Bataillone, 20 Schwadronen und eine bedeutende Artillerie beigegeben war. Von Montroyal herabziehend, traf er am 16. Dec. vor Rheinfels ein, das augenblicklich fast unbesetzt war. Glücklicherweise hatte Landgraf Karl von Hessen-Cassel ganz in der Nähe ein Corps von 3000 Mann zusammengezogen, um es im Falle der Noth in die Festung einführen zu können, auch für sie einen tüchtigen Commandanten, den Generalmajor Georg Sittich Ludwig von Schlitz, genannt von Görtz, bestellt. Mit der Aufnahme der Truppen verzögerte es sich aber, da Landgraf Ernst an die Gefahr nicht glaubte, vielmehr das Aeußerste von der Aufnahme der Hessen in seine Festung befürchtete, bis er am 16. Dec. seine Residenz verließ und ihre Vertheidigung dem von Görtz überließ. Sofort wurden drei Compagnien vom hessischen Leibregimente, dem Rheine die nächsten, herübergeholt, und mit dem Uebersetzen der nachrückenden Truppen die ganze Nacht und den folgenden Tag fortgefahren, sodaß am 18. Dec. 4000 Mann in der Festung vereinigt waren, ohne die ständige hessen-rheinfelsische Besatzung von 300 Mann. Die Katz war mit einer Compagnie besetzt, da standen 6 Geschütze, deren überhaupt 62 waren. Bei Reichenberg und Nastätten war ein Corps von 3000 Mann unter dem Generalmajor von Kersenbruck aufgestellt, der Besatzung zu Soutien und Ergänzung. Noch am 16. Dec. nahm eine französische Avantgarde, Grenadiere und Dragoner, die im biebernheimer Felde stehende pallisadirte Scheuer, wobei zwei der Vertheidiger getödtet wurden. Am 17. versuchten die Belagerer vom Wackenberg aus einen Handstreich gegen die Stadt, wurden aber mit Verlust zurückgewiesen. Die Stelle des verfehlten Angriffs wollte nachmals Tallard in Augenschein nehmen, und es fiel von dem Thurme der Stiftskirche ausgehend ein Schuß von einem Doppelhaken, der den General in die linke Schulter traf, sodaß er genöthigt war, das Commando an den Maréchal-de-camp Choiseul abzugeben. Ihn, der von Adjutanten umgeben war, hatte der Schütze, Drechslermeister Kreisch, an dem großen Federhute erkannt. Am 17. Dec. eröffneten die Franzosen die Laufgräben und hatten sie Abends 7 Uhr bis auf 300 Schritte von der Contrescarpe vorpoussirt, wie lebhaft auch die gegen sie gerichtete Kanonade war. Gegen Abend verstummten allmälig die Geschütze der Festung, was die Einleitung zu einem Ausfalle war. Die Belagerer wurden aus den Approchen vertrieben, auf beiden Seiten setzte es Todte und Verwundete. Den 18. führte der Feind eine Contrevallationslinie von der Gründelbach zum Rhein, es machte auch eine starke Colonne auf dem Wackenberge Miene, die Stadt angreifen zu wollen, was indessen der Katz wohlgenährtes Feuer hintertrieb. Den 19. Morgens war die erste Parallele beendigt, die zwei zu Stande gebrachten Batterien zu armiren erlaubte jedoch der heftige Regen nicht. Ein zweimaliger Versuch, vom Wackenberge aus die Stadt zu ersteigen, wurde jedesmal vereitelt. Dagegen zogen die Belagerer eine zweite Linie, ohne sie jedoch wegen des heftigen Feuers armiren zu können. Sie näherten sich bereits den Pallisaden der Stadt, daher Görtz in der Nacht zum 20. ein Gegenwerk aufführen ließ. Am 20. mit Tagesanbruch führten die Feinde ihre sämmtlichen Geschütze, 28 Kanonen und 14 Mörser auf, und wurden von Morgens 9 bis 2 Uhr Festung und Stadt aus 8 Batterien beschossen. In der

Festung brach Feuer aus und gleichzeitig formirten sich zwei Angriffscolonnen, welche die Lunetten am biedernheimer Thore und der Festung äußerste Spitze, das Spitzfeuer, dreimal stürmten; die zweimal bis auf die Contrescarpe gelangten französischen Grenadiere wurden jedesmal durch den Obersten Godenius zurückgeschlagen, beim dritten Sturme, nachdem Godenius in die inneren Werke gedrängt worden war, warf Görtz selbst sich entgegen, und es gelang ihm nach einem erbitterten Handgemenge, die Schanzen zu säubern. Er empfing darüber einen Stich in den linken Arm, erlegte aber eigenhändig seinen Gegner, einen Grenadierofficier. Die Franzosen ließen 400 Todte zurück, die Vertheidiger zählten 27 Todte und mehr als 100 Verwundete. Am 21. traf aus Ehrenbreitstein, von dem Kurfürsten von Trier entsendet, bedeutender Succurs ein, 12 halbe Karthaunen und ein Commando Minirer. Die Kanonen wurden sogleich zu zwei Batterien auf dem nochener Berge verwendet und demontirten die feindliche Batterie auf dem werlauer Berge. Mit anderen 4 schweren Geschützen, aus Frankfurt gekommen, wurde eine Batterie auf dem Patersberge armirt, und durch sie und die Geschütze der Katz der Wackenberg zum Schweigen gebracht. Aber auch die Franzosen erhielten am 21. bedeutende Verstärkung aus Metz, 10,000 Mann mit 10 schweren Geschützen und 4 Mörsern, sodaß sie auf der biedernheimer Höhe zwei neue Batterien errichten und in der äußersten Parallele einen Kessel aufstellen konnten. Es begann hierauf am 22. Nachmittags 3 Uhr ein fürchterliches Feuer, welches bis in die Nacht fortgesetzt arge Verwüstungen anrichtete. Das war indessen lediglich die Einleitung zu einem Sturme, den abzuweisen Alles fertig war. Todtenstille blieb es im französischen Lager und in der Festung bis Nachts 11 Uhr. Jetzt, bei spärlichem Mondlichte brachen die Sturmcolonnen aus dem Lager hervor, die eine gegen die Stadt, die anderen gegen die Schanzen gerichtet. Dreimal haben sie angesetzt, dreimal abgeschlagen mußten sie nach zwölfstündigem Gefechte weichen. Der Morgen des 23. beleuchtete die Ergebnisse der blutigen Nacht; über 400 Todte bedeckten die nächste Umgebung der Schanzen, die in der Dunkelheit herabgestürzten Verwundeten füllten die Gräben. Der Franzosen Verlust wird zu 400 Todten und 700 Verwundeten angegeben. Den 23. und 24. wurde die Festung unausgesetzt beschossen. Ein Ausfall am Morgen des 25. kostete den Franzosen über 200 Mann an Todten, 40 wurden gefangen. Im Zorne über solchen Verlust ließen sie ihre Batterien spielen, namentlich gegen die Stadt, was bis dahin nicht geschehen war. Am 26. richteten ihre Bomben in der Festung großen Schaden an; eine fiel auf Scharfeneck, wo eben eine Compagnie aufgestellt war, und erschlug 14 Mann. Der Aufforderung am 27. folgte ein Sturm durch drei Colonnen, jede von 1000 Mann, ausgeführt. Für alle Fälle gerüstet zu sein, hatte der Festungscommandant befohlen, nach Verlust der Werke in das Schloß sich zu werfen und die Werke in die Luft zu sprengen, dem Feinde ein weites Grab. Unter dem Schutze eines Feuerregens kamen die Stürmenden bis dicht zu den Schanzen, wo ihrer aber Kartätschen- und Flintensalven erwarteten, sodaß ganze Reihen fielen. Diese wurden bald durch die Hintermänner ersetzt; in unbeschreiblicher Furie überschritten die französischen Grenadiere die ausgefüllten Gräben, mit gefälltem Bayonette nahmen sie die Contrescarpe des Speisfeuers, der tapfere Oberst Godenius, von mehren Bayonettstichen durchbohrt, kam zu Falle, seine Mannschaft, des Führers beraubt, der Uebermacht erliegend, wurde bis in die inneren Werke verfolgt. Hier hatte von Görtz mit 4 Compagnien seines Regiments Posten gefaßt, eine Salve haben diese gegeben, dann mit dem Bayonette den Feind bis auf die Contrescarpe zurückgeworfen. Diesem kamen aber jetzt Verstärkungen zu und zweifelhaft blieb das Gefecht, bis der Major von Boyneburg in dem entscheidenden Augenblicke drei frische Compagnien herbeiführte. Die Franzosen wichen, nachdem auch die beiden anderen übel zugerichteten Colonnen vor dem Fuchsloche und der Cloake abgewiesen worden waren. Die entmuthigten Colonnen wurden indessen ungesäumt und zweimal durch anderes Volk abgelöst, und es gelang dem Feinde, die Gräben vor dem Speisfeuer und dem Fuchsloche zu füllen, und auf beiden Punkten die Contrescarpe zu stürmen, um deren Besitz ein mörderlicher Kampf sich geraume Zeit fortspann, da beiden Parteien fortwährend Verstärkung zukam. Hier focht Mann gegen Mann, jeder Fuß breit wurde mit Blut erkauft, lediglich des Bayonetts, der Sense und des Morgensterns haben die Vertheidiger sich bedient; lange schwankte die Entscheidung, viermal wurde der Feind bis zum Rande der Contrescarpe zurückgedrängt, jedesmal brach er in verdoppelter Wuth wieder vor, bis Görtz, obgleich verwundet, an die Spitze von zwei Compagnien des Leibregiments sich stellend, in einem verzweifelten Bayonetgefechte die Feinde von der Contrescarpe herabwarf. Von 2 bis 5 Uhr war ohne Unterbrechung gestritten worden, die Erschöpfung nicht, denn immer noch kamen aus dem französischen Lager frische Haufen herangezogen, wol aber die Nacht gebot Feierabend. Ueber 1800 Todte hatten die Franzosen gehabt, 2000 Verwundete wurden auf 120 Wagen nach Montroyal geschafft. Am meisten hatten die 12 Grenadiercompagnien gelitten, ihre Officiere insgesammt waren getödtet oder verwundet. Auch die Belagerten beklagten, neben dem tapferen Obersten Godenius, 9 gefallene Officiere und 123 Gemeine, der Verwundeten zählte man 400. Der Held des Tages war unbezweifelt General von Görtz. Als ein Löwe streitend, hat er auf der Contrescarpe drei Feinde niedergestochen, mehre verwundet, während er selbst von vier Wunden blutete. Vom Pulverdampf geschwärzt, Haar, Augenbrauen, Uniform verbrannt, den blutigen Degen schwingend, war er „schreckbar und grauserich" anzusehen. Von der Anstrengung erschöpft, verhielten sich die Franzosen den 28. hindurch ruhig, obwol der Commandant eine ganze Stunde lang ihre Linien mit Bomben bewerfen ließ. Dagegen zogen sie am 29. zwei neue Linien, und das Bombardiren der Festung begann abermals mit großer Lebhaftigkeit, währte auch diesen und die beiden folgenden Tage ausgesetzt. Den 30. errichteten die Belagerer die Pallisaden bis auf die Entfernung von 10 Schritten. Ausreißer meldeten, daß man im feindlichen Lager einen Generalsturm beabsichtige, im Falle des Mislingens jedoch abziehen werde, weil der Entsatz im vollen Anzuge sich befinde. In der That wurde eine lebhafte Bewegung bemerkbar und eine Masse von Faschinen und Schanzzeug herbeigetragen. Für den 31. Dec. erwartete man den Sturm und Görtz hatte demzufolge seine Anstalten getroffen, er unterblieb indessen, vielmehr ließ Tallard in der Nacht zum 1. Jan. 1693 das schwere Geschütz und die Bagage unter starker Bedeckung von Infanterie den Rückzug nach Montroyal antreten; nur zwei Kanonen und einen Mörser behielt er zurück, um durch ihre Thätigkeit den Abzug zu verbergen. Diese drei Geschütze beschossen die Festung vom 1. Jan. Morgens bis zur einbrechenden Nacht, während in der That die Belagerung an dem Tage aufgehoben worden war, welcher nach des französischen Generals Verheißung die Schlüssel der Festung als ein Neujahrsgeschenk in Ludwig's XIV. Hände liefern sollte. Von Rheinfels aus sah man zwar in der letzten Nacht große Bewegung im feindlichen Lager und ungewöhnlich viele Wachtfeuer, von einem Rückzuge konnten aber selbst die ausgesendeten Kundschafter Bestimmtes nicht erfahren; am 2. Jan. bei anbrechendem Tage wurde man jedoch inne, daß die Feinde die äußerste Linie verlassen und die Geschütze abgeführt hatten. Eine Verfolgung wurde angeordnet, ohne doch erhebliche Resultate oder auch nur Beute zu bringen, denn die Franzosen steckten vor ihrem Abzuge das Lager sammt allem Schanz- und Belagerungszeuge in Brand und begaben sich Nachmittags drei Uhr durch den Wald auf den Marsch, der zunächst nach Pfalzfeld gerichtet ist. Am 4. Jan. gegen Abend traf der Entsatz vor Rheinfels ein, Brandenburger, Hessen, Münsteraner, Pfälzer. Nach ihren eigenen Angaben hatten die Franzosen vor Rheinfels 4000 Todte, darunter 73 Capitains, 144 Lieutenants oder Fähndriche, dann 6500 Verwundete oder Kranke. Der Vertheidiger waren 564 geblieben, darunter 24 Officiere, Verwundete zählten sie 885. Minder sauer wurde den Franzosen die Eroberung von Rheinfels 1758. Diese hatte der Prinz von Soubise dem Marquis von Castries aufgegeben, sie war aber eigentlich das Werk des Oberstlieutenants von Geib, von Saint-Germain Infanterie. Dieser schiffte sich mit dem ihm beigegebenen Detachement zu Coblenz ein und legte am 1. Dec. nach Mitternacht vor St. Goar an. In dem Schiffe lagen seine Soldaten auf einander, sodaß sie in der weißen Uniform Mehlsäcken nicht unähnlich waren. Diese hatten für die Schildwache nichts Beunruhigendes. Plötzlich aber wurden die Mehlsäcke lebendig, sie erstiegen die Stadtmauer und stürmten nach dem Gasthofe zur Lilie. Dort waren alle Officiere vereinigt bei Gelegenheit eines Balles, welchen der Commandant auf Rheinfels, Oberst von Freiwald, den Damen von St. Goar zu Ehren veranstaltet hatte. Die Franzosen an der Thüre des Ballsaals erblickend, versuchten die Tänzer sich zu vertheidigen; ein hoffnungsloser Kampf führte zu einer Art von Capitulation, die hessischen Officiere wurden als Kriegsgefangene angenommen, „puis les officiers français rassurent les dames, ordonnent à la musique de continuer, et se mêlent au bal interrompu." Die in solcher Weise in die Stadt und Festung eingeführten Franzosen blieben bis zum Frieden 1762. Sie kamen wieder im J. 1794. Gleich nach der Occupation von Coblenz den 23. Oct. zog den 25. von da eine Colonne aus, um sich auf dem Hundsrücken mit der zur französischen Moselarmee gehörigen Division Vincent zu vereinigen und Rheinfels zu cerniren. Wenngleich auf Rheinfels eine vollständige Besatzung, Ueberfluß an Munition und Proviant war, so hielt man doch den Platz, welcher durch die umliegenden Höhen vollständig dominirt war, nicht für geeignet, eine längere Belagerung auszuhalten, wol aber erwartete man eine Vertheidigung, wie sie dem ehrenvollen Rufe des Gouverneurs, Generalmajor von Resius und des zweiten Commandanten Oberst Lenz angemessen war. In keiner Weise ist diese Erwartung in Erfüllung gegangen. Den unbedeutenden Demonstrationen der Franzosen wurde die sträflichste Schlaffheit entgegengesetzt, und als am 1. Nov. ein angeblicher Deserteur von den Vorbereitungen eines Generalsturms für den folgenden Tag erzählte, versammelte Resius alsbald einen Kriegsrath, und darin wurde beschlossen, in der nämlichen Nacht um 12 Uhr die Festung zu räumen und auf das rechte Rheinufer überzugehen. Die Besatzung erhielt Befehl, sich für einen Ausfall um besagte Stunde bereit zu halten. In der Uebereilung, in welcher das Aufgeben der Festung beschlossen worden war, kam auch dieser Beschluß zur Ausführung. Die Mitternacht konnte man nicht abwarten, schon um 11 Uhr marschirte die Besatzung in tiefer Stille den Berg hinunter, um sich ohne Säumen auf der fliegenden Brücke einzuschiffen, begleitet von den Verwünschungen der ob solcher Feigheit höchlich entrüsteten Bürger. Ein Metzger, die Axt in der Hand, rannte gegen den an seinem Hause vorüberziehenden General von Resius und holte zu einem Hiebe aus mit dem Rufe: „laßt mich den schlechten Kerl todtschlagen," stürzte aber über ein Stück Holz, sodaß der Hieb die Richtung verlor und den General nur am Arme verletzte. Der Vorrath an Lebensmitteln und Munition, Geschützen, Waffen, Uniformen wurde im Stiche gelassen, selbst die drei Kanonen, welche neben der fliegenden Brücke aufgepflanzt waren, also derselben nur aufgeschoben werden durften, in der Eile hatte man sogar die Ablösung der Posten am Thürmchen, an der Neustadt und auf dem Wackenberge vergessen. Der Magistrat, in der allgemeinen Verwirrung zusammengetreten, ernannte Commissarien, die sich auf die verlassenen Werke begeben, womöglich mit den Franzosen unterhandeln sollten. Einer dieser Commissarien, Notar Faber, fand in den Wachtstuben halb ausgespielte Kartenpartien, an den Gabeln steckten noch die letzten Bissen, angerauchte Pfeifen, halb geleerte Wein- und Biergläser zeigten von dem Schrecken der Zecher und ihrer Eile, sich in Sicherheit zu begeben. Mit Tagesanbruch näherte sich eine feindliche Colonne. Faber und seine Collegen wendeten sich im Sturmschritte dem Stadtthore zu. Ein Sansculott folgte ihnen, diesem rief Faber zu, daß die Festung verlassen sei, es antwortete ein donnerndes: Vive la république, das Fallthor wurde aufgeschlossen. Später zwischen 11 und 12 Uhr Vormittags rückte eine französische Halbbrigade in die Festung ein und besetzte auch die Stadt. Tags darauf, den 2. Nov., erreichte der hessische Entsatz, von dem Landgrafen selbst befehligt, die Umgebung von Frankfurt, wo aber schon an demselben Tage die Kunde von dem Aufgeben der Festung eintraf. Die Truppen gingen in ihre Standquartiere zurück, der Landgraf aber beschäftigte sich vor Allem mit dem Schicksale der vormaligen Besatzung von Rheinfels, die in Katzenberg und den umliegenden Ortschaften cantonirte. Das Commando derselben übernahm der Oberst von Schreiber, das 1. Bataillon des Landregiments Rheinfels wurde ohne Weiteres aufgelöst, die Mannschaft nach Hause geschickt, das Regiment von Hanstein unwürdig erklärt, einen Chef zu haben, und angehalten, Fahnen und Trommeln abzuliefern, dann untergesteckt, endlich Gericht gehalten über den Gouverneur und seine vornehmsten Officiere. Das über den General von Resius gesprochene Todesurtheil verwandelte der Landgraf in Cassation und lebenslängliche Festungsgefangenschaft. „Ueber wenige Ereignisse," schreibt der 1854 verstorbene großherzoglich hessische Generalmajor von Marquard, damals Seconde-Lieutenant bei Hanstein und in der Besatzung auf Rheinfels, „über wenige Ereignisse des vorigen Jahrhunderts möchten wol im Allgemeinen so viele falsche Ansichten sich noch erhalten haben als über Rheinfels; daß diese in jeder Beziehung unklaren und falschen Auffassungen sich überhaupt bilden konnten, geht wol aus zwei Momenten besonders hervor; einmal daß für den Laien noch auf den heutigen Tag die Reste jener Befestigung eine, wie man glauben sollte, unüberwindliche Lage haben, sowie sie in ihrer Masse von Mauerwerk die Täuschung hervorbringen, dieser Punkt sei unter allen Umständen haltbar gewesen; — was ferner Militairs und Historiker anbetrifft, so muß sich auch bei ihnen großentheils eine ähnliche Ansicht bilden, da auf Acten aus dem kurfürstlich hessischen Archiv in Cassel gestützt und mit Citaten aus demselben reichlich versehen, vor einigen Jahren in Frankfurt a. M. eine Brochure erschien, worin eine klare Darlegung der enormen Vorräthe an Munition und Proviant, sowie eine Aufzählung der bedeutenden fortificatorischen Mittel enthalten war, — Alles dies jedoch nach belagten Actenangaben, resp. dem Soll-Stande, welchem gemäß die Ausgaben für besagte Zwecke einregistrirt worden, nie aber zu irgendwelcher Ausführung gekommen waren, da durch die unverantwortliche Nachlässigkeit und anderweite unbekannte Verwendung der zu besagter Instandsetzung der, obendrein noch ganz alten, den damaligen Fortschritten der Fortification nicht im Entferntesten entsprechenden Festungsbauten, ausgeworfenen Gelder, von Seiten der besonders hierfür ernannten Commission nur ein äußerst geringer Theil für wirkliche Verbesserung und Vertheidigungsfähigkeit des Platzes verausgabt wurde ... Im Laufe des Sommers hatte der Landgraf einen höheren Artillerieofficier nach jener Feste geschickt, um sie in vollkommen vertheidigungsfähigen Zustand zu setzen; letzterer aber, die große Abneigung des Landgrafen gegen kostspielige Ausgaben kennend, ließ die nöthigen Bauführungen nur scheinbar bewerkstelligen, Proviant und Munition nur oberflächlich revidiren, sodaß selbst das unbedingt Nothwendigste, das Pulver, in seinem theilweise verdorbenen, oft ganz unbrauchbaren Zustande verblieb, sowie die Hauptvertheidigungsmittel der schwächsten Stellen des Platzes, nämlich die Minen, ganz und gar unberücksichtigt blieben. Unsere ganze Festungsartillerie enthielt nur 30 schlechte Geschütze von verschiedenem Kaliber, zu deren Bedienung obendrein nur 36 geschulte Kanoniere vorhanden waren." Unter diesen Umständen findet von Marquard den Ausspruch des von Resius einberufenen Kriegsraths durchaus gerechtfertigt, daß die Feste in ihrem so sehr mangelhaften Zustande ganz unhaltbar und daß sofort der Platz zu räumen sei, eine Ansicht, welche auch der k. k. General Melas theilte in der Erklärung, daß General von Resius die Feste Rheinfels in ihrem total mangelhaften und unhaltbaren Vertheidigungszustande durchaus nicht habe halten können und daher dessen Aufstellung auf dem diesseitigen Ufer unter jenen Verhältnissen den strengsten Regeln der Taktik vollkommen entspreche. Für den Gang des Kriegs war der Verlust der Festung ohne alle Bedeutung. Sie blieb von den Franzosen besetzt, bis das pariser Directorium ihre Schleifung verfügte. Begonnen im J. 1797 wurde diese im folgenden Jahre vervollständigt. Die Ruine ist im J. 1843 durch Kauf Sr. königl. Hoheit des Prinzen von Preußen Eigenthum geworden. Vergl. die treffliche Monographie von Grebel: Das Schloß und die Festung Rheinfels (St. Goar 1844.) S. 379 mit einem Stahlstiche. Demselben verdanken wir nicht minder die gleich verdienstliche Geschichte der Stadt St. Goar (St. Goar 1848.) S. 562. Der Kreis St. Goar enthält auf 8¼ □Meilen die Städte Bacharach, Boppard, St. Goar, Oberwesel, 63 Dörfer, 58 Weiler, Höfe und einzelne Anlagen mit einer Bevölkerung von ungefähr 36,000 Köpfen. *(v. Stramberg.)*

GOAR (Jacques), ein berühmter französischer Theolog und Hellenist des 17. Jahrh., im J. 1601 zu Paris geboren, genoß eine sehr vorzügliche Erziehung und trat nach Beendigung seiner Vorbereitungsstudien im J. 1619 in den Dominicanerorden. Er hatte den klösterlichen Stand gewählt, um neben den Uebungen der Frömmigkeit ungestört den Wissenschaften leben zu können, und lehrte, nachdem er sechs Jahre der Theologie und der Philosophie gewidmet hatte, diese Fächer in den Ordenshäusern zu Grenoble, Vienne und Toul mit großem Beifalle und Erfolge. Ein gründlicher Kenner der griechischen Sprache, für welche er von früher Jugend an eine entschiedene Vorliebe besaß, warf er sich neben seinen Berufsarbeiten mit rastlosem Fleiße auf die Erforschung der byzantinischen und neugriechischen Literatur und verband damit die seinem tiefen religiösen Gefühle und seinem Gelübde entsprechende Absicht, die abweichenden theologischen Ansichten der Griechen, ihre kirchlichen Gebräuche und ihren

Gottesdienst genau kennen zu lernen, um sein Scherflein zu der schon so lange ersehnten und versuchten Vereinigung der griechischen und der römischen Kirche beizutragen. Sein Eifer wäre jedoch wahrscheinlich durch den Mangel an ausreichenden Hilfsmitteln erkaltet, wenn nicht der General seines Ordens, Nic. Rodolfi, welcher im J. 1631 die Klöster in Frankreich besuchte, seine Kenntnisse und sein Streben richtig zu würdigen verstanden hätte. Er sah wol ein, daß der beabsichtigte Zweck nur durch einen längeren Aufenthalt in Griechenland erreicht werden konnte, und ernannte deshalb den noch jungen Vater zum apostolischen Missionar und zum Prior des Klosters des heiligen Sebastian auf der Insel Chio. Goar begab sich mit dem Generale nach Rom und von da nach dem Orte seiner Bestimmung. Seine Biederkeit und Freundlichkeit erwarben ihm bald die Zuneigung der Griechen, denen seine Vorliebe für ihre Nation schmeichelte, in so hohem Grade, daß sie ihn überall in ihre Versammlungen zuließen, ihm seine Fragen bereitwillig beantworteten und sich ihm bei der Einsammlung des nöthigen Materials behilflich zeigten, wobei jedoch Goar zu seinem großen Bedauern wahrnahm, daß die bedeutenden handschriftlichen Schätze, welche er auf den griechischen Inseln vermuthete, sich nicht vorfanden und bald die Ueberzeugung gewann, daß den Nachforschungen der Gelehrten des 15. und 16. Jahrh. nur wenig Bedeutendes entgangen war, doch durfte er immerhin noch mit der insbesondere seinen Zwecken dienenden Nachlese zufrieden sein. Nach einem Aufenthalte von acht Jahren auf der Insel Chio, während dessen es seiner eindringlichen Beredsamkeit wirklich gelang, viele Griechen von ihrem Irrthume zu überzeugen und für die katholische Religion zu gewinnen, begab er sich am Ende des Jahres 1639 wieder nach Rom, wo man ihn, um von seinen in Griechenland erworbenen Kenntnissen bei vorkommenden Gelegenheiten Gebrauch machen zu können, festzuhalten wünschte und deshalb zum Prior des Klosters des heiligen Sixtus ernannte. Er benutzte diesen Aufenthalt, um die Bibliotheken zu durchsuchen und mit bedeutenden Gelehrten, insbesondere aber mit dem ihm geistesverwandten, durch seine umfassenden Kenntnisse berühmten Griechen Leo Allacci, nähere Verbindungen anzuknüpfen. Dem Letzteren überließ er auch später seine Abhandlung über das Abendmahl der Griechen unter Einer Gestalt (Attestatio de communione orientalium sub specie una) zur Aufnahme in sein bekanntes Werk: De ecclesiae occidentalis et orientalis perpetua consensione (Colon. 1648. 4.), dessen letzte Abtheilung es bildet. Da Goar sich nach seiner Heimath sehnte, so opferte er gern die Vortheile und Aussichten, welche ihm der Aufenthalt zu Rom bot, um in sein Kloster zu Paris zurückzukehren, wo er im Jahre 1642 eintraf und nach einiger Erholung die Aufsicht über die Novizen und die Leitung ihres Unterrichtes übernahm, zu welchem Amte ihn sein Eifer, seine Klugheit und seine Frömmigkeit ganz besonders befähigten. Eine Reise, welche er im folgenden Jahre (1643) in wichtigen Angelegenheiten seines Ordens nach Rom unternehmen mußte, gab ihm Veranlassung, alle auf seinem Wege liegende berühmte Bibliotheken zu besuchen und die handschriftlichen Schätze derselben zu seinen Zwecken zu durchforschen. Nachdem er sich in Rom seiner Aufträge gewissenhaft entledigt und seine Freunde begrüßt hatte, kehrte er nach Paris zurück, wo er schon im Juli des folgenden Jahres (1644) ankam und sogleich wieder in das ihm übertragene Amt eintrat. Jede Stunde, welche ihm dieses übrig ließ, benutzte er jetzt zur Sichtung und Zusammenstellung des von ihm gesammelten reichlichen Stoffes und überraschte schon nach einigen Jahren die gelehrte Welt mit dem Ritual der griechischen Kirche (Euchologium seu rituale Graecorum, complectens ritus et ordines divinae liturgiae, officiorum, sacramentorum, consecrationum, benedictionum, funerum, orationum etc. cuilibet personae, statui vel tempori congruens, juxta usum orientalis ecclesiae, interpretatione latina necnon mixobarbararum vocum glossario, aeneis figuris et observationibus ex antiquis patribus et maxime graecorum theologorum expositionibus illustratum. Parisiis 1647. fol.). Dieses Werk, welches sehr selten geworden ist und gewöhnlich nur in dem nicht immer genauen Nachdrucke (Venetiis 1730. fol.) vorkommt, liefert den besten Beweis von der umfassenden Gelehrsamkeit und dem unermüdlichen Fleiße Goar's und muß als seine vorzüglichste Leistung betrachtet werden; es enthält eine große Anzahl früher unbekannter, in den Bibliotheken Griechenlands, Italiens, Frankreichs und Deutschlands aufgefundener Schriften, erläutert genügend die kirchlichen Gebräuche der Griechen durch treffliche Anmerkungen und führt den Beweis, daß der Gottesdienst derselben trotz der verschiedenen Sprache und einiger durch die Zeit und die Nationalität bedingter Abweichungen im Grunde doch völlig mit dem römischen übereinstimmt. Zu gleicher Zeit hatte sich Goar an dem von der französischen Regierung unterstützten großartigen Unternehmen der Herausgabe sämmtlicher Geschichtschreiber des byzantinischen Reiches betheiligt und besorgte in rascher Aufeinanderfolge die Geschichte des Georg Cedrenus nebst der Fortsetzung des Johannes Scylitzes (Paris 1647. Fol.), das Werk des Georg Codinus über die Hof- und Kirchenämter (Paris 1648. Fol.) und die Chronographie des Georg Syncellus (Paris 1652. Fol.). Im J. 1652 wurde er zum Generalvicar seines Ordens erwählt; er nahm aber diese Stelle nur ungern an, weil er wol einsah, daß die Obliegenheiten derselben ihn in seinen begonnenen Arbeiten stören würden; da er indessen weder seine Pflichten versäumen, noch seine Studien unterbrechen wollte, so verdoppelte er seinen Fleiß, wodurch er sich aber ein schleichendes Fieber zuzog, an welchem er am 23. Sept. 1653 in seinem 52. Jahre zu Amiens starb. Die Ausgabe der Chronographie des Theophanes, deren Druck bereits begonnen hatte, und die von ihm vorbereitete Ausgabe der allgemeinen Geschichte des Johannes Zonaras wurden von Fr. Combefis und C. Dufresne beendigt. Lassen auch seine Ausgaben byzantinischer Geschichtschreiber (über welche in den betreffenden Artikeln Näheres zu finden ist) in kritischer Beziehung Manches zu wünschen übrig, so verdienen doch die historischen Erläuterungen, auf welche sich die neue Ausgabe dieser Schriftsteller beschränken zu müssen glaubte, unbedingte Anerkennung. Goar hinterließ auch vollständig ausgearbeitete lateinische Uebersetzungen der Uebersicht kirchlicher und weltlicher Gesetze von Matth. Blastares und der Geschichte des florentiner Conciliums von Sylvester Syropoulos, welche aber bis jetzt ungedruckt blieben *). (*Ph. H. Külb.*)

GOARIA (*Γοαρία*) wird von Ptolemäos V, 45 als eine der Städte in der Landschaft Palmyrene in Syrien aufgeführt. Ebenso Ptolemäos V, 15, 24, welcher dieselbe in der Nähe von Palmyra erwähnt. (*Krause.*)

GOARIS (*Γόαρις*), ein Fluß in Indien innerhalb des Gangesgebietes. Ptolemäos VII, 1, 32 bemerkt: *Ναναγούνα πηγαὶ ἀπὸ τοῦ Οὐινδίου ὄρους ...., καὶ ἐκτρέπεται εἰς τὸν Γόαριν καὶ τὸν Βίνδαν.* Gegenwärtig soll dieser Fluß Tapti heißen. (*Krause.*)

GOARSHAUSEN (St.), herzogl. nassauische, in schöner Gegend am Rheine gelegene Stadt mit etwa 750 Einwohnern, mit einer Pfarrkirche, einem evangelischen Dekanat, einem Postamte, Justizamte, 9 Mahlmühlen, 1 Loh- und 1 Papiermühle, 2 Lederfabriken. Weinbau, Fischfang und Schifffahrt sind die Hauptnahrungszweige. Ueber der Stadt auf einem Felsen die Ruinen des 1806 zerstörten, festen Schlosses Neu-Katzenellenbogen, gewöhnlich die Katz genannt. In der Umgegend findet sich auch der durch sein vierfaches Echo bekannte Lurleyberg. (*H. E. Hössler.*)

GOARSHAUSEN (St.) und Neu-Katzenellenbogen. Eng und düster, von Mauern und Thürmen umschlossen und selbst in einem Halbzirkel den Fuß des Berges, worauf die Feste Neu-Katzenellenbogen thront, umschließend ist das Städtchen St. Goarshausen am Rhein, freundlich dagegen und wohlgebaut das ihm in den Zeiten des Continentalsystems angebaute, auf den Verkehr mit dem linken Rheinufer speculirende Neubrückhausen. Husen und Bornich besaßen die Herren von Isenburg, vermuthlich aus der Arnstein'schen Verlassenschaft. Ludwig von Isenburg, seine Tochter Irmengard an Wilhelm, den Sohn der Gräfin Margaretha von Katzenellenbogen verlobend, 1276 oder 1277, weiset ihr statt des Brautschatzes die Dörfer Bornich, Husen bei St. Goar, Patersberg, Offenthal, Werlau an und verpflichtet sich, falls die zu 50 Mark berechneten Einkünfte diese Summe nicht erreichen sollten, den Ausfall in anderer Weise zu decken. Weiter verspricht er 100 Mark zu entrichten, oder statt deren eine Rente von zehn Mark, sobald die Ehe vollzogen, denn die Brautleute waren noch Kinder. Die genannten Dörfer wurden auch sofort der Gräfin Margaretha eingeräumt, unter der Verpflichtung jedoch sie zurückzugeben, wenn Braut oder Bräutigam vor Vollziehung der Ehe mit Tode abgehen sollten. Nach dem Buchstaben dieser Clausel hat Graf Wilhelm von Katzenellenbogen die besagten Ortschaften behalten, obgleich in seiner ersten Ehe mit Irmengard von Isenburg nur Töchter geboren wurden. Am 2. Oct. 1241 hat der trierische Erzbischof Heinrich von Vinstingen Irmengarden, Ludwig's von Isenburg Tochter, mit den Dörfern Bornich und Hausen belehnt, unter dem Vorbehalte, daß im Falle ihres kinderlosen Abganges diese Lehen an Heinrich von Isenburg fallen sollen. Am 11. Aug. 1308 reichte Erzbischof Dieter, nach der Irmengard tödtlichem Abgange, diese Lehen dem Grafen Wilhelm von Katzenellenbogen. „Als Graf Wilhelm zu Catzenelnbogen das Schloß Reichenberg auf seinem Erb und Eigenthum von neuem erbaut, und daselbst eine Stadt anzulegen begehrt, auch den Röm. König Ludwig ersucht, daß S. Maj. gedacht Schloß und Stadt, zusammt dem Dorf Hausen in seinen Schutz und Schirm aufnehmen, und mit einem freien Wochenmarkt befreien wolle, so bekennt der Röm. König Ludwig, daß er gemeldtes Schloß, Stadt und Dorf in seinen Schutz aufgenommen, und die Stadt sich aller Freiheit und Rechte, der sich die Königl. Stadt Frankfurt gebraucht, erfreuen und jeden Dienstag einen Wochenmarkt halten und haben möge. Dat. Frankfurt 1324. XV. kal. Febr." Vor der Reformation ist keine Rede von einer Pfarrei, womit zwar die Angabe, daß das benachbarte Patersberg, gepriesen wegen seines ausgezeichneten rothen Weins, nach St. Goarshausen gepfarrt habe, nicht zu vereinigen ist. In die evangelische Pfarrei gehören eilf Mühlen. Die katholische Kirche zu St. Johann Bapt. war unlängst noch Filial von Wellmich. Gegenwärtig gehören in die Pfarrei Auel, Bornich, Lierschied, Nochern, Patersberg, Reichenberg, Reitzenhain, überhaupt 440 Katholiken, wovon 168 in St. Goarshausen. Das Städtchen hat eine Gesammtbevölkerung von 834 Köpfen in 110 Häusern, mit einer Markung von 790 Köpfen. Hier besteht ein Handelsinstitut, dann eine Gerberei von 100 Gruben. Unmittelbar über St. Goarshausen erhebt sich die Burg Neu-Katzenellenbogen, im gemeinen Leben die Katz genannt. Im J. 1393 von Graf Johann III. von Katzenellenbogen erbaut, macht sie, also schrieb Engelhard im J. 1778, „äußerlich ein geringes Ansehen, indem man außer einem hohen dicken Thurme nichts siehet, und hat übrigens mit der Festung Rheinfels gleiche Schicksale gehabt. Sie gehöret auch, gleich jener, dem regierenden Hause Hessen-Cassel, welches auf derselben einen Commandanten hält, der aber dem Gouverneur auf Rheinfels untergeben, und von diesem mit seiner Festung abhängig ist." In der Belagerung von St. Goar durch die Reichsexecutionsvölker 1626 leistete die Katz hartnäckigen Widerstand. Zwei Batterien auf dem Patersberge und dem Wackenberge richteten gegen sie ein zerstörendes Feuer; das Dachwerk des Hauptthurms und der Commandantenwohnung brannten bis auf das Mauerwerk ab. Fünf Stürme wurden durch die Besatzung, die doch nur 80 Mann

*) Vergl. *J. Echard* und *J. Quetif*, Scriptores Ord. Praedicator. Vol. II. p. 574. *J. P. Niceron*, Mémoires pour servir à l'histoire des hommes illustres de la république des lettres. Vol. XIX. p. 384 sqq. (Teutsche Uebersetzung 15. Th. S. 249 fg.) *A. Touron*, Histoire des hommes illustres de l'ordre de St. Dominique. Tom. V. p. 367 sqq. Biographie universelle. Tom. XVII. p. 588.

stark war, abgeschlagen. Es demolirten auch die zehn Geschütze der Burg die feindliche Batterie auf dem Wackenberge. Gleichwol mußte die Katz, vermöge der für Rheinfels abgeschlossenen Capitulation, am Ende ihre Thore öffnen. Solchen Widerstand hat der hessische General Mortagne im Juni 1647 nicht gefunden. Die darmstädtische Besatzung capitulirte, nachdem sie mit drei Kanonen begrüßt worden war. Es ist darauf von der Katz aus dem Rheinfels am heftigsten zugesetzt worden. Dagegen versagte der Commandant der Katz den Bestimmungen der Capitulation von Rheinfels, den 1. Dec. 1758, die Folge. Er, Capitain von Eude, „vertheidigte seinen Posten noch während drei Tagen gegen die französische Uebermacht und zog darauf erst, weil der Pulvervorrath ausgegangen war, während der Nacht aus dem Fort und entzog so die kleine Besatzung von 40 Mann der Kriegsgefangenschaft." In dem Laufe des Revolutionskriegs durch die Franzosen unbeachtet, hatte die Katz noch immer eine kleine hessische Besatzung. Napoleon wollte aber am Rheine keine festen Posten, die nicht in seiner Hand waren, dulden oder, wie man auch erzählt, die vorgespannten Postpferde wurden, als er im September 1804 den Rhein hinauffuhr, durch die von der Katz ausgehenden Artilleriesalven scheu gemacht, worauf er in einer Anwandlung von Unmuth die Demolirung der Feste geboten haben soll. Sein Wille geschah nach dem 23. Nov. 1806. Lediglich die Umfangsmauern und die Thürme blieben aufrecht stehen. Seitdem ist die Ruine in Privatbesitz übergegangen. Klebe, die Lage der Burg bewundernd und wie sie, kühn die Spitze eines steilen Felsens einnehmend, das Feierliche der Gegend erhöht, wünscht ihr einen romantischen der romantischen Landschaft angemessenen Namen. Einen besseren als den eigenen konnte der Erbauer ihr füglich nicht geben. Er hat ihn der Burg Katzenellenbogen, zwischen der Lahn und dem Kurorte Schwalbach, in einer höchst angenehmen und fruchtbaren Gegend gelegen, entlehnt. Die Nähe von Diez und Arnstein, auch die Aehnlichkeit der Wappen könnten wol die Vermuthung rechtfertigen, daß mit den davon benannten Grafen die Katzenellenboger gleichen Herkommens sind. Jedenfalls ist die von Wenck aufgestellte Herleitung aus dem Hennebergischen Geschlechte, oder Bodmann's Ansicht, daß die ältesten Grafen von Katzenellenbogen unter dem Namen Nüringen versteckt wären, unhaltbar. Als erste Grafen von Katzenellenbogen werden Heinrich und seine Söhne Heinrich II. und Philipp genannt. Heinrich der Vater, mit Lukardis aus dem Hause der Grafen von Gladbach und Stahleck vermählt, wird bereits 1102 als verstorben bezeichnet, wiewol er vielleicht nur in demselben Jahre, frühestens 1101 gestorben ist. Er wurde zu Siegburg in der Abteikirche beerdigt, erhielt auch daselbst einen Grabstein, worauf sein Bild in Lebensgröße und die Umschrift: Henricus de Katzenellenbogen sich befinden. Bei Gelegenheit seines Begräbnisses schenkte die Witwe in Gegenwart ihrer Mutter Judith und ihrer Brüder Erlach, Theoderich und Adelgerus, der Abtei ihr Eigenthum zu Honnef. Witwe ist sie aber nicht lange geblieben, sie heirathete den Grafen Godwin und wurde in dieser Ehe die Mutter des Pfalzgrafen Hermann von Stahleck, von welchem der Artikel Pfalzgrafen von Aachen handelt. Deshalb heißt es in mehren Urkunden: Hermannus Palatinus comes et frater suus Heinricus de Cazenelenboge. Heinrich I. von Katzenellenbogen jüngerer Sohn Philipp starb als Bischof zu Osnabrück spätestens 1173, der ältere, Heinrich II., erscheint von 1124 an in Urkunden, auch in des Pfalzgrafen Hermann Fehde mit dem Erzbischofe von Mainz als des Bruders Helfer, daher er gleich diesem mit der Strafe des Hundetragens belegt wurde. Seit 1140 wird ihm der Grafentitel, den er früher nicht empfing, beigelegt; vielleicht daß die Erwerbung bedeutender Güter im oberen Rheingau, die er mit seiner Gemahlin Hildegard, einer Tochter des Grafen Godebold von Henneberg erheirathet haben mag und aus denen mit der Zeit die obere Grafschaft Katzenellenbogen erwachsen sollte, hierzu Veranlassung gab. Von seinen drei Söhnen ist der jüngste, Hermann, als Bischof zu Münster 1203 gestorben, der älteste, Heinrich III., Vater von Berthold und Dieter geworden. Berthold hatte sich den verwegenen Scharen angeschlossen, welche mit der Erstürmung von Constantinopel das lateinische Kaiserthum am Bosporus begründeten und die Krone an den Grafen von Flandern vergaben. Dieser rechtete alsbald mit dem Markgrafen Bonifacius von Montferrat um das improvisirte Königreich Thessalonica und Berthold nahm für den Markgrafen Partei. Mit seinem Bruder Dieter dem Grafen von Hohenstein empfing er von Abt Gerhard von Prüm, dem er das Prädium Klingelbach zu Lehen aufgetragen hatte, die Vogtei zu St. Goar ebenfalls als Lehen um 1170, wodurch es den späteren Grafen möglich wurde, nicht nur das Eigenthum von St. Goar, sondern auch andere von dem dasigen Stifte oder der Abtei Prüm abhängende Lehen, Pfalzfeld, Rasteten, Hilgen, Burg-Schwalbach zu erwerben. Von Dieter's Söhnen starb der jüngere, Graf Heinrich IV. von Hohenstein unbeerbt um 1245, der ältere, Dieter II. von Katzenellenbogen noch vor dem J. 1245 mit Hinterlassung der Söhne Dieter III. und Eberhard I., in welchen das Haus in die zwei Linien Alt- und Neu-Katzenellenbogen sich theilte, ohne doch eine Theilung der Besitzungen vorzunehmen. Beide Brüder wirthschafteten nach fränkischem Rechte, behielten die Güter in Gemeinschaft und theilten den Ertrag. Nur waren der älteren Linie, Alt-Katzenellenbogen, ihre Einkünfte vornehmlich in der Niedergrafschaft angewiesen, während Neu-Katzenellenbogen seine besten Einkünfte aus der Obergrafschaft bezog. Graf Dieter, der Feste Rheinfels Erbauer, ließ sich durch eine Summe von 700 Mark, zu deren Sicherheit ihm die Reichsdörfer Tribur, Wasserbiblos, Gladheim, Krumstatt und Dornheim verschrieben wurden, den 13. März 1248 für den Dienst des Gegenkönigs Wilhelm von Holland gewinnen. Eine von ihm vorgenommene Erhöhung des Zolltarifs zu St. Goar zog ihm die Feindschaft des rheinischen Bundes zu. Die Städte legten sich vor Rheinfels und setzten ein Jahr und 14 Wochen der Feste zu, 1255, ohne ihrer mächtig werden zu können. Dieter, der Begeurer und von den Neueren der Reiche beigenannt, hat durch Erwerbungen von Belang die obere Grafschaft vergrößert, auch im Juli 1262 sich Hermann's von Willerwalt (Mühlpfad) gleichnamige Burg zu Lehen auftragen lassen. Er starb den 13. Jan. 1276 und hinterließ aus der zweiten Ehe mit Margaretha von Jülich die Söhne Wilhelm I., Dieter IV. und Berthold, dieser Propst zu St. Martin in Oberwesel. Dieter IV. theilte am 14. Oct. 1300 mit seinem Bruder Wilhelm in solcher Weise, daß er die Schlösser Katzenellenbogen und Lichtenberg, dann Reinheim erhielt, während die zu den Schlössern gehörenden Renten in Gemeinschaft blieben. In Kaiser Heinrich's VII. Gefolge ritt er in die Stadt Mailand ein, December 1310, er ward der Kaiserkrönung zu Rom Zeuge und am 10. Juli 1312 ließ der Kaiser die Urkunde ausfertigen, durch welche Dieter zur Belohnung der in Italien geleisteten Dienste, für Schloß und Thal Katzenellenbogen, für das Schloß Lichtenberg und das demselben anliegende Dorf Groß-Bieberau alle Freiheiten der Stadt Oppenheim, sammt dem Marktrechte erhielt, auch ermächtigt wurde, bei einem jeden dieser Schlösser zwölf Juden zu halten, jedoch daß es dem Kaiser unbenommen sein sollte, diese Juden um 1200 Pfund Heller an sich zu lösen. Am 12. Mai 1313 befand sich Dieter wieder in der Heimath. Am 30. April 1314 verklagte ihn die Stadt Erfurt bei Erzbischof Peter von Mainz um die einem ihrer Bürger weggenommenen Tücher, für die er 400 Pfund Heller versprochen, aber nicht bezahlt hatte. In der streitigen Königswahl war er für Friedrich von Oesterreich. Im J. 1315 hielt Friedrich einen großen Hoftag zu Basel und feierte seine und seines Bruders Leopold Vermählung durch Ritterspiel und Turniere. Graf Dieter, mit dem elsassischen Rittersmanne Gräit oder Angrelei rennend, empfing eine tödtliche Wunde. Er starb in hoher Bußfertigkeit und die Frauen von Basel haben unter Vergießung vieler Thränen dem Leichname bis zum Rheine das Geleit gegeben. Dort wurde er eingeschifft, um in der Heimath seine Ruhestätte zu finden. Dieter's IV. Sohn, Dieter V. starb 1325 in der Minderjährigkeit, die Tochter Elisabeth wurde an den Grafen Philipp von Sponheim verheirathet. Wilhelm I., obgleich er der von seiner Mutter eingeleiteten Vermählung mit Ludwig's von Isenburg Tochter Irmengard den Besitz von St. Goarshausen u. s. w. verdankte, bezeigte sich sehr lieblos gegen die Pflegerin seiner Kindheit. Im Einverständnisse mit seinem Bruder Dieter verlangte er von seiner Mutter den Ersatz von 200 Mark und da die Bezahlung nicht alsbald erfolgte, ließ er die auf Rheinfels hausende Witwe pfänden, Vieh und Hausrath wegnehmen. K. Adolf, als erbetener Schiedsrichter, schlichtete den unanständigen Zwist durch den Spruch vom 6. Nov. 1292. Schweres Ungemach traf den Grafen Wilhelm, den Anhänger der geistlichen Kurfürsten in dem sogenannten Zollkriege. Sein Schloß Zwingenberg wurde verbrannt, das kaum erbaute Reichenberg zerstört, bis „Anno 1301 der Römische König Albert Graven Wilhelmen zu Catzenelnbogen aller Ungnad, so er des Zolles halber uffm Rhein gegen ihn gefaßt, erlassen hat." In Betreff des erlittenen Schadens wurde er an die Kurfürsten von Mainz und Trier verwiesen. Gerhard von Mainz verhieß ihm eine Summe Geldes als Belohnung treuer Dienste, Wilhelm verlangte aber daneben Entschädigung und es kam über deren Verweigerung zu offener Fehde mit Gerhard's Nachfolger Peter, der, nachdem er genugsam entschädigt, das Erzstift in dem Vertrage vom 9. Juni 1312 dem Grafen für Wiedererbauung des Schlosses Zwingenberg gegen alle Anfechtung Rath und Hülfe versprach, wogegen Wilhelm das Schloß von Mainz zu Lehen nehmen sollte. Außerdem wurde ihm die verlangte Entschädigung, 200 Mark Pfennige, bewilligt. Der von K. Albrecht über ihn verhängten Züchtigung eingedenk, befand sich Wilhelm in der streitigen Königswahl unter den Gegnern seines Sohnes. Vom J. 1319 an erbaute er zum andern Male die Feste Reichenberg. Nach dem Ableben seines Neffen Dieter's V. kam er mit dessen Mutter und Schwester zu Streit wegen des Nachlasses und die Austräge haben das Schloß Katzenellenbogen der Gräfin von Sponheim zugesprochen. Diese verkaufte dasselbe um 2200 Pfund Heller an den Grafen Johann von Nassau, mit welchem Graf Wilhelm im J. 1329 sich einigte, sodaß sie Schloß und Stadt zu gleichen Hälften theilen und der Eine nur dem Andern sein Antheil verkaufen wollten. Den 23. Juli 1330 wurde Wilhelm von Kaiser Ludwig ermächtigt, Darmstadt in eine Stadt mit Jahr- und Wochenmärkten zu verwandeln. Am 26. Juli d. J. verschrieb ihm der Kaiser 2000 Pfund Heller auf dem Zolle zu St. Goar durch einen neuen Turnos zu erheben und an demselben Tage wurde ihm vergönnt, 24 Juden zu halten. Wilhelm starb den 18. Nov. 1331, nachdem er in der Erbordnung vom 19. Juni d. J. verordnet, daß „keiner dann einer unser Leiberben ein Herr sei der Herrschaft, die wir nach unserm Tod lassen, und der soll zuvorderst Wilhelm, unser ältester Sohn sein ein Erbe der Herrschaft, und ob der abginge von Todes wegen, das Gott nit wolle, so soll es Dieter unser Sohn sein, und ob der abginge, so soll es der Aelteste darnach sein." Aus Wilhelm's erster Ehe mit der von Isenburg kamen zwei Töchter Margaretha und Heilwig, diese an Bruno von Braunsberg, jene an Gottfried von Schlüsselberg verheirathet. In der zweiten Ehe mit der Gräfin Adelheid von Waldeck wurden geboren Johann, Anna, Wilhelm II., Elisabeth, Dieter, Eberhard VI. und Anna, diese an Philipp von Falkenstein verheirathet. Dieter, Pfarrherr zu Bieber und Heddesdorf in der Grafschaft Wied, auch zu Bessungen 1339, Abt zu Prüm 1341, starb 1350. Elisabeth wurde 1330 an den Grafen Walram von Sponheim, unter der Zusage einer Mitgift von 4000 Pfund Heller verheirathet. Anna, an Gerlach's II. von Limburg ältesten Sohn Johann verheirathet, wurde 1336 Witwe. Johann, ein Knabe noch an Gerlach's II. von Limburg Tochter Uda verlobt, 1325, starb, bevor solche Ehe zu Vollzug gekommen. Wilhelm II., laut der väterlichen Verordnung regierender Herr, focht im J. 1339 in des Königs von Böhmen Gesellschaft für Frankreich gegen Eduard von

England und mag bei dieser Gelegenheit eine Frau sich geholt haben, die zweimal verwitwete Erbtochter des Grafen Reinald II. von Mömpelgard. Johanna war nämlich nach Ulrich's II., des letzten Grafen von Pfirt Ableben, in die zweite Ehe mit dem Markgrafen Rudolf Hesso von Baden getreten und hatte auch diesen 1335 verloren. Wilhelm mag in solcher Heirath nur eine Speculation verfolgt haben, als diese mit dem Ausbleiben der Kinder verfehlte, hatte er kein Hehl seines Verdrusses um eine verfehlte Hoffnung. Johanna zog sich in ihr Erbland zurück. Die Hälfte des durch seinen [illegible] Ritter so berühmten Schlosses Rodenstein sammt den zugehörigen Dörfern hat Wilhelm 1346 und 1347 pfandschaftsweise erworben und die Einlösung ist niemals erfolgt. Im J. 1350 wurde ihm die nassauische Hälfte des Stammschlosses Alt-Katzenellenbogen um 1200 Pfund Heller verpfändet und dabei bedungen, daß ihm das Pfand erb- und eigenthümlich verbleiben solle, falls die Einlösung nicht in den nächsten sechs Jahren erfolgen würde. Dieselbe unterblieb. Im J. 1355 ging Wilhelm die zweite, ebenfalls kinderlose Ehe ein mit der Gräfin Elisabeth von Hanau. Er starb 1384, bestimmter vor dem 27. Oct. 1385. In der Grafschaft wurde sein Nachfolger Eberhard VI., der bis dahin, vermöge des am 29. Juni 1352 mit seinem Bruder errichteten Vergleichs, nur die von dem Vater ererbte Hälfte von Schloß und Stadt Katzenellenbogen, Antheil an Reichenberg und die Dörfer Schwalbach, Laufenselden, Ober- und Nieder-Mellingen, dann aus dem Zolle zu St. Goar 50 Gulden gehabt. Für Laufenselden gab ihm Kaiser Karl IV. im J. 1360, für Schwalbach den Sonntag vor Lichtmesse, 1368, Stadtrechte. In der gewaltigen Schlacht bei Baesweiler, 1371, focht Eberhard für Jülich, in dem Streite um die mainzische Inful, 1374, für Adolf von Nassau gegen Ludwig von Meißen. Auch bei dem Sternerbunde hat er sich betheiligt. Im J. 1376 ging er in Gesellschaft des Bischofs Eckard von Worms, des Raimund des Baux Prinz von Oranien, des Conrad von Gelsenheim, Domdechant zu Speier, nach Rom, um in des Kaisers Namen die Bestätigung für den neuerwählten römischen König Wenzel zu suchen und die herkömmlichen Eide zu leisten. Des Bruders Nachfolger in der Grafschaft hat Eberhard dieselbe bis zu seinem am 9. Dec. 1403 erfolgten Ableben regiert und melden von ihm die Fasti Limburgenses: „In dieser Zeit waren zween edle Graffen zu Katzenelnbogen, deren diese einer Eberhard, der hatte große Ding und Ritterschafft gethan, und beweisset in großen Streitten in diesen Landen und über Meer in dem heiligen Land. Der hat gebauet Schwalbach an der Aarde (Burg-Schwalbach) und das thäte er vor dieser Zeit mehr dann dreyßig Jar.“ In der Ehe mit der Gräfin Agnes von Diez hat Eberhard die einzige Tochter Anna gewonnen und diese wurde durch Eheberedung vom 2. Febr. 1383 dem einzigen Sohne des Grafen Dieter VI. von Neu-Katzenellenbogen, Johann III. vermählt, sodaß also hiermit die ganze Grafschaft wieder vereinigt wurde. Der Neu-Katzenellenbogischen Linie Stammvater, Graf Eberhard I. ist merkwürdig durch seine genaue Verbindung mit Kaiser Rudolf I. und die mancherlei demselben geleisteten Dienste, worunter nicht der geringste eine Reihe von Darlehen in dem Gesammtbetrage von 12,000 Mark Pfennige. Er hat Braubach, Stadeck, auch durch seine Vermählung mit Elisabeth von Epstein Antheil der Schlösser Homburg vor der Höhe und Steinheim erworben. Im J. 1273 wurde er vom Kaiser zum Administrator der Abtei Fulda bestellt, „sed, ut fama tunc fuit, in rem suam potius quam ecclesiae,“ klagen die Antiquitates Fuldenses. In des Erzbischofs Gerhard II. von Mainz Auftrage verhieß Graf Eberhard dem Herzoge Albrecht von Oesterreich die durch des Vaters Ableben erledigte Krone, er scheint jedoch, gleichwie der Erzbischof, sehr bald die Farbe gewechselt und für Adolf von Nassau, seiner Schwester Adelheid Sohn, Partei genommen zu haben. In allen Dingen der Politik des neuen Königs sich anschließend, trug Eberhard dem K. Eduard I. von England Homburg und Steinheim zu Lehen auf, wogegen ihm dieser am 12. Nov. 1294 zu Manngeld die Summe von 500 Pf. St. verhieß. Bei Gellheim für Adolf streitend, gerieth er in Gefangenschaft, wurde jedoch von dem großmächtigen Sieger nicht nur derselben entlassen, sondern auch mit Gnaden überschüttet. Solche Behandlung hat Eberhard zu schätzen gewußt und fortan treufleißig, besonders in dem Zollkriege, K. Albrechten gedient, wie er denn auch, Gesandter an dem päpstlichen Hofe, dessen Bestätigung bei Papst Bonifacius VIII. erwirkte. Er starb 1311. Von Eberhard's Söhnen haben einzig Gerhard und Berthold II. das Geschlecht fortgepflanzt. Gerhard, gestorben vielleicht noch vor dem Vater, sicherlich vor dem 10. Aug. 1312, hinterließ die Söhne Eberhard II. und Johann II., die beide unbeerbt geblieben sind. Berthold II. mutschirte am 20. Aug. 1318 mit seinem Neffen Eberhard II. das Land zu Dornberg und Auerberg und starb den 26. Dec. 1319, nachdem er in der Ehe mit der Gräfin Adelheid von Sayn die Söhne Johann I. und Eberhard III. gewonnen hatte. Eberhard III., mit Agnes, der ältesten Tochter Ulrich's I. von Bickenbach verheirathet, mußte sein Antheil Homburg und Steinheim veräußern und wurde der Vater Eberhard's IV. und der Elisabeth, diese 1347 an Schenk Eberhard von Erbach vermählt, während Eberhard IV. vor dem 8. März 1354 unbeweibt mit Tode abgegangen ist. Johann I. starb den 2. März 1357, von seiner Gemahlin Jutta von Limburg die Söhne Dieter VI. und Gerhard hinterlassend. Gerhard, Dompropst zu Speier, beschloß sein Leben den 21. Dec. 1403. Dieter VI. war, so berichten die Fasti Limburgenses, „ein gar strenger Herr seinen Feinden. Dann er die mit grossem Volcke, Rittern und Knechten allezeit überritt. Und das war alles sein Auffsatz, daß er seine Feinde überritt, und war gebeißen Bitbe. Derselbige war ein Vermünder des Lands zu Lützelburg, von Geheiß des römischen Königs Wenceslai, Königs von Böheim, von Christi Geburt 1395. Deß so war, der Graff von Sanct Paul Feind des vorgenannten Landes zu Lützelburg und zog in dem Land mehr dann mit 1200 Gleven, Rittern und Knechten, und hatte dazu beynahe hundert Schützen. Unterdessen erwarb sich der vorgenannt Graff Diether in diesen Landen und hatte nicht dann 2000 Ritter und Knechte. Und da der Graff von St. Paul lag mit seinen Leuten, da hatten sie sich umgraben. Und als Graff Diether auff einen Morgen mit ihnen wollte streiten, da ritten die Wahlen des Nachts hinweg, und ließen ihre Pfeiffer pfeiffen durch die Nacht, und ließen ihre Torschen brennen durch die Nacht, daß man meynen sollte, sie wären noch alle da. Als sich Graff Diether zum Streit stellte, da waren sie alle geflohen." Dieter's erste Gemahlin Elisabeth, des Grafen Adolf von Nassau-Wiesbaden Tochter, starb den 1. Febr. 1389, er ging die zweite Ehe ein mit der Gräfin Anna von Nassau-Hadamar, welche, ihrer Linie Erbin, ihm jedoch keine Kinder gebar und im Januar 1404 das Zeitliche gesegnete. Graf Dieter VI. selbst war den 17. Febr. 1402 in hohem Alter verschieden. Außer drei Töchtern hinterließ er den Sohn Johann III., eben jener, welcher durch seine Vermählung mit der Erbgräfin Anna von Alt-Katzenellenbogen die ganze Grafschaft vereinigte. Bereits im J. 1393 hatte Johann die Burg Neu-Katzenellenbogen bei St. Goarshausen erbaut. Im J. 1403 verkaufte ihm seine Stiefmutter Hadamar Driedorf und Ems, es ist aber von der bedeutenden Erwerbung zuletzt nur Ems zur Hälfte bei Katzenellenbogen geblieben. In Bezug auf die künftige Erbfolge in der Grafschaft wurde durch schiedsrichterlichen Ausspruch vom 14. Sept. 1403 bestimmt, daß, im Falle Johann vor seiner Gemahlin mit Tode abgehen würde, sein Antheil ganz, der Frau Antheil aber nur halb seinem Sohne Philipp zufallen solle, während die andere Hälfte ihr lebenslänglich zu verbleiben habe. Die ferneren Kinder aus dieser oder auch aus einer zweiten, von Johann oder Anna einzugehenden Ehe sind mit Geld abzufinden, würde aber Anna vor ihrem Sohne Philipp mit Tode abgehen, so soll die eine Hälfte des ihr zustehenden Landestheils auf ihren Gemahl, die andere auf ihren Sohn kommen, wo dann beide in Gemeinschaft sitzen werden. Als Johann's anderweitige Erwerbungen sind zu nennen in der obern Grafschaft die Vogtei zu Tribur, die Dörfer Arheiligen und Rüsselsheim, des Haus von Wolfskehl zwei Theile an dem Landgerichte zum Holengalgen und an den Gerichten und Gütern zu Gobelau und Erfelden. Für die Niedergrafschaft erkaufte er am 17. Mai 1416 um 1200 Gulden die Dörfer Walmenach und Reichenbain, 1424 das Salmenwasser zu Longen im Gerichte St. Goarshausen um 900 Gulden, von Johann Boos von Waldeck um 1000 Gulden das Dorf Gemmerich, 1443 von denen von Rheinberg das Dorf Holzhausen über Aar. Für den Sonntag nach Lichtmesse 1403 hatte er ein Turnier ausgeschrieben, welches bekanntlich über dem Zwiste der Hessen und Ostfranken einen blutigen Ausgang nahm. Graf Johann III. starb den 28. Oct. 1444, seine Gemahlin den 27. Oct. 1430. Der einzige Sprößling ihrer Ehe, Graf Philipp der Aeltere, geb. 1402, wurde am 6. Febr. 1420 mit Anna, Tochter des Grafen Eberhard des Jüngern von Würtemberg verlobt und die Heimführung erfolgte zu Fastnachten 1422. Häusliches Glück hat Philipp in seiner Ehe nicht gefunden, vielleicht, um wenigstens für einige Zeit lästigen Beziehungen auszuweichen, eine Reise nach dem heiligen Lande angetreten (St. Margarethentag 1433), deren poetische Beschreibung jedoch verloren scheint. Der Ehezwist ging so weit, daß Philipp alle Gemeinschaft mit der Unverträglichen aufgab und ihr gegen das Jahr 1446 eine Wohnung auf Schloß Lichtenberg anwies. Hier suchte sie Zeitvertreib in Zaubereien mit dem Kellner, die bis vor den Grafen gelangten. Dieser übertrug die Untersuchung seinem Sohne Philipp, dem Dieter von Isenburg und der Amtmann Johann von Wallbrunn beigegeben war, und vor diesen Commissarien hat Anna u. A. den Kellner beschuldigt, daß er ihr mancherlei, nicht immer natürliche Künste habe beibringen wollen, um die Liebe ihres Herrn wiederzugewinnen. Die Commissarien benutzten die ihnen ertheilte Vollmacht, um einen Vergleich zu vermitteln, laut dessen der Graf seiner Gemahlin nothdürftigen Unterhalt reichen sollte, daneben versprach, sie zuweilen, seiner Gelegenheit nach, zu besuchen, ohne doch zu bleibendem Zusammenleben sich zu verpflichten, 1446. Gleichwol steigerte sich die gegenseitige Abneigung in solchem Maße, daß Graf Philipp Leben oder Gesundheit gefährdet glaubte und deshalb Scheidung von Tisch und Bett (quoad thorum et sanitatem) von Papst Calixtus sich erbat. Eine Untersuchung in Betreff dieses Antrags vorzunehmen, ermächtigte der Papst, den 1. Jan. 1456, den Erzbischof von Mainz und es scheint dieselbe zum Vortheil Philipp's ausgefallen zu sein, indem Anna im folgenden Jahre ihren Bruder, den Grafen Ulrich von Würtemberg, um freien Aufenthalt in seinen Landen bat und am Montage nach Ostern 1457 ihrem Herrn das Schloß Lichtenberg zurückgab gegen eine jährliche Pension von 1000 Gulden. Ihr Bruder wies ihr zu Waiblingen ein Haus an, das bewohnte sie bis zu ihrem Ende den 10. April 1471 und es hat sich im Orte das Gedächtniß ihrer Wohlthätigkeit bis auf die neuere Zeit fortgeerbt. Philipp, der auf die unglücklichste Weise den Sohn verloren hatte, dem einzig die an den Landgrafen von Hessen verheirathete Tochter geblieben war, ließ sich in dem Alter von 71 Jahren durch die Hoffnung auf einen männlichen Erben zur zweiten Ehe verleiten. Am 30. Nov. 1473 wurde ihm des Herzogs Otto von Braunschweig Wittwe Anna, die älteste Tochter des Grafen Johann IV. von Nassau-Dillenburg, angetraut. Nach weniger Wochen Verlauf sollte die junge Gräfin zu Rheinfels auf der Burg das Opfer eines Giftmordes werden. In der Octave von des Apostels Johannes Fest, den 2. oder 3. Jan. 1474, hörte sie in der Burgkapelle Messe, an deren Schluß ihr nach alter frommer Sitte der von dem Priester zu Ehren des heiligen Johannes gesegnete Becher mit Wein gereicht wurde. Der Wein war trübe, was die Gräfin bemerkte, doch nicht weiter beachtete, nachdem der Meßpriester, Johann von Bornich, ihr gesagt, es sei etwas Staub in den Becher gefallen; sie trank und empfand alsbald die heftigsten Schmerzen, denn mit Arsenik war der Wein versetzt. Den Thäter zur Rechenschaft zu ziehen, war für den Augenblick unmöglich, er hatte die Flucht ergriffen. Aber während seine Tochter mit dem Tode rang, ermüdete der Graf von Nassau nicht in der Verfolgung des Mörders, und zu Cöln ihn zu ereilen, ist ihm zuletzt gelungen. „In demselben Jahr (1474 erzählt die Cronica von der Hilliger Stat Cöllen) uf St. Peter und Pauls Abend waren zu Cöln sieben Weihbischöfe, und hatte ein jeglicher von ihnen seine Pontificalia an, gleich als ob sie einen Altar oder Kirche weihen sollten, und degradirten auf dem Domhof vor dem Saal einen Paffen, der hatte viel Leuten vergeben, sich auch unterstanden, einem Grafen von Katzenellenbogen und seiner Hausfrauen zu vergeben, die dem Paffen und seiner Schwester viel Guts gethan hatten. Und geschah die Degradatio mit Beraubung und Abschären der priesterlichen Weihe und Kleidung, als man einen Priester weihet und zum letzten ein Kügelchen aufgelegt. Dieser selbe Paff bekannte in dem Saal vor dem Official, vor den Weihbischöfen und unsern Herren und allen Umstehenden viel Bosheit, die er gethan hatte, und noch thun sollte, darauf er großes Geld gekriegt haben sollt. Er hatte auch in manchem Jahr seine Beicht nicht gethan, und immer Meß gehalten, und starb ohne Beicht. Er ward darnach bei dem Galgen in der Kesselkaulen verbrannt. Die Angreifung und Degradatio hat bestellt, als ich hört sagen, ein Graf von Nassau, und kost ihn groß Geld, und kam also zu. Der Graf von Katzenellenbogen zu der Zeit war ein redlicher alter Mann und hatte keine Mannserben. Sein Sohn war der Zeiten erstochen werden zu Brügge in Flandern. Nu hatte derselbe Graf eine Tochter, die hat Landgraf Heinrich zu einem Weib genommen und eine Zeitlang gehabt. Nu lag die Landschaft dem vorgeschrieben Grafen von Katzenellenbogen an, daß er sich veränderte, auf daß die Landschaft ein Mannserben krieg, und nicht komm an einen fremden Stamm die Grafschaft. Also nahm er eine Tochter von Nassau. Darnach ward der Paff bestellt, und war von St. Goar, und des von Katzenellenbogen Caplan. Und als er der Gräfin sollte geben die Spülung nach dem Sacrament, so wollt er ihr vergeben haben, und daß also die Begierd der Landschaft gehindert wurde. Und man mummelte sehr up ein Theil Leut, die das sollten bestellt han. Also starb doch derselb Graf ohn Mannserben und also verging der Stamm und die Grafschaft vorgeschrieben, und kam von der Tochter an den Landgrafen Heinrich, und krieget damit großen mächtigen Schatz von Geld und ein schön Landschaft." Durch eine lange Reihe von Verhandlungen wird dieser Reichthum des Grafen Philipp bekundet. „Philipp schien gleichsam die allgemeine Geldquelle am Rheinstrom zu sein, aus der seine bedrängten oder verschuldeten Nachbarn schöpften." Im J. 1445 verpfändete ihm der Kurfürst von Cöln die Stadt Rheus, im J. 1450 borgte er dem Erzbischofe Jacob I. von Trier 19,000 Gulden, zu deren Sicherheit er sich den Bopparder Zoll verschreiben ließ. Im J. 1465 verpfändete ihm Kurfürst Adolf von Mainz Stadt, Amt und Zoll Gernsheim um 40,000 Fl.; von Gerlach von Isenburg erkaufte er auf Wiedereinlösung Schloß und Freiheit Herschbach sammt dem Kirchspiele Meud; 1476 bewilligte er abermals dem Erzstifte Mainz ein Darlehen von 10,000 Gulden, welche auf den Zoll zu Lahnstein versichert waren. Unter Philipp's bleibenden Erwerbungen sind zu nennen das halbe Dorf Erzhausen, Güter und Gefälle zu Wolfskehlen und im Ried, ein Viertel an der Grafschaft Diez, welches ihm Gottfried IX. von Epstein am 13. Juli 1459 um 30,000 Gulden erblich und ewig überließ, die Voigtei zu Obermeisen an der Aar, das Dorf Eschbach, das Dorf Hungeroth, von Kuno von Schöneck erkauft, Schwanheim, ein Viertel von Butzbach, 1478 um 40,000 Gulden von Gottfried X. von Epstein erkauft. In Unterhandlungen glücklich und deshalb den Frieden liebend, hat Philipp häufig bewiesen, daß er den Krieg nicht fürchte. Mit dem Kurfürsten Friedrich zu Pfalz unterhielt er die genaueste Verbindung, wie er denn bereits 1451 als einer derjenigen genannt wird, welche dem streitbaren Friedrich den Rath, sich die kurfürstliche Würde zuzulegen, gaben. Am 19. Nov. 1461 verbündete er sich zu Weinheim mit Diether von Isenburg, dem abgesetzten Kurfürsten von Mainz und dem Pfalzgrafen und es nahm ihren Anfang die große mainzische Stiftsfehde. Beinahe 16 Jahre hat Philipp die Pacification von 1463 überlebt und er ist in seinem 77. Jahre, den 27. Juni 1479, unmittelbar nach dem Abendessen verschieden. Sein Sohn, Philipp der Jüngere, 1427 geboren, wurde den 30. April 1443 mit des Grafen Heinrich II. von Nassau-Dillenburg Tochter Ottilia verlobt und die Vermählung scheint im J. 1449 vollzogen worden zu sein, denn es hat der Vater am 19. Juni 1449 dem jungen Ehepaare Schloß und Stadt Darmstadt mit einer guten Anzahl Dörfer aus der Obergrafschaft abgetreten. Nach des Schwiegervaters Ableben 1451 erhob Philipp starken Anspruch an die von demselben besessenen Lande, wie er denn auch das Wappen der Grafschaften Nassau und Vianden annahm, ohne doch den Anspruch weiter verfolgen zu können. Er wurde zu Brügge den 30. Jan. 1454 erstochen. Seine einzige Tochter Ottilia, geb. um 1451, wünschte Kurfürst Friedrich I. zu Pfalz seinem Neffen Philipp zu freien und er hat darum mit seinem treuen Freunde, Grafen Philipp dem Aeltern, den Vertrag von Mittwoch nach Margarethen abgeschlossen. Die für die Pfalz so wohlgelegene Erwerbung mußte aufgegeben werden, da der Prinz 1467 wiederholt äußerte, daß er für die Gräfin Ottilia keine Neigung empfinde, daß er, zu jung um zu heirathen, eine fürstliche Gemahlin begehre und der Oheim, obgleich von Herzen diese Heirath wünschend, ließ ihm freien Willen. Für die verschmähte Braut fand sich sehr bald ein anderer Freier. Mit ihrem Großvater einigte sich Markgraf Karl von Baden um seines Sohnes Christoph Vermählung mit Gräfin Ottilia, den 30. Juni 1468 und die Hochzeit wurde zugleich mit jener von Christoph's Schwester Cimburgis, die den Grafen Engelbert II. von Nassau in Breda zum Manne erhielt, Anfangs des Jahres 1469 von dem Kurfürsten Johann II. von Trier, dem Bruder des Markgrafen Karl, zu Coblenz auf das Prächtigste begangen. Graf

Philipp hat der Enkelin das Schloß Stadeck an der Selz, mit Zubehör, dann 26,000 Fl. in Pfandschaften mitgegeben, ihr auch für den Fall seines Ablebens die mainzische Pfandschaft auf das Amt Gernsheim, über 42,000 Gulden, dann 6000 Gulden auf den Zoll zu Boppard verheißen. Nachdem jener Fall eingetreten war, forderte Ottilia in ihres Vaters Rechte die Nachfolge in der Grafschaft Katzenellenbogen. Es war ihr aber in der Besitznahme ihre Tante, die Landgräfin von Hessen zuvorgekommen und der Rechtsstreit, welchen Markgraf Christoph Namens seiner Gemahlin vor dem Kaiser trug, 1480, führte im Mai 1482 zu einem Vergleiche, worin Baden gegen eine baare Abfindung seinem Anspruche entsagte. Die Markgräfin Ottilia, die Mutter von 15 Kindern, starb den 15. Aug. 1517, sodaß mit ihr das Haus Katzenellenbogen vollständig erloschen ist. Ihre Mutter, in zweiter Ehe an den Grafen Oswald von Thierstein verheirathet, hatte im Juli 1493 das Zeitliche gesegnet. Noch bleibt von des ältern Philipp Tochter Anna zu handeln. Geb. den 5. Sept. 1443, wurde sie am 11. Juli 1446 dem zweiten Sohne des Landgrafen Ludwig's I. von Hessen, Heinrich IV. verlobt und ihr zum Brautschatze die Summe von 30,000 Fl. auf Diez und Hadamar angewiesen. Die Vermählung folgte im August 1458, wo Anna sich bereits als des Vaters Erbin betrachten konnte, wenn nicht etwa dieser der Enkelin den Vorzug geben würde. In der That scheint Philipp längere Zeit zweifelhaft, oder vielmehr, wie sich aus den Verhandlungen um die pfälzische Heirath ergibt, zu Gunsten der Enkelin gestimmt gewesen zu sein. Als die Heirath an dem Widerspruche des Prinzen Philipp scheiterte, Kaiser Friedrich IV., dem der Graf von Katzenellenbogen als des Pfalzgrafen Friedrich Anhänger unbeliebt, nicht undeutlich die Absicht wahrnehmen ließ, über die Nachfolge in der Grafschaft zu verfügen, 1461 die Podiebrad darauf Anwartschaft (?), ließ der alte Herr geschehen, daß der Landgraf, sein Schwiegersohn, bei den verschiedenen Lehenhöfen die Belehnung nachsuche, unterstützte ihn auch dabei in aller Weise. Am 17. Dec. 1470 gab Graf Philipp seinem Tochtermanne „Land und Leut auf jener Seite des Mains, da Rüsselsheim aufliegt," die Obergrafschaft demnach, amtsweise, und er soll „dasselbe Land mit andern inbehalten, nach Laut und Inhalt der Briefe sprechend über den Hillig seiner Gnaden, ausgenommen wozu denn ein jeglicher Recht hätte." Die Landgräfin, seine Tochter, mit welcher Hessen den außerordentlichen Zuwachs an Macht und Reichthum gewann, starb den 16. Febr. 1494. Volle zwanzig Jahre überlebte ihn die Stiefmutter, die nassauische Anna. Diese war auf Schloß und Thal Burg-Schwalbach sammt den Dörfern Dörsdorf und Panrod bewitthumt, gab aber Alles an den Landgrafen Wilhelm den Jüngern von Hessen ab gegen eine ihr zugesicherte Jahresrente von 700 Gulden, deren sie auch bis zu ihrem Ende, den 8. April 1514, genoß. *(v. Stramberg.)*

GOBAEUM (*Γόβαιον ἄκρον*) ist von Ptolemäos II, 8, 1 als ein Vorgebirge im lugdunensischen Gallien (*Κελτογαλατία Λουγδουνησία*) aufgeführt worden; wol nur eine Landspitze, wahrscheinlich Cap Mahé oder S. Mathieu, in der Bretagne, gegenwärtig Departement Finisterre. *(Krause.)*

GOBANNIUM, im Itinerarium Augusti als eine Stadt im alten römischen Britannien aufgeführt, hat seinen alten Namen noch in dem heutigen *Abergavenny* erhalten und wird auch noch durch einige Ueberreste bezeugt. Der gegenwärtige Ort liegt am Flusse Usk in Monmouthshire. Vergl. Mannert II, 2. S. 156. *(Krause.)*

GOBANUS, ein frommer Irländer, welcher, wie noch viele andere seiner Landsleute, um die Mitte des 7. Jahrh. nach Frankreich herüberkam, um zur Verbreitung des christlichen Glaubens beizutragen. Er hielt sich einige Zeit zu Corbeny und zu Laon auf, welches auf einem Berge, der im Alterthume Bibrax hieß, liegt [1]) und zog sich dann in den großen Forst an der Oise zurück, wo er auf einem Stücke Landes, welches er von Chlotar III., dem Könige von Neustrien und Burgund (656—670), zum Geschenke erhalten hatte, zuerst eine Zelle und dann mit Hilfe des Volkes eine Kirche erbaute. Er diente hier dem Herrn mit Fasten, Wachen und Beten und predigte dem Volke, aber ohne Erfolg, da die Bewohner jener Gegend sehr gottlos waren, und erst, wie ihm in einem Traumgesichte offenbart wurde, durch einen Einfall des grausamen Volkes der Vandalen [2]) gezüchtigt werden mußten, ehe sie zur Besinnung kamen. Die gleichzeitigen Geschichtschreiber wissen zwar Nichts von einem Einfalle der Vandalen; es ist jedoch nicht unmöglich, daß noch Reste dieses Volkes sich bei den Sachsen oder Friesen festgesetzt hatten; vielleicht machte auch ein sächsischer oder friesischer Stamm einen Streifzug nach der Gegend, wo sich der Einsiedler aufhielt; gewiß ist, daß die Barbaren ihm aus Haß gegen das Christenthum den Kopf abschlugen. An dem Orte, wo er erschlagen wurde, entstand allmälig der nach ihm benannte und durch seine Spiegelfabrication berühmte Marktflecken Saint Gobain, welcher jetzt noch mitten in einem Walde liegt und in dessen Kirche das Haupt des Märtyrers Gobanus, welchen die Kirche am 20. Juni verehrt, bis auf den heutigen Tag aufbewahrt wird. Eine alte kurze Biographie dieses Heiligen, deren Verfasser unbekannt ist, hat Dan. Papebroek aus einer alten Handschrift (in den Act. SS. Antverp. Junii Tom. IV. p. 21 seq.) herausgegeben. *(Ph. H. Külb.)*

GOBART (Laurent), belgischer Jesuit, um das Jahr 1658 zu Lüttich geboren, trat nach der Beendigung seiner Vorbereitungsstudien in seinem 22. Jahre in den Jesuitenorden und brachte fast sein ganzes Leben in dem Collegium zu Lüttich zu, wo er die Pflichten seines Standes als Prediger und Beichtvater mit der größten Ge-

---

1) Ad Laudunum montem, qui antiquo sermone Bibrax nuncupatur. Vita S. Gobani c. 6. Ein Beitrag zur Entscheidung des von den Geographen lange geführten Streites, ob der von Cäsar (De bello gall. II, 6) genannte Ort Bibrax Braine, Bièvre, Fismes oder Laon sei. 2) Barbari homines, qui prisci Wandalis successores exstiterunt .... Venerunt igitur hi Wandali et barbari homines. Ibid. c. 7.

wissenschaftlichkeit erfüllte und sich in seinen Mußestunden vorzugsweise mit philosophischen und physikalischen Forschungen befaßte, wie sein manches Beachtungswerthe enthaltender Tractatus philosophicus de Barometro (Amstelodami 1703. 12.) beweist. Als theologischer Schriftsteller erwarb er sich durch sein asketisches Werk: L'homme chrétien formé sur le modèle de Jésus-Christ par la pratique des vertus divines et humaines (Liège 1722. 12. 2 Voll.) großen Beifall. Gobart starb im J. 1750 zu Lüttich *). (*Ph. H. Külb.*)

GOBARUS (Stephanus), ein Irrlehrer von der Secte der Tritheiten, von dessen Lebensverhältnissen Nichts weiter bekannt ist, als daß er am Ende des 6. oder am Anfange des 7. Jahrh. lebte, wie man wenigstens aus seiner genauen Kenntniß der theologischen Streitigkeiten des 6. Jahrh. und aus der Lebenszeit der von ihm angeführten Schriftsteller ¹) schließen kann. Er scheint übrigens einer der kenntnißreichsten und bedeutendsten Anhänger der aus den Monophysiten hervorgegangenen Partei der Tritheiten, welche in der Dreifaltigkeit drei verschiedene Naturen, mithin drei Götter annahmen, ohne jedoch diese Consequenz zugestehen zu wollen, gewesen zu sein und sich insbesondere gegen die als unfehlbar aufgestellte Autorität der älteren Kirchenväter aufgelehnt zu haben, weil er wol einsah, daß die Tradition oder das Vorurtheil des Ansehens, welches man den älteren Kirchenlehrern zugestand, nicht nur die hauptsächlichste Quelle, aus welcher alle Parteien ohne Ausnahme ihre Gründe zur Vertheidigung oder Widerlegung irgend einer Ansicht nahmen, sondern deshalb auch die wahre Ursache alles Unglücks war, welches während mehrer Jahrhunderte durch die nestorianischen und monophysitischen Streitigkeiten gestiftet wurde. Er hatte Muth und Geschick genug, diesem gefährlichen Herkommen in einem Werke ²) entgegenzutreten, in welchem er die widersprechenden Ansichten der älteren Kirchenlehrer über einzelne Religionsfragen neben einander stellte, um dadurch, ohne selbst eine eigene Meinung zu äußern, darzuthun, daß beide Behauptungen nicht zugleich wahr sein können und also eine der gepriesenen Autoritäten Unrecht haben müsse. Man kann freilich dagegen einwenden, daß Gobarus von seinem Standpunkte aus willkürlich bei der Wahl der angeführten Kirchenlehrer und der von ihm gewählten Religionsfragen verfuhr, was auch wirklich, wenn man nach den von Photius ³) aus dem nicht mehr vorhandenen Werke gegebenen Auszügen urtheilen darf, der Fall gewesen zu sein scheint. Das Werk enthielt in 52 Artikeln allgemeine, die ganze Orthodoxie betreffende und in mehren nachträglichen Artikeln besondere, nur auf Privatmeinungen einzelner Lehrer beruhende Fragen und bei jeder derselben zwei nicht nur von einander verschiedene, sondern auch einander widersprechende Antworten der älteren Kirchenlehrer. Die Fragen sind nicht nur dogmatischen und exegetischen, sondern auch historischen und chronologischen Inhalts und zum Theil sehr unbedeutend. So werden die wichtigen Fragen aufgeworfen, ob Gott eine Menschengestalt habe, ob der gegenwärtige Leib auferstehen werde, ob Christus etwas nicht gewußt habe, ob Gott in Allem sei und Alles erfülle oder ob er nach seinem Wesen außerhalb der Welt sei u. s. w.; dabei wird aber auch gefragt, in welchem Monate Johannes der Täufer empfangen sei, ob die Engel sich fleischlich mit Weibern vermischt haben, ob das künftige Jahrhundert das achte oder das neunte sei ⁴) u. s. w. Wenn Photius sich dahin ausspricht, daß das Werk dem Verfasser zwar viel Mühe und Arbeit gekostet, daß er aber damit keinen großen Nutzen gestiftet habe, weil er bei der Wahl der Schriftsteller, welche er seine Fragen beantworten lasse, ohne die geziemende Kritik verfahren sei, so kann man dem Patriarchen, obgleich er von streng orthodoxem Standpunkte aus urtheilt, nicht völlig Unrecht geben; jedenfalls aber muß man bedauern, daß das vollständige Werk des Gobarus, welches ohne Zweifel einen reichen Schatz kirchengeschichtlicher Nachrichten enthielt, nicht mehr vorhanden ist ⁵). (*Ph. H. Külb.*)

GOBAT (Georg), einer der berühmtesten Moralisten des 17. Jahrh., im J. 1600 zu Charmoille (Kalmis) im Canton Bern geboren, trat nach der Beendigung seiner Schulstudien in seinem 18. Jahre in den Orden der Jesuiten und widmete sich dem Lehramte, welches er in mehren Collegien, besonders aber in den Collegien zu Halle in Tyrol und Freiburg in der Schweiz, welchen er als Rector vorstand, viele Jahre mit dem größten Eifer und Erfolge versah. Großen Ruhm erwarb er sich bei seinen Zeitgenossen durch seine zahlreichen Schriften im Fache der Moraltheologie. Als die bedeutendsten derselben gelten: Thesaurus ecclesiasticus indulgentiarum, in quo omnia dubia moralia, quae alii plerique, permulta, quae pauci, non pauca, quae nemo de indulgentiarum natura, adjunctis et praxi ad hoc pertractavit, proponuntur. (Oeniponti 1650. 8.) Sensus et consensus de Jubileo duplici et suspensione indulgentiarum. (Cracov. 1651. 12.) Theologia juridico-moralis seu accusatio canonica ebriosi ad divortium compellendi propter ebriositatem indeque secuta varia mala. (Constantiae 1661. 4.) Clypeus alphabeticus, id est, clypeus clementium judicum una cum alphabetis communicantium

---

*) *Aug. et Al. de Backer*, Bibliothèque des écrivains de la Compagnie de Jésus. Tom. I. (Liège 1853. 8.) p. 340.

1) Der Antiochener Severus, welcher um die Mitte des 6. Jahrh. starb, ist der jüngste von Allen, welche er namhaft macht. J. Alb. Fabricius hat sich (in seiner Bibliotheca graeca l. V. c. 38. §. 8. n. 222) die Mühe gegeben, die von Gobarus angeführten Schriftsteller zu vergleichen. 2) Der Titel: De pugnantibus repugnantibusque sententiis, unter welchem man gewöhnlich das Werk anführt, ist willkürlich, da er sich bei keinem älteren Schriftsteller findet. 3) Bibliothec. cod. 232.

4) C. 16: [illegible] Wäre die Frage deutlicher gestellt, so könnte man daraus vielleicht auf die Lebenszeit des Verfassers schließen. 5) Chr. Wilh. Fr. Walch's Historie der Ketzereien. 8. Bd. S. 877 fg. Joh. Matth. Schröckh's Christliche Kirchengeschichte. 18. Bd. S. 627 fg.

et sacrificantium. (Monachii 1662. 12.) (Die bis jetzt genannten Schriften zusammen in dem Quinarius tractatuum theologico-juridicorum. Constantiae 1670. fol.) Alphabetum Sacrificantium, quo XXIII casibus factis non fictis explicatur universa materia practica celebratae missae. (Constantiae 1660. 12. Ed. auct. Monachii 1663. 12.) Alphabetum Baptizantium et Confirmantium, quo XXIII praecipuis casibus factis non fictis, itemque aliis permultis declaratur universa materia Baptismi et Confirmationis. (Monachii 1663. 12.) Alphabetum Confessariorum, quo XXIII cardinalibus casibus atque aliis multis factis non fictis edisseruntur officia Confessarii. (Constantiae 1666. 12.) Alphabetum Confitentium, quo XXIII casibus cardinalibus atque aliis factis non fictis edisseruntur officia Confitentis. (Constantiae 1667. 12.) Clavis alphabetico-sacramentalis, id est tractatus moralis de Sacramentis in genere (Constantiae 1667. 12.) und Alphabetum quadruplex de voto, de blasphemia, de juramento et de superstitione. (Constantiae 1672. 8.) Die meisten dieser Schriften findet man zusammen in den Experientiae theologicae sive experimentalis theologia, qua casibus prope septingentis factis non fictis explicatur in ordine ad praxim universa materia Sacramentorum (Monachii 1669. fol. Venetiis 1672. fol. Monast. Einsiedl. 1678. fol.) und alle in den Opera moralia omnia. (Monachii 1681. fol. 2 Voll. Duaci 1700. fol. 2 Voll. Venetiis 1749. fol. 3 Voll.) Er übersetzte auch des Jesuiten Paul Ragueneau Missionsbericht in das Lateinische unter dem Titel: Narratio historica eorum, quae Societas Jesu in Nova-Francia fortiter egit et passa est annis 1648 et 1649, e gallico in latinum translata. (Oeniponti 1650. 18.) Gobat starb am 23. März 1679 zu Constanz. Er gehörte zu den Moralisten der Jesuiten, deren Grundsätze um die Mitte des 17. Jahrh. von vielen Seiten als zu lax und nachtheilig angegriffen und zum Theil von dem Papste Innocenz XI. im J. 1679 als anstößig verdammt wurden. Erst lange nachher erhob sich insbesondere gegen Gobat's Ansichten bei Gelegenheit der Gesammtausgabe seiner Werke durch die Jesuiten zu Douai der glaubenseifrige Bischof von Arras, Guido de Sève de Rochechouart in seiner Schrift: Censure faite par M. l'évêque d'Arras le 17 Aoust 1703 d'un livre intitulé: *G. Gobati* Opera moralia omnia etc. (Arras 1703. 4.), worauf die Jesuiten zu Douai sogleich durch eine Justification touchant ce qui est dit dans la préface et la conclusion de la Censure, que M. l'évêque d'Arras a faite des oeuvres du P. Gobat (Douay 1703. 4.) antworteten. Auch mehre andere Vertheidigungsschriften (Epistola ad Illust. Episcopum Atrebatensem expostulatoria circa ejusdem Episcopi censuram adversus propositiones Patris Gobati, s. l. et a. 8. Apologie pour la doctrine des jésuites, envoyée à M. l'évêque d'Arras a l'occasion de la censure qu'il a faite du livre d'un Casuiste allemand. Liège 1703. 12. Lat. Colon. Agripp. 1706. 12. und Vindiciae Gobatianae. Aug. Vind. 1708. 4.) erschienen zu Gunsten Gobat's und seiner Grundsätze *). (*Ph. H. Külb.*)

GOBBO (Pietro Paolo Bonzi genannt), ein Maler der römischen Schule, im J. 1570 zu Cortona geboren, war zuerst Diener und dann Schüler Annibale Caracci's, malte aber später, da er in der Darstellung historischer Gegenstände kaum Mittelmäßiges zu leisten vermochte, fast ausschließend Früchte, in welcher Gattung er eine so große Meisterschaft erlangte, daß er nicht nur, wie Zeuxis, die Vögel, sondern auch das Auge des Menschen zu täuschen wagte. Er malte, um seine Früchte anzubringen, entweder Landschaften, welche er überdies mit schönen Figuren staffirte, oder stellte verschiedene Arten derselben zusammen in einem Korbe dar oder verband sie zu Guirlanden, wie an dem vielfach bewunderten Plafond des Palastes Materi zu Rom. Seine Kunst bestand hauptsächlich in der Behandlung der Farben, wodurch die oft nicht geringen Fehler in der Zeichnung verdeckt werden. Bonzi stach auch mehre seiner Gemälde selbst in Kupfer, und es werden insbesondere vier Blätter (der Engel mit dem jungen Tobias, die heilige Jungfrau mit St. Anton und Katharina, die Taufe Christi und eine heilige Familie unter einem Baume) von den Kunstkennern namhaft gemacht. Bonzi verdankt seinen Beinamen Gobbo (Buckel), unter welchem er in der Kunstgeschichte bekannt ist, seiner körperlichen Mißgestalt, und zur nähern Bezeichnung nennt man ihn bald il Gobbo di Cortona (Buckel von Cortona) von seinem Geburtsorte, bald il Gobbo de' Caracci (Caraccibuckel) von seinem Lehrmeister und bald il Gobbo dai frutti (Früchtebuckel) wegen der von ihm bevorzugten Gattung der Malerei. Er starb im J. 1630 zu Rom, seinem gewöhnlichen Aufenthaltsorte. Seine Gemälde und Kupferstiche werden des undeutlichen Monogrammes wegen, dessen er sich bedient, häufig den gleichzeitigen Malern Orazio Borgiani und Giacomo Cavedone zugeschrieben †). (*Ph. H. Külb.*)

GOBDI wird in der Tabula Peutingeriana Segm. XI, C. (ed. *C. Mannert*) als Stadt oder Ort zwischen Philadelphia und Nasabi (wenn man von Ost nach West sich wendet) und zwischen dem Taurus und einem Flusse Beriens (von Nord nach Süd) aufgeführt. Bei der Zusammendrängung entfernter Länder und Oerter in seiner Tabula läßt sich eine genauere Bestimmung nicht geben. Wahrscheinlich hatte dieser Ort erst in der spätern Zeit als Station auf der hier frequenten Reiseroute einige Wichtigkeit erlangt. (*Krause.*)

GOBEL (Jean Baptiste Joseph), constitutioneller Bischof von Paris, am 1. Sept. 1727 zu Thann (im Departement des Oberrheins) geboren, widmete sich, nachdem er in seiner Geburtsstadt und zu Colmar die nöthige Vorbildung erhalten hatte, zu Rom in dem Collegium

*) *Aug.* et *Al. de Backer*, Bibliothèque des écrivains de la Compagnie de Jésus. (Liège 1854. 8.) Tom. II. p. 243 seq.

†) G. K. Nagler, Künstlerlexikon. 2. Bd. S. 56. *Fr. Brulliot*, Dictionnaire des monogrammes. Tom. I. p. 280. Biographie générale. Tom. VI p. 665.

[illegible] der Theologie und erhielt von seinen Lehrern [illegible] Zeugniß eines eben so talentvollen als fleißigen [illegible]. Nach seiner Heimkehr begab er sich mit guten [illegible]ungen zu dem Bischofe von Basel, welcher damals [illegible] Sitz zu Bruntrut (Porrentruy) im Canton Bern [illegible] und wurde von demselben bald mit einer guten [illegible]pfründe bedacht. Man will übrigens schon damals [illegible] eine entschiedene Hinneigung zu den, mit der [illegible] Theologie nicht übereinstimmenden, neuen phi[illegible] Ansichten und die Anfänge des maßlosen [illegible], der ihn später ins Verderben stürzte, entdeckt [illegible] er verstand jedoch seine Neigungen und Absichten [illegible] gut zu verbergen, daß man keinen Anstand nahm, ihn am 27. Jan. 1772 zum Bischof von Lydda in partibus infidelium und zum Suffragan des Bischofs von Basel für den französischen Theil dieser Diöcese zu ernennen. Da er in dieser Eigenschaft seinen Sitz in Frankreich hatte, so wurde er im J. 1789 von der Geistlichkeit zu Befort zum Deputirten bei der Generalversammlung der Stände ernannt. Nachdem sich der dritte Stand am 17. Juni zur Nationalversammlung erklärt hatte, trat Gobel auf die Seite der Volkspartei und nahm am 23. Aug. lebhaften Antheil an der Verhandlung über die Freiheit der religiösen Ansichten, auch wurde der merkwürdige Beschluß, „daß Niemand seiner religiösen Meinungen gefährdet werden dürfe,“ mit Gobel's Amendement, „so lange ihre Kundgebung die öffentliche Ordnung nicht störe,“ angenommen. In der Sitzung vom 1. December verlangte er im Namen der Geistlichkeit von Besançon, Hüningen und Befort die Aufhebung des geistlichen Gerichtshofes zu Colmar und man entsprach, da sich Niemand dagegen erhob, seinem Antrage. Bei der Verhandlung über die bürgerliche Verfassung der Geistlichkeit, am 1. Juni 1790, bemühte er sich vergebens, seine Ansicht, daß man bei ausschließend geistlichen Dingen an dem kanonischen Rechte festhalten solle, durchzusetzen, weil er nicht ernst genug aufzutreten wagte. Ebenso fehlte es ihm, als er am 2. Jan. 1791 den Eid auf die bürgerliche Verfassung der Geistlichkeit leistete, an Muth, bei einigen Vorbehalten, die er Anfangs zu machen gedachte, zu verharren, weil man ihn zu denunciren drohte. Seine Bereitwilligkeit, mit dem Strome zu schwimmen, durfte nicht unbelohnt bleiben und er ward bei den Wahlversammlungen zu gleicher Zeit zu den Bisthümern von Colmar, Langres und Paris erkoren. Er entschied sich in der Sitzung der Nationalversammlung vom 14. März für das Bisthum der Hauptstadt und war einer der beiden Prälaten, welche der Weihe der ersten constitutionellen Bischöfe beiwohnten; ihm selbst aber kostete es nicht wenig Mühe, seine kanonische Einsetzung zu bewirken, denn der Erzbischof von Sens und der Bischof von Orleans weigerten sich, obgleich Beide den Eid auf die bürgerliche Verfassung geleistet hatten, diese Handlung zu vollziehen; er sah sich deshalb genöthigt, seine Amtsgenossen bei dem Tribunale des Bezirks von Paris zu verklagen und wurde von diesem an den Bischof von Autun, Herrn von Talleyrand-Périgord, verwiesen, welcher weniger ängstlich als seine Mitbrüder dem neuen Bischofe die Weihe ertheilte, worauf dieser am 27. März 1791 förmlich von dem bischöflichen Stuhle zu Paris Besitz nahm. Da auch die constitutionellen Bischöfe der alten Sitte huldigten, bei dem Antritte ihres Amtes eine Ansprache an ihre Gemeinde zu erlassen, so ließ auch Gobel am 30. April einen Hirtenbrief erscheinen, worin er die Gesetzmäßigkeit der von der Nationalversammlung bewirkten kirchlichen Reformen zu erörtern und zu beweisen suchte, daß in den ersten christlichen Jahrhunderten die Bischöfe ebenfalls von dem Volke gewählt wurden. Einen zweiten Hirtenbrief veröffentlichte er am 15. Sept. vor dem Schlusse der ersten Nationalversammlung, um dem Könige wegen der Annahme der Constitution Glück zu wünschen. Trotz dieser Kundgebungen war Gobel doch keineswegs im Innern mit sich einig, ob er den weniger aus Ueberzeugung als aus Furcht betretenen Weg verlassen oder auf ihm weiter fortgehen solle, ja man behauptet sogar, er habe den Gesandten von Genua, Marchese Spinola, zu veranlassen gesucht, dem Papste den Antrag zu stellen, daß er gegen eine ihm zum Lebensunterhalte dienende Summe von 100,000 Thalern den auf die Verfassung geleisteten Eid zurücknehmen wolle. Als der Gesandte jedoch diesen Auftrag ablehnte, warf Gobel sich so rücksichtslos in die Arme der entschiedensten Revolutionspartei, daß er sich sogar den Unwillen und den Tadel der constitutionellen Geistlichkeit im hohen Grade zuzog. So gestattete er nicht nur verheiratheten Priestern ihre kirchlichen Functionen zu verrichten, sondern setzte sogar in Paris einen solchen als Pfarrer ein und ließ dessen Frau an der Feierlichkeit Theil nehmen, wodurch ein so großes Aergerniß gegeben wurde, daß mehre andere Pfarrer den Muth faßten, laut ihr Mißfallen über ein so unwürdiges Benehmen auszusprechen. Im J. 1793 wurde der Bischof als Civilcommissair nach Bruntrut geschickt; seine Handlungsweise in dieser Stellung scheint aber Nichts weniger als lobenswerth gewesen zu sein, denn eine Deputation dieses Ortes erschien am 27. Jan. I. (1793) vor den Schranken des Nationalconvents, um Gobel anzuklagen, daß er die ihm gegebene Vollmacht überschritten und seine Gewalt misbraucht habe; der Anklage wurde übrigens unter den obwaltenden Umständen keine Folge gegeben, da Gobel von der jetzt herrschenden Partei, welche ihn zu ihren Zwecken misbrauchte, um so mehr geschützt wurde, als sie ihn noch zu einer wichtigen Demonstration zu benutzen gedachte, weshalb ihn auch Chaumette, Hebert, Anacharsis Cloots und Pereira immer mehr mit ihren Netzen umstrickten. Am Vorabende des 17. Brumaire II. (7. Nov. 1793) erschienen Cloots und Pereira um die eilfte Stunde bei Gobel, welcher sich bereits zur Ruhe begeben hatte, und machten ihm den Vorschlag, vor dem Convent zu erscheinen und seine Irrthümer abzuschwören. „Ich kenne,“ erwiderte der bestürzte Bischof, „keine Irrthümer in meiner Religion und habe deshalb auch keine abzuschwören.“ „Es handelt sich hier nicht darum,“ bemerkte man ihm, „Ihre Grundsätze sind zu geben, sondern sich dem öffentlichen Wohle zu opfern und dem Volke durch Niederlegung Ihrer Functionen, von denen es Nichts mehr wissen will, nachzugeben." „Das Volk" antwortete er ängstlich, „hat mich gewählt, es steht ihm auch zu, meine Abdankung zu verlangen." Am folgenden Morgen wurde er nebst vierzehn seiner Vicare von Chaumette und seinem rasenden Anhange durch Zureden und mehr noch mit Gewalt zuerst auf das Stadthaus und von da in den Convent geführt, wo er seine und seiner Begleiter Abdankung durch folgende Worte begründen zu müssen glaubte. „Ich bin," sprach er mit zitternder Stimme, „als Plebejer geboren und war seit meiner frühen Jugend von der Liebe zur Freiheit und Gleichheit begeistert, der Wille des Volks war stets mein höchstes Gesetz und die Unterwerfung unter seinen Willen meine höchste Pflicht. Ich habe den Einfluß, welchen mir meine Stellung über das Volk verlieh, nur dazu benutzt, um seine Liebe zur Freiheit und Gleichheit zu steigern. Da aber jetzt die Revolution ihrem Ende naht, da die Freiheit jetzt mit starken Schritten voranschreitet und alle Gesinnungen sich vereinigt haben und da es jetzt keinen anderen Nationalcultus mehr geben darf, als den der Freiheit und Gleichheit, so entsage ich meinen Functionen als Diener des katholischen Cultus und meine Vicare geben dieselbe Erklärung ab. Möge dieses Beispiel die Herrschaft der Freiheit und der Gleichheit befestigen." Der Bischof selbst erlaubte sich in seiner sich noch weiter über diesen Gegenstand verbreitenden Rede nicht einen einzigen anstößigen Ausdruck gegen das Dogma oder die Moral, Chaumette sorgte aber für den Eindruck, der hervorgerufen werden sollte, durch die schnell hinzugefügte Erläuterung: „Abdanken bedeutet den Aberglauben abschwören und der Vernunft huldigen, welche sich triumphirend über die religiösen Mummereien erhebt." Rauschender Beifall folgte dieser unverschämten Verdrehung der einfachsten Worte, Gobel bestürzt und fast vernichtet, aber nicht muthig genug, um eine Entgegnung zu wagen, legte Kreuz und Ring ab und setzte die rothe Mütze auf, worauf ihn der Präsident unter großen Lobeserhebungen wegen seiner über alle Vorurtheile erhabenen Gesinnung umarmte. Nach einer Mittheilung Gregoire's, des constitutionellen Bischofs von Blois, eines der ehrenhaftesten Charaktere der Revolutionszeit, soll Gobel nicht nur große Reue über den von ihm so unvorsichtig gewagten Schritt gefühlt, sondern diese auch bei mehren Gelegenheiten im Vertrauen ausgesprochen haben, nach Anderen aber ließ er sich auch fernerhin von seinen unwürdigen Freunden so sehr beherrschen, daß er den größten Theil seiner Zeit in den Clubs zubrachte und sich in das Gewühl der Parteien stürzte, bis er sich durch irgend eine Aeußerung die Ungnade Robespierre's zuzog und mit Chaumette und einigen anderen Jacobinern dieses Gelichters in das Gefängniß wandern mußte. Betrachtet man den schwachen Charakter dieses stets von Ehrgeiz und Furcht bewegten und nach verschiedenen Seiten hin schwankenden Mannes, so darf man wol annehmen, daß beide Behauptungen der Wahrheit entsprechen. Daß er sich übrigens in den letzten Tagen seines Lebens ernstlich mit dem Himmel beschäftigte, beweist sein Brief an Lothringer, einen seiner Vicare, in welchem er, da er keinen Priester bei sich im Kerker sehen wollte, ein schriftliches Bekenntniß seiner Sünden ablegt und diesen bittet, ihm die Absolution zu ertheilen; er gesteht darin reumüthig seine Verbrechen gegen die Religion und die Aergernisse, welche er als Priester und Bischof den Gläubigen gegeben hat und hofft von der Barmherzigkeit Gottes Verzeihung seiner Sünden. Da er sich in der Unterschrift des Briefes Bischof von Lydda nennt, so hatte er wahrscheinlich auch seinen auf die bürgerliche Constitution der Geistlichkeit geleisteten Eid bereits zurückgenommen. Während des Processes, welcher am 19. Germinal II. (8. April 1794) vor dem Revolutionstribunale begann, zeigte er, seiner früheren Gewohnheit getreu, bald Muth und bald wieder eine so unbegreifliche Schwäche, daß er sich durch die damals gewöhnlichen Phrasen von Freiheit und Gleichheit zu vertheidigen suchte. Man hatte ihn angeklagt, während seiner Function als Civilcommissair zu Bruntrut das Hausgeräth des Bischofs von Basel geplündert und als Deputirter und Bischof den Versuch gemacht zu haben, das französische Volk der Religion zu entfremden und die Regierung auf den Atheismus zu gründen, um dadurch den Verleumdungen der gegen Frankreich verbundenen Despoten einen sicheren Haltpunkt zu geben. Am 24. Germinal (13. April) wurde Gobel als Atheist zum Tode verurtheilt und noch an demselben Tage hingerichtet. Auf dem Wege nach dem Blutgerüste rief ihm das Volk zu: „es lebe die Republik!" worauf er erwiderte: „es lebe Jesus Christus!" Ueberhaupt verrieth er auf seinem letzten Gange mehr Entschlossenheit als während seines ganzen Lebens *). (*Ph. H. Külb.*)

Gobelin (Gilles) und Gobelinstapeten, s. Hautelisse 2. Sect. 3. Bd. S. 208.

GOBELINUS (Joannes), Geschichtsschreiber des 15. Jahrh., von dessen Lebensverhältnissen man Nichts weiter weiß, als daß er Vicarius zu Bologna, lange Zeit Beamter am römischen Hofe (unter Martin V., Eugen IV., Nicolaus V. und Calixtus III.) und zuletzt Secretair des Papstes Pius II. war, welchen er überlebte. Man betrachtet ihn gewöhnlich als Verfasser einer allgemeinen Geschichte in zwölf Büchern, welche die Regierungszeit dieses Papstes (1458—1464) umfaßt. Andere aber sind der Ansicht, daß Pius II. selbst angefangen habe, diese Denkwürdigkeiten niederzuschreiben, aber sie weder ausarbeiten, noch vollenden konnte und man muß dieser Meinung um so mehr beistimmen, da man weiß, daß sich Pius II. mit einem solchen Werke beschäftigte und sogar dessen Veröffentlichung untersagte, wenn es nicht vorher von einem Sachkundigen der letzten Feile unterworfen würde [1]). Dieser Mühe unterzog sich nun Gobelinus in solcher Weise, daß er es völlig umarbeitete, ergänzte und bis zu dem Tode seines Gönners im Sinne

*) Biographie nouvelle des Contemporains. Tom. VIII. p. 180 seq. Biographie universelle. Tom. XVII. p. 535 seq. Dictionnaire de la conversation. Tom. LXII. p. 263 seq. Biographie générale. Tom. XX. p. 860 seq.

1) Scripsit etiam rerum sui temporis in Italia gestarum libros XII, quod opus nondum absolutum cum vita finivit, vetuitque publicari, nisi emendaretur. *Platina*, Vit. Pontif.

desselben fortführte, weshalb er auch als Verfasser desselben gelten kann. Es wurde jedoch nach der Vollendung aus unbekannten Gründen nicht veröffentlicht, sondern erst mehr als hundert Jahre später von dem Erzbischofe von Siena Francisco Bandini Piccolomini unter dem Titel: Pii II commentarii rerum memorabilium, quae temporibus suis contigerunt a. J. Gobelino compositi et a Fr. Band. Piccolomineo ex vetusto originali recogniti. Ejusdem Pii responsio ad Matth. Mayer pro defensione S. Romanae ecclesiae (Romae 1584. 4.) herausgegeben. Mit der Fortsetzung und den Briefen des Bischofs von Pavia und Cardinals Giacomo Piccolomini vermehrt ist der spätere Abdruck Francof. 1614. fol. Obgleich diese Denkwürdigkeiten sich stets zu Gunsten des Hauses Piccolomini aussprechen und eigentlich die Verherrlichung desselben bezwecken, so müssen sie doch im Allgemeinen als unparteiisch bezeichnet werden, weshalb sie für die Kenntniß der gleichzeitigen Geschichte sehr wichtig sind*). (*Ph. H. Külb.*)

GOBER (Goberstamm, Gobernation, Gobersprache; auch kommt statt Gober die Form Gabar vor), ein wenig bekannter und nur selten erwähnter, einst beträchtlicher Volksstamm, von welchem gegenwärtig im Inner-Afrika nur zerstreute Ueberreste existiren, welche sich theils rein, theils vermischt erhalten haben. Die Gober sollen von den Kopten abstammen. Wahrscheinlich war es die vorwärts stürmende Macht der Araber, welche im 7. und 8. Jahrh. n. Chr. im Norden Afrika's von Aegypten bis nach Fez und Marocco große Veränderungen hervorbrachte. Vergl. *Leo Africanus*, Africae descript. I, 12. So waren die Berbern, die Ueberreste jener alten Bewohner Libyens, welche von den Griechen *Βάρβαροι*, von den Römern Barbari genannt und von den Carthagern, Römern, Vandalen und Byzantinern mit Schonung behandelt worden waren, von den Arabern theils unterworfen, theils verdrängt worden. So waren die Gober vom Norden her ins Innere Afrika's vorgedrungen und hatten hier ihre Wohnsitze aufgeschlagen. Namentlich hatten sie das Land Air, das Gebirgsland am Ende der Wüste, oder das ganze Gebiet von Asben in Besitz genommen. (H. Barth, Reisen und Entdeckungen in Nord- und Central-Afrika I. S. 248 bemerkt: „Diese Landschaft um Ahat, sowie die ganze Gegend südwärts bis Air oder vielmehr Asben, war nach meiner Ansicht vor Alters von der Gober-Nation bewohnt.") Die Gober waren bereits dem Leo Africanus bekannt geworden, und er hat über die Gober von Suria, Kassina und Kano in Central-Afrika berichtet (über diese Regionen handelt er in s. Africae descriptio p. [illegible] seq. ed. Lugd. Bat. 1632). Den Namen Gober führt noch gegenwärtig eine Stadt mit ihrem Gebiete. Vergl. Barth a. a. O. 2. Bd. S. 50. 3. Bd. S. 12. 13. — Die Gober waren eins der ältesten und wichtigsten Glieder unter den Stämmen, welche gegenwärtig unter der Haussanation zusammengefaßt werden. Bereits Leo Africanus kannte die Gobersprache, und diese ist keine andere als die Haussasprache. H. Barth a. a. O. S. 617 bemerkt: „Air oder Asben war ursprünglich von dem Goberstamme bewohnt, das heißt, von dem edelsten und dem ursprünglichen Stammgeschlechte desjenigen Volkes, welches gegenwärtig von den Eingeborenen selbst die Haussanation genannt wird." Vergl. H. Barth a. a. O. 2. Bd. S. 46. Anmerk. S. 50. 52 und 78. 79. Bevor der Islam der Araber die mächtige Fahne des Propheten überall im nördlichen Afrika aufpflanzte, waren die Gober und ebenso größtentheils die Berbern sicherlich Christen geworden. Späterhin mußten sie schon ihrer Sicherheit wegen zum Islam übertreten, um nicht stets auf Tod und Leben verfolgt oder gänzlich ausgerottet zu werden. Denn bis in das Innere Afrika's hatten sich die Lehren des Propheten ausgebreitet und die Christen wurden weit schroffer verfolgt als die heidnischen Stämme, von welchen noch gegenwärtig mehre in Central-Afrika existiren und ihre Freiheit mit entschlossenem Muthe gegen die Uebermacht des Islam vertheidigen. Allein die Macht der muselmänischen schwarzen Fulbe ist in Central-Afrika bereits so stark, daß sich jene heidnischen Stämme nicht lange mehr werden halten können. Vergl. H. Barth a. a. O. 2. Bd. S. 601 fg. Hier wird über ein Gebirgsland mit Heidenstämmen bemerkt: „Das so eingeschlossene Gebiet ist aber noch weit entfernt, von den Muhammedanischen Eindringlingen ganz und gar erobert zu sein; denn im Allgemeinen sind letztere nur im Besitze vereinzelter Niederlassungen, während das dazwischen liegende Land, besonders aber die gebirgigen Landschaften, noch in den Händen der Heiden sind." Besonders ist das Land zwischen Pöla und Hamárrua noch gänzlich unabhängig und von einer heidnischen Nation mit sehr kriegerischer Gesinnung bevölkert. Ebendas. S. 601. 602. (*J. H. Krause.*)

GOBET (Nicolas), französischer Historiker und Mineralog, um das Jahr 1735 geboren, stammte aus einer der Auvergne angehörenden Familie, erhielt aber seine gelehrte Ausbildung zu Paris, wo er sich insbesondere und mit großer Vorliebe der Chemie und Mineralogie widmete. Nach der Beendigung seiner Studien begleitete er im J. 1763 den berühmten Mineralogen Gabr. Jars auf einer wissenschaftlichen Reise, welche den Zweck hatte, die Einrichtung der Eisenhämmer in mehren Ländern Europa's kennen zu lernen und benutzte diese Gelegenheit auch zu mineralogischen Ausflügen. Nach seiner Heimkehr wurde er im J. 1766 zum Archivar des Grafen von der Provence, des Bruders Ludwig's XV. und bald darauf zum Secretair im Rathe des Grafen von Artois ernannt. Obschon er die Naturwissenschaften fortwährend mit großem Eifer trieb, so vermochten diese doch nicht ihn so ausschließend in Anspruch zu nehmen, daß sie ihn anderen Studien gänzlich entfremdeten, einige Zeit scheint er sich sogar in seiner jetzigen Stellung mehr mit geschichtlichen Forschungen befaßt zu haben, wie seine Reflexions sur l'histoire d'Auvergne (Riom 1771. 4.), sein Sacre et couronnement de Louis XVI à Reims le 11 Juin 1775, précédé de Recherches sur le

*) Vergl. *J. G. Vossius*, De historicis latinis l. III. c. 10. *G. Cave*, Script. eccles. hist. lit. Append. p. 96. *C. Oudin*, De script. eccles. Tom. III. p. [illegible].

sacre des roi de France et suivi d'un Journal historique de ce qui s'est passé à cette cérémonie [par l'abbé Pichon], avec figg. (Paris 1775. 4.), seine Lettre sur la garde des églises (s. l. 1777. 12.) und einige in dem Journal de Verdun vom J. 1770 abgedruckte Abhandlungen über die ehemals flandrische Grafschaft Hesdin (Lettre sur les prétendus Comtes d'Hesdin, Examen d'une dissertation sur le comté Hesdin und Lettres critiques sur l'histoire de Flandre et sur les droits du roi sur la ville d'Hesdin) beweisen. Auf einer Reise, welche er um das Jahr 1767 nach Toulouse machte, erhielt er von dem durch die literarischen Fehden Voltaire's bekannten Marquis von Belestat die Erlaubniß, von dem auf dem Schlosse Beaupuy in Guienne aufgefundenen Originale der Memoiren des Cardinals von La Valette, mit deren Ausarbeitung dieser berühmte Feldherr seinen Secretair Jacques Talon beauftragt hatte, eine Abschrift zu nehmen, welche er unter dem Titel: Mémoires de Louis de Nogaret, cardinal de La Valette, général des armées du roi en Allemagne, Lorraine, Flandre et Italie, années 1635—1639 (Paris 1772. 12. 2 Voll.) herausgab. Als Mineralog lieferte Gobet trotz seiner ausgebreiteten Kenntnisse kein selbständiges Werk, sondern begnügte sich mit der Herausgabe und Erläuterung vorzüglicher Leistungen früherer Gelehrten in diesem Fache. Seine Sammlung der alten französischen Mineralogen (Les anciens minéralogistes du royaume de France, avec des notes. Paris 1779. 8. 2 Voll.) erwarb ihm großen Beifall, obgleich die Auswahl besser sein könnte und manche der aufgenommenen Werke kein anderes Verdienst als das großer Seltenheit haben und obgleich er viele der besten Anmerkungen anderen Schriftstellern entlehnt, ohne diese zu nennen. Ferner besorgte er eine nach Handschriften verbesserte und vermehrte Ausgabe der von dem Chemiker J. Rey im J. 1630 veröffentlichten, sehr werthvollen, aber selten gewordenen Essais sur la recherche de la cause pour laquelle l'étain et le plomb augmentent de poids quand on les calcine (Paris 1777. 8.), eine Uebersetzung der Betrachtungen des berühmten Naturforschers und Reisenden Pet. Sim. Pallas über die Beschaffenheit der Gebirge und die Veränderungen der Erdkugel (Observations sur la formation des montagnes et les changements arrivés à notre globe. Paris 1779. 12. St. Petersbourg 1782. 12.) und im Vereine mit Faujas de Saint-Fond eine berichtigte Ausgabe der Werke des Mineralogen Bern. Palissy (Oeuvres, revues sur les exemplaires de la bibliothèque du roi avec des notes. Paris 1777. 4.). Gobet starb am Ende des Jahres 1781 oder in den ersten Monaten des folgenden Jahres *). (*Ph. H. Külb.*)

GOBET (Pierre Césaire Joseph), französischer Gerichtsbeamter und Dichter, um das Jahr 1765 zu Paris geboren, war der Sohn eines wohlhabenden Eisenhändlers und widmete sich, nachdem er eine sehr sorgfältige Erziehung erhalten hatte, der Jurisprudenz. Gleichwohl als Student auf der Universität zu Paris versuchte er sich in der Poesie und seine zu dieser Zeit herausgegebenen Fables nouvelles (Paris 1786. 8.) fanden, da sie den richtigen Ton dieser Dichtungsart trafen und überdies durch Originalität ausgezeichnet, einen nicht gewöhnlichen Beifall. Da durch den Ausbruch der Revolution auch die Verhältnisse der Universität gestört wurden, so trat Gobet vorerst in das Geschäft seines Vaters, schloß sich aber im J. 1792 den Rechtsconsulenten an, welche sich mit den Obliegenheiten der Advocaten bis zur Wiederherstellung dieses Standes befaßten. Nach der Neugestaltung der Gerichtshöfe wurde er zum Richter am pariser Tribunale erster Instanz ernannt, welche Stelle er bis zu seinem Tode bekleidete; die mühsamen und unangenehmen Functionen eines Untersuchungsrichters, welche ihm später übertragen wurden und denen er sich mit der größten Gewissenhaftigkeit und mit unermüdlichem Fleiße unterzog, hinderten ihn nicht, die wenigen freien Stunden, welche ihm übrig blieben, der schönen Literatur und der Poesie zu widmen. Auf diese Weise konnte er nach und nach drei kleine Sammlungen von Gedichten der Presse übergeben, nämlich Contes et Epigrammes par le Citoyen ***. Paris, an VIII (1800). 18. Contes, Fables et Epigrammes. Paris, an IX (1801). 18. und Contes, Fables et Epigrammes, suivis de M. Feuilleton, scène épisodique par M ***. Paris, an XIII (1805). 18., welche nur in wenigen Exemplaren und mit fast mikroskopischen Lettern gedruckt sind und von den Bibliographen gesucht und wenn sie sich zusammenfinden, theuer bezahlt werden. Die bei der letzten Sammlung befindliche, gegen Geoffroy, den Verfasser der Theaterberichte in dem Journal des Débats, gerichtete Satyre erschien schon vorher unter dem Titel: M. Feuilleton, ou Scène additionnelle (en vers libres) à la comédie du „Mercure galant" *de Boursault*. Paris, an XII (1804.) 8. Auf denselben Berichterstatter zielt auch seine Spottschrift: La Gageure, ou lettre du rédacteur de l'article „Spectacles" dans le fameux feuilleton, à M **. Paris 1803. 8. Außerdem sind noch zu erwähnen vier Briefe in dem Journal de Paris (an IX) und das Pamphlet Mérope vengée in den Quatre saisons de Parnasse (Paris 1808. 8.), welche den Zweck haben, Voltaire gegen die übrigens nicht unbegründeten Angriffe des Dramaturgen Mercier zu vertheidigen und eine große Gewandtheit des Verfassers in diesem Fache der Literatur beurkunden. Viele ungedruckte Gedichte und Aufsätze fanden sich in seinem Nachlasse, dagegen wird ihm fälschlich ein ästhetischer Brief an Palissot (Epître à M. Palissot, sur l'alliance d'un esprit satirique et d'un bon coeur par un habitant du Jura, Paris 1806. 8.) zugeschrieben, welcher J. Em. Jobez, Mitgliede der Repräsentantenkammer im J. 1815, angehört. Gobet starb am 26. Juli 1832 zu Paris an der Cholera, welche ihm eine unbeschreibliche Angst einflößte und gegen welche er alle mögliche Vorsichtsmaßregeln angewendet hatte. Eine neue Ausgabe seiner vor-

*) Vergl. Biographie universelle. Tom. LXV. p. 440 seq. Biographie générale. Tom. XX. p. 886.

gedichteten poetischen Werke dürfen nicht ohne Beifall bleiben *). (Fr. H. Külb.)

GOBI. Die Mitte des Hochplateau's zwischen dem Thian-Schan und dem Kuen-lün nimmt eine von Südwest nach Nordost sich streckende Wüste ein, welche die Mongolen Gobi (wofür man zuweilen Kobi geschrieben findet), die Chinesen Schamo nennen. Beide Namen bezeichnen in der Landessprache eine Gegend, die des fließenden Wassers und des Waldes ermangelt. Sie dehnt sich von 100° bis 140° östl. Länge von Ferro etwa 400 Meilen in die Länge und ist an manchen Stellen 100 Meilen breit, ist also nächst der afrikanischen Sahara die größte Wüste der Erde. Sie durchzieht demnach nach Osten hin die südliche Mongolei bis zur Nordostgrenze derselben, nach Westen hin auch noch den südlichen Theil der sogenannten kleinen Bucharei. Dieser westliche den Europäern noch sehr unbekannte Theil der Wüste soll großentheils aus Flugsand mit einzelnen fruchtbaren Oasen bestehen und wird von den Chinesen Ta-asi genannt. — Der östliche Theil, die eigentliche Gobi oder Schamo, ist namentlich durch die Reisen der Russen von Kiächta nach Peking, die durch die Wüste gehen, bekannter geworden. Sie bildet, soweit sie zur Mongolei gehört, ein Tafelland mit bald breiteren, bald schmäleren Höhen und langen Bergzügen und Einsenkungen, welche sich vorherrschend von Ost nach West ausdehnen und am Nord- und Südrande zu wahren Randgebirgen von bedeutender Höhe sich erheben. Die Bergzüge und Einsenkungen sind nach der Innenseite mit Kieseln, die Anhöhen mit Felstrümmern bedeckt. Bäche und Flüsse fehlen, nur seichte salzige Seen und Moräste sind öfter durch die Einsenkungen vertheilt. Die tiefsten und zugleich breitesten Einsenkungen (20—60 Meilen breit) finden sich in der Mitte der Wüste und bilden das eigentliche Sandmeer (Schamo) der Chinesen und werden auch für ein jetzt trocken gelegtes Binnenmeer gehalten. Dieser Theil ist vorherrschend mit gelben Sandmassen, Sandbänken, Sandhügeln, Sanddünen bedeckt, welche, obgleich sie nicht den glühendheißen, dürren, beweglichen Flugsandmassen der Sahara beikommen, doch den Lastthieren den Durchzug sehr erschweren. Doch enthält dieses Sandmeer auch einzelne weidenreiche Oasen. Bewohnt wird dieser traurigste Theil der Wüste von dem armseligen Mongolenstamme der östlichen und westlichen Sunnit, während die Chalchaß-Mongolen die gebirgige, weidenreiche nördliche, die Zachar-Mongolen die südlichere Steppenzone der Gobi innehaben. Von festen Wohnsitzen ist natürlich überall keine Rede. Die Bewohner durchziehen als Nomaden das ungeheure, freie Gebiet mit ihren Heerden, deren eigenthümliche Futterkräuter, Gräser und Sträuche selbst im Winter, wo das Futter unter dem Schnee noch grün bleibt, hinlängliche Nahrung gewähren. Bäume finden sich zerstreut noch an den Bergzügen der nördlichen Steppenzone, nach dem Innern der Gobi zu sah der Reisende Timkowski einmal sogar Ulmen, Mandel- und Pfirsichbäume. Die Möglichkeit, diese Wüste, der es an jeglichem Anbau wie an fließendem Wasser fehlt, zu bereisen, ist nur durch das Kameel gegeben worden und das fehlende Flußwasser durch gegrabene Brunnen ersetzt, die mit Steinen ausgesetzt, aber nur 8—10' tief sind, oft zusammenfallen, salziges oder bitteres Wasser liefern, oder gar einen großen Theil des Jahres hindurch zu Eis gefroren sind. Denn das Klima ist wegen der hohen Lage der Gobi vorherrschend und zum Theil empfindlich kalt und der trockene, als gutes Brennmaterial dienende Viehdünger ist doch immer nur spärlich im Vergleiche zu dem Bedarfe vorhanden. Die warme Jahreszeit dauert auf den Höhen nur 2—3 Monate. Der September bringt zwar noch bei hellem Sonnenschein warme Tage, aber bei Nacht schon Eis. Sogar im Sommer stellt sich auf den Höhen zuweilen Winterkälte ein und die Kälte des Winters erreicht einen furchtbaren Höhegrad. Sehr kalte Winde, hauptsächlich Nordwinde wehen einen großen Theil des Jahres hindurch und verlängern den Winter weit in den Sommer hinein. Doch hindern die Winde und Stürme die Verbreitung und Vermehrung der in anderen Steppengegenden so lästigen Insekten. Gewaltige Regengüsse und Schneeschauer, welche sich vorzugsweise über die nördliche, doch auch über die südliche Zone ausschütten, gehören in der eigentlichen Schamo zu den größten Seltenheiten. Wegen der Kälte des Klima's sind die Mongolen der Wüste einen großen Theil des Jahres mit Schafpelzen bekleidet. Denn außer den Kameelen und Pferden, die recht eigentlich in der Wüste ihre Heimath zu haben scheinen, machen die Schafheerden den größten Reichthum der Wüstenbewohner aus, indem sie ihnen durch ihre Milch, durch treffliches Fleisch Nahrung, durch ihre Pelze Kleidung geben. Große Heerden kleiner, grauer, starker Rinder, die als Last- und Zugthiere gebraucht werden, finden sich bei den Zachar-Mongolen, werden nach dem Innern zu aber selten und fehlen in der Mitte der Schamo gänzlich. An Wildpret kommen Hasen am häufigsten vor, dann eine Art Antilope, die Dsere, seltener Dschiggetais, hier und da auch Hirsche, Zobel, Füchse, Murmelthiere, Bären, Eber und Eichhörnchen. Wasservögel, namentlich Enten, Gänse und Schwäne, auch Kraniche kommen auf allen Seen, Sümpfen und Salzlagunen vor; Rebhühner, Sandhühner und Wachteln auf den trockenen Steppen.

Da die Bewohner der Wüste Nomaden sind, so versteht es sich von selbst, daß die Wüste von ihnen in den verschiedensten Richtungen durchzogen wird. Doch wird sie auch von Nichteinheimischen durchzogen und es gibt in ihr einige mehr oder weniger gebahnte Straßenlinien mit Stationen, auf denen für das Fortkommen der Reisenden gesorgt werden kann, die Poststraße von Urg bis Khalagan *) mit 42 Stationen und die gerade

*) Ch. Palissot, Mémoires pour servir à l'histoire de la littérature française (Paris 1809. 8.) Vol. II. p. 104. Biographie générale. Tom. XX. p. 867.

*) Die chinesische Grenzstadt Tchang-kia-Keou (40° 51' 35" nördl. Br. und etwa 112° östl. L. von Paris) wird von den Russen Khalgan, d. i. Barrière oder Pforte, genannt.

aus nach Peking führende Handelsstraße mit 37 Stationen. Auf diesen Straßen sind, wie von Kiächta bis Urga, Jurten für die Reisenden errichtet.

Wir schließen mit einer Mittheilung des Reisenden Bunge, der 1832 von Kiächta durch die Gobi nach China reiste. Von Kiächta bis Urga, der Hauptstadt der Chalchaß-Mongolen, sieht man noch abgerundete bewaldete Gebirge mit schwarzer, fruchtbarer Erde bedeckt und die tiefen Thäler von Flüssen und Bächen bewässert, deren Ufer oft mit hohem Gebüsche und Pappeln bekränzt sind. Allein kaum hat man Urga verlassen und den Fluß Tola im Rücken, so trifft man lange Zeit keine laufenden Gewässer mehr und hat man die nördlichen, bewaldeten Theile des Chan-Oola (Königsberges) aus dem Gesichte verloren, so sucht das Auge auf der weiten Ebene, die man betritt, vergebens nach einem Baume. Hier fängt die Gobi an, mit welchem Namen die Mongolen eine von Wasser und Waldungen entblößte Gegend bezeichnen. Der Anblick dieser Wüste ist indessen noch nicht ganz einförmig. Die Gegend erhebt sich fortwährend, allmälig bis Dzirgalangto (Tschirgalantu), welches bereits 4620 Fuß über dem Meere liegt. Von hier an geht es wieder allmälig abwärts bis zur Station Olon Baischin (d. i. die vielen Gebäude), so genannt nach den Trümmern vieler Gebäude aus Backsteinen, die wahrscheinlich vor mehren Jahrhunderten den Sitz eines Mongolenfürsten bildeten. Bis dahin erblickt man noch häufig in größerer oder geringerer Entfernung steile, nicht sehr hoch ansteigende Berge, deren Porphyrfelsen jedoch schon fast ganz nackt sind und nur auf ihrer Nordseite hier und da so viel Dammerde gebildet haben, als eben zur Erhaltung einiger kleiner Sträucher hinreicht. Bis hierher ist auch die Vegetation noch mannichfaltig und der südsibirischen durch Vorherrschen der Gräser in Masse, nicht in Arten, ähnlich. Von Olon Baischin aus erblickt man in der Ferne eine, aus dem flachen Boden sich erhebende, horizontal geschichtete Mauer von Syenit, einen natürlichen Wall, welchen die Mongolen sehr treffend Ussun tschilon, d. i. Felsgürtel oder Steingürtel nennen, weil er sich auf weite Entfernung fast in gerader Linie von Ost nach West ohne bedeutende Unterbrechung hinzieht. Dieser Steingürtel scheidet die nördliche Mongolei von der mittleren oder der eigentlichen Gobi. Hier in einer Höhe von 3480 Fuß ändert sich das Ansehen der Gegend. Der flache Boden ist entweder mit Steintrümmern und Geschieben, meist Porphyr und Jaspis, hin und wieder auf große Strecken blos mit Chalcedonen, Carneolen und Achaten bedeckt, zwischen denen vereinzelt niedrige, hartstandige, strauchartige Pflanzen hervorkommen; oder der Boden ist ein fester, nackter Lehm mit leichtem Salzanfluge, von vielen Rissen durchzogen und mit niedrigen Salzpflanzen bewachsen, denen die Gräser haben weichen müssen. Es beginnt hier eine Art Becken, dessen niedrigste Punkte bei den Stationen Ergi, Ude, Durma und Scharabudurghuna kaum mehr als 2400 Fuß über dem Meeresspiegel liegen. Diese Einsenkung, welche noch jetzt kleine Salzseen einschließt, ist als der Grund eines ehemaligen großen Binnenmeeres zu betrachten. Die kleinen Seen trocknen zum Theil ein und bedecken sich mit Salzkrusten, die in Menge nach China verführt werden. Zufluß erhalten sie nur durch den Regen und ihre Ufer bestehen aus einem weißlichen, mit salzhaltigem Letten gemischten Salze. Zwischen Scharabudurghuna und Durma findet sich nun die eigentliche Schamo oder Sandwüste der Chinesen, deren Breite im Verhältnisse zur Breite der ganzen Gobi nur unbedeutend ist. Der Sand der Schamo ist nicht Flugsand, sondern Sand mit Salz gemischt, welcher die Feuchtigkeit leicht an sich zieht. Die Vegetation zeigt neben Arundoarten und Corispermum pungens fast alle Salzpflanzen, welche auch die Ufer des kaspischen Meeres bekleiden, was das frühere Vorhandensein eines großen Binnenmeeres beweist. Auch herrscht unter den Mongolen eine alte Sage, daß dieser Theil der Gobi einst ein Binnenmeer war und daß ein solcher Zustand wiederkehren werde. — Südlich von der Station Zakildakan (Tschakildak) beginnt die Gobi sich nach Süden hin in demselben Verhältnisse zu heben, wie sie sich von Norden her senkte und zwar mit einer so auffallenden Regelmäßigkeit und einer so treffenden Wiederholung der Oertlichkeiten und der Vegetation bei gleicher absoluter Höhe, daß es dem Beobachter von selbst auffällt und sich fast unwillkürlich aufdrängt. So trifft man bei Zsametaussu dasselbe Meerufer, wie es auf der Nordseite bei Olon Baischin beobachtet war, auch zieht sich ein ähnlicher, wenngleich weniger deutlicher Felsenstrich von dieser Gegend durch die Mongolei durch und die Pflanzen, die auf einer Strecke von etwa 70 deutschen Meilen nirgends zu sehen waren, erscheinen hier wieder. Weiter nach Peking hin, bei Zagdanbalgassu gelangt man, immerfort ansteigend, wieder zu einer Höhe von 4200 Fuß. Man trifft schon Dammerde und kräftige Vegetation erfreut den Wanderer. Man nahet dem höchsten Punkte des Weges über die Gebirgsebene Gobi; man gelangt zu den Trümmern des ältesten Theiles der großen Mauer, welche die Mongolei von China trennt, in einer Höhe von 5100 Fuß über dem Meere, wo sich schon subalpine Pflanzen, wie Papaver nudicaule, am Wege zeigen. Aus der Oede der Gobi tritt man bei Ueberschreitung der chinesischen Mauer, dem Culminationspunkte der Bergebene, in eine andere Pflanzenwelt. Die Mauer bezeichnet im eigentlichen Sinne eine natürliche Grenze und eine trefflichere Wahl des Ortes als politische Grenze konnte nicht getroffen werden. Von dem fast überall in der lebenden Natur beobachteten Gesetze des Ueberganges der Formen, das auch für die geographische Verbreitung der Pflanzen gilt, zeigt sich hier keine Spur. Noch ist man in der Mongolei, noch hat man das traurige Bild der Gobi vor Augen, man sieht Nichts als Steppe und Steppenpflanzen, tiefe Stille herrscht in der öden Gegend — Alles ist todt. Nur ein Schritt und zwar im strengen Sinne des Wortes nur ein Schritt mehr und der Reisende steht am jähen Absturze Hochasiens nach Süden zu, wo ihm das mannichfachste, üppigste Leben in jeder Beziehung plötzlich vor die Augen tritt. *(H. E. Hässler.)*

GOBIEN (Charles le), französischer Theolog und

Schriftsteller, im J. 1653 zu Saint-Malo (im Departement der Ille-Vilaine) geboren, trat nach der Beendigung seiner Studien zu Tours in den Orden der Jesuiten und kam später nach Paris, wo er zuerst Secretair und dann Geschäftsführer der Missionen in China wurde[1]. In dieser Stellung hatte er Gelegenheit, die von den Missionaren des Jesuitenordens aus dem östlichen Asien früher eingeschickten und noch stets einlaufenden zahlreichen Berichte genau kennen zu lernen und sie zu geschichtlichen Arbeiten über die Fortschritte der christlichen Religion in jenen Ländern und die Zustände ihrer Bewohner zu benutzen. Als erste Frucht dieser Studien ließ er die Lettres sur les progrès de la religion à la Chine (Paris 1697. 8.) erscheinen, welche großen Beifall fanden. Von besonderer Wichtigkeit für die Missionen in China war seine Histoire de l'édit de l'empereur de la Chine en faveur de la religion chrétienne (Paris 1698. 12., ins Italienische übersetzt von Ch. Ferreri, Torino 1699. 12.), worin er das Edict des Kaisers Khang-hi vom 22. März 1692, durch welches den grausamen Verfolgungen der Christen im chinesischen Reiche ein Ende gemacht wurde, erläuterte und die Rathschläge mittheilte, welche der Kaiser selbst den Missionaren über die Art und Weise gegeben hatte, wie sie sich, um einer günstigen Aufnahme gewiß zu sein, an das chinesische Religionstribunal wenden sollten; auch gibt der Verfasser in einem Anhange wichtige Aufschlüsse über die politischen Beziehungen zwischen den Chinesen und den Russen. In enger Beziehung mit dieser Schrift steht sein Eclaircissement donné à Monseigneur le Duc de Maine sur les honneurs que les Chinois rendent à Confucius et aux morts (Paris 1698. 12.), worin dargethan werden soll, daß die Ehrenbezeigungen, welche die Chinesen dem Confucius erweisen, durchaus keine religiöse Beziehung haben und also nach der früher festgehaltenen Praxis der Jesuiten den Neubekehrten gestattet werden können. Andere, meist dem Dominikanerorden angehörende Missionare behaupteten geradezu das Gegentheil und es entstand dadurch ein hartnäckiger Streit, welcher den glücklichen Fortgang der Missionen im chinesischen Reiche nicht wenig störte. Schon vor Gobien hatte der bekannte Jesuit Michel le Tellier in einer ohne seinen Namen erschienenen Défense des nouveaux Chrétiens et des Missionnaires de la Chine, du Japon et des Indes (Paris 1687. 12. 2 Voll.) diesen Gegenstand von einem den Jesuiten günstigen Standpunkte aus besprochen, seine und Gobien's Ansichten wurden aber von dem gelehrten Dominikaner Noel Alexandre in einer ebenfalls anonymen Apologie des Dominicains missionnaires de la Chine ou Réponse au livre du P. le Tellier, intitulé: Défense des nouveaux Chrétiens (Cologne 1699. 12.) durch triftige Gründe bestritten. Auch die Sorbonne entschied im J. 1700 gegen die Jesuiten, deren Vertheidigung Gobien in mehren Schriften (Journal historique des Assemblées tenues en Sorbonne pour condamner les Mémoires de la Chine. Paris 1700. 12., Lettre à un docteur de la Faculté de Paris sur les propositions déférées en Sorbonne par M. Prioux. Paris 1700. 12. und Jugement d'un grand nombre de docteurs des universités de Castille et d'Arragon sur les propositions censurées en Sorbonne le 18 Oct. 1700. Liège 1701. 12.) übernahm. Der Papst Clemens XI. schickte bekanntlich zur Untersuchung der Streitfrage einen Legaten nach China und untersagte auf den Bericht desselben das von den Jesuiten früher eingehaltene Verfahren, später (1762) verdammte sogar das Parlament zu Paris die beiden Werke Gobien's, welche auch unter dem Titel: Nouveaux Mémoires sur l'état présent de la Chine, contenant l'Histoire de l'édit de l'empereur de la Chine en faveur de la religion chrétienne (Paris 1698. 12.) den dritten Band der Nouveaux mémoires sur l'état présent de la Chine (Paris 1696—1697. 12. 2 Voll.) bilden, zum Feuer[2]. Gobien ließ sich indessen durch diese unangenehmen Zwischenfälle in seinem Bestreben nicht stören und lieferte in seiner Histoire des Iles Mariannes ou Iles des Larrons, nouvellement converties à la religion chrétienne et des premiers missionnaires qui y ont prêché la foi (Paris 1700. 12. N. Ed. Ibid. 1701. 12.) eine ausführliche Geschichte der Bemühungen der Jesuiten, die Bevölkerung dieser Inseln zum christlichen Glauben zu bekehren, welche bekanntlich durch mancherlei unglückliche Verhältnisse mit der fast gänzlichen Vertilgung der Bewohner endeten. Obgleich der Bericht sich hauptsächlich mit den Missionaren und ihrem Wirken beschäftigt, so liefert er doch auch über die Beschaffenheit der Mariannen und der südlich von denselben liegenden Carolinen, sowie über die Sitten und Gebräuche der Eingeborenen beachtenswerthe Aufschlüsse, welche auch in die „Allgemeine Historie der Reisen" (11. Bd. S. 377 fg.) übergegangen sind. Ein erfreulicheres Bild bieten die Bemühungen der Missionare aus dem Orden der Jesuiten in China und in Ostindien, welche Gobien in den Lettres de quelques missionnaires de la compagnie de Jésus, écrites de la Chine et des Indes-Orientales (Paris 1702. 12.) mittheilt; diese höchst anziehenden Sendschreiben erfreuten sich eines so großen Beifalls, daß Gobien alsbald einen zweiten Band unter dem berühmt gewordenen Titel: Lettres édifiantes et curieuses écrites des missions étrangères par quelques missionnaires de la compagnie de Jésus herausgab und das Werk bis zum achten Bande fortführte, die weitere Fortsetzung besorgten J. B. Duhalde (bis zum 26. Bande) und L. Patouillet (bis zum 32. Bande). Diese in den ersten Bänden einige Male aufgelegte Originalausgabe (Paris 1717—1776. 12. 34 Part. in 32 Voll.), womit man die Nouveaux mémoires des missions de la Compagnie de Jésus dans le Levant

1) Vergl. Chr. Gottl. Adelung, Fortsetzung zu Jöcher's Gelehrtenlexikon. 2. Bd. S. 1498. Biographie universelle. Tom. XVIII. p. 569 seq.

2) Vergl. *J. G. Meusel*, Bibliotheca historica. Vol. II. P. 2. p. 186 seq. *J. M. Quérard*, La France littéraire. Tom. V. p. 58 et 100

(Paris 1715 seq. 12. 7 Voll. N. Ed. Ibid. 1745 seq. 12. 9 Voll.) verbinden muß, ist zwar selten geworden, man zieht ihr aber dennoch die neue, von dem Abbé Yves Mathurin Marie de Querbeuf besorgte Ausgabe (Paris 1780—1783. 12. 26 Voll. mit Karten) vor, weil in ihr die Briefe nach den Ländern geordnet sind; ihrer Anordnung folgen auch die späteren Abdrücke, welche zu Toulouse (1810—1811. 12. 26 Voll. Atlas in 8), zu Lyon (1820. 8. 14 Voll. mit Karten) und zu Paris (1838—1845. 8. 4 Voll.) veranstaltet wurden. Einen guten Auszug (Choix des Lettres édifiantes) besorgte J. B. Montmignon (Paris 1808—1809. 8. 8 Voll. N. Ed. Ibid. 1824—1826. 8. 8 Voll.) und eine weniger gelungene Zusammenstellung des auf die Länder- und Völkerkunde Bezüglichen Heinr. Aug. Ottok. Reichard unter dem Titel: Zur Kunde fremder Völker und Länder, aus französischen Missionsberichten (Leipzig 1781—1783. 8. 4 Bde.). Zu allen Ausgaben dieser für die Länder- und Völkerkunde höchst wichtigen Briefe kann man noch fügen die Nouvelles des missions orientales reçues au séminaire des missions étrangères à Paris en 1785—1786 (Paris 1787 seq. 12. 14 Voll.), die Nouvelles lettres édifiantes des missions de la Chine et des Indes orientales (Paris 1818—1823. 12. 8 Voll.), die von P. A. Beusquet, Ch. Giraud und Gab. Grimaud de Caux begonnenen, aber ins Stocken gerathenen Actes des Apotres modernes, relations épistolaires et authentiques des Voyages entrepris par les missionnaires catholiques (Paris 1852. 8. 3 Voll. Av. figg.) und die jetzt noch fortlaufenden und in mehr als 100,000 Exemplaren verbreiteten Annales de la propagation de la foi (Lyon et Paris 1832 seq. 8., deutsch von J. J. Ritter, Cöln 1834 fg. 8.). Bei dem achten Bande der Originalausgabe und dem zehnten Bande der Querbeuf'schen Ausgabe der Lettres édifiantes befindet sich Gobien's Biographie des Paters Verjus, des ersten Generaldirectors der französischen Missionen in China und Ostindien, welche auch besonders unter dem Titel: Lettre aux jésuites français, missionnaires à la Chine et aux Indes, sur la mort du R. P. Verjus avec un abrégé de sa Vie (Paris 1707. 4.) erschien. Gobien starb am 5. März 1708 zu Paris. *(Ph. H. Külb.)*

GOBIESOX, von Lacepède aufgestellte Gattung in der Fischfamilie der Scheibenbäuche, welche nach Jos. Müller zur Familie der Gobioideen (s. d. Art.) gehören. Als Charaktere gibt Lacepède für sie an die nicht vereinigten Bauchflossen, eine einzige, sehr kurze, auf dem Schwanze stehende Rückenflosse und ein sehr breiter dicker Kopf. An Arten kannte er nur G. cephalus in Südamerika und G. bimaculatus an den englischen Küsten. Eine durchgreifende Bearbeitung hat diese Gattung neuerdings von Guichenot de Barneville in der Revue zoolog. 1846. p. 143 erfahren. Derselbe löst sie in drei neue Gattungen auf, nämlich in Tomicodon, welche Müller (Ueber Bau und Grenzen der Ganoiden 43) unter dem Namen Sicyases diagnosirt mit nur drei Kiemen, mit einfacher Reihe von Zähnen in den Kiefern, die mittleren größeren Zähne schneidend, die seitlichen kegelförmig; die einzige blutrothe Art S. sanguineus = Tomicodon chilensis. Die zweite Gattung, Sicyogaster, hat nur im Unterkiefer schneidende Zähne, alle übrigen Zähne sind kegelförmig, auf Gobiesox marmoratus begründet. Endlich Gobiesox im engeren Sinne mit G. nudus und G. cephalus. Aber G. nudus = Cyclopterus nudus *Bloch* ist von Jos. Müller ebenfalls als eigene Gattung Cotylis charakterisirt, weil sie nur drei Kiemen hat und ihre Kiemenhaut von beiden Seiten her einen zusammenhängenden, am Isthmus nicht angewachsenen Mantel bildet. Besondere Arten beschreiben noch Richardson in der Voyage of sulphur G. tudes aus China, Jenyns in der Voyage of Beagle G. lineatus von den Galopagosinseln und G. ophiocephalus bei Chiloe. *(Giebel.)*

GOBIN (Robert), französischer Satyriker, welcher am Anfange des 16. Jahrh. schrieb, von dessen Lebensverhältnissen aber Nichts weiter bekannt ist, als daß er dem geistlichen Stande angehörte, nicht nur in der Theologie und dem Kirchenrechte, sondern auch in den Wissenschaften und schönen Künsten wohl erfahren war, die Stelle eines Anwaltes bei dem geistlichen Gerichtshofe zu Paris bekleidete und zugleich als Dekan der zu der Diöcese der Hauptstadt gehörenden Gemeinde von Lagny-sur-Marne wirkte; er erregte durch sein satyrisches Werk, welchem er den Titel: Die reißenden Wölfe (les loups ravissants) gab, bei seinen Zeitgenossen großes Aufsehen, da er darin alle Stände, insbesondere aber den geistlichen, unbarmherzig züchtigte. Der Dichter stellt sich am Anfange seiner abwechselnd in Versen und in Prosa geschriebenen Satyre selbst in die Mitte der Handlung, indem er erzählt, daß er während eines zu seiner Erholung unternommenen Ausfluges auf das Land am 1. Jan. 1505 auf einem ausgedehnten Gefilde an der einen Seite eine Heerde großer und kleiner Wölfe und in der Mitte derselben einen sehr großen Wolf, den er Archilupus (Erzwolf) nennt, an der anderen Seite aber ein schönes Hirtenmädchen, die heilige Lehre genannt, gesehen habe. Der große Wolf wendete sich, wie er nun weiter mittheilt, an die jungen Wölfchen, brachte ihnen die der menschlichen Gesellschaft gefährlichsten Grundsätze bei und hielt eine Lobrede auf alle mögliche Laster, während die heilige Lehre in ihren mit Stellen aus der heiligen Schrift und den Kirchenvätern reich verbrämten Reden immer wieder den Erzwolf siegreich widerlegt. Dieser steckt sich wiederholt in die Tracht verschiedener, zu jener Zeit in großem Ansehen stehender Mönchsorden und rühmt auf diese Weise unter Anderem als Benedictiner in den gröbsten Ausdrücken den rohesten Materialismus und als Bernardiner den schmutzigsten Geiz. Das Werk zerfällt in zwölf Capitel, von denen jedes den Zeitraum eines Monats umfaßt. Zuletzt erklärt der Erzwolf sich selbst als besiegt, beichtet seine Sünden und macht sein Testament. Darauf erklärt der Verfasser, daß unter der heiligen Lehre die Kirche, unter dem Erzwolfe der Teufel und unter den Wölfchen die Sünder zu verstehen seien und geht sogleich zu einem andern Gesichte über, in welchem ihm der Tod nebst einem Begleiter, Zufall genannt, erscheint; alsbald treten auch die drei Genossen des Todes, Krieg, Hunger und Pest auf und ergehen sich in Reden, worin sie ohne alle Schonung die verschiedenen Classen der Gesellschaft angreifen und sich auf bestimmte Personen der alten und neuen Zeit und auf ihre Lebensverhältnisse beziehen, wobei besonders den Päpsten Johannes XXII. und Bonifacius VIII. arg mitgespielt wird. Am Ende hält der Tod noch eine Rede und die sich öffnende Erde verschlingt Alles, was der Verfasser gesehen hat, worauf dieser erwacht und sein Werk schreibt, welches unter dem Titel: Le livre des loups ravissants ou autrement doctrinal moral zu Paris in zwei Ausgaben ohne Angabe des Jahres, jedenfalls aber um das Jahr 1505, die eine bei Ant. Verard und die andere bei Ph. le Noir in 4. erschien und unter vielen in einem schwülstigen und weitläufigen Style mitgetheilten abenteuerlichen Ansichten einige originelle und treffende Bemerkungen enthält. Ein anderer poetischer Versuch Gobin's, welcher unter dem Titel: Confession générale en Rime, appellée l'advertissement de conscience, composé l'an 1506, eine Generalbeichte mittheilt und ebenfalls ohne Angabe des Jahres (aber um das Jahr 1506) zu Paris bei Mich. le Noir in 4. gedruckt wurde, ist ohne Werth *). (*Ph. H. Külb.*)

GOBINET (Charles), französischer Theolog und Schulmann, im J. 1613 zu Saint-Quentin in der Picardie (im jetzigen Departement des Aisne) geboren, widmete sich nach Beendigung seiner Vorbereitungsstudien auf der Universität zu Paris der Theologie und zeichnete sich durch sein ungewöhnliches Talent und seinen unermüdlichen Fleiß so vortheilhaft aus, daß ihm, nach der Erlangung der Doctorwürde und nachdem er die Priesterweihe erhalten hatte, die Wahl frei stand, bei mehren Bischöfen, welche ihn in ihren Dienst zu ziehen suchten, die Stelle eines Generalvicars anzutreten, günstige Verhältnisse führten ihn aber auf die seinen Neigungen und Kenntnissen entsprechende Laufbahn. Der Cardinal Richelieu nämlich, welcher die Sorbonne in seinen besonderen Schutz genommen hatte und ihr wieder zu ihrem früheren Glanze zu verhelfen bemüht war, vereinigte mit ihr auch das ebenfalls von ihm wieder hergestellte Collegium von Plessis und übertrug ihr die Verwaltung desselben. Sie sah sich nach einem tüchtigen Leiter um und ihre Wahl, welche auf Gobinet fiel, hätte keine glücklichere sein können, denn dieser von der Natur mit allen Anlagen zum Lehramte begabte Priester hob in kurzer Zeit diese Anstalt nicht nur durch einen von ihm eingeführten vortrefflichen Lehrplan, durch den von ihm selbst ertheilten gründlichen Unterricht und durch sein gutes Beispiel, sondern auch durch die sorgsame und sparsame Verwendung der Einkünfte, wodurch er die Mittel zur Erweiterung und zweckmäßigen Einrichtung der Gebäulichkeiten des Collegiums gewann. Gobinet versah dieses Amt mit stets gleichem Eifer 43 Jahre hindurch und starb in demselben am 9. März 1690. Sein College Rollin feierte seine Tugenden und seine Verdienste in einem gelungenen lateinischen Gedichte [1]). Gobinet gründete auch an dem Collegium von Plessis zwei Stipendien für Studirende aus seiner Vaterstadt. Die von ihm bei dem Unterrichte festgehaltene und durch die Erfahrung erprobte Methode suchte er auch für andere Anstalten durch vortrefflich ausgearbeitete Lehrbücher nützlich zu machen; das bedeutendste derselben ist ohne Zweifel die Instruction de la jeunesse en la piété chrétienne, tirée de l'Ecriture sainte et des SS. Pères (Paris 1655. 12.), welche in rasch auf einander folgenden Auflagen und in unzähligen Exemplaren verbreitet und als Lesebuch in den Schulen gebraucht wurde und als solches dient sie in der von Menerret nach dem Plane des bekannten Pädagogen Lhomond vorgenommenen und den jetzigen Bedürfnissen entsprechenden Umarbeitung (Paris 1844. 12. und in wiederholten Auflagen bis auf die neueste Zeit) immer noch; auch wurde sie in die meisten europäischen Sprachen übersetzt, in die teutsche von Urb. Heckenstaller (Augsburg 1679. 4. Ebend. 1743. 8.) und von J. Lipf (Regensburg 1837. 12.). Seine übrigen Unterrichtsschriften sind folgende: Addition à l'instruction de la jeunesse (Paris 1689. 12. N. Ed. ibid. 1714. 12), Instruction sur la vérité du Saint-Sacrement (Paris 1667. 12. und öfter), Instruction sur la pénitence et la sainte communion (Paris 1677. 12. 8. ed. Paris 1725. 12.), Instruction chrétienne des jeunes filles (Paris 1682. 12. N. Ed. Paris 1820. 18.), Instruction sur la Religion (Paris 1687. 12. N. Ed. 1735. 12.) und Instruction sur la manière de bien étudier (Paris 1690. 12. N. Ed. Paris 1746. 12.). Die Sprache aller dieser Schriften ist freilich jetzt veraltet, aber in allen macht sich eine so reine und gediegene Moral geltend, daß sie auch jetzt noch mit den nöthigen Aenderungen als vortreffliche Lehrbücher gebraucht werden können und den meisten neueren vorzuziehen sind. — Jean Gobinet, ein Neffe des Vorhergehenden, widmete sich ebenfalls der Theologie und folgte seinem Oheim im Amte, welches er nach denselben Grundsätzen und ebenfalls mit sehr günstigem Erfolge versah, bis er im J. 1695 zum Domherrn an der Kathedrale zu Chartres befördert wurde, wo er im J. 1724 starb [2]). (*Ph. H. Külb.*)

GOBIO. Der allbekannte Gründling unserer Bäche und Flüsse wurde von den älteren Ichthyologen der großen Gattung Cyprinus als C. gobio zugeordnet, bis Cuvier ihn als besonderen Gattungstypus unter dem Namen Gobio mit kurzer dornenloser Rücken- und Afterflosse und mit Bärteln charakterisirte. Allein Agassiz wies bald darauf hin, daß die kegelförmigen, an der Spitze schwach gekrümmten und in zwei Reihen geordneten Schlundzähne ein wichtigerer Charakter seien, wodurch die außereuropäischen Arten sicherer erkannt werden. Die Arten sind nunmehr folgende nach der Histoire naturelle

*) Vergl. Biographie universelle. Tom. XVII. p. 536 seq. Biographie générale. Tom. XX. p. 668 seq.

1) In seinen Selecta carmina orationesque clarissimorum Professorum (Parisiis 1727. 12.) p. 316. 2) Biographie universelle. Tom. XVII. p. 537 seq. Biographie générale. Tom. XX. p. 669 seq. *J. M. Quérard*, La France littéraire. Tom. III. p. 386.

des poissons von Cuvier und Valenciennes 16. Bd. S. 300.

1) G. fluviatilis *Cuv.* Gründling, Grundel, Greßling ist fast in allen fließenden Gewässern Europa's heimisch und wird 3 bis 4, ausnahmsweise bis 6 Zoll lang. Er liebt zum Aufenthalte klares Wasser auf sandigem kieseligem Boden und treibt sich hier schaarenweise umher, von Würmern, Fischbrut, faulendem Fleische und Pflanzenstoffen sich nährend. Im Frühlinge steigt er aus den Seen in die Flüsse, um im Mai oder Anfangs Juni an Steinen den Rogen abzusetzen, der aus sehr kleinen hellblauen Eiern besteht. Das Laichen erfolgt mit mehrfachen Unterbrechungen und dauert vier Wochen. Des wohlschmeckenden Fleisches wegen wird er trotz seiner geringen Größe viel gefangen, meist im September und October mit Angeln und in Sacknetzen; wegen seiner großen Fruchtbarkeit wird er auch für die Teichwirthschaft wichtig als Futter für Barsche, Schleien und Forellen. Er ist gestreckt-spindelförmig, mit stark convexem Stirnprofil, seitlichen Augen und großen Schuppen. Der schwärzlichgraue Rücken erscheint meist dunkelgrün gefleckt und auf den Seitenlinien liegen oft sieben große Augenflecken. Die Rücken- und Schwanzflosse ist auf gelblichem oder röthlichem Grunde schwarzbraun gefleckt, die übrigen Flossen blaß, die Iris golden. Es kommen übrigens auch weiße, graue und schwarze Spielarten vor. Die Rückenflosse beginnt etwas vor der Körpermitte und ist höher als lang, von 10 Strahlen gespannt. Die etwas kleinere Afterflosse zählt 9 Strahlen, die unter der Rückenflosse stehenden Bauchflossen 9, die Brustflossen 15, die Schwanzflosse 19 Strahlen. Der freie Rand der großen Schuppen ist kreisbogig und fein gekerbt; sie stehen zu 38 in Längs-, zu 13 in senkrechten Reihen, sind weich, auf dem freien Theile strahlig, auf dem verdeckten concentrisch gestreift. Die Leber ist sehr ungleich zweilappig, der linke größere wieder vielfach gelappt und die Gallenblase sehr klein. Der weite Schlund mündet in einen großen kegelförmigen Magensack, von welchem der Darm mit einer Windung zum After läuft. Die Schwimmblase ist getheilt, hinten walzig, die rothen Nieren vorn breit, hinten schmal. Männchen und Weibchen lassen sich äußerlich nicht von einander unterscheiden. Da der Gründling auch in den Flüssen Italiens gemein ist, so konnte er den Alten nicht unbekannt bleiben.

2) G. obtusirostris *Cuv.*, der stumpfschnauzige Gründling wurde erst neuerdings von dem gemeinen unterschieden durch die kurze dicke Schnauze, den größeren Kopf, die kleineren Augen, 9 Strahlen in der Rücken- und 8 in der Afterflosse. Die Färbung ist nicht eigenthümlich.

3) G. uranoscopus. Auch diese Art ist erst durch Agassiz von der gemeinen unterschieden worden und scheint wie die vorige nur hier und da vorzukommen. Sie ist sehr schlank, hat längere Barteln und schiefe, doch an der Stirn gelegene Augen. Ihre Rückenflosse spannen 9, die Afterflosse nur 7 Strahlen. Rumpf und Flossen sind völlig ungefleckt oder längs des Rückens und der Seitenlinie tritt eine Reihe großer brauner Flecken hervor, die Schwanzflosse ist dunkel gesäumt und die Rückenflosse zur Hälfte schwarz punktirt. Scheint nur im mittleren Europa vorzukommen.

4) G. damascinus *Cuv.* im Damas, stumpfschnauzig, mit feinem Bärtel, sehr kleinen Schuppen, 14 Strahlen in der Rückenflosse, 7 in der Afterflosse, 19 in der Schwanzflosse, 20 in den Brust- und 9 in den Bauchflossen, oben bräunlich-grün, unten weiß, über 8 Zoll lang.

5) G. cataractae *Cuv.* im Niagara, wird 5 Zoll lang, ist schlank und walzig, großäugig, mit dicken Lippen und kleinem Bärtel in jedem Mundwinkel, oben dunkel bleigrau, unten silberweiß und mit 9 Strahlen in der Rückenflosse.

6) G. bendilis *Cuv.* in Indien hat 11 Strahlen in der After- und nur 13 in den Brustflossen, schwarz gerandete Rückenschuppen und eine schwarz gerandete, gelbe Schwanzflosse. Den kurzen Bärtel im Mundwinkel übersieht man leicht.

7) G. curcuma *Cuv.* ist eine noch sehr zweifelhafte Art Indiens, oben dunkelgrün, unten weiß, mit ziemlich großen Schuppen, kleinen Barteln, 11 Strahlen in der Rücken-, 8 in der After- und 16 in den Brustflossen.

8) G. angra *Cuv.* in Brahmaputra, oben blaßolivenfarben, unten röthlich weiß, mit 10 Strahlen in der Rücken-, 8 in der After- und nur 10 in den Brustflossen.

9) G. analis *Ag.* Fossil in dem Süßwassermergeln bei Oeningen und nur nach der allgemeinen Aehnlichkeit auf Gründling gedeutet, da die Barteln und Schlundkieferzähne nicht bekannt sind. *(Giebel.)*

GOBIODON nennt Bleeker in Natuurk. Tijdschr. van neederl. Indië XI, 407 eine Gattung in der Fischfamilie der Gobioideen (s. d. Art.) und charakterisirt dieselbe durch zwei an der Basis verbundene Rückenflossen, durch in eine Scheibe verbundene Bauchflossen, mehrreihige, gerade Kieferzähne, zwei große Fangzähne vorn in der untern innern Reihe, senkrechte Kiemenöffnung und vier Kiemenhautstrahlen. Die Arten standen bisher in der Gattung Gobius und waren hier schon von Valenciennes wegen des großen Kopfes, der kleinen Augen, des stumpfen Profiles und des schuppenlosen Nackens in eine besondere Gruppe vereinigt. Es sind: Gobius Histrio *K. v. H.*, G. quinquestrigatus *CV.* und G. coryphaenula *CV.*, zu welchen Bleeker noch hinzufügt: G. erythrophaios und G. heterospilos von Buru (s. d. Art. Gobius). *(Giebel.)*

GOBIOIDEI ist eine zuerst von Cuvier auf Linné's Gattung Gobius (s. d. Art.) begründete Familie stachelflossiger Knochenfische. In seinem Règne animal 1829. II, 236 führt sie Cuvier als die zwölfte zwischen den Mugiloiden und Pedicalatra auf und charakterisirt sie durch die dünnen, biegsamen Dornenstrahlen ihrer Rückenflosse und die Uebereinstimmung der Baucheingeweide insbesondere durch den immer gleichen weiten Darmkanal ohne Pförtneranhänge und durch den Mangel der Schwimmblase. Als Gattungen wurden ihr zugewiesen: Blennius, Myxodes, Salarias, Clinus, Cirrhibarbus, Gobius, Opisthognathus, Centronotus, Zoarcus,

Anarrhichas, Taenioides, Periophthalmus, Electris, Callionymus, Trichonotus, Comephorus, Platypterus und Chirus. In der großen Histoire naturelle des poissons 1830. XI, 147 wird die Familie in diesem Sinne aufrecht erhalten und näher beleuchtet. Besonders hervorgehoben ist hier die Einfachheit des Darmkanals, der sich nur wenig im Magen erweitert. Ihre Mitglieder sind kleine Fische sehr lebhaften Naturells, allerwärts an felsigen Küsten lebend und unter Steinen sich verbergend. Einige gebären absonderlicher Weise lebendige Junge und das nöthigte zu einer sehr aufmerksamen Untersuchung ihrer Geschlechtsorgane, allein deren Bau erklärt die nothwendig stattfindende Copulation nicht.

Die Familie der Gobioideen ist im Cuvier'schen Sinne allgemein anerkannt und erst Jos. Müller's umfassende Untersuchungen in der Abhandlung über den Bau und die Grenzen der Ganoiden (Berlin 1846) stellten derselben andere Grenzen. Der Charakter der biegsamen Rückenflossenstrahlen erwies sich als nicht stichhaltig, ebenso wenig der mangelnden Afterruthenanhänge und der Schwimmblase. Dagegen stimmen die von Cuvier zu den Weichflossern verwiesenen Discoboli in ihrer gesammten Organisation mit Gobius überein und nicht minder die dorthin verwiesenen Echeneiden; andererseits müssen die Blennioideen mit rundlichem Körper und schleimiger Hautoberfläche und mit völlig getrennten, verkümmerten oder fehlenden Bauchflossen als besondere Familie ausgeschieden werden. So umfaßt nun nach Jos. Müller die Familie folgende vier Gruppen: 1) Eigentliche Gobien mit zu einer Scheibe verwachsenen Bauchflossen, deren Strahlen mit Ausnahme des ersten zerschlissen und mit vier ganzen Kiemen: Gobius *Schn.*, Gobioides *Lac.*, Periophthalmus *Schn.*, Apocryptes *Val.*, Trypauchen *Val.*, Amblyopus *Val.*, Boleophthalmus *Val.*, Sicydium *Val.* — 2) Gobioiden mit getrennten Bauchflossen, im Uebrigen den vorigen gleich: Electris, Philypnus, Trichonotus, Callionymus, Hemerocoetes, Platypterus, Opistognathus. — 3) Discobolen mit zu einer Scheibe verwachsenen Bauchflossen, deren Strahlen einfach und nicht zerschlissen sind, und mit 3½ oder 3 Kiemen: Cyclopterus, Liparus, Gobiesox, Sicyases, Cotylis, Lepadogaster. — 4) Echeneiden mit nur am Grunde verwachsenen Bauchflossen, vier Kiemen und einer Haftscheibe auf dem Kopfe: Echeneis. — Eigenthümliche vorweltliche Typen hat diese Familie nicht aufzuweisen. (*Giebel.*)

GOBIUS. Schon Aristoteles beschreibt unter dem Namen *κωβιός*, den Plinius mit Gobio übersetzt, einen kleinen, an felsigen Ufern des Mittelmeeres lebenden Fisch und Rondelet schloß blos aus der Aehnlichkeit der Namen, daß der Go der jetzigen Venetianer derselbe Fisch sei. Doch die Notizen, welche Aristoteles über den anatomischen Bau seines Fisches gibt, sprechen ganz entschieden gegen die Identität mit dem Go und die Stellen bei Ausonius und Martial lassen vermuthen, daß Plinius den zur Karpfenfamilie gehörigen Gründling (Cyprinus gobio *Lin.* und Gobio fluviatilis *autor*) mit dem griechischen *κωβιός* verwechselt hat und dieser ist vielmehr nach Athenäus identisch mit unserer Groppe, der Gattung Cottus. Linné begreift unter Gobius die Meergrundeln und charakterisirt dieselben als eigenthümliche Gattung durch die vereinigten Bauchflossen. In der Gmelin'schen Ausgabe des Natursystems werden 26 Arten derselben unterschieden, allein die Zahl derselben vermehrte sich in diesem Jahrhunderte sehr bedeutend, sodaß Cuvier bei seinen gründlichen und umfassenden Untersuchungen sich genöthigt sah, die Meergrundeln als eine große Familie mit zahlreichen Gattungen zu charakterisiren, die wir so eben in dem Artikel Gobioidei beleuchtet haben. Er beschränkte nun die Gattung Gobius oder die typischen Meergrundeln auf jene Art mit zwei Rückenflossen, mit in eine Scheibe verwachsenen Bauchflossen hinter den Brustflossen, fünf Kiemenhautstrahlen und Sammet- oder Hechelzähnen. Auch in dieser engern Begrenzung zählt die Gattung gegenwärtig noch eine ungeheure Menge von Arten in allen Meeren, die einer gründlichen systematischen Bearbeitung noch entgegensehen. Man hat zwar bereits versucht, den einen und andern kleinen Formenkreis wieder als besondere Gattung abzuscheiden, jedoch ohne eine gründliche Revision und tief eingehende Vergleichung aller Arten bleibt der Werth dieser neuen Gattungen sehr fraglich. Uns fehlt leider alles Material an natürlichen Exemplaren, um zur Lösung dieser Aufgabe irgend Etwas beitragen zu können und so beschränken wir uns denn auch hier darauf, die Mannichfaltigkeit der Arten im Allgemeinen anzudeuten und die wichtigsten derselben nach der Histoire naturelle des poissons Vol. XII. 1837 von Cuvier und Valenciennes zu charakterisiren.

I. Meergrundeln der europäischen Meere.

1) Gobius niger *Lin.* Die gemeine Meergrundel, Rockfish der Engländer, Smörbutting und Kutling der Dänen, der Küling an den teutschen Küsten, Smörbull der schwedischen und Kal der norwegischen Fischer, ist ein 4 Zoll langer Fisch, olivenbraun, mit großen dunkeln Wolkenflecken und schwarz gebänderten Flossen, bisweilen mit Reihen heller Flecken längs der Seiten. Die Schuppen, nur an der Schnauze und auf den Wangen fehlend, sind klein und rund, am freien Rande fein gezähnelt, auf dem bedeckten Theile gestreift, auf der Seitenlinie kaum besonders ausgezeichnet. Die erste Rückenflosse erhebt sich über den Brustflossen und zählt 6 dünne biegsame Strahlen, die zweite beginnt mit einem einfachen dünnen Strahle und hat 14 zerschlissene Strahlen; die ihr entsprechende Afterflosse wird von einem einfachen und 12 zerschlissenen Strahlen gespannt, die abgerundete Schwanzflosse von 13 und einigen kleineren, die ovale Bauchflossenscheibe aus 6 jederseits, die Brustflossen aus 6 bis 7 kurzen, freien, zerborstenen und 16 zerschlissenen Strahlen. Der deprimirte Kopf mißt den vierten Theil der Gesammtlänge, hat gewölbte Wangen, eine stumpf gerundete Schnauze und ovale Augen. Der schiefe Mund klafft bis unter die Mitte der Augen und besitzt in jedem Kiefer einen breiten Streifen Sammetzähne, deren äußere Reihe aus größeren hakigen besteht. Weder am Gaumen

noch auf der freien breiten Zunge stehen Zähne. Der Vorderdeckel ist halbkreisförmig, ohne Zähnelung und Dornen, der Kiemendeckel klein, dünn und stumpf. Fünf Kiemenhautstrahlen. Wenn man die Bauchhöhle öffnet, fällt sogleich die große dreiseitige Leber mit sehr kleiner Gallenblase in die Augen. Der Magen bildet einen kurzen, walzigen, dickwandigen Sack. Der Darm verläuft mit wenigen Schlingen zum After. Die Schwimmblase und Pförtneranhänge fehlen fast allen Meergrundeln. Der Schädel trägt keine hervorragenden Leisten und Kämme und die Wirbelsäule besteht aus 12 Rumpf- und 16 Schwanzwirbeln. Das Vaterland erstreckt sich von den spanischen bis zu den norwegischen Küsten.

2) G. bicolor *Gmel.* ist eine der gemeinen überaus ähnliche Art an der französischen Küste, von schlankerem Habitus, mit 10 Strahlen in der zweiten Rückenflosse, einförmig braun, nur an der ersten Rückenflosse mit breitem weißem Rande und solcher Einfassung an der zweiten.

3) G. paganellus *Lin.* vertritt die gemeine im Mittelmeere und wird 5 Zoll lang, ist dicker im Körper, mit längeren freien Strahlen in den Brustflossen, braun mit dunkeln Wolkenflecken und breit orangenem Vorderrande der ersten Rückenflosse, nur 14 Strahlen in der zweiten Rückenflosse und oft rothen Brustflossenstrahlen.

4) G. capito *Cuv.* erreicht die für Grundeln riesenhafte Länge von 10 Zoll und mehr, steht aber im Uebrigen der gemeinen Art noch sehr nahe, trägt sich olivenfarben mit schwärzlicher Marmorirung und schwarzen Punkten, am Kopfe braun, an der Unterseite weißlich. Die Bauchflossenscheibe theilt sich dreilappig. Die Leber liegt rechterseits mit einem kleinen Lappen nach Links und mit kugeliger Gallenblase. Der sehr weite Schlund geht in einen engen cylindrischen Magen über. Auch die Harnblase ist röhrig.

5) G. guttatus *Cuv.* ebenfalls mittelmeerisch und oft mit voriger verwechselt, mit Fleckenreihen an den Rückenflossen und weißen runden Tropfen auf den Wangen und der Schulter. Die einfache eiförmige Leber verbirgt sich unter dem Schlunde, welcher mit dem Magen einen einzigen Sack bildet. Der Darm legt sich in zwei Schlingen. Eine ganz kleine silberhäutige Schwimmblase ist vorhanden.

6) G. limbatus *Cuv.* im Busen von Nizza, 7 Zoll Länge erreichend, mit schwärzlicher Marmorirung auf grauem Grunde und weiß punktirten Brustflossen.

7) G. iota *Cuv.* bewohnt die süßen Gewässer bei Bologna und auf Sicilien und marmorirt seinen gelblichen Leib dunkelbraun, zeichnet die erste Rückenflosse mit drei schwarzen Binden, die zweite und die Schwanzflosse mit vielen schwarzen Flecken, die Brustflossen mit braunen Linien.

8) G. cruentatus *Gmel.* weit verbreitet im Mittelmeere und leicht kenntlich an den schön rothen Flecken auf den Kiefern, Wangen und Flossen, am Leibe röthlichbraun mit dunkler Marmorirung. Erreicht über 6 Zoll Länge.

9) G. auratus *Risso* von 3 Zoll Körperlänge, lebt in felsigen Tiefen bei Nizza zahlreich und wird als sehr wohlschmeckend geschätzt. Sie trägt sich ochergelb mit goldigem Schimmer und einigen dunkeln Wolkenflecken. Von der gemeinen Art unterscheidet sie sich überdies durch größere Augen, 7 Linien auf den Wangen und nur zwei oder drei freie Brustflossenstrahlen.

10) G. geniporus *Cuv.* von 6 Zoll Länge bei Neapel, zeichnet sich durch starke Schuppen aus, ist braun mit schwarzer Marmorirung längs der Seiten und mit weißspitzigen Flossenstrahlen. Unter den Augen ziehen sechs sehr markirte Porenreihen hin und am Rande des Vorderdeckels fünf große Poren. Der Unterkiefer steht etwas vor.

11) G. Lesueuri *Risso* von nur 2 Zoll Länge, ist fleischfarben oder rosenroth mit drei gelben schiefen Linien auf den Wangen, queren gelben Linien auf den senkrechten Flossen. Der schlanke Leib trägt die größten Schuppen unter allen Arten.

12) G. jozo *Lin.* kennzeichnet sich vortrefflich durch die sehr beträchtliche Höhe ihrer Rückenflosse. Sie mißt 5 Zoll Länge und lebt sowol im Mittelmeere wie an den atlantischen Küsten. Der dritte bis fünfte Strahl der ersten Rückenflosse zieht sich dünnfadig bis zu ein Drittel der Körperlänge aus, die zweite Rückenflosse hat nur 13, die Afterflosse 12, die Schwanz- und Brustflossen je 15 Strahlen. Die Färbung ist blaßbraun, an den Flossen dunkler und gefleckt und gestreift. Exemplare mit etwas niedrigerer Rückenflosse, welche Risso unter dem Namen G. longiradiatus beschreibt, ist Cuvier geneigt für die Weibchen zu halten.

13) G. minutus *Penn.* ist gemein an den atlantischen Küsten, aber, wie es scheint, nicht im Mittelmeere zu finden. Bei 3 Zoll größter Körperlänge trägt sie sich graulich oder hellfahl, am Rücken mit feiner schwarzer Punktirung. Die erste Rückenflosse zählt 6, die zweite 11, die Afterflosse ebenfalls 11, die Schwanzflosse 13, die Brustflossen 10 und die Bauchflossen wie immer 6 Strahlen. Der Kopf ist verhältnißmäßig schmal und der Unterkiefer ragt etwas über den obern hervor. Trotz der geringen Größe ist diese Grundel den Fischern wohl bekannt, an den Küsten der Normandie heißt sie Buhotte, an der Seinemündung Burguette. Sie laicht im April und Mai auffallend große, schön gelbe Eier und nährt sich hauptsächlich von kleinen Krustern.

14) G. quadrimaculatus *Cuv.* unterscheidet sich von voriger Art nur durch den längern Kopf, die größern Augen und vier runde schwarze Flecken längs jeder Seite. Im Busen von Nizza.

15) G. Ruthensparri *Euphr.* von nur 2 Zoll Länge an den englischen Küsten, hat die specifischen Eigenthümlichkeiten in den 7 und 11 Strahlen der Rückenflossen, dem kurzen, breiten Kopfe und der blaßröthlichen, am Kopfe grauen Färbung mit braunen Maschenlinien auf den Schuppen des Rückens, kleinen weißen Flecken längs der Seitenlinie, einem schwarzen Flecke hinter den Brustflossen und an der Basis der Schwanzflosse.

16) G. reticulatus *Cuv.* um Sicilien, steht der vorigen Art sehr nahe, mißt nur 2⅓ Zoll Länge, unterscheidet sich besonders durch den merklich größern Kopf, vorn dickern Leib, nur 6 und 10 Strahlen in den Rückenflossen.

17) G. Colonianus *Risso.* im Mittelmeere, verräth sich durch die beträchtliche Röthe der Rückenflosse und einen schwarzen, weiß umrandeten Fleck auf derselben, ist fahl und ungemein fein schwarz punktirt.

18) G. fluviatilis *Bon* bewohnt die Binnengewässer Italiens und ist bei 3 Zoll größter Körperlänge blaß grünlichgelb, in Spiritusexemplaren grau, jederseits mit 8 bis 10 hellen senkrechten Streifen und schwarzer Binde auf der ersten Rückenflosse. Ueberdies hat sie eine stumpfe Schnauze, relativ kleine Augen, Bauchflossen von nur halber Länge der Brustflossen und in der Afterflosse gar nur 8 Strahlen. Nicht selten bemerkt man am Leibe und auf den Flossen kleine schwarze Pusteln, die eine krankhafte Erscheinung sind.

II. Außereuropäische Meergrundeln.

Die zahlreichen Arten in den außereuropäischen Meeren einzeln zu charakterisiren ist bei der noch ungenügenden Kenntniß vieler derselben eine sehr undankbare Arbeit. Cuvier und Valenciennes führen in ihrem classischen Werke schon eine sehr große Anzahl auf und seitdem sind an den verschiedensten Orten viel neue noch beschrieben worden. Nur auf die wichtigsten derselben wollen wir besonders aufmerksam machen.

In den engern Formenkreis der gemeinen europäischen Art also mit stumpfem rundem Kopfe, aufgetriebenen Wangen und fadenförmigen obern Strahlen in den Brustflossen G. maderensis *Cuv.* Bei Madeira von 6 Zoll Länge, mit 6 und 14 Strahlen in den Rückenflossen und 13 in der Afterflosse, chocolatenbraun, mit 12 senkrechten schwarzen Streifen und mit schwarzen Flossen. Der 4 Zoll lange Mapo der spanischen Colonisten auf den Antillen, G. soporator, ist dunkel nußbraun, unten graulich mit schwarzen Wolkenflecken an den Rückenflossen und weißer Basis der Afterflosse, die 9 Strahlen zählt. In den Brustflossen 15 und 5 fadenförmige Strahlen. Der im indischen Ocean heimathende G. albopunctatus von 3 Zoll Länge trägt sich graubraun, dunkel gewölkt, unten weißlichgrau, überall weiß punktirt. Der ebenfalls indische, aber auch im rothen Meere heimische G. nebulopunctatus unterscheidet sich davon nur durch die schwarzen Flossen und die breite weiße Binde an der ersten Rückenflosse. Der schlank gebaute G. elegans um Java ist olivengrau, auf dem Rücken braun punktirt, längs der Seiten mit kleinen Linien. G. cyclopterus an Neu-Irland, grau und braun marmorirt, fällt durch die große Breite seines Kopfes auf. — Andere Arten haben zwar denselben Habitus wie die gemeine europäische, aber keine fadenförmigen Strahlen in den Brustflossen. Dahin gehören z. B. der 6 Zoll lange indische G. buccatus mit so breitem wie langem Kopfe, fast verticaler Mundspalte und einförmig dunkelbraun; die 3 Zoll lange G. flavus bei Surinam von hellgelber Färbung und mit horizontaler Mundspalte, der olivengraue, braunlinirte G. baliurus mit großen Schuppen und braunem Flecke am Grunde der Schwanzflosse; der indische G. viridipunctatus mit prachtvoll metallisch glänzenden grünen Punkten auf fahlem Grunde und kleinen seitlichen Fangzähnen; G. Ehrenbergi im rothen Meere, schwärzlich mit blauen Punkten auf den sehr großen Schuppen und mit äußerst feinen Zähnen; G. nudiceps am Cap, olivenschwärzlich mit bläulich-schwarzem Streife über den Brustflossen und schuppenlosem Kopfe und Nacken; ferner G. oplopomus im rothen Meere und G. semidoliatus von nur einem Zolle Länge und nußbraun mit hellen Binden daselbst.

Im indischen Ocean heimathen einige Arten vom Typus des europäischen G. minutus, die aber sämmtlich größer sind. Der 8 Zoll lange G. kokius ist fahlbraun, am Kopfe fein braun punktirt, auf dem Rücken mit fünf großen braunen Wolkenflecken und ebensolchen längs der Leibesseiten, mit großen fünfseitigen Schuppen, breitem viertem und feinfadenförmigem fünftem Kiemenstrahle. G. giuris bei Calcutta hat stärkere Zähne und größere Augen. G. biocellatus ist graubraun, dunkel längsgestreift und mit sechs braunen Seitenflecken. Ferner gehören hierher G. celebius in den süßen Gewässern auf Celebes, G. Russeli an der Küste von Pondichery, G. catebus an der birmanischen Küste, G. kora, der einen Fuß Länge erreicht, und G. filosus mit sehr langem Fadenstrahle in der ersten Rückenflosse. — Andere Arten im indischen Ocean sondern sich als eigene Gruppe aus durch den völligen Mangel größerer Zähne und durch Verlängerung einzelner Flossentheile. Der 4 Zoll lange G. acutipennis bei Malabar zieht die erste Rückenflosse und die Schwanzflosse in lange Spitzen aus, trägt große Schuppen und wolkt seine fahle Grundfarbe schwärzlich. G. setosus unterscheidet sich durch lichtgraue Färbung ohne dunkle Flecken. G. criniger an der Küste von Neu-Guinea, rundet seine Schwanz- und Brustflossen ab, zieht aber den zweiten Strahl der Rückenflosse in einen sehr langen dünnen Faden aus, ist blaß graubraun und braunfleckig. — Noch andere zeichnen sich durch starke Fangzähne aus. So der an Pondichery gemeine und wegen seiner großen Fangzähne irrthümlich für giftig gehaltene G. venenosus von 5 Zoll Länge, mit zehn starken Unterkieferzähnen, fast mit brauner Seitenbinde. Ganz ähnlich ist G. caninus an der Küste Java's mit fünf großen braunen Flecken auf dem Rücken und ebenso vielen auf den Leibesseiten. G. quadriporus mit kleinern Zähnen und blassen Linien; G. unicolor in den Flüssen Java's von 3 Zoll Länge, mit großen Fangzähnen im Unter- und Oberkiefer und weißer erster Rückenflosse. G. bitelatus mit sehr starkem steifem erstem Strahle in jeder Rückenflosse, im rothen Meere. G. brevifilis an Pondichery mit fadenförmig verlängertem zweitem und drittem Strahle der Rückenflosse und mit feinen Fangzähnen. G. papilio an Isle de France mit 15 Strahlen in der zweiten Rückenflosse, dunkelbraun mit schwarzen Linien. Ferner gehören noch in diesen engen Formenkreis G. phalaena bei Vanicolo, G. sphynx bei

Neu-Guinea, G. sinensis, G. quinqueocellatus und G. viridipallidus.

Einige Arten fallen durch ihren verlängerten Kopf oder die weit nach Hinten gerichteten Augen auf. So G. ocellaris in den süßen Gewässern auf Isle de France mit kegelförmigem Kopfe, etwas vorstehendem Oberkiefer, feinen Sammetzähnen und nußbraun, schwärzlich punktirt und gefleckt. G. nigripinnis auf Isle de Bourbon mit ganz schwarzem Kopfe und solchen Flossen. G. banana bei St. Domingo, hellbraun mit dunkeln Flecken, weißer After- und solchen Bauchflossen, mit sehr langer Schnauze und nur feinen Zähnen, wovon sich G. martinicus um Martinique durch kleinere Augen unterscheidet. — Noch andere Arten im indischen Oceane sondern sich durch ihren kurzen Körper und die sehr kleinen, kaum bemerkbaren Schuppen ab, so G. filifer mit Fadenstrahlen in der ersten Rückenflosse, G. papuensis mit sehr langer und spitziger Schwanzflosse und starken Zähnen im Oberkiefer, graubraun, dunkel gewolkt, G. niveatus an Java, ungemein zierlich und schlank, dunkelgraubraun und dicht weiß punktirt, G. bimaculatus im rothen Meere, bläulichgrün, mit rothen und blauen Punkten und zwei blauen, langen Flecken über den Brustflossen, G. Mertensi grün und schwarz punktirt, G. cryptocentrus schwärzlichbraun mit hellen Binden und weißen Punkten, der prachtvolle G. pavoninus im rothen Meere grün, punktirt und mit Augenflecken, G. ventralis oben graubraun, unten weiß und mit zwei Reihen blauer Flecken längs der Seiten. — Die lang cylindrischen Arten mit spitzig ausgezogenem Schwanze sind: G. lanceolatus auf den Antillen, 20 Zoll lang und als Delicatesse geschätzt, hell grünlichbraun, mit 6 und 14 Strahlen in den Rückenflossen, 15 in der After- und der Schwanzflosse; G. bacalaus an der brasilianischen Küste, G. smaragdus an Cuba, intensiv grünlichbraun mit gelben Flecken, G. brasiliensis. — Endlich führen Cuvier und Valenciennes noch als besonders eigenthümliche Arten auf: G. mystacinus von Java, mit sehr verlängerten Kiefern und sechs braunen Binden auf fahlem Grunde; G. macrocephalus im kaspischen Meere, mit sehr großem, fast kreisrundem und deprimirtem Kopfe, nur drei Strahlen in der ersten Rückenflosse, oben aschgrau, unten weiß; G. tentacularis auf Java, mit häutigen Fortsätzen über den Augen; G. cristagallus an den Molucken, von Karpfenhabitus mit Hautkamm von der Stirn bis zum Scheitel und großen braunen Schuppen, nur 2½ Zoll lang; G. coryphaenula an den Marianen, welchen Bleeker neuerdings als Gobiodon (s. d. Art.) mit einigen anderen Arten generisch abgesondert hat, ist stark comprimirt, mit punktförmigen Schuppen bekleidet; G. histrio mit Warzen auf der Stirn und einigen starken Fangzähnen vorn im Unterkiefer; G. quinquestrigatus röthlichbraun mit fünf weißen senkrechten Streifen; G. echinocephalus im rothen Meere, sehr dick mit fast kugeligem Kopfe und dunkelbraun; G. amiciensis an den Freundschaftsinseln, G. Commersoni an Isle de France, G. coeruleus an Isle de Bourbon, G. guttam an der indischen Küste, G. chinensis an der chinesischen Küste.

Die Arten im schwarzen Meere hat Nordmann in Demidoff's Reisewerke beschrieben unter den Namen: G. lugens, ratam, syrman, constrictor, lacteus, Steveni, macropterus und leopardinus. Eine neue Art an den irländischen Küsten, G. fuliginosus charakterisirt M'Coy in Ann. of nat. hist. 1840. VI, 403. Die schwedischen Arten untersuchte Fr. Fries in Wiegmann's Archiv 1840. VI, 233. Ueber G. lineatus an den Galapagosinseln und G. ophicephalus an Chiloe verbreitet sich Jenyns in der Voyage of Beagle; über die chinesischen G. fasciatopunctatus, ommaturus, Pigmothonus Richardson in der Voyage of sulphur und über die ebenfalls chinesischen G. platycephalus, ripilepis, margariturus in dem Report of the XV Meet. brit. assoc. (Cambridge 1846), die australischen und neuseeländischen G. bynoensis, G. lentiginosus und interstinctus in der Voyage of Erebus, die japanischen Arten G. flavimanus, brunneus, olivaceus, virgo, hasta schildern Temminck und Schlegel in der Fauna Japonica, den G. Bishopi von den Barbados Troschel in Schomburgk's Reisewerke. Als neue Amerikaner beschreibt Girard in den Proceed. nat. hist. Philadelphia VII, 134. VIII, 136 G. gracilis und G. Newberri von San Francisco. Sehr wichtig sind Bleeker's Untersuchungen der indischen Arten in der Zeitschrift über niederländisch Indien und den Abhandlungen der holländischen Akademie, wo als neu charakterisirt werden: G. sumatranus, Voigti, ophthalmotaenia, cocosensis, decussatus, xanthotaenia, oxypterus, hemigymnopomus, javanicus. Die Arten von Mozambique wird Peters in seinem Reisewerke ausführlich beschreiben.

(*Giebel.*)

GOBIUS (Johannes), ein Dominikanermönch des 13. Jahrh., um das Jahr 1270 zu Alais in Niederlanguedoc (im jetzigen Departement des Gard) geboren, trat nach der Beendigung seiner Studien in den Dominikanerorden und schwang sich alsbald zum Prior des Klosters zu Avignon empor. In den Streitigkeiten des Königs Philipp des Schönen mit dem Papste Bonifacius VIII. über die Besteuerung der Geistlichkeit und der geistlichen Güter stand er auf der Seite des Königs und wurde deshalb im J. 1302, als der Prior des Klosters zu Montpellier, welcher sich für den Papst erklärt hatte, vertrieben worden war, an dessen Stelle gesetzt. Er unterschrieb auch die Berufung des Königs und der Stände an ein allgemeines Concilium gegen den Papst und wurde im J. 1312 zum Provinzial seines Ordens in der Provence befördert, in welcher Stellung er im J. 1314 starb. — Johannes Gobius, ein jüngerer Bruder des vorhergehenden, gewöhnlich Joannes junior genannt, zu Alais am Anfange des 14. Jahrh. geboren, trat ebenfalls in den Dominikanerorden und lebte in dem Kloster seines Ordens zu Aachen, wo er um das Jahr 1330 ein moralisch-historisches Werk schrieb, welchem er den Titel Himmelsleiter (Scala coeli) beilegte. Welchen großen Beifall es bei seinen Zeitgenossen fand, beweisen die zahlreichen Handschriften, welche sich noch in den Bibliotheken vorfinden; auch wurde es öfter

(Lubecae 1476. fol. Ulmae 1480. fol.. Argentorati 1488. fol. Lovanii 1485. fol. Hispali 1490. 4.) gedruckt. Der Inhalt ist größtentheils dem Geschichtsspiegel des Vincentius von Beauvais entlehnt und auf die Moral angewendet, aber in einer Weise, welche nur der Unwissenheit und dem Aberglauben jener Zeit zusagen konnte *). (*Ph. H. Külb.*)

GOBLER [1]) (Justin), ein angesehener deutscher Rechtsgelehrter und Geschichtschreiber des 16. Jahrh., im J. 1504 [2]) zu St. Goar [3]), einem der früheren niedern Grafschaft Katzenelnbogen und dem jetzigen preußischen Regierungsbezirke Coblenz angehörenden Städtchen am Rhein geboren, widmete sich der Jurisprudenz und wurde nach der Beendigung seiner Studien Anwalt zu Lübeck, im J. 1539 Rath des Herzogs Erich zu Braunschweig und zugleich Hofrichter zu Minden und im J. 1549 nassauischer Rath. Eine ihm angebotene Professur der Jurisprudenz an der Universität Marburg schlug er aus, nahm aber gern die Stelle eines Syndicus zu Frankfurt am Main an, wo er am 21. April 1567 starb [4]). Bei seinen Zeitgenossen galt er nicht nur als ein ausgezeichneter Jurist, sondern auch als ein in jeder Beziehung biederer Mann, und daß er außer seinen Amtsgeschäften, die er mit der größten Gewissenhaftigkeit besorgte, sich fleißig mit der Literatur beschäftigte, beweisen zur Genüge seine zahlreichen Schriften in den Fächern der Rechtswissenschaft und der Geschichte. Zu den ersteren gehören: „Spiegel der Rechten" (Frankf. 1552. Fol. Ebend. 1573. Fol.); „Gerichtlicher Proceß" (Frankf. 1578. Fol.); Collectio consiliorum variorum (Francof. 1565. fol., auch in den Responsa Jurisconsultorum germanorum. Francof. 1588. fol.); De gravatura militum non tolerando (Francof. 1564. 4.) und Oratio de laude et utilitate philosophiae moralis et quid ea conferat jurisprudentiae (Francof. 1555. 8.); ferner seine teutschen Uebersetzungen der Institutionen („Satzungen Keysers Justiniani inhaltend die Summ Geistlicher und Weltlicher Rechten." Dillenburg 1551. 8. Augsburg 1564. 4. Mainz 1622. 8.), der Novellen („Novellae, das ist, newe Satzung Keysers Justiniani. Sampt derselben Summarischen Auszug Herrn Juliani." Frankfurt 1566. Fol.) und der Uebersicht des bürgerlichen Gesetzbuches von Constantin Harmenopulos („Handbuch und Auszug Keyserlicher Rechten." Frankfurt 1564. 4. Neue Ausg. Ebend. 1566. Fol.) und seine lateinischen Uebersetzungen der Quellen des teutschen Staatsrechts (Imperialis Judicii Cameralis constitutio, Pax publica, Transactio Passawensis, Aurea bulla. Francofurt. 1564. fol.) und der peinlichen Halsgerichtsordnung Karl's V. (Augustissimi Imperatoris Caroli V. de capitalibus judiciis constitutio in latinum versa et commentariis aucta. Basil. 1543. fol. N. Ed. cur. *Jul. Frid. Henr. Abegg.* Heidelb. 1837. 8.). Außerdem besorgte er die Herausgabe guter älterer juristischer Schriften von Joh. de Blanosco (Commentaria super titulum de Actionibus in Institutis. Moguntiae 1539. fol.), von Huldr. Fabricius (Processus judiciarius), Melch. Kling (Explicatio et continuatio titulorum juris civilis et canonici), Conr. Lagus (Methodica juris utriusque traditio), Otho von Sens (Summa de ordine judiciorum. Moguntiae 1536. 8. Summa de interdictis judiciisque possessoriis et eorum libellis. Ibid. 1536. fol.) und Pilens von Monza (Ordo de civilium atque criminalium causarum judiciis. Basil. 1543. 8.). Gobler befaßte sich auch mit philologischen Studien, besorgte eine Ausgabe der Rede des Kirchenvaters Basilius über die Einrichtung der Studien (Oratio de instituenda studiorum ratione; graece et latine. Basiliae 1537. 8.), eine lateinische Uebersetzung des Demosthenes über den Frieden und des Lycurgus gegen Leocrates und eine teutsche Uebersetzung der Schrift des Aristeas über die Auslegung des alten Testaments („Ein schöne vñ herrliche Historj von dem Göttlichen Gesetz, welches man das Alt Testament nennt, wie dasselbige aus der Hebraischen sprach, durch die zweyundsiebentzig Ausleger in die Griechische sprach ist verwandelt worden." Frankf. 1562. 8.). Die meisten der angeführten Schriften werden jetzt wenig beachtet und sind zum Theil der Vergessenheit anheimgefallen, Werth haben jedoch immer noch seine historischen Leistungen, insbesondere die beiden sich mit der braunschweigischen Geschichte befassenden und auf die zuverlässigsten Quellen gestützten Arbeiten: Narratio de bello Hildesheimensi inter Ericum, ducem Brunswicensem et Episcopum Hildesheimensem anno 1519 gesto (im zweiten Bande des von Sim. Schard herausgegebenen Opus historicum s. Scriptores rerum germanicarum. Basil. 1574. fol.) und „Chronica vnd Historien der Braunschweigischen Fürsten herkommen, Stam vnnd Geschlecht, auch andern genachparten Fürsten vrsprung; vor zeiten in Reimen schlecht einfeltiglich beschrieben" (Frankf. 1566. Fol.). Gobler hat diese werthvolle Reimchronik aus dem 13. Jahrh., deren Verfasser wir nicht kennen, nicht in dem niedersächsischen Dialekte, in welchem sie ursprünglich geschrieben ist, sondern in einer mehr mitteldeutschen Bearbeitung abdrucken lassen, den Originaltext hat zuerst Gottfr. With. Leibnitz (in den Scriptores Brunsvicensia illustrantes. Hanoverae 1711. fol. Tom. III. p. 1—147) nebst der mitteldeutschen Bearbeitung herausgegeben. Ferner sind von Gobler's historischen Schriften noch zu

*) Vergl. *J. Echard et J. Quetif*, Script. Ord. Praedicatorum. T. I. p. 633.

1) Er selbst nennt sich Goblier und Gobler, bei manchen Literarhistorikern heißt er auch Gobel, jedoch mit Unrecht. 2) Wie aus seiner Grabschrift, die ihn in seinem 63. Jahre sterben läßt, hervorgeht; vergl. Ach. Aug. v. Lersner, Chronica der Stadt Frankfurt am Mayn. 2. Th. Appendix S. 210, wo diese Grabschrift mitgetheilt wird. 3) Oder nach alter Schreibart St. Gewere, wie Gobler selbst auf dem Titel vieler seiner Werke seinen Geburtsort nennt. Die Angabe mehrer Literarhistoriker, daß Gobler zu Goslar geboren sei, beruht also auf einem Irrthume. 4) Die dürftigen Nachrichten über sein Leben und seine Schriften findet man in J. Moller's Cimbria literata. Tom. II. p. 237, in M. Adam's Vitae Eruditorum Jurisconsult. p. 79, in Chr. Gottl. Jöcher's Gelehrtenlexikon. 2. Th. S. 1029, in Dav. Clement's Bibliothèque curieuse. Tom. IX. p. 208 seq., in der Biographie universelle. Tom. XVII. p. 580 und in der Biographie générale. Tom. XX. p. 870. 842.

nennen die „Cronica der Kriegßhändel des allergroßmechtigsten, unüberwindtlichsten, hochlöblichsten Römischen Teutschen Keysers und Fürsten, weyland Herrn Maximiliani, des Namens der Erst, gegen die Venediger und Frantzosen, zu rettung irer Keyserlichen Maiestat Oesterreichischen Erblanden in Kärndten, Steyer, Crain, Tyroll und anderer, durch weylandt den durchleuchtigen Hochgebornen Fürsten und Herrn, Herrn Erichen, Hertzog zu Braunschweigk unnd Lüneburg, unnd Herrn Casimir Marggraven zu Brandenburg, als Hochgemelter Keyserlicher Maiestat der zeit obersten Feldthauptman und Commissari, im Jar fünffzehenhundert und acht gefürt und verhandelt" (Frankfurt 1566. Fol.), eine Sammlung officieller Actenstücke zur Geschichte des von dem Kaiser Maximilian I. gegen die Franzosen und Venetianer geführten Krieges aus dem braunschweigischen Archive; ferner eine Sammlung von Biographien und Charakterschilderungen (Prosopographiae Libri IV. Moguntiae 1537. 8.), einer der ersten Versuche dieser Art, die Biographien der Gelehrten Ulr. Fabricius und Petrus Mosellanus (in J. Fischart's Vitae virorum, qui superiori nostroque seculo eruditione et doctrina illustres atque memorabiles fuerunt. Francof. 1536. 4.), die lateinische Uebersetzung der von Herm. Bonn in niedersächsischer Sprache geschriebenen Chronik von Lübeck (Chronicon Lubecense. Basil. 1543. 8.) und eine Fortsetzung der Geschichte J. Sleidan's (Sleidani Commentarii cum continuatione. Francof. 1568. fol.). Gobler versuchte sich auch als Dichter, seine Gedichte (Carminum libri IV) blieben aber ungedruckt; auch andere von ihm ausgearbeitete Werke liegen noch handschriftlich in verschiedenen Bibliotheken, das bedeutendste derselben ist wol die von seiner eigenen Hand geschriebene Historia de quadam filia regis Franciae, quam ipse pater uxorem habere optabat, ab eo flagitio divinitus servata, e germanicis rythmis Hubeleri in latinam linguam conversa, ad Philippum Caroli quinti filium, eine lateinische Bearbeitung des von Hans von Bühel um das Jahr 1412 verfaßten Gedichtes: „Von einer Kuniges Tochter von Frankreich, ein hübsches Lesen, wie der König sie selb zu d' Ee wolt hon, des sie doch got vor im behüt und darumb sie vil trübsal und not erlidt, zuletzt ein Künigin in Engellant wart." (Straßb. 1500. Fol. Ebend. 1508. Fol.) (*Ph. H. Külb.*)

GOBRYAS, die griechische Form des persischen Eigennamens Gaubruva, der „einen mit Stierbrauen Begabten" bezeichnet[1]); durch den Einfluß des Herodotischen Geschichtswerkes hat sich die ionische Form Γωβρύης auch bei attischen Schriftstellern[2]) behauptet. Es sind uns fünf Personen dieses Namens bekannt.

1) Sohn des Mardonios[3]), einer der sieben Perser, die den falschen Smerdis stürzten. Als die Verschworenen die beiden Magier in ihrer Burg überfielen, flüchtete sich der Eine von beiden in ein dunkles Nebenzimmer; Gobryas stürzte ihm nach, faßte ihn mitten um den Leib und rief dem Andern zu, nur zuzustoßen auf die Gefahr hin, ihn mit dem Magier zu tödten: da durchbohrte Dareios den Magier, Gobryas blieb unversehrt. Diese Probe von Entschlossenheit berichten übereinstimmend *Her.* III, 78, *Justin.* I, 9, 22 (aus Dinon) und *Plut.* De adul. 4. p. 61. Die Art indessen, wie Herodot den Gobryas in die Verschwörung gezogen werden läßt, ist schwerlich richtig: er behauptet nämlich, Otanes habe den Gobryas und den Aspathines zu Mitwissern gemacht und jeder von den Dreien habe sich dann noch einen Gehülfen gewählt, erst ganz zuletzt sei Dareios als siebenter hinzugekommen[4]). Es leuchtet ein, daß dieser als der nächste zum Throne Berechtigte, der noch dazu in das Geheimniß mit dem Smerdis besser eingeweiht war als alle übrigen Verschworenen, nicht eine bloße Nebenrolle gespielt haben kann; da nun Gobryas eine Schwester des Dareios zur Frau hatte[5]) und eine seiner Töchter dem Dareios vermählt war[6]), so wird man unbedenklich annehmen dürfen, daß Gobryas durch den Einfluß des Dareios unter die Verschworenen getreten war. Der Rang der sieben Perser war erblich; Ktesias, der eine Liste derselben aus der Zeit des Xerxes vor sich hatte, nennt statt des Gobryas seinen Sohn Mardonios[7]) und nennt letzteren in Folge dieser Verwechselung bei der Thronbesteigung des Xerxes „den Alten"[8]). Gobryas bekleidete unter Dareios das Amt des königlichen Bogenträgers und findet sich als solcher unmittelbar hinter dem Könige auf dem Denkmale von Bisutun abgebildet[9]). Als die Susianer um das Jahr 515 zum dritten Male unter Führung eines gewissen ...imaima gegen Dareios aufstanden, ward Gobryas gegen die Rebellen geschickt, schlug sie und bekam den ...imaima in seine Gewalt, der darauf in einer Gegend Susiana's hingerichtet wurde[10]). Auf dem Feldzuge gegen die Skythen (513) begleitete Gobryas den König. Er soll es gewesen sein, der die symbolischen Geschenke, welche die Skythen dem Dareios schickten, Vogel, Maus, Frosch und Pfeil, richtig deutete: „die Perser würden, wenn sie nicht wie Vögel fliegen, wie Mäuse sich verkriechen, wie Frösche untertauchen könnten, von den Skythen mit ihren Pfeilen erlegt werden;" so Herodot (IV, 132), dagegen nennt Pherekydes (fr. 113 bei Müller I, 98) statt des Gobryas einen sonst unbekannten Xiphodres. Wichtiger ist, daß Gobryas durch seinen Rath, unter Preisgebung der Maroden im Heere und der Saumthiere einen schleunigen Rückzug anzutreten, die Perser noch bei Zeiten rettete[11]). Später, zur Zeit des ionischen Aufstandes und des Zuges gegen Athen, wird er nicht mehr erwähnt, war also vermuthlich bereits verstorben; da er schon um das Jahr 524 Großvater war, so wird er kaum später als etwa 560

1) Oppert im Journ. Asiatique Vième Sér. XVIII, 553. 2) *Plat.* Axioch. 12. p. 371 A. *Plutarch.* De adul. 4. p. 61 (ed. *Didot*). 3) Inschrift von Bisutun Col. IV. § 18.

4) *Her.* III, 70. 5) *Her.* VII, 5. 6) Sie hatte dem Dareios, ehe er den Thron bestieg, drei Söhne geboren (*Her.* VII, 2). 7) *Pers.* §. 14. 8) *Pers.* §. 24. 9) So geht dies aus einer persischen Inschrift hervor; vergl. Duncker, Geschichte des Alterthums II. 848. 10) Inschrift von Bisutun Taf. V. § 1. 11) *Her.* IV, 134.

geboren sein. Er hinterließ zwei Söhne, Mardonios (Marduniya) und Ariomandes [12]).

2) Einer der vier Feldherren des Artaxerxes II. in der Schlacht bei Kunaxa [13]), wahrscheinlich ein Nachkomme des Vorigen.

3) Eine der in Xenophon's Kyrupädie auftretenden Personen. Dieser Gobryas wird als ein angesehener Assyrier geschildert, dessen einziger Sohn von dem Sohne des assyrischen Königs aus Neid ermordet worden war und der daher, als der Mörder nach dem Tode seines Vaters den Thron bestieg, mit seiner Tochter und zahlreichem Gefolge zum Kyros flüchtete [14]) und die Perser in seiner Burg aufnahm [15]). Bei der Einnahme von Babylon tödteten er und der ebenfalls schwer verletzte Gadatas den assyrischen König [16]). Seine Tochter ward dem Hystaspes vermählt [17]). Dies letztere ist eine incorrecte Reminiscenz an die Verschwägerung des ersten Gobryas mit Hystaspes, dem Vater des Dareios; im Uebrigen ist der Gobryas der Kyrupädie eine reine Erfindung, wie schon daraus hervorgeht, daß Gaubruva gar kein assyrischer Name ist. Anlaß gab vielleicht, daß zu Xenophon's Zeit die Nachkommen des Gobryas in Assyrien ansässig waren.

4) Gobryas war nach dem Dialoge Axiochos (12. p. 371 A) ein Perser, der beim Zuge des Xerxes nach Europa nach Delos gesandt wurde, um die Insel zu schützen, in der die beiden Götter geboren waren. Hier läßt ihn Sokrates aus ehernen Tafeln, die Opis und Hekaërge aus dem Hyperboreerlande gebracht, Enthüllungen über die Unterwelt und die Belohnung und Bestrafung nach dem Tode erfahren. Natürlich ist die Sendung des Gobryas nur die Einkleidung für einen philosophischen Mythos, scheint aber trotzdem eine geschichtliche Thatsache zu sein; wenigstens wissen wir aus Herodot (VI, 97), daß Datis vom Könige Dareios den Befehl erhielt, das „Land, in welchem die beiden Götter geboren waren," und seine Bewohner zu schonen, und diesen Befehl gewissenhaft ausführte: offenbar hielten die Perser den Apollon für Mithra, die Artemis für Anahita.

5) Enkel des Vorigen, ein Magier, von dem Sokrates die hyperboreischen Nachrichten des Großvaters erfahren haben will. Aus einem Fragmente des Platonikers Hermodoros [18]) lernen wir diesen Gobryas als das Haupt einer Magierschule (Magupati, neupers. môbed) kennen, der nach Astrampsychos, aber vor Pazates lehrte. Nach Athen kam Gobryas vielleicht mit Zopyros, dem Sohne des Megabyzos (vergl. *Her.* III, 160).

(*Alfred von Gutschmid.*)

GOCH, Stadt in der preußischen Provinz Jülich-Cleve-Berg, im Herzogthume Cleve, am Flusse Niers oder Neers, $1\frac{1}{2}$ Meile von Cleve, über 3000 Einwohner, mit Nadel-, Seiden-, Woll-, Lack- und Zuckerfabriken und Branntweinbrennereien. (*H. E. Hössler.*)

GOCH (Johann von). Die äußeren Lebensumstände dieses bedeutenden christlichen Theologen, dessen eigentlicher Familienname Pupper ist, bieten nach dem Urtheile K. Ullmann's, dem wir als dem bis jetzt ausführlichsten neueren Biographen in den wesentlichsten Stücken folgen, mehr das Bild eines in ruhigem Flusse der stillen Beschaulichkeit verlaufenden Lebens als das Interesse einer wechselvoll dramatischen Haltung. Sein Geburtsort ist die kleine Cleve'sche Stadt Goch, welche in neuerer Zeit auch durch einen berühmten Arzt, Nadermacher, den „Alten von Goch," bekannt geworden ist. Nach der Sitte der Zeit wurde unser Theolog meist Johann von Goch, auch Johann Goch, genannt; er selbst scheint sich selten den Namen Pupper, welcher ihm ursprünglich zukam, beigelegt zu haben. Gesner [1]) nennt ihn einen Brabanter, Fabricius [2]) einen Belgier, Guicciardini [3]) und Gerius [4]) einen Mechliniensis, allein die zuverlässigsten aller Angaben und die constante Bezeichnung „Goch" deuten mit überwiegender Sicherheit auf die Stadt Goch als auf seinen Geburtsort. In Mecheln hat er einige Zeit lang gelebt. Seine Familie kennt man nicht näher und deshalb mag sie wol keinem hervorragenden Stande angehört haben. Seine Gelehrsamkeit, namentlich in biblischen Dingen, seine gute Kenntniß der Kirchenväter, wol nur der lateinischen in der Grundsprache, namentlich des Hieronymus und des Augustinus, seine Belesenheit im Thomas von Aquinum und anderen Scholastikern, sein logisch gebildeter Verstand lassen schließen, daß er eine gute Jugendbildung genossen habe, obgleich man Ort, Zeit und Lehrer nicht kennt. Es darf gemuthmaßt werden, daß er eine von den Schulen der Brüder vom gemeinsamen Leben, deren Geist seine Schriften athmen, besucht habe, sowie daß er nicht ohne Universitätsbildung geblieben sei, obgleich er den Magisterriten nicht erworben hat. Wahrscheinlich hat er seine Universitätsstudien in Paris gemacht.

Es wird zwar in Delprat's „Brüderschaft des gemeinen Lebens" neben Gottfried von Kempen ein Johann von Goch als erster Vorsteher des um 1448 gegründeten Hauses der Brüder vom gemeinsamen Leben zu Harderwyk genannt; allein ob darunter unser Goch zu verstehen sei, ist zweifelhaft, sicherer ist, daß er um diese Zeit Priester wurde und als solcher zunächst wol zu Sluys in Flandern seinen Wirkungskreis fand. Das erste ziemlich fest stehende historische Datum aus seinem Leben ist das Jahr 1451, wo er, etwa 50 Jahre alt, nahe bei Mecheln das Priorat Tabor der Kanonissinnen des heiligen Augustinus gründete, zu welchem Zwecke er aus dem Hause der heiligen Maria Magdalena zu Sluys acht Jungfrauen dorthin brachte [5]). Unter seiner gewissen-

12) *Kallisthenes* fr. 1 bei *Müller* p. 11. 13) Xen. Anab. I, 7, 12. 14) Xen. Cyrop. IV, 6, 1. 15) Xen. V, 2, 2. 16) Xen. Cyrop. VII, 5, 30. 17) Xen. Cyrop. VIII, 4, 26. 18) Bei *Diog. Laërt.* Prooem. 2, 2. Man pflegt die Angabe mit dem Satze aus Xanthos zu verbinden und muß deshalb, da hier von der Zerstörung des Perserreichs die Rede ist, einen jüngeren Xanthos annehmen; allein man hat übersehen, daß die Worte „*Ξάνθος δὲ ὁ Λυδὸς εἰς τὴν Ξέρξου διάβασιν ἀπὸ τοῦ Ζωροάστρου ἑξακισχίλιά φησι*" eine Parenthese sind.

1) In seiner Bibliotheca Belgica p. 714. 2) In seiner Biblioth. lat. med. et infim. aetat. T. IV. p. 226. 3) In seiner Description de tous les Pais-bas p. 214. 4) In dem Anhange zu Cave's Histor. liter. T. II. p. 167. 5) So

dessen Leitung wuchs diese Congregation zu 60 Jungfrauen an [6]; er selbst bekleidete an derselben das Amt des Rectors oder Beichtvaters daselbst 24 Jahre lang, starb am 28. März 1475 und sein Leichnam ward in der alten Kirche des Stifts beigesetzt. Nach Conrad Gesner ist er noch 1488 am Leben gewesen [7]. Allein obiges Datum hat für sich ein besseres Zeugniß, nämlich dasjenige des Grabsteins, aufzuweisen [8].

Goch's allgemeiner theologischer Standpunkt charakterisirt sich als innere praktische Frömmigkeit, welche gegen die Phrasen des Scholasticismus Opposition macht. Obgleich dieses Streben aus einer der Scholastik entgegengesetzten Mystik hervorging, so steht Goch doch zum Theil in der Scholastik, welche eben nur mit ihren eigenen Waffen am erfolgreichsten zu bekämpfen war. Es ist die Theologie der Liebe und der Schriftwahrheit, wenn man seinen Standpunkt in positiver Weise bezeichnen will. Im Ganzen und gewöhnlich befolgt er bei der Argumentation seiner Thesen die Methode, daß er zuerst den Begriff des Objectes aufstellt, diesen durch die heilige Schrift begründet und dann dialektisch entwickelt. Biblicität ist der Grundton seiner Theologie; diese ist daher antiphilosophisch, d. h. antischolastisch; speciell ist sie Augustinisch und daher antipelagianisch. Die positive biblische Richtung tritt in allen seinen Schriften auf; ihr Princip ist, daß alles Heilbringende nur von Gott kommt, was im Gegensatze zu jeder menschlichen Erkenntniß aus der Offenbarung Gottes in Christo abgeleitet wird, welche in der heiligen Schrift niedergelegt ist. Da Gott die höchste Vollkommenheit und Selbständigkeit hat, so muß sich der Mensch von dieser Autorität absolut leiten lassen [9]. Als charakteristisch führt Ullmann folgende Aeußerung an: „Mögen Andere sich in ihrem Geiste erheben und durch philosophische Schlüsse die Wahrheit nach ihrem Sinne drehen: ich habe kein anderes Streben, als aus dem dunklen philosophischen Beweise die nackte, einfache Wahrheit ans Licht zu bringen und sie den Einfältigen faßlich und annehmbar zu machen. Mögen Andere sich erheben in der Wissenschaft des Redens, unsere höchste Philosophie ist die Wissenschaft des Thuns (abundent alii in scientia dicendorum, nobis sit summa philosophia habere scientiam faciendorum); denn nicht die Lehrer, sondern die Vollbringer des Gesetzes werden gerechtfertigt werden" [10]. Die Schriftwahrheit ist ihm das Maß von Allem und in dieser Hinsicht sagt er unter Anderem [11], das Häretische bestehe darin, „einer Meinung hartnäckig anzuhangen, im Widerspruche mit der kanonischen Wahrheit, wie sie in der heiligen Schrift einfach und klar ausgesprochen ist."

In seiner Polemik gegen die herrschende Zeitphilosophie leitete ihn der Eindruck, daß diese Aristotelische Scholastik in ihrem todten Formalismus die Objecte des Wissens in haarspaltende Begriffe auflöste und im Besonderen ihre taschenspielerische List, wonach sie behauptete, es könne etwas zugleich theologisch wahr und philosophisch falsch sein und umgekehrt. Als auf ärgerliches Beispiel hiervon beruft sich Goch auf einen Vorfall in Paris vom Jahre 1376, wo die Sache so weit kam, daß der Erzbischof die philosophischen Studenten wegen dieser Doctrin öffentlich zurecht wies. Unter den 219 Thesen, welche damals von diesen jungen Leuten aufgestellt wurden (Leugnung der Dreieinigkeit, der Gottheit Christi, der Unsterblichkeit u. s. w.), kamen folgende vor: „Der Wille des Menschen wird mit Nothwendigkeit durch seine Erkenntniß bestimmt, ebenso wie die Begierde des Thieres; es ist nicht möglich, daß in den höheren Kräften der Seele eine Sünde sei; der Mensch sündigt nur vermöge seiner Leidenschaft, nicht vermöge des Willens; die Seligkeit findet statt nur in diesem Leben, nicht in einem anderen; es gibt keine anderen Tugenden als erworbene und angeborene; die Enthaltsamkeit ist nicht wesentlich eine Tugend; einfache Hurerei, als Gemeinschaft eines Freien mit einer Freien ist keine Sünde; es gibt Fabeln und Unwahres im Evangelium, wie auch in anderen Schriften; man braucht nicht zu beten, weil, was geschieht, mit Nothwendigkeit geschieht und nicht geändert werden kann" [12]. Goch ist kein Feind des Denkens; aber er perhorrescirt ein Denken wie dieses, durch welches die Grundlagen des Christenthums vernichtet werden.

Unter den theologisch-dogmatischen Schulen oder Richtungen ist es entschieden die Paulinisch-Augustinische, welcher er sich anschließt. Er citirt gern aus den Schriften des Hieronymus, Gregor's des Großen, Gerson's u. A., aber vorzugsweise geht er auf Paulus zurück, namentlich auf dessen Briefe an die Römer und die Galater, worin ihm die Rechtfertigung aus dem Glauben die Hauptsache ist. Nächst ihm ist Augustinus seine vorwiegende Autorität.

Als Goch's theologischen Fundamentalsatz stellte Ullmann diesen auf: aus Gott durch Gott zu Gott. Eine wirkliche rechte Gemeinschaft mit ihm hat der Mensch nur durch freie Liebe. Wenn man sage, daß, was der Mensch habe, entweder Natur oder Gnade sei, so dürfe nicht vergessen werden, daß auch jene von Gott sei. Zwar konnte der Mensch auch nicht sündigen, aber es ist Thatsache, daß er gesündigt hat und zwar durch freien Willensact. Die Sünde ist durch die Fortpflanzung von dem ersten Menschen auf die anderen übergegangen, aber auch nach dem Falle hat der Mensch den freien Willen, obgleich er nur durch die Gnade restituirt werden kann, deren Vermittler ausschließlich Christus ist, indem dieser die Gottesliebe wieder in die Menschenbrust einpflanzt und die Liebe Christi durch den heiligen Geist in die Menschen ausgegossen wird. Gott dienen und sich von ihm abhängig wissen, ist die höchste Freiheit. In dem scholastischen Streite über das Verhältniß zwischen Glauben und Wissen, oder der Frage, ob die fides dem in-

erzählt *Cornel. van Gestel*, Hist. sacr. et profan. Archiepiscopatus Mechliniensis (Hag. Com. 1725) p. 81.

6) *J. Fr. Foppens*, Biblioth. Belgica (Brüssel 1739.) 2. Bd. S. 714. 715. 7) *Chr. Walch*, Monim. med. aev. T. I. Fasc. I. Praefat. p. XVIII. 8) Ebenda T. II. Fasc. I. Praefat. p. XIV und T. I. Fasc. IV. p. XVIII. XIX. 9) Dialogus de quatuor erroribus c. 22. 10) Ebenda c. 10. 11) Ebenda c. 22.

12) De libertate christiana I. c. 17. 18.

tellectus oder dieser jener vorhergehe, sucht Goch durch folgende Erwägungen einen festen Standpunkt zu gewinnen. Das Höchste im Menschen ist ein Willensact (?); das Erkennen Gottes und das Sicherinnern an Gott dienen dem Genießen Gottes und zwar durch einen Willensact, welcher Gott ergreift. Auch die Liebe ist ein Act des Willens und die sapientia im Grunde ein sapor, also ein Genießen. Die höchste Vollendung im Christenthume ist nicht die notitia Christi, sondern die Liebe zu ihm [13]). Indem also Goch die Entscheidung in das Gebiet des Willens legt, gibt er zu, daß der Wille das Erkennen voraussetze und so steht er wol auf Seiten Abälard's gegen Anselm's credo ut intelligam, obgleich er nicht wird leugnen wollen, daß die Erkenntniß durch den Glauben auch gefördert werde. Der Wille hinwiederum, welcher entweder die Furcht des Gesetzes, oder die Liebe des Evangeliums ist [14]), hat seine Wurzel im Gemüthe. Als letzte (ursprünglichste?) Urkraft im Menschen setzt Goch die Liebe, auf welche er immer wieder zurückkommt [15]). Sie macht das Bitterste süß. Da der Wille nur die Facultät des Guten ist und ebenso das Böse wählen kann, so weist er an einer anderen Stelle der Liebe ausdrücklich die primaire Stellung gegenüber dem Willen als der secundairen Potenz zu [16]): „tamen caritas est multo principalior." Das Gesetz des Evangeliums ist das Gesetz der Liebe [17]). Nur aus der Liebe stammt auch die Freiheit; Liebe und Freiheit sind die Grundelemente des menschlichen Wesens, sowie die Grundprincipien des Evangeliums (doch nur auf der Seite der psychologischen oder anthropologischen Voraussetzungen; denn auch die Rechtfertigung aus dem Glauben u. s. w. soll Fundament sein), doch ist die Liebe das höhere. Durch die Freiheit kehrt die Seele zu Gott zurück [18]); die Liebe vereinigt mit Gott (ist beides nicht identisch?) und ist in sofern auch die Grundlage des Glaubens an die Unsterblichkeit [19]).

Folgen wir jetzt seinem Biographen Ullmann weiter in das Detail der Hauptschriften, so tritt uns zuerst das Buch „*De libertate christiana*" oder „De libertate christianae religionis" entgegen. Aus demselben, einer großen literarischen Seltenheit, sind von den sechs Abschnitten nur noch drei vollständig erhalten und der vierte theilweise; indessen ist das in den drei letzten Behandelte auch Gegenstand des „Dialogus de quatuor erroribus," wie Ullmann anführt. Der erste Abschnitt beschäftigt sich mit der Autorität und Auslegung der heiligen Schrift, sowie mit dem Verhältnisse der heiligen Schrift zu der Philosophie. Es gibt zwei Bücher, nämlich die Philosophie und die heilige Schrift und zwar die kanonische; der letzteren kommt eine unwiderlegliche Autorität zu; nur will sie richtig verstanden und ausgelegt sein. Man hat deshalb in ihr einen vierfachen Sinn zu unterscheiden: den buchstäblichen, den allegorischen, den tropologischen und den anagogischen. Der buchstäbliche Sinn lehrt, was zu wissen nöthig ist, der allegorische, was zum Glauben gehört (nicht auch der buchstäbliche?), der tropologische, was der Mensch vermöge seines durch die Liebe gebildeten Willens zu thun hat (aber auch der buchstäbliche), der anagogische, was zu hoffen ist. Die drei letzten Gattungen faßt Goch in den „geistigen" Sinn zusammen, welchen er auch den „mystischen" nennt. Wo der wörtliche Sinn dunkel ist, da muß man, meint er, auf den mystischen zurückgreifen. Manche Stellen lassen nur einen einfachen, andere einen zweifachen, wieder andere einen dreifachen, noch andere selbst einen vierfachen Sinn zu (was freilich der Willkür alle Schleußen öffnet). Die Paulinischen Briefe haben nach ihm vor den anderen Schriften das Eigenthümliche, daß man sie fast in allen Theilen buchstäblich auslegen muß [20]). Aber auch der buchstäbliche Sinn, durch welchen allein eine vollgültige Argumentation gewonnen werden kann, läßt eine verschiedene Deutung zu. Aus diesem Grunde sind Auslegungsregeln nothwendig, welche freilich keine absolute Gewißheit geben. Die Wortbedeutung ist die sicherste und man hat sie namentlich mit Hilfe der klarsten Parallelstellen zu gewinnen, wobei überall der Zusammenhang sorgfältig zu berücksichtigen ist [21]). Auch hat man sich mehr an die in der Kirche sanctionirte, als an die philosophische Auslegung zu halten [22]), sowie an diejenige Bedeutung, welche die verhältnißmäßig vernünftigste ist [23]). Ferner will er dabei unterschieden wissen, zwischen Dogmatischem und Moralischem, zwischen dem, was in der Bibel wesentlich und direct ausgesprochen ist und zwischen dem, was sich als abgeleitet ergibt. Der Christ ist, fährt er fort, nicht in gleicher Weise an alle Aussprüche der heiligen Schrift gebunden, wenn man nur glaubt oder glauben will, wie die Kirche glaubt [24]). Es folgt hierauf [25]) die Untersuchung dessen, was das Wesen der natürlichen Schrift oder der Philosophie sei. Die Schriften der Philosophie erklärt Goch hier für „Bücher des Todes;" sie machen stolz und kommen aus Stolz; sie wecken keine Liebe und sind wider Gott; ihr Zweck ist lediglich die Erkenntniß; sie gewähren keinen Genuß des höchsten Gutes, nur einen Genuß des irdischen Lebens. Dagegen geben die kanonischen Schriften untrügliche Wahrheit und volle Gewißheit, weil sie göttliche Offenbarung enthalten. Die Philosophie gewährt nur eine abgeleitete, formelle Erkenntniß; an das Uebernatürliche kann sie nicht hinan; sie verurtheilt sich selbst namentlich durch ihr eigenes Urtheil, daß es zwei Wahrheiten gebe, nämlich eine theologische und eine philosophische; denn die Wahrheit kann nur eine sein. Es klagt Goch bei dieser Gelegenheit darüber, daß in seiner Zeit immer mehr verschiedene, sich widerstreitende Wahrheiten auftreten, wobei der Glaube immer matter werde; der Eine sage, er sei Thomist, der Andere, Scotist. Goch will die Philosophie (welche er ganz hart und abstract als eine zweite Erkenntnißquelle neben der heiligen Schrift hinstellt) zwar nicht gänzlich

13) Dialog. de quatuor erroribus c. 10. 14) Ebenda c. 8. 15) Ebenda c. 11. 16) Ebenda c. 14. 17) Ebenda c. 12. 18) Ebenda c. 11. 19) Ebenda c. 16.

20) III, 2. 21) c. 5. 22) c. 8. 23) c. 10. 24) c. 11. 25) c. 13—26.

verworfen; aber das Gute in ihr werde durch das Schlimme überwogen; die Philosophen seien nie zur Gesundheit der Vernunft gelangt und auch Pelagius habe seine Irrthümer nur aus der Philosophie geschöpft.

Der weitere Verlauf (2. Abschnitt) des Goch'schen Buches: De libertate christiana hat zum Hauptinhalte die Sünde und die Gnade. Natur ist — sagt er —, was einem Menschen von Gott gegeben wird, daß er sei; was ihm aber bei seiner Entwickelung aus übernatürlicher Güte zu Theil wird, ist Gnade. Zu diesen zwei Stücken kommt dann jenseits des Grabes noch die Herrlichkeit. Alle Natur ist gut; aber der Mensch thut Sünde, welche eigentlich Nichts ist und dann folgt die Strafe. Der Mensch ist daher ein malum bonum. Wenn man fragt, wie der Wille schlimm werden könne, so ist die Antwort (welche freilich Nichts erklärt): sofern er Thätigkeit ist[26]). Gott hat dem Menschen den guten Willen, zugleich aber auch die Freiheit gegeben und durch letztere verlor er das Nichtabweichenwollen. Die fehllose Freiheit, welche dem Menschen nicht von Natur anerschaffen, sondern als Gottes donum gratuitum gegeben ist, hat der Mensch sammt anderen Gnadengütern durch die Sünde verloren; er ist somit in die Unwissenheit über gut und böse (?) und anderes Unglück verfallen[27]). Auch nach dem Sündenfalle, welcher dem Menschen die justitia originalis nahm und eine Neigung zum Bösen gab (welche er aber schon vor dem Falle haben mußte), behielt er die Freiheit und durch sie die Erlösungsfähigkeit. Die erstere ist eine dreifache; und ebenso kommt die Sünde noch jetzt, wie im Paradiese (neben der von Goch ebenfalls gelehrten Erbsünde), durch drei Factoren zu Stande: durch die Sinnlichkeit (Schlange), die niedere (Eva) und die höhere Vernunft (Adam). Trichotomisch ist auch die Seele: Gedächtniß, Vernunft und Wille. Die Ursache der Sünde liegt nur in dem geschaffenen Willen, welcher von der Gleichförmigkeit mit Gott abfällt, während der Teufel gar keinen bestimmenden Grund zum Abfalle hatte. Durch die Sünde Adam's hat auch der Leib gelitten und da die Nachadamiten ihre Seele durch Neuschöpfung (nicht tradux) erhalten, so wird diese (auch) durch den kranken Leib sündhaft[28]). Die Gnade nun, als das Heilmittel gegen die Sünde, ist die durch den heiligen Geist eingeflößte Liebe, wodurch der begnadigte Wille entsteht, als eine übernatürliche Bewegung des Gemüthes oder als übernatürliche Freiheit. Die Sünde ist zwar dadurch nicht ganz vernichtet, aber sie schadet nicht mehr. Bei der Rechtfertigung thut der Wille nichts Anderes, als daß er der Gnade Gottes beistimmt und Almosen, Fasten u. s. w. haben nur Werth durch ihre Intentionen[29]).

Im dritten Abschnitte nun bespricht Goch die Verdienstlichkeit der menschlichen Handlungen, namentlich bei den Mönchen, ausführlicher. Er bekämpft hier den Pelagianismus, beziehentlich die merita digni, congrui et condigni der Thomisten und anderer gleichgesinnter Scholastiker, welche der Gnade nichts Wesentliches übrig lassen, indem sie behaupteten, der Lohn komme aus der Gnade und dem Verdienste. Dies sei gegen die deutlichsten Aussprüche des Paulus; unser ganzes Heil beruhe nur auf dem Verdienste Christi[30]). Die reinen und vollkommenen Merkmale eines Verdienstes, welches nur aus einem begnadigten Willen kommt (und diesen schreibt Goch dem Menschen zu), finden sich nur bei Christus, welcher sich, da Gott in ihm war, Gott für uns zum Opfer gebracht und dadurch uns die Geburt aus Gott verdient hat. Indem wir durch Christum anfangen Gott zu lieben, wird unsere Feindschaft gegen Gott aufgehoben und wir sind versöhnt mit ihm. Nur Christus, dessen Liebe wir uns aneignen und nachahmen, kann ein Verdienst erwerben, weil er der Sündlose ist. Der Mensch könnte auch ein Verdienst haben, wenn seine Tugend eben so groß wäre wie die ewige Seligkeit, was nicht der Fall ist[31]). — Im 4. Abschnitte schildert Goch die Natur des evangelischen Gesetzes und zwar als eines Gesetzes der Freiheit, folglich auch der Liebe, gegen welche er nicht blos hier, sondern auch anderwärts den Glauben in den Hintergrund treten läßt. Im Uebrigen ist hier mancher reformatorische Gedanke ausgesprochen.

Wenn es sich um Goch's reformatorische Thätigkeit handelt, so ist besonders sein „*Dialogus de quatuor erroribus* circa legem evangelicum exortis“[32]) von Bedeutung, da er hier ausdrücklich auf die Gebrechen der Kirche seiner Zeit eingeht, obgleich wir Ullmann's Urtheil[33]), daß er tiefer, umfassender und principieller als Wicliffe, Huß, Savonarola und Andere seine Kritik übe, nicht in allen Theilen unterschreiben möchten und Ullmann selbst gibt zu, daß er trotz der Betonung der Freiheit doch das Evangelium etwas zu sehr als Gesetz fasse. Die eben genannte Schrift entstand aus der Aufforderung einiger Freunde, er möge die Meinung derer widerlegen, welche behaupten, daß die Freiheit des evangelischen Gesetzes durch die Gelübde gebunden sei und nur durch diese könne erfüllt werden. Indem er nun die Form des Dialoges wählt, wobei die Seele als das niedrigere Organ im Menschen durch den Geist als das höhere Organ sich belehren läßt, schickt er in der Einleitung unter Anderem die Bemerkung voraus, daß er nur aus den kanonischen Büchern schöpfen wolle, auch wenn er diesem und jenem Kirchenvater widersprechen müsse[34]).

Unter den vier verderblichen Grundirrthümern in der Kirche bekämpft er zunächst die judaisirende, neuevangelische Gesetzlichkeit und setzt dem Buchstaben des Gesetzes den Geist des Evangeliums entgegen. Das Gesetz droht, das Evangelium weckt Liebe, die da ist das Gesetz des Herzens. In Uebereinstimmung mit Paulus, welcher die judaisirenden Christen bekämpft, ist zu behaupten, daß nicht das Werk an sich

26) II. c. 1 u. 2. 27) c. 5 u. 6. 28) c. 7 seq. 29) c. 13 seq.

30) II. c. 1—6. 31) c. 7—18. 32) Abgedruckt in Walch, Monim. med. aevi Vol. I. Fasc. IV. 33) Reformatoren I. S. 92. 34) Dialogus bei Walch p. 75—78.

etwas gilt, sondern die Gesinnung, nämlich der Freiheit und der Liebe. In Capitel 6 tadelt er besonders die „unerträgliche Strenge in äußerlichen Gebräuchen und Ceremonien," sowie den damit verbundenen „gänzlichen Mangel an Liebe gegen die schwächeren Brüder." „Die Triebe ihres Herzens" — äußert er — „suchen sie rastlos zu befriedigen, die Ueberlieferungen der Menschen umfassen sie mit großer Liebe, aber das Wesentliche des Gesetzes lassen sie dahinten. Es sind die Pharisäer und Heuchler, die der Herr schildert, die blinden Führer der Blinden. Dringt man tiefer ins Innere ein, so zeigt sich, daß das, was in den Augen der Menschen groß scheint, nicht aus dem Eifer des göttlichen Geistes, sondern aus den Wünschen der eigenen Leidenschaft stammt. Es scheint geistlich, was gethan wird, aber eigentlich haben es Fleisch und Blut eingegeben."

Als zweiten Grundirrthum bekämpft Goch die freigeistische Gesetzlosigkeit, welche zu seiner Zeit trotz der mönchischen Gesetzheiligkeit in mancherlei Gestalt auftrat. Gegen sie nimmt er das Gesetz als solches zur Hand und zwar denen gegenüber, „welche die Vollendung des christlichen Lebens allein in den Glauben (Geist, Innerliches) setzen, die Werke des Glaubens aber nicht für nöthig erachten" und dann „alles Uebrige für erlaubt" halten. Er erinnert sie nachdrücklich an Gal. 5, 13 und an die Liebe, die Alles gelte. „Die Seligkeit," fährt er fort, „fordert nicht die Werke des Gesetzes, wol aber die des Glaubens."

Das falsche Selbstvertrauen ist die dritte grundirrthümliche Richtung, gegen welche er in dem Dialoge polemisirt und welcher er das Bedürfniß der Gnade entgegensetzt. Hier bekämpft er zunächst den Pelagianismus, beziehentlich den Thomas von Aquinum, welcher trotz seiner wiederholten Citate aus Augustinus doch vielfach pelagianisirte, namentlich mit der Lehre, daß durch den Sündenfall nur die justitia originalis verloren sei, nicht aber die anderen höheren Kräfte und Eigenschaften des Menschen, daß also eigentlich kein positiver Verlust im Sinne des Augustinus stattgefunden habe, daß, um den Menschen zu restituiren, die Freiheit des Menschen und die Gnade Gottes zusammenwirken müssen, daß diese menschliche Freiheit sich ein Verdienst, sogar eine zu Ablaß u. s. w. zu verwendende Ueberverdienstlichkeit erwerbe. Goch bestreitet diese Richtung, welche „mehr als gut ist" auf die natürlichen Fähigkeiten neben der Gnade Gottes vertraut. Der endliche Mensch könne durch sein Erkennen das Unendliche nicht erreichen; es müsse die Gnade hinzutreten (also doch zu dem Thun des Menschen — Synergismus); die wahre Liebe des Guten könne nur durch die Liebe des höchsten Guten, Gottes, bewirkt werden.

Als eine vierte falsche Grundrichtung der Zeit spricht Goch das selbstgemachte Christenthum, das Mönchsthum aus und setzt ihm das wahre Christenthum entgegen. Als Hauptvertreter der kirchlichen Gesetzlichkeit und Werkheiligkeit in der damaligen Zeit galten die Dominikaner, denen gegenüber, im Anschlusse an Paulus und Augustinus, hauptsächlich die Augustiner das mehr innerliche Christenthum repräsentirten. Es war ein Dominikaner, welcher die von Goch, welcher dem Orden der Augustiner angehörte, verfaßte Schrift über die evangelische Freiheit in einer Gegenschrift angriff, der Goch eine Epistola apologetica entgegensetzte. Der genannte Irrthum wird nun von ihm in dem Dialogus näher als die Meinung derjenigen bezeichnet, „welche zwar den zweifachen Act des Glaubens, sowol den des inneren Thuns, als auch den des äußeren Wirkens, zur Vollkommenheit des christlichen Lebens für erforderlich halten, aber dabei ohne Scheu behaupten, zur Vollbringung der vollkommeneren Werke des evangelischen Gesetzes reiche die Freiheit des Geistes nach der inneren Bewegung des Glaubens nicht zu, sondern es sei hierzu auch die Verpflichtung des Gelübdes unumgänglich nothwendig." Diese Meinung, welche die Gnade nicht für ausreichend halte, sei der (Grund-) Irrthum der Zeit. Vielmehr müsse das Gelübde, um Giltigkeit und Werth zu haben, durch die Gnade bewirkt sein; es könne also nicht ein Mehreres bewirken, als was die Gnade, auch außerhalb des Mönchsthums, bewirke. Er führt hierbei das damals übliche, sehr charakteristische Sprüchwort an: „Was ein Mönch zu thun wagt, würde der Teufel sich schämen zu denken," und sagt unverhohlen, es stehe fest, daß viele Mönche ein sehr scandalöses Leben führen. Selbst der Vorsteher einer Art von Kloster, behauptet er, die christliche Tugend müsse aus freier, nicht durch Gelübde gebundener Liebe hervorgehen. Wenn man ihm, sagt er, entgegenhalte, daß doch das Mönchsthum mit seinen Gelübden von der Kirche selbst autorisirt sei, so müsse man bedenken, daß die Mütter oft mehr Liebe als Verstand hätten. Uebrigens sei nicht zu leugnen, daß das Mönchsgelübde Anregungen zum Guten geben könne, um es hervorzulocken, besonders in solchen, welche das Gute nicht aus Freiheit thun; für die Zügellosen sei das Gelübde nützlich, sowie für die Schwachen im Guten; die Kirche habe durch dasselbe nur ein äußerliches Zuchtmittel zu den Worten Gottes hinzugethan, zumal ja auch der Papst davon dispensiren könne. Das Resultat ist, daß im Mönchsgelübde nichts Verdienstliches (an sich) enthalten sei.

Hierdurch tritt Goch einer Kritik der damaligen kirchlichen Einrichtungen überhaupt, im Besonderen des Episcopats und der Priesterschaft näher und auch hierüber läßt er sich in seinem Dialogus de quatuor erroribus aus. Er fordert, daß die Kirche, als die Verwirklichung des Lebens Christi, sich aus dem Principe der Liebe, welche in ihm war, gestalten soll, erklärt die damalige Kirche (und somit auch den Papst) für irrthumsfähig und sieht in den positiven kirchlichen Satzungen nur äußere ehrbare Gebräuche. Zwar lehrt er kein allgemeines Priesterthum aller Christen und stellt den priesterlichen Stand als den höchsten in der Kirche hin, weil er derjenige der höchsten Vollkommenheit sei und im heiligen Abendmahle Leib und Blut Christi consecrire; aber er erklärt jeden Priester seiner Würde nach für gleichstehend mit dem Bischofe; es sei ihm Manches, worauf er durch göttliche Einsetzung ein Recht habe, durch Gewohnheit oder Anordnung der Kirche (d. h. doch wol: des Papstes und der Bischöfe) entzogen werden. Der Priester stehe höher als der Mönch [35]).

Wenn nun Ullmann, um Goch's Aufnahme unter die „Reformatoren" vor der Reformation zu rechtfertigen, seine reformatorische Wirkung „tief" nennt [36]), so ist dies ohne Zweifel dahin zu verstehen, daß seine reformatorischen Ideen tief waren; denn von Ullmann selbst wissen wir, daß seine Ideen wie seine Bücher bis auf die neueste Zeit sich nur in einem sehr kleinen Kreise hielten, folglich zu reformatorischen Bewegungen wenig beitragen konnten. Auch hat er, wie derselbe Gewährsmann annimmt, durch die Hierarchie keine Anfechtung erfahren und ist weder als Ketzer, noch als Häretiker, noch als Schismatiker zur Erde bestattet worden. Er spricht selten vom Reformiren und man hat keine Spur, daß er auf Wessel, Luther u. s. w. irgendwie eingewirkt habe; dennoch zählt ihn Ullmann unter dem obigen Gesichtspunkte zu den Reformatoren. Später ward sich die katholische Kirche ihres Gegensatzes zu ihm mehr bewußt, besonders nachdem die Reformatoren Berufung auf ihn eingelegt hatten. So setzte das tridentinische Concil Goch in die erste Reihe der verbotenen Schriftsteller, deren Werke von Katholiken gar nicht gelesen werden sollen [37]) und der streng katholische Foppens nennt ihn einen Freund Wessel's, welcher wie er die Reformation bis zum Ekel gepredigt habe [38]).

Nach den von Ullmann mitgetheilten Excerpten ist der Charakter Goch's ein sehr ruhiger und stiller, ein wenig aggressiver. Sein Geist hat sich weit weniger als der eines Huß, Savonarola, Luther, Zwingli, Calvin mit Kühnheit von den traditionellen Ideen emancipirt. Seine Argumentationen sind zur Hälfte durchaus scholastisch; sie theilen und spalten gern, zuweilen nicht ohne Spitzfindigkeit, sie sind im Allgemeinen nicht von scharf einschneidenden Begriffen, ihre Begriffe haben etwas sehr Allgemeines und Elastisches, etwas Weiches und Sentimentales; sie sind auch keineswegs von Selbstwidersprüchen frei; aber überall tritt aus ihnen das mit Liebe in die Wahrheit vertiefte Streben heraus. Man kann ihn nicht als einen überschwänglichen Mystiker bezeichnen, dazu ist er zu verständig; er gehört mehr zu den contemplativen Naturen, welche in der Innerlichkeit arbeiten und ringen. So weit für uns der Eindruck aus den Anführungen bei Ullmann reicht, leidet Goch sehr an abstracten Allgemeinheiten, an Voraussetzungen dessen, was zu beweisen ist, an Prädicaten, welche nahezu ganz identisch mit den Subjecten sind, an dem Mangel eines festen Systems für Psychologie, Hermeneutik u. s. w., der Anführungen concreten historischen Materials. Die Hauptgegensätze sind ihm Natur und Gnade; aber er hält außerordentlich viel auf die Freiheit und auf die Liebe, gegen welche der Glaube entschieden in den Hintergrund tritt. Er bewegt sich nur innerhalb eines engen Kreises von Gedanken und Sätzen und diese lehren immer wieder. Sein lateinischer Stil (z. B. fiendorum statt faciendorum) ist weit mehr mönchisch als classisch. Cornelius Grapheus, sein größter Verehrer und Herausgeber seiner Schriften, sagt von ihm: „Mirabar id aetatis hominem, tametsi stilo incultiori, tantum potuisse" [39]).

Ullmann entwirft folgende allgemeine Charakteristik. „Goch war ein Mann von großer Innerlichkeit, von Tiefsinn und Scharfsinn, von lebendiger Frömmigkeit, verbunden mit feiner, eindringender Dialektik; er wußte die Erscheinungen des kirchlichen Lebens in ihrer Wurzel zu fassen, aber es fehlte ihm auch nicht an einem scharfen und richtigen Blicke in das (menschliche) Leben. Seine Gemüthsneigung zog ihn mehr zur stillen Betrachtung hin und sein Umgang mit Frauen mag ihm etwas Zartes und Mildes gegeben haben, aber durch die offenen und frei ausgesprochenen Resultate seiner Betrachtung griff er doch zugleich fruchtbringend und reformatorisch in die Wirklichkeit ein. Zunächst war es ihm um religiöse und geistige Befriedigung zu thun, aber wo er bei seiner Wahrheitsforschung auf herrschende Irrthümer stieß, da sprach er sich aufs Klarste und Unumwundenste mit dem Ernste und Eifer der Liebe dagegen aus. Minder gelehrt und umfassend, auch minder activ und reformatorisch als sein Freund Wessel, ist er dagegen tiefer und inniger als dieser und mehr von einer edlen Mystik ergriffen. Vergleichen wir ihn aber mit Thomas von Kempen oder ähnlichen Männern, so hat er wieder weniger mystische Elemente und dagegen mehr dialektische und wissenschaftliche Durchbildung, mehr Klarheit und Schärfe, überhaupt mehr Theologie und zugleich einen entschiedeneren Eifer für die unmittelbare Umgestaltung des religiösen und kirchlichen Lebens" [40]).

Unter Goch's Verehrern und Nachfolgern in der ersten Zeit nach seinem Tode ist hauptsächlich Cornelius Grapheus (Scribonius, Schryver, Schreiber), geboren 1482 zu Aloft in Flandern, zu nennen. Es haben über ihn besonders geschrieben Daniel Gerdesius [41]) und Foppens [42]). Er lebte und wirkte als Poet, Historiker, Sprachforscher u. s. w., und gab 1521 Goch's Buch: De libertate christiana, welches er nach seiner Angabe aufgefunden hat, mit einer begeisterten Vorrede heraus. Er wurde deshalb durch die Inquisition zu Brüssel eingekerkert und gezwungen, in einem vom 23. April 1522 datirten Briefe seine Vorrede zur Edition Goch's zu widerrufen. Er starb 76 Jahre alt 1558. In jener Vorrede empfiehlt er die Rückkehr zum apostolischen Christenthume, die Verbreitung der heiligen Schrift in der Volkssprache, die Theilnahme der Laien an dem Regimente der Kirche, eifert gegen den Mosaismus im Christenthume, schilt die zuchtlosen Pfaffen und Prälaten, stellt mit feurigen Worten die Person Christi in den

---

35) S. 14—21. 36) S. 146. 37) Walch. Monim. med. aev. I, 4. praef. p. XXV. 38) In seiner Biblioth. Belg. T. II. p. 715.

39) Bei Walch, Monim. med. aev. Vol. II. Fasc. I. praefat. p. XIII. 40) Reformatoren I. S. 30. 81. 41) Histor. Evang. renov. Gron. et Brem. 1749. T. III. p. 20; Scrinium Antiquarium sive Miscellanea Groningiana. (Gron. et Brem. 1756.) T. V. P. I. 42) Biblioth. Belg. T. I. p. 201 seq.

Mittelpunkt des Christenthums. Auf ähnliche Weise spricht er sich in einer Vorrede zu Goch's Epistola apologetica aus[43]). Ferner findet sich bei Walch[44]) ein nach Ullmann[45]) in den ersten dreißiger oder vierziger Jahren des 16. Jahrh. geschriebener Brief, welcher von solchen Einwohnern Mecheln's redet, welche Goch persönlich oder in der zweiten Generation gekannt haben. Der Verfasser wie der Empfänger des Briefs, ein gewisser N. (vielleicht Nicolaus von Herzogenbusch), zählen Goch zu den ersten Theologen ihrer Zeit.

Was die Schriften Goch's und die Literatur über ihn betrifft, so bezeichnet K. Gesner[46]) als Goch'sche Schriften: Epistola apologetica; Dialogus de quatuor erroribus circa legem evangelicam exortis; De votis et religionibus factitiis sive de libertate christianae religionis conclusiones novem, fügt hinzu: „Insunt item huic operi fragmenta quaedam: de gratia et meritis, de fide et operibus, de perfectione legis evangelicae" und nennt außerdem eine Schrift: De libertate christiana, welche mit der an dritter Stelle genannten wol unzweifelhaft identisch ist. Foppens[47]) stellt folgendes Verzeichniß auf: De libertate christianae religionis; De gratia et fide; De scripturae sacrae dignitate; De scholasticorum scriptis; De statu animae post vitam; De reparatione generis humani per Christum; De votis et obligationibus. Von diesen Schriften dürfte nur De statu animae eine verloren gegangene sein, während von den übrigen wol mehre identisch sind. Es wird, wie Ullmann[48]) bezeugt, mehrfach berichtet, daß Goch'sche Schriften nicht mehr vorhanden seien, aber nur die über den Zustand der Seele möchte wirklich als ein Verlust zu beklagen sein. Manche Literarhistoriker oder andere Autoren haben wol auch bloße Entwürfe, welche man unter seinen Papieren gefunden, als förmliche Schriften angesehen. Als sichere Schriften unseres Theologen hat man nach Ullmann zu registriren: De libertate christiana (oder: De libertate christianae religionis), der Dialogus de quatuor erroribus und die Epistola apologetica, denn diese sind durch Männer, welche gewisse Kunde von ihm haben mußten, aus seinem Nachlasse zum Druck befördert worden. Laut eines Briefes von einem Ungenannten, etwa aus den zwanziger Jahren des 16. Jahrh., fanden sich in seinem handschriftlichen Nachlasse noch folgende Entwürfe: De gratia et meritis; De fide et operibus; De perfectione legis evangelicae. Auch Walch besaß noch einiges Handschriftliche von ihm, was er drucken lassen wollte, aber, soviel Ullmann[49]) weiß, nicht hat drucken lassen; nämlich De gratia et libero arbitrio und De gratia et christiana fide. — Die der Zeit nach erste von den vorhandenen Goch'schen Schriften mag, wie Ullmann urtheilt[50]), De libertate christiana sein, dann ist wahrscheinlich De quatuor erroribus gefolgt; die späteste dürfte die Epistola apologetica sein, da Grapheus bei Walch[51]) angibt, sie sei vor ungefähr 46 Jahren geschrieben, was auf 1475, als das Todesjahr Goch's, hinweisen würde; denn Grapheus schrieb um 1521.

Die ältesten gedruckten Ausgaben von Goch's Schriften sind in Holland besorgt worden. Die Schrift: De libertate christiana edirte zuerst der öfter genannte Grapheus 1521 zu Antwerpen. Diese Ausgabe ist jetzt sehr selten. Der Dialogus de quatuor erroribus ist nach Hardt[52]) bereits 1520 gedruckt gewesen, was indessen zweifelhaft erscheint. Vielmehr ist nach sicheren Anzeigen die Epistola apologetica zuerst zum Drucke gekommen und zwar 1520. Außer diesen dreien ist nach Hardt's und anderer Literatoren Meldung noch eine vierte Schrift von Goch, aber nur in Fragmenten, im Drucke erschienen und zwar unter dem Titel: „In divinae gratiae et christianae fidei commendationem" etc. Ullmann hat sie nicht gesehen. Das Ausführlichere über die Editionen der Goch'schen Schriften ist bei dem eben genannten Biographen nachzulesen[53]).

Zur Literatur über Goch gehören zunächst die Anmerkungen und Vorreden seiner Editoren, namentlich was Grapheus meldet und die Notizen der bereits genannten Literaturhistoriker Gesner, Gerdes und Foppens. Von den Lutherischen Theologen der ersten Zeit hat sich mit ihm fast nur Matth. Flacius beschäftigt, welcher in dem, zuerst Basel 1556 erschienenen, Catalogus testium veritatis[54]) eine kurze Lebensbeschreibung gibt; seine Beurtheilung (auf Seite 1) ist nach Ullmann im Ganzen richtig, nur daß er den Mann zu stark als einen Lutherischen Orthodoxen hinstellt. Auch Heinrich Pantaleon hat in seiner Prosopographia Heroum atque illustrium virorum totius Germaniae[55]) Goch's erwähnt, welchen er im Wesentlichen wie Flacius beurtheilt. Die darauf folgende Literatur fügte zu dem Bekannten nichts Neues hinzu, bis Chr. With. Fr. Walch in seinen Monimenta medii aevi[56]) weit ausführlicher als alle Vorgänger von ihm handelte und zwei seiner Schriften abdrucken ließ. Unter den neueren Kirchenhistorikern befassen sich in eingehender Weise mit Goch namentlich Schröckh[57]) und Gieseler[58]). Andere Kirchenhistoriker wie Henke und Erhard übergehen ihn gänzlich mit Stillschweigen. Merkwürdig ist besonders, daß Flathe, was Ullmann nicht erwähnt, in seiner 1835 und 1836 gedruckten „Geschichte der Vorläufer der Reformation" (Leipzig) mit keiner Sylbe seiner gedenkt, obgleich das Buch zwei Bände umfaßt. Das Hauptwerk über Goch ist Karl Ullmann, Reformatoren vor der Reformation. 1. Bd. 1841, Hamburg, Friedr. Perthes, auch

43) Bei Walch, Monim. med. aev. Vol. II. Fasc. I. praefat. 44) Ebenda T. I. Fasc. IV. praefat. p. XXXI — XXXIII. 45) Reformatoren I. S. 169. 46) Biblioth. univ. 1545. 47) Biblioth. Belg. T. II. p. 714. 715. 48) Reformatoren I. S. 165. 49) Ebenda S. 167. 50) Ebenda S. 169. 170.

51) Monim. med. aev. T. II. Fasc. I. praefat. p. XII. XIII. 52) Autogr. Luther. 53) Reformatoren I. S. 164 — 174. 54) Lib. XIX. Tom. II. p. 687. ed. Lugdunensis. 55) Basel 1565. S. 461. 56) Göttingen 1760. Vol. I. Fasc. IV. praefat. p. XIII — XXXVII und Vol. II. Fasc. I. praefat. p. II — XXIV. 57) Christl. K.-Gesch. 33. Th. S. 303 — 308. 58) Lehrbuch der K.-Gesch. 2. Bd. 2. Abth. S. [illegible]

unter dem Titel: Johann von Goch und Johann von Wesel u. s. w. S. 17—174. Einen kurzen Auszug aus dieser größern Arbeit hat Ullmann zum Zwecke populairer Lectüre in Piper's evangelischem Kalender auf das Jahr 1853 S. 105—109 gegeben. Der Artikel „Johann von Goch" von Sudhoff in Herzog's Realencyklopädie für protestantische Theologie und Kirche 5. Bd. S. 219—221 ist ein kürzerer Auszug als der unserige aus der Ullmann'schen Biographie. (*J. Hamann.*)

GOCHNATIA, eine von Humboldt, Bonpland und Kunth aufgestellte Gattung der Compositen, welche Endlicher im weitern Sinne als De Candolle auffaßt, indem er die von Letzterem nach Don's Vorgange unter dem Namen Cyclolepis und Anastraphia als eigene Gattungen eingeführten dazu zieht. Der Gattungscharakter besteht in Folgendem: Die Blüthenköpfchen sind mehr- oder gleichblüthig, gleichehig und strahlenlos oder verschiedenehig, indem die Randblüthen durch Fehlschlagen weiblich, die Scheibenblüthen zweigeschlechtlich sind. Die Schuppen des kreiselförmigen, glockigen oder cylindrischen Hauptkelchs stehen in vielen Reihen, decken sich dachziegelig und sind lederartig, mehrnervig. Der Blüthenboden ist flach, nackt. Die Blumenkronen sind kahl, die der zweigeschlechtlichen Blüthen regelmäßig, ihr Saum ist von der Röhre kaum deutlich getrennt, fünfzähnig, die der weiblichen Blüthen sind zweilippig, die äußere Lippe ist bandförmig, an der Spitze dreizähnig, die innere zweitheilig. Die Staubfäden sind gesondert, glatt, die Schwänze der Staubbeutel sind lang, ganzrandig oder zerschlitzt, die Flügel sind elliptisch, kurz, stachelspitzig. Der Griffel ist kahl. Die Früchtchen sind cylindrisch, schnabellos, wollig. Der Federkelch ist mehrreihig, lang, ungleich, borstig-spreublättrig, diese Spreublättchen sind an der Spitze ein wenig breiter, tiefer gesägt und kurz federig.

Die hierher gehörigen kraut- und strauchartigen Gewächse sind im südlichen Amerika einheimisch und haben stielrunde Stengel, wechselständige, netzig-aderige, unterseits nebst den Hüllblättern filzige Blätter.

De Candolle theilt diese Gattung in folgende drei Sectionen:

Erste Section. Vernonioides.

Die Köpfchen sind gleichehig, vielblüthig, scheibenförmig. Der Hauptkelch ist kürzer als die Blüthen. Die Blumenkronen sind sämmtlich fünftheilig. Hierher gehören Sträucher mit gestielten Blättern.

1) G. vernonioides *Humboldt*, *Bonpland* und *Kunth*. Die Blätter sind länglich, spitz, am Grunde abgerundet, ganzrandig, häutig, unterseits nebst den Ästchen weißfilzig; die Blüthenköpfchen stehen meist zu zwei.

Diese Art wächst in der Nähe des Amazonenstromes. Die Blumenkronen sind gelb. Der Federkelch ist weiß. Die Schwänze der Staubbeutel sind kurz gewimpert. Die Schuppen des Hauptkelchs sind an der Spitze fast stechend.

2) G. rotundifolia *Lessing*. Die Pflanze ist ganz kahl; die Blätter sind fast rundlich, bespitzt, gezähnelt, lederartig; die Köpfchen stehen einzeln.

In Brasilien einheimisch. Die Köpfchen stimmen in der Größe mit denen von Cirsium heterophyllum überein. Der Blüthenboden ist sehr kurz borstig-faserig. Die Schwänze der Staubbeutel sind geschlitzt.

Zweite Section. Hedraiophyllum *Lessing*.

Der Hauptkelch hat mit den zweigeschlechtlichen Blüthen gleiche Länge, seine Schuppen sind linealisch, angedrückt. Die Schwänze der Staubbeutel sind geschlitzt. — Krautartige Pflanzen mit fast holzigem Stengel und sitzenden, gehäuften, ganzrandigen, lederartigen Blättern bilden die Repräsentanten dieser Section.

3) G. cordata *Lessing*. Der Stengel ist dicht filzig; die Blätter sind ei-herzförmig, spitz; die scheibenförmigen Köpfchen stehen in ährenförmigen Trauben.

Diese Art wächst in Brasilien, sowol auf höheren Bergen als auf trockenen Ebenen. Der Federkelch ist gelblich.

4) G. corymbosa *Lessing*. Der Stengel ist kahl; die Äste sind filzig; die Blätter sind elliptisch oder verkehrt-eiförmig, spitz, am Grunde stumpf; die strahlenförmigen Köpfchen stehen in Ebensträußen.

In Brasilien einheimisch. Die Strahlen der Blumenkrone sind zweilippig, die äußere Lippe ist schmal, die innere zweispaltig. Der Federkelch ist dunkel lilafarbig.

Dritte Section. Pentaphorus *Hooker*.

Die fünf- oder vielblüthigen, gleichehigen und gleichblüthigen Köpfchen stehen gehäuft. Der Hauptkelch ist kürzer als die Blüthen; die Schwänze der Staubbeutel sind nicht geschlitzt. Die Griffeläste sind sehr kurz. — Die hierher gehörigen Sträucher wachsen in Chili und haben sitzende, am Grunde verschmälerte, zuletzt kahle und harzige Blätter.

5) G. fascicularis *Don*. Die Köpfchen sind lanzettlich, spitz, gezähnelt, beiderseits harzig-punktirt; die vielblüthigen Köpfchen stehen in Büscheln. Hierher gehört Pentaphorus fascicularis *Don*.

Diese Art findet sich auf den Anden in Chili.

6) G. pyrifolia *Don* mit elliptisch-länglichen, fein gesägten, aderigen, spärlich wolligen Blättern und fünfblüthigen, in Ebensträußen stehenden Köpfchen. Hierher gehört Pentaphorus pyriformis *Don*.

Diese Art wächst gleichfalls auf den Anden in Chili.

7) G. nigra *Don*. Die Blätter sind länglich, stachelspitzig, gezähnelt, aderig, nebst den Ästchen Anfangs wollig; die fünfblüthigen Köpfchen stehen in büscheligen Ebensträußen; die Schuppen des Hauptkelchs sind eiförmig, stachelspitzig oder lanzettlich und zugespitzt. Hierher gehört Pentaphorus foliolosus *Don*.

Gleichfalls auf den Anden in Chili und bei Valparaiso einheimisch.

8) G. glutinosa *Don*. Diese Art ist sehr klebrig, ihre Blätter sind linealisch-lanzettlich, zugespitzt, ganzrandig, aderlos; die fünfblüthigen, cylindrischen Köpfchen stehen in Büscheln; die Schuppen des Hauptkelchs sind lanzettlich-pfriemlich.

Diese Art wächst bei Mendoza in Chili.

Endlicher zieht zu dieser Gattung noch Cyclolepis mit einzelnen, vielblüthigen Köpfchen und zerschlitzten Staubbeutelschwänzen, wohin Gochnatia genistoides *Hooker* und *Arnott* (Cyclolepis genistoides *Don*) gehört und Anastraphia mit einzelnen, vielblüthigen Köpfchen und ganzrandigen Staubbeutelschwänzen, wozu Don als einzige Art Anastraphia ilicifolia (Gochnatia ilicifolia *Lessing*), eine in Cuba vorkommende Pflanze, bringt. (*Garcke.*)

GOCHSHEIM, 1) Stadt im Mittelrheinkreise des Großherzogthums Baden, am Kraichbache im Kraichgau, mit Mauern umgeben und mit einem 1700 erbauten Schlosse, das jetzt als Schulhaus dient. Die 1400 Einwohner treiben Feld-, Wiesen-, Weinbau und starke Viehzucht. Gochsheim gehörte Anfangs dem Kurfürsten von der Pfalz, wurde diesem aber im Auftrage des Kaisers Maximilian durch Herzog Ulrich von Würtemberg im Wege der Execution abgenommen und dem Grafen Bernhard von Eberstein als Mannlehn gegeben. Nach dem Aussterben der Grafen von Eberstein fiel es im J. 1689 an Würtemberg und wurde dem Herzoge Friedr. August von Neustadt, als dem Gemahle der letzten Gräfin von Eberstein, überlassen, der im J. 1742 starb. Im J. 1806 kam Gochsheim von Würtemberg an Baden.

2) Dorf von 1500 Einwohnern im Untermainkreise in Baiern, eine Stunde südlich von Schweinfurt, ein ehemaliges Reichsdorf, welches unter würzburgischem Schutze stand. Es erwählte aus eigener Mitte einen Reichsschultheiß, der von Würzburg zu bestätigen war, einen Burgemeister und andere Rathsglieder und berief auch seinen Pfarrer, den das Domcapitel in Würzburg bestätigte. — Die Einwohner treiben starke Viehzucht, Wein- und Gemüsebau. (*H. E. Hößler.*)

GOCKEL oder GOECKEL (Balthasar), teutscher Theolog, am 17. Nov. 1581 zu Meichingen an der Lauchart in Schwaben (im jetzigen Fürstenthume Hohenzollern-Sigmaringen) geboren, erhielt zu Reutlingen, Rothenburg am Neckar, Urach und Ulm den ersten Unterricht in den Wissenschaften und wurde dann von seinem Stiefvater gezwungen, das Metzgerhandwerk zu erlernen. Nur mit großer Mühe konnte er von demselben später die Erlaubniß und die Mittel erlangen, seine Studien fortzusetzen und sich auf der Universität Tübingen der Theologie zu widmen. Nachdem er sich hier die Magisterwürde erworben hatte, kam er im J. 1646 als Pastor an die Kirche zu Nopingen, wurde aber schon im J. 1611 von dem Senate zu Ulm als Prediger an die neuerbaute Dreifaltigkeitskirche dieser Stadt berufen, in welchem Amte er sich während einer 31jährigen Wirksamkeit einen so ungetheilten Beifall erwarb, daß er im J. 1642 zum Prediger an der Hauptkirche befördert und im J. 1650 zum Senior der gesammten Geistlichkeit der Stadt und zum Scholarchen ernannt wurde. Er starb am 31. Oct. 1656. Er war bei seinen Zeitgenossen als tüchtiger Prediger berühmt und insbesondere fanden seine 19 „Lasterpredigten aus dem ersten Capitel der Epistel an die Römer V. 29 fg.: von der Ungerechtigkeit, von der Hurerei, von dem Geiz, von dem Haß und Neid, von dem Morde, von dem Hader, von der List, von dem Gift, von der Verläumdung, von den Gottesfeinden, von den Frevlern, von der Hoffart, von der Ruhmredigkeit, von dem Ungehorsam gegen die Eltern, von den Unvernünftigen, von den Treulosen, von den Störrigen, von den Unversöhnlichen und von der Unbarmherzigkeit" (Ulm 1640. 4.) große Verbreitung. Von seinen übrigen Schriften sind noch zu nennen die Predigt bei der Einweihung der ulmischen Kirchen zur heiligen Dreifaltigkeit (Ulm 1612. 4.), die „Mammons- oder Schacher-Predigt aus Matth. C. 6." (Ulm 1642. 4.), die „Martins-Predigt von D. Martin Luthero aus Apocalyps. 14, 6 fg." (Ulm 1641. 4.), die „Calvinischen Propheten, das ist, Beweis, daß die Calvinisten falsche Propheten seyen aus Matth. 7, 15 fg." (Ulm 1644. 4.) und das Compendium ethicum (Ulmae 1704. 12.)*). (*Ph. H. Külb.*)

GOCKEL (Eberhard), Arzt in Ulm, woselbst er auch 1636 geboren war. Sein Vater war Geistlicher in Ulm. Sprengel zählt ihn den berühmten praktischen Schriftstellern bei, die zur Ausbreitung des chemiatrischen Systems beigetragen haben. In den Schriften der Societas Naturae Curiosorum, der er unter dem Namen Alector angehörte, findet man mehrfache Mittheilungen von Gockel, namentlich Beobachtungen von menschlichen Misbildungen, denen man auch in seinen Schriften begegnet, worin es aber auch nicht an abergläubischen Mittheilungen fehlt, als: Ovum sole signatum; facies humana in piro expressa, fetus idolum referens etc. Ich finde folgende selbständig erschienene Schriften Gockel's genannt, der wahrscheinlich in der zweiten Decade des 18. Jahrh. gestorben ist: Fidus Achates, oder Frauen- und Kinderbüchlein. (Ulm 1665.) Politisch-historische und medicinische Betrachtung des Zorns und derer daraus entstehenden Krankheiten. (Halle 1668.) Epitome theoriae practicae de odontalgia, oder Bericht von dem Zahnweh. (Nördlingen 1668.) Enchiridion medico-practicum de peste ejusque ejus origine, causis et signis prognosticis, quin etiam praeservationis ac curationis modo et antidotis etc. Annexus est libellus de Venenis. (August. Vindel. 1669.) Von der wüthenden Hunde Bisse. (Augsb. 1670.) Consiliorum et Observationum medicinalium Decades VI collectae et per experientiam comprobatae. (Aug. Vindel. 1682.) Curieuse Beschreibung des Anno 1694 und 1696 durch das Silberglätt versüßten sauren Weins und der davon entstandenen neuen und vormals unerhörten Weinkrankheit. (Ulm 1697.) Kurze und curieuse Beschreibung des Gockelhahns und des sogenannten Hahnen- oder Basiliskeneyes. (Ulm 1697.) (Ein mit einer Schale umschlossenes Ei, das sich bei einem Hahne fand.) Polyhistoricus magico-curiosus. (Francof. 1699.) Bericht von dem Beschreyen und Bezaubern, auch denen daraus entstandenen Krankheiten. (Leipz. 1690. Frankf. 1717.) Gallicinium medico-practicum, sive consiliorum, observationum et curationum medicinalium novarum

*) Vergl. *P. Freheri* Theatrum virorum eruditione clarorum (Norimb. 1688. fol.) p. 593 seq.

centuriae duae cum dimidia etc. (Ulmae 1700. 4. Ib. 1722. 4.) (*Fr. Wilh. Thiele.*)

GOCLENIUS [1] (Rudolph), teutscher Philosoph, am 1. März 1547 zu Corbach im Fürstenthume Waldeck geboren, widmete sich, nachdem er auf dem vorzüglichen Gymnasium seiner Vaterstadt den vorbereitenden Unterricht erhalten hatte, vom Jahre 1568 bis zum Jahre 1570 auf den Universitäten Marburg und Wittenberg der Philosophie und Philologie und kehrte nach der Beendigung seiner Studien in seine Heimath zurück, um sich daselbst mit dem Unterrichte junger Leute, wozu er einen besondern Beruf in sich fühlte, zu beschäftigen. Die Vorliebe zum akademischen Lehramte bewog ihn jedoch schon im folgenden Jahre (1571), wieder nach Wittenberg zu gehen, wo er die Magisterwürde erlangte und Vorlesungen über Philosophie hielt, bis er im J. 1575 zum Rector des Pädagogiums zu Cassel ernannt wurde. Hier wirkte er mit gutem Erfolge und großer Anerkennung, folgte aber doch im J. 1581 gern einem Rufe als Professor nach Marburg, da er dadurch in die seinen Neigungen und Talenten am meisten entsprechende Stellung eintrat. Er lehrte zuerst die Physik, später aber (von 1589 an) auch die Logik, die Ethik und die Mathematik. Die Zeit seiner Wirksamkeit fällt in eine der Glanzperioden der Universität Marburg und in die Regierung des gelehrten Landgrafen Moritz, welcher ihn mit besonderer Auszeichnung behandelte und den in seinem Amte unermüdlich thätigen Mann, welchem auch die Gabe der Unterhaltung und des schnellen Witzes nicht versagt war, gern in seine nächste Umgebung und an seine Tafel zog. Außerdem beehrte er ihn nicht selten in wichtigen Angelegenheiten mit seinem besonderen Vertrauen und nahm ihn im J. 1618 mit sich auf die Synode zu Dortrecht, um sich bei den verwickelten Verhandlungen seines Rathes zu bedienen. Auch fand er an ihm bei festlichen Gelegenheiten einen stets bereiten und nicht ungeschickten Gelegenheitsdichter, welcher sich zuweilen sogar aus dem Stegreife in wohlgedrechselten lateinischen Versen hören ließ [2]. Dabei versah er fast ein halbes Jahrhundert hindurch sein Lehramt mit rastlosem Fleiße und mit ängstlicher Gewissenhaftigkeit und ertheilte mehr als 600 Studirenden, welche unter seiner Leitung ihre Ausbildung erhalten hatten, die Magisterwürde, bei welcher Gelegenheit er eine Menge von Dissertationen über die verschiedenartigsten in die von ihm gelehrten Fächer einschlagenden Gegenstände schrieb. Obgleich sich darunter viele unbedeutende und jetzt völlig werthlose befinden, so verdienen doch manche immer noch Beachtung; zu den letzteren gehören unstreitig die physischen, welche man größtentheils in einer Sammlung unter dem Titel: Scholae s. disputationes physicae, more academico propositae et habitae pleraeque omnes in schola illustri Cattorum. (Marpurg. 1595. 8. Neue vermehrte Ausgabe Francof. 1598. 8. Marpurg. 1602. 8.) vereinigt findet. Als Philosoph zählt Goclenius zu den Gegnern der Aristotelischen Richtung und zu der Schule des Petr. Ramus, dessen System der Logik er in Teutschland zur Geltung brachte; auch ist er Erfinder des umgekehrten Kettenschlusses (sorites inversus), der nach ihm auch der Goclenianische heißt und den er zuerst in der Isagoge in organum Aristotelis (Francof. 1598. 8.) darstellte; überhaupt dürften seine logischen Schriften (Quaestiones et disputationes logicae de ordine et methodo didascalica. Marp. 1593. 8. Praxis logica. Francof. 1595. 8. Ratio solvendi vitiosas argumentationes. Marp. 1597. 8. 1605. 8. Institutionum logicarum liber unus de inventione. Marp. 1598. 8. Institutionum logicarum libri III. Marp. 1591. 8. und Controversiae logicae. Marp. 1604. 8. Francof. 1602. 8.) am meisten auf die philosophische Bildung seiner Zeitgenossen eingewirkt haben. Von geringerer Bedeutung sind seine einleitenden Schriften in die gesammte Philosophie (Lexicon philosophicum, quo tanquam clave philosophiae fores aperiuntur. Francof. 1613. 4. Marpurg. 1615. 4. Francof. 1634. 4. und Conciliator philosophicus h. e. ... liber. Cassel. 1609. 4.), seine Erörterungen der Lehren einzelner Philosophen (Oratio de vita Socratis, Philosophorum patris in den Panegyr. Acad. Marpurg. Marp. 1590. 8. und Idea philosophiae Platonicae. Marpurg. 1612. 8.), seine Beiträge zur Metaphysik (Metaphysica. Francof. 1597. 8., Notae et scholia in Clem. Timpleri metaphysicam. Hanoviae 1604. 8. Ibid. 1616. 8.), seine Sammlung psychologischer Abhandlungen (Psychologia, h. e. de hominis perfectione, animo et inprimis ortu hujus (Marpurg. 1590. 8. Ibid. 1597. 8.), seine Naturphilosophie (Philosophiae naturalis libri II. Francof. 1591. 8.), sein Versuch über Ethik und Politik (Exercitationes ethicae et politicae. Marpurg. 1592. 8. Ibid 1598, 1601 und 1607. 8.) [3]), seine Abhandlungen

1) Nach der damaligen Sitte, den ehrlichen teutschen Namen zu latinisiren; er hieß eigentlich Göckel. 2) Als einmal der Landgraf bei Tafel in guter Laune den vor ihm stehenden vergoldeten Becher demjenigen seiner Gäste versprach, der seine, seiner Gemahlin, seiner Prinzen und seiner Prinzessinnen Gesundheit in einem einzigen Hexameter ausbringen würde, stand Goclenius augenblicklich auf und rief:

In Domini, Dominae, Nati Nataeque salutem,

nahm darauf den Becher und steckte ihn in die Tasche. Als er einmal zu spät zur fürstlichen Tafel kam und man ihm in der Meinung, er habe schon seine Mahlzeit eingenommen, keine Speise, sondern nur einen Trunk vorsetzte, erhob er sich und äußerte, da man ihm zufällig eine Stelle an der Mitte des Tisches angewiesen hatte, seine Unzufriedenheit in folgenden Versen:

Esuriunt medii, primi satiantur et imi,
Non verum est igitur: medium tenuere beati.

Ebenso brachte er, als er einst nicht früh genug bei einer am fürstlichen Hofe anberaumten Berathung erschien und ihn der Landgraf nach der Ursache seines Ausbleibens fragte, aus dem Stegreife die passende Entschuldigung vor:

Bartholus et Baldus possunt intrare caballo,
Sed gressu et spatio cogitur ire pede.

Eine Sammlung seiner lateinischen Gelegenheitsgedichte erschien unter dem Titel: Liber selectiorum carminum, nunc primum in lucem editus. (Marpurg. 1616. 8.)

3) Hierher gehören auch die Erläuterungen des von dem Landgrafen Moritz verfaßten Lehrbuchs der praktischen Philosophie (Disputationes et quaestiones, quibus practica Philosophia Mauritiana illustratur. Cassel. 1606. 8.). Goclenius hatte vieles von

über rationale Theologie (Prodromus spongiae errorum, quibus illevit chartas suas H. Buscherus. Lichae 1598. 8. Miscellanea theologica et philosophica. Marpurg. 1607—1609. 8. 3 Voll. Collegium philosophico-theologicum. Marpurg. 1610. 4. Francof. 1618. 4. und Diatribae et meletemata qua philosophica qua theologica. Marpurg. 1617. 4.), sein Handbuch der Physik (Physicae completae speculum. Francof. 1604. 8), seine Anleitungen zur Kosmographie (Geographia duplex. Francof. 1596. 8. und Cosmographiae seu sphaerae mundi descriptionis, h. e. Astronomiae et Geographiae rudimenta. Lemgov. 1603. 12. Marpurg. 1657. 12.), seine grammatischen Leistungen (Observationum linguae latinae analecta. Marpurg. 1598. 8. und Problematum grammaticorum libri V. Francof. 1601. 8. Lichae 1604. 8.; beide Werke zusammen Francof. 1601. 8. Halae 1610. 8. Francof. 1621. 8. Lipsiae 1624. 8.) und seine Biographien ausgezeichneter Zeitgenossen (Oratio de vita et morte Petri Nigidii habita 1585. in *P. Nigidii* Elencho Profess. Marpurgens. und Oratio de vita et obitu Jo. Clotzii, bei *R. Sixtini* Oratio de vita et morte Jo. Clotzii. Marpurg. 1589. 4.). Aus diesem Verzeichnisse der hauptsächlichsten Schriften, in welches seine kleineren Abhandlungen und überaus zahlreichen Dissertationen nicht aufgenommen sind [4]), läßt sich wenigstens der unermüdliche Fleiß dieses fast ausschließend der Wissenschaft lebenden Mannes beurtheilen und will man ihn auch nicht mit seinen gleichzeitigen Lobrednern eine „Leuchte der Philosophen" und einen „Marburger Plato" nennen und kann man, abgesehen von seinen unbestreitbaren Verdiensten um die Logik, sein sonstiges philosophisches Wissen, welches er größtentheils aus den Schriften einiger neueren Eklektiker (J. C. Scaliger [5]), Zabarella und Schegkius) schöpfte, nicht sehr hoch anschlagen, so muß man doch sein eifriges Streben, seine Schüler zu tüchtigen Männern heranzubilden, mit gebührendem Lobe anerkennen und ihm einen guten Theil des Ansehens, in welchem damals die Universität Marburg stand, zuschreiben. Er erfreute sich bis zu seinem hohen Alter einer ungetrübten Heiterkeit der Seele und einer fast ununterbrochenen Gesundheit und starb am 8. Juni 1628 unvermuthet, als er sich grade anschickte, zur Kirche zu gehen. Vergl. *Wolfg. Loriseeus* Panegyricus Rud. Goclenio recitatus. (Marpurg. 1628. 4.) F. W. Strieder a. a. O. S. 428—487. (*Ph. H. Külb.*)

dem Landgrafen für die von ihm im J. 1596 zu Cassel gestiftete Hofschule verfaßte Handbuch (Philosophia practica Mauritiana. Cassel. 1604. 8. P. I.) herauszugeben angefangen: es erschien aber nur der erste, die Ethik umfassende Theil, die beiden andern, welche sich mit der Oekonomie und Politik befaßten, blieben ungedruckt.

4) Ein vollständiges Verzeichniß seiner Schriften gibt Fr. Wilh. Strieder in seiner Grundlage zu einer hessischen Gelehrten- und Schriftsteller-Geschichte. 4. Bd. S. 433—487. 5) Besonders legte er großen Werth auf die Exercitationes exotericae dieses Schriftstellers, welche er seine Bibel zu nennen pflegte und zu denen er auch einen Commentar (Adversaria ad exotericas aliquot Jul. Caes. Scaligeri exercitationes. Marpurg. 1594. 8. Ibid. 1599. 8. Ibid. 1605. 8.) schrieb.

GOCLENIUS (Rudolph), teutscher Arzt, ein Sohn des Vorhergehenden, am 22. Aug. 1572 zu Wittenberg geboren, widmete sich auf der Universität Marburg dem Studium der Naturwissenschaften und der Heilkunde und machte, nachdem er die Doctorwürde erlangt hatte, zu seiner weitern Ausbildung eine Reise durch Italien und Dänemark. Nach seiner Heimkehr wurde er Leibarzt bei dem Grafen von Isenburg zu Büdingen und im J. 1608 Professor der Physik zu Marburg, wo er einige Jahre später (1611) zum Professor der Arzneiwissenschaft ernannt wurde und im J. 1612 auch die Professur der Mathematik erhielt. Er wirkte als Lehrer mit unermüdlichem Fleiße, folgte aber, da er sich von dem zu seiner Zeit allgemeinen Hange zum Aberglauben nicht frei zu halten vermochte, einer verkehrten Richtung und huldigte den alchemistischen Faseleien des Paracelsus und der Rosenkreuzer. Die letzteren besaßen nach ihrer Behauptung das Geheimniß, durch ein sympathetisches Pulver oder durch die berühmte sogenannte Waffensalbe Wunden, Blutungen, Geschwüre und alle anderen Krankheiten augenblicklich zu heilen [1]) und fanden lange nicht nur bei der großen Menge, sondern auch bei einem Theile der gelehrten Welt unbedingten Glauben. Goclenius, welcher noch in seiner zur Erlangung der Doctorwürde mit großer Sorgfalt ausgearbeiteten Abhandlung (Quaestiones mixtae in utramque partem controversae cum adjuncta disputatione de principiis medicinae Paracelsicae, quod in arte medendi non habeant fundamentum. Marpurg. 1600. 4.) in seinem Urtheile über die alchemistische Richtung in der Arzneikunde schwankte, folgte derselben bereits in der von ihm beim Antritte der Professur der Physik gehaltenen Rede (Oratio, qua defenditur vulnus non applicato etiam remedio citra ullum dolorem curari naturaliter posse, si instrumentum tantum vel telum, quod sauciavit, seu quo vulnus est inflictum, peculiari unguento inunctum obligetur. Marpurg. 1608. 8.) entschieden und versuchte in einer großes Aufsehen erregenden Schrift über die magnetische Heilung der Wunden (Tractatus de magnetica curatione vulneris citra ullam et superstitionem et dolorem et remedii applicationem. Marpurg. 1609. 12. Francof. 1613. 12.) [2]) die Wirkung der erwähnten Waffensalbe, die er als unbestreitbare Thatsache annahm, auf natürliche Weise zu erklären, indem er eine der thierischen Natur beiwohnende und als Heilmittel dienende Kraft voraussetzte, eine Theorie, welche Ant. Mesmer in der Mitte des vorigen Jahrhunderts weiter ausbildete und verbreitete. Goclenius verband übrigens, um mehr auf die Einbildung zu wirken, mit seinem Verfahren auch Zauberkünste und Beschwörungen und fand deshalb neben zahlreichen Anhängern auch eifrige Gegner. Am entschiedensten trat der gelehrte, aber in Vorurtheilen

1) Vergl. K. Sprengel, Geschichte der Arzneikunde. 4. Bd. S. 545. 2) Auch abgedruckt in dem Theatrum sympatheticum auctum exhibens varios auctores de pulvere sympathetico et unguento armario (Norimb. 1662. 4.) und in Longini Caesaris Trinum magicum seu secretorum magicorum opus. (Francof. 1673. 12.)

anderer Art befangene Jesuit Joh. Roberti in einer heftigen Streitschrift (Tractatus novi de magnetica vulnerum curatione authore Rud. Goclenio anatome. Treviris 1615. 12. Lovanii 1615. 8.) gegen die neue Theorie auf; er schrieb die Wirkung der Waffensalbe dem Teufel zu und erklärte die Rosenkreuzer sämmtlich für Zauberer, den Paracelsus aber, ihren Stammvater, für den ärgsten aller Hexenmeister. Goclenius verfaßte alsbald eine Vertheidigungsschrift (Synarthrosis magnetica, opposita infaustae anatomiae Joh. Roberti Jesuitae pro defensione Tractatus de magnetica vulnerum curatione. Marpurgi 1617. 8.) [3]), worauf aber Roberti mit einem noch derberen Angriffe (Goclenius heautontimorumenos, id est, curationis magneticae et unguenti armarii ruina. Luxemburg. 1618. 12.) antwortete. Auch der zweiten Vertheidigung des Goclenius (Morosophia Jo. Roberti in refutatione Synarthroseos Goclenianae. Francof. 1619. 8.) [4]) ließ Roberti eine bäurische Erwiderung (Goclenius magus sive delirans. Duaci 1619. 12.) folgen und erklärte ihn für einen Sohn des Teufels; Goclenius versuchte zwar nochmals eine ausführliche Rechtfertigung seiner Theorie (Mirabilium naturae liber, concordantias et repugnantias rerum in plantis, animalibus, animaliumque morbis et partibus manifestans. Adjecta est in fine brevis et nova defensio magneticae curationis vulnerum ex solidis principiis. Francof. 1625. 8. Ibid. 1643. 8.), aber vergebens, denn Roberti behauptete durch seine tiefere Kenntniß der Physik und durch seine scharfe Dialektik das Schlachtfeld und die magnetische Heilkunst gerieth allmälig in Vergessenheit, bis sie in neuerer Zeit mit noch größerem Lärm und auch größerem Erfolge wieder auftauchte. Noch lächerlicher war der mit seinen medicinischen Ansichten in enger Verbindung stehende Glaube an die Chiromantie und die Astromantie, welchen er in mehren Schriften offen kund gab; die hauptsächlichsten derselben sind chiromantische Aphorismen (Aphorismorum chiromanticorum tractatus compendiosus ex ipsius artis fundamentis desumtus; addita est praxis astrologica. Lichae 1597. 8. Neue umgearbeitete Ausgabe unter dem Titel: Uranoscopia, Chiroscopia, Metoposcopia et Ophthalmoscopia, h. e. coeli seu sphaerae coelestis syderumque ejus, linearumque manus ac frontis contemplatio nova, eruditae et rationalis experientiae testimoniis demonstrata, qua probatur divinationem ex astris lineisque manuum et frontis nec impiam esse nec superstitiosam. Lichae 1603. 8. Francof. 1618. 8. Ibid. 1621. 12. Ibid. 1608. 12.); ferner gehören hierher seine Vertheidigung der Astromantie (Apologeticus discursus pro Astromantia. Marpurg. 1611. 4.), seine astrologischen Träumereien (Acroteleution astrologicum, cum Cypr. Leovitii tract. de conjunctionibus magnis insignioribus superiorum Planetarum, solis defectionibus et cometis. Marpurg. 1618. 4. und Urania cum geminis filiabus, h. e. astronomia et astrologia speciali. Marpurg. 1621. 8.), seine Enthüllung der physiognomischen und chiromantischen Künste (Physiognomica et chiromantica specialia, hactenus tanquam secretissima suppressa, nunc vero primum in lucem emissa, cum experimentis memorabilibus. Marpurg. 1621. 8. Halae 1651. 8. Hamburgi 1661. 8. Teutsch Hamburg 1692. 8.) und eine neue Ausgabe der Abhandlungen des Augustin Niphus über die Vogelschau und die verhängnißvollen Tage (De auguriis libri II nec non de diebus criticis liber I nunc denuo excusi et a crassioribus mendis repurgati. His accesserunt Uraniae divinatricis quoad astrologiae generalia libri II jam primum in lucem evolantes. Marpurgi 1614. 4.). Weniger verrathen diese verkehrte Richtung seine Schriften über Diätetik (Tractatus de vita proroganda, h. e. animi corporisque vigore conservando salubriterque producendo. Moguntiae 1608. 8. Assertio medicinae universalis adversus universalem vulgo jactatam. Francof. 1620. 4. und Tractatus physicus et medicus de sanorum diaeta, seu de septem rebus non naturalibus: aere, cibo et potu, somno et vigilia, motu et quiete, perturbationibus, excretis et retentis. Francof. 1621. 8. Ibid. 1645. 8.), seine nach guten Vorgängern bearbeiteten Receptbücher (Enchiridion remediorum, olim per Q. Apollinarem vernacula lingua conscriptum, nunc e germ. in lat. sermonem versum. Francof. 1610. 8. Ibid. 1642. 8. und Experimentbuch in mancherlei Krankheiten versuchter Arzneien aus Dioscoride und Stephano Atheniensi verteutscht und mit eigner Erfahrung vermehrt. Frankfurt 1623. 8.), sein Handbuch der Physik (Physicae generalis libri duo. Francof. 1613. 8.) und einige satyrisch-komische Aufsätze und Abhandlungen (Physiologia crepitus ventris, item risus et ridiculi, et elogium nihili. Francof. 1607. 12. [5]) und Oratio de luxu convivali nostri saeculi ganeaeque artificibus, origine, auctoribus et asseclis. Lichae 1604. 8. Marpurg. 1609. 12. Ibid. 1617. 8.) [6]). Größeren Werth als alle diese bereits der Vergessenheit anheimgefallenen Schriften des Goclenius haben seine auf eigene Beobachtung und Erfahrung gegründeten Bemerkungen über die Pest (De pestis febrisque pestilentialis causis, subjecto, differentiis et signis liber. Marpurg. 1607. 8. Weiß und Weg, sich vor der Pestilenz zu be-

3) Sie ist auch in das schon erwähnte Theatrum sympatheticum auctum aufgenommen. 4) Sie findet sich ebenfalls in dem Theatrum sympatheticum.

5) Auch in C. Dornau's Amphitheatrum Sap. jocos. ser. (Francof. 1670. fol.) Tom. I. p. 349. Andere schreiben diese Aufsätze dem älteren Rud. Goclenius zu, jedoch, wie es scheint, mit Unrecht. 6) Die beiden letzten verbesserten und vermehrten Auflagen dieser für die Sittengeschichte jener Zeit nicht unwichtigen Schrift führen die Titel: Tractatus de portentosis, luxuriosis et monstrosis nostri saeculi conviviis, eorumque artificibus, auctoribus, origine et asseclis. Accessit in fine quaestio, an symposia homini christiano sint fugienda liceatque huic cum impiis convivari (Marpurg. 1609. 12.) und Tractatus de portentosis et luxuriosis nostri saeculi conviviis et commessationibus, eorum autoribus, origine, mansorumque asseclis, publice habitus, orationisque forma renovatus, nunc illis elegantior pluribusque aliis locis nec indignis nec injucundis locupletior factus. (Marpurg. 1617. 8.)

wahren, und wie denen zu helfen, so damit beladen sind. Marburg 1611. 8. und Loimographia, in qua graves quaedam arduaeque quaestiones Medicorum quorundam ignorantiam et errorem in curanda peste detegentes explicantur, symptomata omnia, quae peste laborantes inquietare solent, enumerantur, contagionis quoque natura et causae eruuntur et quid in specie in peste Marpurgensi Anno 1611 evenerit, passim inseritur. Francof. 1613. 8.). Er behandelt darin mit großer Umsicht mehre wichtige Punkte der schwierigen Lehre von der Pest im Allgemeinen, beschreibt als scharf beobachtender Augenzeuge die Anzeichen, den Verlauf und den glücklichen oder tödtlichen Ausgang der Seuche und bezeichnet die besten und wirksamsten Heilmittel. Betrachtet man die Leistungen dieses sonderbaren Mannes in diesem Theile der Heilkunde, so muß man um so mehr bedauern, daß er sich in den übrigen Zweigen derselben nicht vor den Verirrungen einer ausschweifenden Einbildungskraft frei zu halten wußte. Goclenius starb am 3. März 1621. (Vergl. Strieder a. a. O. S. 488—500. Biographie universelle. Tom. XVII. p. 539 seq.) — Sein Sohn Theodor Christoph Goclenius, am 25. März 1602 zu Marburg geboren, widmete sich auf den Universitäten zu Heidelberg, Marburg und Rostock ebenfalls der Arzneiwissenschaft, zog aber der ihm angebotenen Professur zu Marburg die praktische Ausübung der Heilkunde vor und ging im J. 1634 als Stadtphysicus nach Cassel, von wo aus er noch in demselben Jahre den Landgrafen Wilhelm V. auf einem Feldzuge an die Ruhr begleitete. Später wurde er zum Leibarzte ernannt und ging als solcher mit dem Landgrafen Wilhelm VI. nach Frankreich. Er hatte als praktischer Arzt einen ausgebreiteten Ruf und starb am 14. Jan. 1673. (Vergl. Strieder a. a. O. S. 489.) — Sein Sohn Eduard Franz Goclenius, geboren am 20. Juli 1643 zu Goslar, wandte sich der Rechtswissenschaft zu und wurde, nachdem er zu Marburg und Rinteln seine Studien beendigt hatte, auf der letzteren Universität zuerst Professor der Logik und später (1680) Professor der Jurisprudenz. Er starb am 30. Juli 1721. Er verfaßte viele Promotionsschriften, welche aber jetzt fast allen Werth verloren haben und von denen etwa noch die Dissertatio de crimine concussionis in specie circa officiales in subditos, von dem Zwange und Drucke der Beamten wider die Unterthanen (Rintel. 1696. 4.) zu erwähnen sein dürfte. — Sein Sohn Reinhard Goclenius, geb. zu Rinteln im J. 1678, widmete sich auf der Universität seiner Vaterstadt ebenfalls der Jurisprudenz und lehrte dieselbe an der Schule zu Steinfurt, wo er im J. 1726 starb. Er versuchte sich in seinem Fache als Schriftsteller nicht ohne Glück und die Sammlung seiner Abhandlungen (Opera juridica varia. Osnabrug. 1715. 4.) wurde von seinen Zeitgenossen mit Beifall aufgenommen. (Vergl. Strieder a. a. O. S. 501.) *(Ph. H. Külb.)*

GODANA (*Γώδανα*) wird von Ptolemäos VI, 17, 5 unter den Städten und Dörfern (*πόλεις καὶ κῶμαι*) in Ariana aufgeführt. *(Krause.)*

GODARD oder GILDARD, Bischof zu Rouen [1]), soll um das Jahr 457 zu Salency bei Noyon in der Picardie geboren und der Sohn des Nectardus, eines fränkischen Edeln und der Protagia, welche einer alten nach Gallien übergesiedelten römischen Familie angehörte, gewesen sein. Diese Annahme beruht aber auf der sehr unzuverlässigen Behauptung, daß Godard der Zwillingsbruder des heiligen Medardus, des ersten Bischofs von Noyon, war. Nach dieser Sage, welche erst nach dem 10. Jahrh. auftauchte, sollen beide Brüder an einem und demselben Tage getauft, zusammen von dem Bischofe von Vermand zu Priestern geweiht, zu gleicher Zeit mit der bischöflichen Würde bekleidet und zu derselben Stunde von dieser Welt abgerufen worden sein [2]). Zuverlässiger ist die Nachricht, daß er gegen das Ende des 5. Jahrh. zum Bischof von Rouen erwählt wurde, denn er bekleidete diese Stelle bereits unter der Regierung des Papstes Felix III., welcher im J. 492 starb; er unterschrieb noch die Acten des ersten Conciliums zu Orleans, welches um das Jahr 508 abgehalten wurde und befand sich noch am Hofe des Königs Childebert, welcher im J. 511 die Regierung antrat und zu dessen Freunden der Bischof gehörte. Godard soll auch durch seine Belehrung und Beredsamkeit zur Bekehrung Chlodwig's viel beigetragen, viele Heiden in der Umgegend von Rouen getauft und auf göttliche Eingebung den heiligen Laudus (Saint Lô), als dieser kaum zwölf Jahre zählte, zum Bischofe von Coutances geweiht haben. Er muß noch vor dem Jahre 514 gestorben sein, denn sein Nachfolger Flavius wird bereits während der Regierung des Papstes Symmachus, welcher am 19. Juli dieses Jahres starb, erwähnt. Er wurde in der Marienkirche zu Rouen beigesetzt und diese Kirche führte später seinen Namen. Während der Einfälle der Normannen im 9. Jahrh. übertrug man seine Gebeine nach Soissons und vereinigte sie mit denen des heiligen Medard, wodurch die oben erwähnte Sage entstanden sein mag, auch feiert die Kirche den Todestag beider am 8. Juni. *(Ph. H. Külb.)*

GODARD (Claude), französischer Baumeister und Bildhauer, um das Jahr 15[illegible] in der Umgegend von Orleans geboren, widmete sich der Kunst aus Neigung und zu seinem Vergnügen, trieb aber später die Architektur und Sculptur als Geschäft, ohne sich jedoch in beiden Zweigen der Kunst über die Mittelmäßigkeit zu erheben. Er baute zu Orleans das westliche Portal des großen Friedhofes, welches später an den vor dem Thore Saint Jean befindlichen Friedhof versetzt wurde und jetzt noch als Eingang in demselben dient. Es war

1) Auch Gildard und Gildard genannt; Gildard scheint der richtige Name und Godard eine spätere Form desselben zu sein. Wir besitzen keine alte Biographie dieses Heiligen, die spärlichen Nachrichten über ihn hat Gottfr. Henschen in den Act. SS. Junii Tom. II. p. 67—69 zusammengestellt; Mabillon's Behauptung, daß der bekannte gleichzeitige Dichter und Bischof Venantius Fortunatus eine Biographie Godard's geschrieben habe, scheint auf einer Verwechselung mit der von diesem Schriftsteller verfaßten Biographie des heiligen Medard zu beruhen; vergl. Histoire littéraire de la France. Tom. III. p. 162. Biographie générale. Tom. XX. p. 876 seq. 2) Vergl. den Art. Medardus.

an dem Giebel mit zwei aus Stein gehauenen liegenden Skeletten geschmückt, welche Kenner als eine ebenso genaue als zarte Arbeit rühmten. Da der Giebel im J. 1792 zertrümmert wurde, so läßt sich kein Urtheil über die Skelette, welche von Anderen auch den Bildhauern Michel Bourdin und Hubert zugeschrieben wurden, feststellen, annehmen darf man jedoch nach den anderen noch vorhandenen Arbeiten Godard's, daß diese Skelette, wenn sie wirklich Meisterwerke waren, nicht von diesem Künstler herrührten, denn die ihm ohne Zweifel angehörenden, ebenfalls von den Zeitgenossen sehr gerühmten Verzierungen an dem Portale und dem Hochaltare der Minoritenkirche (jetzigen Börse) zu Orleans verrathen keinen großen Meister. Er befaßte sich übrigens auch mit der Kriegsbaukunst und wurde deshalb zum königlichen Ingenieur ernannt. Godard starb um das Jahr 1672 zu Paris. Man findet ihn in der Geschichte der Kunst nur selten erwähnt, obschon er anderen, ebenfalls mittelmäßigen Künstlern, welche von ihr weitläufig besprochen werden, gleich kommt oder sie noch übertrifft*). (*Ph. H. Külb.*)

GODARD (Etienne), französischer Theolog, im J. 1748 zu Paris geboren, wurde, nachdem er im J. 1774 seine Fachstudien im Collège de Navarre beendigt hatte, Syndicus an dem geistlichen Gerichte zu Bourges und später Generalvicar, Kanonicus und Erzdiakon derselben Diöcese. Obgleich seine Amtsgeschäfte ihn sehr in Anspruch nahmen, so ließ er sich dadurch doch nicht abhalten, den größten Theil seiner freien Stunden den Wissenschaften zu widmen und lieferte die geistreichen Anmerkungen zu der von dem Fürsten Luigi Gonzaga di Castiglione in italienischer Sprache im J. 1776 in der Akademie der Arkadier gehaltenen und von Barraud unter dem Titel: L'Homme de lettres bon citoyen (Londres et Paris 1785. 12.) ins Französische übersetzten trefflichen Rede über die bürgerliche Stellung des Gelehrtenstandes. Nach der Wahl der Deputirten der Ständeversammlung wurde er Ergänzungsmitglied derselben und neigte sich entschieden zur liberalen Partei. Als der Geistlichkeit zu dieser Zeit von vielen Seiten der Vorwurf gemacht wurde, daß sie nicht ernstlich genug den auf die geistlichen Güter und die bürgerliche Verfassung bezüglichen Maßregeln der Nationalversammlung entgegengetreten sei, suchte er sie in einer für die Geschichte der französischen Kirche nicht unwichtigen Vertheidigungsschrift (Lettre de M. à M. sur la conduite du clergé dans l'Assemblée nationale ou histoire fidèle et raisonnée des décrets de l'Assemblée relativement aux biens ecclésiastiques et à la religion. (Paris 1791. 8.) zu rechtfertigen. Trotzdem wurde er bald darauf der Vernachlässigung seiner Bürgerpflichten beschuldigt und im August 1792 mit mehren seiner Collegen in Haft gebracht, aus welcher man ihn aber bald wieder entließ. Er arbeitete nach seiner Freilassung einige Zeit in einem Handlungshause, wandte sich aber, da ihm diese Beschäftigung nicht entsprach, wieder der Politik und der Vertheidigung seiner Standesgenossen zu

*) Biographie générale. Tom. XX. p. 879.

und trug nach dem 9. Thermidor durch Zeitungsartikel und Broschüren nicht wenig zur Abwendung der von einem Mitgliede der Fünfhundert gegen die widerspenstigen Priester beantragten Maßregel bei. Als man in Folge der Constitution des Jahres VIII von den Priestern das Versprechen der Treue verlangte und die Meinungen über die Zulässigkeit dieser Forderung getheilt waren, gehörte Godard zu der Partei, welche sich für die Unterwerfung unter die Gewalt aussprach und vertheidigte diese Ansicht in seinem Rapport général des constitutions relatives à la promesse de fidélité à la constitution. (Paris an VIII. 8.) Gegen Bonaparte war er nicht freundlich gestimmt und mußte sich, als die Polizei bei ihm ein Verzeichniß der Mitglieder einer Verschwörung gegen denselben fand, längere Zeit versteckt halten. Später begnadigte ihn der erste Consul und machte gegen seine Ernennung zum Generalvicar der Diöcese Autun keine Einwendung. Godard starb aber schon am 1. April 1803 zu Paris, noch ehe er seine Stelle, wozu er durch die Verwendung seiner Freunde befördert worden war, antreten konnte*). (*Ph. H. Külb.*)

GODARD (Guillaume Lambert), ein in der zweiten Hälfte des 18. Jahrh. in Verviers prakticirender Arzt, hat im Journ. de Méd., Chir. et Pharm. mehrfach Beobachtungen aus seiner Praxis mitgetheilt und außerdem zwei Abhandlungen veröffentlicht, deren erste den Preis, die zweite aber das Accessit von der Akademie in Dijon erhalten hatte: Sur la nature, la manière d'agir, les espèces et les usages des antispasmodiques proprement dits. (Dijon 1765.) Diss. sur les antiseptiques. (Dijon 1769.) (*Fr. Wilh. Theile.*)

GODARD (Jean), französischer Dichter, am 15. Sept. 1564 zu Paris geboren, war lange Zeit Oberrichter in dem Gerichtsbezirke von Ribemont in der Picardie (im jetzigen Departement des Aisne) und hielt sich später, nachdem er dieses Amt um das Jahr 1615 niedergelegt hatte, meistens zu Villefranche in Beaujolais (im jetzigen Departement der Rhone) auf, wo er auch im J. 1630 und zwar, wie man glaubt, in nicht glänzenden Verhältnissen starb. Seine ersten poetischen Versuche (Les Prémices de la flore ou des amours. Lyon 1587. 8.), worin er seine Geliebte unter dem Namen Lucretia feierte, erwarben ihm großen Beifall, welchen er auch fortwährend durch seine Oden, seine Elegien, seine kleineren moralisch-didaktischen Gedichte (auf die Mäßigkeit, den Ehrgeiz, die Bosheit u. s. w.) und durch seine Sonette auf Heinrich IV. (Les triomphes de Henri IV. Lyon 1594. 8., auch unter dem Titel: Les trophées de Henri IV. Lyon 1594. 8.) nicht nur zu bewahren, sondern so sehr zu steigern wußte, daß man ihn Ronsard, dem berühmtesten Dichter jener Zeit, gleichstellte. Er versuchte sich auch nicht ohne Glück in der dramatischen Poesie; seine Tragödie: La Franciade in fünf Acten und in Versen, deren Stoff er der fabelhaften Zeit der französischen Geschichte entlehnte, hat jedoch weniger Werth, als sein ebenfalls in Versen ge-

*) Biographie générale. Tom. XX. p. 881.

schriebenes Lustspiel Les Déguisés in fünf Acten, eine geschickte Nachahmung der Suppositi Ariosto's. Für die Geschichte der französischen Sprache nicht unwichtige Bemerkungen legte er in seiner Abhandlung L'H françoise pour servir de supplément à l'art poëtique de Ronsard (Lyon 1618. 12.) nieder. Alle bis jetzt genannten poetischen und prosaischen Leistungen findet man in den Ausgaben seiner Werke, welche unter dem Titel: Oeuvres poëtiques (Lyon 1594. 8. 2 Voll. N. Ed. Ibid. 1624. 8. 2 Voll.) und La Nouvelle Muse ou les Loisirs de Jean Godard (Lyon 1618. 8.) erschienen. Der zweite Band der Oeuvres poétiques, welcher die Dramen enthält, wurde auch, vermuthlich weil er keinen genügenden Absatz fand, von dem Verleger ohne den Namen des Verfassers unter dem veränderten Titel: Meslanges poëtiques, tragiques, comiques et autres divers. De l'invention de L. P. F. (Lyon 1624. 8.) ausgegeben. Viollet le Duc hat das Lustspiel auch in dem siebenten Bande seines Ancien théâtre français (Paris 1856. 16.), welches eine Abtheilung der von dem Buchhändler P. Jannet herausgegebenen Bibliothèque elzevirienne bildet, aufgenommen. In den Gesammtausgaben der Werke befinden sich nicht der erste (und einzig erschienene) Band des grammatischen Werkes La langue françoise (Lyon 1620. 8.) und Le Gan de Jean Godard (Paris 1588. 8.), ein didaktisches Gedicht, welches die Hand besingt und wichtige Beiträge zur Sittengeschichte jener Zeit liefert; da die Originalausgabe äußerst selten ist, so wurde es von Ed. Fournier in dem fünften Bande seiner Variétés historiques et littéraires (Paris 1856. 12.), welche ebenfalls zu der Bibliothèque elzevirienne gehören, aufgenommen. Godard's Gedichte zeichnen sich durch eine reine Sprache und Gewandtheit im Versbaue aus, man vermißt aber an ihnen Originalität und Lebendigkeit der Einbildungskraft. Man darf ihn übrigens nicht verwechseln mit Jacques Godard, einem älteren Dichter, welcher am Anfange des 16. Jahrh. lebte und unter der Regierung des Königs Franz I. Pfarrer zu La Châtre in Berry (im jetzigen Departement der Indre) war. Seine Werke (Petit traicté en vers, contenant la deploration de toutes les prinses de Rome depuis la fondation et constitution d'icelle, faicte par Romulus, jusques à la dernière prinse des Espagnols arrivée le 6 mai 1527, qui a esté la plus cruelle de toutes les autres. Paris 1528. 8. und Dialogue sérieux et moral de Narcisse et d'Echo. Poitiers 1639. 8.) sind, was ihren poetischen Werth betrifft, unbedeutend und geben nur Zeugniß von der damaligen verkehrten Richtung, die griechischen und römischen Schriftsteller auf eine möglichst dunkle und dem Laien unverständliche Weise nachzuahmen*). (*Ph. H. Külb.*)

GODARD (Pierre François), französischer Formschneider, am 21. Jan. 1768 zu Alençon (im Departement der Orne) geboren, war der Sohn eines Druckers und fand in der Werkstätte, wo er mit seinem Vater arbeitete, bald Geschmack an der Holzschneidekunst, hatte aber, da ihm seine Armuth nicht gestattete, sich die nöthigen Werkzeuge anzuschaffen und Unterricht im Zeichnen zu nehmen, mit unsäglichen Schwierigkeiten zu kämpfen, welche er nur durch seinen unermüdlichen Fleiß und seine unerschütterliche Beharrlichkeit zu überwinden vermochte; kaum hatte er aber angefangen, seine Kunst zu üben, als die Revolution ausbrach, welche ihn zu dem Heere führte und ihn während der von Carrier zu Nantes verübten Greuel beinahe auf das Blutgerüst gebracht hätte. Nachdem er dieser Gefahr glücklich entronnen war, kehrte er in seine Vaterstadt zurück und ließ sich daselbst als Formschneider nieder. Seine Arbeiten fanden Beifall und Bestellungen flossen ihm von allen Seiten zu. Es erschienen jetzt von ihm rasch nach einander eine Menge von Landkarten, Abbildungen zu den Fabeln Aesop's (Cambrai. An V. 12.), zu den Fabeln Lafontaine's (Alençon. An IX. 12. 2 Voll.) und zu Jouy's beliebten historischen Kartenspielen, mehre Vignetten für das Musée des Grafen Clarac, das alte Wappen von Frankreich für die k. Druckerei und das Wappen von Frankreich und Navarra auf dem Titel des großen Werkes Sacre de Charles X. Auch lieferte er einige Lithographien und Federzeichnungen, welche Beachtung verdienen. Godard starb am 21. Jan. 1838 zu Saint-Denis-sur-Sarthon. Lassen seine Leistungen in der Ausführung auch Manches zu wünschen übrig, so verdienen sie doch die Anerkennung, welche ihnen von den Zeitgenossen zu Theil geworden ist, vollkommen. Eine für die Geschichte der Holzschneidekunst nicht unwichtige Sammlung seiner Werke wurde von ihm auf der öffentlichen Bibliothek zu Alençon niedergelegt*). (*Ph. H. Külb.*)

GODARD D'AUCOUR (Claude), französischer Romandichter, am 20. Dec. 1716 zu Langres (im Departement der obern Marne) geboren, beschäftigte sich nach der Beendigung seiner Studien ausschließend mit der Literatur, ohne sich um irgend ein Amt zu bewerben, später aber bemühte er sich um eine einträgliche Stelle, wozu er auch bald durch die Verwendung seiner Freunde gelangte; er wurde im J. 1754 Generalpachter und im J. 1785 Generaleinnehmer der Finanzen zu Alençon. Mit dem Eintritte in sein Amt gab er seine schriftstellerische Thätigkeit fast gänzlich auf, da er auf dem eingeschlagenen Wege, auf welchem er sich vielen Verdruß und mancherlei Verfolgungen zugezogen hatte, nicht länger fortschreiten konnte, ohne sich der Regierung unangenehm zu machen. Unter seinen Romanen, welche fast alle ohne seinen Namen erschienen und durch ihre scharfe Satyre und die eingeflochtenen allzu üppigen Schilderungen großes Aufsehen erregten, nehmen die Mémoires turcs, avec l'Histoire galante de deux Turcs pendant leur séjour en France, par un auteur turc (Amsterdam [Paris] 1743. 12. 2 Voll.

*) Joh. Chr. Adelung, Fortsetzung und Ergänzungen zu Chr. Gottl. Jöcher's Gelehrtenlexikon. 2. Bd. S. 1498. Biographie universelle. Tom. XVII. p. 541. Biographie générale. Tom. XX. p. 877 seq.

*) Biographie générale. Tom. XX. p. 881. G. K. Nagler's Künstlerlexikon. 5. Bd. S. 246.

Constantinople 1758. 12. 3 Voll.) unstreitig die erste Stelle ein und erhielten, besonders in der sechsten Auflage (Amsterdam 1776. 12. 2 Voll.) eine ungewöhnlich große Verbreitung wegen der ihr vorgesetzten Zueignung an Mademoiselle Duthé, eine damals berühmte Courtisane, welche Anfangs die Huldigung ernst nahm, aber den Verfasser mit Erbitterung verfolgte, als ihr endlich klar wurde, daß dieser darin nur unter dem Schleier einer treffenden und gut durchgeführten Ironie die unverschämte Anmaßung und Verschwendung der damaligen galanten Damen der Hauptstadt geschildert hatte. Diese Zueignung wurde auch in den späteren Ausgaben (Londres 1785. 18. 2 Voll. Paris 1796. 18. 2 Voll. und Paris 1823. 18. 2 Voll.) wiederholt und läßt sich immer noch mit Vergnügen lesen, sowie auch der übrigens allzu freie und sehr oft gegen den Anstand verstoßende Roman selbst, welcher in einem lebhaften, zierlichen und leichten Style die verderbten Sitten jener Zeit schildert, die durch die Revolution ihren Abschluß und ihre Strafe erlangte. Der nicht weniger durch die eingeflochtenen üppigen Schilderungen berüchtigte Roman Thémidore (La Haye 1745 u. 1776. 12. Paris 1797. 12.), zugleich eine persönliche Satyre gegen den Präsidenten Dubois, brachte den Verleger Mérigot, welcher den Verfasser nicht nennen wollte, in die Bastille. Außer diesen beiden Romanen, welche hauptsächlich den Ruf Godard's begründeten, sind noch anzuführen: Lettres du chevalier Danteuil et de mademoiselle de Thélis. (s. l. 1742. 12.), der erste Versuch des Verfassers in der von ihm später festgehaltenen Darstellungsweise, Histoire et Aventures de **, par lettres (s. l. 1744. 12.), Le Berceau de la France (La Haye [Paris] 1744. 12. Bruxelles et Paris 1788. 12), Louis XV., Poëme (Paris 1744. 4.), Le Bien-aimé, allégorie (Paris 1744. 12.), eine scharfe Kritik der lobhudelnden Schriften, welche bei der Wiedergenesung Ludwig's XV. erschienen, Naissance de Clinquant et de sa fille Mérope, conte allégorique et critique (Paris 1744. 12.), L'Académie militaire ou les Héros subalternes, par un auteur suivant l'armée (Paris 1745. 12. 2 Voll. nouvelle édition augmentée Paris 1777. 12. 2 Voll.), Gaudriole, conte (La Haye 1746. 8.) und La Pariséide ou Pâris dans les Gaules (Paris 1773. 8. 2 Voll.). Godard versuchte sich auch als Theaterdichter, aber ohne besondern Erfolg; mit Vert und Billard arbeitete er für das Théâtre français: Le Quartier d'Hiver, comédie en un acte et en vers (Paris 1745. 8.), und allein für das Theatre italien: La Déroute des Paméla, Comédie en un acte et en vers (Paris 1744. 8.) und L'Amour second, Comédie en un acte (Paris 1745. 8.). Er starb zu Paris am 1. Juli 1795.

(*Ph. H. Külb.*)

GODARD D'AUCOUR (Claude, Baron de Saint-Just), ein Sohn des Vorhergehenden und vorzüglich als Operndichter bekannt, am 14. Juli 1769 zu Paris geboren, widmete sich der Rechtswissenschaft und sollte gerade zum Rathe am Parlament ernannt werden, als die Revolution ausbrach. Da seine glänzenden Vermögensverhältnisse ihm erlaubten, eine unabhängige Stelle einzunehmen, so zog er sich gänzlich aus dem öffentlichen Leben zurück und entging so um so leichter jeder Gefahr, da er sein Talent nur benutzte, um zur Unterhaltung der Gesellschaft beizutragen; auch bot sein sanfter und liebevoller Charakter nicht leicht Jemandem Veranlassung, ihn auf irgend eine Weise zu verfolgen. Nach einem ungetrübten, sorgenlosen Leben befiel ihn eine lange schmerzhafte Krankheit, welcher er am 17. März 1826 erlag. Er versuchte sich mit dem meisten Glücke in der dramatischen Poesie und viele seiner Opern, zu deren Erfolg freilich auch die ausdrucksvolle und rührende Musik eines ausgezeichneten Componisten, seines Freundes Boieldieu, nicht wenig beitrug, haben sich bis jetzt nicht nur auf der französischen Bühne, sondern auch auf den meisten anderen Bühnen Europa's erhalten. Die bekanntesten und unstreitig die vorzüglichsten derselben sind: Le Calif de Bagdad, opéra en un acte et en prose (Paris 1801 et 1803. 8.), La Famille Suisse, opéra en un acte et en prose (Paris 1797. 8.), Gabrielle d'Estrées ou les amours d'Henri IV, opéra en trois actes et en prose (Paris 1798. 8.) und Jean de Paris, opéra en deux actes et en prose. (Paris 1812. 8.) Ferner sind zu erwähnen: Jálico, opéra en trois actes (Paris 1798. 8.), Les méprises espagnoles, opéra comique en un acte (Paris 1798. 8.), Zoraïme et Zulnar, opéra en trois actes et en prose (Paris 1798. 8.), L'Heureux malgré lui, opéra comique en deux actes et en prose (1802) und Le Nègre par amour, opéra en un acte et en prose (1809). Mit Longchamps dichtete Godard zur Feier des Friedens von Campo Formio die Oper: L'heureuse nouvelle en un acte et en prose (Paris 1798. 8.) und mit demselben und Jouy die komische Oper: La Prisonnière. (Paris 1799. 8.) In allen diesen Opern, welche sich durch eine geschmackvolle und gewählte Sprache auszeichnen, bewährt der Verfasser eine ungewöhnliche Kenntniß der Bühne und ein bewunderungswürdiges Talent, aus dem Ernsten und Rührenden in das Fröhliche und Behagliche überzugehen und dadurch auf den Zuschauer unwiderstehlich zu wirken. Auch seine Lustspiele: L'Avare fastueux, comédie en trois actes et en vers (Paris 1806. 8.) und Les Protecteurs, comédie en trois actes et en vers, sowie seine Tragödie Mirza in drei Acten und in Versen zeichnen sich durch gelungene Schilderung der Charaktere und durch ansprechende Darstellung aus. Alle diese dramatischen Werke sind mit Ausnahme der im Vereine mit Anderen gedichteten Opern und seiner Schwelgerfamilie in den von ihm zum Drucke vorbereiteten, aber erst nach seinem Tode erschienenen Essais littéraires (Paris 1826. 8. 2 Voll.) vereinigt. Darin findet man auch das lyrische Drama: Ida ou le Tribunal secret in drei Acten und das dem bekannten englischen Dichter Young nachgeahmte Gedicht: La Mort de Jeanne Gray in drei Gesängen. Godard führte als Schriftsteller den Namen Saint-Just, hat aber mit dem berüchtigten Conventsmitgliede dieses Namens Nichts gemein, obgleich man aus Unkenntniß diesem mehre seiner Werke zugetheilt

heit; dagegen gehört die komische Oper: Les Epoux indiscrets (1809), welche manchmal Godard zugeschrieben wird, nicht ihm, sondern Saint-Don an*). (*Ph. H. Külb.*)

GODART (Jean Baptiste), französischer Naturforscher, am 25. Nov. 1775 zu Origny-Sainte-Benoite in der Picardie (im jetzigen Departement des Aisne) geboren, widmete sich im Collège Louis-le-Grand zu Paris der Philologie und ward bald nach der Beendigung seiner Studien Maître d'Études und darauf Unterdirector dieser Anstalt. Nach der Occupation des linken Rheinufers durch die Franzosen kam er als Proviseur an das Lycée zu Bonn, welches Amt er bis zur Vertreibung seiner Landsleute aus Teutschland bekleidete. Auf den Befehl des Generals Sebastiani, sich mit seinen etwa 800 französischen Zöglingen nach Frankreich zurückzuziehen, stellte er sich an die Spitze derselben, führte sie auf Umwegen, auf welchen er oft nur mit großer Mühe der ihm anvertrauten Jugend Nahrung und Nachtlager zu verschaffen vermochte, durch das feindliche Heer und brachte sie nach einer ebenso anstrengenden als gefahrvollen Reise von 25 Tagen glücklich nach Douay, von wo sie gesund und wohlbehalten nach ihrer Heimath gelangten. Godart wurde darauf zum Censor an dem Lycée zu Nancy ernannt, wo er zugleich die Stelle des Proviseurs versah. Während der 100 Tage unterzeichnete er nicht nur die Zusatzurkunde zu den Verfassungsgesetzen, sondern veranstaltete auch unter seinen Zöglingen eine Subscription zu einer patriotischen Gabe für den Kaiser, weshalb er nach der Zurückkehr der Bourbonen trotz seiner geleisteten Dienste und trotz seines Verdienstes um die Wissenschaft sogleich in den Ruhestand versetzt wurde. Er benutzte nun seine unfreiwillige Muße, um sich dem seit vielen Jahren ununterbrochenen Studium der Naturwissenschaften und insbesondere des die Schmetterlinge umfassenden Theiles derselben gänzlich zu widmen. Schmerzlich vermißte er jetzt seine prachtvolle Schmetterlingssammlung, deren Herstellung ihm 20 Jahre und eine große Geldsumme gekostet hatte und welche er bei seiner übereilten Abreise von Bonn einem Naturforscher daselbst um einen geringen Preis hatte überlassen müssen, glücklicher Weise war er jedoch im Besitze der über diese Sammlung niedergeschriebenen Bemerkungen geblieben. Er begab sich nun nach Paris, wo ihn der bekannte Naturforscher Latreille veranlaßte, den Artikel Papillons für die naturhistorische Abtheilung der Encyclopédie méthodique zu schreiben, eine Arbeit, welche unstreitig zu den besten Leistungen in diesem Fache gehört; auch leistete er, da er der lateinischen Sprache vollkommen mächtig war, Latreille bei der Ausarbeitung seiner Genera crustaceorum et insectorum wesentliche Dienste. Bald darauf aber wurde ihm eine weit wichtigere Arbeit, nämlich die Fortsetzung der von [illegible] begonnenen Histoire naturelle des lépidoptères des environs de Paris anvertraut. Da bereits drei Lieferungen des Werkes ausgegeben waren, so konnte Godart an dem Plane Nichts mehr ändern, erhielt aber nach der Beendigung der 15. Lieferung von dem Verleger die Erlaubniß, die Schmetterlinge des ganzen französischen Reiches aufzunehmen, wodurch freilich die bereits erschienenen Lieferungen mit den spätern nicht mehr in Einklang standen, welchem Mangel durch eine systematische Uebersicht am Ende des zweiten Bandes nur unvollkommen abgeholfen werden konnte. Godart betrieb die Fortsetzung mit der ängstlichsten Sorgfalt und mit unermüdlichem Eifer und suchte sich lebende Exemplare der verschiedenen Gattungen zu verschaffen, um sie selbst beobachten und genauer beschreiben zu können. Auf einem der zu diesem Zwecke unternommenen häufigen Ausflüge zog er sich jedoch in der glühenden Sonnenhitze eine Lungenentzündung zu, welcher er am 27. Juli 1825 erlag. Er hatte bereits das Werk bis zum Ende des fünften Bandes geführt und die Tagfalter, die Abendfalter und einen kleinen Theil der Nachtfalter beendet. Sein Antheil an dieser Arbeit zeichnet sich ganz besonders durch gute Classification, klare und sorgfältige Beschreibung und genaue Synonymik aus. Godart war auch Mitglied der Linné'schen Gesellschaft zu Paris und veröffentlichte in den Annalen derselben ein vortreffliches Mémoire sur plusieurs espèces nouvelles de lépidoptères. Sein Freund P. A. J. Duponchel setzte die Naturgeschichte der Schmetterlinge fort und das ganze Werk (Histoire naturelle des lépidoptères ou papillons de la France. Paris 1820—1844. 8. 13 Voll.) ist jetzt beendigt*). (*Ph. H. Külb.*)

GODART (Roch), französischer General, am 30. April (nach Andern am 19. März) 1761 zu Arras, der Hauptstadt des Departements Pas de Calais, geboren, gehörte einer unbekannten und unbemittelten Familie an und trat im J. 1779 als Soldat in das Infanterieregiment Orleans, nahm aber, da er in jener Zeit sich kaum zum Corporal empor zu schwingen vermochte, nach Ablauf seiner Dienstzeit im J. 1786 seinen Abschied und kehrte in seine Heimath zurück, um in einer anderen Laufbahn sein Glück zu versuchen; als jedoch die Revolution ausbrach, ergriff er die Sache derselben mit jugendlichem Eifer, trat im J. 1792 in das sechste Bataillon der Freiwilligen des Bezirkes von Calais, welches sich später als 70. Linieninfanterieregiment in vielen Schlachten auszeichnete und ward alsbald zum Hauptmann und schon im folgenden Jahre zum Commandanten dieses Bataillons ernannt. Er befand sich mit demselben in den Jahren 1792 und 1793 bei der Nordarmee unter Dumouriez und nahm Theil an der Belagerung von Dünkirchen, wobei ihm eine Kugel das Pferd unter dem Leibe tödtete. Nach der Aufhebung dieser Belagerung wurde er der Sambre- und Maasarmee zugetheilt; er blieb bei dieser in den Jahren 1794 und 1795, führte unter Jourdan bei der Einschließung von Maubeuge drei Bataillone und

*) Vergl. über die beiden Godard d'Aucour die Biographie universelle. Tom. XVII. p. 541 und Tom. LXXV. p. 264 seq., die Biographie générale. Tom. XX. p. 879 seq. und *J. M. Quérard*, La France littéraire, Tom. III. p. 385 seq.

*) Biographie universelle. Tom. LXV. p. 444. Biographie générale. Tom. XX. p. 880 seq.

wirkte mit unermüdlicher Thätigkeit bei der Belagerung von Mastricht. Zur Rhein- und Moselarmee versetzt, diente er bei der Blokade von Mainz, worauf er zum Brigadechef ernannt wurde und den Auftrag erhielt, das Rheinufer zwischen Neubreisach und Strasburg zu bewachen. Auf dem Feldzuge in Schwaben und Tyrol unter Moreau (1796) hatte er mit seiner Brigade stets gegen einen überlegenen Feind zu kämpfen und verlor bis zu seinem Rückzuge über den Rhein bei Hüningen fortwährend viele Leute. Nach der Belagerung und Eroberung der Festung Kehl führte er seine Brigade nach Italien und machte den Feldzug des Jahres 1796 mit. Nach der Beendigung desselben durch den Frieden von Campo Formio bekam er den Befehl, mit seinem Regimente nach den ionischen Inseln zu gehen, wo er während der Jahre 1797 und 1798 blieb und die Festung Korfu vier Monate lang gegen das vereinigte Belagerungsheer der Türken und Russen tapfer vertheidigte, sich aber gegen die Uebermacht des Feindes nicht halten konnte; er erzwang übrigens eine günstige Capitulation und während ein Theil seiner auf den Inseln Santa Maura, Kephalonia und Theaki zerstreuten Brigade in die Gefangenschaft gerieth und nach Constantinopel in das Bagno geschleppt wurde, gelangte er mit dem Reste seiner Leute glücklich nach Frankreich. Man beorderte ihn zuerst nach Lyon und von da nach Paris, wo seine wieder ergänzte Brigade an den Ereignissen des 18. Brumaire Theil nahm. Bald darauf rückte er mit ihr zur Westarmee, bei welcher er während der Feldzüge gegen die Royalisten in der Vendée unter Brune und Bernadotte in den Jahren 1800, 1801 und 1802 blieb. Während der Jahre 1803 und 1804 stand er unter Augereau in den Lagern zu Bayonne und Saintes und die von ihm daselbst geleisteten Dienste veranlassten seine Ernennung zum Mitgliede und bald darauf zum Offiziere der Ehrenlegion, auch berief ihn der Kaiser in das Wahlcollegium des Departements Pas de Calais. Im J. 1805 erhielt er Befehl, mit seinem Regimente wieder nach Italien zu gehen, wo er sich in der von dem Marschall Massena gewonnenen blutigen Schlacht von Caldiero durch seine Tapferkeit und Umsicht auszeichnete und den vom Feinde hart bedrängten Divisionen Duhesme und Gardanne aus der Klemme half. Im J. 1806 folgte er dem Generale Molitor nach Dalmatien und erhielt den Auftrag, dem Generale Lauriston, welcher in Ragusa von den Russen und Montenegrinern belagert und hart bedrängt wurde, zur Hilfe zu eilen. Am 6. Juli griff er mit der ihm zu Gebote stehenden geringen, aber bewährten Mannschaft den weit überlegenen Feind mit dem Bayonette an und schlug ihn so vollständig, daß er die Belagerungsartillerie und die ganze Bagage im Stiche lassen und eiligst die Flucht ergreifen mußte. Nach der Entsetzung Ragusa's nahm er im September und October desselben Jahres an den Kämpfen gegen die Russen und Montenegriner am Golfe von Cattaro und in den beiden folgenden Jahren an den Scharmützeln gegen die türkischen und dalmatischen Insurgenten ruhmvollen Antheil und machte darauf den Feldzug des Jahres 1809 in Deutschland mit. In dem Treffen bei Gospich, wo sich die Oesterreicher dem Einmarsche der Franzosen in Kroatien widersetzten, drängte er unaufhaltsam den Feind zurück, focht dann bei Graz und bei Wagram und zeichnete sich in der Schlacht an dem letztern Orte so rühmlich aus, daß er am 11. Sept. desselben Jahres zum Brigadegeneral und bald darauf zum Reichsbaron ernannt wurde. Als Brigadegeneral der Armee des Herzogs von Abrantes zugetheilt, machte er in den Jahren 1807 und 1808 den Krieg in Spanien und Portugal mit und leistete bei den Belagerungen von Astorga, Ciudad Rodrigo und Almeida gute Dienste. Als er gegen Ende des Jahres 1811 nach Frankreich zurückkam, wurde er zum Commandanten des Departements des Tarn und der Garonne ernannt, aber schon im folgenden Jahre mußte er sich zur großen Armee, welche nach Rußland vorrückte, verfügen, entging jedoch, da er als Gouverneur zu Wilna blieb, dem traurigen Schicksale, welches so viele seiner Kriegsgefährten traf. Nach dem Rückzuge erhielt er Befehl, die Vorhut eines Armeecorps an die Grenzen von Böhmen zu führen, da er aber daselbst auf einen überlegenen Feind stieß, so war er gezwungen, nach einem hartnäckigen Kampfe nach Dresden zurückzuweichen. Auf diesem Rückzuge wurden ihm zwei Pferde unter dem Leibe erschossen und er selbst erhielt eine starke Quetschung am rechten Arme. In dem Treffen bei Dresden ging ihm eine Kugel durch den Schenkel und er mußte in die Stadt gebracht werden. Nach der Capitulation derselben führte man ihn als Kriegsgefangenen nach Ungarn, wo er bis zum Friedensabschlusse im J. 1814 blieb. Nach seiner Heimkehr wurde er vom Könige zum Ritter des heiligen Ludwig und zum Commandeur der Ehrenlegion ernannt, aber seines Dienstes entlassen. Während der 100 Tage bestimmte ihn Napoleon, welcher ihm großes Vertrauen schenkte, wieder zum Commandanten des Departements des Tarn und der Garonne; nach der zweiten Rückkehr der Bourbonen erhielt er deshalb sogleich Befehl, sein Amt niederzulegen und wurde in den Ruhestand versetzt, ohne jedoch wegen seiner Anhänglichkeit an Napoleon weiter verfolgt zu werden, da er sich vorher in seiner Stellung je Ungebührlichkeiten erlaubt hatte und bei allen Parteien als ein in jeder Beziehung rechtlicher Mann galt. Er ließ sich nach seiner Abdankung zu Saint-Servan bei Saint-Malo nieder und starb am 8. Mai 1834 zu Rennes, wohin er sich in den letzten Jahren seines Lebens zurückgezogen hatte*). (*Ph. H. Külb.*)

GODASA (*Γοδάσα*) ist von Ptolemäos V, 7, 4 unter den Städten Klein-Armeniens aufgeführt worden. (*Krause.*)

GODAVERY (Gadavari, Ganga Godavery oder auch Ganga Sona, d. i. kleiner Ganges), der längste Strom der vorderindischen Halbinsel, dessen Stromentwickelung von der Quelle bis zur Mündung über 150

*) Vergl. Biographie universelle. Tom. LXV. p. 443. Biographie générale. Tom. XX. p. 882. Fastes de la Legion-d'honneur. Tom. III. p. 264 seq.

geographische Meilen beträgt. Seine unzähligen Quellen entspringen im nordwestlichsten Bergwinkel der Subah Aurangabad, auf der Grenze von Khandesh und Aurungabad, in der Nordostwendung, wo die Westghats und Vindhyaketten zusammenstoßen, auf den Berggehängen des höchsten Tafellandes Maharaschtras, ganz nahe an der Meeresküste bei Bombai, zwischen den Festen Trimbak und Dschandur unter dem 20° nördl. Br. Von hier an durchschneidet er in fast gleichbleibender südöstlicher Normalrichtung, die dem directen Abstande der Quelle von der Mündung fast gleich ist, in unzähligen kleinern Krümmungen, die größte Breite der Halbinsel fast vom Westmeere bis wieder zum Ostmeere von Masulipatam. Berghaus gibt den directen Abstand der Quelle von der Mündung zu 97 deutschen Meilen, die größte Stromentwickelung zu 187 Meilen, die Größe der Stromkrümmungen zu 90 Meilen, das Verhältniß der Krümmungen zum directen Abstande = 9 : 10 und das Areal des Stromgebietes zu 5800 □Meilen an. Das Areal übertrifft demnach das des Rheines um 1800 □Meilen, steht aber hinter demselben in Beziehung auf günstige Oberflächenbildung und Cultur zurück.

Der Godavery hat nur einen sehr kurzen obern Lauf innerhalb wahrer Gebirgsnatur; er ist größtentheils nur Plateaustrom und windet sich überall nur durch die einförmigen, nackten, gleichartigen Plateauebenen Mittel-Dekans hindurch. Auch alle seine Zuströme sind gleichartige Plateauflüsse. Unterhalb seiner letzten Durchbrechungen der Randgebirge (oberhalb Rajamundry) erreicht er erst seine Niederung, steht da gleich der Küste ganz nahe, überschwemmt sein kleines Delta und fällt unmittelbar ins Meer. Da sein Mittellauf fast allein vorherrschend ist, konnten in seinem obern, mittlern und untern Laufe keine wesentlichen Verschiedenheiten hervortreten. Aus Mangel an günstigen Naturformen und weil er wegen seiner Ausbreitung in der Mitte des Dekanplateau's stets in alle Völker- und Herrscherkämpfe verwickelt war, konnte er kein Culturstrom seiner Landschaften werden. Seit der Besiegung der Mahratten gehört fast sein ganzes Stromgebiet dem Territorium des Nizam von Hyderabad und des Rajah von Berar an. Zwischen beiden Gebieten ist der Wurda, ein Nebenfluß des Godavery, Grenzstrom, und zwar so, daß im Westen von ihm und am untern Godavery das Gebiet des Nizam, im Osten das des Rajah liegt. Vom Nordufer des Godavery an durch sein bergiges, klippiges Stromgebiet im Hochlande, von den West-Ghats bis zum Wurdafluß im Osten bleiben die halbwilden Culies (Coolies) und Bhils überall vorherrschend; ostwärts vom Wurda und von seiner Vereinigung mit dem Godavery an dessen Ostufer die Völker der Gonds oder Goands, die rohen, raubsüchtigen, ungebändigten und uncivilisirten Aborigines Dekans. — Erst mit den südlichen Landschaften, dem südlichen Aurungabad, Beder, Hyderabad und den Circars, längs den Südufern des Godavery und längs seines Mündungsgebietes fangen die bebauteren und civilisirteren Gegenden an bekannter zu werden.

Als den eigentlichen Quellstrom des heilig verehrten Godavery, dessen Ufer von Brahmanen bewohnt werden, betrachten die Hindu's denjenigen Hauptarm, der aus vielen Quellbächen, an den West-Ghats entsprungen, sich bei Kumbhauri zu einem Flusse bildet. Von da strömt er gegen Südost zwischen der Stadt Aurungabad und den Ellora-Grottenwerken an seinem Nordufer und Ahmednagar an seinem Südufer durch ein klippiges, unebenes, zerklüftetes Plateauland, voll Kuppen und niederer Felsen und Kegel. Zu Toka oberhalb des Uebergangsortes auf der Straße zwischen Aurungabad¹) und Ahmednagar ist der Godavery noch furthbar, nur knietief; unterhalb der Stadt nicht mehr.

Der Strom durchzieht von der Provinz Aurungabad ostwärts über Nandeir (19° 8' nördl. Br., Flußspiegel 1074 paris. Fuß über dem Meere) die weite Landschaft, die nun zu seinen beiden Seiten — wo ihn im Süden der Manjera-, im Norden der ihm fast gleich große Pain-Gangafluß begleitet — den Namen Beeder²) (Beder, Bider) führt.

Nach seinem Vereine mit dem Manjera setzt der Godavery seinen Lauf ostwärts durch ganz Beeder im Nizam-Territorium fort, an Nirmull (19° 19' nördl. Br.) vorüber bis über des Nizams Ostgrenze zum Berar-Territorium in ganz gleicher Richtung bis etwa zum Meridian von Madras (nach Berghaus 13° 4' 9" nördl. Br., 77° 56' 57" östl. L. von Greenwich), wo Gondwana, das Land der Gonds, beginnt.

Hier nimmt der Godavery von Norden her, nahe unter 19° nördl. Br., zwischen Chinnur und Mahadeopur seinen nördlichen Hauptzufluß, den Wurda, auf, der ihm seine Wasser aus den nördlichen Berar- und den Gondwanabergen zuführt, die das Südufer des Nerbudda begleiten.

Das ganze Plateauland, südlich von den Vindhyaketten, welches der Godavery bis zum Wurdaflusse durchzogen hat, erhielt im 13. Jahrh. den allgemeinen Namen Telingana, womit Sprache und Volk seitdem bezeichnet wird. Die alte Hinducintheilung nannte die Landschaft im Norden des Godavery Andhra, die Landschaft im Süden des Godaveryquerthales und die Küstengebiete der fünf Circars Kalinga. Der nordöstliche Theil von Andhra, ostwärts des Wurdaflusses, das heutige Gondwana, heißt in der alten Sanskritgeographie zur Zeit mächtiger Hindu-Rajahs (vergl. Ritt. Af. IV, 1. S. 503) Viddarba, welches in seiner weiten Ausbreitung Maharaschtra im Westen, von Magadha im Osten und

1) Aurungabad, die moderne Kapitale der Subah Aurungabad, liegt nach Hamilton unter 19° 54' nördl. Br., 75° 33' östl. L. von Greenwich, nach Dr. Young 19° 45' nördl. Br. und 76° 2' 15" östl. L., etwa 1700 Fuß oder 1800 Fuß über dem Meere.
2) Beder, die moderne Landeskapitale, von welcher die Provinz den Namen führt, liegt am Manjera- (Manjerra) Flusse, der in seinem ganzen Laufe unschiffbar bleibt, unter 17° 49' nördl. Br. Sie hieß früher Ahmedabad, weil sie von Ahmed Schah, statt der frühern Residenz in Kulburga, erbaut wurde. Der Spiegel des Manjera liegt bei Beder 1600 par. Fuß über dem Meere, also 400 Fuß höher als der des Godavery bei Nandeir.

Malwa im Norden von Andhra und Telingana im Süden trennt.

Der Wurda oder Warda (Varada, d. i. Erhörer der Gebete), der bedeutendste nördliche Zufluß zum Godavery, führt in seinen vielen Armen aus Berar und Gondwana diesem die Wässer Central-Indiens von Nordosten her zu, ist aber erst seit 1808 zum politischen Grenzstrome der erweiterten Rajahthümer des Nizam im Westen und des Beherrschers von Berar im Osten gemacht worden. — Er entspringt nahe den Taptiquellen, im Nordosten von Elichpur (21° 14' nördl. Br.), der alten Kapitale von Berar, und im Osten des Forts Gawilgurh in einer Höhe von ungefähr 4000 Fuß.

Nach einem Laufe von wenig Meilen fließt er im Westen des kleinen Ortes Nachengaon (909 par. Fuß über dem Meere) vorüber, wo sein Wasserspiegel nur 703 Fuß über dem Meere liegt, dann nahe an Hingenghat auf seinem Ostufer (619 par. Fuß) vorbei.

Vom Westen her nimmt der Wurda den Pain-Ganga auf, der im weiten Laufe vom Adjuntapasse der Satpurakette auf der Grenze von Kandesh herabkommt und nicht fern im Nordosten von Aurungabad entspringt. Er ist ein nördlicher Parallelstrom mit dem oberen Godavery und durchzieht gegen Südosten die Plateaufläche bei Bassim (Baussim 1642 Fuß über dem Meere), in dessen Nähe sein Wasserspiegel nur 1359 par. Fuß über dem Meere liegt.

Im Nordosten von da, auf dem Wege zu dem bezeichneten Wasserspiegel des Wurda, ist die Zwischenstation Karanja (Karunja 1245 par. Fuß über dem Meere).

Der dritte Hauptzufluß zum Wurda ist der Wyne, Bain- oder Baum-Ganga (von Vana-Ganga, d. i. Bogen-Ganges). Er entspringt aus noch größerer nördlicher, wenig bekannter Ferne aus Chotiaghur in Doppelarmen, nahe den Nerbuddaquellen zwischen 22—23° nördl. Br., und wälzt von da direct gegen Süden sein Wasser zum Wurda. Bei Wyragur fällt der Kobragurfluß gegen Westen zum Bain-Ganga.

Nagpur (nach englischer Schreibweise Nagpoor), jetzt Kapitale des Rajah von Berar, der aus dem Mahrattengeschlechte stammt, liegt unter 21° 10' nördl. Br. und 79° 14' östl. L. von Greenwich, nahe an der Quelle des kleinen Flusses Nag-Nadi (von ihm Nagpura, d. i. Festung am Nag), der seine Wasser nur aus einem Kunstteiche erhält und im Sommer vertrocknet. Nach einem Laufe von fünf geographischen Meilen fällt der Nag in den Kanhan, einen aus den Deogerh (d. i. Götterbergen) kommenden Bergstrom, und beide vereinigt fallen in den Wyn Ganga, dessen Arm mehr von Nordost herkommt. Dessen Hauptquelle liegt nahe dem Orte Seoni (Seuni, 22° nördl. Br.), macht aber, genöthigt durch die Erdspalten der dortigen Basaltthäler, einen großen Bogen gegen Norden und Osten über Chappareh, wo er ein von Basaltsäulen umstelltes Engthal als wilder, tosender Bergstrom durchbricht und kehrt in der Nähe von Mundlah am obern Nerbudda erst wieder gegen den Süden zu seinem südlichen Normallaufe zurück. Bei Ambarn unterhalb Nagpur vereinigt er sich mit dem Kanhan (Khohan der Karten) von Westen her; nach seinem Vereine mit dem Warda, unter der Feste Chanda, verlieren beide Flüsse ihren Namen und heißen nun bei den Eingeborenen Pranita (d. i. Hauptzufluß des Godavery), dem die Europäer den Namen Warda oder Wurda gelassen haben. Im Norden der Stadt Nagpur fließt durch Felsengen der kleine Beschfluß zum Kanhan.

Seit einigen Jahren hat man von Nagpur aus auf dort gebauten Flachbooten die Schiffahrt stromab bis zum Godavery und zur Meeresmündung versucht. Die vielen Rapiden des Strombettes hofft man zu besiegen.

Der Unterlauf des Godavery ist wenig bekannt. Vereinigung des Wurda mit dem Godavery findet statt unter 19° nördl. Br.; auf der einen Landspitze des Vereins liegt die weiter nicht bekannte Stadt Chinnur (18° 53' nördl. Br., 70° 39' östl. L. von Greenwich).

Unmittelbar unterhalb des Vereins, bei Kalaisur (Colysale Ghaut, 18° 38' nördl. Br.), ist das Bett des Godavery eine englische Meile breit, im Sommer der Strom so seicht, daß er nur einen kleinen Theil des Rinnsals mit 15 Zoll tiefem Wasser füllt, in der nassen Jahreszeit volle Wogen wälzend. Am Zusammenflusse befindet sich ein Tempel der Kali, wo die Pilger ihr entsühnendes Bad nehmen.

Der Godavery passirt dann bei den Ruinen von Mahadeopur die Stromenge von Mutientta (engl. Mooty Gaully), eine der stärksten Paßstellen im wilden Waldlande der Gonds. Unfern von da liegt am linken Einflusse des Salaie aus Gondwana die berühmte Pagode Budrachellum (Bhadrachalam, d. i. der heilige Berg), ein Wallfahrtsort für Hindupilger, der Sita geweiht, merkwürdig durch die einzige heiße Quelle der ganzen innern Halbinsel Hindostans, die noch dazu in der Mitte des Godaverystromes liegt.

Erst oberhalb Rajahmudry oder Rajahmundry (Rajahmundry, Stadt, 16° 59' nördl. Br., 10 geographische Meilen landeinwärts vom Meere) bricht der Godavery aus dem wenig bekannten, sehr wilden Berg- und Waldlande der Gondwana's, das er bisher in seinem tobenden Laufe durchschnitten, in die vorliegende Küstenebene, in die Niederung, in welcher er sich gleich in zwei Arme theilt und ein kurzes Deltaland bildet. Die von ihm hier durchbrochenen Grenzgebirgsketten sind eine Fortsetzung der gegen 1500 Fuß hohen primitiven Küstengebirge, die von dem untern Mahanadi, von Chicacola und Vizagapatam (17° 42' nördl. Br.) über Cap Dolphinsnose (1500 Fuß hoch) hier vorüberziehen bis zu den Nordenden der Nalla Malla. Der Godavery wälzt bis zu dieser Stromspaltung sehr viele große Kiesel, zumal runde Geschiebe von Chalcedon, Carneol, Achat, Zoolithe und Korund (aus Syenitgestein). Seine Wassermassen sind hier gewaltig, der Strom eine Meile breit, die Ufer romantisch, im Hintergrunde amphitheatralische Hochgebirge. (Holzflößen aus Gondwana mit den Tealbäumen geben den Anwohnern Hauptbeschäftigung.) Der Godavery durchzieht in der Niederung einen ungemein fruchtbaren Boden, in dessen Mergellagern und schwarzer Erde der Strom sich 20—30 Fuß hohe Ufer einschnei-

bei, an 8 geographische Meilen bis zum Ocean. Aber ehe er diesen erreicht, theilt er sich noch in viele wechselnde Arme, die alle, durch das Eindringen der Meeresfluth begünstigt, auch Seeschiffe tragen, zwischen sich vielfache Inseln bilden, deren Bodenwechsel häufige Fehden der Bewohner erregt. An ihren Mündungen haben sie verschiedene Häfen, unter denen am nördlichsten Arme Coringa und Ingeram die bekanntesten sind.
(*H. E. Hössler.*)

GODDAM *) (Adam), englischer Theolog und Schriftsteller, gewöhnlich Anglicus genannt, wahrscheinlich zu Norwich in der Grafschaft Norfolk, nach Anderen in Irland geboren, studirte zu Paris unter Wilh. Occam und folgte der von diesem erneuerten Secte der Nominalisten, weshalb er, gleich seinem Lehrer, mit den realistischen Scotisten in fortwährendem Streite lag und durch seine in dieser Richtung gehaltenen Disputationen zu ebenso großem Ansehen gelangte, obgleich er sich weniger derb als Occam äußerte. Er war nach der Beendigung seiner Studien in den Orden der Minoriten getreten und hielt sich den größten Theil seines Lebens in dem Kloster zu Norwich auf mit Ausnahme einer kurzen Zeit, während welcher er als Professor der Theologie zu Oxford großes Aufsehen erregte. Er starb im J. 1358 (nach Anderen schon im J. 1344) zu Babwell bei Bury. Sein vorzüglichstes Werk ist sein Commentar über die Sentenzen des Petrus Lombardus (Quaestiones in quatuor libros Petri Lombardi Magistri Sententiarum. Parisiis 1512. fol.); seine übrigen Schriften (Sententiae Oxoniensis concilii, De foro poenitentiario fratrum, Commentarius super Cantica, Postilla in Ecclesiasticum, Contra Ricardum Wetheresete und Determinationes undecim) sind noch ungedruckt, Handschriften derselben aber finden sich in vielen englischen Bibliotheken. (*Ph. H. Külb.*)

GODDARD (Jonathan), Arzt, Botaniker und Chemiker, war 1617 in Greenwich geboren. Er wurde 1642 in Cambridge Doctor der Medicin; 1646 nahm ihn aber das londoner ärztliche Collegium auf und im folgenden Jahre lehrte er in London Anatomie. Er nahm eine hohe ärztliche Stellung bei Cromwell's Armee ein und erhielt unter dem Protector Vertrauens- und Ehrenstelle, deren er nach erfolgter Restauration beraubt wurde; doch konnte er wenigstens noch medicinische Vorlesungen am Gresham-College fortsetzen. Er starb am 24. März 1674. Außer einigen Mittheilungen in den Phil. Transact., worunter sich namentlich Beobachtungen über das Chamäleon befinden, verfaßte er: Observations concerning the nature and similar parts of a Tree. (Lond. 1664. fol.) The fruit tree's secrets. (Lond. 1664. 4.) A discourse, setting forth the unhappy condition of Physic in London and offering means to put in a better. (London 1669. 1670. 1678. 4.) Nach seinem Tode erschienen seine Recepte anhangsweise in der zweiten Ausgabe der Pharmacopoea Bateana (Lond. 1681) unter dem Titel: Arcana Goddardiana.
(*Fr. Wilh. Theile.*)

GODDE (Etienne Hippolyte), französischer Architekt, am 26. Dec. 1781 zu Breteuil (im Departement der Oise) geboren, studirte die Architektur unter Delagardette und besuchte die Ecole des Beaux-Arts bis zum Jahre 1800, in welchem er den zweiten großen Architekturpreis erhielt. Er trat nach der Beendigung seiner Studien sogleich in den Staatsdienst und begann seine Laufbahn in dem Baubureau der Präfectur der Seine unter Molinos als erster Zeichner. Bald darauf (1806) erhielt er die Stelle eines Inspecteurs unter Legrand und wurde im J. 1818 zum ersten Architekt-Inspecteur der zweiten Section der öffentlichen Arbeiten ernannt. In dieser Eigenschaft nahm er im Auftrage der Regierung die Pläne, Aufrisse und Durchschnitte der Kirchen zu Paris auf und vereinigte die vortrefflich ausgeführten Zeichnungen, über 300 an der Zahl, zu einem Atlas, welcher sich auf dem Bureau der Stadtpläne befindet. Die Verdienstlichkeit dieses Werkes veranlaßte auch seine Ernennung zum Architekten der Stadt und als solcher besorgte er im Vereine mit J. B. Lesueur, welcher ihm als Gehilfe beigegeben wurde, die Vergrößerung und den Ausbau des Stadthauses zur allgemeinen Zufriedenheit, während er zu gleicher Zeit in den von ihm aufgenommenen und studirten Kirchen zu Paris, sowie in der Kathedrale zu Amiens und in der Pfarrkirche zu Boves zahlreiche Restaurationsarbeiten vornehmen ließ. Im J. 1852 legte er hochbetagt seine Stellen nieder. Zu den von ihm geleiteten vorzüglichsten Bauten zu Paris gehören die Kirchen Notre Dame-de-Bonne-Nouvelle, Saint-Denis-du-Saint-Sacrement, Saint-Pierre-de-Chaillot, das Seminar Saint-Sulpice, die Kapelle und das Portal des Friedhofes Père-Lachaise, das Portal an dem Cimetière du Sud und sieben große Hotels in der Loubrerstraße, auch entwarf er die Pläne zu den Monumenten des Marschalls Pérignon und der Familie Frochot auf Père-Lachaise und zu dem neuen Stadtviertel Tivoli *). (*Ph. H. Külb.*)

GODEAU (Antoine) oder GODELIUS, geb. 1605 zu Dreux in der Diöcese von Chartres, wo sein Vater Assessor beim Untersteuergerichte war, stammte aus einer angesehenen Familie. Früh erwachte seine Neigung zur Dichtkunst. In Paris genoß er den Umgang des gelehrten Conrart, der mit ihm verwandt war und ihn in seine Wohnung aufnahm. Durch einige poetische Versuche ward er auch dem Dichter Chapelain bekannt und dieser führte ihn in dem Hause der Mademoiselle de Rambouillet (Julie d'Angennes) ein, wo sich die vorzüglichsten Gelehrten und Schöngeister versammelten. Was seiner von Natur kleinen und unansehnlichen Gestalt abging, ersetzte er durch seinen Geist und seine Gewandtheit im geselligen Umgange. Die erwähnte junge Dame

*) Sein Name wird auch Godam, Goddamus und Wydefam geschrieben; spärliche Notizen über ihn findet man bei J. Bale (Scriptorum illustrium majoris Britanniae catalogus. Basil. 1557. fol. Cent. V. c. 98. p. 447) und Wilh. Cave (Scriptorum ecclesiasticorum historia literaria. Genevae 1694. fol. Append. p. 19). Die vielfache Schreibart seines Namens hat Manche verleitet, aus ihm mehre verschiedene Schriftsteller zu machen.

*) Biographie générale. Tom. XX. p. 555. — G. K. Nagler, Künstlerlexikon. 5. Bd. S. 247.

scheint sich für ihn interessirt zu haben. Sie schrieb an Voiture: „Il y a ici un homme plus petit que vous d'une coudée; et je vous jure, mille fois plus galant." Er hieß damals ziemlich allgemein le Nain de Julie (Julie's Zwerg). Während seines Aufenthaltes in Paris trat er in den geistlichen Stand. Er beschäftigte sich seitdem viel mit der religiösen Poesie. Der Cardinal Richelieu, dem er sich durch seine Paraphrase des Gesanges: Benedicite omnia opera Domini Domino empfohlen hatte, verlieh ihm das Bisthum Grasse in der Provence, und zwar mit dem Wortspiele: Vous me donnez le Benedicite, et moi je vous donne Grasse (das Heil). Nach seiner Weihe durch den Bischof von Chartres, Eleonor d'Etampes, nachherigen Erzbischof zu Rheims, begab sich Godeau in sein Stift, wo er seinen Functionen als Geistlicher unermüdet oblag und besonders die in Verfall gerathene Kirchenzucht verbesserte. Mit dem Bisthume Grasse vereinigte er durch das Patronatsrecht die Kirche zu Antibes. Auf einer Versammlung des französischen Klerus im J. 1645 las er einen von ihm verfaßten Panegyricus des Petrus Aurelius vor, der die Gerechtsame der Bischöfe gegen einige Ordensleute mit Nachdruck vertheidigt hatte. Dieser Panegyricus erschien auch im Drucke (Paris 1646. 4.). Den größten Theil seiner Zeit brachte Godeau in seinem Stifte zu, beschäftigt mit der Inspection der unter ihm stehenden Kirchen und mit seinen vielfachen Amtsverrichtungen als Kanzelredner und Seelsorger. Mit großer Gewandtheit wußte er geistliche und weltliche Händel seines Stiftes zu schlichten. Ein Schlagfluß raubte ihm das Leben. Er starb am 17. April 1672 im 67. Jahre, geschätzt von seinen Zeitgenossen als Dichter, Redner und Historiker. Die Zahl seiner Schriften ist sehr groß. Seine literarische Laufbahn eröffnete er mit einem Discours sur les Oeuvres de Malherbe. (Paris 1629. 4.) Vielen Beifall fanden seine zu Paris 1633 in zwei Octavbänden herausgegebenen Oeuvres chrétiennes, die bereits im folgenden Jahre eine neue Auflage erlebten. Diesem Werke folgten mehre Umschreibungen einzelner Bücher des neuen Testaments, namentlich die Briefe des Apostels Paulus: Paraphrase sur les Epitres de St. Paul aux Corinthiens, aux Galates et aux Ephésiens (Paris 1633. 4.); Sur l'Epitre de St. Paul aux Romains (ibid. 1635. 4.); Sur l'Epitre de St. Paul aux Hebreux (ibid. 1637. 12.); Sur les Epitres canoniques (ibid. 1640. 12.) u. s. w. Er beschrieb auch das Leben des erwähnten Apostels (Vie de St. Paul Apôtre. Paris 1647. 4.), später sogar in Versen (St. Paul, poëme chrétien. Paris 1654. 12.). Zu seinen erwähnten Umschreibungen fügte er auch noch eine poetische (Paraphrase des Pseaumes en vers. Paris 1647. 4.). Den Standpunkt, aus welchem er den geistlichen Stand betrachtete, zeigte sein Discours de la vocation à l'état ecclésiastique. (Paris 1652. 12.) Von seiner Histoire de l'Eglise, einem seiner umfassendsten Werke, erschien zu Paris in Folio 1653 der erste und zweite Band, 1663 der dritte und vierte und 1678 der fünfte, mit welchem das Werk schloß. Nicht frei von mannichfachen Irrthümern und selbst von einigen seiner Zeitgenossen als eine fabelhafte Chronik bezeichnet, behauptete dies Werk nur kurze Zeit sein Ansehen und ward gänzlich verdrängt durch Fleury's Kirchengeschichte. Das Schicksal der Vergessenheit traf auch Godeau als Dichter. Seine Poësies chrétiennes et morales fanden noch bei seinen Lebzeiten nur wenige Leser. Sarkastisch soll sich Boileau über ihn in den Worten geäußert haben: „Je ne sais point s'il passera à la postérité, mais il faudra pour cela qu'il ressuscite, puisqu'on peut dire qu'il est deja mort, n'étant presque plus maintenant lu de personne." In einem gewissen Ansehen erhielt sich, ihrer Kürze und Deutlichkeit wegen, die von Godeau 1709 zu Paris herausgegebene Morale chrétienne pour l'instruction des Curés et Prêtres *). (*Heinrich Döring.*)

GODEAU (Michel), französischer Theolog und Schriftsteller, um das Jahr 1656 zu Paris geboren, wurde nach der Beendigung seiner Studien Pfarrer an der Kirche Saint-Côme, im J. 1684 Professor der Rhetorik an dem Collège des Grassins und im J. 1714 Rector der Universität. Da er sich in die jansenistischen Streitigkeiten mischte und als Gegner der Bulle Unigenitus auftrat, so wurde er im J. 1736 als 80jähriger Greis nach Corbeil verbannt und starb daselbst am 25. März desselben Jahres. Er erwarb sich hauptsächlich als Uebersetzer einen ausgebreiteten Ruf und insbesondere wurden von den Zeitgenossen seine Uebersetzungen der Grundsätze des geistlichen Lebens von Bartholomäus de Martyribus (Abrégé des Maximes de la Vie spirituelle, recueilli des sentiments des pères et traduit du latin de Dom Barthélemy des Martyrs. Paris 1690. 12.) und der Abhandlung des heiligen Bonaventura von der Liebe Gottes (De l'amour de Dieu, traité de St. Bonaventure. Paris 1712. 12.) angepriesen. Die Uebersetzung der Grundsätze des heiligen Lebens wird zuweilen auch Antoine Godeau, dem berühmten Bischofe von Vence, zugeschrieben, aber fälschlich, denn ihm gehört nur die der Uebersetzung vorangehende Lobrede auf Bartholomäus de Martyribus an. Eine sonderbare Unternehmung ist eine erst nach seinem Tode herausgegebene metrische Bearbeitung mehrer Werke Boileau's in lateinischer Sprache (Perillustris viri Nicolai Boileau Despréaux Opera e gallicis numeris in latinos translata. Parisiis 1737. 12.), welche die Anrede an den König, die zwölf Satyren, die zwölf Episteln und die vier Gesänge der Dichtkunst umfaßt und den Beifall des Dichters gehabt haben soll, weil er wahrnahm, daß sich seine Gedanken in dem lateinischen Gewande schärfer und deutlicher darstellten; bei näherer Betrachtung erscheint aber das mühsame Machwerk als unsinnige Zeitverschwendung; Godeau soll auch das Singpult (lutrin) desselben

*) Siehe *Perrault*, Les Hommes illustres. Tom. I. Du Pin in der Bibliothèque des auteurs ecclésiastiques. *Niceron*, Mémoires. Tom. XIV. p. 61 seq. *La Madeleine*, Dictionnaire des Poètes français morts p. VII. Jöcher's Gelehrtenlexikon. 2. Th. S. 1032 fg. Baur's Neues histor.-biograph.-literarisches Handwörterbuch. 2. Bd. S. 464.

Dichters auf gleiche Weise mißhandelt haben, die Uebersetzung wurde aber nicht gedruckt; dasselbe Werk enthält dagegen die lateinische Uebersetzung einiger Gedichte des Abbé de Villiers und ein kleines Gedicht des Abbé de Bernarde unter dem Titel: Umbra Godelii ad suum librum. Gelungen ist die lateinische Uebersetzung der Ode des bekannten Dichters Pierre Charles Roy über das Studium in Sapphischem Versmaße (in den Mémoires historiques et critiques. Septembre, 1722.). Godeau hinterließ noch mehre ähnliche metrische Uebersetzungen, welche jedoch keinen Herausgeber fanden, und angeblich auch eine französische Uebersetzung der Werke des heiligen Chrysostomus, über deren Werth kein Urtheil möglich ist, da sie ebenfalls ungedruckt blieb*). (*Ph. H. Külb.*)

GODEBERT[1]), König der Longobarden, theilte nach dem Tode seines Vaters, des Königs Aripert (661), mit seinem Bruder Pertari[2]) das longobardische Reich, sodaß dieser zu Mailand, er selbst aber zu Pavia seinen Sitz hatte. Alsbald aber entbrannte, von schlechten Menschen angeschürt, zwischen diesen früher einigen Brüdern Zwietracht und ein solcher Haß, daß jeder von beiden das andere Reich an sich zu reißen suchte. Godebert schickte zu diesem Zwecke den Herzog Garibald von Turin zu Grimuald, dem tapferen Herzoge von Benevent und versprach ihm seine Schwester Theuderata zum Weibe, wenn er ihm gegen seinen Bruder Pertari Hülfe leisten wolle; der Gesandte war aber ein Verräther und munterte Grimuald auf, das durch den Zwist der beiden Brüder zerrissene Longobardenreich an sich zu bringen. Grimuald, ein sonst sehr rechtlicher und kluger, aber über Gebühr ehrgeiziger Mann, ging auf das Anerbieten ein, brach mit einer auserlesenen Mannschaft gegen Pavia auf und verschaffte sich in allen Städten, durch die er kam, Freunde und Hülfsgenossen zur Erlangung der Herrschaft. Garibald, welcher von Pavia aus vorausgegangen war, um Grimuald's Ankunft zu melden, flößte Godebert Mißtrauen ein und gab ihm den Rath, nur mit einem Panzer unter dem Kleide angethan sich mit Grimuald in eine Unterredung einzulassen, indem er ihm versicherte, daß dieser ihm nach dem Leben strebe, Grimuald aber sagte er, Godebert werde bei der Zusammenkunft mit ihm einen Panzer unter dem Kleide tragen und hege die Absicht, ihn zu ermorden. Als nun beide am andern Morgen zu einer Unterredung zusammenkamen, umfaßte Grimuald bei der Begrüßung Godebert und da er merkte, daß dieser wirklich einen Panzer unter dem Kleide trug, zog er unverweilt das Schwert und stieß ihn nieder, worauf es ihm leicht gelang, dessen Reich und alle Gewalt an sich zu reißen. Godebert hatte kaum ein Jahr geherrscht und hinterließ einen minderjährigen Sohn, Namens Raginpert, welcher von den Getreuen Godebert's weggebracht und heimlich auferzogen wurde, ohne daß Grimuald ihn weiter verfolgen ließ. Als Pertari die Ermordung seines Bruders erfuhr, ergriff er eiligst die Flucht und begab sich zu dem Khane der an den Ufern der Donau wohnenden Avaren. Seinen minderjährigen Sohn Kuninkpert schickte Grimuald in die Verbannung nach Benevent, worauf er sich noch im J. 662 die longobardische Krone aufsetzen ließ; dem Verräther Garibald aber ward der verdiente Lohn. Als er nämlich zu Turin am Osterfeste die Kirche des heiligen Johannes des Täufers besuchte, stieß ihm ein zum Geschlechte Godebert's gehörender Zwerg, welcher auf den Taufstein gestiegen war, von Oben das Schwert in den Nacken. Er wurde zwar sogleich von dessen Leuten niedergehauen, hatte aber doch seine Anverwandten auf eine glänzende Weise gerächt. Pertari ergab sich, da ihn die Avaren aus Furcht vor Grimuald nicht in ihrer Mitte zu behalten wagten, diesem auf Gnade und Ungnade und wurde von ihm einige Zeit ehrenvoll behandelt, bis er durch hinterlistige Feinde, welche ihn bei Grimuald verleumdeten, von Neuem in Gefahr kam, durch Meuchelmord sein Leben zu verlieren, er suchte nun Zuflucht bei den Franken und bewog diese durch große Versprechungen zu einem Feldzuge gegen Grimuald; da diese aber im J. 663 bei Rivoli eine Niederlage erlitten, ging er nach England, von wo er nach des Usurpators Tode im J. 679 zurückkehrte und wieder den longobardischen Thron bestieg. Ihm folgte im J. 688 sein Sohn Kuninkpert und diesem im J. 700 sein Sohn Liutpert. Gegen diesen zog, als er kaum die Regierung angetreten hatte, Raginpert, Godebert's Sohn, zu Felde, schlug ihn bei Novara und riß das Longobardenreich an sich; er starb aber noch in demselben Jahre. (*Ph. H. Külb.*)

GODEBERTA, eine Heilige des 7. Jahrh., um das Jahr 640 zu Boves bei Amiens geboren, stammte aus einer sehr alten Familie und sollte sich mit einem angesehenen Manne am Hofe Chlotar's III. verheirathen, sie wählte aber Gott zum Bräutigam und empfing um das J. 658 in Gegenwart des Königs den Klosterschleier aus den Händen des heiligen Eligius, Bischofs von Noyon. Der König schenkte ihr bei dieser Gelegenheit einige Güter, um in dieser Stadt eine Genossenschaft errichten zu können, welcher sie mit Klugheit und großem Eifer vorstand. Sie übte die ihr anvertrauten Schwestern im Stillschweigen und in der Abtödtung und theilte ihnen die Unterweisungen mit, welche sie von dem heiligen Eligius erhalten hatte, sie selbst aber lag Tag und Nacht inbrünstigem Gebete ob und die Lebendigkeit ihres Glaubens wurde auch, wie die Legende erzählt, mit mehren Wundern belohnt. So löschte sie eine große Feuersbrunst durch das Zeichen des Kreuzes und verscheuchte durch ihr Gebet und durch Bußübungen, die sie anordnete, eine Seuche, welche in Noyon große Verheerungen anrichtete, eine ungehorsame Schwester aus ihrer Genossenschaft aber strafte sie mit Blindheit. Sie starb am Ende des 7. oder am Anfange des folgenden Jahrh. und wurde in der Marienkirche zu Noyon, welche jetzt ihren Namen

---

*) Biographie universelle. Tom. XVII. p. 545 seq. Biographie générale. Tom. XX. p. 888 seq.

1) Nach der gewöhnlichen Schreibart; Andere schreiben den Namen auch Godepert, Godibert und Gundebert; seine und seines Bruders Geschichte erzählt Paul Warnefrid (De gestis Longobardorum l. IV. c. 53; l. V. c. 1 seq.). Vergl. Sigeberti Chronicon ad ann. 660. 2) Nach anderer Schreibart Berterid und Bertharit.

trägt, beigesetzt. Ihre Reliquien, welche man in früheren Jahrhunderten, wenn man Regen oder das Aufhören einer Krankheit erbitten wollte, feierlich umherzutragen pflegte, wurden während der Revolution zerstreut, das Andenken der Heiligen ehrt man aber jetzt noch zu Noyon am 11. April. Eine Biographie derselben, welche wahrscheinlich in der zweiten Hälfte des 11. Jahrh. von Radbod, Bischof von Noyon, verfaßt wurde, gab zuerst L. Surius in seiner Legendensammlung (unter dem 11. April) und später aus einer zu Noyon aufbewahrten Handschrift Dan. Papebroch (in den Act. SS. Aprilis Tom. II. p. 31—36) heraus, wobei er die trefflichen Anmerkungen benutzte, welche Louis de Montigny, Erzdiakon zu Noyon, seiner französischen Uebersetzung der Legende (Noyon 1630. 8.) beigefügt hatte. (*Ph. H. Külb.*)

GODECHARLES (Guillaume), belgischer Bildhauer, am 30. Dec. 1750 zu Brüssel geboren, erhielt seinen ersten Unterricht in der Kunst von Laurent Delvaux, machte dann seine Studien auf der Akademie zu Paris und ging von da zu seiner weiteren Ausbildung nach Rom, wo er im J. 1773 den großen Preis in der Sculptur erhielt. Nachdem er nun noch, um die Meisterwerke des von ihm gewählten Kunstzweiges kennen zu lernen, eine Reise durch Italien, Teutschland und England unternommen hatte, kehrte er nach einer zehnjährigen Abwesenheit in seine Vaterstadt zurück, wo er sich alsbald durch seine Arbeiten großen Ruhm und allseitige Anerkennung erwarb. Zuerst ernannte ihn der Prinz Karl von Lothringen zu seinem Bildhauer und nach und nach zogen ihn der Herzog Albert von Sachsen-Teschen, der Kaiser Napoleon und der König der Niederlande in gleicher Eigenschaft in ihre Dienste. Außerdem wurde er Mitglied des Instituts zu Amsterdam und Professor an der Akademie zu Brüssel. Zu seinen vorzüglichsten Werken gehören das große Basrelief an dem Giebel des Stadthauses zu Brüssel, welches bei dem Brande am 27. Dec. 1820 Schaden litt, aber von dem Künstler selbst wieder hergestellt wurde, die Giebelverzierung an dem Schlosse Laeken, die Statuen der Minerva und der Victoria in demselben Schlosse, die Büsten berühmter Männer aller Völker in der Villa Elysium zu Wespelaer zwischen Löwen und Mecheln, die Büsten Philipp's von Champagne und van der Meulen's auf der Bibliothek zu Brüssel, die Pet. Fr. Jakobs und Ferd. Mar. Delvaux in der Katharinenkirche errichteten Denkmäler, die Basreliefs und das Monument des Professors Jakobs in der Kirche zu Caudenberg, die sprechend ähnlichen Büsten der Naturforscher Lens, Linné und Dodoens im botanischen Garten zu Gent, das Brustbild des Arztes Boerhave in dem Universitätsgebäude derselben Stadt, das Brustbild des Königs Wilhelm I. und das Standbild desselben in dem Palaste der Generalstaaten, die Statuen älterer in der holländischen Geschichte berühmter Männer (des Prinzen Wilhelm I., des Grafen von Egmont, Oldenbarneveld's, de Ruyter's, Tromp's und Marnix' von St. Aldegonde), die Büsten Wilhelm's von Oranien, des Fürsten von Ligne und des Bildhauers Delvaux, seines Lehrers, ein Amor, den er für den Architekten Pisson in Gent verfertigte und eine Venus in dem Museum zu Brüssel. Godecharles starb in dieser Stadt im Februar 1835. Er arbeitete ebenso fleißig als schnell und schien den Marmor gleichsam zu kneten, er führte einen kräftigen Meißel, vernachlässigt aber nicht selten die Reinheit der Formen, mit einem Worte, er zeigt mehr Gewandtheit als Geschmack, mehr Kraft als Anmuth und seine Hand vermag mehr als sein Geist; auch trieb er seine Kunst mit einigem Aberglauben. Als einst ein Künstler, welcher ihm einen Besuch abstatten wollte, in sein Haus trat, stieß er auf etwa 30 Personen, Frauen, Kinder, Arbeiter und Nachbarn, welche auf den Knieen lagen und inbrünstig die Muttergotteslitanei beteten. Der Fremde, welcher glaubte, man bete für einen Hausgenossen, der mit dem Tode ringe, wollte sich entfernen. „Bleiben Sie nur," rief man ihm zu, „das Gebet ist bald zu Ende. Der Meister ist eben im Begriffe, einen Marmorblock in Angriff zu nehmen und man betet, daß er auf keine böse Ader und auf keine Muschel stoßen möge." Godecharles begann in diesem Augenblicke, als man die heilige Jungfrau anrief, an der Venus Kallipygos zu meißeln †). (*Ph. H. Külb.*)

*) GODEFREDUS (auch Gaufridus, Goffridus, Theofridus oder Goverus), ein Benedictinermönch des 12. Jahrh., von dessen Lebensverhältnissen man Nichts weiter weiß, als daß er Abt des berühmten Klosters zu Admont in Obersteiermark war und sich als Prediger großen Ruf erwarb. Seine noch vorhandenen Reden (Homiliae in Dominicas et Festa anni ed. *B. Pez*. Aug. Vind. 1725. fol. 2 Voll.) rechtfertigen den ihnen von den Zeitgenossen gespendeten Beifall. Er wird häufig mit Godefredus (auch Theofridus oder Thietfrid), einem anderen älteren Benedictinermönche, welcher bereits im J. 1081 in der Abtei Epternach im Herzogthume Luxemburg lebte, vom Jahre 1083 an derselben als Abt vorstand und daselbst am 11. Dec. 1110 starb [1]), verwechselt. Dieser schrieb eine Legende in vier Büchern (Flores epitaphii Sanctorum ed. et notis illustr. *J. Robert*. Luxemburg. 1619. 4.) und eine Biographie des heiligen Willibrod, des Stifters des Klosters Epternach, aus welcher Mabillon (in den Act. SS. Ord. S. Benedicti Saec. III. P. I. p. 620) eine Stelle mitgetheilt hat. Noch auffallender ist die Verwechselung beider mit Godefredus (oder Theofridus), einem dem 8. Jahrh. angehörenden Abte von Carmeri oder St. Chaffre, welchem zwei Homilien über die Verehrung der Heiligen (Sermones de cultu et veneratione Sanctorum, abgedruckt in der Bibliotheca Patrum, Lugduni, Tom. XII. p. 417 seq. und in *Berengosi* Opuscula. Colon. Agripp. 1555. 8. p. 127 seq.) zugeschrieben werden [2]). (*Ph. H. Külb.*)

†) Vergl. Annales du salon de Gand. (Gand 1823. 8.) p. 91 seq. Biographie universelle. Tom. LXV. p. 445. G. K. Nagler's Künstlerlexikon. 5. Bd. S. 247 fg.

*) Vergl. Gottfried, Gothofredus u. s. w.

1) Chronicon Epternacense in Martene's und Durand's Veterum Scriptorum amplissima collectio. Tom. IV. p. 510. 2) Vergl. *W. Cave*, Scriptorum ecclesiasticorum historia lite-

GODEFREDUS (oder Geoffrey), Abt von St. Alban und erster bis jetzt bekannter dramatischer Schriftsteller Englands, in der Normandie geboren, widmete sich auf der Universität zu Paris dem Studium der Theologie und wurde von da von Richard, dem Abte von St. Alban, nach England berufen, um die Leitung der Schule zu Dunstable zu übernehmen. Hier verfaßte er eine leider nicht mehr vorhandene dramatische Darstellung des Lebens der heiligen Katharina (ludum S. Catharinae) in lateinischer Sprache und ließ sie von seinen Schülern aufführen, zu welchem Zwecke er sich von dem Sacristane der nahen Abtei St. Alban Chorröcke leihen ließ. Da vorher nie von der Aufführung irgend eines Drama's die Rede ist, so darf man wol voraussetzen, daß dieser Versuch der erste war, welcher in England gemacht wurde. Im J. 1119 wurde Godefredus zum Abte von St. Alban erwählt *). *(Ph. H. Külb.)*

GODEFREDUS, Bischof von Amiens, im J. 1066 auf einem seinen Aeltern angehörenden Landgute bei Soissons, nach Anderen zu Peronne geboren, stammte aus einem sehr angesehenen Geschlechte und wurde schon als fünfjähriger Knabe in das Kloster zu Saint-Quentin gebracht, um daselbst eine fromme Erziehung zu erhalten. Der Abt dieses Klosters, sein Taufpathe, war ein Oheim der Gräfin Ida von Bouillon, der Mutter Gottfrid's und Balduin's, welche Könige von Jerusalem wurden. Schon von seiner zartesten Jugend an beraubte sich Godefredus fortwährend eines großen Theils der ihm gereichten Nahrung und vertheilte sie unter die Armen, oft sogar erschien er nicht in dem Speisesaale, um sein Gebet nicht zu unterbrechen. Nachdem er im J. 1090 die Priesterweihe erhalten hatte, wurde er zum Abte des Klosters Nogent in der Champagne ernannt und bald darauf in derselben Eigenschaft nach dem Kloster zum heiligen Remigius in Rheims berufen. Als er im J. 1103 zum Bischofe von Amiens erwählt wurde, konnte man ihn nur mit Mühe bewegen, diese Würde anzunehmen, weil er die Unannehmlichkeiten voraussah, welche ihm die treue Erfüllung seiner Pflichten zu jener Zeit bringen mußte, denn er hatte nicht nur gegen die Verderbtheit der Großen, sondern auch gegen die Sittenlosigkeit und die Anmaßung der ihm untergebenen Geistlichkeit anzukämpfen. Mit dem Abte und den Mönchen des in seiner Diöcese liegenden Klosters zum heiligen Walericus mußte er sogar einen langwierigen Rechtsstreit führen, in welchem alle möglichen Mittel, Bestechung und Urkundenfälschung nicht ausgenommen, angewendet wurden, um die Immunität des Klosters zu beweisen. Der Proceß, welcher auf einem Concilium nicht zur Entscheidung kommen konnte, wurde vor den römischen Stuhl gebracht und selbst hier vermochte Godefredus der bestochenen Richter wegen bei dem Papste kaum mit der Wahrheit durchzudringen. Aehnlichen Streitigkeiten zwischen den ihr Recht behauptenden Bischöfen und übermächtigen Aebten der reich gewordenen Klöster begegnet man im 11. und 12. Jahrh. fast überall und nicht selten wurde der Versuch gewagt, durch falsche Urkunden die in Anspruch genommene Immunität zu beweisen. Ebenso, wie die Anmaßung der Mönche, bekämpfte Godefredus auch die Ueppigkeit und den übertriebenen Prunk der Großen und als er einst zu St. Omer, wo der Graf Robert von Artois Hof hielt und wo er sich als Gast befand, am Weihnachtsfeste die Messe las, wollte er selbst von den Fürsten keine Opfergaben annehmen, weil sie in allzu prachtvoller Kleidung und lang herabhängendem Haupthaare erschienen waren. Viele verließen die Kirche und kehrten in einfachen Kleidern und mit abgeschnittenem Haare zurück, um des Segens des frommen Bischofs nicht beraubt zu werden. Auf dem Heimwege wurde Adam, der Graf von Amiens, welcher Godefredus begleitete, von Guermund, dem Vicedom von Picquigny, seinem Gegner, dem ein Theil der Stadt Amiens gehörte, niedergeworfen und trotz der Mahnungen und Bitten des Bischofs, dessen Vasallen beide waren, in die Gefangenschaft geführt, worauf dieser den Vicedom mit dem Banne belegte und in dem ihm gehörenden Theile der Stadt die Kirchen schloß. Bald darauf fiel Guermund auf einem Raubzuge in die Umgegend in die Hände des Grafen Wilhelm von Ponthieu, welcher ihn in enger Haft hielt. Da alle seine Bemühungen, die Freiheit zu erlangen, vergeblich waren, wandte er sich in der Noth an den Bischof Godefredus, bat diesen um Verzeihung und ersuchte ihn, seine Freilassung zu bewirken, was diesem auch alsbald gelang. Kaum befand er sich aber wieder auf freiem Fuße, als er die Feindseligkeiten gegen Adam erneuerte und die Bewohner von Amiens so sehr ängstigte, daß sie ihre Habe in das vor der Stadt befindliche Kloster St. Denis flüchteten. Guermund hatte seinen Sitz in einem stark befestigten Thurme, von wo aus er, wenn es ihm beliebte, die Bürger überfiel und so großen Schaden anrichtete, daß der König Ludwig sich endlich gezwungen sah, einzuschreiten und im Vereine mit Adam und dem Bischofe den Thurm zu belagern, welcher aber erst nach zweijähriger Anstrengung genommen und dem Boden gleich gemacht wurde, eine Thatsache, welche die traurigen Zustände jener Zeit und die Willkür der zahllosen Grafen und Herren zur Genüge bestätigt. Bald darauf wurde Godefredus auf einer Reise nach Rheims, wo er sich mit seinem Metropoliten über wichtige Gegenstände berathen wollte, von einem heftigen Fieber befallen, an welchem er am 8. Nov. 1118 in der Abtei St. Crispin zu Soissons starb. Die Kirche feiert sein Andenken an seinem Todestage. Seine von dem gleichzeitigen Mönche Nikolaus zu Soissons verfaßte Biographie hat L. Surius in seiner Legendensammlung unter dem 8. Nov. mitgetheilt, die auf die Geschichte der Stadt Amiens bezüglichen Abschnitte sind auch in den Recueil des historiens des Gaules et de la France, Tom XIV. p. 174 seq. aufgenommen. *(Ph. H. Külb.)*

GODEFREDUS (auch Gaufridus und Galfridus) von Angers (Andegavensis), auch Godefredus von

rum. Tom. II. p. 219. *M. Ziegelbauer*, Historia rei literariae Ord. S. Benedicti. Tom. IV. p. 116. J. G. Th. Gräße, Literärgeschichte. 2. Bd. 2. Abth. S. 316.

*) *Th. Warton*, History of english poetry. Vol. I. p. 112.

Vendôme (Vindocinensis) genannt, in der zweiten Hälfte des 11. Jahrh. zu Angers geboren, soll ein Enkel des Herzogs Robert von Burgund gewesen sein und stammte jedenfalls aus einem der reichsten und angesehensten Geschlechter in Anjou. Er wurde in sehr früher Jugend in das Dreifaltigkeitskloster zu Vendôme gebracht, um daselbst seine Erziehung und wissenschaftliche Ausbildung zu erlangen und entschied sich nach der Beendigung seiner Studien für das klösterliche Leben. Da er sich durch die Festigkeit seines Charakters und den Umfang seiner Kenntnisse vor allen seinen Genossen auszeichnete, so wurde er schon als Novize und Diakon zum Abte des Klosters gewählt und erhielt am 24. Aug. 1093 von Ivo, dem berühmten Bischofe von Chartres, die Weihe, gegen den er sich aber unvorsichtiger Weise durch einen Eid verbindlich machte, auf das Immunitätsrecht, nach welchem die Abtei nur von dem Papste abhing, zu verzichten. Die Mönche überhäuften ihn deshalb mit Vorwürfen und veranlaßten ihn schon im folgenden Jahre, nach Rom zu gehen und sich seines Eides entbinden zu lassen. Hier fand er den Papst Urban II., welchem die meisten Stimmen zugefallen waren, mit seinem Nebenbuhler Guibert, der den Namen Clemens III. angenommen hatte und sich im Besitze des Laterans und des Crescentiathurms (der Engelsburg) befand, im heftigen Streite begriffen und beeilte sich, da er über ein sehr bedeutendes Vermögen zu verfügen hatte, dem rechtmäßigen Papste die nöthigen Geldmittel vorzuschießen, um die Pläne seines Gegners zu vereiteln und den päpstlichen Stuhl in Besitz zu nehmen. Urban zeigte sich für diese Gefälligkeit äußerst erkenntlich, ertheilte ihm, nachdem er ihn selbst zum Priester geweiht hatte, die Cardinalswürde, welche schon früher den Aebten zu Vendôme verliehen, aber wieder entzogen worden war und bestätigte von Neuem alle Privilegien der Abtei durch eine am 14. März 1094 ausgestellte Bulle. Als der Abt nach Frankreich zurückkam, wurde er trotz seiner Jugend als ein einflußreicher Mann aufgenommen und geehrt, denn die ihm gewordene Gunst des heiligen Stuhles veranlaßte die weltlichen und geistlichen Fürsten, seine Freundschaft zu suchen, auch war der stolz gewordene und von Natur herrschsüchtige Abt selbst keineswegs abgeneigt, die Vortheile, die ihm aus einer solchen Stellung erwachsen konnten, zu verschmähen und mischte sich unbedenklich sogar in Angelegenheiten, welche durchaus nicht in seinen Bereich gehörten, um ihnen eine seiner Vorliebe oder Abneigung entsprechende Wendung zu geben; war eine oder die andere Partei keck genug, seine Entscheidung zurückzuweisen, so schrieb er sogleich nach Rom und erwirkte dort ein mit seiner Ansicht übereinstimmendes endgültiges Urtheil. Kein Prälat seiner Zeit hat so viele Anklagen vor den apostolischen Richterstuhl gebracht, wie er, keiner war aber auch, da dieser stets zu seinen Gunsten entschied, ihm so sehr ergeben, wie er. Im J. 1094 wohnte er der Versammlung zu Saumur bei, welche auf Befehl des Papstes den Grafen Fulco IV. von Anjou vom Banne lossprach und im folgenden Jahre (1094) finden wir ihn auf dem Concilium zu Clermont, wohin ihn der Papst zur Betreibung seiner Angelegenheiten geschickt hatte; im Februar 1096 besuchte ihn Urban II., der ihn wie einen Sohn liebte, zu Vendôme, bestätigte wiederholt die Privilegien dieser Abtei und entband den Abt förmlich des Eides, welchen er Ivo von Chartres geleistet hatte. Im J. 1097 besuchte er das Concilium zu Sens, auf welchem die Verhältnisse seiner Abtei geordnet wurden, und gerieth noch in demselben Jahre wegen der ihm gewährten Vorrechte in einen heftigen Streit mit Gottfried von Preuilly, dem Grafen von Vendôme, welchen Ivo von Chartres kaum beizulegen vermochte. Sein Ansehen war zu dieser Zeit so groß, daß selbst der König Ludwig VI. in einem Zwiste mit dem Grafen Fulco IV. von Anjou die Vermittelung des Abtes anrief und es gelang diesem auch in der That, die Versöhnung alsbald herbeizuführen. Bei einer anderen Gelegenheit ging er aber in seiner Anmaßung so weit, daß selbst der päpstliche Stuhl ihm Unrecht geben mußte; als nämlich Rainald von Martigny zum Bischof von Angers gewählt werden sollte, begab er sich, von der Gegenpartei eingeladen, in diese in einem ihm fremden Sprengel liegende Stadt, um die Wahl Rainald's durch alle mögliche Mittel zu hintertreiben; da ihm dies aber nicht gelang, schrieb er nach Rom und schilderte den Gewählten als einen unsittlichen, betrügerischen und gewaltthätigen Mann, und als er auch hier nicht durchzubringen vermochte, erschöpfte er sich in mehren Briefen an seine Freunde in Verwünschungen gegen die ganze Welt. Pascal II., Urban's Nachfolger, bewies sich nicht weniger wohlwollend gegen den Abt von Vendôme und beehrte ihn sogar im J. 1107 auf einer Reise durch Frankreich mit einem längeren Besuche. Durch solche Auszeichnung wurde Godefredus stets übermüthiger und wagte sogar Ivo, dem ehrwürdigen Bischofe von Chartres, Raoul, dem Erzbischofe von Tours und dem tugendhaften Robert d'Arbrissel, dem Gründer der Abtei Fontevrault, unbegründete Vorwürfe über ihre Handlungsweise zu machen und sie streng zurecht zu weisen oder sogar Klage gegen sie zu führen. Selbst den Papst Pascal schonte er nicht, als dieser sich, um nicht großes Unheil über Rom und seine Bewohner zu bringen, in dem Investiturstreite nachgiebig zeigte und deutete ihm unumwunden an, daß er die Sache der Kirche ohne alle Rücksicht zu verfechten habe und sich fernerhin nicht mehr beigehen lassen möge, den heiligen Stuhl durch eine ähnliche Feigheit zu schänden, denn die kirchliche Macht dürfe nie und in keiner Weise der weltlichen weichen. Von diesem Grundsatze ausgehend, trat er auch in einem Zwiste mit dem bereits oben erwähnten Grafen von Vendôme mit solcher Heftigkeit und so unerbittlicher Strenge auf, daß dieser sich genöthigt sah, vor ihm in der Kirche barfuß zu erscheinen und Abbitte zu thun, woraus klar genug hervorgeht, wie weit zu dieser Zeit die geistlichen Fürsten den weltlichen, so sehr diese auch auf ihre Macht und Tapferkeit pochten, überlegen waren. Godefredus verfuhr übrigens gegen seine geistlichen Genossen nicht milder und ließ sie bei jeder Gelegenheit seine Gewalt fühlen; auch fürchteten Alle eine nähere Berührung mit ihm und der Bischof von Mans bat ihn, er möge ihn mit seinem Besuche verschonen, da er nicht im Stande sei, einen so reichen Abt nach Gebühr zu bewirthen. Das Gefolge des Abtes war stets glänzend und zahlreich und er betrachtete sich unstreitig als einen der ersten Kirchenfürsten nach dem Papste, weshalb er auch Umgeld, dem Legaten desselben, welcher ihn im J. 1128 zu einem Concilium nach Orleans einlud, „stolz entgegnete, der Abt von Vendôme gehorche als Vasall des heiligen Stuhles nur den Befehlen des Papstes und nehme solche weder von einem Bischofe, noch von irgend einem apostolischen Geschäftsträger entgegen. Er besorgte auch wichtige Angelegenheiten an dem römischen Hofe stets selbst ohne Zwischenträger und ging wenigstens zwölfmal über die Alpen, wobei er einige Male den Gegnern des Papstes in die Hände fiel und in Lebensgefahr gerieth. Durch die persönliche Bekanntschaft mit den Päpsten Urban II., Paschal II. und Calixtus II. und die Anhänglichkeit, welche er gegen sie bewies, brachte er es auch dahin, daß den vielfachen und selbst von den angesehensten Männern der Kirche und des Staates an den römischen Stuhl gerichteten Beschwerden und Klagen fast nie Gehör geschenkt wurde. Auf der anderen Seite kann man indessen nicht in Abrede stellen, daß Godefredus durch die glänzenden Eigenschaften seines Geistes das hohe Ansehen, zu welchem er es bei seinen Zeitgenossen gebracht hatte, verdiente und daß er trotz mancher Uebergriffe doch auch oft auf den Gang der Ereignisse sehr wohlthätig einwirkte. Dabei übte er seine geistlichen Pflichten mit gleich großem Eifer und sorgte in seiner Abtei für die strengste Zucht. Er starb daselbst am 26. März 1132. Obgleich seine Zeit fast stets durch die Besorgung wichtiger Angelegenheiten in Anspruch genommen war, so fand er doch noch Muße genug, um sich mit gelehrten Dingen zu beschäftigen und seine Ansichten über die wichtigen Fragen, welche er zu lösen sich bestrebte, niederzuschreiben. Unter seinen Schriften nimmt die für die politische und kirchliche Geschichte seiner Zeit höchst wichtige Correspondenz (Epistolarum libri V) die erste Stelle ein; ihnen zunächst stehen seine größtentheils kirchenrechtliche und dogmatische Stoffe betreffenden Abhandlungen, welchen er übrigens die herbe Strenge seiner Gesinnung mitgetheilt hat, die aber grade deshalb jetzt noch, wo das Interesse für die darin behandelten Gegenstände längst verschwunden ist, den Leser anziehen. Außer den bis jetzt bekannt gewordenen (De corpore et sanguine Domini nostri Jesu Christi; De ordinatione et investitura Episcoporum; De ordinatione Episcoporum et de investitura Laicorum; De simonia et investitura Laicorum ad Calixtum II. Papam; De possessionum ecclesiasticarum investitura, quod regibus concedatur; Qualiter dispensationes debent fieri; De tribus, quae specialiter debeat habere ecclesia ut catholica et libera et casta sit; De Arca foederis; De effectibus baptismi, confirmationis, unctionis infirmorum et sacrae coenae; De iteratione Sacramenti; De promissionibus, quas pro consecratione abbates sub nomine professionis faciunt episcopis; De clamantibus inordinate et respondentibus in capitulo; De tribus, quae pastori inesse debent, justitia in judicio, discretione in praecepto et providentia in consilio; Invectio in peccatorem; Peccatoris lamentatio und Oratio ad Jesum et ad S. Mariam virginem) scheinen noch manche in Handschriften verborgen zu liegen. Weniger bedeutend sind seine Predigten (Sermones XI. varii argumenti) und seine Hymnen (Prosae de poenitentia Magdalenae). Alle diese bis jetzt genannten Schriften hat Jac. Sirmond unter dem Titel: Gaufridi Opuscula herausgegeben (Parisiis 1610. 8.) und diese Ausgabe ist auch in Sirmond Opera (Venetiis 1728. fol. Tom. III. p. 403 seq.) und in die Bibliotheca maxima Patrum (Lugduni 1677. fol. Tom. XXI. p. 1 seq.) übergegangen. Außer den in den fünf Büchern der Correspondenz enthaltenen Briefen sind noch zwei Briefe anzuführen, von denen der eine an die Mönche von Clugny (De ineunda suffragiorum societate, von Sirmond und von J. Mabillon, Analecta, Tom. III. p. 481. N. Ed. p. 159 mitgetheilt) und der andere an den Abt Hugo von Clugny (Mart. Marrier's Bibliotheca Cluniacensis. Paris. 1614. fol. p. 489 seq.) gerichtet ist. Godefredus schrieb auch ausführliche Commentare über die 50 ersten Psalmen und über die Briefe des heiligen Paulus, welche noch handschriftlich in mehren Bibliotheken Frankreichs vorhanden sind, deren Veröffentlichung aber wol ohne Nachtheil für die Wissenschaft unterbleiben kann *). (*Ph. H. Külb.*)

GODEFREDUS (oder Galfridus), genannt Anglus, ein englischer Cisterciensermönch, welcher sich in der zweiten Hälfte des 12. Jahrh. in dem Kloster zu Finchal (jetzt Finkeld) bei Durham befand, über dessen Lebensverhältnisse aber Nichts weiter bekannt ist, als daß er eine Biographie des heiligen Goderich, eines Eremiten zu Finchal, welcher am 21. Mai 1170 starb und zu welchem er in einem sehr vertrauten Verhältnisse gestanden hatte, schrieb und dabei außer seinen eigenen Erfahrungen eine von Reginald, einem Mönche des Cistercienserklosters zu Durham, verfaßte, längere weitläufige Biographie und eine Reihe diese ergänzender und berichtigender Bemerkungen des Abtes Germanus in demselben Kloster benutzte. Die bis jetzt einzige Ausgabe dieser für die englische Kirchengeschichte nicht ganz unwichtigen Biographie (in den Act. SS. Maji Tom. V. p. 68—85) ist von Gottfr. Henschen nach einer dem 13. Jahrh. angehörenden Handschrift besorgt. (*Ph. H. Külb.*)

GODEFREDUS (auch Galfridus oder Gaufridus, franz. Geoffroi) von Auxerre (Antisiodorensis), vierter Abt des Klosters Clairvaux und theologischer Schriftsteller, um das Jahr 1120 zu Auxerre in Burgund (der Hauptstadt des jetzigen Departements der Yonne) geboren, widmete sich auf der Universität zu Paris unter der Leitung des zu dieser Zeit auf dem Höhe-

*) Vergl. Gallia christiana. Tom. VII. p. 1360 seq. Histoire littéraire de la France. Tom. XI. p. 177. J. G. Gräße, Literairgeschichte. 2. Bd. 2 Abth. S. 195. Biographie universelle. Tom. XVII. p. 117 seq. Biographie générale. Tom. XX. p. 18 seq.

pandte seinen Aufschwung nehmenden Dialektikers Abelard der Theologie und befand sich noch daselbst, als der heilige Bernhard seine berühmte Rede über die Bekehrung der Geistlichen (De conversione ad clericos) hielt und die Lehren Abelard's als ketzerisch zu bekämpfen anfing. Diese Rede machte auf Godefredus einen so tiefen Eindruck, daß er seinen Lehrer verließ und im J. 1140, als derselbe auf dem Concilium zu Sens verdammt wurde, dem heiligen Bernhard in die Abtei Clairvaux folgte. Er ward von nun an einer der entschiedensten Gegner Abelard's und der vertrauteste Freund des heiligen Bernhard, welcher ihn zu seinem Secretair erwählte und sich von ihm auf den häufigen Reisen, welche er zur Sammlung von Kreuzfahrern oder zur Bekehrung der Ketzer unternahm, begleiten ließ. Ueber eine solche Reise nach Languedoc, um dem gefährlichen Treiben der irrgläubigen Lehrer ein Ziel zu setzen, und über die bei dieser Gelegenheit von dem heiligen Bernhard gewirkten Wunder berichtet Godefredus in einem Briefe an den Bischof Hermann von Constanz, und eine andere Fahrt nach Teutschland, um dort einen Kreuzzug zu predigen, beschreibt er in einem Berichte an seinen Lehrer Archenfrid im Kloster Clairvaux; beide Berichte sind dem sechsten Buche der von Mehreren verfaßten und oft (am besten aber in J. Mabillon's Ausgabe der Werke des heiligen Bernhard und bei den Bollandisten unter dem 20. August) gedruckten großen Biographie Bernhard's, welche die Wunder des Heiligen enthält, eingeflochten. Nach dem im J. 1153 erfolgten Tode Bernhard's schrieb er das dritte, vierte und fünfte Buch dieser auch in das Französische übersetzten Biographie (Paris 1684. 8. und öfter) und ergänzte seinen sich in überschwänglichen Lobeserhebungen erschöpfenden Bericht in einer am Gedächtnißtage Bernhard's gehaltenen Rede (Sermo in anniversario obitus S. Bernardi, in Mabillon's Ausgabe der Werke des heiligen Bernhard, Paris. 1696. fol. Tom. VI. p. 1309 seq.) und in einem (von Steph. Baluze in den Miscellanea. Paris. 1678 seq. 8. Tom. V. p. 433 herausgegebenen) Briefe an Eskil, Erzbischof von Lund in Schweden. Je mehr aber seine Hingabe an den heiligen Bernhard zunahm, desto größer wurde seine Abneigung gegen Abelard und man hat ihn nicht ganz mit Unrecht der Undankbarkeit gegen seinen ersten Lehrer beschuldigt; auch macht man ihm, jedoch, wie es scheint, mit Unrecht, den Vorwurf, daß er in seiner Schrift gegen diesen (Epistola de transsubstantiatione aquae mixtae vino in sanguine Christi, abgedruckt in den Annalen des Baronius, ad ann. 1188. §. 28 seq.), welche wahrscheinlich von dem in Handschriften unter dem Namen des Godefredus vorkommenden Compendium de corpore Christi et sacramento Eucharistiae nicht verschieden ist, die Ansichten und Erörterungen desselben über die Eucharistie nicht unverfälscht und nicht ohne Parteilichkeit dargestellt habe, da er bei seiner Polemik offenbar mehr auf die von ihm gehörten Vorträge Abelard's, als auf dessen später niedergeschriebene und gemilderte Darstellung seiner Behauptungen Rücksicht nahm, keineswegs aber aus Haß gegen ihn seine Lehre absichtlich als ketzerisch schilderte, wie Manche vorausgesetzt haben [1]). Er wohnte auch im J. 1148 mit Bernhard dem Concilium zu Rheims bei, auf welchem die Irrthümer Gilbert's de la Porrée, Bischofs von Poitiers, in Bezug auf die Trinitätslehre verdammt wurden, und stattete dem Cardinale Albinus Bericht über den Verlauf der Verhandlung ab (Epistola ad Albinum Card. et Episc. Albanensem de condemnatione errorum Gilberti Porretani, in *Bernardi* Opp. T. VI. p. 319 seq. und in den Annalen des Baronius, ad ann. 1148. §. 20 seq.); auch bekämpfte er die Behauptung dieses Irrlehrers in einer besondern Schrift (Libellus contra Capitula Gilberti, in *Bernardi* Opp. Tom. VI. p. 1325 seq. und in Du Boulay's Historia universitatis Parisiensis, Saec. IV. p. 233 seq.). Nach dem Tode Bernhard's wurde er zum Abte des Klosters Igny in der Diöcese von Rheims ernannt, bald darauf aber (im J. 1161 oder 1162) in derselben Eigenschaft nach Clairvaux versetzt. Die Mönche dieser Abtei waren jedoch entweder, wie man sagt, wegen seiner allzugroßen Strenge oder aus andern uns unbekannten Gründen mit ihm nicht zufrieden und verlangten von dem Papste Alexander III., welcher sich damals zu Sens befand, seine Absetzung. Godefredus entsagte, als er dies vernahm, freiwillig seiner Stelle und zog sich in das Kloster zu Citeaux zurück. Im J. 1167 schickte ihn Gilbert, der Abt dieses Klosters, nach Italien, um eine Versöhnung zwischen dem Kaiser Friedrich I. und dem Papste Alexander III. zu bewirken, was ihm aber nicht gelang. Bessern Erfolg hatten im folgenden Jahre seine Bemühungen, den Frieden zwischen dem Könige Heinrich II. von England und Thomas Becket, dem Erzbischofe von Canterbury, herzustellen; er wußte sogar den König so sehr für sich einzunehmen, daß dieser ihn einige Zeit an seinem Hofe festhielt. Nach seiner Zurückkunft aus England wurde er im J. 1170 zum Abte des Klosters zu Fossa nova in Italien gewählt und im J. 1176 in derselben Eigenschaft in das Kloster zu Haute-Combe in Savoyen berufen. Da er aber der Leitung der Klostergeschäfte bald überdrüssig wurde, entsagte er seiner Würde und kehrte nach Clairvaux zurück, um daselbst als einfacher Mönch in Ruhe zu leben. Die Zeit seines Todes ist ungewiß, man hat aber keinen Grund, sie bis zum Jahre 1215 hinauszurücken, er scheint vielmehr gegen das Ende des 12. Jahrh. gestorben zu sein. Außer den bereits angeführten Schriften sind bis jetzt noch bekannt geworden eine von ihm auf das Verlangen des Papstes Lucius III. um das Jahr 1182 verfaßte Biographie des heiligen Petrus, Erzbischofs von Tarentaise (Vita Sancti Petri archiepiscopi Tarentasiensis, in der Legendensammlung des L. Surius unter dem 8. Mai und in den Act.

1) Es sagt Cas. Oudin (Commentar. de scriptor. ecclesiast. Tom. II. p. 1490): „Quod Petrus Abaelardus dicatur a Gaufrido male sensisse de sacramento altaris, pura monachalis calumnia est, [illegible] dubito plures [illegible] evulgatas invaluisse apud Monachos Cistercienses, qui omnes noverunt, infamem [illegible] Abaelardo Bernardum et Bernardo Abaelardum."

SS. Antverp. Maji Tom. II. p. 320—348), ein sehr ausgedehnter Commentar über das Hohe Lied (Commentarius in Cantica Canticorum, sex libri), ein ebenfalls weitläufiger Commentar über die Apokalypse (Commentarius in Apocalypsin XIX sermonibus), eine kurze Erklärung des Vaterunsers (Epistola ad Josbertum continens notulas in Orationem Dominicam, in *Bernardi* Opp. Tom. VI. p. 1339 seq.), Predigten über die Verachtung der Welt (De contemptu mundi s. Declamationes de colloquio Simonis cum Jesu ex S. Bernardi sermon. collectae, in *Bernardi* Opp. Tom. V. p. 283 seq.), ein Buch über die zu Clairvaux begrabenen berühmten Männer (Liber sepulchrorum Claraevallis s. liber de personis illustribus in Claravalle sepultis), zahlreiche Reden, von welchen bis jetzt nur die Reden am Feste des heiligen Johannes des Täufers und des heiligen Martinus (von Combefis in der Bibliotheca concionatoria) herausgegeben sind, und eine Abhandlung über die priesterlichen Kleider (De vestibus sacris seu sacerdotalibus). Auch sammelte und ordnete er die Briefe des heiligen Bernhard und befaßte sich eifrig mit der Abschrift und der Verbreitung der Werke dieses berühmten Kirchenlehrers. Mit einer Ausgabe der sämmtlichen Werke, sowol der gedruckten als auch der ungedruckten, beschäftigte sich bereits im 17. Jahrh. Bertrand Tissier, der gelehrte Prior von Bonnefontaine, der Tod überraschte ihn aber vor Beendigung der mit großer Umsicht begonnenen Arbeit, welche T. de Visch fortsetzte, aber ebenfalls nicht zum Abschlusse brachte; später wurde das mühsam gesammelte Material zerstreut. Visch soll sich durch die Schwierigkeit, die echten Werke des Godefredus von den ihm fälschlich beigelegten zu unterscheiden, haben abschrecken lassen [2].

(*Ph. H. Külb.*)

GODEFREDUS (auch Gaufridus oder Geoffroi) von Bar (de Barro oder de Barbo) [1], französischer Prälat, in der ersten Hälfte des 13. Jahrh. geboren, wurde, nachdem er auf der Universität zu Paris seine theologischen Studien beendigt hatte, Pfründner, Erzdiakon und zuletzt (1273) Dekan an der Kirche Notre-Dame. Er wurde in Angelegenheiten dieser Kirche nach Rom geschickt, wo ihn der Papst Martin IV. im Jahre 1281 zum Cardinal ernannte und wo er am 21. Aug. an der Pest 1287 starb. Man hat von ihm zwei Briefe, von denen der eine die günstige Entscheidung einer ärgerlichen Streitsache zwischen der Universität und dem Capitel von Notre-Dame dem letzteren meldet (abgedruckt bei *Cl. Hémeré*, De Academia Parisiensi. Lutet. 1637. 4. p. 89) und der andere an das von Robert Sorbon gestiftete Haus für arme Studirende ein ihm durch Robert's Testament zugefallenes Besitzthum überträgt (mitgetheilt von Du Cange in den Anmerkungen zu seiner Ausgabe der Histoire de Saint Louis von Joinville. Paris. 1668. fol. p. 87). Beide für die Culturgeschichte jener Zeit nicht unwichtige Briefe hat auch L. d'Achery in sein Spicilegium (Paris. 1655 seq. 4. Tom. VIII. p. 247 seq.) aufgenommen [2].

(*Ph. H. Külb.*)

GODEFREDUS (auch Gaufredus oder Galfridus) von Beaulieu (de Bello Loco), auch Godefridus Beaglerius genannt [1], ein französischer Dominikaner, am Anfange des 13. Jahrh. an einem der zahlreichen Orte dieses Namens in Frankreich geboren, nach Andern einer Familie Beaulieu angehörend und aus der Diöcese von Rouen oder Chartres stammend, trat in den Dominikanerorden und muß sich jedenfalls, obgleich uns seine früheren Lebensverhältnisse völlig unbekannt sind, durch große Frömmigkeit und andere hervorragende Eigenschaften ausgezeichnet haben, da der König Ludwig IX. ihn zu seinem Beichtvater erwählte und sich von ihm bis zu seinem Tode nicht mehr trennte. Godefredus begleitete den König auf dem Kreuzzuge, welchen dieser im J. 1248 in Folge eines Gelübdes unternahm, arbeitete auf seinen Antrieb auf der Insel Cypern während des kurzen Aufenthaltes an der Bekehrung der abtrünnigen Griechen, wich bei der Erstürmung von Damiette und auf dem Zuge nach Kairo nicht von seiner Seite und wurde mit ihm in der unglücklichen Schlacht bei Fariskur (6. April 1250) gefangen. Nach dem Abschlusse eines zehnjährigen Waffenstillstandes und nach der Befreiung des Königs schiffte er sich mit demselben nach Saint-Jean d'Acre ein, begleitete ihn auf einer Bußwallfahrt nach Nazareth und hatte seinen ganzen Einfluß auf ihn aufzubieten, um ihn über den schmerzlichen Verlust seiner unterdessen am 1. Dec. 1252 gestorbenen Mutter Blanca zu trösten. Während des Aufenthaltes in Palästina, wo man vergebens auf Verstärkungen aus Frankreich wartete, beschäftigte sich Ludwig mit der Befestigung der noch den Christen angehörenden Städte und Godefredus hauptsächlich mit der Bekehrung der Muhammedaner. Auf der Galeere, welche am 24. April 1254 die Anker zur Heimfahrt lichtete und einer Kirche glich, hatte dieser die regelmäßige Abhaltung der Messen, Predigten und kanonischen Stunden zu leiten, wobei ihn sein Herr und Gebieter aus allen Kräften unterstützte und stets mit seinem guten Beispiele voranging. Daß Godefredus bei dem gottesfürchtigen Könige, welchen man nach seinem Tode den Heiligen beizählte, nach der Zurückkunft nach Frankreich als Beichtvater, Almosenier und Rathgeber großen Einfluß behielt, braucht wol kaum bemerkt zu werden, er benutzte ihn aber fast ausschließend nur zu frommen und mildthätigen Zwecken und erwarb sich durch

2) Vergl. C. Oudin, Commentarius de scriptoribus ecclesiasticis. Tom. II. p. 1494 seq. Biographie universelle. Tom. XVII. p. 114. Biographie générale. Tom. XX. p. 27.

1) So genannt von der Barbe (bar, barbus) in seinem Familienwappen oder von der Stadt Bar sur Seine, wo er herstammen soll.

2) Vergl. Gallia christiana. Tom. VII. p. 208. Histoire littéraire de la France. Tom. XXI. p. 520. Biographie générale. Tom. XX. p. 23.

1) G. J. Vossius führt deshalb diesen Schriftsteller unter den beiden verschiedenen Namen (De historicis lat. l. II. c. 57. 59) doppelt an. Ob auch Gaufridus de pulchro loco, der Verfasser einer im J. 1272 zu Paris vor den Beguinen gehaltenen Rede, welche in Handschriften vorkommt, mit Godefredus de Beaulieu eine und dieselbe Person ist, dürfte nicht leicht zu entscheiden sein.

seine Redlichkeit und Uneigennützigkeit die Liebe und Achtung der Großen und des Volkes. Als endlich Ludwig im Juli 1270 einen zweiten Kreuzzug unternahm, folgte er ihm auf der vorläufigen Expedition nach Tunis, tröstete ihn während der Krankheit, welche ihn im Lager vor dieser Stadt befiel, bereitete ihn zum Tode und verließ die Leiche nicht, bis sie am 22. Mai 1271 in der Kirche zu Saint-Denis beigesetzt war. Nachdem er so seine Pflicht vollständig erfüllt hatte, entfernte er sich vom Hofe und zog sich, wie es scheint, in ein Kloster seines Ordens zurück, wo er am 9. Jan. 1274 starb. Den stillen Aufenthalt im Kloster benutzte er, um auf die Aufforderung des Papstes Gregor X. eine Biographie Ludwig's auszuarbeiten, wozu er allerdings durch seinen täglichen Umgang mit diesem vor allen Andern befähigt war, worin er aber hauptsächlich auf das innere Leben und die frommen Handlungen des Königs Rücksicht nahm und die politischen Verhältnisse nur flüchtig berührte, wodurch sie allerdings dem Geschichtsforscher weniger genügt, aber deshalb an ihrem Werthe Nichts verliert. Zuerst machte Laur. Surius in seiner Legendensammlung (unter dem 25. Aug.) einen Auszug derselben bekannt; die vollständige Biographie (Vita et sancta conversatio piae memoriae Ludovici IX. quondam regis Francorum) lieferten sodann Cl. Menard (als Anhang zu seiner Ausgabe der Histoire de Saint-Louis par Joinville. Paris 1617. 4.), A. Duchesne (in seinen Scriptores historiae Francorum. Tom. V. p. 444 seq.) und J. Stilting (in den Act. SS. Augusti Tom. V. p. 541 seq.), die beste, nach den vollständigsten Handschriften berichtigte Ausgabe findet man aber in dem Recueil des Historiens des Gaules et de la France. Tom. XX. p. 1 seq. §). (Ph. H. Külb.)

GODEFREDUS (auch Gaufridus), von Bleves oder Blevel (de Blevello oder Blavello oder Blavemo), ein Dominikaner des 13. Jahrh., stammte aus Sens, lebte und lehrte aber zu Paris, wo er im J. 1238 an der von dem Bischofe von Paris zusammenberufenen Versammlung der dem Dominikanerorden und der theologischen Facultät angehörenden Professoren der Theologie Theil nahm, welche den Beschluß faßte, daß kein Kleriker zwei Beneficien zugleich annehmen dürfe, wenn das Gesammteinkommen derselben eine bestimmte Summe übersteige. Er scheint auch der hebräischen Sprache mächtig gewesen zu sein, denn er erhielt im J. 1239 den Auftrag, die talmudischen Bücher durchzugehen, weil diejenigen, worin Lästerungen gegen die christliche Religion enthalten seien, verbrannt werden sollten. Innocentius IV. wählte ihn zu seinem Kaplan und er befand sich als solcher noch im J. 1248 bei ihm zu Lyon. Er starb am 16. Juli 1250. Bei seinen Zeitgenossen stand er als ein sehr gelehrter Mann in hohem Ansehen und unter seinen zahlreichen, bis jetzt ungedruckt gebliebenen Schriften wurden besonders seine Commentare über die Psalmen und über die Briefe des Apostels Paulus (Postillae super Psalmos und Distinctiones in Epistolas Pauli) geschätzt *). (Ph. H. Külb.)

GODEFREDUS, genannt Calvus (der Kahle, le Chauve), Hagiograph des 13. Jahrh., vermuthlich zu Bourges geboren, widmete sich der Theologie und wurde später, wie es scheint, Erzdiakon oder Diakon an der Kirche zu Saint-Brieuc. Die Behauptung, daß er Erzbischof zu Bourges gewesen sei, beruht auf einem Irrthume, da er unter den dieser Zeit angehörenden und hinlänglich bekannten Erzbischöfen dieser Diöcese nicht vorkommt; auch die Vermuthung, daß er von Chaumont (Calvus mons) stamme und daher seinen Beinamen habe, läßt sich nicht rechtfertigen. Er verfaßte um das Jahr 1247 eine Biographie des heiligen Wilhelm Pinchon, Bischofs von Saint-Brieuc (herausgegeben von Laur. Surius in seiner Legendensammlung unter dem 29. Juli und in den Act. SS. Antverp. Julii Tom. VII. p. 120—127), eine auf höheren Befehl in anmaßendem Tone geschriebene Lobrede †). (Ph. H. Külb.)

GODEFREDUS (oder Galfredus) von Coldingham, englischer Kirchenhistoriker, in der zweiten Hälfte des 12. Jahrh. zu Coldingham in der Grafschaft Berwick in Südschottland geboren, lebte zuerst als Mönch zu Durham und erhielt später die Sakristanstelle in der Priorei seiner Vaterstadt, wo er auch wahrscheinlich um das Jahr 1220 starb. Er schrieb eine Geschichte der Kirche von Durham (De statu ecclesiae Dunelmensis), welche von dem Jahre 1152 bis zu dem Jahre 1214 reicht und zwar sehr kurz ist, aber zuverlässige Nachrichten enthält. Sie wurde zuerst von H. Wharton (in der Anglia sacra, Tom. I. p. 718) bekannt gemacht, eine bessere und vollständigere Ausgabe lieferte Raine in den Scriptores Historiae Dunelmensis tres. (Dunelm. 1839. 8.) *). (Ph. H. Külb.)

GODEFREDUS (auch Gaufridus und Joffridus), genannt Hirschhals (collum cervi, cou de cerf), französischer Prälat, in der zweiten Hälfte des 11. Jahrh. geboren, trat nach der Beendigung seiner theologischen Studien in den Benedictinerorden und ward bald Prior des Klosters Saint-Nicaise zu Rheims und im J. 1112 Abt des bei derselben Stadt liegenden Klosters Saint-Thierri, von wo er im J. 1118 in derselben Eigenschaft nach dem Kloster Saint-Medard zu Soissons überging. Als Abelard in dieses Kloster verwiesen wurde, ließ der Abt ihm eine sehr milde und ehrenvolle Behandlung angedeihen, welche auch der von der Geistlichkeit hart bedrängte Philosoph rühmend anerkennt. Godefredus, welcher eifrig bemüht war, nicht nur eine strengere Zucht in den Klöstern seines Ordens einzuführen, sondern auch

§) Vergl. A. Touron, Histoire des hommes illustres de l'Ordre de Saint Dominique. (Paris 1743. 4.) Tom. I. p. 222 seq. Histoire littéraire de la France. Tom. XIX. p. 234 seq. Biographie universelle. Tom. XVI. p. 697 und Biographie générale. Tom. XX. p. 29.

*) Vergl. Chr. Gottl. Jöcher, Gelehrtenlexikon. 1. Bd. S. 1123. Histoire littéraire de la France. Tom. XXI. p. 665.

†) Vergl. Histoire littéraire de la France. Tom. XXI. p. 664.

*) S. Jöcher, Gelehrtenlexikon. 2. Bd. S. 1066. Biographie générale. Tom. XX. p. 29.

die sehr erkaltete Liebe zu den Wissenschaften wieder zu wecken, achtete in Abelard den Gelehrten, konnte aber trotz seiner Neigung nicht umhin, später auf dem Concilium zu Sens (1140) das gegen die theologischen Ansichten desselben ausgesprochene Verdammungsurtheil als Bischof von Châlons, zu welcher Würde er auf die Verwendung des heiligen Bernhard, seines Freundes, im J. 1131 gelangt war, zu unterschreiben. Seine Milde wird übrigens von den Zeitgenossen einstimmig gerühmt und seine Wohlthätigkeit durch mehre von ihm ausgestellte Urkunden über verschiedene Schenkungen zur Genüge dargethan. Er starb am 27. Mai 1148. Obgleich er wissenschaftliche Bestrebungen aus allen Kräften förderte, so scheint er sich doch selbst nur wenig als Schriftsteller versucht zu haben, wenigstens sind von ihm bis jetzt nur drei Briefe durch den Druck bekannt geworden, den ersten findet man bei Andr. Duchesne (Bibliotheca Cluniacensis. Paris. 1614. fol. p. 720), den zweiten bei Luc. d'Achery (Spicilegium Tom. III. p. 163. Nov. Ed. Tom. III. p. 492) und den dritten bei Steph. Baluze (Miscellanea Tom. V. p. 48); ihr Inhalt ist jedoch nicht von großer Bedeutung. Ohne Werth sind für die jetzige Zeit seine Reden (Sermones), von denen sich Handschriften in mehren Bibliotheken Frankreichs erhalten haben *). (*Ph. H. Külb.*)

GODEFREDUS (oder Gaufridus) von Courlon oder Collon (de Collone), französischer Chronist des 13. Jahrh., zu Courlon, einem Dorfe des Sprengels von Sens, geboren 1), widmete sich dem geistlichen Stande und trat als Mönch in die von seiner Vaterstadt nicht weit entfernte Abtei Saint-Pierre-le-Vif, wo er auch am Ende des 13. oder am Anfange des 14. Jahrh. gestorben zu sein scheint. Er benutzte die Muße, welche ihm die Erfüllung seiner geistlichen Pflichten ließ, zu literarischen Arbeiten und stellte aus dem in seinem Kloster vorhandenen Material eine Chronik (Cronica) der christlichen Jahrhunderte bis auf seine Zeit zusammen, welche er dann nach der Erzählung älterer Klostergenossen und nach seinen eigenen Erlebnissen vom Jahre 1184 bis zum Jahre 1295 fortführte. Voraus schickt er die Reihenfolge der Erzbischöfe von Sens (welche schon mit dem von dem Apostel Petrus nach Gallien geschickten heiligen Savinian ihren Anfang nehmen), der Könige von Frankreich (welche mit Marcomir und Pharamund beginnen), der Päpste (bei welchen die Päpstin Johanna nicht vergessen wird), der Aebte seines Klosters und der Kaiser von Octavian bis auf Friedrich II. Der größere Theil der Chronik selbst, welcher die ältere Zeit umfaßt, ist eine ungenaue und trockene Compilation ohne Werth, die Fortsetzung liefert dagegen einige nicht zu verachtende Bemerkungen zur Geschichte des 13. Jahrh. und insbesondere der Kreuzzüge. Die Sprache ist übrigens höchst erbärmlich und der Ton der Erzählung düster, mißlaunig und nicht selten ungerecht; der Mönch ist mit Nichts und mit Niemandem zufrieden, er fährt los gegen die Päpste, deren unsittliches Leben er mit grellen Farben schildert, gegen die Kaiser, die er als Feinde der Kirche betrachtet, und gegen die Könige von Frankreich, weil diese sich den ihm verhaßten Gemeinden gewogen zeigen; lobend spricht er nur von den Aebten und Mönchen des Klosters Saint-Pierre-le-Vif, sowie von den Erzbischöfen, welche sich ihnen hold zeigten und den weltlichen Großen, die sie durch Schenkungen bereicherten, ein Verfahren, welches sich bei fast allen den Mönchsorden angehörenden Geschichtschreibern gleich bleibt. Trotz aller dieser Mängel verdient aber doch diese von früheren Schriftstellern häufig erwähnte und benutzte Chronik, von welcher nur sehr wenige Handschriften (in der vaticanischen Bibliothek und in der Stadtbibliothek zu Sens) bekannt sind, gedruckt zu werden. Godefredus verfaßte nach seiner Aussage noch zwei andere, ebenfalls auf die Geschichte seiner Vaterstadt und seines Klosters bezügliche Werke, nämlich über die zu Sens aufbewahrten Reliquien (De reliquiis, quae Senonis continentur) und über die Erhebung und Uebertragung des heiligen Savinian und seiner Gefährten (De translatione S. Saviniani sociorumque ejus). Handschriften des ersteren im J. 1293 verfaßten und wahrscheinlich größtentheils in die Chronik übergegangenen Werkes waren noch im 17. Jahrh. vorhanden, beide liegen vielleicht jetzt noch irgendwo verborgen 2). (*Ph. H. Külb.*)

GODEFREDUS (oder Gotfrid) von Ensmingen, Chronist des 13. Jahrh., von dessen Lebensverhältnissen wir Nichts weiter wissen, als daß er Schreiber an dem bischöflichen Gerichtshofe zu Straßburg war und auf den Antrieb und mit der Unterstützung seines Mitbürgers Ellenhard Groß, Pflegers der Münsterfabrik und des Armenhospitals zum heiligen Geist, die in seiner Vaterstadt vorhandenen, zum Theil durch die Sorgfalt der fleißigen Dominikaner erhaltenen historischen Materialien zusammenstellte und durch die Berichte seiner Zeitgenossen und aus seinen eigenen Erlebnissen ergänzte. In der noch vorhandenen und jetzt im Stifte St. Paul in Kärnthen aufbewahrten Originalhandschrift dieser Sammlung finden sich vier verschiedene Abschnitte, welche ohne Zweifel aus der Feder Gotfrid's geflossen sind. Den Anfang macht eine kurze Chronik des Sprengels von Straßburg vom Jahre 1132 bis zum Jahre 1297 (Cronica de eis, quae acciderunt in dioecesi Argentinensi), zuerst mitgetheilt unter der Ueberschrift: Notae historicae Argentinenses von Joh. Fr. Böhmer in den Fontes rerum germanicarum (Stuttgart 1853. 8. 3. Bd. S. 113—117). Dieser folgt der jedenfalls wichtigste Abschnitt, welcher die Geschichte der deutschen Kaiser Rudolf I. und Albrecht I. erzählt (Gesta Rudolfi et Alberti regum Romanorum), herausgegeben von J. M.

*) Histoire littéraire de la France. Tom. XII. p. 183. Biographie générale. Tom. XX. p. 17.

1) Nach Andern ist Collon der Name der Familie, aus welcher Godefredus stammt; ihre Bewährung entbehrt aber eines triftigen Grundes.

2) Vergl. *J. Liron*, Singularités historiques et littéraires. (Paris 1738 seq. 12.) Tom. III. p. 474. Histoire littéraire de la France. Tom. XXI. p. 1 seq. Biographie générale. Tom. XX. p. 80.

Beißt unter dem falschen Titel: Magni Ellenhardi Chronicon, quo res gestae Rodolphi et Alberti, Regum Romanorum, continentur. Pragae 1777. 8. und unter dem richtigen Namen des Verfassers von Böhmer, a. a. O. 2. Bd. S. 108—147. Gottfrid zeigt sich als einen entschiedenen Anhänger des Hauses Habsburg und fällt kein günstiges Urtheil über Adolf von Nassau, bleibt aber im Allgemeinen der Wahrheit getreu. Auffallend treten schon die Spuren der in Teutschland beginnenden religiösen Bewegung und der reformatorischen Bestrebungen hervor und ganz unumwunden spricht sich der Haß gegen die im Reiche wirthschaftenden und mit geistlichen Stellen handelnden päpstlichen Legaten aus. Nur auf Strasburg bezüglich, aber als ein Bild des sich kraftvoll entwickelnden strasburgischen Bürgerthums nicht weniger werthvoll ist die Darstellung des Kampfes der Strasburger gegen ihren Bischof Walter von Gerolteck in den Jahren 1260—1262 (Relatio de conflictu apud Husbergen). Sie ist im J. 1291 nach der Mittheilung von Augenzeugen, besonders des Ellenhard Groß, der als Wächter eines Wartthurms die Schlacht beobachtet, niedergeschrieben zur Verherrlichung des größten Ehrentages der Stadt Strasburg. Die erste nicht in den Buchhandel gekommene Ausgabe derselben besorgte Ad. Walt. Strobel (Strasburg 1841. 8.) aus einer zu Strasburg befindlichen ungenauen und vielfach geänderten Abschrift des Originalcodex, aus diesem wurde sie genau wiedergegeben von Ludwig Schneegans (in dem Code historique et diplomatique de la ville de Strasbourg. Strasb. 1848. 4. Vol. I. P. 2. p. 221—234) und von Böhmer (a. a. O. 3. Bd. S. 120—136). Eine teutsche Uebersetzung fertigte schon im J. 1362 Fr. Closener, ein Priester zu Strasburg, und nahm sie in seine Chronik auf, welche jetzt ebenfalls von Strobel im ersten Bande der Bibliothek des Stuttgarter literarischen Vereins. (Stuttg. 1842. 8.) herausgegeben ist, nachdem sie bereits mit Königshoven's Chronik, in welche sie mit einigen Abänderungen überging, im J. 1698 von Schilter veröffentlicht worden war. Man hat diesen Schlachtbericht früher zuweilen auch Peter von Strasburg, einem Karmeliter, zugeschrieben, aber mit Unrecht, denn dieser Orden fand erst im J. 1326 in Strasburg Aufnahme. Von geringem Umfange ist Gottfrid's Verzeichniß der Bischöfe von Strasburg (Series episcoporum Argentinensium, 346—1290; herausgegeben von Böhmer a. a. O. 3. Bd. S. 5—8), verdient aber Berücksichtigung, weil es mit anderen Verzeichnissen dieser Bischöfe nicht übereinstimmt. Der Stil Gottfrid's ist übrigens ebenso schlecht und incorrect wie seine Sprache*). (*Ph. H. Külb.*)

GODEFREDUS (oder Gaufridus) von Eu (de Augo), Bischof von Amiens, am Anfange des 13. Jahrh. zu Eu (im Bezirke von Dieppe) geboren, widmete sich auf der Universität zu Paris dem Studium der Theologie und der Medicin und erlangte in beiden Fächern, die sich zu jener Zeit noch in einer Person vereinigen ließen, die Doctorwürde. Er wurde darauf zum Kanonicus an der Kirche zu Amiens ernannt und einige Jahre später (1222) auf den bischöflichen Stuhl dieser Stadt erhoben. Er widmete seine ganze Aufmerksamkeit der Leitung seiner Diöcese, stellte viele Misbräuche ab und führte manche Verbesserungen in den verschiedenen Zweigen der Verwaltung ein. So entwarf er im J. 1233 neue Statuten für das Invalidenhaus zu Amiens, wozu er als Bischof und Arzt doppelt berufen war und welche auch im J. 1244 von dem Papste Innocentius IV. bestätigt und eingeführt wurden. Luc. d'Achery hat sie (in seinem Spicilegium Tom. XII. p. 54—61) mitgetheilt und sie verdienen jetzt noch gelesen zu werden. In demselben Jahre machte er auch Statuten für die Pfründner von Saint-Matthieu de Fouilloi bei Corbie (ebenfalls in d'Achery's Spicilegium Tom. XIII. p. 339 seq. abgedruckt) und beschränkte die Zahl der Präbenden auf 15. Diese Reform scheint aber ungenügend gewesen zu sein, denn unter seinem Nachfolger untersagte im J. 1240 ein Beschluß des Capitels den Pfründnern die Hazardspiele und den Umgang mit verdächtigen Frauen. Godefredus starb am 25. Nov. 1236. Großes Verdienst erwarb er sich auch um die Kathedrale zu Amiens, deren Bau auf seinen Befehl von dem berühmten Baumeister Robert de Luzarches fortgesetzt, aber erst im J. 1288 vollendet wurde*). (*Ph. H. Külb.*)

GODEFREDUS (Godefroi) von Fontaines (Fontanus oder de Fontibus), auch Godefroi von Condé (Godefridus Condatensis) genannt, zu Fontaine l'Evêque in der zweiten Hälfte des 12. Jahrh. geboren, ein Sohn Roger's, Herrn von Condé im Hennegau, widmete sich der Theologie und wurde im J. 1219 zu Rheims zum Bischofe von Cambrai geweiht. Er saß 14 Jahre auf diesem bischöflichen Stuhle und wußte sich während dieser Zeit durch sein liebevolles Benehmen, sein Wissen, seine Frömmigkeit und seine Gerechtigkeitsliebe die allgemeine Achtung zu erwerben, obgleich er die Rechte und Privilegien seiner Kirche auf das Eifrigste vertheidigte. Er hieß nur der gute Bischof (bonus episcopus) und verdiente diesen Beinamen durch viele heilsame Einrichtungen, die er in seiner Diöcese traf. Einige Gesetze, welche er der Stadt gab, haben sich unter der Benennung Gottfrid's Gesetz bis in das 17. Jahrh. erhalten. Die ihm nöthig erscheinenden Reformen konnte er um so leichter einführen und seinem Wohlthätigkeitssinne um so besser genügen, da er über ein bedeutendes Vermögen gebot, was schon daraus hervorgeht, daß er im J. 1233 einem spanischen Ritter die Stadt Dünkirchen unter der Bedingung abkaufte, daß sie nach seinem Tode an die Grafen von Flandern zurückfallen solle. Er starb zwischen den Jahren 1234 und 1236. Das ihm gewöhnlich zugeschriebene, noch ungedruckte Werk: De divinis officiis

*) Vergl. Archiv der Gesellschaft für ältere deutsche Geschichtskunde. 1. Bd. S. [illegible]. Histoire littéraire de la France. Tom. XXI. p. 93—96. Joh. Fr. Böhmer, Fontes rerum germanicarum. 2. Bd. Vorr. S. XV. 3. Bd. Vorr. S. XV, XXVIII und XXX fg.

*) Histoire littéraire de la France. Tom. XXI. p. 586 seq. Biographie générale. Tom. XX. p. 96.

in mehren Büchern, welches auch unter den Ueberschriften: Tractatus de officiis ecclesiasticis und Summa de administratione sacramentorum vorkommt, soll nach Anderen Guiard von Laon, einem seiner Nachfolger, angehören und dieser auch in einer Handschrift zu Leyden am Ende des Werkes als Verfasser angegeben sein.
(*Ph. H. Külb.*)

GODEFREDUS (auch Gaufridus, Galfridus, Godefroi und Guitherus) von Fontaines (de Fontanis oder de Fontano) auch Godefredus von Lüttich (Leodiensis oder de Leodio), ein berühmter Theolog des 13. Jahrh., wahrscheinlich ebenfalls zu Fontaine l'Evêque geboren, studirte zu Paris und ward Professor an dem von Robert de Sorbon gestifteten Collège. Allmälig zum Pfründner zu Lüttich, Cöln und Paris ernannt, erscheint er um das Jahr 1280 als Kanzler der Kirche und Universität zu Paris und wohnte als solcher zwei Synoden im bischöflichen Palaste zu Paris bei, von denen die erste (im J. 1277) sich mit einigen von Thomas von Aquin aufgestellten und scheinbar der Lehre der Kirche widersprechenden Sätzen beschäftigte und die andere (im J. 1283) die gegen die Anmaßungen der Bettelmönche zu ergreifenden Maßregeln berieth. In der ersteren vertheidigte er eifrig die Lehre des Thomas von Aquin und in der zweiten sprach er sich entschieden gegen die Bettelmönche aus. Er starb um das Jahr 1290. Seine Zeitgenossen nannten ihn seines würdigen Benehmens und seiner Gelehrsamkeit wegen den ehrwürdigen Doctor (Doctor venerandus). Seine Schriften (Tractatus contra mendicantes, Quodlibeta und Sermones) sind nicht gedruckt. Auch nennt man ihn fälschlich als Verfasser einer Erläuterung der Regel des heiligen Franziskus (Expositio Regulae S. Francisci), welche einem Minoritenmönche Galfred angehört, einer Schrift über die Kindheit des heiligen Edmund (De infantia S. Edmundi), deren Verfasser ein Godefredus mit dem Beinamen Anglus ist, einer Summe über die Decretalen (Summa in Decretales), welche Godefredus von Trano verfaßt hat, einer Sammlung und Erläuterung von Schriftstellen gegen die Bettelmönche (Collectiones catholicae et canonicae Scripturae), welche Godefredus von Trano zusammenstellte, und des schon bei dem vorhergehenden Godefredus von Fontaines erwähnten Werkes: De officiis divinis. Aus seiner Schrift gegen die Bettelmönche, welche jetzt verloren zu sein scheint, hat Matth. Francowitz (Flacius Illyricus) in seinem Catalogus testium veritatis (Genev. 1608. fol. p. 1721) einige Stellen mitgetheilt. Die Schreibart des Godefredus von Fontaines ist breit und auch sonst nicht besser als die aller Scholastiker seines Jahrhunderts*).
(*Ph. H. Külb.*)

GODEFREDUS (Geoffrey) Gaimar, normannischer Trouvère, welcher um die Mitte des 12. Jahrh. lebte, über dessen Lebensverhältnisse wir aber Nichts weiter wissen, als daß er im Dienste des Raoul Fitz Gilbert, Herrn von Scampton in Lincolnshire, stand und für dessen Frau Constanze und auf deren Verlangen zwischen den Jahren 1145 und 1147 eine Reimchronik (L'estorie des Engles) schrieb, welche von Ceroic's Landung (495) bis zum Tode Wilhelm's II. (1100) reicht und wobei er gute ältere Quellen brauchte, namentlich aber die wallischen Geschichtsbücher, welche Robert von Glocester hatte übersetzen lassen („Robert, li quens de Gloucestre fist translater icele geste solum les liveres as Waleis k'il aveient des bretons reis“), des Archidiakons Walter Calenius Brut y Brenhined (wahrscheinlich nach der im J. 1128 vollendeten Uebersetzung des Geoffrei von Nonmouth) die lateinischen Annalen des Klosters von Winchester („Estoire de Wincestre“) und ein Buch über die Thaten der römischen Kaiser und angelsächsischen Könige (De Wassingburc un livere engleis), woraus klar hervorgeht, daß diese Chronik nicht, wie man früher geglaubt hat, eine Fortsetzung des erst im J. 1155 geschriebenen Roman du Brut von Robert Wace sein kann, obgleich sie in allen Handschriften als solche erscheint. Gaimar soll übrigens auch die römische Periode behandelt haben, dieser Theil aber durch die bessere Bearbeitung des Robert Wace verloren sein. Der Theil der Reimchronik, welcher jetzt als der erste gilt und die angelsächsische Periode enthält, ist mitgetheilt von H. Petrie in der Collection of the English historians edited by order of the Record Commission from the Mss. of the British Museum, the College of Arms and of the Cathedral Libraries of Durham and Lincoln (London 1838. 8. Vol. I. p. 763—829). Zu diesem Theile gehört auch die Sage von Havelok dem Dänen, welche von Fr. Madden mit der englischen Bearbeitung dieses Romans aus dem 15. Jahrh. (The ancient english romance of Havelok the Dane accomp. by the french text, with an introduction, notes and a glossary. London 1828. 4.) besonders herausgegeben wurde. Den zweiten, die normännische Periode umfassenden Theil findet man in Fr. Michel's Chroniques Anglo-Normandes, recueil d'extraits et d'écrits relatifs à l'Histoire de Normandie et d'Angleterre pendant le onzième et le douzième siècle. (Rouen 1835. 8. Tom. I. p. 1—64.) Die ganze Reimchronik hat freilich keinen poetischen Werth, ist aber in einem ansprechenden Style geschrieben und bleibt stets durch die in sie eingeflochtenen historischen Ueberlieferungen und Sagen für den Freund der Geschichte anziehend*).
(*Ph. H. Külb.*)

GODEFREDUS (oder Gaufredus) genannt Grossus (der Dicke, le Gros), französischer Hagiograph der ersten Hälfte des 12. Jahrh., gegen das Ende des vorhergehenden Jahrhunderts geboren, widmete sich dem klösterlichen Leben und wählte die Abtei Tiron in der

*) Vergl. Cas. Oudin, Commentarius de scriptoribus ecclesiasticis. Tom. III. p. 583 seq. Histoire littéraire de la France. Tom. XXI. p. 557—563.

*) Histoire littéraire de la France. Tom. XIII. p. 63—66. J. G. Th. Grässe, Lehrbuch der Literärgeschichte. 2. Bd. 2. Abth. S. 1033. Biographie générale. Tom. XX. p. 25. Wiener Jahrbücher. 76. Bd. (1836) S. 258 fg.

Diöcese von Chartres, wo er sein Gelübde in die Hände Bernard's von Abbeville, des Stifters derselben, ablegte und einer der letzten Schüler dieses durch seine Frömmigkeit und sein heiliges Leben ausgezeichneten Mannes wurde. Nach dem Tode Bernard's (1126) schrieb er dessen Biographie und widmete sie Godefredus, dem Bischofe von Chartres. Sie gehört der Anlage und Durchführung nach unstreitig zu den vorzüglichsten Legenden des 12. Jahrh. und der Verfasser betheuert bei Allem, was ihm heilig ist, daß darin nichts Anderes aufgenommen sei, als was er entweder selbst erlebt und gesehen oder von völlig zuverlässigen Zeugen gehört habe. Er theilt in der That auch nur wenige Wunder mit und behauptet geradezu, daß das Verdienst der Heiligen durchaus nicht von der Wirkung derselben abhänge; dagegen hält er viel auf Offenbarungen und erzählt einige dem frommen Abte gewordene, welche man wol als Spiele der Phantasie betrachten darf; auch bringt er oft bei eintretenden Widerwärtigkeiten, die sich sehr natürlich erklären lassen, den Teufel ins Spiel. Die Biographie (Vita Sancti Bernardi de Abbatisvilla) wurde zuerst von dem Kanonicus Joh. Bapt. Souchet (Parisiis 1649. 4.) mit erläuternden Anmerkungen und Karten und dann nach guten Handschriften von Gottfr. Henschen (in den Act. SS. Aprilis Tom. II. p. 220—255) herausgegeben *). (*Ph. H. Külb.*)

GODEFREDUS (Gotfrid) von Kappenberg, ein frommer westfälischer Graf und der letzte eines ebenso alten als angesehenen, von dem gepriesenen Sachsenherzoge Wittekind abstammenden und mütterlicher Seits mit dem fränkischen und schwäbischen Kaiserhause in naher Sippschaft stehenden Geschlechts, im J. 1097 auf der Burg Kappenberg in der Nähe des Städtchens Lünen an der Lippe geboren, verlebte seine Jugendjahre in einer für Teutschland so unheilvollen Zeit eines fortdauernden Kampfes zwischen dem Kaiser Heinrich V. und den Fürsten des Reiches, welcher auch Westfalen nicht unberührt ließ. Gotfrid, welcher sich als Stammherr dem Waffendienste widmete, stand zwar auf der Seite des Kaisers, mußte aber doch an der Fehde gegen die kaiserlich gesinnte Stadt Münster, welche ihren Bischof Dietrich vertrieben hatte, Theil nehmen. Die muthwilligen Plünderungen und Verheerungen, durch welche die Gegner einander Schaden zuzufügen suchten, erfüllten ihn jedoch, da sie gewöhnlich den schuldlosen Landmann trafen, mit so großem Abscheu vor dem Kriegshandwerke, daß nur ein äußerer Anstoß fehlte, um ihn demselben für immer zu entfremden. Ein solcher ward ihm alsbald durch Norbert, den Stifter des Prämonstratenserordens, welcher im J. 1121 auch am Niederrheine erschien, um Buße zu predigen. Als nämlich der junge Ritter den frommen Mönch zum ersten Male zu Cöln hörte, ward er von der begeisterten Rede desselben so mächtig ergriffen, daß auch in ihm der Entschluß reifte, sich freiwilliger Armuth zu unterziehen und seine Burg in ein Kloster zu verwandeln. Er vertraute Norbert sein Vorhaben und dieser, nicht wenig darüber erstaunt, versprach ihm, ihn auf Kappenberg zu besuchen. Als Gotfrid nach der Heimkehr seinen Entschluß kund gab, stieß er auf nicht geringe Hindernisse; seine junge Gemahlin, Jutta, eine Tochter des stolzen und mächtigen Grafen Friedrich von Arnsberg, welche er erst seit Kurzem heimgeführt hatte, leistete entschiedenen Widerstand und sein jüngerer Bruder Otto schalt ihn zornig einen Thoren; da tritt im Frühlinge des Jahres 1122 eines Tages ein schlichter Mönch in die Burg ein und wurde von dem Grafen mit wunderbarer Freude empfangen; es war Norbert, dessen eindringliche Predigt alsbald in Jutta und Otto denselben Entschluß hervorriefen, von welchem sich Gotfrid durch Nichts hatte abbringen lassen. Noch in demselben Jahre (1122) wurde die stolzeste Ritterburg Westfalens in ein Kloster umgestaltet, dessen Leitung Norbert, nachdem er aus seiner neuen Stiftung zu Prämonstrat tüchtige Geistliche herbeigezogen hatte, als erster Probst selbst übernahm. Der Schritt Gotfrid's erregte bei der Bevölkerung der Umgegend nicht geringes Aufsehen und bei der westfälischen Ritterschaft Unwillen und lauten Tadel, am heftigsten war aber der Groll seines Schwiegervaters, des unbändigen Arnsbergers, welcher sogar die Burg zu belagern und die Mönche zu vertilgen drohte. Der fromme Graf und sein Bruder sahen sich deshalb genöthigt, mit der halbgeistlichen Tracht den Waffenrock zu verbinden, um die neue Schöpfung zu schützen, sie entwaffneten aber bald ihre Gegner durch sanfte Vorstellungen und durch Geduld und selbst der Graf Friedrich starb versöhnt mit seinem Schwiegersohne. Es begann nun für das Kloster eine ruhigere Zeit, sodaß die innere Einrichtung vollendet und der Bau der Kirche rasch gefördert werden konnte. Gotfrid's religiöses Leben war jetzt ernst, feierlich und still; er unterwarf sich allen geistlichen Uebungen, unterzog sich der Pflege der Kranken mit eigener Hand und größter Hingebung, fastete viel, enthielt sich der Fleischspeisen und nahm häufig nur Brod und Wasser. Die Gräfin Jutta und Gotfrid's Schwestern Beatrix und Gerberge wohnten in einem am Fuße der Burg gegründeten Frauenkloster und führten hier mit anderen Frauen, die sich ihnen angeschlossen hatten, ein gottseliges Leben, nur einmal getrübt durch eine gewaltsame Entführung Jutta's, welche aber von ihrem den Räuber verfolgenden Gemahle eingeholt und zurückgebracht wurde. Nachdem sich Gotfrid zwei Jahre als Laie allen Uebungen der Frömmigkeit gewidmet hatte, beschloß er gänzlich der Welt zu entsagen und in den geistlichen Stand zu treten. Er entäußerte sich deshalb jetzt des oberherrlichen Standes und übertrug die damit verbundene Lehns- und Dienstmannschaft an die Bischöfe von Münster und Cöln und andere Große. Auf Norbert's Wunsch verließ er die Heimath und begab sich nach Prämonstrat in Frankreich, dem Normalhause des Ordens und legte daselbst das Gelübde ab. Er blieb hier ein ganzes Jahr und kehrte dann nach Kappenberg zurück, um dort das klösterliche Leben ruhig fortzusetzen.

*) Cas. Oudin, Commentar. de scriptoribus ecclesiasticis. Tom. II. p. 1113. Histoire littéraire de la France. Tom. XII. p. 163. Biographie générale. Tom. XX. p. 22.

Als im J. 1125 in Westfalen eine gefährliche Hungersnoth ausbrach und durch die Seuchen, welche sie im Gefolge hatte, viele Menschen hingerafft wurden, ergriff Gotfrid freudig diese Gelegenheit, mit den ihm immer noch zu Gebote stehenden reichen Mitteln die Armuth zu unterstützen. Er selbst suchte mit unermüdlichem Eifer die Armen in ihren Hütten auf, reichte ihnen Brod und andere Nahrungsmittel und widmete sich mit gänzlicher Hingebung der Pflege der Kranken. Das Andenken an dieses wohlthätige Wirken Gotfrid's bewahren noch viele Gemälde in den Kirchen des Prämonstratenserordens, auf welchen er eine Schüssel mit Broden in den Händen tragend abgebildet ist. Zu dieser Zeit stiftete er auch das Hospital der Laienbrüder neben dem Kloster und die Krankenpflege blieb seitdem eine Hauptaufgabe der Mönche zu Kappenberg. Als im J. 1126 Norbert zum Erzbischofe von Magdeburg erwählt wurde, begab sich Gotfrid gegen das Ende des Jahres zu ihm, um seinen Lehrer und Freund in seiner neuen Würde zu begrüßen; da er aber in Magdeburg von einem Unwohlsein befallen wurde, so trat er alsbald wieder die Rückreise an und nahm seinen Weg über Ilmstadt in der Wetterau, wo er ebenfalls aus seinen daselbst liegenden Gütern ein Prämonstratenserkloster gestiftet hatte. Hier wurde er von einem heftigen Fieber ergriffen, welchem er am 13. Jan. 1127 erlag, als er noch nicht das 30. Lebensjahr vollendet hatte. Er wurde vorläufig in Ilmstadt beigesetzt und als 20 Jahre später sein Bruder Otto seinen Leib nach Kappenberg wollte bringen lassen, wie Gotfrid sterbend verlangt hatte, widersetzten sich die Mönche, welche ihn seither besaßen, so ernstlich, daß man ihnen einen Theil desselben lassen mußte. Auf seinem Grabe zu Ilmstadt errichtete man ein Denkmal, welches jetzt noch vorhanden ist und zu den schönsten Werken der mittelalterlichen Sculptur gehört. Es stellt den Grafen liegend dar, eine kräftig gebaute Gestalt, mit offenen milden Gesichtszügen und herabwallendem Haupthaare, eingehüllt in das weite Ordensgewand; Halsberge und Schwert deuten auf die Zeit hin, wo er ritterliche Pflichten mit denen eines Klosterbruders verband und in der Hand trägt er das Modell einer Kirche im byzantinischen Baustyle. An Erzählungen von Wundern fehlte es ebenso wenig bei seinem Tode als bei der Uebertragung seiner Gebeine; eine eigentliche Heiligsprechung erfolgte bei ihm ebenso wenig als bei Karl dem Großen; die Kirche ehrt ihn aber als gottesfürchtigen Bekenner und feiert sein Andenken am 13. Januar. Der Graf Otto überlebte seinen Bruder um mehr als 40 Jahre und starb im J. 1171 als Probst des Klosters Kappenberg. Außer dem Kloster Kappenberg nebst dem Hospitale und dem Nonnenkloster im Thale hatten beide Brüder auf ihren ausgedehnten Besitzungen noch drei andere Klöster gestiftet, nämlich Varlar bei Coesfeld, das Nonnenkloster Averndorp bei Wesel und das Kloster Ilmstadt nebst dem dabei gelegenen Frauenstifte in der Wetterau. Man hat das Verfahren Gotfrid's und seines Bruders, durch welches das tapfere, reiche und mächtige Geschlecht Kappenberg, welchem wahrscheinlich im deutschen Reiche eine große Zukunft bevorstand, unterging und seine Besitzungen in Pfaffenhände kamen, häufig und bitter getadelt; um aber diese keineswegs einzeln dastehende Erscheinung gebührend zu würdigen, muß man die Schilderungen der Zeitgenossen lesen, nach welchen fast ohne Ausnahme eine Ritterburg der Fluch der Umgegend und ein ritterliches Leben nicht möglich war, ohne an den ärgsten Gewaltthaten Theil zu nehmen; der bessere und gebildetere Mensch fühlte sich nur sicher und glücklich im geistlichen Stande und es trat deshalb der Rohheit des Ritterthums die in ihrer Art großartige Selbstverleugnung des Mönchthums entgegen. Wir besitzen mehre sowol für die Kenntniß dieses Geistes und für die deutsche und besonders die westfälische Geschichte nicht unwichtige Biographien des Grafen Gotfrid von Kappenberg. Die vorzüglichste derselben ist die von einem unbekannten Mönche des Klosters Kappenberg (keineswegs aber, wie man zuweilen angenommen hat, von Otto, dem zweiten Probste dieses Klosters) zwischen den Jahren 1150 und 1155 geschriebene, welche zuerst Laur. Surius, nach einer ihm von Nic. Serarius aus dem Archive des Klosters Ilmstadt mitgetheilten Abschrift, in seiner Legendensammlung (unter dem 13. Jan.) bekannt gemacht hat; aus dieser ging sie mit Anmerkungen von Joh. Gamans begleitet in die Act. SS. Antverp. Januarii Tom. I. p. 846 seq. über, wo man auch zwei kürzere Biographien, eine in Versen, wahrscheinlich von demselben Schriftsteller und eine andere von Hermann, dem vierten Probste von Kappenberg, im J. 1204 verfaßte, welche aber nur als ein nur wenige Verbesserungen und Zusätze enthaltender Auszug aus der ersten Lebensbeschreibung betrachtet werden kann. Eine den jetzigen Anforderungen der Kritik entsprechende Ausgabe der letzteren lieferte Jaffé in den von Pertz besorgten Monumenta Germaniae historica Scriptt. Tom. XII. p. 513—530. Neuere Lebensbeschreibungen besitzen wir von J. C. Firkel („Kappenberg, eine historische Skizze," im Taschenbuche für vaterländische Geschichte. Münster 1833. 8.) und von E. Geisberg („Das Leben des Grafen Godfried von Kappenberg und seine Klosterstiftung," in der von H. A. Erhard und G. J. Rosenkranz herausgegebenen Zeitschrift für vaterländische Geschichte und Alterthumskunde. Neue Folge. 2. Bd. Münster 1851. 8. S. 309—374). Das Kloster Kappenberg entsprach in den drei ersten Jahrhunderten seines Bestehens vollkommen dem Zwecke seiner Stiftung und wirkte sowol zur Ausbreitung der Religion, als auch der allgemeinen Bildung, insbesondere aber zur Erziehung junger Geistlichen und Lehrer bei der großen Mangelhaftigkeit der Domschulen, durchgreifend mit; es legte eine vortreffliche Bibliothek an und förderte dadurch das Studium der Theologie und der anderen Wissenschaften; auch die schönen Künste fanden allmälig ihre Pflege, eine neue Kirche im edlen byzantinischen Style erhob sich in Kreuzesform mitten auf der Burg und auf den Altären sah man herrliche Gemälde alter Meister. Durch den stets wachsenden Reichthum wich aber allmälig die ernste Strenge und Zucht klösterlichen Lebens, man gestattete nur Abkömmlingen adeliger Geschlechter den Eintritt und der

Probst kannte bereits keine andere Beschäftigung als Flasche, Jagd und Kegelspiel, als im J. 1803 durch den Reichsdeputationshauptschluß das Kloster säcularisirt und königl. preußische Domaine wurde. Später erkaufte es der Reichsfreiherr von Stein von dem Könige als Eigenthum, förderte von dorther in seiner Muße die jetzt schon weit gediehene Sammlung der Quellen teutscher Geschichte und beschloß hier auch sein thatenreiches Leben.
(*Ph. H. Külb.*)

GODEFREDUS (oder Galfridus), auch Stephanus) von Landaff, ein englischer Kirchenschriftsteller aus der ersten Hälfte des 12. Jahrh., welcher zu Landaff, einer kleinen Stadt der Grafschaft Glamorgan in Südwales, wo sein Bruder Urban im J. 1107 Bischof wurde, wohnte und woher er auch vielleicht stammte. Seine sonstigen Lebensverhältnisse sind uns unbekannt. Er schrieb eine Biographie des heiligen Teliavus oder Teilo, welche H. Wharton in den zweiten Band seiner Anglia sacra (Lond. 1691. fol. Tom. II. p. 662 seq.) aufgenommen hat und eine Uebersicht der auf Gründung der Kirche zu Landaff bezüglichen Documente, welche erst in neuerer Zeit von W. J. Rees unter dem Titel: The Liber Landavensis, Llyfr Teilo, or the ancient register of the cathedral church of Llandaff, from mss. in the libraries of Hengwrt and of Jesus College Oxford (Llandovery 1840. 8.) mit einer englischen Uebersetzung und erläuternden Anmerkungen herausgegeben wurde *). (*Ph. H. Külb.*)

GODEFREDUS (auch Gaufridus und Goffridus) de Lèves (de Leugis), Bischof von Chartres, in der Mitte des 11. Jahrh. in der Nähe von Chartres geboren, stammte aus einem sehr angesehenen Geschlechte, widmete sich der Theologie und wurde nach der Beendigung seiner Studien Pfründner oder Probst an der Kirche von Chartres, trat aber nicht, wie Manche annehmen, in den Cistercienserorden. Nach dem Tode des Bischofs Ivo im J. 1115 wurde Godefredus von dem Capitel zu dessen Nachfolger erwählt; da aber Thibaut, der Graf und Herr von Chartres, bei der Wahl nicht befragt worden war, so jagte er den neuen Bischof aus der Stadt und ließ die Häuser der Domherren, welche ihm ihre Stimme gegeben hatten, plündern und in Brand stecken. Bald darauf gelang es aber Robert d'Arbrisselles, dem frommen Stifter der Abtei Fontevrault, den Grafen zu besänftigen; Godefredus gelangte noch in demselben Jahre in den ruhigen Besitz seines Bisthums und erhielt im folgenden zu Rom vom Papste Pascal II. die Weihe. Er nahm von jetzt an den lebhaftesten Antheil an den kirchlichen Angelegenheiten seines Vaterlandes und zeichnete sich auf fast allen zu seiner Zeit in Frankreich gehaltenen Concilien durch seine Beredsamkeit und durch unparteiische Behandlung der Geschäfte aus. So soll er auf dem Concilium zu Soissons (1121) der einzige Prälat gewesen sein, welcher den strengen Ausspruch gegen Abelard mißbilligte, obschon er dessen Ansichten durchaus nicht theilte und 20 Jahre später das gegen diesen Philosophen erlassene Verdammungsurtheil unterschrieb. Im J. 1127 begleitete er den Erzbischof von Paris, Stephan von Senlis, nach Rom und im J. 1132 ernannte ihn Innocenz II. zum päpstlichen Legaten. In dieser Eigenschaft mußte er in Aquitanien die Anhänger des Gegenpapstes Anaclet bekämpfen und es gelang ihm im Vereine mit dem heiligen Bernhard, den Herzog Wilhelm, welchen der Bischof von Angoulême auf die Seite Anaclet's gezogen hatte, wieder für den rechtmäßigen Papst zu gewinnen. Auch bei mehren anderen Aufträgen, die er von dem römischen Stuhle zur Beilegung des kirchlichen Zwiespaltes und zur Ausrottung verschiedener Ketzereien erhielt, benahm er sich mit großer Umsicht und Milde, ohne im Geringsten seine Pflicht zu vernachlässigen. Wie ungern er sich in Streithändel einließ, beweist sein Briefwechsel mit dem starrsinnigen Abte von Vendôme, Godefredus von Angers (s. d. Art.), aber einige die Abtei Vendôme betreffende Privilegien, welche er, um dem Zwiespalte ein Ende zu machen, in einem noch vorhandenen Briefe (abgedruckt in Sirmond's Ausgabe der Werke dieses Abtes) anerkannte. Seines biederen Charakters wegen wurde er auch allgemein geliebt und geachtet und der mit ihm sehr befreundete Herzog Ludwig von Aquitanien vertraute, als er im J. 1137 unter dem Namen Ludwig VII. den französischen Thron bestieg und zur Verhinderung eines Aufstandes nach Paris eilen mußte, seine junge Gemahlin, Eleonore von Guienne, mit welcher er sich erst kurz vorher vermählt hatte, seiner Obsorge an. Godefredus besaß ein bedeutendes Privatvermögen und verfügte über einen großen Theil desselben zu Gunsten frommer Stiftungen, wie die von ihm ausgestellten Urkunden beweisen. Er starb am 24. Jan. 1149. Obgleich er sich nicht selbst als Schriftsteller versucht zu haben scheint, so förderte er doch gelehrte Arbeiten auf jede mögliche Weise *). (*Ph. H. Külb.*)

GODEFREDUS (Galfredus, Gaufridus und Geoffroi) von Limoges (Lemovicensis), ein französischer Chronist des 12. Jahrh., um das Jahr 1140 zu Clermont d'Excideuil in der Provinz Perigord geboren, wurde zu Limoges erzogen, trat daselbst im J. 1159 in den Benedictinerorden, kam dann in die Abtei Benevent in der Landschaft La Marche, wo er im J. 1167 die Priesterweihe empfing und wurde am 14. Juni 1178 zum Prior des in Niederlimousin liegenden Klosters Vigeois ernannt, weshalb er auch häufig unter dem Namen Godefredus von Vigeois (Vosiensis) vorkommt. Er scheint im J. 1184 oder kurz nachher gestorben zu sein und hinterließ eine vom Jahre 996 bis zum Jahre 1184 reichende Chronik (Chronicon a Roberto, Francorum rege ad sua tempora oder Chronicon de rebus in Gallia praesertim gestis ab anno 996 ad annum 1184), welche zwar, was die Darstellung betrifft, keinen besonderen Werth hat, aber für die Geschichte der Provinzen Perigord und Limousin besonders wichtig ist, da sie viele

*) Biographie générale. Tom. XX. p. 17.

*) Vergl. Gallia christiana. Tom. VIII. p. 1134 seq.; Histoire littéraire de la France. Tom. XIII. p. [illegible] seq.; Biographie générale. Tom. XX. p. 18.

Zeugnissen und Einzelnheiten enthält, welche man anderwärts vergebens sucht. Ph. Labbe hat sich durch die Herausgabe derselben (in der Nova Bibliotheca manuscriptorum librorum. Paris. 1657. fol. Tom. II. p. 279 seq.) den Dank der Geschichtsforscher erworben. Godefredus beabsichtigte auch ein Buch über die Wunder des heiligen Pardoux zu schreiben, scheint aber an der Ausführung dieses Vorsatzes durch den Tod gehindert worden zu sein *). (*Ph. H. Külb.*)

GODEFREDUS (oder Gaufredus), genannt von Loroux (de Loratorio) oder von Dorat (de Oratorio), Bischof von Bordeaux, gegen das Ende des 11. Jahrh. zu Loroux in Touraine, nach Andern zu Dorat in der Landschaft La Marche geboren, widmete sich der Theologie und soll diese Wissenschaft mit großem Beifalle zu Poitiers gelehrt haben. Wie hoch man sein Wort anschlug, beweist ein Brief des heiligen Bernhard an ihn, worin ihn dieser auffordert, sich öffentlich für den Papst Innocenz II. zu erklären und dem Volke die Unrechtmäßigkeit des Gegenpapstes Anaclet darzuthun. Im J. 1136 wurde er zum Erzbischofe von Bordeaux erwählt und als solcher segnete er im folgenden Jahre die Ehe Ludwig's VII. mit Eleonore von Guienne ein, führte aber auch im J. 1151 als päpstlicher Legat bei dem Concilium zu Beaugency, auf welchem diese Ehe der nahen Blutsverwandtschaft wegen wieder getrennt wurde, den Vorsitz. Auf dem Concilium zu Rheims (1148) nahm er den Bischof von Poitiers, Gilbert de la Porrée, zu dem er in sehr freundlicher Beziehung stand, gegen seine Feinde, die ihn der Ketzerei angeklagt hatten, in Schutz und suchte die kirchliche Strafe von ihm abzuwenden; auch wohnte er im J. 1154 der Bestattung desselben bei. Er selbst starb am 15. Juli 1158. Godefredus galt bei seinen Zeitgenossen als einer der gelehrtesten Männer des Jahrhunderts, über seine schriftstellerische Thätigkeit fehlen uns aber nähere Nachrichten und außer fünf an Suger, den Abt von Saint Denis, gerichteten Briefen, welche A. Duchesne (in den Scriptores historiae Francorum. Paris. 1636. fol. Tom. IV. p. 500—506. 521. 542. 546) herausgegeben hat, läßt sich ihm kein anderes Werk mit Bestimmtheit zuschreiben, obschon man ihn gewöhnlich als Verfasser eines Commentars über die funfzig ersten Psalmen (Commentarius in primos quinquaginta Psalmos Davidis) und mehrer Predigten (Sermones in nonnullis anni festivitatibus et dominicis) betrachtet, denn diese Predigten erscheinen in den Handschriften gewöhnlich ohne Angabe des Namens und der Commentar trägt nur den einfachen Namen Godefredus an der Spitze und kann also auch einem anderen der vielen als Schriftsteller bekannten Godefredus des 12. Jahrh., etwa Godefredus von Auxerre oder Godefredus von Vendôme, angehören †). (*Ph. H. Külb.*)

*) Cas. Oudin, Commentarius de scriptoribus ecclesiasticis. Tom. II. p. 1028. Histoire littéraire de la France. Tom. XIV. p. 287. Biographie générale. Tom. XX. p. 21.

†) Vergl. Cas. Oudin, Commentarius de scriptoribus ecclesiasticis. Tom. II. p. 1192 seq. Biographie générale. Tom. XX. p. 24.

GODEFREDUS (oder Gaufredus) von Malaterra, Geschichtschreiber des Königreichs beider Sicilien, von dessen Lebensverhältnissen uns aber Nichts weiter bekannt ist, als daß er aus der Normandie stammte, dem Benedictinerorden angehörte, um die Mitte des 11. Jahrh. nach Apulien kam, um bei seinen Landsleuten, die sich hier als Eroberer festgesetzt hatten, sein Glück zu suchen. Nach diesen kurzen, aber zuverlässigen Angaben ist der Irrthum früherer Literaturhistoriker, die ihn zu einem Italiener oder Spanier machen, zu berichtigen. Godefredus scheint seinen Zweck erreicht zu haben und am Hofe sehr beliebt gewesen zu sein, denn er schrieb auf Befehl des Grafen Ruggieri eine Chronik von Sicilien in vier Büchern, welche von der Landung der Normannen auf dieser Insel bis zum Jahre 1099 reicht und besonders durch ihre Genauigkeit in der Chronologie großes Lob verdient, auch ist seine Darstellung exact und würdig und der Wahrheit getreu. Die erste Ausgabe dieser Geschichte (Historia Sicula, s. de gestis Roberti Guiscardi Calabriae ducis et Rogeri ejus fratris) besorgte H. Zurita (Caesaraugust. 1578. fol.); sodann wurde sie in den Sammelwerken von Schott (Hispania illustrata. Tom. III. p. 232 seq.), Carusius (Bibliotheca historiae Siculae. Tom. I. p. 40 seq.), Burmann (Thesaurus Antiquitatum Siciliae. Tom. V) und Muratori (Scriptores rerum Italicarum. Tom. V. p. 539 seq.) wieder abgedruckt. Man findet dabei auch die vom J. 1127 bis zum J. 1135 reichende Fortsetzung, welche Alexander, Abt des Klosters St. Salvator zu Telese im Neapolitanischen, auf Veranlassung der Mathilde, der Schwester Ruggieri's, verfaßte *). (*Ph. H. Külb.*)

GODEFREDUS von Mierle (a Mierlo), auch Godefredus von Bolduc genannt, Dominikanermönch und Bischof zu Harlem und Deventer, am Anfange des 16. Jahrh. zu Mierle in Brabant geboren, legte, nachdem er seine theologischen Studien zu Löwen beendigt hatte, in dem Kloster zu Bolduc seine Gelübde als Dominikanermönch ab. Als grade zu dieser Zeit die Reformation in jenen Gegenden Eingang zu finden anfing, bemühte er sich dieselbe aus allen Kräften zu bekämpfen und erwarb sich in den Städten Breda, Löwen, Antwerpen, Mecheln und Brüssel, wo die neue Lehre täglich mehr Anhänger fand, durch seine Predigten großen Ruf. Mit gleichem Eifer setzte er seine Bemühungen als Prior des Klosters zu Utrecht, wohin er im J. 1552 berufen wurde, fort. Auf dem Generalcapitel zu Rom im J. 1558, welches er als Definitor seiner Provinz besuchte, erntete er für seine Bestrebungen großen Beifall und wurde zum Provinzial seines Ordens in Brabant ernannt. Er bekleidete diese Stelle unter den schwierigsten Verhältnissen und während der heftigsten Verfolgungen gegen seine Ordensgenossen, bis er im J. 1570 zum Bischof von

*) Vergl. Muratori's Vorrede zu seiner Ausgabe. Cas. Oudin, Commentarius de scriptoribus ecclesiasticis. Tom. II. p. 894. Gir. Tiraboschi, Storia della Letteratura italiana. Tom. III. p. 314. Histoire littéraire de la France. Tom. VII. p. 481.

Harlem ernannt wurde. Auch hier suchte er dem unaufhaltsamen Strome entgegenzuarbeiten, jedoch ohne Erfolg und kaum gelang es ihm, als sich im J. 1572 die Calvinisten der Stadt bemächtigten, nach Brüssel zu entkommen, wo er sich in ein Kloster zurückzog. Kaum nach der Wiedereroberung Harlems durch den Herzog von Alba im J. 1573 zurückgekehrt, mußte er, als die Stadt dem Prinzen von Oranien in die Hände fiel, zum zweiten Male die Flucht ergreifen und das Land verlassen. Er begab sich nun nach Münster, übernahm hier, da der zum Bischofe bestimmte Sohn des Herzogs von Cleve noch minderjährig war, die Leitung der Diöcese und ging in Angelegenheiten derselben im J. 1582 nach Rom, wo er bei dem Papste Gregorius XIII. eine sehr ehrenvolle Aufnahme fand. Nach seiner Zurückkunft wurde er zum Bischofe von Deventer erwählt, wo er trotz seines vorgerückten Alters unermüdlich für die Erhaltung der katholischen Religion wirkte, aber schon am 28. Juli 1587 starb. Er versuchte sich auch als Schriftsteller gegen seine Widersacher; seine Schriften (Pro fide catholica adversus Lutheranos et Calvinianos, Kalendarium perpetuum, Sermones de tempore, quadragesimales et de sanctis) blieben aber ungedruckt*). (*Ph. H. Külb.*)

GODEFREDUS von Monmouth (Galfridus, Gaufridus, Arthurius, Jeffrey, wälsch Graffudd ap Arthur), zu Monmouth (Monovaga, Monumethia, wälsch Mynvy) geboren, Adoptivsohn seines Oheims Uchtred, Bischofs von Llandav, ward später Archidiakonus zu Llandav und 1151 oder 1152 zum Bischofe von Asaph in Nordwales erhoben, in welchem Jahre seiner Erhebung er auch gestorben ist. Er war ein Zeitgenosse der britischen Historiker Wilhelm von Malmesbury, Heinrich von Huntingdon und Caradoc von Llancarvan und ist vorzugsweise durch seine Historia Regum Britanniae berühmt und bedeutend geworden, da füglich von dem Erscheinen dieses Werkes eine neue Periode der romantischen Poesie des englischen und französischen Mittelalters datirt werden kann[1]). Es ist ebenso einflußreich auf die poetische Literatur und die Geschichtsschreibung der ihm nachfolgenden Zeit geworden, wie es gewichtiges Zeugniß ablegt und schätzbares Material birgt für die Völker- und Sagengeschichte Alt-Britanniens vor Gottfried's Zeit. Fünf Jahrhunderte lang fruchtbarer Kern und Anfangspunkt einer umfangreichen, vom Publicum verschlungenen französischen, englischen und lateinischen Literatur, war und ist noch jetzt dieses wundersame Buch ein Zankapfel der Gelehrten, auf welches vormals sich englische Könige in Staatsverhandlungen mit dem Papste als Beweisstück beriefen und um welches wegen seines Lügeninhaltes sich tausend böse Dämonen sammelten, wenn es einem Besessenen auf den Unterleib gelegt wurde. (*Thom. Walsingham*, Hist. brevis ab Eduardo I. — Henr. V.; ap. *Camden*, Angl. Hibern. Norm. Francof. 1602. *Giraldus Cambr.* Itinerarium Cambriae. L. I. c. 5; coll.)

Der Verfasser (Hist. L. I. c. 1) widmet seine Geschichte der britischen Könige dem Grafen Robert von Glocester, dem natürlichen Sohne des Königs Heinrich I. von England, als dieser noch lebte, aber auch sein Thronfolger Heinrich II. schon geboren war. Da Heinrich I. 1135 starb und Heinrich II. 1132 geboren ward, so ist hiermit die Zeit der Abfassung ziemlich scharf begrenzt. Das siebente Buch, die Prophezeiungen Merlin's, hatte Gottfried abgesondert bereits früher als die übrige Geschichte geschrieben und dem Bischofe Alexander von Lincoln (L. VII. c. 1 u. 2) gewidmet, der 1122 dem Bischofe Robert von Lincoln folgte (*Henr. Huntingd.* Hist. Brit. ap. *Savile* p. 210) und dem auch Heinrich von Huntingdon seine Geschichte Englands gewidmet hat. Die obige Zeitbestimmung wird ferner noch dadurch bestätigt, daß Alfred von Beverley in seinen von Ankunft des Brutus in England bis 1129 reichenden Annales s. Hist. de gestis Britanniae (ed. *Hearne*. Oxon. 1716. 8.) bereits den Gottfried, ohne jedoch anscheinlich den autor, den er nur Britannicus nennt, zu kennen, abschrieb, und Alfred starb 1138 als Schatzmeister der Johanniskirche zu Cambridge; und daß Heinrich von Huntingdon auf seiner Reise nach Rom schon 1139 im Kloster Bec bei Rouen in der Normandie ein Manuscript von Gottfried's Geschichte fand und excerpirte (Epist. ad Varinum ap. *Dom. Morice*, Histoire de la Bretagne I. p. 100; handschriftlich auf der Bibl. Harleyana zu London. In der Ausgabe H. von Huntingdon's von Savile fehlt jedoch dieser Brief an Warin).

Als seine Quelle bezeichnet Gottfried quendam Britannici sermonis librum vetustissimum, das Walther, Archidiakonus von Oxford, ex Britannia advexit, und das er ins Lateinische übersetzte (L. I. c. 1. L. XI. c. 1. L. XII. c. 20). Fauriel (Sur l'origine des épopées chevalleresques du moyen âge, Rev. des deux mondes B. VII) und der Verfasser der Britannia after the Romans I. p. XXII erklären diesen Walther mit Unrecht für Walther Mapes, der um 1197 Archidiakonus zu Oxford gewesen und bis 1210 gelebt hat. Es kann vielmehr nur Walther Calenius gewesen sein, der zur Zeit Heinrich's I. lebte, der Gottfried's Chronik unter dem Titel: „Auctarium annalium Britannine" von Cadwallader bis auf seine Zeit fortgesetzt haben soll und an den auch ein Brief Heinrich's von Huntingdon gerichtet ist (*Balaeus* u. *Pitseus*, De script. Angl.). Im zweiten Bande der Myvyrian Archaiology of Wales (London 1801.) sind zwei verschiedene Chroniken von der Einwanderung des Brutus in England bis zum Tode des Cadwallader in wälscher Sprache parallel über einander abgedruckt, von denen die obere, kürzere „Brut Brenidodd Ynis Pridain," d. h. Chronik der Könige der britischen Insel, die Chronik des Tysilio, und die untere: die Chronik des

*) Vergl. *J. Echard* und *J. Quetif*, Scriptores ordinis Praedicatorum. Tom. II. p. 278. *A. Touron*, Histoire des hommes illustres de l'ordre de S. Dominique. Tom. IV. p. 561 seq.

1) *Bale*, Script. illustr. maj. Brit. catalogus (Basil. 1557.) p. 194. *Tanner*, Bibl. Brit.-Hibernica (London 1748.) *Owen*, Cambrian Biography (London 1803.) p. 143. *Matthaeus Paris* ad ann. 1151 (Paris 1644.) p. 60. *Du Chesne*, Script. Rer. Norm. p. 356.

Gruffudd ap Arthur genannt wird. Die letztere ist wiederum mit zwei Handschriften, A und B, verglichen, die theilweise gleichfalls unter dem Texte mit abgedruckt sind. Die Chronik des Tysilio enthält am Schlusse die Worte: „Ich, Walther, Archidiakonus von Oxford, übersetzte das Buch aus dem Wälschen (Gymraeg) ins Lateinische, und in meinem höheren Alter übersetzte ich es zum zweiten Male aus dem Lateinischen ins Wälsche." — In der Chronik Gruffudd's befinden sich die Schlußworte Gottfried's der lateinischen Historia L. XII. c. 20. Diese, sowie die Manuscripte A und B, stimmen so wörtlich und mit so unwesentlichen Abweichungen, Zusätzen und Auslassungen mit dem Inhalte der lateinischen Historia überein, daß diese wälsche Chronik für nichts Anderes als eine Uebersetzung der lateinischen angesehen werden kann, bei der jedoch die Uebersetzer oder Abschreiber sich einige Freiheiten in Zu- und Abthaten genommen haben. Die Chronik des Tysilio (ins Englische übersetzt von Roberts, London, Williams, 1811. 4., nach dem Manuscripte des Rothen Buchs von Hergest in der Bibl. des Jesus-College zu Oxford) ist dagegen, wenngleich dieselben Thatsachen berührend, bei weitem kürzer, trockener, im Ausdrucke einfacher als Gottfried's Historia, und erscheint vielmehr als ein Gerippe derselben, das Gottfried mit poetischem Schwunge und sprachlicher Eleganz aus einer dürren Skizze zu einem blühenden Gemälde erhoben hat. — Ein Tysilio, Bischof und Sohn des Fürsten Brockmael Ysgythrog von Powis, ein Heiliger, dem die Kirche zu Llandysilio in Anglesea geweiht ist und von dem sich Gedichte in der Myv. Arch. I, XXIII finden, lebte zwar zwischen 660—720, allein es fehlt an allen Zeugnissen, daß ihm mehr als seine Gedichte zugeschrieben werden dürfen. Ein Blick aber in die wälsche Literatur selbst bis in das 10. Jahrh. hinauf zeigt die Unmöglichkeit, daß ein wälscher Schriftsteller jener Zeit sich so völlig frei von Bardismus und celtisch-druidischen Mysticismus erhalten: daß er das Groteske, Abstruse und Monströse der Figuren, die in den altwälschen Volkserzählungen und Mährchen erscheinen, in der Chronik jedoch als glatte, reinmenschliche, historische Personen auftreten, so abschleifen, dagegen aber wieder ein schon ritterliches Wesen, romantischen Hofhalt und Feste ganz im Stile des normannischen Ritter- und Hoflebens, das seit 1066 nach England hinüberwanderte, aufnehmen und wiederspiegeln konnte. Brutus selbst kommt sogar mit seinen römischen Göttern ins Land gezogen, was keinem alten Wälschen ohne Verleugnung seiner Nationalität als Geschichte wieder zu erzählen einfallen konnte. Sein ganzes Alterthum würde ihn Lügen gestraft haben. Ebenso steht mit dieser Zeitbestimmung die durchscheinende Kirchenverfassung in Widerspruch. Es ist vielmehr alle Wahrscheinlichkeit dafür, daß Walther von Oxford diese Chronik des Tysilio wälsch niederschrieb, oder dieselbe, wenn sie schon wälsch vorhanden war, ins Lateinische übersetzte und Gottfried unter Benutzung des sonst vorhandenen wälschen Materials und unter Zugrundelegung der Walther'schen Arbeit seine Historia ausarbeitete, die dann später etwa Walther wieder als das Werk Gruffudd's ap Arthur ins Wälsche zurückübersetzte, sodaß bei dem Rufe, den Gottfried's Werk erlangte, und wodurch Walther's Schrift ganz in Vergessenheit zurückgedrängt ward, Johannes Wallingford (Vita Sti. Guthlaci ap. *Gale*) mit Recht von der ersteren sagen konnte: „Translatio historiae Britonum ex translatore magis habet auctoritatem, quam ex editore."

Graf Villemarqué (Contes populaires de la Bas-Bretagne. Paris 1842. II, 322) behauptet zwar, Walther's Buch sei bretagnisch geschrieben gewesen, weil im Manuscripte des Rothen Buchs von Hergest (p. 230) zu lesen: „o brezoneck en Gymraeck;" Roberts in seiner Ausgabe des Tysilio aber liest: „o ladin en Cymraeck," und da der eitle Franzose anderweit sich sehr unzuverlässig gezeigt (s. Neue Mittheil. des thüring.-sächs. Vereins. Bd. VII. H. 3. S. 117. 118. Halle 1845.), so ist seiner Behauptung um so weniger Glauben zu schenken, als in der bretagnischen Literatur jede Spur solches oder eines ähnlichen Werkes fehlt, dagegen die vorkommenden Namen und Oertlichkeiten durchaus wälsch und nicht bretagnisch sind und in der wälschen Literatur solche Bruts, auf die auch schon Nennius hindeutet (Annales Romanorum), einen eigenen Zweig bilden, der mit jedem Jahrhunderte neue Blüten trieb, zu denen auch der Brut-Tysilio gehörte, der jedenfalls nicht über 1066 hinaus zurückgelegt werden kann.

Ungeheuer war das Aufsehen, das dieses als reine wahrhafte Geschichte hingegebene Werk machte. Die wälsche Nation sah sich darin in einer nie geahnten vormaligen Glorie dargestellt; ihre Geschichte war plötzlich weit über Cäsar bis zur Zerstörung Troja's zurückgeführt; was abgerissen und vereinzelt in Volksliedern und Sagen, Chroniken und Legenden lebte, fand hier historischen Zusammenhang; Mährchenfiguren wurden leibhafte Personen, Localnamen und -Erinnerungen fanden historischen Nachweis. Die blühende lateinische Sprache gab dem Werke sofort weiteste Verbreitung bei allen Gebildeten auch außerhalb Wales, in England und Nordfrankreich; es ward die Lectüre der Höfe und der Großen in beiden Ländern, eine romantische Geschichte, die nur der Versform bedurfte, um als ein vollendetes Epos aufzutreten.

Ein Theil der Historiker von Fach nahm das Buch als nackte Wahrheit und schrieb es gläubig ab und ihm nach: so Alfred von Beverley (gest. 1138), Ponticus Virunnius (gest. 1520) excerpirte es (Script. rer. britt. Heidelb. 1542. 1587. London 1585. 1634. ed. *Giles*. London 1844.); Gottfried folgten Matthäus von Westminster (Flores historiarum. Francof. 1601.), Johannes Wallingford (ap. *Gale*, gest. 1214), Robert du Mont in der Fortsetzung des Sigebert von Gemblours, Johannes Fordun (Hist. Scot. ap. *Gale*) Albericus trium fontium (*Leibnitz*, Access. histor. T. II. Hanover. 1698.), Gervasius von Tilbury, Thomas Walsingham (Annal. Hibern. Normann. Francof. 1602.), Vincentius Bellovacensis in seinem Speculum histor., Buchanan (Histor. Scot.) u. a. m.

Während Heinrich von Huntingdon und Wilhelm von Malmesbury vielfach die von ihren Zeitgenossen

Gottfried angeführten Facta aus anderweitern Quellen bestätigen, erhoben sich andere ernster prüfende Historiker mit gewaltigem Zorne gegen diese nugae Britonum, Britonum figmenta und Deliriungen der bruti Britones, wie Wilhelm von Neuburg (Rer. Angl. L. V. ap. Rer. brit. script. vetust. Heidelb. 1587. p. 354), *Blount*, Censura auct. und neuerlichst Pinkerton zu Bruce T. I. p. 86, indessen Giraldus Cambrensis einerseits ihn der Fabelei bezüchtigt, andererseits jedoch diese und ähnliche Fabeleien, auf die er bei jedem Tritte in Wales stieß, als Wahrheit in sein Itinerarium und seine Descriptio Cambriae einträgt, und selbst neuere Historiker, wie Leland, Humphrey Llwyd, John Price, Dr. Cajus und Dr. Powel schenken ihm noch einen starken, nur mitunter bedingten Glauben, des Verfassers der Britannia after the Romans zu geschweigen, dem trotz seiner ausgedehnten Gelehrsamkeit alles Organ für historische Kritik abzusprechen ist (Neue Mittheil. des thüring.-sächs. Vereins. Bd. VII. H. 3. S. 114).

Nicht minder wie auf die Geschichtsschreibung wirkte einflußreich Gottfried's Historia auf die Poesie. Der älteste Bearbeiter derselben in nordfranzösischer Sprache ist Robert Wace (Maistre Gasse, Waice, Uace, Gasce, Huistace, Wistace, Eustace, Eustasse), im Anfange des 12. Jahrh. auf der Insel Jersey aus vornehmer Familie geboren, auch Verfasser des Roman de Rou (Rollo), ein Reimchroniken schreibender Clerc von Profession, zuletzt Kanonicus zu Bayeux und bald nach 1174 verstorben. Seinen Roman de Brut (fälschlich nach dem Anfangshelden Brutus sein Gedicht betitelnd, da der wälsche Ausdruck Brut für „Chronik" ihm offenbar unverständlich war) vollendete er 1150 (ed. *Le Roux de Lincy*. Rouen 1836. 1838). Dieses in kurzen Reimpaaren verfaßte Gedicht ist Nichts als eine Ueberdichtung der Historia (mit Unrecht wird im Artikel Arthur dieser Encyklopädie Sect. I. Bd. 1. Gottfried zum Uebersetzer Wace's gemacht), worüber eine genaue Vergleichung beider Werke keinen Zweifel läßt (Neue Mittheil. a. a. O.). Hatte Gottfried der trockenen Chronik des Tysilio schon ein faltenreiches romantisches Gewand umgehängt, so spann dies Wace noch weiter mit poetischem Geiste aus und traf mit dieser Form und Auffassung den seiner Zeit entsprechenden Geschmack an romantischen Heldenerzählungen, was ebenso wol die zahlreichen vorhandenen Manuscripte seines Gedichtes als die mehrfachen Bearbeitungen und Erweiterungen desselben bekunden. Denn den Wace übersetzte wieder ins Englische und in kurzen Reimpaaren Layamon, Priester zu Ernley (Layamons Brut, ed. *Ed. Ferd. Madden*); Raoul de Bohon zog den Wace wieder in französischer Prose (Le petit Brut) unter Eduard's III. Regierung (1327—1377) aus, und von den englischen Reimchronisten stützten sich unmittelbar auf Gottfried: Robert von Gloucester, ein Mönch der Abtei Gloucester (1278—1297), der in langzeiligen Versen die ganze englische Geschichte von Brutus bis Eduard I. besang (ed. *Hearne*. Oxford 1724. London 1810); ferner Pierre de Langtoft, Kanonicus zu Bridlington in Yorkshire (1307) und Robert Mannyng de Brunne (um 1338). Ein Anonymus führte Wace's Brut von Cadwallader bis zum 25. Regierungsjahre Heinrich's III. (1241) fort. In ähnlicher Weise ist die Reimchronik, Chronicle of England von John Harding (bei *Ritson*, Anc. metr. Rom. T. II. p. 270—313), und die mit Prosa gemischte Reimchronik des Robert Fabyan (gest. 1512) und der gereimte Brutus des Arthur Kelton verfaßt. Immer mehr wuchs die Sucht, den Brut nach Vorn und Hinten auszuweiten. William Warner (gest. um 1608) führte ihn in seiner Reimchronik das Geschlecht des Brutus bis zu Noah zurück, bis endlich der sogenannte „Große Brut" oder Les grandes chroniques de Bretaigne, der voluminöse Prosaroman des Alain Bouchard (ed. Paris 1514. 1518. 1531. 1541), wie ein Riesenstrom all früher vorhandenen Bruts, sammt einem Theile der französischen Arthurromane in sich aufnahm und mit ihnen nach kurzem Laufe — sich in das Meer der Vergessenheit stürzte[2]).

Hinter den Historikern und den Dichtern in englischer und französischer Sprache blieben auch die lateinischen Dichter nicht zurück. Das Bulletin du Bibliophile (Techener. Paris 1837. p. 495—501) gibt Kunde und Inhalt von einer Historia Britannorum versificata, die anscheinlich im 13. Jahrh. den Gottfried in lateinische Hexameter übertrug. Ebenso theilt Usher (Primordia) sehr viele Auszüge aus einer andern Bearbeitung Gottfried's gleichfalls in lateinischen Hexametern mit, deren Verfasser er Pseudo-Gildas betitelt, und die, wie es scheint, häufig und lange, namentlich von Polius Giraldus (um 1450) und Ponticus Virunnius, für ein Werk des alten Historikers Gildas gehalten worden ist, so verbeut auch der Inhalt das Gegentheil bezeugt. Eine ziemlich freie poetische Bearbeitung des Abschnittes der Historia Gottfried's von Diocletian und Maximian bis zu Arthur enthält P. XVIII des Pantheons des Gottfried von Viterbo.

Die Mitte des 12. Jahrh. war die Epoche, wo der religiös-ritterliche Thatendrang, der in den Kreuzzügen gegen die Heiden im Orient und in Spanien und Afrika sich ein neues unermeßliches Feld erobert hatte, in der Phantasie fortwirkend und das Ritterthum mit einem neuen idealen Glorienschimmer verklärend in den Romanen wiederzuspiegeln suchte, was die großartige Gegenwart und nächste Vergangenheit mächtig bewegte. Heinrich II., Förderer der Poesie und Wissenschaft, ritterlicher Kriegsheld selbst und Herrscher über England, Bretagne und einen großen Theil von Frankreich, führte an seinem Hofe die Dichter und eminenten Geister aller drei Nationen zusammen, und in den poetischen Chroniken schienen sich Poesie und Wissenschaft zu vereinigen, um die Völker und ihre ruhmreichen Herrscher zu verherrlichen. Schon 20 Jahre nach Publication der Historia, seit 1150, wuchsen in zahlreicher Fülle die Romane von den einzelnen Tafelrundrittern in England und der Norman-

---

2) Ueber die reiche hierher gehörige Literatur s. die sehr vollständige Nachweisung bei Gräße, Die großen Sagenkreise des Mittelalters (Dresden u. Leipzig 1842.) S. 96 fg.

die hervor; ihre Thaten wurden auf den Märkten durch Komödiantenbanden dramatisch aufgeführt und die Romane am Hofe und auf den Schlössern der Großen in festlichen Kreisen vorgelesen. Die Nationalsagen, Märchen und wälschen und bretagnischen mündlichen Traditionen, die in dieser Weise sich den Weg zu den Gebildeten und in die Literatur bahnten, erhielten durch Gottfried's Chronik historischen Grund und Beglaubigung; der gelehrte Priester sprach in lateinischer Sprache zu drei Nationen zugleich gleich verständlich, und selbstredend stieg mit der Vorliebe zu den Ritterepen und gereimten Chroniken und deren Verbreitung in der ganzen gebildeten Welt gleichmäßig das Ansehen Gottfried's. Seine Prophezeiungen Merlin's wurden das Urbild unzähliger anderer; sie wurden ins Französische, Englische, Spanische, sogar Isländische übersetzt, gedruckt und wiedergedruckt, commentirt und erweitert und wurden in Verbindung mit den in der Historia erzählten Geschichten von Merlin die fruchtbare Wurzel der weitschichtigen Merlin-Romane (s. d. Art. Merlin).

Was aber dem Gottfried einen besondern Werth, nicht blos für den Literarhistoriker, sondern auch für den Geschichts- und Alterthumsforscher sowol des Continents als insbesondere Großbritanniens gibt, ist, daß bei einer sorgfältigen kritischen Sichtung des von ihm gebotenen Stoffes er Beweis und Zeugniß über manche Begebenheiten liefert, über welche bisher die Geschichtsforschung sich vergeblich bemühte, Licht zu verbreiten. Die Vergleichung der vielen von Gottfried latinisirten Personennamen mit den wälschen im Brut des Tysilio gibt den Schlüssel zu dem Verständnisse, wo er sich an die reiche wälsche Nationaltradition und Literatur anschließt. Was er nur andeutet, findet hier seine besondere ausführliche Geschichte, und die mannichfaltigsten Zeugnisse aus den verschiedensten Zeiten und Quellen schließen zusammen, um zur Evidenz klar zu machen, daß Gottfried's Geschichte Nichts weniger als reines Phantasiegebilde hinsichtlich des Stoffes ist, daß dieser vielmehr in reicher Fülle ihn in historischen Schriften, in Legenden, Dichtungen und Traditionen umgab und schon vor ihm im Brut-Tysilio und ähnlichen Bruts in compendiöser Form zusammengefaßt worden war. Es ergibt sich dies aus einer nähern Analyse seines Werkes und durch Vergleichung desselben mit den vielen erst in neuester Zeit zugänglich gewordenen Schriften altwälscher Literatur (vergl. San-Marte, Gottfried von Monmouth. Halle 1854 mit ausführlichem Commentar), wovon hier ein kürzester Umriß gegeben wird.

Das erste Buch der Historia umfaßt die Geschichte des Brutus bis zur Gründung des britischen Reiches. Brutus ist ein ausgewanderter Trojaner und Gottfried folgt hier der in austrasischen Quellen zuerst sich findenden Trojanersage, die an Homer, Virgil, Livius und Sallust anknüpfend das ganze westliche Europa durchwanderte und selbst bis in die Snorra-Edda und Isländersögur drang. Der nationalbritischen Tradition ist sie fremd, Nennius ihr erster britischer Zeuge (s. San-Marte, Nennius und Gildas. Berlin 1844.), der den latein-schreibenden Chronisten des Continents, Ammian Marcellin, Gregor von Tours, Fredegar u. s. w., gefolgt zu sein scheint. Sie war, wie Gildas sich ausdrücken würde, eine traditio transmarina. Dieser Brutus hat weder mit dem wälschen Prydain, noch mit irgend einem Brutus der römischen Geschichte etwas gemein.

Im zweiten Buche wendet sich der Verfasser zu den echtheimischen Traditionen, wo uns sofort Locrin (vergl. Shakespeare's Drama), Estrildis (die Essyllt, Isolde der Romane), Gwendolen, Ebraucus oder Efrawc (Vater des Peredur oder Parcival der Romane) mit dem auch in diesen vorkommenden castellum puellarum und mons dolorosus, ferner die aus den Mabinogien bekannten Hudibras und Angarad, das Schloß Paladur mit dem weissagenden Adler und der selbst bei Shakespeare noch heidnische Lear (Lludd Llaw Ereynt) mit der halb mythischen Creiddylad (Cordelia) entgegentreten; alles Figuren, die unabhängig von Arthur's Thaten, eine selbständige Existenz in der Sage hatten, daher in einer Königsreihe nach Cäsar, die den historischen Namen angeschmiegt werden mußte, nicht mehr Raum fanden, dennoch aber nicht mit Stillschweigen übergangen werden konnten, daher geschickt in eine Urzeit gesetzt wurden, der ihr druidisch-mystisches Wesen, wie die Barden es in wälschen Dichtungen dargestellt hatten, auch vollkommen entsprach. — Dann aber mit kühnem Anachronismus sucht er die Geschichte an den historischen Cunedda Wledig, den Urgroßvater Arthur's, den Vater der Anlawd, welche die Mutter der Eigr (Igerne der Romane), die wieder die Mutter Arthur's war, und an Rivallo, den Gründer des neuen armorikanischen Reiches, wie an den ersten britischen Gesetzgeber Dunvallo Molmutius anzulehnen.

Im dritten Buche schimmern in Elfing und Guichtlerus nordische Sagenelemente durch, die den sogenannten Nordseesagenkreis berühren: Brautfahrten, Entführungen, Heirathen, Heerfahrten britischer und nordischer Fürsten herüber und hinüber von und nach Britannien und Skandinavien und Jütland, welche über die uns bekannte Geschichte weit hinausgehen (vergl. San-Marte, Gudrun und über den Nordseesagenkreis. Berlin 1839. — und dessen Beiträge zur bretonischen und celtisch-germanischen Heldensage. Abschn. Finn. Quedlinburg u. Leipzig 1847). — Mit Belin und Brennus erobert sich der Verfasser wieder historischen Boden und liefert hier ein deutliches Beispiel, wie er oder die von ihm benutzten Quellen mit anerkennungswerthem Geschicke dem celtisch-mythischen Beli seine Göttlichkeit abzustreifen und in den historischen Brennus, den Erschütterer Roms, sowie den Seginus und Belinus in die alten Celtenführer Sigovesus und Bellovesus des Livius zu zerspalten, resp. zu verschmelzen wußten. Noch bietet aber die Geschichte eine Lücke zwischen Brennus und Cäsar, die kläglich mit der aus Nennius entlehnten Bevölkerungssage von Irland, mit der Entstehung der angelsächsischen Lex Marcia und mit dem wälschen Könige der Martern Morvid, der in den Ueberschwemmungsmythus von Abdane hineingreift, ausgefüllt wird.

Im vierten Buche sind es zunächst die bekannten

römischen Schriftsteller, die den Leitfaden geben, obwol augenscheinlich aus ihnen unmittelbar weder Gottfried, noch der Brut-Tysilio geschöpft haben. Jene, besonders Cäsar, dann Sueton, mitunter Tacitus, öfter Orosius u. a. m., dienen zur Controle und Parallele; Beda und nach ihm Nennius und Asser's Annalen sind ausführlicher benutzt. Was an wälschem Elemente sich einmischt, darf schwerlich als bloße Erfindung leichtfertig beseitigt werden. Ob die schottische Bevölkerungssage und der Raub hibernischer Frauen grade hier am Platze, die Beda in die mythische Urzeit verlegt, ist zwar nicht wohl zu entscheiden, indessen gibt sie doch eine dunkle Andeutung von den Küstenanfällen und wahrscheinlich auch Einwanderungen der Nordländer nach den britischen Inseln, die mit jedem folgenden Jahrhunderte zunahmen. Auf die bekannten Heerzüge des Plautius, Ostorius Scapula, Suetonius Paullinus, Cato und die Aufstände der Cartismandua und Boadicea wird nicht eingegangen, wahrscheinlich weil sie Wales nicht wesentlich berührten. Mit dem ersten getauften wälschen Könige Lucius bewegt die Historia sich auch zuerst auf dem wälschen Heiligen- und Legendenboden, der später noch oft betreten wird und in Wales und Irland wundersam monströse Früchte getragen hat.

Im fünften Buche dienen von Severus bis Constantin, Sohn der Helena, vornehmlich Orosius, dann Aurelius Victor, Eutrop, Prosper Aquitanus und zum Theil die Panegyriker zur Vergleichung. Es ist nicht zu bezweifeln, daß über diese Periode noch eine Menge anderer Schriften existirt haben, die uns aber verloren sind, wie z. B. Gregor von Tours deren sechs oder sieben nennt, die wir nur durch seine Auszüge aus ihnen kennen. Mit Maximian (Macsen wledig), Conan Meriadoc und Caradoc Briefbras beginnt jedoch wieder ein schwer zu entwirrender Knäuel vielfach verschlungener Fäden, die anders in Bretagne, anders in Wales ausgesponnen sind. Von der Periode des Maximian und der Gründung seiner Militaircolonien in Armorica, in Verbindung mit den nach seiner Zeit noch oft wiederholten starken Auswanderungen aus Wales nach Bretagne darf mit Sicherheit die Hauptverpflanzung wälscher Sagen und Dichtungen nach Bretagne datirt werden. Die mit der Auswanderung nach Bretagne verknüpfte Legende der heiligen Ursula und ihrer 11,000 Jungfrauen gehört anscheinlich mehr der fränkischen Legende an und ist wol erst später nach Britannien hinübergedrungen, nicht von dort ausgegangen.

Sechstes Buch. Mit dem Ende des 4. und Anfang des 5. Jahrh. beginnt eine Periode des Elends und Jammers für die alte Bevölkerung der britischen Insel, wovon uns Gildas ein, wenn zwar nur kurzes, doch herzzerreißendes Bild gibt. Scoten, Pikten, Sachsen fallen ein; die gemitus Britannorum erschallen vergeblich nach Rom; beim Drängen der Völkerwanderung auf dem Continente blieb die Insel von den römischen Kaisern ihrem Schicksale preisgegeben. Die Angelsachsen kamen mit neuen Göttern, das ohnehin noch schwache Christenthum ward aufs Tiefste erschüttert, und je mehr der Nationalgeist gegen den Feind geweckt werden mußte, desto eifriger griff der kampfirende Barde zum alten Götterhimmel zurück, um die Nation gegen den Nationalfeind zu waffnen. Die Zeiten solcher Umstürzung aller Verhältnisse sind zugleich die fruchtbarsten zur Aussaat neuer Mythen und Sagen, und wie unsere teutsche Heldensage ihren tiefen Wurzelgrund in der Völkerwanderung findet und um die Völkertreiber Etzel und Theoderich sich krystallisirt, wie die Karlssage in dem neuen Weltreiche Karl's des Großen ihre Entstehung fand, so schossen auch um die historischen Figuren eines Vortigern, H. Germanus, Hengist und Horsa, Aurelius Ambrosius, Merlin und Arthur die Strahlen des Wunderglaubens, heroischer Traditionen und Anschauungen eines in seinen Tiefen aufgestürmten Nationallebens zusammen, wovon die folgenden Bücher der Chronik berichten und die in Arthur und seiner Tafelrunde ihren die ganze gebildete Welt des Mittelalters erfüllenden Ausgang fanden. Die Bedeutung Gottfried's für diese Periode hat Lappenberg in seiner „Geschichte Englands" (Hamburg 1834.) mit Umsicht gewürdigt. Wenn andere Quellen, besonders die angelsächsische Chronik, sicheren Anhalt dabei zu gewähren scheinen, so bleibt letztere doch in soweit höchst einseitig, als sie über das, was hinter dem Schlachtfelde, im Lager der Bedrängten, im innern Verkehre des britischen Volks vorging, gar Nichts berichtet. (Vergl. hierüber das höchst lehrreiche Werk von Walter: Das alte Wales. Bonn 1859.) Hengist aber mit Vortigern bildet den Kern einer reichen poetischen und historischen Literatur, deren Zeugnisse theilweise bis selbst in das 7. und 8. Jahrh. zurückreichen. Mit Vortigern tritt uns zuerst Merlin entgegen, schon bei Nennius im 9. Jahrh. ein dämonisches Wesen, Prophet, mit speciellem Lebenslaufe, in den ältesten Bardengedichten nur erst begeisterter Barde, Schlachtensänger und -Kämpfer selbst. Der Ruf Merlin's ist nicht blos in der schriftlichen Literatur bewahrt. Die mündliche Tradition, die daneben hergeht, gibt ebenso zahlreiche Zeugnisse von ihm, wie von den übrigen wälschen Helden und Zeitgenossen Hengist's. Hier bei Gottfried hat er noch wenig mehr Thätigkeit als bei Nennius; er verschwindet mit Arthur aus der Geschichte und der Zauberer der Romane, der gebannte Liebhaber, der stete Begleiter Arthur's, der rastlose Hofchronist, wie er endlich im Prosaromane von Merlin zusammengefaßt ist, kommt hier noch nicht zum Vorschein.

Was bei Nennius §. 42 und im Brut Tysilio noch einfach ein Theil der Geschichte war, hat Gottfried im siebenten Buche zu einem besondern Werke, der Prophetia Merlini, verarbeitet. In wiefern er dabei Aelteres benutzte, ist nicht zu ersehen, da die prophetia im Brut Tysilio, was wohl zu beachten, fehlt. Daß aber Aehnliches vor Gottfried schon existirte, beweisen gleichzeitige und ältere Zeugnisse. Dennoch aber hat er ziemlich frei geschaltet, denn sie läßt sich Satz für Satz aus der Historia erläutern. Nach dem Tode Cadwalladr's aber verläßt sie die Geschichte von Wales und folgt der der übrigen Insel. Im cap. 4 wird Canut erwähnt (1017—1035); es wird auf Wilhelm den Eroberer angespielt (1066), selbst bis zur Zeit Gottfried's und Heinrich's I. sind die Parallelen aus der englischen Geschichte deutlich. Dann aber geht sie ganz ins Mysteriöse und völlig Unklare bis zum Weltuntergang. — Sie gewann ein Ansehen, daß Dichter und Chronisten die beglaubigte Geschichte nach ihr umarbeiteten und sie für die nächsten vier Jahrhunderte als ein Zauberspiegel hingestellt ward, in welchem die Welt bald mit Freude und Triumph, bald mit Grauen und Entsetzen die Ereignisse ihrer Zeit sich abspiegeln sah, wenngleich die Väter des tridentinischen Concils die prophetia als ein Werk des Teufels verdammten und in den Katalog der verbotenen Bücher eintrugen.

Im achten bis zehnten und c. 1 u. 2 des elften Buches bewegen wir uns inmitten der Fülle der britischen Nationalsage. Gildas, Beda, Nennius, die angelsächsische Chronik, Wilhelm von Malmesbury und Heinrich von Huntingdon, Kirchen- und Heiligengeschichte geben Anhalt zu historischen Parallelen. Aber die reiche wälsche Literatur vor und neben Gottfried, örtliche Erinnerungen und eine Masse Anspielungen in Gedichten und andern Werken eröffnen ein anderes Feld der Darstellung, das den angelsächsischen und normannischen oder römischgebildeten Scribenten verschlossen blieb. Es wird fast keiner der überaus zahlreichen Helden bei Gottfried genannt, der sich nicht auch in Triaden, Mabinogien und Liedern wiederfände. In diesem Abschnitte ergeht sich auch Gottfried in behaglicher epischer Breite, während der übrige Theil des elften Buches in gedrungener chronikalischer Trockenheit merklich dagegen absticht. Die hart in seiner Epistola von Gildas gescholtenen Fürsten: Constantin, Aurelius Conanus, Wortiporius (Cuneglas wird übergangen) und Maglocunus (Mael-Gwyn, der Lancelot der Romane), gehören der Geschichte an, während Gormund, Ludwig und Isembart in die Dichtung abführen, doch Augustin, Dinooth, Brocmail wieder in Beda, der angelsächsischen Chronik u. a. m. historischen Gehalt gewinnen.

Im zwölften Buche schließt sich mit Cadwalladr die Reihe der wälschen Könige; der britische Glanz verlor sich, die Angelsachsen gewannen die Oberhand und führten die Geschichte der Insel weiter, während die Fürsten von Wales unbedeutend in einem Winkel des Landes hinter ihren Bergen ziemlich abgeschlossen vom übrigen Europa verharrten, nur ihre herabgedrückte Existenz durch hartnäckige Kämpfe fristend.

So sehr dieses Werk die Kritik zu einer gründlichen Prüfung und Analyse herausfordert, so wenig ist dafür geschehen. Die Handschriften desselben sind ungemein häufig und im britischen Museum deren allein 30. Gedruckt ist die Historia in folgenden Ausgaben:

1) Britanniae utriusque regum et principum origo et gesta insignia ab Galfrido Monumetensi ex antiquissimis Britannici sermonis monumentis in latinum sermonem traducta et ab *Ascensio* cura et impendio magistri *Ivonis Cavellati* in lucem edita. (Paris 1508. 4. Wieder gedruckt: Paris 1517. 4. in 8 Büchern.)

2) Ausgabe von *Commelin* f. 1—92 ap. Rerum Britannicarum i. e. Angliae, Scotiae, vicinarumque Insularum ac Regionum Scriptores vetustiores. (Heidelberg. 1587. In 12 Büchern.)

3) Galfredi Monumetensis Historia Britonum etc. ed. *J. A. Giles*. (London 1844. 8.) Als Anhang dazu: Pontici Virunnii Tarvisini Histor. Brittann. L. VI.

4) Gottfried's von Monmouth Historia Regum Britanniae mit literar-historischer Einleitung und ausführlichen Anmerkungen, und Brut Tysylio, altwälsche Chronik. Herausgeg. von San-Marte (A. Schulz). (Halle 1854.) Der Text nach Giles mit den Varianten der Drucke Nr. 1 u. 2. Die Anmerkungen verbreiten sich vielseitig über die wälschen Originaldichtungen und weisen ihren Zusammenhang mit der Historia nach.

5) Die Prophetia allein ed. a) Prophetia Anglicana, h. e. Merlini Ambrosii Britanni Vaticinia a Galfredo Monumetensi latine conscripta una cum septem libris explanationum in eandem prophetiam *Alani de Insulis* (Francof. 1603. 8.); b) desgl. cum Vaticiniis Calibri (Francof. 1608. 1649. 8.); c) mitabgedruckt in: Galfridi de Monumeta Vita Merlini. Vie de Merlin (mit Unrecht), attribué à Geoffroy de Monmouth etc. p. *Francisque Michel* et *Thomas Wright*. (Paris 1837.)

6) Endlich gehört hier noch her: Die Sagen von Merlin, mit alt-wälschen, bretagnischen, schottischen, italienischen und lateinischen Gedichten und Prophezeihungen Merlin's, der Prophetia Merlini des Gottfried von Monmouth und der Vita Merlini, lateinischem Gedichte aus dem 13. Jahrh. Herausgegeben und erläutert von San-Marte (A. Schulz). Halle 1853; von der Kritik als das erschöpfendste Werk über Merlin erklärt.

7) Eine englische Uebersetzung der Historia: a) The british history of Jeffrey of Monmouth, translated with a large preface by *Aaron Thompson*. (London 1718. 8.) b) Dieselbe lately revised and reprinted by *J. A. Giles*. (London 1842. 8.)

8) Eine wälsche Uebersetzung in: Myvirian Archaiology Bd. II., deren schon oben gedacht ist.

Außer der Vita Merlini Caledonii (von William Henry Black für den Roxburgh-Club, London 1833, abgedruckt und besser edirt von Fr. Michel und Wright, s. oben ad 5, c und 6), die fälschlich Gottfried zugeschrieben wird, nennt man noch als Werke Gottfried's: Commentaria in Merlini prophetias; Arturi regis gesta; Librum in fragmentum Gildae; Ad Gualterum Oxoniensem; Diversi generis carmina und De corpore et sanguine Domini, Schriften, von denen allen jedoch Nichts auf uns gekommen und deren Existenz überhaupt nicht nachgewiesen ist. (*A. Schulz [San-Marte]*.)

GODEFREDUS (Gotfrid), Mönch des Benedictinerklosters Sanct Pantaleon zu Cöln, Verfasser der sogenannten Königschronik, von dessen Lebensverhältnissen uns aber Nichts bekannt ist. Daß übrigens diese Chronik welche von Erschaffung der Welt bis zum Jahre 1238 reicht, diesem Mönche angehöre, wird zwar nur von

Tritheim [1] kurz bemerkt, wir haben aber keine Ursache, an der Richtigkeit der Angabe dieses gelehrten Abtes zu zweifeln, wie man in der neuesten Zeit gethan hat, weil in einer zu Brüssel befindlichen Handschrift dieser Chronik, welche früher dem Liebfrauenstifte zu Aachen gehörte, der Schöffe Otto zu Neuß als Vollender des Werkes genannt wird [2], da sich diese ohnehin nicht klar ausgedrückte Bemerkung wol nur auf die Besorgung einer Abschrift bezieht, was man um so eher annehmen darf, weil andernfalls diese Chronik das erste oder vielmehr einzige von einem Laien geschriebene Werk dieser Art wäre, denn sie unterscheidet sich sonst durchaus nicht von den zu jener Zeit von Geistlichen verfaßten Chroniken; eine solche Thatsache ist aber zu auffallend, als daß man sie ohne einen stärkeren Beweis annehmen dürfte, auch ist bekannt genug, wie häufig solche Aufschriften täuschen [3]. Größeres Bedenken erregt der Titel Königschronik (Chronica regia), welche man auf die Versicherung des Verfassers gründet, daß auf einer von ihm erwähnten Kreuzfahrt nichts Denkwürdiges, was in die königliche Chronik aufgenommen zu werden verdiene, sich zugetragen habe [4], da dieser damit nicht auf eine bestimmte Chronik, sondern überhaupt auf die Königs- oder Reichsgeschichte hindeuten wollte, wie sich aus ähnlichen Aeußerungen anderer Schriftsteller jener Zeit nachweisen läßt [5]. Keinem Zweifel unterliegt es, daß die Chronik am Niederrheine entstanden ist, da sie hauptsächlich die in dieser Gegend vorgefallenen Ereignisse berücksichtigt, im Sanct Pantaleonskloster zu Cöln wurde sie aber umgearbeitet und mit den Stellen, welche das Pantaleonskloster betreffen, vermehrt, wie aus zwei gleichzeitigen Handschriften, der schon erwähnten brüsseler, welche den ursprünglichen Text gibt und einer jetzt zu Wolfenbüttel befindlichen, welche früher dem Pantaleonskloster angehörte und die Umarbeitung enthält, klar hervorgeht. Macht schon der Umstand, daß bei dem Jahre 1220 der Tod des Abtes von Sanct Pantaleon in der letzteren Handschrift von einer späteren Hand nachgetragen ist, in der ersteren aber fehlt, dieses Verhältniß wahrscheinlich, so wird die Richtigkeit desselben durch den Zustand des Textes der Jahre 1107 und 1168 außer Zweifel gesetzt, indem der ältere Text in der brüsseler Handschrift erhalten, in der wolfenbütteler dagegen wegradirt und statt dessen von späterer Hand eine andere etwas längere Stelle, welche sich auf cölnische Zustände bezieht, eingetragen worden ist; ebenso ist in der brüsseler Handschrift der Text der Jahre 1228, 1232 und 1233 vollständig, während dort in der wolfenbütteler einzelne Stellen wegradirt und nur noch so weit lesbar geschrieben sind, daß über die Gleichheit mit dem brüsseler Texte kein Zweifel obwaltet [6]. Man hat früher nach einer von J. G. Eckard [7] aufgestellten, aber jedes Grundes entbehrenden Vermuthung angenommen, daß drei verschiedene Benedictinermönche in den Jahren 1000, 1106 und 1152 zu Cöln an dieser Chronik arbeiteten und daß dann Gotfrid sie bis 1237 fortgesetzt habe, jetzt aber zweifelt man nach genauerer Forschung nicht mehr, daß sie von einem und demselben Verfasser, der sie am Anfange des 13 Jahrh. vollendete, herrühre, mag dieser nun Gotfrid, unter dessen Namen Tritheim das Werk benutzte, oder ein anderer Mönch jener Zeit gewesen sein [8]. Man kann die Chronik dem innern Werthe nach in zwei Abschnitte theilen; der erste, welcher mit der Erschaffung der Welt beginnt und bis zum Jahre 1106 reicht, folgt Ekkehard von Urach und enthält erst vom Anfange des 10. Jahrh. an eigenthümliche auf Cöln bezügliche Nachrichten, die einem Verzeichnisse der Erzbischöfe und der Aebte von Sanct Pantaleon, Ruotger's Leben Bruno's, den brauweiler Annalen und anderen noch vorhandenen und gedruckten Quellen entlehnt sind. Der zweite Abschnitt zerfällt in zwei Hälften, von welchen die erste theils aus ursprünglichen, Cöln und den Niederrhein betreffenden Mittheilungen, theils aus Nachrichten besteht, welche sich in den hildesheimer Annalen und dem sächsischen Annalisten finden; die zweite Hälfte, besonders von Friedrich's I. Zeiten an, ist Urquelle ersten Ranges, ein Schatz reicher und trefflicher Nachrichten mit besonderer Beziehung auf die Reichsgeschichte. Auch die Darstellung wird, wo der Verfasser als Zeitgenosse der Ereignisse spricht, schöner und lebendiger und in dieser Beziehung darf man wol die ergreifende Klage über den Tod Friedrich's I. beim Jahre 1190 und die für die teutsche Sagengeschichte wichtige Erscheinung König Dietrich's beim Jahre 1197 als Muster hervorheben. Mit entschiedener Vorliebe folgt er den Kreuzzügen und stellt mit großer Sorgfalt die darauf bezüglichen Nachrichten zusammen, welche er sowol aus schriftlichen Berichten und Briefen, als auch aus mündlichen Erzählungen schöpft. Auch die Reichstage sind ein Hauptgegenstand seiner Aufmerksamkeit und kein anderer gleichzeitiger Schriftsteller gibt uns genauern Aufschluß über dieselben; überhaupt berücksichtigt er ängstlich Alles, was das Reich betrifft, und steht aus Grundsatz bei den Streitigkeiten zwischen Papst und Kaiser stets auf der Seite des letzteren und was dieser thut, ist wohlgethan. Im Allgemeinen liebt der Verfasser der Chronik eine ge-

1) Praef. ad Chron. Hirsaug. p. VII. 2) Die in dem Archive der Gesellschaft für ältere deutsche Geschichtskunde (7. Bd. S. 639) mitgetheilte Aufschrift lautet:

Cronica dicor ego, mundacia cuncta relego,
Mundi principio temporis acta scio;
Hoc perfecit opus justus pius Otto scabinus
Nummo precibus muneris, dilexit et hic jus.

3) Vergl. W. Wattenbach, Deutschlands Geschichtsquellen im Mittelalter S. 416 fg. 4) Nil quod regiae cronicae dignum sit imprimi hoc actum est itinere. Ad ann. 1148. 5) So drückt der Verfasser der Vita S. Heriberti (bei Pertz, Script. Tom. IV. p. 742) seine Ansicht, daß Heribert in Italien viele Thaten verrichtet habe, die eine würdige Stelle in der Reichsgeschichte verdienten, durch die Worte aus: „potius regiae videntur in scribendum chronicae quam in laudem nostri violenter inferuntur.“ Vergl. J. Janssen, Studien über die cölnischen Geschichtsquellen, in den Annalen des historischen Vereins für den Niederrhein. (Cöln 1855. H.) 1. Bd. S. 100 fg.

6) Archiv der Gesellschaft für ältere deutsche Geschichtskunde, 7. Bd. S. 613 fg. 7) Script. med. aevi. Tom. I. Praef. §. 11. 8) Archiv der Gesellschaft für ältere deutsche Geschichtskunde a. a. O. S. 641.

drängte Darstellung, er hält sich aber trotzdem doch mehr an die Aeußerlichkeiten und dringt nicht tief in den Zusammenhang der Dinge ein; eigene Urtheile erlaubt er sich nur selten und nur über Naheliegendes, wie er denn häufig und offenbar mit Vorsatz seine Ansicht verschweigt, um sich nicht der Gefahr auszusetzen, von der Gegenpartei verfolgt zu werden. Wir besitzen bis jetzt keine zusammenhängende Ausgabe dieser zu den wichtigsten Quellen der mittelalterlichen Geschichte gehörenden Chronik. Den ersten Theil (vom Anfange bis 1162) nebst einer aus dem 14. Jahrh. herrührenden deutschen Uebersetzung (920—1162) gab zuerst Joh. Georg Eckard (in dem Corpus historicorum medii aevi. Lipsiae 1723. fol. Tom. I. p. 683—1006) aus der wolfenbütteler Handschrift heraus und einen Abschnitt (964—1162) machte im Auszuge Alex. Würdtwein (in den Subsidia nova diplomatica. Heidelb. 1789. 8. Tom. XIII. p. 1—40) aus einer vaticanischen Handschrift bekannt, den zweiten Theil (1162—1237) theilte zuerst Marquard Freher (in den Scriptores rerum germanicarum. Francof. 1600. fol. Tom. I. p. 239 seq. Ed. *Struv.* p. 335) mit; aber weder Eckard's noch Freher's Leistungen konnten den Geschichtsforscher befriedigen, erst Joh. Fr. Böhmer besorgte eine genügende, aber leider zerstückelte Ausgabe in seinen Fontes rerum germanicarum, indem er zuerst den zweiten Abschnitt in den zweiten Band (S. 329—372) und sodann auch den ersten Abschnitt in den dritten Band (S. 408—440) aufnahm. Eine vollständige, nach den besten Handschriften bearbeitete Ausgabe soll in der von Pertz veranstalteten Quellensammlung erscheinen. Auch eine neue Ausgabe der deutschen Uebersetzung wäre wünschenswerth, denn der Abdruck bei Eckard ist ungenau und voll willkürlicher Aenderungen der Orthographie [9]. (*Ph. H. Külb.*)

GODEFREDUS von Paris (Godefroi de Paris), ein Chronist des 14. Jahrh., über welchen Nichts weiter bekannt ist, als daß er um das Jahr 1311 Salzausmesser zu Paris war und sich nebenbei mit der Poesie beschäftigte. Das bedeutendste seiner Gedichte ist die Chronique métrique de Philippe-le-Bel (1300—1316) in 8277 Versen, zum ersten Male aus einer Handschrift der kaiserlichen Bibliothek herausgegeben von J. A. Buchon in der Collection des chroniques nationales françaises. (Paris 1827. 8.) Vol. IX. p. 1—304. Alex. Paulin Paris, der gelehrte Conservator der Handschriftensammlung der kaiserlichen Bibliothek, will zwar (in seinem Werke Les Manuscrits français de la bibliothèque du Roi. Paris 1836 seq. 8. Vol. I. p. 316) Godefroi nicht als Verfasser dieser Chronik anerkennen, die Gründe, worauf er diese Behauptung stützt, sind jedoch nicht überzeugend. Ein anderes Gedicht Godefroi's, welches den Titel: Le Pastoralet führt, behandelt die Geschichte des Streites zwischen Johann, Herzog von Burgund und den Armagnacs; Proben und Auszüge aus demselben haben Andr. van Hasselt (in dem Essai sur l'histoire de la poésie française en Belgique. Bruxelles 1838. 4. p. 222 seq.) und Hub. Pasc. Ameilhon (in den Notices et extraits des manuscrits de la bibliothèque du Roi. Paris 1787 seq. 4. Tom. VII. p. 420—449) mitgetheilt. In der Handschrift, welche die Chronik enthält, finden sich noch mehre Gedichte Godefroi's, nämlich: Avisements pour le roy Loys (Ermahnungen an Ludwig X., 1314—1316), aus welchen Buchon einige Stellen abdrucken ließ; Du roi Philippes qui ores règne, gute Lehren an diesen König; Un songe, politischen Inhalts; Des Alliés, ebenfalls an Philipp gerichtet; L'éclipse de la lune et du soleil, wovon er auch in der Chronik spricht und Disputation de l'église de Rome et de l'église de France pour le siège du pape. Unter diesen kleineren Gedichten verdienen nur die Ermahnungen an den König Ludwig einige Beachtung *). (*Ph. H. Külb.*)

GODEFREDUS von Peronne, Abt und theologischer Schriftsteller des 12. Jahrh., um das Jahr 1120 zu Peronne in Belgien (in der Provinz Hennegau) geboren, befand sich unter den 29 durch ihre Geburt und ihre Gelehrsamkeit ausgezeichneten Männern, welche der heilige Bernhard im J. 1140 auf seiner Reise durch Flandern um sich sammelte und bewog, sich dem klösterlichen Leben zu Clairvaux zu widmen. Godefredus ward später Prior dieser Abtei, lehnte aber die Wahl zum Bischofe von Tournay ab. Das Jahr seines Todes ist nicht bekannt, gewiß ist aber, daß er im J. 1171 noch lebte. Er schrieb einen noch ungedruckten Commentar über das hohe Lied (Commentarius in Cantica Canticorum) in sechs Büchern, welchen Godefredus von Auxerre vermehrte und fortsetzte, weshalb er zuweilen auch diesem, aber mit Unrecht, zugeschrieben wird †). (*Ph. H. Külb.*)

GODEFREDUS (Geoffroi) de Tort oder le Tort (de Tortis oder Tortus), französischer Jurist, um die Mitte des 13. Jahrh. in Syrien geboren, ließ sich auf der Insel Cypern nieder, wo er ein von dem Könige Heinrich I. ihm übertragenes Lehn besaß und am Hofe in großem Ansehen gestanden zu haben scheint, da ihn der König zum Reichskämmerer ernannte und ihm zwei wichtige Sendungen, die eine (im J. 1232) an den Kaiser Friedrich II. und die andere (im J. 1233) an den päpstlichen Stuhl, übertrug, deren er sich mit großer Gewandtheit entledigte. Wir begegnen ihm zum letzten Male im J. 1247, in welchem er noch als Kanzler ein Actenstück unterzeichnete. Er verfaßte eine Uebersicht der Gesetzgebung des Königreiches Jerusalem und einen Auszug aus dem Werke des berühmten Juristen Jean d'Ibelin über denselben Gegenstand. Von beiden Werken Geoffroi's

---

9) Vergl. *Joh. Fr. Böhmer*, Fontes rerum germanicarum. 2. Bd. Vorrede S. XXXIV—XXXVII. 3. Bd. Vorrede S. LXI—LXIV. Histoire littéraire de la France. Tom. XXI. p. [illegible]—[illegible]. W. Wattenbach, Deutschlands Geschichtsquellen im Mittelalter (Berlin 1858. 8.) S. 416—418.

*) J. Buchon's Vorrede zu der Ausgabe der Chronik; J. G. Th. Gräße, Handbuch der Literaturgeschichte. 2. Bd. Abtheil. II. S. 1075 fg.

†) Histoire littéraire de la France. Tom. XIV. p. 426. Biographie générale. Tom. XX. p. 97.

besitzen wir nur noch einige unbedeutende Fragmente, welche Arthur Beugnot in seine Ausgabe der Assises de Jérusalem ou recueil des ouvrages de jurisprudence composés pendant le XIII. siècle dans les royaumes de Jérusalem et de Chypre (Paris 1841. fol. Tom. I. p. 435—450) aufgenommen hat *).
(*Ph. H. Külb.*)

GODEFREDUS (auch Gaufridus und Goffredus) von Trani (de Trano oder de Travo), Rechtsgelehrter des 13. Jahrh. und Schüler Azo's, war Professor des kanonischen Rechts, Kaplan und Subdiakon des Papstes und starb im J. 1247 als Cardinal. Er erwarb sich als Lehrer und als Schriftsteller einen weit verbreiteten Ruhm, von seinen Schriften, die er nur auf dringendes Verlangen seiner Schüler verfaßte, die sich aber durch Klarheit und Bündigkeit auszeichnen, ist nur seine Erläuterung der Decretalen (Summa super titulis Decretalium) gedruckt (S. l. et a. [Coloniae] fol. S. l. et a. fol. [Andere Ausgabe.] Cum introductione in titulos juris. Basil. 1487. fol. Venetiis 1491. fol.). Sie zerfällt in fünf Bücher, von denen das erste von den Constitutionen, Rescripten und Electionen, das zweite von den Urtheilen, das dritte von dem Leben und den Sitten der Kleriker, das vierte von der Verlobung und der Ehe und das fünfte von dem Verfahren vor den geistlichen Gerichten handelt. Godefredus schrieb auch, wie er selbst in seiner Summe bemerkt, einen Apparatus juris, welcher aber nicht mehr vorhanden zu sein scheint. Ein anderes ihm zugeschriebenes Werk (Collectarius juris nunc primum impressus. Prima pars aureae et subtilis lecturae Johannis Gaufredi canonici de corona, quem passim doctores collectarium vocant, super quinque libris Decretalium Gregorii IX. Lugduni 1514. fol.) kann ihm unmöglich angehören, da die späteren Juristen Johannes Andreä und Durandus darin vorkommen †).
(*Ph. H. Külb.*)

GODEFREDUS von Sanct Victor (de Sancto Victore), theologischer Schriftsteller des 12. Jahrh., von dessen Lebensverhältnissen wir aber weiter Nichts wissen, als daß er längere Zeit an der Universität zu Paris als Lehrer der Theologie und Philosophie thätig war und sich dann, des weltlichen Treibens müde, als Mönch in die Augustinerabtei St. Victor zu Paris zurückzog, wo er bis zum Jahre 1186 die Stelle des Subpriors bekleidete und am 21. Nov. 1194 starb. Unter seinen Schriften, die er hauptsächlich während seines ruhigen Klosterlebens verfaßt zu haben scheint, ist sein Microcosmus, worin der Mensch als die Welt im Kleinen dargestellt und die Begründung seines wahren Glückes untersucht wird, wol die bedeutendste. Einen ähnlichen Zweck verfolgt sein Fons Philosophiae in vier Büchern und in leoninischen Versen, worin er den Satz durchführt, daß die wahre Philosophie nur in der Ausrottung der Laster und in der Erwerbung der Tugenden bestehe. Wir besitzen von ihm auch noch 52 Briefe, welche Edm. Martene und Urs. Durand (in ihrem Thesaurus novus anecdotorum. Paris 1717. fol. Tom. I. p. 494—555) herausgegeben haben. Die beiden bereits genannten und die übrigen ihm noch zugeschriebenen Werke (Canticum in Deiparam Virginem, Planctus Beatae Mariae Virginis, Praeconium de S. Augustino Episcopo in leoninischen Versen und Sermones in variis anni solemnitatibus) sind nicht gedruckt, haben sich aber in Handschriften erhalten *).
(*Ph. H. Külb.*)

GODEFREDUS (Gotfrid) von Viterbo, einer der fleißigsten Geschichtschreiber des 12. Jahrh., jedenfalls ein geborener Teutscher, da er selbst seinen Namen Gotfrid auf eine Weise erklärt, wie man es nur von einem Teutschen voraussetzen kann [1]). Den Beinamen von Viterbo führt er von seiner Anstellung und von seinem längeren Aufenthalte in dieser Stadt; er ist aber keineswegs hier geboren, wie man zu beweisen sich vergebens bemüht hat [2]). Vermuthlich war er ein Sachse, da er die Sachsen vor allen anderen und ganz besonders den Erzbischof Wichmann von Magdeburg lobt, dagegen beruht wol die Annahme, daß er zu Wittenberg geboren sei, nur auf einem die Namen der Städte Viterbo und Wittenberg verwechselnden Versehen [3]). Gewiß ist, daß Gotfrid seine erste wissenschaftliche Bildung und namentlich seinen Unterricht in der Grammatik zu Bamberg erhielt [4]). Nach der Beendigung seiner Studien kam er frühzeitig (um 1150) an den Hof und lebte hier als Kaplan und Notar Konrad's III., Friedrich's I. und Heinrich's VI.; daß er aber Erzieher des Letzteren war, ist eine gewagte Vermuthung [5]), die nur auf der Ueberlieferung beruht, daß Friedrich seine Kinder sorgfältig erziehen und unterrichten ließ. Da er seiner Stellung gemäß stets dem Hofe folgte, so befand er sich im J. 1160 mit dem Kaiser in Italien und im J. 1162 in Burgund. Im J. 1167 nahm er wieder Theil an dem

---

*) Histoire littéraire de la France. Tom. XXI. p. 456 seq. Biographie générale. Tom. XX. p. 29.

†) J. G. Th. Gräße, Lehrbuch der allgemeinen Literärgeschichte. 2. Bd. Abtheil. III. S. 636. Biographie générale. Tom. XIX. p. 661.

*) Cas. Oudin, Commentarius de Scriptoribus ecclesiasticis. Tom. II. p. 1566 seq. Histoire littéraire de la France. Tom. XV. p. 68. Biographie générale. Tom. XX. p. 18.

1) Nomen authoris libri est *Gotfridus*, quod interpretatur Pax Dei; in lingua namque teutonica *Got* dicitur Deus et *Frid* dicitur Pax. Prooem. ad Panth. p. 10 ed. *Struv.* 2) Besonders Ludw. Ant. Muratori in der Vorrede zu seiner Ausgabe des Pantheon (Script. rer. Ital. Tom. VII. p. 349). Er stützt sich hauptsächlich darauf, daß Gotfrid sich in der Dedication seines Pantheons einen Priester von Viterbo (Viterbiensis sacerdos) nennt, wodurch er aber keineswegs seinen Geburtsort bezeichnen will. 3) Welches Baronius (Annal. eccles. ad ann. 1186. §. 14) zuerst begangen zu haben scheint. 4) Er sagt selbst in seinem Pantheon P. XVII (p. 330. 331 ed. *Struv.*): „Cetera de ... civitate et ecclesia Babenbergensi ego, qui ibi prima documenta grammaticae artis didici, tanquam eorum alumnus versibus explicavi.

Laude vacans ista recolo mihi tempora prisca,
Prisca fuit puero mihi Babenberga magistra,
Mente sua quae didicit, reddit amica tibi."

5) Welche W. Wattenbach (Deutschlands Geschichtsquellen S. 357) enthält.

italienischen Feldzuge, der durch die in diesem Jahre um sich greifende Pest ein so trauriges Ende nahm und Gotfrid selbst in die Gefangenschaft des Markgrafen von Montferrat brachte, welcher ihn ungebührlich behandelte, aber dafür nicht, wie der Kaplan es wünschte, gezüchtigt worden zu sein scheint [6]). In den Jahren 1174—1177 hielt sich Gotfrid wieder in Italien auf und war Kanonikus zu Verona. Zuletzt erhielt er eine feste Stellung zu Viterbo an der Kirche der dortigen Kaiserpfalz, welche aber nicht sehr einträglich gewesen zu sein scheint, denn er lobt zwar den Ort wegen seiner angenehmen und gesunden Lage, klagt aber zugleich, daß für die alten Diener des Kaisers, welche hier von ihren Anstrengungen ausruhen sollen, nicht besser gesorgt werde. Er starb wahrscheinlich bald nach dem Jahre 1190. Gotfrid scheint erst in seinen alten Tagen als pensionirter Kaplan an der Hofkirche zu Viterbo sich mit der Bearbeitung des Materials befaßt zu haben, welches er in einem Zeitraume von 40 Jahren auf seinen Reisen in den Bibliotheken verschiedener Länder aus den Mittheilungen seiner Zeitgenossen und aus seinen eigenen Erlebnissen eingesammelt hatte, wobei ihm die Kenntniß der griechischen, römischen, hebräischen und mehrer neueren Sprachen, sowie seine Stellung am Hofe und der Umgang mit den bedeutendsten Männern seiner Zeit gute Dienste leisteten [7]). Vor Allem scheint er eine Chronik geschrieben zu haben, die sich aber nicht erhalten hat, das früheste Werk, welches wir von ihm besitzen, ist ein aus 1221 Versen bestehendes Gedicht über die Thaten des Kaisers Friedrich in Italien, welches manche bei den andern Historikern fehlende Mittheilungen über den verunglückten Feldzug von 1167 und über die Verheerungen, welche die Pest in dem Heere anrichtete, enthält, die um so schätzbarer sind, da der Erzähler als Augenzeuge spricht. Das im J. 1181 verfaßte Gedicht (Carmen de gestis Friderici I in Italia), dessen bei den gleichzeitigen Schriftstellern nirgends Erwähnung geschieht, wurde von B. J. Docen in einer Handschrift der Staatsbibliothek zu München, welche früher dem bekannten Chronisten Hartmann Schedel angehörte, entdeckt [8]) und von Ficker (Innsbruck 1853. 8.) herausgegeben [9]). Ein Zweifel an der Echtheit dieses Gedichtes kann nicht obwalten, da Gotfrid beinahe 200 Verse desselben in seine späteren Werke aufgenommen hat und in seinem Pantheon klar darauf hindeutet [10]); auch die Zeit der Abfassung ergibt sich aus einer Stelle desselben [11]). Im J. 1185 beendigte der fleißige Historiker ein umfassenderes Werk unter dem Titel: Memoria Saeculorum, welches eine in Versen geschriebene allgemeine Geschichte von der Erschaffung der Welt bis zum 35. Regierungsjahre Friedrichs I. enthält und zwar in derselben Ordnung, wie das Pantheon, doch sind die Verse bald mehr, bald weniger, bald andere. Die Zeit, zu welcher Gotfrid dieses Werk abschloß, gibt er selbst in der Dedication an Heinrich VI. an [12]), in welcher er auch sehr interessante Nachrichten über sein Leben, seine Stellung am Hofe, seine Reisen und seine Studien mittheilt. Diese Grundlage der übrigen Werke Gotfrid's ist bis jetzt nicht gedruckt, doch sind mehre gute Handschriften derselben bekannt, von denen sich eine, ein Autographon des Verfassers, zu Paris und eine andere zu Montpellier befindet [13]). Der Verfasser machte aus diesem größeren Werke einen Auszug, welchem er den Titel: Spiegel der Könige (Speculum regum) gab, der aber nur bis zu dem Tode Karl's des Großen reicht und zur Einübung in den Schulen bestimmt war, wie aus der Dedication an Heinrich VI. hervorgeht [14]); er ist übrigens sehr mager und gehaltlos, hat aber das Eigenthümliche, daß dem versificirten Texte ein erklärender Commentar in Prosa beigegeben ist. Auch dieser Spiegel der Könige ist nicht gedruckt, man findet aber Handschriften desselben zu Wien und München [15]). Den vollständigen Text der Memoria saeculorum unterwarf Gotfrid einer theilweisen Umarbeitung und schob zwischen die metrischen Abschnitte prosaische Bemerkungen ein, die großen Theils aus Otto von Freising genommen sind. Dieses Werk,

6) Darauf bezieht sich wahrscheinlich eine Aeußerung in dem Pantheon (P. XVII. p. 356 ed. *Struv.*):

Si mea vincla prius subito punita fuissent,
Nulla Moguntini tibi capitio damna dedissent,
Crimina nam fieri regia poena facit.

Daß aber Gotfrid auch von Christian, dem Erzbischofe von Mainz, einige Zeit gefangen gehalten worden sei, geht aus dieser Aeußerung keineswegs hervor. 7) Wie er selbst in seinem Pantheon (P. XVII. p. 344 ed. *Struv.*) bemerkt: „Hucusque tam ex libris Orosii quam Eusebii et aliorum, qui post eos scripserunt, auctoritatibus fulti, scripta nostra posuimus. Caetera autem, quae sequuntur, quia recentis memoriae et quasi nostrorum temporum sunt, nos ea nobis a viris probabilibus tradita et partim a nobis oculata fide conspecta et auribus nostris audita, quanto veracius possumus (favente Domino) lectoribus proponemus. Nos, qui Gotfridum, hujus libri auctorem, capellanum et notarium fuisse regis Conradi tertii et Friderici Imperatoris et filii ejus Henrici sexti, quorum temporibus haec omnia eis utrisque mire per annos quadraginta sum perscrutatus ex omnibus armariis et latinis et barbaris et graecis et judaicis et chaldaicis."

8) Vergl. Archiv der Gesellschaft für ältere deutsche Geschichte. 4. Bd. S. 569 fg. 9) Der Text ist übrigens noch sehr fehlerhaft; einige Verbesserungen gibt das Literarische Centralblatt. 1853. Nr. 9. S. 136. Eine zweite Handschrift hat sich bis jetzt nicht gefunden. 10) „Alibi de actibus ejus (Friderici I.) omnia fere principalia, quae gessit in Italia, versifice dictata posuimus, ubi de Mediolani destructione et de aliis satis compendiose narramus." Pantheon P. XVII. ed. *Struv.* p. 361. 11) Bei der Notiz: Quot annis vixerit Alexander in schismate, et quot in pace, heißt es: „Annis bis binis sub pacis tempore vixit," seit 1177 nämlich, also ist das Gedicht im J. 1181 verfaßt. 12) „Anno Domini nostri Jhesu Christi 1185 incipit liber memorie seculorum compositus a Gotifredo Viterbiensi transmissus domino Henrico sexto Romano imperatori." 13) Archiv der Gesellschaft für ältere deutsche Geschichtskunde. 7. Bd. S. 559—569. 11. Bd. S. 272 fg. Die Mittheilung der Dedication, welche Nachrichten über Gotfrid's Leben enthält, wäre sehr verdienstlich gewesen. 14) „Si placet, in puerorum scolis facias legitari, quam sit honestius, historias regum atque imperatorum, quibus mundus [illegible] et ornatur, animo puerorum [illegible] imprimere, quam fabulas Coridonis vel [illegible] memoriae commendare." 15) Archiv der Gesellschaft für ältere deutsche Geschichtskunde. 7. Bd. S. 560—564.

welches er im J. 1186 beendete und dem Papste Urban III. widmete, nannte er Pantheon, wahrscheinlich weil es von allen Fürsten, den Göttern der Erde, spricht. Man hat früher geglaubt, diese Ueberschrift rühre von den spätern Abschreibern her und der eigentliche Titel habe Memoria saeculorum geheißen [16]), beide Werke sind aber, wie man sich aus der genauern Ansicht der Handschriften überzeugt hat, wesentlich verschieden. Das Pantheon, welches aus 20 Abschnitten besteht und bis zum Jahre 1186 reicht, wurde zuerst von Joh. Herold aus einer nicht mehr vorhandenen fuldaer Handschrift herausgegeben (Basileae 1559. fol.) und ist in allen Ausgaben der von J. Pistorius gesammelten: Illustres veteres scriptores, qui rerum a Germanis gestarum historias vel Annales posteris reliquerunt. (Francof. 1583. fol. Hanov. 1613. fol. Ratisbon. 1726. fol.) Vol. II. p. 1 seq. abgedruckt in der dritten von Burk. Gotth. Struve besorgten Ausgabe mit Varianten, welche ihm der bekannte Historiker J. D. Köhler aus einer nürnberger Handschrift mittheilte und mit Anmerkungen J. M. Schamel's. Die letzten, auch auf die Geschichte Italiens bezüglichen Abschnitte (vom 16. an) nahm L. A. Muratori in seine Scriptores rerum Italicarum (Tom. VII. p. 353—519) auf. Gotfrid unterwarf das Pantheon nochmals einer Durchsicht; er begann diese zweite Ausgabe gegen Ende des Jahres 1187 und widmete sie dem Papste Gregor VIII. und dem Kaiser Heinrich VI., beendigte sie aber erst unter der Regierung Clemens' III. und Friedrich's I. im Sommer des Jahres 1190, wie aus einer von ihm selbst beigefügten Bemerkung hervorgeht [17]). Sie unterscheidet sich von der ersten Ausgabe weniger durch Zusätze, als vielmehr durch Auslassungen und kürzere Bearbeitung, vorzüglich aber durch eine übersichtliche Einleitung, durch eine vielfach umgestaltete Vorrede, durch den Mangel einer Zerfällung des Werks in ineinander greifende Abtheilungen und durch beinahe durchgängige Verschiedenheit der für die einzelnen Textabsätze gebrauchten Rubriken und Ueberschriften. Handschriften dieser zweiten Ausgabe sind nicht selten und finden sich in vielen Bibliotheken, namentlich zu Paris, München, Würzburg, Prag und Venedig [18]). — Der geschichtliche Werth dieser Chronik in allen ihren Umarbeitungen ist äußerst gering und die Darstellung überaus geschmacklos. Die poetische Form ist eine dem Verfasser eigenthümliche, indem je zwei gereimte Hexameter mit einem Pentameter abwechseln [19]), ein seltsames Reimgebäude, wodurch er auf der einen Seite das Sylbenmaß der römischen Sprache beliebig verrenkt und verletzt und doch auf der anderen Seite die Schönheiten der gereimten Versarten des Mittelalters nirgends zu erreichen vermag und woraus außerdem der unklare, verschrobene Ausdruck in allen versificirten Theilen des Werkes entspringt. Ueberdies zeigt diese Behandlungsweise der Geschichte noch den Nachtheil, daß sie eine Menge von Fabeln, wie den Kreuzzug Karl's des Großen, allerlei Sagen über die Ottonen und Anderes dieser Art in sich aufnimmt und dadurch einen höchst schädlichen Einfluß auf die spätern Chronisten Teutschlands und Italiens ausübte, indem Gotfrid's Werk die weiteste Verbreitung fand und was in seinen Versen mehr als bloße Erfindung oder Ausschmückung erscheint, später, in Prosa umgesetzt, sich als geschichtliche Thatsache geltend zu machen suchte. Eine Ausnahme macht jedoch das Gedicht über die Thaten des Kaisers Friedrich in Italien, welches den Feldzug von 1167 und insbesondere den eiligen, in völlige Flucht übergehenden Rückzug und die Verheerungen der Pest mit anschaulicher Lebendigkeit und der Wahrheit gemäß schildert und unter den Schriften Gotfrid's fast die einzig historisch brauchbare ist [20]).

(*Ph. H. Külb.*)

GODEFREDUS von Cambrai, Prior von Winchester (Wintonensis), lateinischer Dichter des 12. Jahrh., von dessen Lebensverhältnissen wir nur dürftige Nachrichten besitzen. Er war zu Cambrai geboren, trat als Mönch in das dem Benedictinerorden angehörende Kloster des heiligen Schwindin zu Winchester, wurde später Prior desselben, erwarb sich als solcher (1082—1100) durch das Hospiz, welches er in seinem Kloster für Reisende einrichtete, großen Ruhm und starb im J. 1107, nach Anderen aber erst im J. 1141, welche Angabe jedoch nicht wahrscheinlich ist. Er versuchte sich in verschiedenen Dichtungsarten und beschäftigte sich eifrig mit Martial, welchen er nicht ohne Glück nachahmte. Seine sämmtlichen Gedichte (Epigrammata satyrica; Disticha moralia; Tetrasticha moralia; Octosticha moralia; De Primatum Angliae laudibus; De diversis hominum moribus und Nummi descriptio), sowie auch seine sehr anziehend geschriebenen Briefe (Epistolae familiares) sind noch nicht gedruckt, aber in guten Handschriften in mehren Bibliotheken Englands vorhanden. Eine mit Umsicht und Geschmack getroffene Auswahl seiner Werke dürfte nicht überflüssig sein [*]). (*Ph. H. Külb.*)

16) Ludw. Ant. Muratori in der Vorrede zu Gotfrid in den Script. rer. ital. Tom. VII. p. 350. 17) Incipit liber pantheon gotifredi .... finitus autem est anno domini M. C. XC. 18) Vergl. Archiv der Gesellschaft für ältere deutsche Geschichtskunde. 7. Bd. S. 570 fg. 11. Bd. S. 332 fg. 19) Als Probe diene, was der Verfasser über die Reise Karl's des Großen nach Jerusalem sagt (Pantheon P. XVIII. p. 313 ed. Struv.):

Carolus Augustus quodam sacratus honore,
Inde Hierosolymam subiit cum pace laborans,
Jam crucis similitudine solvere vota volens.
Visitat illorum vestigia sancta locorum,
Qua manet, qua passus erat deus ipse deorum,
Qua tulit aethereum virgo Maria thorum.
Rex ibi adoravit, Jordane lavandus hiavit,
Rebus honoravit regalia munera David,
Tunc regnum Siculi nave reversus adit.

20) Vergl. die Einleitungen zu den Ausgaben des Pantheon von Struve und Muratori. J. G. Th. Gräße, Handbuch der Literärgeschichte. 2. Bd. Abth. III. S. 1024 fg. W. Wattenbach, Deutschlands Geschichtsquellen im Mittelalter (Berlin 1858. 8.) S. 357 fg.

*) Cas. Oudin, Commentarius de scriptoribus ecclesiasticis. Tom. II. p. 1002 seq. Histoire littéraire de la France. Tom. IX. p. 552.

GODEFREDUS (auch Gaufridus und Galfridus) de Winesalf oder Vinesauf (de Vino salvo), ein lateinischer Dichter des 13. Jahrh., um das Jahr 1170 in England von normännischen Aeltern geboren, erhielt, da er wahrscheinlich einer sehr reichen und angesehenen Familie angehörte, eine vorzügliche Erziehung, machte nach der Beendigung seiner Studien zu seiner weiteren Ausbildung eine Reise durch Frankreich und folgte dann, von der Begierde, fremde Länder zu sehen, getrieben, im J. 1190 dem Könige Richard auf dem Kreuzzuge nach Palästina. Auf der Heimreise wurde er während seines Aufenthaltes zu Rom von dem Papste Innocenz III. mit Auszeichnung behandelt und begab sich dann nach Bologna, wo er, wie man aus einer Andeutung zu seiner Poetik schließen zu dürfen glaubt [1]), längere Zeit die schönen Wissenschaften lehrte. Später kehrte er in sein Vaterland zurück, wo er sich mit der Poesie und mit wissenschaftlichen Arbeiten beschäftigte, insbesondere aber wendete er seine Aufmerksamkeit der Naturgeschichte und Cultur der Weinrebe und der Bereitung und Aufbewahrung der Weine zu, wie sein diesen Gegenstand behandelndes Werk (De modo inserendi arbores aromaticas, fructus conservandi, vina et vites cognoscendi, vina inversa seu deteriora reformandi et restituendi, tam pro sanis quam pro infirmis, acetum mutandi et conditiones cujuscunque vini et ceterorum liquorum pretiosorum et pigmentorum faciendi), welches bis jetzt nicht gedruckt ist, aber sich handschriftlich in der Universitätsbibliothek zu Cambridge befindet und sein Beiname Winesauf, den er wol von seiner liebsten Beschäftigung ableitete, zur Genüge beweisen. Er erreichte ein hohes Alter, denn er muß noch im J. 1245, in welchem auf dem Concilium zu Lyon den Cardinälen erlaubt wurde, den rothen Hut zu tragen, gelebt haben, da er in einem seiner Gedichte diese Neuerung erwähnt. Manche wollen freilich dieses aus 1026 elegischen Versen bestehende und Innocenz III. (1198—1216) gewidmete Gedicht (Carmen de statu curiae Romanae), welches zuerst Matth. Francowitz (Flacius Illyricus) als eine Satyre gegen den päpstlichen Stuhl (in seinem Sammelwerke: De corrupto ecclesiae statu. Basil. 1557. 8. p. 418—434) und J. Mabillon als eine Apologie desselben ohne den Namen des Verfassers (in seinen Analecta vetera. Paris. 1685. 8. Vol. IV. p. 535 seq., nov. ed. Paris. 1723. fol. p. 369 seq.) herausgegeben haben [2]). Godefredus von Winesalf absprechen, der von ihnen vorgebrachte Grund, daß der Verfasser das Gedicht in seinem 75. Jahre müßte geschrieben haben, ist jedoch kein hinreichender Beweis, da dieses Machwerk durchaus keine jugendliche Phantasie verräth. Unter den übrigen poetischen Werken des Godefredus fand seine Poetik (Poetria nova sive carmen de arte dictandi, versificandi et transferendi), ein aus 2188 Hexametern bestehendes, zugleich gegen kirchliche Misbräuche gerichtetes Gedicht, den größten Beifall und die größte Verbreitung, wie die noch in bedeutender Anzahl vorhandenen Handschriften desselben beweisen. Es ist ebenfalls Innocenz III. gewidmet und enthält die allgemeinen Regeln der Dichtkunst, schärft aber vor Allem den Dichtern ein, den gewählten Gegenstand erst nach allen Seiten hin zu erwägen und zu durchdenken, ehe sie die Feder ergreifen [3]). Im Allgemeinen ist das Machwerk sehr langweilig und in einem schlechten, gekünstelten Style geschrieben und nur deshalb beachtenswerth, weil es anderen Dichtern des 13. Jahrh. als Muster diente und nachtheilig auf den Geschmack einwirkte. Es hat drei Sylloge, von denen der erste den Papst Innocenz III. preist, der zweite, an den teutschen Kaiser gerichtete, um die Freilassung des Königs Richard bittet und der dritte sein Werk dem Bischofe Wilhelm von Canterbury empfiehlt. Früher wurden diese Sylloge für besondere Gedichte gehalten und der zweite wurde unter dem Titel: Ad Caesarem Henricum de liberando Richardo rege von Th. Gale (in den Scriptores Historiae Anglicanae. Oxon. 1687. fol. Tom. II. p. 430) herausgegeben. Andere Bruchstücke des Gedichtes machten Matth. Francowitz (in dem bereits angeführten Werke: De corrupto ecclesiae statu p. 394 seq.), J. Selden (Praef. ad X Script. Angl. p. XXXIX seq.; auch in seinen Opp. Tom. II. p. 1166) und Hahn (in der Sylloge Monument. Tom. I. Praef.) bekannt, der letztere als Theile eines Gedichtes unter dem Titel: Ars dictaminis, welches aber kein anderes ist, als die Poetria nova, welche in manchen Handschriften diese Ueberschrift führt. Eine vollständige Ausgabe lieferte zuerst Polycarp Leyser (in der Historia Poetarum et Poematum medii aevi. Halae Magdeb. 1721. 8. p. 862—978) und in einem besonderen Abdrucke (Helmstad. 1724. 8.). Für die Geschichte ist, da der Verfasser als Augenzeuge spricht, nicht unwichtig das Gedicht über den Kreuzzug des Königs Richard (Historia seu itinerarium Richardi Anglorum regis in Terram sanctam ab anno 1177 ad 1190), welches zuerst J. Bongars (in den Gesta Dei per Francos. Hannov. 1611. fol. Tom. I. p. 1150 seq.) nach einer unvollständigen und verstümmelten Abschrift, Th. Gale aber (in den Scriptores Historiae anglicanae. Tom. II. p. 247) nach einer besseren Handschrift herausgab; zugleich theilte dieser auch eine Elegie auf Richard (Carmen elegiacum in Richardi gloriosi regis laudem) mit, schrieb aber beide Gedichte, jedoch ohne hin-

1) Vergl. *Girol. Tiraboschi*, Storia della letteratura italiana. Tom. VIII. p. 316. 2) Gute Varianten zu diesem Gedichte liefert Polycarp Leyser in seinem Werke: De corrupto ecclesiae statu (Basil. 1557. 8.) p. 979—986.

3) Die betreffende Vorschrift mag hier zugleich als Probe der Behandlungsweise und des Styls eine Stelle finden:

Si quis habet fundare domum, non currit ad actum
Impetuosa manus; intrinseca linea cordis
Praemetitur opus, seriemque sub ordine certo
Interior praescribit homo, totamque figurat
Ante manus cordis, quam corporis et status ejus,
Et prius archetypus quam sensilis. Ipsa poesis
Spectet in hoc speculo; quae lex sit danda poetis:
Non manus ad calamum praeceps, non lingua sit ardens
Ad verbum .....

reichenden Grund, Walther von Coutances zu. Andere von den Litterarhistorikern angegebene Werke des Godefredus (Medulla grammaticae oder De arte dicendi seu de praeceptis dialecticis et rhetoricis liber; De rebus ethicis liber; De promotionibus et persecutionibus Galfridi Eboracensis episcopi) sind bis jetzt nicht herausgegeben und es läßt sich deshalb kein Urtheil über ihren Werth und über ihre Echtheit fällen, doch dürfte kein Nachtheil für die Wissenschaft daraus erwachsen, wenn die Handschriften derselben in den Bibliotheken Englands, wo sich die meisten befinden, ungedruckt liegen bleiben [1]). (*Ph. H. Külb.*)

GODEFRIDI (Peter), theologischer Schriftsteller, im J. 1492 zu Antwerpen geboren, trat nach der Beendigung seiner Studien in die Congregation der zu dem dritten Orden des heiligen Franziskus gehörenden Begharden in seiner Vaterstadt, ward zuerst Prior in dem dortigen Kloster und später General der Congregation. Er war ein ebenso frommer als gelehrter Mann und stand bei seinen Zeitgenossen in so hoher Achtung, daß ihn der Erzbischof von Cambrai zu seinem Suffragan erwählte, welche Stelle er jedoch entschieden ablehnte. Mit desto größerem Eifer besorgte er aber die Geschäfte seines Ordens und ging einige Male in Angelegenheiten desselben nach Rom. Er hielt sich stets, wenn er nicht in Amtsgeschäften abwesend sein mußte, in seinem Kloster zu Antwerpen auf und starb daselbst im J. 1558. Er versuchte sich auch als ascetischer Schriftsteller und seine Werke, welche jetzt freilich vergessen sind, fanden früher viele Leser. Als die bedeutendsten derselben gelten: Desertum seu eremus Domini, de quadraginta mansionibus in solitudine (Antverp. 1561. 8.); Chlamis Sponsi, sive de interna imitatione vitae et crucis Christi (Antverp. 1563. 8.); Panis Angelorum sive de SS. Sacramento Altaris (Lovanii 1552. 8.); Concio de Resurrectione Salvatoris nostri (Antverp. 1551. 8.) und Thalamus Sponsi, d. i. Ruhe-Bettlein des allerliebsten Bräutigams Jesu Christi. (Cöln 1725. 12.) Alle zeichnen sich durch tiefe Frömmigkeit aus, neigen aber ein wenig zur Mystik hin*). (*Ph. H. Külb.*)

GODEFROY (Jacques), Sieur de la Commune, französischer Rechtsgelehrter, um die Mitte des 16. Jahrh. zu Carentan (im jetzigen Departement der Manche) geboren, war Rechtsanwalt in seiner Vaterstadt und zeichnete sich nicht nur durch seine genaue Kenntniß der Gesetze, sondern auch durch große Rednergabe und eine scharfe, von seinen Gegnern gefürchtete Dialektik aus. Er starb im J. 1624 zu Carentan. Von der umfassenden Kenntniß der in seinem Vaterlande geltenden Gesetze und hergebrachten Gebräuche zeugen seine Commentaires sur la Coûtume reformée du pays et duché de Normandie, welche erst nach seinem Tode von seinem Neffen, dem Parlamentsadvocaten J. Godefroy (Rouen 1626. fol. 2 Voll.), herausgegeben wurden*). (*Ph. H. Külb.*)

GODEFROY (John), Kupferstecher und Maler, im J. 1771 zu London von französischen Aeltern geboren, kam frühzeitig nach Frankreich und erhielt von J. B. Simon seinen Unterricht in der Kunst. Er ließ sich zu Paris nieder, wo er auch im J. 1834 starb. Seine Arbeiten ernteten großen Beifall, da sie sich durch geniale Auffassung und echt künstlerische Behandlung des Gegenstandes auszeichneten. Seine vorzüglichsten Kupferstiche sind nach Gerard das Bildniß des Generals Bonaparte (1798), das Bildniß der Madame Barbier de Walbonne (1799), welches auf der Ausstellung von 1800 einen Preis erster Classe davontrug, Amor und Psyche (1802), eines seiner werthvollsten Blätter, Ossian im Mondscheine mit der Harfe am Bache in Grabstichel- und Punzenmanier (1804), das Bildniß O'Connor's, die Schlacht von Austerlitz (1812) und die Blätter für Didot's Ausgabe des Romans Daphnis und Chloe, nach Chaudet Aeneas (1809), die Allegorie auf den Ruhm Bonaparte's, Carlin's Erziehung in punktirter Manier und der Abend, nach Rafael das Bildniß Balthasar Castiglione's und St. Michael, nach Schalke der falsche Schein und die Gefahr der Uebereilung, nach Aubert die acht Geliebten Rafael's in acht Blättern, nach Isabey das Bildniß des ersten Consuls Bonaparte zu Malmaison, das Bildniß der Maria Louise und der Congreß zu Wien (1819), nach Collet die von Amor gelegte Schlinge, nach C. Vernet der Sturz des Hippolyt in Grabstichel- und Punzenmanier (1803) und die Rückkehr vom Streifzuge (1807), nach Baltard die Cascaden von Tivoli, eine große Landschaft, nach Correggio Jupiter und Antiope (1808), nach Annibal Carracci Christus auf dem Schooße der heiligen Jungfrau (1806), nach Madame Villers die Treue, nach einem eigenen Gemälde die Erkenntlichkeit und nach E. Devéria eine bretagnische Familie nach einer Feuersbrunst (1837), sein letztes Werk †). (*Ph. H. Külb.*)

GODEFROY (Pierre), französischer Rechtsgelehrter, am Anfange des 16. Jahrh. geboren, von dessen Lebensverhältnissen man weiter Nichts weiß, als daß er königlicher Sachwalter in Glaubensangelegenheiten an dem Inquisitionstribunale zu Carcassonne war und daselbst im J. 1557 zum Oberrichter der unteren Stadt ernannt wurde. Er starb am 19. Dec. 1573. Unter seinen Schriften fanden sein: Dialogus de Amoribus tribus libris distinctus (Lugd. Batav. 1546. 16.), welcher in vielen Auflagen (Lugd. 1552. 16. Antverp. 1554. 16. Lugd. 1564. 8. und öfter) verbreitet wurde und seine Sprüchwörtersammlung (Proverbiorum liber. Paris. 1553. 8.), welche auch vielen Ausgaben der Adagien des Erasmus von Rotterdam angehängt ist.

1) Vergl. *Cas. Oudin*, Commentarius de scriptoribus ecclesiasticis. Tom. II. p. 1677 seq. J. G. Th. Gräße, Lehrbuch der Literärgeschichte. 2. Bd. Th. 2. S. [illegible] fg. Biographie universelle. Tom. XVI. p. 796 seq. Biographie générale. Tom. XX. p. 25 seq.

*) Vergl. *Valer. Andreas* Bibliotheca belgica (Lovanii 1643. 4.) p. 740 seq.

*) Biographie générale. Tom. XX. p. 906.

†) G. K. Nagler's Künstlerlexikon. [illegible] Bd. S. [illegible]. Biographie générale. Tom. XX. p. 907.

den meisten Beifall. Seine juristischen Schriften (Annotamenta in tractatus primi libri Justinianei Codicis de haereticis, ne s. baptisma iteretur de apostatis, nemini licere signum etc. Lugd. 1562. fol. Parisiis 1555. 8. und Remonstrance au Roy très-chrestien Charles IX, Roy de France. Paris 1569. 8.) sind weniger bekannt*). (*Ph. H. Külb.*)

GODEFROY (Denis), gewöhnlich Gothofredus (Dionysius) genannt, wurde 1549 in Paris geboren und stammte aus einer angesehenen Familie. Er besuchte nur niederländische und teutsche Universitäten, wahrscheinlich wegen der Religionskriege. Im J. 1585 wurde er Professor in Genf; eine Anstellung in der Nähe durch König Heinrich IV. von Frankreich war nicht von Dauer, sondern seit 1591 war er bis an seinen Tod 1622 abwechselnd in Straßburg und Heidelberg. Von seinen Büchern sind mehre der Rechtswissenschaft fremd, wie die Scriptores linguae latinae und Seneca. Auf die Rechtswissenschaft haben Bezug seine Ausgabe der griechischen Institutionenparaphrase des Theophilus, Genf 1587, und mehrmals, 1598, 1608, 1620, und seine Ausgabe des Manuale legum des Harmenopulos, Genf 1587 (über beide vergl. den Artikel Griechisch-römisches Recht), ganz besonders aber seine Ausgaben des Corpus juris civilis (vergl. den Artikel Corpus juris civilis). Niemand hat so vielerlei Ausgaben des Corpus juris civilis besorgt, als er, was wol durch buchhändlerische Verhältnisse seine Erklärung findet. Zuerst gab er dasselbe 1583 zu Lyon in Quart mit seinen Anmerkungen, besonders mit zahlreichen Parallelstellen, heraus; diese Anmerkungen sollten ungefähr in Ansehung der Schriftsteller des 15. und 16. Jahrh. das sein, was Accursius in Ansehung der Glossatoren gewesen war (vergl. die Artikel Corpus juris civilis und Glossae zum Corpus juris civilis). Außer vielen dazwischen fallenden Nachdrücken erschienen diese zum vierten Male in Folio und zum fünften Male überhaupt zu Genf 1624. Dann ließ er 1589 die Glosse mit eigenen Randanmerkungen dazu und mit allerlei Zusätzen von Brosse und Hennequin, welche einen sechsten Folianten ausmachten, zu Lyon drucken; die dritte Ausgabe dieser Art erschien daselbst 1612, Seite für Seite ein Nachdruck der Ausgabe von Cortius von 1576. Nach seinem Tode erschien noch 1627 eine Ausgabe zu Lyon 1627 in 6 Foliobänden, besorgt von Joh. Fehius (Fehn), die neueste und beste mit der Glosse überhaupt, welche Vieles aus Cujacius enthält. Endlich erschienen seit 1589 mehre Handausgaben ohne alle Anmerkungen unter dem Namen von Dion. Gothofredus. Die Auswahl der Lesarten ist schlecht. Daß der Name Corpus juris civilis vorher auf keinem Titelblatte einer Ausgabe vorkommt, hat den Fehler bei *Koch*, De ordine legum in Pandectis, 1784, welcher genauer von diesen Ausgaben spricht, veranlaßt, daß Gothofredus diesen Namen erfunden habe. (*C. W. E. Heimbach.*)

GODEFROY (Theodore), französischer Rechtsgelehrter und Geschichtsforscher, Sohn des berühmten Rechtsgelehrten Denis Godefroy, am 17. Juli 1580 zu Genf, wohin sich seine der Reformation huldigenden Ältern der Religionswirren wegen zurückziehen mußten, geboren, widmete sich, nachdem er in seiner Vaterstadt den vorbereitenden Unterricht genossen hatte, zu Straßburg dem Studium der Rechtswissenschaft und kam nach der Beendigung desselben im J. 1602 nach Paris, wo er dem Protestantismus entsagte und die katholische Religion annahm, worauf er als Anwalt bei dem Parlamente zugelassen wurde. Er erschien jedoch nur selten vor Gericht, da er sich vorzugsweise mit dem Studium der französischen Geschichte befaßte und in diesem Fache bald einen ausgebreiteten Ruf erlangte. Seine Schrift über den Vorrang der Könige von Frankreich vor den Königen von Spanien (Mémoire concernant la préséance des rois de France sur les rois d'Espagne (Paris 1613. 4. Ebend. 1618. 4. und bei Denis Godefroy's Histoire de Charles VI. Paris 1653. fol.) erwarb ihm eine Pension von 600 Livres, welche bereits im J. 1617 verdoppelt wurde. Durch seinen unermüdlichen Fleiß auf dem Felde der vaterländischen Geschichte verdiente er sich den allgemeinen Beifall und im J. 1632 erfolgte seine Ernennung zum Historiographen von Frankreich mit dem für jene Zeit bedeutenden Gehalte von 3600 Livres. Im J. 1634 wurde er als Rath an das Obergericht von Nancy versetzt mit dem Auftrage, die Urkunden der Archive der Provinz Lothringen zu erörtern und ein Verzeichniß derselben anfertigen zu lassen. Er entledigte sich dieses Geschäftes mit dem größten Eifer und schickte, wie ihm befohlen war, die wichtigsten Documente nach Paris. Nach der Beendigung dieser mühsamen Arbeit begleitete er im J. 1636 den Cardinal von Lyon auf den Congreß zu Cöln und im J. 1643 begab er sich als rechtskundiges Mitglied mit den königlichen Bevollmächtigten auf den Friedenscongreß zu Münster. Während desselben führte er ein genaues Tagebuch über die Verhandlungen, welches in die Bibliothek des Kanzlers Seguier überging, aber nicht veröffentlicht wurde. Schon beim Beginne des Congresses ernannte ihn der König zum Mitgliede des Staatsrathes und zum geheimen Rathe und nach dem Abschlusse des Friedens blieb er als königlicher Bevollmächtigter zu Münster, wo er am 5. Oct. 1649 starb. Er hat sich jedenfalls durch den unermüdlichen Fleiß, womit er alle ihm erreichbaren Materialien sammelte, große Verdienste um die französische Geschichte erworben, wenn auch die Bearbeitung derselben in Bezug auf die Darstellung Vieles zu wünschen übrig läßt, besonders verdient jedoch seine Sorgsamkeit, stets die Wahrheit aufzufinden und sie unumwunden mitzutheilen, um so mehr hervorgehoben zu werden, da sie bei den gleichzeitigen Geschichtschreibern nicht selten vermißt wird. Von seinem Fleiße geben seine zahlreichen literarischen Arbeiten hinlänglich Zeugniß; außer den bereits erwähnten sollen hier noch in chronologischer Reihenfolge angeführt werden: Traité de l'origine des Roys de Portugal, yssus en ligne masculine de la maison de France, qui regne aujourdhuy (Paris

*) Biographie générale. Tom. XX. p. [illegible].

1610. 4. 2. Ausg. ebend. 1612. 4. 3. Ausg. ebend. 1614. 4. 4. Ausg. ebend. 1616. 4. 5. Ausg. ebend. 1624. 4.), worin er die gewöhnliche Annahme, welche den Ursprung des Grafen Heinrich, des Begründers der portugiesischen Dynastie, von den byzantinischen Kaisern herleitet, widerlegt und dargethan wird, daß Heinrich von den alten Grafen von Burgund, den Nachkommen Hugo Capet's, welchem auch das französische Königshaus seinen Ursprung verdankt, abstamme. Entrevue de Charles IV., empereur, de son fils Wenceslas, roi des Romains, et de Charles V., roi de France à Paris l'an 1378, plus l'entrevue de Louis XII., roi de France et de Ferdinand, roi d'Aragon, à Savonne en 1507, avec des Mémoires concernant la dignité des rois de France. (Paris 1614. 4.) Histoire de Charles VI. et des choses mémorables advenues durant quarante-deux ans de son Regne, par Jean Juvenal des Ursins, Archevesque de Reims, mise en lumière par Th. Godefroy. (Paris 1614. 4., mit vielen Erläuterungen. Neue, mit ungedruckten Tagebüchern und andern geschichtlichen Actenstücken vermehrte Ausgabe von Denis Godefroy. Paris 1653. fol.) Histoire de Louis XII. et des choses advenues de son Regne depuis l'an 1498 jusqu'en 1515, par Claude de Seyssel, Jean d'Auton et autres Auteurs contemporains, mise en lumière par Th. Godefroy, avec des Notes et des Preuves. (Paris 1615. 4.) Histoire du Chevalier Bayard et de plusieurs choses mémorables advenues en France, en Italie, en Espagne, par un Auteur contemporain, avec des Remarques et des Annotations de Th. Godefroy (Paris 1616. 4. ebend. 1619. 4. Avec le Supplément à cette Histoire par Claude Expilly et les Annotations de Th. Godefroy, augmentées par Louis Videl. Grenoble 1651. 4.), die werthvollste Quelle für die Geschichte des Ritters Bayard. Histoire de Charles VIII. par Guillaume de Jaligny, André de la Vigne et autres Historiens de ce temps là, où sont découvertes les choses mémorables arrivées pendant ce Regne, depuis l'an 1483 jusqu'en 1498, mise en lumière par Th. Godefroy. (Paris 1617. 4. ebend. 1619. 4. Neue, mit vielen Zusätzen und wichtigen Documenten vermehrte Auflage von Denis Godefroy, dem Enkel des Herausgebers, Paris 1684. fol.) Le Cérémonial de France. (Paris 1619. 4.) Godefroy widmete, nachdem er diese erste Probe bekannt gemacht hatte, diesem Gegenstande fortwährend den angestrengtesten Fleiß, indem er das betreffende Material aus allen ihm erreichbaren Geschichtswerken, aus den Urkunden des Parlaments, der Rechnungskammer und des Stadthauses zu Paris und aus den Berichten der Ceremonienmeister, der Anführer von Gesandtschaften, der Secretaire des Königs, der Waffenherolde und anderer sich mit dem Ceremoniel befassenden Beamten sammelte, und war grade im Begriffe, eine zweite vermehrte Ausgabe dieses Werkes der Presse zu übergeben, als er den Befehl erhielt, nach Münster auf den Friedenscongreß zu gehen; sein Sohn Denis übernahm nun die Arbeit und besorgte die zweite Ausgabe unter dem Titel: Le Cérémonial François (Paris 1649. fol. 2 Voll.), ohne sie jedoch zu Ende zu führen, weshalb man die ältere neben ihr nicht entbehren kann[1]). Histoire du roi Louis XII. par Jean d'Auton, avec des notes et de preuves. (Paris 1620. 4.) Histoire de Messire Jean de Boucicaut, Mareschal de France, et de ses mémorables faits sous les Roys Charles V. et Charles VI. jusqu'en 1408, escripte du vivant du dict Mareschal et mise en lumière par Th. Godefroy. (Paris 1620. 4.) Histoire du Roy Louis XII., Père du Peuple, et des plusieurs choses mémorables advenues en France et en Italie, jusqu'à l'an 1510, par Jean de S. Gelais, mise en lumière avec les Traités et Actes, qui concernant cette Histoire, par Th. Godefroy. (Paris 1622. 4.) Histoire d'Artus III., duc de Bretagne, connétable de France. (Paris 1622. 4.) De la véritable Origine de la Maison d'Autriche (Paris 1624. 4.), worin der Verfasser durch Urkunden aus dem Archive der Abtei Engelberg in der Schweiz nachweist, daß das Haus Oesterreich nicht von Meroväus, sondern von dem Grafen Werner III. von Habsburg abstammt. Généalogie des Ducs de Lorraine, fidèlement recueillie de plusieurs histoires et titres authentiques (Paris 1624. 4.), worin der Beweis geführt wird, daß das Haus Lothringen seinen Ursprung nicht von Karl dem Großen, sondern von Gerard von Elsaß herzuleiten hat. L'ordre et les cérémonies du double mariage conclu en 1615 entre la France et l'Espagne. (Paris 1627. 4.) Généalogie des Comtes et Ducs de Bar jusqu'à Henri, Duc de Lorraine et de Bar en 1608, recueillie des titres et histoires anciennes, par Th. Godefroy. (Paris 1627. 4.) Vie de Messire Guillaume Marescot, Conseiller d'État, in den Opuscules tirés des mémoires d'Ant. Loisel par Cl. Joly. (Paris 1652. 8.) Traité touchant les droits du roy très-chrestien sur plusieurs États et seigneuries possedés par plusieurs princes voisins (Paris 1655.

1) Der erste Band enthält: Les Cérémonies observées en France aux Sacres et Couronnemens de Roys et Reynes et de quelques anciens Ducs de Normandie, d'Aquitaine et de Bretagne, comme aussi à leurs Entrées solennelles et à celles d'aucuns Dauphins, Gouverneurs de Provinces et autres Seigneurs dans diverses villes du Royaume. Der zweite Band: Les Cérémonies observées en France aux Mariages et Festins, Naissances et Baptesmes, Majoritez des Roys, Estats Généraux et Particuliers, Assemblées des Notables, Licts de Justice, Hommages, Sermens de Fidelité, Receptions et Entrevues, Sermens pour l'observation des Traitez, Processions et Te Deum; der dritte Band, welcher enthalten sollte: Les Chevaleries, Pompes funèbres et quelques autres matières, avec un Recueil de divers Traitez, Discours et Actes de préséances, Pièces justificatives, Raisons alleguées, Protestations, Decisions de rangs, Arrêts rendus à ce sujet et les Règles et Maximes principales en fait de cérémonies, erschien nicht, weil der Herausgeber so viele und so bedeutende Widersprüche erfuhr, daß er es vorzog, das Werk unbeendigt zu lassen. Beide Ausgaben sind übrigens jetzt selten geworden. Vergl. *Dav. Clement*, Bibliothèque curieuse historique et critique. Tom. IX. (Lips. 1760. 4.) p. 199 seq.

fol.), welches Werk zwar auf dem Titel den Namen Dupuy trägt, aber, wenigstens zum größten Theil, Th. Godefroy angehört. Außerdem hinterließ Godefroy noch eine Reihe umfangreicher Handschriften, unter welchen sich eine Sammlung der Lits de justice depuis l'an 1364 jusqu'en 1627 (4 Voll. fol.) und eine Table alphabétique des Registres du Parlement depuis l'an 1378 jusqu'en 1627 befinden. Sie bestehen aus 88 Bänden und werden in der kaiserlichen Bibliothek zu Paris aufbewahrt [3]). (*Ph. H. Külb.*)

GODEFROY (Jacques), französischer Rechtsgelehrter, der jüngere Bruder Theodore Godefroy's, am 13. Sept. 1587 zu Genf geboren, blieb dem von seinen Aeltern angenommenen Calvinischen Glaubensbekenntnisse und ihrem Adoptivvaterlande getreu und widmete sich der Jurisprudenz, worin er seinen berühmten Vater noch weit übertraf. Nach der Beendigung seiner Studien ließ er sich als Anwalt in seiner Vaterstadt nieder und erwarb sich hier durch seine Kenntnisse und sein Wirken bald einen so großen Ruf, daß er im J. 1619 zum Professor der Rechtswissenschaft ernannt wurde. Er entsprach in dieser Stellung vollständig den von ihm gehegten Erwartungen und unter seiner Leitung bildete sich eine bedeutende Anzahl vorzüglicher Rechtsgelehrten, welche den Ruhm ihres Lehrers weithin verbreiteten. Im J. 1622 in den Rath der Sechzig gewählt und im J. 1629 in den kleinen Rath berufen, versah er fünf Jahre hindurch die Functionen eines Staatssecretairs und gelangte im J. 1637 zur Stelle des Syndicus, dem höchsten Amte der Republik, welches er darauf noch dreimal (in den Jahren 1641, 1645 und 1649) bekleidete. In der Zwischenzeit berief ihn das Vertrauen seiner Mitbürger zu verschiedenen diplomatischen Sendungen nach Frankreich, Piemont, Deutschland und nach verschiedenen Theilen der Schweiz und er erledigte sich derselben, besonders der wichtigen Sendung an den Hof Ludwig's XIII. im J. 1643, zur allgemeinen Zufriedenheit. Diese Reisen brachten ihn mit den ausgezeichnetsten Gelehrten jener Zeit in Verbindung und wiederholt wurden ihm von verschiedenen Universitäten Anträge gestellt, wieder eine Stelle im Lehrfache zu übernehmen. Seine letzten Lebensjahre, welche durch Unwohlsein getrübt wurden, widmete er ausschließend gelehrten Beschäftigungen. Er starb am 24. Juni 1652. Godefroy beschränkte seine gelehrte Thätigkeit nicht auf die Jurisprudenz, sondern machte auch in der Philologie, in der Theologie und in der Geschichte tief gehende Studien, und eine Zusammenstellung seiner Schriften nach diesen Fächern wird die beste Uebersicht seiner Leistungen und seiner Verdienste gewähren. Unter seinen Leistungen im Fache der Rechtswissenschaft nehmen unstreitig seine Arbeiten über das Theodosianische Gesetzbuch die erste Stelle ein; er widmete diesem Werke mehr als 30 Jahre, konnte aber nicht zur Herausgabe desselben gelangen. Ant. Marville, Professor der Jurisprudenz zu Valence, fand das vollständig ausgearbeitete Manuscript in der von ihm angekauften Bibliothek Godefroy's und gab es unter dem Titel: Codex Theodosianus, cum perpetuis commentariis Jacobi Gothofredi; praemittuntur chronologia accuratior, cum chronico historico et prolegomenis; subjiciuntur notitia dignitatum, prosopographia, index rerum et glossarium nomicum; opus posthumum, diu in foro et schola desideratum (Lugduni 1665. fol. 6 Voll.) heraus. Diese Ausgabe übertrifft, obgleich sie noch in manchen Theilen an nicht unbedeutenden Mängeln leidet, bei weitem alle frühere und ist jetzt noch jedem Rechtsgelehrten und jedem Geschichtsforscher, der die bürgerliche und politische Organisation des römischen Reiches vom 3. bis zum 6. Jahrh. genauer kennen lernen will, unentbehrlich. Da Godefroy's Ausgabe bald selten wurde und in hohem Preise stand, so erwarb sich Joh. Ritter, Professor zu Leipzig, durch die Besorgung eines nach guten Handschriften verbesserten und mit Anmerkungen späterer Commentatoren vermehrten neuen Abdruckes derselben (Lipsiae 1736—1745. fol. 6 Voll.) ein großes Verdienst. Ebenso werthvoll ist Godefroy's Restauration des Zwölftafelgesetzes nach den noch vorhandenen Fragmenten und den spärlichen Andeutungen der alten Schriftsteller über dasselbe, welche unter dem Titel: Fragmenta Duodecim Tabularum, suis nunc primum tabulis restituta, probationibus, notis et indice munita (Heidelberg. 1616. 4. Ibid. 1653. 4. Genevae 1653. 4. Wetzlariae 1724. 12. und verbessert in des Verfassers weiter unten anzuführenden Fontes quatuor juris civilis) erschien und bis auf die neueste Zeit ihre Geltung behielt; selbst H. E. Dirksen, durch dessen Forschungen (in der „Uebersicht der bisherigen Versuche zur Kritik und Herstellung des Textes der XII Tafeln." Leipzig 1824. 8.) erst ein sicherer Standpunkt zur Behandlung dieses wichtigen Monumentes gewonnen wurde, stimmt im Wesentlichen der Anordnung Godefroy's bei, obschon sich andere Forscher auf dem Gebiete der Rechtsgeschichte dagegen erklären. Von den übrigen juristischen Schriften Godefroy's sind noch zu nennen: Fragmenta Legum Juliae et Papiae collecta et notis illustrata (Genevae 1617. 4.); Fontes quatuor juris civilis (Genevae 1638. 4. Ibid. 1653. 4.), welche die Fragmenta Legis XII Tabularum, Legis Juliae et Papiae et Edicti perpetui enthalten; Dissertatiunculae duae de tutela et cura (Genevae 1625. 4.); Discursus historicus ad Legem: Quisquis, Cod. ad L. Juliam Majestatis (Genevae 1654. 4. Helmstad. 1732. 4.); De imperio maris et de jure naufragii colligendi legeque Rhodia, ὑπόμνημα ex jure Romano (Genevae 1637. 4. Ibid. 1654. 4. Ibid. 1668. 8. Helmstad. 1732. 4.); Dissertationes duae de mutatione et augmento monetae aureae et De functione et aequalitate in mutuo (Genevae 1654. 4. Helmstad. 1732. 4.); Dissertatio de electione magistratus inhabilis seu incapacis facta (Genevae 1654. 4. Helm-

3) Vergl. *J. P. Niceron*, Mémoires pour servir à l'histoire des hommes illustres dans la république des lettres. (Paris 1729 seq. 12.) Tom. XVII. p. 56. Biographie universelle. Tom. XVII. p. 554. Biographie générale. Tom. XX. p. 301 seq.

stad. 1732. 4.); De velandis mulieribus deque exuviis capitis dissertatio (Genevae 1654. 4. Helmstad. 1732. 4.); De interdicta Christianorum cum Gentilibus communione Epistola, deque Pontificatu maximo, num christiani imperatores eum aliquando gesserunt (Genevae 1654. 4. Helmstad. 1732. 4.); De famosis latronibus investigandis dissertatio (Genevae 1652. 4. Helmstad. 1732. 4.), die letzteren sieben Abhandlungen zusammen unter dem Titel: Opuscula varia juridica, politica, historica, critica (Genevae 1654. 4. Herausgegeben von Fr. Conradi. Helmstad. 1734. 4.); Diatriba de jure Praecedentiae (Genevae 1627. 4. Ibid. 1664. 4.); Animadversiones Juris civilis, pro vero nonnullarum legum intellectu et genuina earundem lectione (Genevae 1628. 4.); Diatriba de cenotaphio (Genevae 1634. 4. Helmstad. 1732. 4.); Dissertationes duae juridicae De nuptiis consobrinorum et De testamento tempore pestis condito (Genevae 1642. 4.); Dissertationes quinque juridicae (Genevae 1645. 8.); Novus in titulum Pandectarum de diversis regulis juris antiqui commentarius (Genevae 1653. 4.); Tractatus practicus de Salario, eine nachgelassene, von Isak Colladon herausgegebene Schrift (Genevae 1656. 4. Ibid. 1661. 4.) und Manuale juris seu parva juris mysteria (Genevae 1652. 8. Coloniae 1652. 8. Lugd. Batav. 1676. 12. Genevae 1685. 12. Augustae Taurin. 1713. 12. und öfter), eine ebenso kurz gefaßte als brauchbare Einleitung in die Rechtswissenschaft, welches jetzt noch nach dem Urtheile des berühmten Juristen d'Aguesseau von Rechtsgelehrten bei dem Beginne ihrer Laufbahn mit Nutzen gebraucht werden kann und deshalb auch in neuerer Zeit von J. F. Berthelot unter dem Titel: Manuale juris ubi quatuor sequentia continentur: Juris romani historia, bibliotheca, florilegium sententiarum ex corpore Justinianeo desumptarum et series librorum et titulorum in institutionibus, digestis et codice (Parisiis 1803. 8. Ibid. 1806. 8.) wieder aufgelegt wurde. Die meisten kleineren Abhandlungen Godefroy's aus dem Fache der Jurisprudenz hat C. H. Trotz unter dem Titel: J. Gothofredi Opera juridica minora (Lugd. Batav. 1733. fol.) nebst einer Biographie des Verfassers herausgegeben, und Everh. Otto hat mehre seiner Schriften (die Fontes juris civilis, die Animadversiones juris civilis und die Diatriba de cenotaphio) in seinen Thesaurus juris civilis (Ultraj. 1733 seq. fol.) aufgenommen. — Auf dem Felde der philologischen Literatur [1]) hat Godefroy durch die Besorgung der ersten Ausgabe mehrer Reden des Sophisten Libanius (Libanii Sophistae, Oratoris Antiocheni quatuor constitutionum imperatoriarum, quales utroque codice, Theodosiano et Justinianeo, occurrunt, super magistratuum officio suasoriae; gr. et lat. Genevae 1631. 4. Libanii Antiocheni pro templis Gentilium non excindendis ad Theodosium M. Imperatorem oratio; gr. et lat. Genevae 1634. 4.), durch den Versuch, den griechischen Text eines unter dem Namen Alypius bekannten Geographen nach einer alten lateinischen Uebersetzung wieder herzustellen (Vetus orbis descriptio graeci scriptoris; gr. et lat. Genevae 1628. 4.), durch die Mittheilung eines von dem Patriarchen Photios herrührenden und früher nicht gedruckten Auszuges aus der Kirchengeschichte des Kappadociers Philostorgios (Philostorgi Cappadocis Ecclesiasticae Historiae a Constantino M. Ariique initiis ad sua usque tempora libri XII a Photio Patriarcho Constantinopolitano in Epitomen contracti; gr. et lat. Genevae 1643. 4.) und durch den ersten Abdruck einer Schrift des Kirchenvaters Tertullian (Tertulliani ad nationes libri II cum notis J. Gothofredi. Aurelianopoli 1625. 4.) seinen unermüdlichen Fleiß bewährt und zur Erläuterung der von ihm herausgegebenen Schriftsteller Ersprießliches beigetragen, für die Kritik des Textes aber Nichts oder nur sehr wenig geleistet, da er, wie ihm zur Genüge nachgewiesen wurde, der griechischen Sprache nicht hinlänglich mächtig war [2]). Wie sehr sich übrigens Godefroy bemühte, die politisch-kirchlichen Verhältnisse richtig aufzufassen und gründlich zu erörtern, beweisen seine hierher gehörenden Schriften: De statu Paganorum sub imperatoribus christianis (Lipsiae 1616. 4.), Exercitationes duae de ecclesia et incarnatione Christi (Genevae 1643. 4. Ibid. 1649. 8.) und Conjectura de suburbicariis regionibus et ecclesiis seu de praefecturae et episcopi urbis Romae dioecesi (Francof. 1618. 4.) Ueber die zuletzt genannte Abhandlung entspann sich ein heftiger Streit zwischen P. Sirmond, von welchem sie angegriffen wurde, und Cl. Saumaise, der sie vertheidigte, weshalb sie auch, da sie ohne den Namen des Verfassers erschien, häufig dem letzteren zugeschrieben wurde. Sehr parteilich und giftig ist Godefroy's Werk über die Jesuiten (Le Mercure jésuite ou recueil de pièces concernant les progrès des jésuites, leurs écrits et différends. Genève 1628. 8. Neue vermehrte Ausgabe ebendas. 1631. 8. 2 Voll.), was um so mehr auffallen muß, da er sich sonst in kirchlichen Dingen sehr kalt und ruhig zeigt, als Sammlung von wichtigen und seltenen Actenstücken verdient jedoch seine Arbeit Anerkennung. Größeren Werth behalten seine Forschungen auf dem historischen Gebiete der früheren Jahrhunderte, insbesondere seine Annales gallicanae historiae centum annorum ex constitutionibus codicis Theodosiani ab anno 312 (in der Ausgabe des Codex Theodosianus. Tom. VI. p. 425) und seine Orationes politicae tres: Ulpianus seu de majestate principis legibus soluta; Julianus seu de arcanis Juliani imperatoris artibus ad religionem christianam profligandam; Achaica seu de causis interitus reipublicae Achaeorum. (Genevae 1634. 4.) Diese politischen Reden sind in seinen Opuscula histo-

1) Die ihm öfter zugeschriebenen Bemerkungen zu Cicero's Werken (1588) gehören seinem Vater Denis Godefroy an.

2) Vergl. J. G. Jack, Programma de meritis jurisconsultorum, speciatim J. Gothofredi in historiam ecclesiasticam. (Erfordiae [1729] 4.)

rica, politica, juridica nova (Genevae 1644. 4.) wiederholt, in welchen man außerdem die fünf Reden des Libanius, die von ihm zuerst herausgegebene Schrift Tertullian's und mehre seiner kleinern Abhandlungen findet. Godefroy hatte auch die Absicht, eine Geschichte der Stadt Genf im Mittelalter zu schreiben und sie unter dem Titel: Genève Bourguignotte herauszugeben; man fand unter seinen hinterlassenen Papieren den Plan dazu und eine reiche Sammlung von Urkunden und andern bis zum Jahre 1627 reichenden Materialien in drei starken Bänden, welche noch J. Spon kannte und in seiner Geschichte von Genf benutzte, die aber jetzt nicht mehr vorhanden zu sein scheint. Godefroy gehört jedenfalls zu den gediegensten Schriftstellern seiner Zeit, und wer Ueberwindung genug besitzt, sich an seine zurückschreckend trockene Darstellung zu gewöhnen, wird sich durch den Reichthum des in seinen Werken niedergelegten Wissens hinlänglich entschädigt finden [8]. (*Ph. H. Külb.*)

GODEFROY (Denis), Historiker, ein Sohn Theodore Godefroy's, am 24. Aug. 1615 zu Paris geboren, widmete sich unter der Leitung seines Vaters ebenfalls dem Studium der vaterländischen Geschichte und erhielt bereits im J. 1640 von Ludwig XIII. die Anwartschaft auf die Stelle eines königlichen Historiographen mit einem entsprechenden Einkommen. Ludwig XIV. erhöhte bedeutend seinen Gehalt und ernannte ihn im J. 1668 nach der Einnahme von Lille zum Aufseher der Archive der Rechnungskammer von Flandern. Im J. 1678 erhielt er den Auftrag, ein Verzeichniß der im Schlosse von Gent befindlichen Urkunden und Actenstücke anzufertigen, und entledigte sich dieses Geschäftes mit vielem Geschicke. Er kehrte darauf wieder in seine frühere Stellung zu Lille zurück und starb hier am 4. Juni 1681. Außer den neuen Ausgaben mehrer Werke seines Vaters (nämlich der Geschichte Karl's VI. von Juvenal des Ursins, der Geschichte Karl's VIII. von Guillaume de Jaligny und des französischen Ceremonials) verdienen insbesondere die Mémoires et instructions pour servir dans les négociations et affaires concernant les droits du Roi (Paris 1665. fol. Amsterdam 1665. 12. Paris 1689. 12.) Erwähnung; er schrieb sie auf Befehl des Kanzlers Seguier, und da sich das Manuscript in dessen Bibliothek fand, so hielt man ihn häufig für den Verfasser derselben. Außerdem sind zu erwähnen: Histoire de Charles VII., Roi de France, qui contient les choses mémorables advenues depuis l'an 1422 jusqu'en 1461 (par Jean Chartier, Jacques Bouvier, Matthieu de Coucy et Jacques Doublet); mise en lumière et enrichie de plusieurs titres, mémoires, traités et autres pièces historiques (Paris 1661. fol.); Histoire des Connétables, Chanceliers et Gardes des Sceaux, Maréchaux, Amiraux, Surintendans de la Navigation et des Généraux des Galères, Grands-Maitres de la Maison du Roi et des Prevôts de Paris avec leur Armes et Blazons, depuis leur origine jusqu'en 1555, par Jean le Feron, revue et continuée jusqu'à présent par Claude Collier et augmentée de Recherches et Pièces curieuses, qui ont rapport à ce Recueil, par Denys Godefroy (Paris 1658. fol.) und Mémoires de Philippe de Comines, Seigneur d'Argenton, contenant les principaux faits et gestes de Louis XI. et de Charles VIII., son fils depuis l'an 1464 jusqu'en 1498, en huit livres, revus et corrigés sur divers manuscrits et anciennes impressions, augmentés de plusieurs traités, contrats, testamens, autres actes et diverses observations par Denys Godefroy. (Paris 1649. fol.) Diese schon von Theodore Godefroy vorbereitete, aber erst von seinem Sohne zu Stande gebrachte Ausgabe der Memoiren Philipp's von Comines ist noch immer eine der vorzüglichsten. Godefroy hatte auch die Absicht, die von Duchesne begonnene Sammlung französischer Historiker fortzusetzen, der Tod hinderte ihn aber an der Ausführung dieses erst im folgenden Jahrhunderte wieder aufgenommenen Planes *). (*Ph. H. Külb.*)

GODEFROY (Denis), Rechtsgelehrter und Historiker, ein Sohn des vorhergehenden Denis Godefroy, im J. 1653 zu Paris geboren, widmete sich der Jurisprudenz und wurde nach der Beendigung seiner Studien Advocat an dem Parlamente und später Aufseher der Archive der Rechnungskammer zu Paris, wo er am 6. Juli 1719 starb. Er hatte von seinem Vater die Vorliebe für geschichtliche Forschungen geerbt, und dem Eifer, womit er die Muße benutzte, welche ihm die Besorgung seines Amtes ließ, verdanken wir mehre gediegene Arbeiten, unter denen eine vorzügliche Ausgabe der in der Geschichte der Ligue merkwürdigen Satyre Menippée die erste Stelle einnimmt. Sie führt den Titel: Satyre Menippée de la vertu du Catholicon d'Espagne et de la tenue des estats de Paris en 1593, par MM. de la sainte Union, avec des remarques précédentes et des nouvelles, augmentée de plusieurs pièces de ce temps-là (Ratisbonne [Bruxelles] 1709. 8. 3 Voll. Ratisbonne [Rouen] 1711. 8. 3 Voll.) und liegt allen folgenden Ausgaben zu Grunde. Sehr verdienstlich ist auch die mit mehren wichtigen Actenstücken vermehrte neue Ausgabe der von Pierre Dupuy gesammelten Traités, concernant l'histoire de France, savoir la condemnation des Templiers, l'histoire du Schisme des Papes tenant le Siége à Avignon etc. (Paris 1700. 4.) Von seinen eigenen Schriften sind zu nennen: Abrégé des trois états, du clergé, de la noblesse et du tiers état (Paris 1682. 12.) und Remarques sur l'addition à l'histoire du roi Louis XI. de Gabriel Naudé in der von seinem Bruder Jean Godefroy besorgten und unter dessen Schriften anzuführenden Ausgabe der Memoiren Philipp's von Comines. Godefroy war auch Mitglied der Commission, welche die

8) Vergl. Niceron, Mémoires, Tom. XVII. p. 68. Biographie universelle, Tom. XVII. p. 555 seq. Biographie générale, Tom. XX. p. 302 seq.

*) Niceron, Mémoires, Tom. XVII. p. 75. Biographie universelle, Tom. XVII. p. 557. Biographie générale, Tom. XX. p. 304.

Regierung ernannte, um die von Louis du Four de Longuerue verfaßte Description historique et géographique de la France ancienne et moderne (Paris 1719. fol.), worin die Ansprüche des teutschen Reiches auf einige Bezirke von Burgund und Artois anerkannt waren, von den mißliebigen Stellen zu reinigen und eine neue Ausgabe (Paris 1722. fol.) zu besorgen *).

(*Ph. H. Külb.*)

GODEFROY (Jean), Sieur d'Aumont, Jurist und Historiker, ein jüngerer Bruder des vorhergehenden Denis Godefroy, im J. 1656 zu Paris geboren, folgte seinem Vater als Director der Archive der Rechnungskammer zu Lille und war zugleich Sachwalter des Königs an der Rentkammer dieses Bezirks. Trotz der vielfachen und anstrengenden Arbeiten, womit dieses doppelte Amt verbunden war, fand er doch noch Muße genug, um die Studien seines Vaters und Großvaters auf dem Gebiete der französischen Geschichte zu verfolgen und die Literatur mit einer Reihe werthvoller Arbeiten zu bereichern. Dahin gehören: Lettres du Roi Louis XII. et du Cardinal d'Amboise, avec plusieurs lettres, mémoires, instructions, écrites depuis l'an 1504 jusqu'en 1514 (Bruxelles 1712. 12. 4 Voll.), worin man außer den Briefen Ludwig's XII. auch viele Briefe des Kaisers Maximilian I., seiner Tochter Margaretha von Oesterreich, des Königs Ferdinand von Aragonien, des Königs Heinrich VII. von England, der Päpste Julius II. und Leo X. und mehrer Gesandten und Feldherren findet, die sich vorzugsweise auf die Unternehmungen der Ligue von Cambrai gegen Venedig und auf die von dem Herzoge Karl von Geldern angeregten Streitigkeiten beziehen; Mémoires de la Reine Marguerite sur divers événemens de sa vie, avec son éloge et celui de Bussi d'Amboise par Brantôme et de la Fortune de la cour (Liège 1713. 8.), welche wichtige Beiträge zur Geschichte des französischen Hofes unter der Regierung Karl's IX. und Heinrich's III. enthalten; Mémoires de Michel de Castelnau, Seigneur de Mauvissière, contenant les choses remarquables qu'il a vues et negociées en France, en Angleterre, en Ecosse, sous les Roys François II. et Charles IX. depuis l'an 1559 jusqu'an 8 Août 1570, mis en lumière par Jacques de Castelnau, son fils, illustrés et augmentés de plusieurs Commentaires manuscrits et de lettres, negociations et autres pièces secrètes et originales par Jean le Laboureur; nouvelle Edition, revue avec soin et augmentée de plusieurs Manuscrits (Bruxelles 1731. fol. 3 Voll.), eine sehr werthvolle Geschichtsquelle, da die nicht für die Oeffentlichkeit, sondern zur Belehrung seines Sohnes bestimmten Memoiren Castelnau's streng und rücksichtslos der Wahrheit huldigen; Journal des choses mémorables advenues durant le Règne de Henry III., Roi de France et de Pologne, depuis l'année 1574 jusqu'à l'an 1589, par un Audiencier du Roi [Pierre de l'Estoile]. Edition augmentée de plusieurs pièces curieuses et enrichie de figures et de notes pour eclaircir les endroits les plus difficiles (Cologne [Bruxelles] 1720—1726. 8. 3 Voll.); Mémoires de Philippe de Comines, augmentés de la chronique scandaleuse et de nouvelles preuves et notes historiques (Bruxelles 1713. 8. 4 Voll. Rouen 1714. 8. 4 Voll. Beste Ausgabe Bruxelles 1723. 8. 5 Voll.); Satyre Menippée, avec des Remarques précédentes et des nouvelles, augmentée de plusieurs pièces de ce temps-là (Ratisbone 1726. 8. 3 Voll.); ferner drei andere kleinere auf die Ligue bezügliche und auch in seiner Ausgabe des Journal de Henri III. par P. de l'Estoile befindliche Schriften, nämlich: Notes sur la confession catholique du Sieur de Sancy, eines sehr wankelmüthigen, von einer Partei zur andern übergehenden Mannes; La véritable Fatalité de S. Cloud, au R. P. Religieux Jacobin (s. l. 1715. 8.), gegen den Jacobinermönch Bern. Guyart gerichtet, welcher in einer mit Unwahrheiten angefüllten Schrift (La Fatalité de Saint Cloud. S. l. 1674. fol.) die Ermordung des Königs Heinrich III. von seinem Ordensgenossen Jacob Clement abwälzen und einer unbekannten Person zuschieben wollte, und L'Isle des Hermaphrodites, nouvellement descouverte, avec les moeurs, loix, coustumes et Ordonnances des Habitans d'icelle (zuerst S. l. et a. 16. S. l. 1612. 16. Cologne [Bruxelles] 1724. 8.), eine sehr seltene und anzügliche Schilderung der verderbten Sitten Heinrich's III. und seines Hofes. Endlich verdankt man noch dem Fleiße Godefroy's ein Supplément à l'Histoire des Guerres de Flandre par Strada, contenant les Procès criminels des Comtes d'Egmont et de Horn. (Bruxelles 1729. 8. 2 Voll.) Er starb am 23. Febr. 1732 zu Lille. Verzeichnisse der Urkunden der Grafschaft Hennegau und der Rechnungskammer zu Lille von seiner Hand (Inventaire des titres du pays et comté de Hainaut, 2 Voll. fol. und Inventaire des titres de la Chambre des Comptes de Lille. fol.) werden auf der kaiserlichen Bibliothek zu Paris aufbewahrt *).

(*Ph. H. Külb.*)

GODEFROY (Jean Baptiste Achille), Sieur de Maillart, ein Sohn des vorhergehenden Jean Godefroy, im J. 1697 zu Lille geboren, folgte seinem Vater als Director der Archive der Rechnungskammer zu Lille, auf welche Stelle er schon im J. 1726 die Anwartschaft erhalten hatte. Er wurde auch im J. 1748 zum königlichen Commissair zur Regelung der Grenzen ernannt und starb im J. 1759 zu Lille. Er beschäftigte sich ebenfalls mit der französischen Geschichte, seine Schriften blieben aber ungedruckt †).

(*Ph. H. Külb.*)

GODEFROY (Denis-Joseph), Sieur de Maillart und de Hautpont, der Sohn des vorhergehenden J. B. Achille Godefroy, im J. 1740 zu Lille geboren, erhielt aus Rücksicht für die Verdienste seiner Familie schon in seinem 10. Jahre die Anwartschaft auf die Stelle

*) Biographie universelle. Tom. XVII. p. 557. Biographie générale. Tom. XX. p. 905.

*) Niceron, Mémoires. Tom. XVII. p. 79. Biogr. universelle. Tom. XVII. p. 558. Biogr. générale. Tom. XX. p. 905.

†) Biographie générale. Tom. XX. p. 905.

seines Vaters und folgte ihm nicht nur als Director der Archive der Rechnungskammer, sondern auch als königlicher Commissair zur Regelung der Grenzen. Als Mitglied des im J. 1782 unter dem Präsidium des Siegelbewahrers und unter der Leitung des Historiographen Moreau zur Aufnahme der Archive sämmtlicher Provinzen gebildeten Ausschusses entwarf er die systematischen Verzeichnisse der Urkunden von Flandern und Artois, welche großen Beifall fanden und von dem Ausschusse wegen ihrer Methode und Genauigkeit und wegen des reichen wissenschaftlichen Inhaltes als Muster aufgestellt wurden. Sie waren bereits zum Drucke vorbereitet, als durch den Ausbruch der Revolution der Ausschuß außer Thätigkeit gesetzt und auch die kostbaren Materialien, welche Godefroy für eine Geschichte von Flandern gesammelt hatte, zerstreut wurden. Godefroy wanderte aus, kehrte aber im J. 1800 nach Lille zurück, wo er im J. 1819 starb. Abschriften seiner Urkundenverzeichnisse befinden sich auf der kaiserlichen Bibliothek zu Paris. Sein Sohn Denis-Charles, Marquis Godefroy de Menilglaise, im J. 1795 zu Frankfurt a. M. geboren, ist der jetzige Stammhalter der berühmten Familie. Er war während der Restauration Unterpräfect und hat sich gleich seinen Ahnen den historischen Studien zugewendet, wie seine gelungene neue Ausgabe der Chronik Lambert's von Ardres (Chronique de Guines et d'Ardres; Textes latin et français en regard. Revue sur huit manuscrits, avec notes, cartes, glossaires et tables. Paris 1855. 8.) beweist *). (*Ph. H. Külb.*)

GODEGISEL (Godegisclus bei *Gregor. Tur.* II, 9), 1) König der Vandalen, um das Jahr 400 n. Chr. Nach aufreibenden Kämpfen gegen die Gothen im 4. Jahrh. blieben die Vandalen in Pannonien, welches sie besetzt hatten, mehre Jahrzehnte hindurch verhältnißmäßig ungestört und erreichten wieder eine bedeutende Volkszahl. In diese ruhigere Periode fällt ihre Christianisirung; wenn in dieser Hinsicht auf der einen Seite der Umstand, daß der Bischof Theophilos die Beschlüsse der Kirchenversammlung von Nicäa unterzeichnete, dafür spricht, daß sie Katholiken geworden waren, so ist es auf der anderen Seite kaum zweifelhaft, daß sie im 5. Jahrh. größtentheils Arianer geworden sein müssen. In wieweit aber dieser Religionswechsel dem Godegisel zuzuschreiben sei, ist nicht zu bestimmen. Nach *Procop. Vand.* (I, 3) war es Nahrungsmangel, was die Vandalen und die ihnen benachbarten Alanen veranlaßte, auszuwandern. Stilicho hatte von der Rheingrenze die römischen Besatzungen nach Italien berufen und so konnten die Vandalen hoffen, mit Leichtigkeit in Gallien neue Wohnsitze zu erobern. Unter Godegisel's Führung traten sie den Zug nach Westen an. Daß sie nicht von Stilicho, wie *Oros.* VII, 40 und andere Schriftsteller jener Zeit melden, zu diesem Zuge eingeladen worden sind, wird nicht nur durch die thatsächlichen Zeitverhältnisse (besonders durch die damit zusammenhängende Durchkreuzung der Pläne Stilicho's), sondern auch durch die entgegenstehenden Zeugnisse des Zosimos (V, 32) und Olympiodoros (in *Phot.* Biblioth. p. 178 ed. *Hoeschel*) dargethan. Im J. 406 drang Godegisel nach Nordwesten vor und erreichte unterhalb Mainz fränkisches Gebiet. Ein fränkisches Heer stellte sich ihm hier entgegen und besiegte ihn in einer Schlacht, in welcher 20,000 Vandalen den Tod fanden; auch Godegisel fiel in derselben. Sein Heer wäre vernichtet worden, wenn nicht die Alanen sich mit demselben vereinigt und das weitere Vordringen nach Südgallien und Spanien ermöglicht hätten. Vergl. *Marcus* (*L.*), Hist. des Wandales p. 54 seq.

2) Sohn des Burgunderkönigs Gundioch. Vergl. unter Gundobald. (Dr. *H. Brandes.*)

GODEGRAND oder Chrodegang [1]), Bischof von Metz, um das Jahr 712 im Haspengau [2]) in Brabant geboren, war der Sohn Sigramm's, eines der vornehmsten und angesehensten fränkischen Edlen und Landrada's, welche nach freilich späteren und nicht sehr zuverlässigen Nachrichten eine Schwester Pipin's des Kleinen gewesen sein soll [3]). Jedenfalls stand seine Familie dem königlichen Hause, wenn sie auch nicht mit demselben verwandt war, sehr nahe, wie schon daraus hervorgeht, daß Chrodegang, nachdem er seine erste Erziehung in der Abtei St. Tron und seine gelehrte Bildung ebendaselbst und zu Metz erhalten hatte, an den Hof Karl Martell's kam, um sich daselbst mit den zur Verwaltung des Staates gehörenden Geschäften vertraut zu machen. Er versah zuerst die Stelle eines Referendars oder Kanzlers und wurde dann im J. 737 erster Minister des Königs. Gleich ausgezeichnet durch umfassende Kenntnisse, glänzende Beredsamkeit, feine Sitten und Schönheit der Gestalt, änderte er doch fast Nichts an der Lebensweise, an die er sich in dem Kloster gewöhnt hatte; er legte nie das schlichte Gewand ab und fuhr fort, seinen Leib durch Fasten, Wachen und andere Bußübungen abzutödten; dabei kannte seine Wohlthätigkeit gegen die Armen keine Schranken und Witwen und Waisen durften stets seines Schutzes gewiß sein. Seine Tugenden und Verdienste fanden auch so allgemeine Anerkennung, daß man ihn, als der bischöfliche Sitz von Metz durch den Tod Sigebald's erledigt wurde, zum Nachfolger desselben wählte, obgleich er zu dieser Zeit vermuthlich noch ein einfacher Laie war. Pipin, Karl's Nachfolger, gab aber seine Einwilligung zu der Wahl nur unter der Bedingung, daß der unentbehrlich gewordene Staatsmann sein bisheriges Amt auch ferner verwalten müsse und die Weihe fand dann am 1. Oct. 742 statt. Chrodegang wußte die Pflichten seiner doppelten Würde auf das Beste mit einander zu vereinigen und neben der gewissenhaften Erfüllung derselben auch seinem frommen Sinne zu genügen. Nachdem er sich auf diese Weise während eines Zeitraumes von zehn

*) Biographie générale. Tom. XX. p. 906.

1) Der Name wird auch zuweilen Crodegang und Ruodgang geschrieben und in alten Schriften noch auf mancherlei Weise variirt. Die Schreibart Chrodegang scheint die richtigste zu sein. 2) Pagus Hasbaniensis, die spätere Grafschaft Hasbain. 3) Andere hielten sie für eine Tochter Karl Martell's, eine noch weniger annehmbare und der Chronologie widersprechende Angabe; vergl. Act. SS. Martii. Tom. I. p. 453.

Jahren die Zufriedenheit und Hochachtung seines Gebieters und die Liebe des Volkes in gleich hohem Grade erworben hatte, erhielt er den Auftrag, sich nach Rom zu begeben und den von den Longobarden hart bedrängten Papst Stephan III. nach Frankreich einzuladen, um daselbst bis zu einer besseren Wendung der Dinge ungestört leben zu können. Stephan folgte der Einladung und gelangte, von Chrodegang geleitet, glücklich über die Alpen nach Pont-sur-Yonne, von wo er sich nach einer Unterredung mit Pipin in das Kloster St. Denis zurückzog; Chrodegang aber, welchem der Papst unterdessen zur Anerkennung seiner Verdienste und Bemühungen das Pallium und die erzbischöfliche Würde verliehen hatte, wurde im J. 754 zu dem Longobardenkönige Aistulf gesendet, um ihn zu bewegen, die Feindseligkeiten gegen die Stadt Rom zu unterlassen, die dem Papste entrissenen Besitzungen zurückzugeben und den Römern keine ihren Gesetzen widerstrebende Gebräuche aufzudringen; er fand jedoch an Aistulf einen unbeugsamen Fürsten und mußte ihn verlassen, ohne einen Erfolg seiner eindringlichen Vorstellungen hoffen zu dürfen. Nach seiner Heimkehr wandte er seine ganze Aufmerksamkeit der sehr im Argen liegenden Kirchenzucht zu und suchte vor Allem diese in seinem Bisthume wiederherzustellen, was er am besten dadurch bewirken zu können glaubte, daß er die Geistlichen seiner Kathedralkirche zu einer religiösen Genossenschaft vereinigte und ihnen eine von ihm zu diesem Zwecke verfaßte Regel vorschrieb, nach welcher sie leben sollten. Man findet schon im 6. und 7. Jahrh. Spuren dieser Einrichtung, denn die, aus dem sich immer mehr verbreitenden und aufblühenden Benedictinerorden hervorgegangenen zahlreichen Bischöfe fingen aus Vorliebe für ihre frühere Lebensweise an, unter ihrer Geistlichkeit eine Art des gemeinschaftlichen Lebens einzuführen, welches darin bestand, daß sie zwar einzeln in ihren Privathäusern wohnten, aber sich öfter versammelten, gemeinschaftliche Tafel hielten, mit dem Bischofe den Gottesdienst in der Hauptkirche versahen und an den wichtigsten Angelegenheiten der Diöcese Theil nahmen. Sie hießen Kanoniker (canonici), entweder weil sie nach der von den Kirchengesetzen (canones) vorgeschriebenen Weise lebten oder weil sie in das Verzeichniß (canon) der zu der Kathedrale gehörenden Geistlichkeit eingeschrieben waren. Dieses gemeinschaftliche Leben nun suchte Chrodegang mehr nach der Mönchsverfassung zu formen und einzurichten. Er baute ein geräumiges, einem Kloster ähnliches Haus (domus), worin alle zusammen wohnen, wirken, beten und schlafen mußten und aus welchem sich Keiner ohne Erlaubniß entfernen durfte. Zu gewissen Zeiten versammelten sie sich in einer Stube, worin ein Capitel aus der heiligen Schrift oder den Werken der Kirchenväter vorgelesen wurde ¹). Die Regel, welche Chrodegang ihnen vorschrieb, ist im Allgemeinen die des heiligen Benedict mit Auslassung der nur für Mönche tauglichen Bestimmungen und mit Zusätzen, welche auf die Obliegenheiten der Kanoniker berechnet waren. Das Oberhaupt der Genossenschaft war der Bischof und ihm allein stand es zu, neue Mitglieder aufzunehmen. Der neu Aufgenommene mußte die Verwaltung seines Vermögens und Besitzthumes der Genossenschaft übertragen, zog aber die Nutznießung und behielt das Eigenthumsrecht. Nach seinem Tode fiel die eine Hälfte der Hinterlassenschaft an die Kirche und die andere an die Armen des Sprengels. Dem Bischofe zunächst stand der Archidiakon, welcher auch in Abwesenheit desselben die Geschäfte besorgte; er hatte zugleich die Oberaufsicht über die einzelnen Mitglieder, ordnete den Gottesdienst und die inneren Einrichtungen und ermahnte und bestrafte die Genossen, welche gegen die Regel fehlten. Jeder mußte zweimal im Jahre, nämlich beim Anfange der Fasten vor Ostern und vom halben August bis zum 1. Nov. dem Bischofe seine Sünden beichten; wer in dieser Beichte aus Furcht oder Eigennuß ²) eine Sünde verschwieg, um sie einem anderen Priester zu beichten, wurde, wenn diese List entdeckt wurde, schwer, ja sogar körperlich bestraft, das Abendmahl mußten Alle jeden Sonntag empfangen. Die Tagesordnung war streng und unabänderlich vorgeschrieben; am frühen Morgen erhoben sie sich von ihrem Lager, um der Mette beizuwohnen und nach der Prim, welche an Werktagen gebetet und des Sonntags gesungen wurde, versammelten sie sich in der Capitelstube, um ein Stück aus der Regel oder auch irgend eine erbauliche Homilie anzuhören; darauf nahmen sie des Sonntags Antheil an dem öffentlichen Gottesdienste und an den übrigen Tagen beschäftigten sie sich mit dem Abschreiben der ihnen nöthigen Bücher und mit Handarbeiten jeder Art. Darauf begaben sie sich zur Mittagsstunde in den Speisesaal, wo sie sich an sieben Tischen, je nach ihrem geistlichen Range, niederließen. Die Speisen waren sehr einfach und je zwei erhielten ein Gericht Fleisch und eine Schüssel Gemüse oder Brei, an Fasttagen aber nur Gemüse und Käsekuchen oder Hülsenfrüchte oder auch Fische, der Bischof konnte jedoch den Genuß des Fleisches an Fasttagen und sogar am Charfreitage erlauben. Die Priester und Diakone bekamen des Mittags drei und des Abends zwei Becher Wein, die Uebrigen nach Verhältniß weniger; war der Wein nicht gerathen oder theuer, so mußten sich Alle mit Biere begnügen. Ein Kellermeister (cellarius) führte die Aufsicht über Küche und Keller und sorgte für die Herbeischaffung und Aufbewahrung der Früchte und des Weines, sowie für die Reinhaltung des Küchengeschirres; die Besorgung der Küche wechselte wöchentlich unter den Kanonikern und nur die Altersschwachen waren ausgenommen. Der Nachmittag ging wieder mit mancherlei Beschäftigungen und mit frommen Uebungen vorüber bis zum Abendgottesdienste, nach welchem sich jeder auf sein Zimmer begab und das strengste

1) Aus diesen Einrichtungen erklären sich die Ausdrücke Dom, Domcapitel, Capitelstube, Capitular, Domcapitular u. s. w.

2) Quia timent, ut removeat eum episcopus de gradu, et si adhuc in gradu non est, non accedat ad gradum, ... Si episcopus hoc per quodlibet ingenium investigare potuerit et adprobatum ei fuerit, corporalem disciplinam et carcerem patiatur. Cap. 14. Wie verträgt sich diese Vorschrift mit den katholischen Ansichten von dem Beichtsiegel?

Stillschweigen beobachtete, sodaß seine Stimme nicht einmal auf dem anstoßenden Zimmer seines Nachbars gehört wurde; zugleich wurden die Thüren des Hauses von dem Pförtner sorgfältig geschlossen und die Schlüssel an den Archidiakon abgeliefert, ohne dessen besondere Erlaubniß überhaupt weder Ausgang noch Eingang gestattet war[6]). Bald darauf kamen sie wieder in dem Schlafsaale zusammen, wo jedoch jeder sein eigenes Bett hatte. Die Bettstellen der jüngeren standen zwischen denen der alten, damit diese bemerken konnten, was jene thaten. Die Kleidung aller Genossen war völlig gleich und bestand aus einem Oberkleide (einer sogenannten Kappe), einem Unterkleide, einem Hemde (Kamisile), Socken und kalbsledernen Schuhen; die älteren erhielten jährlich neue Oberkleider, die jüngeren mußten sich mit den abgelegten begnügen. Verstöße oder Verbrechen gegen die Regel wurden nach der Größe des Vergehens und nach dem Range der sündigenden Person bestraft. Zuerst wurde der Schuldige von dem Bischofe unter vier Augen ermahnt und gewarnt, blieb dies ohne Erfolg, so fand eine Zurechtweisung in Gegenwart der anderen Genossen statt, besserte er sich auch dann noch nicht, so erhielt er während einer bestimmten Zeit als Speise nur Wasser und Brod und blieb ebenso lange von dem Tische und Chore der Uebrigen ausgeschlossen; brachte auch diese Strafe keine Besserung hervor, so schritt man zur körperlichen Züchtigung; half auch diese Nichts, so wurde er aus der Genossenschaft entfernt. Diese Vorschriften Chrodegang's, welche anfänglich nur für die Kanoniker an der Kathedrale von Metz bestimmt waren, fanden großen Beifall und wurden bald weiter verbreitet, gelangten aber erst durch die Bemühung Ludwig's des Frommen in einer mehr für jeden Ort berechneten und im J. 816 gesetzlich sanctionirten Fassung zu allgemeinem Ansehen und ihre Einführung in allen Bisthümern wurde befohlen; bereits im 10. und 11. Jahrh. jedoch gefiel den Capitularen das strenge Mönchsleben nicht mehr; sie fingen wieder an, ihre eigenen Wohnungen zu beziehen und nannten sich nicht mehr Genossen oder Brüder, sondern Domherren[7]). Chrodegang's Regel (Regula) wurde zuerst von Labbe (in seiner Conciliensammlung Tom. VII. p. 1444 seq.) bekannt gemacht und ging dann in die späteren Conciliensammlungen von Harduin, Coletus und Mansi und in andere die kirchlichen Disciplinen betreffende Sammelwerke über[8]). Die Regel, welche Luc. d'Achery (in seinem Spicilegium Tom. I. p. 205 seq. Ed. nov. Tom. I. p. 565) und nach ihm Jos. Hartzheim (in den Concilia Germaniae. Tom. I. p. 96 seq.) als das Werk Chrodegang's herausgegeben haben, ist eine spätere Ueberarbeitung derselben, welche das zunächst auf die Kirche von Metz Bezügliche hinwegließ und andere, besonders von dem Concilium zu Aachen (817) herrührende Bestimmungen hinzusetzte; auch gegen die Echtheit eines angeblich zu Chrodegang's Regel gehörenden Epilogs, welchen Ang. Mai (in der Collectio Scriptorum veterum nova. Tom. VI. P. II. Romae 1832. 4. p. 127) herausgab, dürften gegründete Zweifel zu erheben sein. — Schon aus dem eifrigen Bestreben Chrodegang's, die Kanoniker zu einem gemeinsamen Leben zu bewegen, läßt sich seine Vorliebe für die klösterlichen Einrichtungen abnehmen, er bewährte sie auch dadurch, daß er drei der Regel des heiligen Benedict unterworfene Klöster stiftete und sie mit reichen Einkünften versah, nämlich das später durch seine Schule so berühmt gewordene Kloster Gorze[9]), das Kloster St. Peter (oder St. Hilarius), welches der Stadt Saint Avold ihren Ursprung gab, beide in der Diöcese von Metz, und die Abtei Lorsch bei Worms. Im J. 755 führte er den Vorsitz auf der Synode zu Attigny an der Aisne, auf welcher außer anderen Beschlüssen auch unter den anwesenden Bischöfen die kirchlichen Gebete und Feierlichkeiten bestimmt wurden, welche bei dem Tode eines jeden von ihnen verrichtet werden sollten. Chrodegang war der erste, bei welchem diese Bestimmungen in Anwendung kamen, denn er starb bereits am 6. März 766 und wurde nach der Vorschrift seines Testamentes in dem Kloster zu Gorze begraben. Die Kirche ehrt sein Andenken an seinem Todestage. Er soll außer seiner Regel auch noch andere Schriften verfaßt haben, bis jetzt ist aber keine derselben bekannt geworden[10]). Wir besitzen eine alte Biographie Chrodegang's, als deren Verfasser Johann, Abt von [illegible] (960—973), anzunehmen sein dürfte; sie enthält [illegible] Nichts, was wir nicht aus anderen noch vorhandenen Quellen wüßten und ist nur eine langweilige moralisirende Paraphrase der von Paul Warnefrid (in seiner Geschichte der Bischöfe von Metz), sowie von den Verfassern der Gesta pontificum Romanorum und einiger Heiligenlegenden mitgetheilten Nachrichten[11]). Sie wurde nach der einzigen noch vorhandenen, dem 11. Jahrh. angehörenden, aber unvollständigen Handschrift zuerst von Joh.

6) Die Kanoniker durften sich übrigens auch an dem Gottesdienste in anderen Kirchen betheiligen, und was ihnen für eine Messe oder für das Anhören der Beichte oder für den Besuch eines Kranken gegeben wurde, annehmen und darüber nach Belieben verfügen; eine Bestimmung, worin sich eine der ersten Spuren dieser früher allgemein gewordenen Sporteln und Gebühren findet. 7) Ueber die Kanoniker, das gemeinschaftliche Leben derselben, die Regel Chrodegang's und die Modificationen derselben findet man Näheres in Ant. Jos. Binterim's Denkwürdigkeiten der christkatholischen Kirche. 3. Bd. 1. Th. (Mainz 1828. 8.) S. 317 fg. 8) Auch in Le Cointe's Annales ecclesiast. ad ann. 757 (Tom. V. p. 507). Umfassende Auszüge nebst Erläuterungen geben Fleury in seiner Histoire ecclésiastique liv. XLIII. (Tom. IX. p. 37) und Binterim a. a. O. S. 323 fg.

9) Das von ihm ausgestellte, auf dem Concilium zu Soissons (757) bestätigte Privileg für dieses Kloster (Privilegium pro Gorziensi Abbatia) nebst der Stiftungsurkunde findet man in den Conciliensammlungen und bei Le Cointe a. a. O., auch bei Meurisse, Histoire des évêques de l'église de Metz. (Metz 1634. fol.) Beide scheinen aber in ihrer auf uns gekommenen Fassung nicht echt zu sein, da die Zeitbestimmung nicht die zu jener Zeit gebräuchliche ist. 10) Vergl. über Chrodegang's Leben und Schriften Act. SS. Martii. Tom. I. p. 452 seq. Histoire littéraire de la France. Tom. IV. p. 128 seq. Biographie universelle. Tom. VIII. p. 492 seq. Joh. Chr. Fel. Bähr, Geschichte der römischen Literatur im karolingischen Zeitalter (Carlsruhe 1840. 8.) S. 297 fg. 11) Vergl. G. H. Pertz, Ueber die Vita Chrodegangi in den Abhandlungen der Berliner Akademie. 1852. S. 507.

Georg von Eckhart (in den Commentarii de rebus Franciae orientalis. Tom. I. p. 912—936) und mit einigen Verbesserungen von G. H. Pertz (in den Monumenta Germaniae historica Scriptt. Tom. X. p. 552—572) herausgegeben. (*Ph. H. Külb.*)

GODEGRAND oder Chrodegang, Bischof von Seez, stammte aus einer sehr vornehmen Familie, nach Einigen sogar aus dem Geschlechte der fränkischen Könige und wurde am Anfange des 8. Jahrh. zu Ermes, einem in der Normandie an der Dive nicht weit von Seez liegenden Marktflecken, geboren. Er widmete sich dem geistlichen Stande und wurde, nachdem er längere Zeit als Priester an der Kirche von Seez gewirkt hatte, um das Jahr 756 zum Bischofe dieser Stadt erwählt. Er hatte schon lange den Wunsch gehegt, eine Pilgerfahrt nach Rom zu den Gräbern der Apostel zu unternehmen und übergab deshalb die Verwaltung seines Bisthums Grodobert, dem Vorsteher von Ermes, einem seiner Verwandten, der sich sein Vertrauen zu erschleichen gewußt hatte, nach der Abreise des Bischofs aber die Diöcesanen auf eine schonungslose Weise quälte, die Einkünfte des Bisthums vergeudete und sich endlich selbst zum Bischofe weihen ließ. Als Godegrand nach einer Abwesenheit von sieben Jahren wieder zurückkam, überließ er ihm zwar scheinbar die usurpirte Würde, beschloß aber, ihn aus dem Wege zu räumen und ließ ihn bald darauf (um das Jahr 770), als er von einem Besuche bei einer Anverwandten in dem Kloster Almenesches zurückkehrte, bei Nonant ermorden. Godegrand's Schwester Opportuna, Aebtissin zu Montreuil, welche ebenfalls als Heilige verehrt wird, brachte den Leichnam nach dem erwähnten Kloster, in welchem er auch begraben wurde. Die Kirche ehrt sein Andenken am 3. Sept. Eine von Herard, Bischof von Tours (855—870), verfaßte, kurze und unbedeutende Biographie Godegrand's hat J. Stilting in den Act. SS. Septembris Tom. I. p. 763 seq.) herausgegeben und erläutert. (*Ph. H. Külb.*)

GODEHARD (oder Gothard), Bischof von Hildesheim, im J. 960[1]) zu Reichersdorf unweit der Abtei Nieder-Altaich in Baiern geboren, war der Sohn Raimund's, eines Dienstmannes der Abtei, worin der strebsame Knabe unter der Leitung des Priesters Udalgis, eines sehr gebildeten und einsichtsvollen Lehrers, aus dessen Schule noch mehre andere berühmte Männer jener Zeit hervorgingen, seinen ersten Unterricht erhielt. Er wurde bald der Liebling seines Lehrers, da er sich durch Folgsamkeit, Fleiß, Frömmigkeit und Enthaltsamkeit vor allen seinen Mitschülern auszeichnete und alle Neigung, welche diese nach Knabenart Pferden, Reitzeug und überflüssigem Kleiderprunke zuwandten, unausgesetzt lesend, singend oder schreibend, dem göttlichen Dienste widmete. Ganz besonders aber fühlte er sich von dem Leben und den Thaten der heiligen Väter angezogen, sodaß er häufig ganze Tage ohne körperliche Erquickung mit fortgesetztem Lesen zubrachte. Als er eines Tages auch von den Wundern der Einsiedler las und wie diese Vaterland, Aeltern, Reichthümer und Vergnügungen verließen und in Hoffnung künftigen Lohnes sich von der Welt zurückzogen, fühlte er in sich ein unwiderstehliches Verlangen, ihnen nachzuahmen und beredete einen seiner Altersgenossen, mit ihm heimlich das Kloster zu verlassen und eine Einöde aufzusuchen. Durch seine unvermuthete Entfernung geängstigt, durchstreiften seine Aeltern und Verwandten Gebirge und Wald und fanden endlich beide Knaben in einer Bergeinsamkeit, wo sie eifrig betend und Psalmen singend bereits zehn Tage ihr Leben von Baumblättern, Wurzeln und Kräutern kümmerlich gefristet hatten. Trotz seines Widerstrebens gezwungen, in das Kloster zurückzukehren, widmete er sich hier mit erneutem Eifer den Studien und wandte der Kunst zu schreiben eine besondere Sorgfalt zu. So brachte er schon in seiner Jugend eine große Zahl theologischer und philosophischer Bücher zusammen und schrieb eine Bibel von wunderbarer Schönheit, zu welcher er sogar das Pergament zurichtete und die man noch lange zu Altaich aufbewahrte. Als um diese Zeit der Erzbischof Friederich von Salzburg einmal das unter seiner Obhut stehende Kloster besuchte und bei der Nachfrage über die Leistungen der Mönche so viel Rühmliches von Godehard hörte, führte er ihn mit sich und ließ sich von ihm auf einer Reise nach Italien begleiten, um ihn genauer kennen zu lernen. Da der Jüngling sich in jeder Beziehung nach seinen Kräften brauchbar zeigte und besonders als Schreiber nützliche Dienste leistete, so weihte ihn der Erzbischof nach seiner Heimkehr zum Subdiakon und übergab ihn Liudfried, einem angesehenen Lehrer zu Salzburg, zum Unterrichte in den Künsten und Wissenschaften. Godehard übertraf bald alle seine Mitschüler an Gelehrsamkeit und eiler, als seine Ausbildung Nichts mehr zu wünschen übrig ließ, mit Erlaubniß seines Gönners nach Altaich zurück, wo er, nachdem er das gesetzliche Alter erreicht hatte (um das Jahr 985), von dem Bischofe Pilgrim von Passau zum Diakon geweiht und zum Probste der Abtei bestimmt wurde. Als bald darauf (um das Jahr 990) der Herzog Heinrich von Baiern sich auf den Rath frommer Männer entschloß, das Stift in ein Mönchskloster nach der Regel des heiligen Benedict zu verwandeln und Erkanbert, einen ausgezeichneten Mann aus Schwaben, dahin als Abt berief, wurde den Bewohnern freie Wahl gelassen, entweder Mönche zu werden oder zu gehen, wohin sie wollten. Von den Reizen dieser Welt umstrickt, suchten sich Anfangs alle gemeinschaftlich zu widersetzen, wurden aber einer wie der andere aus dem Kloster ausgewiesen und zogen in die Welt, wohin jeder konnte und wollte; nur der Probst blieb zurück, übertraf, obgleich er noch ein Jüngling war, Alle an Frömmigkeit und an Weisheit und legte am 21. Dec. 990 das Mönchsgelübde ab. Von Erkanbert, der seine in die größte Bescheidenheit gehüllten Vorzüge alsbald entdeckte, zum Prior ernannt und bei allen Anordnungen zu Rathe gezogen, befaßte er sich auf das Eifrigste mit

1) Nicht im J. 965, wie Andere annehmen, denn Godehard stand nach seiner eigenen Angabe im 31. Lebensjahre, als er am 21. Dec. 990 sein Klostergelübde ablegte. *Wolfher*, Vita altera Godehardi c. 5.

den Angelegenheiten des Klosters und ließ die nur für Kanoniker angemessenen Gebäude niederreißen und andere den Bedürfnissen der Mönche vollkommen entsprechende dafür aufbauen. Sich selbst machte er Nüchternheit und Enthaltsamkeit so sehr zu eigen, daß er nicht nur unerlaubte, sondern sogar erlaubte Speisen und Getränke seinem Körper häufig versagte und mit Wasser und Brod sich begnügte. Nachdem er sich auf diese Weise zum Empfange der Priesterweihe vorbereitet hatte, wurde er im J. 991 von dem Bischofe Wolfgang von Regensburg mit dieser Würde bekleidet. In Altaich wollte indessen das klösterliche Leben nicht recht gedeihen; den meisten Mönchen behagte die lästige Zucht nicht, sie sezten sich deshalb nach dem Tode des Herzogs Heinrich (995), bei dessen Lebzeiten sie sich aus Furcht vor seiner ehrfurchtgebietenden Strenge nicht öffentlich auszusprechen wagten, mit den früheren Kanonikern, die über ihre Ausstoßung heftig erbittert waren, in Verbindung, erschienen vor dem jungen Herzoge Heinrich mit Klagen und Beschuldigungen gegen Erkanbert und ließen nicht von ihren lügenhaften Einflüsterungen ab, bis der Herzog aufs Höchste gegen den Abt aufgebracht war und ihn ohne irgend eine gegründete Ursache seiner Würde entsetzte. Darauf beschloß er, Godehard, den er als vertrauten Freund seines Vaters kannte und von dessen strenger Lebensweise das Zeugniß der angesehensten Männer und seine eigene Wahrnehmung ihn überzeugt hatten, auf die Bitten der Genossenschaft und auf den Rath der zu einer Besprechung nach Regensburg berufenen bedeutendsten Männer der Provinz zu dieser Würde zu erheben, Godehard aber, von dem Unrechte, welches Erkanbert widerfuhr, überzeugt, weigerte sich entschieden, die ihm zugedachte Würde anzunehmen und konnte erst, nachdem Erkanbert seine Wiedereinsetzung abgelehnt und freiwillig seinem Amte entsagt hatte, durch den ausdrücklichen Befehl der Bischofe bewogen werden, dem Wunsche des Herzogs zu entsprechen und sich am 27. Dec. 996 zu Ranteshofen, wohin er mit dem Herzoge zur Feier des Weihnachtsfestes gegangen war, von dem Bischofe Christian von Passau zum Abte weihen zu lassen. Nachdem er das lange abgelehnte Amt übernommen hatte, war er auch eifrig bedacht, die Pflichten desselben zu erfüllen; vor Allem aber stellte er, was in den verflossenen zwei Jahren durch den Mangel eines Oberhauptes durch Nachlässigkeit Schaden gelitten hatte und insbesondere die Kirche und die übrigen Gebäude, wieder her und ersetzte den Brüdern reichlich, was ihnen an Kleidern und Nahrung entzogen worden war. Da er wußte, daß der Ort, wo das Kloster lag, häufig durch das plötzliche Anschwellen der Donau von Ueberschwemmungen zu leiden hatte und man dort zu solchen Zeiten die Leichen entweder gar nicht oder nur mit großer Schwierigkeit bestatten konnte, begann er auf einem östlich vom Kloster im Walde am Ufer der Schwarza liegenden Berge, Helmgerrsberg genannt, den Bau einer mit einer festen Burg verbundenen Kapelle zu Ehren der heiligen Maria, legte ringsum Weinberge, Obstpflanzungen, Gärten und Fischteiche an und versammelte dort eine Genossenschaft von Kanonikern, welchen er eine ihm gutdünkende Lebensweise vorschrieb. Auf gleiche Weise suchte er andere Stellen der noch mit dichtem Walde bedeckten Gegend für die Cultur zu gewinnen. So hatte Godehard bereits acht Jahre mit großem Erfolge gewirkt, als der Abt Bernhard von Hersfeld in Hessen, ein Mann, welcher sich in seinem Alter wenig um das ihm anvertraute Kloster bekümmert hatte, (im J. 1005) starb. Da die Mönche schon lange ihrer Regel nicht mehr folgten und ein üppiges Leben führten, so wurde Godehard von dem Kaiser Heinrich II. und dem Erzbischofe Willigis von Mainz ausersehen, auch hier wieder die nöthige Zucht herzustellen. Er griff das Uebel sogleich an der Wurzel an und stellte es den Mönchen frei, entweder der Regel des heiligen Benedict zu folgen oder sich aus dem Kloster zu entfernen. Nur zwei oder drei blieben, die übrigen, etwa 50 an der Zahl, zerstreuten sich, da sie die gewohnte Lebensweise nicht aufgeben wollten, nach allen Seiten hin; da sie aber nirgends einen Zufluchtsort fanden, kehrten sie einzeln nach längerer oder kürzerer Zeit zurück und unterwarfen sich der Vorschrift, sodaß nach Ablauf der sieben Jahre, während welcher er dem Kloster vorstand, nur noch drei fehlten. Während seiner Verwaltung stellte Godehard die verfallenen Klostergebäude wieder her, vollendete ein von seinem Vorgänger zu Ehren des Apostelfürsten Petrus begonnenes Kloster jenseits der Fulda und versammelte dort eine Genossenschaft von Geistlichen, welche er mit allem Nöthigen hinreichend versah. Auf den verschiedenen Höfen der Abtei errichtete er mehre Gotteshäuser und andere schöne Gebäude und erhob so in kurzer Zeit durch seine Weisheit und Sorgfalt das Kloster zur höchsten Stufe der Freiheit und Ehre. In diese Zeit fällt auch die von ihm bewirkte Bekehrung Günther's, eines Thüringers von vornehmer Herkunft, welcher seine Jugendjahre in Ausschweifungen verlebt hatte. Von Gewissensbissen getrieben nahm er zu Godehard seine Zuflucht, schenkte seine Güter dem Kloster Hersfeld und ward als Laienbruder in Altaich eingeführt. Später bekam er, nachdem er eine Pilgerreise nach Rom unternommen hatte, das Ordenskleid und lebte 37 Jahre in einer Einöde des Böhmerwaldes, von wo aus er als Bußprediger nach verschiedenen Gegenden Teutschlands, sowie auch durch Böhmen und Ungarn zog und obgleich er aller gelehrten Bildung entbehrte, durch seine Predigten die Zuhörer zu Thränen zu rühren wußte. Unterdessen war Godehard der Auftrag geworden, auch in dem Kloster Tegernsee in der Diöcese Freisingen die vernachlässigte Ordnung wieder herzustellen; er unterzog sich bereitwillig dieser schwierigen Aufgabe mit ebenso großem Eifer als Erfolge; daß er aber in der Abtei Kremsmünster im Bisthume Passau eine ähnliche Umgestaltung vorgenommen habe, scheint auf einer unbegründeten Sage zu beruhen. Gewiß ist, daß die vielfachen Geschäfte, welchen er sich in seiner Stellung unterziehen mußte, ihm allmälig zur Last wurden, da sie ihn in seinen frommen Uebungen hinderten, welche ihm mehr als alle weltlichen Dinge am Herzen lagen. Er stellte deshalb dem Kaiser vor, daß er mit der Leitung der Abtei zu Altaich hinlänglich zufrieden sei und er der Verwaltung der übrigen Klöster enthoben zu werden wünsche. Nachdem seine Bitte endlich auf wiederholtes dringendes Verlangen gewährt und die Leitung der Klöster Hersfeld und Tegernsee bewährten Prioren übergeben worden war, zog sich Godehard nach Altaich zurück, um sich ausschließend der Ehre Gottes und dem Wohle seiner Heerde zu widmen und blieb dort neun Jahre, während welcher er sich nur zuweilen an den Hof begab, da seine Begleitung und Unterhaltung dem Kaiser stets willkommen waren. Als er auch im J. 1022 den Kaiser auf einer Reise von Bamberg nach Sachsen begleitete und mit demselben einige Zeit zu Grona (Grone bei Göttingen) verweilte, lief die Nachricht von dem Tode des durch seine Frömmigkeit, seine Gelehrsamkeit und seinen Kunstsinn weit und breit berühmten Bischofs Bernward von Hildesheim ein und sogleich wurde auf den Rath des Kaisers durch die einstimmige Wahl der Geistlichkeit und des Volkes Godehard zum Nachfolger Bernward's erhoben; seine Weihe fand am 2. Dec. desselben Jahres zu Grona durch den Erzbischof Aribo von Mainz statt und bereits am 5. Dec. hielt er unter großem Jubel der Bevölkerung seinen feierlichen Einzug in Hildesheim. Aber schon am Tage seiner Weihe sollten ihm die Unannehmlichkeiten des übertragenen Amtes klar werden, indem Aribo einen schon lange zwischen den Würdenträgern von Mainz und Hildesheim schwebenden Streit über den Besitz des Klosters Gandersheim in einer so kränkenden Weise wieder anregte, daß der Kaiser ihm Mäßigung und Ruhe gebieten mußte. Nach dem Tode des Kaisers Otto III. (1024), bei welchem Godehard in großer Gnade stand, entbrannte der Zwist von Neuem und der Kaiser Konrad II. mußte während seiner Anwesenheit zu Goslar (1025) beiden Bischöfen die Ausübung ihrer bischöflichen Rechte in Gandersheim bis zur Entscheidung des Streites durch eine alsbald zu versammelnde Synode untersagen. Als aber dennoch Godehard während der Anwesenheit des Kaisers zu Gandersheim die Messe am Hauptaltare der Kirche feiern zu dürfen glaubte, erschien Aribo und vertrieb ihn mit heftigen Schmähreden, wodurch er den Kaiser und die anwesenden Bischöfe so sehr erzürnte, daß bald nachher auf einer Versammlung zu Grona das Recht des Bischofs von Hildesheim über Gandersheim so lange anerkannt wurde, bis eine allgemeine Synode eine endgültige Entscheidung fällen würde. Auf zwei Synoden, zu Seligenstadt (1026) und zu Frankfurt (1027), welchen noch viele von beiden Bischöfen veranlaßte ärgerliche Auftritte vorausgingen, konnte aber der Streit ebenso wenig zu Ende geführt werden und erst auf einer Versammlung zu Pölde (1028) wurde er von dem Kaiser und den übrigen Fürsten dahin entschieden, daß Godehard das gandersheimer Kloster ehrenhalber verbleiben, um des Friedens willen aber eine Vertheilung der umliegenden Ortschaften zwischen den beiden Bischöfen vorgenommen werden solle. Im folgenden Jahre (1030) söhnten sich diese auf einem Hoftage zu Merseburg aus und Aribo soll nicht nur das Recht Godehard's anerkannt, sondern auch diesen um Verzeihung gebeten und ihm Gandersheim nebst allem dazu gehörenden Gebiete überlassen haben [2]). Der Bischof versäumte übrigens während dieses Streites, der einen großen Theil seiner Zeit und seine ganze Aufmerksamkeit für die Wahrung der ihm zustehenden Rechte in Anspruch nahm, in keiner Weise die übrigen Pflichten seines Amtes und entwickelte nach allen Seiten hin eine rastlose Thätigkeit. Schon im ersten Jahre nach seiner Weihe begann er an der Südseite des Domes an der Stelle einer ihres Alters wegen abgetragenen Kirche den Bau eines neuen herrlichen Münsters, welches er im J. 1026 einweihte und bei welchem er eine Schule errichtete, für die er während seines ganzen Lebens die größte Sorgfalt trug. Ueberhaupt widmete er dem Schulwesen und der Erziehung der Jugend eine zu jener Zeit seltene Aufmerksamkeit und schickte talentvolle Jünglinge nach allen Seiten hin in berühmte Anstalten, um sie in den Wissenschaften und Künsten gründlich unterrichten zu lassen [3]), denn er verlangte von den Geistlichen, daß sie wenigstens im Lesen, Dictiren und Schreiben geübt waren und suchte es dahin zu bringen, daß sie sich auch mit der Musik und Malerei beschäftigten. Er selbst fand großes Vergnügen an der Ausübung dieser Künste, sowie an der geschmackvollen Ausschmückung der Altäre, der Meßbücher und der zur Aufbewahrung kirchlicher Gerätschaften bestimmten Kästchen, wozu er sich Steinchen von weißer, schwarzer, rother oder bunter Farbe bediente, die er allenthalben einsammeln ließ und so geschickt zu bearbeiten und zu glätten wußte, daß sie Edelsteinen täuschend ähnlich waren [4]). Von seinem Kunstsinne zeugen jetzt noch die prachtvollen Thürme und Portale mehrer der von ihm erbauten und jetzt noch vorhandenen Kirchen seiner Diöcese. Auch zur Verschönerung und Befestigung von Hildesheim trug er nach Kräften bei; so erbaute er auf einem im östlichen Theile der Stadt liegenden Sumpfe, von einer dort rieselnden Salzquelle Sülze genannt, wo nach dem Volksglauben Gespenster hausten und die Vorübergehenden erschreckten, eine Burg und eine andere im westlichen Theile der Stadt auf dem Gipfel eines schönen

2) Der Streit zwischen den Bischöfen von Mainz und Hildesheim begann übrigens später von Neuem, auch scheint eine Theilung des Gebietes von Gandersheim stattgefunden zu haben. Eingriffe, welche sich der Bischof Harbert von Hildesheim in das Besitzthum des Klosters erlauben wollte, führte endlich zu einem Processe vor dem päpstlichen Stuhle, welcher (1206) den Zwiestreit dadurch endigte, daß er das Kloster für frei und unmittelbar erklärte. Nach der Reformation wurde bekanntlich das Kloster ein kaiserliches weltlich-lutherisches Stift, dessen Äbtissin ein freier Stand des Reiches war und auf der rheinischen Prälatenbank Sitz und Stimme hatte. 3) Juvenes quoque et pueros, quos indolis bonae et rapidos invenit, per diversa scholarum studia circumquaque dispertivit, quorum certe pauci servientes variam ac multiplicem sanae ecclesiae utilitatem in lectione, scriptura et pictura ac plerisque honestiori clericalis officii disciplina conquisivit. Vit. secund. c. 4. §. 23. 4) Commendando namque dilecto nostro Pontifici fuit, ut parvulos vel etiam pauperes validiores saepius per plateas vel per defossas petrarum foveas agerent, qui sibi lapillos minutos quosdam nivei coloris vel nigri vel rubri interdum vel varii deferrent, quos ipse elimatos et politos variaque collisione vel confricatione in similitudinem pretiosorum lapidum redactos aut in altaribus aut libris aut in capsis honeste collocavit. Ibid. c. 7. §. 52.

Berges (des jetzigen Zierenberges), ferner vollendete er das von seinem Vorgänger Bernward in der Stadt begonnene prachtvolle Benedictinerkloster zum heiligen Michael und stiftete ein großes Hospital für Arme und Gebrechliche jeder Art, worin nicht nur Einheimische, sondern auch Fremdlinge stets eine Zufluchtsstätte fanden, wo sie mit Sorgfalt und Liebe gepflegt wurden, doch mit dem Unterschiede, daß er den unter dem Gewande irgend eines abendländischen oder morgenländischen Mönchsordens umherschweifenden Müßiggängern, die er scherzweise Peripatetiker zu nennen pflegte, nur einen Aufenthalt von zwei oder drei Tagen verstattete und sie dann weiter schickte, um sie, wie er ihnen spöttisch bemerkte, das Laufen nicht verlernen zu lassen. Daß ihm solche der Welt in keiner Weise nützlichen Leute verhaßt waren, läßt sich bei seiner rastlos thätigen und dabei äußerst genügsamen und frommen Lebensweise nicht anders erwarten. Nachdem er, sagt sein Biograph, sein Abendgebet gehörig beendigt hatte, legte er sich nieder und ruhte bis Mitternacht, sodann stand er auf und brachte den übrigen Theil der Nacht unter Psalmen und Gebeten schlaflos zu, bis man sich zur Mette versammelte; darauf hörte er die Messe oder sang sie häufig selbst und ging nach derselben, wenn ihn nicht irgend ein dringenderes Geschäft oder irgend ein anderes Hinderniß abhielt, hinaus zu den Arbeitern, deren er täglich eine unzählbare Menge beschäftigte, setzte sich, um die Arbeit besser zu fördern, zu ihnen, prüfte fleißig die Leistungen des Einzelnen und gab zugleich vielen anderen Leuten, die in Folge seiner vielfachen Amtsgeschäfte zu ihm kamen, den nöthigen Bescheid oder ließ sich von einem Geistlichen die Psalmen vorlesen, bis die Mittagsstunde herankam und er sich mit den Seinigen zu Tische setzte, an welchem er alle durch seine bewunderungswürdige Enthaltsamkeit übertraf. Wurde ein recht schmackhafter, wohlbereiteter Fisch aufgetragen, so nahm er ihn freudig, als habe er große Begierde nach ihm, in Empfang, zerlegte ihn und vertheilte ihn an die Umhersitzenden, er selbst aber begnügte sich gewöhnlich mit Brod und Gemüsen und während die Uebrigen sich täglich an Wein und Meth erfreuten, löschte er seinen Durst nur mit Wasser, wenn er nicht etwa genöthigt war, anwesenden Gästen Bescheid zu thun. An den Sonntagen und anderen Festtagen jedoch machte er eine Ausnahme und nahm Fisch, Wein, Bier und auch Honig, aber stets kärglich und nie bis zur Sättigung. Die Fasttage beobachtete er sehr streng und während der 40tägigen Fastenzeit nahm er von ihrem Anfange bis Ostern nur Wasser und Brod zu sich und machte davon auch an den Sonntagen keine Ausnahme. Wegen dieser Gewohnheit vermied er auch gern den kaiserlichen Hof und die Versammlungen der Fürsten, weil er fürchtete, durch ihre Bitten und Befehle von seinen Vorsätzen abgeführt zu werden; wenn er aber vernahm, daß innerhalb seiner Diöcese das Volk das Fest eines Heiligen oder eine Kirchweihe feiere, so eilte er gern und freudig dorthin. Nichts war ihm lieber, als reichlich Almosen zu spenden, denn er erquickte täglich von seiner eigenen Mahlzeit eine zahllose Menge von Armen aus öffentlichen Mitteln; die schwächeren nahm er sogar mit sich ins Haus und stärkte sie dort sorglich mit kräftigeren Speisen; Allen aber, die er in der Stadt oder Vorstadt krank wußte, ließ er nicht allein stärkende Nahrungsmittel, sondern auch jede andere Fürsorge gütig zukommen. Er wurde deshalb von allen Bewohnern der Stadt Hildesheim und der ganzen Diöcese gleich einem Vater verehrt und sein Tod verursachte eine allgemeine Trauer. Er starb am 5. Mai 1038 und an seinem Grabe geschahen alsbald, wie die Legende erzählt, mancherlei Wunder; übrigens soll man, wie Godehard's Biograph bemerkt, bei der Erzählung solcher Wunderdinge sehr vorsichtig sein, denn, sagt er, nichtswürdige Leute ziehen nach gebräuchlicher Sitte in unserem Vaterlande an den heiligen Orten umher, stellen sich frevelhafter Weise blind, lahm, stumm oder besessen, wälzen sich im Angesichte des Volkes vor den Altären und Grabmälern der Heiligen, schlagen sich mit Fäusten und erklären sich dort für geheilt und zwar nur aus dem schmählichen Grunde, um auf diese Weise reichlichere Almosen und Vortheile von dem Volke zu gewinnen [5]. Godehard's tadellose Frömmigkeit war übrigens so allgemein bekannt und anerkannt, daß seine Nachfolger auf dem bischöflichen Stuhle zu Hildesheim schon 100 Jahre nach seinem Tode an seiner Heiligsprechung arbeiteten, welche auch am 28. Oct. 1131 auf der Synode zu Rheims durch den daselbst anwesenden Papst Innocenz III. erfolgte. Sein Leib wurde am 4. Mai des folgenden Jahres erhoben und der Verehrung der Gläubigen ausgesetzt und mehre Theile desselben kamen nach Schwaben, Böhmen und Holland; das Andenken des Heiligen wird gewöhnlich am Erhebungstage, an einigen Orten aber an seinem Todestage (5. Mai) gefeiert. An mehren Orten Teutschlands und des Auslandes errichtete man zu seiner Ehre Kirchen und Klöster und wir wollen hier nur an das weltberühmte Hospiz auf dem Gipfel des seinen Namen tragenden und die Grenzscheide zwischen Teutschland und Italien bildenden Berges erinnern. So sehr übrigens Godehard die Wissenschaften und Künste liebte und förderte, so versuchte er sich doch nicht als Schriftsteller und wir besitzen von ihm nur einige das Gepräge der festesten und zärtlichsten Frömmigkeit tragende Briefe, welche Bern. Pez (in seinem Thesaurus anecdotorum novissimus. Aug. Vind. 1729. fol. Tom. VI. p. 133 seq.) und J. Mabillon (in seinen Vetera analecta. Paris. 1675. 8. Tom. IV. p. 349. N. E. Ibid. 1723. fol. p. 436) herausgegeben haben. Eine vorzügliche und für die gleichzeitige Geschichte sehr wichtige Biographie Godehard's lieferte Wolfher, ein Kleriker am Dome zu Hildesheim, welchen Godehard in den Klosterschulen zu Hersfeld und Altaich in den Wissenschaften hatte unterrichten lassen. Er ver-

5) Propter quasdam vanae mentis personas, quae in nostra patria usitato more per sacra loca discurrentes, se aut caecos aut debiles vel elingues vel certis obsessos temere simulant et ante altaria vel sepulcra Sanctorum se coram populo volutantes pugnisque tundentes sanatos se illico proclamant, ea scilicet sola vanitate voluptate, ut sic tantum majorem stipem vel quaestum a plebe percipiant. Vit. secund. cap. 7. §. 50.

suchte schon in seiner Jugend und noch bei Lebzeiten seines Gebieters und Wohlthäters dessen Leben zu beschreiben, ließ aber diesen ersten Versuch unvollendet und gestaltete ihn nach dem Tode des Bischofs zu einem neuen Werke um. Die früher unbekannte, viel Eigenthümliches enthaltende erste Biographie, welche bis zum Jahre 1035 reicht, hat zuerst nach der zu Wien aufbewahrten Handschrift des Verfassers G. H. Pertz (in den Monumenta Germaniae historica. Script. Tom. XI. p. 167 seq.) mitgetheilt, die zweite umgearbeitete und abgekürzte, aber durch die Schilderung der letzten Lebensjahre Godehard's ergänzte Biographie ist öfter herausgegeben, zuerst einzeln in einem schlechten Abdrucke (Lipsiae 1518. 4.), sodann von Christ. Brower (in den Sidera illustr. viror. Germaniae. Mogunt. 1616. 4.), von Laur. Surius (in seiner Legendensammlung unter dem 4. Mai), besser von Gottfr. Henschen (in den Act. SS. Antverp. Maji Tom I. p. 501 seq.), von J. Mabillon (Act. SS. Ord. S. Benedicti. Saec. VI. P. I. p. 395 seq.), von G. G. Leibnitz (Script. rer. Brunsvic. Tom. I. p. 482 seq.) und am besten von G. H. Pertz (l. c. p. 192 seq). Eine gute teutsche Uebersetzung der ersten Biographie lieferte Herm. Hüffer (Berlin 1858. 8.). (*Ph. H. Külb.*)

GODELBERT, theologischer Schriftsteller der zweiten Hälfte des 15. Jahrh., von dessen Lebensverhältnissen man Nichts weiter weiß, als daß er aus Britannien stammte und Priester zu Rom war. Er brachte die Geschichte des alten Testamentes und die allegorischen Deutungen derselben in Verse und zwar, wie Sigebert von Gemblours (De script. ecclesiast. c. 23) und Joh. Trittheim (De script. ecclesiast. c. 198), die einzigen Literarhistoriker, welche von diesem Schriftsteller sprechen, behaupten zu können glauben, in fließende Hexameter. Er soll zugleich in der heidnischen Literatur sehr bewandert und ein vortrefflicher Redner gewesen sein. Weder sein Gedicht (Allegoriae scripturarum in vier Büchern), noch irgend eine seiner anderen Schriften hat sich, wie es scheint, erhalten, obgleich ihn noch im 17. Jahrh. C. du Fresne in seinem Glossar für die lateinischen Schriftsteller des Mittelalters unter den Quellen nennt, die er benutzt haben will. (*Ph. H. Külb.*)

GODELEVA*), Märtyrerin des 11. Jahrh., um das Jahr 1045 zu Wierre-Effroi in der Picardie (im jetzigen Arrondissement Boulogne) geboren, stammte aus einem ebenso angesehenen als reichen Geschlechte und war die Tochter Hemfrid's von Longfort. In ihrem 16. Jahre wurde sie mit Bertulf, einem tapferen, aber äußerst rohen, von einem normännischen Seeräuber abstammenden flandrischen Ritter zu Ghistell im Bezirke von Brügge, verlobt, welcher jedoch durch die Einflüsterungen seiner Mutter, welche das Mädchen welscher Abkunft mit rabenschwarzem Haare und feinerer Bildung nicht leiden mochte, sogleich eine so große Abneigung gegen sie fühlte, daß er sich schon während der Vermählungsfeierlichkeiten entfernte und nach seiner Heimkehr nicht mit ihr unter einem Dache wohnen wollte. Godeleva suchte sich ihre Einsamkeit durch Arbeit und Gebet und durch die ängstlichste Erfüllung ihrer Pflichten erträglich zu machen und durch kluges und bescheidenes Benehmen das Herz ihres Gemahls zu gewinnen. Der hartnäckige Sinn desselben änderte sich aber keineswegs, vielmehr verwandelte sich seine Abneigung allmälig in Haß und er suchte nun jedes Mittel auf, um die ihm unerträglichen Bande zu zerreißen. Er fügte seiner Gattin alle erdenklichen Unbilden zu, stellte sie unter die Aufsicht eines Knechtes und ließ ihr nur sehr spärliche, kaum zur Fristung des Lebens genügende Nahrung reichen. Lange unterwarf sie sich dieser harten Prüfung mit unerschütterlicher Geduld und betete für ihre Verfolger; als aber die Mishandlungen zuletzt unerträglich wurden, entfloh sie heimlich zu ihrem Vater, welcher bei dem Grafen Balduin von Flandern gegen Bertulf Klage erhob, wodurch die Sache vor das geistliche Gericht des Bischofs von Noyon gelangte. Da dieser ein für Godeleva unbedingt günstiges Urtheil sprach, so mußte Bertulf, welcher den gerechten Zorn des Grafen von Flandern fürchtete, seine Gemahlin wieder zu sich nehmen und eine bessere Behandlung derselben versprechen. Godeleva gewahrte aber sogleich, daß die Versöhnung nur Heuchelei war und sah sich nach kurzer Zeit noch weit ärgeren Mishandlungen ausgesetzt. Da diese indessen nicht zum Ziele führten, so faßte endlich Bertulf den Entschluß, sie durch eine schnelle Gewaltthat aus dem Wege zu räumen; um jedoch jeden Verdacht von sich abzuwälzen, benahm er sich einige Tage freundlicher gegen seine Gemahlin und machte dann eine Reise nach Brügge. Während seiner Abwesenheit erdrosselten zwei gedungene Mörder Godeleva des Nachts, tauchten sie, da sich an den Augen und Ohren Spuren der Erdrosselung zeigten, in einen Brunnen, legten sie wieder in das Bett und sprengten das Gerücht aus, sie sei eines jähen Todes gestorben. Die Schandthat, welche am 6. Juli 1070 verübt wurde, blieb jedoch nicht verborgen und die Heiligkeit der Dienerin Gottes wurde, wie die Legende sagt, durch viele Wunder an ihrem Grabe bestätigt. Zu diesen gehört auch die Heilung der blinden Tochter Bertulf's aus einer zweiten Ehe durch das Wasser des Brunnens, in welchem Godeleva getaucht worden war. Bertulf soll dadurch belehrt und, nachdem er seine Missethat durch eine Pilgerfahrt nach Jerusalem gesühnt, Mönch zu Bergues-Saint-Winoc geworden sein, die geheilte Tochter aber neben dem wunderthätigen Brunnen ein Kloster nach der Regel des heiligen Benedict erbaut und darin als Aebtissin ihr Leben beschlossen haben. Godeleva ist jetzt die Patronin von Ghistell und ihr Fest wird am 6. Juli gefeiert. Wir besitzen eine gleichzeitige, für die Culturgeschichte jenes barbarischen Jahrhunderts nicht unwichtige Biographie von Drogo, einem Mönche zu Ghistell, welche J. B. Sollier (in den Act. SS. Antv. Julii Tom. II. p. 359 seq. mit einer vortrefflichen Einleitung und auch einzeln unter dem Titel: Acta S. Godelevae M. et V. patronae Ghistellensium. Antverp. 1720. 4.) herausgegeben und welcher er eine weit jüngere, mit vielen Fabeln ausgeschmückte

*) Gewöhnlich Godelivre, Godelive (Gottliebe, Theophila) u. Godeleine genannt.

Legende eines unbekannten Verfassers aus dem 14. Jahrh. beigefügt hat. Es gibt auch eine alte belgische Uebersetzung der letzteren unter dem Titel: Godelive-Boeck (s. l. et a. 4.), welche Louis de Backer in einer neuen französischen Bearbeitung wieder vorgeführt hat. (Bruges 1840. 4.) Vergl. auch Vie de Sainte Godeleine, née à Wierre-Effroy, en Boulonnais. (Boulogne 1845. 18.) (*Ph. H. Külb.*)

GODELEVAEUS (Wilhelm), teutscher Historiker und Philolog des 16. Jahrh., dessen Lebensverhältnisse uns nicht näher bekannt sind. Seine Geschichte der Abdankung des Kaisers Karl V. und der Wahl seines Nachfolgers Ferdinand I. (Historiola de abdicatione et renunciatione imperii et regnorum a Carolo V. Imperatore anno 1555 et electione Ferdinandi Imperatoris anno 1558 factis rebusque, quae inter utramque acciderunt, in Ad. Sim. Schard's Historicum opus. Basil. 1574. fol. Tom. II. p. 1593 seq. Nov. Ed. Gissae 1673. fol. Tom. II. p. 638 seq.) enthält manches Brauchbare für den Geschichtsforscher. Großen Beifall fanden seine Anmerkungen zu der römischen Geschichte des T. Livius (In T. Livii historiarum libros omnes observationes ex variis scriptis collectae. Francof. 1578. 8. Ibid. 1619. 8. Ibid. 1670. fol.) und auch jetzt dürfen sie, was die historische Erläuterung betrifft, nicht gänzlich auf die Seite geschoben werden; überflüssig geworden ist dagegen seine lateinische Uebersetzung der Description de la Cour du Grand Turc von J. A. Geuffroy, welche er unter dem Titel: Aulae Turcicae Othomanicique imperii descriptio, qua Turcarum palatina officia, mores, sectae item Mahometicae imperiorumque ex ea prodeuntium status luculenter enarrantur (Basil. 1573. 8.) herausgab und welcher er einige kleinere Schriften Pietro Bizarri's ähnlichen Inhalts beifügte. (*Ph. H. Külb.*)

GODELHEIM, eine Stunde von Höxter im Weserthale gelegen, besitzt zwei in ihrer Zusammensetzung nicht sehr von einander abweichende Quellen (die Trink- oder Salzquelle und die Bade- oder Stahlquelle), die durch ihren bedeutenden Gehalt an zweifach kohlensaurem Eisenoxydul (mehr als im pyrmonter und driburger Wasser) und Kochsalz ausgezeichnet sind. Das Wasser hat eine Temperatur von + 8° R., ist klar, wegen des reichen Kohlensäuregehaltes stark perlend und besitzt einen säuerlich-salzigen zusammenziehenden Geschmack. Die Quellen wurden 1747 entdeckt und bereits 1749 durch Scriba in einer besondern Monographie empfohlen. Der bekannte Hofrath Himly in Göttingen brachte die godelheimer Stahlquelle nach 1830 käuflich an sich.

Das godelheimer Wasser wird getrunken und zu Bädern benutzt zur Stärkung und Kräftigung der Schleimhäute in den Unterleibsorganen, bei Uterinbeschwerden, bei rheumatischen und gichtischen Zuständen, bei chronischen Nervenübeln, bei Dyskrasien. (*Fr. Wilh. Theile.*)

GODELMANN (Johann Georg), geboren am 12. Mai 1559 zu Tutlingen im Würtembergischen, verdankte seine Elementarbildung dem Gymnasium zu Stuttgart. Um die Rechte zu studiren, begab er sich nach Tübingen, wo er im J. 1574 Baccalaureus der Philosophie ward und zwei Jahre nachher die Magisterwürde erlangte. In Wittenberg setzte er seit dem Jahre 1578 seine juristischen Studien mit Eifer fort. Auf einer Reise, die er um diese Zeit (1579) unternahm, besuchte er Magdeburg, Braunschweig, Helmstedt, Lüneburg, Hamburg, Lübeck, Wismar, Rostock und Kopenhagen. In Rostock habilitirte er sich noch im J. 1579 als Privatdocent der Rechte. Seine Vorlesungen fanden großen Beifall. Auf einer Reise in seine Heimath begab er sich nach Basel, wo er die juristische Doctorwürde erlangte. Verlobt mit einer Tochter des Professors Chyträus in Rostock, ward er bei seiner Rückkehr dahin zum außerordentlichen Professor der Rechte ernannt. Sein Amtsantritt fällt in das Jahr 1581. Als Docent und Schriftsteller hatte er einen Ruf erlangt. Mehre Anträge zu auswärtigen Beförderungen ergingen an ihn. Von der Stadt Riga aufgefordert, begab er sich dorthin, um ihre Angelegenheiten mit der Krone Polen zu ordnen. Mit reichen Geschenken kehrte er aus Holstein zurück, wohin ihn der Statthalter Heinrich Ranzau gerufen hatte, um einige wichtige Landesstreitigkeiten zu beseitigen. Im J. 1589 ward er von dem Herzoge Ulrich von Mecklenburg in wichtigen Angelegenheiten an den polnischen Hof gesandt. Auch dies Geschäft beendete er zu allgemeiner Zufriedenheit. Mit dem Titel eines Rathes ward er 1592 von dem Kurfürsten von Sachsen nach Dresden gerufen. Auch hier empfahl er sich als ein vielseitig gebildeter Jurist und gewandter Diplomat. Mehrmals ward er als Gesandter an den kaiserlichen Hof geschickt, wo er die Würde eines kaiserlichen Pfalzgrafen erlangte und in den Adelsstand erhoben ward. Die Stadt Rostock, wo er im J. 1595 seinen hochbejahrten Schwiegervater besuchte, sah er seitdem nicht wieder. Er starb in Dresden am 20. März 1611. Seine wenigen Schriften, meistens juristische Abhandlungen, hatten nur ein Localinteresse und wurden bald vergessen. Ein Verzeichniß derselben enthält das „Etwas von gelehrten Rostockischen Sachen" (Rostock 1737—1742. 8.) 6 Bde. In längerem Ansehen und durch mehre Auflagen verbreitet erhielt sich sein zu Frankfurt am Main 1591 in Quart gedruckter Tractatus de magis, veneficis et lamiis deque his recte cognoscendis et puniendis. Sein Bildniß befindet sich in dem von P. Freher herausgegebenen Theatr. viror. erudit. clarorum p. 979*). (*Heinrich Döring.*)

GODENSTAG ist der in Westfalen noch heute übliche Name für Mittwoch, der sonst noch in den mannichfaltigsten Formen erscheint, die indessen alle ihren Ursprung auf Wodan zurückleiten. Im skandinavischen Norden hieß er Odinsdagr, in Teutschland Wodenstag oder Wonstag, wie er sich noch im Englischen als Wed-

*) Vergl. *Adami* Vitae Germ. Icons. et Polit. p. 205, wo sich auch sein von Friedrich Taubmann in Versen verfaßter Lebenslauf befindet. H. F. Tabbel in den Erneuerten Berichten von gel. Sachen (Rostock 1766. 8.) S. 389 fg. *Krey*, Andenken an die Rostockischen Gelehrten aus den drei letzten Jahrhunderten (Rostock 1816.) St. 6. S. 33 fg. Jöcher's Gelehrtenlexikon. 2. Th. S. 1034

nesday und im Holländischen als Woensdag erhalten hat [1]. Die Formen des Stammnamens s. bei Jac. Grimm, Deutsche Mythologie (Göttingen 1835. 8.) S. 94, aus denen sich im Vereine mit einer Vergleichung der noch in Ortsbezeichnungen vorkommenden Spuren von der Verehrung jenes Gottes ergibt, wie die verschiedenen Bildungen des Namens unter einander zusammenhängen. Nachweise und Sammlungen von dergleichen finden sich bei Bönisch, Die Götter Deutschlands S. 54; Preusker, Oberlaus. Alterthümer S. 73; Legis, Handbuch S. 100; Grimm a. a. O. S. 103 und 107; Nork, Mythologie der Volkssagen S. 242 fg.; *Finn Magnusen*, Lex. mythol. p. 648. Begründet ist die Warnung vor falschen Etymologien, die Klemm, Handbuch der germanisch. Alterthumskunde (Dresden 1836. 8.) S. 241. Anmerk. 3 ausspricht. Doch geben Formen wie: Wodensweghe, später Wutensrege, und Gotensweghe, ein Dorf bei Magdeburg, Woodnedore unweit Sandwich in Kent, Wednesbury in Staffordshire, Wednesfield daselbst, Wednesham in Cheshire u. s. w. Analogien genug an die Hand; s. auch darüber Keysler, Cimbrisches Heidenthum I, 73; Kurze Fragen aus der Kirchenhistorie des Neuen Testaments III, 160; sowie Leibnitz, Theodicee, Vorrede S. 60 und Th. II. §. 177. Die Verwandlung des W in ein G bestätigt sich durch viele Fälle. Wilhelm Mannhardt, Germanische Mythen (Berlin 1858. 8.) S. 285, nimmt Göde als eine weibliche Form von Wödan. Wie grade der vierte Wochentag, feria quarta oder Dies Mercurii, noch heute im Französischen mercredi, dazu kam, Wodens- oder Godenstag zu heißen, ergibt sich aus Folgendem. Es steht nach Allem, was man von Wodan wie von Merkur oder Hermes weiß, fest, daß sie sich entsprachen. Grimm a. a. O. S. 95 und Nachträge dazu S. 602, hat die Identität beider Gottheiten unbestreitbar nachgewiesen, eine Identität, die sich bis auf Einzelheiten erstreckt, z. B. auf das Amt der Todtengeleitung, ja sogar auf Beinamen. Uns interessirt hier zunächst der Umstand, daß mit Ausnahme des Sonnabends, der im Englischen und Holländischen nach Saturnus heißt, die Namen der Wochentage nordischen Gottheiten entlehnt sind, die den lateinischen entsprachen. Gewiß sind sie älter als nach der Angabe, daß die christlichen Bekehrer sie gegeben haben sollten, indem sie mit Nachahmung der römisch-heidnischen Namen den Wochentagen gleichfalls heidnische Namen aus der nordischen Mythologie sollten verliehen haben. Das Zeugniß des Wilhelm von Malmesbury, der in der ersten Hälfte des 12. Jahrh. lebte und dem zufolge die Angeln bei ihrer Ankunft in Britannien Wodan und Freia verehrten und schon damals zwei Wochentage nach ihnen benannten, wird unterstützt durch das Geschlechtsregister der Könige in der handschriftlichen Fortsetzung des Nennius, bei *Leibnitz*, Scriptores rerum Brunswic. I. Der Bischof von Holum auf Island (1105), Jonas Oganundsson, verbot den Gebrauch dieser heidnischen Tagenamen als böse Ueberbleibsel heidnischer Sitten. Nach einem Gotte, mit dem Wodan oft verwechselt wird, weil auch ihm die Kraft Sieg zu verleihen und die Erfindung der Kriegskunst beigelegt wird, nach dem eigentlichen Schlachtengotte Ziu oder Tyr ist der Dienstag, im Englischen Tuesday, benannt, analog dem lateinischen Dies Martis, wie denn der Donnerstag seinen Namen (englisch noch Thursday) von Thor hat. Die Ordnung der Götter wechselte aber und wenn nach Adam von Bremen die Bildsäulen zu Upsala so standen: Wodan, Thor, Fricco, so spricht für die Mitte die Stellung Wuodan's zwischen Thunar und Saxnot in der Abrenunciatio, einem nicht rein sächsischen, doch niederdeutschen, vielleicht, wie Grimm meint, ripuarischen Sprachdenkmale des 8. Jahrh.; s. Grimm a. a. O. S. 109. Noch ist zu erwähnen, daß der vierte, ebenso wie der zweite und sechste Wochentag nach dem mittelalterlichen, mit seinen weit verbreiteten Resten bis in unsere Zeit hineinragenden Aberglauben nicht im besten Rufe standen, sondern als besonders bösem Zauber günstig verschrieen waren [2]. Es mag dies seinen Grund zum Theil mit darin haben, daß dem Montage (luna) und dem Freitage (Venus, Freia) weibliche Gottheiten vorstanden. Heutzutage noch gelten beide Tage als entschiedene dies nefasti. Der Merkur, nach der Ovidischen Fabel der Vater des Hermaphrodit, also einer Art mannweiblichen Gottheit, ist als Planet unzuverlässig und das Quecksilber trägt seinen Namen. Der Gott selbst versteht sich nach der Mythologie auf Nichts besser als auf Trug und Zauberblendwerk. Dazu mag noch kommen, daß die geraden Zahlen bei allen Völkern als ungünstig, die ungeraden als günstig angesehen sind. Ueber die Vierzahl im Besonderen und über ihren verhängnißvollen Charakter vergl. Nork, Sitten und Gebräuche der Deutschen S. 702 und 703. Den Aberglauben des Landvolks in Betreff aller an der Mittwoch vorgenommenen Verrichtungen findet man belegt bei Mannhardt a. a. O. S. 15 und 16. Auch Grimm a. a. O. S. 105 führt an, daß z. B. auf Wodenstag kein Lein gesäet werden soll [3]. (Dr. *F. L. Hoeigk.*)

1) Bei Schiller und Haltaus heißt er: Onstag oder Gudenstag; in dem christlichen Runenkalender auf sieben hölzernen Stäben (aufbewahrt im Naturalienkabinet des Waisenhauses zu Halle a. d. S.): Onsdagur; dänisch und schwedisch: Onsdag; angelsächsisch: Wodnesdaeg; isländisch: Onsdagur; altfriesisch: Wernsday.

2) Nach dem Aberglauben aus der Umgegend bei Pforzheim sind Mittwoch und Freitag verworfene Heiratage. Ferkel, Mittwochs jung ausgetrieben, kehren nicht heim; ein Kind, das Mittwochs die Schule zum ersten Male besucht, lernt Nichts; keine Magd wechselt Mittwochs ihren Dienst; Mittwochs läßt sich kein Brautpaar trauen; s. Journal von und für Deutschland. 1787. II, 311–346. Bei Vorarlbach im Speierischen hält man ein Weib, das Mittwochs Butter stampft, für eine Hexe; s. Journal von und für Deutschland. 1787. I, 454–456. Im Würtembergischen glaubt man, daß, wenn man Mittwoch Nachts von Hexen redet, sie es hören und sich rächen; Journal u. s. w. 1788. II, 183–184. Am Aschermittwoch jagt der Teufel das Holzweiblein im Walde, s. Rockenphilosophie VI, 82. 3) Daß schon in der ältesten Zeit sich an den vierten Wochentag, Dies Mercurii, allerhand Aberglauben hing, ersieht man aus einer Predigt des heiligen Eligius (geb. 588, gest. 659), mitgetheilt von *Audoenus*, Vita Eligii, abgedruckt bei *D'Achery*, Spicileg. ed. Paris. 1661. Tom. V. p. 215–219 und angehänge bei Grimm a. a. O. S. XXIX, wo im Indicu-

GODESBERG, am Rheine, im königl. preußischen Regierungsbezirke Cöln, dem Drachenfels gegenüber, Dorf am Fuße des gleichnamigen Berges mit herrlichen, durch freundliche Anlagen verschönerten Umgebungen, 1000 Einwohnern, dem Mineralbrunnen Draitsch (dessen Wasser dem berühmten schwalbacher am nächsten kommt) und Weinbau. Der Berg Godesberg liegt 1½ Stunde südlich von Bonn. Ursprünglich stand auf ihm ein Römercastell, von dessen Architektur noch unverkennbare Spuren vorhanden sind. Bei diesem Castell ist später, nach der Bekehrung der hier hausenden Ubier die St. Michaelskapelle erbaut worden, die jetzt ebenfalls in Trümmern liegt. Den Namen Godesberg nimmt man gleich Gottesberg oder Wodansberg, weil der Sage nach auf dem Gipfel des Berges ein Wodan- oder Merkurstempel gestanden habe. — Auf den Ruinen des alten Römercastells erbaute urkundlich der Erzbischof Theoderich von Cöln im J. 1210 ein festes und prachtvolles Schloß und Kurfürst Friedrich II. von Cöln verstärkte 1375 dessen Befestigung. In dem Kriege, welchen der Uebertritt des Erzbischofs Gebhard von Cöln zum protestantischen Glauben und seine Verheirathung mit der schönen Gräfin von Mansfeld veranlaßte, legte derselbe eine Besatzung holländischer Truppen hinein. Gebhard wurde später abgesetzt und sein Nachfolger Ernst aus dem Hause Baiern ließ im J. 1583 die Feste durch Pulver sprengen. Auf die Zinne des noch vorhandenen Thurmes, der eine schöne Aussicht bietet, führt jetzt eine Treppe.

(*H. E. Hössler.*)

GODESBERG (Mineralquelle), eine Stunde von Bonn in einem reizenden Thale gelegen, besitzt eine seit dem Jahre 1790 gefaßte Quelle, deren Wasser zu den erdig-alkalischen Eisenwässern gehört. Die Quelle ist kalt; das Wasser perlt nur wenig, hat einen zusammenziehenden Geschmack und außer einem mäßigen Gehalte an freier Kohlensäure finden sich hauptsächlich kohlensaures Eisen-, Talkerde-, Kalkerde-Natron, sowie salzsaures und schwefelsaures Natron darin. Das Wasser findet im Ganzen mehr eine äußerliche Anwendung bei Hysterie und anderen Nervenleiden, bei chronischen Leiden des Uterinsystems, bei Chlorose, bei anomaler Menstruation, Fluor albus, Blennorrhöen der Harnwerkzeuge; s. Dr. B. Hundeshagen, Der Heilbrunnen und Badeort Godesberg bei Bonn am Rhein. (Cöln 1833.) (*Fr. Wilh. Theile.*)

GODESBERG, an der von Coblenz nach Cöln führenden Heerstraße, eine Stunde von Bonn in der reizendsten Landschaft gelegen, besteht eigentlich aus drei Theilen, aus der Burg, dem Heilbrunnen im Hintergrunde und dem zwischen und an beiden liegenden Dorfe. Der Schloßberg, ein stumpfer runder Kegel, von einem rüchtigen Fußgänger in einer starken Viertelstunde zu umschreiten, kann als der südwestlichste Auslauf des langgedehnten Vorgebirges betrachtet werden, das sich hier kaum eine halbe Stunde vom Rheine etwa 400, an einigen Stellen wol 500 Fuß über die Ebene erhebt. Der Kegel mag um 275 Fuß die Heerstraße überragen, diese Höhe scheint aber wegen der schroffen Abschüssigkeit über die Straße und wegen des prächtigen Thurmes auf ihrem Scheitel von fern gesehen viel beträchtlicher, als sie an sich ist. Der Berg ist vom Norden bis zum Südwesten mit Gebüsch bekränzt, schroff abgeschnitten und nur auf steilen Fußpfaden zu erklimmen. Die westliche und südliche Seite, theilweise mit Reben bepflanzt, ist weniger abschüssig und es läuft von Westen gegen Osten von dem höheren Bergstocke ab, wovon dies ein einzeln auslaufender Ast ist, im Abstande von etwa 800 Schritten eine tiefere Senkung gegen die Spitze des Kegels hinan, auch geht hier von der Seite hinauf ein bequemer gepflasterter Stationenweg und ein Paar Fußpfade führen, der eine aus dem Dorfe von Süden hinauf, der andere aus westlicher Richtung durch Gebüsch zu dem Wallfahrtskirchlein und zu dem Friedhofe hinan, dieser theilweise die Ruinen der Burg einnehmend. Das Kirchlein zu St. Michael, ursprünglich wol dem Anfange des 13. Jahrh. entstammend, ward durch Kurfürst Joseph Clemens im J. 1698 prächtig hergestellt, um für Niederteutschland die Metropole der von besagtem Kurfürsten gestifteten Erzhof-Brüderschaft zum heiligen Michael zu sein, was für Südteutschland die Josephsburg bei München war. Mehrmals im Jahre wallfahrtete nach dem Godesberge von Bonn die gesammte Erzbrüderschaft, besonders am 8. Mai, dem Tage der Erscheinung des Erzengels Michael auf dem Berge Gargano, welches ihr Hauptfest war. Ein Zweig dieser Brüderschaft ist der St. Michaelsorden, dessen Großmeister nach einander gewesen sind: die beiden Kurfürsten von Cöln, Joseph Clemens und Clemens August, der Cardinal von Baiern, Johann Theodor Fürstbischof von Lüttich, erwählt den 8. Mai 1701, gestorben den 27. Jan. 1763, der Herzog Clemens Franz von Baiern, erwählt den 8. Mai 1763, gestorben den 6. Aug. 1770, der Kurfürst von Baiern Maximilian Joseph, erwählt den 18. Aug. 1770, gestorben den 30. Dec. 1777, der Herzog Karl II. von Zweibrücken, erwählt den 28. Febr. 1778, gestorben den 1. April 1795. Dessen Bruder und Erbe Herzog Maximilian Joseph, der nachmalige Kurfürst und König von Baiern, hat dem Orden die Form eines Hausordens gegeben, seine Einrichtung jedoch wesentlich durch das Statut vom 6. Aug. 1810 modificirt. Er zählte 20 Großkreuze und 32 Ritter im J. 1821. Die von dem Ordensstifter gegebene Regel erschien zu Lille 1700 unter dem Titel: Explication de l'institution des règles et des usages de la Confrérie Electorale de St. Michel Archange, pour les agonisans. 8. p. 56, mit 7 Abbildungen, das Ordenszeichen, den Habit, den Habitus solemnis, ordinarius, poenitentiae, lugubris und peregrinationis darstellend. Von dem Kirchlein aus führt ein stiller Pfad, mit Kies beschüttet und mit Rasenbänken und Ruheplätzen versehen, rings um die überhangenden Mauern herum und zuletzt durch eine Oeffnung in den Trümmern auf die Platte, wohin man indessen auch, nur mühevoller, durch mehre andere Risse

---

lus superstitionum et paganiarum« heißt und VIII: de sacris Mercurii vel Jovis, und sub XX: de feriis, quas faciunt Jovi vel Mercurio.

aufsteigen kann. Aus den Trümmern läßt sich erkennen, daß die Burg von einer doppelten Mauer umgeben gewesen ist; die äußere an der Nordseite ist theilweise noch ziemlich erhalten. Oben angelangt erblickt man mehre halbabgerissene Thürme, welche noch die einzelnen Vertiefungen und Zerschneidungen der Räume zeigen, sodaß die Phantasie sich die Säle und Gemächer der Vorzeit, den Marstall, die Kammern der Knechte und Buben, Verließe und Marterkammern denken kann. Inmitten der Platte aber prangt der schöne runde Thurm, die Krone des Burgbaues und der ganzen Gegend eine Zier. Er mißt bis an seine Spitze etwas über 100 Fuß und würde auch bei minderer Höhe, auf minder günstigem Standpunkte durch die Richtigkeit der Verhältnisse, durch seine schlanke, mit Stärke gepaarte Gestalt auffallen. Von dem Ursprunge des Namens Godesberg hat man verschiedene Hypothesen aufgestellt. Hermann von Neuenar, der Dompropst zu Cöln im 16. Jahrh., veröffentlichte eine auf Godesberg aufgefundene Steinschrift, laut welcher hier ein dem Aesculap und seiner Tochter Hygea gewidmeter Altar gestanden hat. Soviel den Erbauer betrifft, scheint die Cronica van der hilliger Stat van Cöllen genugsame Auskunft zu geben. Dort heißt es S. 184: „Item der selve Bischoff (Dederich der eyrste van dem Berge) veinck eynen Joeden indbrach dem so groissen Schatz off, dat he Godesberch dae mit liess buwen umbkint anno 1210. Da vur sent Michaels Capelle plach tzo stain also dat men den dairnae niet so gemynlichen geeren enkunde as men vur dede. Ouch was geyn Buschoff vur eme so koene, der dairup eyn vestunge endorst setzen." Erzbischof Walram von Jülich, erwählt 1334, stärkte die Burg mit Thürmen und Zinnen, sodaß sie als eine der vier Hauptfesten des Erzstiftes gelten, zur Aufbewahrung des Schatzes, des Archivs und der Staatsgefangenen dienen konnte. Dem hohen Rufe von ihrer Festigkeit verdankte sie es ohne Zweifel, hierin dem Ehrenbreitstein gleich, daß sie das ganze Mittelalter hindurch unangefochten blieb. Die erste und letzte Belagerung hat Godesberg in dem Truchsessischen Kriege auszustehen gehabt. Michael van Isselt, aus dem man einen Jesuiten gemacht hat, weil er der Wahrheit Zeuge war, der aber, reformirter Prediger zu Zwoll und Nimwegen, als der italienischen Kaufleute zu Hamburg Prediger, daselbst den 17. Oct. 1597 gestorben ist. Michael van Isselt schreibt von jener Belagerung in seinem Werke De bello Coloniensi p. 413: „Des Erzbischofs Ernst leiblicher Bruder, Ferdinand von Bayern, hatte schon früher die auf der Höhe des Berges gelegene Burg durch eine Belagerung eingeschlossen. Der Berg hat den Namen, wie Georg Braun, ein fleißiger Durchforscher des Alterthums annimmt, von dem Götzen Mercurius, der an dieser Stelle unter dem Heidenthum mit großer Andacht verehrt wurde. Den, welchen die Lateiner Mercurius nennen, pflegen die Germanen Godes zu heißen, daher auch die Ubier und die umliegenden Völker den Tag Mercurs Godestag nannten. Nachdem die Ubier zum Christenthum sich bekehret, haben sie, nach des Mercurius Ausweisung, auf diesem Berge eine Kirche zum heiligen Michael erbaut. Endlich soll, wie einige schreiben, Erzbischof Dietrich von Cöln um das Jahr 1214 aus den Strafgeldern eines Juden, den er in Banden hielt, diese Burg hinzugefügt haben. Dieser Berg ist sehr hoch und steil, der Aufgang rauh und beschwerlich, durchaus felsicht, daß nur mit der äußersten Schwierigkeit Geschütze hinangefahren, Laufgräben geführt werden mögen. In der Burg lag eine Besatzung aus niederländischen Räubern und Schiffleuten zusammengelesen, verruchte Gesellen, aber beherzte Streiter, welche die Burg wacker vertheidigten. Anfangs wurden die Geschütze dem nächsten Hügel aufgesetzt und mit gewichtigen Kugeln die Mauern beschossen, aber der große Aufwand fruchtete wenig oder gar nicht, indem die Vertheidiger in der Nacht wieder herstellten, was etwan bei Tage zerschossen oder eingestürzt war. Deshalb hat Herzog Ferdinand anders sich besonnen und Bergleute herangezogen: die mußten sich, wo der Berg am wenigsten felsicht war, eingraben, was für mehre Tage Arbeit. Wie es damit so weit gekommen, daß Minen fertig und daß ein guter Theil des unterwühlten Schlosses zitterte, wurden die Minen mit Pulver gefüllt und um die erste Nachmittagsstunde angezündet, daß Thürme, Mauern und Außenwerke von ihrer Stelle gerückt und hoch in die Luft geschleudert auseinanderbrachen und an der Burg eine Oeffnung sich ergab, weit genug, dem Sturm Raum zu geben. Die Vertheidiger indessen, wissend, daß es ihrer Haut gelte, führten mitten in den Trümmern ihre Geschütze auf, richteten sie gegen die dichtesten Haufen der Stürmenden und vertheidigten sich eine Weile nach Kräften. Allein die Bayern, an Zahl und Gehalt überlegen, drangen unaufhaltsam vorwärts und bemeisterten sich der Bresche, daß die Besatzung anfing zu weichen, endlich ganz und gar erlag, daß die Burg für die Bayern gewonnen. Man fand darin beiläufig 72 Mann, die alle niedergemacht wurden. Denn Herzog Ferdinand wollte nicht eines verschont wissen, weil es die schlimmsten Räuber und Gaudiebe, von denen nie Gutes zu hoffen, sie auch von ihm und dem Grafen von Aremberg gebotene Gnade auf das frechste mit ungeziemenden Worten zurückgewiesen hatten. Den Abt von Heisterbach, welcher vor einigen Monaten von diesen Freibeutern niedergeworfen und hierhin gebracht worden, fand man lebend und unverletzt und hat er, eingedenk des Wohlwollens, so in seinem Verließe der Hauptmann der Bande ihm angedeihen lassen, sich für denselben bei Herzog Ferdinand verwendet und ihm das Leben erbeten. Es wurde durch diese Eroberung auch der Hauptmann Rinuccini, Florentiner, befreiet; er war gelegentlich der Zerstörung der Abtei Deutz in die Gefangenschaft gerathen. Der Weihbischof von Hildesheim hingegen war kurz vorher in Baden gestorben." Genommen wurde Godesberg, oder vielmehr die Ruine, den 17. Dec. 1583. Eine der Mauer eingefügte Platte mit der Inschrift: Anno Dni MCCX Gudenberg fundatum e. a. Teoderico Ep. die Mavror. mr (martyrum), wurde als Siegeszeichen nach München gebracht und ist dort noch zu sehen. Wenn wir nicht irren, so wurde den folgenden Kurfürsten durch die Wahlcapitulation untersagt, jemals die Feste herzustellen. Godesberg, das Dorf, zählt etwas über 200 Wohnhäuser und über 1100 Einwohner, welche an Ackerland seine 2010, an Wald und Busch 1540 Morgen besitzen. Den ungemein reizend gelegenen Ort suchte der letzte Kurfürst von Cöln, Erzherzog Maximilian Franz, zu heben, wozu ihn vornehmlich die Heilquelle, wenige Minuten von dem Dorfe am Ausgange des nach Marienforst führenden Thales gelegen, angereizt haben wird. Die Einwohner des Dorfes haben von jeher viel auf den sogenannten Draisch gehalten und sein Wasser wird seit undenklichen Zeiten in der Umgegend getrunken. Kein Hirt unterließ, wenn es nur immer möglich war, seine Heerde zur Quelle zu treiben, in der Meinung, sie durch das Wasser gegen Seuchen zu schützen, ein Gebrauch, der es sehr wahrscheinlich macht, daß der Name Draisch weder von Dralsch, ein grüner Anger, noch von Dreis, eine Mineralquelle, sondern von Drätsche, Viehschwemme, herzuleiten ist. Schon Kurfürst Clemens August hatte dem Brunnen eine hölzerne Einfassung gegeben. Maximilian Franz ließ die fünf süßen Quellen, die mit dem Heilbrunnen in einem Behälter gefaßt waren, ableiten (1789), dem nahen Bache einen andern Lauf, dem Brunnen eine steinerne Umfassung geben und das Wasser chemisch untersuchen. Die umliegenden Grundstücke kaufte der Kurfürst an, um sie in Alleen und Spaziergänge umzuschaffen. Im J. 1790 verlieh er den Brunnen an eine Gesellschaft von Speculanten, die im Angesichte des Siebengebirges, wenige Minuten von der Landstraße den schönen Redoutensaal anlegten. Der Kurfürst selbst baute ein großes Haus und verschenkte die übrigen Grundstücke unter der Bedingung, sie mit Häusern nach dem vorgezeichneten Plane zu bebauen und diese zu Wohnungen für Kurgäste einzurichten. Auch wurden einige 1000 Gulden zu Prämien ausgesetzt für diejenigen, welche ihre Bauten am meisten beschleunigen würden. Es entstand eine Spielbank, die, nachdem sie die Stürme der Revolutionszeit überlebt hatte, im J. 1819 wegen der Nähe der Universitätsstadt beseitigt wurde. Mit diesen Gebäuden ist der Brunnen durch eine Doppelallee von herrlichen Platanen und Pappeln verbunden. Auf einem künstlich aufgeworfenen Hügel im Hintergrunde des Brunnens ziehen sich Lauben um das Brunnenbecken her. Dieses, ziemlich tief gelegen, ist von Terrassen umgeben und mit sorgfältig behauenen Steinen eingefaßt. Von dem Brunnen eine halbe Stunde aufwärts, in einem herrlichen Thale, gelangt man zu den Ruinen des Klosters Marienforst, die sich theilweise in ein elegantes Landhaus verwandelt haben. Auf der Stelle stand ein Augustiner-Nonnenkloster, Kottenforst genannt, dessen Bewohnerinnen sich gegen die Annahme der von dem Erzbischofe Theoderich von Mörs vorgeschriebenen Reform sträubten. Zur Strafe wurden sie in andere Klöster vertheilt und das verlassene Haus, von nun an Marienforst genannt, vergabte der Kurfürst den 12. Juni 1450 an den Orden der heiligen Brigitta und setzte dahin als Aebtissin Agnes Holtzhusen und als Beichtvater den P. Jacob Reppersdorf, beide aus dem Kloster Marienkron bei Stralsund berufen. In der letzten Zeit lebten in dem hiesigen Kloster gegen 40 Schwestern und 20 Brüder. Etwa 1000 Schritte von Godesberg abwärts, an der Ecke der Heerstraße und des nach Friesdorf führenden Feldweges, fesselt den Blick des Wanderers durch die romantisch-phantastische Buntheit und schlanke Jungfräulichkeit seiner Gebilde das sogenannte Hochkreuz von 35—40 Fuß Höhe. Erzbischof Walram von Jülich, schreibt die Cronica van der hilliger Stat van Cöllen, „liess dat steynen Cruytz setzen tuschen Godesberch ind Bunne dat noch steyt anno 12[illegible]. Doch schryven eyn deyl dat Buschoff Wilhelm van Gennep syn naevolger dat selve have doin machen." Dagegen hieß es in einem Missale der Pfarrkirche Friesdorf, das jedoch vorlängst verkommen ist, Erzbischof Theoderich von Heinsberg habe dem Ritter von Hochkirch auferlegt, jenes Kreuz an die Stelle zu setzen, wo er einen anderen Ritter im Zweikampfe erlegte und es habe deshalb ursprünglich das hochkircher Kreuz geheißen. In der Bürgermeisterei Godesberg, Kreis Bonn, gehören die Gemeinden: Friesdorf, Godesberg, Lannesdorf und Mehlem, Muffendorf und Wattendorf, Plittersdorf, Rüngsdorf. Vordem gab Godesberg, mit Mehlem combinirt, einem kurcölnischen Amte den Namen.

(*v. Stramberg.*)

GODESCALC (oder Gottschalk), Hagiograph des 8. Jahrh., von dessen Lebensverhältnissen Nichts weiter bekannt ist, als daß er dem geistlichen Stande angehörte und seinen Wohnsitz in der Diöcese Lüttich hatte. Er verfaßte eine Biographie des heiligen Landebert oder Lambert, Bischofs von Lüttich, welcher im J. 704 den Märtyrertod erlitt. Da er seine Nachrichten von einem gewissen Theodoenus schöpfte, welcher viele Jahre in dem Dienste Landebert's gestanden und ihn im J. 674 nach Stavelot in die Verbannung begleitet hatte, in der Biographie aber nicht nur die Uebertragung der Gebeine des Heiligen, welche im J. 720 statt fand, sondern auch den Tod Hucbert's, des Nachfolgers desselben, welcher im J. 727 starb, erwähnt, so ergibt sich daraus, daß die Biographie etwa um das Jahr 730 verfaßt sein muß und nicht, wie Manche annehmen, erst um das Jahr 773 unter dem Bischofe Agilfrid und auf dessen Geheiß, oder gar erst im 10. Jahrh. geschrieben sein kann. Sie wurde zuerst von Heinr. Canisius (in den Antiquae Lectiones. Ingolstad. 1601 seq. 4. Tom. I. P. 2. p. 171 seq.) bekannt gemacht und in die späteren Ausgaben der Legendensammlung des Laur. Surius (unter dem 17. Sept.), sowie auch von J. Chapeauville in seine Quellensammlung zur Geschichte der Bisthümer Tongern, Utrecht und Lüttich (Qui gesta pontificum Tungrensium, Trajectensium et Leodiensium scripserunt, auctores praecipui. Leodii 1612 seq. 4. Tom. I. p. 321 seq.) aufgenommen. Einen besseren, nach Handschriften berichtigten Abdruck lieferte J. Mabillon (in den Act. SS. ord. S. Benedicti. Parisiis 1668 seq. fol. Saec. III. P. I. p. 69 seq.), welchen Jac. Basnage bei seiner neuen Ausgabe der Lectiones antiquae des Canisius (Antverp. 1725. fol. Tom. II. p. 135 seq.) benutzte und mit einigen neuen Anmerkungen ausstattete. Die für die Geschichte der Diöcese Lüttich nicht unwichtige Biographie würde einen noch weit größeren Werth haben, wenn der Verfasser sich mehr in der Darstellung geschichtlicher Ereignisse als in der Erzählung von Wundergeschichten und in einem Uebermaße moralischer Betrachtungen gefallen hätte. Der Styl ist ziemlich roh, breit und unklar *). (*Ph. H. Külb.*)

GODESCARD (Jean François), französischer Theolog und Schriftsteller, am 30. März 1724 zu Rocquemont in der Diöcese von Rouen geboren, stammte aus einer geachteten Familie und ward von seinen Aeltern, welche vom Landbaue und Handel lebten, einem brauchbaren und mit ihnen verwandten Pfarrer zur Erziehung übergeben. Da man an dem Knaben sehr glückliche Anlagen wahrnahm, so schickte man ihn im J. 1743 in das unter der Leitung der Jesuiten stehende Colleg von Rouen, in welchem er sich unter seinen Mitschülern durch unermüdlichen Fleiß und durch eine entschiedene Vorliebe für die schönen Wissenschaften auszeichnete. Nach der Beendigung seiner Studien verschaffte er sich die zu seinem Unterhalte nöthigen Mittel als Repetitor an einer Pensionsanstalt und durch Privatunterricht in der lateinischen Sprache und hatte, da er sich alsbald den Ruf eines sehr geschickten Lehrers erwarb, nie Mangel an Schülern. Während er Andere so vortrefflich unterrichtete, studirte er selbst Theologie und Philosophie mit glänzendem Erfolge, übte sich in den Obliegenheiten der praktischen Seelsorge in der Pfarrei Saint-Nicaise und empfing im J. 1750 im Seminare Saint-Vivien die Priesterweihe. Unmittelbar darauf wählte ihn von Arquigny, Präsident des Parlaments von Rouen, zum Hofmeister seines einzigen Sohnes und schickte ihn im J. 1758 mit demselben nach Paris in das Colleg von Plessis, um darin die im älterlichen Hause begonnene Erziehung fortzusetzen. Während er die Studien seines Zöglings leitete und überwachte, besuchte er die theologischen Vorlesungen in der Sorbonne und legte sich mit großem Eifer auf die Erlernung der englischen Sprache und die Lecture und Uebertragung englischer Schriftsteller. Seine Sanftmuth und Leutseligkeit erwarben ihm bald auch die Liebe und das Vertrauen der übrigen Zöglinge des Collegs, welche ihn daher vorzugsweise zu ihrem Gewissensrathe erwählten; dieses Vertrauen pflanzte sich auf die späteren Zöglinge dieser Anstalt fort und auch Godescard ließ sich später durch die wichtigsten Amtsarbeiten nicht abhalten, lange Jahre hindurch das Colleg zu besuchen und sein geistliches Amt zu verwalten. Seine Verdienste blieben nicht ohne Anerkennung und im J. 1760 ernannte ihn der Erzbischof von Paris, von Beaumont, zu seinem Privatsecretair. Später stellte er ihn an die Spitze des erzbischöflichen Secretariats und übertrug ihm, um ihn fester an sich zu binden, ein Kanonicat an der Kirche St. Louis-du-Louvre. Godescard besaß bereits ein kleines Priorat bei Pavilly im Bezirke von Rouen, welches ihm von Arquigny verschafft hatte, als ihm dieser aber die von seiner Herrschaft abhängende Pfarrei Gremonville als Beweis seiner Dankbarkeit für die Erziehung seines Sohnes verleihen wollte, schlug der gewissenhafte Mann diese reiche Pfründe aus, weil er die ihm erst übertragene Stelle nicht aufgeben zu dürfen glaubte. Der Erzbischof ernannte ihn jedoch, um ihn für dieses Opfer schadlos zu halten, zum Kanonikus von St. Honoré. Unter Herrn von Juigné, Beaumont's Nachfolger, genoß Godescard dasselbe Ansehen und Vertrauen und wurde zugleich zum Vorsteher mehrer zu Paris errichteten Gemeinden englischer Klosterfrauen bestimmt. Auch verlieh ihm der König im J. 1785 als Anerkennung seiner Verdienste eine ansehnliche Pension, ferner ließ ihm die französische Geistlichkeit bei ihrer letzten Versammlung im J. 1788 ein bedeutendes Geldgeschenk überreichen und die Akademie der Wissenschaften und Künste zu Rouen ernannte ihn zu ihrem Mitgliede. Godescard faßte um diese Zeit den Entschluß, seine Stelle bei dem Erzbisthume niederzulegen, sein Kanonicat von St. Honoré abzutreten und sein Priorat von Pavilly mit jenem von Bon Repos zu vertauschen, welches im großen Parke von Versailles lag und wo er seine übrigen Lebenstage in Ruhe zuzubringen gedachte, die Revolution hinderte ihn aber nicht nur an der Ausführung dieses Planes, sondern brachte ihn um seine sämmtlichen Stellen und Einkünfte. Da er schon früher bei dem Tode seines Vaters die ihm zukommende Erbschaft seinen Verwandten überlassen und auch, was er von seinem Einkommen erübrigen konnte, zu ihrer Unterstützung hingegeben hatte, so befand er sich unvermuthet in der dürftigsten Lage, sodaß er sich seinen kümmerlichen Unterhalt durch Correcturen für einen Buchhändler verdienen mußte und doch sein Leben nicht zu fristen im Stande gewesen wäre, wenn ihn nicht einige ihm treu gebliebene Freunde unterstützt hätten. Der kränkliche Greis ertrug übrigens sein unverschuldetes Unglück mit unerschütterlichem Muthe und verkaufte allmälig seine aus besseren Zeiten herrührenden Geräthschaften, nur von seiner werthvollen, mehre 1000 Bände zählenden Bibliothek, die er seit seiner frühen Jugend zusammengebracht hatte und die ihn für allen erlittenen Verlust tröstete, konnte er sich nicht trennen; er behielt sie bis zu dem letzten Augenblicke seines Lebens, obgleich die dringendsten Bedürfnisse ihn oft mahnten, sie zum Opfer zu bringen. Allzugroße literarische Anstrengung, besonders bei der Ausarbeitung des vielfach verlangten Auszuges aus dem Leben der Heiligen, zog ihm endlich eine Krankheit zu, an welcher er nach kurzem Lager am 21. Aug. 1800 zu Paris im Colleg von Boncourt starb, von Allen, die ihn kannten, aufrichtig betrauert. Godescard war ein Geistlicher im wahren Sinne des Wortes, ausgezeichnet sowol durch ein tadelloses Leben und strenge Grundsätze, als auch durch seinen sanften und einnehmenden Charakter. Von seinem gelehrten Fleiße zeugen die von ihm herausgegebenen zahlreichen Werke, unter welchen die nach Alban Butler bearbeitete Heiligenlegende die erste Stelle einnehmen

*) Histoire littéraire de la France. Tom. IV. p. 57 seq.

dürfen. Sie erschien unter dem Titel: Vies des pères, des martyrs et des autres principaux Saints, tirées des actes originaux et des monumens les plus authentiques; ouvrage traduit librement de l'Anglais d' Alban Butler par Godescard (Villefranche et Paris 1763 seq. 8. 12 Voll.) und wurde im vorigen Jahrhunderte nur ein einziges Mal wieder gedruckt (Maëstricht 1794. 8. 12 Voll.) [1]), erlebte dagegen in dem jetzigen bis auf die neueste Zeit viele Auflagen; bei der ersten derselben (Toulouse 1808. 8. 13 Voll.) befindet sich noch eine Abhandlung Butler's über die beweglichen Feste, übersetzt von Nagot, Director des Seminars von St. Sulpice. Diese Abhandlung sowol als auch das Leben des Erlösers und der Jungfrau Maria und andere Zusätze geben den spätern Auflagen eine immer größere Ausdehnung. Sie erschienen in kurzen Zwischenräumen: Toulouse et Versailles 1811. 8. 12 Voll. Lyon et Toulouse 1818—1819. 8. 14 Voll. Versailles et Paris 1818—1821. 8. 13 Voll. Paris 1825. 8. 20 Voll. Lille 1824—1825. 12. 16 Voll. Besançon et Paris 1826. 8. 14 Voll. Paris 1827. 12. 20 Voll. Lyon 1833. 12. 14 Voll. Paris 1833—1834. 8. 10 Voll. Lille 1834—1835. 8. 20 Voll. Lyon 1842. 12. 13 Voll. Besançon 1844. 8. 10 Voll. und Lyon et Paris 1844. 12. 12 Voll. Auch wurden einige der bedeutendsten Biographien besonders gedruckt [2]). Eine deutsche Bearbeitung erschien unter dem Titel: Leben der Väter und Märtyrer nebst anderer vorzüglicher Heiligen, ursprünglich in englischer Sprache verfaßt von Alban Butler. Nach der französischen Uebersetzung von Godescard für Teutschland bearbeitet und sehr vermehrt von Räß und Weis (Mainz 1823—1827. 8. 21 Bde.). Godescard und sein Mitarbeiter Marin, Professor der Mathematik am Colleg Mazarin, welcher sich hauptsächlich der Bearbeitung der sehr zahlreichen Anmerkungen unterzog, übersetzten das englische Original nicht wörtlich und änderten es sogar, wo es nicht ihren Ansichten entsprach, mit welchen Aenderungen Butler, welchem die Uebersetzung vor der Herausgabe mitgetheilt wurde, nicht immer zufrieden gewesen sein soll. Im Allgemeinen haben zwar Butler und Godescard viele fabelhafte und alberne Ausschmückungen der früheren Legendensammlungen hinweggeschnitten, aber doch noch einen erklecklichen Vorrath von Unsinn unangefochten gelassen und überhaupt dem Stoffe die wissenschaftliche Seite nicht abzugewinnen gewußt und eine mit Rücksicht auf Culturgeschichte und Kunst bearbeitete Legende ist bis jetzt ein unbefriedigtes Bedürfniß. Der von Godescard begonnene, aber nur bis zum 18. Juli geführte Auszug wurde von dem Jesuiten Bourdier-Delpuits vollendet und unter dem Titel: Abrégé des vies des Pères, des Martyrs et des autres principaux Saints, depuis le 1er Janvier jusqu'au 18 Juillet, achevé et publié après la mort de l'auteur (Paris 1802. 12. 4 Voll.) herausgegeben. Diese erste Ausgabe ist noch immer die beste, aber selten geworden; die spätern Nachdrücke (Lyon 1815. 12. 4 Voll. Avignon 1815. 12. 4 Voll. Nancy 1824. 12. 4 Voll. Lyon et Paris 1826. 12. 4 Voll. Avignon 1845. 12. 4 Voll. Saint-Brieuc 1846. 12. 4 Voll.) sind sehr nachlässig besorgt. Aus dem Englischen übersetzte Godescard ferner die von W. Dodd in seiner Kirchengeschichte niedergelegten Bemerkungen über die Aufhebung der Klöster in England (Essais historiques et critiques sur la suppression des monastères et autres établissements pieux en Angleterre. Paris 1791. 8.), die Abhandlung über den Zweikampf von Geddes (Reflexions sur le duel et sur les moyens les plus efficaces de le prévenir; opuscule traduit de l'anglais et publié après la mort de l'auteur par Boulard. Paris 1801. 8.) und mehre andere Werke (das Leben des Cardinals Pelus von Philips, die Grundzüge der christlichen Religion von Challoner, die Geschichte des Sacrilegs von Spelmann und Sherlock's Predigten), welche aber ungedruckt blieben; aus dem Lateinischen übertrug er die Schrift des Kirchenvaters Lactantius über den Tod der Christenverfolger (De la Mort des persécuteurs de l'Eglise, avec des notes historiques. Paris 1797. 8.), jedoch nicht mit besonderem Glücke; größeren Werth haben seine Ausgaben der älteren, in der theologischen Literatur berühmten Schriften von H. Holden (Analysis fidei. Parisiis 1767. 12. Nova editio cum auctoris vita. Ibid. 1768. 12.) und von Adr. und P. Walenburgh (Tractatus generalis de controversiis contracti, cum Fr. Veronii tractatu de regula fidei catholicae. Parisiis 1768. 12.) und des neuen Testaments. (Novum Testamentum. Parisiis 1785. 12.) Zu erwähnen sind endlich noch die Lobreden auf die Theologen Bergier, Kanonicus an der Kirche von Paris, und Legros, Probst des Capitels von Saint Louis-du-Louvre (in den Annales catholiques 1767) und ein bis zum Jahre 1740 reichendes Register zu den Mémoires de Trévoux, welches aber nicht gedruckt wurde [3]). (*Ph. H. Külb.*)

GODET DES MARAIS (Paul de), Bischof von Chartres, im Juni 1640 zu Talcy bei Blois geboren, widmete sich, da er schon als Knabe die Abtei Igny in der Diöcese von Rheims erhalten hatte, der Theologie und machte seine Studien zu Paris im Seminare Saint-

1) Die Ausgabe Paris 1783 seq. beruht auf einem Irrthume, denn nur die beiden ersten Bände der ersten Ausgabe wurden mit einigen Zusätzen und Verbesserungen wieder abgedruckt. 2) Vie de St. François de Sales (Troyes 1829. 18. Tours 1838. 32.); Vie de St. Charles Borromée (Troyes 1829. 18.); Vie de St. Louis, roi de France (ibid. 1829. 18.); Vie de St. Vincent de Paul (ibid. 1829. 18.); Vie de St. Ignace de Loyola (ibid. 1829. 18.); Vie de Ste. Thérèse, fondatrice des carmélites déchaussées (ibid. 1829. 18.); Vie de St. Augustin (ibid. 1830. 18.); Vie de St. Bernard, abbé de Clairvaux (ibid. 1831. 18.); Vie de St. François de Borgia (Tours 1838. 12.); Vie de Notre Seigneur Jésus-Christ (Troyes 1830. 18.); Vie de la sainte Vierge (ibid. 1830. 18.); Traité de la sanctification des dimanches (ibid. 1829. 18.).

3) Vergl. Notice sur la vie et les ouvrages de l'abbé Godescard, vor den Vies des Pères etc. (Paris 1803. 8.), welche auch in die folgenden Ausgaben überging. Biographie universelle. Tom. XVII. p. 580 und Biographie générale. Tom. XX. p. 910.

Sulpice. Nach Beendigung derselben wurde er im J. 1677 Prior des Seminars von Trente-trois und bald darauf wählte ihn Frau von Maintenon zu ihrem Beichtvater. Er ließ sich jedoch nur mit Mühe und nur durch die Vorstellungen seines Lehrers und Freundes Tronson bewegen, diese zwar sehr einflußreiche, aber ebenso schwierige Stelle anzunehmen, auch war er Nichts weniger als ein Hofmann, sondern zeigte sich vielmehr in seinem Aeußeren ernst, kalt und düster; die von gleich großer Weisheit, Frömmigkeit und Mäßigung zeugenden Rathschläge aber, welche er bei der Einrichtung der weiblichen Erziehungsanstalt Saint-Cyr, als deren Gründerin Frau von Maintenon zu betrachten ist, ertheilte, bewogen diese, ihm ihr Vertrauen zu schenken. Im J. 1690 wurde er zum Bischofe von Chartres ernannt, erhielt aber, da die zu dieser Zeit zwischen dem päpstlichen Stuhle und Frankreich obwaltenden Streitigkeiten noch nicht geschlichtet waren, erst am 31. Aug. 1692 die bischöfliche Weihe und im folgenden Jahre, in welchem große Noth herrschte, überwies er seine sämmtlichen Einkünfte den Armen seines Sprengels. Obgleich er streng an der Erfüllung seiner Pflichten hielt, oder vielmehr weil er den ganzen Umfang derselben kannte, stimmte er zuerst für die Theilung seiner allzu ausgedehnten Diöcese, um aus der einen Hälfte derselben das Bisthum Blois zu gründen. Als die unerquicklichen Streitigkeiten über den Quietismus eine ernstere Wendung zu nehmen anfingen, war er darauf bedacht, Madame Guyon, die bekannte Schwärmerin und entschiedenste Pflegerin desselben, aus Saint-Cyr zu entfernen, um die übrigen mit ihr als Lehrerinnen wirkenden Nonnen vor ihrem verderblichen Einflusse zu bewahren, auch verdammte er durch eine Verfügung vom 21. Nov. 1695 mehre von ihr und ihrem unglücklichen Beichtvater Lacombe aufgestellte Sätze. Als auch der berühmte Fenelon ihr in seiner Explication des Maximes des Saints sur la vie intérieure (1697) das Wort reden zu müssen glaubte, suchte ihn Godet durch gütige Vorstellungen von diesem gefährlichen Wege abzulenken und dieser ließ auch, obgleich er seinem Rathe nicht folgte, doch seiner wohlgemeinten Absicht stets Gerechtigkeit widerfahren. Godet sah sich endlich, da er mit der Prüfung der erwähnten Schrift Fenelon's beauftragt war, genöthigt, am 6. Aug. 1697 mit dem Cardinale von Noailles und mit Bossuet ein schriftliches Gutachten über die darin ausgesprochenen Grundsätze zu unterzeichnen, welches an den päpstlichen Stuhl geschickt wurde. Als sich jedoch Fenelon der gegen ihn lautenden Entscheidung des Papstes mit der größten Sanftmuth fügte, beeilte sich Godet, ihm zu seiner Unterwerfung Glück zu wünschen und ihr früheres freundschaftliches Verhältniß wieder anzuknüpfen. Ebenso sanft und versöhnlich benahm sich Godet gegen die Jansenisten, obgleich er die Ansichten derselben keineswegs billigte und sich gegen die von der Sorbonne ausgehende Entscheidung des Gewissensfalles (cas de conscience), ob ein des Jansenismus verdächtiger Priester die Absolution ertheilen könne, unumwunden aussprach. Er misbilligte das Benehmen des den Jansenisten nicht abholden Erzbischofs von Paris, des Cardinals Noailles, veranlaßte aber, was ihm wenig Mühe gekostet hätte, keinerlei ernstere Maßregeln gegen denselben, sondern suchte ihn durch sanfte Vorstellungen zu andern Ansichten zu bringen, was ihm auch vielleicht noch gelungen wäre, wenn ihn nicht am 26. Sept. 1709 der Tod hinweggerafft hätte. Godet hinterließ den Ruhm eines ebenso einsichtsvollen als sanftmüthigen Prälaten; Ehrgeiz war ihm völlig fremd und er soll die Ernennung zum Staatsrath und die Erhebung zum Cardinal abgeschlagen haben. Er stiftete vier Seminare und Anstalten zur Erziehung der Jugend und benutzte stets seinen Einfluß nur zur Erreichung wohlthätiger Zwecke. Seine bischöflichen Rundschreiben, sowie seine über Gewissensangelegenheiten an den Papst, an Ludwig XIV., an den König von Spanien und an Frau von Maintenon geschriebenen Briefe können als Muster in diesem Zweige der kirchlichen Literatur gelten[1]. (*Ph. H. Külb.*)

GODETIA. Diesen Namen gab Spach einer zu der natürlichen Familie der Onagrarieen gehörigen Pflanzengattung, welche er in folgender Weise charakterisirt:

Die Kelchröhre ist unterwärts fast cylindrisch oder vierkantig, mit dem Fruchtknoten verwachsen und über denselben hinaus verlängert, trichterförmig, innerhalb bärtig, der vierspaltige Kelchsaum hat zurückgekrümmte Zipfel. Die vier verkehrt-eiförmigen, an der Spitze ausgerandeten Kronblätter sind der Kelchröhre an der Spitze eingefügt und wechseln mit deren Zipfeln ab. Von den acht zugleich mit den Kronblättern eingefügten, einreihigen Staubgefäßen sind die ersteren gegenüberstehenden kürzer, die Träger sind flach-fadenförmig, die Staubbeutel sind nach Innen gewandt, zweifächerig, länglich und springen der Länge nach auf. Der Fruchtknoten ist unterständig, vierfächerig. Die zahlreichen, aufsteigenden oder horizontalen Eichen stehen in dem Centralwinkel in einer Reihe. Der Griffel ist fadenförmig, die viertheilige Narbe hat eiförmige oder lineälische Zipfel. Die lederartige, fast cylindrisch-vierkantige, vierfächerige Kapsel springt fachspaltig in vier Klappen auf, die Placente ist vierkantig, frei. Die zahlreichen, kantigen Samen haben eine krustige Schale und einen breiten, an der Spitze stehenden Nabelfleck. Der Samenkeim ist eiweißlos, rechtläufig, die Keimblätter sind dick, flach-gewölbt, das Würzelchen ist sehr kurz, dem Nabel zugewandt.

Hierher gehören einjährige, ästige, in Californien und Chili einheimische krautartige Gewächse mit wechselständigen, am Grunde in den Blattstiel verschmälerten, ganzrandigen oder fein gezähnten Blättern und achselständigen, einzelnen, rosen- oder purpurrothen, oft schön weiß, gelb oder blutroth gescheckten Blüthen.

Folgende Arten sind aus dieser Gattung bekannt:

a) Die Zipfel der Narbe sind lineälisch (gelb); die Kapsel ist lang, am Grunde verschmälert, grau oder weichhaarig; die Samen sind aufsteigend; die Blüthen sind groß.

1) Biographie universelle. Tom. XVII. p. 561 seq. Biographie générale. Tom. XX. p. 910 seq.

1) G. Lindleyana *Spach*. Der Stengel ist ausgebreitet, aufsteigend, ästig; die Blätter sind lineallisch-lanzettlich, meist ganzrandig, an beiden Enden spitz, ziemlich kahl; die Kelchröhre ist verkehrt-kegelförmig, weit kürzer als die Zipfel; die großen, lilafarbig-purpurrothen, am Grunde undeutlich gefleckten Kronblätter sind zwei- bis dreimal länger als die Staubgefäße und der Griffel; die Kapseln sind lang, an beiden Enden verschmälert, weichhaarig. Hierher gehören Oenothera Lindleyi *Douglas* und Oenoth. macrantha *Nuttall*.

Diese Art wächst in Californien und im Oregon-Gebiete.

2) G. rubicunda *Lindley*. Der Stengel ist aufrecht; die Blätter sind lineallisch oder lanzettlich, fein gezähnelt oder ganzrandig, spitz, kahl; die Kelchröhre ist verkehrt-kegelförmig, weit kürzer als die Kelchzipfel; die großen, purpur-rosenrothen, nicht gefleckten, am Grunde blaß safranfarbig-röthlichen Kronblätter sind doppelt oder dreimal größer als die Staubgefäße und der Griffel; die Staubbeutel sind safranfarbig, an der Spitze hellgelb; die Kapseln sind lineallisch, abgestutzt. Hierher gehört Oenothera rubicunda *Torrey* und *Gray*.

In Californien einheimisch.

3) G. vinosa *Lindley*. Der Stengel ist aufrecht; die Blätter sind lineallisch-länglich, schwach-gezähnt, kahl; die Kelchröhre ist dreimal kürzer als die Zipfel; die Kronblätter sind rundlich-keilförmig, ungefleckt, weiß und purpurroth-geadert; die Staubbeutel sind scharlachroth, an der Spitze dick, gelb; die Narben sind blaß; die Samen sind einfarbig schwarzbraun.

Diese Art wächst auch in Californien.

4) G. amoena *Garcke*. Die ganze Pflanze ist grau; die Blätter sind gestielt, eiförmig-länglich, gezähnelt; die röthlich-weißen, am Grunde gefleckten Kronblätter sind länger als der Fruchtknoten; die Kapseln sind vierkantig, weichhaarig, gekrümmt. Hierher gehören G. Lehmanniana *Spach*, Oenothera amoena *Lehmann* und Oen. roseo-alba *Bernhardi*.

Diese Pflanze kommt nach Reichenbach in Amerika vor.

5) G. grandiflora *Lindley*. Der Stengel ist aufrecht; die Blätter sind lanzettlich, schwach gezähnelt, grünlich, ziemlich kahl; die Kelchröhre ist verkehrt-kegelförmig, doppelt länger als die Zipfel; die weißen, am Grunde röthlichen, kaum gefleckten Kronblätter sind weit länger als der Kelch; die lineallischen Staubbeutel sind blaß; die Zipfel der Narben sind lineallisch, gelblich; die Frucht ist lineallisch, vierfurchig, stielrund, weichhaarig.

In Nordamerika einheimisch.

6) G. albescens *Lindley*. Der Stengel ist einjährig, am Grunde halbstrauchig; die Aeste sind sehr kurz, gehäuft; die Blätter sind weißlich-meergrün, lanzettlich, ganzrandig, kahl; die stiellosen Blüthen stehen zwischen den obersten Blättern sehr dicht gehäuft; die trichterförmige Kelchröhre hat mit den Kelchzipfeln gleiche Länge; die verkehrt-herzförmigen, ungefleckten Kronblätter sind doppelt länger als der Kelch; die Lappen der Narbe sind eiförmig, grünlich; die Frucht ist länglich, achtfurchig, zugespitzt, rundlich, wollig.

Sie wächst am Columbia-Flusse in Mexico.

b) Die Zipfel der Narben sind eiförmig, kurz, meist schmutzig-purpurroth; die ungestielte Kapsel ist in der Regel nach der Spitze zu verschmälert; die Samen sind aufsteigend.

7) G. viminea *Spach*. Die ganze Pflanze ist meergrün und ziemlich kahl; die Stengel sind aufsteigend, oder aufrecht, die Zweige schlank; die Blätter sind lanzettlich oder länglich-lanzettlich, fast ganzrandig, beinahe stiellos; die trichterförmige Kelchröhre hat mit den Kelchzipfeln fast gleiche Länge; die lilafarbigen oder rosenrothen Kronblätter sind doppelt länger als die Staubgefäße; der Griffel ist länger als die Staubbeutel; die Zipfel der Narbe sind eiförmig; die Kapseln sind cylindrisch, fast vierkantig, an der Spitze verschmälert, grau-weichhaarig. Hierher gehört Oenothera viminea *Douglas*.

Diese in Californien bei St. Francisco einheimische Art ändert mit weit kleineren Blüthen, längerer Kelchröhre und mit Kelchzipfeln von der Länge der Blumenkronen ab.

8) G. Arnottii *Walpers*. Die ganze Pflanze ist ziemlich kahl, meergrün; der Stengel und die Aeste sind steif aufrecht, oberwärts kantig, an der Spitze dichtblüthig; die Blätter sind lanzettlich, zugespitzt, undeutlich gezähnelt; die breit trichterförmige Kelchröhre ist ungefähr so lang als der ziemlich kahle Fruchtknoten und kürzer als die Zipfel; die lilafarbigen, nach der Mitte zu purpurroth-gefleckten Kronblätter sind länger als die Staubgefäße und doppelt länger als die Kelchzipfel; der Griffel ist länger als die lineallisch-lanzettlichen Staubbeutel; die Zipfel der Narbe sind eiförmig und sehr kurz; die Kapseln sind cylindrisch-kegelförmig, etwas gefurcht, kahl. Hierher gehört Oenothera viminea var. *Hooker* und *Arnott*.

Diese Art wächst gleichfalls in Californien.

9) G. Romanzowii *Spach*. Die Pflanze ist fast seidenhaarig-meergrün; der Stengel ist unterwärts niederliegend; die Blätter sind lanzettlich-länglich, stachelspitzig, in den Blattstiel verschmälert; die Kelchröhre ist sehr kurz, der Kelchsaum doppelt kürzer als die Blumenkrone; die Kronblätter sind breit-verkehrt-eiförmig, gekerbt, violett; die Staubgefäße sind weit kürzer als die Blumenkrone; die Staubbeutel sind grün, die Narben fast sitzend, eingeschlossen, schwarz-purpurroth; die Kapseln sind länglich-cylindrisch, fast vierkantig, behaart; die Samen sind fast cubisch, mit kleinen Schuppen besetzt, grau.

In Nordamerika einheimisch.

10) G. quadrivulnera *Spach*. Die ganze Pflanze ist weichhaarig; die Stengel sind einfach oder ästig, aufsteigend, hoch und schlank; die Blätter sind lineallisch oder lanzettlich-lineallisch, meist ganzrandig; die trichterförmige Kelchröhre ist um die Hälfte kürzer als die Kelchzipfel; die blaß lilafarbigen, nach dem Grunde zu purpurroth-gefleckten Kronblätter sind doppelt länger als die Staub-

gefäße und der Griffel, letzterer hat mit den Staubgefäßen ungefähr gleiche Länge; die Zipfel der Narbe sind sehr kurz; die Kapseln sind länglich-linealisch, bespitzt, ein wenig behaart.

Diese Art findet sich im Oregon-Gebiete.

11) G. tenella *Garcke*. Der einfache Stengel ist steif-aufrecht; die Blätter sind linealisch-spatelig; die Kronblätter sind verkehrt-eiförmig, ganz stumpf, violett; der Griffel ist länger als die aufrechten Staubgefäße, aber etwas kürzer als die Kronblätter; die Narben sind verkehrt-eiförmig, kurz; die Kapseln sind cylindrisch-vierkantig, filzig und länger als das Deckblatt. Hierher gehören Godetia Cavanillesii *Spach* und Oenothera tenella *Cavanilles*.

Diese Art wächst bei Talcahuano in Chili und ändert mit schmalen Blättern und grau-weichhaarigen Kapseln ab.

c) Die Zipfel der Narben sind kurz, purpurroth; die Kapsel ist klein, stiellos, behaart, vom Grunde bis zur Spitze verschmälert; die Samen sind horizontal.

12) G. purpurea *Garcke*. Die ganze Pflanze ist meergrün; die Blätter sind lanzettlich, zu beiden Enden verschmälert, an der Spitze ziemlich stumpf; die Kelchröhre ist kurz; die Kronblätter sind breit verkehrt-eiförmig, fein gekerbt, purpurroth; die Staubgefäße ragen aus der Blumenkrone hervor; die Narben sind dick, kurz, schwarz-purpurroth; die Staubbeutel haben eine gelbe Farbe; die Kapseln sind eiförmig-vierkantig, ungestielt, behaart; die Samen sind unregelmäßig kantig, fein punktirt-runzelig. Hierher gehören G. Willdenowiana *Spach* und Oenothera purpurea *Willdenow*.

In Nordamerika einheimisch.

13) G. lepida *Lindley*. Der Stengel ist aufrecht; die Blätter sind länglich-lanzettlich, ganzrandig, kahl oder weichhaarig; die Kelchröhre ist verkehrt-kegelförmig, weit kürzer als der kegelförmige Fruchtknoten und etwa halb so lang als die Kelchzipfel; die blaß purpurrothen, an der Spitze mit einem keilförmigen, dunkel purpurrothen Flecken bezeichneten, abgerundet-keilförmigen Kronblätter sind dreimal länger als die Staubgefäße; die Staubbeutel sind purpurroth; die Kapseln sind verkehrt-eiförmig-länglich, wollig. Hierher gehört Oenothera lepida *Torrey* und *Gray*.

Diese Art wächst in Californien.

14) G. decumbens *Spach*. Die Stengel sind aufsteigend, ausgebreitet, sehr ästig; die Blätter sind meergrün, meist ganzrandig, weichhaarig, die unteren sind eiförmig, die oberen eiförmig-lanzettlich, kurzgestielt; die Kelchröhre ist verkehrt-kegelförmig, halb so lang als die Kelchzipfel und weit länger als der grau-weichhaarige Fruchtknoten; die lilafarbigen, ausgerandeten Kronblätter sind länger als die Staubgefäße; die Zipfel der Narbe sind zurückgeschlagen; die Kapseln sind länglich-kegelförmig, stumpf vierkantig, grauwollig.

Gleichfalls in Californien einheimisch.

15) G. tenuifolia *Spach*. Der Stengel ist ästig, die Aeste sind aufsteigend; die Blätter sind linealisch oder verkehrt-eiförmig; die Kronblätter sind verkehrt-ei-keilförmig, abgestutzt, an der Spitze gekerbt, gelblich-röthlich und von dunklen Adern durchzogen; der Griffel ist länger als die aufrechten Staubgefäße und kürzer als die Kronblätter; die Narben sind eiförmig, kurz; die Kapseln sind cylindrisch. Hierher gehört Oenothera tenuifolia *Cavanilles*.

In Chili einheimisch.

16) G. Gayana *Spach*. Die Stengel sind aufrecht, ästig, ruthenförmig, weichhaarig; die Blätter sind spatelig-länglich oder oft linealisch-spatelig oder schmal linealisch, länglich, stumpf, ganzrandig oder undeutlich gezähnt, am Rande weichhaarig; die Kelchzipfel sind doppelt oder dreimal länger als die trichterförmige Röhre, aber fast dreimal kürzer als die Blumenkrone; der Griffel wird von den längeren Staubgefäßen ein wenig überragt; die Narben sind elliptisch; die Kapseln sind grau-weichhaarig, lang.

Diese Art kommt auch in Chili vor.

d) Die kurzen Zipfel der Narbe sind verkehrt-eiförmig; die Kapsel ist deutlich gestielt; die Samen sind aufsteigend.

17) G. Bottae *Spach*. Der Stengel und die Aeste sind ruthenförmig, ziemlich kahl; die Blätter sind linealisch oder linealisch-lanzettlich, an beiden Enden lang verschmälert, spitz, tief gezähnelt, gestielt, ziemlich kahl; die Kelchzipfel sind weit länger als die becherförmige Röhre und ein wenig kürzer als die Kronblätter; der Fruchtknoten ist kaum länger als sein Stielchen.

Diese Art wächst im südlichen Californien. (*Garcke.*)

GODFRED, 1) ein jütischer König, folgte seinem Bruder Sigfred. Als er die Sachsen, seine nächsten Nachbarn, durch Karl den Großen bedrängt und dadurch sein eigenes Reich gefährdet sah, rüstete er im J. 810 zu einem Kriegszuge, um den teutschen König in Aachen zu überfallen; er wurde jedoch an der Ausführung durch Meuchelmord verhindert. Er soll, um die Teutschen am weiteren Vordringen zu verhindern, zur Beschützung der Landesgrenze einen Wall, den sogenannten Kurvirke, errichtet haben, der sich freilich als unzureichend bewies und Gorm's Frau, Thyre, zur Aufführung des stärkeren Danevirke veranlaßte [1]).

2) Sohn des Ivar, ein norwegischer Wiking, eine Zeit lang König in Dublin, von seinem Bruder Sigtrygg 883 ermordet. Er wird in den Ulsterschen Annalen (*O'Connor* III. p. 238) als Sichfrith mac Ivair, rex Nordmannorum aufgeführt, während ihn Ma-Geoghegan (Hist. d'Irlande I. p. 396), ungewiß nach welcher Quelle, obgleich wie es scheint richtiger, Godfred nennt [2]).

(*Th. Möbius.*)

GODFREY (Thomas), englischer Dichter, ein Sohn des bekannten Mathematikers Thomas Godfrey,

---

1) Siehe *Einh.* Vita Caroli M. c. 14; Chronolog. Anscharianae (Langeb. I.) ad a. 810; *Adam. Brem.* 1, 15; *Saxo* VIII. p. 156—157. 2) Andere Normanner dieses Namens siehe unter Gudröd.

im J. 1730 zu Philadelphia geboren, sollte, nachdem er den gewöhnlichen Schulunterricht genossen hatte, das Uhrmacherhandwerk erlernen. Da er aber dazu nicht die geringste Lust verspürte und ihm seine Aeltern nicht die nöthige Unterstützung gewährten, um sich der Malerei, wozu er große Neigung fühlte, zu widmen, so trat er im J. 1758 als Lieutenant in den Landsturm Pennsylvaniens, welcher dazu bestimmt war, das Fort du Quesne zu belagern. Nach dem unglücklichen Ausgange dieses Unternehmens begab er sich nach Nordcarolina und erhielt eine Anstellung als Factor in einem Handlungshause. Hier dichtete er in seinen Mußestunden die Tragödie: The Prince of Parthia, wahrscheinlich das erste in Amerika geschriebene dramatische Werk und schickte es im J. 1759 an eine zu Philadelphia befindliche Schauspielergesellschaft, welche es aber der Aufführung nicht werth hielt. Nach dem Tode seines Principals (1761) kehrte er nach Philadelphia zurück, da er aber hier keine seinen Wünschen entsprechende Anstellung finden konnte, so ging er als Supercargo an Bord eines nach der Insel New Providence bestimmten Fahrzeuges. Von hier kam er wieder nach Nordcarolina zurück, wo er bald darauf am 3. Aug. 1763 starb. Godfrey schrieb außer seiner Tragödie noch ein didaktisches Gedicht in fünfhundert Versen, welches den Titel führt: The Court of Fancy (Philadelphia 1763. 4.) und als eine Nachahmung des House of Fame Chaucer's zu betrachten ist, ferner eine Uebersetzung eines Theils der Assembly of Fowles Chaucer's in das neuere Englische, mehre Hirtengedichte, welche Gattung von Gedichten damals sehr beliebt war und viele kleine Gelegenheitsgedichte, welche meist zuerst in dem zu Philadelphia erscheinenden American Magazine gedruckt wurden und aus diesem zum Theil in das London Monthly Review übergingen. Eine Gesammtausgabe der Gedichte Godfrey's wurde von seinem Freunde N. Evans (Philadelphia 1767. 4.) besorgt*).

(*Ph. H. Külb.*)

GODFREY (Sir Edmondbury), ein englischer Friedensrichter in der Provinz Middlesex, welcher durch seinen geheimnißvollen Tod während der Religionswirren eine traurige Berühmtheit erlangte. Er war nach der einstimmigen Aussage seiner Zeitgenossen ein sehr redlicher Mann und wurde wegen des Diensteifers, welchen er während der im J. 1665 zu London fürchterlich wüthenden Pest bewies, von Karl II. in den Ritterstand erhoben. Er wird von seinen Zeitgenossen zwar als ein eifriger Protestant, keineswegs aber als ein fanatischer und verfolgungssüchtiger Mann geschildert und scheint ohne seine Schuld und nur durch sein Amt in den großartigen Betrug, welcher allgemein unter dem Namen der papistischen Verschwörung (popish plot) bekannt ist, verwickelt worden zu sein. Als nämlich Titus Oates, zuerst Weber und dann Theolog, ein in jeder Beziehung verkommener und niederträchtiger Mensch, seine „Erzählung" (narrative) von einer Verschwörung der Jesuiten, welche Nichts weniger als die Ermordung des Königs und die Vertilgung der Protestanten zum Zwecke haben sollte, erdacht und so weit ausgeschmückt hatte, daß er gerichtlich vernommen werden mußte, wurde Godfrey mit diesem Geschäfte beauftragt. Er nahm am 6. Sept. 1678 die eidliche Aussage des Oates, welche dieser frech auf falsche Zeugnisse und nachgemachte Briefe stützte, entgegen und bemühte sich, die verdächtigen Personen ausfindig zu machen, war aber nicht wenig erstaunt, den Namen seines Freundes Coleman, der allerdings für die katholischen Interessen des Herzogs Jakob von York arbeitete, auf der Liste der Verschwörer zu finden. Er zog diesen in das Geheimniß und dieser säumte nicht, es dem Herzoge von York mitzutheilen, welcher sogleich einsah, daß die angebliche Verschwörung von Born herein darauf angelegt sei, ihn von der Thronfolge auszuschließen. Seit der Verhaftung Coleman's bemerkte man an Godfrey, welcher ohnehin von seinem Vater, der sich selbst ums Leben gebracht, ein trübseliges Wesen geerbt hatte, eine große Niedergeschlagenheit und eines Tages wurde er plötzlich in seiner Familie vermißt. Er war am 12. Oct., nachdem er seine Geschäfte und Rechnungen geordnet und eine Menge von Papieren verbrannt hatte, am frühen Morgen aus seinem Hause fortgegangen und während des Tages in verschiedenen Theilen der Stadt gesehen worden, wie er eiligen Schrittes und ohne sich um das, was um ihn vorging, zu kümmern, seinen Weg fortsetzte. Noch an demselben Abende verbreitete sich das Gerücht, Godfrey sei von den Papisten ermordet worden und am 17. Oct. fand man seine Leiche an einem etwa eine Meile von London entfernten Orte, welcher Primrose-hill heißt, in einem trockenen Graben unter niedrigem Gesträuche. Er lag vorwärts auf den Knieen, der Brust und der linken Gesichtsseite; sein eigener Degen war mit solcher Gewalt durch das Herz gestoßen, daß die Spitze mehre Zoll an dem Rücken hervorragte, sein Stock stand am Rande des Grabens und seine Handschuhe lagen nahe bei ihm im Grase, er hatte noch die Ringe an seinen Fingern und das Geld in der Tasche; weder an seinem Hemde, noch an seinen Kleidern fand man die geringste Spur von Blut und dieses floß erst, als man den Degen herauszog, bei der Entkleidung der Leiche aber bemerkte man einen tiefen rothen Einschnitt um den ganzen Hals herum. Unter diesen Umständen hatte Godfrey sich entweder selbst entleibt und in diesem Falle ließ sich die Röthe des Halses durch die eng anliegende Binde erklären, oder er war erwürgt und darauf von den Mördern durchstochen worden, um die Vermuthung zu erwecken, daß er sich selbst das Leben genommen habe. Nach einer Untersuchung vor dem Todtenbeschauer (Coroner), welche zwei Tage währte, gaben die Geschworenen auf das Gutachten zweier Wundärzte, die übrigens in Bezug auf die bei plötzlichen und gewaltsamen Todesfällen vorkommenden Erscheinungen große Unwissenheit verriethen, den Bescheid, daß er erdrosselt oder ihm der Hals umgedreht und der Degen ihm erst lange nach seinem Tode, als er bereits kalt gewesen, in den Leib gestoßen worden sei. Praktische Aerzte, welchen der Spruch nicht gefiel, suchten um die Erlaubniß nach, die Leiche öffnen zu dürfen,

*) Biographie générale. Tom. XX. p. 912.

erhielten sie aber nicht, da die Brüder des Todten nicht zu bewegen waren, ihre Einwilligung zu geben, weil sie das Erbe Godfrey's eingebüßt haben würden, sobald nachgewiesen worden wäre, daß dieser durch Selbstmord umgekommen war; sie bemühten sich deshalb auch während der Untersuchung eifrigst, die entgegengesetzte Ueberzeugung bei den Geschworenen zu befestigen. Durch das Ergebniß der Leichenbeschauung gerieth das Volk in unbeschreibliche Aufregung, welche man noch dadurch steigerte, daß man die verstümmelte Leiche des angeblichen Märtyrers und ersten Opfers der Verschwörung in feierlichem Zuge nach seiner Wohnung brachte, zwei Tage daselbst öffentlich ausstellte und dann mit großem Pompe zur Erde bestattete. Obgleich nun Godfrey, welcher Coleman und seiner Partei den ersten Wink von der den Katholiken drohenden Gefahr gab und also keineswegs als Feind, sondern eher als Freund derselben betrachtet werden mußte, auch außerdem überhaupt kein Grund vorlag, der sie zu einer solchen That hätte verleiten können, so wurden doch die albernsten Lügen nicht nur von dem Volke, sondern auch von dem Parlamente geglaubt, allenthalben Vorsichtsmaßregeln getroffen und die ungerechtesten Gesetze gegen die Katholiken erlassen und mit unbarmherziger Strenge vollzogen. Der König versprach in einer Proclamation demjenigen, der die Mörder Godfrey's entdecken würde, eine Belohnung von 500 Pfund und wäre es ein Mitschuldiger, Schutz und volle Verzeihung. Alsbald wurde ein gewisser Bedloe, welcher bereits wegen mancherlei Betrügereien längere Zeit im Kerker gewesen und sogar in der Normandie als Straßenräuber zum Tode verurtheilt worden war, auf sein eignes Verlangen und auf seine Versicherung hin, daß er wichtige Enthüllungen in Bezug auf die Ermordung Godfrey's zu machen im Stande sei, verhaftet. Bei dem ersten Verhöre sagte er aus, daß er den Leichnam Godfrey's im Palaste zu Somerset gesehen, wo man ihm erzählt habe, daß der Friedensrichter in den Palast gelockt, daselbst von zwei Jesuiten zwischen Kissen erstickt und durch drei Leute von der Dienerschaft fortgebracht worden sei, bei dem zweiten Verhöre änderte er aber schon seine der Leichenbeschauung widersprechende Aussage dahin ab, daß Godfrey nicht zwischen Kissen erstickt, sondern mit einer leinenen Halsbinde erdrosselt worden sei. Obgleich er sich in den folgenden Verhören immer mehr in Widersprüche verwickelte und offenbare Unwahrheiten behauptete, so wurde doch ein Proceß eingeleitet und an mehren Jesuiten, die man ohne jeden hinreichenden Beweis als Hochverräther erklärte, am 24. Jan. 1679 das Todesurtheil vollzogen. Ferner bezeichnete Bedloe den Silberschmied Prance, einen Katholiken, welcher zufällig wegen einer anderen Sache mit ihm vor Gericht erschien, als einen der Mörder. Dieser unglückliche Mann wurde sogleich festgenommen und durch Versprechungen und Drohungen vermocht, sich schuldig zu bekennen und Hill, Green und Berry, drei Diener zu Somerset-house, als Mitschuldige anzuklagen. Obgleich er nun einige Tage später auf den Knieen und mit allen Zeichen der Reue erklärte, daß an seinem Geständnisse kein wahres Wort sei und er durchaus Nichts von dem Morde und den Mördern wisse, so schrieb man diesen Widerruf doch nur dem Einflusse der Jesuiten zu und brachte ihn durch eine höchst grausame, seinen Verstand verwirrende Behandlung dahin, daß er seine erste Aussage wiederholte. Hill, Green und Berry wurden vor Gericht gestellt und obgleich ihre Schuld nicht erwiesen werden konnte, zum Tode durch den Strang verurtheilt. Unbeugsam widerstanden sowol Hill und Green, welche katholisch waren, als auch Berry, ein Protestant, jedem Versuche, ihnen ein Geständniß der Schuld zu entlocken und erlitten muthig ihre ungerechte Strafe. Man schrieb übrigens zu dieser Zeit allgemein die Ermordung Godfrey's den Jesuiten zu; als später aber die Verhältnisse sich änderten und die Katholiken ungescheut reden durften, so beschuldigten umgekehrt diese die Protestanten des Mordes oder behaupteten, Godfrey habe sich selbst entleibt und zwar aus Furcht, gehangen zu werden, weil er die ihm gewordenen Enthüllungen nicht zeitig genug an die betreffende Behörde gebracht habe. Uebrigens wurde durch falsche Zeugen, Lügen und andere Mittel die Sache so verwirrt, daß eine vollständige Aufklärung wol jetzt nicht mehr möglich ist und von den Geschichtsschreibern gewöhnlich ein ihrer politischen und religiösen Ueberzeugung entsprechendes Urtheil gefällt wird; vergl. Memoirs of the Life and Death of Sir Edmondbury Godfrey (London 1682. 12.), eine ebenfalls nicht unparteiische und gegen die Katholiken gerichtete Schrift. (*Ph. H. Külb.*)

GODI (auch de Godis oder Gudis), Antonio, italienischer Historiker des 14. Jahrh., von dessen Lebensverhältnissen man weiter Nichts weiß, als daß er aus einer alten und angesehenen Familie von Vicenza stammte und noch im J. 1344 im Dienste seiner Vaterstadt thätig war. Die Behauptung, daß er zu Venedig als Rechtsgelehrter und Redner glänzte, beruht auf einer Verwechselung mit einem etwa zweihundert Jahre jüngeren Enrico Antonio Godi, welcher demselben Geschlechte angehörte. Antonio's Geschichte von Vicenza (Chronica rerum Vicentinarum) wurde zuerst von Fel. Osio mit Albertino Mussato's Historia Augusta Henrici VII. Caesaris (Venetiis 1636. fol.) herausgegeben und nach diesem von Petr. Burmann in dem Thesaurus antiquitatum et historiarum Italiae (Tom. VI. P. I. Lugd. Batav. 1722. fol.) wieder abgedruckt. Eine bessere, nach zwei Handschriften berichtigte Ausgabe lieferte Gius. Ant. Sassi in Ludov. Muratori's Scriptores rerum italicarum (Tom. VIII. p. 64—90), welche von Ang. Gabr. de Santa Maria in seiner Biblioteca degli Scrittori Vicent. (Tom. I. p. 183 seq.) wiederholt wurde. Die vom Jahre 1194 bis zum Jahre 1260 reichende Chronik enthält, obgleich sie die Thatsachen nur sehr kurz erzählt, doch manches Brauchbare für die Geschichte der Ezzeline, hat sich jedoch nicht vollständig erhalten oder wurde vielleicht auch von dem Verfasser nicht beendigt, denn sie bricht in der Mitte eines Satzes ab. (*Ph. H. Külb.*)

GODIGNO (oder Godinus), Nicolao, portugiesischer Jesuit, im J. 1550 zu Lissabon geboren, trat im J. 1573 zu Coimbra in den Jesuitenorden und erwarb sich durch seine umfassende Gelehrsamkeit großen Ruhm. Er wirkte viele Jahre hindurch in verschiedenen Collegien seines Ordens als Lehrer der Theologie, der Philosophie und der schönen Wissenschaften und wurde im J. 1606 als Censor der von seinen Ordensgenossen geschriebenen Bücher nach Rom berufen, wo er am 7. Dec. 1616 starb. Sein Werk über Abyssinien (De Abyssinorum rebus deque Aethiopiae Patriarchis Joanne Nonio Barreto et Andrea Oviedo libri tres. Lugduni 1615. 8.), welches gegen die von Lügen und Fabeln strotzende äthiopische Geschichte des Dominikanermönches Luys de Urreta (Historia ecclesiastica, politica, natural y moral de los grandes remotos reynos de la Etiopia, monarchia del emperador llamado Preste Juan de las Indias. Valencia 1610. 4.) gerichtet ist, liefert, abgesehen von den langweiligen und unfruchtbaren Streitigkeiten zwischen den Orden der Jesuiten und Dominikaner, nicht unwichtige Beiträge sowol zur Kirchengeschichte, als auch zur Länder- und Völkerkunde; eben so enthält seine Biographie des am 5. März 1561 zu Monomotapa von den Eingeborenen hingerichteten Missionairs Gonzalez Sylveria (Vita Patris Gonzali Sylveriae, Societatis Jesu Sacerdotis in urbe Monomotapa martyrium passi. Lugduni 1612. 8. Coloniae Agripp. 1616. 8.), obgleich sie mehr erbaulichen Inhalts ist, in dieser Beziehung manches Brauchbare*).

(*Ph. H. Külb.*)

GODIN (oder Godieu), Guillaume Pierre de, Cardinalbischof und päpstlicher Legat, zu Bayonne um die Mitte des 13. Jahrh. geboren, genoß in dem älterlichen Hause eine sehr sorgfältige Erziehung und trat dann in das Dominikanerkloster seiner Vaterstadt, nach der Beendigung seiner theologischen Studien wirkte er längere Zeit und mit großem Erfolge als Prediger und als Lehrer der Philosophie und Theologie in den Klöstern seines Ordens zu Bayonne, Condom, Bordeaux und Montpellier und hielt darauf an der Universität zu Paris, nachdem er vorher noch die berühmtesten Lehrer derselben gehört hatte, öffentliche Vorlesungen, bis er zum Provinzial seines Ordens zuerst in der Provence und sodann in Toulouse (1303) gewählt wurde. Den Antritt des letzteren Amtes bezeichnete er durch eine Handlung großer Besonnenheit und Mäßigung, indem er die in diese Zeit fallende Anwesenheit des ihm in hohem Grade geneigten Königs Philipp des Schönen keineswegs benutzte, um den bekannten Irrlehrer Bernard Delicios, den größten Feind seines Ordens, für immer unschädlich zu machen, sondern sich vielmehr ernstlich bemühte, ihn auf einen besseren Weg zu leiten. Bald darauf ernannte ihn der Papst Clemens V. zu seinem Kaplane und Theologen, im J. 1306 zum Meister des heiligen Palastes (Censor) und im J. 1309 zum Mitgliede der aus dem Bischofe von Paris und einigen Cardinälen bestehenden Commission, welche die Anklagen gegen das Andenken des Papstes Bonifacius VIII. zu prüfen hatte. Er unterzog sich dieser mißlichen Arbeit, welche erst auf dem allgemeinen Concilium zu Vienne (1311) zum Abschluß kam, mit unermüdlichem Eifer und erhielt zur Belohnung der dabei bewiesenen Umsicht und Unparteilichkeit im J. 1312 den Cardinalshut. Während der beiden letzten Regierungsjahre des Papstes Clemens V. suchte der neue Cardinal aus allen Kräften und nicht ohne Erfolg dem sich immer mehr verbreitenden Unfuge der Begharden Einhalt zu thun und die Irregeleiteten von ihrem pietistischen Treiben zur wahren Frömmigkeit zurückzuführen. Um diese Zeit schrieb er auch wahrscheinlich zu diesem Zwecke seine Abhandlung über die Vermählung unsers Herrn Jesus Christus mit der Kirche (De nuptiis Christi Domini et Ecclesiae). Johannes XXII. beförderte nach der Besteigung des päpstlichen Stuhles am 12. Sept. 1317 den Cardinalpriester Godin zum Cardinalbischof von Sabina und schickte ihn drei Jahre später als Legaten nach Spanien, um daselbst die in Verfall gerathene kirchliche Zucht wieder herzustellen, die Sitten des Volkes und der Geistlichkeit zu bessern und die Zwistigkeiten, welche unter den castilischen Prinzen wegen der Regentschaft während der Minderjährigkeit des Königs Alfons XI. entstanden waren, zu schlichten, eine höchst schwierige Aufgabe, da die Prinzen sich wechselseitig mit der größten Erbitterung anfeindeten und dadurch eine gräuliche Verwirrung im ganzen Lande und unter allen Ständen hervorriefen. Das Volk, einzig und allein darauf bedacht, aus dem Zwiste der Großen Vortheil zu ziehen, verkaufte seine Dienste dem, der sie am besten bezahlte, wodurch Diebstahl, Raub, Mord und andere Verbrechen mit jedem Tage häufiger wurden; die Geistlichkeit fröhnte, statt das Volk zurechtzuweisen und ihm die christliche Liebe zu predigen, der Trägheit und Unzucht und ließ die verderblichsten Irrlehren ungehindert um sich greifen. Als der Cardinal am Anfange des Jahres 1321 in Castilien eintraf, fand er die Zustände noch weit schlimmer, als man sie dem päpstlichen Stuhle geschildert hatte, statt aber an dem Erfolge seiner Sendung zu verzweifeln, verdoppelte er seinen Eifer und berief vor Allem eine Versammlung der Reichsstände nach Valencia; man ließ hier auch der Redlichkeit seiner Absichten und der Wichtigkeit seiner das Wohl des Landes bezweckenden Vorschläge Gerechtigkeit widerfahren, die Gemüther waren jedoch durch den Parteihaß noch zu sehr aufgeregt, als daß eine Einigung hätte zu Stande kommen können und erst auf dem im J. 1322 zu Valladolid versammelten Nationalconcilium gelang es ihm, zwischen den Prinzen, welche auf die Regentschaft Anspruch erhoben, einen Vertrag zu vermitteln, nach welchem sich diese durch einen Eid verbindlich machten, die Waffen niederzulegen und nicht vor dem Christfeste desselben Jahres wieder zu ergreifen. Auf demselben Concilium erwirkte er durchgreifende Gesetze zur Wiederherstellung der Kirchenzucht, zur Hebung der wahren Frömmigkeit und zur Unterdrückung des Aberglaubens und schon das strenge Verbot gegen die Reinigung von Verbrechen durch glühendes Eisen und siedendes Wasser, sowie gegen ähnliche Recht und

*) Vergl. *Joh. Georg Meusel*, Bibliotheca historica. Vol. III. P. I. p. 116. *Aug.* und *Al. de Backer*, Bibliothèque des écrivains de la Compagnie de Jésus. Tom. I. p. 340.

Gerechtigkeit verhöhnende Gebräuche, welche in Spanien allgemein geworden waren, geben hinreichend Zeugniß von der Einsicht des apostolischen Legaten. Den größten Kummer verursachte ihm die unzüchtige Geistlichkeit, welche ungescheut mit jüdischen und maurischen Beischläferinnen hauste und erst später durch die Macht des weltlichen Armes wieder in die gebührenden Schranken zurückgebracht werden konnte. Weit mehr als dieser verderbten Geistlichkeit des Landes lag dem fremden Legaten das Wohl der Bewohner desselben am Herzen und als die Mauren, auf die unter den Spaniern herrschende Uneinigkeit bauend, die kleine Stadt Lorca im Königreiche Murcia belagerten, versammelte er mit allen ihm zu Gebote stehenden Mitteln ein kleines Heer, welches die Absichten der Mauren vereitelte und den Einwohnern von Lorca Leben und Freiheit rettete. Als der Legat Spanien verließ, glich das Land zwar noch dem nach einem heftigen Sturme nicht völlig zur Ruhe gekommenen Meere, aber der Sturm hatte sich doch gelegt und der allmälig heiter werdende Himmel versprach eine bessere Zukunft unter Alfons XI., welcher im J. 1325 die Regierung antrat. Auf seiner Reise nach Avignon an den päpstlichen Hof sorgte der Legat für die Vollendung der Kathedrale zu Bayonne und der zur Ehre des berühmten Lehrers Thomas von Aquin zu Toulouse erbauten Kirche, sowie für den Aufbau mehrer Klöster seines Ordens durch Anweisung der nöthigen Geldmittel. Zu Avignon trat Godin wieder in seine früheren Aemter ein und widmete sich mit rastloser Thätigkeit den Obliegenheiten derselben; besonders aber leistete er Johannes XXII. während seines Streites mit dem teutschen Kaiser Ludwig und dem von diesem aufgestellten Gegenpapste wichtige Dienste und schrieb zur Vertheidigung des rechtmäßigen Papstes sein Buch über die Macht der Kirche (De juribus, concessionibus et privilegiis romanae ecclesiae oder De principe et praelatorum ecclesiae potestate), welches sich durch kluge Mäßigung auszeichnete und selbst auf die Gegner Eindruck machte. Daß sich übrigens der Cardinal nicht von allen Vorurtheilen seiner Zeit loszureißen vermochte, beweisen die von ihm im J. 1327 erlassenen Verordnungen gegen die Zauberer und Hexen, an deren gefährlichen Einfluß er ernstlich glaubte, seine Maßregeln stifteten indessen großen Nutzen, da mancherlei Verbrechen unter dem Scheine der Zauberei ungestraft verübt worden waren. Godin zog sich jetzt, da er die Schwächen des Alters zu fühlen anfing, von den Geschäften zurück, um seine letzten Lebensjahre ausschließend den Uebungen der Frömmigkeit zu widmen und starb am 4. Juni 1336 zu Avignon. Außer seinen bereits erwähnten Abhandlungen, welche nur handschriftlich vorhanden sind, hinterließ er noch eine Reihe trefflicher Predigten, welche er in früheren Jahren vor seiner Ernennung zum Cardinal an verschiedenen Orten gehalten hatte; sie blieben ebenfalls ungedruckt; die von ihm auf dem Concilium zu Valladolid erlassenen Verordnungen und Vorschriften findet man in den Conciliensammlungen; die Berichte über seine Wirksamkeit als Legat in Spanien dürften jedoch, wenn sie sich erhalten haben, hauptsächlich die Veröffentlichung verdienen *). (*Ph. H. Külb.*)

GODIN (Louis), französischer Astronom, am 28. Febr. 1704 zu Paris geboren, erhielt eine sehr sorgfältige Erziehung und widmete sich nach der Beendigung seiner Vorbereitungsstudien gegen den Wunsch und die Vorstellungen seines Vaters, welcher ihn auf eine einträglichere Laufbahn zu lenken wünschte, unter der Leitung Jos. Nicol. Delisle's ausschließend der Astronomie. Unter diesem berühmten Lehrer machte er so schnelle und so bedeutende Fortschritte, daß ihn die Akademie der Wissenschaften im J. 1725, obgleich er erst 21 Jahre zählte, in ihren Schooß aufnahm. Bereits im folgenden Jahre las er in einer öffentlichen Sitzung seine Bemerkungen über das Nordlicht, welches sich um diese Zeit öfter zeigte und vielen Leuten große Furcht einflößte. Seine Erklärung dieser in der neueren Zeit mit der Electricität in Verbindung gebrachten Erscheinung ist zwar falsch, trug aber nicht wenig zur Beruhigung der Gemüther bei. Godin entwickelte von nun an im Dienste der Akademie eine unermüdliche und wahrhaft bewunderungswürdige Thätigkeit, führte im Auftrage und zur vollen Zufriedenheit derselben die von Fontenelle begonnene Geschichte des ersten Zeitraums der Akademie zu Ende (Histoire de l'académie des sciences depuis 1666 à 1699. Paris 1733 seq. 4. 11 Voll.), fertigte ein Inhaltsverzeichniß der von ihr bis zum Jahre 1730 herausgegebenen Abhandlungen (Table alphabétique des matières contenues dans l'Histoire de l'académie depuis son établissement jusqu'en 1730. Paris 1734 seq. 4. 4 Voll.) und half Gallon bei der Redaction des ebenfalls zu den Schriften der Akademie gehörenden Recueil des machines approuvées par l'académie des sciences (Paris 1735 seq. 4. 6 Voll.). Zu derselben Zeit bereicherte er eine neue Ausgabe der Tables astronomiques Lahire's (Paris 1727. 4.) mit einem Anhange, besorgte die Jahrgänge 1730, 1731, 1732 und 1733 der Connaissance des temps (Paris 1728 seq. 8.) und lieferte eine Reihe werthvoller astronomischer Abhandlungen für die Memoiren der Akademie und zwar im J. 1726: Sur le météore qui a paru le 19 oct. 1726 und Observation de l'éclipse de soleil du 25 septembre 1726, faite à l'Observatoire royal, im J. 1729: Observation de l'éclipse de lune du 13 février 1729 au soir, faite à l'Observatoire royal und Observation de l'éclipse totale de lune du 8 août 1729, im J. 1730: Solution fort simple d'un problème astronomique d'où l'on tire une méthode nouvelle de déterminer les noeuds des planètes, im J. 1731: Du quart de cercle astronomique fixe und (im Vereine mit Grandjean) Observation de l'éclipse partielle de lune du 20 juin 1731, im J. 1732: Sur la parallaxe de la lune und Observation de l'éclipse totale de lune du 1er decembre 1732, faite à Paris, et

*) Vergl. *A. Touron*, Histoire des hommes illustres de l'ordre de Saint Dominique. Tom. II. (Paris 1745. 4.) p. 174—194.

Comparaison de cette observation à celles qui ont été faites à Madrid, à Seville et à Chandernagor au royaume de Bengale, d'où resulte la différence des méridiens entre Paris et ces villes, im J. 1733: Des apparences du mouvement des planètes dans un épicycle, Addition qu'il faut faire aux quarts-de-cercle fixes dans le méridien, Observation de l'éclipse de soleil faite à Paris le 13 mai 1733, Observation de l'éclipse de lune du [illegible] mai 1733, Méthode pratique de tracer sur terre un parallèle par un degré de latitude donné, et du rapport du même parallèle dans le sphéroide oblong et dans le sphéroide aplati und Des apparences du mouvement des planètes dans un épicycle und im J. 1734: Méthode nouvelle de trouver la hauteur du pôle, Que l'obliquité de l'écliptique diminue et de quelle manière, et que les noeuds des planètes sont immobiles und Méthode d'observer la variation de l'aiguille aimantée en mer. Ganz besonders fesselte die damals von den Gelehrten aufgeworfene Frage über die Gestalt der Erde seine Aufmerksamkeit und auf seinen Bericht beschloß die Regierung, Astronomen nach dem Aequator und nach dem Pole zu schicken, um das Maß der Erde auf eine zuverlässige und genaue Weise zu bestimmen. Er wurde nebst Bouguer und la Condamine gewählt, um nach Peru zu gehen, begab sich aber, ehe er die Reise antrat, nach London, um daselbst Halley's Rath und Anweisung entgegen zu nehmen. Nachdem er auch die noch sonst nöthigen Vorbereitungen getroffen hatte, schiffte er sich am 16. Mai 1735 zu la Rochelle ein und landete vorerst auf Sanct-Domingo, um auf dieser Insel einige Beobachtungen anzustellen; auch schrieb er hier die in den Memoiren der Akademie (1735) mitgetheilte Abhandlung über die Pendelschwingungen (La longueur du pendule simple, qui bat les secondes du temps moyen, observée à Paris et au petit Goave en l'île Saint-Domingue). Nach einem Aufenthalte von einigen Monaten setzte er seine Reise nach Quito fort, wo die Akademiker ihre Arbeiten begannen. Auch von hier aus schickte er zwei Abhandlungen (Méthode de déterminer la parallaxe du soleil par observation immédiate und Observation de l'éclipse de lune du 8 sept. 1737, faite à Quito) an die Akademie, welche man in den Memoiren derselben (1738 und 1739) findet. Die Aufgabe der Akademiker war bereits gelöst, der Vicekönig von Lima hatte ihnen aber die Heimreise nur unter der Bedingung gestattet, daß Godin noch einige Zeit zu Quito bliebe, um an der Schule dieser Stadt Unterricht in der Mathematik zu ertheilen. Er war hier Zeuge des schrecklichen Erdbebens, welches im J. 1746 den größten Theil von Lima zerstörte und gab sich alle Mühe, bei dem Wiederaufbaue der Häuser ein Verfahren in Anwendung zu bringen, welches die Gefahren bei einem ähnlichen Unglücksfalle wenigstens vermindern mußte. Erst im J. 1751 erhielt er die Erlaubniß, nach Frankreich zurückzukehren, da aber hier während seiner langen Abwesenheit seine Stelle als besoldeter Akademiker bereits von einem Anderen eingenommen war und ihm keine sonstigen Existenzmittel zu Gebote standen, so sah er sich genöthigt, nach Spanien zu gehen und die ihm angebotene Direction der Seecadettenschule zu Cadix zu übernehmen. Hier erlebte er das fürchterliche Erdbeben, welches im J. 1755 Lissabon zerstörte und leistete auch hier durch seine Rathschläge treffliche Dienste, sodaß ihn die Vorsehung überall hingeführt zu haben scheint, wo seine Talente nützlich werden konnten. Im folgenden Jahre machte er eine Reise nach Paris und erhielt hier zu seiner nicht geringen Freude seine Stelle als besoldeter Akademiker wieder. Er kehrte nun nach Cadix zurück, um daselbst seine Angelegenheiten zu ordnen, wurde aber alsbald nach seiner Ankunft von einer schleichenden Krankheit befallen, welche allmälig seine Kräfte aufzehrte und welcher er, da ihm der Schmerz über den Verlust seiner Tochter einen Schlagfluß zuzog, am 11. Sept. 1760 erlag, ohne sein Vaterland, an welchem er mit ganzer Seele hing, wieder gesehen zu haben. Godin, unstreitig einer der vorzüglichsten Mathematiker seiner Zeit, war Mitglied der gelehrten Gesellschaften zu London, Berlin und Stockholm und stand mit vielen der bedeutendsten Männer seines Faches in Verbindung. Die Akademie betrachtete ihn mit Recht als eines ihrer fleißigsten Mitglieder*). (*Ph. H. Külb.*)

GODIN (oder Gouldin), Nicolas, französischer Arzt, welcher am Anfange des 16. Jahrhunderts zu Arras, wo er wahrscheinlich auch geboren war, lebte und als Chirurg großes Ansehen genoß. Ueber seine Lebensverhältnisse ist nichts Näheres bekannt und sein Name ist nur durch zwei von seinen Zeitgenossen sehr geschätzte Werke auf die Nachwelt gekommen, nämlich durch seine von ihm in lateinischer Sprache geschriebene und von Jacques Blondel, einem Chirurgen zu Lille, ins Französische übersetzte Feldchirurgie (La chirurgie militaire, très utile à tous ceux qui veulent suivre un camp en temps de guerre, pareillement à tous autres en condition pestilente ou dysentérique. Gand 1553. 12. Anvers 1558. 8.) und seine Bearbeitung der praktischen Chirurgie des berühmten italienischen Chirurgen Giovanni de Vigo unter dem Titel: La Chirurgie pratique de maistre Jean de Vigo, docteur en médecine, divisée en deux parties, dont la première est nommée la copieuse, contenant neuf livres particuliers, et la seconde, dite compendieuse, contenant cinq livres, avec les aphorismes et canons de la chirurgie (Paris 1531. 8. S. l. 1532. 8. Lyon 1537. 8.). In der ersten Schrift von nur geringem Umfange spricht er vorzugsweise von den durch Feuergeschosse verursachten Wunden, von der Pest und von der Ruhr, aber nur im Allgemeinen und nach den von Galenus aufgestellten alten Grundsätzen; dabei beklagt er sich bitter über die unverschämte Frechheit der Quacksalber und empirischen Pfuscher seiner Zeit, preist jedoch ebenfalls oft

*) *Fouchy*, Éloge de Godin, in der Histoire de l'Académie des sciences (1760). Biographie universelle. Tom. XVII p. 563 seq. Biographie générale. Tom. XX. p. 913 seq. *J. M. Quérard*, La France littéraire. Tom. III. p. 381.

Mittel an, zu deren Anwendung man sich jetzt nicht leicht verstehen dürfte*). (*Ph. H. Külb.*)

GODIN DES ODONAIS (Jean), französischer Reisender, im J. 1712 zu Saint-Amand (im Departement des Cher) geboren, widmete sich dem Studium der Literatur und Philologie und entsprach, da er einige noch wenig bekannte Sprachen des neuen Continents an der Quelle zu erforschen wünschte, mit Vergnügen der Aufforderung seines Anverwandten, des Astronomen Louis Godin, welcher an der Expedition nach Südamerika zur Bestimmung der Gestalt der Erde Theil nahm, ihn als Gehilfen zu begleiten. Er schiffte sich mit diesem im J. 1735 zu La Rochelle ein und gelangte mit ihm glücklich nach Quito, wo er den Akademikern bei ihren Arbeiten Beistand leistete und sich nach der Beendigung derselben im J. 1741 häuslich niederließ, da er durch seine Heirath mit dem aus einer zu Rio-Bamba angesiedelten französischen Familie stammenden Fräulein von Grandmaison y Bruno über ein ansehnliches Vermögen verfügen konnte. Er verlor dieses jedoch bald durch gewagte Speculationen und da seine Frau große Sehnsucht nach Frankreich fühlte und ihn selbst die Nachricht von dem Tode seines Vaters zur Heimreise bewog, um seine Angelegenheiten zu ordnen, so ging er zuerst allein ohne seine gerade schwangere Frau im März 1749 den Amazonenstrom herab bis nach Para und kam von hier im April 1750 nach Cayenne, wo er sich damit beschäftigte, die zur Abholung seiner Familie nöthigen Anstalten zu treffen. Während seines Aufenthaltes in Cayenne sendete er die Samenkörner mehrer werthvollen Pflanzen (insbesondere der Sarsaparille und der Butua) an den botanischen Garten zu Paris, an den berühmten Naturforscher Buffon eine zu Lima gedruckte Grammatik der Incasprache und an den Minister Choiseul einen Plan zur Einrichtung einer freien Schiffahrt auf dem Amazonenstrome. Um wieder auf diesem Strome zurückzugehen und seine Frau in Empfang zu nehmen, bedurfte er wegen des inzwischen in diesen Gegenden ausgebrochenen Krieges Pässe und Empfehlungsbriefe von dem portugiesischen Hofe, die er aber erst im J. 1765, nachdem er 15 Jahre hindurch sein Gesuch vergebens wiederholt hatte, erhielt, zugleich wurde ihm jedoch eine mit 30 Ruderern bemannte und von einem portugiesischen Schiffscapitaine befehligte Galiote zur Verfügung gestellt, welche ihn auf Kosten des Königs von Portugal den Amazonenstrom hinauf bis zur ersten spanischen Niederlassung bringen, daselbst auf ihn warten und ihn dann mit seiner Familie nach Cayenne führen sollte. Unglücklicher Weise wurde er aber schon zu Oyapok, wo er wohnte und seine Sachen an Bord bringen wollte, krank und mußte, da er sich nicht selbst einschiffen konnte, nothgedrungen einem gewissen Tristan von Orcasaval sein Vertrauen schenken, der sich desselben aber unwürdig zeigte, indem er die ihm übergebenen Briefe, statt sie nach Laguna, dem Hauptorte der spanischen Missionen, von wo sie an Godin's Frau gehen sollten, zu besorgen, unzuverlässigen Händen anvertraute und in den portugiesischen Missionen blieb, um daselbst mit dem ihm anvertrauten Gelde auf seine eigene Rechnung Handel zu treiben. Unterdessen war doch ein in der Provinz Quito über die Abholung der Frau Godin's verbreitetes dunkles Gerücht dieser zu Ohren gekommen; da sie aber auf ein unbestimmtes Gerede hin keinen Entschluß fassen konnte, so schickte sie einen zuverlässigen Neger nach den Missionen, welcher nach Ueberwindung vieler Hindernisse Tristan zu Loreto auffand und aus dessen Munde vernahm, daß eine Galiote bereit liege, um sie nach Cayenne zu bringen. Sie zögerte auf diese Nachricht nicht länger, ließ alles nicht unbedingt Nöthige im Stiche und brach am 1. Oct. 1769 von Rio-Bamba auf nach Canelos, einem kleinen, an einem Nebenflusse des Amazonenstromes liegenden Städtchen, wo sie sich einschiffen wollte, welches sie aber verlassen fand, da die Furcht vor den erst seit Kurzem durch die Europäer in diese Gegenden gebrachten Blattern die Einwohner verscheucht hatte; auch die 30 Indianer, welche sie geleiten sollten, zerstreuten sich allmälig und die ganze Reisegesellschaft bestand nur noch aus acht Personen, ihr selbst, ihren beiden Brüdern, einem Brudersohne und vier Dienern. Zwei Bewohner von Canelos, welche den Muth gefaßt hatten, dahin zurückzukehren, versprachen ihr ein Canot zu bauen und sie nach der etwa 150 Meilen entfernten Mission von Andoas zu bringen, von wo sie, mit Hilfe der Missionaire, den Ort, wo das portugiesische Fahrzeug sie erwartete, erreichen konnte. Nachdem das Canot fertig war, schiffte man sich guten Muthes ein und gedachte alsbald den Amazonenstrom zu erreichen; als man aber nach einer Fahrt von zwei Tagen ans Land ging, um daselbst die Nacht zuzubringen, schlichen sich die beiden Indianer, welche bereits den bedungenen Lohn in Empfang genommen hatten, heimlich davon und überließen die Reisenden ihrem Schicksale. Diese setzten nun noch eine Strecke weit ihre Fahrt ohne Führer und mit der größten Lebensgefahr bis zu einem nicht weit entfernten Landungsplatze fort, wo sie einen in seinem Canot liegenden, kaum von einer Krankheit genesenen Indianer fanden, der sich bereden ließ, sich ihnen anzuschließen und das Steuerruder zu führen, aber schon am dritten Tage durch einen unglücklichen Zufall ins Wasser stürzte und ertrank. Da Niemand das Canot zu lenken verstand und dieses sich bald mit Wasser füllte, so sah man sich genöthigt, ans Land zu steigen. Einer der Diener erbot sich mit dem Canot nach Andoas zu gehen und versprach, innerhalb 14 Tagen von dieser Mission aus Indianer mit dem Canot zurückzuschicken. Da aber weder dieses zurückkam, noch Indianer erschienen, so entschlossen sich die Reisenden, welche bereits 25 Tage in dieser unbewohnten Gegend in einer schrecklichen Lage zugebracht hatten, den Weg zu Lande fortzusetzen und dem Ufer des Flusses zu folgen, verirrten sich jedoch, da sie die Krümmungen desselben abschneiden wollten, in dem dichten Walde, welcher sich an ihm hinzog. Vom Hunger und Müdigkeit erschöpft, konnten sie bald nicht mehr weiter und warfen sich hoffnungslos zu Boden.

*) Biographie universelle. Tom. XVII. p. 563. Biographie générale. Tom. XX. p. 913.

Einer starb nach dem Andern und nach dem dritten Tage sah die unglückliche Frau nur noch Leichen um sich; sie selbst lag 48 Stunden lang besinnungslos unter diesen, bis sie, von brennendem Durste geplagt, sich aufraffte und [illegible] durch ein Wunder wieder an das Ufer des Flusses gelangte. Nachdem sie ihren Durst gestillt und sich wieder ein wenig erholt hatte, irrte sie in dem Walde, durch welchen sie sich nur mit Mühe über die Baumwurzeln und Schlingpflanzen Bahn brechen konnte und in steter Gefahr, von wilden Thieren zerrissen zu werden, mehre Wochen lang umher, bis sie von Müdigkeit und Hunger dem Tode nahe und nur noch mit einigen Fetzen ihrer Kleider kaum bedeckt, das Ufer des Bobonasa, eines in den Amazonenstrom mündenden Flusses, erreichte. Sie war bereits einige Tage demselben gefolgt, als sie eines Morgens beim Erwachen in geringer Entfernung Geräusch vernahm. Sie näherte sich vorsichtig dem Orte, woher dieses kam und stand alsbald vor zwei Indianern, welche damit beschäftigt waren, ein Canot in das Wasser zu stoßen; auf ihr inständiges Bitten und gegen die Verheißung einer guten Belohnung versprachen ihr diese, sie nach Andoas zu bringen und hielten auch Wort. Von da kam sie ohne weitere Schwierigkeit, aber elend und krank nach Laguna, wo sie von dem nicht wenig erstaunten Superior der Missionen bereitwillig aufgenommen und durch sorgfältige Pflege bald wieder hergestellt wurde; vergebens war aber alle Mühe, Tristan zur Erfüllung der übernommenen Verbindlichkeit zu bewegen. Die bereits an alles mögliche Ungemach gewöhnte Frau, welcher noch eine Strecke von wenigstens 400 Meilen zurückzulegen blieb, verlor auch jetzt den Muth nicht, bestieg ein von Indianern geführtes Canot und gelangte glücklich nach Loreto, wo die portugiesische Galiote sie an Bord nahm und nach Oyapel zu ihrem daselbst immer noch wartenden Gemahle brachte [1]). Die nach einer Trennung von so vielen Jahren wieder vereinigten Gatten gingen nun nach Coruppa und von da nach Cayenne, wo sie sich nach Europa einschifften. Am 26. Mai 1773 landeten sie glücklich zu La Rochelle und begaben sich von da nach Saint-Amand, wo sie ein sehr schönes Landgut besaßen, auf welchem sie ruhig den Rest ihrer Tage verlebten. Godin arbeitete hier an einer Grammatik und einem Wörterbuche der Quichuasprache, starb aber, als das Werk bereits druckfertig war, im J. 1792; durch die eingetretenen ungünstigen politischen Verhältnisse blieb es auch später ungedruckt [2]). *(Ph. H. Külb.)*

GODINELLA, ein von Lestiboudois eingeführter Name für die dritte Section von **Lysimachia**, einer zu den Primulaceen gehörigen Pflanzengattung. Die erste Section dieser Gattung, **Lysimandra** genannt, hat zehn Staubgefäße, von denen die den Kelchzipfeln gegenüberstehenden staubbeutellos sind, gegenüber- oder quirlförmig stehende Blätter und achselständige Blüthenstiele; die zweite, **Lysimastrum**, hat fünf ganz unten am Grunde in einen Ring verwachsene Staubgefäße, eine abstehende Blumenkrone, eine fünfklappige Kapsel, gegenüberstehende oder quirlförmige Blätter, einen achsel- oder endständigen, einfachen oder zusammengesetzten Blüthenstand und gelbe Blüthen; die dritte Section, **Godinella** oder **Lerouxia**, hat fünf freie Staubgefäße, eine abstehende Blumenkrone, eine zweiklappige Kapsel, wovon die eine Klappe zuletzt an der Spitze zweitheilig, die andere dreitheilig ist, gegenüberstehende Blätter und einzelne, achselständige, gelbe Blüthen; die vierte Section endlich, **Ephemerum**, hat fünf freie, hervorragende oder eingeschlossene Staubgefäße, eine abstehende oder zusammenneigende Blumenkrone, eine fünfklappige Kapsel, deren Klappen ungetheilt oder zuletzt zweitheilig sind, wechselständige Blätter und endständige, ährenförmige oder ährenförmig-traubig stehende, weiße, rosen- oder purpurrothe Blüthen. *(Garcke.)*

GODINEZ (Miguel), Jesuit und theologischer Schriftsteller, im J. 1591 zu Waterford geboren, trat im J. 1609 in den Jesuitenorden und ging nach der Beendigung seiner Studien nach den Missionen von Mexico, wo er seinen Familiennamen Wading mit dem Namen Godinez vertauschte, welchen er auch seitdem stets führte. Er wirkte längere Zeit als Glaubensprediger in der Mission von Cinaloa und lehrte später die Philosophie in den Collegien zu Mexico und Guatemala. Er starb am 12. Dec. 1644 zu Mexico. Als Schriftsteller erwarb sich Godinez durch sein erst nach seinem Tode bekannt gewordenes Lehrbuch der mystischen Theologie (Pratica de la Theologia mystica) einen weit verbreiteten Ruhm; es erschien zuerst in Neuspanien (Puebla de los Angeles 1681. 8.), erlebte in Europa viele Auflagen (Sevilla 1682. 8. Ibid. 1690. 8. Pamplona 1704. 8. Madrid 1780. 8.) und wurde auch von einem Ungenannten ins Italienische (Pratica della Theologia mistica. Venezia 1788. 8.) und von Emmanuel Ign. de la Reguera ins Lateinische (Praxis Theologiae mysticae. Romae 1740 und 1745. 2 Voll. fol.) übersetzt und von dem Letztern mit einem weitläufigen Commentare versehen. Andere Werke dieses gelehrten Jesuiten (El gobierno religioso, Horologii descriptio hexametris latinis, Declamationes poeticae in laudem B. Virginis Mariae) finden sich handschriftlich zu Mexico in der Universitätsbibliothek und in der Bibliothek des Marquis de Castellia [*]).
(Ph. H. Külb.)

GODINHO (Christovam), portugiesischer Theolog, am Ende des 16. Jahrh. zu Evora geboren, trat im J. 1617 in den Orden der Hieronymiten und wurde wiederholt zum Prior der Klöster seines Ordens zu Penha-Longa und Espinheiro gewählt. Er starb am 17. Juni 1671. Sein in einem gezierten Style geschrie-

1) Vergl. Lettre de M. D. L. C. [de la Condamine) à M***, sur le sort des astronomes qui ont eu part aux dernières mesures de la terre depuis 1735, et Lettre de M. Godin et l'aventure de Mme Godin dans ce voyage de la province de Quito à Cayenne par le fleuve des Amazones. (Paris 1775. 8.) Deutsch in Aug. Ludw. Schlözer's Briefwechsel. (Göttingen 1775. 8.) 1. Th. S. 166 fg. 2) Biographie générale. Tom. XX. p. 914. Biographie universelle. Tom. XVII. p. 564 seq. *J. M. Quérard*, La France littéraire. Tom. III. p. 391.

*) *Aug.* und *Al. de Backer*, Bibliothèque des écrivains de la Compagnie de Jésus. Tom. II. p. 245.

denes ascetisches Werk: Poderes de amor em geral e horas de conversaçam em particular (Lisboa 1657. 4.) entsprach dem Geschmacke seiner Zeitgenossen und fand deshalb bei ihnen großen Beifall. (*Ph. H. Külb.*)

GODINHO (Manoel), portugiesischer Jesuit und Reisender, im J. 1633 oder 1634 (nach Anderen im J. 1630) zu Montalvaon in der Provinz Alemtejo geboren, widmete sich nach der Beendigung seiner Vorbereitungsstudien der Theologie und trat im J. 1645 zu Coimbra in den Orden der Jesuiten. Bald darauf wurde er nach den portugiesischen Besitzungen in Indien geschickt, wo durch die Befreiung des Mutterlandes von der spanischen Oberherrschaft mancherlei Aenderungen sowol in dem weltlichen als auch in dem geistlichen Regimente nöthig waren. Er wußte sich in seiner schwierigen Stellung durch seinen Eifer und seine Umsicht das Vertrauen des Vicekönigs in so hohem Grade zu erwerben, daß dieser in einer höchst wichtigen Angelegenheit, welche die Sendung eines zuverlässigen Boten auf dem Landwege nöthig machte, ihn allen Anderen vorzog. Godinho verließ Bazaim, wo er wohnte, am 15. Dec. 1662, kam über Daman und Surate nach Persien, folgte den Ufern des Euphrat, wo er zuerst die noch völlig unbekannten Ruinen des alten Babylon besuchte und gelangte glücklich nach Aleppo, wo er sich nach Marseille einschiffte. Er landete nach einer schnellen Fahrt in diesem Hafen, wo er sogleich ein portugiesisches Fahrzeug bestieg, welches ihn am 16. Oct. 1663 zu Cascaes an der Mündung des Tejo ans Land setzte. Nach der Erledigung seiner Aufträge fühlte er keine Lust mehr, nach Indien zurückzukehren und da ihm auch das Klosterleben nicht mehr behagte, so ließ er sich seines Gelübdes entbinden. Er erhielt nun zur Belohnung der geleisteten Dienste mehre gute Pfründen, wurde zuletzt apostolischer Protonotar und starb im J. 1712. Die Beschreibung seiner Reise (Relaçao do novo caminho que fez por terra e mar vindo da India para Portugal no anno de 1663 o padre Manoel, da companhia de Jesus, enviado a Magestade del rey D. Affonso VI. pelo seu vice rey Antonio de Mello de Castro à Luiz de Vasconcellos e Souza, conde de Castel-Melhor. Lisboa 1665. 4. N. Ed. Ibid. 1842. 8.) kann jetzt noch mit Nutzen über die von ihm durchreisten Länder Asiens und besonders über das Flußgebiet des Euphrat zu Rathe gezogen werden; auch die von ihm mitgetheilte Schilderung der Ereignisse zu Constantinopel nach der Niederlage des türkischen Heeres vor Wien im J. 1683 (Noticias singulares de algumas cousas succedidas em Constantinopola depois da rota de seu exercito sobre Vienne enviadas de Constantinopola a hum cavalhiero maltez. Lisboa 1684. 4.) gibt für damalige Zustände des türkischen Hofes nicht unwichtige Aufschlüsse und für die Kirchengeschichte brauchbar ist seine Biographie des Jonfero Soares, welcher nach seiner Bekehrung als Dominikanermönch den Namen Antonio von den Wunden (das chagas) führte. (Vida e morte do veneravel padre Fr. Antonio das Chagas, missionario apostolico neste reino da ordem de São-Francisco, fundador do seminario de Varatojo. Lisboa 1687. 4. N. Ed. Ibid. 1728. 4. und 1762. 8.) Seine ascetischen Schriften, unter welchen das Horario evangelico, demonstrador de quarenta horas (Lisboa 1682. 12.) die vorzüglichste sein dürfte, sind jetzt vergessen. — Auch in neuerer Zeit lebte ein um die Geographie verdienter Portugiese desselben Namens, Godinho de Heredia, zu Goa, wo er als Kosmograph angestellt war; seine Beschreibung der Halbinsel Malacca (Informaçao da aurea Chersoneso ou Peninsula alem de Ganges. Lisboa 1807. 8.) gibt jetzt noch den besten Aufschluß über diesen wenig bekannten Theil Hinterindiens. — Älter als beide ist der sonst nicht näher bekannte portugiesische Reisende Manoel Godinho Cardoso, welcher auf seiner Fahrt nach Indien am 15. Aug. 1585 Schiffbruch litt und nach seiner Heimkehr einen Bericht über das Schicksal und die Abenteuer der geretteten Mannschaft (Relaçam do naufragio da nau Santiago e itinerario da gente que delle se salvou. Lisboa 1601. 4.) herausgab *). (*Ph. H. Külb.*)

GODINHO DE SEIXAS (Manoel), portugiesischer Dichter, am 15. Aug. 1678 zu Santarem geboren, widmete sich den schönen Wissenschaften und machte zu seiner Ausbildung mehre Reisen, gerieth aber, da das Schiff, auf welchem er sich von Lissabon nach Lagos begeben wollte, am 25. Juni 1725 von algierischen Seeräubern aufgebracht wurde, in Gefangenschaft, aus welcher er erst nach fünf Jahren befreit werden konnte. Nach seiner Zurückkunft nach Lissabon im J. 1731 trat er in den geistlichen Stand und gab Unterricht in der Literatur. Sein panegyrisches Gedicht auf den Tod des Königs João V. (Penthetria pathetica em a morte do senhor rey D. João V. Lisboa 1750. 4.) fand, obgleich es nicht frei von Schwulst ist, großen Beifall. Sein Gedicht auf den König Joseph I. (Anaphora anagogica da aclamação do Senhor rey D. Jose I.) und seine poetische Epistel, worin er seine Gefangenschaft erzählt (Epistola ripartita de sua vida, captiveiro, cidade de Alger e fim de Mafoma) blieben ungedruckt. Er starb um das Jahr 1750. — Zu derselben Zeit lebte zu Lissabon, seinem Geburtsorte, ein Historiker und Panegyrist gleichen Namens, Jeronymo Godinho de Niza; seine gelungene Lobrede auf Joseph da Pestana (Elogio funebre na morte do senhor Jose do Cout Pestana) findet man in den im J. 1735 erschienenen Memoiren der Akademie für portugiesische Geschichte, deren Mitglied er war †). (*Ph. H. Külb.*)

GODINOT (Deo-Gratias-Nicolas), Baron, französischer General, am 1. Mai 1765 zu Brou geboren, trat nach der Beendigung seiner militairischen Vorbereitungsstudien im J. 1787 in ein Cavalerieregiment, verließ dieses aber im J. 1790, um eine andere Laufbahn zu wählen, bis der Aufruf zu den Waffen gegen die

*) Biographie universelle. Tom. XVII. p. 566 seq. Biographie générale. Tom. XX. p. 916 seq.

†) Biographie universelle. Tom. XVII. p. 567. Biographie générale. Tom. XX. p. 917.

Frankreich angreifenden fremden Mächte ihn bewog, im J. 1792 wieder bei dem Heere Dienst zu nehmen. Zum Hauptmann eines Jägerbataillons ernannt, machte er in der Armee des Centrums den Feldzug von 1792 mit, worauf er im J. 1793 zum Bataillonschef befördert und in dieser Eigenschaft zuerst bei der Moselarmee und sodann bei der Armee der Sambre und Maas in Deutschland und Italien verwendet wurde. Im J. 1799 zeichnete er sich in der Schweiz durch einen glücklichen Angriff auf einen verschanzten Posten der Oesterreicher bei Wesen am wallenstädter See aus, worauf seine Beförderung zum Brigadechef erfolgte. Im folgenden Jahre leistete er bei der Vertheidigung von Genua, wo er in Gefangenschaft gerieth, aber sogleich wieder ausgewechselt wurde, gute Dienste und errang einige Vortheile über die österreichischen Truppen am Polcevera und auf einem Streifzuge nach Rivolo hin. Einige Male nicht unbedeutend verwundet, sah er sich genöthigt, nach Frankreich zurückzukehren und seine Gesundheit wieder herzustellen, aber schon im J. 1804 stand er wieder als Oberst eines leichten Infanterieregiments im Felde und focht an der Spitze desselben tapfer bei Ulm und Austerlitz. Zum Brigadegeneral ernannt, nahm er an dem Feldzuge gegen die Preußen im J. 1806 als Chef des Generalstabes Theil und ging nach dem Frieden von Tilsit in derselben Eigenschaft nach der pyrenäischen Halbinsel, wo er unter dem Marschalle Mortier während der Feldzüge der Jahre 1808, 1809, 1810 und 1811 eine unermüdliche Thätigkeit entwickelte. In der Schlacht bei Almonacid am 9. Aug. 1809 trug er durch die Erstürmung der von den Spaniern besetzten Anhöhen nicht wenig zur siegreichen Entscheidung derselben bei, auch in den Treffen bei Toledo, Segurras, Santa-Marta und Villalba zeichnete er sich aus und rückte im J. 1811 zum Brigadegeneral vor. Er würde übrigens bei mehren Gelegenheiten noch weit größere Vortheile errungen haben, wenn ihn nicht seine an Aengstlichkeit grenzende Vorsicht häufig den rechten Augenblick hätte versäumen lassen. Der Marschall Soult, mit welchem er seine ersten Kriegsdienste gethan hatte, suchte ihn allenthalben vorzuschieben und vertraute ihm die wichtigsten Operationen an, um die Aufmerksamkeit Napoleon's auf ihn zu lenken. Er entsprach aber häufig seinen Erwartungen nicht und vereitelte sogar in dem Treffen von Albuhera (16. Mai 1811) und bei Venta de Bahul (im August desselben Jahres) die von ihm getroffenen guten Dispositionen. Seine letzte gelungene Waffenthat war die Erstürmung des verschanzten Lagers von St. Roque bei Gibraltar am Anfange des Octobers; als er aber von hier aus nach dem kleinen Hafen Tarifa, wo eine starke Abtheilung englischer und spanischer Truppen gelandet war, zur Vertreibung derselben vorrückte, gerieth er auf seinem Marsche an der Küste hin unter die Kanonen der an dieser kreuzenden englischen Schiffe und mußte sich mit einem bedeutenden Verluste an Menschen zurückziehen. Er begab sich darauf nach Sevilla, wo er sich nach einem heftigen Auftritte mit dem Marschalle Soult am 26. Oct. 1811 eine Kugel durch den Kopf schoß. Man verbreitete in der Armee das Gerücht, er habe sich in einem Anfalle von Wahnsinn, wozu ihn die heftigen Schmerzen eines ihm schon lange quälenden Nervenübels brachten, das Leben genommen, die nähere Umgebung dieses in mehreren Beziehungen sehr achtbaren, aber in seinen Operationen oft nicht glücklichen Generals war jedoch überzeugt, daß er den letzten Unfall und den Tadel, welchen er darüber von seinem erzürnten Gönner hatte entgegen nehmen müssen, nicht überleben wollte *). (*Ph. H. Külb.*)

GODINOT (Jean), französischer Theolog, im J. 1661 zu Rheims geboren, erhielt nach der Beendigung seiner Studien ein Kanonicat an der Kathedrale seiner Vaterstadt und trieb neben der nicht sehr anstrengenden Verrichtung seiner Amtspflichten einen nicht unbedeutenden Weinhandel, der ihn durch glückliche Speculation bald in den Besitz großer Reichthümer brachte. Ueberzeugt, daß diese den Besitzer nur glücklich machen, wenn er sie zum Wohle seiner Mitmenschen benutzt, verwendete er, nachdem er sein väterliches Erbtheil seiner Familie doppelt zurückgegeben hatte, einen großen Theil derselben zum Vortheile seiner Vaterstadt, indem er gutes Trinkwasser in dieselbe leiten und die schmutzigen, die Luft verpestenden Gossen pflastern, mehre Krankenhäuser erbauen, neue Schulen einrichten und den Chor der Kathedrale verschönern ließ. Obschon ihm diese Denkmäler mit Recht den Titel eines Vaters und Wohlthäters seiner Geburtsstadt erwarben, so wollte ihm doch die Geistlichkeit, weil er sich der Bulle Unigenitus widersetzt hatte, das kirchliche Begräbniß verweigern, mußte aber dem allgemeinen Verlangen seiner Mitbürger nachgeben und ihn mit allen ihm gebührenden Ehren bestatten. Er starb am 15. April 1749. Man verdankt Godinot vortreffliche Bemerkungen über den Anbau und die Behandlung der Rebe und die Bereitung des Champagners, welche der Abbé Noël Antoine Pluche in seinen Spectacle de la Nature ou Entretiens sur l'histoire naturelle et les sciences (Paris 1732–42), welcher in vielen Auflagen und auch in deutscher Uebersetzung große Verbreitung fand, als die damals vorzüglichste Untersuchung über diesen Gegenstand aufnahm †). (*Ph. H. Külb.*)

GODIVA hieß die Gemahlin des Herzogs von Mercie in England, der im 11. Jahrh. unter Eduard dem Bekenner lebte, welche sich durch einen Heroismus eigener Art in der Geschichte dauernd erhalten hat. Ihr Gemahl hatte den Einwohnern von Coventry, welche sich gröblich gegen ihn vergangen hatten, die Zahlung einer bedeutenden Summe Geldes als Buße auferlegt, von deren Erlasse oder Milderung er Nichts hören wollte. Die Einwohner von Coventry nahmen ihre Zuflucht zu der jungen und schönen Gemahlin ihres strengen Gebieters

---

*) Biographie nouvelle des Contemporains. Tom. VIII. p. 183 seq. Biographie générale. Tom. XX. p. 918. Victoires, conquêtes, désastres, revers et guerres civiles des Français de 1792 à 1815. Tom. XI. p. 174. XII. p. 179 seq. XIX. p. 236. XX. p. 236 seq. 264–270 seq.

†) Biographie universelle. Tom. XVII. p. 567. Biographie générale. Tom. XX. p. 918.

und suchten durch sie zu erreichen, was ihren eigenen Bitten nicht gelungen war. Allein auch ihrem Dazwischentreten selbst wollte es anfänglich nicht gelingen, den Gemahl zur Zurücknahme der Strafsteuer zu stimmen, bis er endlich, bei der Wiederholung ihrer Fürbitte, mit einem wohlgefälligen Blicke, den er über ihre anmuthige Gestalt gleiten ließ, im Anfluge einer sonderbaren Laune die Bedingung stellte, daß er denen von Coventry die ganze Strafe erlassen wolle, wenn sie völlig nackt durch die Stadt ihrer ganzen Länge nach reiten wolle. Die Zumuthung des Grafen war kein Geheimniß geblieben; die muthige Frau aber, von Dienstbegierde für ihre Unterthanen entbrannt, war entschlossen, ihrem natürlichen Schamgefühle das schwere Opfer abzuringen. Mit dem Vorbehalte, ein Verbot erlassen zu dürfen, daß sich in der Stunde der Ausführung ihres Vorhabens bei Todesstrafe keine Mannsperson auf der Straße oder an den Fenstern blicken lasse, vollendete sie ganz nackt, nur von ihren langen Haaren umwallt, ihren Ritt durch die Stadt. Doch konnte ein Bäcker, als welchen die Sage ihn bezeichnet, dem Gelüste nicht widerstehen, gegen das strenge Verbot sich aufzulehnen und seinen Hals zu wagen, wie denn auch wirklich die strenge Gräfin dieses Opfer sich nicht habe entgehen lassen. Der Verfasser des Artikels über die muthige Godiva in Michaud's Biogr. Univ. Tom. XVII. p. 26 meint hierzu: „La rigueur, que Godive déploya dans cette occasion, aurait bien dû tempérer les louanges excessives, qui lui ont été prodiguées par quelques historiens anglais." Uebrigens feierte die von einer drückenden Sorge befreite Stadt Coventry längere Zeit das Andenken an den in seiner Art einzigen Ritt ihrer gütigen Gräfin durch ein großes Fest. In feierlicher Procession trug man ihr mit Blumen bekränztes Bildniß durch alle Straßen der Stadt unter unermeßlichem Zudrange des Volkes aus der ganzen Umgebung; aber auch das Bild des unglücklichen Bäckers fehlte nicht an dem Fenster, wo ihn die Strafe für seinen Leichtsinn ereilt hatte. Vielfach ist diese Begebenheit von englischen Dichtern besungen worden und auch in Nachbildungen derselben hat sie in teutschen Blumenlesen ihre Stelle gefunden. (Dr. *I. E. Volbeding*.)

GODMAN (John D.), Lector der Anatomie und Physiologie am Philadelphiamuseum in Nordamerika, Mitherausgeber des Philadelphia Journ. of de med. and phys. Sciences, starb noch ziemlich jung im J. 1830. Außer mehrfachen kleinen Journalartikeln sind von ihm erschienen: Neurological table, exhibiting a view of the head. (Philad. 1823.) Analytic Anatomy; an introductory lecture. (Philad. 1824.) Anatomical investigations, comprehending a description of various fasciae of the human body etc. (Philad. 1824.) Anatomy taught by Analysis; an introductory lecture. (Philad. 1826.) Introductory lecture to the course of Anatomy and Physiology in Rutger's medical College, Nov. 1826. (New-York 1827.) Introductory lecture etc., Nov. 1827. (New-York 1828.) Adresses delivered on various public occasions, with an appendix, containing a brief explanation of the injurious effects of tight lacing upon the organs and functions of respiration, circulation, digestion etc. (Philad. 1829.)

Godman besorgte ferner englische Uebersetzungen von Coster's Handbuche der chirurgischen Operationen (Philad. 1825), sowie von Cloquet's Handbuche der Anatomie. (Boston 1827.) Auch besorgte er amerikanische Ausgaben von: *Astley Cooper*, On Dislocations (Philad. 1825.), sowie von: *Bell*, Anatomy and Physiology of the human body. (New-York.)

(*Fr. Wilh. Theile.*)

GODO oder GAO, ein fränkischer Mönch des 7. Jahrh. zu Verdun oder in der Umgegend geboren, stammte aus einer der ersten Familien Austrasiens und war der Neffe des heiligen Wandregisil's, eines mit dem Majordomus Pipin von Landen nahe verwandten und am Hofe des Königs Dagobert I. sehr angesehenen Mannes, welcher sich später von dem öffentlichen Leben in die Abtei Saint-Romans an der Isère zurückzog. Godo genoß hier den ersten Unterricht unter der Leitung seines Oheims und als dieser im J. 648 die später so berühmt gewordene Abtei Fontenelle im Lande Caux (Departement der untern Seine) an einem ihm von dem Statthalter Erchinoald überlassenen, quellenreichen und früher wohlangebauten, aber zu dieser Zeit unbewohnten Orte stiftete[1]), folgte er ihm, um ihm bei dem schwierigen Werke Beistand zu leisten. Er wurde nach Rom zum Papste Vitalian (650—671) geschickt, um von diesem Reliquien und Exemplare der heiligen Schrift für die neu erbaute Kirche zu erbitten und entledigte sich seines Auftrages mit dem besten Erfolge. Bald nach seiner Heimkehr verließ er, entweder freiwillig oder von Wandregisil veranlaßt, Fontenelle und begab sich nach Augia (Oye) in der Diöcese von Troyes, wo er ein Kloster baute, dem er bis zu seinem Tode als Abt vorstand. Er starb um die Mitte des 7. Jahrh. und sein Andenken wird von der Kirche an seinem Todestage (26. Mai) gefeiert. Das von ihm erbaute Kloster wurde nach seinem Tode von Asthendus (oder Astanus), dem Anführer einer wilden in Gallien eingefallenen Horde[2]), zerstört, aber von einer frommen Gräfin[3]) wieder hergestellt und wurde später St. Godo, in der Volkssprache St. Gaud genannt, weshalb auch der heilige Godo,

---

1) ... Largiente Erchinoaldo praefecto non modicam soli partem, ... quem locum veterum traditio ob copiam fontium in se fluentium hoc nomine vocitabat. Monstrabantur namque in eodem loco vestigia aedificiorum priscorum saecularum industria olim patrata sed externorum hostium feritate bellicis funditus solo coaequata, ita quo magis lustra ferarum quam habitatio hominum videbatur tunc temporis. Vita §. 4. Unter den auswärtigen Feinden sind wol normännische Seeräuber zu verstehen. 2) Wahrscheinlich Hasting, der berüchtigte Häuptling der Normannen, welcher im 9. Jahrh. verheerend durch diese Gegend Frankreichs zog; die Abtei hatte nicht lange vorher dieses Schicksal mit einer bedeutenden Geldsumme, welche sie Oscher, einem anderen Anführer normännischer Piraten, bezahlte, von sich abgewendet; vergl. [illegible], Die Heerfahrten der Normannen. (Hamburg 1829. 8.) 1. Bd. S. 109. 3) Der Biograph nennt sie Eva, wahrscheinlich ist Emma, Gräfin von Chartres und Blois gemeint.

wahrscheinlich wegen der Bedeutung des Namens (Gand, Handschuh), als Patron der Handschuhmacher gilt; in der Diöcese von Troyes ruft man ihn gegen die Pest an. Als man am 16. Sept. 1621 seine Reliquien erhob, fand man zum allgemeinen Erstaunen an dem hintern Theile seines Schädels keine Naht. Wir besitzen zwei Biographien dieses Heiligen, welche wenig von einander abweichen und aus einer und derselben nicht mehr vorhandenen ältern Quelle geflossen zu sein scheinen; die eine wurde von Gottfr. Henschen (in den Act. SS. Antverp. Maji Tom. VI. p. 444 seq.), die andere von Edm. Martene und Ursin Durand (in der Collectio veterum scriptorum. Tom. VI. p. 783 seq.) herausgegeben. Claude d'Espence, ein berühmter Theolog des 16. Jahrh. und Lehrer der Theologie an der Sorbonne, besang das Leben und die Thaten Godo's in einem lateinischen Gedichte, welches man in der Ausgabe seiner Werke (Parisiis 1619. fol.) findet, einen Auszug gibt auch J. Mabillon (in den Act. SS. ord. S. Benedicti. Saec. III. P. II. p. 465 seq.). — Ein anderer Heiliger desselben Namens, dessen Andenken am 8. Mai gefeiert wird, war Bischof von Metz (642—650); wir wissen aber von ihm Nichts weiter, als daß er bei dem austrasischen Könige Sigebert in großem Ansehen stand und diesen veranlaßte, das Kloster Longuon (Monasterium Casaconguidinense) in der Diöcese von Luxemburg zu erbauen. (*Ph. H. Külb.*)

GODOLPHIN in Cornwall war um die Zeit der normannischen Eroberung der Sitz eines Johann Godolphin und derselbe hat sich auf eine lange Reihe von Abkömmlingen vererbt, bis David's einzige Tochter, Eleonora, das ganze Besitzthum ihrem Eheherrn, John Rinsey, zubrachte. Da sie aber „a great Heiress" war, so mußte ihr Sohn Thomas den Namen Godolphin annehmen. Dieses Thomas Urenkel, Johann Godolphin, Sheriff von Cornwall, Heinrich VII. 19 und 23, erhielt Begnadigung „for all forfeitures, penalties etc., relating to the tin-works and courts," und wurde in der Ehe mit Margaretha Trenouth Vater von zwei Söhnen, Wilhelm und Johann. Wilhelm, mit einer der drei Erbtöchter von John Glinne auf Morval und Lowerwater verheirathet, erzeugte die Söhne Wilhelm und Thomas. Wilhelm Godolphin, Ritter, Warden and chief Steward of the Stannaries, Sheriff von Cornwall, hat diese Auszeichnungen durch sein tapferes Verhalten in der Belagerung von Boulogne, 1544, und bei andern Gelegenheiten verdient. „He demeaned himself very valiantly beyond the seas, as appeared by the scars he brought home; no less to the beautifying of his fame, than the disfiguring of his face." Er hinterließ nur Töchter, die Güter fielen daher an seines Bruders Thomas Sohn, Franz Godolphin. Dieser, mit dem Ritterschlage beehrt den 20. Nov. 1580 und nachmals zum Parlamente berufen, war in der Commission of the peace and of the quorum und in der Lieutenancy von Cornwall der erste, Oberst eines Regiments von zwölf Compagnien und Gouverneur von Scilly, wo er die Festungswerke namhaft verbesserte. „This most ingenious Knight, having always the good of his country in his thoughts, entertained a Dutch mineral man, and taking light from his experience, built thereon far more profitable conclusions, practising a more saving way to make tin of what was, before, rejected for refuse. He likewise undertook the coinage of silver out of mines in Wales and Cornwall; and Charles I. (for he was living on his accession to the throne) for his encouragement, and saving of expence, granted him the power of coinage at Aberrusky, in Cornwall; and the pence, groats, shillings, half crowns etc., of this silver, had the ostrich feathers (the cognisance of the Prince of Wales) for distinction, stamped on them. — By his labours and inventions in tin matters, not only the whole country hath felt a general benefit, so as the several owners have thereby gotten very great profit out of such refuse works, as they before had given over for unprofitable; but her Majesty hath also received increase of her customs by the same at least to the value of 10,000 l. Moreover, in those works, which are of his own particular inheritance, he continually keepeth at work 300 persons, or thereabouts; and the yearly benefit, that out of those his works accrueth to her Majesty, amounteth, communibus annis, to 1000 l. at the least, and sometimes to much more." Franz Godolphin, mit Margaretha Killigrew verheirathet, starb 1608. Von seinen neun Kindern sind zu merken Wilhelm und Johann. Der jüngere, Johann, widmete sich dem Studium der Rechte. Doctor im J. 1643 und ein eifriger Puritaner, wurde er im J. 1653 Admiralitätsrichter, unter der Restauration Kronanwalt. Er starb den 4. April 1678. Er hat Mehreres geschrieben: The holy Limbeck, ein Extract des Spirites aus dem Buchstaben der heiligen Schrift; The holy arbour, ein kurzer Begriff der christlichen Lehre; Abhandlung von der Gerichtsbarkeit eines Admirals; Das Vermächtniß einer Waise (in Bezug auf Testamente), 1674. 4.; Repertorium canonicum, 1678. 4. Sein älterer Sohn, Wilhelm, hinterließ Nachkommenschaft, die vielleicht noch blüht. Des Wilhelm Godolphin und der Margaretha Killigrew ältester Sohn, Wilhelm, focht unter des Grafen von Essex Befehl gegen die Irländer, 1599. Bei Arklow verdiente er sich den Ritterschlag. In dem Gefechte bei Kinsale, den 24. Dec. 1600, führte er des Lord-deputy Reiterregiment, an dessen Spitze er der Spanier Schlachtlinie durchbrach und ihren Anführer Ocampo zum Gefangenen machte. Im J. 1603 hatte er das Commando in Leinster. Er starb 1613, aus der Ehe mit Thomasina Sidney, Tochter und Erbin von Thomas Sidney auf Wrighton in Norfolk, die Söhne Franz Sidney und Wilhelm, „all eminent for their valour, conduct and sobriety," hinterlassend. Wilhelm befehligte ein Regiment in des Königs Dienste und focht mit Auszeichnung in den verschiedenen im Westen vorgefallenen Treffen, namentlich bei Stratton 1643, wo eine ganze Division ihm untergeben war. Sidney fiel

-benfalls in des Königs Streit zu Chagford in Devonshire. „A young gentleman of incomparable parts," schreibt Clarendon, „who being of a constitution and education more delicate and unacquainted with contentions, upon his observation of the wickedness of those men in the House of Commons, of which he was a member, out of the pure indignation of his soul against them, and conscience to his country, had, with the first, engaged himself with that party in the west: and though he thought not fit to take command in a profession he had not willingly chosen, yet as his advice was of great authority with all the commanders, being always one in the council of war, and whose notable abilities they had still use of in their civil transactions, so he exposed his person to all action, travel and hazard; and by too forward engaging himself (in this action at Chagford) received a mortal shot by a musket, a little above the knee, of which he died in the instant, leaving the misfortune of his death on a place, which could never other wise have had a mention in the world. — He was buried in the chancel of the church of Okehampton, in Devonshire, on feb. 10. 1642—3. He was one of the most eminent poets of his time, and among other his compositions, he translated, into English verse, The Passion of Dido for Aeneas, as it is incomparably expressed in the fourth book of Virgil, printed at London 1658, and published by the celebrated Edmund Waller, Esq." Der älteste Bruder Franz, geb. 1605, benutzte den Einfluß, welchen das reiche Besitzthum ihm verschaffte, um ein Infanterieregiment aufzustellen, welches sein Bruder Wilhelm befehligte. Er selbst erhielt die Scillyinseln in des Königs Sicherheit, bis der vollständige Sieg der Empörer ihn nöthigte, sie auf ehrenvolle Bedingungen zu übergeben, den 16. Sept. 1646. „The Commons voted, on Jan. 4. 1646—7, That Mr. Godolphin, Governor of Scilly, upon his surrender of that island, with all forts etc. should enjoy his estate, and be free from arrests for any acts of war." K. Karl II. verlieh ihm bei seiner Krönung den Bathorden. Aus seiner Ehe mit Dorothea Berkeley kamen 16 Kinder, darunter die Söhne Wilhelm, Eduard, Heinrich und Karl. Wilhelm, als Erstgeborener Inhaber der reichen Güter, blieb unvermählt, allen öffentlichen Angelegenheiten fern und starb den 17. Aug. 1710. Heinrich, Doctor der Theologie den 11. Juli 1686, Probst des Collegiums zu Eton den 30. Oct. 1695, Dechant von St. Paul zu London, starb zu Eton den 29. Jan. 1732—1733, in dem 84. Jahre seines Alters, in dem Vollgenusse seiner Fähigkeiten. „He was very exemplary for his piety and charity; a great encourager of learning and virtue, without distinction of party; and so careful in the choice of the persons he preferred, that he was hardly ever deceived in any instance." Mit des Obersten Sidney Godolphin, des Gouverneurs von Scilly, Tochter Maria verheirathet, hinterließ er zwei Kinder. Die Tochter, Maria, wurde 1730 an Wilhelm Owen auf Porkington verheirathet, der Sohn, Franz Lord Godolphin, wird unten vorkommen. Des Franz Godolphin und der Dorothea Berkeley fünfter Sohn, Karl, geb. 1651 und mit Elisabeth Godolphin von Coulston verheirathet, war zu K. Wilhelm und der Königin Anna Zeiten einer der Commissarien of the Customs and Register-general of all trading-ships belonging to Great-Britain. Er starb den 10. Juli 1720; eine von ihm beabsichtigte Stiftung für die Erziehung von acht unbemittelten Mädchen hat seine Witwe, gest. den 29. Juli 1726, zur Ausführung gebracht. Sein einziges Kind war in der Wiege gestorben. Sein Bruder Sidney, von des Franz Godolphin Söhnen der dritte, wurde von K. Karl II. gleich bei der Restauration zum Groom of his bedchamber ernannt, vertrat auch in dem langen, den 8. Mai 1661 eröffneten Parlamente das borough Helston, gleichwie späterhin St. Maw's, wie er denn bis zu seiner Standeserhöhung stets im Unterhause gesessen hat. Seine erste diplomatische Sendung fällt in das Jahr 1678, wo er zweimal nach Holland ging, die Stimmung der Generalstaaten in Beziehung auf das Friedensgeschäft zu erforschen. Am 26. März 1679 wurde er in die Zahl der Commissarien von der Schatzkammer aufgenommen, am 4. Febr. 1680 als Mitglied des geheimen Raths vereidet, und er gelangte in demselben zu solchem Einflusse, daß Temple ihn, Hyde und den Grafen von Sunderland bezeichnet als diejenigen „esteemed to be alone in the secret management of the King's affairs, and looked upon as the ministry." In der Angelegenheit des Herzogs von York, seiner Ausschließung von der Thronfolge, 1680, zeigte Sidney sich mit dem Parlamente einverstanden. Bei den Debatten im geheimen Rathe über die Frage, ob der Herzog bleiben oder nach Schottland zurückkehren solle, sprach er sich entschieden für die Entfernung aus, und als er beauftragt wurde, dem Unterhause des Königs Botschaft, „that he could never consent to the exclusion of the Duke," mitzutheilen, verbat er sich geradezu das unbeliebte Geschäft. Am 17. April 1684 als Staatssecretair vereidet, gefiel er sich jedoch keineswegs in der neuen Stellung, daher ihn der König am 24. Aug. n. J. zum ersten Commissarius der Schatzkammer ernannte; wenige Tage darauf, den 8. Sept., wurde er mit der Würde eines Baron Godolphin von Rialton in Cornwall begnadigt. K. Jacob II., kaum zum Throne gelangt, bestellte seinen Freund, den Grafen von Rochester, zum Lord-Schatzmeister, womit Godolphin seines Amtes eines ersten Commissarius des Schatzes verlustig wurde. Er hatte wenig Anspruch auf die Dankbarkeit des neuen Königs, wurde jedoch von diesem, in Anerkennung seiner Verdienste um den vorigen Monarchen, zum Lord-chamberlain der Königin bestellt. Deren Achtung hat er sich zeitig erworben und er vergalt das ihm geschenkte Zutrauen durch lange und ergebene Anhänglichkeit. Selbst nach der Revolution, und von der neuen Dynastie zu den höchsten Ehren erhoben, unterhielt Godolphin mit Maria von Este fortwährend und bis zu ihrem Ableben einen geheimen Briefwechsel. Nach Rochester's Sturze wurde ihm auch sein Amt bei der Schatzkammer wiedergegeben, den 5. Jan. 1687. Als der König sich nach Salisbury erhob, den Fortschritten des Prinzen von Oranien zu begegnen, befand sich Godolphin unter den Mitgliedern der für die Dauer dieser Abwesenheit angeordneten Administration. Bald darauf unterhandelte er, dem Halifax und Nottingham beigegeben, zu Hungerford mit dem Prinzen, den 8. Dec. 1688. Nach London zurückgekehrt, fanden sie den König nicht mehr; das Schreiben, wodurch Godolphin ihm anrieth, sich in Sicherheit zu begeben, scheint seine Wirkung gethan zu haben. In den Verhandlungen um die Erledigung des Thrones stimmte Godolphin, als Legitimist, für eine Regentschaft, was doch den K. Wilhelm nicht abhielt, ihn zum Lord-Commissair für den Schatz zu bestellen und ihm die Leitung der Finanzen beinahe ausschließlich zu überlassen. Als Geheimrath vereidet den 16. Febr. 1689, erster Lord-Commissair von der Schatzkammer im November 1690, war er 1695, 1696, 1701 einer der sieben Lords-Justices, welchen während der Abwesenheit des Königs die Regierung anbefohlen war. Die Königin Anna, zum Throne gelangt, ernannte ihn am 6. Mai 1702 zum Großschatzmeister, Lord High-Treasurer of England. „Lord Godolphin, der in dem Rufe eines redlichen und fleißigen Mannes und durch eine lange Freundschaft in genauer Verbindung mit dem Grafen von Marlborough stand, wurde jetzt sehr gnädig von der Königin aufgenommen und von Jedermann für den geschicktesten Mann, sowol für den Hof, als zu der Verwaltung dieses Amtes gehalten; denn er verstand sich sehr gut darauf, die eine Sache gern und willig zu thun und der andern Schwierigkeiten in den Weg zu legen, das eine wohl und das andere übel aufzunehmen, und er wußte sich gut in alle Umstände zu schicken, wie es die Gelegenheit erforderte, besonders wenn Jemand Ansprüche an ihn zu machen hatte. Das Schlimmste, was man ihm schuld gibt, ist, daß er die Königin überredet haben soll, keinem von den Gläubigern K. Wilhelm's seine Forderungen zu bezahlen, diejenigen ausgenommen, die er für gut fände: daher er einige von ihnen bezahlte, solche vornehmlich, die das meiste Interesse hatten, und andere abwies; obgleich der König genug hinterlassen hatte, ohne einmal das in Anschlag zu bringen, was in seiner Exchequer übrig blieb, um alle Forderungen an ihn zu befriedigen, wie es sich zeigte, als man eine Berechnung von dem Privatvermögen Sr. Majestät anstellte. Sowie aber diese Art von Sparsamkeit eines guten Mannes ganz unwürdig ist, ebenso wenig ist sie der bürgerlichen Verfassung Englands gemäß, nach welcher jeder ein Recht auf den Schutz der Gesetze hat." Godolphin war der umsichtige und getreue Rathgeber, auf dessen Antrieb die Königin im Conseil erklärte: „That she judged: the selling of offices and places in her household and family to be higly dishonourable to her, prejudicial to her service, and a discouragement to virtue and true merit, which could and should recommend persons to her royal approbation; and that her Majesty was resolved to prevent such selling etc." Es wird auch von ihm gerühmt, daß er die Union der beiden Königreiche sehr befördert habe, eine Ansicht, der indessen A. Cunningham nur bedingungsweise beipflichtet: „Es beschwerten sich in beiden Reichen Viele über den Grafen von Godolphin, welche behaupteten, daß, seitdem er von den Schwierigkeiten frei wäre, in welche er durch die Sicherheits-Acte in Schottland wäre versetzt worden, er dasjenige zum Untergange des Staates anzuwenden suche, was Gottes Vorsehung zum Besten desselben geführt hätte. Er hatte in der That das Glück zur Seite, wenn er sich nur dessen zu bedienen gewußt hätte; da er aber die Erhaltung seines eigenen Ansehens zur Absicht hatte, so betrachtete er beinahe alle Andern mit eifersüchtigen Augen. Daher fragte er bei Anordnung der Regierung in Schottland weder Somers, Halifax, Montrose, Roxburgh, noch sonst Jemanden, außer Queensberry, Seafield, Marr und einige wenige seiner Kreaturen um Rath." Bei Gelegenheit der Besteuerung der im Moment der Union in Schottland vorhandenen Kaufmannsgüter erhob sich im Parlamente eine sehr lebhafte Debatte, veranlaßt durch des Staatssecretairs Harley Ansicht. „Da diese Sache fast gefährlich wurde, begab sich Godolphin von seinem Landsitze in die Stadt, um die Gemeinen zu vermögen, dem Entschlusse der Pairs beizutreten. Seine Rückkehr veranlaßte eine große und plötzliche Veränderung in den Meinungen, und als man zum Stimmen schritt, fiel solches nach dem Willen der Pairs und gegen Harley's Meinung aus. Nach diesem wurde Godolphin Herrn Harley verdächtig und dieser im Gegentheil dem Grafen. Die Rachsucht auf beiden Seiten stieg zu einem solchen Grade, daß sie gegenseitig insgeheim ihr äußerstes Interesse und ihre äußersten Kräfte anboten, um einander zu beschimpfen und fast gänzlich zu stürzen." Zum Lord High-Treasurer von Großbritannien ernannt, mußte dem Grafen die in England geltende Methode für Erhebung der Steuern auch in Schottland einzuführen eine dringende Angelegenheit werden. Diese Kreaturen des Ministeriums wurden dahin versetzt, elendes Volk, Bankerottirer, Trunkenbolde, Gauner aller Art, sodaß sich über Godolphin im Lande ein Zetergeschrei erhob. Er habe, hieß es, die londoner Kloaken ausräumen lassen, um Beamte nach seinem Sinne zu finden. Auch in England erhoben sich Stimmen, die den Groß-Schatzmeister zwar nicht des Unterschleifes, aber doch einer strafbaren Nachsicht für Lieferanten und Generale bezüchtigten. „Diese Sache beleidigte den Herzog von Marlborough und den Lord-Schatzmeister nicht weniger als das Parlament. Aber der Herzog glaubte jetzt keine schickliche Zeit zu Untersuchungen zu haben; auch gestand er aus Achtung für den Ruhm und die Tapferkeit einiger Befehlshaber, die sich des Verbrechens, weshalb man sie im Verdachte hatte, schuldig gemacht hatten, verschiedene Nachsicht zu, und verschob die Untersuchung dieser ganzen Sache, wie solches auch Godolphin that." Dieser scheint auch nicht die ganze Wichtigkeit von der Herzogin von Marlborough Ausbleiben vom Hofe erkannt zu haben. „Zu eben dieser Zeit soll sich der Graf von Godolphin, dem die Höflinge schmeichelten, eben nicht über die Abwesenheit der Herzogin bei Hofe betrübt haben: denn wenn sie zugegen war, so quälte sie ihn mit weiblichen Klagen und Gezänke, oder beunruhigte ihn unaufhörlich mit Unterbrechungen in den Geschäften des Staates, da doch jetzt die Leitung aller Angelegenheiten blos in seinen Händen war." Der Herzog von Queensberry, der Graf von Marr und Andere, deren das Ministerium durch Gunstbezeigungen sich versichert zu haben wähnte, „brachten die Schottländer in ihrem Reiche auf und vernachlässigten sie außer demselben; im Geheimen verursachten sie dem Grafen von Godolphin genug Unruhe und öffentlich waren sie ihm gehorsam und befolgten seine Maßregeln; sie stifteten Uneinigkeit und machten keinen Unterschied zwischen Recht und Unrecht: zuletzt riethen sie dem Grafen, die Regierung durch eine Partei zu verwalten, an deren Spitze sie sich zu stellen suchten." Dem arbeiteten entgegen Lord Somers, in England der Hauptverfechter der Union, und der Großkanzler von Großbritannien, Lord Cowper. „Diese gaben den Rath, das neu vereinigte Königreich auf eine andere Art zu regieren, und wünschten, daß die Regierung lieber durch Gesetze geschützt würde, als daß man Alles dem Willen des Fürsten überließe. Hätte Godolphin ihrem Rathe damals Gehör gegeben, so würde er in der Folge den Versuchen einer mächtigen Partei widerstanden und endlich die britische Regierung vereinbart haben; er würde sich seines Postens bis auf den letzten Tag seines Lebens erfreut und bei seinem Tode sich ein immerwährendes Denkmal gestiftet, die Regierung der Nachwelt ungekränkt und sein Leben unsterblicher Ehre überliefert haben. Ob man gleich, außer seiner Demuth, die ihn nothwendig zur Herablassung geneigt machte, nichts Verächtliches, nichts Kleines, nichts Niedriges an ihm bemerkte, so waren doch seine Kräfte und seine Geistesgröße zur Gründung von Königreichen nicht hinreichend, und in Rücksicht des unsterblichen Ruhmes fand die gesammte Nachkommenschaft, die seinige ausgenommen, kein Interesse an ihm. Die Unterstützung, welche er von einigen Schottländern erwartete, wurde die Grundlage zu seinem Untergange, und kaum waren zwei Jahre vorüber, so bereuete er seinen Rath und seine Räthe." Was aber dem allgemeinen Misvergnügen die reichlichste Nahrung gab, war das immerwährende Steigen der Auflagen, welche man aller Orten dem Minister zur Last legte, während es allein durch die schweren Kriegskosten veranlaßt wurde. Unter diesen Umständen war das Ableben des Prinzen von Dänemark ein Ereigniß, welches die Schwierigkeiten von Godolphin's Lage nicht wenig steigerte. „Wenn diejenigen, welche zu den wirklichen Whigs gehörten, am Ruder anhielten, so wurden sie entweder nur selten von Godolphin zugelassen, oder vielmehr gänzlich von ihm abgewiesen: denn Niemand war bei ihm angenehm, wenn er nicht nach seinem Willen und seiner Vorschrift stimmte und nach den Zeitumständen sich mehr nach ihm als den Landesgesetzen richtete. Zu diesem kam noch die wahre und alte Meinung von ihm, daß er von seiner Jugend an unter den Regierungen der letzten Könige, Karl's und Jacob's, den Whigs abgeneigt war, da Harley im Gegentheile von Jugend auf von Whigs war erzogen worden. Weil daher Lord Godolphin die Partei der Whigs zu nehmen schien, so erfanden die Tories die unterscheidenden Ausdrücke von alten und neuen Whigs, deren sich zuerst Doctor d'Avenant bediente, in der Hoffnung, einige Whigs dadurch zu seiner Partei zu ziehen. Als die alten Whigs bemerkten, daß sie nicht gleichen Antheil an den Vortheilen mit den neuen hatten, sondern von dem Grafen von Godolphin gehaßt wurden, so waren sie ihm um diese Zeit im Parlamente oft entgegen und wollten die Schande nicht haben, die Größe Anderer zu unterstützen. Die neuern Whigs standen bei dem gemeinen Volke in üblem Rufe, da man sie als Leute betrachtete, welche sich auf öffentliche Kosten nährten, um den Krieg zu verlängern. Man sagte von ihnen, daß sie Alles nach ihrem eigenen Vortheile und Nutzen, ohne einige Rücksicht auf das Verdienstliche einer Sache, beurtheilten. Als Godolphin solches gewahr wurde, gab er den Rath, die alten Whigs mit ihnen auszusöhnen; und wenn irgend einer von jenen, es sei nun wegen der allgemeinen Benennung oder aus Privatabsichten, einer solchen Vereinigung auf irgend eine Art entgegen sein sollte, so glaubte er doch, die gemeinsame Gefahr oder ein Blick auf das Beste des Staates würden ihn gewinnen. Aber eine plötzliche Wendung des Glückes wird es bald zeigen, wie unbeständig die Treue der Miethlinge ist: denn Godolphin fand in der Folge, daß diejenigen, welche er nur neuerlich hartnäckig, unerträglich und unbändig zu nennen pflegte, die Einzigen waren, welche Credit und Zutrauen verdienten." Gewiß ist, daß diese Spaltung der Partei, in deren Namen mit so vielem Ruhme Marlborough und Godolphin herrschten, nicht minder verderblich geworden ist, als der Königin Anna verspätete Reue für die an dem Vater begangene Sünde, als Harley's Künste, die kirchliche, nicht lediglich von Sacheverell ausgehende Bewegung und das allgemeine Sehnen nach Frieden. Im Parlamente gab sich eine bedeutende Opposition kund. „Man klagte, daß das Geld, welches man zum Dienste der Matrosen und der Schiffahrt erhoben hätte, zur Unterhaltung des spanischen Krieges aus dem Schatze wäre bezahlt worden: und in dieser Rücksicht wurde dem gemeinen Volke fälschlich beigebracht, daß Godolphin jenes Geld in seinen eigenen Nutzen verwendet hätte. Hierauf antworteten die Freunde Godolphin's, daß, wenn man den Seeleuten Geld schuldig wäre, wie es von einem großen Theile gewiß sei, solches nicht dem Lord-Schatzmeister, sondern den Gemeinen selbst beizumessen wäre, weil sie das Geld nicht zu jenem Dienste angewiesen hätten. Da jedoch aus den öffentlichen Rechnungen erhellte, daß man den Lord Godolphin hierin, daß nämlich das für die Flotte bestimmte Geld zu andern Kriegsdiensten wäre verwendet worden, keiner Veruntreuung oder Betrügerei beschuldigen konnte, so war es ihm vollkommen gleichgültig, wenn übelgesinnte Leute ungerechte Beschwerden auf ihn brachten." Die Einberufung eines neuen Parlaments gab die Losung zur Auflösung des Ministeriums. „Um das Volk zu überzeugen, daß Friede der Hauptendzweck aller Maßregeln Harley's und seiner Verbündeten wäre, wurde der Lord-Großschatzmeister, Graf von Godolphin, von seinem Posten entfernt," den 8. Aug. 1710. Eine Reaction trat sofort ein. „Godolphin, der keiner Unterschlagungen schuldig und sich nicht im Geringsten irgend eines schändlichen Schrittes bewußt war, widerlegte die Beschuldigungen seiner Gegner mit großer Beredsamkeit, und vertheidigte sich unter dem Beistande einiger übriggebliebenen Freunde, mit einem edlen Vertrauen auf das Haus der Lords, gegen alle Angriffe seiner Feinde. Sie behaupteten, daß er, weil er Schatzmeister gewesen wäre, als Urheber der Nationalschuld und der übeln Anwendung der öffentlichen Gelder müßte angeklagt werden. Obgleich Godolphin's Unschuld und Sparsamkeit dem Volke durch feierliche Erklärungen des Parlaments schon längst waren bezeugt worden, so erklärte er sich doch jetzt bereitwillig, dasselbe durch die öffentlichen Rechnungen der Quittungen und Zahlungen und sogar durch die Originalschriften derjenigen, an welche die Zahlungen geschehen waren, zu bestätigen. Und wenn diese verschiedenen Rechnungen noch nicht durch die Hände der Rechnungsrevisoren und Tellers der Exchequer und anderer Bedienten gegangen waren, so müßte die Schuld auf diese und die Einrichtungen und Verfahrungsarten in der Exchequer und keineswegs auf ihn geschoben werden. Zu gleicher Zeit vertheidigten die Freunde des Grafen von Godolphin, deren es jetzt nur wenige in dem Hause der Gemeinen gab, seine Sache mit vielem Nachdrucke." Gegen ihn sprach in sehr entschiedener Weise St. John, für ihn Rob. Walpole. „Bei Entwerfung der Rechnungen über das öffentliche Geld fand man, daß der Herzog von Queensberry von 20,000 Pfund, welche für Schottland im J. 1707 waren bestimmt worden, 12,000 in die Exchequer zurückgegeben hatte, und hierüber wurde jetzt Untersuchung angestellt. Der Graf von Godolphin fing an, Entschuldigungen zu machen, indem er sagte, daß solches seinem Gedächtnisse entfallen wäre, und unter andern Umständen die Schwäche seines hohen Alters vertheidigte; doch, sagte er, er wolle versuchen, das Haus auch im Betreff dieser Sache zu befriedigen. Hierauf griffen viele Glieder den Grafen mit äußerster Bitterkeit an, und der Greis schien in eine Art von Epilepsie gefallen und ganz von Betrübniß hingerissen zu sein. Als er endlich die Stimmung des Hauses und die Gesinnung desselben gegen ihn hinreichend untersucht und entdeckt hatte, betrachtete er die Vollmacht und Unterschrift Ihrer Majestät, die er wegen der 12,000 Pfund, wovon jetzt die Rede war, hervorbrachte. Als man dies sah, geriethen seine Gegner, da sie bemerkten, daß man ihrer gespottet hatte, in Verwirrung, und wurden zum Stillschweigen gebracht." Seinen Triumph überlebte Godolphin nicht viel über ein Jahr, seit längerer Zeit an Gries und Stein leidend, starb er in des Herzogs von Marlborough Hause zu St. Albans den 15. Sept. 1712. Es schreibt Saint-Simon: „On apprit la mort de Godolphin, naguère grand trésorier d'Angleterre, espèce de premier ministre, et le chef du parti wigh, dont le fils avait épousé la fille du duc de Marlborough, chez qui il mourut de la taille à la campagne, et ces deux hommes ne furent jamais qu'un. Ce fut un grand soulagement pour la reine et pour le nouveau ministère, un grand abattement pour le parti qui lui était opposé, et le dernier coup du revers de la fortune pour le duc de Marlborough." Er war des Hosenbandordens Ritter seit dem 6. Juli 1704, Lord-Lieutenant und Custos Rotulorum der Grafschaft Cornwall seit dem 16. April 1705, Graf von Godolphin und Viscount Rialton seit dem 29. Dec. 1706. Von seinen Leistungen in dem Großschatzmeisteramte wird gerühmt, „that under his Lordship's administration public credit revived, which before was in a sinking condition and the war was carried on with success, and the nation entirely satisfied with his prudent management. He omitted nothing that could engage the subject to bear the burthen of the war with cheerfulness. He was a great encourager of literature, and a good judge of poetry." Seine Gemahlin, Margaretha, Tochter und Miterbin von Thomas Blague, starb in ihrem ersten Kindbette im September 1678, und der Witwer blieb ehelos. Sein einziger Sohn, Graf Franz Godolphin, geb. den 3. Sept. 1678, „war nicht viel über 18 Jahre alt, da er das Glück hatte, im J. 1698 mit des berühmten Feldherrn Herzog von Marlborough ältesten Tochter, Henriette, vermählt zu werden. So lange sein Vater und Schwiegervater bei der Königin Anna in Gnaden standen, bekleidete er die Stelle eines Schatzmeisters (Cofferer) des königlichen Hauses, seine Gemahlin aber hatte die Ehre, eine von den königlichen Staatsdamen zu sein. Allein nach dem Falle der obgedachten Herren verloren sie beide im J. 1711 ihre Bedienungen." Im J. 1722 succedirte des Grafen Gemahlin, kraft einer Parlamentsacte, in dem herzoglichen Titel von Marlborough und einem Einkommen von 50,000 Pf. St. Am 23. Jan. 1735 wurde der Graf zum Baron von Helston in Cornwall ernannt, und es sollten in diesem Titel, in Ermangelung männlicher Nachkommenschaft, die männlichen Erben von Heinrich Godolphin, Dechant zu St. Paul, succediren. Am 10. Mai 1735 als Lord Privy-seal beeidet, legte Franz 1740 diese Stelle nieder, wogegen er Constable des Tower geworden ist. Er starb den 17. Jan. 1766, seine Gemahlin, die Herzogin, den 24. Oct. 1733. Sie war eine Mutter von fünf Kindern geworden. Der Sohn, Wilhelm, Marquis von Blandford, als designirter Nachfolger in dem Herzogthume Marlborough, war den 24. Aug. 1731, kinderlos in seiner Ehe mit Maria Katharina de Jonghe, gestorben, sodaß demnach die Aussicht auf die große Erbschaft verschwunden war. Von den zu Jahren gekommenen Töchtern heirathete Henriette den Herzog von Newcastle, Thomas Pelham Holles, und Maria den Herzog Thomas von Leeds. Sie haben sich in die väterlichen Güter getheilt. Dergleichen sind Godolphin oder Godolcan, das wegen seiner reichen Ausbeute berühmte Zinnbergwerk, Tilshead in Wilts, Hogmagog

Hides bei Cambridge, Bayfield in Berkshire. Der Titel eines Barons Godolphin von Helston vererbte sich auf Franz Godolphin, Heinrich's, des vormaligen Dechants von St. Paul einzigen noch lebenden Sohn. Zum Gouverneur der Scillyinseln ernannt im J. 1761, ist derselbe, kinderlos in zwei Ehen, mit Tode abgegangen 1785, sodaß demnach der Titel Godolphin gänzlich erloschen ist. (*v. Stramberg.*)

GODOLPHIN (John), ein ausgezeichneter englischer Rechtsgelehrter, am 29. Nov. 1617 in dem seiner Familie angehörenden Schlosse Godolphin auf den Scillyinseln geboren, kam im J. 1632 nach Oxford in das Gloucestercollegium, in welchem er unter der Leitung William Sandbrooke's seine Studien in der Logik und Philosophie, sowie in der Jurisprudenz mit glänzendem Erfolge vollendete und im J. 1642 die juristische Doctorwürde erlangte. Er begab sich darauf nach London, um die juristische Laufbahn zu beginnen, befaßte sich aber zugleich mit der Theologie und huldigte den Grundsätzen der Puritaner. In diese Zeit fallen seine beiden theologischen Schriften: Der heilige Destillirkolben (The Holy Limbec. London 1650. fol.) und: Die heilige Laube (The Holy Arbour; a body of Divinity. London 1651. fol.), in welchen er eine umfassende Kenntniß der heiligen Schrift und eine große Kunst in der verkehrten Deutung derselben verräth. Während der Revolution hielt er zu der republikanischen Partei und machte sich durch sein feindseliges Auftreten gegen die königliche Gewalt so bemerkbar, daß Cromwell ihn auszeichnete und im J. 1653 zum Richter der Admiralität ernannte, welche Stelle ihm übrigens seiner juristischen Tüchtigkeit wegen gebührte. Die Restauration mußte ihn Alles befürchten lassen, Karl II. verzieh aber dem gelehrten Juristen das gegen ihn verübte Unrecht und ernannte ihn zum Advocaten der Krone. Godolphin starb am 4. April 1678. Seine juristischen Werke: Admiralty Jurisdiction (London 1661. 8.; zweite vermehrte Ausgabe London 1685. 8.; zuletzt unter dem Titel: Lawes, Ordinances etc. of the Admiralty. London 1766—1767. 8. 2 Voll.), The Orphan's Legacy; a Testamentary Abridgt (London 1674, 1677, 1685 und 1701. 4.) und Repertorium Canonicum, or, an Abridgment of Ecclesiastical Laws (London 1678. 1680 und 1687. 4.), worin er die Unabhängigkeit der Könige von England von der päpstlichen Gewalt vertheidigt, genossen in England lange eines wohlverdienten Ansehens *). (*Ph. H. Külb.*)

GODOMAR, 1) König der Burgunder, dessen nur in der L. Burgund. tit. 3 gedacht wird als eines der Vorgänger des Gundobald.

2) Sohn des Burgunderkönigs Gundobald, scheint die fränkischen Könige Chlodomir, Childebert und Chlotar gehindert zu haben, den Sieg, welchen sie über seinen Bruder, den König Sigmund, erfochten hatten, zu verfolgen; während Sigmund fliehend in Gefangenschaft gerieth, sorgte Godomar für die Sicherstellung des Reiches. Den burgundischen Thron bestieg er, nachdem im J. 524 n. Chr. Sigmund als Chlodomir's Gefangener hingerichtet worden war [1]). Noch in demselben Jahre erneuerten die Franken den Krieg gegen die Burgunder, erlitten aber bei Veseronce eine entscheidende Niederlage, bei welcher Chlodomir den Tod fand [2]). Indem sich noch Godomar der Franken mit Mühe erwehrte, unternahm der Ostgothenkönig Theoderich gleichzeitig einen Angriff auf die südlichen Grenzen seines Reiches und bemächtigte sich der Städte Gras und Martigny. Auf diese schweren Kriege bezieht sich im Addit. 2 ad Leg. Burgund. der Ausdruck: „tempus excidii." Die Franken waren in der nächsten Zeit theils durch den Angriff Theoderich's, theils durch ihre Kämpfe in Thüringen zu sehr beschäftigt, um nicht dem burgundischen Reiche einige Jahre der Ruhe zu lassen. Berücksichtigt man nun, daß das zweite Additamentum zur Lex Burgund. vorzugsweise Bestimmungen enthält, wie sie am besten geeignet erscheinen, die im Verlaufe eines verheerenden Krieges erlittenen Einbußen wieder zu ersetzen (z. B. Aufrechterhaltung der Besitzrechte der aus Gefangenschaft Zurückkehrenden, Gestattung der Ansiedelung an Nichtburgunder u. a.), so läßt sich nicht füglich zweifeln, daß dieser Abschnitt des burgundischen Gesetzes dem Godomar seine Entstehung verdankte. Mit Zuziehung der Vornehmen seines Volkes (optimaten) wurden jene 13 gesetzlichen Bestimmungen erlassen. Nur wenige Jahre erfreute sich Burgund des Friedens. Schon im J. 532 erneuerten die Frankenkönige Childebert und Chlotar ihren Angriff und zwar mit solchem Erfolge, daß mehre feste Städte (Augustodunum u. a.) in ihre Gewalt kamen. Noch weniger war Godomar im Stande, den fränkischen Waffen zu widerstehen, als im J. 534 den beiden genannten Frankenkönigen noch Theudebert [3]) sich anschloß. Das burgundische Heer wurde geschlagen und Godomar, der letzte König der Burgunder, verschwindet seitdem aus der Geschichte; das burgundische Reich (abgesehen von dem südlichen Theile, welchen die Ostgothen erobert hatten) wurde von den fränkischen Siegern getheilt [4]).

3) Sohn des Burgunderkönigs Gundioch. Vergl. unter Gundobald. (*Dr. H. Brandes.*)

GODONESCHE (Nicolas), französischer Graveur, gegen das Ende des 17. Jahrh. zu Paris geboren, widmete sich der Kunst, ohne jedoch die Wissenschaften zu vernachlässigen und erwarb sich den Ruhm eines ebenso geschickten Graveurs als kundigen Numismatikers, weshalb er zum Aufseher des königlichen Münzcabinets ernannt wurde; da er sich aber überreden ließ, zu einer satyrischen Schrift des durch seine Opposition gegen den päpstlichen Stuhl und die Regierung bekannten Abbé Laur. Fr. Boursier (Explication abrégée des princi-

*) *J. G. de Chaufepié*, Nouveau Dictionnaire historique et critique. Tom. II. p. 38. Biographie universelle. Tom. XVII. p. 563. Biographie générale. Tom. XX. p. 919.

1) Vergl. *Marii* Chron. ad ann. 521. 2) Vergl. *Gregor. Tur.* III, 6. *Agathias* I, 3. 3) Vergl. *Fauriel*, Hist. de la Gaule méridionale etc. II. p. 153 seq.; doch nennt er hier irrthümlich Theoderich. 4) Vergl. *Marii* Chron. ad ann. 534.

pales questions qui ont rapport aux affaires présentes. Paris 1731. 12.) die Kupfer zu stechen, so mußte er im J. 1732 in die Bastille wandern; er wurde zwar bald wieder aus derselben entlassen, verlor aber seine Stelle, von welcher er fast ausschließend lebte. Die Broschüre Boursier's wird jetzt noch, obgleich die satyrischen Anspielungen jetzt ihre Spitze und Bedeutung völlig verloren haben, wegen der Kupfer Godonesche's gesucht. Von größerem Werthe für die Geschichte ist Godonesche's Werk über die unter der Regierung Ludwig's XV. auf wichtige Ereignisse geschlagenen Münzen (Médailles du règne de Louis XV. Paris 1727. fol.), welches in der zweiten bis zum Jahre 1735 reichenden Ausgabe (Paris 1736. fol.) aus 54 Kupfertafeln besteht und von G. R. Fleurimont in einer dritten Ausgabe (Paris 1748. fol.) bis zum Frieden von Aachen fortgesetzt und mit 24 Tafeln vermehrt wurde. Godonesche starb zu Paris am 20. Jan. 1761 in dürftigen Verhältnissen. Der Herzog von La Vallière besaß in seiner Bibliothek eine von Godonesche auf Pergament ausgeführte und mit schönen Zeichnungen versehene Handschrift, welche einen von dem Künstler entworfenen Plan zur Einrichtung des königlichen Münzcabinets, die Köpfe der zwölf ersten römischen Kaiser nach alten Münzen und Abbildungen alter geschnittenen Steine aus dem königlichen Cabinete enthielt*). (*Ph. H. Külb.*)

GODOUIN oder GOUDOUIN (Jean), französischer Philolog, am 1. Dec. 1620 zu Paris geboren, machte seine Studien an der Universität zu Paris und wurde, nachdem er längere Zeit an dem Collège des Cardinals Lemoine Unterricht ertheilt hatte, um das Jahr 1660 zum Professor der hebräischen Sprache an dem Collège de France ernannt. Als er Anspruch auf den Titel eines Decans der französischen Landmannschaft erhob, widersetzte sich Egasse du Boulay, der einem anderen Candidaten gewogene Rector der Universität, unter dem Vorwande, daß ein verheiratheter Lehrer auf die akademischen Würden keinen Anspruch machen könne; Godouin widerlegte diesen Grund in einer im J. 1677 an den königlichen Rath gerichteten Beschwerdeschrift, worin er eine Menge auf die Universität bezüglicher auffallender Thatsachen mittheilt; die Rücksichtslosigkeit aber, womit er sich über religiöse Gegenstände ausließ, hätte ihm leicht großen Verdruß verursachen können, der Erzbischof von Paris, François de Harlay, begnügte sich aber damit, ihm einen Verweis zu geben. Godouin soll auch der Lehrer des berühmten Orientalisten Antoine Galland im Hebräischen gewesen sein. Er starb zu Paris am 8. Oct. 1700. Er hatte sich längere Zeit mit der Ausarbeitung einer hebräischen Grammatik befaßt, welche aber nicht gedruckt wurde. Seine Ausgabe der Denkwürdigkeiten des Julius Cäsar (Commentarii, interpretatione et notis illustrati in usum Delphini. Parisiis 1678. 4.) ist eine der besten und wurde öfter wieder aufgelegt (Lond. 1693. 1697. 1719 und 1816. 8. Bassani 1786. 4. Edinburg. 1806. 8.), weniger gelungen ist seine von einer französischen Uebersetzung begleitete Ausgabe der vermischten Briefe Cicero's (Seize livres des épitres familières de Cicéron, nouvellement trad. en françois; avec le Texte. Paris 1663. 12. 2 Voll.). Seine Gelegenheitsgedichte in lateinischer Sprache (In secundum rectoratum Petri Lalemant, extemporale et subitarium carmen. Paris 1653. 4. Ad Pomponium Believraeum, supremi Galliae senatus principem, postquam ad hoc munus evectus est, carmen. Parisiis 1657. 4. u. s. w.) beweisen eine nicht gewöhnliche Gewandtheit in der Behandlung der Sprache und der Metrik*). (*Ph. H. Külb.*)

Godovia, s. Godoya.

GODOY (Diego), einer der spanischen Conquistadoren des 16. Jahrh., welcher Hernando Cortes auf seinem Eroberungszuge gegen Mexiko begleitete und über die ihm übertragene Expedition nach dem Districte Chamula in der Provinz Chiapa an den Feldherrn einen noch vorhandenen Bericht (Relacion al H. Cortes que trata del Descubrimiento de diversas ciudades y provincias y guerras que tuvo con los Indos) erstattete, welchen Andr. Gonzal. Barcia im Originale zuerst in seinen Historiadores primitivos de las Indias occidentales (Madrid 1749. fol.) herausgab und früher in einer italienischen Uebersetzung unter dem Titel: Relacion fatta per Diego Godoy a Fernando Cortese. Lettere di Diego, nelle quali tratta del scoprimento et acquisto di diverse città et provincie, delle guerre et battaglie che per tal causa furon fatte, la maniera dell' arme da combattere et da coprirsi che usano quelli della provincia di Chamula in Giov. Battista Ramusio's Navigationi et viaggi. Tom. III. p. 300 seq. (Venetia 1565. fol.) mitgetheilt wurde. (*Ph. H. Külb.*)

GODOY (Don Manuel), Herzog von Alcudia, geb. 1764 †) zu Badajoz, stammte aus einer adeligen, aber verarmten Familie. Ohne Vermögen war er früh genöthigt, sich eine Erwerbsquelle zu suchen. Er benutzte dazu sein musikalisches Talent. Begleitet von seinem älteren Bruder Louis, begab er sich aus der dunklen Wohnung seines Geburtsortes in das Gewühl der Hauptstadt des spanischen Reiches. In Madrid verschaffte ihm sein Gesang und sein ausgezeichnetes Guitarrespiel einige Gönner, deren Verwendung ihm zum Eintritt in die königliche Garde verhalf. Bitter empfand er jedoch den Druck der Armuth. Mit einem Solde von 6 Ggr. hatte er an manchem Tage, aus Mangel an Wäsche, den Kranken gespielt. Seine Fertigkeit auf der Guitarre erwarb ihm mitunter ein Abendessen bei gutmüthigen Wirthen. Neben der Musik hatte er sich aber auch einige Kenntnisse in der französischen Sprache erworben. Durch Jugend und Schönheit begünstigt, öffnete ihm sein Guitarrespiel nach und nach die höchsten Zirkel. Er gewann

*) Biographie universelle. Tom. XVII. p. 570. Biographie générale. Tom. XX. p. 921.

*) Biographie universelle. Tom. XVII p. 570.

†) Nach dem Märzhefte des New Monthly Magazine vom Jahre 1818; nach einer andern, minder verbürgten Angabe war Godoy 1768 geboren.

dadurch selbst die Gunst der Gemahlin König Karl's IV., der 1788 den spanischen Thron bestiegen hatte. Leicht ward es Godoy durch Talent und Gewandtheit zu höheren Stellen zu gelangen unter einem Fürsten, der schwach an Willenskraft wie an Verstand fast allein seiner leidenschaftlichen Jagdliebe sich hingab und die Regierungsgeschäfte gänzlich seiner Gemahlin Louise Marie von Parma und ihrem Günstlinge Godoy überließ. Dieser ward in kurzer Zeit zum Gardeobersten und nicht lange nachher zum Staatsrath und ersten Minister erhoben. Der spanische Hof neigte sich jetzt vor ihm wie vor einer aufgehenden Sonne. Ueberall entzückte er, wie durch sein Spiel und seinen Gesang, so durch seine blühende, kräftige Gestalt und sein unbefangenes und dabei kluges Benehmen. Nichts weniger als hofmännisch klingt die Aeußerung eines französischen Hofmannes, des Abbé de Pradt über Godoy. „Er habe," sagt dieser von ihm, „seine Schönheit nicht sowol von sich selbst als von der Vergleichung mit seinen Landsleuten geborgt, bei welchen die äußeren Vorzüge, besonders in den höheren Classen, seltener wären." Abgesehen von der Unwahrheit dieser Behauptung, ist so viel gewiß, daß Godoy am spanischen Hofe mehrfach und in der glänzendsten Weise ausgezeichnet wurde. Nicht blos zum Staatsrath, wie bereits erwähnt, auch zu seinem Generaladjutanten hatte ihn Karl IV. ernannt und ihm im J. 1791 den Karlsorden verliehen. Die Königin, bei der Godoy in besonderer Gunst stand, ließ sich herab, den Neuling zu unterrichten, ihn von allen Verhandlungen des In- und Auslandes in Kenntniß zu setzen und ihn in alle Staats- und Familienverhältnisse einzuweihen. So bedurfte es von seiner Seite keines ausgezeichneten Verstandes, um auf Menschen und Umstände mit Nachdruck einzuwirken.

Mitten unter den Staatsmännern und Großen des Reiches, ihrem Stolze und Ränken gegenüber, wußte sich Godoy, so unerfahren er auch war, in seiner hohen Stellung zu behaupten. Seine Beredsamkeit und das Gebietende in seinem Wesen begünstigten ihn. Gewandt im Entwerfen von Plänen, schien er nicht gewöhnliche Fähigkeiten zu entwickeln, als über Krieg und Frieden mit Frankreich nach der dort ausgebrochenen Revolution zu entscheiden war. In dem Staatsrathe, der sich am 14. Oct. 1792 versammelt hatte, stimmte der Graf Aranda gegen den Krieg, weil es an Geld, an Truppen, an Schiffen fehle, ein entscheidender Sieg nach den mehrfachen Niederlagen kaum mehr zu hoffen, dagegen der Abfall Südamerika's und nicht unwahrscheinlich auch der nordamerikanischen Staaten aus triftigen Gründen zu befürchten sei. Dieser Ansicht, welche fast alle Mitglieder des Staatsrathes theilten, trat Godoy aufs Entschiedenste entgegen. Die spanische Nation, meinte er, sei zu sehr erbittert, um nicht aufs Bereitwilligste Alles herbeizuschaffen, was zur Kriegsrüstung fehle. Noch in höherem Grade als in Spanien herrsche ein solcher Mangel in Frankreich und sehr zu bezweifeln sei es, ob dieser Staat den vereinten Angriff von Spanien, Großbritannien und Teutschland werde aushalten. Die Erfahrung habe gelehrt, wie Frankreich allen Unterhandlungen ausgewichen und abgeschlossene Verträge gebrochen. Spanien habe nicht mehr zu wählen, ob es Krieg, sondern ob es ihn gemeinschaftlich und mit Hilfe, oder allein und auf sich selbst verlassend, führen wolle. Den Grafen Aranda, im Staatsdienste unter manchen Mühen und Beschwerden ergraut, verdroß dieser Widerspruch eines jungen Mannes, der sich von einem Guitarresänger in so kurzer Zeit bis zum Staatsrath emporgeschwungen. Er erlaubte sich einige bittere Aeußerungen, verlor jedoch noch an demselben Tage seine Stelle.

Wenn auch Godoy's Ansicht vielleicht nicht die richtige war, so hatte er sich doch nicht geirrt, als er auf den Patriotismus des Volkes rechnete. Ueber 18 Millionen Thaler wurden an freiwilligen Gaben von der Nation zum Kriege herbeigeschafft. Ihre Erbitterung war jedoch so groß, daß sie sich auch auf die in ihrer Mitte lebenden friedlichen Franzosen erstreckte, von denen mehre als Opfer der Volkswuth fielen. Durch ein mit England abgeschlossenes Bündniß theilte Spanien die Ehre der Eroberung von Toulon. Im Innern des spanischen Reiches waren manche wesentliche Veränderungen eingetreten. Mehr Kraft und Einheit hatte die Staatsverwaltung erhalten, seit der bisherige Zwiespalt bei der Geschäftsberathung mit den Ministern und ihren Günstlingen beseitigt worden war. Die Mittel zur Beförderung, sowol am Hofe als in der Verwaltung, lagen in den Händen eines einzigen Mannes, des ersten Ministers und diese hohe Stellung nahm Godoy ein. Nur zu bald zeigte sich jedoch, wie wenig er des in ihn gesetzten Vertrauens würdig war. Die dringendsten Geschäfte blieben liegen und zu den wichtigsten Aemtern wurden Personen berufen, die denselben durchaus nicht gewachsen waren. Er wußte sich in seiner Stellung ein solches Ansehen zu geben, daß Alles in Madrid vor ihm zitterte. Aber auch ihn selbst ergriffen Furcht und Schrecken, als die französischen Heere den Ebro überschritten und Madrid bedrohten. Der von ihm bekämpften Ansicht des Grafen Aranda beitretend, schloß er am 22. Juli 1795 den Frieden zu Basel, in welchem Karl IV. den spanischen Antheil von San Domingo an Frankreich abtrat. Godoy hatte übrigens ein besseres Schicksal als der Graf Aranda. Statt wie dieser seiner Stelle entsetzt und verwiesen zu werden, erwartete ihn eine neue Auszeichnung. Für den Abschluß des baseler Vertrags erhielt er den Titel eines Friedensfürsten (Principe della Paz). Ein neuer Plan beschäftigte ihn um diese Zeit. Den französischen Thron, der über kurz oder lang hergestellt werden mußte, wollte Godoy für den zweiten Sohn Karl's IV. zu erlangen suchen. Am 19. Aug. 1796 schloß er wirklich mit Frankreich ein Schutz- und Trutzbündniß. Es sollte vielleicht auch ihm zum Schutze dienen, um im Nothfalle von Frankreich Hilfe erwarten zu können, weil sein Gefühl ihm sagte, daß der Haß der Nation auf seinem Haupte ruhe.

Unter dem besseren Theile des Volkes hatte sich längst ein heimliches Murren erhoben über die Geistesschwäche des Königs, der einen so verdienstlosen Mann fortwährend mit Ehren und Gnadenbezeigungen überhäufte, die, indem sie ihn fast erdrückten, seinen Stolz und Uebermuth nährten. Seine reichen Einkünfte gestatteten ihm einen beinahe königlichen Aufwand. Die kostbarsten Kunstwerke schmückten seine Wohnung. Von Gold und Silber strotzten alle seine Zimmer. Er hatte eine eigene Leibwache und seine zahlreiche Dienerschaft vornehmer und geringerer Art lauschte seinen Winken, wo es irgend eine Veranstaltung zu Festlichkeiten galt. Von Staatsdienern und Großen des Reiches, wie von dem Klerus ward ihm in einer Weise gehuldigt, wie dies kaum der König von seinen Unterthanen erwarten konnte. Berichtet wird, daß der Erbprinz von Parma, der sich 1795 mit einer Tochter Karl's IV., der Infantin Marie Louise vermählt hatte, ihm, wenn er zu Pferde stieg, den Steigbügel gehalten habe. Seine Anmaßung zeigte Godoy besonders der Geistlichkeit gegenüber, deren Oberhaupt er selbst nicht verschonte. Dem Papste machte er 1797 in einem Schreiben die bittersten Vorwürfe, indem er ihm den Bruch des Waffenstillstandes schuld gab und ihn ermahnte, statt um weltliche Angelegenheiten sich zu bekümmern, sich nur mit geistlichen Sachen zu befassen. Selbst den Großinquisitor soll Godoy zum Gegenstande seines Spottes gemacht haben. In moralischer Hinsicht konnte er sich keine Achtung erwerben. Die Sinnlichkeit beherrschte ihn. Nicht ohne Grund waren die in Madrid allgemein verbreiteten Gerüchte, daß er sich immer bereit zeigte, die Bitten schöner Mädchen zu gewähren. Um seine heimliche Vermählung mit Josephine Gudo wußte sogar die Königin. Dessenungeachtet geschah es mit Zustimmung des Hofes, als er eine Heirath schloß, die ihn sogar zu einem Verwandten des königlichen Hauses machte. Vermählt hatte er sich 1797 mit der 15jährigen Tochter eines Brudersohns Karl's III., Ludwig von Bourbon, Grafen von Chinchon. Bei dieser Verheirathung ereignete sich jedoch ein unangenehmer Auftritt. Wegen seiner geheimen Verbindung mit Josephine Gudo hatten die Cardinäle Dapuig und Lorenzana die Einsegnung des Brautpaares verweigert. Da stürzte, als der Cardinal Sentmani sich dazu bewegen ließ, Josephine Gudo von Angst und Verzweiflung ergriffen, in das königliche Schloß, mit den heiligsten Betheuerungen, daß Godoy ihr Gatte und der Vater ihrer Kinder sei. Es war am Vorabende des Hochzeitsfestes, als dies geschah. Unter Thränen und Gebet brachte die Unglückliche die Nacht im Schlosse zu, ohne jedoch durch ihren Einspruch es verhindern zu können, daß die Vermählung wirklich am andern Tage statt fand.

Von Karl IV., dessen naher Verwandter er nun geworden, war Godoy neben seinen übrigen Aemtern und Titeln auch zum Generalissimus der spanischen Landmacht, zum Großadmiral von Spanien und Indien und zum Beschützer des spanischen Seehandels ernannt worden zu einer Zeit, wo dieser Handel in Folge des Krieges mit England gänzlich darniederlag und durch die Sperrung der amerikanischen Geldzufuhr das spanische Reich bei der schlechten Staatsverwaltung immer mehr in Armuth und Noth gerieth. Godoy besaß zu viel Egoismus, um sich darum viel zu bekümmern. Immer mit neuen Anschlägen entwarf er einen Plan, nach welchem Spanien den Portugiesen, Englands Bundesgenossen, den Krieg erklären sollte. Dazu versagte aber Karl IV., so hoch auch Godoy in dessen Gunst stand, seine Zustimmung in so nachdrücklicher Weise, wie es Godoy schwerlich erwarten konnte. In diesen Krieg würde Karl's IV. eigene Tochter, die nachherige Königin von Portugal, verwickelt worden sein. Einen Beweis, wie wenig er irgend einen Widerspruch ertragen konnte, gab Godoy, als er um diese Zeit (1798) das Portefeuille niederlegte. Der Jubel des Volkes hierbei war jedoch von keiner Dauer, da seine beiden Nachfolger Saavedra und Urquijo bei ihrem guten Willen, der Vergeudung der Staatseinkünfte zu steuern, doch wenig auszurichten vermochten bei dem Einflusse, den Godoy noch immer behauptete.

Kaum konnte sich die Staatsverwaltung, als er wieder an das Ruder derselben getreten war, in schlechteren Händen befinden, als in den seinigen. Die Einsichtsvolleren der Nation hatten nicht Unrecht, wenn sie ihm, abgesehen von seiner Charakterlosigkeit, alles Talent absprachen und ihn als einen mittelmäßigen Kopf bezeichneten, der den Ursprung seines Glücks durch keine Anwendung von Mitteln, die das Gemeinwohl förderten, in Vergessenheit zu bringen verstand. Es bedurfte nur der Rückerinnerung an die Regierung Karl's III., um sich zu überzeugen, wie tief die unter dem damaligen Ministerium musterhaft geordnete und geregelte Staatsverwaltung gesunken war. Godoy's unersättliche Habsucht verschlang die Gelder, welche das mit Frankreich abgeschlossene Bündniß noch übrig gelassen hatte. In der Rechtspflege herrschte die grenzenloseste Willkür. Der frechen Art, womit er Aemter und Ehrenstellen verkaufte, ist bereits früher gedacht worden. Oft geschah dies zur Befriedigung seiner Lüste. Dadurch beförderte er das Sittenverderbniß nicht blos in den höheren Ständen, selbst in den niedrigsten Volksclassen. Schon durch sein Verhältniß zur Königin, das dem Volke nicht unbekannt bleiben konnte, gab er ein verführendes Beispiel. An Schmeichlern, die sich im Lobe seiner Staatsverwaltung erschöpften, konnte es einem so mächtigen Manne kaum fehlen. Um einiger flüchtigen Begünstigungen, oft nur bloßer Hoffnungen willen priesen seine Anhänger selbst seine Sorge für die Geistesbildung der Nation, als er einst auf den Einfall kam, die Pestalozzi'sche Lehrmethode in den spanischen Unterrichtsanstalten einzuführen. Selbst die Geistlichkeit, wie bereits früher erwähnt wurde, beugte sich vor ihm. Er verstand es, sie in Furcht zu halten, ohne ihrem Hasse einen Kampfplatz zu eröffnen. Selbst den früheren Anschlag gegen Portugal setzte er durch. Aus Olivanza, wo er im J. 1800 eingerückt war, sandte er der Königin einen Orangenzweig voll Blüthen und Früchte als Siegeszeichen. Die Feindseligkeiten wurden jedoch auf ausdrücklichen Befehl Karl's IV., den ein Schreiben seiner Tochter gerührt hatte, bald wieder eingestellt und ein Friede mit Portugal kam zu Stande. Auch für dies Unternehmen ward Godoy reichlich belohnt. Außer mehren werthvollen Geschenken erhielt er eine Gehaltszulage von 100,000 Piastern.

Immer reicher und mächtiger geworden, accommodirte sich Godoy, wie in seiner Staatsverwaltung, so auch in seiner Politik, dem Geiste des Jahrhunderts. Das Beispiel einer aufgeklärten Staatsweisheit, die sich über verjährte Vorurtheile erhob, hatten die Anhänger der französischen Revolution darin erblickt, daß Godoy kein Bedenken getragen, seinen Herrn, den König Karl IV., der aus dem Hause Bourbon stammte, zum Vasallen der französischen Republik, die sich durch einen Königsmord geschändet hatte, zu erniedrigen. Zehn Jahre waren verflossen, seit Spanien sich in dieser Abhängigkeit befunden und eine eben so unwürdige als kostspielige Rolle gespielt hatte. Dieser Abhängigkeit schien Godoy endlich selbst müde geworden zu sein. Im October 1806, in dem Augenblicke, wo Preußen sich gegen Frankreich rüstete, erließ Godoy plötzlich einen Aufruf an die spanische Armee. Der Feind, gegen den sie die Waffen ergreifen sollte, konnte allen Bezeichnungen nach niemand Anderes sein als der französische Kaiser. Lebhaft theilte die Königin Marie Louise mit Godoy die auf Napoleon's Verderben gerichteten Wünsche. Dieser ließ sich jedoch nicht täuschen, als Godoy nach der für Preußen unglücklichen Schlacht bei Jena jener plötzlichen Rüstung und dem damit verbundenen Aufrufe an die Truppen eine Deutung gegen England zu geben suchte. Napoleon durchschaute die Wahrheit um so leichter, da er die ungeheuren Opfer kannte, welche Spanien zu bringen hatte. In der Unbesonnenheit, womit der furchtsame Bundesgenosse seine Gedanken verrathen hatte, sah er einen willkommenen Vorwand, mit welchem er einst den Sturz seines Alliirten beschönigen könnte. Das spanische Cabinet, vor dem er seine Absichten schlau zu verbergen wußte, war schwach genug, durch das gegen Portugal geschlossene Bündniß einem Theile der französischen Armee den Weg nach Spanien zu öffnen. Der Nation aber drang sich eben dadurch die Ueberzeugung auf, von wie unwürdigen Gebietern sie beherrscht ward.

Durch sein unverdientes und maßloses Glück, wie durch den Misbrauch seiner Gewalt hatte sich Godoy indessen eine Menge von Neidern und Feinden zugezogen, denen es jedoch, obschon sich unter ihnen die meisten Großen des Reiches befanden, doch an Mitteln gebrach, ihn zu stürzen. Lebhaft theilten sie mit dem Kronprinzen Ferdinand die Besorgniß, daß von Seiten des mächtigen Ministers, der über die ganze bewaffnete Macht des Reiches gebot und alle Stellen mit seinen Kreaturen besetzt hatte, selbst die Thronfolge gefährdet werden könnte. Auf ihm aber ruhten die Hoffnungen der Nation. An Wuchs und Anstand glich Ferdinand seinem Vater, in den Gesichtszügen seiner Mutter, deren italienische Abkunft sich darin verrieth. Wem das Vaterland und seine Zukunft theuer war, der suchte auf des Kronprinzen Bildung einzuwirken. Desto sorgfältiger aber suchte ihn Godoy zu bewachen und ihn seinen Aeltern zu entfremden, wodurch nach und nach sogar ein feindliches Verhältniß zwischen diesen und ihrem Sohne eintrat. Dieser mußte sich besonders in Allem dem Willen seiner Mutter fügen. Sie bestand darauf, daß Ferdinand, der im Mai 1806 seine Gemahlin verloren, mit Godoy's Schwägerin, einer Tochter des Infanten Don Ludwig, sich vermählen sollte. In dieser Verlegenheit ertheilte ihm Beauharnois, der französische Gesandte, den Rath, sich um Napoleon's Gunst zu bewerben und ihn zu dem Ende um eine Gemahlin aus seiner Familie zu bitten. Ein in dieser Beziehung abgefaßtes Schreiben sandte der Kronprinz am 11. Oct. 1807 an den französischen Kaiser ab, dessen Antwort sich jedoch verzögerte. Indessen ließen es Ferdinand's Freunde nicht an mannichfachen Plänen fehlen, ihn zu ermuthigen und seine Hoffnung aufrecht zu erhalten. Sie thaten ihm unter Anderem den Vorschlag, er solle seinem Vater, dem Könige, eine Anklageschrift gegen Godoy und dessen schlechte Staatsverwaltung überreichen. Auf die Unterstützung der angesehensten Personen seiner Partei könne er dabei sicher rechnen. Diesem Rathe gemäß, schilderte der Kronprinz in einem eigenhändig von ihm abgefaßten Aufsatze mit den lebhaftesten Farben den Misbrauch, den der allgemein gehaßte Minister von der ihm verliehenen Gewalt gemacht hatte.

Indessen hatte Godoy durch einen der verschmitztesten Unterhändler, den Staatsrath Izquierdo, den er nach Paris gesandt, den Antrag erhalten, Portugal mit Napoleon zu theilen, wovon er selbst mit völliger Souverainetät Alentejo und Algarbien bekommen sollte. Er hatte jedoch nicht blos den Antrag, sondern zugleich den von Napoleon zu Fontainebleau am 27. Oct. 1807 unterzeichneten Tractat erhalten, mit dem Avis, daß 28,000 Mann französischer Truppen in Spanien einrücken und 40,000 außerdem bei Bayonne bereit stehen sollten. Erst als er ihn abgeschlossen, entdeckte Godoy diesen Vertrag der Königin Louise Marie, während er ihn vor dem Ministerium geheim hielt. Indessen hatte er einige Kunde erhalten von dem bereits erwähnten Aufsatze, den der Kronprinz seinem Vater gesandt hatte. Diesem Entwurfe zu seinem Sturze mußte er zuvorkommen. Noch ehe Godoy den Vertrag mit Napoleon aus Paris bekommen haben konnte, meldete er in einem Schreiben vom 29. Oct. 1807 dem französischen Kaiser: „Der Kronprinz Ferdinand habe einen Plan entworfen, seinen Vater vom Throne zu stoßen und seine Mutter zu tödten. Dafür solle Ferdinand bestraft und der Erbfolge für verlustig erklärt werden.“ Diesen, nebst seinem Vertrauten, Escoiquiz, Herzog von Infantado, hatte Godoy bereits am 29. Oct., an demselben Tage, wo er sein Schreiben an Napoleon absandte, im Escurial verhaften lassen. Dort waren elf Mitglieder der Junta zusammenberufen worden, um Gericht über ihn zu halten. Gewarnt ward Godoy jedoch durch den französischen Gesandten, Napoleon's Namen in der Anklage nicht zu nennen, an den der Kronprinz, wie früher erwähnt, sich schriftlich gewendet und ihm seine verzweiflungsvolle Lage vorgestellt hatte.

Unter den Papieren des verhafteten Kronprinzen fand man außer der gegen Godoy gerichteten Anklageschrift auch ein Commissorium für seinen Vertrauten, den Herzog von Infantado, als Generalissimus aufzutreten, falls nach des Königs Tode irgend Jemand sich der

Thronfolge des rechtmäßigen Erben widersetzen sollte. Des Prinzen Mutter, die Königin Louise Marie, versagte ihrem Sohne das erbetene persönliche Gehör. Sie sandte den Minister Cavallero zu ihm, welchem Ferdinand sein Schreiben an Napoleon nebst seinen sämmtlichen Papieren übergab. Unter den heiligsten Betheuerungen erklärte Ferdinand, daß weder er noch irgend einer seiner Verbündeten, die er ohne Vorbehalt nannte, auch nur im Entferntesten die Entthronung seines Vaters oder die Ermordung seiner Mutter beabsichtigt habe. Diese Erklärung verfehlte nicht ihre Wirkung auf die Mitglieder der Junta, die über den Kronprinzen Gericht hielten. Weder ihm noch seinen Freunden könne man es zum Verbrechen anrechnen, daß sie sich über den Zustand des Landes berathen und gegen die bisherige Verwaltung sich bei dem Könige beschwert hätten. Die Anklage ward demgemäß von dem Gerichte einstimmig verworfen und die Freisprechung des Kronprinzen in ganz Spanien zugleich als ein Verdammungsurtheil des Mannes gefeiert, der all dies Unheil gestiftet hatte.

Allgemein war die Bestürzung, als die französischen Truppen in immer größeren Heeresmassen in Madrid anlangten und Quartier und Verpflegung forderten oder nahmen. Wenige befanden sich unter diesen Umständen in einer peinlicheren Lage als Godoy. Er glich, wie sich ein geistreicher Schriftsteller ausdrückt, „einem falschen Spieler, der im Vertrauen auf seine Kunst Hab' und Gut auf eine Karte gesetzt und nun plötzlich die Karten wechseln, von Neuem mischen und nicht ohne Verdacht des Betruges abschlagen sieht." Daß der französische Gesandte und sein Anhang sich mehr um den Kronprinzen als um Godoy beschäftigte, war für diesen ein bedenkliches Zeichen. Mit steigender Unruhe sah er, wie die französischen Truppen, statt nach Portugal zu ziehen, in Spanien sich festsetzten. Ueber Napoleon's Absichten blieb er in völliger Dunkelheit. Auch von Isquierdo, seinem bereits erwähnten Geschäftsträger in Paris, hatte er lange Nichts gehört, bis derselbe plötzlich in sein Zimmer trat, von Napoleon gesendet mit mündlichem Auftrage an den König, zu mündlicher Antwort und schleuniger Rückkehr nach Paris. Godoy führte ihn sofort zu Karl IV. Ihre beiderseitige Unterredung ist nicht bekannt geworden.

In seinem anfänglichen Entschlusse, dem Kronprinzen jeden Weg zur Versöhnung mit seinem Vater abzuschneiden, war Godoy durch diese Vorgänge immer wankender geworden. An die Stelle seiner bisherigen Keckheit traten mancherlei Besorgnisse, welche die Königin mit ihm theilte. Gerathen schien es ihm, unter diesen Umständen der Sache eine mildere Wendung zu geben und den Vater wieder mit seinem Sohne zu versöhnen. Seiner Ueberredung gelang es, den Kronprinzen zu einem schriftlichen Eingeständnisse der Verbrechen, deren man ihn anklagte, zu bewegen. In einer öffentlichen Bekanntmachung hieß es unter Anderem: „Die Stimme der Natur entwaffnet den Arm der Rache. Wenn die Unbesonnenheit um Nachsicht fleht, kann ein zärtlicher Vater nicht widerstehen. Angst und Reue hat dem Prinzen demüthige Bittschreiben an seine Aeltern eingegeben, in deren Folge auf seiner Mutter Fürbitte der König ihm verzeiht u. s. w."

Noch ehe 40,000 Mann französischer Truppen unter dem Oberbefehle Murat's, des Herzogs von Berg, sich Madrid genähert hatten, waren die Festungen Pampelona, S. Sebastian, Figuera und Barcelona von den Franzosen in Besitz genommen worden. Godoy befand sich jetzt in einem Zustande der furchtbarsten Unruhe und Verzweiflung. Sein böses Gewissen sagte ihm, daß er, geblendet durch das Versprechen Napoleon's, ihn nach dem Sturze Karl's IV. zum Herzoge von Algarbien und Alentejo zu ernennen, die französischen Heeresmassen selbst nach Spanien geführt habe. Seine Unruhe erlaubte ihm nicht, einen festen Entschluß zu fassen, irgend einen bestimmten Befehl zu ertheilen. Sein Muth, seine Besonnenheit verließen ihn gänzlich. Der Königin und ihrem Gemahle ertheilte er den Rath, das Beispiel des Prinzregenten von Portugal zu befolgen und über Sevilla und Cadix sich nach Amerika zu begeben. In Aranjuez traf man wirklich die nöthigen Reiseanstalten. Dorthin waren die Garden beordert worden, um das fliehende Königspaar zu decken. Der Kronprinz, von der Abreise benachrichtigt, soll zu denen, die bei ihm den Dienst hatten, die Worte geäußert haben: „Wir sind verloren! Mein Vater ist von Godoy betrogen. Er ist im Begriffe, Spanien zu verlassen und uns nach Amerika zu schleppen."

Die längst unter dem Volke herrschende Gährung ward noch durch die Gerüchte vermehrt, die sich über diese ungewöhnlichen Ereignisse verbreiteten und die in jedem Falle etwas Außerordentliches erwarten ließen. Von der Partei des Kronprinzen ward ausgesprengt: „Godoy bringe Madrid um seine Nahrung; er beschimpfe durch die Flucht des Königs die ganze Nation." Diese Aeußerungen flogen von Mund zu Munde. Sie waren das Losungswort zum Fluche und Verderben des Mannes, der Spanien in so namenloses Elend gestürzt hatte. Jedes Mittel ward ergriffen, das zu seinem Sturze dienen konnte. Zu den Landleuten, die aus entfernten Dörfern in großen Schaaren nach Aranjuez zogen, hatte sich ein nicht kleiner Theil des Militairs gesellt. Es war in der Mitternachtsstunde des 18. März 1808, als die Menge nach dem königlichen Schlosse vordrang. Karl IV. stand schon auf der Treppe, um mit seiner Gemahlin in den Wagen zu steigen. Da erscholl der vieltönige Ruf: Halt! — Es lebe der König! Es lebe die Königin! Mit diesem Schrei stürzte die Menge nach Godoy's Wohnung. Das Feuern seiner Leibwache nicht beachtend, drang sie über die Leichen hinweg und erstürmte seinen Palast. Das Geld und den Schmuck in seinen Zimmern berührte der wüthende Pöbel nicht. Nur seiner Person wollte man sich bemächtigen. Mit genauer Noth entrann Godoy einem schmachvollen Tode. Er war vermummt mit einem seiner Diener über das Dach auf den Boden eines benachbarten Hauses geklettert. Drei Tage brachte er dort in Todesangst zu, während die Flüche der Suchenden ihm zu Ohren drangen. Sie stillten ihre Wuth an seinem Bette, dessen Wärme ihnen verrieth, daß er es erst vor Kurzem verlassen haben mußte.

Bei dem Gedanken, daß ihr Liebling gefunden und hingewürgt werden möchte, ergriff die Königin Louise Marie eine wahrhafte Todesangst. Sie bestürmte ihren Sohn, den Kronprinzen, mit Bitten, das Leben des Unglücklichen zu retten. In dem Augenblicke, wo Godoy von brennendem Durste gequält sich aus seinem Verstecke herauswagte, fiel er am Morgen des 19. März 1808 seinen Verfolgern in die Hände. Unter Mißhandlungen ward er von ihnen auf die Straße geschleppt. Sie würden ihn umgebracht haben, wenn nicht Ferdinand, von einem Theile der Leibwache begleitet, herbeigeeilt wäre. Der Zuruf des Kronprinzen, den Verbrecher leben zu lassen, um ihn nicht den Händen der Gerechtigkeit zu entziehen, that der Volkswuth für einen Augenblick Einhalt. Doch blieb Godoy nicht verschont von Steinwürfen und Degenstichen, als er zwischen den Pferden der Gardisten nach einer Caserne abgeführt ward. Er blutete aus mehren Wunden und stammelte vor Todesangst, als ihm Erklärungen über seine Staatsverwaltung abgefordert wurden.

In die tiefste Betrübniß versetzte sein Schicksal den König und die Königin, jenen vorzüglich deshalb, weil er, durch Godoy bisher aller Geschäfte überhoben, sich gar nicht vorstellen konnte, wie er ohne ihn regieren sollte. Es bedurfte daher keiner Pistole, die ihm nach einer Notiz in einem französischen Blatte auf die Brust gesetzt worden sein soll, um den schwachen Fürsten zur Ausfertigung einer Urkunde zu bewegen, nach welcher er, unter dem Vorwande seiner leidenden Gesundheit, zu Gunsten seines Sohnes dem Throne entsagte. Dies geschah am 19. März 1808. Nicht ohne Besorgniß hatte jedoch der Kronprinz unter dem Namen Ferdinand VII. den Thron bestiegen. Es mußte ihn befremden, daß Murat, der Herzog von Berg, die Freigebung Godoy's von der Junta in Madrid forderte, deren Vorstand, der Infant Antonio, sich dazu nur gezwungen verstand, weil eine geheime Ahnung ihm sagte, daß dies die Entthronung des jungen Königs zur Folge haben könnte. Noch auffallender war der Ton in einem damaligen Schreiben Napoleon's, worin Ferdinand als bloßer Prinz angeredet und über die Vorfälle zu Aranjuez wie von einem Gebieter zurechtgewiesen ward.

Dies Schreiben war vom 18. April 1808 datirt. Napoleon äußerte darin unter Anderem: „Ich bin nicht Richter über das, was in Aranjuez vorgegangen, noch über die Aufführung des Friedensfürsten. Aber so viel weiß ich, daß es gefährlich für einen König ist, die Völker daran zu gewöhnen, Blut zu vergießen und sich selbst Recht zu verschaffen. — Es ist nicht dem Interesse Spaniens gemäß, einen Fürsten übel zu behandeln, der eine Prinzessin aus königlichem Geblüte geheirathet und das Königreich so lange verwaltet hat. Godoy hat keine Freunde mehr. Ew. Königl. Hoheit werden deren ebenfalls keine mehr haben, wenn Sie jemals unglücklich sind. Wie konnte man übrigens dem Friedensfürsten den Proceß machen, ohne ihn auch zugleich der Königin und dem Könige, Ihrem Vater, zu machen? Dieser Proceß wird den Haß und die Parteisucht nähren; das Resultat aber wird für Ihre Krone sehr traurig seyn. Ew. Königl. Hoheit haben drauf keine Rechte, als die, welche Ihnen Ihre Mutter übertragen hat. Wenn der Proceß dieselbe entehrt, so vernichten Sie diese Rechte. Verschließen Sie schwachen und treulosen Rathschlägen Ihr Ohr. Sie haben nicht einmal ein Recht, über den Friedensfürsten zu richten. Seine Verbrechen, wenn man ihm dergleichen vorwirft, verlieren sich in den Rechten des Throns. — Was die Abdankung Karl's IV. betrifft, so hat dieselbe stattgefunden zu einer Zeit, wo meine Waffen ganz Spanien bedeckten. In den Augen Europa's und der Nachwelt wird der Schein auf mir ruhen, so viele Truppen nur nach Spanien geschickt zu haben, um meinen Bundesgenossen und Freund vom Throne zu stoßen. Als benachbarter Souverain ist es mir erlaubt, die Abdankung kennen zu wollen, bevor ich sie anerkenne. Ich sage es Ew. Königl. Hoheit, den Spaniern, der ganzen Welt: Wenn die Abdankung des Königs Karl aus seiner eigenen Bewegung geschehen, wenn er dazu nicht gezwungen worden durch den Aufstand von Aranjuez, so mache ich keine Schwierigkeit, sie zuzulassen und erkenne Ew. Königl. Hoheit als König von Spanien an. Ich wünsche daher mit Ihnen über diesen Gegenstand zu sprechen. Noch schwanke ich zwischen verschiedenen Ideen, die fixirt werden müssen. Sie können aber überzeugt seyn, daß ich mich auf jeden Fall mit Ihnen, wie mit dem Könige, Ihrem Vater, verständigen werde."

Diesen Versicherungen entsprach jedoch der Empfang sehr wenig, den Napoleon dem jungen Könige bewies, den er nebst seinem Vater und seiner Mutter im April 1808 nach Bayonne berufen hatte, um angeblich den Streit zwischen Ferdinand und seinen Aeltern zu schlichten. Bei dieser Zusammenkunft wurden nur wenige und unbedeutende Worte gewechselt. Noch vor der Ankunft des Königs und der Königin hatte sich Godoy nach Paris begeben und dort in einer langen Unterredung mit Napoleon schon Zeit zu allerlei Verkehrungen gehabt, deren Folgen sich zeigten, als das Königspaar eintraf. Karl IV. deutete seinem Sohne an, er werde ihn und seine Räthe als ausgewanderte betrachten, wenn nicht vor Anbruch des folgenden Tages die Krone unbedingt in feierlicher Urkunde zurückgegeben würde und Napoleon erklärte, daß er dem unglücklichen Vater gegen seinen aufrührerischen Sohn Beistand versagen weder wolle noch dürfe. Er schauderte jedoch zusammen, als Karl IV. seinen Sohn, der etwas erwidern wollte, Kronenräuber und Vatermörder nannte und die unnatürliche Mutter ihn verfluchte. Es war Godoy's Stimme, die aus ihm und ihren Verwünschungen sprach. Ihm machte übrigens der Gram seines Herrn, die Verzweiflung seiner Landsleute, das Unglück seines Vaterlandes keine Sorgen. Er hatte die Todesangst in Aranjuez überstanden und suchte nen, mit gehöriger Pflege seines Leibes, sich seinen Aufenthalt in Bayonne so behaglich als möglich zu machen. Bereitwillig that er, was ihm geheißen ward, ohne auf die Stimme der Moral zu hören. Völlig gleichgültig blieb er, als Ferdinand durch den General Savary im Namen Napoleon's die Anzeige erhielt: die Dynastie der Bourbons in Spanien habe aufgehört und an ihre Stelle solle die Napoleonische treten. Unter diesen Umständen sei Nichts weiter für ihn zu thun, als zu Gunsten der letzteren allen Rechten auf die spanische Krone zu entsagen. Godoy soll bei dieser Gelegenheit geäußert haben, Ferdinand, der Retter seines Lebens, habe von Glück zu sagen gehabt, daß er das Blutgerüst nicht betreten. Nicht minder trübe Schicksale trafen den König Karl IV. Den Vertrag, nach welchem dieser sein Reich an Napoleon abtrat, schloß Godoy mit dem Generale Duroc an demselben Tage (am 5. Mai 1808), an welchem die Nachricht in Bayonne eintraf, daß das spanische Volk sich bewaffne und in Madrid schon Blut geflossen sei.

Das Schicksal Karl's IV. theilend, begleitete Godoy ihn nach Frankreich und von da nach Rom. Seine Gemahlin blieb mit ihrer Tochter in Spanien zurück, so auch Josephine Tudo mit ihren Kindern. In der Hoffnung, seine dort eingezogenen Güter wieder zu erhalten, sah er sich getäuscht. Bei seinem Sturze sollen nach vorgefundenen Rechnungen seine Einkünfte sich jährlich auf 5 Mill. Piaster belaufen haben, auf beinahe 100 Mill. Piaster aber das ganze Vermögen, das er sich, mit Inbegriff seiner Kostbarkeiten und Kunstsammlungen, in dem Raume von 16 Jahren erworben hatte. Sein Reichthum bestand weniger in Grundbesitz als in Baarschaften, die er im Auslande bei Wechselhäusern untergebracht hatte. Jedenfalls war er der reichste Mann seiner Zeit. In Rom hatte er sich die Villa Mattei gekauft, wo er sich zuweilen an dem Genusse der schönen Künste ergötzte. Dafür hatte er einiges Gefühl, wenn ihm auch das moralische abging. Den größten Theil seiner Zeit brachte er bei der Königin Louise Marie zu. Sein Charakter war im Wesentlichen sich völlig gleich geblieben. Immer soll er noch eine Freude empfunden haben, geheime Anschläge zu entwerfen, Haß und Zwietracht unter Aeltern und Kindern zu verbreiten und Mißhelligkeiten jeder Art unter den Hofleuten zu erhalten. Bei aller Leidenschaftlichkeit äußerte er sich nie bitter über seine Feinde, über Napoleon und Murat und freute sich nicht über ihren Fall. Sein höchster Wunsch war, von dem Könige von Frankreich, dem Haupte des Hauses Bourbon, als dessen Verwandter anerkannt zu werden. Nach der Schilderung eines seiner Zeitgenossen war ihm von der Vergangenheit keine andere Erinnerung geblieben, als an den Genuß von Spiel und Gesang, von Werken der Malerei und Skulptur. Die Wissenschaften hatten für ihn kaum ein Interesse. Auch dem Gange der politischen Ereignisse zu folgen unterließ er in den letzten Jahren seines Lebens fast gänzlich. Er hatte viele Menschen handeln, das Ungeheuerste entwickeln und vollbringen gesehen, ohne einen der Handelnden nach seiner Individualität schildern zu können. So viel Geschäfte er auch betrieben, vermochte er doch von keinem hinreichende Auskunft zu geben. Ebenso wenig verstand er, den Gang irgend einer Begebenheit und ihre Folgen zu beurtheilen. Mit ungemeiner Schwatzhaftigkeit ergoß er sich in Schilderungen kleinlicher Ränke und Umtriebe, wenn er über Staatsangelegenheiten sprach, in die er verwickelt gewesen war. An die Stelle seiner früheren Leidenschaftlichkeit war ein ruhiger Gemüthszustand getreten. Den Titel eines Friedensfürsten hatte er in Rom mit dem eines römischen Fürsten, den ihm der Papst ertheilte, vertauscht. Im J. 1847 wurde ihm die Rückkehr nach Spanien gestattet; er machte aber keinen Gebrauch davon und starb den 7. Oct. 1851 in Paris, wohin er sich nach der Julirevolution gewendet hatte. Die von ihm geschriebenen Memorias originales del principe della Paz wurden in mehre Sprachen übersetzt, ins Französische [2]), ins Englische [3]) und ins Teutsche [4]). Vor den meisten dieser Uebersetzungen befinden sich außer Godoy's Bildnisse auch die Portraits Karl's IV. und der Königin Marie Louise [5]).

(*Heinrich Döring.*)

GODOY (Piedro y), spanischer Theolog, zwischen den Jahren 1615 und 1620 zu Aldeanueva in Estremadura geboren, trat zu Salamanca in den Dominikanerorden und lehrte an mehren spanischen Universitäten die Theologie. Philipp IV. wählte ihn zu seinem Beichtvater und beförderte ihn im J. 1664 zum Bischof von Osma. Später erhielt er das Bisthum Siguenza und starb um das Jahr 1680. Er galt als einer der vorzüglichsten Prediger seiner Zeit und erwarb sich durch seine Disputationen über die Thomistische Theologie (Disputationes theologicae in D. Thomam. Venetiis et Parisiis 1686. fol. 7 Voll.) den Ruf eines ausgezeichneten Kanonisten *).

(*Ph. H. Külb.*)

GODOY (Juan Gil), ein naher Verwandter des Vorhergehenden und ebenfalls Dominikanermönch, lebte um die Mitte des 17. Jahrh. und stand als Prediger bei seinen Zeitgenossen in großem Ansehen. Näheres über seine Lebensverhältnisse ist nicht bekannt; seine Pre-

2) Mémoires du prince de la paix, Don *Manuel Godoy*, Duc d'Alcudia, Prince de Bassano etc. traduits en français d'après le manuscrit espagnol par *J. G. d'Esménard*. (Paris 1836. 8. 2 Voll. Bruxelles 1836. 4 Tomes in 18., nachgedruckt zu Leipzig 1836 in 2 Octavbänden.) 3) *Memoirs of the Prince of Peace*. Translated under the superintendance of his Highness from the original manuscript. By *J. G. d'Esmenard*. With portraits. (London 1836. 8. 2 Voll.) 4) Memoiren des Friedensfürsten (Don Manuel Godoy) Herzogs von Alcudia, Fürsten von Bassano u. s. w. Nach der in London in englischer Sprache erschienenen Bearbeitung der spanischen Handschrift ins Teutsche übertragen von J. G. Ungewitter. (Berlin 1836. gr. 8. 2 Bde. Mit drei in Kupfer gestochenen Abbildungen.) Eine andere Uebersetzung von A. Diezmann erschien zu Leipzig 1836—1837 in 4 Octavbänden. 5) Vergl. außer den erwähnten Memoiren die Allgem. Zeitung 1817. Nr. 317. New Monthly Review. März 1818. Zeitgenossen. 4. Bd. 1. Heft. S. 86 fg. Becker's Weltgeschichte. 13. Th. S. 828 fg. L. Bauer's Allgem. Weltgeschichte. 6. Bd. S. 277 u. 485 fg.

*) *J. Echard* und *J. Quetif*, Scriptores ordinis Praedicatorum Tom. II. p. 678. Biographie générale. Tom. XX. p. 921.

digten sind dem dritten Bande seines Werkes über den Stifter seines Ordens (El mayor Guzman de los buenos nuestro padre Santo Domingo (Salamanca 1684. fol. 3 Voll.) beigefügt*). (*Ph. H. Külb.*)

GODOYA, der Name einer von Ruiz und Pavon aufgestellten, zu der Familie der Ternströmiaceen gehörigen Pflanzengattung, welche Persoon Godovia nannte und deren Charakteristik in Folgendem besteht:

Die Blättchen des vielblättrigen, abfälligen Kelchs sind gefärbt, abgerundet, dachziegelig-mehrreihig, die inneren allmälig länger. Die fünf Kronblätter sind unterständig, verkehrt-eiförmig-länglich, stumpf, in der Knospenlage zusammengerollt und fallen während der Blüthezeit ab. Von den zahlreichen, unterständigen, in mehren Reihen stehenden Staubgefäßen haben die äußeren keine Staubbeutel, sind frei oder in fünf getrennte, mit den Kronblättern abwechselnde Bündel verwachsen, die 10—40 inneren frei und mit Staubbeuteln versehen, die Fäden sind kurz, pfriemlich, die Staubbeutel sind nach Außen gewandt, zweifächerig, am Grunde angeheftet, lang linealisch und springen an der Spitze mit einem doppelten Loche auf. Der Fruchtknoten ist frei, kurzgestielt, drei- bis fünfkantig, an beiden Enden verschmälert, drei- bis fünffächerig, die Scheidewände tragen am Rande die Placenten. Die zahlreichen Eichen sind dem Centralwinkel der Fächer in doppelten Reihen eingefügt und decken sich dachziegelig. Der Griffel ist kurz, an der Spitze verdünnt, die Narbe einfach. Die holzige, drei- bis fünffächerige Kapsel springt scheidewandspaltig auf, die Ränder der Klappen sind einwärts gebogen und tragen die linealischen, sich ablösenden Placenten. Die zahlreichen Samen sind länglich, geflügelt.

Zu dieser Gattung gehören Bäume des tropischen Amerika mit wechselständigen, gestielten, lederartigen, glänzenden, quer gestreift-gerippten, ganzrandigen oder ein wenig gesägten Blättern, fehlenden Nebenblättern und gelben, in Trauben stehenden Blüthen.

Hierher gehören als Arten:

1) G. **spathulata** *Ruiz* und *Pavon*. Die Blätter sind spatelig, gekerbt; an Staubgefäßen sind ungefähr 40 vorhanden.

Diese Art wächst in Peru.

2) G. **obovata** *Ruiz* und *Pavon*. Die Blätter sind verkehrt-eiförmig, gekerbt; die Trauben und die Blüthenstielchen haben vor der Blüthezeit keine Deckblätter; die Kapsel ist cylindrisch, am Grunde stumpf, fast stiellos.

Diese Art wächst gleichfalls in Peru.

3) G. **antioquiensis** *Planchon*. Die Blätter sind verkehrt-eiförmig; die fast einfachen Trauben sind endständig; die Blüthenstielchen sind während der Blüthezeit mit zwei Deckblättchen besetzt, welche später aber abfallen; die Kapsel ist linealisch-länglich, an beiden Enden verschmälert.

Diese Art wächst in Neu-Granada auf den höchsten Bergen der Provinz Antioquia. Der vorigen sehr ähnlich unterscheidet sie sich durch die größeren, 3—4 Zoll langen Blätter mit angedrückt-braundig-stachelspitzigen Sägezähnen. Die ausgebreiteten Blüthen sind im Durchmesser ungefähr 3 Zoll breit, die Kronblätter sind verkehrt-eiförmig, häutig, in der Trockenheit gelblich.

4) G. **splendida** *Planchon*. Die Blätter sind mit dem unpaarigen vierpaarig, die Blättchen sind eiförmig-elliptisch, am Grunde stumpf, gesägt; die Rispe ist endständig, vielblüthig, während der Blüthe deckblattlos; die Blätter sind eiförmig-länglich, zugespitzt.

Die Heimath dieser Art ist Neu-Granada.

5) G. **gemmiflora** *Martius* und *Zuccarini*. Die Blätter sind länglich, stumpflich, undeutlich gesägt; die zusammengesetzten, langen Blüthentrauben sind achsel- und endständig; die Kelche sind zehnblättrig.

Das Vaterland dieser Art ist Brasilien. (*Garcke.*)

GODRAN (Charles), neuerer lateinischer Dichter, am Anfange des 16. Jahrh. zu Dijon geboren, widmete sich dem geistlichen Stande und erhielt durch den Einfluß seiner Familie, zu welcher auch der Präsident Godran, bekannt als Stifter des seinen Namen tragenden Collegs, gehörte, sehr frühe ein Kanonicat an der Schloßkapelle seiner Vaterstadt, welches ihn in den Stand setzte, seiner Neigung zu den Wissenschaften zu folgen. Mit besonderem Glücke versuchte er sich in der lateinischen Poesie und an ihn wandten sich vorzugsweise seine Mitbürger, um durch ihn bei feierlichen Gelegenheiten ihre Gesinnung und ihre Gefühle ausdrücken zu lassen. So verfaßte er ein Klagegedicht auf den frühzeitigen Tod des im J. 1563 von dem fanatischen Jean Poltrot auf feige Weise ermordeten Herzogs Franz von Guise (Epicedium in praematuram et omnibus saeculis deplorandam mortem Francisci a Lotharingia, Guisiani ducis, adjectis aliquot ex iis quae non ita pridem scripsit episcopus Regiensis. Divione 1564. 4.), einen Glückwunsch bei der Anwesenheit des Königs Karl IX. zu Dijon (De auspicato regis Caroli IX. in urbem Divionem bene atque feliciter excepti ingressu Euphemia sive gratulatorium carmen. Divione 1564. 4.) und ein Hochzeitsgedicht auf die im J. 1560 erfolgte Vermählung desselben Königs mit Elisabeth, Tochter des Kaisers Maximilian (Tobiae Nephtalii, Raphaele Archangelo praenuntio, felix Epithalamium in argumentum felicissimi Epithalamii Caroli IX. ac Isabellae Austrasiae. Divione 1571. 4.). Außer diesen sehr gut geschriebenen Gelegenheitsgedichten besitzen wir von Godran noch ein größeres Gedicht auf das Leiden Christi in wohlklingenden Hexametern (Historia Crucis dominicae, quam Passionem vocant, versibus heroicis expressa ex D. Joannis 18 et 19 capitibus, adjectis aliquot per transennam ex sacris litoris. Divione 1565. 4. Neue vermehrte Ausgabe unter dem Titel: Encomium Crucis. Ibid. 1566. 4.), eine Erzählung der Geschichte Judith's in derselben Versart (Judith viduae Historia, heroicis versibus expressa. Divione 1569. 4.), eine poetische Zusammenstellung des

*) *J. Echard* und *J. Quetif*, l. c. Tom. II. p. 702.

Inhalts der Evangelien (Mysterium Evangelicum versibus descriptum et in dialogis distinctum. Divione 1569. 4.) und zwei dramatisirte Erzählungen des alten Testamentes (Susannae Nelchiae filiae, Tragica-Comoedia, ex cap. XIII Danielis. Divione 1571. 4. und Sacrificii Abrahami Hypotyposis sive imaginaria repraesentatio. Ibid. 1572. 4.). Alle diese Gedichte sind nicht ohne Verdienst und beweisen eine ungewöhnliche Geschicklichkeit in der Behandlung der Sprache und des Versmaßes. Godran starb im Februar 1577 zu Dijon; seine weiteren Lebensverhältnisse sind nicht näher bekannt *). (*Ph. H. Külb.*)

GODRICK, berühmter englischer Einsiedler, gegen das Ende des 11. Jahrh. zu Walpole in Norfolkshire geboren, war der Sohn armer Aeltern, wanderte in seiner Jugend als Krämer in den Dörfern umher, bis er sich die zum Ankaufe eines Schiffes nöthige Summe verdient hatte und trieb dann einen einträglicheren Handel nach verschiedenen Küstenpunkten Englands und Schottlands. Auf einer dieser Fahrten landete er auch auf den Farn Isles, wo er durch die Frömmigkeit der daselbst wohnenden Mönche so sehr erbaut wurde, daß ihn große Lust anwandelte, sich ebenfalls einem beschaulichen Leben zu widmen. Als er einst, während er sich an der Küste ein Stück von einem gestrandeten Delphine als Mahlzeit abschnitt, von der Fluth überrascht wurde und nur wie durch ein Wunder dem Tode entging, reifte sein Entschluß zur That und er begann seine neue Lebensweise mit einer Pilgerreise nach Jerusalem. Am Jordan, worin er sich badete, ließ er seine Schuhe zurück und ging von nun an bis zu seinem Lebensende barfuß; auf seiner Rückreise besuchte er die heiligen Orte zu Rom und zu Compostell und kam durch Frankreich nach seiner Heimath zurück, wo er als Verwalter in die Dienste eines sehr reichen Herrn trat; da aber die ihm untergebenen Knechte nicht nur ein ausschweifendes Leben trieben, sondern auch den größten Betrug und schreiende Ungerechtigkeiten verübten und seine Mahnungen ohne Erfolg blieben, so legte er, um sich nicht fremder Sünden theilhaftig zu machen, seine Stelle nieder und unternahm eine zweite Wallfahrt nach Rom. Nach seiner Zurückkunft beschloß er sich ganz dem Dienste Gottes zu weihen, vertheilte seine ganze Habe unter die Armen und begab sich als Einsiedler in eine nördlich von Carlisle befindliche Wüste, wo er Ethelrich, einen Mönch des Klosters zu Durham, welcher sich ebenfalls hierher zurückgezogen hatte, antraf und ihm, da dieser bereits ein Greis war, diente. Beide lebten von Wurzeln, Nüssen und Honig und stillten den Durst an einem in der Nähe ihrer Klause vorüberfließenden Bache. Nach dem Tode Ethelrich's machte Godrick eine zweite Reise nach Jerusalem, blieb dann einige Zeit in der Einöde Sternesbalch (jetzt Wisby) und zog zuletzt nach der etwa drei Meilen von Durham entfernten Wüste Finchal, welche er nicht mehr verließ. „Die Bußwerke, welche er hier unternahm," sagt sein Biograph, „waren außerordentlich, fast seine ganze Zeit war dem Gebete und dem Absingen der Psalmen gewidmet; Einfalt, Sanftmuth und Demuth sprachen aus allen seinen Werken und sorgfältig verbarg er Alles, was ihm in den Augen der Menschen Hochachtung erwerben konnte; gegen Alles, was von Eitelkeit zeugte, fühlte er einen unüberwindlichen Abscheu und nie sprach er von sich selbst anders, als von dem größten Sünder; sein Körper glich durch die stete Kasteiung desselben einer Leiche, auf seinem Antlitze aber bemerkte man eine bewunderungswürdige Hoheit, welche durch eine außerordentliche Lieblichkeit und Milde noch mehr hervorschimmerte." In den letzten Jahren seines Lebens wurde er von verschiedenen Krankheiten heimgesucht, welche er aber in seiner verlassenen Lage mit wunderbarer Geduld ertrug. Er starb im J. 1170 am 21. Mai, an welchem Tage auch die Kirche sein Andenken feiert. Godrick wurde in früherer Zeit von den Engländern eifrig verehrt und Viele wallfahrteten zu der Kapelle, welche an dem Orte, wo seine Klause stand, erbaut worden war. Wir besitzen eine von Galfrid, einem gleichzeitigen, aber nicht näher bekannten Mönche, verfaßte und mit mancherlei albernen Mährchen ausgeschmückte Biographie Godrick's, welche Gottfr. Henschen aus einer Handschrift des 13. Jahrh. (in den Act. Sanctorum Maji Tom. V. p. 70 seq.) zuerst herausgab. Die Angabe, daß Godrick ein Buch: De vita et visione Ormae geschrieben habe, beruht wahrscheinlich auf einer Verwechselung mit einem späteren Schriftsteller desselben Namens. (*Ph. H. Külb.*)

GOD SAVE THE KING! (Gott erhalte den König!) ein nach diesem Refrain genanntes englisches Volkslied, das eine nicht geringe Berühmtheit erlangt hat. Ueber den Dichter, wie über den Componisten herrschen verschiedene Meinungen. Daß Heinrich Caley in der Mitte des 18. Jahrh. das erwähnte Lied verfaßt habe, scheint ziemlich erwiesen. Auch die Melodie soll von ihm herrühren, wenigstens im ersten Entwurfe, der bei seinen mangelhaften Kenntnissen der musikalischen Theorie von Anderen verbessert worden und namentlich der Baß hinzugefügt worden sein soll. Dr. Harrington in Bath soll sich dieser Mühe unterzogen haben. Nach einer andern ebenso wenig durchaus verbürgten Annahme war es Christoph Smith, der Schreiber des berühmten Händel, an den sich Caley in dieser Hinsicht gewandt hatte. Aus dieser Angabe entstand wahrscheinlich die Sage, daß die Melodie von Händel selbst herrühre. Zur allgemeinen Kenntniß des Publicums gelangte dies Volkslied, wie es scheint, im J. 1745. Um diese Zeit ward es, zugleich mit der Melodie, im Gentleman's Magazine herausgegeben und machte um so größere Sensation, da die Ermunterung zur treuen Anhänglichkeit an den herrschenden Königsstamm, bei der damals drohenden Landung des jungen Stuart, sich in jenem Liede lebhaft aussprach. Zu einem beliebten Volksliede ward dies zeitgemäße Product, als es von Dr. Arne, dem Componisten

*) *Philib. Papillon*, Bibliothèque des auteurs de Bourgogne. (Dijon 1742. fol.) Tom. I. p. 258. Biographie universelle. Tom. LXV. p. 445. Biographie générale. Tom. XX. p. 930

des bekannten Liedes: „Rule Britannia“ auf die Bühne gebracht ward. Die Melodie ward seitdem von verschiedenen Tonkünstlern verändert und in Bezug auf die Harmonie des Gesanges wesentlich verbessert. Der Rhythmus blieb jedoch der ursprüngliche. Nach einer Notiz von Burney in seiner Geschichte der Musik soll dies Volkslied nicht zu Ehren König Georg's gedichtet worden sein, sondern in der ältesten Lesart gelautet haben: God save great James our King (Gott segne unsern großen König Jacob). Merkwürdig ist ein ohne Zeitangabe von Rilen und Williams besorgter Abdruck jenes Liedes, in welchem Arthur Young, Organist in London, als Componist genannt wird*). (*Heinrich Döring.*)

*) Siehe New Monthly Magazine. Vol. IV. p. 389 seq. Burney in seiner History of Music.

Ende des einundsiebzigsten Theiles der ersten Section.

www.ingramcontent.com/pod-product-compliance
Lightning Source LLC
Chambersburg PA
CBHW032004300426
44117CB00008B/893
* 9 7 8 3 7 4 1 1 7 3 6 9 1 *